Frank Kalter (Hrsg.)

Migration und Integration

Kölner Zeitschrift für Soziologie und Sozialpsychologie
Sonderheft 48/2008

Sonderhefte
Begründet durch René König

Frank Kalter (Hrsg.)

Migration und Integration

VS VERLAG FÜR SOZIALWISSENSCHAFTEN

Kölner Zeitschrift für Soziologie und Sozialpsychologie

Begründet als „Kölner Zeitschrift für Soziologie" durch *Leopold von Wiese* (1948 – 1954)
Fortgeführt als „Kölner Zeitschrift für Soziologie und Sozialpsychologie" durch René König (1955 – 1985)
Herausgeber: Prof. Dr. *Jürgen Friedrichs,* Universität zu Köln, Prof. Dr. *Wolfgang Schluchter,* Universität Heidelberg und Prof. Dr. *Heike Solga,* WZB Berlin

Beirat: Prof. Dr. *Eva Barlösius,* Universität Hannover; Prof. Dr. *Jens Beckert,* Max-Planck-Institut für Gesellschaftsforschung, Köln; Prof. Dr. *Hans Peter Blossfeld,* Universität Bamberg; Prof. Dr. *Christian Fleck,* Universität Graz; Prof. Dr. *Gisela Trommsdorff,* Universität Konstanz; Prof. Dr. *Paul Windolf,* Universität Trier

Redaktion: PD Dr. *Volker Dreier,* Forschungsinstitut für Soziologie der Universität zu Köln

Zuschriften werden erbeten an: Redaktion der Kölner Zeitschrift für Soziologie und Sozialpsychologie, Forschungsinstitut für Soziologie, Lindenburger Allee 15, D-50931 Köln. Telefon: (0221) 470-2518; Fax: (0221) 470-2974; E-Mail: kzfss@uni-koeln.de; Internet: http://www.uni-koeln.de/kzfss/

Die KZfSS wird u. a. in den folgenden Informationsdiensten erfasst: *Social Science Citation Index* und *Current Contents* des Institute for Scientific Information; *sociological abstracts; psychological abstracts; Bulletin signalétique; prd,* Publizistikwissenschaftlicher Referatedienst; *SRM,* social research methodology abstracts; *SOLIS,* Sozialwissenschaftliches Literaturinformationssystem; Literaturdatenbank *PSYNDEX; Juris*-Literaturdatenbank; *KrimLit* u.a.m.

VS Verlag für Sozialwissenschaften | GWV Fachverlage GmbH
Postfach 1546 | 65173 Wiesbaden
Abraham-Lincoln-Straße 46 | 65189 Wiesbaden

Geschäftsführer: Dr. Ralf Birkelbach (Vors.), Albrecht F. Schirmacher
Gesamtleitung Anzeigen: Thomas Werner
Gesamtleitung Produktion: Ingo Eichel
Gesamtleitung Vertrieb: Gabriel Göttlinger

Abonnentenverwaltung: Ursula Müller, Telefon (0 52 41) 80 19 65; Telefax (0 52 41) 80 96 20; E-mail: Ursula.Mueller@bertelsmann.de

Marketing: Ronald Schmidt-Serrière M. A., Telefon (06 11) 78 78-2 80; Telefax (06 11) 78 78-4 40; E-mail: Ronald.Schmidt-Serriere@vs-verlag.de

Anzeigenleitung: Yvonne Guderjahn, Telefon (06 11) 78 78-1 55; Telefax (06 11) 78 78-4 30; E-mail: Yvonne.Guderjahn@gwv-media.de

Anzeigendisposition: Monika Dannenberger, Telefon (06 11) 78 78-1 48; Telefax (06 11) 78 78-4 43; E-mail: Monika.Dannenberger@gwv-media.de
Es gilt die Sammelpreisliste vom 01.01.2008.

Produktion/Layout: Frieder Kumm, Telefon (06 11) 78 78-1 75; Telefax (06 11) 78 78-4 68; E-mail: Frieder.Kumm@gwv-fachverlage.de

Bezugsmöglichkeiten 2008: Jährlich erscheinen 4 Hefte. Jahresabonnement / privat (print+online) € 144,–; Jahresabonnement / privat (nur online) € 104,–; Jahresabonnement / Bibliotheken/Institutionen (nur print) € 198,–; Jahresabonnement Studenten/Emeritus (print+online) – bei Vorlage einer Studienbescheinigung € 59,–. Alle Print-Preise zuzüglich Versandkosten.
Die angegebenen Bezugspreise enthalten die gültige Mehrwertsteuer. Alle Preise und Versandkosten unterliegen der Preisbindung.
Kündigungen des Abonnements müssen spätestens 6 Wochen vor Ablauf des Bezugszeitraumes schriftlich mit Nennung der Kundennummer erfolgen. Jährlich erscheint ein Sonderheft, das nach Umfang berechnet und den Abonnenten des laufenden Jahrgangs mit einem Nachlass von 25 % des jeweiligen Ladenpreises geliefert wird. Bei Nichtgefallen kann das Sonderheft innerhalb einer Frist von 3 Wochen zurückgegeben werden.

© VS Verlag für Sozialwissenschaften | GWV Fachverlage GmbH, Wiesbaden 2008
VS Verlag für Sozialwissenschaften ist Teil der Fachverlagsgruppe Springer Science+Business Media.

Die Zeitschrift und alle in ihr enthaltenen einzelnen Beiträge und Abbildungen sind urheberrechtlich geschützt. Jede Verwertung außerhalb der engen Grenzen des Urheberrechtsgesetzes ist ohne Zustimmung des Verlags unzulässig und strafbar. Das gilt insbesondere für Vervielfältigungen, Übersetzungen, Mikroverfilmungen und die Einspeicherung und Verarbeitung in elektronischen Systemen.

Satz: Crest Premedia Solutions, Pune, India
Gedruckt auf säurefreiem und chlorfrei gebleichtem Papier.

ISBN 978-3-531-15068-0

INHALTSÜBERSICHT

Vorwort 9

Einleitung

Frank Kalter
Stand, Herausforderungen und Perspektiven der empirischen Migrationsforschung 11

I. Allgemeine theoretische Ansätze und Perspektiven

Richard Alba
Why We Still Need a Theory of Mainstream Assimilation 37

Andreas Wimmer
Ethnische Grenzziehungen in der Immigrationsgesellschaft. Jenseits des Herder'schen Commonsense 57

Hartmut Esser
Assimilation, ethnische Schichtung oder selektive Akkulturation? Neuere Theorien der Eingliederung von Migranten und das Modell der intergenerationalen Integration 81

Bernhard Nauck
Akkulturation: Theoretische Ansätze und Perspektiven in Psychologie und Soziologie 108

II. Migration

Douglas S. Massey, Frank Kalter und Karen A. Pren
Structural Economic Change and International Migration from Mexico and Poland 134

Johannes Huinink und Stefanie Kley
Regionaler Kontext und Migrationsentscheidungen im Lebensverlauf 162

Yinon Cohen, Yitchak Haberfeld und Irena Kogan
Jüdische Immigration aus der ehemaligen Sowjetunion. Ein natürliches Experiment zur Migrationsentscheidung 185

III. Kognitiv-kulturelle und strukturelle Integration

Hartmut Esser
Spracherwerb und Einreisealter: Die schwierigen Bedingungen der Bilingualität 202

Cornelia Kristen
Schulische Leistungen von Kindern aus türkischen Familien am Ende der
Grundschulzeit. Befunde aus der IGLU-Studie 230

Michael Becker, Petra Stanat, Jürgen Baumert und *Rainer Lehmann*
Lernen ohne Schule: Differenzielle Entwicklung der Leseleistungen von Kindern mit und ohne Migrationshintergrund während der Sommerferien 252

Anthony Heath und *Yaojun Li*
Period, Life-cycle and Generational Effects on Ethnic Minority Success in the British Labour Market 277

Frank van Tubergen
The Impact of the Partner on the Economic Incorporation of Immigrants. Household Specialization or Social Capital? 307

IV. Soziale und räumliche Integration

Beate Völker, Fenne Pinkster und *Henk Flap*
Inequality in Social Capital between Migrants and Natives in the Netherlands 325

Julia H. Schroedter und *Frank Kalter*
Binationale Ehen in Deutschland. Trends und Mechanismen der sozialen Assimilation 351

Jürgen Friedrichs
Ethnische Segregation 380

V. Identifikativ-kulturelle und emotionale Integration

Karen Phalet, Merove Gijsberts und *Louk Hagendoorn*
Migration and Religion: Testing the Limits of Secularisation among Turkish and Moroccan Muslims in the Netherlands 1998-2005 412

Claudia Diehl und *Michael Blohm*
Die Entscheidung zur Einbürgerung. Optionen, Anreize und identifikative Aspekte 437

Jürgen Gerhards und *Silke Hans*
Akkulturation und die Vergabe von Vornamen. Welche Namen wählen Migranten für ihre Kinder und warum? 465

VI. Soziale Distanz

Susanne Rippl
Zu Gast bei Freunden? Fremdenfeindliche Einstellungen und interethnische Freundschaften im Zeitverlauf 488

Amélie Mummendey und *Thomas Kessler*
Akzeptanz oder Ablehnung von Andersartigkeit. Die Beziehung zwischen Zuwanderern und Einheimischen aus einer sozialpsychologischen Perspektive .. 513

Kira Marie Alexander und *Janet Ward Schofield*
Understanding and Mitigating Stereotype Threat's Negative Influence on Immigrant and Minority Students' Academic Performance 529

Die Autorinnen und Autoren 553
Summaries. 560

Vorwort

Als die Kölner Zeitschrift vor nunmehr fast drei Jahren mit der Idee eines Sonderheftes zum Thema „Migration und Integration" und der Anfrage nach einer Gast-Herausgeberschaft auf mich zu kam, war ich zunächst etwas skeptisch und erbat mir ein wenig Bedenkzeit. Es mangelt ja nicht gerade an Sammelbänden in diesem Themenfeld und es stand für mich außer Frage, dass ein Sonderheft unter meiner Koordination sich hier einerseits mit einer prinzipiell erklärenden und empirisch-analytischen Perspektive positionieren sollte, dass es andererseits aber auch Ziel sein müsste, das Feld inhaltlich möglichst breit abzudecken. Meine Befürchtung war, dass die verfügbare Masse potenzieller Beiträge etwas zu klein sein könnte, um beide Ziele gleichzeitig zu verfolgen. Ich bin nun sehr froh, mich auf den Versuch eingelassen zu haben. Meine Sorgen hatten sich schon bald verflüchtigt und es hat mir großen Spaß gemacht, das weitreichende Potenzial einer dezidiert analytischen Migrationsforschung zu eruieren und zu versammeln. Besonders hat mich gefreut, dass ich bei meinen Autorenanfragen zur Füllung des Konzeptes nahezu keine Absagen erhielt und dass vor allem auch renommierte ausländische Kolleginnen und Kollegen sofort bereit waren, sich an diesem Unternehmen zu beteiligen.

Die ersten Fassungen der in diesem Sonderheft vereinigten Beiträge wurden im Juli 2007 auf einer Konferenz in Leipzig, die eigens zu diesen Zwecken veranstaltet wurde, präsentiert und intensiv diskutiert. Ich danke der Fritz-Thyssen-Stiftung für die finanzielle Förderung und allen meinen Mitarbeiterinnen und Mitarbeitern für ihren tatkräftigen Beitrag zum Gelingen dieser Tagung, insbesondere Judith Jahn für die Gesamtorganisation. Die nach der Tagung überarbeiteten Manuskripte wurden einem gegenseitigen Review-Verfahren unterzogen, und auch hierbei haben mich die Autorinnen und Autoren hervorragend unterstützt. Jeder Artikel wurde mindestens zweifach begutachtet. Neben den Beteiligten aus dem Autorenkreis möchte ich an dieser Stelle auch Johannes Keller und Thorsten Schneider für ihre wertvolle Mithilfe danken.

Bei der abschließenden Bearbeitung der Manuskripte war mir Marion Apelt wie immer eine sehr große Hilfe. Mein Dank gilt schließlich Volker Dreier und dem gesamten Redaktionsteam der Kölner Zeitschrift für die Endkorrektur und die Erstellung der Druckfassung.

Leipzig, Juli 2008 *Frank Kalter*

Einleitung

STAND, HERAUSFORDERUNGEN UND PERSPEKTIVEN DER EMPIRISCHEN MIGRATIONSFORSCHUNG

Frank Kalter

Zusammenfassung: Der Beitrag leitet in das vorliegende Sonderheft der Kölner Zeitschrift für Soziologie und Sozialpsychologie ein und verortet die darin versammelten Artikel in einem übergreifenden Rahmen. Dieser Rahmen besteht in der Perspektive einer deutlich stärker theoriegeleiteten und grundlagenorientierten empirischen Forschung im Themenfeld der Migration und Integration und wird im Hinblick auf die speziellen Themen des Bandes näher erläutert. Die Unterteilung zwischen allgemeinen theoretischen Perspektiven, Phänomenen der Migration, der Integration und der ethnischen Grenzziehung bildet die grobe Orientierung. Ein besonderes Augenmerk wird ferner auf den methodischen Stand, die generelle Datenlage und weitere entsprechende Perspektiven der Migrationsforschung gerichtet.

Die Geschichte der Sonderhefte der Kölner Zeitschrift für Soziologie und Sozialpsychologie ist zufälligerweise nahezu genauso alt wie die neuere Arbeitsmigration nach Deutschland. Als im Dezember 1955 der erste Anwerbevertrag mit Italien geschlossen wurde, waren die Manuskripte des 1956 von René König herausgegebenen Eröffnungsbandes zur Soziologie der Gemeinde (König 1956) wohl schon fast druckfertig. Über ein halbes Jahrhundert und weitere 46 Sonderhefte hat es nun gedauert, bis auch das Thema „Migration und Integration" Eingang in die lange Reihe der ausgewählten Spezialthemen gefunden hat.

Die Länge dieser Wartezeit ist höchst überraschend, fast schon erklärungsbedürftig. Aufbauend auf der US-amerikanischen Tradition, insbesondere den klassischen Arbeiten der Chicago-School (z. B. Gordon 1964; Park/Burgess 1921; Park 1950), begann sich nämlich schon bald auch in Deutschland eine Migrationssoziologie zu etablieren. Arbeiten wie die von Hans-Joachim Hoffmann-Nowotny (1970; 1973), Hartmut Esser (1980; mit Jürgen Friedrichs 1990), Friedrich Heckmann (1981, 1992) oder Bernhard Nauck (1985) markieren wichtige Meilensteine auf diesem Weg und sind sozusagen zu „deutschen Klassikern" geworden. Darauf aufbauend wurden Fragen zum Themenfeld der Migration und Integration auch schon früh und immer wieder in den soziologischen Fachzeitschriften aufgegriffen, auch und gerade in der Kölner Zeitschrift für Soziologie und Sozialpsychologie. Trotzdem ergibt sich der Eindruck, dass die zur Füllung eines ganzen Sonderhefts notwendige kritische Masse lange Zeit fehlte.

Dies lag sicherlich nicht an den rein zahlenmäßigen Bemühungen im Bereich der Migrationsforschung – im Gegenteil: Kaum ein anderes Gebiet hat in den letzten Jahrzehnten einen solchen Boom erlebt. Vor allem die offensichtliche und stetig steigende gesellschaftliche Relevanz des Themas, die sich häufenden Anzeichen eines gewissen „Problemdrucks", führten zu einem drastischen Anwachsen der Forschungslandschaft, die nunmehr kaum noch überschaubar ist. Allseits entstanden entsprechende Projekte, an vielen Orten finden sich mittlerweile einschlägige Schwerpunktbereiche oder gar spezielle Institute. Der gesellschaftspolitische Stellenwert des Gegenstandes und die enorme öffentliche Nachfrage nach Antworten ließen mehr und mehr Arbeitskapazität und so manchen Euro in die Migrationsforschung fließen. All dies beschränkte sich dabei nicht nur auf den bundesdeutschen Kontext, parallele Entwicklungen sind in vielen anderen europäischen Ländern und weltweit zu verzeichnen.

Ein großer Teil dieses regen Treibens zu Fragen der Migration und Integration fand jedoch, und findet nach wie vor, nicht in allgemeinen Fachzeitschriften, sondern in nahezu unübersehbaren Sammelbänden oder mehr oder weniger „grauen" Reihen statt. Viele einschlägige Institute in Deutschland und Europa legitimieren und finanzieren sich über einen sehr nahen Politikbezug und zielen eher auf eine angewandt-praktische Forschung (Penninx et al. 2008: 6). Dabei stehen oft rein deskriptive oder explorative Fragen im Vordergrund. Wenn es um die Analyse komplexerer Zusammenhänge und daraus resultierende Empfehlungen geht, stimuliert der Handlungsbedarf in den gesellschaftlichen Problemfeldern häufig eine gewisse Ad-hoc-Forschung, wo eigentlich ein langfristiges systematisches Vorgehen notwendig wäre. Die Soziologie der Migration und Integration ist in der Breite nach wie vor „event-driven", wie Alejandro Portes (1995: 1) es treffend charakterisiert hat: Die Forschungsimpulse und Leitfragen sind vielfach durch die tagespolitischen Geschehnisse und die Suche nach zeit- und praxisnahen Antworten bestimmt. Theoretische und methodische Entwicklungen allgemeiner Art werden dabei nicht selten übersehen, entsprechende Standards, wie sie in Fachzeitschriften gefordert sind, nicht selten vernachlässigt.

Mittlerweile hat sich jedoch auch das Potenzial einer grundlagenorientierten und theoriegeleiteten empirischen Migrationsforschung enorm vergrößert. Immer mehr wird erkannt, dass das Feld der Migration nicht nur gesellschaftspolitischen Handlungsbedarf aufwirft, sondern auch äußerst interessante Herausforderungen für zentrale Grundprobleme der Soziologie bereit hält, dass es, ganz im Sinne von Robert K. Merton (1987), in vielerlei Hinsicht eine lohnende „strategic research site" darstellt (Portes 1995: 2). Des Weiteren hat schon allein die allgemeine Bevölkerungsentwicklung dazu geführt, dass „der Migrationshintergrund" und „die Ethnizität" in anderen Themenfeldern, wie zum Beispiel der sozialen Ungleichheitsforschung oder der Familiensoziologie, nicht mehr länger als Nebenfelder oder „Störgrößen" ausgeblendet werden können, sondern einer expliziten Auseinandersetzung und Integration in den bisherigen Kenntnisstand bedürfen. Damit steigt schon zahlenmäßig die Masse derer, die sich fundiert mit Migrationsfragen beschäftigen. Was aber vielleicht noch wichtiger ist: Allgemeine und spezielle, theoretische und methodische Entwicklungen oder offene Probleme fließen somit zurück in die Migrations- und Integrationsforschung und geben ihr wichtige Anstöße und Perspektiven. Und so, und nur so, kann dann auch seriösen Antworten auf die gesellschaftspolitisch dringlichen Fragen näher gekommen werden.

Dieser Band versucht in guter Tradition der Sonderhefte der Kölner Zeitschrift für Soziologie und Sozialpsychologie solche Anstöße und Perspektiven darzubieten. Die einzelnen Beiträge greifen zentrale Leit- und Teilprobleme des Themenfeldes „Migration und Integration" auf, die sich vor dem bisherigen Stand der Forschung als offene Fragen ergeben. Sie zeigen entweder programmatisch oder exemplarisch, wie neuere theoretische und methodische Entwicklungen allgemeiner oder spezieller Art für die aktuelle und zukünftige Migrationsforschung nutzbar gemacht werden können. Gemeinsam (und sich damit von der mehrheitlichen Masse der Beiträge in diesem Themengebiet unterscheidend) ist ihnen eine dezidiert analytische und prinzipiell erklärende Perspektive. Aktuelle Entwicklungen und veränderte Randbedingungen des Migrations- und Integrationsgeschehens werden selbstverständlich thematisiert und aufgegriffen. Sie stehen aber nicht als solche im Vordergrund, sondern dienen vielmehr als empirische Prüfsteine für den theoretischen Kenntnisstand und als Gelegenheit, den treibenden Mechanismen und Teilprozessen hinter den beobachtbaren Phänomenen ein weiteres Stück näher zu kommen.

Bei der konkreten Zusammenstellung des Bandes wurde deshalb nicht angestrebt, die konkreten aktuellen Geschehnisse unter bestimmten Gesichtspunkten abzudecken – etwa im Hinblick auf eine angemessene Repräsentation verschiedener Migrantengruppen. Auch in Bezug auf den spezifischen Migrations- und Integrationskontext gab es keine einschränkenden Systematiken: Das Anwendungsfeld „Deutschland" war zwar erwünscht, aber keinesfalls ein notwendiges Kriterium. Vielmehr wurden Beiträge ausgewählt, die vor dem Hintergrund der skizzierten methodologischen Prämissen ein weites inhaltliches Spektrum von Teilphänomenen abdecken, so dass ein möglichst umfangreicher theoretischer und methodischer „Werkzeugkasten" für die Analyse aktueller Migrations- und Integrationsgeschehnisse sichtbar wird. Die behandelten Themen reichen dabei von den Ursachen der Migration über wichtige Teildimensionen der Integration bis hin zu Prozessen ethnischer Grenzziehungen. Gerade dort, wo ein konkreter Anwendungsfall, eine besonders interessante Gruppen-Kontext-Kombination, vermisst wird, sollte das Sonderheft somit in besonderer Weise Anstöße liefern können. Dankenswerterweise war eine große Anzahl von international renommierten Kolleginnen und Kollegen bereit, sich an der Publikation zu beteiligen und die deutsche Forschungslandschaft mit datentechnischen, methodischen und theoretischen Lösungsansätzen aus ihren Anwendungskontexten zu stimulieren.

In den nachfolgenden Abschnitten dieses Einleitungsbeitrages wird versucht, die spezifischen Fragestellungen und Analysen der einzelnen Beiträge im Rahmen übergeordneter Grundfragen und -aufgaben zu verorten und sie in den allgemeinen Forschungsstand einzuordnen. Zunächst werden zentrale allgemeine Debatten der Migrations- und Integrationsforschung aufgegriffen, zu denen die ersten vier Artikel dieses Sonderheftes beitragen *(I)*. Danach werden Forschungsstand und offene Fragen zu den Ursachen von Migrationsprozessen behandelt *(II)*, denen sich drei weitere Artikel dieses Bandes widmen. Es folgen sehr verschiedene Aspekte aktueller Integrationsprozesse *(III)*, die mit insgesamt elf Beiträgen den Schwerpunkt dieses Sonderheftes ausmachen. Sie lassen sich grob einer kognitiv-kulturellen und strukturellen (3.1), einer sozialen oder räumlichen (3.2) sowie einer emotionalen bzw. identifikativen Dimension (3.3) zuordnen. Der vierte Teil dieses Einleitungsbeitrages widmet sich Prozessen der ethnischen Grenzziehung *(IV)*, mit denen sich die letzten drei Beiträge befassen. Ein abschließender Abschnitt *(V)* enthält eine zusammenfassende Einschätzung und Diskussion über die methodischen und datentechnischen Voraussetzungen und Perspektiven der empirischen Migrations- und Integrationsforschung. Dass ein Sonderheft der Kölner Zeitschrift für Soziologie und Sozialpsychologie zur Migration und Integration so lange auf sich warten ließ, hat neben den oben diskutierten Gründen wohl vor allem auch mit der generellen Datenlage zu tun, die sich nun in jüngster Zeit als wesentlich verbessert, allerdings noch dringlich weiter verbesserungsfähig präsentiert.

I. Allgemeine theoretische Ansätze und Perspektiven

Die Anfänge der Integrationsforschung sind geprägt durch die klassische Assimilationstheorie der Chicago School. Auch wenn in den entsprechenden Beiträgen diesbezüglich schon viele Differenzierungen und Einschränkungen zu finden sind, geht sie im Kern davon aus, dass es infolge von Migrationsprozessen im Laufe der Zeit und vor allem im Laufe der Generationen letztlich, und gleichsam unausweichlich, zu einer Angleichung der Migranten und ihrer Nachkommen an die Aufnahmegesellschaft kommen wird. Diese grundsätzliche Erwartung beruht auf den US-amerikanischen Erfahrungen mit den europäischen Einwanderern am Ende des 19. und zu Beginn des 20. Jahrhunderts. Ob sich vergleichbare Assimilationstrends in ähnlicher Weise auch für die Migrantengruppen in Deutschland zeigen, bildet somit die natürliche, und nach wie vor aktuelle, Leitfrage der hiesigen Integrationsforschung.

Die Assimilationsthese ist von Anfang an auf heftige Kritik gestoßen. Sie entzündet sich zum einen an den normativen Konnotationen des Begriffs, die von einigen klassischen Autoren an einigen Stellen geweckt werden (z. B. Warner/Srole 1945). Sie ist zum anderen empirischer Art, indem auf eine Reihe von Phänomenen hingewiesen wird, die nur schwer mit einem uneingeschränkten Assimilationsmodell zu vereinbaren sind: auf Re-Ethnisierungen der dritten Generation (Hansen 1938), auf institutionalisierte ethnische Gemeinden (Breton 1964) oder auf die Existenz langfristiger ethnischer Schichtungen (Glazer/Moynihan 1970). Kritik in dieser Richtung ist auch in der deutschen Migrationsforschung immer wieder aufgegriffen und geübt worden (Wilpert 1980; Elwert 1982).

Neuer massiver Widerstand gegen die klassische Assimilationstheorie entsteht dann aber auch in deren Mutterland, den USA, und zwar im Zuge der Erfahrungen mit der sogenannten „New Immigration" seit dem zweiten Weltkrieg. Sehr deutlich äußert er sich im Konzept der „Segmented Assimilation" (Portes/Rumbaut 2001; Portes/Zhou 1993; Zhou 1997), dem wohl zur Zeit populärsten und einflussreichsten theoretischen Gegenansatz. Hier wird argumentiert, dass die Nachkommen der neuen, vorwiegend asiatischen sowie mittel- und lateinamerikanischen Einwanderer insgesamt deutlich von den Inkorporationsmustern der früheren europäischen Migrantengruppen abwichen. Nur ein Teil der aus dieser Migration hervorgegangenen „neuen zweiten Generation" zeige eine Assimilation im herkömmlichen Sinne und finde sich im Mainstream der Aufnahmegesellschaft wieder. Ein großer Teil assimiliere sich hingegen zwar in gewisser Hinsicht, jedoch nicht an diesen mittelschicht-geprägten Mainstream, sondern an die

Unterschichten und Subkulturen in den Zentren der Aufnahme-Metropolen, und lande somit dauerhaft in der Marginalisierung. Für diese Variante wird auch der Begriff der „downward assimilation" verwendet. Ein weiterer Teil der neuen zweiten Generation folge schließlich einer dritten Variante: Diese Migrantenjugendlichen seien strukturell sehr erfolgreich, aber gerade dadurch, dass sie sich in anderer Hinsicht nicht bzw. nicht vollständig assimilierten. Die Aufrechterhaltung und Pflege eigenethnischer Beziehungen bzw. Orientierungen verhindere hier die Gefahr der Downward-Assimilation. Diese „parallele Integration" bzw. „selektive Akkulturation" stelle wichtige Ressourcen und Gelegenheitsstrukturen zur Verfügung und schaffe somit vergleichsweise gute Bedingungen für den Erfolg im Bildungssystem und auf dem Arbeitsmarkt.

Die Segmented-Assimilation-Theorie weist dabei, wie angedeutet, nicht nur auf die generelle Existenz der beiden zusätzlichen Typen einer Downward-Assimilation oder selektiven Akkulturation hin, sondern argumentiert darüber hinaus – manchmal explizit, manchmal implizit –, dass diese empirisch für die Beschreibung des aktuellen und zukünftigen Integrationsgeschehens von äußerst relevanter, gegenüber der Mainstream-Assimilation nunmehr sogar dominanter Bedeutung seien. Gerade dadurch bezieht sie ihre Popularität in der aktuellen Migrationsforschung. Dem widersprechen nun eine Reihe von Autoren, die man unter einen Ansatz subsumieren kann, der auch als „Neue Assimilationstheorie" bezeichnet wird (Alba/Nee 1997, 2003; Perlmann/Waldinger 1997; Waters/Jiménez 2005). Sie befreien den Begriff der Assimilation von seinen normativen Unter- und Begleittönen und halten den Schluss, dass er als analytisch-deskriptives Konzept seine ehemalige empirische Bedeutung verloren habe, für viel zu verfrüht oder sogar für falsch bei sorgfältiger Prüfung neuerer verfügbarer Daten und Randbedingungen.

Der Beitrag von *Richard Alba* skizziert diese Sichtweise noch einmal etwas ausführlicher. Er erläutert den Standpunkt der Neuen Assimilationstheorie und baut ihn um wichtige neue Argumente aus. Diese beinhalten zum einen zentrale konzeptionelle Kritikpunkte an der Segmented-Assimilation-Theorie, vor allem dass sie, genau wie schon die klassische Assimilationstheorie, vorhandene ethnische bzw. rassische Grenzen als exogen gegeben und somit zu starr ansieht. Damit könnten wesentliche Teile des momentanen Assimilationsgeschehens, die über Prozesse der Verschiebung (boundary shifting) oder der Verblassung (boundary blurring) ethnischer Grenzen erfolgten, nicht angemessen erfasst werden. Er verweist dann zum anderen darauf, dass grundlegende Prozesse des allgemeinen sozialen Wandels stattfinden, die beide Arten des Wandels ethnischer Grenzen begünstigen und auch in der näheren Zukunft wahrscheinlich machen. An erster Stelle ist hier der demographische Wandel zu nennen, der die Chancen zur Aufwärtsmobilität junger Migranten beträchtlich steigern wird.

Die alte Auseinandersetzung um die Assimilation ist also nach wie vor von fundamentaler Bedeutung und prägt das Forschungsgeschehen. Wie Richard Alba in seinem Beitrag erinnert, ist die lebhafte Debatte zwischen der Segmented-Assimilation-Theorie und der Neuen Assimilationstheorie keineswegs nur auf die momentane Integrationsforschung in den USA beschränkt. Die in ihr zu Tage tretenden empirischen Fragen, theoretischen Argumente und methodischen Vorgehensweisen sind ganz offensichtlich auch für andere Kontexte wie den europäischen von fundamentaler Bedeutung, und umgekehrt können die Erfahrungen der zweiten Migrantengenerationen in Europa wertvolle empirische Evidenzen zu dieser zentralen Diskussion beisteuern.

Andreas Wimmer unterstreicht in seinem Beitrag noch einmal eindringlich die von Richard Alba angesprochene Notwendigkeit einer veränderten Perspektive auf Prozesse der ethnischen Grenzziehung. Er argumentiert, dass sowohl die Klassische Assimilationstheorie als auch viele neuere Ansätze, wie eben die Segmented-Assimilation-Theorie, von der orthodoxen Herderschen Vorstellung gleichsam „natürlich" gegebener, kulturell homogener Ethnien ausgehen und damit unweigerlich in zentrale Probleme bei der Analyse von Eingliederungsprozessen laufen. Er stellt dem explizit einen Ansatz entgegen, der ethnische Grenzziehungen als Resultat ergebnisoffener Prozesse begreift, die unter je spezifischen historischen Bedingungen und im Zuge strategischer Interaktionen entstehen. Dieser Perspektivenwandel hat, wie Wimmer aufzeigt, nicht zuletzt unmittelbare Konsequenzen für die empirische Forschung. So ermahnt sie beispielsweise dazu, der Versuchung zu widerstehen, die Effekte einer wie auch immer operational definierten Gruppenzugehörigkeitsvariable vorschnell im Sinne genuin ethnischer Hintergrundprozesse zu interpretieren. Vielmehr sind solche Effekte als herausfordernde Explananda zu begreifen, deren generierende Detailmechanismen es im Rahmen einer analytischen Soziologie aufzudecken und empirisch zu überprüfen gilt.

Dies erinnert daran, dass die klassische Assimilationstheorie nicht nur konzeptionelle und empirische Kritik erfahren hat, sondern dass gegen sie vor allem auch methodologische Einwände erhoben wurden. Sie betreffen die einfache induktive Verallgemeinerung einer Beobachtung unter spezifischen historischen Randbedingungen zu einem allgemeinen „Assimilationsgesetz" (Esser 1990). Das Kernargument der Segmented-Assimilation-Theorie ist dann ja auch, dass nunmehr veränderte Randbedingungen (z. B. Diskriminierungen oder die sogenannte „Hour-glass-economy") für große Teile der Migranten andere Ausgänge, die Downward-Assimilation oder die selektive Akkulturation, wahrscheinlicher machen. Vertreter der Neuen Assimilationstheorie, wie beispielsweise Richard Alba in seinem Beitrag in diesem Band, argumentieren mit anderen bzw. neuerlich veränderten Randbedingungen hingegen für die ungebrochene Dominanz der Mainstream-Assimilation.

Hartmut Esser kritisiert nun in seinem Beitrag, dass auch diese Gegen- und Gegen-Gegen-Entwürfe methodologisch unbefriedigend bleiben, weil sie im Wesentlichen ebenfalls lediglich auf empirischen Generalisierungen beruhen und zu nunmehr nebeneinander stehenden Quasi-Gesetzen führen. Es käme aber darauf an, die übergeordneten kausalen Grundmechanismen zu benennen, die angeben, wann warum welches Modell gilt. Diese seien in den entsprechenden Ansätzen bestenfalls skizzenhaft angedeutet. Er versucht deshalb, die grundlegenden Ansätze in ein übergeordnetes allgemeines Modell der intergenerationalen Integration einzufügen, in dem alle drei prinzipiellen Varianten der Inkorporation als Ausgänge möglich sind und das somit explizit spezifiziert, warum unter welchen grundsätzlichen Bedingungskonstellationen eher die eine oder die andere zu erwarten ist.

Die Integration der maßgebenden und in ihren jeweiligen Bedingungskonstellationen durchaus bewährten Ansätze ist also eine zentrale theoretische Aufgabe. Essers Vorschlag soll und kann seiner Intention nach jedoch nur als ein dringend notwendiges grobes Gerüst verstanden werden, das die generellen Zusammenhänge auf einem relativ hohen Abstraktions- und Vereinfachungsgrad verdeutlicht. Um zu zufriedenstellenden Erklärungen in spezifischen Anwendungsfällen zu gelangen, sind ausgehend von diesem Kern viele feinere Differenzierungen vorzunehmen und weitere Zusatz- und Vertiefungsmechanismen hinzuzufügen.

Der Beitrag von *Bernhard Nauck* trägt wichtige Bausteine in einem solchen Gesamtprogramm zusammen. Er blickt speziell auf wichtige Konzepte und Erklärungsansätze der Akkulturationsforschung, die sich in der Soziologie einerseits und in der Sozialpsychologie andererseits zwar weitgehend unabhängig voneinander entwickelt haben, aber wichtige Parallelen und fruchtbare Berührungspunkte aufweisen. Nauck plädiert für eine explizite Verbindung dieser Forschungstraditionen, wobei der Mehrebenen-Charakter der Akkulturationsphänomene betont wird. Der Beitrag leitet damit in die späteren Abschnitte dieses Bandes zu einzelnen Teildimensionen der Integration über, in denen die hier genannten allgemeinen Konzepte und Mechanismen in den konkreten Problemfeldern der aktuellen empirischen Forschung weiter spezifiziert werden und in vielfältiger Weise zum Einsatz kommen.

II. Migration

Ohne Zweifel ist gerade die Migration ein Thema, bei dem allein schon die adäquate Deskription von Ausmaß und Trends eine extrem anspruchsvolle Aufgabe für die empirische Forschung darstellt. Dies liegt zum einen in der Weite bzw. der Unschärfe des Begriffes begründet (Kalter 2006a), zum anderen in den besonderen Schwierigkeiten, Migrationsakte zu erfassen. Ganz banal wird dies etwa offensichtlich, wenn man sich vergegenwärtigt, dass gerade illegale Migrationen einen besonders wichtigen Teil des Gesamtgeschehens bilden. Aber auch die Dokumentation „offizieller" Zu- und Abwanderungen ist alles andere als trivial, wie beispielsweise die starken Abweichungen zeigen, die man für den eigentlich gleichen Migrationsstrom nicht selten zwischen den Zahlen der Herkunftsländer und den Zahlen der Aufnahmeländer findet (Kupiszewska/ Nowok 2005).

Obwohl damit schon allerhand zu tun ist, hat sich die empirische Migrationsforschung seit jeher jedoch darüber hinaus auch mit einem dezidiert erklärenden Anspruch verbunden. Als Urvater dieses Programms kann man Ernest G. Ravenstein ansehen, der als einer der ersten explizit versuchte, Gesetzmäßigkeiten im Wanderungsverhalten zu entdecken (Ravenstein 1885; 1889) – ganz im Durkheim'schen Sinne. Seine Arbeiten motivierten frühe makrotheoretische Versuche einer Erklärung und Prognose von Wanderungen, wie die Gravitationstheorie (Zipf 1946; Dodd 1950), den makroökonomischen Ansatz (Hicks 1932; Todaro 1969) und die auf beiden beruhenden Push-Pull-Regressionsmodelle (Lowry 1966). Auf der Aggregatebene lässt sich mit diesen sehr einfachen Modellen in der Regel eine erstaunlich gute Anpassung an das empirische Migrationsgeschehen erreichen, sie stoßen jedoch auf die bekannten immanenten Grenzen reiner Makroansätze im Allgemeinen, insbesondere auf das Problem der Unvollständigkeit (Kalter 1997: 37-41). Die Güte der Modellanpassungen beruht im Wesentlichen auf der Stabilität der Phänomene, die tiefer liegenden verursachenden Mechanismen bleiben jedoch ungeklärt. Gerade in den „interessanten" Anwendungsfällen, in denen sich unter abrupt und dramatisch veränderten Randbedingungen plötzlich massive Migrationsbewegungen ergeben und eventuell verstetigen, versagen diese ausschließlich auf der Makroebene vorgehenden Ansätze somit gründlich. Darüber hinaus ist damit die in der Regel hochinteressante und ebenso erklärungsbedürftige Selektivität entsprechender Migrationsschübe per se nicht befriedigend behandelbar.

Diese und andere Probleme haben in der Migrationsforschung zu einer immer stärkeren Berücksichtigung und immer expliziteren Modellierung der entscheidungstheoretischen Grundlagen auf der Mikroebene geführt. Markiert wird diese Entwicklung zunächst durch die individualistische Fassung der Push-Pull-Idee (Lee 1966) und das Humankapitalmodell der Migration (Sjaastad 1962; Speare 1971). Auch die Sozialpsychologie hat wichtige Beiträge beigesteuert (Wolpert 1965; Brown/Moore 1970). Die Werterwartungstheorie stellt eine Art von Konvergenz dieser Entwicklungen dar und lässt sich sehr fruchtbar auf den Prozess der Migrationsentscheidung anwenden (Bogue 1977; Chemers et al. 1978; DeJong/Fawcett 1981). In ihr können auch die Subjektivität der Akteure und nicht-ökonomische Einflussfaktoren explizit berücksichtigt werden. Insbesondere erlaubt sie es auch in einfacher Weise, die klassischen strukturellen Determinanten der makrotheoretischen Ansätze theoretisch zu integrieren und somit die notwendige Verbindung zwischen der Mikroebene und der Makroebene herzustellen (Kalter 1997: 47 ff.).

Die bislang angesprochenen Theorieprogramme werden zuweilen als die „traditionelle" oder auch die „herkömmliche" Migrationstheorie bezeichnet. Für viele Autoren der sogenannten „neueren Migrationstheorie" verbindet sich damit die Überzeugung, dass diese Paradigmen mittlerweile ausgedient haben und zur Behandlung des aktuellen Migrationsgeschehens nicht mehr adäquat sind. Und in der Tat, einige beobachtbare Phänomene stellen für die skizzierten Ansätze offensichtlich Herausforderungen dar: So kommt es in vielen Kontexten nur zu erstaunlich geringen Migrationsbewegungen, gemessen an den traditionellen Einflussfaktoren, wie z. B. hohe Lohn- und Wohlstandsgefälle. In anderen Kontexten kommt es hingegen zu einer Dynamik, die mit diesen Faktoren alleine ebenso offensichtlich nicht oder nur schwer zu erklären ist (Faist 2000). Dazu scheinen gewisse Verschiebungen in der Relevanz unterschiedlicher Typen der Migration stattgefunden zu haben: neben der permanenten, einmaligen, unidirektionalen Verlagerung des Lebensmittelpunktes, der Typus, auf den die meisten traditionellen Ansätze explizit ausgerichtet sind, rücken temporäre, wiederholte, bi- und multilokale Formen mehr und mehr in das Interesse der Migrationsforschung.

Leider hat die neuere Migrationstheorie an vielen Stellen jedoch bislang nicht mehr zu all diesen Herausforderungen beigetragen als wohlklingende Wörter. Hinter populären Begriffen wie „Transnationalismus", „transnationale soziale Räume", „kumulative Verursachung" u. ä. verbergen sich oft bestenfalls vage Orientierungshypothesen. Nur selten wird hingegen versucht, die generierenden Mechanismen hinter den mit diesen Begriffen umschriebenen Phänomenen genau herauszuarbeiten, zu prüfen, ob und wie sie sich in die vorhandenen bewährten Theorieangebote integrieren lassen, entsprechende Ergänzungen bzw. Modifikationen der traditionellen Ansätze aufzuzeigen, eventuelle theoretische Alternativen explizit zu benennen und all dies ernsthaft empirisch zu testen.

Genau dies versuchen die drei Beiträge, die sich im zweiten Teil dieses Sonderheftes mit den Ursachen der Migration beschäftigen. Sie greifen an vielen Stellen auf neuere allgemeine theoretische Entwicklungen zurück, die auch für die Erklärung des aktuellen Migrationsgeschehens fruchtbar erscheinen. Die jeweils vertiefenden theoretischen Interessen sind dabei unterschiedlich gelagert und die spezifischen Anwendungsfälle sind äußerst heterogen.

Douglas S. Massey, Frank Kalter und *Karen A. Pren* analysieren den Einfluss rapiden strukturellen ökonomischen Wandels auf die Entstehung und die Dynamik von internationalen Migrationsbewegungen in zwei unterschiedlichen Fällen: der Arbeitsmigration aus Mexiko in die USA und der aus Polen nach Deutschland. Sie stützen sich auf umfangreiche Längsschnittdaten, die im Mexican Migration Project (MMP) und im Polnischen Migrationsprojekt (PMP) gewonnen wurden. In ihren Analysen versuchen sie, die genaueren Mechanismen aufzudecken, durch die einerseits jeweils schockartige Veränderungen der ökonomischen Rahmenbedingungen Migrationen generieren und durch die sich dann andererseits die einmal in Gang gesetzten Prozesse perpetuieren. Sie zeigen einmal mehr, dass die Dynamik in beiden Migrationskontexten mit den Annahmen der neoklassischen Ökonomie alleine bei weitem nicht zu erklären ist. Zusätzliche „soziale" Mechanismen sind in beiden Kontexten deutlich nachweisbar. Diese Ergänzung reicht aber ebenfalls noch nicht aus, um die Entwicklung über die Zeit angemessen zu erklären. Das zuweilen sprunghafte Ansteigen lässt darüber hinaus vermuten, dass bei der Migrationsentscheidung wichtige Framing-Prozesse stattfinden. Die Unterstellung einer einfachen Kosten-Nutzen-Abwägung kann die volle Wirkung veränderter struktureller Rahmenbedingungen offensichtlich nicht ausreichend erfassen und elaboriertere mikrotheoretische Entscheidungsmodelle scheinen als Grundlage einer entsprechenden Erklärung notwendig.

Der Beitrag von *Johannes Huinink* und *Stefanie Kley* schließt unmittelbar an diesen Punkt an. Sie bemängeln zu Recht, dass zwar vielfach propagiert wird, makrostrukturelle Randbedingungen seien vergleichsweise einfach in Modelle der Migrationsentscheidung zu integrieren, dass aber in der Regel nicht explizit wird, wie genau welche spezifischen Bedingungen auf welche spezifischen Akteure wirken und welche handlungstheoretischen Modelle dabei adäquat sind. Gestützt auf das allgemeine Konzept der Sozialen Produktionsfunktionen (Lindenberg 1989; Esser 1999) und ein mehrstufiges Modell der Migrationsentscheidung (Kalter 1997) analysieren sie zu diesen Zwecken den Einfluss regionaler Kontexte auf das räumliche Mobilitätsverhalten im Lebensverlauf. Mit Hilfe von eigens dazu erhobenen Daten über die Wegzugsbereitschaft in den Städten Freiburg und Magdeburg zeigen sie, dass die Wirkung einzelner regionaler Aspekte bzw. Disparitäten eng an die aktuelle Dominanz bestimmter Lebensziele geknüpft ist, die wiederum vorwiegend durch biographische Ereignisse bestimmt werden, und dass sich all dies in einzelnen Phasen des Migrationsentscheidungsprozesses differentiell auswirkt.

Auch der Beitrag von *Yinon Cohen, Yitchak Haberfeld* und *Irena Kogan* dreht sich um die zentralen Problembereiche des Makro-Mikro-Links und der Selektivität. Er testet eine zentrale These über die Selbstselektion von Migranten, die sich nach Borjas (1987, 1994) mit naheliegenden Zusatzannahmen als Korrelat aus dem mikroökonomischen Humankapitalmodell ergibt: Höher qualifizierte Migranten neigten, bei gegebener Wahlmöglichkeit, eher zu Ländern mit hoher Ungleichheit, niedrig qualifizierte hingegen eher zu Ländern mit niedriger Ungleichheit. Diese These ist folgenreich und breit akzeptiert, nur selten hingegen gelingt es, sie empirisch adäquat zu überprüfen. Cohen, Haberfeld und Kogan weisen darauf hin, dass die jüdische Immigration aus der ehemaligen Sowjetunion hier ein seltenes natürliches Experiment liefert. Sie zeigen, dass die Bildungsverteilungen der jüdischen Emigranten in den USA, Israel und Deutschland tatsächlich den theoretisch zu erwartenden Mustern folgen und somit Evidenz für die Borjas'sche These liefern.

Alle drei Beiträge drehen sich somit um zentrale, und im Spiegel des zeitgenössischen Migrationsgeschehens mehr denn je brennende, Grundfragen der Migrationsforschung: Welches sind die entscheidenden strukturellen Randbedingungen hinter den zu beobachtenden Migrationsdynamiken? Welches relative Gewicht haben dabei insbesondere ökonomische Faktoren? Wirken sich die Faktoren in unterschiedlichem Ausmaße auf unterschiedliche Akteure aus und bestimmen und/oder verändern sie somit die Selektivität der Migration? Welche allgemeinen handlungstheoretischen Modelle sind zur Erfassung entsprechender Mechanismen angemessen? Die drei Beiträge deuten nicht nur fruchtbare theoretische Ansatzpunkte an, sondern zeigen auch, wie eine anspruchsvolle empirische Überprüfung entsprechender Hypothesen in der Migrationsforschung aussehen kann bzw. muss.

III. Dimensionen und Teilbereiche der Integration

Wie in den oben *(I)* angerissenen Grunddebatten betont wurde, sind durchaus verschiedene Ausgänge der Eingliederungsprozesse von Migranten in der Aufnahmegesellschaft denkbar. Bernhard Nauck weist in seinem Beitrag auf zwei einflussreiche und eng verwandte Typologien, die Akkulturationsstrategien („Integration", „Assimilation", „Separation", „Marginalisierung") nach Berry (1997: 9) und die Formen der Sozialintegration („Mehrfachintegration", „Assimilation", „Segmentation", „Marginalität") nach Esser (2000: 287), hin. Die zentrale Aufgabe einer analytisch-erklärenden Integrationsforschung besteht nun darin, die genauen Mechanismen zu identifizieren, die zu den jeweiligen Typen führen, und die Randbedingungen herauszuarbeiten, unter denen sie jeweils wirksam werden.

Spätestens seit der klassischen Arbeit von Milton Gordon (1964) wird dabei betont, dass man in diesem Zusammenhang dringend nach verschiedenen Aspekten bzw. Teilbereichen einer Sozialintegration differenzieren muss. Esser (1980: 22 f.; 2000: 289; 2006: 27) unterscheidet beispielsweise grob zwischen 1. der kognitiv-kulturellen Dimension, die sich auf Wissen und Fertigkeiten bezieht, 2. der strukturellen Dimension, d. h. der Besetzung von Positionen innerhalb gesellschaftlicher Teilsysteme, 3. der sozialen Dimension, die Beziehungsmuster zwischen den Akteuren betrifft, und 4. der emotionalen Dimension, die die Identifikation mit der Aufnahmegesellschaft und die Übernahme bestimmter Werthaltungen und genereller Orientierungen meint (vgl. auch dazu noch einmal den Beitrag von Bernhard Nauck in diesem Band). Innerhalb jeder dieser Dimensionen können wiederum vielfältige Unterbereiche unterschieden werden, so sind zum Beispiel die Positionierung im Bildungssystem, auf dem Arbeitsmarkt oder auch im Ligensystem des Sports jeweils Teilbereiche der strukturellen Dimension.

Mit der Unterscheidung zwischen verschiedenen Dimensionen wird deutlich gemacht, dass durchaus unterschiedliche Eingliederungsergebnisse („uneven assimilation") in verschiedenen gesellschaftlichen Teilbereichen möglich sind (Price 1969: 215 ff.). Wie, warum und unter welchen Bedingungen ein bestimmter Typ der Sozialintegration in Bereich A einen bestimmten Typ der Sozialintegration in Bereich B fördert, insbesondere auch zwischen den Generationen, führt damit zu zentralen und hochinteressanten Unterfragen bei der Suche nach den generierenden Mechanismen (Esser 2006: 27). Die klassische Assimilationstheorie hat, sehr verkürzt, unterstellt, dass die, im Laufe der Zeit und im Zuge der Generationen quasi „automatische", kognitive Assimilation zu einer strukturellen Assimilation, diese zu einer sozialen Assimilation, und diese wiederum schließlich zu einer emotionalen Assimilation führen wird (Esser 1980: 231 ff.). Inzwischen wird jedoch allgemein davon ausgegangen, dass sich die Zusammenhänge in vielen empirischen Fällen wesentlich komplexer gestalten und dass sich innerhalb des dynamischen Gefüges über wechselseitige Feedback-Prozesse auch andere stabile Konstellationen ergeben können. So lässt sich beispielsweise in einigen Kontexten zeigen, dass es zwischen der strukturellen und sozialen Dimension (auch) einen umgekehrten Kausalpfad gibt (Kalter 2006b; Petersen 2000) und die bestehende soziale Segmentation zu einer Verfestigung ethnischer Schichtungen führt. Im Gegensatz dazu ließe sich ein zentrales Argument der Segmented-Assimilation-Theorie durch die Hypothese rekonstruieren, dass die soziale Segmentation unter bestimmten Bedingungen einen positiven kausalen Einfluss auf die strukturelle Assimilation besitzt (Kalter 2007).

Die Entflechtung dieser komplexen Wirkungszusammenhänge, die Aufdeckung der Bedingungskonstellationen und der zusätzlichen Einflussfaktoren auf die entsprechenden Teilprozesse bilden somit ein umfangreiches Aufgabenprogramm für die aktuelle empirisch-analytische Integrationsforschung. Die Beiträge des dritten, vierten und fünften Teils in diesem Sonderheft gehen ihm sämtlich in der einen oder anderen Weise nach. Sie greifen an vielen Stellen auf die theoretischen Entwicklungen allgemeiner Art zurück, die in den Beiträgen des ersten Teils aufgezeigt werden.

3.1 Kognitiv-kulturelle und strukturelle Integration

Die skizzierten Dimensionen der Sozialintegration machen deutlich, dass sich die Grundfragen der Forschung auf eine breite Palette von Phänomenen beziehen, die in engen gegenseitigen Bezügen und Wechselwirkungen stehen, allerdings analytisch voneinander getrennt werden können. Es gibt eine Reihe von guten theoretischen Gründen und auch deutlichen empirischen Hinweisen darauf, dass von den unterschiedenen Aspekten bzw. Teilbereichen einer von ganz besonderer Bedeutung ist, nämlich der strukturelle. Mit der Platzierung, d. h. der Einnahme von Positionen, verbinden sich zentrale gesellschaftliche Güter (materieller und immaterieller Art) sowie wichtige Gelegenheitsstrukturen, und somit bestimmt sie die Integration in anderen Teilbereichen maßgebend mit (Esser 2000: 304 ff.; Kalter/Granato 2002). Dies gilt vor allem für die

Positionen auf dem Arbeitsmarkt, dem eine Schlüsselposition im Gesamtgefüge des Prozesses der intergenerationalen Integration zukommt (Esser 2006: 399).

Die Gretchenfrage auf dem Arbeitsmarkt lautet dabei, inwieweit und über welche Mechanismen die hier beobachtbaren ethnischen Ungleichheiten und Prozesse ihrer Auflösung bzw. Verfestigung auf eine unterschiedliche Humankapitalausstattung oder auf andere, eventuell genuin ethnische, Mechanismen zurückzuführen sind (Kalter 2005). Aufgrund der vergleichsweise guten Datenlage ist der Stand der Forschung hier relativ weit vorangeschritten und der weitgehend einhellige Befund lautet, dass gerade in Deutschland die Bildungsqualifikationen den Arbeitsmarkterfolg in besonders starker Weise determinieren und, von einer gewissen Sonderrolle der Türken (Kalter 2006b) abgesehen, den Prozess der intergenerationalen strukturellen Assimilation maßgeblich bestimmen (z. B. Bender/Seifert 1996; Granato/Kalter 2001; Kalter/Granato 2002; 2007; Granato 2003; Seibert/Solga 2005; für einen internationalen Vergleich s. Heath/Cheung 2007a).

Dies führt zur unmittelbaren Anschlussfrage danach, wie nun die ethnischen Ungleichheiten im Bildungssystem ihrerseits zu erklären sind. In diesem Zusammenhang lautet die zentrale Leitfrage dann, ob sie in erster Linie eine Frage der sozialen Herkunft sind oder ob hier andere Prozesse für spezifisch ethnische Nach- oder auch Vorteile sorgen. Auch hier liegen mittlerweile zahlreiche Studien vor und belegen die dominierende Rolle des ersten Mechanismus (Alba et al. 1994; Büchel/Wagner 1996; Kristen/Granato 2004; 2007; Baumert/Schümer 2001; 2002; Müller/Stanat 2006; für einen internationalen Vergleich s. Heath/Brinbaum 2007). Die Persistenz ethnischer Disparitäten über die Generationen ist also im deutschen Bildungssystem weitgehend ein Erbe der besonderen Selektivität der früheren Arbeitsmigration, die sich über Mechanismen der *allgemeinen* sozialen Ungleichheit reproduziert (Kalter et al. 2007). Dennoch sind, je nach genauer Bildungsvariable, die man betrachtet, zum Teil auch merkliche zusätzliche Nachteile der Kinder und Jugendlichen mit Migrationshintergrund zu beobachten, insbesondere wieder bei denen türkischer Herkunft. Vieles deutet darauf hin, dass diese Nachteile vorwiegend auf einen Mangel an für die Aufnahmegesellschaft spezifischen Ressourcen zurückgehen, allen voran der Sprache (Esser 2006: 285 ff.). Die Sequenz von Spracherwerb, Bildungserwerb und Arbeitsmarktpositionierung bildet somit eine fundamentale Trajektorie der intergenerationalen Integration. Wichtige neue Beiträge zu ihr stehen im dritten Abschnitt dieses Sonderheftes im Vordergrund.

Hartmut Esser prüft in seinem Beitrag die Bedingungen und Mechanismen der Bilingualität, also einer zentralen Form der kognitiven Mehrfachintegration. Er stützt sich auf ein formalisiertes Modell, das Lernprozesse im Allgemeinen als Investitionen unter individuellen und strukturellen Randbedingungen bzw. Restriktionen auffasst, und expliziert damit nicht zuletzt das grundsätzliche Programm, das von ihm und Nauck in den allgemeinen theoretischen Perspektiven angedeutet wurde. Ein Test mit Daten des Sozioökonomischen Panels (SOEP) bestätigt zentrale Folgerungen dieses Ansatzes: Die Bilingualität (und die Mehrfachintegration im Allgemeinen), die in vielen öffentlichen und wissenschaftlichen Debatten als vielversprechender und erstrebenswerter Ausgang von Akkulturationsprozessen angesehen wird, präsentiert sich als schwieriges Optimierungsproblem, da viele strukturelle Mechanismen einen grundsätzlichen

Nullsummencharakter zwischen den Erträgen aufnahmelandspezifischer und herkunftslandspezifischer Investitionen bewirken. Unter bestimmten Bedingungen ist eine erfolgreiche Mehrfachintegration jedoch relativ mühelos und eine durchaus realistische Option; im Falle der Sprache gilt dies bei frühzeitigem und nachhaltigem Kontakt zu Erst- und Zweitsprach-Nahumwelten.

Cornelia Kristen beschäftigt sich mit dem Leistungsstand von Kindern am Ende der Grundschulzeit und schaut damit auf einen spezifischen Abschnitt, der dem bisher vorhandenen Gesamtbild der ethnischen Ungleichheit im deutschen Bildungssystem ein wichtiges Detail hinzufügt. Mit Hilfe von Daten der Schulleistungsstudie IGLU 2001 kann sie die oben angesprochenen, angedeuteten generellen Befunde anderer Studien bzw. Bildungsetappen bestätigen: die generellen Nachteile der Migrantenkinder, die besonderen Nachteile der Kinder türkischer Herkunft sowie die dominante Rolle der sozialen Herkunft und der Bedingungen des Spracherwerbs bei der Erklärung dieser Befunde. Die Grundcharakteristiken und Hauptmechanismen der ethnischen Bildungsungleichheit zeichnen sich also schon in relativ frühen Phasen des sprachlichen und mathematischen Kompetenzerwerbs ab. Die Analysen belegen damit nicht zuletzt auch wieder die Fruchtbarkeit einer Perspektive, die zentrale Verhaltensweisen im Kontext der Integration – in diesem Falle der Bildungs- und Kompetenzerwerb – als Investitionen auffasst und die Rolle von familialen Ressourcen bei der Genese und Verfestigung von ethnischen Disparitäten betont.

Dies unterstreichen auch *Michael Becker*, *Petra Stanat*, *Jürgen Baumert* und *Rainer Lehmann* und liefern dafür weitere hochinteressante Evidenz, indem sie einen weiteren wichtigen Mosaikstein zum Gesamtbild der ethnischen Ungleichheit beisteuern: Mit Daten der Längsschnittstudie ELEMENT können sie zeigen, dass sich in den Sommerferien zwischen der 4. und 5. Klasse die Schere zwischen den Leseleistungen von Kindern mit und ohne Migrationshintergrund weiter öffnet. Wichtige Entwicklungen bzw. Verstärkungen ethnischer Ungleichheiten finden also außerhalb des institutionellen Kontexts der Schule statt und können ihr somit nicht ursächlich zugeschrieben werden. Auch in diesem Zusammenhang spielt der allgemeine sozio-ökonomische Familienhintergrund eine entscheidende Rolle, allerdings reicht er zur Erklärung der vorhandenen ethnischen Disparitäten in diesem Falle bei weitem nicht aus. Dies lenkt den Blick der zukünftigen Forschung auf tieferliegende Mechanismen, die mit ethnisch differenziellen außerschulischen Gelegenheitsstrukturen des Lernens zusammenhängen.

Mit dem Beitrag von *Anthony Heath* und *Yaojun Li* rückt dann der Arbeitsmarkt in den Fokus des Interesses. Sie untersuchen das Arbeitslosigkeitsrisiko ethnischer Minderheiten in Großbritannien, und die oben skizzierte Leitfrage nach der Rolle der Bildungsqualifikationen bei der Erklärung ethnischer Differenzen bildet auch hier einen der Schwerpunkte. Die beiden Autoren erweitern das mittlerweile etablierte kanonische Vorgehen (Heath/Cheung 2007b) um einen wichtigen dynamischen Aspekt: Sie untersuchen Brutto- und Nettonachteile („ethnic penalties") über die Zeit und versuchen zwischen Generationen-, Lebenszyklus- und Periodeneffekten zu trennen. Die empirische Grundlage bildet dabei ein beeindruckend umfangreicher Datensatz der durch die Kumulation der General Household Surveys (GHS) und der Labour Force Surveys (LFS) zwischen 1972 und 2005 gebildet wurde und allein 420 000 Angehörige ethnischer Minderheiten enthält. Auf dieser Grundlage entsteht ein sehr differenziertes Bild der Entwicklung ethnischer Ungleichheitsstrukturen in Großbritannien, das im Hinblick auf die übergeordnete Leitfrage nach der strukturellen Assimilation einen sehr skeptischen Eindruck vermittelt und wichtige Anschlussfragen nach den eventuellen Barrieren aufwirft.

Frank van Tubergen ergänzt den bisherigen Stand der Strukturellen-Assimilations-Forschung um einen weiteren wichtigen Gesichtspunkt. Die Standardanalysen gehen bei der Analyse des Arbeitsmarkterfolges implizit davon aus, dass man es mit isolierten Einzelakteuren zu tun hat. Insbesondere zwischen Ehe- und Lebenspartnern können jedoch starke Abhängigkeiten bestehen. Die neue Familienökonomie lässt aufgrund der Spezialisierungsvorteile einen negativen Zusammenhang erwarten, während die Sozialkapitaltheorie in dem Arbeitsmarkterfolg des Partners eine grundsätzlich hilfreiche Ressource sieht und damit einen positiven Zusammenhang postuliert. Mit kumulierten Daten des niederländischen Immigrantensurveys SPVA findet van Tubergen einige Evidenz für die Argumente der Sozialkapitaltheorie und zeigt, dass eine explizite Berücksichtigung der Haushaltsstruktur zu einer verbesserten empirischen Analyse ethnischer Ungleichheitsstrukturen auf dem Arbeitsmarkt beiträgt.

3.2 Soziale Integration

Der gerade diskutierte Beitrag von Frank van Tubergen ist ein Beispiel dafür, dass die stärkere Berücksichtigung der sozialen Vernetzung von Akteuren einen wichtigen und erfolgversprechenden Ansatzpunkt darstellt, um offene Rätsel in der strukturellen Assimilationsforschung zu lösen. Darauf weisen auch neuere Befunde im Kontext des deutschen Arbeitsmarktes (Kalter 2006b) und des deutschen Bildungssystems (Kristen 2005) hin. Dies verdeutlicht noch einmal, dass die implizite Annahme der klassischen Assimilationstheorie eines nur einseitigen Einflusses der strukturellen Assimilation auf die soziale zu kurz greift und um entsprechende Feedback-Mechanismen ergänzt werden muss.

Beschäftigt man sich mit Prozessen der sozialen Integration, so rücken damit neben den deskriptiven Aspekten zwei Grundfragen in den Vordergrund. Welche Bedeutung hat, erstens, die strukturelle Integration für die soziale, und durch welche genauen Mechanismen kommt diese „klassische" Einflussrichtung zustande? Was sind, zweitens, die von der strukturellen Integration unabhängigen Bedingungen und Einflussfaktoren, die dann über die soziale Integration und die angesprochenen Feedback-Prozesse nicht zuletzt für den Prozess der intergenerationalen Integration im Allgemeinen relevant werden? Drei Beiträge dieses Sonderheftes gehen diesen Fragen anhand von drei unterschiedlichen Aspekten der sozialen Integration nach.

Beate Völker, Fenne Pinkster und *Henk Flap* beschäftigen sich mit den sozialen Netzwerken von Migranten in den Niederlanden. Sie geben der Integrationsforschung dabei aus der Perspektive der allgemeinen Netzwerkforschung wichtige Impulse: Zum einen schließen sie direkt an die dort vorhandenen theoretischen Ansätze an und zeigen, dass sich aus ihnen auch fruchtbare Hypothesen über ethnische Aspekte von Netzwerkstrukturen ableiten lassen. Zum anderen richten sie ihren empirischen Blick nicht nur auf die ethnische Zusammensetzung der Migrantennetzwerke, sondern auch auf die darin enthaltenen Ressourcen, d. h. auf das soziale Kapital und damit auf ein wichtiges verbindendes Konzept zwischen den strukturellen und sozialen Aspekten der Integration. Mit Hilfe von drei speziellen Datensätzen aus den Niederlanden können sie strengere Tests ihrer zentralen Thesen vornehmen und interessante Befunde über die generellen Zusammenhänge zwischen den Integrationstypen und -dimensionen beisteuern, z. B. dass ethnisch homogene Netzwerke auch unter Kontrolle des strukturellen Integrationsgrades mit einem geringeren Sozialkapital einhergehen.

Julia Schroedter und *Frank Kalter* analysieren Trends binationaler Eheschließungen und wenden sich damit einem Phänomen zu, das gemeinhin als härtester Indikator einer gelungenen Integration in die Aufnahmegesellschaft angesehen wird. Aufgrund der generellen Datenlage ist diesem Thema im deutschen Kontext bislang noch nur relativ wenig Aufmerksamkeit geschenkt worden. Durch die Kumulation der Daten des deutschen Mikrozensus ist es nun möglich, sehr differenzierte Analysen durchzuführen. Sie bestätigen unter anderem, dass die strukturelle Integration, wie theoretisch zu erwarten, ein entscheidender Einflussfaktor für die Wahl eines Partners aus der Aufnahmegesellschaft ist. Dennoch lassen sich damit ganz offensichtlich bei Weitem noch nicht alle Gruppenunterschiede und Trends über die Generationen, die Zeit und die Kohorten erklären. Es ergibt sich also dringender weiterer Forschungsbedarf nach den ergänzenden feineren Hintergrundmechanismen etwaiger kultureller Präferenzen und spezifisch ethnischer Gelegenheitsstrukturen, wobei insbesondere das Phänomen der transnationalen Ehen besondere Beachtung zu verdienen scheint.

Jürgen Friedrichs widmet sich schließlich einem weiteren zentralen Gegenstand, der sich unter die soziale Integration subsumieren lässt: der räumlichen Segregation. Auch hier ist der Stand der Forschung in Deutschland aufgrund der Datenlage noch sehr unbefriedigend, insbesondere wenn es um die generierenden Hintergrundmechanismen geht. Die konzeptionelle, theoretische und empirische Bestandsaufnahme von Friedrichs verdeutlicht, dass diese „räumliche Dimension" über die mit ihr verbundenen Gelegenheitsstrukturen eine wichtige Schnittstelle zwischen der strukturellen und der sozialen Dimension einnimmt. Friedrichs unterstreicht ihre enorme Relevanz im Gesamtpuzzle des Prozesses der intergenerationalen Integration und zeigt eine Reihe von offenen Fragen sowie möglichen theoretischen und methodischen Ansatzpunkten auf.

3.3 Emotionale Integration

Die emotionale Dimension der Integration umfasst die gefühlsmäßige Haltung zur Herkunfts- und zur Aufnahmegesellschaft und die Beibehaltung bzw. Übernahme jeweils dominanter Einstellungen und Wertorientierungen. Diese Gesichtspunkte stehen oftmals im Zentrum gesellschaftspolitischer Debatten und Auseinandersetzungen und werden in solchen als Kern eines erfolgreichen und nachhaltigen gesellschaftlichen Integrationsmodells betrachtet. In der analytischen Migrationsforschung wird die Rolle emotionaler Aspekte hingegen etwas nüchterner und differenzierter eingeschätzt. Zwar gibt es gute Gründe, warum eine empathische Identifikation mit der Aufnahmegesellschaft und ihren Werten nur bei einer gelungenen kognitiven, sozialen und vor allem strukturellen Assimilation zu erwarten sei – umgekehrt kommt in „individualisierten"

Marktgesellschaften die gesamtgesellschaftliche, d. h. „systemische" Integration auch ohne die explizite Loyalität ihrer Mitglieder aus (Esser 2000: 304 f.). Eine (individuelle) Segmentation oder Mehrfachintegration wäre im Hinblick auf die Identifikation also noch vergleichsweise wahrscheinlich als dauerhafter Typus der Sozialintegration von Migranten denkbar.

Die leitenden Forschungsfragen sind auch in dieser Dimension wieder die bekannten: Welche Trends lassen sich im Hinblick auf die grundlegenden Typen der Sozialintegration feststellen und wovon sind sie abhängig? Vor allem: Wie stark hängt der Typus der emotionalen Integration mit dem anderer Dimensionen, beispielsweise der strukturellen, zusammen? In der quantitativen empirischen Forschung ist die Dimension der Identifikation bislang eher selten beachtet worden, was zu einem großen Teil wieder auf einen Mangel an geeigneten Daten zurückzuführen ist. Insgesamt drei Beiträge dieses Sonderheftes nutzen neue Möglichkeiten und können anhand von sehr unterschiedlichen Teilaspekten bzw. Indikatoren wertvolle Analysen zu diesen Grundfragen beisteuern.

Karen Phalet, *Merove Gijsberts* und *Louk Hagendoorn* widmen sich dem zentralen Bereich der Religion und schließen die Integrationsforschung an die hier diskutierten theoretischen Ansätze an. Mit Hilfe von kumulieren Querschnittsdaten untersuchen sie religiöse Orientierungen und Verhaltensweisen muslimischer Migranten in den Niederlanden zwischen 1998 und 2005. Sie zeigen, dass es hier, entgegen populären Thesen etwaiger Revitalisierungen, über die Zeit und über die Generationen klare Trends hin zu einer Säkularisierung und damit zu einer Assimilation an die Mehrheitsbevölkerung gibt. Auch die Einordnung des Phänomens in die allgemeinen Integrationszusammenhänge fällt relativ eindeutig aus, denn säkulare Grundhaltungen gehen mit einer strukturellen und sozialen Assimilation einher.

In dieser Hinsicht befassen sich *Claudia Diehl* und *Michael Blohm* mit einem gewissen Rätsel. Sie schauen auf einen relativ harten Indikator der Identifikation, die Einbürgerung. Hier weisen die türkischen Migranten in der Bundesrepublik seit einiger Zeit die höchsten Quoten auf, obwohl sie von allen früheren Anwerbeländern die strukturell und sozial am wenigsten assimilierte Gruppe darstellen. Analysen mit Mikrozensusdaten zeigen, dass die hohen Einbürgerungsquoten der Türken nicht bloß auf die rechtlichen Zugangsbedingungen zurückzuführen sind und dass auch das Argument höherer rechtlicher Anreize wenig plausibel scheint. Diehl und Blohm sehen einen wesentlichen Beitrag zur Erklärung des Phänomens gerade darin, dass die türkische Minderheit durch besonders saliente Gruppengrenzen von der Mehrheit getrennt ist. Ein demonstratives „boundary crossing" trage somit, wenn entsprechende Netzwerkstrukturen bestehen, in besonderer Weise zur Herausbildung sozialer Identität bei. Mit den Daten des Sozioökonomischen Panels finden sie hierfür indirekte Evidenz.

Mit einer Identifikation der ganz besonderen Art beschäftigen sich schließlich *Jürgen Gerhards* und *Silke Hans*. Sie untersuchen, welche Vornamen Migranten für ihre Kinder wählen und können sich dabei auf Zusatzinformationen zum Sozioökonomischen Panel stützen, die im Rahmen eines Sonderprojektes aufbereitet wurden. Der originale Indikator bringt neue Evidenz für viele Standardbefunde und -erwartungen im Hinblick auf die emotionale Identifikation sowie interessante Anstöße: Zuwanderer aus der Türkei sind auch in Bezug auf die Wahl der Vornamen am geringsten assimiliert und die Neigung zu Namen, die (auch) in der Aufnahmegesellschaft gebräuchlich sind, hängt insgesamt positiv mit dem Grad der strukturellen und sozialen Assimilation zusammen. Gerhards und Hans plädieren mit ihrem Anwendungsbeispiel generell dafür, das Konzept der kulturellen Distanz zwischen Herkunfts- und Aufnahmegesellschaft in der Integrationsforschung konsequenter zu berücksichtigen.

IV. Ethnische Grenzziehung und soziale Distanz

In den theoretischen Beiträgen des ersten Teils dieses Sonderheftes (s. *I*) wird die Bedeutung von Prozessen der ethnischen Grenzziehung und der sozialen Distanzierung für den Ausgang von Integrationsprozessen besonders hervorgehoben. Auf Seiten der Migranten finden sie sich, wie etwa die beiden zuletzt diskutierten Beiträge von Diehl und Blohm sowie Gerhards und Hans verdeutlichen, vor allem in Aspekten, die der emotionalen Integration bzw. der Identifikation zugerechnet werden können. Der Ausgang von Integrationsprozessen ist ferner von entsprechenden Reaktionen auf Seiten der einheimischen Bevölkerung abhängig. Diese werden bereits in vielen Beiträgen des dritten, vierten und fünften Teils dieses Bandes als wichtige Randbedingungen der untersuchten Teilphänomene betont – zumindest theoretisch, denn der empirische Nachweis tatsächlicher Wirkungen ist sehr voraussetzungsreich und aufgrund der Datenlage oft nicht möglich. In den drei Beiträgen des sechsten und letzten Teils stehen soziale Distanzen der Aufnahmegesellschaft selbst im Vordergrund.

Susanne Rippl fragt, ob sich in der Bundesrepublik Deutschland ein zeitlicher Trend in Richtung einer geringeren sozialen Distanz konstatieren lässt. Prominente soziologische und sozialpsychologische Ansätze kommen hier vor dem Hintergrund simultaner gesellschaftlicher Veränderungen zu widersprechenden theoretischen Erwartungen. In ihren Analysen mit Daten des kumulierten ALLBUS findet sie in der deutschen Mehrheitsbevölkerung tatsächlich eine deutliche Abnahme fremdenfeindlicher Einstellungen und eine deutliche Zunahme interethnischer Kontakte über die Kohorten und über die Zeit. Dies spricht zumindest indirekt für sozialisationstheoretische Überlegungen und Argumentionen im Rahmen der Kontakthypothese. Zentrale konflikttheoretische oder desintegrationstheoretische Annahmen lassen sich hingegen nicht bestätigen.

Amelie Mummendey und *Thomas Kessler* beschäftigen sich aus sozialpsychologischer Perspektive mit den genaueren kognitiven Prozessen hinter der Akzeptanz bzw. Ablehnung von Fremden. Für das tiefere Verständnis der entsprechenden Mechanismen schlagen sie das Eigengruppenprojektionsmodell (EPM) vor. Dieses geht davon aus, dass Gruppen dazu neigen, ihre eigenen Eigenschaften auf übergeordnete, umfassendere Gemeinschaften zu projizieren. Die somit entstehenden Prototypen werden dann zu normativen Maßstäben und bilden die Grundlage einer Bevorzugung der Eigengruppe und einer Benachteiligung von Fremdgruppen. Mummendey und Kessler leiten Bedingungen ab, die das Ausmaß der Eigengruppenprojektion und ihrer Konsequenzen bestimmen und prüfen die daraus resultierenden Hypothesen anhand einer vergleichenden Studie unter Schülerinnen und Schülern in Belgien, England und Deutschland.

Der letzte Beitrag von *Kira Alexander* und *Janet Schofield* gibt einen Überblick über den Stand der Forschung zu einem höchst interessanten und bislang in der Integrationsforschung noch viel zu wenig beachteten Phänomen, dem sogenannten „Stereotype Threat". Damit ist allgemein gemeint, dass vorhandene Vorurteile in Bezug auf soziale Gruppen, insbesondere solche über ihre generelle Leistungsfähigkeit, bei den Angehörigen dieser Gruppen die Furcht auslösen, gegebenenfalls diese Vorurteile zu bestätigen, und dass dieser psychologische Druck dann tatsächlich die eigentliche Leistungsfähigkeit senkt. Dieser Mechanismus ist nicht nur deshalb so wichtig, weil er eventuell einen weiteren Baustein zum Rätsel der ethnischen Bildungsungleichheit beitragen kann (s. o. 3.1), sondern weil er darüber hinaus eine nur allzu naheliegende weitere Konsequenz besitzt: Die durch die existierenden Vorurteile erst ausgelösten Leistungsbeeinträchtigungen werden gerade wieder diese Vorurteile bestätigen.

Das Phänomen des Stereotype Threat verdeutlicht somit generell, dass sich ethnische Ungleichheitsstrukturen oftmals über komplexe Feedback-Dynamiken stabilisieren. Ein adäquates Verständnis der Einzelphänomene, der ethnischen Kompetenzunterschiede im Bildungssystem und der Vorurteile, in diesem Beispiel, ist isoliert, d. h. ohne eine explizite Berücksichtigung dieser Wechselwirkungen nicht möglich. Theoretisch wird die Notwendigkeit einer Berücksichtigung entsprechender Dynamiken schon seit langem betont (Loury 1977) und mittlerweile liegen anspruchsvolle explizite Modellierungen des Wechselspiels zwischen Einstellungen und Verhalten vor (Coate/Loury 1993). Solche Modelle zu nutzen und zu testen, ist eine lohnenswerte, aber auch höchst anspruchsvolle Aufgabe für die zukünftige empirische Forschung.

V. Methoden und Datenlage

Insgesamt 15 Artikel dieses Sonderheftes steuern eigene empirische Analysen bei. Diese verdeutlichen, dass eine adäquate empirische Bearbeitung zentraler Probleme der Migrationsforschung in der Regel elaborierte statistische Methoden voraussetzt. In diesem Band können nur die Analysen von Cohen, Haberfeld und Kogan vergleichsweise einfach bleiben, weil ihnen ein seltenes starkes Grunddesign, ein natürliches Experiment, zugrunde liegt. In den restlichen 14 Studien sind multivariate Regressionsverfahren unverzichtbar und Verfahren wie die logistische Regression, das ordinale oder das multinomiale Logitmodell sind mittlerweile auch in der Migrationsforschung Standard. Außerdem haben sich viele fortgeschrittene Verfahren zur Lösung einzelner Spezialprobleme in den Sozialwissenschaften etabliert und können auch im Bereich der Migration und Integration nun aussagekräftigere Antworten auf „alte" Fragen ermöglichen. Zur Anwendung kommen in diesem Sonderheft beispielsweise ereignisanalytische Modelle mit zeitabhängigen Kovariaten (Massey, Kalter und Pren), Modelle mit Stichprobenkorrektur (Huinink und Kley; Heath und Li) oder verschiedene Multi-Level-Verfahren (Kristen; Becker, Stanat, Baumert und Lehmann).

Die Perspektiven der empirischen Migrationsforschung sind aber nicht nur untrennbar mit den allgemeinen Entwicklungen in den Analyseverfahren, sondern auch und vor allem mit denen in der Dateninfrastruktur verbunden. Auch hier haben sich in den letzten Jahren ohne Zweifel vielversprechende Möglichkeiten eröffnet und zum Fortschritt innerhalb des Forschungsfeldes beigetragen. So fällt auf, dass nur drei Beiträge dieses Bandes ausschließlich auf Primärdaten zurückgreifen – zwei (Massey, Kalter und Pren; Huinink und Kley) sind dabei im Teilbereich „Migration" *(II)*, der andere (Mummendey und Kessler) im Teilbereich „Ethnische Grenzziehung" *(VI)* angesiedelt. Gerade im Kernbereich der Felder der Integration *(III-V)* kommen ausschließlich Sekundärdaten zum Tragen. Dies mag überraschen, denn auch hier führte zur Beantwortung etwas speziellerer Fragen lange Zeit kaum ein Weg an einer aufwändigen eigenen Erhebung vorbei. Einige wichtige Entwicklungen haben die generelle Datensituation in den letzten Jahren jedoch sehr positiv beeinflusst.

Allgemeine Bevölkerungsbefragungen sind bislang vor allem im Hinblick auf die Reaktionen der Mehrheitsbevölkerung relevant gewesen. So sind beispielsweise die ALLBUS-Studien eine bevorzugte Datenquelle, wenn es um Einstellungen gegenüber Fremden und Vorurteile geht (Alba et al. 2000). Sie kommen in diesem Zusammenhang auch in einem Beitrag dieses Sonderheftes (Rippl) zur Anwendung. Für die Analyse der Einstellungen und des Verhaltens der Migranten selbst liefern allgemeine Stichproben jedoch in der Regel nur eine geringe Anzahl an „günstigen Fällen". Dass Migranten eine relativ „seltene Population" darstellen, ist im Hinblick auf die Datenlage gewissermaßen das Grundproblem der empirischen Migrationsforschung. Schon die demographische Entwicklung sorgt aber dafür, dass sich diese Anzahl erhöht, und auch aus anderen Gründen, wie zum Beispiel der sprachlichen Assimilation, gelangen faktisch immer mehr Migranten und ihre Nachfahren in die realisierten Stichproben. So können drei Beiträge dieses Sonderheftes (Kristen; Becker, Stanat, Baumert und Lehmann; Völker, Pinkster und Flap) für ihre Fragestellungen auf Studien zurückgreifen, die für allgemeinere Ziele konzipiert und nicht spezifisch auf das Thema Integration ausgerichtet sind. In zwei Fällen wird dies dadurch begünstigt, dass sich die Untersuchungen auf Schulkinder beziehen und damit auf eine Teilpopulation, die einen besonders hohen Anteil von Befragten mit Migrationshintergrund enthält. Alle drei Beiträge verdeutlichen aber auch, dass Analysen mit solchen allgemeinen Datensätzen in der Regel immer noch keine sehr feinen Differenzierungen nach bestimmten Teilgruppen und Generationen erlauben. Das allgemeine Grundproblem der „seltenen Population" hat sich also zwar tendenziell und vor allem in bestimmten Sondersituationen etwas gelindert, setzt der empirischen Migrationsforschung jedoch nach wie vor deutliche Grenzen.

Deshalb sind amtliche Mikrodaten für das Thema „Migration und Integration" von ganz besonderer Bedeutung. Aufgrund des äußerst hohen Stichprobenumfangs steht hier auch für die Analyse feinerer Subgruppen oft noch eine ausreichende absolute Fallzahl zur Verfügung (Wirth/Müller 2006: 99). Der Kenntnisstand im Themenbereich profitierte in den letzten Jahren ganz entscheidend von dem verbesserten Zugang zu Mikrodaten der amtlichen Statistik, von denen auch insgesamt vier Beiträge dieses Sonderheftes (Cohen, Haberfeld und Kogan; Heath und Li; Schroedter und Kalter; Diehl und Blohm) Gebrauch machen. In Deutschland hat insbesondere der Mikrozensus ein breites Potenzial für Fragen der Integration. Für viele Erhebungsjahre stehen nunmehr Scientific Use Files zur Verfügung und das veränderte Konzept zur Erfassung des Migrationshintergrundes seit 2005 erlaubt zielführendere Analysen im Hinblick auf viele Teilprozesse der intergenerationalen Integration. Neben den aufgrund des Frageprogramms naheliegenden Schwerpunktthemen Arbeitsmarkt und Bildung lassen sich, wie das Sonderheft verdeutlicht, die Daten des Mikrozensus auch für andere Themen-felder heranziehen. Das Problem ist jedoch, dass die Analysemöglichkeiten mit amtlichen Daten in der Tiefe erheblich eingeschränkt sind. Sucht man nach den feineren erklärenden Mechanismen hinter den Phänomenen, so fehlt es oft an spezifischen Indikatoren, die diese erfassen könnten.

In dieser Hinsicht bietet in Deutschland das Sozioökonomische Panel (SOEP) oft weiterführende Möglichkeiten. Es steht schon seit mehr als zwanzig Jahren als weiterer zentraler Datensatz der Migrationsforschung zur Verfügung und seine entsprechenden Möglichkeiten sind, wie drei Beiträge dieses Sonderheftes (Esser *(III)*; Diehl und Blohm; Gerhards und Hans) verdeutlichen, noch lange nicht ausgeschöpft. Der vorausschauenden Umsicht der Verantwortlichen ist es zu verdanken, dass im SOEP von Anfang an zwei wichtige Strategien verfolgt wurden, von der die empirische Migrationsforschung nachhaltig profitierte: Ein Oversampling von Migrantenpopulationen lindert das oben skizzierte Seltene-Population-Problem und im Frageprogramm sind zentrale Indikatoren der Integration enthalten, die für die Entdeckung wichtiger Hintergrundmechanismen notwendig sind. Die beiden Strategien stellen einen generellen Weg dar, allgemeinere Untersuchungen an die spezifischen Fragen der Migrations- und Integrationsforschung anzuschließen. Sie sind beispielsweise auch im demnächst startenden Nationalen Bildungspanel (NEPS) implementiert, von dem somit wichtige Fortschritte unseres Wissens über die Mechanismen der Entstehung und der Verfestigung ethnischer Bildungsungleichheiten zu erwarten sind. Obwohl der Beitrag solcher „Großstudien mit explizitem Migrationsschwerpunkt" nicht hoch genug eingeschätzt werden kann, müssen auch sie noch viele Fragen offen lassen, denn Sampling, Befragungsvorgehen und Auswahl bzw. Ausgestaltung der Indikatoren sind Resultat notwendiger Kompromisse zwischen divergierenden Interessen und letztlich nicht auf die spezifischen Bedürfnisse der empirischen Migrationsforschung hin optimiert.

Eine weitere grundsätzliche Datenquelle bilden deshalb spezifische Migrantensurveys. In diesem Sonderheft greifen zwei Beiträge (van Tubergen; Phalet, Gijsberts und Hagendoorn) beispielsweise auf den niederländischen Survey SPVA (Social Position and Facilities Use of Ethnic Minorities) zurück. Auch in Deutschland wurden ähnliche Befragungen durchgeführt, beispielsweise der Integrationssurvey des Bundesinstituts für Bevölkerungsforschung (Mammey/Sattig 2002), die Serie von „Repräsentativuntersuchungen zur Situation der ausländischen Arbeitnehmer und ihrer Familienangehörigen in der Bundesrepublik Deutschland" (Mehrländer et al. 1981; König et al. 1986; Mehrländer et al. 1996; Venema/Grimm 2002) oder die jüngste Repräsentativbefragung „Ausgewählte Migrantengruppen in Deutschland 2006/2007" des Bundesamtes für Migration und Flüchtlinge (Babka von Gostomski 2008). Leider werden diese politiknahen Studien jedoch vorwiegend für deskriptive Berichtszwecke konzipiert. Als Sekundärdatenquelle in Fachzeitschriften tauchen sie in der Regel nicht auf, denn sie sind weitgehend ohne Einbezug der Bedürfnisse und der Erkenntnisse universitärer Grundlagenforschung entwickelt. Hier gibt es ohne Zweifel noch Raum für Synergiegewinne.

Neben den allgemeinen designtechnischen und inhaltlichen Wünschen illustrieren die Beiträge dieses Sonderheftes – manchmal explizit, manchmal implizit – noch mindestens zwei weitere grundsätzliche Datenbedürfnisse. Das erste ist das nach länderübergreifenden, möglichst exakt vergleichbaren Daten. Drei Studien dieses Bandes sind komparativ angelegt, zwei davon (Massey, Kalter und Pren; Mummendey und Kessler) arbeiten mit eigens zu diesen Zwecken erhobenen Primärdaten, einer (Cohen, Haberfeld und Kogan) stützt sich auf Daten der amtlichen Statistik. Die Frage, wie die theoretischen Erwartungen und die empirischen Befunde in weiteren Kontexten aussehen, liegt nicht nur bei diesen, sondern bei allen empirischen Studien dieses Bandes als sofortige Anschlussfrage auf der Hand. Dies gilt natürlich insbesondere dort, wo Deutschland nicht der Anwendungsfall ist. Wie schwer es allerdings oft ist, möglichst vergleichbare Analysen, auch zu sehr naheliegenden Fragen, mit vorliegenden Sekundärdaten durchzuführen, verdeutlichen einige entsprechende Versuche (Heath/Cheung 2007a; Heath/Brinbaum 2007). International abgestimmte Datenservice-Projekte für die Integrationsforschung sind hier dringend vonnöten.

Das zweite offensichtliche Bedürfnis ist der zunehmende Bedarf an Längsschnitts- statt Querschnittsinformationen. Die Grundfragen der Migrations- und Integrationsforschung sind, wie oben erläutert, prozesshafter und nicht statischer Natur. Die eben skizzierten Entwicklungen der Dateninfrastruktur erlauben es mittlerweile an vielen Stellen, vorhandene Querschnittsdaten zu kumulieren, und erstaunlich viele Beiträge dieses Sonderheftes machen von dieser Möglichkeit Gebrauch. Einerseits geschieht dies, um die Fallzahlen für die Analysen weiter zu erhöhen (van Tubergen), andererseits aber auch, um grundsätzliche Hypothesen über Trends der Integration bzw. Assimilation zu testen (Heath und Li; Schroedter und Kalter; Phalet, Gijsberts und Hagendoorn; Rippl).

Um die im Laufe dieses Einleitungsbeitrages aufgeworfenen vielfältigen Fragen nach den tieferen Mechanismen und den genauen kausalen Wechselwirkungen zwischen einzelnen Teilaspekten des Migrations- und Integrationsgeschehens adäquater beantworten zu können, sind jedoch Längsschnittdaten auf Individualebene letztlich unverzichtbar. Drei Beiträge dieses Sonderheftes (Massey, Kalter und Pren; Huinink und Kley; Becker, Stanat, Baumert und Lehmann) legen solche Daten zugrunde, sie sind in allen Fällen selbst erhoben. Als Sekundärdatenquelle Nummer eins steht das SOEP bereit, dessen Längsschnitt-Potenzial wird faktisch noch immer viel zu wenig genutzt. Mit dem Bildungspanel (NEPS) wird, wie angesprochen, demnächst ein besonders vielversprechender Datensatz für zentrale Fragen der ethnischen Bildungsungleichheit hinzukommen. Es wurde aber ebenfalls schon angesprochen, dass beide Großuntersuchungen nur bestimmte Aspekte der äußerst vielschichtigen Migrations- und Integrationsfragen abdecken und, da sie allgemeineren Zwecken dienen, längst nicht alle Bedürfnisse erfüllen können. An zusätzlichen spezifischen Migrantenpanels, möglichst in international vergleichende Vorhaben eingebettet, führt somit mittelfristig kein Weg vorbei. Dies gilt zumindest, wenn man den Bedarf einer theoriegeleiteten und erklärenden Migrationsforschung ernst nimmt, der in diesem Einleitungsbeitrag angedeutet und in den weiteren Beiträgen im Einzelnen ausgeführt wird.

Literatur

Alba, Richard D./Handl, Johann/Müller, Walter, 1994: Ethnische Ungleichheit im deutschen Bildungssystem, in: Kölner Zeitschrift für Soziologie und Sozialpsychologie 46, 209-237.
Alba, Richard D./Nee, Victor, 1997: Rethinking Assimilation Theory for a New Era of Immigration, in: International Migration Review 31, 826-874.
Alba, Richard/Nee, Victor, 2003: Remaking the American Mainstream. Cambridge, Mass./London: Harvard University Press.
Alba, Richard/Schmidt, Peter/Wasmer, Martina (Hrsg.), 2000: Blickpunkt Gesellschaft 5. Deutsche und Ausländer: Freunde, Fremde oder Feinde? Wiesbaden: Westdeutscher Verlag.
Babka von Gostomski, Christian, 2008: Türkische, griechische, italienische und polnische Personen sowie Personen aus den Nachfolgestaaten des ehemaligen Jugoslawien in Deutschland. Erste Ergebnisse der Repräsentivbefragung „Ausgewählte Migrantengruppen in Deutschland 2006/2007" (RAM). Working Paper 11 der Forschungsgruppe des Bundesamtes für Migration und Flüchtlinge (BAMF), Nürnberg.
Baumert, Jürgen/Schümer, Gundel, 2001: Familiäre Lebensverhältnisse, Bildungsbeteiligung und Kompetenzerwerb, in: *Baumert, Jürgen/Klieme, Eckhard/Neubrand, Michael* et al. (Deutsches PISA-Konsortium) (Hrsg.), PISA 2000 – Basiskompetenzen von Schülerinnen und Schülern im internationalen Vergleich. Opladen: Leske + Budrich, 323-407.
Baumert, Jürgen/Schümer, Gundel, 2002: Familiäre Lebensverhältnisse, Bildungsbeteiligung und Kompetenzerwerb im nationalen Vergleich, in: *Baumert, Jürgen/Artelt, Cordula/Klieme, Eckhard* et al. (Deutsches PISA-Konsortium) (Hrsg.), PISA 2000 – Die Länder der Bundesrepublik im Vergleich. Opladen: Leske + Budrich, 159-202.
Bender, Stefan/Seifert, Wolfgang, 1996: Zuwanderer auf dem Arbeitsmarkt. Nationalitäten- und geschlechtsspezifische Unterschiede, in: Zeitschrift für Soziologie 25, 473-495.
Berry, John W., 1997: Immigration, Acculturation, and Adaptation, in: Applied Psychology: An International Review 46, 5-34.
Bogue, Donald J., 1977: A Migrant's-Eye View of the Costs and Benefits of Migration to a Metropolis, in: *Brown, Alan A./Neuberger, Egon* (Hrsg.), Internal Migration. A Comparative Perspective. New York: Academic Press, 167-182.
Borjas, George J., 1987: Self-selection and the Earnings of Immigrants, in: The American Economic Review 77, 531-553.
Borjas, George J., 1994: The Economics of Immigration, in: Journal of Economic Literature 32, 1667-1717.
Breton, Raymond, 1964: Institutional Completeness of Ethnic Communities and the Personal Relations of Immigrants, in: American Journal of Sociology 70, 193-205.
Brown, Lawrence A./Moore, Eric G., 1970: The Intra-Urban Migration Process: A Perspective, in: Geografiska Annaler 52B, 1-13.
Büchel, Felix/Wagner, Gert, 1996: Soziale Differenzen der Bildungschancen in Westdeutschland – Unter besonderer Berücksichtigung von Zuwandererkindern, in: *Zapf, Wolfgang/Schupp, Jürgen/Habich, Roland* (Hrsg.), Lebenslagen im Wandel: Sozialberichterstattung im Längsschnitt. Frankfurt a. M./New York: Campus, 80-96.
Chemers, Martin M./Ayman, Roya/Werner, Carol, 1978: Expectancy Theory Analysis of Migration, in: Journal of Population 1, 42-56.
Coate, Stephen/Loury, Glenn C., 1993: Will Affirmative-Action Policies Eliminate Negative Stereotypes?, in: The American Economic Review 83, 1220-1240.
De Jong, Gordon F./Fawcett, James T., 1981: Motivations for Migration: An Assessment and a Value-Expectancy Research Model, in: *De Jong, Gordon F./Gardner, Robert W.* (Hrsg.), Migration Decision Making. New York: Pergamon Press, 13-58.
Dodd, Stuart Carter, 1950: The Interactance Hypothesis. A Gravity Model Fitting Physical Masses and Human Groups, in: American Sociological Review 15, 245-256.
Elwert, Georg, 1982: Probleme der Ausländerintegration. Gesellschaftliche Integration durch Binnenintegration?, in: Kölner Zeitschrift für Soziologie und Sozialpsychologie 34, 717-731.
Esser, Hartmut, 1980: Aspekte der Wanderungssoziologie. Darmstadt/Neuwied: Luchterhand.

Esser, Hartmut, 1990: Nur eine Frage der Zeit? Zur Eingliederung von Migranten im Generationen-Zyklus und zu einer Möglichkeit, Unterschiede hierin zu erklären, in: *Esser, Hartmut/Friedrichs, Jürgen* (Hrsg.), Generation und Identität. Studien zur Sozialwissenschaft, Bd. 97. Opladen: Westdeutscher Verlag, 73-100.
Esser, Hartmut, 1999: Soziologie. Spezielle Grundlagen. Band 1: Situationslogik und Handeln. Frankfurt a. M./New York: Campus.
Esser, Hartmut, 2000: Soziologie. Spezielle Grundlagen. Band 2: Die Konstruktion der Gesellschaft. Frankfurt a. M.: Campus.
Esser, Hartmut, 2006: Sprache und Integration. Frankfurt a. M./New York: Campus.
Esser, Hartmut/Friedrichs, Jürgen (Hrsg.), 1990: Generation und Identität. Opladen: Westdeutscher Verlag.
Faist, Thomas, 2000: The Volume and Dynamics of International Migration and Transnational Social Spaces. Oxford: Clarendon Press.
Glazer, Nathan/Moynihan, Daniel P., 1970: Beyond the Melting Pot. Cambridge, Mass.: MIT Press.
Gordon, Milton M., 1964: Assimilation in American Life. New York: Oxford University Press.
Granato, Nadia, 2003: Ethnische Ungleichheit auf dem deutschen Arbeitsmarkt. Schriftenreihe des Bundesinstituts für Bevölkerungsforschung, Bd. 33. Opladen: Leske + Budrich.
Granato, Nadia/Kalter, Frank, 2001: Die Persistenz ethnischer Ungleichheit auf dem deutschen Arbeitsmarkt. Diskriminierung oder Unterinvestition in Humankapital?, in: Kölner Zeitschrift für Soziologie und Sozialpsychologie 53, 497-520.
Hansen, Marcus L., 1938: The Problem of the Third Generation Immigrant. Rock Island: Augustana Historical Society Publications.
Heath, Antony F./Brinbaum, Yaël, 2007: Explaining Ethnic Inequalities in Educational Attainment, in: Ethnicities 7, 291-305.
Heath, Anthony F./Cheung, Sin Yi (Hrsg.), 2007a: Unequal Chances. Ethnic Minorities in Western Labour Markets. Proceedings of the British Academy 137. Oxford University Press.
Heath, Anthony F./Cheung, Sin Yi, 2007b: The Comparative Study of Ethnic Minority Disadvantage, in: *Heath, Anthony F./Cheung, Sin Yi* (Hrsg.), Unequal Chances. Ethnic Minorities in Western Labour Markets. Proceedings of the British Academy 137. Oxford University Press.
Heckmann, Friedrich, 1981: Die Bundesrepublik: Ein Einwanderungsland? Zur Soziologie der Gastarbeiterbevölkerung als Einwanderungsminorität. Stuttgart: Klett-Cotta.
Heckmann, Friedrich, 1992: Ethnische Minderheiten, Volk und Nation. Soziologie inter-ethnischer Beziehungen. Stuttgart: Enke.
Hicks, John Richard, 1932: The Theory of Wages. London: Macmillan.
Hoffmann-Nowotny, Hans-Joachim, 1970: Migration. Ein Beitrag zu einer soziologischen Erklärung. Stuttgart: Enke.
Hoffmann-Nowotny, Hans-Joachim, 1973: Soziologie des Fremdarbeiterproblems. Eine theoretische und empirische Analyse am Beispiel der Schweiz. Stuttgart: Enke.
Kalter, Frank, 1997: Wohnortwechsel in Deutschland. Ein Beitrag zur Migrationssoziologie und zur empirischen Anwendung von Rational-Choice-Modellen. Opladen: Leske + Budrich.
Kalter, Frank, 2005: Ethnische Ungleichheit auf dem Arbeitsmarkt, in: *Abraham, Martin/Hinz, Thomas* (Hrsg.), Arbeitsmarktsoziologie. Probleme, Theorien, empirische Befunde. Wiesbaden: VS Verlag für Sozialwissenschaften, 303-332.
Kalter, Frank, 2006a: Migration, in: *Schäfers, Bernhard/Kopp, Johannes* (Hrsg.), Grundbegriffe der Soziologie. 9., grundlegend überarbeitete und aktualisierte Auflage. Wiesbaden: VS Verlag für Sozialwissenschaften, 195-199.
Kalter, Frank, 2006b: Auf der Suche nach einer Erklärung für die spezifischen Arbeitsmarktnachteile von Jugendlichen türkischer Herkunft. Zugleich eine Replik auf den Beitrag von Holger Seibert und Heike Solga: „Gleiche Chancen dank einer abgeschlossenen Ausbildung?", in: Zeitschrift für Soziologie 35, 144-160.
Kalter, Frank, 2007: Ethnische Kapitalien und der Arbeitsmarkterfolg Jugendlicher türkischer Herkunft, in: *Wohlrab-Sahr, Monika/Teczan, Levent* (Hrsg.), Konfliktfeld Islam in Europa, in: Soziale Welt. Sonderband 17. Baden-Baden: Nomos, 393-417.

Kalter, Frank/Granato, Nadia, 2002: Demographic Change, Educational Expansion, and Structural Assimilation of Immigrants. The Case of Germany, in: European Sociological Review 18, 199-216.
Kalter, Frank/Granato, Nadia, 2007: Educational Hurdles on the Way to Structural Assimilation in Germany, in: *Heath, Anthony F./Cheung, Sin Yi* (Hrsg.), Unequal Chances. Ethnic Minorities in Western Labour Markets. Proceedings of the British Academy 137. Oxford: University Press, 271-319.
Kalter, Frank/Granato, Nadia/Kristen, Cornelia, 2007: Disentangling Recent Trends of the Second Generation's Structural Assimilation, in: *Scherer, Stefani/Pollak, Reinhard/Otte, Gunnar/Gangl, Markus* (Hrsg.), From Origin to Destination. Frankfurt a. M./New York: Campus, 214-245.
König, Peter/Schultze, Günter/Wessel, Rita, 1986: Situation der ausländischen Arbeitnehmer und ihrer Familienangehörigen in der Bundesrepublik Deutschland. Repräsentativuntersuchung '85. Forschungsbericht 133 der Friedrich-Ebert-Stiftung. Bonn: Bundesministerium für Arbeit und Sozialordnung.
König, René (Hrsg.), 1956: Soziologie der Gemeinde. Sonderheft 1 der „Kölner Zeitschrift für Soziologie und Sozialpsychologie". Köln/Opladen: Westdeutscher Verlag.
Kristen, Cornelia, 2005: School Choice and Ethnic School Segregation. Münster/New York/München/Berlin: Waxmann.
Kristen, Cornelia/Granato, Nadia, 2004: Bildungsinvestitionen in Migrantenfamilien, in: *Bade, Klaus J./Bommes, Michael*, Migration – Integration – Bildung. Grundfragen und Problembereiche. IMIS-Beiträge 23, 123-141.
Kristen, Cornelia/Granato, Nadia, 2007: The Educational Attainment of the Second Generation in Germany: Social Origins and Ethnic Inequality, in: Ethnicities 7, 343-366.
Kupiszewska, Dorota/Nowok, Beata, 2005: Comparability of Statistics on International Migration Flows in the European Union. CEFMR Working Paper. Warschau: Central European Forum for Migration Research.
Lee, Everett S., 1966: A Theory of Migration, in: Demography 3, 47-57.
Lindenberg, Siegwart, 1989: Social Production Functions, Deficits, and Social Revolutions. Prerevolutionary France and Russia, in: Rationality and Society 1, 51-77.
Loury, Glenn C., 1977: A Dynamic Theory of Racial Income Differences, in: *Wallace, Phyllis A./LaMond, Annette* (Hrsg.), Women, Minorities, and Employment Discrimination. Lexington, Mass.: Lexington Books, 153-186.
Lowry, Ira S., 1966: Migration and Metropolitan Growth: Two Analytical Models. San Francisco: Chandler.
Mammey, Ulrich/Sattig, Jörg, 2002: Determinanten und Indikatoren der Integration und Segregation der ausländischen Bevölkerung (Integrationssurvey), Heft 105a. Wiesbaden: Bundesinstitut für Bevölkerungsforschung beim Statistischen Bundesamt.
Mehrländer, Ursula/Ascheberg, Carsten/Ueltzhöffer, Jörg, 1996: Repräsentativuntersuchung '95: Situation der ausländischen Arbeitnehmer und ihrer Familienangehörigen in der Bundesrepublik Deutschland. Forschungsbericht 263 der Friedrich-Ebert-Stiftung. Berlin: Bundesministerium für Arbeit und Sozialordnung.
Mehrländer, Ursula/Hofmann, Roland/König, Peter/Krause, Hans-Jürgen, 1981: Situation der ausländischen Arbeitnehmer und ihrer Familienangehörigen in der Bundesrepublik Deutschland. Repräsentativuntersuchung '80. Forschungsbericht 50 der Friedrich-Ebert-Stiftung. Bonn: Bundesministerium für Arbeit und Sozialordnung.
Merton, Robert K., 1987: Three Fragments from a Sociologist's Notebook: Establishing the Phenomenon, Specified Ignorance, and Strategic Research Materials, in: Annual Review of Sociology 13, 1-28.
Müller, Andrea G./Stanat, Petra, 2006: Schulischer Erfolg von Schülerinnen und Schülern mit Migrationshintergrund. Analysen zur Situation von Zuwanderern aus der ehemaligen Sowjetunion und aus der Türkei, in: *Baumert, Jürgen* et al. (Hrsg.), Herkunftsbedingte Disparitäten im Bildungswesen. Differenzielle Bildungsprozesse und Probleme der Verteilungsgerechtigkeit. Wiesbaden: VS Verlag für Sozialwissenschaften, 221-255.

Nauck, Bernhard, 1985: Arbeitsmigration und Familienstruktur. Eine Analyse der mikrosozialen Folgen von Migrationsprozessen. Frankfurt a. M.: Campus.
Park, Robert Ezra, 1950: Race and Culture. Glencoe, Ill.: The Free Press.
Park, Robert Ezra/Burgess, Ernest W., 1921: Introduction to the Science of Sociology. Chicago: University Press.
Penninx, Rinus/Spencer, Dimitrina/Van Hear, Nicholas, 2008: Migration and Integration in Europe: The State of Research. Report commissioned by the Economic and Social Research Council (ESRC) for NORFACE. ESRC Centre on Migration, Policy and Society (COMPAS), University of Oxford.
Perlmann, Joel/Waldinger, Roger, 1997: Second Generation Decline? Children of Immigrants, Past and Present – A Reconsideration, in: International Migration Review 31, 893-922. Special Issue: Immigrant Adaptation and Native-Born Responses in the Making of Americans.
Petersen, Trond/Saporta, Ishak/Seidel, Marc-David L., 2000: Offering a Job: Meritocracy and Social Networks, in: American Journal of Sociology 106, 763-816.
Portes, Alejandro, 1995: Economic Sociology and the Sociology of Immigration: A Conceptual Overview, in: *Portes, Alejandro* (Hrsg.), The Economic Sociology of Immigration. New York: Russel Sage Foundation, 1-41.
Portes, Alejandro/Rumbaut, Ruben G., 2001: Legacies. The Story of the Immigrant Second Generation. Berkeley: University of California Press.
Portes, Alejandro/Zhou, Min, 1993: The New Second Generation: Segmented Assimilation and its Variants among Post-1965 Immigrant Youth, in: Annals of the American Academy of Political and Social Sciences 535, 74-96.
Price, Charles, 1969: The Study of Assimilation, in: *Jackson, John A.* (Hrsg.), Migration. Cambridge: University Press, 181-237.
Ravenstein, Ernest George, 1885: The Laws of Migration, in: Journal of the Royal Statistical Society 48, 167-227.
Ravenstein, Ernest George, 1889: The Laws of Migration, in: Journal of the Royal Statistical Society 52, 241-301.
Seibert, Holger/Solga, Helga, 2005: Gleiche Chancen dank einer abgeschlossenen Ausbildung? Zum Signalwert von Ausbildungsabschlüssen bei ausländischen und deutschen jungen Erwachsenen, in: Zeitschrift für Soziologie 34, 364-382.
Sjastaad, Larry A., 1962: The Costs and Returns of Human Migration, in: The Journal of Political Economy 70, 80-93.
Speare, Alden, 1971: A Cost-Benefit Model of Rural to Urban Migration in Taiwan, in: Population Studies 25, 117-130.
Todaro, Michael P., 1969: A Model of Labor Migration and Urban Unemployment in Less Developed Countries, in: The American Economic Review 59, 138-148.
Venema, Mathias/Grimm, Claus, 2002: Situation der ausländischen Arbeitnehmer und ihrer Familienangehörigen in der Bundesrepublik Deutschland. Repräsentativuntersuchung 2001. Teil A: Türkische, ehemalige jugoslawische, italienische sowie griechische Arbeitnehmer und ihre Familienangehörigen in den alten Bundesländern und im ehemaligen West-Berlin, Berichtsband. Forschungsbericht im Auftrag des Bundesministeriums für Arbeit und Sozialordnung, Offenbach: Bundesministerium für Arbeit und Sozialordnung.
Warner, W. Lloyd/Srole, Leo, 1945: The Social Systems of American Ethnic Groups. New Haven: Yale University Press, 295-296.
Waters, Mary C./Jiménez, Tomás R., 2005: Assessing Immigrant Assimilation: New Empirical and Theoretical Challenges, in: Annual Revue of Sociology 31, 105-125.
Wilpert, Czarina, 1980: Die Zukunft der zweiten Generation: Erwartungen und Verhaltensmöglichkeiten ausländischer Kinder. Königstein/Ts.: Hain.
Wirth, Heike/Müller, Walter, 2006: Mikrodaten der amtlichen Statistik – Ihr Potenzial in der empirischen Sozialforschung, in: *Diekmann, Andreas* (Hrsg.), Methoden der empirischen Sozialforschung. Sonderheft 44/2004 der Kölner Zeitschrift für Soziologie und Sozialpsychologie. Wiesbaden: VS Verlag für Sozialwissenschaften, 93-127.

Wolpert, Julian, 1965: Behavioral Aspects of the Decision to Migrate, in: Papers and Proceedings of the Regional Science Association 15, 159-169.
Zipf, George Kingsley, 1946: The P1*P2/D Hypothesis: On the Intercity Movement of Persons, in: American Sociological Review 11, 677-686.
Zhou, Min, 1997: Segmented Assimilation: Issues, Controversies, and Recent Research on the New Second Generation, in: International Migration Review 31, 975-1008. Special Issue: Immigrant Adaptation and Native-Born Responses in the Making of Americans.

Korrespondenzanschrift: Prof. Dr. Frank Kalter, Universität Leipzig, Institut für Soziologie, Beethovenstr. 15, 04107 Leipzig
E-Mail: fkalter@sozio.uni-leipzig.de

I. Allgemeine theoretische Ansätze und Perspektiven

WHY WE STILL NEED A THEORY OF MAINSTREAM ASSIMILATION

Richard Alba

Abstract: This paper reconsiders the theory of assimilation and argues for its continuing fundamental importance in the contemporary era of immigration. It indicates how the neo-assimilation theory developed by Alba and Nee (2003) overcomes important limitations in the canonical framework, as found in Gordon's (1964) famous book. It argues that neo-assimilation theory is also a necessary complement to the theory of segmented assimilation because it does not take racial/ethnic boundaries as exogenous and addresses the varied boundary mechanisms of mainstream assimilation. The relevance of neo-assimilation is revealed by the scenario of non-zero-sum mobility for minorities that could ensue in the US from the retirement of the baby boom and lead to boundary changes. Similar scenarios are possible in western European societies.

In the immigration societies of North America and western Europe, there is great uncertainty over the ultimate incorporation of many contemporary immigrant groups, especially those that differ from the majority population in skin color and religion. For the most part, these groups have also brought low levels of human capital, and the immigrants themselves entered the labor market on its lowest levels. The uncertainty about incorporation therefore is partly a matter of doubts about whether the second generation, the children of the immigrants, can ever overcome its initial disadvantages and catch up to its majority counterparts (Gans 1992). Yet, in North American societies, there is an historical experience – the massive assimilation of previous waves of immigration from the ranks of the peasantry in southern and eastern Europe[1] – to suggest that an intergenerational assimilation of the descendants of present-day immi-

---

[1] To be sure, assimilation has also been the predominant pattern among the descendants of the east Asian immigrants to the US during the 19th and early 20th centuries (Alba/Nee 2003: ch. 3). This assimilation is theoretically important because it involves groups that initially were set racially apart in the US, even in law. However, I prefer to emphasize the assimilation of the so-called white ethnics here because, in my view, it offers a better approximation to the low-wage portion of contemporary immigration, the "hard case" for contemporary assimilation theories, in terms of its size and its labor-market and educational characteristics.

grants is possible; but the relevance of this history to the present is disputed, and by some scholars even rejected.

For this reason, new theories of incorporation have arisen, the most attractive of which has been designated as "segmented" assimilation (Portes/Zhou 1993). In opposition to the standard theory of assimilation, which envisions incorporation as involving ultimately some form of minority-group inclusion in the societal mainstream, linked to a decline in the disadvantages or ethnic penalties connected with immigrant origins, the theory of segmented assimilation posits three incorporation modalities. One is mainstream assimilation, but another is assimilation into a disadvantaged minority status, frequently described as "downward" assimilation (Portes/Rumbaut 2001). The third option is a pluralist one – "parallel integration" one could call it – whereby members of an immigrant minority are able to extract social and economic advantages by keeping some aspects of their lives within the confines of an ethnic matrix (e. g. ethnic economic niches). Supporters of segmented assimilation argue that it is the more general theory because it includes mainstream assimilation as a special case.

Yet the new evidence about the second generation in the United States seems to underscore the cardinal importance of the mainstream-assimilation modality. For the evidence demonstrates substantial socioeconomic advance on the part of the majority of its members, far more, in truth, than was expected at the beginning of the 1990s when the theory of segmented assimilation was formulated and when scholars were considering scenarios involving massive stagnation on the part of the children of immigrants (Gans 1992). In the most recent data from the Portes-Rumbaut CILS study, for example, Portes et al. (2005) report that the average member of the South Florida sample has achieved two years of college, and only 4 percent failed to graduate high school; the average family income of sample members is actually higher than that reported by the census for Miami as a whole. Positive findings about second-generation attainments have also resulted from the New York second-generation study (Kasinitz et al. 2008). Since intergenerational advance by the children of low-wage immigrants seems consistent with conventional ideas about assimilation, such findings place assimilation back on the table as a phenomenon of major import.

I will argue here that the new findings and their ramifications can not be fully understood with the conceptual apparatus and assimilation theories of a generation ago (Gordon 1964), nor is segmented assimilation adequate as the single dominant theory. My argument will be framed in terms of the particularities of the United States, but it will, I hope, have a more general application. In the US, the theory of assimilation needs to be adequate to the multi-racial world of the 21st century (Bean/Stevens 2003), and that requires it to be able to address the potential for changes to, even the erosion of, some racial distinctions, even though they have proven themselves to be more durable than the ethnic distinctions (with some racial overtones) that arose from the immigrations of the past. I will argue, in other words, that we still need a separate theory of mainstream assimilation, and hence, there is still a valuable role for what is now called neo-assimilation theory, as developed by Victor Nee and myself (Alba/Nee 2003). This theory offers a revised conception of assimilation, which overcomes the problematic aspects in past notions of assimilation, and it also identifies a variety of mechanisms operating in contemporary US society that tend to bring assimilation about.

I. A reformulation of assimilation

The canonical concept of assimilation, as explicated by Milton Gordon, is problematic in the current era of immigration. For one thing, it requires individuals to become members of the dominant group. That would mean in the contemporary US that non-whites must become whites. The older concept, in other words, places its focus on shifts across a categorical boundary: it lends itself to an exclusive view of assimilation as boundary crossing, to employ the terminology introduced by Zolberg and Long (1999; see also Bauböck 1994), the movement by individuals from one group to another. This concept is problematic in application to contemporary European societies also, given the salient division there between the historically Christian character of the western European mainstream and Muslim immigrants groups from North Africa and Turkey. Boundary crossing does occur everywhere, to be sure, but to limit our understanding of assimilation to this mechanism would mean closing our eyes to the ways that boundaries can change.

In order to explain the earlier assimilation of the once disparaged Catholic and Jewish immigrant groups in the US, the established theory of assimilation requires one additional mechanism: that of boundary shift, which moves a boundary over parts of the population so that they now appear on its other side. This mechanism is invoked by the now extensive whiteness literature, which argues that groups such as the Irish, eastern European Jews, and southern Italians, who were all problematic in terms of their racial location, gradually transformed themselves into whites (e. g. Brodkin 1998; Ignatiev 1995; Jacobson 1998; Roediger 2005). The scenario depicted by the whiteness literature seems especially implausible for the 21st century US. Not only do the majority of immigrants have non-European origins and racial appearances farther from whiteness than was the case with the earlier Europeans, but there is no foreseeable hiatus in the immigrant stream comparable to the four decades following the passage of the 1924 immigration act. This hiatus almost certainly played some role in the racial shifting of the once disfavored groups, whose position as whites started to crystallize after the 1930s (Massey 1995; Roediger 2005).

To avoid these pitfalls, Alba and Nee (2003: chapter 2) have forged a different conception of assimilation, which, while remaining faithful to the historical experience in which ideas of assimilation are grounded, defines it as a decline in the social salience and consequences of categorical memberships for some individuals or groups. In the long run, the distinction involved in the categories may vanish, as the conventional concept has it, but generally speaking such a vanishing act comes only after a long process of a decline in a distinction's social relevance, especially with respect to critical life chances. Rarely, in fact, do we observe in the US the complete disappearance of a once salient ethnic or racial distinction (and when this occurs, we often don't "observe" it because we have forgotten its previous significance, as happened until recently with the racial character of the perceived distinctiveness of the Irish and southern and eastern Europeans[2]). Rather, what we can find through social research is the decline in the relevance of a social category, though our interpretation of our finding may be made ambiguous by the unevenness of the decline, the continuing salience of group membership for some, and so forth.

The Alba and Nee account also envisions that assimilation can involve entry into a mainstream (a term that perhaps should be put in the plural to recognize the social heterogeneity and complex cultural layering that are involved in the mainstream of an economically advanced society), as distinct from acceptance as a white American. In this respect, the account finds inspiration in the original ideas of the Chicago School – for example, Park and Burgess's (1969: 735) early definition of assimilation as "a process of interpenetration and fusion in which persons and groups acquire the memories, sentiments, and attitudes of other persons and groups and, by sharing their experience and history, are incorporated with them in a common cultural life". The mainstream includes those social settings where the presence of members of the white majority of the appropriate age, gender, social class, etc., is unproblematic, taken for granted. But although mainstream settings are defined by the presence of whites, they are not necessarily limited to them. Others who enter these settings and are accepted in them are also part of the mainstream, at least for some part of their social life; and mainstream cultures can also incorporate elements of the cultures of new arrivals, giving them a variegated character, which is very apparent in the US.

Assimilation, according to the Alba and Nee conception, needs to be distinguished from social mobility, although there is clearly an intrinsic connection between the two. The major contribution of Gordon's canonical conception of assimilation was to clarify the multi-dimensional nature of assimilation and the critical role of entry into the intimate social settings of the mainstream population through such primary relationships as friendship and kinship (a process that Gordon described as "structural assimilation", thus generating some confusion for a subsequent generation of researchers who tended to construe "structure" as referring to socioeconomic position). Social mobility, or, more accurately, the convergence of socioeconomic life chances with those of the ethnic/racial majority, is certainly a key dimension of assimilation. Yet it is important to avoid collapsing assimilation into mobility by definition, for mobility does not inherently guarantee that the other dimensions of assimilation are occurring. The pluralistic modality of incorporation, according to which the members of a group may experience upward mobility through ethnically privileged channels in economic sectors controlled by fellow group members, implies that mobility under some circumstances can involve the *avoidance* of most forms of assimilation and, instead, continuing cultural and social loyalty to the group (Portes/Bach 1985). Thus, preserving some analytical independence between mobility and assimilation is essential in order to theorize and examine

---

2 An indication is the virtual disappearance from memory of the 19th century iconography of the Irish, as captured in caricatures such as those of Thomas Nast. where, as John Higham (1970: 212) describes, they were commonly portrayed with "a pug nose, an underslung jaw, and an air of tattered truculence usually augmented by whiskey". Yet, when I show students some of these cartoons, they are unable to recognize which group is portrayed, testifying to the change in the character of the distinction.

empirically the precise relationship between mobility and mainstream assimilation (Gans 2007).

It is also essential, at least in the American context and perhaps in others, to recognize that assimilation can be promoted by changes that occur on both sides of an ethnic/racial boundary, reducing their differences from each other and hence their distinctiveness. In the abstract, assimilation need not involve bilateral changes, but in the American context it often has. In this respect, too, Gordon's conception of assimilation needs to be surpassed, since Gordon was emphatic that assimilation involved mainly one-way changes, whereby members of an ethnic minority accepted without change the culture of middle-class Anglo Americans (he did make an exception for religion). This one-way conception survives in the recent writings of Samuel Huntington (2004), who argues that new immigrants, especially from Latin America, need to accept America's Anglo-Protestant values. He not only thereby indicates his expectation of one-way assimilation for the Latin Americans but obliterates the contributions of Catholics and Jews to the mainstream cultural core.

The distinction between one-way and two-way assimilation corresponds arguably to different social-psychological situations. One-way assimilation, or "boundary crossing", to deploy the term of Bauböck (1994) as well as Zolberg and Long (1999), requires departure from one group and a discarding of signs of membership in it, linked to an attempt to enter into another, with all of the social and psychic burdens such a process entails – growing distance from peers, feelings of disloyalty, and anxieties about acceptance. The social psychology of this process was described as long ago as the 1940s by Irvin Child (1943), who studied second-generation Italian Americans on the eve of World War II. Child depicted them as hemmed in by a psychological double bind: if they attempted to assimilate, they risked being rebuffed by the WASP majority, while weakening or losing their ties to co-ethnics because of apparent disloyalty. If they chose loyalty to the Italian group instead, they largely gave up on the chance to improve more than marginally their social and material situation. Child found many of them to be "apathetic", his term, unable to choose between these two risky options.

The two-way change scenario is conducive to boundary blurring: because changes are occurring on both sides, there is some degree of ambiguity about group membership, allowing minority-origin individuals at times to present themselves as members of the majority, i. e., the other group (Alba 2005; Zolberg/Long 1999). The social psychology of assimilation is quite different in this situation. When boundaries are blurred, assimilation is likely to be eased insofar as the individuals undergoing it do not sense a rupture between participation in mainstream institutions and familiar social and cultural practices and identities. Thus, they may not feel *forced to choose* between the mainstream and their group of origin. Moreover, individuals are likely to observe that other co-ethnics in the same situation as themselves, and therefore they do not experience a sense of detachment from the group of origin. In the general case, assimilation of this type involves intermediate, or hyphenated, stages that allow individuals to see themselves, either simultaneously or sequentially, as members of an ethnic minority and of the mainstream.

The notion of bilateral change is not some academic consideration, with little practical import. Consider, as an example, elite institutions of higher education. Before mid-century, universities such as Harvard attempted to limit the Jewish presence among students and, even more so, on the faculty, partly in order to preserve a gentlemanly culture that valorized adaptation to the group over the rigors of individual achievement (Karabel 2005; Steinberg 1989). According to Morton and Phyllis Keller in their book, *Making Harvard Modern* (2001), as Jews became more numerous among faculty and students, Harvard was transformed, from the clubby atmosphere of a training ground for Protestant social and business elites to a more meritocratic institution emphasizing intellectual and scientific excellence. As part of the same transformation, the elite institutions went from places where Protestant versions of Christianity were more or less "established", e. g., through required student attendance at chapel services, to contemporary temples of "established nonbelief" (Marsden 1994). As David Hollinger (1996) argues in his careful account of this fundamental shift, it arose from the interactions of liberal Protestants, who dominated the leadership of the universities in the early 20th century and constituted what intellectual public culture there was at the time, and "free-thinking Jews" whose number soared during the 30s because of the exodus of Jewish intellectuals and academics from Europe. Hollinger (1996: 27) observes that the ensuing "process of accommodation ... left both Jews and Gentiles different from what they would have been had they not interacted with one another".

Changes of the sort just identified are impacts on specific milieus within the mainstream society and culture, both of which are highly variegated, with considerable variation by social class, region, and religion, to name just a few of the framing dimensions. The cultural impact of American Jews has certainly not been spread uniformly throughout American society. It has, for instance, been geographically concentrated, more profound in urban America and on the coasts than on, say, the rural areas of the Midwest or South. It has also been deeper on the upper middle class, where educational and professional accomplishments are especially valorized. But to acknowledge that the impact has been thinner on other parts of the mainstream does not take away from its boundary-blurring aspect, since the impact has been most intense in the milieus in which Jews are themselves most concentrated and thus affects the character of their relations with non-Jews.

The mechanisms bringing about contemporary assimilation operate, Alba and Nee argue, at various levels, individual, familial, ethnic group, and institutional. They are unthinkable without the institutional changes that were initiated during the civil-rights era, when the outlawing of discrimination increased in nontrivial ways its cost. Another legacy of that era is affirmative action, which, though contested, still exercises a considerable influence on the access of minority-group members to higher education as well as to many jobs (Bowen/Bok 1998; Massey et al. 2002; Skrentny 2002). Moreover, because the law fundamentally is expressed through normative ideas, legal change alters ideology. Today few American whites can openly state racist views without meeting some form of censure.

In the contemporary institutional context, a principal mechanism of assimilation is simple enough: minority and immigrant-origin Americans seek to improve their social and material circumstances, and some assimilation often occurs as an unintended consequence of their efforts. The perception of opportunities motivates individuals to undertake changes that have assimilatory consequences, whether or not they are perceived that way. And since on average opportunities are greater in the mainstream than they are in ethnic communities, individuals are also motivated to attempt to enter mainstream settings, in residence, in the labor market, and in other ways.[3]

Assimilation is not the only pattern of incorporation of immigrant groups into American society, and therein lies some of the confusion in the contemporary discussion. It appears that the literature is converging on three patterns, though there is not yet consistency in naming them: In addition to the assimilation pattern, there is a pattern that envisions incorporation as a hardening of racial exclusion, of absorption into a racial minority status, which implies persistent and substantial disadvantages vis-à-vis the members of the mainstream. A third posits a pluralism in which individuals and groups are able to draw social and economic advantages by keeping some aspects of their lives within the confines of an ethnic matrix (e. g. ethnic economic niches, ethnic communities). However, the evidence so far suggests that the frequency of occurrence of these alternative patterns is less than is true for the mainstream assimilation one (see, e. g. Kasinitz et al. 2008).

II. Why mainstream assimilation cannot be adequately conceptualized as a special case within segmented-assimilation theory

The advocates of segmented-assimilation theory argue that it provides the overarching framework that incorporation research requires, since the theory covers all three of the major patterns, including mainstream assimilation (e. g. Portes et al. 2005). Viewing these patterns as trajectories of incorporation initiated by the social position of the children of immigrants within US society, it links them in particular to class origin racial categorization in the receiving society and geographic location, along with certain group-level mechanisms clustered in the concept of "mode of incorporation" (Portes/ Zhou 1993; Portes/Rumbaut 2006). Thus, the most disadvantaged members of the second generation are those whose immigrant parents are low-wage workers with very low levels of educational capital, who are classified as "black" in North American society (even when they do not initially perceive themselves in this way), and who are located in inner-city areas adjacent to underclass native groups. These factors, especially in combination, make it more likely that the trajectory of incorporation will be "downward" into a racial minority position. By contrast, the children of immigrants with high levels of human capital and who themselves are light-skinned and have been raised in suburban areas are much more likely to experience one of the other two modalities of incorporation. Since the pluralistic mode of incorporation has turned out to be uncommon, these factors are typically linked to mainstream assimilation.

In the US, the "downward" mode of incorporation may be most applicable to the Afro-Caribbean groups, such as Dominicans, who experience in the US a profound

---

3 It is useful to think of these opportunities in a broader way than the concept of socioeconomic mobility, as studied by sociologists of stratification. For the second generation, improvement in material circumstances might translate into the ability to avoid an immigrant job, with its humiliations and incessant demands (Kasinitz et al. 2008), or to own a home suitable for raising one's family (Myers 2007).

tension between the racial perceptions of themselves they bring from their societies of origin and the classifications imposed on them by North Americans (Waters 1999). The theory, with some modifications for differences in societal context, may also be useful in western Europe (Silberman et al. 2007). However, I will argue here that it is not suitable as the overarching framework, that the conceptualization of mainstream assimilation is too limited in the theory to adequately address the assimilation possibilities in present-day US society and possibly elsewhere. This does not imply that I am rejecting segmented assimilation as a useful approach. There is complementarity among the different incorporation theories, and it would be unfortunate if one pushed the others aside at this point. Segmented-assimilation theory has proved its utility in delineating the downward-assimilation trajectory and identifying some of its determinants. In that sense, it has been a valuable "middle-range" account. It has contributed convincing concepts such as "mode of incorporation" (Portes/Rumbaut 2006). Nevertheless, the limitations are also important:

Rather strangely for a theory with the word "assimilation" in its name, the current version of segmented-assimilation theory never defines the concept. Implicitly, then the theory falls back on older, now inadequate conceptions, such as that handed down from Gordon, which presumes, at least implicitly, that assimilation is a one-way, boundary-crossing process, which entails a change in group membership. Thus, it obscures from the outset a broader concept of assimilation that allows for the possibility that assimilation can occur through change to the boundaries themselves, as in the boundary-blurring mechanisms associated with two-way changes, e. g., changes in the mainstream that may occur as a result of the acceptance of cultural elements brought by the immigrant groups, such as those in the domains of popular music and cuisine, to cite the most obvious examples.

A related limitation concerns the lack of attention to the contingencies and conditions associated with the assimilation in the US of the immigrant groups of past eras, predominantly European but not exclusively so (see Alba/Nee 2003; Foner 2000; Perlmann/Waldinger 1997). The adherents of segmented-assimilation theory tend to argue that the theory is required by the contemporary conditions under which immigrant groups are incorporated and that these represent a break with the past. They therefore generally view the assimilation of Europeans as unproblematic on racial grounds, a perspective that overlooks the initially uncertain racial position of some of the largest European immigrant groups, notably the Irish, Italians and eastern European Jews. The assimilation of these groups is depicted as a straightforward process of upward ascent, which bears little similarity to the racial and class contingent processes of incorporation that operate in the present. Though past assimilation may have been difficult on the level of personal experience, it was not problematic because of racial and ethnic exclusion, according to the scholars working within the segmented-assimilation framework. Portes and Rumbaut (2005: 984) describe the past in the following terms:

"The story of this settlement process is well known and indeed gave rise to our generalized understanding of how the process of assimilation is supposed to work itself out. Children of European immigrants learnt English, gradually abandoned their parents' language and culture, and clawed their ways through schools and entrepreneurship into economic affluence. Historical events such as World War II and the post-war economic boom facilitated their economic and social integration. By the third generation, foreign languages were a distant memory and ethnic identities were social conveniences, displayed on selected occasions but subordinate to overwhelming American selves."

This oversimplification of the past has consequences looking forward and backward. Looking backward, it precludes the question of continuities and parallels between past and present eras of incorporation. Portes and his collaborators additionally dismiss the possibility of such resemblances on the grounds that structural economic change, which for these authors means the rise of the "hourglass" economy, rule out them out. At the very least, however, it would seem as if the existence of continuities and parallels ought to be examined empirically, rather than dismissed *a priori*.

Indeed, the indicators of segmented assimilation seem abundantly in evidence for some of the European-American second generations, such as the southern Italians (Foner/Alba 2006). The problematic racial position of this group was signaled by the slur word "guinea" with its African reference, that was commonly applied to its members (Roediger 2005: 37; see also Guglielmo 2003). And scientific racism directed toward the southern and eastern European immigrants as a whole undergirded the legislation of the 1920s that greatly restricted their ability to enter the US (Ngai 2003). Thereafter, the sociological literature from the 1930s through the early 1960s depicted a substantial portion of this group as stuck in place, i. e., experiencing no mobility beyond the working-class situation of the immigrants (Whyte 1955; Gans 1982). Moreover, the risk of entering into criminal careers, taken as a prime indicator of segmented assimilation, was high for the second generation of this group. The vast literature on organized crime offers one kind of evidence, especially when one considers that the organized crime groups depended for their recruitment of new members on a much larger population of petty criminals and youthful delinquents (Nelli 1981). Leonard Covello's classic study of the second generation in the New York schools system during the 1930s paints a picture strikingly similar to the contemporary literature on segmented assimilation, describing high rates of truancy and school dropout.

Looking forward, the segmented-assimilation perspective's disconnect with past assimilation prevents it from analyzing that experience in a careful (and cautious) way to theorize the likely alterations to racial and ethnic boundaries of coming decades. This is connected with the third limitation for the conceptualization of mainstream assimilation: the exogenous role the perspective accords to race. Essentially, segmented-assimilation theory argues that the contemporary second generation faces an unusual risk of downward assimilation because of the racism of American society, which creates barriers to educational and economic success that divert many youthful children of non-white immigrants into an oppositional stance and assimilation into a racialized underclass. This argument is a key to the hypotheses that predict the likelihood of the different incorporation patterns under specific conditions. In other words, these depend on race and racism as exogenous explanatory factors. As a consequence, it is difficult if not impossible for the theory to raise and answer critical questions about future changes in racial/ethnic boundaries. It offers no way to make racial boundaries endogenous and to bring possible changes to them within an explanatory framework.

III. The prospects for racial and ethnic change

This limitation would not be very serious if there were no prospect of change to the main racial and ethnic divisions of the contemporary US. Yet, looking at the past, one has to consider the possibility during the next several decades of some degree of alteration to the boundaries separating minorities from the dominant group. Such change was a major feature of the assimilation of European groups during the first three-quarters of the 20th century. This historical change occurred in significant part through non-zero-sum mobility that brought second- and third-generation ethnics into positions of parity with other white Americans at work and outside of it, because of educational and occupational advance, residential mobility and intermarriage. I am deliberately departing here from the account in the whiteness literature, which focuses its explanatory efforts on the mechanisms that allowed European ethnics to separate themselves decisively from African Americans, such as the New and Fair Deal policies that, by design, benefited whites while holding African Americans back (Katznelson 2005; Roediger 2005), and questions too little why the ethnics were able to achieve integration into what had been a heavily Protestant mainstream. To put this another way: the whiteness literature fails to consider the question of why the United States had evolved by the second half of the 20th century into a two-tier society, whose fundamental division lay between white and black (with other non-whites of uncertain location) rather than a three-tier one, with the southern and eastern Europeans, joined perhaps by the Catholic Irish, constituting a major part of the in-between layer. We know from a great deal of sociological analysis that privileged groups, when faced with upwardly striving newcomers, tend to act in ways that attempt to preserve social distance from the newcomers and hence their own position of privilege (Tilly 1998). Certainly, this happened during the 1920s, when large numbers of eastern European Jews tried to enter elite universities, then a white Protestant stronghold (see e. g. the recent thorough account by Karabel 2005). In any event, outside of the northern industrial cities that form the crucial geography of the whiteness literature, more complicated racial divisions prevailed (Almaguer 1994). Hence, the white vs. black division was not in principle the only possibility.

The answer to this critical question must be sought, I believe, in the mechanisms of boundary change: what allowed the once salient boundary separating white Protestant Americans from the European ethnics to relax and become porous? I propose that the non-zero forms of mobility hold a special significance for boundary change. Upward mobility with a non-zero character, such as that generated by structural forces (for example, such as expansions in higher-occupational tiers), does not require downward mobility by members of more privileged groups in order for upward movements by members of less privileged ones to occur. In other words, this form of mobility occurs without more privileged groups experiencing an objective loss of position, as would happen, for example, if their children's life chances are diminished relative to those of the parental generation. (They may still, of course, feel that their position has changed if members of once disparaged groups start to turn up in their midst, but the existence and degree of any subjective loss of position is an empirical question). Consequently, mobility of this type is less likely to be accompanied by an intensification of competition along ethnic and racial lines, allowing for the relaxation of boundaries.

There was massive structurally generated, non-zero-sum mobility during the middle of the 20th century, the key period for the assimilation of southern and eastern European ethnics (see Alba 1985), as for example, the number of places in colleges and universities basically quintupled within a 30-year period, between 1940 and 1970. Large-scale changes also occurred in: the occupational structure because of economic growth and the international predominance of the United States; and in residential structures because of home construction and the mushrooming growth of suburbs. This non-zero-sum mobility brought ethnics into contact in schools, at work and in neighborhoods with a variety of others, some of them ethnics from other groups and some of them native white Protestants (see e. g. Gans 1967). The consequence was a thoroughgoing integration of ethnics into the mainstream, which was reflected in a rapid rise in marriage across ethnic lines among whites (Alba/Nee 2003).

The question, we must ask now, is: Is there a prospect for non-zero-sum mobility in the future in a way that could affect the opportunities for the second and third generations issuing from contemporary immigration? Might such mobility also affect African Americans? Pessimism about the possibilities for such mobility exists today because of economic structural changes, and it undergirds the original formulation of segmented-assimilation theory (Bernhardt et al. 2001; Gans 1992; Portes/Zhou 1993). However, this pessimism overlooks the likelihood of mobility occurring as the number of European Americans available to take good jobs declines, relatively and even absolutely. This decline is predictable from the demographic shifts of the US population. It also overlooks the potential impact of affirmative action, especially in higher education (Alon/Tienda 2007; Bowen/Bok 1998; Massey et al. 2002), and thus the likely rise in the number of minority-group members who are positioned to take these jobs. These demographic and institutional forces could mean, then, non-zero-sum mobility for some individuals who are now regarded as members of non-European minorities. The growth of the middle-class portions of these groups could alter ethnic and racial divisions, so that their significance is increasingly dependent on the class position of minority individuals.

A shift in opportunities can already be seen in the recruitment into good jobs in the American economy. Suppose we define such jobs in terms of the best-remunerated occupations. For this exercise, I have defined tiers such as the best-paid occupations that account for 25 percent of the full-time labor force (the top quartile of jobs) and those that account for 10 percent (the top decile). The holders of these jobs do not, it should be underscored, account for the equivalent tranches of the best-paid workers because they are distributed across the various stages of careers, but they are all on occupational pathways that are associated with high probabilities of relatively high income as workers gain experience and seniority (for more details see Alba/Tsao 2007).

Table 1 shows the racial, ethnic, and nativity characteristics of the incumbents of these jobs by age group (birth cohort) according to the 2000 Census. The equivalent characteristics of the total population by age group are shown in *Table 2*, and the distributions for the total population are presented for younger age groups in order to point to foreseeable changes in the composition of the work force.

Table 1: The racial, ethnic, and nativity composition (%) of the best-paid occupations by age group, 2000

	NB non-Hisp whites	FB non-Hisp whites	NB non-Hisp blacks	FB non-Hisp blacks	NB Hisp	FB Hisp	NB Asians	FB Asians	NB others	FB others	N (1000s)
Ages 56-65											
Top quartile	83,5	4,9	3,7	0,5	1,2	1,4	0,5	3,3	0,9	0,1	2 322,6 100,0%
Top decile	83,4	5,7	2,2	0,3	1,0	1,5	0,6	4,5	0,7	0,1	886,4 100,0%
Ages 46-55											
Top quartile	82,2	3,8	4,8	0,7	1,8	1,6	0,7	3,4	0,9	0,2	6 034,7 100,0%
Top decile	82,8	4,6	3,3	0,5	1,4	1,4	0,8	4,3	0,7	0,1	2 275,2 100,0%
Ages 36-45											
Top quartile	78,3	3,9	5,4	1,0	2,7	2,1	1,0	4,5	0,9	0,2	7 492,9 100,0%
Top decile	78,9	4,8	3,9	0,8	2,3	1,8	1,2	5,6	0,7	0,2	3 042,0 100,0%
Ages 26-35											
Top quartile	73,2	3,8	6,0	0,9	4,0	2,5	1,7	6,8	0,9	0,3	5 801,4 100,0%
Top decile	72,1	4,6	4,7	0,8	3,4	2,0	2,2	9,2	0,8	0,3	2 396,5 100,0%

Notes: The top quartile encompasses the best-paid occupations sufficient to account for a quarter of the full-time labor force; the top decile is defined equivalently. Aside from "others," the racial categories include only individuals who report unmixed racial backgrounds; those with mixed racial backgrounds are place in the "other" group. "NB" and "FB" refer to the native (or US) born and foreign born.

The first table demonstrates that the origins of the incumbents of the best jobs in the US labor force are shifting because of demographic changes and probably also because of affirmative action. In the oldest age group, individuals aged 56-65 in 2000,[4] 83-84 percent of the incumbents of the best jobs, whether defined as those of the top quartile or decile, were native-born non-Hispanic whites; whites held almost 90 percent of the best jobs, when the foreign born are included. These fractions shifted very slightly in the next oldest age group (46-55 in 2000), but they have changed more noticeably in the two younger cohorts. Among those aged 26-35 at the time of the decennial census, 73 percent of the top quartile jobs and 72 percent of the top decile are filled by native-born whites. Indeed, 23 percent of these top jobs are held in this age group by non-whites and Hispanics. This fraction has doubled between the oldest and youngest cohorts.

This increasing diversity at the top does not mean equality of chances to occupy the best jobs has been attained: as a group, whites remain very privileged. And a substantial portion of the non-whites and Hispanic who are entering these jobs come from the ranks of immigrants, not native-born minorities. But the proportions occupied by native-born blacks and Hispanics, in particular, are clearly rising: From a paltry 5 percent of the top quartile jobs in the oldest age cohort, their share has risen to 10 percent in the youngest. For the top decile jobs, the equivalent shift is from 3 to 8 percent. Analysis of the recently released data from the 2005 American Community Survey (not presented here) indicates that these fractions continue to climb, reaching 12 percent of the top quartile jobs and 11 of the top decile among the mid-decade's 26-30 years old. Nevertheless, the large fraction of job held by foreign-born Asians deserves to be noted: in 2000, they were the incumbents for 7 percent of the top quartile jobs and 9 percent of the top decile in the youngest age group.

The impact of these shifts on the occupational worlds of whites, where any boundary changes will be wrought, remains uncertain. One recent analysis of private-sector workplaces demonstrates that they have become somewhat more integrated in racial and ethnic terms since the mid-1960s, but for blacks desegregation has stagnated since 1980 and for Hispanics it has been very uneven (Tomaskovic-Devey et al. 2006). From the perspective of the average white incumbent of a well-paid job, then, the world around him (or, less commonly, her) may be changing – there may be more non-whites with whom he now interacts as equals – but we cannot say for certain from the occupational changes to date.

What sorts of occupational shifts are to be anticipated by, say, 2020? Overall change in the composition of the top jobs is programmed by the succession of birth cohorts, which will lead to the massive disappearance from the labor market of the job incumbents who were aged 46-65 in 2000 (see *Table 2*). These cohorts, born in the period 1935-54, contain the leading edge of the post-war baby boom, and are the ones most dominated by native-born non-Hispanic whites (among Americans of working age in 2000). By 2020, their places will have been taken by the cohorts aged 26-45 in

---

4 The age range presented here represents a one-year offset from the usual age range (25-64) in labor-force studies. The reason is that the variables that define year-round, full-time status are collected in the census for the prior year, 1999. The 25-64 year-olds of 1999 are obviously 26-65 in 2000.

Table 2: The racial, ethnic, and nativity composition (%) of the population by age group, 2000

Ages	NB non-Hisp whites	FB non-Hisp whites	NB non-Hisp blacks	FB non-Hisp blacks	NB Hisp	FB Hisp	NB Asians	FB Asians	NB others	FB others	N (1000s)
56-65	74,7	4,1	9,0	0,8	2,4	4,4	0,4	2,8	1,2	0,2	23 260 100,0%
46-55	72,4	3,2	9,8	0,9	3,0	5,2	0,6	3,3	1,4	0,3	36 010 100,0%
36-45	67,8	2,8	11,0	1,2	4,1	7,0	0,7	3,6	1,5	0,3	45 690 100,0%
26-35	61,6	2,6	11,7	1,2	6,0	9,9	1,0	4,2	1,5	0,4	40 431 100,0%
16-25	60,6	1,5	13,4	0,9	9,2	7,7	2,0	2,6	1,8	0,3	38 643 100,0%
6-15	61,0	0,8	15,4	0,4	13,2	2,9	3,0	1,1	2,0	0,1	41 209 100,0%
0- 5	58,4	0,4	15,5	0,1	17,7	1,4	3,8	0,5	2,1	0,1	23 019 100,0%

2000, born thus in the period 1955-74. The presence of non-whites and Hispanics has increased markedly in the younger cohorts, as *Table 2* shows.

What will the racial and ethnic composition of the younger cohorts look like in 2020? It is impossible to say for certain, in part because the answer must depend on future immigration. But two observations point to further increases in the proportions of minorities in top jobs. One is the decline in the absolute number of native-born non-Hispanic whites available to take these jobs: this is particularly noticeable in the birth cohort that in 2020 will take the place of the 36-45 year-olds of 2000 (see *Table 3*). The native-born white incumbents of top jobs in that age group were recruited from a population that, despite the mortality by early middle age, still numbered nearly 31 million individuals. However, as of 2000, the 16-25 year-olds who will replace them contained only 23.4 million native-born non-Hispanic whites, and mortality is likely to winnow this group by about half a million between 2000 and 2020. By comparison, there is a rough stability of native-born whites between the 26-35 year-olds of 2000 and the cohort that forms their replacements, aged 6-15 in the census.

Table 3: US-born, non-Hispanic white birth cohorts, counted in 2000 and projected for 2020

Age groups	2000 (1000s)	2020 (1000s)	% change
56-65	17 372,1	28 364,7	+63,3
46-55	26 130,6	23 944,8	– 8,4
36-45	30 987,2	22 921,5	–26,0
26-35	24 901,9	24 828,4	– 0,3
16-25	23 412,4	–	–
6-15	25 152,8	–	–

Note: Projections have been calculated by applying survival rates from the United States Life Tables for whites (NCHS 2002).
National Center for Health Statistics. 2002. United States Life Tables, 2000, NVSR Volume 51, Number 3: http://www.cdc.gov/nchs/products/pubs/pubd/nvsr/51/51_03.htm.

However, even there stability will not guarantee the white share of these jobs, for their number is likely to increase. Between 2000 and 2020, Census Bureau population projections suggest a total population increase on the order of 20 percent. Almost certainly, the occupations that we have designated as the top quartile and decile will expand in rough correspondence to the population, and the recruitment to them will have to expand accordingly. That will probably mean that the share of whites in these jobs will decline. The fall-off is likely to be especially sharp among the 36-45 year-olds of 2020: if the recruitment of native-born whites to these jobs remains at the same proportion relative to the population base as it was in 2000, then there would only be enough of them to fill about half of the available positions.

A drop this great may be an unlikely outcome, and in any event one cannot predict the future changes in top jobs with any precision. Perhaps, the recruitment of native-born whites to these jobs will cut more deeply into that population in the future than it has in the past (making available, in other words, opportunity to occupy top jobs much further down the socioeconomic ladder). Perhaps the decline in the availability of qualified non-Hispanic whites will be made up by greater immigration. We don't know, but forecasting some degree of continuing decline in the non-Hispanic white share of the best-paid occupations seems a safe bet, given the changes of the recent past and foreseeable demographic shifts.

The implications of such a shift for racial and ethnic change also can not be predicted with confidence. Perhaps one should speak then of an opportunity for racial and ethnic change, whose precise outcome will depend on the degree to which the society is willing to take advantage of it (Myers 2007). The past assimilation of southern and eastern Europeans could be described by the formula: mobility plus proximity. The era of extraordinary socioeconomic opportunity following World War II allowed many second- and third-generation ethnics to advance substantially beyond the status of their parents, *and* they were able to convert their newly gained socioeconomic status into greater proximity to mainstream whites through, for example, migration to the suburbs and, eventually, intermarriage.

Whether the opportunities for mobility for blacks and Hispanics will be followed by increasing proximity to the largely white mainstream remains to be seen. As noted earlier, there does seem to have been a modest but uneven increase in integration at the workplace since the mid-1960s. The evidence on residential integration is also mixed and hardly reassuring for African Americans. Their residential segregation from whites has remained fairly stable for decades; while a pattern of modest average declines from one decade to the next is evident, any increase in neighborhood integration has remained quite small in the metropolitan regions with large African-American populations (Logan et al. 2004). Segregation is not much alleviated for blacks of middle-class status, moreover, whose residential choices are clearly constrained by race (Alba et al. 2000a; Massey/Denton 1993). Segregation for Hispanics and Asians is even increasing, largely as a result of the influx of new immigrants. Poor and immigrant Hispanics in particular are confined to largely minority neighborhoods. Nevertheless, as Asians and Hispanics rise to middle-class status, they are not as limited in their residential options as middle-class blacks are. Frequently, they live in neighborhoods that are similar to, if not the same as, those in which middle-class whites are found (Alba et al. 2000b; South et al. 2005). In the case of Hispanics, however, this access to good neighborhoods appears to be qualified by race, with light-skinned Latinos achieving the most favorable residential outcomes. Thus, the evidence so far, admittedly not definitive, does suggest that some Asians and Hispanics are able to convert mobility into proximity to the white mainstream, to apply the formula that emerges from the white ethnic experience.

IV. Conclusion

The next quarter century, during which the retirement of the baby boom is certain to be one of the dominant demographic phenomena, will offer an extraordinary opportunity for minority mobility and for some relaxation of the major racial/ethnic boundaries of US society, which David Hollinger (1995) has described with the phrase, "racial/ethnic pentagon". While much has been made of the so-called "hourglass" economy, which suggests pessimism about the prospects for upward mobility, the movement of the baby boom out of the labor market, in combination with the institutional changes inaugurated by the civil-rights era, could bring a much larger number of non-whites and Hispanics into occupational worlds that heretofore have been the exclusive domain of middle-class and upper-middle-class whites. Should this mobility occur, it is likely to be accompanied by other changes, for considerable research shows that Asians and Hispanics are often able to convert socioeconomic mobility to residential improvements that bring them into closer contact with whites (but this is much less the case for African Americans). These changes might then produce greater diversification in the future in the work and residential worlds of whites. Indeed, to a degree, some of these changes have already happened.

These prospective changes would not mean an end to racial and ethnic inequalities: if groups are compared in the aggregate, they would continue to show large average disparities. But underneath the aggregate disparities, there could be some reshuffling as the overlaps between the overall distributions of white and minority status increase. This is another way of saying that a growing number of minorities could interact on a regular basis and as equals with whites as well as others whose origins are different from their own, and most whites could find themselves increasingly confronted with inescapable diversity. This interpenetration of social worlds is anticipated by mainstream assimilation theory, and if it occurs, as seems likely, it will be conducive to some degree of boundary change. Whites are the key population in this process for they are the dominant one, and if they are forced to accommodate themselves to greater racial and ethnic diversity in their immediate social environments, then some degree of decline in the salience and significance of boundaries should be the result.

This prospective situation points up our need for a theory of assimilation that will be helpful in conceptualizing the possibilities of future racial/ethnic change and in addressing the contingencies that will affect its occurrence. Segmented-assimilation theory, which begins by positing a critical role of racial/ethnic boundaries and then deducing its consequences for second-generation incorporation, is not a good candidate for this task because it effectively treats racial and ethnic boundaries as exogenous to the dynamics it takes as its subject. An assimilation theory like that formulated by Alba and Nee, which comes more directly out of the European-American experience (and that of earlier east Asian immigrants, too), offers better prospects because it has had to address the shifts that have occurred over the course of the 20th century in the social positions of southern and eastern European Catholics and Jews, to say nothing of the Chinese and Japanese. Just because changes have occurred in the past to socially salient racial and ethnic boundaries does not mean, of course, that they will happen again. But they cannot be ruled out, either. In any event, without concepts that address boundary change, we can not reflect on the possibilities for change and on the ways that change can be promoted through social policy.

While this debate has developed in the US context, it has ramifications for immigrant-group incorporation in western Europe as well. There the boundaries between the European mainstream and the Muslim groups from Africa and the Mediterranean rim seem rather rigid at present, and therefore the theory of segmented-assimilation can be usefully applied, as it has been in the French case (Silberman et al. 2007). However, the demographic dynamics in European societies point in the direction of racial and ethnic shifts across birth cohorts that are as pronounced as those in the US and to shortages in the labor market as well (particularly in countries that like Germany have experienced low levels of fertility in the native population for a sustained period of time). These demographic conditions could favor non-zero-sum mobility for the European-born and raised members of immigrant minorities who have acquired the educational, cultural and social capital to take advantage of opportunities for socioeconomic advance. If such non-zero-sum mobility does develop, then the brightness of the boundaries that currently distinguish the native population from the immigrant-origin one could fade, at least at some levels of these societies. This is, granted, still quite hypothetical, and demography is not destiny because the ultimate outcomes will be shaped as much by human agents as by demographic and socioeconomic structures. But we can only think fruitfully about boundary change if we have concepts that acknowledge that it can occur and help us to identify the conditions that facilitate it. For that reason, a theory of mainstream assimilation is indispensable in the early 21st century.

References

Alba, Richard, 1985: Italian Americans: Into the Twilight of Ethnicity. Englewood Cliffs: Prentice-Hall.
Alba, Richard, 2005: Bright vs. Blurred Boundaries: Second-generation Assimilation and Exclusion in France, Germany, and the United States, in: Ethnic and Racial Studies 28, 20-49.
Alba, Richard/Logan, John/Stults, Brian, 2000a: How Segregated are Middle-class African Americans?, in: Social Problems 47, 543-558.
Alba, Richard/Logan, John/Stults, Brian, 2000b: The Changing Neighborhood Contexts of the Immigrant Metropolis, in: Social Forces 79, 587-621.
Alba, Richard/Nee, Victor, 2003: Remaking the American Mainstream: Assimilation and Contemporary Immigration. Cambridge: Harvard University Press.
Alba, Richard/Tsao, Hui-shien, 2007: Connecting Past, Present and Future: Reflections on Immigration and the Possibilities for Racial and Ethnic Change in the US. Center for Social and Demographic Analysis. The University at Albany. Unpublished Paper.
Alon, Sigal/Tienda, Marta, 2007: Diversity, Opportunity and the Shifting Meritocracy in Higher Education, in: American Sociological Review 72, 487-511.
Almaguer, Tomás, 1994: Racial Fault Lines: The Historical Origins of White Supremacy in California. Berkeley: University of California Press.
Bauböck, Rainer, 1994: The Integration of Immigrants. Strasbourg: Council of Europe.
Bean, Frank/Stevens, Gillian, 2003: America's Newcomers and the Dynamics of Diversity. New York: Russell Sage Foundation.
Bernhardt, Annette/Morris, Martina/Handcock, Mark/Scott, Marc, 2001: Divergent Paths: Economic Mobility in the New American Labor Market. New York: Russell Sage Foundation.
Bowen, William/Bok, Derek, 1998: The Shape of the River: Long-Term Consequences of Considering Race in College and University Admissions. Princeton: Princeton University Press.
Brodkin, Karen, 1998: How Jews Became White Folks & What that Says about Race in America. New Brunswick: Rutgers University Press.
Child, Irving, 1943: Italian or American? The Second Generation in Conflict. New Haven: Yale University Press.
Foner, Nancy, 2000: From Ellis Island to JFK: New York's Two Great Waves of Immigration. New Haven: Yale University Press.
Foner, Nancy/Alba, Richard, 2006: The Second Generation from the Last Great Wave of Immigration: Setting the Record Straight. The Migration Information Source.

Gans, Herbert, 1982 [1962]: The Urban Villagers: Group and Class in the Life of Italian-Americans. New York: The Free Press.
Gans, Herbert, 1967: The Levittowners: Ways of Life and Politics in a New Suburban Community. New York: Pantheon.
Gans, Herbert, 1992: Second Generation Decline: Scenarios for the Economic and Ethnic Futures of Post-1965 American Immigrants, in: Ethnic and Racial Studies 15, 173-192.
Gans, Herbert, 2007: Acculturation, Assimilation, and Mobility, in: Ethnic and Racial Studies 30, 152-64.
Gordon, Milton, 1964: Assimilation in American Life. New York: Oxford University Press.
Guglielmo, Thomas, 2003: White on Arrival: Italians, Race, Color and Power in Chicago, 1890-1945. New York: Oxford University Press.
Higham, John, 1970: Strangers in the Land: Patterns of American Nativism, 1860-1925. New York: Atheneum.
Hollinger, David, 1995: Postethnic America: Beyond Multiculturalism. New York: Basic Books.
Hollinger, David, 1996: Jewish Intellectuals and the De-Christianization of American Public Culture in the Twentieth Century in Science, Jews, and Secular Culture: Studies in Mid-Twentieth-Century Intellectual History. Princeton: Princeton University Press.
Huntington, Samuel, 2004: Who Are We? The Challenges to America's National Identity. New York: Simon & Schuster.
Ignatiev, Noel, 1995: How the Irish Became White. New York: Routledge.
Jacobson, Matthew Frye, 1998: Whiteness of a Different Color: European Immigrants and the Alchemy of Race. Cambridge: Harvard University Press.
Karabel, Jerome, 2005: The Chosen: The Hidden History of Admission and Exclusion at Harvard, Yale and Princeton. New York: Houghton Mifflin.
Kasinitz, Philip/Mollenkopf, John/Waters, John/Holdaway, Jennifer, 2008: Inheriting the City: The Children of Immigrants Come of Age. Cambridge/New York: Harvard University Press/Russell Sage Foundation.
Katznelson, Ira, 2005: When Affirmative Action was White: An Untold History of Racial Inequality in Twentieth-Century America. New York/London: W. W. Norton.
Keller, Morton/Keller, Phyllis, 2001: Making Harvard Modern: The Rise of America's University. Oxford: Oxford University Press.
Logan, John/Stults, Brian/Farley, Reynolds, 2004: Segregation of Minorities in the Metropolis: Two Decades of Change, in: Demography 41, 1-22.
Marsden, George, 1994: The Soul of the American University: From Protestant Establishment to Established Nonbelief. New York: Oxford University Press.
Massey, Douglas, 1995: The New Immigration and Ethnicity in the United States, in: Population and Development Review 21, 631-652.
Massey, Douglas/Charles, Camille/Lundy, Garvey/Fischer, Mary, 2002: The Source of the River: The Social Origins of Freshmen at America's Selective Colleges and Universities. Princeton: Princeton University Press.
Massey, Douglas/Denton, Nancy, 1993: American Apartheid: Segregation and the Making of the Underclass. Cambridge: Harvard University Press.
Myers, Dowell, 2007: Immigrants and Boomers: Forging a New Social Contract for the Future of America. New York: Russell Sage Foundation.
Ngai, Mae, 2003: Impossible Subjects: Illegal Aliens and the Making of Modern America. Princeton: Princeton University Press.
Nelli, Humbert, 1981: The Business of Crime: Italians and Syndicate Crime in the United States. Chicago: University of Chicago Press.
Park, Robert Ezra/Burgess, Ernest W., 1969 [1921]: Introduction to the Science of Sociology. Chicago: University of Chicago Press.
Perlmann, Joel/Waldinger, Roger, 1997: Second Generation Decline? Children of Immigrants, Past and Present – A Reconsideration, in: International Migration Review 31, 893-922.
Portes, Alejandro/Bach, Robert, 1985: Latin Journey: Cuban and Mexican Immigrants in the United States. Berkeley: University of California Press.

Portes, Alejandro/Fernández-Kelly, Patricia/Haller, William, 2005: Segmented Assimilation on the Ground: The New Second Generation in Early Adulthood, in: Ethnic and Racial Studies 28, 1000-1040.
Portes, Alejandro/Rumbaut, Rubén, 2001: Legacies: The Story of the Immigrant Second Generation. Berkeley: University of California Press.
Portes, Alejandro/Rumbaut, Rubén, 2005: Introduction: The Second Generation and the Children of Immigrants Longitudinal Study, in: Ethnic and Racial Studies 28, 989-999.
Portes, Alejandro/Rumbaut, Rubén, 2006: Immigrant America: A Portrait. 3rd Edition. Berkeley: University of California Press.
Portes, Alejandro/Zhou, Min, 1993: The New Second Generation: Segmented Assimilation and its Variants, in: The Annals 530, 74-96.
Roediger, David, 2005: Working Toward Whiteness: How America's Immigrants became White; The Strange Journey from Ellis Island to the Suburbs. New York: Basic Books.
Silberman, Roxane/Alba, Richard/Fournier, Irène, 2007: Segmented Assimilation in France? Discrimination in the Labor Market against the Second Generation, in: Ethnic and Racial Studies 30, 1-27.
Skrentny, John, 2002: The Minority-Rights Revolution. Cambridge: Harvard University Press.
South, Scott J./Crowder, Kyle/Chavez, Erick, 2005: Migration and Spatial Assimilation among U.S. Latinos: Classical versus Segmented Trajectories, in: Demography 42, 497-521.
Steinberg, Stephen, 1989: The Ethnic Myth: Race, Ethnicity, and Class in America. Boston: Beacon.
Tilly, Charles, 1998: Durable Inequality. Berkeley: University of California Press.
Tomaskovic-Devey, Donald/Zimmer, Catherine/Stainback, Kevin/Robinson, Corre/Taylor, Tiffany/ McTague, Tricia, 2006: Documenting Desegregation: Segregation in American Workplaces by Race, Ethnicity, and Sex 1966-2000, in: American Sociological Review 71, 565-588.
Waldinger, Roger/Lichter, Michael, 2003: How the Other Half Works: Immigration and the Social Organization of Labor. Berkeley: University of California.
Waters, Mary, 1999: Black Identities: West Indian Dreams and American Realities. Cambridge, MA: Harvard University Press.
Whyte, William Foote, 1955 [1943]: Street Corner Society: The Social Structure of an Italian Slum. Chicago: University of Chicago Press.
Zolberg, Aristide/Woon, Long Litt, 1999: Why Islam is like Spanish: Cultural Incorporation in Europe and the United States, in: Politics & Society 27, 5-38.

Correspondence: Prof. Dr. Richard Alba, CUNY Graduate Center, Department of Sociology, 365 5th Avenue, New York, NY 10016, USA
E-Mail: R.alba@albany.edu

ETHNISCHE GRENZZIEHUNGEN IN DER IMMIGRATIONSGESELLSCHAFT

Jenseits des Herder'schen Commonsense*

Andreas Wimmer

Zusammenfassung: Viele migrationssoziologische Studien setzen ethnische Gruppen als selbstverständliche Beobachtungseinheiten voraus und nehmen an, dass sich diese durch Gemeinschaftssolidarität und kulturelle Differenz auszeichnen. Diese Annahmen werden von den unterschiedlichsten Ansätzen geteilt, von der Assimilationstheorie bis zum Paradigma der transnationalen Gemeinschaften, die ansonsten wenig gemein haben. Sie alle implizieren eine Herder'sche Perspektive, welche die Unterteilung der Welt in verschiedene „Völker" naturalisiert. Drei analytische und empirische Probleme dieser Perspektive werden diskutiert. Der zweite Abschnitt führt das Paradigma der ethnischen Grenzziehung ein, das die Herder'sche Gleichsetzung von ethnischer Kultur, Gemeinschaft und Kategorie vermeidet. Dieses Paradigma konzeptualisiert die „Assimilation" und „Integration" von Immigranten nicht als Ergebnis der Überwindung kultureller Differenz und sozialer Distanz zwischen verschiedenen „Völkern", sondern als reversiblen und machtgeleiteten Prozess der Grenzverschiebung. Im letzten Abschnitt schlage ich fünf mögliche Untersuchungsdesigns vor, die sich dazu eignen, Herder'schen Commonsense zu vermeiden.

Dieser Aufsatz versteht sich als Einspruch gegen weit verbreitete und unhinterfragte Annahmen bezüglich der empirischen Relevanz und Erklärungskraft von Ethnizität in Einwanderungsgesellschaften. Ein Großteil der bisherigen Forschung betrachtet ethnische Gruppen als selbstevidente Beobachtungs- und Analyseeinheiten und setzt voraus, dass sich diese von der Mehrheitsgesellschaft kulturell unterscheiden und sozial abgeschlossene Gemeinschaften bilden, deren Mitglieder einander in Solidarität verbunden sind. So beschäftigen sich Arbeiten in der Tradition der Multikulturalismusstudien oder des Paradigmas der transnationalen Gemeinschaft mit der Frage, inwieweit es ei-

---

* Frühere Versionen dieses Aufsatzes wurden 2006 auf der von der VW-Stiftung organisierten Tagung „Grenzen, Differenzen, Übergänge" in Dresden, im November desselben Jahres auf einem ebenfalls von VW gesponserten Workshop über „Concepts and Methods in Migration Research" in Berlin, im Februar 2007 am Center on Migration, Policy and Society an der Universität Oxford und im März 2007 an der Ecole des hautes études en travail social in Genf präsentiert. Besonderer Dank gebührt Homi K. Bhabha, Rogers Brubaker, Sin Yi Cheung, Han Entzinger, Hartmut Esser, Adrian Favell, David Gellner, Raphaela Hettlage, Frank Kalter, Frank-Olaf Radtke, Karin Schittenhelm, Dimitrina Spencer, Steven Vertovec, Roger Waldinger, Susanne Wessendorf und Sarah Zingg Wimmer für ihre kritischen Bemerkungen und Anregungen. Ich danke Claudio Bolzmann, Wilhelm Krull, Karin Schittenhelm und Steven Vertovec für die Einladungen zu den oben genannten Veranstaltungen. Jurit Kärtner bin ich für die Übertragung ins Deutsche zu Dank verpflichtet und Frank Kalter für die hilfreichen Anregungen zur Umgestaltung des Textes zu seiner jetzigen Form.

ner ethnischen Gruppe möglich war, „ihre" Kultur und Identität und „ihren" Zusammenhalt zu behaupten. US-amerikanische Ethnic Studies und britische Cultural Studies beschreiben, wie die ethnische Gruppe des Forschers selbst der Rassifizierung und Exklusion durch die dominante Mehrheit widerstanden hat. Studien über die Formierung „ethnischer Nischen" beobachten, welche ethnische Gruppe welche Position auf dem Arbeitsmarkt monopolisiert hat. Vertreter des Modells der „segmentierten Assimilation" untersuchen, welche Ethnie welchen Weg der Assimilation gegangen ist: in den „Mainstream" der Mittelschicht, in die stigmatisierte Unterschicht oder in die ethnische Enklave. Und schließlich interpretieren die Verfasser quantitativer Studien, die Individuen als Untersuchungseinheiten fassen, den signifikanten Einfluss ethnischer Hintergrundvariablen oftmals als Indikator für Gruppensolidarität, kulturelle Differenz oder ethnische Diskriminierung, ohne diese Interpretation weiter zu plausibilisieren.

Die Migrationsforschung täte gut daran, einige wesentliche Einsichten der vergleichenden Ethnizitätsforschung der letzten Jahrzehnte zur Kenntnis nehmen. Diese stark von der Sozialanthropologie geprägte Forschungstradition macht deutlich, warum die Commonsense-Annahmen über das „Wesen" von Ethnizität in Immigrationsgesellschaften analytisch in die Irre führen und empirisch problematisch sind: weil nicht alle Angehörigen einer bestimmten ethnischen Kategorie jene kulturell geprägten Verhaltensmuster aufweisen, die einen bestimmten Sachverhalt erklären sollen; weil sie möglicherweise keine von dichten sozialen Netzwerken zusammengehaltene „Gemeinschaft" bilden, wie es die Commonsense-Vorstellung von „ethnischer Solidarität" impliziert; und weil sie möglicherweise ihrer ethnischen Herkunft völlig unterschiedliche Bedeutungen beimessen und keine gemeinsame Sicht auf die soziale Welt teilen.

Das Paradigma der ethnischen Gruppenbildung, das ich im zweiten Abschnitt einführen werde, stellt eine überzeugende Alternative zum Herder'schen Commonsense dar. Anstatt Ethnizität als ein unproblematisches Explanans – als offensichtliche Analyseseinheit und als selbsterklärende Variable – vorauszusetzen, wird sie selbst zum Explanandum, zum variablen Resultat spezifischer, analytisch aufzudeckender und empirisch genau zu bestimmender Prozesse. Dieses Grenzziehungsparadigma eignet sich auch für die Untersuchung von Einwanderungsgesellschaften. Erstens konzipiert es die Ethnizität von Immigranten als das Ergebnis eines Interaktionsprozesses, der die Unterscheidung von Mehrheit und Minderheit erst hervorbringt und mit Bedeutung versieht. So wird die den meisten Forschungsprogrammen zugrunde liegende enge Fokussierung auf die Handlungen und Wahrnehmungen der Immigranten vermieden. Zweitens lässt sich „Assimilation" als ein Prozess der Grenzverschiebung darstellen, der bestehende Formen der sozialen Schließung entlang ethnischer Linien überwindet. Eine solche Grenzverschiebung stellt sich aus dieser Perspektive eher als das Produkt eines politischen Kampfes dar als das quasi-natürliche Ergebnis abnehmender kultureller Differenz und sozialer Distanz, wie es alte und neue Versionen der Assimilationstheorie nahe legen. Allgemeiner gesprochen überwindet das Paradigma der ethnischen Grenzziehung den methodologischen Kollektivismus (vgl. Brubaker 2002) der verschiedenen oben erwähnten Forschungsansätze. Es folgt den Prinzipien einer analytischen Soziologie, die nach kausalen Mechanismen auch auf der Ebene von Akteuren und deren Interaktionen sucht, um Phänomene wie die Emergenz sozialer Kollektive zu erklären (Esser 2002; Hedström 2005).

Im letzten Abschnitt diskutiere ich eine Reihe von Untersuchungsdesigns, die sich am ehesten dazu eignen, die Fallstricke des Herder'schen Commonsense zu vermeiden. Ich hoffe, dass diese Untersuchungsdesigns in der zukünftigen Forschung mehr und mehr Verwendung finden. Allen gemeinsam ist die Wahl nicht-ethnischer Untersuchungseinheiten, welche es ermöglichen zu sehen, ob und welche ethnischen Grenzen entstehen, sich transformieren oder auflösen. Nur wenn der Beobachtungsapparat nicht an ethnische Kategorien gebunden ist, wird die Existenz, Relevanz und Kontinuität dieser Gruppen und Gemeinschaften nicht vorausgesetzt, sondern zum Gegenstand einer offenen empirischen Analyse. Beispiele solcher nicht-ethnischer Analyseeinheiten sind Territorien wie beispielsweise Stadtviertel, institutionelle Bereiche wie Schulen oder Arbeitsplätze, Individuen und Ereignisketten.

I. Im Schatten Herders

In den Augen des Philosophen Johann Gottfried Herder (1744-1803) war die soziale Welt analog der Artenwelt in der Natur von einer Vielzahl verschiedener Völker besiedelt. Entgegen der damals in der britischen und der französischen Tradition üblichen Aufteilung der Menschheit in „Rassen" (Herder 1968: 179) oder der Hierarchisierung von Völkern gemäß deren zivilisatorischen Errungenschaften (ebd.: 207; 227) behauptete Herder, dass jede Nation eine charakteristische Manifestation einer geteilten menschlichen Fähigkeit zur Bildung darstelle (z. B. ebd.: 226). In der naturalistischen Sprache seiner Zeit schrieb er: „wenn jede dieser Nationen auf ihrer Stelle geblieben wäre, [könnte man] die Erde als einen Garten ansehen ..., wo hier diese, dort jene menschliche Nationalpflanze in ihrer eignen Bildung und Natur blühet" (Herder 1968: 326).

Ethnien und Nationen sind somit die Hauptakteure auf der Bühne der Herder'schen Weltgeschichte, die zur Erzählung von deren Erscheinen und Verschwinden, ihrer Migrationen und Anpassungen an lokale Lebensräume sowie ihrer gegenseitigen Verdrängung, Eroberung und Unterwerfung wird. In der Herder'schen Denktradition sind Ethnien und Nationen totale soziale Phänomene, die aus drei isomorphen Merkmalen bestehen: Erstens stellen sie Gemeinschaften dar, die von engen Beziehungsnetzwerken unter ihren Mitgliedern zusammengehalten werden (vgl. ebd.: 407). Damit repräsentieren sie das, was Adam Müller, der Begründer der romantischen politischen Theorie, später eine „Volksgemeinschaft" nannte. Zweitens bilden sie historische Schicksalsgemeinschaften und vermitteln ihren Mitgliedern deshalb eine kollektive Identität. Die Identifikation mit einer ethnischen Gemeinschaft und die Kategorisierung als deren Mitglied durch Außenstehende ergänzen sich bei Herder dabei problemlos. Und schließlich besitzt jede ethnische Gemeinschaft ihre eigene Kultur und Sprache, die eine einzigartige Weltsicht, den „Genius eines Volkes" (vgl. ebd.: 234) bestimmen. Die Grenzen sozialer Interaktion, der Horizont der Identität und der Bereich geteilter Kultur werden hier also als deckungsgleich gedacht. Gemeinschaft, ethnische Kategorie/Identität und Kultur wurden bei Herder zu Synonymen.

1. Herders Erben

Die Herder'sche Weltsicht ist in der heutigen Forschungslandschaft nach wie vor präsent. Dies betrifft auch viele Untersuchungen über Immigrationsgesellschaften, wie dieser Abschnitt zeigen wird, wenn auch nicht alle nationalen Traditionen oder methodologischen Ansätze gleichermaßen. So ist die Aufteilung der französischen Nation in verschiedene ethnische Volksgruppen ein Tabu für die dortige Immigrationsforschung (vgl. Meillassoux 1980). Wer auch immer dieses Tabu bricht (wie z. B. Tribalat 1995) wird umgehend bestraft (z. B. von Le Bras 1998). Eine Herder'sche Essentialisierung und Naturalisierung von Ethnizität charakterisiert dagegen die große Mehrheit der US-amerikanischen Migrationsstudien und ist in Kanada, den Niederlanden, den skandinavischen Ländern, Deutschland, der Schweiz und Südeuropa ebenfalls weit verbreitet. Zwar wurden in letzter Zeit vor allem in England und Deutschland nicht- oder anti-Herder'sche Ansätze entwickelt. Diese verbleiben jedoch am Rande der wissenschaftlichen Diskussion.

Die quantitative, variablenorientierte Forschung vermeidet durch die Wahl von Individuen als Analyseeinheiten und vor allem in ihrer Kombination mit Theorien, die auf dem methodologischen Individualismus basieren, zwar viele der hier zu diskutierenden Probleme. Dennoch schleicht sich der Herder'sche Commonsense oftmals in die Interpretation der Untersuchungsergebnisse ein, wenn die Signifikanz der Herkunftsvariablen als Evidenz für das Wirken kultureller Differenz oder ethnischer Solidarität interpretiert wird. Die folgende Literaturkritik wird sich jedoch nicht an nationalen Forschungstraditionen oder verschiedenen methodologischen Richtungen orientieren, sondern den Konturen der Ideengeschichte folgen.

Das klassische Assimilationsparadigma nimmt an, dass die Grenzen von Kultur, Kategorie/Identität und Gemeinschaft in unproblematischer Weise übereinstimmen. Die Analyseeinheiten sind hier Einwanderergemeinschaften aus bestimmten Herkunftsländern, die ihren Weg in den sozialen „Mainstream" gehen. Am Ende dieses Prozesses haben sich die Gemeinschaften durch Mischehen und räumliche Zerstreuung aufgelöst, die Minderheitskulturen durch Prozesse der Akkulturation verflüchtigt und die ethnischen Identitäten durch „identifikative Assimilation" soweit reduziert, bis nur noch die konsequenzarme „symbolische Ethnizität" übrigbleibt (Gans 1979). Differenziertere Versionen der Assimilationstheorie, die ursprüngliche Typologie von Gordon miteingeschlossen, unterscheiden zwar analytisch zwischen dem Sozialen, dem Kulturellen und dem Bereich sozialer Klassifikation und Identität und postulieren, dass die Assimilation auf diesen Pfaden mit unterschiedlicher Geschwindigkeit voranschreite (Gordon 1964). Durch das Festlegen von ethnischen Gruppen als Analyseeinheiten und die Annahme von deren abgeschlossenem und kohärentem Charakter während der ersten Phasen des Prozesses verbleibt Gordon jedoch im Herder'schen Bezugssystem.

Das gilt auch für einige „neue" Versionen der Assimilationstheorie, die viele Annahmen, wie vor allem die Überzeugung, dass alle Wege letztendlich zur Assimilation führen sollen und werden, revidiert haben.[1] Diese neueren Assimilationstheorien sehen

---

1 Ein elaborierterer Vergleich zwischen alten und neuen Assimilationstheorien findet sich bei Brubaker (2004: Kapitel 5).

verschiedene mögliche Endergebnisse des Prozesses vor, einschließlich der andauernden Nicht-Assimilation von Immigrantengemeinschaften. In der Theorie der segmentierten Assimilation (Portes/Zhou 1993), dem derzeit prominentesten neo-assimilationistischen Ansatz, verläuft die Eingliederung von Immigranten entlang verschiedener Pfade, die zu drei möglichen Ergebnissen führen. Erstens können ethnische Gemeinschaften/ Identitäten/Kulturen bestehen bleiben und den Individuen soziale Mobilität ermöglichen, ohne dass sie soziale Beziehungen mit dem gesellschaftlichen Mainstream knüpfen, sich die Durchschnittskultur aneignen und sich mit der nationalen Mehrheit identifizieren müssen. Neben diesem Enklavenmodus gibt es zweitens einen Pfad der „absteigenden Assimilation", auf welchem Immigranten soziale Beziehungen nicht zum „weißen Mainstream", sondern zur afroamerikanischen Gemeinschaft entwickeln, mit der sie sich identifizieren und deren Kultur sie sich aneignen. Wie diese kurze Schilderung deutlich macht, bleibt das grundlegende analytische Schema der „alten" Assimilationstheorie jedoch beibehalten: Es sind die als Herder'sches Ganzes gedachten ethnischen Gemeinschaften/Kulturen/Identitäten, die sich entlang der drei möglichen Pfade der Assimilation bewegen und entweder vom Mehrheitsvolk (dem „Mainstream") oder dem Volk der Afroamerikaner absorbiert werden, oder aber ein gänzlich separates Volk bleiben.[2]

Der mit dem Multikulturalismus oder „Retentionism" (Gans 1997) verbundene Untergang der alten Assimilationstheorie führte zurück zum reinen Herderianismus. Der Multikulturalismus behauptet, dass ethnische Kulturen, Identitäten und Gemeinschaften über Generationen hinweg lebendig, praktikabel und sichtbar bleiben. Im Gegensatz zur klassischen Assimilationstheorie begreift er eine solche ethnische Persistenz als erstrebenswert und glaubt nicht, dass die Spaltung der Gesellschaft in ethnische Gemeinschaften ein Hindernis für die soziale Mobilität von Immigranten oder den sozialen Zusammenhalt der Gesellschaft insgesamt darstellt (z. B. Vertovec 1996). Angesichts des politischen Charakters des Multikulturalismus ist es nicht überraschend, dass normative Positionen (dass „Kulturen und Gemeinschafen" bewahrt werden *sollten*) oftmals über empirische Fragen (ob sie tatsächlich bewahrt *werden*) triumphieren. Wenn sie *nicht* bewahrt werden und somit der Assimilation „zum Opfer fallen", liegt das daran, dass diese Kulturen/Gemeinschaften/Identitäten unterdrückt wurden und keine öffentliche Anerkennung durch die dominante Mehrheit fanden. Andernfalls *wären* sie erhalten geblieben. So bilden diese Kulturen und Gemeinschaften auch dann, wenn sie schon lange aufgehört haben zu existieren, noch immer den Rahmen, mit dem viele Multikulturalisten die Welt analysieren (z. B. Modood i. E.: Kapitel 5).[3]

Ein ähnlich ungebrochener Herder'scher Blick dominiert einen großen Teil der Ethnic Studies an amerikanischen Universitäten. Die politisch-akademischen Kämpfe, die zur Gründung dieser Institute führten, waren vom ersten und politisch erfolgreichsten dieser Projekte inspiriert: der Institutionalisierung der African American Studies an allen größeren Universitäten ab den späten 1960er Jahren (s. Rojas 2007). Die verschiedenen Institute für Ethnic Studies führen fort, was als eine emanzipatorische, links-

---

2 Als Beispiel für eine differenzierte Analyse entlang dieser Argumentationslinien siehe Portes (1995).
3 Viele Autoren haben den der Philosophie des Multikulturalismus zugrunde liegenden Essentialismus kritisiert (z. B. Waldron 1995; Sen 1999).

Herder'sche Tradition bezeichnet werden könnte, die zuerst von deutschen Nationalisten im frühen neunzehnten Jahrhundert formuliert wurde. Aus dieser links-Herder'schen Perspektive wird die Geschichte als die Leidensgeschichte des eigenen Volkes verstanden, das von anderen Völkern unterdrückt und gedemütigt wird. Die US-amerikanischen Ethnic Studies ähneln somit in ihrer Ausrichtung, wenn nicht gar ihrer aktuellen Forschungspraxis den Geschichts- und Volkskundeinstituten junger Nationalstaaten, welche die kulturelle Einzigartigkeit des eigenen Volkes und dessen Widerstands- und Befreiungskampf dokumentierten.[4]

Die US-amerikanischen Ethnic Studies hatten einen großen Einfluss auf die Forschung in Europa und hier besonders in Großbritannien (dazu Banton 2003). Sie gewannen dort schnell die Oberhand gegenüber älteren, marxistischen (Castles/Kosack 1973) oder weberianischen (Rex/Moore 1967) Traditionen. In Analogie zur US-Perspektive beschrieben die Vertreter der Black Cultural Studies Großbritannien als eine Gesellschaft, in der eine unterdrückte schwarze Bevölkerung einer herrschenden weißen Mehrheit gegenüberstand. Später stiegen asiatische Intellektuelle aus der „political blackness" aus – mit der sich die breite Masse ohnehin nie identifiziert hatte (Moodod et al. 1997) – und forderten einen offiziellen Minderheitsstatus für ihre eigenen Gruppen. Nach der Rushdie-Affäre im Jahre 1989 wurden auch „Muslime" als gesonderte Gruppe beschrieben und behandelt, gekennzeichnet durch die Erfahrung der Diskriminierung und Exklusion als „Nicht-Weiße", aber auch durch eine spezifische Kultur und Religion (Modood 1992). Schließlich forderten in den späten 1990ern Intellektuelle und Soziologen irischer Abstammung für sich selbst den Status einer unterdrückten, „rassifizierten" Gruppe ein (Hickman 1998; Mac An Ghaill 2001), wie dies vor kurzem auch jüdische Intellektuelle taten. Jedes dieser Projekte zielt auf die Anerkennung einer neuen Volksgruppe, die durch eine spezifische Geschichte der Unterdrückung durch die herrschende weiße Mehrheit und deren Vertreter, die britische Regierung, sowie durch eine eigene „Kultur des Widerstands" gegen die weiße Hegemonie charakterisiert ist.

Einige neuere Ansätze haben die Tradition der Ethnic Studies zwar kritisiert, bleiben ihr jedoch so stark verbunden, dass sie ihren grundlegenden Blick auf die soziale Welt trotz der offenkundigen Geste der Ablehnung teilen. Dies ist beispielsweise bei der neuen Flut an Texten über Kreolisierung, Hybridität, multiple Identitäten oder „neue Ethnizitäten" der Fall. Ein Großteil dieser Literatur wurde von einem einflussreichen Essay von Stuart Hall, einem der Großmeister der britischen Cultural Studies, beeinflusst (Hall 1996a). Trotz der explizit anti-essentialistischen Sprache (z. B. Hall 1996b: 472 f.) und der Betonung der „immense diversity and differentiation of the historical and cultural experience of black subjects" (Hall 1996a: 443) bleibt die „black community" mit ihrer spezifischen, einzigartigen Kultur (Hall 1996b: 470) der Referenzpunkt für diese neue, postmoderne Version der Cultural Studies, auch wenn diese Gemeinschaft jetzt als ein multiplexes, intern differenziertes Volk mit sich diasporisch ausdehnenden Grenzen gedacht wird (vgl. die Kritik von Anthias 2002).

---

4 Zu den nationalistischen Grundlagen der Ethnic Studies siehe Espiritu (1999: 511); Tellez/Ortiz (i. E.: Kapitel 4). Als Beispiel für ein Buch, das die US-Gesellschaft als eine Ansammlung verschiedener Völker beschreibt, die alle von der herrschenden weißen Mehrheit unterdrückt werden, siehe Aguirre und Turner (2007).

Die biologische Metapher der „Hybridität" (Bhabha 1995; Werbner/Modood 1997) oder das Konzept der „Kreolisierung" (Palmie 2006) bieten ebenso wenig einen Ausweg aus dem Herder'schen Schema. Zwar ist die hybride, kreole Kultur den jeweiligen Ausgangskulturen gegenüber offen und somit weniger begrenzt und abgeschlossen als diese. Die Welt bleibt jedoch von hybriden und anderen Völkern bewohnt, die durch ihre klar erkennbaren kulturellen Merkmale, ihre besonderen Identitäten und ihren gemeinschaftlichen Charakter bestimmt sind.[5]

Auch in der Literatur zum Transnationalismus (Glick Schiller et al. 1995; Portes 2001; Vertovec 1999) lässt sich das Herder'sche Erbe nachweisen. Die Transnationalismusforschung betont, dass einige ethnische Gruppen, besonders Migrantengemeinschaften, aber auch alteingesessene Diaspora-Gruppen, an verschiedenen Orten gleichzeitig leben. So scheinen sie quer zur territorialen Ordnung von Nationalstaaten zu liegen. Auch der Transnationalismus konzipiert also die soziale Welt als Konglomerat von klar abgegrenzten Gemeinschaften gemeinsamer Identität und Kultur, auch wenn einige dieser Gemeinschaften nicht an bestimmte Territorien gebunden, sondern translokal organisiert sind.[6]

2. Drei Probleme des orthodoxen Ansatzes: Erkenntnisse aus der vergleichenden Ethnizitätsforschung

Vergleichende anthropologische Ethnizitätsstudien bieten den besten Ausgangspunkt, um ein distanzierteres und analytisch präziseres Verständnis ethnischer Gruppenbildungsprozesse zu entwickeln als es der Herder'sche Commonsense ermöglicht.[7] Drei im Folgenden zu diskutierende Erkenntnisse dieser Forschungstradition sind besonders relevant für Studien zur Eingliederung von Immigranten zeigen auf, wie problematisch es ist, ethnische Kultur, Gemeinschaft und Identität gleichzusetzen.

Der norwegische Ethnologe Fredrik Barth war der Erste, der die Annahme in Frage stellte, dass Kultur und ethnische Kategorie sich in einer unproblematischen Weise entsprechen (Barth 1969; aber siehe auch Boas 1928). Das folgende Schaubild soll die Sichtweise Barths verdeutlichen *(Abbildung 1)*. Die obere Grafik entspricht der Herder'schen Orthodoxie, derzufolge ethnische Grenzen die Topographie kultureller Unterschiede widerspiegeln. Kultur wird im Schaubild als ein dreidimensionaler Raum beschrieben, der Ähnlichkeiten und Unterschiede, etwa im Hinblick auf Sprache, Religiosität und Geschlechterbeziehungen abbildet. Je kulturell ähnlicher zwei Personen, desto wahrscheinlicher sind sie Mitglieder derselben ethnischen Kategorie. Barth und andere Autoren eines oft zitierten Sammelbands ethnographischer Texte haben jedoch gezeigt, dass dies in vielen Fällen nicht zutrifft (untere Grafik). Unabhängig von kulturellen Unterschieden, die der von außen kommende Ethnologe feststellt, und trotz der Diffusion von kulturellen Praktiken über die Grenzen hinweg (z. B. durch Akkulturations-

---

[5] Vgl. die Kritik bei Caglar (1997); verschiedene kritische Einwände liefern auch Friedman (2002) und Modood (1998).
[6] Als Beispiele für neuere Versuche, dieses Problem innerhalb des Transnationalismusparadigmas zu überwinden, siehe Riccio (2001); Glick Schiller et al. (2006).
[7] Über das Verhältnis von Ethnologie und Immigrationsforschung siehe auch Vertovec (2007).

Abbildung 1: Eine Herder'sche und eine Barth'sche Welt

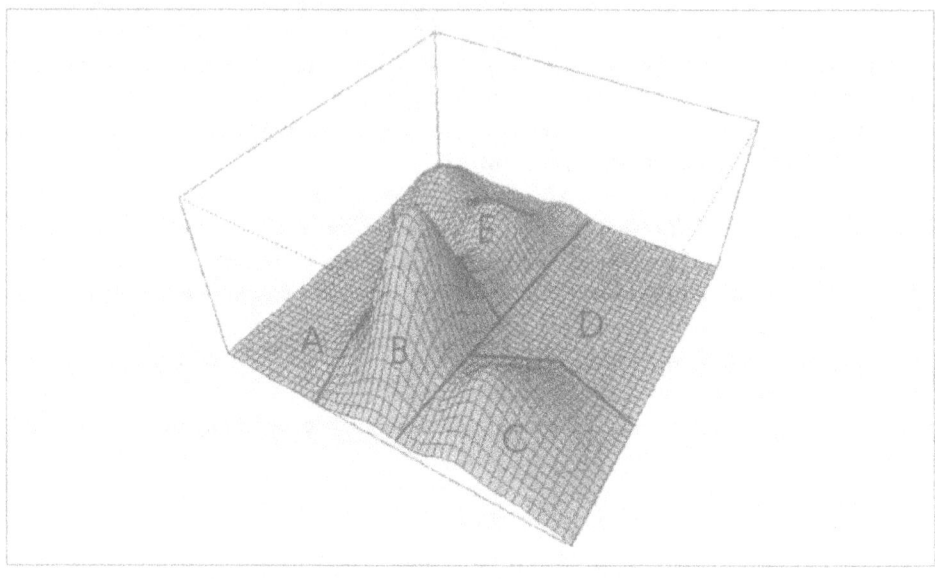

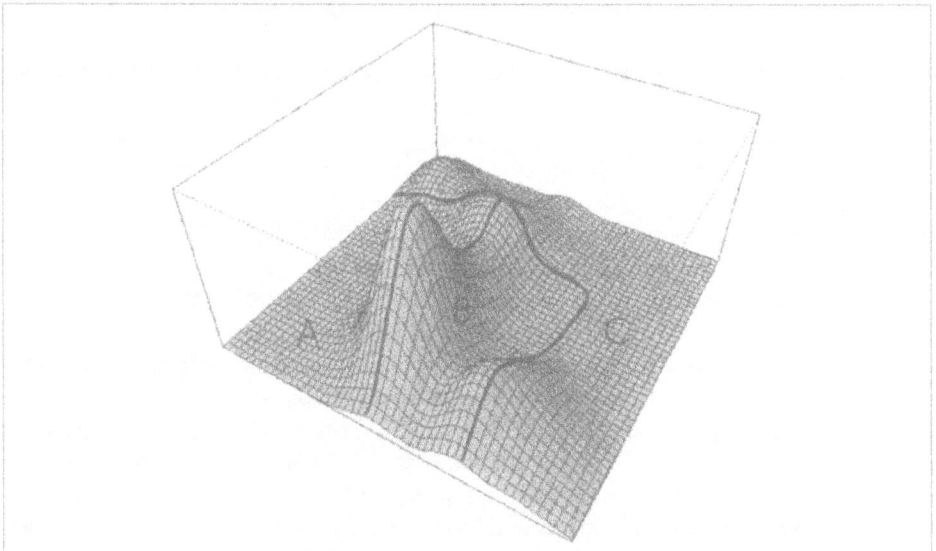

prozesse), werden ethnische Grenzen aufrechterhalten. Ethnische Gruppen resultieren deshalb, so folgert Barth, aus einem sozialen Prozess der Grenzziehung und ergeben sich nicht quasi-organisch aus der Summe objektiver kultureller Unterschiede.

Ein anderer Zweig anthropologischen Denkens, der von Moerman (1965) bis zur sogenannten situationistischen Schule (Nagata 1974; Okamura 1981) reicht, machte deutlich, dass auch ethnische Gemeinschaften und Identitäten/Kategorien unterschieden werden sollten, anstatt sie als homologe und koextensive Aspekte der sozialen Realität zu betrachten. Viele der von situationistischen Anthropologen beschriebenen Beispiele zeigen, dass ethnische Kategorien und Identitäten relationaler Natur[8] und als Hierarchie ineinandergeschachtelter Segmente organisiert sind. Dies lässt sich an folgendem US-amerikanischen Beispiel zeigen. Das übliche rassifizierte Modell, das in der Forschungspraxis eines großen Teils der Sozialwissenschaften routinemäßig reproduziert wird (Martin/Yeung 2003), sieht vier „Rassen" als die hauptsächlichen Bausteine der amerikanischen Gesellschaft vor. Aus einem weniger Herder'schen Blickwinkel stellt sich die Situation jedoch weit komplexer dar. Die folgende, von Jenkins (1994: 41) inspirierte Abbildung zeigt eine Reihe möglicher Kategorien, mit welchen eine „asiatische", „weiße" oder „hispanische" Person klassifiziert werden bzw. sich identifizieren könnte.

Die „asiatische" Person stammt beispielsweise aus Taiwan und würde wahrscheinlich ihre Identität als Hakka-Sprecherin betonen (einer der taiwanesischen Dialekte), wenn sie einen Holo-sprachigen Haushalt besucht. Sowohl Hakka wie Holo würden aber von einem Mandarin-sprachigen Taiwanesen, dessen Familie nach 1948 nach Taiwan kam, als „Insulaner" kategorisiert. Alle drei grenzen sich wiederum von neuen Immigranten aus dem chinesischen Festland ab (Kibria 2002). Festlandchinesen und Taiwanesen würden als Asiaten behandelt und sich auch selbst so sehen, wenn sie auf einen Afroamerikaner träfen, usw. Dieselbe kontextuelle Differenzierung gilt für eine Person irischen Ursprungs (vgl. Waters 1990: 52-58) oder einen Zapoteco aus dem Hochtal Oaxacas in Mexico (vgl. allgemein dazu Kearney 1996), wie *Abbildung 2* zeigt.

Nicht alle diese Ebenen kategorialer Differenzierung sind aber sozial relevant. Beispielsweise zeigen viele Forschungen, dass „asian americans" zwar eine situational relevante Kategorie (und eine Standardvariable in vielen Regressionsgleichungen) darstellt, aber nicht eine soziale Gemeinschaft, welche durch homophile Netzwerke zusammen-

Abbildung 2: Ein Moerman'scher Blick auf „Rasse" und Ethnizität in den USA

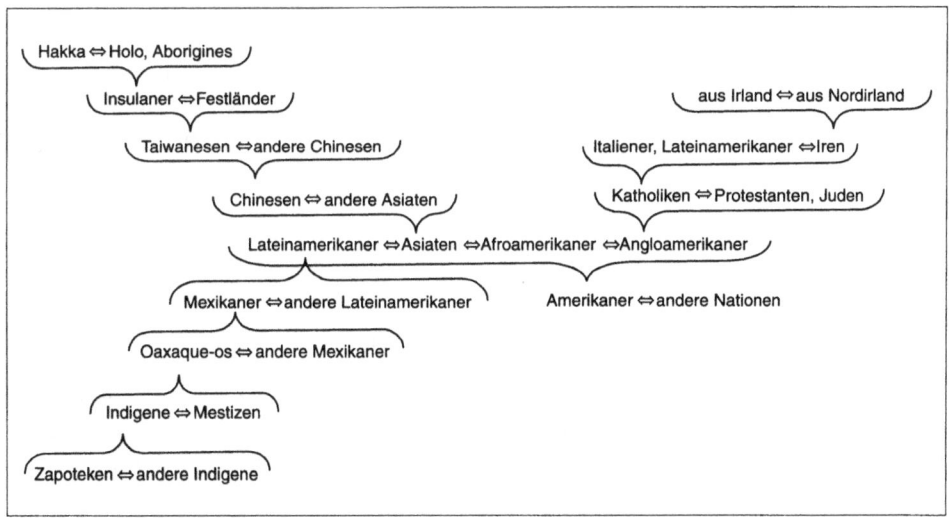

---

8 Siehe Keyes (1976); Cohen (1978); Jenkins (1997: 41); Burgess (1983); Okamura (1981); Okamoto (2003) und Brubaker (2004: Kapitel 2).

gehalten wird. Gemeinschaft und ethnische Kategorie müssen deshalb als gesonderte Aspekte der Realität analysiert werden und sollten nicht vermengt werden.

Ein dritter wichtiger Punkt, der in der bisherigen Migrationsforschung kaum berücksichtigt wurde, ist die Tatsache, dass die Identifizierung mit einer Kategorie und die Kategorisierung durch andere möglicherweise nicht übereinstimmen. So mag man sich beispielsweise primär als taiwanesischen Amerikaner sehen, während der Durchschnittsamerikaner alle Menschen ostasiatischen Ursprungs als „Asiaten" kategorisiert (vgl. Kibria 2002). In anderen Worten: Man muss zwischen ethnischer Identität und Kategorie unterscheiden. Diese Erkenntnis hat sich langsam innerhalb der anthropologischen Forschung durchgesetzt. Ein wichtiger Beitrag war Richard Jenkins' Analyse dieses janusgesichtigen Wesens von Ethnizität (Jenkins 1997).

Diese Einsicht wurde später von einigen Wissenschaftlern auch in Bourdieu'scher Terminologie gefasst. Sie beschrieben Prozesse der ethnischen Kategorisierung als Teil eines politisch-symbolischen Kampfes zwischen verschiedenen „Visionen der legitimen Aufteilung der sozialen Welt" (Brubaker 2004: Kapitel 1; Loveman 1997; Wacquant 1997; Wimmer 1995). Individuen und Gruppen kämpfen darum, wem es erlaubt sein sollte zu kategorisieren, welche Kategorien benutzt werden sollen, welche Bedeutungen sie enthalten sollen und zu welchen Konsequenzen sie führen sollen. Entgegen der Herder'schen Sichtweise, die annimmt, dass ethnische Gruppen einen quasi-natürlichen Identifikationshorizont für alle Menschen darstellen, beschreibt diese Denkrichtung Ethnizität als klassifikatorische Praxis: als einen Versuch, die eigene Sichtweise davon, wer dazu gehören sollte und wer nicht, allgemein akzeptiert und für das Alltagsleben relevant zu machen.

Alles in allem fasst die Herder'sche Denktradition ethnische Identitäten, Kategorien, Gemeinschaften und Kulturen zu einem einzigen sozialen Phänomen zusammen und besitzt damit nicht das analytische Werkzeug, um deren wechselseitige Beziehungen angemessen zu analysieren. Sie übersieht, dass ethnische Grenzen quer durch Gruppen mit einer geteilten Kultur verlaufen können; dass ethnische Kategorien ihrem Wesen nach relational und segmentär sind und somit nicht notwendigerweise Gemeinschaften entsprechen, die durch eng geknüpfte soziale Netzwerke zusammengehalten werden; dass um die Bedeutung ethnischer Kategorien gerungen wird und Ethnizität somit eher ein Ergebnis klassifikatorischer Kämpfe darstellt als eine gegebene Aufteilung von Gesellschaft, die Wissenschaftler und Gesellschaftsmitglieder lediglich beschreiben.

II. Die Grenzziehungsperspektive

Im Laufe des letzten Jahrzehnts sind in den Sozialwissenschaften einige neue Ansätze entwickelt worden, die mit diesen Erkenntnissen der vergleichenden anthropologischen Forschung vereinbar sind. Sie entstammen den verschiedensten Denktraditionen und haben außer ihrer anti-Herder'schen Stoßrichtung wenig gemeinsam, wie der folgende kurze Überblick deutlich machen wird. Auf dem Feld der normativ-intellektuellen Debatten haben Vertreter der Cultural Studies (Gilroy 2000; Bhabha 2007) vor kurzem dafür plädiert, über bisherige essentialisierende Diskurse zu „Rasse" und „Identität" hinauszugehen und nach einer Art der Beschreibung der sozialen Welt zu streben, die man als neohumanistisch und universalistisch bezeichnen könnte. Andere, mehr empirisch und ethnographisch orientierte Projekte, von denen einige der von Stuart Hall begründeten „new ethnicities"-Tradition entstammen und andere von den Schriften Bourdieus inspiriert sind, untersuchen, wie die in einem historisch konstituierten Feld platzierten Akteure verschiedene Narrative darüber entwickeln, wer sie sind, wer dazu gehört und wer nicht. Solche Gemeinschafts- und Identitätsdiskurse erzeugen ein vielschichtiges Set von Zugehörigkeitsansprüchen und situationsspezifisch variierenden Kategoriensystemen, die sich nicht sinnvollerweise zu „ethnischen Gruppen" oder „Identitäten" aggregieren lassen (Anthias 2006; Back 1996; Baumann 1996; Brubaker et al. 2007).

Eher makrosoziologischer Natur ist der aus der deutschen Soziologie kommende „Ethnisierungsansatz", der von der Luhmann'schen Systemtheorie oder Foucaults Analyse der disziplinierenden Macht des öffentlichen Diskurses inspiriert ist. „Ethnisierung" wird als ein sich selbst verstärkender Prozess der diskursiven Definition und Beeinflussung der sozialen Wirklichkeit in ihrer ethnischen Dimension verstanden, der in den Bereichen Bildung, Strafverfolgung, Arbeitslosigkeit etc. eine „Minderheitenproblematik" erzeugt (Bommes 1999; Bukow 1992; Radtke 2003; siehe auch Rath 1991).

Dies ist nicht der Ort, um die Gemeinsamkeiten und Unterschiede zwischen diesen verschiedenen post-herderianischen Ansätzen zu diskutieren. Im Folgenden möchte ich mich stattdessen einer weiteren, im Entstehen begriffenen Perspektive widmen, die meines Erachtens den theoretisch differenziertesten, analytisch präzisesten und empirisch fundiertesten dieser Ansätze darstellt. Sie entstammt der Barth'schen Tradition und wurde dementsprechend als das Paradigma der ethnischen Grenzziehung oder auch die ethnische Gruppenbildungsperspektive bezeichnet (vgl. die detaillierte Ausarbeitung in Wimmer 2008). Zu ihrer Charakterisierung lassen sich vier axiomatische Annahmen anführen, die sich aus den verschiedenen, bereits erörterten Kritiken am Herder'schen Ansatz ableiten lassen.

Erstens werden ethnische Gruppen als das Ergebnis eines reversiblen sozialen Prozesses der Grenzziehung und nicht als vorgegebene Aufteilung der sozialen Welt konzipiert (dies ist das *konstruktivistische Prinzip;* vgl. Jenkins 1997: Kapitel 1). Des Weiteren markieren die Akteure ethnische Grenzen anhand von jenen kulturellen Diakritika, die sie als relevant erachten. Das können zum Beispiel Sprache oder Dialekt, Kleidungsstile, Familienstrukturen, Bauarten von Häusern oder auch phänotypische Merkmale wie Hautfarbe oder Gesichtsmerkmale sein. Diese Diakritika variieren von Gesellschaft zu Gesellschaft und bilden kein Äquivalent zur Summe der „objektiven" kulturellen Unterschiede, die ein Betrachter von außen finden mag *(subjektivistische Annahme).*

Drittens resultieren ethnische Grenzen aus Handlungen von Individuen auf *beiden* Seiten der Grenze und aus ihren Interaktionen *über* die Grenze hinweg *(interaktionistische Annahme).* Folglich stellt die Privilegierung von Mitgliedern der eigenen ethnischen Gruppe sowie die Diskriminierung von ethnisch Anderen in den verschiedenen Sphären des sozialen Lebens – von der Liebe bis zum Krieg – den grundlegenden Mechanismus der Formierung und Stabilisierung ethnischer Gruppen dar (zur Ausarbeitung dieses Weberianischen Themas siehe Tilly 1998: Kapitel 3). Dies impliziert, dass beide, Minderheiten *und* Mehrheiten, durch dieses Definieren der Grenzen zwischen einander erst konstituiert werden. „Mehrheiten" sind daher genauso das Ergebnis solcher Grenzziehungsprozesse wie es „ethnische Minderheiten" sind (vgl. Williams 1989; Wimmer 2002; Favell 2007).

Schließlich konzentriert sich die Grenzziehungsperspektive auf Prozesse der *Erzeugung* von Gruppen und nicht auf die Geometrie von Gruppen*beziehungen,* wie es beispielsweise der US-amerikanische und britische Race Relations Ansatz tun (Niemonen 1997). Selbstverständlich impliziert dieses *prozessualistische Prinzip* nicht, dass sich alle Kategorien und Gruppen fortwährend nach Belieben manipulativer Akteure verändern, wie es überzogene Versionen des konstruktivistischen Paradigmas unterstellen. Der Grenzziehungsansatz eignet sich vielmehr auch dazu, die Entstehung und die Bedingungen der Reproduktion historisch stabiler und situativ kaum variierender Grenzen, die nur wenig Raum für individuelle Beeinflussung lassen, zu analysieren.

In letzter Zeit hat der Grenzziehungsansatz in der Migrationsforschung an Boden gewonnen. Richard Alba (2005), Rainer Bauböck (1998), Michael Bommes (1999), Adrian Favell (2007), Michèle Lamont (2000), Roger Waldinger (2003b; i. E.), Ari Zolberg und Long Litt Woon (1999) sowie andere inklusive meiner selbst haben den Grenzziehungsansatz dazu genutzt, zentrale Fragen der Migrationsforschung neu zu überdenken. Obwohl es viele Unterschiede in der theoretischen Orientierung und sogar einige substantielle und explizite Meinungsverschiedenheiten unter den genannten Autoren gibt, gehen ihre Analysen nichtsdestotrotz ähnliche Wege. Auch wenn es noch zu früh ist, einen Überblick über die empirischen Ergebnisse dieser im Entstehen begriffenen Forschungstradition zu liefern, ist es bereits jetzt möglich, die Unterschiede zum üblichen Ansatz in der Immigrationsforschung herauszuarbeiten. Dies werde ich in drei Gedankenschritten tun, die von der grundlegenden Frage nach der Konzipierung des Untersuchungsobjekts zur konkreten Frage nach der Auswahl eines geeigneten Forschungsdesigns führen.

1. Die Konstruktion von Mehrheit und Minderheit

Der Grenzziehungsansatz denaturalisiert die Unterscheidung zwischen Minderheiten von Immigranten („Türken") und nationalen Mehrheiten („Deutsche"), auf der das Untersuchungsfeld der Immigrationsforschung fußt. Daraus folgt zweierlei. Erstens drängt sich dem Beobachter eine komparative Perspektive auf, da offensichtlich wird, dass die Grenze zwischen Minderheit und Mehrheit unterschiedlich definiert wird. Wer als Immigrant gezählt wird und wer nicht, variiert je nach Land (Favell 2003) und Situation. Die enormen Schwierigkeiten von länderübergreifenden Versuchen, in den national generierten Statistiken vergleichbare Daten zu finden, bezeugt diese Variationen (Hoffmeyer-Zlotnik 2003). Sind aus Algerien zurückkehrende französische Siedler Immigranten? Sind Aussiedler Immigranten oder zurückkehrende Staatsbürger? Werden Immigranten der dritten und vierten Generation immer noch als Minderheiten gezählt, solange sie noch nicht „voll integriert" sind (wie in den Niederlanden)? Verschwinden sie aus den offiziellen Statistiken und somit größtenteils aus der sozialwissenschaftlichen Analyse (wie in Frankreich) oder werden sie für immer nach ihrer Hautfarbe verschiedenen Kategorien zugeordnet (wie in den USA)?

Die Unterscheidung zwischen Immigranten und Nicht-Immigranten variiert, da sie Teil verschiedener Definitionen davon ist, wo die sozialen Grenzen einer Nation verlaufen.[9] Diese Definition kann sich im Laufe der Zeit auch verändern, denn Nationenbildung stellt einen fortlaufenden Prozess voller historischer Wendungen und Brüche dar, wie die derzeitige Welle der Einführung der dualen Staatsbürgerschaft in vielen Ländern, das Abschaffen der Bevorzugung Weißer in der US-amerikanischen, kanadischen und australischen Immigrationspolitik seit den 1960er Jahren oder die neue Bewegung zu einem partiellen *ius solis* in Deutschland zeigen (vgl. die eher optimistische Einschätzung solcher Tendenzen bei Joppke 2005). Aus der Grenzziehungsperspektive erscheint daher die Trennung zwischen Lokalen und Immigranten, einschließlich der sozialwissenschaftlichen Forschung zur Frage, wie diese Trennung durch „Assimilation" (in den USA), „Integration" (in Europa) oder „Absorption" (in Israel) überwunden werden kann (oder soll), als entscheidendes Element des Nationenbildungsprozesses, der, anstatt vorausgesetzt zu werden, der Untersuchung bedarf, wenn wir die Dynamik der Eingliederung von Immigranten verstehen wollen (Favell 2003).

Das führt uns zu der zweiten Konsequenz der Denaturalisierung der Unterscheidung von Immigranten und Nicht-Immigranten. Während Migration aus der üblichen Perspektive als ein geradliniger demographischer Prozess erscheint (von Individuen, die sich durch Länder „bewegen"), enthüllt die Grenzziehungsperspektive den politischen Charakter dieses Prozesses. „Immigration" als ein spezifisches Phänomen und als ein politisches Problem, das einer Regulierung bedarf, taucht erst mit einem Staatsapparat auf, der Individuen Pässe und somit die Mitgliedschaft in nationalen Gemeinschaften zuteilt (Torpey 1999), die territorialen Grenzen überwacht und über die administrative und politische Kompetenz verfügt, zwischen erwünschten und unerwünschten Einwanderern zu unterscheiden (Wimmer 1998). Die alte und neue Assimilationstheorie sowie auch der Multikulturalismus fragen nicht nach dieser historischen Entstehung und nachfolgenden Umgestaltung der Unterscheidung von Immigranten und Staatsbürgern, sondern verhandeln diese als ein gegebenes Merkmal der sozialen Welt, das zu offenkundig erscheint, um einer Erklärung zu bedürfen (vgl. die Kritik von Waldinger 2003a). Dadurch geraten ihnen die sozialen Kräfte, die das Untersuchungsobjekt der Migrationsforschung erst herstellen und ihm eine in jeder Gesellschaft spezifische Form verleihen, aus dem Blick.

Die politische Natur der Unterscheidung von Immigranten und Staatsbürgern zu betonen, fördert auch eine Erweiterung der Perspektive und die Verbindung der Migrationsforschung mit anderen Thematiken und Fachgebieten. Sie macht deutlich, dass die Genese und nachfolgende Transformation der sozialen Kategorie der Immigranten Hand in Hand mit der Schaffung von innerstaatlichen ethnischen Minderheiten (Afroamerikaner, Quebecois, Iren, etc.) geht. Beide Arten von Gruppen verdanken ihr Entstehen unterschiedlichen Aspekten der Definition der nationalen Kerngruppe, in deren Namen moderne Nationalstaaten regieren. Sowohl Angehörige von ethnischen Minderheiten wie Immigrantengruppen werden als Menschen anderer, weniger legitimer Kul-

---

9 Siehe z. B. Koopmans et al. (2005) und Bail (2008).

tur und einer problematischen Beziehung zum Staat angesehen und behandelt und erscheinen damit als weniger berechtigt, die vollen Bürgerrechte zu genießen (Wimmer 2003). Die Unterscheidung zwischen Nation und Minderheit beruht m. a. W. auf einem Prozess der sozialen Schließung.

2. Assimilation als Grenzverschiebung

Wird die Unterscheidung zwischen Staatsbürgern und Immigranten einmal denaturalisiert und als das Produkt eines reversiblen und historisch spezifischen Prozesses sozialer Schließung verstanden, so entsteht eine neue Perspektive auf die alten Fragen der „Assimilation" und „Integration" von Immigranten. Ari Zolberg und Long Litt Woon (1999) sowie Richard Alba und Victor Nee (2003) waren die ersten, die Assimilation als einen Prozess der Grenzverschiebung neu definierten: Gruppen, die zuvor als „Immigranten-Minoritäten" definiert wurden, werden jetzt als vollständige Mitglieder der Nation behandelt. Dies stellt abermals einen genuin politischen Prozess und nicht das quasi-natürliche Ergebnis abnehmender kultureller Differenz und sozialer Distanz dar, wie die Assimilationstheorie meint. Folgt man dem oben diskutierten interaktionistischen Axiom, so wird deutlich, dass solche Grenzverschiebungen auch von der Akzeptanz der Mehrheitsbevölkerung mit ihrer privilegierten Beziehung zum Staat abhängen, da sie solche Grenzverschiebungen durch Alltagsdiskriminierung zu verhindern weiß. Die Grenzverschiebung muss m. a. W. bestehende Formen der sozialen Schließung überwinden, aufgrund derer Außenseitern volle Mitgliedschaft verwehrt und die Grenzen zwischen Mehrheiten und Minderheiten verstärkt werden. Die klassische Assimilationstheorie (sowie einige Stränge des Neo-Assimilationismus) setzt voraus, dass eine solche Akzeptanz ausschließlich vom Grad der kulturellen Assimilation und der sozialen Interaktion – davon, dass „die" sich so verhalten wie „wir" – abhängt. Sie übersieht so den Prozess der sozialen Schließung, der überhaupt erst definiert, wer „wir" und wer „die" sind, sowie das Machtgefälle, welches dieser Unterscheidung zugrunde liegt. Der links-herderianische Ansatz hingegen überbetont den Grad und die Allgegenwärtigkeit solcher Schließungen, indem angenommen wird, dass Diskriminierung notwendigerweise und universell das bestimmende Merkmal ethnischer Beziehungen darstellt. Die Grenzziehungsperspektive erlaubt uns, beide Zerrbilder zu überwinden und die Prozesse der sozialen Schließung *und* Öffnung, die bestimmen, wo die Grenzen der Zugehörigkeit in der sozialen Landschaft gezogen werden, zu beobachten.

Um die empirische Plausibilität dieses Ansatzes zu illustrieren, werde ich mich kurz einigen wohlbekannten Aspekten der US-Immigrationsgeschichte als auch einigen weniger bekannten Merkmalen der Immigrationssituation im gegenwärtigen Kontinentaleuropa zuwenden. Die Grenzverschiebung in den USA des neunzehnten und zwanzigsten Jahrhunderts vollzog sich entlang unterschiedlicher Linien abhängig davon, ob Immigranten als potentielle Mitglieder der Nation behandelt wurden oder nicht. Die amerikanische Nation wurde bis zum ersten Weltkrieg in rassifizierten Begriffen als ein „weißes", protestantisches Volk europäischen Ursprungs definiert und den Nachkommen afrikanischer Sklaven gegenüber- (respektive über-)gestellt (Kaufmann 2004).

Während britische, skandinavische und deutsche Immigranten tatsächlich in Abhängigkeit vom Grad kultureller Assimilation und sozialer Einbindung als Mitglieder der Nation akzeptiert wurden, mussten südeuropäische und irische Katholiken sowie osteuropäische Juden wesentlich mehr „Grenzarbeit" leisten, um dasselbe zu erreichen. Sie wurden als nicht „weiß" genug betrachtet, um des vollen Mitgliedsstatus würdig zu sein. Italiener (Orsi 1992), Juden (Saks 1994) und Iren (Ignatiev 1995) bemühten sich in der Folge, sich von den Afroamerikanern zu distanzieren, Mischehen und das Zusammenleben in gemeinsamen Vierteln zu vermeiden und sich somit der Kategorisierung als „white mainstream" würdig zu erweisen.

Ähnliche Prozesse können zu späteren Zeitpunkten beobachtet werden: Loewen offeriert eine faszinierende Beschreibung davon, wie chinesische Immigranten im Mississippi-Delta, die ursprünglich der „farbigen" Kaste zugeschrieben und auch dementsprechend behandelt wurden, es erreichten, die Grenze zu überschreiten und eine respektierte, nicht-schwarze ethnische Gruppe zu werden, der Zugang zu weißen Schulen und Vierteln hatte (Loewen 1971). Sie erreichten dies durch das Abbrechen aller geschäftlichen Beziehungen zu ihrer afroamerikanischen Kundschaft und den sozialen Ausschluss von Chinesen, die sich mit Afroamerikanerinnen verheiratet hatten. Ihre Akzeptanz war also wiederum davon abhängig, dass sie die für die amerikanische Definition der Nation konstitutive Schließung entlang „rassischer" Kriterien reproduzierten. In ähnlicher Weise bemühen sich gegenwärtig der Mittelklasse zugehörige Immigranten aus der Karibik und deren Kinder, sich von der afroamerikanischen Gemeinschaft zu distanzieren, um der Mehrheit ihren Wert zu beweisen (Waters 1999; Woldemikael 1989).

Ähnlich grenzen sich im heutigen Kontinentaleuropa etablierte ehemalige Gastarbeiter von den in letzter Zeit gekommenen Flüchtlingen aus dem ehemaligen Jugoslawien und der Türkei ab. Dabei heben sie genau solche Merkmale dieser Gruppen hervor, die in den Augen der Mehrheit als empörend gelten: ihre „Faulheit", ihre Religiosität, ihren Mangel an Anstand und der Fähigkeit, sich der etablierten, kleinbürgerlichen Welt traditioneller Arbeiterviertel „einzufügen". Die Gastarbeiterimmigranten kämpfen mit dieser Grenzziehungsstrategie darum, das hartverdiente Kapital an „Normalität" zu bewahren, welches sie sich im Zuge eines langen und schmerzvollen Anpassungsprozesses erarbeitet haben (Wimmer 2004).

Zusammenfassend gesagt gewinnen wir also an analytischer Schärfe, wenn wir die Eingliederung von Immigranten als einen Prozess der Grenzverschiebung begreifen, der sich aus der strategischen Interaktion zwischen individuellen und kollektiven Akteuren auf beiden Seite der Grenze ergibt. Mit solchen Analysen lässt sich die Polarisierung der gegenwärtigen Forschungsliteratur überwinden, die sich entweder auf das Verhalten der Immigranten (wie die Assimilationsforschung, die den Standpunkt der „Nation" einnimmt) oder der Mehrheit (wie die Ethnic Studies, die aus dem Blickwinkel der Minderheiten forschen) konzentriert. Die Grenzziehungsperspektive verlagert unsere Aufmerksamkeit sowohl auf die Aushandlungsprozesse zwischen Immigranten und Nicht-Migranten, als auch auf die verschiedenen korporativen Akteure inklusive der staatlichen Behörden, welche die Ergebnisse dieser Annerkennungskämpfe beeinflussen.

III. Zur De-Ethnisierung von Forschungsdesigns

Wie der letzte Abschnitt deutlich gemacht hat, verlangt die hier vertretene Perspektive nach einer geeigneten Methodologie, welche die Beobachtung verschiedener Ergebnisse von Grenzziehungsprozessen erleichtert. Es ist m. a. W. notwendig, die Untersuchungsdesigns zu „deethnisieren", um sowohl die Entstehung ethnischer Gruppen als auch ihr Fehlen oder ihre Auflösung beobachten zu können. Im Folgenden werde ich die wichtigsten Beobachtungseinheiten diskutieren, die in der bisherigen Forschung verwendet wurden: geographische Räume, Individuen, institutionelle Settings und Ereignisketten.

Die Wahl von räumlichen Untersuchungseinheiten wie Stadtvierteln, Städten oder Regionen eröffnet die Möglichkeit zu beobachten, welche sozialen Kategorien für alltägliche Gruppenbildungsprozesse von Relevanz sind.[10] Ein erstes Beispiel hierfür bietet die Studie von Kissler und Eckert (1990) über ein Stadtviertel Kölns. Die Autoren wollten verstehen, wie dieses soziale Feld von alteingesessenen Immigranten, von Neuzuzüglern sowie von Mitgliedern der alternativen Szene wahrgenommen wird. Mit Hilfe der von Norbert Elias entwickelten Figurationsanalyse zeigten sie, dass die nichtethnische Unterscheidung zwischen „Etablierten" und „Außenseitern" diejenige soziale Kategorisierung darstellt, welche für die Bewohner am meisten Sinn machte. Zu ähnlichen Ergebnissen führten eine Studie zu Immigrantenvierteln in der Schweiz (Wimmer 2004) sowie Forschungen zu Hausgenossenschaften in Südlondon (Back 1996; Wallman 1978). Les Back prägte den Begriff des „Stadtviertelnationalismus", um diese transethnischen, lokalistischen Arten der Klassifikation zu bezeichnen. Gerd Baumanns Arbeit zu einem anderen Londoner Viertel kommt jedoch zu anderen Ergebnissen. Zu seiner eigenen Überraschung spielen die dem offiziellen Multikulturalismusdiskurs entnommenen ethnischen Kategorien („afrokaribisch", „muslimisch", „britisch" etc.) eine wesentlich größere Rolle als er ursprünglich annahm (Baumann 1996). Offensichtlich besteht eine der zukünftigen Aufgabe der Forschung darin, solche Unterschiede und Ähnlichkeiten einer vergleichenden Erklärung zuzuführen.

Einen zweiten möglichen Ansatz stellt die Wahl von Individuen als Analyseeinheiten dar. Dies ist häufig in quantitativen ökonomischen und soziologischen Studien der Fall, welche die ethnische Herkunft als eine unter vielen anderen Variabeln in die Regressionsgleichung aufnehmen. Auch wenn dieses Vorgehen viele Probleme beispielsweise der „community studies" vermeidet, ist die Interpretation der Ergebnisse oftmals vom Herder'schen Commonsense gekennzeichnet: Häufig interpretieren Forscher die Signifikanz einer ethnischen Variable als einen Hinweis entweder auf Diskriminierung (Bethoud 2000; Heath 2007; Silberman/Fournier 2006), den Einfluss ethnischer Kultur (Portes/MacLeod 1996: 270 f.) oder ethnischer Solidarität (Waldinger/Lichter 2003). Folgt man aber den Prinzipien einer „mechanistischen" Erklärung (Bunge 1997), sollte eine signifikante Herkunftsvariable nicht das Ende, sondern den Anfang der Erklärungsbemühungen darstellen. Denn mehrere Mechanismen, die kausal unabhängig von ethnischer Solidarität und Kultur sind, könnten für diesen Herkunftseffekt verantwortlich sein, wie die folgenden Beispiele zeigen.

---

10 Siehe hierzu auch die von Glick Schiller, Caglar und Guldbrandsen (2006) entwickelte Theorie der Lokalität.

So würden wir auch dann „ethnische" Nischen auf dem Arbeitsmarkt finden (also eine statistisch signifikante Überrepräsentation gewisser ethnischer Gruppen in gewissen Berufen), wenn die Netzwerke, über welche Individuen in Firmen rekrutiert werden, ausschließlich auf familiären Beziehungen beruhten, die nichts mit dem Mechanismus ethnischer Solidarität zu tun haben (vgl. Nauck/Kohlmann 1999). Des Weiteren können ethnische Ungleichheiten auf dem Arbeitsmarkt aus nicht erfassten Unterschieden in der Sprachfertigkeit anstatt aus ethnischer Diskriminierung resultieren (Kalter 2006). Die ethnischen Ungleichheiten bei Bildungsabschlüssen könnten das Resultat von allgemeinen und je nach Land variierenden Mechanismen der Klassenreproduktion darstellen und nicht von unterschiedlichen Graden der sozialen Schließung entlang ethnischer Grenzen (vgl. Crul/Vermeulen 2003; Kalter et al. 2007). Und schließlich produzieren unterschiedliche Migrationswege (Flüchtlinge vs. illegale Arbeitsmigranten vs. Gastarbeiter) auch unterschiedliche Selektionseffekte, die sich dann in signifikanten Koeffizienten für Ethnizitätsvariablen niederschlagen können, obwohl die Migrationspfade und nicht ethnische Herkunft die kausal relevante unabhängige Variable darstellt.[11]

Es gibt jedoch keinen prinzipiellen Grund dafür, dass eine Untersuchung nicht mit einer Gruppe von Individuen aus einem bestimmten Land (oder bestimmten Ländern) als Analyseeinheit beginnen sollte. Wenn man jedoch „Türken", „Schweizer" oder „Asiaten" untersucht, sollte man den Herder'schen Trugschluss vermeiden, dass sich diese Einheiten durch gemeinschaftliche Solidarität, kulturelle Differenz und geteilte Identitäten auszeichnen. Ob und inwieweit es zur sozialen Schließung entlang ethnischer Linien kommt, ob und inwiefern Solidaritätsnetzwerke ethnischer Natur sind und ob und bis zu welchem Grade sich die Mitglieder solcher Kategorien tatsächlich miteinander identifizieren, sind vielmehr Fragen, die es empirisch zu beantworten gilt.

Bei einer solchen Untersuchungsanlage gilt es dreierlei zu beachten. Zunächst muss sorgfältig bestimmt werden, ob ein beobachteter Sachverhalt tatsächlich „ethnisch" erklärt werden könnte oder ob andere, niedrigere Ebenen der sozialen Organisation für ihn verantwortlich sind, wie etwa Dorfgemeinschaften und Familien. Angesichts der Tatsache, dass die meisten Dörfer und Familien monoethnisch sind, sollte die wissenschaftliche Beobachterin sich davor hüten, ethnische Homophilie ohne weitere Abklärung auf ethnische Solidarität zurückzuführen. Eine wohldurchdachte, sorgfältige Studie, die dieses Problem der Messvalidität vermeidet, wurde von Bernhard Nauck und Annette Kohlmann durchgeführt. Sie kam zu dem Ergebnis, dass die Unterstützungsnetzwerke türkischer Immigranten in Deutschland in ähnlicher Weise familialistisch sind wie die deutscher Nicht-Migranten (Nauck/Kohlmann 1999). Die Interpretation des monoethnischen Charakters dieser Netzwerke als Konsequenz ethnischer Abschließung würde somit der Realität grob widersprechen: Türkische Migranten schenken anderen türkischen Immigranten, zu welchen sie keinerlei familiäre Verbindungen haben, nicht mehr Vertrauen als deutschen Familien.

Zweitens sollte ein Forschungsdesign, welches ethnische Gruppen als Analyseeinheiten verwendet, auch jene Individuen berücksichtigen, die der Gruppe „nicht mehr an-

---

11 Siehe dazu den „Kontext der Eingliederung", der von Portes und Rumbault (1990) diskutiert wurde. Als Beispiel für eine Analyse, die Ethnizitäts- und Selektionseffekte entflechtet, siehe Piguet und Wimmer (2000).

gehören". Das sind beispielsweise Individuen, die keine Kontakte zu Angehörigen ihrer ethnischen Gruppe unterhalten, die nicht Mitglieder ethnischer Clubs und Vereine sind, die ihre fremdländische Herkunft nicht für bedeutungsvoll halten, die keine ethnischen Cafés und Läden frequentieren, die Partner mit einem anderen ethnischen Hintergrund heiraten, deren Arbeit keine ethnische Konnotation hat und die nicht in ethnisch geprägten Vierteln leben (Morawska 1994; Conzen 1996). Um ein „sampling on the dependent variable" zu vermeiden, welches die Varianz in den Daten reduziert, sollte man auf das Schneeballverfahren verzichten, bei dem beispielsweise „Mexikaner" nach ihren „mexikanischen Freunden" befragt werden. Desgleichen sollte man es vermeiden, Viertel mit einer klaren ethnischen Prägung zu untersuchen, da dadurch diejenigen „Mexikaner" aus dem analytischen Blickfeld geraten, die nie im „Barrio" gelebt haben.

Drittens gilt es, die Vielfalt an Strategien der ethnischen Grenzziehung, die man unter Individuen mit demselben Hintergrund findet, zu berücksichtigen, um sicherzugehen, dass man die Strategien der gemeinschaftlichen Schließung und kulturellen Differenzierung nicht überbewertet und dadurch abermals an Datenvarianz verliert. In letzter Zeit wurden einige wohldurchdachte Studien durchgeführt, die eingehend zeigen, dass die Wahl von bestimmten Immigrantengruppen als Ausgangspunkt nicht zur Reifizierung dieser Gruppen führen muss (Glick Schiller et al. 2006; Wessendorf 2007). Das bestmögliche Forschungsdesign wäre wohl eine Panelstudie, die Immigranten aus demselben Herkunftsland (oder -dorf/-region) über mehrere Dekaden, idealerweise Generationen hinweg verfolgt. Das mexikanisch-amerikanische Projekt von Edward Telles und Vilma Ortiz (Telles/Ortiz 2008) beruht auf einem solchen idealen Forschungsdesign. Telles und Ortiz haben nahezu alle mexikanischen Amerikaner, die in den 1950er Jahren in einer Studie befragt wurden, ausfindig gemacht und zusätzlich eine große Anzahl von deren Kindern und Enkelkindern interviewt. Diese und andere vergleichende Untersuchungen zeigen, dass Individuen derselben ethnischen Herkunft eine Vielzahl an verschiedenen Strategien verfolgen (s. die Typologie bei Wimmer i. E.), die zu verschiedenen Formen der Eingliederung führen, inklusive der Grenzüberschreitung und der Disidentifikation mit der Herkunftsethnie.

Eine andere Art der Deethnisierung der Migrationsforschung stellt die Untersuchung institutioneller Umfelder dar, in welchen nicht-ethnische (oder transethnische) Interaktionen häufig sind. Hier kann man beobachten, auf welche Weise sich in solchen Interaktionsfeldern Netzwerke herausbilden, wie die Handelnden das jeweilige Umfeld unter Rückgriff auf verschiedene Prinzipien der sozialen Klassifikation interpretieren und unter welchen Bedingungen sich die Klassifikationen und Netzwerke tatsächlich entlang ethnischer Linien ausrichten. Viele solche Studien haben einen explizit anti-ethnischen Bias und untersuchen die Stabilisierungsbedingungen transethnischer Beziehungen beispielsweise in Kirchen (z. B. Emerson/Woo 2006), in Schulen (z. B. Kao/Joyner 2006), an Arbeitsplätzen (z. B. Ely/Thomas 2001) und in Stadtvierteln (z. B. Nyden et al. 1997). Ein solcher Bias ist jedoch nicht die logische Konsequenz dieses methodologischen Vorgehens: Die Erforschung bestimmter institutioneller Settings kann sowohl die herausragende Bedeutung ethnischer Gruppen als auch jene transethnischer Beziehungen und Kategorisierungsformen ans Licht bringen. Die Untersuchung von Organisationsfeldern ermöglicht somit eine Spezifizierung der institutionellen Entstehungsbedingungen von Ethnizität als einem Prinzip der sozialen Organisation und Klassifikation, ohne sie bereits bei der Wahl der Untersuchungseinheiten vorauszusetzen.

Und schließlich lassen sich Untersuchungsdesigns denken, die auf der in den 1940er und 1950er Jahren populären Tradition des „social drama analysis" basieren (Gluckman 1940; vgl. Burawoy 1998).[12] So beobachtete Max Gluckman beispielsweise eine eintägige Zeremonie zur Eröffnung einer neuen Brücke im südafrikanischen Zululand. Zu dieser Gelegenheit kamen die weiße Verwaltung, die Zuluherrscher und -häuptlinge und verschiedene Segmente der Zulubevölkerung zusammen. Die Abfolge der Reden und Rituale ermöglichte es dem wissenschaftlichen Beobachter zu sehen, wie verschiedene Prinzipien der Klassifikation ins Spiel kommen und zwischen den Akteuren verhandelt werden. Mir ist keine Studie über die Ethnizität von Immigranten bekannt, welche ein Ereignis oder eine Ereigniskette als Untersuchungseinheit wählt. Diese Analysestrategie scheint jedoch ein weiterer vielversprechender Weg zu sein, um die Herder'sche Perspektive zu überwinden, die unser Verständnis von Ethnizität in Einwanderungsgesellschaften so nachhaltig beeinträchtigt hat.

Literatur

Aguirre, Adalbert/Turner, Jonathan H., 2007: American Ethnicity. The Dynamics and Consequences of Discrimination. New York: McGraw Hill.
Alba, Richard D., 2005: Bright vs. Blurred Boundaries: Second Generation Assimilation and Exclusion in France, Germany, and the United States, in: Ethnic and Racial Studies 28, 20-49.
Alba, Richard D./Nee, Victor, 2003: Remaking the American Mainstream: Assimilation and Contemporary Immigration. Cambridge: Harvard University Press.
Anthias, Floya, 2002: Where do I Belong? Narrating Collective Identity, Location and Positionality, in: Ethnicities 2, 491-514.
Anthias, Floya, 2006: Belonging in a Globalising and Nequal World: Rethinking Translocation, in: *Yuval-Davis, Nira* (Hrsg.), Situated Politics of Belonging. London: Sage, 17-31.
Back, Les, 1996: New Ethnicities and Urban Culture. Racism and Multiculture in Young Lives. London: Routledge.
Bail, Christopher, 2008: The Configuration of Symbolic Boundaries against Immigrants in Europe, in: American Sociological Review 73, 37-59.
Banton, Michael, 2003: Teaching Ethnic and Racial Studies, in: Ethnic and Racial Studies 26, 488-502.
Barth, Fredrik, 1969: Introduction, in: *Barth, Fredrik* (Hrsg.), Ethnic Groups and Boundaries: The Social Organization of Cultural Difference. London: Allen & Unwin, 1-38.
Bauböck, Rainer, 1998: The Crossing and Blurring of Boundaries in International Migration. Challenges for Social and Political Theory, in: *Bauböck, Rainer/Rundell, John* (Hrsg.), Blurred Boundaries: Migration, Ethnicity, Citizenship. Aldershot: Ashgate, 17-52.
Baumann, Gerd, 1996: Contesting Culture. Discourses of Identity in Multi-Ethnic London. Cambridge: Cambridge University Press.
Berthoud, Richard, 2000: Ethnic Employment Penalties in Britain, in: Journal of Ethnic and Migration Studies 26, 389-416.
Bhabha, Homi K., 1995: The Location of Culture. London: Routledge.

---

12 Diese Idee stammt von Steve Vertovec, der sie im Anschluss an die Präsentation dieses Aufsatzes in Oxford formulierte.

Bhabha, Homi K., 2007: Boundaries, Differences, Passages, in: *Gunsenheimer, Antje* (Hrsg.), Grenzen, Differenzen, Übergänge. Spannungsfelder inter- und transkultureller Kommunikation. Bielefeld: Transcript, 29-48.
Boas, Franz, 1928: Anthropology and Modern Life. New York: Norton.
Bommes, Michael, 1999: Migration und nationaler Wohlfahrtsstaat. Opladen: Westdeutscher Verlag.
Brubaker, Rogers, 2002: Ethnicity without Groups, in: Archives Européennes de Sociologie 43, 163-189.
Brubaker, Rogers, 2004: Ethnicity without Groups. Cambridge: Harvard University Press.
Brubaker, Rogers/Feinschmidt, Margit/Fox, Jon/Grancea, Liana, 2007: Nationalist Politics and Everyday Ethnicity in a Transylvanian Town. Princeton: Princeton University Press.
Bukow, Wolf-Dietrich, 1992: Ethnisierung und nationale Identität, in: *Institut für Migrations- und Rassismusforschung* (Hrsg.), Rassismus und Migration in Europa. Hamburg: Argument-Verlag, 133-146.
Bunge, Mario, 1997: Mechanism and Explanation, in: Philosophy of Social Sciences 27, 410-465.
Burgess, M. Elaine, 1983: Ethnic Scale and Intensity: The Zimbabwean Experience, in: Social Forces 59, 601-626.
Caglar, Ayse, 1997: Hyphenated Identities and the Limits of Culture, in: *Modood, Tariq/Werbner, Pnina* (Hrsg.), The Politics of Multiculturalism in the New Europe. London: Zed, 169-185.
Castles, Stephen/Kosack, Godula, 1973: Immigrant Workers and Class Structure in Western Europe. London: Oxford University Press.
Cohen, Ronald, 1978: Ethnicity: Problem and Focus in Anthropology, in: Annual Review of Anthropology 7, 397-403.
Conzen, Kathleen N., 1996: Thomas and Znaniecki and the Historiography of American Immigration, in: Journal of American Ethnic History 16, 16-26.
Crul, Maurice/Vermeulen, Hans, 2003: The Second Generation in Europe, in: International Migration Review 37, 965-985.
Ely, Robin J./Thomas, David A., 2001: Cultural Diversity at Work: The Effects of Diversity Perspectives on Work Group Processes and Outcomes, in: Administrative Science Quarterly 46, 229-273.
Emerson, Michael O./Woo, Rodney M., 2006: People of the Dream: Multiracial Congregations in the Unites States. Princeton: Princeton University Press.
Espiritu, Yen Le, 1999: Disciplines Unbound: Notes on Sociology and Ethnic Studies, in: Contemporary Sociology 28, 510-514.
Esser, Hartmut, 2002: Soziologie. Spezielle Grundlagen. 6 Bde. Frankfurt a. M.: Campus.
Favell, Adrian, 2003: Integration Nations: The Nation-state and Research on Immigrants in Western Europe, in: Comparative Social Research 22, 13-42.
Favell, Adrian, (2007): Rebooting Migration Theory. Interdisciplinarity, Globality, and Postdisciplinarity in Migration Studies, in: *Bretel, Caroline/Hollified, James* (Hrsg.), Migration Theory: Talking Across Disciplines. London: Routledge, 259-282.
Friedman, Jonathan, 2002: From Roots to Routes: Tropes for Trippers, in: Anthropological Theory 2, 21-36.
Gans, Herbert, 1979: Symbolic Ethnicity: The Future of Ethnic Groups and Culture in America, in: Ethnic and Racial Studies 2, 1-20.
Gans, Herbert, 1997: Toward a Reconciliation of „Assimilation" and „Pluralism": The Interplay of Acculturation and Ethnic Retention, in: International Migration Review 31, 875-892.
Gilroy, Paul, 2000: Against Race. Imagining Political Culture Beyond the Color Line. Cambridge: Harvard University Press.
Glick Schiller, Nina/Green Basch, Linda/Szanton Blanc, Christina, 1995: From Immigrants to Transmigrants: Theorizing Transnational Migration, in: Anthropology Quarterly 68, 48-63.
Glick Schiller, Nina/Caglar, Ayse/Guldbrandsen, Thaddeus C., 2006: Beyond the Ethnic Lens: Locality, Globality, and Born-again Incorporation, in: American Ethnologist 33, 612-633.
Gordon, Milton M., 1964: Assimilation in American Life. The Role of Race, Religion and National Origin. Oxford: Oxford University Press.

Hall, Stuart, 1996a [1989]: New Ethnicities, in: *Morley, David/Chen, Kuan-Hsing* (Hrsg.), Stuart Hall: Critical Dialogues in Cultural Studies. London: Routledge, 441-449.
Hall, Stuart, 1996b: What is this „Black" in Black Popular Culture?, in: *Morley, David/Chen, Kuan-Hsing* (Hrsg.), Stuart Hall: Critical Dialogues in Cultural Studies. London: Routledge, 465-475.
Heath, Anthony, 2007: Cross-national Patterns and Processes of Ethnic Disadvantage, in: *Heath, Anthony/Cheung, Si-Yi* (Hrsg.), Unequal Chances: Ethnic Minorities in Western Labour Markets. Proceedings of the British Academy, 137. Oxford: Oxford University Press, 639-695.
Hedström, Peter, 2005: Dissecting the Social. On the Principles of Analytical Sociology. Cambridge: Cambridge University Press.
Herder, Johann Gottfried, 1968: Ideen zur Philosophie der Geschichte der Menschheit. Sämtliche Werke. Bd. XIII, herausgegeben von *Bernhard Suphan.* Hildesheim: Olms.
Hickman, Mary J., 1998: Reconstructing Deconstructing „Race": British Political Discourse about the Irish in Britain, in: Ethnic and Racial Studies 21, 288-307.
Hoffmeyer-Zlotnik, Jürgen H. P., 2003: How to Measure Race and Ethnicity, in: *Hoffmeyer-Zlotnik, Jürgen H. P./Wolf, Christof* (Hrsg.), Advances in Cross-National Comparison. An European Working Book for Demographic and Socio-Economic Variables. New York: Kluwer, 267-277.
Ignatiev, Noel, 1995: How the Irish became White. New York: Routledge.
Jenkins, Richard, 1994: Rethinking Ethnicity: Identity, Categorization and Power, in: Ethnic and Racial Studies 17, 197-223.
Jenkins, Richard, 1997: Rethinking Ethnicity: Arguments and Explorations. London: Sage.
Joppke, Christian, 2005: Selecting by Origin: Ethnic Migration in the Liberal State. Cambridge: Harvard University Press.
Kalter, Frank, 2006: Auf der Suche nach einer Erklärung für die spezifischen Arbeitsmarktnachteile von Jugendlichen türkischer Herkunft, in: Zeitschrift für Soziologie 35, 144-160.
Kalter, Frank/Granato, Nadia/Kristen, Cornelia, 2007: Disentangling Recent Trends of Second Generation's Structural Assimilation in Germany, in: *Scherer, Stefanie/Pollak, Reinhardt/Otte, Gunnar/Gangl, Markus* (Hrsg.), From Origin to Destination: Trends and Mechanisms in Social Stratification Research. Frankfurt a. M.: Campus, 214-245.
Kao, Grace/Joyner, Kara, 2006: Do Hispanic and Asian Adolescents Practice Panethnicity in Friendship Choices?, in: Social Science Quarterly 87, 972-992.
Kaufmann, Eric, 2004: The Rise and Fall of Anglo-America. Cambridge: Harvard University Press.
Kearney, Michael, 1996: Die Auswirkung globaler Kultur, Wirtschaft und Migration auf die mixtekische Identität in Oaxacalifornia, in: *Karlen, Stefan/Wimmer, Andreas* (Hrsg.), Integration und Transformation. Ethnische Minderheiten, Staat und Weltwirtschaft in Lateinamerika seit ca. 1850. Stuttgart: Heim, 329-349.
Keyes, Charles, 1976: Towards a New Formulation of the Concept of Ethnic Group, in: Ethnicity 3, 202-213.
Kibria, Nazli, 2002: Becoming Asian American. Second-Generation Chinese and Korean American Identities. Baltimore: The John Hopkins University Press.
Koopmans, Ruud/Statham, Paul/Giugni, Marco/Passy, Florence, 2005: Contested Citizenship: Immigration and Cultural Diversity in Europe. Oklahoma: University of Minnesota Press.
Lamont, Michèle, 2000: The Dignity of Working Man. Morality and the Boundaries of Race, Class, and Immigration. Harvard: Harvard University Press.
Le Bras, Hervé, 1998: Le démon des origins. Paris: L'édition de l'aube.
Loewen, James W., 1971: The Mississippi Chinese: Between Black and White. Cambridge: Harvard University Press.
Loveman, Mara, 1997: Is „Race" Essential?, in: American Sociological Review 64, 891-898.
Mac An Ghaill, Mairtin, 2001: British Critical Theorists: The Production of the Conceptual Invisibility of the Irish Diaspora, in: Social Identities 7, 179-201.
Martin, John Levi/Yeung, King-To, 2003: The Use of the Conceptual Category of Race in American Sociology, 1937-99, in: Sociological Forum 18, 521-543.
Meillassoux, Claude, 1980: Gegen eine Ethnologie der Arbeitsmigration, in: *Blaschke, Jochen/Greussing, Kurt* (Hrsg.), Dritte Welt in Europa. Frankfurt a. M.: Syndikat, 53-59.

Modood, Tariq, 1992: Not Easy Being British: Colour, Culture and Citizenship. Stroke-on-Trent: Runnymede Trust and Trentham Books.
Modood, Tariq, 1998: Anti-essentialism, Multiculturalism and the „Recognition" of Religious Groups, in: Journal of Political Philosophy 6, 378-399.
Modood, Tariq (im Erscheinen): Multiculturalism and Essentialism.
Modood, Tariq/Berthoud, Richard/Lekey, Jane/Nazroo, James/Smith, Patten/Virdee, Satnam/Beishon, Sharon (Hrsg.), 1997: Britain's Ethnic Minorities: Diversity and Disadvantage. London: Policy Studies Institute.
Moerman, Michael, 1965: Ethnic Identification in a Complex Civilization: Who are the Lue?, in: American Anthropologist 67, 1215-1230.
Morawska, Ewa, 1994: In Defense of the Assimilation Model, in: Journal of American Ethnic History 13, 76-87.
Nagata, Judith, 1974: What is a Malay? Situational Selection of Ethnic Identity in a Plural Society, in: American Ethnologist 1, 331-350.
Nauck, Bernhard/Kohlmann, Annette, 1999: Kinship as Social Capital: Network Relationships in Turkish Migrant Families, in: *Richter, Rudolf/Supper, Sylvia* (Hrsg.), New Qualities in the Lifecourse. Intercultural Aspects. Würzburg: Ergon Verlag, 199-218.
Niemonen, J., 1997: The Race Relations Problematic in American Sociology: A Case Study and Critique, in: The American Sociologist 28, 15-54.
Nyden, Philip/Maly, Michael/Lukehart, John, 1997: The Emergence of Stable Racially and Ethnically Diverse Urban Communities: A Case Study of Nine U.S. Cities. Housing Policy Debate 8, 491-534.
Okamoto, Dina G., 2003: Toward a Theory of Panethnicity: Explaining Asian American Collective Action, in: American Sociological Review 68, 811-842.
Okamura, Jonathan, 1981: Situational Ethnicity, in: Ethnic and Racial Studies 4, 452-465.
Orsi, Robert, 1992: The Religious Boundaries of an Inbetween People: Street Feste and the Problem of the Dark-skinned Other in Italian Harlem, 1920-1990, in: American Quarterly 44, 313-347.
Palmie, Stephan, 2006: Creolization and its Discontents, in: Annual Review of Anthropology 35, 433-456.
Piguet, Etienne/Wimmer, Andreas, 2000: Les nouveaux 'Gastarbeiter'? Les réfugiés sur le marché de travail suisse, in: Journal of International Immigration and Integration 2, 233-257.
Portes, Alejandro, 1995: Children of Immigrants: Segmented Assimilation and its Determinants, in: *Portes, Alejandro* (Hrsg.), The Economic Sociology of Immigration: Essays on Networks, Ethnicity and Entrepreneurship. New York: Russell Sage, 248-279.
Portes, Alejandro, 2001: Introduction: The Debates and Significance of Immigrant Transnationalism, in: Global Networks 1, 181-193.
Portes, Alejandro/MacLeod, Dag, 1996: Educational Progress of Children of Immigrants: The Roles of Class, Ethnicity, and School Context, in: Sociology of Education 69, 255-275.
Portes, Alejandro/Rumbault, Ruben G., 1990: Immigrant America: A Portrait. Berkeley: University of California Press.
Portes, Alejandro/Zhou, Min, 1993: The New Second Generation: Segmented Assimilation and its Variants, in: Annals of the American Academy of Political and Social Science 530, 74-96.
Radtke, Frank-Olaf, 2003: Multiculturalism in Germany. Local Management of Immigrant's Social Inclusion, in: International Journal on Multicultural Societies 5, 55-76.
Rath, Jan, 1991: Minorisering: de sociale contructie van „etnische minderheden". Amsterdam: Sua.
Rex, John/Moore, Robert, 1967: Race, Community and Conflict: A Study of Sparkbrook. London: Oxford University Press.
Riccio, Bruno, 2001: From 'Ethnic Group' to 'Transnational Community'? Senegalese Migrants' Ambivalent Experiences and Multiple Trajectories, in: Journal of Ethnic and Migration Studies 27, 583-599.
Rojas, Fabio, 2007: From Black Power to Black Studies: How a Radical Social Movement Became an Academic Discipline. Baltimore: The Johns Hopkins University Press.
Saks, Karen Brodkin, 1994: How did Jews become White Folks?, in: *Gregory, Steven/Sanjek, Roger* (Hrsg.), Race. New Brunswick: Rutgers University Press, 78-102.

Sen, Amartya, 1999: Reason before Identity. Oxford: Oxford University Press.
Silberman, Roxane/Fournier, Irène, 2006: Les secondes générations sur le marché du travail en France: Une pénalité ethnique ancrée dans le temps. Contribution à la théorie de l'assimilation segmentée, in: Revue française de sociologie 47, 243-292.
Telles, Edward E./Ortiz, Vilma, 2008: Generations of Exclusion. Mexican Americans, Assimilation, and Race. New York: Russel Sage Foundation Press.
Tilly, Charles, 1998: Durable Inequality. Berkeley: University of California Press.
Torpey, John, 1999: The Invention of the Passport: Surveillance, Citizenship and the State. Cambridge: Cambridge University Press.
Tribalat, Michèle, 1995: Faire France. Une enquête sur les immigrés et leurs enfants. Paris: La Découverte.
Vertovec, Steven, 1996: Multiculturalism, Culturalism and Public Incorporation, in: Ethnic and Racial Studies 19, 49-69.
Vertovec, Steven, 1999: Conceiving and Researching Transnationalism, in: Ethnic and Racial Studies 22, 447-462.
Vertovec, Steven, 2007: Introduction: New Directions in the Anthropology of Migration and Multiculturalism, in: Ethnic and Racial Studies 30, 961-978.
Wacquant, Loic, 1997: Towards an Analytic of Racial Domination, in: Political Power and Social Theory 11, 221-234.
Waldinger, Roger, 2003a: Foreigners Transformed: International Migration and the Making of a Divided People, in: Diaspora. A Journal of Transnational Studies 12, 247-272.
Waldinger, Roger, 2003b: The Sociology of Immigration: Second Thoughts and Reconsiderations, in: *Reith, Jeffrey G.* (Hrsg.), Host Societies and the Reception of Immigrants. La Jolla: Center for Comparative Immigration Studies, UCSD, 21-43.
Waldinger, Roger (im Erscheinen): The Bounded Community: Turning Foreigners into Americans in 21st century Los Angeles, in: Ethnic and Racial Studies.
Waldinger, Roger/Lichter, Michael I., 2003: How the Other Half Works. Immigration and the Social Organization of Labor. Berkeley: University of California Press.
Waldron, Jeremy, 1995: Minority Cultures and the Cosmopolitan Alternative, in: *Kymlicka, Will* (Hrsg.), Rights of Minority Cultures. Oxford: Oxford University Press, 93-118.
Wallman, Sandra, 1978: The Boundaries of 'Race': Processes of Ethnicity in England, in: Man 13, 200-217.
Waters, Mary C., 1990: Ethnic Options. Choosing Identities in America. Berkeley: University of California Press.
Waters, Mary C., 1999: Black Identities. West Indian Immigrant Dreams and American Realities. Harvard: Harvard University Press.
Werbner, Pnina/Modood, Tariq, 1997: Debating Cultural Hybridity: Multi-Cultural Identities and the Politics of Anti-Racism. London: Zed Books.
Wessendorf, Susanne, 2007: Sushi-eating Secondos and Casual Latins. Political Movements and the Emergence of a Latino Counter-culture among Second-generation Italians in Switzerland, in: Journal of Intercultural Studies 28 (3), 345-360.
Williams, Brackette F., 1989: A Class Act: Anthropology and the Race to Nation across Ethnic Terrain, in: Annual Review of Anthropology 18, 401-444.
Wimmer, Andreas, 1995: Transformationen. Sozialer Wandel im indianischen Mittelamerika. Berlin: Reimer.
Wimmer, Andreas, 1998: Binnenintegration und Außenabschließung. Zur Beziehung zwischen Wohlfahrtsstaat und Migrationssteuerung in der Schweiz, in: *Bommes, Michael/Halfmann, Jürgen* (Hrsg.), Migration in nationalen Wohlfahrtsstaaten. Theoretische und vergleichende Untersuchungen. Osnabrück: IMIS, 199-222.
Wimmer, Andreas, 2002: Nationalist Exclusion and Ethnic Conflicts. Shadows of Modernity. Cambridge: Cambridge University Press.
Wimmer, Andreas, 2004: Does Ethnicity Matter? Everyday Group Formation in Three Swiss Immigrant Neighborhoods, in: Ethnic and Racial Studies 27, 1-36.

Wimmer, Andreas, 2008: The Making and Unmaking of Ethnic Boundaries. Toward a Multilevel Process Theory, in: American Journal of Sociology 113 (4), 970-1022.

Wimmer, Andreas (im Erscheinen): Elementary Strategies of Making Ethnic Boundaries, in: Ethnic and Racial Studies 31 (6).

Woldemikael, Tekle Mariam, 1989: Becoming Black American: Haitians and American Institutions in Evanston, Illinois. New York: AMS Press.

Zolberg, Ari/Woon, Long Litt, 1999: Why Islam is like Spanish: Cultural Incorporation in Europe and the United States, in: Politics and Society 27, 5-38.

Korrespondenzanschrift: Prof. Dr. Andreas Wimmer, University of California Los Angeles, 264 Haines Hall, Box 951551, Los Angeles, CA 90095-1551, USA
E-Mail: awimmer@soc.ucla.edu

ASSIMILATION, ETHNISCHE SCHICHTUNG ODER SELEKTIVE AKKULTURATION?*

Neuere Theorien der Eingliederung von Migranten und das Modell der intergenerationalen Integration

Hartmut Esser

Zusammenfassung: In Reaktion auf einige Besonderheiten der so genannten „New Immigration" und die bekannten Schwächen der klassischen Assimilationstheorie sind in der letzten Zeit einige neuere theoretische Vorschläge entstanden und debattiert worden, darunter speziell die „Theory of Segmented Assimilation" und die „New Assimilation Theory". Hier werden neben dem (klassischen) strukturellen Ausgang der „Assimilation" zwei weitere mögliche Ausgänge vorgesehen: die ethnische Schichtung als dauerhafter Abstieg der Folgegenerationen und die selektive Akkulturation als sozialer Aufstieg unter Nutzung und Beibehaltung der ethnischen Ressourcen und Identitäten. Der Beitrag rekonstruiert diese theoretischen Entwicklungen und die angenommenen strukturellen Ausgänge jeweils als Spezialfälle eines übergreifenden Modells, des Modells der intergenerationalen Integration, und systematisiert die in den verschiedenen Theorien skizzierten Teilprozesse und Einzelmechanismen in einigen wenigen grundlegenden Zusammenhängen. Ein wichtiges Ergebnis ist dabei auch die Identifikation von empirisch nicht ohne Weiteres gegebenen Bedingungen und Hintergrundprozessen, auf denen die verschiedenen Theorien und strukturellen Ausgänge, aber auch das Modell der intergenerationalen Integration, beruhen.

Auseinandersetzungen über Theorien sind in den Sozialwissenschaften oft allein deshalb nicht leicht zu führen, weil es kaum einen Konsens darüber gibt, was man unter einer „Theorie" eigentlich zu verstehen hat, was die Leistung einer Theorie ausmacht und was zu geschehen hat, wenn es offensichtliche Ausnahmen und darauf reagierende konkurrierende Theorieentwicklungen gibt. Das Beispiel der Theorien zur Integration von Migranten und ethnischen Minderheiten ist ein besonders anschaulicher und signifikanter Fall dafür.

Nicht sonderlich vereinfachend kann die Entwicklung etwa so beschrieben werden: Lange Zeit galt, trotz aller Kritik in vielen Details, die Hypothese von der schließlichen „Assimilation" der fremdethnischen Migranten als letztlich zutreffende Zusammenfassung der empirischen Vorgänge in den klassischen Einwanderungsländern wie die USA, Kanada oder Australien. Zwar ist das Konzept dieser klassischen Assimilationstheorie (CAT) von Beginn an umstritten gewesen, und selbst in den deutlichsten Formulierungen, etwa bei Park, Gordon, Price oder Eisenstadt, finden sich immer wieder auch einschränkende Bemerkungen. Spätestens jedoch im Zuge der so genannten

---

* Der Verfasser bedankt sich für wichtige Hinweise besonders bei Frank Kalter und Clemens Kroneberg sowie bei Cori Schneider für die große Unterstützung der formalen Umsetzung.

„New Immigration" nach 1965 hat es speziell in den USA erhebliche Diskussionen um seine Haltbarkeit gegeben. Nicht länger könne, so wird gesagt, von bruchlosen Trends der Assimilation über die Generationen hinweg gesprochen werden und an die Stelle des spurenlosen Verschwindens der ethnischen Kategorien seien vielfältige Muster der auch dauerhaften ethnischen Pluralisierung und zahlloser „discontents" mit der bloßen Anpassung an die Aufnahmegesellschaft zu beobachten. Zusammengefasst wurden diese Beobachtungen in der so genannten „Theory of Segmented Assimilation" (TSA), wie sie vor allem von Alejandro Portes, Rubén Rumbaut und Min Zhou entwickelt wurde. Die zentrale Hypothese ist, dass es nicht mehr (letztlich) nur einen Ausgang gebe, sondern drei: die Assimilation als Aufstieg in die Mittelschichten der Aufnahmegesellschaft (wie im alten Konzept), die auch dauerhafte Abdrängung in marginale Bereiche („downward assimilation") und die ebenfalls dauerhafte Etablierung ethnischer Eigenständigkeiten unter der Nutzung der ethnischen Ressourcen für den sozialen Aufstieg ohne Aufgabe der ethnischen Identität („selective acculturation"). Diesem Konzept haben Richard Alba und Victor Nee eine Alternative gegenübergestellt, die sie als „New Assimilation Theory" (NAT) bezeichnen. Das Kernargument ist, dass, trotz aller erkennbaren Abweichungen in den neueren Entwicklungen, die Assimilation über die Generationen hinweg der weiter zu erwartende Haupttrend sei und dass die von der Theory of Segmented Assimilation angenommenen beiden weiteren Fälle angesichts der gegebenen gesellschaftlichen Umstände und empirisch belegbaren Entwicklungen nach wie vor nur eine untergeordnete Bedeutung hätten, wenngleich dies fraglos Sachverhalte seien, die auch eine gewisse empirische und konzeptionelle Relevanz haben, wenigstens für bestimmte Gruppen und spezielle Umstände.

Die drei Theorien haben ohne Zweifel wichtige Beiträge für die soziologische Systematisierung der vielen möglichen und empirisch beobachtbaren Vorgänge sowie der Ergebnisse der (intergenerationalen) Integration von Migranten geliefert. Das gilt schon für die CAT mit ihrer Vorstellung von der Assimilation als einem „allgemeinen Gesetz", vor allem aber für die TSA mit ihrem differenzierten Blick auf alternative Prozesse und Ausgänge, und die NAT hat – zu Recht – daran erinnert, dass es vielleicht noch zu früh ist, um zu einem Urteil zu kommen, welcher der Vorgänge und welcher Ausgang langfristig Bestand hat. Das Problem mit allen *drei* Theorien ist ein anderes. Sie bestehen im Wesentlichen aus Generalisierungen von bestimmten empirischen Trends, angereichert allenfalls durch Skizzen und Typologien davon, über welche allgemeineren Bedingungen und generierenden Mechanismen sie zustande kommen und worin die Situationslogik der Vorgänge eigentlich genauer besteht.

Der folgende Beitrag greift dieses Problem mit dem *methodologischen* Ziel auf, die drei Theorien bzw. die von ihnen postulierten Ausgänge (Assimilation, ethnische Schichtung, selektive Akkulturation) jeweils als *Spezialfall* eines *übergreifenden* und explizit *erklärenden* Modells zu rekonstruieren, des Modells der intergenerationalen Integration. Die Besonderheit dieses Modells ist die Benennung und Zusammenführung *verschiedener* „generierender Mechanismen" für im Prinzip *alle* diese (und andere) Möglichkeiten von Abläufen und Ergebnissen in *einen* Funktionszusammenhang. Dazu wird zunächst auf die drei Theorien, die darin thematisierten drei strukturellen Ausgänge und das methodologische Problem etwas mehr im Detail eingegangen *(Abschnitt I)*. Danach werden das Modell der intergenerationalen Integration in seiner

Grundstruktur dargestellt *(II)* und einige dabei unterstellte Zusammenhänge detaillierter begründet *(III)*. Die in den drei Theorien behandelten strukturellen Ausgänge – Assimilation, ethnische Schichtung und selektive Akkulturation – werden daran anschließend im Rahmen dieses Modells rekonstruiert *(IV)*. Einige kurze Anmerkungen zum Verhältnis der drei Theorien zueinander und zum Modell der intergenerationalen Integration beschließen dann den Beitrag *(V)*.

I. Drei Theorien, drei Ausgänge und ein Problem

Die deutlichste Formulierung der klassischen Assimilationstheorie (CAT) stammt von Robert E. Park in seiner Zusammenfassung des so genannten Race-Relations-Cycle:

„The impression that emerges from this review of international and race relations is that the forces which have brought about the existing interpenetration of peoples are so vast and *irresistible* that the resulting changes assume the character of a *cosmic* process ... In the relations of races there is a cycle of events, which tends *everywhere* to repeat itself ... The race relations cycle ... is apparently *progressive* and *irreversible*. Customs regulations, immigration restrictions and racial barriers may slacken the tempo of the movement; may perhaps halt it altogether for a time; but *cannot* change its direction; *cannot* at any rate, reverse it" (Park 1950: 149 f.; Hervorhebungen nicht im Original).

Gemeint ist bei diesem „cosmic process" der typische Ablauf von Kontakt, Konflikt, Akkomodation (als emotionsarme wechselseitige Anpassung an die eingetretene Situation) und der schließlichen spurenlosen Absorption in die Aufnahmegesellschaft über die „Assimilation" der ethnischen Gruppen an die Kernsegmente der Aufnahmegesellschaft im Laufe der Generationen. Es ist die Generalisierung einer Vielzahl von Beobachtungen und deren Hochstilisierung zu einem allgemeinen „Gesetz", so wie das in Nachfolge der Durkheim'schen Idee von soziologischen Gesetzen „sui generis" auch für andere Trends vergeblich versucht worden ist. Früh wurde schon auf die zahllosen impliziten und keineswegs immer auch erfüllten Annahmen bzw. Ausnahmen des Konzeptes und auf die damit zusammenhängenden Einschränkungen als angemessene theoretische Konzeptualisierung der Vorgänge hingewiesen (vgl. dazu die Übersichten über die Entstehung und die Grundaussagen der CAT bei Alba/Nee 1999: 136 ff., 2003: 1 ff., 18 ff.; Zhou 1999: 196 ff.): Das Konzept sei auf eine homogen gedachte Aufnahmegesellschaft bzw. auf *ein* bestimmtes, zur Kernkultur emporgehobenes Segment davon ausgerichtet, wie etwa das der White-Anglo-Saxon-Protestant-Kultur in den USA, und insofern, mehr oder weniger: ungewollt, sozio- und ethnozentristisch. Der Anschein seiner Universalität sei durch einige im Hintergrund als selbstverständlich angenommene soziale und ökonomische Bedingungen entstanden. Dazu zählen beispielsweise die Einwanderungen aus europäischen Ländern, bei denen keine besonderen sozialen Distanzen zwischen den Neuankömmlingen und den Einheimischen bestehen, oder die bis vor einiger Zeit vorhandenen relativ breiten ökonomischen Aufstiegsmöglichkeiten aus den unteren in die mittleren und oberen Schichten hinein. Spätestens mit der „New Immigration" könne von diesen Bedingungen jedoch nicht mehr ohne Weiteres die Rede sein: den Immigranten aus Asien, Lateinamerika und der Karibik gegenüber bestünden ganz erhebliche soziale Distanzen und sogar rassistische Einstellungen und auch die ökonomischen Bedingungen hätten sich für den assimilativen Aufstieg in die Mittelschichten hinein seitdem deutlich verschlechtert. Kurz: Die CAT mag zwar ihre Geltung zu den Zeiten der „Old Immigration" gehabt haben, aber für die inzwischen eingetretenen neuen Verhältnisse ist sie, um das Mindeste zu sagen, nicht mehr anwendbar.

Eines der Hauptargumente gegen die CAT bestand immer schon in der Vorhaltung, dass die Assimilation nicht das einzige empirische Ergebnis der Entwicklung der interethnischen Beziehungen über die Generationen hinweg gewesen sei. Dieser Vorhalt ist dann spätestens im Zuge der inzwischen globalen Schübe der inter- und transnationalen Migration verstärkt und erweitert worden, etwa hinsichtlich der dabei entstandenen transnationalen Netzwerke als neuen und eigenständig stabilen sozialen Systemen, die die überkommenen Nationalstaatsgrenzen transzendieren und die damit zusammenhängende Idee der Assimilation an einen nationalstaatlich abgrenzbaren und stabilen „container" endgültig aufzuheben scheinen. In der „Theory of Segmented Assimilation" (TSA), wie sie insbesondere mit Blick auf die zweite Generation der „New Immigration" entwickelt worden ist, werden (darüber hinaus) *drei*, auch über die Zeit und die Generationen hinweg stabile, strukturelle Konstellationen benannt (Portes/ Zhou 1993; Portes/Rumbaut 2001; vgl. kurz und programmatisch etwa: Bean/Stevens 2003: 96 ff.; Zhou 1999: 196): die „growing acculturation and parallel integration into the white middle-class", die „permanent poverty and assimilation into the underclass" und ein „rapid economic advancement with deliberate preservation of the immigrant community's values and tight solidarity" (Zhou 1999: 196). Den Hintergrund bilden wieder eine Vielzahl von Beobachtungen im Zuge der so genannten „New Immigration", die bezweifeln lassen, dass die impliziten Annahmen, die der CAT jahrzehntelang den Anschein ihrer universalen Gültigkeit haben geben können, weiterhin gegeben sind (oder es je waren).

Drei dieser Annahmen sind insbesondere zu nennen. Die Aufnahmegesellschaften sind *erstens* nicht homogen und nicht jede „Assimilation" an sie bedeutet eine Verbesserung der Lebenschancen für die Folgegenerationen. Dies ist beispielsweise der Fall bei Kontakten zu devianten Subkulturen in den innerstädtischen Ghettos und damit zu für den sozialen Aufstieg ganz und gar „falschen" Segmenten, Bezugsumgebungen und Werthaltungen, die sich z. T. sogar *gegen* Aufstieg und Inkorporation in *diese* Gesellschaft richten. Das Ergebnis ist eine stabile ethnische Unterschichtung bei jenen Gruppen, denen es nicht gelingt, derartigen Einflüssen zu entgehen, wie etwa bei den „Afro-Carribeans" aus der Dominikanischen Republik in den USA. Ein wirksamer Schutz gegen eine solche „falsche" Assimilation seien jedoch die ethnischen Ressourcen, speziell in der Form dichter familialer sozialer Kontrollen und kulturell verankerter, in den ethnischen Netzwerken bekräftigter Aspirationsstandards, etwa in Bezug auf Bildungsinvestitionen und beruflichen Erfolg. Damit aber gewinnen *zweitens* die ethnischen Ressourcen – ethnische Netzwerke, die Muttersprache, die ethnische familiale Kohäsion – eine starke positive Bedeutung für die Sicherung der Lebenschancen der Folgegenerationen. Dies steht im Gegensatz zu den Behauptungen der klassischen Assimilationstheorie, die wie selbstverständlich davon ausgegangen war, dass die ethnischen Kapitalien nutzlos oder sogar eher hinderlich für den sozialen Aufstieg wären. Ethnischen Gruppen mit einem hohen Potenzial an ethnischen Ressourcen gelinge daher der soziale Aufstieg eher, allerdings nicht mehr, wie von der CAT wie selbstverständlich angenommen, unter Aufgabe der ethnischen Ressourcen und Identitäten, sondern gerade unter deren (selbstbewusster) Betonung und Pflege. Damit ist *drittens* auch die in der CAT oft angenommene Eindimensionalität und kausale Verknüpfung der verschiedenen Integrationsdimensionen aufgelöst (vgl. so noch Esser 1980: 231 ff.): Die strukturelle Integration (verstanden als sozialer Aufstieg in die Mainstream-Positionen der Aufnahmegesellschaft) ist auch in einem besonderen Maße bei *Erhalt* der mitgebrachten und kulturellen Gewohnheiten, bei fortbestehender Einbettung in die ethnischen Gemeinden und Netzwerke und auch bei stärkeren sozialen und emotionalen Bindungen an die Herkunftsregionen und ethnischen Kontexte möglich. Diese Kombination von „struktureller Assimilation" mit der Betonung und Pflege ethnischer kultureller Praktiken, Ressourcen und Bindungen wird in der TSA als „selective acculturation" bezeichnet. Eine solche „selective acculturation" wird speziell für die asiatischen Gruppen in den USA vermutet und empirisch auch beobachtet.

Die „New Assimilation Theory" (NAT) ist als Reaktion auf die TSA und deren Behauptung entstanden, dass sich mit der „New Immigration" die Verhältnisse komplett geändert hätten und eine vollständig neue theoretische Grundlage nötig sei (vgl. Alba/ Nee 1999, 2003; Alba 2008). Die NAT geht zunächst von der Anerkennung der Schwächen, Lücken, Einseitigkeiten und Fehlaussagen sowie des oft in der Tat auch ethnozentrischen Bias der klassischen Assimilationstheorie aus. Dabei wird zuerst von der Vorstellung eines unveränderlichen und nur von einem Segment bestimmten kulturellen „Mainstream" der Aufnahmegesellschaften als Bezug der Assimilation abgerückt. Zwar gebe es nach wie vor in jeder Gesellschaft einen solchen Mainstream, allein weil es, bei aller postmoderner Fluidität, in jeder Gesellschaft auch einige zentrale institutionelle und kulturelle Kernbereiche gebe. Dieser Mainstream aber wandele sich beständig, wenngleich deutlich träger als die Einzelvorgänge individueller Reaktionen, wobei an der Konstitution dieses Mainstreams im Prinzip alle Gruppen und kulturellen Einflüsse „interaktiv" beteiligt sind. Die NAT sieht dann ausdrücklich auch jene drei, von der TSA postulierten Möglichkeiten stabiler Ausgänge der Entwicklung der interethnischen Beziehungen vor: Assimilation, ethnische Schichtung und selektive Akkulturation. Sie übernimmt von der TSA, dass es von bestimmten (sozialen, ökonomischen, politischen) Bedingungen („modes of incorporation") abhängt, welcher der drei Ausgänge schließlich eintritt. Allerdings bleibt die NAT dann letztlich doch bei der *empirischen* Kernaussage der klassischen Assimilationstheorie: Insgesamt und über die längere Sicht hinweg sorgen die grundlegenden Mechanismen und strukturellen Bedingungen in den Aufnahmegesellschaften *doch,* wie schon bei der „Old Immigration", dafür, dass es zur Anpassung der kulturellen Gewohnheiten, zu sozialem Aufstieg, zur Angleichung des Wohnverhaltens und der sozialen Kontakte kommt und dass sich die ethnischen Identifikationen und Identitäten zu bloß symbolischen und individuell gepflegten Relikten ohne jede weitere Bedeutung verdünnen – wenngleich auch wieder erst in einem längeren Prozess über mehrere Generationen hinweg und auch nicht bei allen Gruppen gleichermaßen rasch oder komplett. Auch die „neuen", schwieriger gewordenen, ökonomischen Strukturen erlauben einen sozialen Aufstieg, wobei fallweise durchaus auch die ethnischen Ressourcen helfen können. Allerdings verringern sich mit den immer auch entstehenden interethnischen sozialen Kontakten und der beginnenden Absorption der Folgegenerationen, ganz ähnlich wie schon bei der „Old Immigration" gegenüber den europäischen Einwanderern, schrittweise die sozialen Distanzen, die ethnischen Schließungen, die Anziehungskraft der ethnischen Gemeinden und die Bedeutsamkeit ethnischer Orientierungen. Die aktuell beobachtbaren Vorgänge wären, so wird gesagt, von einer frappierenden Ähnlichkeit mit der „Old Immigration" in vergleichbaren Stadien der intergenerationalen Integration, und es sei einfach zu früh, jetzt schon zu schließen, dass plötzlich für die Folgegenerationen der neuen Immigration alles ganz anders wäre. Die neuesten empirischen Ergebnisse zur Integration der neuen Einwanderergenerationen scheinen das jedenfalls jetzt schon zu bestätigen (vgl. z. B. Alba 2004, 2008).

Anzumerken ist freilich noch, dass die Unterschiede zwischen der TSA und der NAT so groß nicht sind: Die TSA macht ihre Aussagen definitiv zwar für die „New *Second* Generation", sieht aber für die mittelfristigen Entwicklungen darüber hinaus letztlich auch nicht viel mehr als die Absorption. Eine von der NAT reklamierte Besonderheit ist eher eine Umdefinition und Erweiterung des Konzeptes der Assimilation gegenüber der klassischen Assimilationstheorie. Die Assimilation sei dort allein als ein „boundary crossing" konzeptualisiert worden, also als ein Wechsel von einer ethnischen (oder rassischen) Zugehörigkeit zu einer anderen. Zum Beispiel: „That would mean in the contemporary US that non-whites become whites" (Alba 2008: 39). Die NAT geht jedoch von einer *anderen* Definition des Konzeptes der Assimilation aus. „Assimilation" bedeutet danach „a decline in the social *salience* and consequences of categorical memberships for some individuals or groups" (Alba 2008: 40; Hervorhebung nicht im Original). Mit der Salienz ist gemeint, dass in den alltäglichen Interaktionen die ethnische Zugehörigkeit zu einem orientierungs- und handlungsleitenden Faktor wird, etwa über die Aktivierung sozialer Distanzen oder ethnischer Emotionen. Es komme, neben dem Vorgang des „boundary crossing", daher besonders auf die Veränderungen dieser Salienz an: die Verringerung oder gar Auflösung der Salienz ethnischer Distinktionen („boundary blurring") oder die Verlagerung der trennenden Salienz auf andere Gruppen („boundary shifting"). Damit reagiert die NAT auf die Vorhaltungen der TSA an die klassische Assimilationstheorie, das Konzept der Assimilation sei an die Vorstellung eines einheitlichen, unwandelbaren und von der Anwesenheit sich ändernder ethnischer Gruppen unbeeinflussten Mainstream und fixierter ethnischer (und rassischer) Grenzziehungen gebunden. Die NAT beansprucht damit auch, eine aus den Eingliederungsprozessen sich unter Umständen selbst ergebende *endogene* Erklärung für die Entstehung ethnischer Grenzziehungen zu liefern.[1] Die zentrale Bedingung dafür ist für die NAT die als (nicht) bedrohlich erlebte Anwesenheit der ethnischen Gruppen, besonders aber die Erfahrung der Einheimischen, dass die Anwesenheit, die Aktivitäten und der Erfolg der Migranten (nicht) zu Lasten ihrer eigenen Lebenschancen gehe („non-zero-sum-mobility"; Alba 2008: 147 ff.), es also (keine) Konkurrenz zu ihnen gebe.

---

1 Auf das Problem, dass die Auflösung ethnischer Grenzziehungen zwar ohne Zweifel eine wichtige Bedingung für die soziale Integration von Migranten sein kann, aber konzeptionell ein anderes Konstrukt als die „Assimilation" wäre, nämlich das Verschwinden von Zwischengruppendifferenzen in bestimmten Eigenschaften wie Sprachkenntnisse, Bildungs- und Arbeitsmarkterfolg, wird nicht weiter eingegangen.

Die TSA und die NAT stimmen in ihrer Kritik an den Schwächen der CAT in weiten Teilen überein, auch in der Anerkennung weiterer Möglichkeiten der intergenerationalen Entwicklungen, speziell der drei Ausgänge Assimilation, ethnische Schichtung und selektive Akkulturation.

Die drei Ausgänge werden dabei im Grunde als Ergebnis bestimmter Pfadverläufe verstanden und skizziert, die sich bei bestimmten Bedingungskonstellationen ergeben, die ihrerseits gelegentlich dann zu Typologien solcher Konstellationen zusammengefasst werden (vgl. etwa Portes/Rumbaut 2001: 283): Bei guter Ausstattung mit Humankapital, bei günstigen ökonomischen Bedingungen und politischer Unterstützung, bei geringen sozialen Distanzen und bei Kontakten zum „richtigen" Segment der Aufnahmegesellschaft kommt es – nach wie vor – zur Assimilation, im Wesentlichen verstanden als Aufwärtsmobilität in die mittleren Schichten der Aufnahmegesellschaft hinein. Ist das (alles oder teilweise) nicht gegeben, gibt es verschiedene Pfade der Blockade oder einer Ablenkung von einem solchen Aufstieg bis hin zu einem auch über die Generationen hinweg verfestigten sozialen Abstieg mit der dauerhaften Marginalisierung bestimmter Gruppen. Ethnische soziale Kontrollen, familiale Bindungen, ethnische Ressourcen, wie der Erhalt der Muttersprache bei den Kindern, kulturelle Orientierungen und Alternativen der Lebensführung in ethnischen Netzwerken und Gemeinden vermögen das jedoch zu verhindern, sodass ein sozialer Aufstieg und die „Assimilation" wieder möglich sind, aber ohne dass es zur Aufgabe der kulturellen Gewohnheiten, ethnischen Beziehungen und emotionalen Bindungen zur Herkunftskultur kommt. Dies wäre der Fall der „selektiven" Akkulturation.

Die Unterschiede zwischen der NAT und der TSA bestehen in einigen begrifflichen und theoretischen Annahmen und Vorentscheidungen, besonders aber, wie schon erwähnt, in der Bewertung bestimmter *empirischer* Sachverhalte: Die „neuen" Bedingungen sind so „neu" eigentlich gar nicht, wie ein Blick auf die Geschichten vor allem der europäischen Einwanderung zeige, und vieles deute in den (Rand-)Bedingungen der aktuellen Situation darauf hin, dass im Ergebnis schließlich auch für die neuen Generationen in der neuen Einwanderung die Assimilation das Hauptergebnis sei. Es fehlt jedoch bei beiden neueren Theorien, wie schon bei der CAT, eine *explizite* Modellierung der dahinterstehenden Mechanismen mit der Erklärung aller drei Ausgänge in möglichst *einem* übergreifenden *theoretischen* Zusammenhang. Das soll nun mit dem Modell der intergenerationalen Integration geschehen.

II. Das Modell der intergenerationalen Integration

Das Modell der (intergenerationalen) Integration ist ursprünglich zur Rekonstruktion der besonderen und nicht immer oder gar „unvermeidlich" gegebenen Bedingungen der klassischen Assimilationstheorie und speziell zur Erklärung der Abfolge der vier Stadien des Park'schen Race-Relations-Cycle entwickelt worden (vgl. Esser 2004, 2006, sowie bereits eine frühe Fassung bei Esser 1985). Es besteht im Prinzip aus drei Teilen: der Spezifikation der grundlegenden *Optionen* der Migranten und der Selektionsregeln dafür; der Verbindung der Optionen mit den empirischen Bedingungen über einige wenige *Grundfunktionen;* und der Bestimmung des Explanandums – verschiedene *strukturelle Ausgänge* des Prozesses der intergenerationalen Integration – als aggregiertes Resultat (u. a.) der individuellen Wahl bestimmter Optionen.

1. Die Optionen

Der Kern des Modells sind die Optionen der in einem Aufnahmekontext *aktuell* anwesenden Migranten. Die Optionen sind auf das *Aufnahmeland* bezogene Aktivitäten (receiving-context-Option, kurz: rc-Option) gegenüber auf den *ethnischen Kontext* bezogene (ethnic-context-Option, kurz: ec-Option), wie beispielsweise die Änderung oder Beibehaltung von Gewohnheiten, Beziehungen oder Orientierungen. Um zu erklären, wann es warum zu einer bestimmten Aktivität kommt, muss es eine *allgemeine,* im Prinzip für alle empirischen Konstellationen anwendbare Regel für die Selektion zwischen den Optionen geben. In dem Modell wird dazu die Regel der Wert-Erwartungstheorie (expected-utility-Theorie) angenommen, in der für jede der möglichen Optionen ein so genanntes EU-Gewicht gebildet wird. Das EU-Gewicht ist die Summe aus den mit der Wahl der jeweiligen Option möglichen negativen wie positiven *Erträgen,* gewichtet mit den *Erwartungen,* dass der Ertrag über die Option auch wirklich eintritt. Die Option mit dem höchsten EU-Gewicht wird gewählt (vgl. zu den Einzelheiten der Wert-Erwartungstheorie auch schon in Bezug auf das Modell: Esser 2004: 1135 ff., 2006: 39 ff.).

Für die Integration von Migranten kann das Entscheidungsproblem zwischen der rc- und der ec-Option als Spezialfall einer Investition aufgefasst werden. Migranten bringen eine mehr oder weniger umfangreiche Ausstattung mit verschiedenen Kapitalien (kultureller, ökonomischer und sozialer Art) mit in das Aufnahmeland, aber nicht alle diese Kapitalien sind dort anwendbar oder effizient genug, um die wichtigsten Lebensziele zu erreichen. Der Grund liegt darin, dass viele für das Alltagsleben notwendige Kapitalien an bestimmte Kontexte gebunden und insofern für die Erreichung von wichtigen Zielen mehr oder weniger *spezifisch* sind (vgl. dazu u. a. Friedberg 2000; Kalter/Granato 2002; Nee/Sanders 2001). Eine mögliche Lösung des Problems ist die Investition in Kapitalien, die im *Aufnahmeland* (oder auch darüber hinaus) einen hohen Wert haben. Das entspräche der Wahl einer rc-Option, etwa Bemühungen um den Zweitspracherwerb, Bildungsanstrengungen im Aufnahmeland oder Versuche zur Aufnahme interethnischer Beziehungen. Das Problem dabei ist, wie bei allen Investitionen, dass der Erfolg unsicher ist, aber die mit der Investition anfallenden Kosten sicher sind. Dem steht die Wahl der ec-Option gegenüber, es bei dem gegeben Status quo der ethnischen Kapitalausstattung zu belassen. Auch das kann attraktiv sein: Die Erträge sind zwar möglicherweise (deutlich) kleiner als bei einer erfolgreichen rc-Investition, aber sie sind meist deutlich sicherer und es gibt keine (Investitions-)Kosten.

Bezeichnet man den erwartbaren Ertrag im ethnischen Status quo mit U(ec), den bei einer erfolgreichen rc-Investition mit U(rc), die Wahrscheinlichkeit des Investitionserfolgs mit p(rc) und die Investitionskosten mit C(rc), dann ergeben sich für die EU-Gewichte der beiden Optionen die folgenden Gleichungen:

(1)   EU(ec) = U(ec).

(2)   EU(rc) = p(rc)U(rc) + (1-p(rc))U(ec) − C(rc).

Daraus folgt für den Wechsel von der Wahl der ec-Option in eine rc-Option (aus der Annahme EU(rc) > EU(ec)) die Bedingung:

(3)   p(rc)(U(rc)-U(ec)) − C(rc) > 0.

Die Differenz U(rc)-U(ec) lässt sich als die *Motivation* für die Wahl von rc-Optionen interpretieren. Die eingeschätzte Wahrscheinlichkeit des Investitionserfolges p(rc) bezieht sich auf die für die Migranten im Aufnahmeland vorliegenden (objektiven) *Opportunitäten,* und wenn diese nahe null sind, wie bei rechtlichen und anderen „Exklusionen", dann wird es auch bei hoher Motivation kaum zu der Wahl von rc-Optionen kommen (können). Die Motivation hängt ihrerseits von *zwei* Bewertungen ab: von der Attraktivität der rc-Erträge U(rc) einerseits *und* der Attraktivität des ethnischen Status quo U(ec) andererseits. Daraus wird erkennbar, dass die Wahl einer rc-Option auch dadurch unattraktiv werden kann, wenn der Ertrag des ethnischen Status quo ansteigt. Insofern kann es für die Migranten Hemmnisse oder Anreize für die Wahl der rc-Option von *beiden* Seiten aus geben: *extern* von Seiten der Aufnahmegesellschaft über geringe/hohe rc-Opportunitäten, niedrige/hohe rc-Erträge und hohe/niedrige rc-Kosten; und *intern* über ansteigende/sinkende ec-Erträge, die die Motivation zur rc-Option absenken oder steigern.

Kurz: Was jeweils geschieht, ist eine Frage der *Relationen* zwischen den empirischen Bedingungen im Aufnahme- und im ethnischen Kontext und dem, was die Migranten jeweils an Ressourcen und Kapital mitbringen und verwenden können.

2. Die Grundfunktionen

Das Problem für die Erklärung der Wahl der Optionen ist die Verbindung der theoretisch-abstrakten EU-Gewichte mit den verschiedenen empirisch-konkreten Bedingungen. Im Modell der intergenerationalen Integration werden diese Verbindungen über einige wenige, möglichst grundlegende Funktionen dargestellt. Dabei werden *zwei* zentrale empirische (Rand-)Bedingungen für die Variation der EU-Gewichte angenommen: die *Gruppengröße* der Migrantenpopulation einerseits und die *ethnischen Grenzziehungen* andererseits.

a) Gruppengröße: Den Hintergrund für die Annahme der *Gruppengröße* als grundlegender Bedingung bildet die Opportunitätentheorie interethnischer Beziehungen von Blau (1994: 28 ff.; Blau/Schwartz 1984), wonach sich die Chancen für intra- und interethnische Beziehungen (aller Art) *strukturell-objektiv* nach den relativen Gruppengrößen verteilen: Für Angehörige kleinerer Gruppen sind die Chancen (und der „Zwang") für *inter*ethnische Kontakte oder Investitionen allein schon strukturell höher als für die größerer Gruppen, während die Chancen und die Erträge für *intra*ethnische Kontakte und Investitionen bei größeren Gruppen anwachsen, woraus sich dann typische Folgen für die Selektion der rc- gegenüber der ec-Option ergeben. Zwei einfache Funktionen bestimmen daher zunächst die Zusammenhänge (vgl. *Abbildung 1*). Die *Funktion 1* beschreibt allgemein (dann aber in zwei Varianten a und b; s. u.) den Zusammenhang zwischen der Gruppengröße und dem EU-Gewicht für die *aufnahmelandbezogene* Investition: Je *größer* die Gruppe der Migranten ist, umso *kleiner* wird das EU-Gewicht für die rc-Option – allein schon, weil dann strukturell die Wahrscheinlichkeit kleiner wird, auf einheimische Akteure zu treffen, mit Folgen etwa für den Spracherwerb oder die Aufnahme interethnischer Beziehungen. Die *Funktion 2* gibt, wiederum allgemein (und in zwei Varianten a und b), die Beziehung zwischen der Gruppengröße und der

Abbildung 1: Das Modell der intergenerationalen Integration

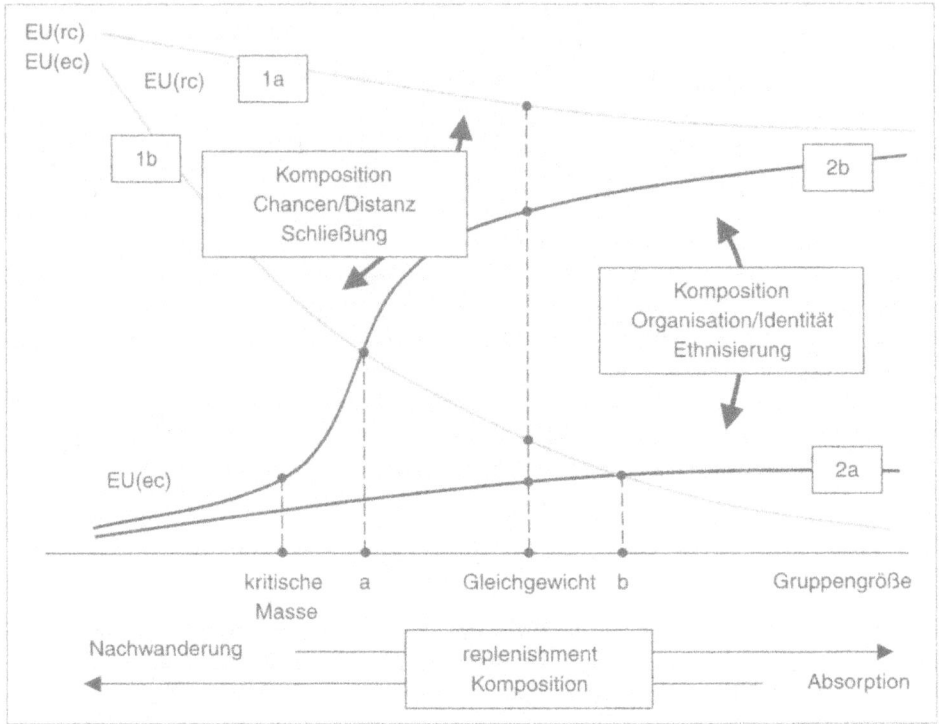

Neigung zur ec-Option wieder: Das EU-Gewicht für die ec-Option *steigt* mit *zunehmender* Gruppengröße aus ganz analogen Gründen der zunehmenden strukturellen Wahrscheinlichkeit, jemanden aus der eigenen Ethnie zu treffen.

Die strukturellen Effekte der Gruppengröße müssen natürlich nicht immer gegeben oder sonderlich stark sein, etwa bei weitläufigen Verteilungen über größere Regionen oder anderweitiger „Individualisierung" der ethnischen Gruppen. Die Funktionen 1a und 2a beschreiben daher jeweils jene (Extrem-)Fälle, in denen die EU-Gewichte der Optionen von der Gruppengröße weitgehend abgekoppelt sind. Stärkere Zusammenhänge zwischen der Gruppengröße und den EU-Gewichten für die beiden Optionen sind in den Funktionen 1b und 2b abgebildet.

Es kann selbstverständlich auch Unterschiede und Veränderungen in den EU-Gewichten unabhängig von der Stärke des Zusammenhangs mit der Gruppengröße geben. Abnehmende Chancen oder Erträge für erfolgreiche rc-Investitionen würden, wie zunehmende Kosten, generell eine Verringerung der EU-Gewichte für die rc-Option bedeuten. Analoges gilt für die Chancen und Erträge der ec-Option. Das entspricht der üblichen Vorgehensweise bei der Erklärung typischer Muster der sozialen Integration durch gewisse „Variablen", wie etwa Bildung, Einreisealter und (de)segregiertes Wohnen etwa für den Zweitspracherwerb gegenüber dem Erstspracherhalt (vgl. Esser 2008 in diesem Band). In dem Modell wäre dies als Verschiebung der Grundfunktionen in den Konstanten darstellbar, was jedoch aus Gründen der Übersichtlichkeit in *Abbil-*

dung 1 nicht weiter berücksichtigt wird (vgl. aber die Funktionen 1a und 1a' in *Abbildung 6* unten).

b) *Ethnische Grenzziehungen:* Der Hintergrund für die Berücksichtigung von *ethnischen Grenzziehungen* für die Erklärung der intergenerationalen Integration ist, dass sie die EU-Gewichte für die Optionen unabhängig von den Größeneffekten systematisch und nachhaltig verändern können, teilweise in einer besonders „unbedingten" Art, etwa bei ideologisch bedingten Aversionen oder Präferenzen und dann speziell bei Diskriminierungen. Sie können so zu mehr oder weniger unübersteigbaren Hindernissen für die Selektion der einen oder der anderen Option werden, und der Hinweis der NAT auf die zentrale Bedeutung ethnischer „boundaries" ist daher nur zu berechtigen.

Ethnische Grenzziehungen können von beiden Seiten ausgehen: für die Migranten *extern* als Schließung der Aufnahmegesellschaft und *intern* als Ethnisierung des ethnischen Kontextes. Die *Schließungen* können wiederum das Ergebnis von zwei unterschiedlichen Vorgängen sein: der Verringerung der *Chancen* für erfolgreiche rc-Investitionen durch *strukturelle* Einschränkungen in den Opportunitäten für Zugänge zur Aufnahmegesellschaft, etwa über räumliche Segregationen oder über die Konzentration auf ökonomische Bereiche und Aktivitäten mit geringer werdender Produktivität und zunehmender Konkurrenz; oder der Verstärkung von *mental* verankerten sozialen *Distanzen* gegenüber den Migranten, etwa in Form von ethnischen Vorurteilen oder Diskriminierungen.[2] Die *Ethnisierungen* können ebenfalls strukturelle und/oder mentale Hintergründe haben: Strukturell erhöhen sich die EU-Gewichte für die ec-Option durch ethnische *Organisationen,* etwa in Form einer ethnischen Binnenökonomie, der institutionellen Vervollständigung ethnischer Gemeinden und des Ausbaus ethnischer Netzwerke, *mental* über die Entstehung oder Verstärkung ethnischer *Identitäten,* die u. a. als subjektive (Zusatz-)Prämien für die ec-Optionen verstanden werden können.

Ethnische Grenzziehungen bewirken – allgemein – eine Abnahme der EU-Gewichte für die rc-Optionen und eine Zunahme der EU-Gewichte für die ec-Optionen, speziell aber eine *Verstärkung* des Einflusses der Gruppengröße auf die EU-Gewichte für die Optionen. Es ist die Zunahme der Salienz ethnischer Kategorisierungen bzw. der ingroup-outgroup-Differenzierung, die mit steigender/sinkender Gruppengröße dann noch einmal schärfer oder schwächer wird. Das ist in den Änderungen der beiden Funktionen 1 und 2 jeweils auf a und b beschrieben: Die Funktion 1b gibt die Effekte von Schließungen, die Funktion 2b von Ethnisierungen wieder.

---

2 Die Schließungen und Ethnisierungen bzw. die ethnischen Grenzziehungen beziehen sich damit, anders als im sonstigen Sprachgebrauch geläufig, nicht nur auf mentale Aspekte wie Stereotype oder Identitäten, sondern auch auf solche der ethnisch-spezifischen Verteilung struktureller Chancen und Erträge für die beiden Optionen, vor allem über ethnische Segregationen und ethnische Organisationen (zusätzlich für die ec-Optionen). „Ethnisch" daran ist das empirische Faktum solcher struktureller Verteilungen, die es unabhängig von den mentalen Vorgängen geben kann. Etwa: räumliche Segregationen entstanden über Einkommensunterschiede, aber nicht über Diskriminierungen oder ethnische Präferenzen, oder ökonomische Nischen und „kulturelle Arbeitsteilung" entstanden aus eher zufälligen Gründen der Migrationsgeschichte oder wirtschaftlicher Konjunkturen. Oder: die Eröffnung ethnischer Opportunitäten durch eine ethnische Binnenökonomie als Folge von rein ökonomisch motivierten Aktivitäten von („ethnischen") Unternehmern. Wechselseitige Verstärkungen der strukturellen und mentalen Aspekte und der Schließungen und Ethnisierungen sind natürlich denkbar.

c) *Replenishment und Komposition:* Die beiden zentralen Stellgrößen des Modells (Gruppengröße und ethnische Grenzziehungen) sind ihrerseits die Folge von zwei anderen Vorgängen: einerseits Änderungen in den demographischen und sozialen Prozessen, die die Gruppengröße bestimmen, und andererseits Änderungen in der Komposition der Eigenschaften der Migrantenpopulation.

Die Variationen in der *Gruppengröße* ergeben sich aus zwei Vorgängen: Die *Absorption* vor allem der Folgegenerationen (als Verschwinden von „ethnischen" (Zwischengruppen-)Unterschieden zur einheimischen Bevölkerung im Zuge der Assimilation) vermindert die Gruppengröße als „ethnischer" Kontext des Handelns, die *Nachwanderung* von Neueinwanderern erhöht sie (vgl. die beiden Pfeile unter der waagerechten Achse in *Abbildung 1*). Die jeweils *aktuelle* Gruppengröße ist damit ein *Netto*effekt von Absorption und Nachwanderung, dem so genannten. „replenishment" (vgl. die senkrechte Linie in *Abbildung 1* für ein mögliches Gleichgewicht dabei). Änderungen in der *Komposition* der Eigenschaften der Migranten sind die Folge von Unterschieden zwischen den neu einwandernden, bis dahin anwesenden und über die Absorption ausscheidenden Personen. Nicht immer sind dabei systematische Verschiebungen in der Komposition zu erwarten. Aber es gibt durchaus Konstellationen, beispielsweise bei Kettenwanderungen, bei denen *systematische* Änderungen etwa hinsichtlich des Alters, der familiären Situation, der sozialen Bindungen oder der kulturellen Prägungen zu erwarten sind. Solche Änderungen in der Komposition können dann ihrerseits Auswirkungen auf die Entstehung ethnischer Grenzziehungen haben.

Das Modell der intergenerationalen Integration verbindet damit die Vorgänge bei der sozialen Integration der Migranten auf eine zweifache Weise mit dem Migrationsgeschehen: Es berücksichtigt Veränderungen in der Gruppengröße über das replenishment und Veränderungen in den ethnischen Grenzziehungen über dadurch bedingte Veränderungen in der Komposition der Migrantenpopulation.

3. Die strukturellen Ausgänge

Das Ziel des Modells der intergenerationalen Integration ist die Erklärung bestimmter *struktureller Ausgänge* bei der Integration von Migranten als *gesellschaftliche* Sachverhalte. Die strukturellen Ausgänge beziehen sich auf typische *Verteilungen* von individuellen Eigenschaften *zwischen* den verschiedenen ethnischen Gruppen (bei immer möglichen individuellen Varianzen innerhalb der Gruppen), im einfachsten Fall die Auflösung ethnischer Zwischengruppenunterschiede gegenüber ihrem Fortbestehen, „Assimilation" vs. „Segmentation" also. Die drei hier betrachteten strukturellen Ausgänge, Assimilation, ethnische Schichtung, selektive Akkulturation, sind spezielle Varianten davon. Die Entstehung solcher Verteilungen wird als die *Folge* bestimmter Muster von *individuellen* Handlungen verstanden: Bei auf das Aufnahmeland bezogenen Optionen tritt, auch unbeabsichtigt, eine Angleichung zwischen den Gruppen ein, bei überwiegend auf die ethnische Gruppe bezogenen Optionen nicht. Damit können auf eine einfache Weise die *strukturellen* Ausgänge mit den EU-Gewichten für die jeweiligen Optionen und den entsprechenden *individuellen* Handlungen verbunden werden: Den Ausgang der *Assimilation* gebe es dann, wenn das EU-Gewicht für die rc-Option größer ist als für die ec-Option (EU(rc) > EU(ec)), und den der ethnischen *Segmentation*, wenn es sich entsprechend umgekehrt verhält (EUrc < EU(ec)). Was davon jeweils eintritt ist im Rahmen des Modells eine Frage der Konstellation von Gruppengröße und ethnischer Grenzziehung, die ihrerseits wiederum das Ergebnis des replenishment über Neueinwanderung und Absorption und der sich damit eventuell ändernden Komposition der Migrantengruppen sind – so wie es in den Grundfunktionen beschrieben ist.

III. Migration, Komposition und ethnische Grenzziehung

Die Funktionen 1 und 2 geben den grundlegenden Zusammenhang zwischen der Gruppengröße und den EU-Gewichten für die Optionen wieder und die Varianten a und b beschreiben dafür jeweils unterschiedliche Stärken und Verläufe dieses Zusammenhangs, und zwar als Folge unterschiedlicher Grade der ethnischen Grenzziehung. In dem Modell werden die ethnischen Grenzziehungen wiederum mit dem Migrationsgeschehen verbunden: mit dem replenishment im Zuge von Neueinwanderungen und der sich dabei eventuell ändernden Komposition der Migrantenpopulation, welche wiederum Schließungen und/oder Ethnisierungen in Gang setzen. Systematische Änderungen in der Komposition, die zu ethnischen Grenzziehungen führen, sind insbesondere bei Kettenwanderungen zu erwarten, bei denen den Pionierwanderern allmählich auch andere Migranten mit anderen Motiven, Fähigkeiten und Kapitalausstattungen folgen. Pionierwanderer bilden typischerweise eine eher jüngere, besser ausgebildete, mobile, flexible und „individualisierte" Population, Folgewanderer eine eher ältere, weniger gut gebildete, relativ immobile und unflexible, stärker familiär und sonst wie sozial eingebettete und kulturell stärker ethnisch orientierte Gruppe (vgl. dazu u. a. bereits Borjas 1987). Mit diesen Zusammenhängen können die *Verläufe* der Funktionen nicht nur (hypothetisch) beschrieben, sondern ihrerseits *erklärt* werden: als Ergebnis von mehr oder weniger langen Sequenzen des Beginns und der Entwicklung von Migrationsströmen, der Änderung der Komposition der Migrantenpopulation und der damit eventuell entstehenden ethnischen Grenzziehungen. An diesen Vorgängen sind somit, neben den aktuell anwesenden Migranten, auch andere Akteure beteiligt: die zunächst verbliebenen potentiellen Migranten (mit den Optionen Nachwanderung oder nicht), die Einheimischen (mit den Optionen Schließung oder nicht) und (ethnische) Unternehmer (mit den Optionen ethnische Organisation oder nicht).

1. Schließung

Abbildung 2a beschreibt die kausalen Prozesse einer zunehmenden *Schließung* und damit der Erklärung des Übergangs von der Funktion 1a auf die Funktion 1b.

Ausgangspunkt ist der Beginn eines Migrationsprozesses (aufgrund einer entsprechenden Attraktivität eines Aufnahmelandes) und die Annahme, dass es sich dabei zunächst um Pionierwanderer handelt (S1→S2). Je nach Konstellation bei der Verteilung von Merkmalen der Wanderungsbereitschaft bei den potentiellen Migranten kann das dazu führen, dass zunächst verbliebene Akteure, die zuvor aufgrund der erkennbaren

Abbildung 2a: Migration, Komposition und Schließung

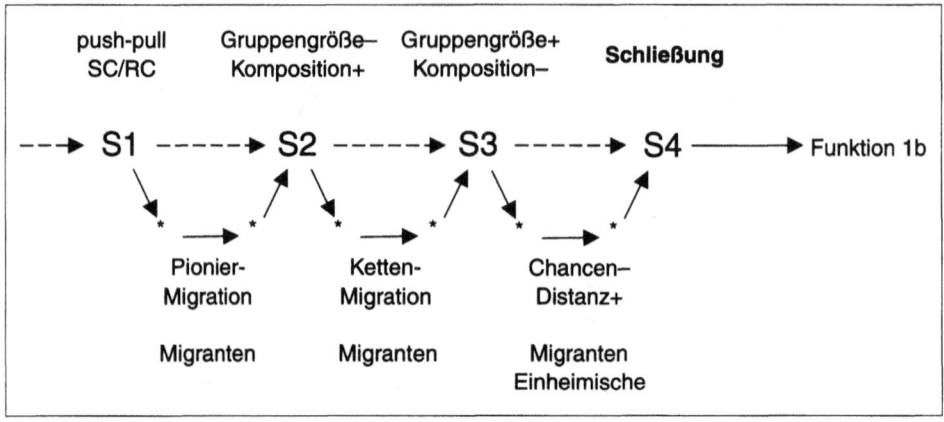

Umstände noch nicht bereit waren, sich nun angesichts der veränderten Umstände (etwa: sichtbarer Erfolg der Pioniere und familiäre Trennungen) zur Wanderung entschließen – bis hin zur Auslösung ganzer Kaskaden von Ansteckungsprozessen und der Verlagerung von nahezu kompletten Populationen eines Dorfes oder einer Region in einen Aufnahmekontext. Entsprechend verändert sich die Komposition im Vergleich zu den Pionieren: Es kommen mehr und mehr ältere, schlechter ausgebildete, weniger flexible und mobile und eher sozial eingebettete und ethnisch orientierte Personen (S2→S3). Das sind aber alles Merkmale, die für die EU-Gewichte der rc-Option bedeutsam sind und damit die *Chancen* dafür bei den Migranten verändern, ebenso wie die Neigung zu sozialen *Distanzen* gegenüber nunmehr ganzen Gruppen auffälliger fremdethnischer Herkunft, die das Alltagsleben in der Aufnahmegesellschaft und die Konkurrenzen deutlich mehr tangieren als die wenigen individualisierten und flexiblen Pionierwanderer (S3→S4).

Das Ergebnis sind insgesamt geringere EU-Gewichte für die rc-Option und die Verstärkung des negativen Zusammenhangs mit der Gruppengröße, zusammengefasst im Unterschied des Verlaufs von Funktion 1a zur Funktion 1b.

Der skizzierte Ablauf ist natürlich empirisch keineswegs immer gegeben und daher auch kein übergreifendes „Gesetz": Es gibt nicht immer Kettenmigrationen und auch die Komposition der Migrantenpopulation muss sich keineswegs in der angenommenen Weise ändern. Es soll lediglich gezeigt werden, wie man im Prinzip die Änderungen in der Funktion 1 von a nach b selbst wieder erklären kann und damit auch die „Zwangsläufigkeit", mit der der oft unproblematische und freundliche erste Kontakt bei einsetzenden (Pionier-)Wanderungen alsbald in soziale Probleme, Konflikte und soziale Distanzen umschlagen kann sowie die zahllosen Annahmen, die man für ein solches „Gesetz" machen muss, wenn man es nicht bei der bloßen Beschreibung immer neuer Einzelfälle belassen will.

2. Ethnisierung

Die *Abbildung 2b* beschreibt die analogen Vorgänge bei der *Ethnisierung* und somit für die Erklärung des Übergangs von der Funktion 2a auf die Funktion 2b.

Der Hintergrund ist wieder der zuvor skizzierte Prozess des Einsetzens von Kettenwanderungen und von Veränderungen in der Komposition der Migranten in die Richtung stärker ethnisch eingebetteter und orientierter Gruppen (S1→S2→S3). Das hat zwei Folgen. Erstens nimmt damit die Nachfrage nach ethnischen Leistungen und Ressourcen (kulturell, strukturell, sozial und emotional) zu und es wird für potenzielle (ethnische) Unternehmer – zusätzlich zu den entsprechenden Wirkungen der steigenden Gruppengröße und der damit einhergehenden Vergrößerung ethnischer Märkte allgemein – *zunehmend* interessant, dieser Nachfrage mit einem Angebot zu begegnen und in eine ethnische *Organisation* (Unternehmen, Verbände, Netzwerke, kulturelle und religiöse Einrichtungen) zu investieren. Zweitens verstärkt sich mit der Änderung der Komposition der (Ketten-)Wanderer auch der Anteil derjenigen mit stärkeren ethnischen Orientierungen und Einbettungen, also derjenigen mit einer stärkeren ethnischen *Identität* (S3→S4). Beides zusammen macht die Ethnisierung aus.

Es wird nun *zusätzlich* angenommen, dass sich die ethnische Organisation und die ethnischen Identitäten gegenseitig ab einer bestimmten Gruppengröße in einem positiven Rückkopplungs-Prozess kumulativ weiter verstärken (vgl. den Punkt für die „kritische Masse" für den Beginn dieser Verstärkungen in der Funktion 2b in *Abbildung 1* oben). Dies geschieht auch über damit zunehmend angeregte selektive Kettenwanderungen und andere Formen des transnationalen Austauschs, wie Heiratsmigrationen, transnationale Unternehmen und politische Aktivitäten – bis hin zur „institutionellen Vollständigkeit" der ethnischen Gemeinden bzw. transnationalen Netzwerke und der damit gegebenen Möglichkeit, alle Alltagskontakte innerhalb binnenethnischer Verkehrskreise (auch über alle Grenzen hinweg) abzuwickeln. Der kumulative Prozess des Ausbaus der Ethnisierung als Wechselspiel von ethnischer Organisation und Identitätsbildung ist in *Abbildung 2b* mit einem Rückkopplungspfeil für die Situation S4 gekennzeichnet. Mit weiter steigender Gruppengröße verringert sich, so die Annahme, der Zuwachs bei der Ethnisierung allerdings wieder: Ethnische Gemeinden und transnationale Netzwerke haben eine Obergrenze der „institutionellen Vollständigkeit" und ethnische Einbettungen und Orientierungen sind an *dichte* Beziehungen gebunden, die sich über größere Populationen schon *strukturell* nicht weiter ausbauen lassen.

In *Abbildung 1* sind diese Prozesse über eine sigmoidförmige Struktur der Funktion 2b wiedergegeben. Auch für die Ethnisierung gilt, dass die Änderungen extern und durch die Nettoeffekte von Neueinwanderung und Absorption beim replenishment bedingt sein können.

Diese Vorgänge sind ebenfalls alles andere als zwangsläufig und hängen von einer Vielzahl weiterer spezieller Bedingungen ab, wie z. B., dass potentielle (ethnische) Unternehmer ein ganz besonderes Maß an Fertigkeiten und Initiativkraft besitzen und über hinreichendes ethnisches Sozialkapital verfügen müssen, damit sie Erfolg haben und damit den Prozess der Ethnisierung (oft genug unbeabsichtigt) strukturell erst möglich machen.

Abbildung 2b: Migration, Komposition und Ethnisierung

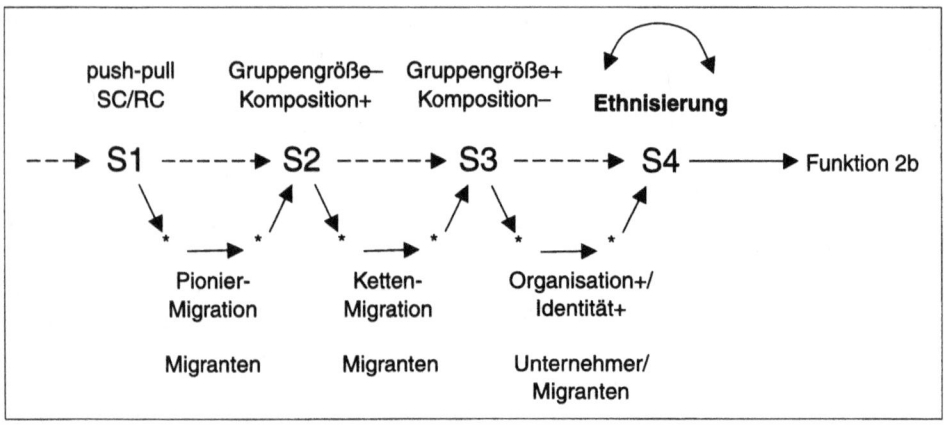

Es sind noch weitere Rückkopplungs-Vorgänge denkbar. Insbesondere ist hier die progressiv voranschreitende ethnische Grenzziehung aus der *wechselseitigen* Verstärkung von Schließung und Ethnisierung bis hin zu einer kompletten *ethnischen Spaltung* einer Gesellschaft zu nennen: Eine, wie auch immer beginnende, Schließung erhöht die Nachfrage nach ethnischen Ressourcen, weil die rc-Optionen nicht zugänglich sind, und motiviert so die Entstehung von ethnischen Organisationen und die reaktive Betonung ethnischer Identitäten, die dann wiederum soziale Distanzen aktivieren. Die progressiv voranschreitende Auflösung ethnischer Grenzziehungen, das *boundary blurring,* kann man sich analog vorstellen: Die Verbesserung von Chancen für die rc-Optionen, etwa im Generationenverlauf, unterminieren die Nachfrage nach ethnischen Organisationen und die Plausibilität ethnischer Orientierungen, was wiederum zur Verminderung der sozialen Distanzen bis hin zum kompletten Verschwinden der Salienz der ethnischen Kategorien führt.

IV. Assimilation, ethnische Schichtung und selektive Akkulturation im Modell der intergenerationalen Integration

Das Modell der intergenerationalen Integration besagt weder, dass es zu einem bestimmten strukturellen Ausgang kommen *muss,* noch dass unterschiedslos *alles* möglich oder gleich wahrscheinlich wäre. Was sich als gesellschaftliches Ergebnis einstellt, hängt von z. T. sehr speziellen Konstellationen ab. Das Ziel der folgenden Rekonstruktion ist die Einordnung der drei zur Debatte stehenden Theorien und der von ihnen postulierten Ausgänge, Assimilation, ethnische Schichtung und selektive Akkulturation, als *Spezial*fälle von bestimmten Konstellationen der in den Funktionen des Modells der intergenerationalen Integration zusammengefassten Beziehungen.

1. Assimilation

Die klassische Assimilationstheorie wird in ihrer prägnantesten Form, dem Race-Relations-Cycle nach Park, rekonstruiert (vgl. *Abbildung 3*).

Die erste Phase – *Kontakt* – beschreibt den Fall der vereinzelten Pionierwanderungen und einer freundlich-interessierten Aufnahme: Es gibt noch keine Schließungen und/oder Ethnisierungen (Funktionen 1a und 2a) und die Gruppengröße ist noch klein. Die EU-Gewichte für die beiden Optionen weisen zwingend auf eine Orientierung an den Vorgaben des Aufnahmelandes hin und wenn es dabei bliebe, wäre schon jetzt eine spurenlose Assimilation zu erwarten (wie bei den meisten binnennationalen Wanderungen von Einzelpersonen).

Nun wird angenommen, dass die Nachwanderungen andauern, sich verstärken und auch anders motivierte und mit Ressourcen ausgestattete Personen erfassen, speziell über den Nachzug von Familien, Verwandten und ganzen Netzwerken. Dadurch verändert sich die Komposition (in der in Abschnitt III für derartige Kettenwanderungen angenommen Richtung) und es kommt zu Schließungen und/oder Ethnisierungen bis hin zu den kumulativen Prozessen einer ethnischen Spaltung (Wechsel auf die Funktionen 1b und 2b). Das beschreibt die zweite Phase, den *Konflikt*.

Immer noch kann es zu Angleichungen kommen, jedoch nicht mehr ungebrochen und selbstverständlich und mit zunehmenden Opportunitätskosten. Die Anwesenheit von einer inzwischen größeren Anzahl von Migranten und die inzwischen etablierten

Abbildung 3: Assimilation (Race-Relations-Cycle nach Park)

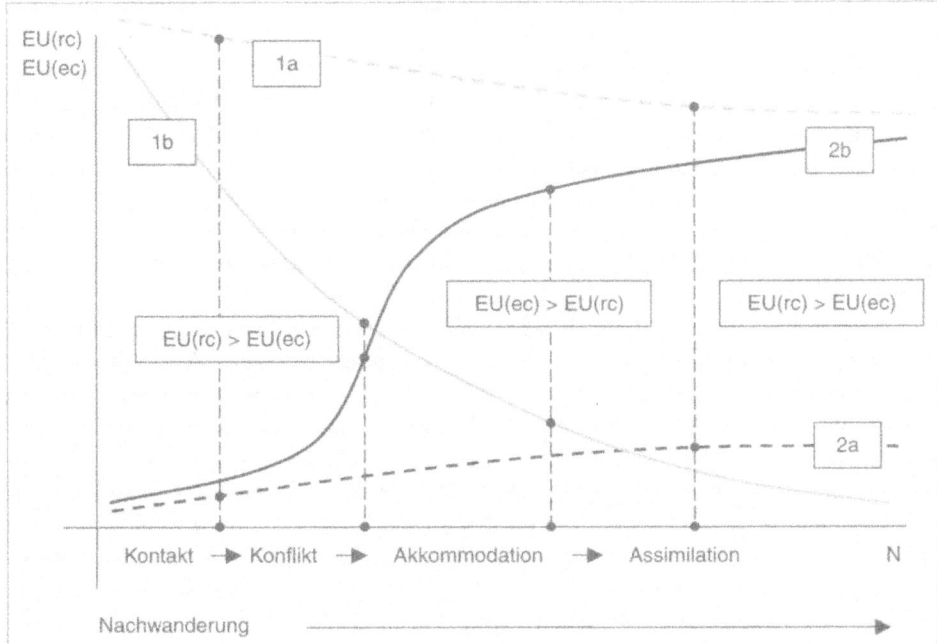

ethnischen Einrichtungen ermuntern weitere Nachwanderungen, sodass die Gruppengröße weiter steigen und der Ausbau der ethnischen Gemeinden sich weiter vervollständigen kann. Mit der so von zwei Seiten (Gruppengröße *und* Ethnisierung) strukturell zunehmenden Selbstgenügsamkeit wird es immer mehr möglich, die Kontakte und Investitionen innerhalb der jeweiligen Verkehrskreise zu belassen, wodurch die entstandenen *inter*ethnischen Konfliktlinien an (alltäglicher) Brisanz verlieren. Es ist die Phase der *Akkommodation:* Man hat sein Auskommen und akzeptiert sich gegenseitig ohne besondere Emotionen in friedlicher Koexistenz.

Ohne Weiteres würde nun freilich keine „Assimilation" eintreten, allenfalls wenn sich durch das Ausbleiben von Nachwanderungen und normale demographische Prozesse die Gruppengröße wieder verringerte und die Ethnisierungen wie die Schließungen ihre Grundlage verlören. Hier macht die klassische Assimilationstheorie für die, aus ihrer Sicht: „unvermeidliche", vierte Phase, die *Assimilation,* eine weit reichende, mehr oder weniger implizite und alles andere als selbstverständliche oder gar „universal" gültige Annahme: Den Folgegenerationen gegenüber lösen sich die Schließungen, mehr oder weniger, auf (Wechsel von Funktion 1b wieder auf 1a, symbolisiert durch die gebrochene Linie). Die für sie strukturell höheren Opportunitäten für akkulturative Zugänge erhöhen die EU-Gewichte für die rc-Optionen einerseits, etwa für den Zweitspracherwerb oder für Bildungsabschlüsse im Aufnahmeland, und die mit der Akkommodation verbundene Gewöhnung und Normalisierung der Situation vermindert die sozialen Distanzen auf Seiten der Einheimischen andererseits. Nun kann es auch schon dann zur Wahl der rc-Optionen kommen, wenn die EU-Gewichte für die ec-Option insgesamt weiter hoch bleiben (Funktion 2b), etwa bei einem Ausbau der ethnischen Infrastruktur und einer eventuellen weiteren Zunahme der Gruppengröße durch Nachwanderungen. Mit der Assimilation der Folgegenerationen setzt schließlich auch der Prozess der Absorption ein: Je nach der relativen Stärke zur Neueinwanderung und je nach Komposition verringern sich die Gruppengröße und (damit) die Nachfrage nach ethnischen Leistungen wieder, sodass die ethnischen Organisationen ihre strukturelle Grundlage und später auch die ethnischen Orientierungen ihre Plausibilität verlieren (Wechsel von der Funktion 2b auf 2a; ebenfalls symbolisiert durch die gebrochene Linie). Nun ist das EU-Gewicht für die rc-Option (wie bei den Pionieren) *deutlich* größer als für die ec-Option und die ethnischen Gewohnheiten und Emotionen werden schließlich allenfalls noch als sentimentale Relikte eines ansonsten individualisierten Lebensstils gepflegt.

Das alles ist, anders als die klassische Assimilationstheorie annahm, kein zwangsläufiger Vorgang, sondern hängt, wie leicht erkennbar wird, von einer Vielzahl besonderer Bedingungen ab. Die kritische, und zu Recht oft auch kritisierte, Hypothese ist die von der unausweichlichen Auflösung der ethnischen Grenzziehungen für die Folgegenerationen, und die NAT stellt das „boundary blurring" daher auch zu Recht als einen zentralen Kern der „Assimilation" heraus. Diese Bedingungen waren (und sind) freilich empirisch auch alles andere als selten im Prozess der intergenerationalen Integration erfüllt. Dies hat der klassischen Assimilationstheorie ihre hohe Plausibilität für die „alte" Immigration verliehen, auch jenseits aller Einwände, die man gegen die Vorstellung eines unumkehrbaren und unvermeidlichen „Gesetzes" haben kann.

2. Ethnische Schichtung

In der klassischen Assimilationstheorie wird die Auflösung ethnischer Ungleichheiten aller Art als Normalfall angenommen. Ethnische Schichtungen beschreiben den Fall, dass es weiterhin, auch nach Generationen noch, systematische Unterschiede *zwischen* den ethnischen Gruppen in Hinsicht auf *bewertete* Ressourcen gibt, speziell in Bezug auf Arbeitsmarktchancen (Arbeitslosigkeit, Einkommen, berufliche Positionen, Aufwärtsmobilität ganz allgemein), es also *keine* „strukturelle Assimilation" für sie gibt. Im Modell der intergenerationalen Integration lässt sich dieser Ausgang am einfachsten darüber erfassen, dass sich für die Folgegenerationen die Konstellationen *nicht* einstellen, bei denen die EU-Gewichte für die (aufstiegsrelevanten) rc-Optionen größer werden können als für die ec-Option, vor allem weil es für die Folgegenerationen *keine* Auflösung der Schließungen und damit *keinen* Wechsel von der Funktion 1b auf die Funktion 1a gibt: Die Chancen auf Bildung und auf dem Arbeitsmarkt verbessern sich für sie, anders als in der klassischen Assimilationstheorie angenommen, *nicht*, und auch die sozialen Distanzen und eventuelle Diskriminierungen werden *nicht* kleiner. Das Ausbleiben der strukturellen Assimilation ist damit nichts weiter als die fast schon triviale Folge des Ausbleibens sonst implizit angenommener Randbedingungen für die Folgegenerationen. Und genau so entgegnet die NAT der TSA für den Fall der Gefahr von ethnischen Schichtungen bei der „New Second Generation": Die (Rand-)Bedingungen sind für sie so schlecht nicht.

An sich reicht das zur Erklärung ethnischer Schichtungen schon aus, aber es ist nicht immer so einfach, besonders wenn ethnische Schichtungen auch bei *objektiver* Verbesserung der Chancen und/oder Verringerung sozialer Distanzen zu beobachten sind, bei einer für die Folgegenerationen also auch tatsächlich vorkommenden Änderung der Funktion von 1b in 1a (vgl. z. B. Portes/Rumbaut 2001: 266 f. für die Nachkömmlinge der frühen und schon rasch arrivierten kubanischen Einwanderer). Dazu sei das Zusammenwirken von zwei, zunächst unverbunden erscheinenden Mechanismen betrachtet: der Ausbau der „institutionellen Vollständigkeit" der jeweiligen ethnischen Gemeinden (nach Breton 1964) und die daraus entstehende „ethnische Mobili-

Abbildung 4: Institutionelle Vollständigkeit und ethnische Mobilitätsfalle

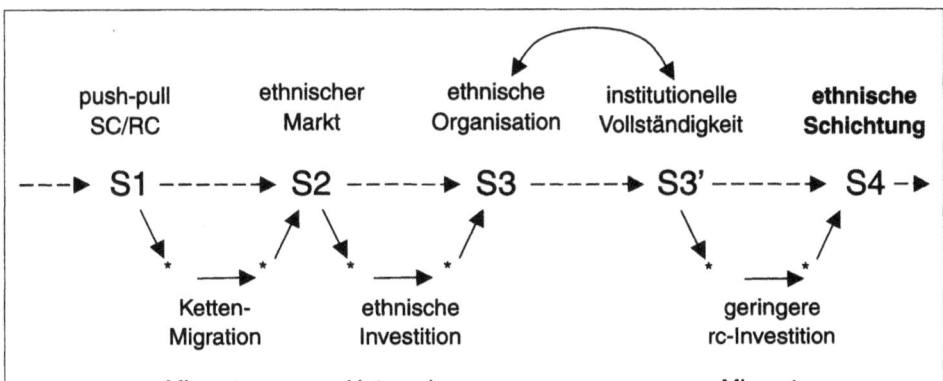

tätsfalle" (nach Wiley 1970) mit der Folge einer ethnischen Schichtung auch bei Verschwinden jeder ethnischen Schließung.

Die institutionelle Vollständigkeit ist die Folge des schrittweisen Ausbaus einer ethnischen Gemeinde mit allen relevanten (funktionalen) Einrichtungen, einschließlich einer ethnischen Ökonomie und einem entsprechenden internen Arbeitsmarkt- und Statussystem. Der Hintergrund sind wieder die oben beschriebenen Zusammenhänge von Kettenwanderungen, der damit entstehenden Nachfrage nach ethnischen Produkten und anderen Leistungen und der Herausbildung eines hinreichend großen ethnischen Marktes dafür (S1→S2), was entsprechende Investitionen von (ethnischen) Unternehmern lohnend macht. Mit den so entstehenden ersten ethnischen Organisationen (S2→S3) verstärkt sich, so die Annahme, die Kettenmigration (und eventuell nehmen parallel dazu die Schließungen von Seiten der Aufnahmegesellschaft zu) und darüber dann die Nachfrage nach ethnischen Leistungen weiter, was den weiteren organisatorischen Ausbau unterstützt, bis hin zur „institutionellen Vollständigkeit" ((S3→S3'); vgl. den entsprechenden Feedback-Pfeil). Mit diesem Ausbau *steigt* die Attraktivität für *ec*-Aktivitäten bis hin zu der Konstellation, dass das EU-Gewicht der ec-Option *größer* ist als das eventuell schon hohe EU-Gewicht für die rc-Option, also auch bei hohen rc-Chancen und geringen sozialen Distanzen (vgl. die Funktionen 1b und 2b' in *Abbildung 5*).

Das ist die „ethnische Mobilitätsfalle": Wenn die ec-Optionen, was empirisch nicht selten (wenngleich nicht immer) der Fall ist, für den Aufstieg in die oberen Schichten der Aufnahmegesellschaften weniger effizient sind als entsprechende rc-Investitionen,

Abbildung 5: Institutionelle Vollständigkeit, Mobilitätsfalle und ethnische Schichtung

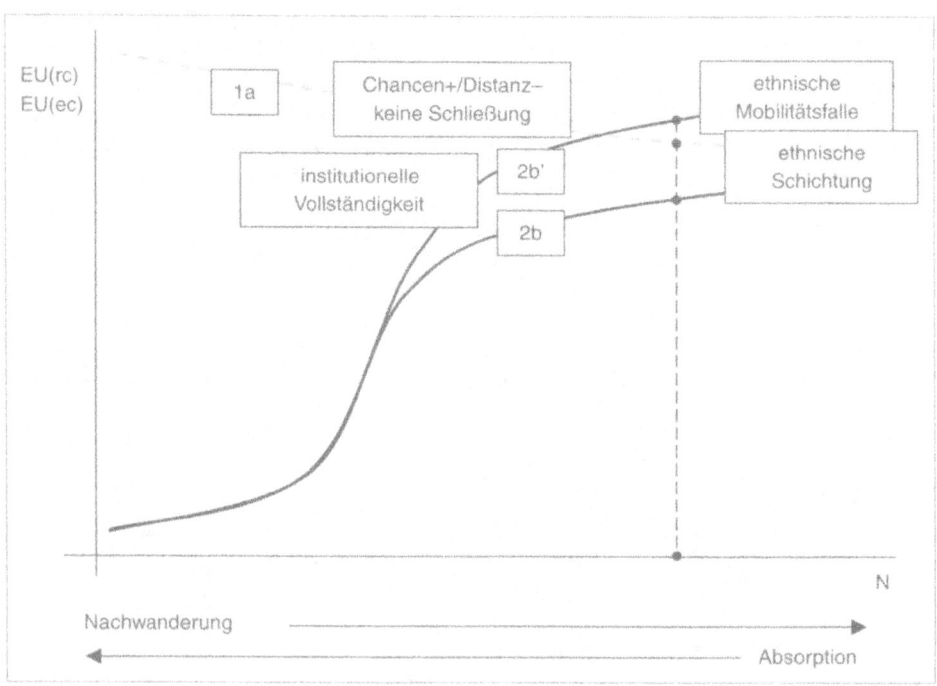

dann hat die ausgebaute Ethnisierung, auch bei hohen strukturellen Chancen und dem Fehlen sozialer Distanzen, *geringere* Mobilitätsbemühungen zur Folge. Das führt, in den meisten Fällen wohl unintendiert, zu dem strukturellen Ausgang einer ethnischen Schichtung – im Ergebnis nicht anders als bei weiter vorhandenen Schließungen.

Ob sich ein solches System dauerhaft erhält, ist wieder eine Frage der empirischen Entwicklungen, besonders des dauerhaften Erhalts des institutionellen Ausbaus und der Attraktivität der ethnischen Option im Vergleich zu den eventuell auch weiter zunehmenden rc-Möglichkeiten, etwa in der Folge der sich ändernden Nettoeffekte von Neueinwanderung und Absorption und der damit verbundenen Komposition der Migrantenpopulation. In den meisten Fällen verfallen die ethnischen Enklaven und „Parallelgesellschaften" im Laufe der Generationenfolge allein schon deshalb, weil die Neueinwanderungen nachlassen und die Absorptionen zunehmen und schließlich überwiegen. Gelegentlich fungieren ethnische Enklaven aber auch als Durchlaufstationen für die Neueinwanderer und erzeugen so den falschen Anschein einer dauerhaft etablierten ethnischen Unterschicht oder gar einer marginalisierten „Parallelgesellschaft", während es tatsächlich für die Folgegenerationen ein hohes Maß an Absorption und sozialem Aufstieg gibt.

3. Selektive Akkulturation

In den Anwendungen des Modells der intergenerationalen Integration wurde bisher die Annahme gemacht, dass die *rc*-Option die für die strukturelle Integration in die Aufnahmegesellschaft, vor allem über Bildungs- und Arbeitsmarkterfolg, in jedem Fall *effizientere* Alternative sei. Das ist in vielen Fällen auch plausibel: Ethnische Ressourcen sind in ihrer Verwendbarkeit meist an den *spezifischen* ethnischen Kontext gebunden und verlieren ihre Effizienz, wenn es *diesen* Kontext nicht mehr gibt. Die Beschränkung der Kontakte auf ethnische Netzwerke oder die ausschließliche Beherrschung der mitgebrachten Muttersprache bedeuten daher oft in der Tat, dass es Nachteile beim Aufstieg in die Kernbereiche des Aufnahmelandes gibt. Der Kern der These von der selektiven Akkulturation (als Teil der TSA) ist die Differenzierung dieser Annahme: Es gibt für den Bildungs- und Arbeitsmarkterfolg auch „falsche" Segmente in der *Aufnahmegesellschaft*, an denen sich Migranten orientieren können, wie z. B. gewisse innerstädtische Subkulturen mit ihren oft sogar *gegen* Schulerfolg und Aufstieg gerichteten Orientierungen und „Werten", und gerade die „Assimilation" daran führt zur ethnischen Schichtung und auch dauerhaften Marginalisierung. Die *ethnischen* Ressourcen, Einbettungen und Orientierungen aber können, so wird vermutet, ein wirksames Mittel dagegen sein und darüber hinaus den sozialen Aufstieg sogar in besonderer Weise fördern.

Zur Rekonstruktion dieser Beobachtungen und Hypothesen im Modell der intergenerationalen Integration werden die EU-Gewichte nicht mehr allein nach ihrer ethnischen Zuordnung betrachtet (rc versus ec in den Funktionen 1 und 2 wie bisher), sondern *unabhängig* davon auch nach ihrer *Effizienz* für den Erwerb von *generalisierbaren* Qualifikationen, die sich im rc-Kontext (wie darüber hinaus, etwa in anderen Aufnahmeländern oder in globalisierten Märkten ganz allgemein) verwenden lassen und des-

Abbildung 6: Selektive Akkulturation

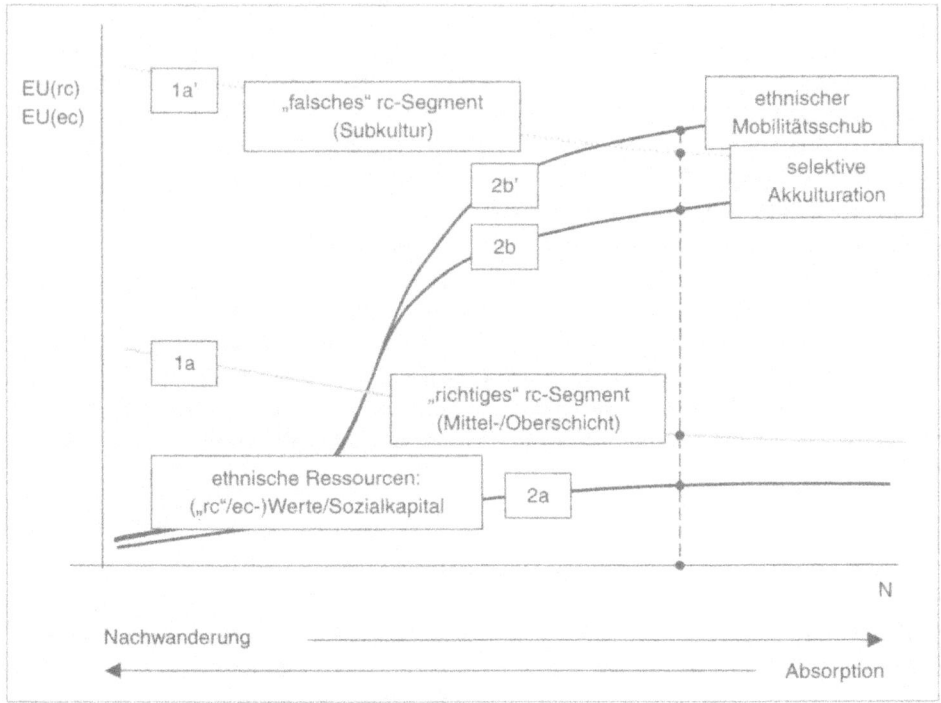

halb in ihrer Effizienz für den sozialen Aufstieg von spezifischen Kontexten unabhängig sind (wie vor allem technisches und administratives Wissen). Damit wird die von der Assimilationstheorie oft fraglos unterstellte Gleichsetzung von rc-Option und Aufstiegseffizienz bzw. von ec-Option und Mobilitätshemmnis aufgelöst.

In *Abbildung 6* sind die EU-Gewichte der für den Aufstieg *effizienteren* Optionen als durchgezogene, die dafür weniger effizienten als gepunktete Linien gekennzeichnet. Effizient sind in diesem Sinne die Funktionen 1a für die Assimilation an ein „richtiges" Segment der Aufnahmegesellschaft (wie sonst üblich) und die Funktionen 2a, 2b und 2b' für die ethnischen Optionen, etwa aus einer kulturell verankerten hohen Bewertung von Bildung und Leistung allgemein und aus der sozialen Kontrolle dieser Werte über das ethnische Sozialkapital. Käme es nur auf diese Konstellationen und Verläufe an, würde in jedem Fall eine für den sozialen Aufstieg effiziente Option gewählt: Sowohl die ethnischen wie die nicht-ethnischen Optionen sind für den Aufstieg effizient. Allein so würde schon verständlich, wie es zur strukturellen Assimilation bei der Wahl einer ec-Option und der gleichzeitigen Einbettung in ethnische Netzwerke und der Beibehaltung ethnischer Orientierungen – zur selektiven Akkulturation also – kommen kann.

Das ändert sich mit der Annahme von Kontakten zu einem „falschen" rc-Segment (Funktion 1a'): Der Zugang dazu ist vergleichsweise leicht (und auch attraktiv) und daher sind die EU-Gewichte für entsprechende nicht-effiziente Aktivitäten *höher* als für die in dem schwerer zugänglichen „richtigen" rc-Segment (Funktion 1a). Die Optionen im „falschen" rc-Segment sind aber auch zugänglicher (und eventuell attraktiver) als die für den Aufstieg effizienten ethnischen Optionen 2a und 2b. Das wird erst mit der *weiteren* Ethnisierung und der entsprechenden Verstärkung der Durchsetzung der Aufstiegswerte anders: Die EU-Gewichte der Funktion 2b' mit den Aufstiegswerten *übertreffen* (bei einer bestimmten Gruppengröße) die EU-Gewichte der Funktion 1a für die „falschen" rc-Optionen. Das ist der Effekt des Schutzes vor den falschen Kontakten über das ethnische Sozialkapital. Es ist eine zur oben beschriebenen Mobilitätsfalle ganz ähnliche Konstellation. Die ec-Optionen haben bei einem sehr starken ethnischen Ausbau höhere EU-Gewichte als auch gut zugängliche und attraktive rc-Optionen – mit freilich einem gänzlich anderen Ergebnis als dort: Schutz vor den Versuchungen falscher Aktivitäten und die Motivierung und Kontrolle der für den schulischen und beruflichen Erfolg wichtigen Aktivitäten. Der Effekt sei als ethnischer Mobilitätsschub bezeichnet.

Mit der Trennung von Aufstiegs-Effizienz und ethnischer Orientierung bei den Optionen wird eine weitere implizite Annahme der klassischen Assimilationstheorie aufgelöst. Nun *kann* es sozialen Aufstieg und *gleichzeitig* eine starke ethnische Einbettung und Orientierung geben. Alles hängt jedoch von der Annahme ab, dass die *Inhalte* der betreffenden ethnisch-kulturellen Werte die EU-Gewichte der für den Aufstieg bzw. für die Investition in generalisierbares Kapital *effizienteren* Optionen erhöhen. Kurz: Es kommt nicht auf die Ethnisierung „an sich" an, sondern darauf, dass die mit den ethnischen Optionen verbundenen Aktivitäten tatsächlich für den sozialen Aufstieg effizient sind, speziell weil die ethnischen Ressourcen gerade jene Werte unterstützen, die Bildungserfolg, Leistung und sozialen Aufstieg *allgemein* fördern. Den Mobilitätsschub und die „selektive Akkulturation" gibt es daher auch keineswegs für jede ethnisierte ethnische Gruppe und bei denjenigen, bei denen sie beobachtet wird, wie derzeit bei manchen asiatischen Gruppen in den USA, ist sie *inhaltlich* mit exakt jener Leistungs-, Erfolgs- und Bildungsmotivation versehen, die die (alte) Assimilationstheorie nur den Mittel- und Oberschichten der Aufnahmegesellschaften zuerkannt hatte (vgl. dazu die empirischen Ergebnisse bei Kroneberg 2008). Zu Unrecht, wie sich gezeigt hat.

V. Theorien der Integration: Eine für alle(s)?

Das Modell der intergenerationalen Integration ist der Versuch, die Mechanismen und die Wechselbeziehungen hinter den Prozessen der sozialen Integration von Migranten auf eine möglichst sparsame Weise so zu erfassen, dass *verschiedene* strukturelle Ausgänge als Folge *spezieller* empirischer Konstellationen und Abläufe *allgemein* erklärbar werden. Ausgangspunkt und Ergebnis war eine methodologische Kritik an den drei wichtigsten „Theorien" zum Problem – die klassische Assimilationstheorie, die „Theory of Segmented Assimilation" und die „New Assimilation Theory". Bei allen dreien handelt es sich *nicht* um erklärende Theorien, sondern (lediglich) um empirische Generalisierungen, fallweise ergänzt um die Benennung empirischer (Rand-)Bedingungen und Skizzen spezieller kausaler Effekte, aber ohne deren systematischer Zusammenführung und ohne expliziten Bezug auf allgemeinere Mechanismen. Das Modell der intergenerationalen Integration versucht diese Lücken zu schließen – unter dem Preis eines nicht unerheblichen Aufwandes, zahlreichen (teilweise auch: heroisch) vereinfachenden Annahmen und einer nicht leicht akzeptablen Einsicht, nämlich dass die Grundfunktionen des Modells auch noch nicht die eigentliche Erklärung liefern, sondern selbst wiederum auf mehr oder weniger unvollständigen Verallgemeinerungen von unzähligen, historisch wie sozial sehr unterschiedlich veranlassten und oft sogar „einzigartigen" (Mikro-)Abläufen beruhen, deren *einzige* wirklich allgemeine (kausale) Grundlage die Gesetzmäßigkeiten des situationsorientierten Handelns der menschlichen Akteure ist. Die Frage ist daher: Ist das, was die drei „Theorien" vor allem leisten, nämlich die (vergleichsweise) „dichte" Beschreibung der empirischen Vorgänge und deren Generalisierung zu einigen typischen, aber ansonsten recht unverbundenen (altbekannten wie „neuen") Abläufen und Ausgängen, denn nicht eigentlich schon genug?

Zunächst ist festzuhalten, dass die Autoren der TSA zwar meist von einer „Theorie mittlerer Reichweite" sprechen, gleichwohl aber die gemeinsame Erklärung aller drei Ausgänge beabsichtigen und behaupten. Das greift die NAT in ihrer Kritik an der TSA auf. Die anerkennenswerte Leistung der TSA seien die zutreffenden Verweise auf die nicht wenigen Möglichkeiten und Bedingungskonstellationen für Abweichungen oder Verzögerungen vom vorher für selbstverständlich angenommenen Ausgang der Assimilation über die Generationen hinweg gewesen. Aber diese Möglichkeiten und Bedingungen seien in der TSA ungerechtfertigt über- und die für eine auch weiterhin über die Generationen hinweg erfolgende Assimilation allzu sehr unterbetont worden. Von einer übergreifenden Erklärung könne keine Rede sein. Aus alledem ergebe sich, dass die TSA doch nicht jene übergreifende und den neuen Verhältnissen entsprechende Theorie sei, wie sie von sich behaupte. Es sei auch weiterhin nötig, eine eigene „theory of mainstream assimilation" vorzuhalten, eine die die Einseitigkeiten und Schwächen der klassischen Assimilationstheorie überwunden habe und auch andere Ausgänge vorsehe, aber für die langfristigen Entwicklungen die plausibleren Mechanismen und besser abgesicherten empirischen Bedingungen angebe als die TSA und sich in Bezug auf die anderen beiden möglichen Ergebnisse (ethnische Schichtung und selektive Akkulturation) damit dann gut ergänzen könne.

Insgesamt wird also von Seiten der NAT eine Art von theoretischer Arbeitsteilung vorgeschlagen: Für die Ausgänge „ethnische Schichtung" und „selektive Akkulturation" ist die TSA zuständig, sofern die betreffenden Bedingungen vorliegen, und für den der „Assimilation" die gegenüber der CAT und der TSA in wichtigen Grundnahmen, etwa der Idee des *boundary blurring* als Kern oder gar Definitionsbestandteil der „Assimilation", veränderte NAT. Aber das ist gerade *nicht* die Lösung, sondern vielmehr das Problem: Es fehlt damit weiterhin eine *übergreifende* Theorie, die erklären kann, wann der eine und wann der andere strukturelle Ausgang zu erwarten ist (und damit die „Geltung" der einen oder anderen speziellen „Theorie") und die Vorstellung der „Komplementarität" von Theorien geht gerade an der wohl wichtigsten Leistung theoretischer Systematisierungen vorbei: die Erklärung möglichst vieler und verschiedener Explananda aus möglichst wenigen theoretischen Annahmen und Zusammenhängen. Und die TSA, die eine solche Arbeitsteilung *nicht* vorschlägt, sondern schon beansprucht, eine solche theoretische Integration zu leisten, ist dafür mit ihren ohne Zweifel extrem wichtigen Beschreibungen, Skizzen und Typologien denkbarer Pfadverläufe (noch) nicht explizit und systematisch genug.

Es ist im Übrigen bemerkenswert, dass auch die neueren Theorien letztlich keine wirkliche Alternative zur „Assimilation" als Angleichung an gewisse Referenzstandards in den verschiedenen Aufnahmegesellschaften sehen, auch wenn das kein stabiler und einheitlicher „mainstream", keine festen oder festgelegten speziellen Segmente und noch nicht einmal bestimmte nationale oder politische Einheiten sein müssen. In der TSA, die noch am ehesten eine Position des ethnischen Pluralismus vertritt, kommt die (klassische) Assimilation als Aufstieg in die Mittel- und Oberschichten der jeweiligen Aufnahmegesellschaft systematisch weiterhin vor. Aber auch die „segmented assimilation" ist eine „Assimilation" – wenngleich an das „falsche" Segment der Aufnahmegesellschaft. Wenn eine entsprechende Unterschichtung einmal entstanden ist, dann gibt es für die betreffenden „assimilierten" Gruppen die gleichen Probleme wie für die entsprechenden einheimischen Unterschichten und Subkulturen, auf die sie dann u. U. mit einer speziellen ethnischen Orientierung reagieren, das aber eher als Teil von politisch-strategischen Versuchen der kollektiven Verbesserung der Situation *im* Aufnahmeland, denn als einer Identifikation mit gewissen primordialen Relikten der Herkunftskultur. Auf den ersten Blick widerspricht (allenfalls) die selektive Akkulturation der Grundhypothese der klassischen wie der neuen Assimilationstheorie: die *strukturelle* Assimilation unter *Erhalt* der ethnischen Eigenständigkeiten in den anderen Dimensionen der sozialen Integration (kulturell, sozial und emotional). Die NAT bezweifelt freilich, ob sich diese Kombination auch über die Generationen hinweg halten werde, und die TSA rückt inzwischen selbst davon ab, dass die selektive Akkulturation auch noch für die dritte und die späteren Generationen zu erwarten sei (Portes/Rumbaut 2006: 265). Und das ist auch kein Wunder: Wenn „institutions matter", dann trifft das auch für die Institutionen und kulturellen Vorgaben der jeweiligen Aufnahmegesellschaften zu, die man zwar sicher nicht als „container" mit fixen Grenzen ansehen sollte, die aber dennoch auch nicht in der Strukturlosigkeit transnationaler Netzwerke ohne jede weitere Bedeutung zerfasern. Aber selbst wenn es anders käme: Die selektive Akkulturation wäre *kein* Widerspruch zur Hypothese von der „Assimilation" als letztlich noch am ehesten „passenden" strukturellen Ausgang für die Migranten und ihrer Nachkommen in modernen, funktional differenzierten Gesellschaften. Sie bildet jene Konstellation einer „ethnischen Vielfalt", die es als spezieller individueller Lebensstil und mit entsprechenden kulturellen und sozialen Milieus wie kaum eine andere *gerade* in funktional differenzierten, modernen Gesellschaften geben kann und die genau darüber einen Teil ihrer Innovationskraft und Dynamik erhalten (haben): die *Abkopplung* der Statuszuweisung und des Zugangs zu den relevanten Institutionen von askriptiven Merkmalen wie das Geschlecht, die Religion oder eben die ethnische Zugehörigkeit – und damit die „Gleichheit" der verschiedenen Gruppen in Hinsicht auf ihre Lebenschancen, verbunden mit der „Freiheit" der Wahl in kulturellen, sozialen und emotionalen Dimensionen der sozialen Integration (vgl. dazu insgesamt auch Esser 2006: Kapitel 2).

Das Modell der intergenerationalen Integration fügt dem dann eigentlich nicht mehr sonderlich viel hinzu. Es beruht in seinen Annahmen, Verallgemeinerungen, Vereinfachungen und Differenzierungen so gut wie ganz auf den in den älteren und neueren Theorien entwickelten Teilskizzen und empirischen Hinweisen und seine Entwicklung wäre ohne diese Fülle an Hinweisen nicht möglich gewesen. Die *zusätzliche* Leistung ist die Systematisierung der in den Einzeltheorien meist recht unverbundenen Teilprozesse und deren Bezug auf allgemeinere (kausale) Mechanismen derart, dass erkennbar wird, warum sich bei zum Teil in der Tat ganz „neuen" *empirischen* Bedingungen gegebenenfalls auch „neue" *empirische* Ausgänge des Prozesses der intergenerationalen Integration erwarten lassen und die grundlegenden *theoretischen* Mechanismen und Prozesse dahinter dennoch die gleichen sind.

Literatur

Alba, Richard, 2004: Language Assimilation Today: Bilingualism Persists More than in the Past, but English Still Dominates. CCIS Working Paper Nr. 111, San Diego: Lewis Mumford Center for Comparative Urban and Regional Research, University at Albany.

Alba, Richard, 2008: Why We Still Need a Theory of Mainstream Assimilation, in: Kalter, Frank (Hrsg.), Migration und Integration. Sonderheft 48 der Kölner Zeitschrift für Soziologie und Sozialpsychologie. Wiesbaden: VS Verlag für Sozialwissenschaften, 37-56.

Alba, Richard/Nee, Victor, 1999: Rethinking Assimilation Theory for a New Era of Immigration, in: Hirschman, Charles/Kasinitz, Philip/DeWind, Josh (Hrsg.), The Handbook of International Migration: The American Experience. New York: Russell Sage Foundation, 137-160.

Alba, Richard/Nee, Victor, 2003: Remaking the American Mainstream: Assimilation and Contemporary Immigration. Cambridge: Harvard University Press.

Bean, Frank D./Stevens, Gillian, 2003: America's Newcomers and the Dynamics of Diversity. New York: Russell Sage Foundation.

Blau, Peter M., 1994: Structural Contexts of Opportunities. Chicago/London: University of Chicago Press.

Blau, Peter M./Schwartz, Joseph E., 1984: Crosscutting Social Circles. Testing a Macrostructural Theory of Intergroup Relations. Orlando: Academic Press.

Borjas, George J., 1987: Self-Selection and the Earnings of Immigrants, in: The American Economic Review 77, 531-553.

Breton, Raymond, 1964: Institutional Completeness of Ethnic Communities and the Personal Relations of Immigrants, in: American Journal of Sociology 70, 193-205.

Esser, Hartmut, 1980: Aspekte der Wanderungssoziologie. Assimilation und Integration von Wanderern, ethnischen Gruppen und Minderheiten. Eine handlungstheoretische Analyse. Darmstadt/Neuwied: Luchterhand.

Esser, Hartmut, 1985: Soziale Differenzierung als ungeplante Folge absichtsvollen Handelns: Der Fall der ethnischen Segmentation, in: Zeitschrift für Soziologie 14, 435-449.

Esser, Hartmut, 2004: Does the ›New‹ Immigration Require a ›New‹ Theory of Intergenerational Integration?, in: International Migration Review 38, 1126-1159.

Esser, Hartmut, 2006: Sprache und Integration. Die sozialen Bedingungen und Folgen des Spracherwerbs von Migranten. Frankfurt a. M./New York: Campus.

Esser, Hartmut, 2008: Spracherwerb und Einreisealter: Die schwierigen Bedingungen der Bilingualität, in: Kalter, Frank (Hrsg.), Migration und Integration. Sonderheft 48 der Kölner Zeitschrift für Soziologie und Sozialpsychologie. Wiesbaden: VS Verlag für Sozialwissenschaften, 202-229.

Friedberg, Rachel M., 2000: You Can't Take It With You? Immigrant Assimilation and the Portability of Human Capital, in: Journal of Labor Economics 18, 221-251.

Kalter, Frank/Granato, Nadia, 2002: Demographic Change, Educational Expansion, and Structural Assimilation of Immigrants: The Case of Germany, in: European Sociological Review 18, 199-216.

Kroneberg, Clemens, 2008: Ethnic Communities and School Performance Among the New Second Generation. Testing the Theory of Segmented Assimilation. Unveröffentlichtes Manuskript. Mannheim.

Nee, Victor/Sanders, Jimy, 2001: Understanding the Diversity of Immigrant Incorporation: A Forms-of-Capital Model, in: Ethnic and Racial Studies 24, 386-411.

Park, Robert E., 1950: The Nature of Race Relationsin, in: Park, Robert E., Race and Culture. Glencoe, Ill: Free Press, 81-116.

Portes, Alejandro/Rumbaut, Rubén G., 2001: Legacies. The Story of the Immigrant Second Generation. Berkeley/Los Angeles/London: University of California Press.

Portes, Alejandro/Rumbaut, Rubén G., 2006: Immigrant America. A Portrait. 3. Aufl. Berkeley/Los Angeles/New York: University of California Press.

Portes, Alejandro/Zhou, Min, 1993: The New Second Generation: Segmented Assimilation and Its Variants, in: Annals of the American Academy of Political and Social Sciences 530, 74-96.

Wiley, Norbert F., 1970: The Ethnic Mobility Trap and Stratification Theory, in: *Rose, Peter I.* (Hrsg.), The Study of Society. An Integrated Anthology. 2. Aufl. New York/Toronto: Random House, 397-408.

Zhou, Min, 1999: Segmented Assimilation: Issues, Controversies, and Recent Research on the New Second Generation. in: *Hirschman, Charles/Kasinitz, Philip/DeWind, Josh* (Hrsg.), The Handbook of International Migration: The American Experience. New York: Russell Sage Foundation, 196-212.

Korrespondenzanschrift: Prof. Dr. Hartmut Esser, Universität Mannheim, Lehrstuhl für Soziologie und Wissenschaftslehre, 68131 Mannheim
E-Mail: esser@sowi.uni-mannheim.de

AKKULTURATION: THEORETISCHE ANSÄTZE UND PERSPEKTIVEN IN PSYCHOLOGIE UND SOZIOLOGIE*

Bernhard Nauck

Zusammenfassung: Der Beitrag zielt auf eine konzeptuelle und theoretische Integration der Akkulturations- und Assimilationsforschung, wie sie sich in der kulturvergleichenden Psychologie und in der Migrationssoziologie entwickelt haben. Obwohl beide unabhängig voneinander entstanden sind und selten voneinander Notiz genommen haben, ist die Konvergenz der Forschungsprogramme und die konzeptuelle Äquivalenz der jeweils verwendeten Terminologie beträchtlich. Akkulturation ist ein longitudinales Mehrebenen-Explanandum und ein interdisziplinärer Forschungsgegenstand. Exemplarisch werden Akkulturations-Adaptations-Modelle (Berry) und Assimilations-Modelle (Esser) unter dem Gesichtspunkt verglichen, wie sie das Mehrebenen-Problem der Verknüpfung von individuellem (Akkulturations-/Assimilations-)Handeln und sozialem Kontext lösen. Hierzu wird „Kultur" als Mehrebenen-Konzept der Akkulturationsforschung eingeführt und auf Kapital-Investitions-Theorien und auf Institutionen-Theorien von Migrationsregimes bezogen, die beide vielversprechende Ansätze für die zukünftige Akkulturationsforschung darstellen.

Die am meisten verbreitete Definition von „Akkulturation" in Soziologie und Psychologie (Sam 2006) verweist auf „die Phänomene, die entstehen, wenn Gruppen von Individuen aus verschiedenen Kulturen in kontinuierlichen Primärkontakt treten. Dies hat nachfolgende Veränderungen der ursprünglichen Kulturmuster in einer oder beiden Gruppen zufolge" (Redfield et al. 1936: 149). Mit dieser Definition werden komplexe theoretische und methodische Probleme aufgeworfen. Erstens beinhaltet sie auf der *Individualebene* die Analyse einer Teilmenge individueller Veränderungen, wenn auf einen vorausgegangenen primären Enkulturationsprozess durch Kulturkontakt in einem neuartigen sozial-kulturellen Kontext eine Akkulturation erfolgt. Zweitens ist impliziert, dass über diese individuellen Veränderungen hinaus – und durch sie bewirkt – ein sozialer Wandel auf der Ebene gesellschaftlicher Teilgruppen und womöglich der Gesamtgesellschaft stattfindet, womit eine *intermediäre und Makroebene* angesprochen wird. Schließlich wird vorausgesetzt, dass individuelle Veränderungen und sozialer Wandel auf Wechselwirkungen zwischen diesen Ebenen über die Zeit erfolgen, wodurch „Akkulturation" zu einem genuin *longitudinalen Mehrebenen-Explanandum* wird und, da individuelle Veränderungen und sozialer Wandel gleichermaßen angesprochen sind, ebenso zu einem *interdisziplinären Forschungsgegenstand.*

Die folgende Analyse konzentriert sich auf den aktuellen Stand der Konzeptentwicklung der Akkulturationsforschung in Psychologie und Soziologie in einer integrati-

---

* Für wichtige Kommentare zu früheren Versionen des Manuskripts danke ich Johannes Huinink, Frank Kalter und Amelie Mummendey. Die Übertragung von fremdsprachigen Zitaten stammt vom Autor.

ven Mehrebenen-Perspektive. Zum exemplarischen Ausgangspunkt wird der wohl prominenteste Ansatz der kulturvergleichenden Psychologie genommen, um sodann die Gemeinsamkeiten und Unterschiede zu soziologischen Ansätzen zu diskutieren. Obwohl die empirische Forschung in beiden Disziplinen in ihren Ergebnissen tendenziell konvergiert, konzentrieren sich die konzeptionellen und theoretischen Bemühungen auf verschiedene Schwerpunkte, wobei die Mehrebenen-Thematik und die wechselseitige Integration theoretischer Annahmen und empirischer Befunde bislang nur zögernd erfolgt. Wie zu zeigen sein wird, können jedoch beide Disziplinen dem inhärenten Mehrebenen-Problem nicht entgehen und deshalb auch nicht vermeiden, (in vielen Fällen: implizite) Annahmen über kontextabhängige, individuelle Handlungswahlen und deren Aggregation zu veränderten Gruppenzuständen zu treffen.

I. Das Akkulturationsmodell der kulturvergleichenden Psychologie

Der am weitesten anerkannte Akkulturationsansatz in der kulturvergleichenden Psychologie stammt von Berry und ist in einer Serie von Artikeln veröffentlicht worden (Berry 1980, 1997, 2005, 2006, 2006a; Berry/Sam 1997). Kernkonzept ist die „Akkulturationsstrategie" als ein spezieller Typ individueller Anpassung an „kulturell" neue/andere soziale Umgebungen, was typischerweise für Immigranten in kulturell unterschiedlichen Aufnahmegesellschaften der Fall ist. In diesem Sinne setzt Akkulturation – mindestens in einem bestimmten Umfang – die Realisierung eines individuellen Prozesses der Enkulturation voraus, nämlich des Erlernens des Wissens und der Überzeugungen der sozialen Gruppe (in der Herkunftsgesellschaft) im primären Sozialisationsprozess als Teil der Anpassung menschlicher Individuen an ihre Umgebung. Akkulturation ist damit immer konfundiert mit dem Prozess der individuellen Entwicklung (Schönpflug 1997).

Grundsätzlich besteht Berrys Modell der Akkulturation und Anpassung aus zwei Komponenten: zum einen aus einer Typologie von Akkulturationsstrategien und zum anderen aus einem Coping-Modell für akkulturativen Stress. Berrys Akkulturationsmodell basiert auf der Annahme zweier grundlegender Dimensionen der Akkulturation: die Aufrechterhaltung der Herkunftskultur und die Aufnahme und Aufrechterhaltung von Beziehungen zu anderen Gruppen, wie es insbesondere bei Migranten in ihrer Reaktion auf die Mehrheitsgruppe in der Aufnahmegesellschaft der Fall ist. Hieraus resultieren zwei grundlegende Fragen (Berry 1980): *„Wird es als wertvoll erachtet, die kulturelle Identität und kulturelle Charakteristika aufrecht zu erhalten?"* und *„Wird es als wertvoll erachtet, Beziehungen zu anderen Gruppen zu unterhalten?"* Wenn die bewertenden Antworten auf diesen zwei Dimensionen dichotomisiert werden, können vier Akkulturationsstrategien unterschieden werden:

- *Integration* ist eine Strategie, bei der Schlüsselcharakteristika der Herkunftskultur erhalten und gleichzeitig relevante Aspekte der Aufnahmegesellschaft erlernt und übernommen werden. Wenn dies erreicht wird, resultiert dies in einer Doppel-Integration in zwei möglicherweise stark unterschiedlichen sozialen Kontexten.
- *Assimilation* ist eine Strategie, bei der die Herkunftskultur zugunsten der Übernahme der Kultur der Mehrheits-Bevölkerung der Aufnahmegesellschaft aufgegeben wird.

- *Separation* ist eine Strategie, bei der alle Charakteristika der Herkunftsgesellschaft aufrecht erhalten und Kontakte zu den Mitgliedern der Mehrheits-Bevölkerung in der Aufnahmegesellschaft vermieden werden und die deshalb zu sozialer Segmentierung führt.
- *Marginalisierung* ist eine Strategie, bei der die Akteure sowohl die Kultur der Herkunftsgesellschaft als auch die der Mehrheits-Bevölkerung der Aufnahmegesellschaft ablehnen und die Anomie zur Folge hat.

Der große Vorzug dieser Typologie ist darin zu sehen, dass sie die eindimensionalen Assimilations-Modelle überwindet, die allesamt auf der Annahme basieren, dass Assimilation das unvermeidliche Endresultat von Kulturkontakten und es somit „nur eine Frage der Zeit" ist, wie dies u. a. in dem „race-relations-cycle" von Park (1950: 150; Park/Burgess 1921) zum Ausdruck kommt. Die Akkulturations-Typologie eröffnet dagegen die Möglichkeit für andere individuelle Wahlen und mögliche andere stabile Intergruppen-Beziehungen.

Bislang hat sich das Forschungsprogramm, das sich auf die Analyse von Akkulturationsstrategien bezieht, auf die individuellen Konsequenzen der „gewählten" Akkulturationsstrategie konzentriert. Entsprechend sind verschiedene Korrelationsstudien mit Ureinwohnern (Berry et al. 1982), Immigranten (Ataca/Berry 2002; Khrishnan/Berry 1992), Flüchtlingen (Dona/Berry 1994) und Wanderern (Zheng/Berry 1991) durchgeführt worden. Die individuellen Effekte der Akkulturationsstrategien sind weitgehend im Stress-und-Coping-Bezugsrahmen (Lazarus/Folkman 1984) interpretiert worden und haben zu nachfolgendem Modell geführt (siehe *Abbildung 1*).

Die Wahl dieses Stress- und Coping-Bezugsrahmens hat es nahegelegt, dass sich die empirischen Analysen fast ausschließlich auf die Auswirkungen der jeweiligen „Akkulturationsstrategie" auf die individuelle Adaptation konzentrieren, wobei besonderes Augenmerk auf die individuellen Erfahrungen von „akkulturativem Stress" und dessen individuelle Variation im Akkulturationsprozess gelegt und letztlich „individuelles Wohlbefinden" zur ultimativen Ergebnisvariable gemacht worden ist. Die empirischen Befunde aus verschiedenen Kontexten und mit verschiedenen ethnischen Gruppen sind in diesen Studien stets dahingehend interpretiert worden, dass „Integration" als Akkulturationsstrategie mit dem geringsten akkulturativen Stress und dem größten subjektiven Wohlbefinden für die Migranten verbunden ist: „Es hat sich gezeigt, dass Akkulturationsstrategien eine substantielle Beziehung zu positiver Adaptation haben: Integration ist gewöhnlich am erfolgreichsten; Marginalisierung am wenigsten; und Assimilations- und Separationsstrategien sind intermediär. Dieses Muster ist praktisch in jeder Studie gefunden worden und gilt für alle Typen von Akkulturationsgruppen" (Berry 1997: 24). Diese *korrelativen* Befunde sind dann verschiedentlich dafür in Anspruch genommen worden, „assimilationistische" Migrations- und Eingliederungspolitiken zu diskreditieren und für die Förderung von kultureller Autonomie von Migrantenminoritäten und für „the rise of multiculturalism" zu werben (Berry/Laponce 1994).

Weniger wegen dieser Inanspruchnahme für politische Optionen, sondern vielmehr wegen grundsätzlicher Probleme, die mit dieser Akkulturations-Typologie verbunden sind, hat sie Anlass zu zahlreichen kritischen Auseinandersetzungen gegeben, die von Rudmin (2003) aus psychologischer Perspektive zusammengetragen und systematisiert worden sind. So ist *begrifflich unklar*, was der Gegenstand der Typologie ist, wird doch

Akkulturation: Theoretische Ansätze und Perspektiven in Psychologie und Soziologie 111

Abbildung 1: Der Bezugsrahmen der Akkulturationsforschung

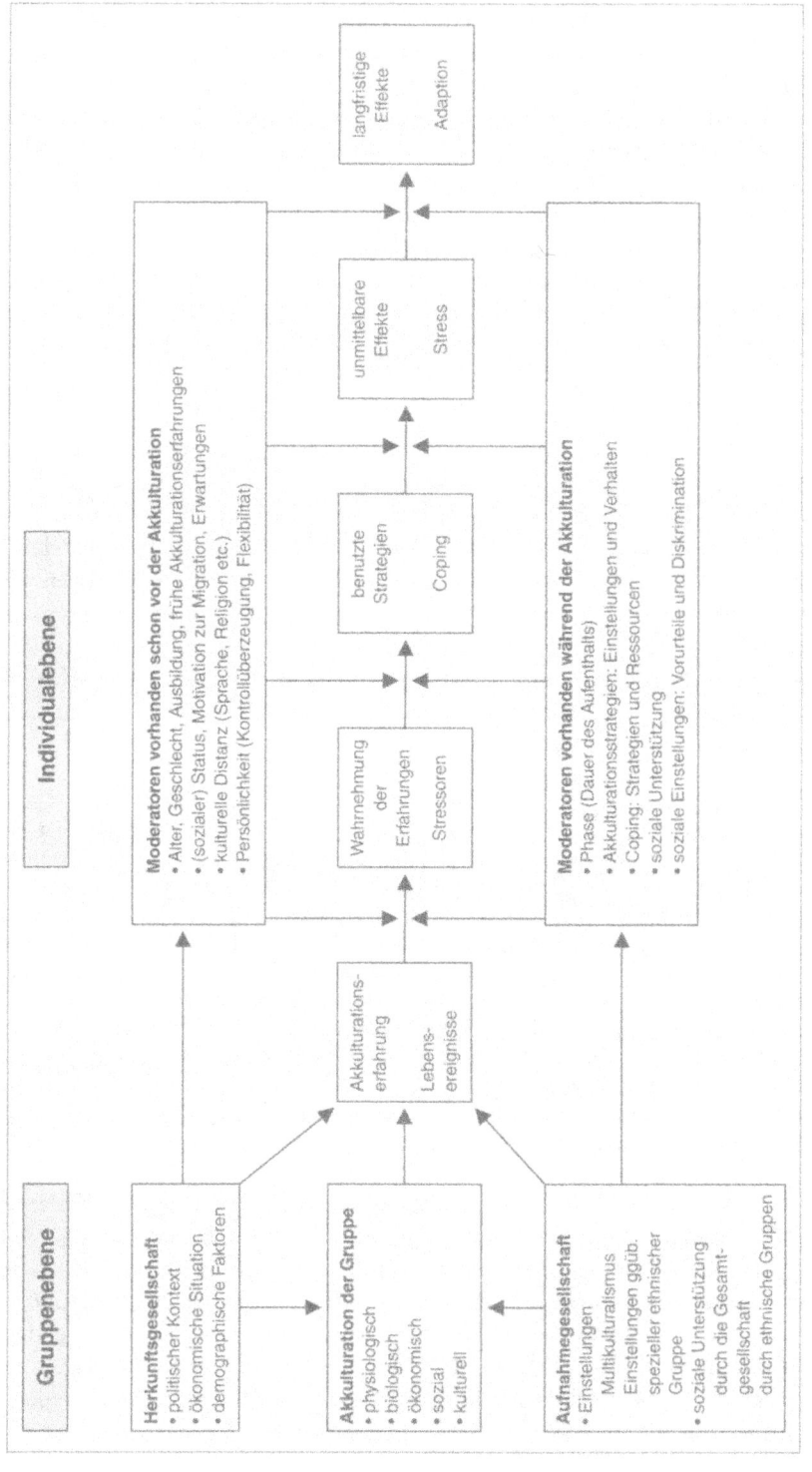

Quelle: nach Berry (1997: 15).

diesbezüglich von „Adaptationen", „Alternativen", „Einstellungen", „Gefühlen", „Zielen", „Identitäten", „Modi", „Optionen", „Orientierungen", „Resultaten", „Pfaden", „Politiken", „Präferenzen", „Strategien" und „Stilen" gesprochen (Rudmin 2003: 4). Tatsächlich erfassen die entsprechenden empirischen Studien die Akkulturations-Typen ausschließlich auf der Basis von Einstellungs-Skalen, die dann als relativ stabile Persönlichkeitsmerkmale interpretiert werden, von denen dann auf Handlungswahlen geschlossen wird (die aber selbst nicht Gegenstand empirischer Analysen sind). Tatsächlich machen zwei der vier Typen („Integration" und „Marginalisierung") auf der Handlungsebene erhebliche *konzeptuelle Probleme*. In zahlreichen kulturellen Bereichen ist eine Doppelintegration schwierig vorstellbar: „Beispielsweise kann man nicht sowohl Christ als auch Moslem sein, da jede Religion ebenso Exklusivität beansprucht wie die dazugehörigen Glaubensgemeinschaften" (Rudmin/Ahmadzadeh 2001: 41). Ebensowenig kann aus der Ablehnung der Herkunfts- und Aufnahmekultur umstandslos auf Marginalisierung geschlossen werden: „Beispielsweise muss die Ablehnung von koreanischen und von kanadischen Filmen (durch koreanische Migranten in Kanada) nicht ein Zeichen sub-kultureller Isolierung sein ... sondern kann einfach die Präferenz für Filme aus Hongkong oder Hollywood zum Ausdruck bringen" (Rudmin/Ahmadzadeh 2001: 44). Für die Forschungspraxis der Akkulturationsstudien sind zusätzlich die *methodischen Mängel* bedeutsam, dass die Erhebung der Akkulturations-Attitüden alles andere als zufriedenstellend gewesen ist und die verwendeten Skalen psychometrischen Standards der *unabhängigen* Messung der vier Typen nicht genügen können. Schließlich sind auch die weitreichenden Schlussfolgerungen, die aus den empirischen Befunden gezogen worden sind, kaum haltbar, wie die Meta-Analyse von 18 unterschiedlichen Stichproben von Rudmin (2003: 6 ff.) ergeben hat:

Berrys Schlussfolgerungen „wären dann wohlbegründet, a) wenn jede Studie statistisch signifikante negative Korrelationen zwischen Integration und verschiedenen Maßen der Fehladaptation (z. B. zwischen Integration und Marginalität und zwischen Integration und Stress) replizierte, b) wenn diese negativen Korrelationen signifikant negativer sind als die entsprechenden Korrelationen für Assimilation und Separation, und c) wenn die R^2-Werte dieser negativen Korrelationen substanzielle Effektstärken hätten ... Tatsächlich sind zwei Drittel der Korrelationen nicht signifikant, darunter 28 der 33 Korrelationen zwischen Integration und Fehladaption ... Die drei Kriterien, nach denen Integration die beste Alternative wäre, wurden alle nicht erfüllt. Erstens wurde niemals eine signifikante negative Korrelation zwischen Integration und einem Maß der Fehladaptation durch ein anderes Maß repliziert. Zweitens war nur in 2 von 33 Fällen eine negative Korrelation zwischen Integration und Fehladaptation signifikant negativer als die entsprechenden Korrelationen für Assimilation und Separation. Schließlich wird gewöhnlich nur 1 Prozent oder weniger Varianz der Fehladaptation durch Integrations-Attitüden aufgeklärt".

Tatsächlich könnten die Studien sogar Anlass geben, nach Berrys eigenen Kriterien und Befunden gegenteilige politische Schlussfolgerungen zu stützen, dass nämlich Integration der problematischste Akkulturations-Typ ist, denn „je mehr eine ethnische Gemeinschaft Integration befürwortet, desto mehr erlebt sie Marginalisierung und Stress" und „je mehr eine ethnische Gemeinschaft Assimilation befürwortet, desto geringer ist Marginalisierungs- und Stress-Erleben" (Rudmin 2003: 8). In jedem Falle kann von einer empirischen Einlösung des Forschungsprogramms kaum gesprochen werden. Dies betrifft nicht allein die in Rudmins Kritik angesprochenen konzeptuellen, messtechnischen Probleme und die ausgebliebene empirische Evidenz, sondern dass darüber hinaus durch die Beschränkung auf querschnittliche korrelative Befunde die grundlegenden Anforderungen der Akkulturationsforschung als Prozesserklärung individueller Veränderungen und sozialen Wandels ebenso verfehlt worden sind wie die explizite Einbeziehung von Mehrebenenmodellen. Die Einbeziehung von unterschiedlichen Migranten- und Minoritätenpopulationen und die Berücksichtigung mehrerer Aufnahmekontexte diente zwar einem varianzmaximierenden Design für den (allerdings nicht erfolgreichen) empirischen Test psychologischer Zusammenhänge zwischen Akkulturationsattitüden und Adaptation, aber Mehrebenen-Erklärungen unter Berücksichtigung von Mehrebenen-Annahmen zur Wirkung sozial-ökologischer Kontexte auf den Akkulturationsverlauf sind damit nicht verbunden gewesen.

II. Dimensionen und Mechanismen der Sozialintegration in der soziologischen Eingliederungsforschung

Die zweidimensionale Akkulturations-Typologie der kulturvergleichenden Psychologie hat in ähnlicher Form auch Verwendung in der soziologischen Eingliederungsforschung gefunden (z. B. Nauck 2001, 2001a; Esser 2001, 2006a), was schon deshalb nicht verwunderlich ist, weil diese Typologie-Konstruktion eine lange Tradition in der Akkulturationsforschung hat; Rudmin (2003: 13 ff.) weist allein 68 Akkulturations-Taxonomien zwischen 1918 und 1984 nach, die sich, wenn auch in unterschiedlicher Terminologie, in konzeptuell ähnlicher Weise dieser zweidimensionalen Typologie bedienen. Diese Typologien haben allerdings in der soziologischen Eingliederungsforschung einen anderen theoretischen Status, da es ihr weniger um individuelles *coping* und *well-being* geht, als vielmehr um die Sozialintegration von Akteuren und Migrantenminoritäten im Aufnahmekontext, wodurch zumindest die Mehrebenen-Thematik, nicht jedoch zwangsläufig individuelle Veränderung und sozialer Wandel, explizit aufgegriffen wird. So wird bei Esser diese Terminologie aufgegriffen, um die Inklusion/Exklusion in/aus zwei sozio-kulturellen Kontexten zu kennzeichnen, wobei Esser genauer von „Mehrfach-Integration" spricht, da es sich um die Inklusion in zwei Sozialsysteme handelt. Die Inklusion wird theoretisch mit folgenden *allgemeinen* Mechanismen der Sozialintegration verknüpft (Esser 2006a: 24 ff.):

- *„Kulturation"* ist der allgemeine Prozess des Erwerbs von Wissen, Fertigkeiten und Lebensstilen, und damit der Bildung von Humankapital (im Hinblick auf die strukturelle Platzierung in der Aufnahmegesellschaft) und kulturellem Kapital (im Hinblick auf Interaktionskompetenz in den jeweiligen Netzwerken). Für Migranten entspricht dem im Sinne der klassischen Eingliederungsforschung (Gordon 1964; Esser 1980) „kognitive Assimilation" bzw. im Sinne der Terminologie Berrys „psychologische Adaptation". Damit ist dann der spezifische Prozess des *zusätzlichen* Erwerbs von Wissensbeständen, Kompetenzen und instrumentellen Fertigkeiten für die Integration in die Aufnahmegesellschaft gemeint, durch den kulturelles und Humankapital für den *neuen* sozialen Kontext gebildet wird.
- *„Strukturelle Platzierung"* ist der allgemeine Prozess der Positionsübernahme in der Gesellschaft im Hinblick auf Bildung, Beschäftigung und Kontrollrechte, und damit

der Bildung von ökonomischem Kapital. Dem entspricht für Migranten „strukturelle Assimilation", d. h. die Angleichung der Positionsübernahme und der Verfügung über ökonomische Ressourcen an die Mehrheitsgesellschaft.

- „*Soziale Interaktion*" ist der allgemeine Prozess der Aufnahme sozialer Beziehungen mittels persönlicher Netzwerke, Verwandtschaft und Heirat, und damit der Bildung von sozialem Kapital. Dem entspricht für Migranten „soziale Assimilation", sofern ethnische Grenzen für die Aufnahme und den Unterhalt sozialer Beziehungen bedeutungslos geworden sind.
- „*Emotionale Identifikation*" ist der allgemeine Prozess der Übernahme von Werten und der Solidarisierung mit Sozialgruppen. Dem entspricht für Migranten „identifikative Assimilation", sofern die Werte der Aufnahmegesellschaft übernommen werden und ihr die primäre Solidarität gilt. Es ist allerdings unklar, ob Emotionen und Identifikation in gleicher Weise kapitalisiert werden können wie Humankapital, kulturelles, ökonomisches oder soziales Kapital.

Abbildung 2: Mechanismen sozialer Integration

Kulturation	Platzierung	Interaktion	Identifikation
Wissen Fähigkeiten Fertigkeiten	Rechte Positionen Opportunitäten Akzeptanz	Netzwerk -struktur -komposition -position	Werte Zugehörigkeit Hinnahme
Humankapital (kulturelles Kapital)	Ökonomisches Kapital	Soziales Kapital (kulturelles Kapital)	???

Quelle: nach Esser (2006a: 24 ff.).

Die klassische soziologische Assimilationstheorie hatte hierbei eine Kausalkette angenommen, bei der die kognitive Assimilation der erste Schritt ist, der seinerseits sowohl die strukturelle als auch die soziale Assimilation determiniert. Nur wenn letztere erreicht wurde *und* personale Integration gegeben ist, wird eine Identifikation mit der Aufnahmegesellschaft möglich (Esser 1980). Da „personale Integration" konzeptionell äquivalent mit der „Abwesenheit von akkulturativem Stress" ist, ist die Ähnlichkeit zwischen Berrys Modell und der klassischen Assimilationstheorie offensichtlich. Tatsächlich konnte einige empirische Evidenz für das Vorliegen einer solchen Kausalkette für Arbeitsmigranten in Deutschland (Esser 1981, 1982) sowie für die „neue Immigration" in den USA (Alba/Nee 1999) beigebracht werden. Allerdings scheint diese Kausalbeziehung für Aussiedler in Deutschland nicht zu gelten. Bei ihnen ist vielmehr typischerweise die hohe Identifikation mit der Aufnahmegesellschaft der Beginn der Assimilationskarriere, die während des Akkulturationsprozesses häufig (zunächst) abnimmt (Steinbach/Nauck 2000). Im Allgemeinen haben neuere Theorien der Sozialintegration von Migranten die Idee der Kausalstruktur der Assimilationsdimensionen und der „unvermeidlichen" letzten Stufe der identifikativen Assimilation aufgegeben. Statt dessen wird nunmehr angenommen, dass ein Equilibrium in den interethnischen Beziehungen und in der Sozialintegration von Immigranten in jeglicher Kombination der Assimilationsdimensionen auftreten kann (Esser 2006a: 27). Dies ist allerdings eine wesentliche

Gehaltsreduzierung der theoretischen Argumentation, da Annahmen über Kausalbeziehungen durch dimensionale Beschreibungen ersetzt werden.

III. Akkulturation als Mehrebenenproblem

1. Mehrebenenansätze in der psychologischen Akkulturationsforschung

Im psychologischen Adaptionsmodell ist das engere Verständnis von Akkulturation als einem Prozess individueller Adaptation (psychologische Akkulturation) immer auch in ein weitergehendes Verständnis der sie begleitenden Gruppenprozesse eingebettet gewesen, nämlich der Veränderungen in der Kultur der jeweiligen sozialen Gruppen. Berry unterscheidet hierzu „psychologische Adaptation" von „soziokultureller Adaptation" und „ökonomischer Adaptation" und übernimmt damit die zentralen Dimensionen der klassischen soziologischen Assimilationsforschung. „Diese Unterscheidung der Ebenen ist aus zwei Gründen wichtig: Erstens, um die systematische Beziehung zwischen den beiden Variablensätzen untersuchen zu können; und zweitens, weil nicht alle Individuen im gleichen Maße an der allgemeinen Akkulturation partizipieren, die von ihrer Eigengruppe erfahren wird" (Berry 1997: 7). Offensichtlich ist das Modell *(Abbildung 1)* als Mehrebenen-Modell konzeptualisiert, da es explizit die „individuelle Ebene" und die „Gruppenebene" beinhaltet. Implizit ist die Gruppenebene außerdem in eine gesellschaftliche Ebene („Herkunftsgesellschaft" und „Aufnahmegesellschaft") und in eine Gruppenebene („Gruppenakkulturation") differenziert, in die wiederum das sich akkulturierende Individuum eingebettet ist. „Es wird geltend gemacht, dass jegliche Studie, die eine dieser beiden Variablenklassen ignoriert, unvollständig ist und nicht fähig sein wird, Individuen zu verstehen, die Akkulturation erfahren" (Berry 1997: 15 f.).

Auch wenn das Adaptationsmodell von Berry *(Abbildung 1)* nur dem Zweck dient, relevante Variablengruppen aufzulisten und zu ordnen und theoretische Annahmen nur implizit enthalten sind, ist es aus einer Mehrebenen-Perspektive irreführend und unzureichend (ähnliches gilt für ein Modell von Ward et al. 2001: 44).

Das Modell ist irreführend, weil es die Herkunfts- und die Aufnahmegesellschaft auf dieselbe „situative" Ebene stellt. Soweit es die Erklärung des individuellen Verhaltens im Akkulturationsprozess betrifft, übt die Herkunftsgesellschaft keinen direkten Effekt auf die Handlungsalternativen des Individuums aus, da sie (anders als die möglicherweise existierenden Minderheitengruppen) nur in den Köpfen der Immigranten existiert. Sie ist präsent als die im Enkulturationsprozess erworbene „importierte" Kultur, d. h. als Wissen, Repertoire von Routinehandlungen und Überzeugungen, und ist damit ein Teil der individuellen Ebene. Die Aufnahmegesellschaft ist hingegen raumzeitlich präsent als ein sozialer Kontext, mit all seinen Opportunitäten und Beschränkungen, seinen räumlichen Bedingungen, institutionellen Regulationen und seiner strukturellen Bevölkerungszusammensetzung, die dem Migranten häufig genug „keine Wahl" in seinen Handlungsentscheidungen lassen. Hauptgrund für dieses Defizit ist das Fehlen einer systematisch entwickelten theoretischen Idee über die möglichen Effekte der Kollektivebene auf individuelles Verhalten, was zu einer deskriptiven und kursorischen Verwendung von Kontexteffekten führt.

Das Modell ist unvollständig, weil es keine theoretischen Mechanismen enthält, mit denen Gruppenverhalten als Kompositionseffekt der Aggregation individuellen Verhaltens erklärt werden könnte, etwa als „race relations" und „ethnic competition" (Banton 1983; Olzak 1992). Entsprechend müssen die Gesellschafts-, Individual- und Gruppenebene rekursiv modelliert werden, um Veränderungen auf den jeweiligen Ebenen über die Zeit zu erfassen: Nicht nur die langfristige individuelle Adaptation, sondern auch deren aggregierter Effekt auf die Gruppenzusammensetzung der ethnischen Minderheit und der Aufnahmegesellschaft mit ihren dadurch veränderten Opportunitätsstrukturen und (manchmal) veränderten institutionellen Regelungen. Hauptgrund für dieses Defizit ist das Fehlen einer systematisch entwickelten theoretischen Idee über die möglichen Effekte individuellen Verhaltens auf kollektive Prozesse.

2. Mehrebenenansätze in der soziologischen Eingliederungsforschung

Von Beginn an ist die klassische soziologische Assimilationstheorie als (zumindest) Zwei-Ebenen-Modell konzeptualisiert worden – mit den sich akkulturierenden Migranten im Kontext der Aufnahmegesellschaft. Bei Esser (1980) ist dies explizit ein Handlungs-Kontext-Modell mit den Kognitionen und Motivationen des Individuums auf der einen Seite und den Opportunitäten und Barrieren des Kontextes auf der anderen. Dieses Handlungs-Kontext-Modell hat zu einer Serie von empirischen Studien geführt, in denen die Kontexteffekte auf die individuelle Assimilation explizit untersucht wurden (Alpheis 1988; Esser 1981, 1982, 1986; Esser/Friedrichs 1990).

Grundprinzip einer individualistisch-strukturtheoretischen Methodologie ist die Erklärung von Kollektivresultaten (wie z. B. eine ethnisch segmentierte Gesellschaft, das Aufkommen von ethnischen Gemeinschaften und Subkulturen, von hohen Anteilen entfremdeter Immigranten der zweiten Generation, das Verschwinden von Minderheiten-Sprachen, ethnische Pluralisierung von institutionellen Arrangements) als das *indirekte Ergebnis* individueller Handlungen. Entsprechend sind die Minimalbedingungen für eine vollständige Erklärung, dass sie explizite theoretische Annahmen für folgende Zusammenhänge enthält: a) Effekte des sozialen Kontextes auf individuelle Wahlhandlungen, wie z. B. die Wahl einer spezifischen „Akkulturationsstrategie", b) die Verhaltenskonsequenzen dieser Wahlhandlungen wie z. B. die Adaptationsresultate der jeweiligen Akkulturationsstrategie, und c) die Aggregation dieser Verhaltensresultate zu einer veränderten Komposition der Sozialstruktur wie z. B. ethnische Konflikte, kollektive Aufwärtsmobilität ethnischer Gruppen, verstärkte Kohäsion von Migrantenfamilien oder ethnische Schulsegregation.

Der aus Mehrebenen-Perspektive anspruchsvollste Teil dieser Erklärung sind die Ebenenwechsel, d. h. die Spezifikation der Mechanismen, durch die a) das individuelle Verhalten durch den jeweiligen Kontext beeinflusst wird, und durch die b) sich individuelles Verhalten zu kollektiven Resultaten aggregiert. Folgende allgemeine Mechanismen, durch die soziale Kontexte mit individuellem Verhalten in Beziehung stehen, können benannt werden: Kontexte wirken als

1. *Opportunitätsstrukturen* und Beschränkungen für die Realisierung individueller Handlungspräferenzen, indem sie z. B. Erwerbsmöglichkeiten auf dem ersten oder dem ethnischen Arbeitsmarkt, intra- oder interethnische Heiratspartner oder Gelegenheiten bereitstellen, innerhalb oder außerhalb der eigenen ethnischen Minderheit zu kommunizieren,
2. Kräfte *sozialer Kontrolle* in Netzwerkbeziehungen, die die indirekten Kosten individueller Handlungswahlen erhöhen können, wenn signifikante Andere konformes oder abweichendes Verhalten entsprechend ihrer Wertvorstellungen sanktionieren,
3. Orte *kultureller Transmission* von Traditionen und Routinelösungen zur Bewältigung von Alltagsproblemen, da Sozialintegration hauptsächlich durch (selektive) Weitergabe von Kultur erreicht wird, insbesondere an hinzukommende Gesellschaftsmitglieder, seien es Neugeborene oder Immigranten,
4. Ziele selektiver *Migration*, da Individuen aktiv ihre Umgebung entsprechend ihren Präferenzen selektieren wie z. B. Ehepartner, Nachbarschaften, Schulen, ethnische Clubs,
5. Objekte der *Identifikation*, was – entsprechend der Wahrnehmung kontextspezifischer Angemessenheit – zu einer sich selbst verstärkenden Handlungswahl führen kann, wenn z. B. Immigrantenjugendliche sich „spontan" unterschiedlich verhalten, je nachdem ob sie sich in ethnisch homogenen oder heterogenen Kontexten aufhalten.

Entsprechend kann selektive Migration und Identifikation zu einer Homogenisierung des Verhaltens führen, selbst wenn kein direkter sozialer Einfluss bzw. kein „substantieller" Kontexteffekt vorliegt.

Verglichen mit Kontexteffekten auf individuelles Verhalten ist erheblich weniger systematische Arbeit in die Analyse von Aggregationsphänomenen bei Akkulturationsprozessen investiert, d. h. die Erklärung der „Emergenz" veränderter Akkulturationskontexte z. B. als das Ergebnis von Akkulturationsverhalten selbst. Ein prominentes Beispiel der – subjektiv unintendierten – Aggregatkonsequenzen individuellen Verhaltens ist die „tipping"-Theorie der Wohnquartiers-Segregation von Schelling (1971, 1972). Die Theorie basiert auf der Annahme zufällig verteilter „subjektiver tippingpoints" in einem Wohnquartier: „Tipping tritt ein, wenn eine erkennbare Minderheitengruppe eine Größe erreicht, die die anderen Einwohner veranlasst, das Wohnquartier zu verlassen. Weiterhin wird angenommen, dass nachfolgende Zuzügler, die den Platz derer einnehmen, die wegziehen, überwiegend der Minderheitengruppe angehören, sodass der Prozess letztendlich die Zusammensetzung der Nachbarschaft verändert" (Schelling 1972: 157). Indem dadurch der Schwellenwert der subjektiven tippingpoints für weitere Bewohner erreicht wird, führt dies, wenn der Prozess einmal begonnen hat, zu einer Beschleunigung des Auszuges und in der Konsequenz zu ethnischer Segregation.

Ein weiteres elaboriertes Modell der ethnischen Segmentation (Esser 1985) basiert auf der dynamischen Modellierung der Wahlmöglichkeiten von drei Gruppen von Akteuren, a) der Bevölkerungsmehrheit (als Lieferant von Arbeitsmarktgelegenheiten), b) den Immigranten (als Arbeitssuchende), und c) den im Herkunftskontext Verbliebenen (als potenzielle Kettenmigranten). Die dynamische Modellierung basiert auf drei Annahmen über die Interdependenz der ökonomischen und sozialen Kosten-Nutzen-

Struktur der Mitglieder dieser drei Gruppen und deren Veränderung im Einwanderungsprozess. Die erste Interdependenz bezieht sich auf die steigenden sozialen Kosten der im Herkunftskontext Verbliebenen mit wachsender Zahl der Auswanderer und den zunehmenden Anreiz für „soziale" Migration anstelle von Arbeitsmigration. Die zweite Interdependenz bezieht sich auf die sinkenden Arbeitsmarktgelegenheiten für Immigranten und die steigenden sozialen Kosten für die Bevölkerungsmehrheit durch die Zuwanderung, je höher die Quantität und Proportion „sozialer" Migration werden. Die dritte Interdependenz bezieht sich auf die sich verändernden Anreize der jeweiligen Akkulturationsstrategien innerhalb der Migrantenminorität, je größer die Minderheit wird und je stärker sie sich institutionell vervollständigt. Auch hier wird die Veränderung der Opportunitäten für Akkulturation auf der gesellschaftlichen Ebene als unintendierte Konsequenz der Aggregation individueller Wahlhandlungen und der Dynamik ihrer Interdependenz modelliert.

Wenn die *analytische* Zielsetzung es notwendig macht, können solch elementare Mehrebenen-Modelle immer auf zwei Weisen erweitert werden, indem 1) mehr als zwei Ebenen und 2) mehr als ein Zyklus der Makro-Mikro-Verbindung einbezogen werden.

1. Die meisten Erklärungsversuche benutzen mehr als zwei Ebenen: Berry führt in sein Modell explizit eine Gruppenebene ein, auf der zumindest die „Migrantenminorität" und die „Bevölkerungsmajorität" zu unterscheiden sind. Dementsprechend müssen explizite Annahmen über die interdependente soziale Situation in beiden sozialen Gruppen formuliert werden, wie dies die Handlungswahlen in beiden Gruppen beeinflusst, wie die Handlungsresultate die Gruppenkomposition auf beiden Seiten verändert, und wie dies wiederum Veränderungen auf der Gesellschafts-Ebene hervorruft. Insbesondere in empirischen Studien werden mehrere oder andere Ebenen benutzt – manchmal nur implizit, wenn Akkulturation in bestimmten Organisationen (Arbeitsplätzen, Schulen), sozialen Gruppen (Familien, Verwandtschaftssystemen) oder Ökologien (Nachbarschaften) untersucht werden. Je mehr Ebenen eingeführt werden, desto komplizierter wird die analytisch vollständige Mehrebenen-Erklärung, da sie jeweils zusätzliche Kausalbeziehungen beinhaltet, für die explizite Annahmen formuliert werden müssen. Bis jetzt sind solche expliziten Versuche vollständiger Mehrebenen-Erklärungen in der Akkulturationsforschung kaum anzutreffen.

2. Verschiedene Studien beinhalten mehr als einen Zyklus sozialen Wandels im Prozess der Akkulturation und verwenden deshalb auch genetische Erklärungen. Im Prinzip können genetische Erklärungen „an beiden Enden" unendlich erweitert werden. So kann es notwendig sein zu erklären, „warum" eine spezifische Akkulturationssituation „entsteht" oder welche weiteren Folgen theoretisch zu erwartet sind. Der frühe „race-relations-cycle" ist ein prominentes Beispiel für diese Art des Theoretisierens, ebenso die Unterscheidung zwischen der Akkulturation der „ersten", „zweiten", und „dritten" Einwanderergeneration. Die Unterscheidung basiert auf expliziten Annahmen über die Unterschiede in der sozialen Lage der Einwanderer selbst, ihrer Kinder und Enkelkinder, wie z. B. in der „ethnic-revival-hypothesis" (Gans 1979; Hansen 1938). Solche zyklischen Annahmen sind auch in den Arbeiten zum Spracherhalt von Migrantenminoritäten enthalten, in denen systematische Unterschiede zwischen den Einwanderer-

Generationen hinsichtlich der Gelegenheit für die Verwendung von Mehrheits- und Minderheitssprache und in der Kosten-Nutzen-Struktur von Investitionen in das Sprachlernen zum Ausgangspunkt genommen werden (Alba et al. 2002; Espenshade/ Fu 1997; López 1999; Portes/Hao 1998; Portes/Rumbaut 1996; 2001; Portes/Schauffler 1994). Erneut wird Vollständigkeit in der Erklärung nur dann erreicht, wenn die Triade der Mehrebenen-Erklärungen explizit für jeden Zyklus ausgearbeitet wird, was allerdings selten der Fall ist.

IV. „Kultur" in der Akkulturationsforschung

Das theoretische Defizit mangelnder Explizitheit wird in der Akkulturationsforschung beim Gebrauch des „Kultur"-begriffs besonders sichtbar. Obwohl er zentral für jeglichen Erklärungsversuch in der Akkulturationsforschung ist, ist seine Verwendung unspezifisch und unklar: Sie reicht von einer holistischen Gleichsetzung von „Kultur" und „Gesellschaft" einerseits bis hin zur individualistischen Reduktion auf individuelle Einstellungen. Hier wird übersehen, dass „Kultur" selbst ein Mehrebenen-Konzept ist (Nauck 2007). Um die komplexen Beziehungen zwischen den akkulturativen Handlungsentscheidungen individueller Akteure und ihren Handlungskontexten erfassen zu können, sind für die Akkulturationsforschung Modelle notwendig, die mindestens vier Ebenen enthalten:

Auf der Mikroebene verfolgen die einzelnen *Akteure* bewusst, aktiv und intelligent ihre Ziele zur Maximierung materieller Sicherheit und sozialer Anerkennung. Die Zielverfolgung basiert auf situativen Wahrnehmungen und kapitalisierten ökonomischen, sozialen und kulturellen Ressourcen. Auf dieser Ebene ist Kultur *tatsächlich* das, was in der Akkulturationspsychologie als individuelle Orientierungen, „kognitive Landkarten", Präferenzen, Werte und Wissen bezeichnet wird. Kultur als Selektionsmechanismus wirkt auf der Individualebene durch die jeweiligen Präferenzen und Erwartungswahrscheinlichkeiten für Handlungsresultate, die, in vielen Fällen zunächst einmal, das Ergebnis lebenslang enkulturierter *frames* sind, die routinisiertes Handeln im spontanen Modus erlauben (Esser 1996; Kroneberg 2005). Die Besonderheit für die Akkulturationsforschung besteht darin, dass die Diskrepanz in der Effizienz von Handlungsroutinen zwischen der Herkunfts- und der Aufnahmegesellschaft mit deren kultureller Distanz zunimmt. Entsprechend implizieren Akkulturationsprozesse eine Abschwächung kultureller Rahmung und notwendigerweise eine Zunahme des kalkulierenden Modus und ansteigende Investitionen in Informationssuche.

Akteure sind auf vielerlei Weise durch *Beziehungsstrukturen* mit anderen Akteuren verbunden, an denen sie sich orientieren, mit denen sie interagieren und die sich gegenseitig beeinflussen. In der Akkulturationsforschung werden typischerweise Familien- und Verwandtschaftsverhältnisse auf dieser Ebene angesiedelt. Auf dieser Ebene regulieren kulturelle Normen die Akkumulation und den Zugriff auf soziales Kapital. Partnerschafts-, Generations- und Verwandtschaftsbeziehungen haben in allen Gesellschaften und ethnischen Gemeinschaften eine hohe normative Regulationsdichte. Diese *regulativen Normen* haben starke Auswirkungen auf die Gelegenheitsstrukturen für Informationssuche und gegenseitiger Hilfeverpflichtungen. Starke Endogamieregeln für die

Partnerwahl und soziale Homogamie führen zu einer stärkeren sozialen Kontrolle der Hilfeverpflichtungen und stellen weniger Gelegenheiten für die Informationssuche bereit als Exogamieregeln und soziale Heterogamie.

Mit ihren Beziehungsstrukturen sind die Akteure in *sozialräumliche Kontexte* eingebettet, die Gelegenheitsstrukturen für die Realisierung individueller Ziele bieten, soziale Kontrolle (durch strong ties) ausüben und Informationen (in den weak ties) bereitstellen. In der Akkulturationsforschung wird diese Ebene durch die Zusammensetzung der Nachbarschaften, ihrer ethnischen Struktur und ihren Opportunitäten für Arbeit, Ausbildung, Wohnen und kulturelle Aktivitäten gebildet. Kultur wird auf zwei unterschiedliche Weisen wirksam: Einerseits sind sozial-räumliche Veränderungen von *Gelegenheitsstrukturen* zum größten Teil das Ergebnis von vorgängig kulturell selegierten Handlungen und somit pfadabhängig, was z. B. die Entwicklung und die anhaltende Existenz ethnischer Kolonien erklärt. Andererseits wird *soziale Kontrolle* in diesen Kontexten ausgeübt. Entsprechend hängt die Kosten-Nutzen-Struktur akkulturativen Verhaltens stark von der Homogenität und der Beständigkeit dieser Umwelt ab. Akkulturationstheorien und neuere Entwicklungs-(Adaptions-)theorien (Lerner 1982; Scarr 1992) konvergieren in der Annahme eines multiplikativen Effekts von Kontexteinfluss und Selbstselektion. Diese Theorien nehmen an, dass Individuen eine aktive Auswahlstrategie entwickeln, die es ihnen ermöglicht, die optimale Umwelt für ihre Entwicklung in einer spezifischen Entwicklungsnische unter den jeweiligen Bedingungen zu finden. Entsprechend wird eine einmalige „goodness-of-fit"-Konstellation von genotypischen, phänotypischen und Kontext-Merkmalen für jedes Individuum hergestellt, das in einem kontextspezifischen feedback-Prozess resultiert und durch die Eigenaktivitäten des Individuums kontrolliert wird. Im Hinblick auf Migrantenminoritäten ist hinzuzufügen, dass Ressourcen für solche Selbstselektionsprozesse dramatisch zwischen Individuen und sozialen Gruppen variieren. Dies erklärt die systematischen Ungleichverteilungen von Handlungskontexten zwischen Bevölkerungsgruppen (zu Ungunsten bestimmter Migrantenminoritäten).

Schließlich stehen die Akteure der institutionellen Struktur der *Gesellschaft als ein Ganzes* gegenüber, die die Arbeitsteilung organisiert und legitime Wege der Zielerreichung festlegt und somit die soziale Produktionsfunktion gestaltet. Auf der Gesellschaftsebene ist das gesamte institutionelle Arrangement ein Kulturprodukt, das die Beschränkungen und Opportunitäten für die *soziale Produktionsfunktion* zur Befriedigung menschlicher Grundbedürfnisse durch die Definition von Zwischengütern festlegt (Lindenberg 1990). Da die Reichweite von Institutionen und normativen Regelungen beträchtlich zwischen Gesellschaften variiert, ist Akkulturation zu einem Großteil Anpassung an geänderte institutionelle Rahmenbedingungen und Exploration der daraus resultierenden Gelegenheiten und Beschränkungen.

Diese Ebenen-Differenzierung hinsichtlich des Einflusses von Kultur beugt ökologischen Fehlschlüssen ebenso vor wie solchen reduktionistischen Ansätzen in der Akkulturationsforschung, in denen vornehmlich Mittelwert-Differenzen bei individuellen Einstellungen als zureichende Indikatoren für Kulturunterschiede gewertet werden. Solche Ansätze wären nur dann valide, wenn die weitgehend unrealistischen Annahmen zuträfen, dass 1. die individuelle Enkulturation in die Wissensbestände und Präferenzstrukturen der jeweiligen Gesellschaft homogen ist und zu einer spezifischen „kulturgebundenen" Persönlichkeit führt, *und* dass 2. Internalisierung und Institutionalisierung perfekt synchronisiert sind. Solche Annahmen haben tiefe Wurzeln sowohl in der Psychologie als auch in der Soziologie: In der Psychologie gipfelten solche Ideen in der „Kultur-und-Persönlichkeits"-Schule, die auf der Annahme basierte, dass die jeweilige Kultur mit ihren spezifischen Sozialisationsprozessen zu einer „modalen" Persönlichkeitsstruktur führt bzw. zu einem spezifischen „Nationalcharakter" (Inkeles/Levinson 1969; Kardiner 1939; Whiting/Child 1953); in der Soziologie haben sich solche Ideen im Strukturfunktionalismus zugespitzt, indem Wertorientierungen und Kultur systematisch mit dem Persönlichkeitensystem (über Sozialisation und soziale Kontrolle) und mit sozialen Systemen (über Institutionalisierung) verknüpft wurden (Parsons 1951).

Wenn „Kultur" als ein Mehrebenen-Phänomen gesehen wird, wird offensichtlich, warum das oft genannte Argument in der Akkulturationsforschung, dass moderne Einwanderergesellschaften „kulturell divers" sind (Berry 2006a), teilweise irreführend ist (und oft missverstanden wird): Es bezieht sich ausschließlich auf die individuelle Ebene. Damit wird allein festgestellt, dass solche Gesellschaften aus Individuen mit (teilweise) „kulturell diversen" Werten, Orientierungen, Fertigkeiten und Kenntnissen bestehen. In funktional differenzierten Gesellschaften trifft dies allerdings nicht nur wegen der verschiedenen Herkunft von Einwanderern zu, sondern in viel stärkerem Maße auch wegen der Segmentierung von Kenntnissen und Orientierungen infolge der Arbeitsteilung. Unbeachtet bleibt dabei allerdings zumeist, dass sich funktional differenzierte Gesellschaften in ihrer institutionellen Struktur *(zunehmend) vereinheitlichen.* Sie basieren durchgängig auf Verfassungen und in der Folge auf vereinheitlichten Rechts- und Politiksystemen und erfassen zumeist die gesamte Wohnbevölkerung in ihren sozialen Sicherungssystemen, mit starken Implikationen für die Gelegenheitsstrukturen und die sozialen Produktionsfunktionen individueller Wohlfahrt, was folglich die Wahl von „Akkulturationsstrategien" beträchtlich begrenzt.

V. Mehrebenerklärungen von Akkulturation

Im Vergleich zu ihrer typologischen Beschreibung ist auf die Erklärung von Akkulturationsprozessen weit weniger Aufmerksamkeit verwendet worden, d. h. unter welchen kontextuellen und individuellen Bedingungen z. B. eine Akkulturationsstrategie am wahrscheinlichsten „gewählt" wird. Nachfolgend werden mit der Kapital-Investitions-Theorie und der Institutionentheorie zwei sehr unterschiedliche Ansätze der Akkulturationsforschung exemplarisch diskutiert, die sich hinsichtlich ihrer methodologischen Orientierung, ihrem Anwendungsbezug und ihrer empirischen Bewährung erheblich voneinander unterscheiden. Während die Kapital-Investitions-Theorie sehr stark der individualistisch-strukturtheoretischen Methodologie verpflichtet ist, sich auf explizite Brückenhypothesen zur Lösung des Mehrebenen-Problems bezieht und diese bereits partiell für Akkulturationsprozesse geprüft hat, entstammen die institutionentheoretischen Ansätze eher makrosoziologischen Traditionen und sind, nicht zuletzt wegen des hohen Aufwandes der systematischen Prüfung von Institutioneneffekten im Gesellschaftsvergleich, bislang kaum über die Formulierung von plausiblen Ausgangshypothesen hinausgelangt.

1. Kapital-Investitions-Theorien

Es ist zwar möglich (wenn auch unwahrscheinlich), dass Migranten „bedingungslos" das für das Leben in der Aufnahmegesellschaft notwendige Wissen erlernen und sich mit dieser identifizieren und solidarisieren, aber bei den relationalen Dimensionen der Akkulturation, d. h. der strukturellen Platzierung und der Aufnahme persönlicher Beziehungen, ist offensichtlich, dass Akkulturation von interdependenten Sozialbeziehungen abhängt, d. h. von den Gelegenheiten auf dem Arbeits- und dem Wohnungsmarkt ebenso wie von der Bereitwilligkeit der Bevölkerungsmajorität zur Kontaktaufnahme, also von „sozialer Distanz" (Bogardus 1933). Für dieses Problem haben Kapitalinvestitionstheorien der Migrationsforschung einen erklärungsstarken Ansatz bereitgestellt. In ihrer Perspektive ist Akkulturation als Humankapitalinvestition von Migranten zu sehen, die vom Verhältnis zwischen subjektiv wahrgenommenen Gewinnen und den jeweiligen Investitionskosten in einer gegebenen Gelegenheitsstruktur abhängt (Borjas 1994; Granato/Kalter 2001; Kalter/Granato 2002; Nee/Sanders 2002). Die Investitionen sind dabei auf das Erreichen primärer Wohlfahrtsziele der Migranten gerichtet, nämlich auf die Maximierung physischen Wohlbefindens und sozialer Anerkennung, und dienen der Produktion von (kontextspezifischen) Zwischengütern in der sozialen Produktionsfunktion (Esser 1999; Huinink 2005; Lindenberg 1990).

Hinsichtlich der Investitionstätigkeit können vier verschiedene Kapitalarten unterschieden werden, nämlich ökonomisches, kulturelles, soziales und Humankapital *(Abbildung 2)*. Diese Kapitalarten können prinzipiell ineinander transformiert werden, weichen jedoch typischerweise hinsichtlich des Zeitaufwandes voneinander ab, der für ihre Akkumulation und Aufrechterhaltung benötigt wird.

- *Ökonomisches Kapital* hat ein hohes Transformationspotential und benötigt keine Wartung, um seinen Wert zu erhalten; im Gegensatz zu klassischen Einwanderungsgesellschaften spielt ökonomisches Kapital im europäischen Wanderungskontext keine bedeutende Rolle, da fast alle Migranten ohne ökonomisches Kapital einwandern.
- *Humankapital* ist der zusätzliche Wert einer Arbeitskraft, der durch Kenntnisse, Fertigkeiten oder andere Aktivposten zustande kommt, die seine Position auf dem Arbeitsmarkt verbessern. Anders als das hochgradig tauschbare ökonomische Kapital ist Humankapital Bestandteil des Akteurs selbst, wobei für Migranten der in der Aufnahmegesellschaft verwertbare Teil der Ausbildung und (Berufs-)Erfahrung im Vordergrund steht.
- Das Humankapital-Konzept ist von Bourdieu (1986) auf eine für das Verständnis von Migrantenminoritäten bedeutsame Weise erweitert worden, indem von ihm zusätzlich *kulturelles Kapital* unterschieden wird: Es bezieht sich auf die Reproduktion der dominanten Kultur in der nächsten Generation, die in einem speziellen *Habitus* resultiert. Dieser setzt typischerweise ein langes Training und frühe Internalisierung voraus und kann nicht während eines (späten) Akkulturationsprozesses erworben werden, z. B. ein akzent- und fehlerfreies Beherrschen der Mehrheitssprache. Da Aufnahmegesellschaften und Berufe beträchtlich hinsichtlich der sozialen Kontrolle via Habitus variieren, werden sich auch die Humankapital-Investitionen der Migranten hinsichtlich ihrer Renditen auf dem Arbeitsmarkt unterscheiden.

- *Soziales Kapital* ist eine Investition in soziale Beziehungen und folglich nicht Eigenschaft der Individuen, sondern ihrer sozialen Beziehungen, und die Transferierbarkeit auf andere ist stark begrenzt (Coleman 1990). „Die sozialen Ressourcen von Individuen hängt von der Reichweite und der Heterogenität ihrer Sozialbeziehungen ab" (Lin 2001: 21). Erneut ist die Bedeutsamkeit dieses Konzepts für das Verständnis von Migrantenminoritäten offensichtlich, da Migration – zunächst – von der Zerstörung sozialer Netzwerke begleitet wird. Entsprechend ist ihre Reorganisation zeitintensiv und bringt Migranten – möglicherweise für Generationen – in eine benachteiligte Position, was die Reichweite bei der Informationssuche und die Austauschbeziehungen anbetrifft.

Kapitalinvestitionstheorien können z. B. auch Argumente liefern, die für die Erklärung von sozialer Distanz brauchbar sind (Berry 1997: 16; Triandis 1997): Je größer die kulturelle Distanz zwischen der Herkunfts- und der Aufnahmegesellschaft ist, desto höhere Investitionskosten fallen an. Außerdem beziehen solche Theorien systematisch Akkulturationsinvestitionen (z. B. beim Sprachlernen und Sprachbehalt, beim Aufbau und der Aufrechterhaltung von Sozialbeziehungen) auf die jeweiligen Gelegenheitsstrukturen und die einzelnen Ressourcen. Dabei wird berücksichtigt, dass Akkulturation individuelle Kosten hervorruft, wie z. B. Lernanstrengungen und Akkulturationsstress, die nur unter bestimmten Bedingungen Erträge erbringen, und dass die Aufrechterhaltung der Herkunftskultur und von sozialen Beziehungen zum Herkunftsland auch Investitionen sind, die nicht unter allen Umständen nützlich oder wertvoll sind. Für die Migrationssituation liegen eingehende Analysen zur Kapitalinvestition für Spracherwerb und -behalt (Esser 2006, 2006a), für Bildung (Becker/Biedinger 2006; Kristen 2002, 2006) und für Erwerbstätigkeit (Granato/Kalter 2001; Kalter/Granato 2002; Kalter 2003) vor.

Nauck (2001, 2001a) hat einen ersten Erklärungsversuch vorgeschlagen, bei dem individuelle Ressourcen und Opportunitäten direkt zu den Akkulturationsstrategien für

Abbildung 3: Gelegenheitenstrukturen, soziales und kulturelles Kapital im Akkulturationsprozess

		OUTPUT			
		(Mehrfach-) Integration	Assimilation	Separation	Marginalisierung
INPUT	Humankapital kulturelles Kapital	+	+	–	–
	Soziales Kapital	+	–	+	–
	Opportunitäten innerhalb/außerhalb der Minorität	+/+	–/+	+/–	–/–

Quelle: eigene Darstellung.

die Einwanderungssituation in Europa in Beziehung gesetzt werden. Diesem Ansatz liegt die Annahme zugrunde, dass die Investitionsbilanz der jeweiligen Akkulturationsstrategie entsprechend der individuellen Ressourcen variiert, d. h. das verfügbare soziale und kulturelle Kapital des Immigranten und der Gelegenheitsstruktur innerhalb und außerhalb der Migrantenminorität. Das ökonomische Kapital bleibt dabei unberücksichtigt, da Migranten hinsichtlich ihrer ökonomischen Ressourcen typischerweise keine Varianz aufweisen.

Maginalisierung ist der wahrscheinlichste Modus, wenn soziales und kulturelles Kapital ebenso fehlen wie jegliche Gelegenheitsstruktur; dieser Modus ist (normalerweise) nicht das Ergebnis von Wahlhandlungen, sondern ein Resultat von Alternativlosigkeit aus Mangel an Ressourcen und Gelegenheiten.

Separation erfordert soziales Kapital innerhalb der Minorität und/oder in der Herkunftsgesellschaft, aber nicht notwendigerweise kulturelles und Humankapital für die strukturelle Platzierung in der Aufnahmegesellschaft. Entsprechend ist diese Akkulturationsstrategie mit starken Anreizen für Migranten mit niedrigem kulturellem Kapital verbunden, wodurch die optimale Platzierung innerhalb der Migrantenminorität zur bevorzugten (oder einzigen) Wahl wird. Dies setzt eine institutionell vervollständigte Minorität voraus (Breton 1965), nicht jedoch notwendigerweise eine fehlende Opportunitätsstruktur der Mehrheitsgesellschaft.

Assimilation basiert auf Investitionen in Human- und kulturelles Kapital, aber sie erfordert nicht notwendigerweise soziales Kapital; da Assimilation auf die optimale Platzierung in der Mehrheitsgesellschaft abzielt, setzt sie dort angemessene Gelegenheitsstrukturen voraus. Investitionen in strong ties innerhalb der Minorität verbessern diese Strategie nicht und eine institutionelle Vervollständigung der Minorität ist ihr nicht förderlich.

Integration ist die Akkulturationsstrategie mit den wahrscheinlich günstigsten Handlungsresultaten, stellt jedoch zugleich die höchsten Anforderungen an Investitionen und an die Verfügbarkeit von Gelegenheitsstrukturen. Integration zielt auf die optimale Platzierung in beiden sozialen Kontexten und erfordert folglich kulturelles Kapital für beide Kontexte (kontextspezifisch adäquate Kenntnisse und Fähigkeiten) und die Aufrechterhaltung von zwei getrennten sozialen Netzwerken. Selbst wenn die Knappheit an persönlichen Ressourcen, wie z. B. an Zeit und Lernfähigkeit, unberücksichtigt bleiben, bleibt diese Option nur dann stabil (auch über Generationen), wenn die Erträge die intensiven Investitionen rechtfertigen, wie es für kosmopolitische Intellektuelle, Mitglieder von international operierenden Familienunternehmen oder Unternehmensnetzwerke und Mitglieder ethnischer Kolonien mit hohem Austausch zur Herkunftsgesellschaft oder anderen ethnischen Kolonien (ethnic middlemen) der Fall sein mag.

Dieses Modell erklärt nicht nur die typischerweise homogene Zusammensetzung der Freundschaftsnetzwerke von Migranten (Esser 1990), sondern auch, warum Assimilation auf lange Sicht eine so dominate Akkulturationsstrategie ist (Alba 2003; Portes/ Rumbaut 2001), trotz der oft anfänglich geäußerten Integrationsabsichten der Migranten: die Zusatzkosten zusätzlicher Investitionen in soziales und kulturelles Kapital überschreiten die Ressourcen des Individuums schnell, ohne dass diese seine soziale

Produktionsfunktion optimiert. Schließlich gibt das Modell auch an, unter welchen Bedingungen Segregation zur wahrscheinlichsten Option wird.

Das Modell legt damit aber auch andere Schlussfolgerungen nahe als die, die Berry aus den empirischen Befunden zu den Adaptations-Korrelaten der Akkulturationsstrategien gezogen hat. Da die Befunde ausschließlich auf Querschnittsdaten basieren, bleibt die Kausalstruktur zwischen Adaptation und Akkulturationsstrategie unklar. Es liegt nahe, dass die berichteten (schwach) positiven Korrelationen zwischen „Integrations"-Strategie und coping bzw. well-being Selektionseffekte sind: Die Migranten mit den meisten Ressourcen und/oder jene, die in den günstigsten sozialen Kontexten platziert sind, wählen mit größter Wahrscheinlichkeit diese Akkulturationsstrategie und sind in der Lage, sie beizubehalten.

2. Institutionelle Regimes

Während die Kapital-Investitions-Theorie das individuelle Verhalten auf die intermediäre Ebene der Gelegenheitsstruktur innerhalb und außerhalb der Minorität bezieht, ist im komplementären Ansatz des interaktiven Akkulturationsmodells von Bourhis et al. (1997) die gesamtgesellschaftliche Ebene der Bezugspunkt, in dem verschiedene migrationspolitische Regimes mit der Sozialintegration von Migranten in Zusammenhang gebracht werden. Diese so genannten „politischen Ideologien" werden auf die Akkulturationsorientierungen sowohl der Bevölkerungsmajorität als auch der Migrantenminorität bezogen und deren Interdependenz herausgestellt, wodurch die Akkulturationsstrategien ihren „unbedingten" Charakter in Berrys Modell verlieren. Vier verschiedene Cluster von Regimes werden auf einem Kontinuum dargestellt (Bourhis et al. 1997: 373 ff.):

- Das *Pluralismus-Regime* basiert darauf, dass der Staat kein Mandat hat, die persönlichen Werte seiner Bürger festzulegen oder zu regulieren. Für die staatliche Förderung folgt daraus, dass die Aktivitäten von autochthonen Minoritäten ebenso finanziell und sozial unterstützt werden wie die Kolonien der ersten und zweiten Generation von Migranten. Es wird für die Aufnahmegesellschaft als wertvolle Bereicherung erachtet, wenn die Minoritäten ihre kulturellen und linguistischen Eigenheiten beibehalten, solange sie die *öffentlichen* Werte der Gesellschaft übernehmen.
- Das *zivilgesellschaftliche Regime* basiert auf dem Prinzip der Nichteinmischung in die privaten Werte bestimmter Gruppen und achtet es als das Recht der Minoritäten auf Selbstorganisation und Erhaltung ihrer kulturellen Verschiedenheit, ohne deren Aktivitäten aktiv zu unterstützen.
- Das *Assimilations-Regime* erwartet, dass Migranten und Minoritäten ihre kulturellen Eigenheiten aufgeben, um die kulturelle Homogenität des (National)Staats herbeizuführen oder zu erhalten und um ethnische Segmentierung und Ungleichheit zu vermeiden.
- Das *ethnizistische Regime* basiert auf dem Prinzip, dass die Aufnahmegesellschaft die Standards der Inklusion normalerweise auf Grundlage von zugeschriebenen Eigenschaften wie z. B. ethnische Abstammung oder Religion setzt. In der radikalsten

Form bedeutet dies, dass Migranten und Minoritäten die Inklusion auf Dauer verweigert wird.

Die Typologie erlaubt es, verschiedene Gesellschaften bzw. dieselbe Gesellschaft zu verschiedenen historischen Zeitpunkten auf der Makro-Ebene in theoretisch bedeutsamer Weise anzuordnen. Allerdings fehlen Vorschläge, wie die politischen Regimes valide empirisch zu erfassen wären. Der Vorteil dieses Modells ist, dass es einen Erklärungsbaustein für die Makro- und Meso-Ebene bietet, indem auf der intermediären Ebene die Majoritäts-Minoritäts-Gruppenbeziehungen durch Eigenschaften auf der Makro-Ebene erklärt werden, und indem Bedingungen spezifiziert werden, unter denen die Intergruppenbeziehungen wegen der kollektiv bevorzugten Akkulturationsstrategie konsensuell, problematisch oder konflikthaft werden. Dieses sollte dann seinerseits Folgeeffekte auf der Mikro-Ebene der individuellen Wahl von Akkulturationsstrategien haben. Obwohl das Modell beansprucht, „dynamisch" in dem Sinne zu sein, dass es die Analyse der Intergruppen-Dynamik erlaubt, fehlt die Spezifikation von Mechanismen der Aggregation von individuellen Akkulturationsstrategien für die Minoritäts- und Majoritätsangehörigen im Kontext der jeweiligen migrationspolitischen Regimes.

Es ist eine offene empirische Frage, ob auf der Gesellschaftsebene die jeweiligen Migrationspolitiken die einflussreichsten Regimes für individuelle Akkulturation sind. Obwohl hierzu systematische empirische Forschung kaum existiert, ist nämlich wiederholt argumentiert worden, dass diesbezüglich soziale Sicherungssysteme weitaus wichtiger sind, da sie, und nicht die Migrationspolitik, die zentralen Inklusionsmechanismen für Migranten in der Aufnahmegesellschaft bereitstellen (Bommes 1994). Wenn man der Typologie von Esping-Andersen (1990) folgt, können drei verschiedene Arten von Wohlfahrtssystemen unterschieden werden: das liberale (z. B. in den angelsächsischen Ländern), das konservativ-korporatistische (z. B. in Mitteleuropa), und das sozialdemokratische System (z. B. in Skandinavien). Es kann angenommen werden, dass diese Regimes erhebliche Auswirkungen auf die individuelle Akkulturation haben, so dass es leicht möglich ist, entsprechende Brückenhypothesen zu formulieren:

- Da das *liberale Regime* vollständig auf der Verfügbarkeit individueller Ressourcen basiert, bietet es starke Anreize für die Selbstorganisation der Wohlfahrtsproduktion und der Absicherung von Lebensrisiken, und somit für ethnische Segmentierung. Andererseits ist dieses System relativ offen für Einwanderer und Statusmobilität auf der Basis individueller Leistung, da die Inklusion von Migranten nicht mit irgendwelchen Ansprüchen verbunden ist.
- Da das *konservativ-korporatistische Regime* die gesamte Wohnbevölkerung einschließlich der Migranten in seine gesamtgesellschaftlich organisierten wohlfahrtsstaatlichen Institutionen einschließt, sind diese ein Hauptmechanismus der Assimilation (Bommes 1994). Die mit der Inklusion verbundenen Ansprüche haben einerseits eine restriktive Zuwanderungspolitik zur Folge, andererseits beschränken sie soziale Mobilität, was ethnische Schichtung und soziale Segmentierung wahrscheinlich macht.
- Das *sozialdemokratische Regime* kombiniert ständische Wohlfahrtsinstitutionen mit einer umfangreichen Einkommensumverteilung. Obwohl dieses Regime damit ebenfalls restriktiv gegenüber Zuwanderung ist und den Immigranten durch die Wohl-

fahrtsstaatlichkeit Assimilationsopportunitäten bietet, ist die Wahrscheinlichkeit von ethnischer Schichtung weitaus geringer.

Obgleich solche Typologien auf den ersten Blick überzeugen, sind die damit verbundenen Annahmen über die jeweiligen Auswirkungen auf die individuelle Akkulturation empirisch schwer zu prüfen. Die üblichen Fallstudien zur Einwanderung oder Sozialpolitik „typischer" Gesellschaften können dieses Problem nicht lösen. Dementsprechend dominiert in solchen Studien häufig die politische Parteinahme gegenüber der analytischen Stärke. Grundsätzlich würde ein empirischer Test solcher Annahmen eine mehrfach stratifizierte Stichprobe und eine hierarchische statistische Modellierung voraussetzen, was wiederum bereits eine hinreichende Anzahl von statistischen Fällen auf der höchsten Ebene (Gesellschaften) und darin eine hinreichende Anzahl von Fällen auf der intermediären und individuellen Ebene notwendig machte. Angesichts der großen Bedeutung, die in der Akkulturationsforschung dem Einfluss von gesamtgesellschaftlichen Bedingungen beigemessen wird, ist es erstaunlich, dass die Forschung hierzu über fallstudienartige Beschreibungen bislang nicht hinausgekommen ist.

VI. Ausblick

Zusammenfassend kann für die Erklärungsansätze in der Akkulturationsforschung aus Psychologie und Soziologie festgestellt werden, dass die größten Fortschritte in der Konzeptualisierung auf der Individualebene zu finden sind. Dagegen ist die Spezifikation von Mechanismen zur Erklärung von Mehrebenen-Effekten auf Akkulturation erst in ihren Anfängen; dasselbe gilt auch für die Spezifikation von Mechanismen aggregierten Akkulturationsverhaltens und seiner Effekte auf die Beziehungen zwischen Bevölkerungsmajorität und -minorität.

Diese unausgereifte Konzeptualisierung geht einher mit einem bislang begrenzten Gebrauch fortgeschrittener statistischer Techniken der Mehrebenen-Analyse. Bis vor kurzem waren die meisten empirischen Analysen Anwendungen klassischer linearer Regressionsmodelle, mit sehr wenigen Anwendungen des elementaren Mehrebenen-Modells von Boyd und Iversen (1979) durch Alpheis (1988) und Esser (1982). Neuere Entwicklungen hierarchischer linearer Modelle haben nur gelegentlich ihren Weg in die Akkulturationsforschung gefunden (Becker 2006; Stanat 2006). Oberwittler (2007) berichtet divergierende Kontexteffekte ethnischer Segregation in peer-groups, Nachbarschaften und Schulen auf kriminelles Verhalten, wobei Schulen und Nachbarschaften einen überlappenden, aber unabhängigen Effekt ausüben. Dieser empirische Befund verweist auf ein generelles theoretisches Problem, dass nämlich die Kontexte von Akkulturationsprozessen nicht notwendigerweise hierarchisch strukturiert sind, wie dies die klassischen ökologischen Ansätze (Bronfenbrenner 1981) mit ihrer Hierarchie sozialer Sphären und viele statistische Modelle der Mehrebenen-Analyse voraussetzen. Vielmehr sind Migranten gleichzeitig in mehrere voneinander unabhängige soziale Kontexte eingebettet, die sich auf derselben analytischen Ebene befinden, wie z. B. Verwandtschaft, Nachbarschaft, Arbeitsplatz oder ethnische Gemeinschaften. Eine ungeklärte Forschungsfrage ist somit, ob diese unterschiedlichen Kontexteffekte auf Akkulturation *komplementär, substituierend* oder *konkurrierend* wirken.

Wie Überblicke über empirische Studien zur Akkulturation gezeigt haben (Chun/ Akutsu 2003; Chun 2006; Nauck 2008), basieren die meisten empirischen Analysen *erstens* auf Informationen aus einer Quelle – in der Regel Selbstauskünfte des sich akkulturierenden Individuums. Beispielsweise berücksichtigen die meisten psychologischen Akkulturationsstudien nur die individuelle *Wahrnehmung* des gesellschaftlichen Kontextes in ihren Modellen (z. B. *wahrgenommene* Diskriminierung, soziale Unterstützung, peer-group-Akzeptanz). Insbesondere, wenn diese Wahrnehmungen die des akkulturierenden Individuum selbst sind, verbleibt die Analyse damit auf der individuellen Ebene und es können keine Mehrebenen-Effekte geschätzt werden. Außerdem basieren die allermeisten Studien *zweitens* auf Querschnittsdaten (als Ausnahme: Silbereisen et al. 1999), was in eklatantem Widerspruch zu den in der Akkulturation inhärenten Prozessen individueller Veränderung und des sozialen Wandels steht, die vorzugsweise durch panel-designs zu untersuchen wären. Statt der direkten Erfassung von Veränderungen behelfen sich die Studien mit Proxy-Variablen, wenn entweder Migranten mit unterschiedlicher Aufenthaltsdauer miteinander verglichen werden (Esser 1990a), oder Migranten-Stichproben mit Nicht-Migranten aus der Herkunfts- und Aufnahmegesellschaft verglichen werden (Nauck 1989). Schließlich basiert *drittens* die Mehrheit der psychologischen Akkulturationsstudien auf anfallenden Stichproben von manchmal verhältnismäßig kleinem Umfang, als dass sie irgendein Kriterium statistischer Repräsentativität erfüllen könnten (aktuelles Beispiel: Berry et al. 2006). Die Auswahl von Migrantenpopulationen oder des akkulturativen Kontextes wird damit überwiegend durch die pragmatische Verfügbarkeit bestimmt, wohingegen theoretische Erwägungen post-hoc eingeführt werden. Sowohl die undokumentierten Sample-Verzerrungen als auch das Fehlen von systematischen Überlegungen bei der Untersuchungsanlage haben dazu beigetragen, dass die vielen Widersprüche in den Befunden der Akkulturationsforschung nicht aufgeklärt werden können und damit kumulative Forschung und eine systematische Integration des Wissens kaum stattfindet.

Dieses Ergebnis steht in scharfem Gegensatz zu den praktischen Implikationen dieses Forschungsgebietes. Überlegungen zu Kontextwirkungen haben im öffentlichen Diskurs über Einwanderung und Akkulturation schon immer eine wichtige Rolle gespielt, und sie haben zu zahlreichen politischen und administrativen Maßnahmen geführt: Das „bussing" von Migrantenkindern zu weniger segregierten Schulen ist ein frühes Beispiel für solche praktischen Schlussfolgerungen, die auf der Erwartung basieren, dass die ethnische Zusammensetzung von Schulklassen und Schulen akkulturative Wirkungen haben. Die Beschränkung des Anteils von Zuwanderernationalitäten in einem Wohnbezirk (oder in einer Gesellschaft als ganzer) ist ebenso ein Beispiel wie die Frage, ob es Auswirkungen auf die Integration oder Segregation hat, wenn die Organisationen von Minderheiten geduldet oder durch den Staat subventioniert werden.

Angesichts des gegenwärtigen Forschungsstandes muss allerdings bezweifelt werden, dass das verfügbare und mit wissenschaftlichen Methoden geprüfte Wissen bereits eine wichtige Richtschnur für die effiziente Lösung dieser drängenden praktischen Fragen sein kann. Tatsächlich sind Mehrebenen-Untersuchungen von Akkulturationsphänomenen notwendigerweise ambitionierte (und damit in vielen Fällen: teure) Unternehmen, insbesondere wenn Ebenen höherer Ordnung mit einbezogen werden sollen, was bei der Akkulturationsforschung nahezu unvermeidlich ist: Die Interaktion zwischen verschiedenen sozialen Kontexten wie Verwandtschaftssystemen, Nachbarschaften, Schulen, Arbeitsplätzen einerseits und verschiedenen Immigranten-Subkulturen andererseits erfordert systematische Variationen auf beiden Seiten. Andernfalls könnten die komplementären, substitutiven und kompetitiven Effekte sozialer Kontexte auf Akkulturationsprozesse in Migrantenminoritäten mit jeweils verschiedenen Ausgangsbedingungen nicht untersucht und verstanden werden. Wenn zudem die Effekte interethnischer Beziehungen oder der institutionellen Rahmenbedingungen der Aufnahmegesellschaften einbezogen werden sollen, dann werden international vergleichende Forschungsdesigns zur Notwendigkeit. Wenn man davon ausgehen kann, dass die Akkulturation von Migrantenminoritäten ein zunehmend bedeutsames Charakteristikum und eine praktische Herausforderung jeder modernen Gesellschaft ist, dann sind individuelle Akkulturation und Adaptation interdisziplinär zu bearbeitende Explananda und deren Integration in komplexere, und damit den praktischen Bedürfnissen weitaus angemessenere, Mehrebenen-Designs eine der dringenden Forschungsaufgaben für die nähere Zukunft.

Literatur

Alba, Richard D., 2003: Remaking the American Mainstream: Assimilation and the New Immigration. Cambridge: Harvard University Press.
Alba, Richard D./Logan, John R./Lutz, Amy/Stults, Brian, 2002: Only English by the Third Generation? Mother-tongue Loss and Preservation among the Grandchildren of Contemporary Immigrants, in: Demography 39, 467-484.
Alba, Richard D./Nee, Victor, 1999: Rethinking Assimilation Theory for a New Era of Immigration, in: *Hirschmann, Charles/Kasinitz, Philip/DeWind, Josh* (Hrsg.), The Handbook of International Migration. New York: Russell Sage, 137-160.
Alpheis, Hannes, 1988: Kontextanalyse. Wiesbaden: Deutscher Universitäts Verlag.
Ataca, Bilge/Berry, John W., 2002: Psychological, Sociocultural, and Marital Adaptation of Turkish Immigrant Couples in Canada, in: International Journal of Psychology 37, 13-26.
Banton, Michael, 1983: Racial and Ethnic Competition. Cambridge: Cambridge University Press.
Becker, Birgit, 2006: Der Einfluss des Kindergartens als Kontext zum Erwerb der deutschen Sprache bei Migrantenkindern, in: Zeitschrift für Soziologie 35, 449-464.
Becker, Birgit/Biedinger, Nicole, 2006: Ethnische Bildungsungleichheit zu Schulbeginn, in: Kölner Zeitschrift für Soziologie und Sozialpsychologie 58, 660-684.
Berry, John W., 1980: Acculturation as Varieties of Adaptation, in: *Padilla, Amado M.* (Hrsg.), Acculturation: Theory, Models, and Some New Findings. Boulder, CO: Westview, 9-25.
Berry, John W., 1997: Immigration, Acculturation, and Adaptation, in: Applied Psychology: An International Review 46, 5-34.
Berry, John W., 2006: Acculturation: A Conceptual Overview, in: *Bornstein, Marc H./Cote, Linda R.* (Hrsg.), Acculturation and Parent-Child Relationships. Mahwah, NJ: Erlbaum, 13-30.
Berry, John W., 2006a: Contexts of Acculturation, in: *Sam, David L./Berry , John W.* (Hrsg.), The Cambridge Handbook of Acculturation Psychology. Cambridge, UK: Cambridge University Press, 27-42.
Berry, John W./Laponce, Jean A., 1994: Ethnicity and Culture in Canada: The Research Landscape. Toronto: University of Toronto Press.
Berry, John W./Phinney, Jean S./Sam, David L./Vedder, Paul, 2006: Immigrant Youth in Cultural Transition. Acculturation, Identity, and Adaptation Across National Contexts. Mahwah, NJ: L. Erlbaum.

Berry, John W./Sam, David L., 1997: Acculturation and Adaptation, in: *Berry, John W./Segall, Marshall H./Kagitcibasi, Cigdem* (Hrsg.), Handbook of Cross-Cultural Psychology. Bd. 3: Social Behavior and Applications. Boston: Allyn & Bacon, 291-326.
Berry, John W./Wintrob, Ronald/Sindell, Peter S./Mawhinney, Tom A., 1982: Psychological Adaptation to Culture Change among the James Bay Cree, in: Naturaliste Canadien 109, 965-975.
Bogardus, Emory S., 1933: A Social Distance Scale, in: Sociology and Social Research 17, 265-271.
Bommes, Michael, 1994: Migration und Ethnizität im nationalen Sozialstaat, in: Zeitschrift für Soziologie 23, 364-377.
Borjas, George J., 1994: The Economics of Immigration, in: Journal of Economic Literature 32, 1667-1717.
Bourdieu, Pierre, 1986: The Forms of Capital, in: *Richardson, John G.* (Hrsg.), Handbook of Theory and Research for the Sociology of Education. Westport, CT: Greenwood Press, 241-258.
Bourhis, Richard Y./Moise, Lena C./Perreault, Stephane/Senecal, Sacha, 1997: Towards an Interactive Acculturation Model: A Social Psychological Approach, in: International Journal of Psychology 32, 369-386.
Boyd, Lawrence H./Iversen, Gudmund R., 1979: Contextual Analysis: Concepts and Statistical Techniques. Belmont, CA: Wadsworth.
Breton, Raymond, 1965: Institutional Completeness of Ethnic Communities and the Personal Relations of Immigrants, in: American Journal of Sociology 70, 193-205.
Bronfenbrenner, Urie, 1981: Die Ökologie der menschlichen Entwicklung. Stuttgart: Klett-Cotta.
Chun, Kevin M., 2006: Conceptual and Measurement Issues in Family Acculturation Research, in: *Bornstein, Marc H./Cote, Linda R.* (Hrsg.), Acculturation and Parent-Child Realtionships. Mahwah, NJ: Erlbaum, 63-78.
Chun, Kevin M./Akutsu, Phillip D., 2003: Acculturation among Ethnic Immigrant Families, in: *Chun, Kevin M./Organista, Pamela B./Marin, Gerardo* (Hrsg.), Acculturation. Advances in Theory, Measurement, and Applied Research. Washington, DC: American Psychological Association, 95-119.
Coleman, James S., 1990: Foundations of Social Theory. Cambridge: Harvard University Press.
Dona, Giorgia/Berry, John W., 1994: Acculturation Attitudes and Acculturative Stress of Central American Refugees, in: International Journal of Psychology 29, 57-70.
Espenshade, Thomas J./Fu, Haishan, 1997: An Analysis of English-Language Proficiency among U.S. Immigrants, in: American Sociological Review 62, 288-305.
Esping-Andersen, Gøsta, 1990: The Three Worlds of Welfare Capitalism. Cambridge: Polity Press.
Esser, Hartmut, 1980: Aspekte der Wanderungssoziologie. Darmstadt: Luchterhand.
Esser, Hartmut, 1981: Aufenthaltsdauer und die Eingliederung von Wanderern. Zur theoretischen Interpretation soziologischer 'Variablen', in: Zeitschrift für Soziologie 10, 76-97.
Esser, Hartmut, 1982: Sozialräumliche Bedingungen der sprachlichen Assimilation von Arbeitsmigranten, in: Zeitschrift für Soziologie 11, 279-306.
Esser, Hartmut, 1985: Soziale Differenzierung als ungeplante Folge absichtsvollen Handelns: Der Fall der ethnischen Segmentation, in: Zeitschrift für Soziologie 14, 435-449.
Esser, Hartmut, 1986: Social Context and Inter-ethnic Relations: The Case of Migrant Workers in West-German Urban Areas, in: European Sociological Review 2, 30-51.
Esser, Hartmut, 1990: Interethnische Freundschaften, in: *Esser, Hartmut/Friedrichs, Jürgen* (Hrsg.), Generation und Identität. Theoretische und empirische Beiträge zur Migrationssoziologie. Opladen: Westdeutscher Verlag, 185-206.
Esser, Hartmut, 1990a: Nur eine Frage der Zeit? Zur Eingliederung von Migranten im Generationen-Zyklus und zu einer Möglichkeit, Unterschiede hierin zu erklären, in: *Esser, Hartmut/Friedrichs, Jürgen* (Hrsg.), Generation und Identität. Theoretische und empirische Beiträge zur Migrationssoziologie. Opladen: Westdeutscher Verlag, 73-100.
Esser, Hartmut, 1996: Die Definition der Situation, in: Kölner Zeitschrift für Soziologie und Sozialpsychologie 48, 1-34.
Esser, Hartmut, 1999: Soziologie. Spezielle Grundlagen. Bd. 1: Situationslogik und Handeln. Frankfurt a. M.: Campus.

Esser, Hartmut, 2006: Ethnische Ressourcen: Das Beispiel der Bilingualität, in: Berliner Journal für Soziologie 16, 525-543.
Esser, Hartmut, 2006a: Sprache und Integration. Die sozialen Bedingungen und Folgen des Spracherwerbs von Migranten. Frankfurt a. M.: Campus.
Esser, Hartmut/Friedrichs, Jürgen (Hrsg.), 1990: Generation und Identität. Theoretische und empirische Beiträge zur Migrationssoziologie. Opladen: Westdeutscher Verlag.
Gans, Herbert, 1979: Symbolic Ethnicity: The Future of Ethnic Groups and Cultures, in: Racial and Ethnic Studies 2, 1-20.
Gordon, Milton M., 1964: Assimilation in American Life. New York: Oxford University Press.
Granato, Nadia/Kalter, Frank, 2001: Die Persistenz ethnischer Ungleichheit auf dem deutschen Arbeitsmarkt, in: Kölner Zeitschrift für Soziologie und Sozialpsychologie 53, 497-520.
Hansen, Marcus L., 1938: The Problem of the Third Generation Immigrant. Rock Island: Augustana Historical Society Publications.
Huinink, Johannes, 2005: Räumliche Mobilität und Familienentwicklung, in: *Steinbach, Anja* (Hrsg.), Generatives Verhalten und Generationenbeziehungen. Wiesbaden: VS Verlag für Sozialwissenschaften, 61-81.
Inkeles, Alex/Levinson, Daniel J., 1969: National Character: The Study of Modal Personality and Sociocultural Systems, in: *Gardner, Lindzey/Aronson, Elliot* (Hrsg.), The Handbook of Social Psychology, Bd. 4. 2. Aufl. Reading: Addison-Wesley, 418-506.
Kalter, Frank, 2003: Chancen, Fouls und Abseitsfallen. Migranten im deutschen Ligenfußball. Wiesbaden: Westdeutscher Verlag.
Kalter, Frank/Granato, Nadia, 2002: Demographic Change, Educational Expansion, and Structural Assimilation of Immigrants, in: European Sociological Review 18, 199-216.
Kardiner, Abraham, 1939: The Individual and his Society. New York: Columbia University Press.
Khrishnan, Anupama A./Berry, John W., 1992: Acculturative Stress and Acculturation Attitudes among Indian Immigrants to the United States, in: Psychology and Developing Societies 4, 187-212.
Kristen, Cornelia, 2002: Hauptschule, Realschule oder Gymnasium? Ethnische Unterschiede am ersten Bildungsübergang, in: Kölner Zeitschrift für Soziologie und Sozialpsychologie 54, 534-552.
Kristen, Cornelia, 2006: Ethnische Diskriminierung in der Grundschule? Die Vergabe von Noten und Bildungsempfehlungen, in: Kölner Zeitschrift für Soziologie und Sozialpsychologie 58, 79-97.
Kroneberg, Clemens, 2005: Die Definition der Situation und die variable Rationalität der Akteure, in: Zeitschrift für Soziologie 34, 344-363.
Lazarus, Richard S./Folkman, Susan, 1984: Stress, Appraisal and Coping. New York: Springer.
Lerner, Richard M., 1982: Children and Adolescents as Producers of their own Development, in: Developmental Review 2, 342-370.
Lin, Nan, 2001: Social Capital. Cambridge: Cambridge University Press.
Lindenberg, Siegwart, 1990: Rationalität und Kultur, in: *Haferkamp, Heinz* (Hrsg.), Sozialstruktur und Kultur. Frankfurt a. M.: Suhrkamp, 249-287.
López, David E., 1999: Social and Linguistic Aspects of Assimilation Today, in: *Hirschmann, Charles/Kasinitz, Philip/DeWind, Josh* (Hrsg.), The Handbook of International Migration. New York: Russell Sage, 212-222.
Nauck, Bernhard, 1989: Intergenerational Relationships in Families from Turkey and Germany, in: European Sociological Review 5, 251-274.
Nauck, Bernhard, 2001: Intercultural Contact and Intergenerational Transmission in Immigrant Families, in: Journal of Cross-Cultural Psychology 32, 159-173.
Nauck, Bernhard, 2001a: Social Capital, Intergenerational Transmission and Intercultural Contact in Immigrant Families, in: Journal of Comparative Family Studies 32, 465-488.
Nauck, Bernhard, 2007: Familiensystem und Kultur, in: *Trommsdorff, Gisela/Kornadt, Hans-Joachim* (Hrsg.), Theorien und Methoden der kulturvergleichenden Psychologie. Bd. S1: Enzyklopädie der Psychologie. Göttingen: Hogrefe, 407-486.

Nauck, Bernhard, 2008: Acculturation, in: Vijver, Fons J. R. van de/Hemert, Dianne A. van/Poortinga, Ype H. (Hrsg.), Individuals and Cultures in Multilevel Analysis. Mahwah, NJ: Erlbaum, 377-407.
Nee, Victor/Sanders, Jimmy M., 2002: Understanding the Diversity of Immigrant Incorporation: A Forms-of-Capital Model, in: Ethnic and Racial Studies 24, 386-411.
Oberwittler, Dietrich, 2007: The Effects of Ethnic and Social Segregation on Children and Adolescents: Recent Research and Results from a German Multilevel Study. Berlin: Wissenschaftszentrum Berlin für Sozialforschung.
Olzak, Susan, 1992: The Dynamics of Ethnic Competition and Conflict. Stanford, CA: Stanford University Press.
Park, Robert E., 1950: Race and Culture. Glencoe: Free Press.
Park, Robert E./Burgess, Ernest W., 1921: Introduction to the Science of Sociology. Chicago: University of Chicago Press.
Parsons, Talcott, 1951: The Social System. London: Routledge & Kegan Paul.
Portes, Alejandro/Hao, Lingxin, 1998: E Pluribus Unum: Bilingualism and Loss of Language in the Second Generation, in: Sociology of Education 71, 269-294.
Portes, Alejandro/Rumbaut, Ruben G., 1996: Immigrant America. 2. Aufl. Berkeley: University of California Press.
Portes, Alejandro/Rumbaut, Ruben G., 2001: Legacies: The Story of the Immigrant Second Generation. Berkeley: University of California Press.
Portes, Alejandro/Schauffler, Richard, 1994: Language and the Second Generation: Billingualism Yesterday and Today, in: International Migration Review 28, 640-661.
Redfield, Robert/Linton, Ralph/Herskovits, Melville J., 1936: Memorandum on the Study of Acculturation, in: American Anthropologist 38, 149-152.
Rudmin, Floyd W., 2003: Critical History of the Acculturation Psychology of Assimilation, Separation, Integration, and Marginalization, in: Review of General Psychology 7, 3-37.
Rudmin, Floyd W./Ahmadzadeh, Vali, 2001: Psychometric Critique of Acculturation Psychology: The Case of Iranian Migrants in Norway, in: Scandinavian Journal of Psychology 42, 41-56.
Scarr, Sandra, 1992: Developmental Theories for the 1990's, in: Child Development 63, 1-31.
Schelling, Thomas C., 1971: Dynamic Models of Segregation, in: Journal of Mathematical Sociology 1, 143-186.
Schelling, Thomas C., 1972: The Process of Residential Segregation: Neighborhood Tipping, in: Pascal, Anthony H. (Hrsg.), Racial Discrimination in Economic Life. Lexington, MA: Heath, 157-184.
Schönpflug, Ute, 1997: Acculturation: Adaptation or Development?, in: Applied Psychology: An International Review 46, 52-55.
Silbereisen, Rainer K./Lantermann, Ernst D./Schmitt-Rodermund, Eva (Hrsg.), 1999: Aussiedler in Deutschland. Akkulturation von Persönlichkeit und Verhalten. Opladen: Leske + Budrich.
Stanat, Petra, 2006: Schulleistungen von Jugendlichen mit Migrationshintergrund: Die Rolle der Zusammensetzung der Schülerschaft, in: Baumert, Jürgen/Stanat, Petra/Watermann, Rainer (Hrsg.), Herkunftsbedingte Disparitäten im Bildungswesen: Differenzielle Bildungsprozesse und Probleme der Verteilungsgerechtigkeit. Wiesbaden: VS Verlag für Sozialwissenschaften, 189-219.
Steinbach, Anja/Nauck, Bernhard, 2000: Die Wirkung institutioneller Rahmenbedingungen für das individuelle Eingliederungsverhalten von russischen Immigranten in Deutschland und Israel, in: Metze, Regina/Mühler, Kurt/Opp, Karl D. (Hrsg.), Normen und Institutionen: Entstehung und Wirkungen. Leipzig: Leipziger Universitätsverlag, 299-320.
Triandis, Harry C., 1997: Where is Culture in the Acculturation Model?, in: Applied Psychology: An International Review 46, 55-58.
Ward, Colleen/Bochner, Stephen/Furnham, Adrian, 2001: The Psychology of Culture Shock. 2. Aufl. Hove, UK: Routledge.
Whiting, John W./Child, M. und Irvin L., 1953: Child Training and Personality: A Cross-cultural Study. New Haven: Yale University Press.

Zheng, Xue/Berry, John W., 1991: Psychological Adaptation of Chinese Sojourners in Canada, in: International Journal of Psychology 26, 451-470.

Korrespondenzanschrift: Prof. Dr. Bernhard Nauck, Institut für Soziologie der Technischen Universität Chemnitz, Thüringer Weg 9, 09107 Chemnitz
E-Mail: Bernhard.nauck@phil.tu-chemnitz.de

II. Migration

STRUCTURAL ECONOMIC CHANGE AND INTERNATIONAL MIGRATION FROM MEXICO AND POLAND

Douglas S. Massey, Frank Kalter and Karen A. Pren

Abstract: In this article we use uniquely comparable data sets from two very different settings to examine how exogenous economic transformations affect the likelihood and selectivity of international out-migration. Specifically, we use data from the Mexican Migration Project to construct event history files predicting first U.S. trips from seven communities in the state of Veracruz, which until recently sent very few migrants abroad. Similarly, using data from the Polish Migration Project, we derive comparable event history files predicting first trips to Germany from four Polish communities, which also sent few migrants abroad before the 1980s. Our analyses suggest that the onset of structural adjustment in both places had a significant effect in raising the probability of international migration, even when controlling for a set of standard variables specified by other theories to influence migration propensity, such as the size of the binational income gap and various indicators of human and social capital.

In the last quarter of the 20th century international migration became a truly global phenomenon and all developed countries became de facto countries of immigration, whether they cared to admit it or not (Massey et al. 1998). At present, roughly three percent of the world's inhabitants live outside their country of birth, and this percentage is much higher in major immigrant-receiving nations such as Canada, the United States, and Germany (Zlotnik 1998, 2004). Moreover, non-permanent forms of transnational migration have rapidly increased during the last decades, thus adding further to the share of overall 'migrants' in a wider sense of the word.

It seems reasonable to argue that the recent upsurge in international migration stems from the transformation of the social and economic contexts within which mobility decisions of people are made. These changes in context in turn are driven by a powerful wave of globalization that crested during the 1990s, which constitutes the second wave of economic globalization in modern history (Hatton/Williamson 2006). Its foundations were laid by industrial nations in the wake of the Second World War. In an effort to avoid another global conflagration and promote prosperity, nations joined together to create a set of multilateral institutions such as the United Nations, the World Bank, the International Monetary Fund, the General Agreement on Tariffs and Trade, and most recently the World Trade Organization (Massey/Taylor 2004).

These institutions enabled the recovery and growth of industrial economies during the 1950s and 1960s and facilitated the reemergence of international trade during the 1970s.

It was not until the 1980s, however, that the full potential for globalization could be realized because of the widespread abandonment of state-centered models of economic development (Massey/Taylor 2004). During the 1980s, Deng Xiaoping gained control of the communist party in China and used his power to move its economy away from state ownership and centralized planning toward markets and private ownership, leading to China's reentry the global market economy during the 1990s (Marti 2002). At the same time, import substitution industrialization unraveled as a model for economic development in the Third World and political elites moved from state-centered to market-friendly policies. Finally, in the late 1980s a "velvet revolution" spread among nations of the former Soviet Block (Duberstein 2006) and led eventually to the fall of the Berlin Wall (Tames 2001), the collapse of communism in Eastern Europe (Goodwyn 1991), and the dissolution of the Soviet Union itself (Walker 2003).

Although studies by Liang (1999, 2001, 2004) have examined the migratory response to market expansion in China, few have examined the interrelation between international migration and structural economic change in Latin America and Eastern Europe. To date, most examinations of this relationship have been descriptive (cf. Iglicka/Sword 1999; Iglicka 2001; Jazwinska/Okolski 1996; Massey et al. 1987; Sipaviciene 1997). Thus it is hard to tell whether the migration dynamics observed in different context is driven by similar or different forces. In this paper, we adopt an analytic approach to study migratory responses to economic change in two very different national settings, Mexico and Poland. In each of these contexts we try to identify more detailed mechanisms that account for the link between the shift from state-centered to market-oriented economic regimes and the initiation of international migration. In doing so, we rely on comparable quantitative event history data gathered from household heads in Mexican and Polish communities.

Comparing Mexico to Poland provides an interesting test. Both countries experienced a notable increase in out-migration in recent decades and, although occupying very different geopolitical locations in the aftermath of World War II, their post-1945 dynamics of economic change display many parallels. These are briefly outlined in the first section *(I)*. We continue by sketching basic mechanisms that can be derived from migration theory and that might account for the dynamics of recent migration *(II)*. After describing our data sets *(III)*, we document past and recent trends of emigration *(IV)*. Then, we try to disentangle the mechanisms behind them *(V)*. The paper ends with a discussion of similarities and differences that we find in our analyses *(VI)*.

I. Structural Economic Change in Mexico and Poland

After World War II, both Mexico and Poland initially sought to use a strong, centralized state to achieve economic growth by creating protected economies that were isolated from global markets. In both cases, this state-led model of development worked well in the beginning, but its performance deteriorated as time went on. As the pace of technological change accelerated and systems of production diversified, the limits of a slow-moving, bureaucratic, state-centered strategy became more apparent and eventually both nations experienced a deep economic crisis that led to the imposition of economic reforms. Initially the reforms were small and grudging, but later they gave way to radical shifts toward privatization, market liberalization, and freer international trade.

1. Mexico

Like many developing countries in the period from 1945 to 1980, Mexico sought to achieve economic growth through a state-centered economic program known as Import Substitution Industrialization (ISI). Governmental authorities erected tariff and regulatory barriers to block the importation of consumer goods and then channeled capital to producers to meet the captive demand. Heavy industries were often owned by the government, along with basic industries such as telecommunications, electricity, and railroads (Bharat-Ram 1994).

ISI performed well as a development strategy for three decades, generating high rates of economic growth, significant capital accumulation and rising national income (Felix 1986). The model was particularly successful in Latin America (Portes 1997; Portes/Hoffman 2003). Despite widening inequalities and growing regional imbalances, countries throughout the region generally prospered as they urbanized and industrialized (De Ferranti et al. 2004). During the 1970s, however, economic growth under ISI stalled and conditions reached crisis proportions during the 1980s (Fiscia/Kovacs 1994).

Nations throughout Latin America systematically began to dismantle the state-centered apparatus of ISI during the late 1980s, lowering tariffs, eliminating regulations, privatizing state-owned firms, downsizing bureaucracies, floating currencies, and reducing controls on foreign investment, a set of policies that came to be labeled "the Washington Consensus" (Williamson 1990). In Mexico, a political crisis in 1968 led to massive expansion in state spending during the 1970s and ultimately to national insolvency and hyperinflation in the 1980s (Centeno 1994). In 1982 a new American-trained technocratic elite took power and began to undertake actions mandated under the Washington Consensus.

In 1986, President Miguel de la Madrid signed the General Agreement on Tariffs and Trade (GATT), opening Mexico to international trade and foreign investment. He also moved to cut social spending, reduce the size of the state, and balance the federal budget, initiatives that only accelerated under his successor, Carlos Salinas de Gortari. Under President Salinas virtually all state-owned firms were privatized and although it was not possible politically to sell the state oil monopoly PEMEX, he did successfully take on agrarian reform, phasing out agricultural subsidies and privatizing the once sacrosanct lands of peasants.

Perhaps the proudest accomplishment of the Mexican Revolution of 1910 was its expansive redistribution of farmland to peasants, especially during the 1930s. Large, private estates were confiscated by the government, broken into small communal plots, and given to local peasant cooperatives (Hart 1989). The redistributed lands, known as ejidos, were owned collectively by local communities. Although heritable rights of cultivation were granted to specific families in the ejido, who would then pass them on to their children, families were not allowed to rent, mortgage, or sell ejido lands (Markiewicz 1980). Until the early 1990s, half of all arable land in Mexico was located in the ejido sector. In 1992, however, President Salinas pushed through constitutional changes to permit the sale and rental of ejidos, initiating a sudden round of land privatization and property consolidation.

President Salinas then sought to institutionalize his various reforms by linking them to a treaty with Mexico's powerful northern neighbor, and in 1994 Mexico joined the United States and Canada in the North American Free Trade Agreement. Under NAFTA, protective tariffs, quotas, and subsidies for agricultural goods were removed in phases, with the first set taking hold in 1998.

2. Poland

After World War II, the newly established communist regime of Poland tried to revitalize the post-war economy by replacing the market with a system of state ownership and central planning. As in Mexico, this state-led model was quite successful in the beginning, but by the end of the 1960s at latest, Poland had reached a point of economic stagnation (Balcerowicz 1995: 290). Beginning in 1970, the new Gierek team tried to overcome the structural problems by opening the economy somewhat and implementing an import-led policy (Poznanski 1996: 3 ff.). Massive imports of Western financial capital, consumer goods, and technology resulted in a period of rapid growth. But this, too, came to an early end. By the end of the 1970s, the system of borrowed prosperity collapsed like a house of cards. External debts had risen to alarming levels and forced a drastic decline in wages, consumption levels, and standard of living (Lipton/Sachs 1990: 103 f.). From 1979-82 Poland experienced a period of deep economic crisis.

During the 1980s two partial economic reforms (1981-82, 1987-88) were launched (Balcerowicz 1995: 292) and lead to a modest recovery (Lipton/Sachs 1990: 104). But already in 1985, new signs once again suggested that the country suffered not from occasional troubles that could be healed by soft reform programs, but from fundamental structural problems that required more drastic action (Poznanski 1996: 83 f.). As a result, in 1988 and 1989 the economy fell into a downward spiral of hyperinflation and collapse (Lane 1992: 10; Lipton/Sachs 1990: 109 f.). In the wake of these developments the communist Party experienced a crushing defeat in elections during 1989 and in November of that year a new Solidarity-led government took office.

The first task of the new government was to launch a radical economic reform designed by the economist and new minister of finance Leszek Balcerowicz and a team of international experts (the "Balcerowicz Plan"). They prescribed what has been aptly labeled as "shock therapy." The new team essentially reset the economic clock to zero on January 1st 1990, introducing a series of radical measures, such as full trade liberalization, massive privatization and the elimination of price controls. At the same time wages were deliberately kept low (Poznanski 1996: 169 f.). The net effect was a drastic decrease in production, real income and employment, yielding a severe economic recession that lasted much longer than anyone had expected. Notable signs of recovery did not begin to appear until the middle of the 1990s (Poznanski 1996: 170).

Although the economic shock and subsequent recession hit the majority of Poles hard, it turned out to be especially difficult on farmers and others employed in agriculture (Borzutzky/Kranidis 2005: 637). On the one hand, the hardships were directly attributable to the reforms themselves, such as the abrupt reduction of subsidies. On the other hand, economic turmoil also stemmed from Poland's potential accession into the European Union and its necessary compliance with EU agricultural norms. Already by January 1991 the Association Agreement with the EU was signed, and it came into full force in 1994 (Borzutzky/Kranidis 2005: 633).

In 1997, Polish officials opened negotiations with EU authorities about the conditions of membership. The process of negotiation was accompanied by EU support programs such as Phare and SAPARD (Borzutzky/Kranidis 2005: 645), which could cushion some but not all of the dislocations associated with market liberalization as the share of employment in agriculture fell from 27 percent in 1993 to 19 percent in 2000 (Borzutzky/Kranidis 2005: 645). On May 1st 2004 Poland, finally, became a member of the European Union, with only a few provisional restrictions to handicap its full integration into the common market. For many, Poland is regarded as a success story among transitory societies achieving fast and notable GDP growth (Keane/Prasad 2001). Since the early 1990s, however, this apparent success has also been accompanied by a considerable increase in income inequality.

II. Theoretical approaches to link structural change and international migration

International migration stems from choices made by people located within social contexts that vary across time and space. The context for any decision is defined by household and community circumstances, which are, in turn, affected by broader trends in the national and international political economy. In other words: the link between structural economic change and the rise in international migration can basically be conceived as a typical macro-micro-macro-transition (Coleman 1990: 8).

What are the more specific mechanisms within this general idea? To begin with, neoclassical economics has suggested the human capital model to be a core explanation at the micro level. It assumes that individual rational actors seek to maximize lifetime earnings and therefore invest in migration if the expected gains exceed the costs (Sjaastad 1962; Speare 1971). The strength of this model lies in the fact that it delivers an explicit and clear decision rule that allows one to derive precise hypotheses (about the age-selectivity of migration, for example). More importantly in our context here, it also allows us to predict theoretically the migratory consequences of structural economic change, as individual earning expectations are directly related to macro-economic conditions. In particular, the likelihood of migration should co-vary positively with the size of the wage gap between the sending and receiving countries. A prominent corollary is that migrants will be more positively selected with respect to human capital the higher the income inequality in the receiving country and the lower the inequality in the sending country (Borjas 1994).

However, the overt or hidden assumptions of the microeconomic have been subject to much critique (Massey et al. 1998) and more elaborated versions of the general cost-benefit approach have been suggested. Proponents of the theory of subjective expected utility (SEU) emphasize that additional, non-monetary utility terms may enter into the migration decision and that the calculation is often based on subjective rather than objective parameters (DeJong/Fawcett 1981). The SEU model allows one to account for the effect of other, non-economic factors that may systematically influence individual decision parameters. Most importantly, social capital theory can be married to the neoclassical cost-benefit-framework, with social ties to migrants operating to raise the benefits and lower the costs and risks of migration (Massey/Espinosa 1997). In this way, migration might become self-perpetuating over time, because each act of migration creates additional social capital that makes the migration of related others more likely (see Massey 1990), yielding a powerful feedback-loop well-known as "chain-migration" (MacDonald/MacDonald 1964; Massey/Zenteno 1999).

The new economics of labor migration has also challenged basic neoclassical assumptions (Stark 1991). It argues, first, that migration decisions are not made by single actors but collectively by larger units such as families or households. Second, it argues that these units seek not only to maximize expected income but also to minimize risks by diversifying the allocation of resources. This is seen as a means to overcome failures in local markets, such as futures, capital, and insurance. In addition to the labor market, therefore, other key markets become important in determining migration. Given that market failures are typical in developing and transforming societies, this kind of arguing delivers further theoretical justification for expecting a link between structural change and increased migration.

A further line of reasoning modifies models of migrant decision-making by tackling the problem of "hyper-rationality", an implicit principle of all the foregoing theories. Building on Simon's (1957) notion of "bounded rationality", Kalter (1997) attempts to derive more realistic assumptions about the information processing capacity of actors. Given that information always comes at a cost, human calculations as a rule involve only a limited set of goals whose significance is driven by framing processes. In thinking about migration, for example, the set of potential destinations is usually restricted and often people do not seriously consider moving at all (Speare 1971: 130). Only under very specific conditions people switch frames, overcome the enormous hurdle of inertia, alter habitual behaviors, and put, as a result, migration on the decision-making agenda and engage in difficult cost-benefit considerations. Bounded rationality, thus, helps to explain why modest changes in contextual parameters are often not enough to trigger migration, even in the presence of substantial wage differentials, and why migration more commonly tends to begin only after "shock-like" events.

At the macro level, historical-structural theorists give supplementary arguments that can easily be accommodated with the different core models of micro-level decision-making sketched so far. They argue that societal transformations associated with the expansion of markets within and between nations change the context for decision-making by consolidating the ownership of land, capitalizing production, and monetizing exchanges, thereby creating new demands for cash that people seek to attain through migration (Portes/Walton 1981; Sassen 1988). Material networks of transportation and communication also expand in the course of market expansion to reduce the costs of expansion along certain pathways, thereby linking certain locations in core economies to peripheral zones of production and consumption (Sassen 1991).

III. Data Collection in Mexico and Poland

Among all areas of population data, the weakest is international migration. Unlike birth and death, migration is not a biological fact. It is a social fact expressed whenever a person crosses a meaningful social, legal, or geographic boundary. As a result, meaningful boundary-crossing is not an objective fact, but a subjective inference made by government officials. In addition to being hard to define, migration is also a repeatable event, unlike birth and death which happen once and only once in the course of a lifetime. For these reasons, in virtually all countries migration statistics are much less developed than statistics on birth or death. In the case of international migration, problems of measurement are compounded because much of the movement is clandestine and not subject to observation by state authorities.

In most countries, therefore, reliable statistics on the entry and exit of foreigners are scarce. Even when they exist, they are usually limited in the amount of detail they provide about the characteristics and behavior of immigrants. For these reasons, researchers have moved away from official data sources or standard census and have developed dedicated surveys to compile their own data on international migration, using a blend of different methods to undertake intensive studies of particular migrant-sending communities. Two such efforts are the Mexican Migration Project and the Polish Migration Project. New data gathered by these projects will be the basis for analyzing recent trends in international migration and each project is briefly described in this section.

1. Veracruz sample of the Mexican Migration Project (MMP)

Mexican data come from the Mexican Migration Project (MMP), which, since 1987, has annually fielded representative surveys in specific migrant-sending communities located throughout the nation (see Durand/Massey 2004). Although the project initially focused on communities situated in west-central Mexico, historically the heartland for migration to the United States (see Durand 1998), in recent years project investigators have made special efforts to expand data collection to newer sending regions that have only recently been incorporated into Mexico's migratory outflow (Massey/Capoferro 2004). One such region is the state of Veracruz, and our analysis of MMP data focuses on surveys conducted in seven of its communities during 2003-2004.

Veracruz is a costal state located on the Gulf of Mexico that houses the country's largest and most important port, the City of Veracruz. Although the narrow costal plane on which the city sits is tropical, the Sierra Madre Mountains rise rapidly as one

Table 1: Communities surveyed in Mexico and Poland

Country and Community	Population Size	Percent in Agriculture	Percent Low Education[a]	Date of Survey	Size of Survey	Refusal Rate
Mexico						
Jalapa	373 000	5,4	19,0	2004	201	7,4
Coyote	2 000	71,1	49,3	2004	101	3,8
Montes	1 600	61,9	44,0	2003	193	0,0
Lomas	1 200	73,2	51,6	2004	90	3,3
Mesones	2 800	75,3	55,0	2004	98	14,0
Alteño	4 500	75,2	56,0	2004	150	9,6
Santa Rita	1 700	71,1	49,3	2003	105	13,2
Poland						
Jaraczewo	8 300	37,3	8,5	2005/6	160[b]	25,1[c]
Poznan	570 100	1,3	4,7	2005/6	159[b]	51,6[c]
Pawlów	15 100	27,9	32,0	2005/6	205[b]	16,9[c]
Kielce	210 000	1,3	4,4	2005/6	203[b]	26,6[c]

[a] Mexico: under 6 years of schooling; Poland: at most compulsory education.
[b] Full interviews only (without screening).
[c] Refusal rates refer to the first phase of the sampling (without screening).

moves inland and the topography changes. The communities, surveyed by the MMP, are located in middle altitudes near the state capital of Jalapa. Historically, this area has been devoted to the production of coffee and other crops on small communal plots. In addition to surveying a neighborhood in the city of Jalapa, MMP investigators also sampled six agrarian communities located in adjacent municipalities, ranging in size from 1 200 to 4 500 inhabitants. As *Table 1* shows, all of these smaller communities specialized in agriculture, with the percentage of workers engaged in farming ranging from 62 percent to 75 percent, compared to just 5 percent in Jalapa. In keeping with their agrarian roots, these communities also display low levels of education, with the percentage of adults having less than 6 years of schooling ranging from 44 percent to 56 percent, compared with 19 percent in Jalapa.

The target sample size was 200 households in the city of Jalapa and between 100 and 150 in the surrounding agrarian communities. As indicated by the table, 201 households were surveyed in the city and 90-150 were surveyed in the other locations, yielding a total Mexican sample size of 938 households. Sampling frames were constructed by carrying out a house-to-house census within each community or neighborhood prior to the start of fieldwork. Refusal rates were generally modest, ranging from zero percent in the village of Montes to 14 percent in the town of Mesones. The interviewing was concentrated in the months of December and January, which are best to locate and interview seasonal U.S. migrants because most return to spend the Christmas holidays with their families.

All Mexican respondents were interviewed using ethnosurvey methods, a blend of ethnographic and survey techniques (see Massey 1987, 1999). The basic idea of an ethnosurvey is that these procedures complement one another, and that when properly combined, one's weaknesses become the other's strengths, yielding a body of data with greater reliability and more internal validity than would be possible to achieve using either method alone (Massey/Capoferro 2004). Information is solicited using a semi-structured survey instrument that yields a standard body of data but which allows interviewers flexibility to decide when, where and how to pose sensitive questions.

Within each household, interviewers gathered basic information about the social, economic and demographic characteristics of the head, the spouse, the head's children, and other household members. After determining which members had ever been to the United States, they gathered basic data about the first and last U.S. trips, including date, duration, legal status, destination, occupation, and wage. Each household head was also administered a complete life history that included a yearly history of migration and border crossing. Systematic comparisons between data from the MMP and representative surveys have shown that the ethnosurvey yields a remarkably accurate and reliable profile of international migrants and their characteristics (Massey/Zenteno 2000).

2. The Polish Migration Project

The Polish Migration Project (PMP) follows the general ideas of the MMP gathering the same basic information. In 2005 it started to collect comparable data in four Polish communities. The selection of communities was purposive based on the following considerations: First, the connection with Germany through migration should be known to be relatively strong. Second, regions near to (but not directly at) the German-Polish border should be contrasted to regions that are further away. Third, rural communities should be contrasted to urban ones and fourth, the peculiarities of migration of Ethnic Germans should be avoided by excluding the respective regions. Based on these criteria at first two cities were chosen: Poznan, an industrial city in the West of Poland with 570 000 inhabitants, known for rather close connections to Berlin which is 270 km away, and Kielce, a city with 210 000 inhabitants, located in the South-Eastern part of central Poland. Despite its relative distance to Germany (475 km), the area around Kielce accounted for the highest numbers of seasonal workers in many recent years. The two rural contexts chosen were located nearby: Jaraczewo is a community located 70 km south of Poznan, consisting of 22 smaller villages with altogether 8 300 inhabitants, and Pawlów is a community located 40 km east of Kielce, consisting of 33 smaller villages with 15 100 inhabitants in total. As *Table 1* shows in both, Jaraczewo and Pawlów, still a large share of the employed population is working in agriculture at the time of the survey. However, proportions do not reach the levels observed in of the Veracruz villages. Mean educational attainment is especially low in Pawlów where 32 percent of the adult population has at most compulsory education.

Although the PMP tried to comply with the design of the MMP, as far as possible, some deviations were necessary to cope with the peculiarities of Poland and context-specific restrictions. In contrast to the MMP, the survey was conducted in an almost fully standardized way. The target population was not household heads but all residents of the respective communities aged 18 to 65. Further, in order to increase efficiency, a stratified sample of migrant and non-migrants was constructed in each of the four communities. The criterion for being a 'migrant' is ever having worked in Germany since 1980.

To derive at the stratified samples the fieldwork was divided into two phases. In the first phase, cases were added from a randomized list of addresses until a number of about 100 interviews with non-migrants had been reached. In three communities the list consisted of a random sample of residents stemming from the electronic population register system PESEL. In Jaraczewo a list of households gathered in a random-walk procedure was used and the selection of the respondent was made with the last-birthday method. In the second phase following the lists further down, only short screening questions were asked and a full interview was only conducted if the target person was a migrant. This procedure was followed until either 100 migrants in total were reached or an upper limit of screening interviews had been finished. All in all, 727 full interviews were conducted which provide the basis for the following analyses. The marginal distributions of migrants in the first phase can be used to construct design weights in order to simulate a simple random sample if necessary.

IV. Migration prevalence in Mexico (Veracruz) and Poland

This section describes the rise in migration that accompanied the structural changes sketched above *(1)*. After reporting briefly what is known from other sources we rely on the data of the MMP and the PMP to sketch recent trends in detail. In each context we look at labor migration to one adjacent nation, the most important in terms of migration numbers: to the United States in the case of Mexico (1.) and to Germany in the case of Poland (2.).

1. Mexico, Veracruz

Prior to the neoliberal era, Veracruz had never sent very many migrants to the United States. Until the 1980s, most migrants originated in the states of west-central Mexico, which had been sending immigrants to the United States since the early 1900s (Cardoso 1980; Massey et al. 1987, 2002). Before 1990, less than one percent of all Mexico-U.S. migrants originated in Veracruz (Durand/Massey 2003). However, the succession of economic shocks associated with the abandonment of import substitution industrialization dramatically changed circumstances in Veracruz, particularly the rural sector.

That the shift to neoliberalism went along with a rapid rise in out-migration to the U.S. is clearly evident in the Mexican Migration Project's Veracruz surveys. Following the approach of Massey, Goldring, and Durand (1994) we used the date of each household member's first U.S. trip to compute migration prevalence ratios for different years. The denominator of the prevalence ratio is the number of persons aged 15 or more during the year in question and the numerator is the number of persons aged 15 or more who had ever been to the United States by that year. For people in rural areas of Mexico, 15 is a common age of school-leaving and labor force entry. When multiplied by 100, the ratio gives the percentage of people from the community with U.S. migratory experience in any given year. It is computed using data on household mem-

Figure 1: Male migration prevalence in Veracruz communities

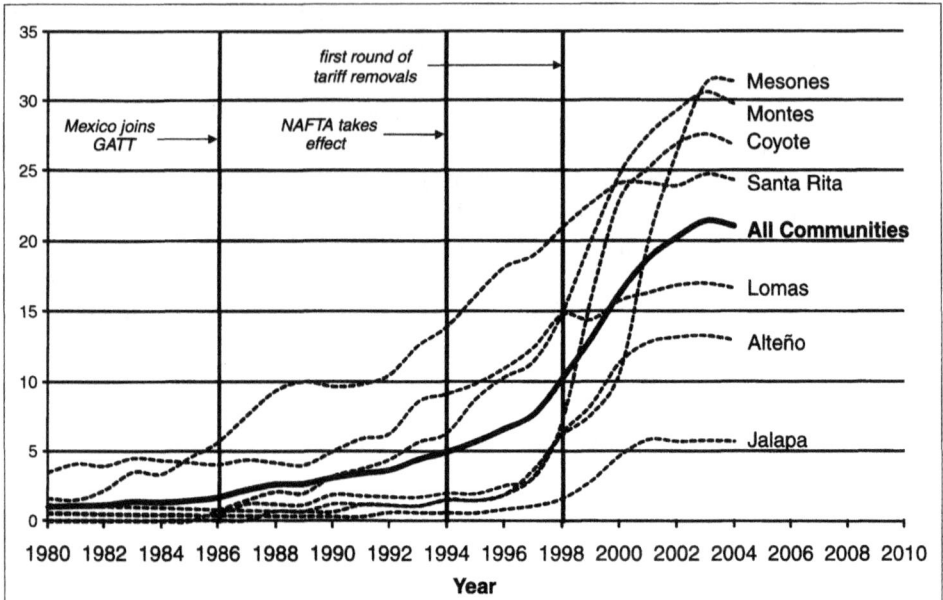

bers only, and indicates how widely migration has diffused throughout the community population.

Figure 1 plots migration prevalence ratios for males in each of the Veracruz communities from 1980 through 2004 along with key dates in the evolution of the Mexican political economy. As is visible, prior to Mexico's entry into GATT, no community participated very intensively in migration to the United States. Up through 1986, no more than five percent of all males aged 15 or more had ever been to the United States. Around this date, the agrarian community of Santa Rita experienced a sudden and rather dramatic increase in migratory prevalence, with the male prevalence ratio doubling from 5 percent to 10 percent by 1988.

As part of his package of economic reforms, President Salinas privatized Mexico's ejidos in 1992. After this date, out-migration from Santa Rita accelerated and the male prevalence ratio began a sustained increase that lasted through the year 2000, by which time around 25 percent of the town's adult males had begun migrating to the United States. In other words, during the decade and a half from 1985 to 2000 the prevalence of migration among Santa Rita's males increased by a factor of five, going from 5 percent to 25 percent in two distinct bursts, one following Mexico's entry into GATT in 1986 and the other following the privatization of ejidos in 1992.

The privatization of the ejidos was also associated with the initiation of U.S. migration from other agrarian communities in Veracruz. After remaining roughly at, or below, the 5 percent from 1980 through 1991, after 1992 male prevalence ratio began to rise sharply in Lomas and Monte. In both cases, male migratory prevalence tripled, in seven years rising to around 15 percent by 1998. Although we see little evidence of a migratory response associated with Mexico's formal entry in NAFTA in 1994, the first round of tariff removals under the treaty clearly raised the pace of out-migration and extended it to all of the other agrarian communities as well as to the city of Jalapa. Beginning around 1998, U.S. migration from the villages of Alteño, Lomas, Mesones and Coyote surged, in several cases quite dramatically. Prior to this date the migratory prevalence ratio among males had languished at around three percent. Afterward, it rose markedly in Lomas and Alteño, reaching 14 percent in the latter and 16 percent in the former.

In the communities of Mesones and Coyote, however, the surge in out-migration was nothing short of spectacular, rising from around 3 percent in 1996 to around 30 percent by 2003. In other words, in the short period between 1996 and 2003, at least a quarter all males aged 15 or more in these two communities began migrating to the United States. Early in the new millennium, communities throughout the state of Veracruz were participating heavily in regular out-migration to the United States. Even the urban center of Jalapa-home to the state government and a major university town had begun significant participation. By the year 2000, the male prevalence ratio in Jalapa for the first time exceeded 5 percent.

The foregoing analysis strongly suggests that the structural transformation of the Mexican political economy after 1986 was associated with a pronounced migratory response in the state of Veracruz, in a very short time transforming agrarian communities throughout the region from migratory backwaters that were only marginally connected to the transnational labor market into significant migrant-sending communities with high levels of male migratory participation, in many cases reaching levels that rival those in traditional migrant-sending areas in the states of west central Mexico. Very clearly, the social context within which Veracruzanos weighed the options of staying or leaving changed quite radically under neoliberalism.

2. Poland

Migration from Poland to German has a long history. It is estimated that from the late 19th century until World War I about 750 000 Poles facing increasing rural poverty migrated into the German industrial metropolises (Pallaske 2001a: 10). World War I stopped this process and between the wars emigration of Poles to Germany occurred at rather low levels. The same holds true for the period from 1945 to 1980.[1] The 1980s began with a notable increase of emigration during Poland's social and politic crisis, but this came to an abrupt end with the imposition of martial law. Owing to gradual liberalization late in the communist era, especially with regard to passport policies, numbers of emigrants began to rise again shortly thereafter, slightly at first, then growing more and more acute (Korcelli 1992: 293). During this time, tourist visas became the main gate for illegal mass emigration (Okolski 1998: 11). This process came to a climax in 1988. Soon thereafter, changing asylum policies and fixed quotas for late

---

1 Note that this does not count for the millions of displaced persons who came to Germany mainly between 1945-1950 and for the following large-scale family reunification that occurred after political liberalization in 1956 and during the second half of the 1970s (Korcelli 1994: 171 f.; Iglicka 2001: 18 ff.).

Figure 2: Migration prevalence in Polish communities

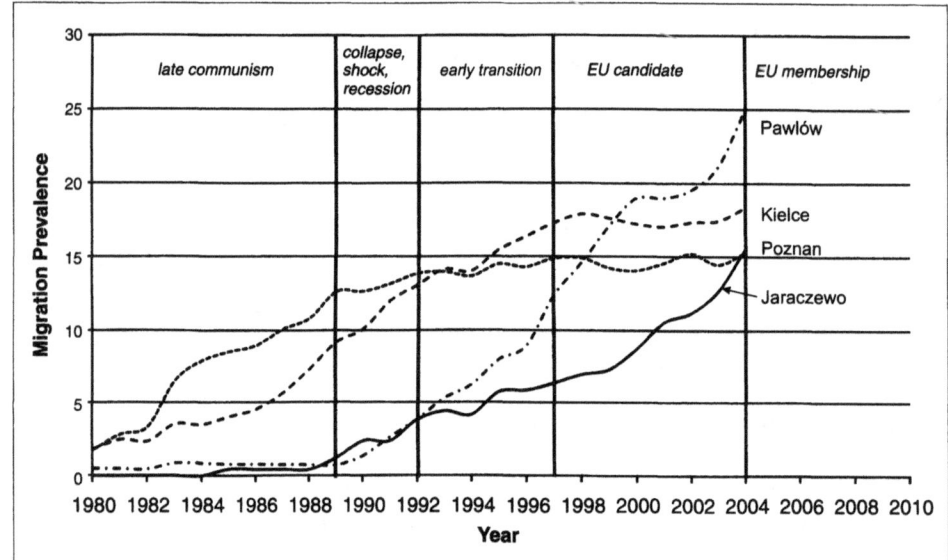

re-settlers in Germany led to a sharp decrease of permanent migration and numbers returned "back to normal" in the early 1990s (Pallaske 2001b: 125).

In the wake of these developments, temporary labor migration became the prevailing type of migration. It was facilitated by the growing demand for short-time work in Germany, especially for seasonal labor in agriculture and construction. During the 1990s and continuing into the new millennium, official numbers of temporary work grew steadily and for large portions of this period illegal forms of employment are even estimated to have exceeded the legal component (Okólski/Stola 1999: 19).

How has migration affected the selected Polish communities in the course of the above sketched structural economic changes? In order to answer this question we turned to the same method as in the Mexican case, introducing only some minor changes. Specifically, we computed migration prevalence ratios, but now for persons aged 18 or more. 18 is a more common age of school-leaving and labor force entry in Poland. The estimates rely only on respondents and not on other household members,[2] and include both males and females. To account for the stratification of the sample design, weights are used to derive correct estimates based on the population at risk.

Figure 2 shows the development of cumulated migration experience to Germany in the Polish communities over time as well as several milestones in the historical process of economic change. As is visible, two distinct patterns arise, one in the urban sector and another in the rural sector. The two cities saw notable emigration already by the 1980s. In 1989 more than 12 percent of the adult population in Poznan, and about 9 percent in Kielce, had some working experience in Germany. A closer look at the data reveals that about two thirds of all trips went to the former GDR. This form of 'so-

---

[2] The data gives hint that the migration prevalence of household members is somewhat underreported. This is why we only use the information on the respondent here.

cialist brother help' is a notable peculiarity of the Polish-German migration system (Miera 2007: 91 ff.).

In the two rural communities the take-off point for migration was clearly 1989. During the period of economic collapse, shock therapy and subsequent recession migration prevalence rose considerably in Jaraczewo and Pawlów. During this time figures increased sharply also in Kielce, while in Poznan the gradient of migration prevalence began to decline. These trends continued in the first years after recovery. Thus, in the course of the structural changes necessary to move the economy toward capitalism, migration prevalence rose considerably in Kielce, Jaraczewo and was most pronounced in Pawlów. When Poland officially became a EU candidate country in 1997 about 17 percent of the adult population in Kielce, 15 percent in Poznan, 13 percent in Pawlów and 7 percent in Jaraczewo had worked in Germany at least once.

As *Figure 2* illustrates quite clearly, the last phase in the economic transition towards EU accession in 2004 witnessed very different developments in urban and rural settings. While during this period almost no increase is apparent in Poznan and Kielce, the inclination to make a first trip from Jaraczewo or Pawlów rose even more sharply than before. In 2004 both rural communities had caught up with and even outpaced their urban neighbors in terms of migration prevalence. By the time that Poland became a member of the EU the prevalence ratio had risen to 25 percent in Pawlów and 15 percent in Jaracezewo, while the figure were 18 percent in Kielce and 17 percent in Poznan.

V. Analysis of first migration

1. Method and variables

The prevalence ratios in *Figures 1* and *2* show that structural economic change was accompanied by increasing migration from Mexican and Polish communities over time, but they do not get at the specific mechanisms by which migration was initiated and why it expanded so rapidly. In order to address this issue we undertook a multivariate analysis of the determinants of first migration. Drawing upon data compiled by the MMP's and PMP's quantitative life histories, we followed each household head year-by-year from entry into the labor force up to the survey date and predicted a dichotomous outcome that equaled 1 if the person took a first trip (to the United States and Germany, respectively) in that year and 0 otherwise, excluding all years after the first trip from the analysis. Migration in year t is then predicted using logistic regression from a set of variables defined in year $t-1$, yielding a discrete time event history analysis of first migration.

It is necessary to note that the analyses in this section, like *Figures 1* and *2* above, rely only on respondents still living in the sending country. This might lead to a certain bias because permanent, not-(yet-)returned migrants do not enter the risk sets. In the Mexican case, we know that rising border enforcement since 1986 has lengthened trips and reduced rates of return migration, especially after 1993 (Massey et al. 2002). However, because migration from Veracruz is so recent it is composed mainly of older

Table 2a: Independent variables used to predict the likelihood of taking a first trip to the United States

Independent Variable	Mean/percent	Standard Deviation	Minimum	Maximum
Community				
Jalapa	0,223			
Coyote	0,099			
Montes	0,204			
Lomas	0,107			
Mesones	0,101			
Alteño	0,165			
Santa Rita	0,112			
Demographic Status				
Female	0,158			
Age	27,36	18,17	15	93
Educational Status				
Low	0,707			
Medium	0,213			
High	0,080			
Occupational Status				
Not Employed	0,394			
Farm Worker	0,412			
Manual Worker	0,124			
Non-manual Worker	0,070			
Has Social Security	0,124			
Social Capital				
Spouse has U.S. Experience	0,003			
Other Family U.S. Experience	0,228			
Male Prevalence Ratio	7,019	6,828	1,0	21,5
U.S. Mexico Income Gap				
Ratio of Per Capita GDP	3,883	0,477	2,88	4,42
Period				
Pre-GATT 1980-1986	0,656			
Early Neoliberal 1987-1992	0,116			
Late Neoliberal 1993-2004	0,228			

males, usually household heads, rather than entire families, who remain behind to report dates of departure and other characteristics, thus minimizing the bias. In the Polish case the bias will only be small: Both numbers from official Polish Statistics as also the PMP survey data (e. g. by looking at respondents' close family members who moved abroad) indicate that the proportion of those who have left the four communities since 1980 to live permanently in Germany is extremely low.

The independent variables used in the analysis of out-migration are summarized in *Tables 2a* and *2b*. Dummy variables representing each of the communities are used to control for community-level fixed effects. We also control for the respondent's demographic background by measuring age and gender. More interesting theoretically are variables considered important by neoclassical economics. Our leading measure of human capital is education, which we measure categorically by dividing respondents into three groups: low, medium, and high education. In the Mexican data the low education category included those with under nine years of schooling, the medium category included those with 9-15 years of schooling and the high category include those with 16 or more years of schooling (i. e. college graduates). In the Polish data high education means a university degree, medium education means that the respondent has fin-

Table 2b: Independent variables used to predict the likelihood of taking a first trip to Germany

Independent variable	Mean/ percent	Standard Deviation	Minimum	Maximum	Mean/ percent (design-weighted)
Community					
Jaraczewo	0,210				0,217
Poznan	0,218				0,215
Pawlów	0,287				0,291
Kielce	0,285				0,277
Demographic					
Female	0,467				0,522
Age	34,116	10,964	17	67	34,705
Educational Status					
Low	0,455				0,441
Medium	0,351				0,366
High	0,194				0,193
Occupational Status					
Not Employed	0,517				0,512
Farm Worker	0,064				0,071
Manual Worker	0,195				0,175
Non-Manual Worker	0,223				0,243
Has Social Security	0,363				0,362
Social Capital					
Spouse has Germany experience	0,040				0,038
Other Family Germany experience	0,067				0,060
Male Prevalence Ratio	9,950	6,629	0	25	9,859
Germany-Poland Poland Income Gap					
Ratio of Per Capita GDP	3,160	0,323	2,6	3,8	3,158
Period					
Late Communism	0,274				0,278
Collapse, Shock, Recession	0,153				0,151
Early Transition, PreEU	0,172				0,169
EU Candidate	0,348				0,347
EU Member	0,054				0,055

ished upper secondary school, while the category low comprises all other types with less years of schooling (primary school, vocational school).

We measured each respondent's access to local employment using a dummy variable that equaled 1 if the person was employed in year t – 1 and 0 otherwise. Among those who were employed, we included a classification by occupational status, dividing the sample into three categories corresponding roughly to occupational skill. Farm workers held jobs in the agricultural sector, manual workers included operatives, skilled and unskilled laborers and personal service workers and non-manual workers included those in sales as well as those in managerial, technical, or professional categories.[3] We also included an indicator of whether or not the respondent's job included social security coverage, thereby indicating employment in the formal economy.

---

3 In the Polish data occupations were classified according to the International Standard Classification of Occupations ISCO-88. One-digit codes 1-5 were classified as "non-manual", 6 as farm workers, and 7-9 as manual workers. Members of the armed forces are not present in the data set.

To indicate relative access to migration-specific social capital, we include a dummy variable for whether or not a respondent's spouse had been to the United States by year t − 1, and another indicating whether or not any member of the respondent's immediate family (parents, children, or siblings) had migrated by year t − 1. We also include the overall migratory prevalence ratio in year t − 1 as a measure of the overall level of migratory experience that has accumulated in the community as a whole.

In order, to measure the incentives for migration emanating from the receiving society, we computed the ratio of per capita GDP in the receiving society (the United States or Germany) to that in the sending society (Mexico or Poland). These data were obtained from the Penn World Tables Version 6.2, which measure GDP in U.S. dollars adjusted for purchasing power parity (see Heston et al. 2006). Thus our measure of the relative gain to be had from migration controls for differences in relative cost of living across countries.

According to the means reported in *Table 2a,* during the typical person year observed from 1980 to 2004 in the Mexican sample the average respondent was 27 years old and around 16 percent were female. Most fell into the low educational category, with 71 percent reporting less than nine years of education. Only 21 percent and 8 percent reported medium and high levels of education, respectively. Unemployment was rather high, with about 39 percent of respondents not holding a job during the average person year (most of the jobless, however, were females). The largest occupational category was farm worker, followed by manual and then non-manual occupations and around 12 percent held formal sector jobs that were covered by the Mexican social security system. On average, per capita GDP in the United States was around 3,9 times that in Mexico, with a range from 2,9 to 4,4.

In the Polish data (see *Table 2b*) the mean age over all person years underlying the analyses is 34, thus somewhat higher than in the Mexican case because the event histories begin at age 18 rather than 15. Given that the sampling in Poland was on all adult residents rather than household heads and the fact that Mexican culture is quite patriarchal, the share of females is much higher among Poles (47 percent). Over all person years 46 percent of the respondents fall into the category of low education, 35 percent into the medium one, and 19 percent into the high one. In the majority of person years (52 percent) under consideration, the respondent was not employed the year before. Among those who were employed, most belonged to the category of non-manual workers, followed by manual workers. 36 percent of all respondents had social security coverage. Although the means in the first column of *Table 2b* are not design-weighted, the weighted means deviate only slightly and are given in the last column. On average, per capita GDP in Germany was around 3,2 and ranged from a low of 2,6 to a high of 3,8 over the range of years considered.

2. Determinants of first migration from Veracruz to the U.S.

Table 3 presents estimates of three discrete-time event history models. The two columns on the left-hand side of the table estimate a model for all person years. It includes cumulative contrasts to capture the transition between three periods: the first

Table 3: Discrete time event history analysis predicting first trip to the United States by household heads for person years lived since 1980

Independent Variables	All Years B	All Years SE	Years from 1980 to 1992 B	Years from 1980 to 1992 SE	Years from 1993 to 2004 B	Years from 1993 to 2004 SE
Community						
Jalapa	—	—	—	—	—	—
Coyote	1.126**	0.417	1.203	1.301	1.125**	0.445
Montes	1.201***	0.373	1.331	1.179	1.207***	0.397
Lomas	0.529	0.499	2.214+	1.206	0.137	0.586
Mesones	1.028**	0.414	1.264	1.289	1.004**	0.441
Alteño	0.536	0.408	1.053	1.247	0.501	0.434
Santa Rita	1.233**	0.398	2.848**	1.099	0.766+	0.457
Demographic Status						
Female	−1.679*	0.733	—	—	−1.570**	0.744
Age	0.117*	0.052	0.107	0.136	0.144**	0.064
Age Squared	−0.003***	0.001	−0.003	0.002	−0.003***	0.001
Educational Status						
Low	—	—	—	—	—	—
Medium	0.072	0.290	−0.155	0.671	0.106	0.324
High	−0.973	1.015	−1.643	3.216	−0.742	1.019
Occupational Status						
Not Employed	—	—	—	—	—	—
Farm Worker	0.686	0.503	1.671	1.118	0.500	0.566
Manual Worker	0.710	0.506	1.860	1.175	0.462	0.561
Non-manual Worker	0.714	0.538	2.231+	1.253	0.392	0.594
Has Social Security	−0.100	0.263	0.048	0.568	−0.104	0.269
Social Capital						
Spouse has U.S. Experience	1.058**	0.543	1.582	1.125	1.034+	0.625
Other Family U.S. Experience	0.305	0.294	0.643	0.647	0.253	0.331
Male Prevalence Ratio	0.046**	0.017	0.430	0.366	0.042*	0.018
U.S.-Mexico Income Gap						
Ratio of Per Capita GDP (PPP $)	1.102	0.680	0.675	0.931	1.144	0.850

Table 3 (continued)

Independent Variables	All Years		Years from 1980 to 1992		Years from 1993 to 2004	
	B	SE	B	SE	B	SE
Period (cumulative contrasts)						
≥ 1987 (Early Neoliberal)	0,250	0,607	–	–	–	–
≥ 1993 (Late Neoliberal)	0,878**	0,347	–	–	–	–
Intercept	–12,835***	2,421	–13,190***	3,514	–12,105***	1,894
Log Likelihood	–1751,11		–334,47			
Chi-Squared	172,04***		48,43**	155,11***		
Number of Person Years	23229		12179		11050	

+ p < 0,10; * p < 0,05; ** p < 0,01; *** p < 0,001.

variable indicates the switch from the pre-GATT period (1980 through 1986) to the early neoliberal period (from 1987 up to the privatization of the ejidos in 1992), the second variable the step to the late neoliberal period afterward, which includes the joining of NAFTA in 1994 and the removal of agricultural tariffs in 1998. Research by del Rey Poveda (2007) suggests that the ejido privatization of 1992 was a major dividing line in the evolution of economic conditions in Veracruz. Coefficients associated with these period variables generally confirm the significance of the shift in migration probabilities associated with the shift to neoliberalism. Compared with the pre-GATT era, the odds of migration rose very slightly 28 percent during the early neoliberal period before 1987 ($e^{0.250} = 1{,}28$) but then jumped by a factor of nearly two and a half during the later neoliberal period following the privatization of communal farmlands ($e^{0.878} = 2{,}41$).

In the next two sets of columns, we show the model estimated separately before and after the year 1992, when Mexico's ejidos were privatized. The middle two columns show estimates for the period 1980 through 1992. These data reveal no significant individual-level determinants of out-migration to the United States and few differences between communities with respect to the propensity to migrate internationally. There is no evidence, for example, of significant socioeconomic selection and only the two communities of Santa Rita, the earliest responder to structural economic changes, and Lomas, another agricultural village, displayed significantly greater propensities of out-migration. The only other variable to attain even marginal significance was being a non-manual worker, suggesting that apart from fixed effects associated with these two communities the process of out-migration was largely random (however, the number of female migrants was too small to estimate a reliable effect of gender).

The right-hand columns of *Table 3* show the same analysis for person years observed after 1992. Compared to the earlier model, out-migration becomes considerably more selective with respect to theoretically expected variables. At the individual level, the odds of leaving show the expected curvilinear effect with respect to age, rising to peak in the young labor force ages before falling again and as one would expect, the process of emigration is also highly selective of males. Economic theory also hypothesizes selectivity with respect to human capital, but neither education nor occupational skill appears to predict out-migration, either before or after 1992. Likewise, at the macro level, migration is not significantly predicted by the GDP ratio, though the effect size is somewhat larger than in the earlier period. In general, the model suggests the relevance of other motivations for migration besides the desire to maximize earnings, such as the need to overcome failures in capital, credit, or insurance markets, as predicted by the New Economics of Labor Migration.

Holding constant the effects of age and gender, we also observe strong effects of social capital. Having a spouse with prior U.S. experience increases the likelihood of out-migration substantially, though because of the relatively large standard error the effect is only significant at the 10 percent level. The effect of migratory prevalence is more precisely estimated and more highly significant. As expected, the greater the number of males aged 15 or more in their community who have ever been to the United States in year $t - 1$, the greater the odds of taking a first trip in year t.

Even after controlling for this important community-level variable, four of the six community indicators attain clear statistical significance, suggesting that the likelihood of emigration was raised for all residents of these communities irrespective of their personal characteristics. Thus, external shocks associated with Mexico's shift from import substitution industrialization to neoliberalism appear to have brought about a wholesale transformation of the calculus of migrant decision-making in rural communities Veracruz. Before the privatization of the ejidos in 1992, out-migration was limited to one or perhaps two communities and apart from these fixed effects was largely random and unselective. Afterward, out-migration to the United States not only increased, but became selective with respect to age, gender, and social capital while spreading to a majority of the rural communities around Jalapa.

3. Determinants of first migration from Poland to Germany

The results of comparable models analyzing the risk of taking a first trip from the Polish communities to Germany are given in *Table 4*. The first two columns on the left hand side give coefficients and standard errors for a model that uses all person years available between 1980 and 2004 (n=10548). These estimates reveal that the risk of becoming a migrant in that period is much lower for females and shows the typical age-selectivity expected from human capital theory. While there is no selectivity with respect to education when looking over the total time span, occupational status in year $t-1$ turns out to be an important determinant. Being employed, especially in non-manual work, clearly reduces the risk of becoming a migrant. Other than human capital, social capital is also an important factor fostering out-migration. Access to migratory experience through close family ties and through migratory prevalence in the community both significantly raise the odds of taking a first trip.

The dynamics of emigration from Poland to Germany sketched in *Figure 2*, however, can not be explained by compositional effects related to human capital and social capital arguments alone. Strong period effects remain even after controlling for these variables. Hazard rates rose strongly and significantly with the collapse in 1989 and during the subsequent shock therapy. The period of recovery (1993-1996) led only to a modest decline and the baseline risk stayed almost the same in the phase of being an EU-candidate country (1997-2003). In 2004, however, the odds of emigration rose sharply once again as Poland joined the EU. Compared with the earlier period, the hazard rate more than doubled ($e^{0,772} = 2,2$), the increase being significant even given the relative low number of person years available under EU membership. Note that this holds true controlling for the general income gap between Poland and Germany, which turns out to be of no importance in this model. It is also worth noting, that a continuous time variable, modeling more gradual change would not add significantly to the model and the cumulative contrasts would stay nearly unchanged when including it. Thus the increase in migration propensities appears to have happened indeed 'shock-like' rather than little by little in the course of the transformation process.

The process of structural economic change captured by the period variables not only had an additive effect on the occurrence of migration, but also fundamentally

Table 4: Discrete time event history analysis predicting first trip to Germany by Polish residents for person years lived since 1980.

Independent Variables	All Years B	All Years SE	Years from 1980 to 1992 B	Years from 1980 to 1992 SE	Years from 1993 to 2004 B	Years from 1993 to 2004 SE
Community						
Jaraczewo	–	–	–	–	–	–
Poznan	-0,157	0,258	1,258*	0,510	-0,636+	0,355
Pawlów	0,168	0,200	-0,070	0,453	0,409	0,271
Kielce	0,237	0,244	1,215**	0,439	0,242	0,354
Demographic						
Female	-0,618***	0,129	-0,991***	0,245	-0,416**	0,158
Age	0,213***	0,042	0,183*	0,092	0,183***	0,050
Age Squared	-0,003***	0,001	-0,003+	0,001	-0,003***	0,001
Educational Status						
Low	–	–	–	–	–	–
Medium	-0,128	0,150	0,078	0,263	-0,229	0,184
High	0,120	0,193	0,553+	0,288	-0,156	0,266
Occupational Status						
Not Employed	–	–	–	–	–	–
Farm Worker	-0,535+	0,289	-1,196	1,033	-0,438	0,309
Manual Worker	-0,339	0,335	-0,015	0,532	-0,411	0,435
Non-Manual Worker	-1,203***	0,331	-0,403	0,498	-1,476***	0,453
Has Social Security	0,244	0,314	-0,071	0,485	0,386	0,415
Social Capital						
Spouse has Germany experience	0,114	0,325	-0,881	1,029	0,264	0,348
Other Family Germany experience	0,463*	0,214	0,143	0,490	0,595*	0,241
Prevalence Ratio	0,053*	0,021	-0,000	0,045	0,015	0,031
Germany-Poland Income Gap						
Ratio of Per Capita GDP (PPP Dollars)	-0,239	0,402	1,187*	0,492	-1,192**	0,458

Table 4 (continued)

Independent Variables	All Years		Years from 1980 to 1992		Years from 1993 to 2004	
	B	SE	B	SE	B	SE
Period (cumulative contrasts)						
≥ 1989 (Collapse, Shock, Recession)	0,804**	0,289				
≥ 1993 (Early Transition, PreEU)	−0,189	0,225				
≥ 1997 (EU Candidate)	0,084	0,283				
≥ 2004 (EU member)	0,772***	0,241				
Intercept	−6,432***	1,436	−11,183***	2,233	−1,770	1,726
Log-Likelihood	−1275,1		−460,7		−788,1	
Chi-Squared	212,4		90,3		143,8	
Number of Person Years	10548		5198		5350	

changed the relevance of other underlying mechanisms. This becomes obvious when contrasting equation estimates from the early period 1980-1992 to those from the later period 1993 onwards (see next two sets of columns in *Table 4*). As already indicated in *Figure 2* the high risk areas switched from the urban to the rural contexts: controlling for the other variables residents of Poznan experienced greater risks of migration than those in the reference community of Jaraczewo during the first thirteen years under consideration, but significantly lower risks in the last twelve. Likewise, for Kielce the sign has changed (significantly) from being positive to negative.

Contrasting the two models also shows that from the first half to the second half of the transition period females became more involved into migration and that migration changed from being positively selective to being slightly negatively selective with respect to education and differences for both the gender coefficient and the high education coefficient between the two modes are significant ($p < 0,05$). When comparing the coefficients of occupational status indicators one also finds some interesting changes, but owing to the high standard errors one should be cautious not to overinterpret these. In addition to that, there seems to be a clear signal that social capital has become more important over time. Although the differences are not significant at 5 percent-level, the coefficients of all three indicators have moved in a positive direction from the period 1980-1992 to the period 1993-2004. Finally, there is an interesting and important shift in the influence the income gap. The coefficient is significantly positive until 1992, but significantly negative from 1993 onwards. This reflects the fact that the income was widening in the first period and narrowing in the second. Yet all of the time migration probabilities were steadily rising. This can, thus, in no way be attributed to the development of the general income gap.

As the analyses in *Table 4* clearly indicate, the shift from Poland of being a communist country of central planning to a market economy integrated as a full member in the European Union has not only abruptly involved more and more residents into migration, but also fundamentally changed the selectivity of those who elected to become migrants.

VI. Conclusion: similarities and differences

Although Mexico and Poland occupied very different positions in the world's post-war political economy, their trajectories of economic development and international migration display many salient parallels. In this analysis, we systematically compared both cases to discern similarities and differences in the basic mechanisms by which international migration is initiated, taking advantage of reliable longitudinal data gathered by the Mexican Migration Project and the Polish Migration Project, both of which provide rich labor and migration histories and measurement of key independent variables specified by prominent theories of migration. Above all, the Mexican and Polish data are, apart from minor country-specific adaptations, almost perfectly comparable. As a result, we were able to run exactly the same analyses for the Mexican-U.S. case and the Polish-German case and thereby deliver a unique contribution to empirical research on migration.

Our comparison reveals that in both settings period effects associated with the onset of structural adjustment remain significant in predicting out-migration, even when controlling for a set of standard variables usually associated with migration propensity. Thus shocks connected to the process of transition to the market appear to have an independent exogenous effect on the taking of working trips to the United States and Germany, apart from the standard mechanisms put forth by theorists to account for migration dynamics. This conclusion seems all the more justified as migratory prevalence in the community and the size of the binational income gap are already controlled, thus holding constant two key determinants that also vary over time. As might be expected, however, the residual period effects are stronger in Poland, which of course shifted from a full-blown socialist to a capitalist economy, whereas Mexico only went from a state-led to a private-led model of capitalist development.

The two contexts also exhibit a variety of further salient differences and the effect of structural economic change seems to play out somewhat different ways. First of all, the structural shift was associated with very different patterns of macroeconomic performance in each context. In Poland the period prior to 1992 was associated with a monotonically rising income gap with respect to Germany, while afterward the income gap steadily fell. As a result, the coefficient associated with the income gap was positive in the pre-adjustment period and negative afterward. In contrast, Mexico's income with respect to the United States fluctuated before 1992, with the gap falling from 1980 to 1982, then rising from 1982 to 1989 before falling again until 1992, after which the income gap steadily increased. In other words, whereas structural adjustment in Poland was associated with a declining income gap that in Mexico was associated with a growing gap

Controlling for the GDP ratio and breaking the sample into two periods essentially eliminated the effect of migration prevalence in the before-and-after regressions for Poland. In Mexico, however, the more independent trajectories of prevalence and income yielded a significant effect of social capital after the onset of structural adjustment. In Mexico emigration grew more selective with respect to migratory prevalence in the community, whereas in Poland it did not.

Although emigration was not selective with respect to education in either country, before or after structural adjustment, in Poland emigration did grow more selective with respect to occupational skill in the wake of the market transition. Whereas there were no differences in the odds of out-migration among Poles before 1992, afterward nonmanual workers displayed markedly lower likelihoods of departure. Likewise, having a family member with German migratory experience became an important predictor of migration after adjustment, whereas it had no effect before. However, unlike the Mexican case, out-migration was selective with respect to age and gender in both periods.

To a greater extent than in Mexico, the effect of structural adjustment seemed to operate exogenously in Poland; yielding a massive shock that significantly raised the odds of out-migration. It also changed the characteristics of the migrants, involving females and lower educated much stronger in more recent years. Following the general reasoning of Borjas (1994), this shift in selectivity could have something to do with increasing income inequality Poland after the early 1990s. In Mexico structural adjustment promoted migration increasing the susceptibility of certain kinds of people to international movement, raising the odds of migration among working age men with access to social capital and increasing the rate of out-migration from certain specific rural communities. Whatever the differences in detail, however, our analysis clearly shows that structural transformations associated with the shift toward market development tend to produce out-migrants, at least in the short term. Rather than stemming from a lack of economic development, international migration often follows directly from development itself.

References

Balcerowicz, Leszek, 1995: Socialism, Capitalism, Transformation. Budapest: Central European University Press.
Bharat-Ram, Vinay, 1994: Towards a Theory of Import Substitution, Exchange Rates, and Economic Development. New York: Oxford University Press.
Borjas, George J., 1994: The Economics of Immigration, in: Journal of Economic Literature 32, 1667-1717.
Borzutzky, Silvia/Kranidis, Emmanuel, 2005: A Struggle for Survival: The Polish Agricultural Sector from Communism to EU Accession, in: East European Politics and Societies 19, 614-654.
Cardoso, Lawrence, 1980: Mexican Emigration to the United States 1897-1931. Tucson: University of Arizona Press.
Centeno, Miguel Angel, 1994: Democracy within Reason: Technocratic Revolution in Mexico. University Park: Pennsylvania State University Press.
Coleman, James S., 1990: Foundations of Social Theory. Cambridge, Mass.: Belknap Press.
De Ferranti, David M./Perry, Guillermo E./Ferreira, Francisco H. G./Walton, Michael, 2004: Inequality in Latin America: Breaking With History? Washington, DC: The World Bank.
De Jong, Gordon F./Fawcett, James T., 1981: Motivations for Migration: An Assessment and a Value-Expectancy Research Model, in: *De Jong, Gordon F./Gardner, Robert W.* (eds.), Migration Decision Making. New York: Pergamon Press, 13-58.
Duberstein, John, 2006: A Velvet Revolution: Vaclav Havel and the Fall of Communism. Greensboro, NC: Morgan Reynolds Publishing.
Durand, Jorge, 1998: Nuevas Regiones Migratorias, in: *Zenteno, René M.* (Hrsg.), Población, desarrollo y globalización. V Reunión de Investigación Socio-Demográfica en México, Vol. 2. México, DF: Sociedad Mexicana de Demografía-El Colegio de la Frontera Norte, 101-115.
Durand, Jorge/Massey, Douglas S., 2003. Clandestinos: Migración México-Estados Unidos en los Albores del Siglo XXI. México, DF: Editorial Porrúa.
Durand, Jorge/Massey, Douglas S., 2004: The Mexican Migration Project, in: *Durand, Jorge/Massey, Douglas S.* (eds.), Crossing the Border: Research from the Mexican Migration Project. New York: Russell Sage Foundation, 321-336.
Felix, David, 1986: Import Substitution and Late Industrialization: Latin America and Asia Compared. Ithaca: Cornell University Press.
Fiscia, August B./Kovacs, J. L. T., 1994: Beyond the Lost Decade: Debt and Development in Latin America. New York: Perseus.
Goodwyn, Lawrence, 1991: Breaking the Barrier: The Rise of Solidarity in Poland. New York: Oxford University Press.
Hatton, Timothy/Williamson, Jeffrey G., 2006: Global Migration and the World Economy. Cambridge: MIT Press.
Hart, John M., 1989: Revolutionary Mexico: The Coming and Process of the Mexican Revolution. Berkeley: University of California Press.
Heston, Alan/Summers, Robert/Aten, Bettina, 2006: Penn World Table Version 6.2, Center for International Comparisons of Production, Income and Prices, University of Pennsylvania, September 2006, Philadelphia, in: http://pwt.econ.upenn.edu/.

Iglicka, Krystyna, 2001: Poland's Post-War Dynamic of Migration. Burlington, VT: Ashgate.
Iglicka, Krystyna/Sword, Keith, 1999: The Challenge of East-West Migration for Poland. New York: St. Martin's Press.
Jazwinska, Ewa/Okolski, Marek, 1996: Causes and Consequences of Migration from Central and Eastern Europe. Warsaw: Institute for Social Studies, University of Warsaw.
Kalter, Frank, 1997: Wohnortwechsel in Deutschland. Opladen: Leske + Budrich.
Keane, Michael P./Prasad, Eswar S., 2001: Poland: Inequality, Transfers, and Growth in Transition, in: Finance and Development 38, 50-53.
Korcelli, Piotr, 1992: International Migrations in Europe: Polish Perspectives for the 1990s, in: International Migration Review 26, 292-304.
Korcelli, Piotr, 1994: Emigration from Poland after 1945, in: Fassmann, Heinz/Münz, Rainer (eds.), European Migration in the Late Twentieth Century. Laxenburg: IIASA, 171-185.
Lane, Timothy D., 1992: Transforming Poland's Economy, in: Finance and Development 29, 10-13.
Liang, Zai, 1999: Foreign Investment, Economic Growth, and Temporary Migration: The Case of Shenzhen Economic Zone, China, in: Development and Society 28, 115-137.
Liang, Zai, 2001: The Age of Migration in China, in: Population and Development Review 27, 499-524.
Liang, Zai, 2004: Patterns of Migration and Occupational Attainment in China: 1985-1990, in: Development and Society 33, 251-274.
Lipton, David/Sachs, Jeffrey, 1990: Creating a Market Economy in Eastern Europe: The Case of Poland, in: Brookings Papers on Economic Activity 1, 75-133.
MacDonald, John S./MacDonald, Leatrice D., 1964: Chain Migration Ethnic Neighborhood Formation and Social Networks, in: The Milbank Memorial Fund Quarterly 42, 82-97.
Markiewicz, Dana, 1980: Ejido Organization in Mexico: 1934-1976. Los Angeles: UCLA Latin American Center Publications.
Marti, Michael E., 2002: China and the Legacy of Deng Xiaoping: From Communist Revolution to Capitalist Evolution. Dulles, VA: Potomac Books.
Massey, Douglas S., 1987: The Ethnosurvey in Theory and Practice, in: International Migration Review 21, 1498-1522.
Massey, Douglas S., 1990: Social Structure, Household Strategies, and the Cumulative Causation of Migration, in: Population Index 56, 3-26.
Massey, Douglas S., 1999: When Surveys Fail: An Alternative Approach to Studying Illegal Migration, in: Stone, Arthur A. et al. (eds.), The Science of the Self-Report: Implications for Research and Practice. New York: Erlbaum Press, 145-160.
Massey, Douglas S./Alarcón, Rafael/Durand, Jorge/González, Humberto, 1987: Return to Aztlan: The Social Process of International Migration from Western Mexico. Berkeley: University of California Press.
Massey, Douglas S./Arango, Joaquin/Graeme, Hugo/Kouaouci, Ali/Pellegrino, Adela/Tylor, J. Edward, 1998: Worlds in Motion: International Migration at the End of the Millennium. Oxford: Oxford University Press.
Massey, Douglas S./Capoferro, Chiara, 2004: Measuring Undocumented Migration, in: International Migration Review 38, 1075-1102.
Massey, Douglas S./Espinosa, Kristin E., 1997: What's Driving Mexico-U.S. Migration? A Theoretical, Empirical and Policy Analysis, in: American Journal of Sociology 102, 939-999.
Massey, Douglas S./Durand, Jorge/Malone, Nolan J., 2002: Beyond Smoke and Mirrors: Mexican Immigration in an Age of Economic Integration. New York: Russell Sage Foundation.
Massey, Douglas S./Goldring, Luin P./Durand, Jorge, 1994: Continuities in Transnational Migration: An Analysis of 19 Communities, in: American Journal of Sociology 99, 1492-1532.
Massey, Douglas S./Taylor, J. Edward, 2004: Back to the Future: Immigration Research, Immigration Policy, and Globalization in the 21st Century, in: Massey, Douglas S./Taylor, J. Edward (eds.), International Migration: Prospects and Policies in a Global Market. Oxford: Oxford University Press, 15-34.
Massey, Douglas S./Zenteno, René, 1999: The Dynamics of Mass Migration, in: Proceedings of the National Academy of Sciences 96 (8), 5328-5335.

Massey, Douglas S./Zenteno, René, 2000: A Validation of the Ethnosurvey: The Case of Mexico-U.S. Migration, in: International Migration Review 34, 765-92.
Miera, Frauke, 2007: Polski Berlin. Migration aus Polen nach Berlin. Münster: Westfälisches Dampfboot.
Okólski, Marek, 1998: Poland's Population and Population Movements: An Overview, in: *Freijka, Tomas/Okólski, Marek/Sword, Keith* (eds.), In-Depth Studies on Migration in Central and Eastern Europe: The Case of Poland. New York and Geneva: United Nations, 9-24.
Okólski, Marek/Stola, Dariusz, 1999: Migration between Poland and the European Union: The Perspective of Poland's Membership of EU. ISS Working Paper 25. Warsaw.
Pallaske, Christoph, 2001a: Die Migration von Polen nach Deutschland. Ein europäisches Migrationssystem, in: *Pallaske, Christoph* (Hrsg.), Die Migration von Polen nach Deutschland. Baden-Baden: Nomos, 9-18.
Pallaske, Christoph, 2001b: Die Migration aus Polen in die Bundesrepublik Deutschland in den 1980er und 1990er Jahren, in: *Pallaske, Christoph* (Hrsg.), Die Migration von Polen nach Deutschland. Baden-Baden: Nomos, 123-140.
Portes, Alejandro, 1997: Neoliberalism and the Sociology of Development: Emerging Trends and Unanticipated Facts, in: Population and Development Review 23, 229-261.
Portes, Alejandro/Hoffman, Kelly, 2003: Latin American Class Structures: Their Composition and Change during the Neoliberal Era, in: Latin American Research Review 38, 41-82.
Portes, Alejandro/Walton, John, 1981: Labor, Class, and the International System. New York: Academic Press.
Poznanski, Kazimierz Z., 1996: Poland's Protracted Transition. Institutional Chance and Economic Growth 1970-1994. Cambridge: Cambridge University Press.
Rey Poveda, Alberto del, 2007: Determinants and Consequences of Internal and International Migration: The Case of Rural Populations in the South of Veracruz, Mexico, in: Demographic Research 16(10), 287-314.
Sassen, Saskia, 1988: The Mobility of Labor and Capital: A Study in International Investment and Labor Flow. Cambridge: Cambridge University Press.
Sassen, Saskia, 1991: The Global City: New York, London, Tokyo. Princeton, N.J.: Princeton University Press.
Simon, Herbert A., 1957: Models of Man. New York: Wiley.
Sipaviciene, Audra, 1997: International Migration in Lithuania: Causes, Consequences, Strategy. Geneva: United Nations Economic Commission for Europe.
Sjaastad, Larry A., 1962: The Costs and Returns of Human Migration, in: The Journal of Political Economy 70, 80-93.
Speare, Alden Jr., 1971: A Cost-Benefit Model of Rural to Urban Migration in Taiwan, in: Population Studies 25, 117-130.
Stark, Oded, 1991: The Migration of Labor. Cambridge: Basil Blackwell.
Tames, Richard, 2001: Turning Points in History: The Fall of the Berlin Wall. Portsmouth, NH: Heinemann Educational Books.
Walker, Edward W., 2003: Dissolution: Sovereignty and the Breakup of the Soviet Union. Lanham, MD: Rowman and Littlefield.
Williamson, John, 1990: What Washington Means by Policy Reformm, Kap. 2, in: *Williamson, John* (ed.), Latin American Adjustment: How Much Has Happened? Washington, DC: Institute for International Economics.
Zlotnik, Hania, 1998: International Migration 1965-1996: An Overview, in: Population and Development Review 24, 429-468.
Zlotnik, Hania, 2004: Population Growth and International Migration, in: *Massey, Douglas S./Taylor, J. Edward* (eds.), International Migration: Prospects and Policies in a Global Market. Oxford: Oxford University Press, 15-34.

Correspondence: Prof. Dr. Frank Kalter, Universität Leipzig, Institut für Soziologie, Beethovenstr. 15, 04107 Leipzig
E-Mail: Fkalter@sozio.uni-leipzig.de

REGIONALER KONTEXT UND MIGRATIONSENTSCHEIDUNGEN IM LEBENSVERLAUF

Johannes Huinink und Stefanie Kley

Zusammenfassung: Generell kann man davon ausgehen, dass die vergleichende Einschätzung regionaler Opportunitäten für die Herstellung individueller Wohlfahrt bei Migrationsentscheidungen eine wichtige Rolle spielt. Ausgehend von einer lebenslauftheoretischen Perspektive und auf der Grundlage einer modifizierten Version des Wert-Erwartungs-Modells werden in diesem Beitrag differenzierte Thesen zum Stellenwert regionaler Lebensbedingungen im Migrationsprozess formuliert. Sie behaupten zum einen, dass die Bedeutung regionaler Disparitäten von der spezifischen Lebensphase abhängt. Zum anderen sollten Opportunitäten für den Anstoß von Wegzugsgedanken und als Auslöser für Wegzugspläne in verschiedenen Lebensbereichen unterschiedlich relevant sein. Mit Daten aus einer Befragung, die unter den 18- bis 50-jährigen Bewohnern von Freiburg und Magdeburg durchgeführt wurde, werden diese Hypothesen einer empirischen Prüfung unterzogen. Die Einschätzung, dass familienrelevante Lebensbedingungen andernorts besser sind, begünstigt bei Befragten in der frühen Familienphase sowohl Migrationsgedanken wie auch den Übergang zu Fortzugsplänen. Andernorts besser eingeschätzte Bedingungen, bezogen auf den beruflichen Bereich, sind zwar für das Aufkommen von Migrationsgedanken relevant, Migrationspläne werden aber erst dann in Angriff genommen, wenn ein beruflicher Wechsel bevorsteht. Die Ergebnisse begründen, dass Migrationsentscheidungen stärker in Wechselwirkung mit biografischen Ereignissen zu modellieren sind, als es in der bisherigen Forschung geschehen ist.

I. Einleitung

Theoretische Erklärungsansätze der Migrationsforschung berücksichtigten von Anfang an regionale Merkmale in der einen oder anderen Form. Ravenstein (1972), der vielen als Gründervater der modernen Migrationsforschung gilt, stellte fest, dass die Hauptwanderungsströmung seiner Zeit auf die großen Industrie- und Handelszentren zielte. Als Ursachen dafür vermutete er Überbevölkerung, soziale Unterdrückung und Zwang, regional unterschiedlich hohe Besteuerung und klimatische Bedingungen. In den klassischen makroökonomischen Modellen stehen wirtschaftliche Opportunitäten eines Ortes, die sich etwa im Lohnniveau oder der Arbeitslosenquote ausdrücken, im Mittelpunkt der Modellierung von Wanderungsströmen (z. B. Hicks 1963; Todaro 1969). Wie sich regionale Faktoren genau auf Migrationsentscheidungen von Akteuren auswirken, wird in solchen makroanalytischen Ansätzen allerdings nicht betrachtet. Um darüber Aussagen machen zu können, muss die individuelle Entscheidungs- und Handlungsebene einbezogen werden, auf der regionale Faktoren als ein Teil der Opportunitätsstruktur von Akteuren berücksichtigt werden. Verschiedene Beiträge zur Migrationsforschung der letzten Jahrzehnte belegen die Fruchtbarkeit eines solchen Vorgehens (z. B. Kalter 1997; Vanberg 1971; Wagner 1989).

Ziel dieses Beitrags ist es daher, auf der Basis eines mikrofundierten Konzepts die Relevanz regionaler Kontexte für eine Migrationsentscheidung zu begründen und empirisch zu überprüfen. Mit „Migration" bezeichnen wir im Folgenden ganz allgemein den Wechsel eines Wohnortes. Wir rekurrieren dazu auf verschiedene theoretische Vorarbeiten. Für das handlungstheoretische Fundament verbinden wir die Annahme, dass jeder Akteur nach seinen subjektiven Maßstäben möglichst effizient Ziele zu verwirklichen sucht (Wohlfahrtsproduktion), die ihm die Befriedigung grundlegender Bedürfnisse gewähren (Esser 1999; Lindenberg 1990), mit Überlegungen zur „Nützlichkeit" der lokalen Lebensbedingungen für die individuelle Wohlfahrtsproduktion (Wolpert 1965, 1966). Dabei betrachten wir die Migrationsentscheidung und die räumliche Mobilität von Akteuren als integralen Bestandteil ihres Lebenslaufs, der in einer engen Wechselbeziehung zu anderen Lebensbereichen steht (Huinink 2005; Wagner 1989). Wir greifen schließlich den Vorschlag auf, den Entscheidungsprozess zur Migration in mehrere Stufen zu untergliedern: Akteure ziehen zunächst eine Migration lediglich in Betracht (Migrationsgedanken) und gehen erst unter bestimmten Umständen zur verbindlichen Planung einer Migration über, die mit einer gewissen Wahrscheinlichkeit in eine Realisierung der Migration mündet (De Jong/Fawcett 1981; Kalter 1997).

Wir werden erstens untersuchen, welche Dimensionen regionaler Kontexte für die Erwägung und Planung einer Migration bedeutsam sind. Nicht nur ökonomische Bedingungen, wie die Einschätzung der beruflichen Situation am Wohnort und anderswo, sind zu beachten, sondern auch solche Faktoren, die andere Lebensbereiche betreffen, wie etwa das Familienleben, die Gesundheit und die Verwirklichung persönlicher Interessen. Wir werden zeigen, dass die Relevanz verschiedener Aspekte regionaler Lebensbedingungen mit der Lebensphase variiert. Es liegt nahe, dass Disparitäten in Bezug auf solche Lebensbereiche besonders einflussreich sind, die in einer bestimmten Lebensphase für die individuelle Wohlfahrtsproduktion eine besonders starke Bedeutung haben (Kalter 1997).

Zweitens werden wir darlegen, wie Merkmale regionaler Kontexte ihre Relevanz in dem gestuften Prozess der Migrationsentscheidung entfalten. Wir gehen davon aus, dass die Einschätzung der Lebensbedingungen am derzeitigen Wohnort und in anderen Wohnregionen am Beginn des Migrationsprozesses besonders bedeutsam ist und den Anstoß dazu gibt, eine Migration als Handlungsoption in Betracht zu ziehen. Einen Wohnortwechsel wird ein Akteur in der Regel erst dann planen, wenn die Vorteile einer Migration als hinreichend hoch und sicher betrachtet werden. Für Migrationspläne sind daher anstehende oder kürzlich erfolgte biografische Ereignisse (Ausbildung, beruflicher Wechsel, Geburt von Kindern) besonders bedeutsam. Aus diesem Grunde beeinflussen regionale Disparitäten räumliche Mobilität nicht allein direkt über die Wahrnehmung durch den Akteur, sondern auch indirekt, quasi hinter dessen Rücken, indem die unterschiedliche regionale Angebotsstruktur für eine ausbildungs-, berufs- oder familienbezogene Lebensplanung zu einer selektiven Umverteilung von Akteuren zwischen den Regionen beiträgt – vorausgesetzt eine prinzipielle Mobilitätsbereitschaft der Akteure ist gegeben. Unsere Befunde legen darüber hinaus nahe, bei der Erklärung von Migration in stärkerem Maße eine *Wechsel*wirkung zwischen der Wahrnehmung disparater regionaler Opportunitäten und biografischen Veränderungen im Bereich von Partnerschaft, Arbeit und Familie zu berücksichtigen, das heißt eine noch stärkere Einbettung der Analyse von Wanderungen in einen integrierten Lebenslaufansatz vorzunehmen.

Unseren empirischen Analysen liegen Daten zugrunde, die in zwei deutschen Großstädten (Magdeburg und Freiburg) mittels eines Zwei-Wellen-Panels in den Jahren 2006 und 2007 erhoben wurden. Die Analyse dieser beiden Städte erlaubt nicht nur die Modellierung der Einflüsse regionaler Faktoren auf die Entscheidung zur Migration generell, sondern auch eine vergleichende Analyse spezifischer regionaler Kontexte. Diesbezüglich lässt sich etwa erwarten, dass in Magdeburg die Einschätzung der Lebensbedingungen schlechter ausfällt als in Freiburg und dass sich dieses in der Migrationsbereitschaft und in den Wanderungsmotiven niederschlägt.

II. Befunde einer mikroanalytisch fundierten Erforschung von Wohnortwechseln

Die bisherige empirische Forschung zur Bedeutung regionaler Faktoren für das Migrationsverhalten ist nicht als sehr differenziert zu bezeichnen. Sie bestätigt unseres Erachtens allerdings die Notwendigkeit der Integration regionaler Kontextmerkmale in ein akteurs- und lebenslauftheoretisches, also mikrofundiertes Modell der Migration. Diese These sei an wenigen Beispielen verdeutlicht.

Aggregatstatistische Untersuchungen von Wanderungsströmen weisen eine dominante Migrationsrichtung aus ökonomisch schwachen hin zu ökonomisch prosperierenden Regionen aus (vgl. Boyle et al. 1998). Schlömer und Bucher (2001) haben mit kreisbezogenen Daten geprüft, ob es in Deutschland ein Migrationsmuster von Regionen mit höherer Arbeitslosigkeit in Regionen mit niedrigerer Arbeitslosigkeit gibt. Der vermutete Zusammenhang ließ sich nicht auf Kreisebene, sondern auch hier nur für die großräumige Ost-West-Differenzierung bestätigen. Auf Individualdaten beruhende Analysen, wie sie Windzio (2004) durchgeführt hat, zeigen dagegen im scheinbaren Widerspruch dazu einen negativen Zusammenhang zwischen der Arbeitslosenquote in einer Region und der Migrationsrate in einen anderen Arbeitsmarkt, wobei die Neigung zur Migration mit steigender Ausbildung der Akteure zunimmt. Für Finnland weisen Kauhanen und Tervo (2002) nach, dass Arbeitslose zwar häufiger aus Regionen mit hoher Arbeitslosigkeit wegziehen als aus prosperierenden Regionen, dass sie jedoch nicht notwendigerweise prosperierende Regionen zum Ziel haben. Prosperierende Regionen werden überdurchschnittlich häufig von Zuwanderern mit guter Ausbildung gewählt, wodurch sich regionale Disparitäten verstärken. Das deutet darauf hin, dass das Bildungsniveau der Akteure für den Effekt regionaler Disparitäten auf Migrationen bedeutsam ist.

Gordon de Jong und Mitarbeiter (2005) untersuchten, ob die unterschiedliche Vergabe von Wohlfahrtsleistungen in US-amerikanischen Staaten Auswirkungen auf die Binnenmigration armer Familien hat. Es zeigte sich, dass eine restriktive Vergabe staatlicher Wohlfahrtsleistungen zwar den Wegzug armer Familien aus den entsprechenden Staaten förderte, diese Familien aber nicht vermehrt in Staaten mit großzügigeren Unterstützungsleistungen zogen. Die Wahl der Zielorte dürfte, so vermuten die Autoren, neben unvollständigen Informationen, unter anderem auf vorhandene soziale Netzwerke oder lebenslaufbezogene Migrationsgründe zurückzuführen sein. Dass lokale soziale

Netzwerke hoch bedeutsam für Migrationen sind, ist auch in anderen Studien gut belegt und theoretisch plausibel begründet (vgl. Bührer 1996; Haug 2000). Die grundsätzliche Bereitschaft zum Wegzug aus dem Wohnort wird auch durch die psychische Verbundenheit mit dem Wohnort bzw. der Wohnregion beeinflusst (Mühler/Opp 2004). Personen, die sich ihrem Wohnort stark verbunden fühlen, sind in geringerem Maße zum Wegzug bereit, da der Wohnort Teil der Selbstidentifikation ist.

Ebenso ist belegt, dass die Relevanz von Kontextfaktoren hochgradig von der biografischen Lebenssituation der Akteure abhängt. In seiner Arbeit zu Wohnortwechseln in Deutschland zeigte Kalter (1997: 96 ff.), dass die Wahrscheinlichkeit dafür, eine Migration in Erwägung zu ziehen, bei Personen in einer Paarbeziehung am stärksten von der Einschätzung der Lebensbedingungen für das Familienleben abhängig ist, während bei Personen ohne Partner die beruflichen Möglichkeiten und die sozialen Kontakte dominieren. Die Relevanz von Lebensbedingungen ist auch abhängig vom Alter und von der Frage, ob die betreffende Person Kinder hat oder nicht. Die Studien von Richard Florida (2004) legen nahe, dass das Vorhandensein von Arbeitsplätzen in einer Region zwar eine notwendige, aber keine hinreichende Bedingung für den Zuzug „junger Talente" ist. Diese bevorzugen insbesondere eine große Anzahl leicht zugänglicher Gelegenheiten für *Outdoor-Activities* sowie eine lebhafte Musik- und Theaterszene und ein gutes Nachtleben. Dies mögen Dinge sein, die für ältere Menschen oder Personen mit einem geringen Einkommen nicht in gleichem Maße relevant sind. Auch Befunde der Lebenslaufforschung verweisen darauf, dass die Relevanz struktureller Faktoren systematisch mit der Phase im Lebenslauf variiert. Rossi (1980: 223) resümiert im Hinblick auf innerstädtische und regionale Umzüge, dass der Wunsch nach mehr und besserem Wohnraum die Hauptantriebsfeder für den Umzug an den Stadtrand ist. Zahlreiche Studien über Nah-Umzüge zwischen Stadt und Umland bestätigen das: Junge Menschen bevorzugen preiswerte Wohnungen in den Stadtzentren, die in der Nähe von Arbeitsplätzen und kulturellen Angeboten liegen, während wachsende Familien einen größeren Platzbedarf haben und Wert auf ein „kindgerechtes" Wohnumfeld legen (vgl. Herlyn 1990; Kemper 1985; Simmons 1968). Andere Untersuchungen zeigen, dass Land-Stadt-Migrationen überwiegend zu Zwecken der Ausbildung oder des Berufseinstieges vorgenommen werden, während zur Familiengründung häufig ein Rückumzug aufs Land erfolgt. Dieses Muster gilt unabhängig von den jeweils lokal angebotenen Einrichtungen zur Kinderbetreuung (Huinink/Wagner 1989: 684 ff.) und auch für Personen, die in einer Großstadt aufgewachsen sind und sich an traditionellen Familienleitbildern orientieren (Strohmeier 1989). Mit diesen Ergebnissen korrespondiert, dass sich die Altersselektivität von Migration im historischen und internationalen Vergleich als sehr stabil erweist; die mobilste Phase von Personen liegt durchschnittlich im Alter der frühen 20er (Wagner 1989, 1990). In diese Altersspanne fallen in der Regel eine Reihe von Lebensereignissen, die mit räumlicher Mobilität verknüpft sein können, wie zum Beispiel der Auszug aus dem Elternhaus, die Heirat bzw. das Zusammenziehen mit einem Partner, der Beginn einer Berufsausbildung und der Einstieg in den Arbeitsmarkt. Untersuchungen in zwölf europäischen Ländern zeigen starke Ähnlichkeiten im Hinblick auf die bekannten räumlichen Trends: Die Hauptstadtregionen ziehen junge Menschen an, während Personen über 30 Jahre und solche mit kleinen Kindern dazu tendieren, aus den Metropolen wegzuziehen (Rees 1999).[1]

Bisherige Untersuchungen belegen demnach nicht nur, dass regionale Kontextfaktoren Migrationsentscheidungen von Akteuren beeinflussen, sondern dass ihre Relevanz stark von einer lebenszyklisch unterschiedlich ausgeprägten Ziel- und Anforderungsstruktur der Akteure abhängt. Dieser Zusammenhang ist theoretisch und empirisch erst in Ansätzen untersucht. Im Folgenden soll dazu ein weiterer Beitrag geleistet werden.

III. Theoretisches Erklärungsmodell

1. Ein allgemeiner theoretischer Rahmen

Als ein Modell zu Erklärung von Migrationsentscheidungen wird das Wert-Erwartungs-Modell vorgeschlagen (z. B. von Bogue 1977; Chemers et al. 1978; Kalter 1997; Speare 1971). Vereinfacht ausgedrückt ist danach die Entscheidung für die Migration umso wahrscheinlicher, je besser die subjektive Kosten-Nutzen-Bilanz einer Migration für einen Akteur ausfällt, und je höher die Wahrscheinlichkeit dafür eingeschätzt wird, dass der erwartete Nutzen auch eintritt (vgl. De Jong/Fawcett 1981). Es wird zudem der Zielort gewählt, für den die Kosten-Nutzen-Bilanz am günstigsten ist. Für die Analyse von Migrationsverhalten erweist sich das Wert-Erwartungs-Modell jedoch als zu unspezifisch (Kalter 1997: 54 ff.). Unter anderem wird kritisiert, dass es nicht erklären kann, warum viele Akteure eine Migration überhaupt nicht als Handlungsoption in Betracht ziehen (vgl. Speare 1971). Auch, so zeigt Kalter (1997: 103 ff.), sind je nach biografischer Situation verschiedene Nutzendimensionen für die Kosten-Nutzen-Bilanz einer Migration unterschiedlich relevant, was im Wert-Erwartungs-Modell nicht vorgesehen ist. Diese Kritikpunkte können durch geeignete Modifikationen des handlungstheoretischen Migrationsmodells ausgeräumt werden.

Wir gehen davon aus, dass Akteure anstreben, für sich unter Einsatz der ihnen zur Verfügung stehenden Ressourcen und unter den gegebenen Lebensbedingungen ein möglichst hohes Maß an individueller Wohlfahrt im Lebensverlauf herzustellen und grundlegende individuelle Bedürfnisse zu befriedigen (Esser 1999: 91 ff.; Lindenberg 1990). Zur Sicherung und Steigerung ihrer Wohlfahrt verfolgen sie geeignete Handlungsziele, die den Einsatz von mehr oder weniger knappen Gütern und Ressourcen erfordern. Welche Handlungsziele in effizienter Weise Wohlfahrt generieren und welchen Kostenaufwand sie erfordern, hängt unter anderem von wirtschaftlichen, politischen, kulturellen Gegebenheiten und von sozialen Beziehungen ab, in denen der Akteur lebt.

---

1 Die Pendelmigration zwischen Wohn- und Arbeitsort (z. B. Hofmeister 2005) und andere Formen „zyklischer" Migration, zum Beispiel zwischen Sommer- und Winterwohnsitz (z. B. McHugh et al. 1995), dürfen nicht vernachlässigt werden. Sie haben als mögliche Alternative zu einem Wohnortwechsel für die Erklärung der Planung und Umsetzung einer Migration eine große Bedeutung (Kalter 1997). Auch sie sind in der Regel mit einer bestimmten Lebensphase verbunden. So wird das Wochenendpendeln überwiegend von Erwachsenen im mittleren Lebensalter praktiziert, die voll im Arbeitsleben stehen und gleichzeitig Familie, das heißt kleine bzw. schulpflichtige Kinder haben (Limmer 2005).

Zu den Rahmenbedingungen der Wohlfahrtsproduktion gehören auch lokale, wohnortbezogene Faktoren und Lebensbedingungen. Das Konzept der *place utility* von Wolpert (1965, 1966) verweist auf das Ausmaß, zu dem Faktoren des Wohnumfelds aus der Sicht der Akteure die Realisierung einer Wohlfahrtsproduktion fördern oder behindern. Eine Migration kommt in Betracht, wenn die Opportunitäten am Wohnort als nicht ausreichend eingeschätzt werden, um angestrebte Wohlfahrtsziele zu erreichen und durch einen Wohnortwechsel Wohlfahrtsverluste vermieden bzw. höhere Wohlfahrtgewinne realisiert werden können. Dem erwarteten Gewinn durch einen Ortswechsel stehen erwartete Migrationskosten entgegen.[2]

In der „Definition der Situation" (Esser 1996) werden die Auswahl der Handlungsziele und die situationsgebundene Einschätzung ihrer Wohlfahrtseffekte durch die subjektive Interpretation der Handlungssituation und die Bewertung der Erfolgschancen des Handelns bestimmt. Diese Einschätzung der Handlungssituation hängt auch von psychosozialen Dispositionen der Akteure ab. Damit meinen wir subjektive, in der Handlungssituation wirksame Einstellungen und Rahmungen, die auf Sozialisations- und Lernerfahrungen („Lebenserfahrung"), subjektiven Überzeugungen und Typifizierungen der Akteure beruhen. Die erwähnte subjektive Verbundenheit mit dem Wohnort lässt sich dazu zählen.

Die Relevanz einzelner Ziele, die Handlungsbedingungen und psychosozialen Dispositionen verändern sich im Lebenslauf. Man kann biografische Entwicklungsziele von Akteuren annehmen, die für die aktuelle und zukünftige Wohlfahrtsproduktion besonders relevant sind. Wir betrachten im Folgenden eine begrenzte Auswahl davon im Hinblick auf ihre Relevanz für Migrationsentscheidungen: Ausbildung, Erwerbstätigkeit, Partnerschaft und Kinder. Sie bedienen verschiedene Dimensionen der Befriedigung grundlegender Bedürfnisse und sollten deshalb im Hinblick auf die *place utility* des Wohnortes zentral sein.[3] Davon kann man weitere Aspekte individueller Wohlfahrt unterscheiden, wie zum Beispiel ein gesundes Leben zu führen oder persönlichen Interessen nachzugehen. Entwicklungsziele und Wohlfahrtsbedürfnisse verlangen unterschiedliche Arten von Ressourcen und profitieren von unterschiedlichen räumlichen Rahmenbedingungen. Die Entwicklungsziele werden in bestimmten Phasen des Lebenslaufs besonders virulent und beeinflussen dann große Bereiche der Lebensplanung und damit auch die Definition der Situation. Durch die Veränderung der Bedeutung von biografischen Entwicklungszielen im Lebensverlauf verändert sich der Anspruch an Opportunitätsstrukturen und eine Migration kann sinnvoll werden.

Dabei nehmen wir dem Vorschlag von Kalter (1997) folgend an, dass der Migrationsprozess in drei analytische Phasen zerlegt werden kann: Migrationsgedanken, Migrationspläne und Realisierung der Migration. In der ersten Phase, Psychologen sprechen auch von der prä-dezisionalen Phase (Heckhausen 1989), werden alternative Handlungsoptionen, wie ein möglicher Wegzug aus dem Wohnort, bedacht und neu eingeführt, ohne dass sich daraus eine ernsthafte Migrationsabsicht ergeben müsste.

---

2 Werden die Kosten als zu hoch eingeschätzt, bleiben die Anpassung der eigenen Bedürfnisse an die gegebenen Lebensbedingungen oder der – ebenfalls kostenwirksame – Versuch, die Bedingungen am Wohnort zu verändern (Brown/Moore 1970: 3).
3 Die Auswahl soll hier nicht weiter erläutert werden, könnte aber sicher mit guten Gründen ergänzt werden.

Ein vormals nicht in Betracht gezogener Wohnortwechsel wird nunmehr als mögliche Option bei der Lebensplanung bzw. der Abwägung von Strategien der Wohlfahrtsproduktion berücksichtigt. Migrationsgedanken erweitern somit den subjektiven Entscheidungsraum und verändern die Definition der Situation durch den Akteur. Da die Kosten von Migrationsgedanken sehr gering sind, können diese schon als Reaktion auf signifikante, aber vergleichsweise schwache Anreize auftreten. Der Übergang zur Planung einer Migration, der entsprechend dem Stufenmodell dem Aufkommen von Migrationsgedanken zeitlich nachgeordnet ist, stellt einen voraussetzungsvolleren Schritt dar. Er wird vollzogen, wenn sich ein Wohnortwechsel auf der Grundlage einer Abwägung von Kosten und Nutzen und der Einschätzung der Wahrscheinlichkeit für die Realisierung der erwarteten Migrationsgewinne als „hinreichend begründet" erweist.[4] Die Realisierung des Migrationsplans folgt dem Entscheidungsprozess ebenfalls nicht automatisch. Hierbei spielen Erleichterungen und Hindernisse für eine Migration eine Rolle (vgl. De Jong/Fawcett 1981), die zu unerwarteten Ortswechseln bzw. zur Aufgabe von Migrationsplänen führen können (vgl. Kalter 1997; Rossi 1955).

2. Thesen zur Relevanz regionaler Faktoren für Migrationsgedanken und -pläne

Ausgehend von dieser Skizze formulieren wir eine einfache modifizierte Form des Erwartungsnutzen-Modells für eine Migrationsentscheidung, in der die zielbezogene Differenzierung der Relevanz von Nutzenkomponenten berücksichtigt wird. Daraus leiten wir Hypothesen zur Relevanz regionaler Faktoren für die Stufen der Migrationsentscheidung ab.[5]

Zu erklären sind die Wahrscheinlichkeiten dafür, dass ein Akteur Migrationsgedanken bekommt und zu Migrationsplänen übergeht. Diese sind positiv korreliert mit dem erwarteten Wohlfahrts*gewinn* durch eine Migration (U_M) und seiner Eintrittswahrscheinlichkeit (p_M). Erwartete Migrationskosten C_M, die man in direkte Kosten der Migration und den Verlust von Vorteilen des vorhandenen Wohnorts aufgliedern kann, haben den gegenteiligen Effekt. Von C_M unterscheiden wir zudem Kosten einer Migrationsplanung C_P.

Differenzierter betrachten wir dann für einen Akteur die im Hinblick auf Ziele $G_1, ..., G_n$ erwarteten Gewinne U_i, die sich durch eine Migration realisieren ließen. Außerdem nehmen wir an, dass mit der Migration Zusatzgewinne U_E in Bezug auf weitere Wohlfahrtbedürfnisse erreicht werden können. Wir gehen davon aus, dass U_i bzw. U_E mit der wahrgenommenen Differenz Δ_i bzw. Δ_E der *place utilities* von Wohnort und potenziellem Zielort bezogen auf das Ziel G_i wachsen. Δ_i verweist auf die unterschiedlich günstige Ausprägung *zielrelevanter Regionalmerkmale*, die als regionale Opportunitäten, etwa für die Ausbildungs- und Erwerbsmöglichkeiten, den Partnermarkt

---

[4] Dieser Schritt wird in psychologischen Modellen auch als das „Überqueren des Rubikon" beschrieben, um zu verdeutlichen, dass ein „Umkehren" nicht mehr intendiert und kostenintensiv ist, weil es zum Beispiel zum Verlust von investierter Zeit und Geld oder zu psychischen Kosten führt (Gollwitzer 1996; Heise 1998).

[5] Zu einer ausführlichen Diskussion theoretischer Modelle für Migrationsgedanken und Migrationspläne siehe Kalter (1997).

oder die familienrelevante Ausstattung der Wohnumwelt Bedeutung haben. Δ_E bezeichnet die Differenz der *place utility* im Hinblick auf *sonstige Regionalmerkmale*, die Auswirkungen auf weitere Aspekte der Wohlfahrtsproduktion haben. Wir rechnen dazu die geografische Lage, das Klima, die Stadtstruktur, das Ambiente, die Infrastruktur, das Kultur- und Konsumangebot oder auch das „soziale Klima" einer Stadt.

Die Ziele G_i, i = 1, ..., n, so haben wir argumentiert (vgl. Kalter 1997: 88 ff.), haben eine lebensphasenspezifisch unterschiedliche Relevanz für die Wohlfahrtsproduktion. Wir führen dazu Gewichte w_i ein. Bei Kalter (1997) hängt dieses Gewicht von Merkmalen der Situation in zielrelevanten Lebensbereichen ab. Wir richten das Augenmerk spezifischer auf *biografische Ereignisse*, die mit einem biografischen Ziel G_i zusammenhängen. Dazu gehören der Beginn oder Abschluss einer Ausbildung, der Beginn einer Erwerbstätigkeit oder deren Beendigung bzw. Wechsel, die Heirat und das Zusammenziehen mit einem Partner, die Trennung oder Scheidung vom Partner und die Geburt von Kindern. Die Antizipation oder Realisierung eines biografischen Ereignisses indiziert zum einen die situationale Dominanz eines damit zusammenhängenden Entwicklungsziels G_i und sollte das Gewicht w_i von U_i in der Gewinnkalkulation vergrößern. Ein Ereignis kann zum Zweiten den Gewinn durch eine Migration erhöhen, wenn wegen des zielbezogenen Ereignisses die Bleibekosten steigen. Das ist etwa der Fall, wenn ein Akteur in einer anderen Stadt eine profitablere Erwerbstätigkeit gefunden hat und Pendelkosten in Kauf nehmen muss, wenn er seinen Wohnort nicht verlassen will. Es kann zum Dritten den Gewinn durch eine Migration erhöhen, wenn in dessen Folge Δ_i steigt. Das Beispiel dazu ist die Geburt eines Kindes, aufgrund dessen die *place utility* des Wohnorts gesunken sein kann, weil dieser nicht besonders kindgerecht ist. Viertens schließlich kann ein biografisches Ereignis zu einer höheren Sicherheit (p_M) bzgl. der Realisierung eines zielbezogenen Migrationsgewinns beitragen.

Die verfügbaren Ressourcen und psychosozialen Dispositionen der Akteure haben ebenfalls spezifische Auswirkungen auf Gewinne, Kosten und Realisierungswahrscheinlichkeit.[6] Zu den Ressourcen ist neben *materiellen und kulturellen Ressourcen* der Akteure auch das soziale Umfeld bzw. das *ortsbezogene soziale Kapital* der Akteure am Wohnort oder am Zielort zu zählen (Bielby/Bielby 1992; Bührer 1996; Haug 2000; Landale/Guest 1985). Unter den *psycho-sozialen Dispositionen* betrachten wir nur die persönliche Verbundenheit mit dem Wohnort (Mühler/Opp 2004).[7] Sie, wie im übrigen das erreichte Wohlfahrtsniveau der Akteure selbst, haben einen „rahmenden" Einfluss auf die wahrgenommenen Gewinne und Kosten der Migration, indem sie zu einer subjektiven Auf- oder Abwertung des Nutzens bzw. Auf- oder Abwertung der Kosten beitra-

---

6 Wir werden dazu hier keine differenzierten Überlegungen vorstellen, sondern in den Hypothesen nur insoweit darauf eingehen, als es für die Beurteilung der Relevanz regionalstruktureller Merkmale wichtig ist. Auch sozio-demographische und haushaltsbezogene Merkmale, wie das Alter, das Geschlecht oder das Zusammenleben mit einem Partner, werden bei der Analyse berücksichtigt, ohne dass wir hier ausführlich darauf eingehen.
7 Zu weiteren psycho-sozialen Dispositionen, die keinen direkten Bezug zu einem bestimmten Wohnort aufweisen, könnte man Lern- und Gewöhnungserfahrungen im Hinblick auf den Wohnort durch die Wohndauer rechnen (Treinen 1974) oder Bewältigungs- und Anpassungserfahrungen an neue soziale Umwelten durch eigene Migrationserfahrung oder durch entsprechende Erfahrungen im Kindesalter (Speare et al. 1975).

gen (Kahneman/Tverski 1979). Für den erwarteten Migrationsgewinn nehmen wir dann die folgende Beziehung an, wobei $U_i = f(\Delta_i)$ und f monoton steigend ist:

$$U_M = \sum_{i=1}^{n} w_i \cdot U_i + w_E \cdot U_E$$

In einem ersten Schritt erwarten wir für das Aufkommen von Wanderungsgedanken folgende Zusammenhänge: Eine Migration wird erwogen, wenn gilt: $p_M \cdot r \cdot U_M - C_M > 0$, wobei $r > 0$ ein dispositionsbedingter Gewichtungsfaktor ist.[8] Da Migrationsgedanken selbst vernachlässigbare Kosten verursachen, kann diese Differenz auf relativ unsicheren Gewinnerwartungen bezüglich einer Migration beruhen, zumal aufgrund der Unverbindlichkeit von Migrationsgedanken die Kostenerwartungen C_M nach unten verzerrt sein dürften.

Wanderungsgedanken werden daher schon bei wahrgenommenen, positiven Differenzen Δ_i, i = 1, ..., n und Δ_E der zielrelevanten und sonstiger *place utilities* zwischen potenziellen Zielorten und dem aktuellen Wohnort wahrscheinlich.[9] Ortsbezogene, nichttransferierbare Kapitalien verringern die Wahrscheinlichkeit von Migrationsgedanken, ebenso wie die psychische Verbundenheit, da diese zu einer Abwertung des erwarteten Migrationsgewinns beiträgt.

Der Einfluss der Antizipation biografischer Ereignisse auf die Migrationsgedanken ist nicht sicher abzuleiten, dürfte aber eher schwach sein. Der gedankliche Ausschluss einer Migration macht die Entscheidung zugunsten von biografischen Ereignissen, die einen Wohnortwechsel implizieren, weniger wahrscheinlich. Man kann daher argumentieren, dass das Fehlen der Handlungsoption „Migration" zu einer Abgewichtung des erwarteten Nutzens eines biografischen Ereignisses führt, das eine Migration impliziert. Erst mit den Migrationsgedanken ist die Entscheidungssituation im Hinblick auf ein biografisches Ereignis, das eine Migration zur Folge hätte, verändert. Nur wenn ich eine Migration prinzipiell in Betracht ziehe, suche ich zum Beispiel einen neuen Arbeitsplatz auch an einem anderen Ort.

Wie Kalter empirisch belegt hat, ist für den Fall, dass ein Wohlfahrtsziel G_i situational dominant ist, die Einschätzung von U_i für die Verwirklichung dieses Ziels am Wichtigsten für das Aufkommen von Migrationsgedanken (Kalter 1997: 96 ff.). Es gilt: $w_i > w_j$, $j \neq i$ und $w_i > w_E$.[10] Dementsprechend sollte auch in unserem Fall bei Antizipation eines für G_i relevantem Ereignisses Δ_i bedeutsamer als Δ_j, $j \neq i$ und Δ_E sein. Die Relevanz von Δ_j, $j \neq i$, ist umso größer, je mehr G_j die Realisierung von G_i unterstützt (Komplementarität).

---

8 Ist r kleiner als 1, liegt eine dispositionsbedingte Abwertung des Migrationsgewinns vor. Die Möglichkeit der Abgewichtung von Kosten ist dabei nicht berücksichtigt.

9 Lediglich eine Unzufriedenheit mit der Situation am Wohnort ist weniger relevant, da erst die Wahrnehmung besserer Alternativen einen Wohnortwechsel als grundsätzlich attraktiv erscheinen lässt (Kalter 1997).

10 Man kann es mit konkurrierenden Wohlfahrtszielen zu tun haben. Wenn sich etwa durch eine Migration die Bedingungen für das Familienleben verbessern lassen, Wohlfahrtsgewinne aus einer einträglichen Erwerbstätigkeit aber gefährdet sind, erfolgt möglicherweise eine familial begründete Migration nur in Pendeldistanz. Suburbanisierung ist ein Prototyp der Vereinbarkeit von konkurrierenden Wohlfahrtszielen.

Im zweiten Schritt ist für den Übergang von Migrationsgedanken zu Migrationsplänen, der eine weitgehende Entscheidung zugunsten der Migration – der „Rubikon wird überschritten" – bedeutet, Folgendes zu erwarten: Pläne werden erst in Angriff genommen, wenn die Differenz $p_M \cdot r \cdot U_M - C_M$ größer ist als im Fall der Migrationsgedanken bzw. mindestens gilt: $p_M \cdot r \cdot U_M - (C_M + C_P) > 0$. Dieses kann bei gegebenem C_P durch größere p_M, r, oder U_M bzw. geringere Migrationskosten erreicht werden.[11]

Der Übergang zu Migrationsplänen wird durch die Antizipation zielrelevanter biografischer Ereignisse gefördert. Biografische Ereignisse implizieren präzisere Anforderungen an lokal gebundene Opportunitäten und motivieren diesbezügliche Recherchen. Die Informationen über die zielbezogenen Vorteile einer Migration als wahrgenommener Option sind umfangreicher. Daher wird die Sicherheit der Kosten- und Gewinn-Erwartungen größer.

Die Relevanz von Regionalmerkmalen (Δ_i, Δ_E) für den Übergang zu Migrationsplänen ist vom Typ des verfolgten Zieles abhängig. Wir beschränken uns auf einen Vergleich zwischen erwerbs- und familienbezogenen Ereignissen:

a) Die Erwartung, eine Arbeitsstelle anzutreten, vergrößert die Wahrscheinlichkeit der Realisierung eines Migrationgewinns bezogen auf ein Migrationsziel, und zwar besonders dann, wenn der Arbeitplatz an einem anderen Ort ist. Die Kosten des Bleibens steigen, zumal wenn ein Arbeitsplatzwechsel über eine große räumliche Distanz erfolgt (vgl. Kalter 1997: 154). Regionale Disparitäten Δ_i sollten als Einflussfaktoren für die Migrationsplanung nur sekundär bedeutsam sein, da der erwartete Migrationsnutzen sich weitgehend aus der veränderten erwerbsbiografischen Situation ableitet. Mit dem Bildungsniveau (Humankapital) sollten die Effekte eines erwarteten Arbeitsplatzwechsels auf Migrationsgedanken und -pläne steigen, da die damit verbundenen Gewinne einer Migration mit dem Humankapital steigen (Sjaastad 1962).

b) Bei einer anstehenden oder kürzlich erfolgten Familiengründung ist ausschlaggebend, ob Δ_i steigt, weil die *place utility* vor Ort sinkt und die momentane Wohnung und Wohnumgebung als nicht hinreichend kindgerecht wahrgenommen wird. Es wird gegebenenfalls ein adäquaterer Wohnort gesucht, wobei zu Beginn der Planungsphase die Zielregion noch offen sein kann. Der Wunsch nach dem Eigenheim im Grünen, der nach wie vor bei vielen jungen Familien ungebrochen zu sein scheint, hat zudem in der Regel einen beträchtlichen zeitlichen Vorlauf. Deshalb haben familienrelevante Regionalmerkmale noch einen vergleichsweise starken Effekt auf Wegzugspläne.

Die oben angeführten Thesen legen nahe, dass regionalstrukturelle Faktoren in vielen Fällen nicht direkt auf die Migrationsentscheidung wirken, sondern indirekt im Sinne „struktureller Effekte" (Blau 1974). Eine gute Arbeitsmarktlage in einer Region etwa korrespondiert mit einer erhöhten Wahrscheinlichkeit, dass jemand dort eine geeignete Stelle findet und im Zusammenhang damit dorthin migriert. Allein wegen struktureller

---

[11] Aus Sicht der Prospect-Theorie von Kahneman und Tverski (1979) dürfte die Zunahme der Sicherheit im Hinblick auf zu erwartende Migrationsgewinne (p_M) und -verluste besonders relevant sein. Sichere Gewinne werden unsicheren Gewinnen, die der statistischen Erwartung nach deutlich höher sind, vorgezogen.

Vorteile alternativer Wohnregionen und ohne dass damit ein erwünschter (oder erzwungener) Wechsel des biografischen Status eines Akteurs verbunden ist, wird wahrscheinlich nur selten gewandert.

IV. Empirische Analyse

1. Daten und Operationalisierung

Im Rahmen der Projektes „Migrationsentscheidungen im Lebensverlauf" wurden basierend auf einer geschichteten Telefonstichprobe Bewohner von Magdeburg und Freiburg zu ihren Migrationsabsichten befragt.[12] In einer zweiten Befragungswelle wurde überprüft, wer innerhalb eines Jahres aus dem Wohnort weggezogen war. Unseren Analysen liegt die erste Erhebungswelle zugrunde, die 2 411 Befragte im Alter von 18 bis 50 Jahren umfasst. Befragte, die angaben, in letzter Zeit über einen Wegzug aus ihrem Wohnort nachgedacht zu haben oder diesen zu planen, machen aufgrund des Stichprobendesigns einen Anteil von 50 Prozent (N = 1204) aus. Für die Grundgesamtheit liegt die Schätzung des Anteils der Bevölkerung mit Migrationsgedanken in unserer Altersgruppe bei einem Drittel an der Wohnbevölkerung (33 Prozent in Freiburg und 31 Prozent in Magdeburg). Konkrete Pläne für einen Wegzug schmieden umgerechnet jeweils neun Prozent der Einwohner.[13] In die folgenden Analysen gehen 2 316 Fälle, darunter 1 156 Fälle mit Migrationsgedanken oder -plänen ein.

Die Wahrnehmung von Disparitäten *zielrelevanter Regionalmerkmale* (Δ_i, i = 1, ..., n; Δ_E) wurde durch eine standardisierte Abfrage der Einschätzung, ob sich bestimmte Lebensbedingungen durch einen Umzug in einen anderen Ort eher verbessern würden, gleich bleiben würden oder sich eher verschlechtern würden, erfasst. Die Zieldimensionen, die thematisiert werden, sind: einen Partner bzw. eine Partnerin zu finden (für Personen ohne Partner), die Gestaltung der Partnerschaft (für Personen mit Partner),[14] die berufliche Situation und das Familienleben. Zu den *sonstigen Regionalmerkmalen* rechnen wir die Möglichkeiten, eigenen Interessen und Hobbys nachzugehen, gesund zu leben, einen guten Lebensstandard zu verwirklichen und die Einschätzung der örtlichen Bevölkerung als freundlich.[15]

---

12 Es wurde das Verfahren des *Random Last Digit* verwendet (Gabler/Häder 1997, 1998). Die Auswahl der Zielperson im angewählten Haushalt erfolgte nach der *Last-Birthday*-Methode. Die Zielpersonen konnten nicht vorher angeschrieben werden, da die Adressen nicht bekannt waren. Die Responserate, bezogen auf die um neutrale Ausfälle bereinigte Stichprobe gültiger Telefonnummern von Haushalten, in denen Personen aus der Zielgruppe lebten, betrug 30 Prozent, ein für dieses Erhebungsdesign akzeptabler Wert (Meier et al. 2005).

13 Die Frage zu Wanderungsgedanken lautete: „Haben Sie in letzter Zeit einmal darüber nachgedacht, aus *Magdeburg/Freiburg* wegzuziehen, um irgendwo anders zu leben?" Die Frage zu Plänen lautete: „Planen Sie, innerhalb der kommenden zwöf Monate aus *Freiburg/Magdeburg* wegzuziehen?"

14 Die Einschätzung der Möglichkeiten, einen Partner zu finden (für Personen ohne Partner) und der Bedingungen für die Paarbeziehung (für Personen mit Partner) wurden in den Analysemodellen zusammengefasst, da die Effekte jeweils sehr ähnlich sind.

15 Es handelt sich dabei um einen Indikator der Einschätzung des „sozialen Klimas" am Wohnort nach Krupat und Guild (1980). Die Frage lautete: „Ich werde Ihnen nun verschiedene Eigen-

Indikatoren für das *ortsgebundene soziale Kapital* sind der Anteil der Freunde und der Verwandten, die am eigenen Wohnort oder woanders leben. Materielles nichttransferierbares lokales Kapital wird durch den Hausbesitz operationalisiert. Als *psycho-soziale Disposition* beziehen wir den Grad der persönlichen Verbundenheit mit dem Wohnort ein.

Im Hinblick auf die Relevanz von Entwicklungszielen verfügen wir über Angaben zu „Lebensereignissen" *(biografische Ereignisse)*, die höchstens sechs Monate vor der Befragung eingetreten sind bzw. spätestens sechs Monate nach dem Erhebungszeitpunkt eintreten werden. Als Indikator wurde eine Variable generiert, die angibt, ob das Eintreten mindestens eines der folgenden Lebensereignisse erwartet wird: Beginn oder Abschluss einer Ausbildung bzw. eines Studiums, Beginn einer Erwerbstätigkeit oder beruflicher Wechsel, Beendigung einer Erwerbstätigkeit, Zusammenziehen mit dem Partner, Heirat, Trennung oder Scheidung vom Partner sowie die Geburt eines Kindes. Die Geburt eines Kindes wird nicht nur prospektiv, sondern auch retrospektiv berücksichtigt, indem wir die Anwesenheit von Kindern unter drei Jahren einbeziehen.

In *Tabelle 1* geben wir einen deskriptiven Überblick über die Merkmale der Befragten, die in den folgenden Analysen berücksichtigt werden. Die Verteilung der demografischen Merkmale über die Personen mit Wegzugsgedanken und -plänen entspricht den Erwartungen. Befragte, die an einen Wegzug aus ihrem Wohnort denken oder diesen planen, sind durchschnittlich jünger und entsprechend häufiger noch in der Schule, in Ausbildung bzw. im Studium. Auch die Anteile der Arbeitslosen unter Personen mit Wegzugsgedanken und -plänen sind relativ hoch. Erwartungsgemäß haben Personen in einer Paarbeziehung, die mit ihrem Partner zusammen wohnen, seltener Wegzugsgedanken oder -pläne, es sei denn, der Partner wünscht den Umzug. Personen mit starken sozialen Bindungen oder entsprechenden psycho-sozialen Dispositionen haben erwartungsgemäß eher selten Wegzugsgedanken oder -pläne.

Befragte, die das Eintreten eines der oben angeführten biografischen Ereignisse in den kommenden sechs Monaten erwarten, haben entsprechend unserer Hypothese überdurchschnittlich häufig Wegzugsgedanken und insbesondere -pläne. Der Anteil der Personen mit Wegzugsplänen ist unter denjenigen, die ein berufsbezogenes Ereignis, nämlich den Wechsel der Arbeitsstelle erwarten, noch einmal deutlich höher. Unter den Personen mit einem familienbezogenen Ereignis ist er allerdings geringer. Dies sind Personen, die ein Kind unter drei Jahren haben oder die Geburt eines Kindes in den kommenden sechs Monaten erwarten.

Werden zielrelevante oder auch sonstige Regionalmerkmale als andernorts besser eingeschätzt, so steigt der Anteil der Personen mit Wegzugsgedanken oder -plänen. Dass insbesondere Wegzugsgedanken deutlich häufiger sind, entspricht unserer Erwartung.

Es gibt einige Unterschiede in den Randverteilungen der Prädiktoren in den beiden Städten, auf die wir nicht näher eingehen können. Es soll jedoch nicht unerwähnt bleiben, dass sowohl zielrelevante als auch sonstige Regionalmerkmale in Magdeburg signi-

---

schaften nennen, die man mit einer Stadt bzw. den Leuten, die in dieser Stadt leben, verbinden kann. Bitte sagen sie mir jeweils, wie stark diese Eigenschaft Ihrer Meinung nach auf *Magdeburg/Freiburg* zutrifft."

Tabelle 1: Deskriptive Statistik der Prädiktoren (Personen von 18 bis 50 Jahren in Magdeburg und Freiburg)

	Keine Wegzugsgedanken Zeilenprozent	Wegzugsgedanken Zeilenprozent	Wegzugspläne Zeilenprozent	Total Prozent in Stichprobe
Sozio-demographische Variablen:				
Wohnort:				
Magdeburg	64,7	25,7	9,6	52,3
Freiburg	65,6	24,1	10,3	47,7
Geschlecht:				
weiblich	65,6	24,4	9,9	57,6
männlich	64,4	25,6	10,0	42,4
Alter (arithm. Mittel):	35,3	31,8	27,6	33,7
Bildungsgrad:				
In Schule, Ausbildung o. Studium	50,4	30,9	18,7	20,9
Untere u. mittlere Bildung	70,9	22,4	6,7	43,1
Abgeschlossenes Studium	67,3	23,9	8,7	36,0
Momentane Beschäftigung:				
In Schule oder Ausbildung	42,8	38,1	19,1	7,4
Im Studium	51,8	29,8	18,4	19,8
Erwerbstätig	72,6	21,7	5,7	60,9
Hausfrau, -mann	76,5	16,3	7,1	4,7
Arbeitslos	52,8	32,3	14,9	6,7
Partner im Haushalt	75,4	19,5	5,0	47,2
Umzugswunsch Partner	41,0	36,8	22,3	14,5
Kind(er) im Haushalt	76,7	19,1	4,2	37,5
Biografische Ereignisse:				
Mindestens ein Ereignis	51,6	28,5	19,8	36,8
Jobwechsel	43,2	28,6	28,2	15,7
Bevorstehende Geburt o. Kind u. 3 J.	67,3	24,4	8,4	8,7
Zielrelevante Regionalmerkmale:				
Berufliche Situation	49,1	33,7	17,2	40,7
Finden eines Partners	36,7	39,5	23,8	5,9
Paarbeziehung	32,4	37,1	30,4	7,8
Familienleben	30,0	43,1	26,9	10,8
Sonstige Regionalmerkmale:				
Lebensstandard	48,3	34,3	17,4	32,1
Interessen nachgehen	39,6	37,7	22,6	13,1
Gesund leben	34,7	43,6	21,7	8,8
Bevölkerung freundlich (artihm. Mittel; Skala von 1 bis 7)	5,0	4,7	4,4	4,9
Soziale Bindungen:				
Alle/die meisten Freunde hier	70,8	21,8	7,4	58,4
Alle Verwandten hier	72,8	21,5	5,6	31,0
Wohneigentum	76,7	17,6	5,7	24,9
Psycho-soziale Dispositionen:				
Verbundenheit mit Wohnort (artihm. Mittel; Skala von 1 bis 7)	5,9	4,9	4,5	5,3
N	1 204	862	345	2 411
Prozent	65,1	24,9	9,9	100

fikant häufiger als anderswo besser als am Wohnort eingeschätzt werden.[16] Der Zusammenhang der Regionalmerkmale wie auch der biografischen Ereignisse mit Wegzugsgedanken und -plänen ist jedoch in beiden Städten jeweils derselbe. Dies spricht für die empirische Verlässlichkeit und damit theoretische Belastbarkeit dieser Prädiktoren.

Wo es signifikante Unterschiede im Zusammenhang von Prädiktoren mit Wegzugsgedanken und -plänen zwischen den Städten gibt, deuten diese auf den „Niederschlag" von strukturellen Unterschieden. Personen mit unterer und mittlerer beruflicher Bildung haben in Magdeburg häufiger Wegzugsgedanken oder -pläne als in Freiburg, während bei Personen mit abgeschlossenem Studium das Gegenteil zutrifft. Dies dürfte Ausdruck der jeweiligen regionalen Arbeitsmärkte sein. Interessanter sind Unterschiede, die sich im Hinblick auf die „Haltekraft" von psycho-sozialen Dispositionen und Einschätzungen des „sozialen Klimas" zeigen. Sowohl eine hohe Verbundenheit mit der Stadt als auch die Einschätzung ihrer Bewohner als sehr freundlich halten Freiburger signifikant weniger ab von Wegzugsgedanken oder -plänen als Magdeburger. Dies ist ein Indiz dafür, dass rein subjektive Gefühlslagen insbesondere dann zum Tragen kommen, wenn (vermeintlich) objektive Kriterien einen Wegzug nahe legen. Sie erhöhen die Wegzugskosten und dürften damit zumindest für einen Teil der Trägheit im Wanderungsverhalten verantwortlich zeichnen.

Eine einfache Analyse der bisher vorliegenden Längsschnittinformationen aus beiden Erhebungswellen bestätigt den postulierten Prozesscharakter von Migration durchaus (nicht in der Tabelle ausgewiesen): Zwölf Prozent der Personen, die in der ersten Befragung angaben, nicht über einen Wegzug aus dem Wohnort nachzudenken, zogen dies in der zweiten Welle in Betracht, aber nur vier Prozent hatten konkrete Pläne und drei Prozent waren umgezogen – letztere allerdings überwiegend innerhalb des Wohnortes. Von denjenigen, die in der ersten Befragungswelle angaben, über einen Wegzug nachzudenken, hatten hingegen in der zweiten Welle vierzehn Prozent konkrete Wegzugspläne und sechs Prozent waren umgezogen, überwiegend in einen anderen Ort. Von den Personen mit Wegzugsplänen hatten innerhalb eines Jahres 38 Prozent einen Umzug realisiert, davon die überwiegende Mehrheit (92 Prozent) über die Grenzen des Wohnortes.[17]

---

16 Die einzige Ausnahme von diesem Muster gibt es im Hinblick auf die Bedingungen für eine bestehende Paarbeziehung, wo sich keine signfikanten Unterschiede zeigen.

17 Es handelt sich um eine konservative Schätzung, in die nur Befragte einbezogen wurden, mit denen ein zweites Interview zustande kam. 30 Prozent der Befragten wurden in der zweiten Welle nicht mehr erreicht. Die Häufigkeit der Realisierung eines Wegzugs wird eher unterschätzt: Die Anteile der Befragten, die in der zweiten Welle nicht erreicht wurden, sind unter den Personen mit Wegzugsplänen am höchsten (36 Prozent), dann folgen Personen mit Wegzugsgedanken (34 Prozent), und dann Personen, die nicht an einen Wegzug dachten (26 Prozent).

2. Analysen zur Überprüfung der Hypothesen

Im Folgenden untersuchen wir die Thesen zur Relevanz regionalstruktureller und individueller Faktoren für Migrationsgedanken und -pläne empirisch genauer. Die Realisierung der Migration wird in diesem Beitrag nicht weiter betrachtet.[18]

Die Wahrscheinlichkeit von Migrationsgedanken schätzen wir mit einem Probit-Modell mit Stichprobenselektion. Diejenigen, die auch Migrationspläne angegeben haben, schließen wir aus der Analyse aus, um eine bessere Trennung von Effekten auf die Wahrscheinlichkeit für Gedanken und Pläne zu erreichen. Diese Vorgehensweise erfordert die Einführung einer Heckman-Korrektur in die Schätzgleichung (Dubin/Rivers 1990). Die Schätzergebnisse sind in Spalte 2 und 3 der *Tabelle 2* dargestellt.[19] Wir dokumentieren die marginalen Effekte der Kovariablen auf die Wahrscheinlichkeit für Migrationsgedanken. Sie geben die Veränderung der Wahrscheinlichkeit für Gedanken an einen Wegzug aus dem Wohnort in Abhängigkeit der Veränderung des jeweiligen Prädiktors um eine Einheit an, wobei für alle anderen Prädiktoren der Durchschnittswert angenommen wird. Im Fall kategorialer Variablen geben sie die Veränderung der Wahrscheinlichkeit im Vergleich zur Referenzkategorie an.

Die Tabelle zeigt, dass auf der Basis der geschätzten Modelle Migrationsgedanken (ohne Migrationspläne) bei durchschnittlich 24,2 Prozent der Befragten vorliegen und 24,3 Prozent aller Befragten mit Migrationsgedanken Migrationspläne aufgenommen haben sollten. Diese Werte unterschätzen etwas die Anteile in der Stichprobe (27,7 und 28,5 Prozent).

Alle Regionalmerkmale zeigen erwartungsgemäß positive Zusammenhänge mit Migrationsgedanken. Die persönliche Einschätzung, dass sich die Bedingungen für das Familienleben oder die berufliche Situation an einem anderen Ort eher verbessern würden, erhöht die relative Chance auf Migrationsgedanken stark. Auch die Einschätzung, die eigene Gesundheit würde sich andernorts langfristig eher verbessern, man könne seine Interessen und Hobbys an einem anderen Wohnort besser verwirklichen oder andernorts den Lebensstandard erhöhen, lässt die Wahrscheinlichkeit für Migrationsgedanken signifikant steigen. Die Referenzkategorie bildet jeweils die Einschätzung, die Bedingungen seien andernorts nicht besser oder sogar schlechter als am Wohnort.

Die demographischen Variablen spiegeln die bisherigen Befunde zur Selektivität von Migration, wie sie zum Stand der Forschung referiert wurden: Personen mit einem Hochschulabschluss haben eine höhere Wahrscheinlichkeit auf Migrationsgedanken. Dasselbe gilt für junge Menschen, die sich noch in der Schule oder einer beruflichen Ausbildung befinden. Im Hinblick auf das Alter lässt sich kein zusätzlicher signifikan-

---

18 Entsprechende Analysen bestätigen die theoretisch begründete Erwartung, dass regionale Faktoren für die Realisierung von Migrationsplänen nicht prädiktiv sind (Kley/Mulder 2008).

19 Die Ergebnisse der Selektionsgleichung, die für die Heckman-Korrektur geschätzt wird, führen wir nicht auf. Darin gehen als Prädiktoren ein: das Alter; je ein Indikator dafür, ob ein Partner im Haushalt lebt, ob dieser einen Umzug wünscht, ob mindestens ein biografisches Ereignis ansteht, ob Verwandte vor Ort leben und ob Wohneigentum existiert; die wahrgenommenen Disparitäten bzgl. der Regionalmerkmale; die subjektive Bindung an den Wohnort und die Information, ob ein Zielort feststeht. Das Gesamtmodell ist damit stabil schätzbar. Als Schätzung für ρ, der Korrelation zwischen den Fehlern von Schätz- und Selektionsgleichung, ergibt sich der signifikante Wert von 0,82.

Tabelle 2: Einflussfaktoren auf die Wahrscheinlichkeit von Migrationsgedanken und -plänen*

	Migrationsgedanken		Migrationspläne	
	Marginale Effekte	Irrtumswahr-scheinlichkeit	Marginale Effekte	Irrtumswahr-scheinlichkeit
Sozio-demographische Variablen				
Wohnort: Freiburg (Ref. Magdeburg)	0,017	0,39	0,027	0,38
Geschlecht: weiblich (Ref. männlich)	0,003	0,89	0,015	0,60
Alter	0,013	0,22	0,012	0,50
Alter quadriert	–0,0002	0,19	–0,0003	0,20
Bildungsgrad:				
(Ref.: Untere u. mittlere Bildung)				
In Schule, Ausbildung o. Studium	0,034	0,47	0,032	0,56
Abgeschlossenes Studium	0,040	0,06	0,052	0,16
Momentane Beschäftigung:				
(Ref. erwerbstätig)				
In Schule oder Ausbildung	0,181	0,01	–0,021	0,72
Im Studium	–0,004	0,92	0,043	0,42
Hausfrau, -mann	–0,043	0,31	0,131	0,17
Arbeitslos	0,053	0,19	0,046	0,40
Partner im Haushalt	**–0,044**	**0,04**	**–0,065**	**0,05**
Umzugswunsch Partner	**0,102**	**0,00**	**0,093**	**0,01**
Kind(er) im Haushalt	–0,034	0,14	–0,054	0,17
Biografische Ereignisse:				
Mindestens ein Ereignis	0,023	0,26	**0,231**	**0,00**
Zielrelevante Regionalmerkmale:				
Berufliche Situation	**0,122**	**0,00**	**0,083**	**0,00**
Paarbeziehung	0,052	0,12	**0,112**	**0,00**
Familienleben	**0,148**	**0,00**	0,073	0,07
Sonstige Regionalmerkmale:				
Lebensstandard	**0,056**	**0,02**	0,035	0,25
Interessen nachgehen	**0,067**	**0,03**	0,060	0,09
Gesund leben	**0,108**	**0,01**	0,007	0,86
Bevölkerung freundlich	–0,015	0,06	–0,020	0,08
Soziale Bindungen:				
Alle/die meisten Freunde hier	**–0,046**	**0,02**	–0,003	0,92
Alle Verwandten hier	–0,004	0,84	**–0,078**	**0,01**
Wohneigentum	**–0,072**	**0,00**	–0,010	0,79
Psycho-soziale Dispositionen:				
Verbundenheit mit Wohnort	**–0,034**	**0,00**	–0,009	0,38
Geschätzte Durchschnittswahrscheinlichkeit	0,242		0,243	
Anzahl der Fälle	2 316		1 156	
Unzensierte Fälle	1 979		1 156	
Chi² (Freiheitsgrade)	244,67 (25)	0,00	250,51 (25)	0,00

* Binomiales Probitmodell mit Stichproben-Selektion nach Heckman für Migrationsgedanken; Binomiales Probitmodell für Migrationspläne; in fett gesetzte Werte sind signifikant zum Niveau 0,05.

ter Zusammenhang mit Migrationsgedanken feststellen. Arbeitslose denken im Vergleich zu Erwerbstätigen häufiger an einen Wegzug aus dem Wohnort, der Effekt ist statistisch jedoch nicht signifikant.

Personen, die mit ihrem Partner bzw. ihrer Partnerin zusammenleben und Befragte mit Kindern (nicht signifikant) haben eine geringere Wahrscheinlichkeit, einen Wegzug in Betracht zu ziehen. Wünscht der Partner hingegen den Umzug, so steigt die Wahrscheinlichkeit auf eigene Wegzugsgedanken signifikant. Das Wohnen im Eigenheim, die Konzentration der Freundschaftsnetze sowie eine starke Verbundenheit mit dem Wohnort lässt die Wahrscheinlichkeit, über einen Wegzug aus der Stadt nachzudenken, signifikant sinken. Wird das Eintreten eines der oben genannten biografischen Ereignisse erwartet oder ist im Fall der Geburt eines Kindes bereits erfolgt, hat dies keine signifikanten Auswirkungen auf die Wahrscheinlichkeit, an einen Wegzug aus dem Wohnort zu denken. Dies entspricht unseren Erwartungen.

Die Wahrscheinlichkeit des Übergangs von Migrationsgedanken zu Migrationsplänen wird mittels eines binomialen Probitmodells geschätzt, in dem Befragte ohne Migrationsgedanken nicht mehr berücksichtigt werden (Spalten 4 und 5 in *Tabelle 2*). Der Vergleich der Modelle für Migrationsgedanken und Migrationspläne zeigt deutliche Unterschiede: Biografische Ereignisse sind nunmehr, wie vermutet, von überragender Bedeutung. Die Antizipation bestimmter „Ereignisse" im Lebenslauf, wie der Abschluss der beruflichen Ausbildung oder die Geburt eines Kindes löst häufig die Überführung eher vager Überlegungen an einen Wohnortwechsel in die Planung einer Migration aus. Die Bedeutung der zielbezogenen Regionalmerkmale zur beruflichen Situation verringert sich, bleibt aber beim Übergang zum Migrationsplan signifikant. Der Paarbeziehung förderliche Merkmale gewinnen sogar an Bedeutung. Aber die Einschätzungen zu Disparitäten in allen anderen Regionalmerkmalen sind keine signifikanten Prädiktoren mehr für den Übergang zum Migrationsplan. Die Bedeutung dieser Regionalmerkmale nimmt mit Ausnahme der Einschätzung des Sozialklimas am Wohnort im Vergleich zu Migrationsgedanken ab.[20]

Persönliche Dispositionen sind beim Übergang zum Migrationsplan unbedeutend. Bei den sozio-strukturellen Faktoren erweisen sich jedoch Verwandte am Ort als signifikante „Haltefaktoren", die eine Überführung von Wegzugsgedanken in konkretere Pläne verhindern können.

Wie ändert sich die Rolle der Regionalmerkmale für die speziellen Fälle eines antizipierten beruflichen Wechsels und der frühen Phase der Familienentwicklung? Zur Beantwortung dieser Frage kann man die Interaktionen der wahrgenommenen Disparitäten der *place utility* bezogen auf die Regionalmerkmale mit dem Indikator bestimmen, der anzeigt, dass ein Jobwechsel bevorsteht oder die Geburt eines Kindes erwartet wird

---

20 Diese Veränderungen äußern sich auch in dem unterschiedlichen Ausmaß, zu dem die Indikatoren zu Regionalmerkmalen und die biografischen Ereignisse den Fit der Modelle für Migrationsgedanken und -pläne verbessern. Entfernt man den Indikator für antizipierte biografische Ereignisse aus dem Modell für Migrationsgedanken, verringert sich der chi²-Wert um 0,49 bei Verlust eines Freiheitsgrades, entfernt man die Regionalmerkmale, beträgt die Differenz um 86,27 bei Verlust von 7 Freiheitsgraden. Im Modell für die Migrationspläne sind die entsprechenden Werte 69,59 und 43,67. Die Bedeutung von Ereignissen und Regionalmerkmalen kehrt sich um.

bzw. ein höchstens dreijähriges Kind im Haushalt lebt. Im Modell für die Migrationsgedanken tritt allerdings in beiden Fällen nicht die hypothetisch erwartete Hierarchie von Regionaleffekten zutage (nicht dargestellt). Dieses mag mit dem Argument begründet sein, dass wir uns hier im Unterschied zu Kalter (1997) auf relativ eng umgrenzte biografische Anlässe konzentrieren, die zudem selbst nicht prädiktiv für das Entstehen von Migrationsgedanken sind.

Wenden wir uns daher wieder den Migrationsplänen zu und der Frage, welche Relevanz die Regionalmerkmale in den entsprechenden beiden Substichproben all jener, die eine berufliche Veränderung erwarten oder die ein Kind erwarten bzw. mit einem weniger als drei Jahre alten Kind im Haushalt leben, behalten. In den folgenden Modellen dazu ist die Zahl der Prädiktoren reduziert worden, nicht relevante Merkmale wurden ausgeschlossen. Für das berufsbezogene Ereignis wurden zwei Modelle geschätzt. Die Ergebnisse sind in der *Tabelle 3* dokumentiert.

Wie die drittletzte Zeile der *Tabelle 3* zeigt, löst der berufliche Wechsel deutlich eher Migrationspläne aus als das junge Familienglück: Als durchschnittliche Wahrscheinlichkeit werden im ersten Fall etwa 50 Prozent (Modell 1), also deutlich mehr im Vergleich zu 24 Prozent für alle Befragten mit Migrationsgedanken, und im zweiten Fall nur 19 Prozent geschätzt. Letzteres entspricht nicht unseren theoretischen Erwartungen.

Bei einem familienbezogenen Ereignis (Spalten 2 und 3 in *Tabelle 3*) bleiben wahrgenommene Disparitäten im Hinblick auf das Familienleben für den Übergang zum Migrationsplan bedeutsam, auch wenn der hohe marginale Effekt (0,292) nur zum Niveau 0,09 signifikant ist, was der Fallzahl geschuldet sein dürfte. Im Modell für das familienbezogene Ereignis, für das immerhin ein Nagelkerke-R^2 von 0,46 ausgewiesen wird, kann man den hohen positiven Effekt der wahrgenommen Verbesserung der Bedingungen für ein gesundes Leben (0,375) als Komplementäreffekt interpretieren. Enorm wichtig ist offensichtlich auch die Unterstützung des Partners. Das ist plausibel, da Paare eine Umzugsentscheidung, die primär durch eine erhoffte Verbesserung der Bedingungen für die Familie motiviert ist, gemeinsam fällen sollten. Schwer erklärbar ist dagegen der Befund, wonach die Meinung, andernorts persönlichen Interessen besser nachgehen zu können, Wegzugspläne in der Familienphase weniger wahrscheinlich macht.

Im Fall einer beruflichen Veränderung (Modell 1 in *Tabelle 3*) spielen gemäß unserer Erwartung die wahrgenommen regionalen Disparitäten zur beruflichen Situation beim Übergang zum Wegzugsplan keine Rolle mehr. Als zielrelevante Regionalmerkmale sind nur solche bedeutsam, die für die Partnerschaft förderlich sind. Offensichtlich ist die Planung einer Migration bei einem bevorstehenden beruflichen Wechsel davon abhängig, ob sich in der Zielregion die partnerschaftliche oder familiale Lebensform besser gestalten lässt und ein gemeinsames Leben mit dem Partner möglich bleibt. Gleichzeitig erschwert das Leben in einer Paarbeziehung (Partner im Haushalt) diesen Schritt. Unsere These, dass Akteure mit höherem Ausbildungsniveau eher eine Migrationsplanung aufnehmen, bestätigt sich, der marginale Effekt in Modell 1 beträgt 18 Prozentpunkte.

In einem zweiten Modell haben wir zwei Faktoren einbezogen, deren Effekte man wegen einer wahrscheinlichen Endogenität der Beziehung nur mit Vorsicht als Kausal-

Tabelle 3: Der Übergang zu Migrationsplänen bei familienbezogenen oder erwerbsbezogenen Ereignissen

	Familienbezogenes Ereignis		Erwerbsbezogenes Ereignis			
			Modell 1		Modell 2	
	dy/dx	P > |z|	dy/dx	P > |z|	dy/dx	P > |z|
Sozio-demographische Variablen						
Alter	−0,130	0,14	−0,006	0,88	0,005	0,90
Alter quadriert	0,002	0,12	−0,0001	0,82	−0,0002	0,69
Bildungsgrad:						
(Ref.: Untere u. mittlere Bildung)						
In Schule, Ausbildung o. Studium	−0,135	0,20	−0,004	0,97	−0,039	0,69
Abgeschlossenes Studium	0,064	0,62	**0,181**	**0,02**	0,107	0,20
Partner im Haushalt	−0,221	0,25	**−0,162**	**0,04**	**−0,168**	**0,04**
Umzugswunsch Partner	**0,467**	**0,00**	0,594	0,45	0,040	0,62
Kind(er) im Haushalt	−0,113	0,55	−0,063	0,51	−0,068	0,49
Zielrelevante Regionalfaktoren:						
Berufliche Situation	0,108	0,29	0,071	0,40	0,048	0,58
Paarbeziehung	−0,080	0,51	**0,255**	**0,00**	**0,235**	**0,00**
Familienleben	0,292	0,09	0,753	0,40	0,052	0,57
Sonstige Regionalfaktoren:						
Lebensstandard	−0,076	0,45	0,027	0,71	0,005	0,95
Interessen nachgehen	**−0,183**	**0,03**	−0,014	0,87	−0,055	0,55
Gesund leben	**0,375**	**0,06**	−0,111	0,20	−0,122	0,18
Bevölkerung freundlich	0,007	0,86	−0,071	0,01	**−0,084**	**0,00**
Soziale Bindungen:						
Alle Verwandten hier	−0,076	0,49	**−0,193**	**0,01**	**−0,203**	**0,01**
Wohneigentum	**−0,271**	**0,00**	−0,048	0,62	−0,065	0,53
Zielort:						
Arbeitsstelle am Zielort					**0,245**	**0,01**
Entfernung zum Zielort > 300 km					**0,287**	**0,02**
Geschätzte Durchschnittswahrscheinlichkeit	0,186		0,505		0,517	
Anzahl der Fälle	93		290		290	
Chi² (Freiheitsgrade)	34,99 (16)	0,00	68,06 (16)	0,00	95,67 (18)	0,00

Familienbezogenes Ereignis: Erwartete Geburt eines Kindes in den kommenden sechs Monaten oder ein Kind unter drei Jahren im Haushalt; Berufsbezogenes Ereignis: Erwarteter Wechsel der Arbeitsstelle in den kommenden sechs Monaten.

* Binomiale Probit-Modelle: Marginale Effekte (dy/dx) und Irrtumswahrscheinlichkeiten (P > |z|); in fett gesetzte Werte sind signifikant zum Niveau 0,05.

effekte interpretieren sollte. Wir schätzen den Zusammenhang der Sachverhalte, dass man schon an einem anderen Ort eine Arbeitsstelle in Aussicht hat und dass dieser Ort mehr als 300 km entfernt ist, mit der Wahrscheinlichkeit der Aufnahme einer Planung. Beide Indikatoren sind hoch signifikant und die marginalen Effekte liegen bei 0,25 bzw. 0,29. Alle anderen Effekte, außer dem zitierten Bildungseffekt, bleiben davon unberührt.[21]

---

21 Die Berücksichtigung des Sachverhalts, dass Befragte mit Migrationsgedanken schon einen festen Zielort der Migration haben, wirkt sich auch im Gesamtmodell (vgl. *Tabelle 2*) für Migrationspläne nur moderat auf die anderen Parameter aus (Ergebnisse nicht ausgewiesen). Insbesondere der Effekt der antizipierten Ereignisse bleibt weitgehend konstant und hoch signifikant.

V. Zusammenfassung und Schlussfolgerungen

Wir haben in diesem Beitrag differenzierte Aussagen über die Relevanz von Merkmalen regionaler Kontexte für Migrationsentscheidungen in verschiedenen Lebenssituationen theoretisch abgeleitet und empirisch überprüft. Im Vordergrund des Interesses stand dabei die Frage, wann welche regionalstrukturellen Faktoren dafür relevant sind und wie stark dabei der Zusammenhang mit Entwicklungs- oder Wohlfahrtszielen ist, die von Akteuren in den unterschiedlichen Phasen ihres Lebenslaufs verfolgt werden. Unsere Analysen bestätigen, dass die Wahrnehmung einer höheren *place utility* alternativer Wohnorte für zentrale Zieldimensionen das Aufkommen von Migrationsgedanken stark fördert. Konkrete biografische Anlässe erwiesen sich für den Übergang zu Migrationsplänen als hoch relevant. Die Bedeutung von biografischen Ereignissen und regionalen Disparitäten variiert allerdings lebenszielspezifisch. Eine anstehende berufliche Veränderung erhöht die Wahrscheinlichkeit von Migrationsplänen stark, während wahrgenommene Unterschiede in berufsbezogenen Opportunitäten kaum, sondern eher lebensformrelevante Lebensbedingungen noch eine Rolle spielen. Bei der Geburt eines Kindes, die selbst selten die Aufnahme von Migrationsplänen initiiert, sind familien- und gesundheitsrelevante regionale Opportunitäten – neben dem Umzugswunsch des Partners – nicht nur für Gedanken, sondern auch für die Planung eines Ortswechsels förderlich.

Diese Befunde weisen darauf hin, dass regionale Merkmale über konkrete Anlässe zur Migration hinaus im Erwerbsbereich zwar nicht bedeutungslos sind, jedoch nur eine relativ geringe direkte Relevanz für den Übergang zur Planung der Migration aufweisen. Dabei sollte man nicht außer Acht lassen, dass sie indirekt über räumliche Mobilität mitentscheiden. Regionalspezifische Opportunitätsstrukturen führen zu einer regional differentiellen Verteilung der Möglichkeiten oder Chancen, berufsbezogene Ziele zu realisieren und damit ceteris paribus, gleichsam hinter dem Rücken der Akteure, zu selektiver Migration. Allerdings, so legen unsere Befunde nahe, wenn eine vorhandene Partnerschaft nicht auch von der erwerbsbedingten Migration profitiert, sinkt die Wahrscheinlichkeit, den Ortswechsel ernsthaft anzugehen. Eine familienbedingte Migration folgt ebenfalls der Attraktivität von Regionen, nun im Hinblick auf familienrelevante Faktoren. Hier hat offensichtlich die gezielte Wahl der Region auf der Basis einer Analyse regionaler Disparitäten ein größeres Gewicht.

Die Ergebnisse begründen, dass Migrationsentscheidungen stärker in *Wechsel*wirkung mit biografischen Ereignissen zu modellieren sind, als es hier und in der bisherigen Forschung geschehen ist. Migrationsgedanken, aufgrund derer eine Migration als mögliche und wohlfahrtsförderliche Option für die Lebensplanung in Erwägung gezogen wird, können lebensbereichsbezogene Umorientierungen und Suchaktivitäten auslösen (Suche nach einem neuen, profitableren Arbeitsplatz, Anstreben einer Familiengründung), die zu Ergebnissen führen, welche ihrerseits die Ernsthaftigkeit einer Überlegung zu migrieren und damit die Wahrscheinlichkeit der Planung einer Migration erhöhen. Der Akteur beginnt mit einer reflexiven Durchdringung der Lebenssituation im Hinblick auf den Lebensbereich, in dem sich Verbesserungen an anderen Orten realisieren ließen. Die dadurch motivierte biografische Veränderung führt dann zum Überschreiten des Rubikons und löst die Planung der Migration aus.

Literatur

Bielby, William/Bielby, Denise, 1992: I Will Follow Him: Family Ties, Gender-Role Beliefs, and Reluctance to Relocate for a Better Job, in: American Journal of Sociology 97 (5), 1241-1267.
Blau, Peter M., 1974: Presidential Address: Parameters of Social Structure, in: American Sociological Review 39 (5), 615-635.
Bogue, Donald, 1977: A Migrant's-Eye View of the Costs and Benefits of Migration to a Metropolis, in: Brown, Alan A./Neuberger, E. (Hrsg.), Internal Migration. A Comparative Perspective. New York: Akademic Press, 167-182.
Boyle, Paul/Halfacree, Keith/Robinson, Vaughan, 1998: Exploring Contemporary Migration. Harlow/Essex: Longman.
Brown, Lawrence A./Moore, Eric G., 1970: The Intra-Urban Migration Process: A Perspective, in: Geografiska Annaler 52B, 1-13.
Bührer, Susanne, 1996: Soziales Kapital und Wanderungsentscheidungen: Zur Bedeutung von Bezugsgruppen im Prozeß der Entstehung von Wanderungserwägungen, Wanderungsabsichten und Wanderungen. Hamburg: Kovac.
Chemers, Martin M./Ayman, Roya/Werner, Carol, 1978: Expectancy Theory Analysis of Migration, in: Population & Environment 1 (1), 42-56.
De Jong, Gordon/Fawcett, James, 1981: Motivations for Migration: An Assessment and a Value-Expectancy Research Model, in: De Jong, Gordon/Gardener, Robert W. (Hrsg.), Migration Decision Making. Multidisciplinary Approaches to Microlevel Studies in Developed and Developing Countries. New York: Pergamon Press, 13-58.
De Jong, Gordon/Roempke-Greafe, Deborah/St. Pierre, Tanja, 2005: Welfare Reform and Interstate Migration of Poor Families, in: Demography 42 (3), 469-496.
Dubin, Jeffrey A./Rivers, Douglas, 1990: Selection Bias in Linear Regression, Logit and Probit Models, in: Sociological Methods and Research 18 (2,3), 360-390.
Esser, Hartmut, 1996: Die Definition der Situation, in: Kölner Zeitschrift für Soziologie und Sozialpsychologie 48 (1), 1-34.
Esser, Hartmut, 1999: Soziologie. Spezielle Grundlagen. Band 1: Situationslogik und Handeln. Frankfurt a. M./New York: Campus.
Florida, Richard, 2004: The Rise of the Creative Class. And How It's Transforming Work, Leisure, Community, & Everyday Life. New York: B&T Basic Books.
Gabler, Siegfried/Häder, Susanne, 1997: Überlegungen zu einem Stichprobendesign für Telefonumfragen in Deutschland, in: ZUMA-Nachrichten 41, 7-18.
Gabler, Siegfried/Häder, Susanne, 1998: Telefonstichproben in Deutschland. Opladen/Wiesbaden: Westdeutscher Verlag.
Gollwitzer, Peter M., 1996: Das Rubikonmodell der Handlungsphasen, in: Birbaumer, Niels et al. (Hrsg.), Enzyklopädie der Psychologie. Motivation, Volition und Handlung, Bd. 4. Göttingen: Hofgrefe, 533-541.
Haug, Sonja, 2000: Soziales Kapital und Kettenmigration. Italienische Migranten in Deutschland. Opladen: Leske + Budrich.
Heckhausen, Heinz, 1989: Motivation und Handeln, Bd. 2. Berlin: Springer.
Heise, Elke, 1998: Volitionale Handlungskontrolle: Theoretische und empirische Analysen auf strukturalistischer Basis. Münster: Waxmann.
Herlyn, Ulfert, 1990: Leben in der Stadt. Lebens- und Familienphasen in städtischen Räumen. Opladen: Leske + Budrich.
Hicks, John R., 1932: The Theory of Wages. London: Macmillan.
Hofmeister, Heather, 2005: Geographic Mobility of Couples in the United States, in: Zeitschrift für Familienforschung 17 (2), 115-128.
Huinink, Johannes, 2005: Räumliche Mobilität und Familienentwicklung. Ein lebenslauftheoretischer Systematisierungsversuch, in: Steinbach, Anja (Hrsg.), Generatives Verhalten und Generationenbeziehungen. Wiesbaden: VS Verlag für Sozialwissenschaften, 61-81.
Huinink, Johannes/Wagner, Michael, 1989: Regionale Lebensbedingungen, Migration und Familienbildung, in: Kölner Zeitschrift für Soziologie und Sozialpsychologie 41 (4), 669-689.

Kahnemann, D./Tversky, A., 1979: Prospect Theory: An Analysis of Decision under Risk, in: Econometrica 47 (2), 263-291.
Kalter, Frank, 1997: Wohnortwechsel in Deutschland. Ein Beitrag zur Migrationstheorie und zur empirischen Anwendung von Rational-Choice-Modellen. Opladen: Leske + Budrich.
Kauhanen, Merja/Tervo, Hannu, 2002: Who Moves to Depressed Regions? An Analysis of Migration Streams in Finland in the 1990s, in: International Regional Science Review 25 (2), 200-218.
Kemper, Franz-Josef, 1985: Die Bedeutung des Lebenszyklus-Konzepts für die Analyse intraregionaler Wanderungen, in: *Kemper, Franz-Josef/Laux, Hans-Dieter/Thieme, Günther* (Hrsg.), Geographie als Sozialwissenschaft. Colloquium Geographicum, Bd. 18. Bonn: Dümmlers, 180-212.
Kley, Stefanie/Mulder, Clara, 2008: Considering, Planning and Realizing Migration: The Influence of Life-course Events and Perceived Opportunities on Leaving the City in Early Adulthood. Manuskript.
Krupat, Edward/Guild, William, 1980: The Measurement of Community Social Climate, in: Environment and Behavior 12 (2), 195-206.
Landale, Nancy S./Guest, Avery M., 1985: Constraints, Satisfaction and Residential Mobility: Speare's Model Reconsidered, in: Demography 22 (2), 199-222.
Limmer, Ruth, 2005: Berufsmobilität und Familie in Deutschland, in: Zeitschrift für Familienforschung 17 (2), 8-26.
Lindenberg, Siegwart, 1990: Homo Socio-oeconomicus: The Emergence of a General Model of Man in the Social Sciences, in: Journal of Institutional and Theoretical Economics (JITE) 146, 727-748.
Longino, Charles F., 2001: Geographical Distribution and Migration, in: *Binstock, Robert H./George, Linda K.* (Hrsg.), Handbook of Aging and the Social Sciences. London/San Diego, CA: Academic Press, 103-124.
McHugh, Kevin E./Happel, Timothy D./Hogan, Stephen K., 1995: Multiple Residence and Cyclical Migration: A Life Course Perspective, in: The Professional Geographer 47 (3), 251-267.
Meier, Gerd/Schneid, Michael/Stegemann, Yvonne/Stiegler, Angelika, 2005: Steigerung der Ausschöpfungsquote von Telefonumfragen durch geschickte Einleitungstexte, in: ZUMA-Nachrichten 57, 37-55.
Mühler, Kurt/Opp, Karl-Dieter, 2004: Region und Nation. Zu den Ursachen und Wirkungen regionaler und überregionaler Identifikation. Wiesbaden: VS Verlag für Sozialwissenschaften.
Ravenstein, Ernest G., 1972 [1885]: Die Gesetze der Wanderung I, in: *Széll, G.* (Hrsg.), Regionale Mobilität. Nymphenburger Verlagsgesellschaft, 41-64.
Ravenstein, Ernest G., 1972 [1889]: Die Gesetze der Wanderung II, in: *Szell, G.* (Hrsg.), Regionale Mobilität. Nymphenburger Verlagsgesellschaft, 65-94.
Rees, Philip, 1999: Internal Migration and Regional Population Dynamics in Europe: A Synthesis. Population Studies, Strasbourg: Council of Europe.
Rossi, Peter H., 1980 [1955]: Why Families Move. Beverly Hills/London: Sage.
Schlömer, Claus/Bucher, Hansjörg, 2001: Arbeitslosigkeit und Binnenwanderungen. Auf der Suche nach einem theoriegestützten Zusammenhang, in: Informationen zur Raumentwicklung 1, 33-47.
Simmons, James W., 1968: Changing Residence in the City. A Review of Intraurban Mobility. in: Geographical Review 58 (4), 622-651.
Sjaastad, Larry A., 1962: The Costs and Returns of Human Migration, in: Journal of Political Economy 70 (5), 80-93.
Speare, Alden, 1971: A Cost-Benefit Model of Rural to Urban Migration in Taiwan, in: Population Studies 25, 117-130.
Speare, Alden/Goldstein, Sidney/Frey, William H., 1975: Residential Mobility, Migration, and Metropolitan Change. Cambridge: Ballinger.
Strohmeier, Klaus P., 1989: „Movers" und „Stayers". Räumliche Mobilität und Familienentwicklung, in: *Herlth, Alois/Strohmeier, Klaus P.* (Hrsg.), Lebenslauf und Familienentwicklung. Opladen: Leske + Budrich, 63-84.
Todaro, Michael P., 1969: A Model of Labor Migration and Urban Unemployment in Less Developed Countries, in: The American Economic Review 59, 138-148.

Treinen, Heiner, 1974: Symbolische Ortsbezogenheit, in: *Atteslander, Peter/Hamm, Bernd* (Hrsg.), Materialien zur Siedlungssoziologie. Köln: Kiepenheuer & Witsch, 234-259.

Vanberg, Monika, 1971: Entwicklung eines Modells der Wanderungsentscheidung, in: *Kottwitz G./ Vanberg, M.* (Hrsg.), Ein Modell der Wanderungsentscheidung. Berlin: Institut für Soziologie, Technische Universität Berlin, 35-94.

Wagner, Michael, 1989: Räumliche Mobilität im Lebensverlauf. Eine empirische Untersuchung sozialer Bedingungen der Migration. Stuttgart: Enke.

Wagner, Michael, 1990: Wanderungen im Lebensverlauf, in: *Mayer, Karl-Ulrich* (Hrsg.), Lebensverläufe und sozialer Wandel. Opladen: Westdeutscher Verlag.

Windzio, Michael, 2004: Kann der regionale Kontext zur „Arbeitslosenfalle" werden? Der Einfluss der Arbeitslosigkeit auf die Mobilität zwischen regionalen Arbeitsmärkten in Westdeutschland, in: Kölner Zeitschrift für Soziologie und Sozialpsychologie 56 (2), 257-278.

Wolpert, Julian, 1965: Behavioral Aspects of the Decision to Migrate, in: Papers of the Regional Science Association 15, 159-169.

Wolpert, Julian, 1966: Migration as an Adjustment to Environmental Stress, in: Journal of Social Issues XXII (4), 92-102.

Korrespondenzadresse: Prof. Dr. Johannes Huinink, Universität Bremen, EMPAS, Celsiusstraße, FVG-Mitte, 28359 Bremen
E-Mail: Huinink@empas.uni-bremen.de

JÜDISCHE IMMIGRATION AUS DER EHEMALIGEN SOWJETUNION

Ein natürliches Experiment zur Migrationsentscheidung

Yinon Cohen, Yitchak Haberfeld und Irena Kogan

Zusammenfassung: Gestützt auf israelische, deutsche und amerikanische Zensusdaten vergleichen wir das Bildungsniveau jüdischer Migranten (und ihrer nichtjüdischen Familienangehörigen), die in den Jahren 1990-2000 aus der ehemaligen Sowjetunion (eSU) nach Israel, Deutschland und in die USA auswanderten. Die besonderen Umstände der Auswanderung aus der eSU in die USA, nach Deutschland und nach Israel innerhalb dieser zehn Jahre bieten eine einmalige Gelegenheit, die Abläufe der Selbstselektionsmuster von Immigranten genauer zu untersuchen, als dies in früherer Forschung meist geschah. Der Vergleich des Bildungsniveaus von Auswanderern in die drei Länder kann als Resultat eines natürliches Experimentes zur Migrationsentscheidung verstanden werden, bei der Immigranten zwei Optionen mit praktisch keinerlei Visumeinschränkungen (Israel und Deutschland) und eine mit Visumerfordernissen (USA) hatten. Gestützt auf Borjas' Theorie der Selbstselektion behandelt dieser Artikel die relative Anziehungskraft der drei Länder auf verschiedene Typen von Einwanderern und testet diese Theorie empirisch. Es ist zu erwarten, dass Immigranten mit hoher Bildung Aufnahmeländer vorziehen, in denen ihre Bildungserträge höher sind. Die Ergebnisse stützen die theoretischen Annahmen: Emigranten mit hoher Bildung wandern mit größerer Wahrscheinlichkeit in die USA aus, wo der Arbeitsmarkt flexibler ist und ihre Qualifikationserträge höher sind als in Israel oder Deutschland.

I. Einführung

Die Integration von Immigranten in den Arbeitsmarkt eines bestimmten Aufnahmelandes hängt weitgehend von der Selektivität der Immigranten selbst ab, genauer gesagt von der Zusammensetzung der Bevölkerungsgruppe, die entscheidet, in dieses Land auszuwandern. So ist die Debatte über die sinkenden Qualifikationen der Einwanderer in die USA (Card 2005; Jasso/Rosenzweig 1990a; Smith/Edmonston 1997) zum großen Teil eine Debatte darüber, ob bestimmte Einwandergruppen positiv selektiert sind oder nicht (Chiswick 1978, 1986), bzw. inwiefern die Art der Selektion von verschiedenen Charakteristiken des Arbeitsmarktes in den Heimat- und Aufnahmeländern abhängt (Borjas 1987, 1990).

Die vorherrschende Theorie der Selbstselektion von Immigranten (Borjas 1987, 1994) besagt im Kern, dass bei gegebener Wahlmöglichkeit qualifizierte Emigranten eher dazu tendieren, in Länder mit hoher Ungleichheit auszuwandern, weil dort ihre erwarteten Bildungserträge höher sind. Weniger gut qualifizierte Emigranten zögen hingegen Länder mit größerer sozialer Gleichheit vor, in denen sie durch ein soziales Netz geschützt werden. Während die Relevanz der Selbstselektionsmuster für die Assimilationsprozesse in der Aufnahmegesellschaft gut erforscht ist, gibt es bislang jedoch wenig empirische Evidenz für die angenommene Beziehung zwischen den Qualifikationen der Auswanderer und der Wahl ihres Aufnahmelandes. Dies liegt zum Teil am Mangel an verlässlichen Daten über die Verteilung von Qualifikationen der potentiellen Auswanderer in ihrem Heimatland, mit der die Eigenschaften der tatsächlichen Auswanderer verglichen werden könnten. Aber selbst wenn solche Informationen vorliegen, lässt sich von den tatsächlich gewählten Aufnahmeländern der Auswanderer nicht sicher auf die zugrunde liegenden Auswanderungspräferenzen zurückschließen. Da die meisten Auswanderer mit Visumeinschränkungen konfrontiert werden, ist ihr tatsächlich gewähltes Aufnahmeland nicht unbedingt ihr bevorzugtes Auswanderungsziel. Es ist vielmehr die erste Wahl unter all den Ländern, für die sie eine Einwanderungsgenehmigung erhalten konnten, und das ist selten mehr als eines. Somit erfordert ein strengerer Test der Selektionsmuster von Auswanderern eine Migrantengruppe, deren Angehörige frei zwischen mindestens zwei Aufnahmeländern wählen können, die sich in ihrer Attraktivität für qualifizierte und weniger qualifizierte Auswanderer unterscheiden.

Glücklicherweise gibt es eine solche Gruppe: jüdische Emigranten aus der ehemaligen Sowjetunion (eSU), die in den Jahren 1970-2005 nach Israel, Deutschland oder in die USA auswanderten. Bis 1989 wurde Auswanderern aus der eSU praktisch die freie Wahl zwischen Israel und den USA gelassen. Seit seiner Gründung im Jahr 1948 garantierte der Staat Israel jüdischen Einwanderern und ihren Familienmitgliedern freien Zuzug. Während des Kalten Krieges garantierten die USA Auswanderern aus der eSU Flüchtlingsstatus. Doch nach dem Zusammenbruch der Sowjetunion Ende der 1980er Jahre erkannten die USA Auswanderer aus der eSU nicht mehr als Flüchtlinge an, und seit Ende 1989 mussten Auswanderer aus der eSU sich auf Familienzusammenführungen berufen, um ein Visum zu erhalten. Etwa zu dem Zeitpunkt, als der Exodus jüdischer Migranten aus der eSU 1989 begann, wurde jedoch Deutschland zu einer Alternative. Zwischen 1990 und 2005 kamen etwa 200 000 Juden und ihre (auch nichtjüdischen) Familienmitglieder aus der eSU als Flüchtlinge nach Deutschland, eine nahezu für alle Juden in der eSU mögliche Option. Somit stellt die Auswanderung aus der eSU nach Israel, Deutschland und in die USA ab 1970 eine Art von natürlichem Experiment dar, das es erlaubt, die Selektivitätshypothesen zu testen. Da Auswanderer aus der eSU in dieser Zeit eine anderen Emigranten selten offenstehende Option hatten, sofortige Aufnahme in Israel und den USA (während der 1970er und 1980er Jahre) und in Israel und Deutschland (während der 1990er Jahre), sagt ihre Zusammensetzung in den Aufnahmeländern viel über die Selbstselektionsmuster aus.

Im vorliegenden Artikel konzentrieren wir uns auf den Zeitraum 1990-2000, das einzige Jahrzehnt, in dem eine beträchtliche Anzahl Immigranten in alle drei Länder kam. Zum Verständnis der Wahl des Aufnahmelandes konzentrieren wir uns auf die Unterschiede zwischen den drei Ländern hinsichtlich einiger wichtiger Faktoren, die zweifellos die relative Attraktivität des Aufnahmelandes beeinflussen: Einwanderungsgesetze (inklusive die Einbürgerung betreffenden Regelungen sowie spezielle soziale Leistungen für Einwanderer), die allgemeine Flexibilität des Arbeitsmarktes und die Größe der Einkommensungleichheit als Proxy für ihre Bildungserträge. Zwar können auch nicht-ökonomische Faktoren die Wahl des Aufnahmelandes beeinflussen, aber Wirtschaftsmigranten werden wahrscheinlich weitgehend von Arbeitsmarkt- und wirtschaftlichen Charakteristiken beeinflusst.

Der Artikel ist wie folgt aufgebaut: Der nächste Abschnitt skizziert die Wanderungsströme aus der eSU nach Israel, Deutschland und in die USA, die jeweilige Einwanderungspolitik dieser drei Länder gegenüber Juden aus der eSU und die institutionelle Verschiedenheiten ihrer Arbeitsmärkte. Gestützt auf all diese Unterschiede werden in *Abschnitt 3* Hypothesen darüber abgeleitet, welcher Typ Einwanderer jeweils eines der drei Länder auswählt. *Abschnitt 4* beschreibt die Datensätze, die für den empirischen Test der Selektivitätshypothese benutzt werden: Zensusdaten aus den USA, Mikrozensen aus Deutschland und Labor Force Surveys aus Israel. *Abschnitt 5* präsentiert die Ergebnisse, wobei das Alter und das Bildungsniveau als die wesentlichen Charakteristiken der Einwanderer im Vordergrund stehen. Wir vergleichen diese beiden Variablen zwischen den Migranten, die in den Jahren 1990-2000 aus der eSU nach Israel, Deutschland oder in die USA eingereist sind. Der Schlussabschnitt diskutiert die wesentlichen Ergebnisse und Folgerungen.

II. Auswanderung aus der ehemaligen Sowjetunion nach Israel, in die USA und nach Deutschland

Sowohl die israelischen Behörden als auch zionistische Organisationen (z.B. die Jewish Agency) erwarten von jüdischen Auswanderern aus der eSU, dass sie in den jüdischen Staat kommen. Israels Einwanderungspolitik ist bestimmt vom Rückkehrrecht und garantiert allen jüdischen Immigranten und seit 1970 auch ihren nichtjüdischen Angehörigen die Staatbürgerschaft. Anders als bei anderen Einwanderungsländern, welche die Zahl der Einwanderer begrenzen und qualifizierte und junge Migranten bevorzugen, ist es zudem die erklärte Politik Israels, so viele jüdische Einwanderer wie möglich aufzunehmen, unabhängig von ihrem Alter, ihrem Bildungsniveau oder ihrer ethnischen Herkunft. Folglich wirbt die israelische Regierung um Immigranten aus der eSU und unterstützt sie. Doch trotz dieser aktiven Rekrutierung und der großzügigen Unterstützung wählen viele Auswanderer aus der eSU ein anderes Land.

Während des Kalten Krieges und nach dem Zusammenbruch der Sowjetunion Ende der 1980er Jahre emigrierten über 1,8 Millionen Juden und ihre nichtjüdischen Familienmitglieder, und zwar in zwei großen Wellen. Die erste Welle zwischen 1970 und 1988 umfasste 350 000 Personen. Die zweite Welle begann Ende der 1980er Jahre und umfasste bis zum Jahr 2000 um die 1,5 Millionen Personen. Die Hauptaufnahmeländer für jüdische Emigranten aus der eSU waren zwischen 1968 und 2000 Israel (um die 1,1 Millionen), die USA (über 400 000), Deutschland (um 130 000) und Kanada (um 30 000).

Juden, die die Sowjetunion in den 1970er und 1980er Jahren verließen, konnten dies tun, weil sie ein Ausreisevisum infolge eines Antrags auf Familienzusammenführung von ihren Verwandten in Israel erhalten hatten. Die Reise nach Israel erforderte einen Aufenthalt in Transitzentren in Europa. Hier konnten die Emigranten sich entweder um ein Flüchtlingsvisum für die USA bewerben oder nach Israel fliegen und bei der Ankunft die israelische Staatsbürgerschaft erhalten. Diejenigen, die sich für die letzte Möglichkeit entschieden, verloren das Recht auf einen Flüchtlingsstatus in den USA.

Zwischen 1970 und 1989 wurden ungefähr 160 000 Flüchtlinge sowjetischer Herkunft in die USA aufgenommen und etwa 170 000 kamen nach Israel. Der Anteil jüdischer Immigranten aus der eSU, der eher die USA als Israel als Aufnahmeland wählte, stieg bis Oktober 1989 an, wonach er deutlich auf 16 Prozent sank, als die amerikanischen Behörden Emigranten aus der eSU Flüchtlingsvisen nicht mehr garantierten und die Zahl der pro Jahr zugelassenen Einwanderer aus der eSU auf 50 000 beschränkten (Chiswick 1993). Allerdings fanden viele jüdische Auswanderer aus der eSU rasch alternative Methoden, in die USA einzureisen, und von 1992-1995 kamen auf die USA etwa ein Drittel der jüdischen Emigranten aus der eSU. Ab 1996 jedoch ging der Anteil der in die USA einreisenden Migranten wieder zurück.

Abbildung 1: Registrierte Emigration von Juden (einschließlich ihrer nichtjüdischen Haushaltsmitglieder) aus der eSU nach Israel, Deutschland und in die USA, 1970-2003

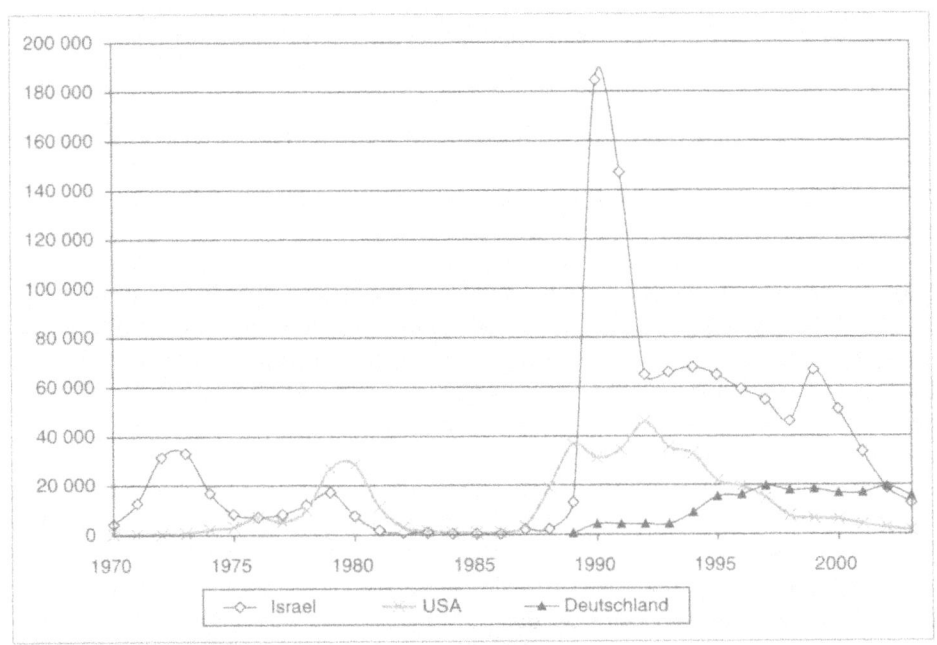

Quellen: Israel: Jewish Agency Reports und fortlaufende Statistiken des Department of Immigration and Absorption; Deutschland: Bundesamt für Migration und Flüchtlinge, 2004; USA: fortlaufende Statistiken der HIAS.

Kurz nachdem die USA aufhörten, jüdischen Immigranten aus der eSU Flüchtlingsvisen zu garantieren, entschloss sich Deutschland, genau das zu tun. Die Einwanderung von Juden nach Deutschland war im Juli 1990 von der letzten ostdeutschen Regierung initiiert worden und wurde ab 1991 auf das vereinte Deutschland ausgedehnt. Seit 1990 kamen etwa 200 000 Juden und ihre (auch nichtjüdischen) Familienmitglieder aus der eSU als Flüchtlinge nach Deutschland, eine praktisch für alle Juden aus der eSU offenstehende Möglichkeit. Der Anteil an Emigranten aus der eSU, die Deutschland als Ziel wählten, ist während der 1990er Jahre stetig gestiegen, so dass Deutschland in den Jahren 2002 und 2003 mehr jüdische Emigranten aus der eSU aufgenommen hat als jedes andere Land, einschließlich Israel.

Deutsche Behörden erkennen als jüdische Kontingentflüchtlinge Personen mit mindestens einem jüdischen Elternteil an, ebenso ihre engsten Familienmitglieder einschließlich nichtjüdischer Ehepartner (Becker 2001; Dietz 2000; Gruber/Rüßler 2002; Schoeps et al. 1996, 1999). Diese Definition ist etwas restriktiver als die im israelischen Rückkehrrecht, das Juden als Personen mit mindestens einem jüdischen Großelternteil definiert. Sowohl die israelische als auch die deutsche Definition schließen nichtjüdische Ehepartner sowie die von den jüdischen Immigranten abhängigen Kinder ein. Offensichtlich hätten alle in Deutschland als Kontingentflüchtlinge definierte Personen nach Israel gehen können, da sie nach dem israelischen Rückkehrrecht Juden sind. Andererseits wären einige, die aufgrund des Rückkehrrechts in Israel akzeptiert wurden, in Deutschland nicht als Kontingentflüchtlinge anerkannt worden.

Während Israel jüdischen Einwanderern aus der eSU bei der Einreise die Staatsbürgerschaft garantiert, ähnlich wie es in Deutschland bei deutschstämmigen Einwanderern praktiziert wird, haben jüdische Kontingentflüchtlinge nicht sofort ein Anrecht auf die deutsche Staatsbürgerschaft. Je nach Bundesland müssen sie mindestens sechs bis acht Jahre ihren Wohnsitz in Deutschland haben, bevor sie sich um die deutsche Staatsbürgerschaft bewerben können. Dies ist für den Zugang zum Arbeitsmarkt wichtig, da die Staatsbürgerschaft ein größeres Angebot an Beschäftigungsmöglichkeiten erschließt, einschließlich des Beamtentums und Lehrerstellen, und die Hürden für Selbständigkeit herabsetzt (Heckmann 2003). In den USA gibt es die Staatsbürgerschaft auch nicht sofort, sondern die Einbürgerung erfordert mindestens fünf Jahre Wohnsitz. Das Fehlen der Staatsbürgerschaft schränkt für legale Einwanderer in den USA die Arbeitsmarktoptionen nicht in gleicher Weise ein wie in Deutschland.

Deutschland praktiziert die Politik, jüdische Kontingentflüchtlinge (ebenso wie deutschstämmige Einwanderer und anerkannte Asylsuchende) über das ganze Land zu verteilen (Harris 1999). Wenngleich Flüchtlinge in jedem von ihnen bevorzugten Teil der Bundesrepublik den Wohnsitz nehmen können, sind einige der finanziellen Unterstützungsleistungen für neu Eingereiste abhängig von ihrem Verbleib an dem Ort, zu dem sie gesandt wurden. Interessanterweise war dies auch das Vorgehen Israels bis in die 1980er Jahre. Als dort aber die jüngste Welle von Emigranten aus der eSU in den 1990er Jahren ankam, entschied Israel, dass der „freie Markt" die Wohnsitze der Immigranten effizienter zuteilen würde als der Staat (Doron/Kargar 1993). In den USA konnten die Einwanderer stets ihren Wohnsitz selbst wählen und der Staat versuchte nie, in diesen Prozess einzugreifen.

Einer der größten Unterschiede zwischen den drei Ländern besteht in den materiellen Hilfeleistungen für Einwanderer. In den USA erhalten Einwanderer keine Unterstützung des Staates und die Zuwendungen vonseiten jüdischer Organisationen sind eher begrenzt. In Deutschland dagegen genießen jüdische Einwanderer umfangreiche staatliche Unterstützungen, von Beihilfen zu den Wohnungskosten über anfängliche finanzielle Hilfen und Deutschkurse zu Sozialleistungen für Arbeitslose (Doomernik 1997; Gruber/Rüßler 2002; Harris 1999). Zusätzlich haben jüdische Kontingentflüchtlinge, die von den jüdischen Gemeinden in Deutschland als „Juden" anerkannt werden (nämlich wenn ihre Mutter Jüdin ist), Anrecht auf weitere Leistungen (Harris 1999). In Israel haben Einwanderer ebenfalls Anrecht auf einige Leistungen (ein pauschaler Geldbetrag bei Ankunft, Sprachkurse, unbeschränkte Leistungen für Arbeitslose und einige Fortbildungskurse). Es ist jedoch offensichtlich, dass jüdische Kontingentflüchtlinge in Deutschland ein großzügigeres Anrecht auf materielle Leistungen genießen als die Auswanderer nach Israel und die USA. Der Wert der israelischen Leistungen ist weit unter dem der deutschen (sowohl absolut als auch bezüglich Kaufkraftparität), vor allem auch, weil sie über einen kürzeren Zeitraum gezahlt werden. Wie aus *Tabelle 1* ersichtlich, schätzt die Jewish Agency (2003), dass der Geldwert der Leistungen für Immigranten in Israel und Deutschland im ersten Jahr nach ihrer Einwanderung in etwa der gleiche ist (ca. 15 000 Euro). Auf einen Zeitraum von fünf Jahren nach der Einwanderung berechnet, ist der Wert der deutschen Leistungen jedoch mehr als drei Mal höher als der der israelischen, und das Verhältnis steigt auf 6,8, wenn man einen Zeitraum von zehn Jahren zugrunde legt.

Tabelle 1: Materielle Leistungen an jüdische Immigranten in Deutschland und Israel (Angaben in israelischen NIS)

Materielle Leistungen an Immigranten	Deutschland	Israel	Verhältnis
Erstes Jahr	70 660	86 576	0,82
Erste 5 Jahre	353 300	105 008	3,4
Erste 10 Jahre	706 600	105 008	6,8
Einkommen und Verdienst (Gesamtbevölkerung)			
Durchschnittlicher Monatsverdienst	16 750	7 078	2,3
Monatlicher Mindestlohn	11 140	3 355	3,3
Durchschnittliches Haushaltseinkommen	30 625	14 450	2,1
Monatliches Einkommen von Familien, die Sozialleistungen beziehen	5 888	2 808	2,1

Quelle: Jewish Agency, 2003; 1 Euro = 5 NIS.

Die drei Länder unterscheiden sich nicht nur hinsichtlich ihrer Einwanderungspolitik und der Höhe und Dauer der materiellen Leistungen für Immigranten, sondern auch in der Arbeitsmarktregulierung, den Bildungserträgen und der allgemeinen Rigidität des Arbeitsmarktes. Bekanntlich ist der US-amerikanische Arbeitsmarkt flexibler als der israelische oder deutsche. Die Frage ist, welcher der beiden Arbeitsmärkte – der deutsche oder der israelische – dem amerikanischen bezüglich seiner Flexibilität und den Bildungserträgen am nächsten kommt. Es liegt offenbar nahe, dass der israelische Arbeitsmarkt der 1990er Jahre weniger rigide als der deutsche war. Zwar war der israelische Arbeitsmarkt bis vor nicht allzu langer Zeit relativ unflexibel. Die überwiegende Mehrheit der Arbeiter (um 80 Prozent) wurde von Gewerkschaften vertreten und genoss Beschäftigungssicherheit und der Arbeitsmarkt und die Wirtschaft waren korporatistisch geregelt (Cohen et al. 2003). Seit 1985 jedoch durchliefen Wirtschaft und Arbeitsmarkt in Israel einen Prozess der Liberalisierung und bewegten sich schrittweise hin zum flexiblen amerikanischen Modell. In den ersten Jahren des neuen Jahrtausends waren etwa ein Drittel der Arbeiter und Angestellten gewerkschaftlich organisiert (Cohen et al. 2007) und der Anteil an Leih- und zeitlich befristeten Arbeitern, etwa 5 Prozent der Erwerbstätigen (Nadiv 2004), stieg höher als in europäischen Ländern (Storrie 2002). Folglich ist der Anteil an Beschäftigten im unteren Lohnbereich in Israel höher als in Deutschland. Das Niveau der Einkommensungleichheit, ein Proxy für Bildungserträge, gleicht in Israel dem der am stärksten ungleichen Länder der entwickelten Welt: den USA, dem Vereinigten Königreich und Neuseeland (Kristal/Cohen 2007). Im Gegensatz dazu ist der deutsche Arbeitsmarkt weiterhin eher rigide und die Einkommensungleichheit ist, gemessen an israelischen oder amerikanischen Standards, in Deutschland relativ mäßig (Gottschalk/Smeeding 1997). Im Jahr 2000 war in Deutschland Beschäftigungssicherheit immer noch eher die Regel als die Ausnahme, wobei Arbeiter mit zeitlich befristeten Verträgen nur etwa ein Prozent der Erwerbstätigen ausmachten (Storrie 2002). Das quasi-korporatistische System, das in den USA seit jeher fehlt und in Israel in den letzten zwanzig Jahren fast völlig unterhöhlt wurde, funktioniert immer noch (DiPrete/McManus 1996; Thelen 1991).

III. Erwartete nationale Unterschiede in den Selektivitätsmustern

In *Tabelle 2* werden die Unterschiede zwischen den USA, Israel und Deutschland hinsichtlich ihrer Einwanderungspolitik bei Juden aus der eSU skizziert, zusammen mit den institutionellen Unterschieden zwischen dem israelischen, amerikanischen und deutschen Arbeitsmarkt. Die in der Tabelle aufgeführten Unterschiede führen zu etlichen prüfbaren Hypothesen über den Typ von Einwanderer, der in den jeweiligen Ländern vorwiegend zu erwarten ist.

Die Grundüberlegung ist, dass die Auswahl des Aufnahmelandes seitens der Einwanderer in erster Linie von dem ihnen durch das Aufnahmeland gemachte „Angebot" abhängig ist (Borjas 1990, 1994). Im vorliegenden Fall ist eine der Hauptkomponen-

Tabelle 2: Institutionelle Unterschiede zwischen Israel, den USA und Deutschland

Arbeitsmarkteigenschaften	Deutschland	Israel	USA
Einkommensniveau	Mittel	Niedrig	Hoch
Einkommensungleichheit	Niedrig	Hoch	Hoch
Arbeitsmarktflexibilität	Niedrig	Mittel	Hoch
Einwanderungspolitik			
Jahre bis zur Einbürgerung	6-8	Bei Ankunft	3-5
Einschränkungen bei der Beschäftigung von nicht eingebürgerten Personen	Ja	Nein	Nein
Einschränkungen bei der Ortszuweisung von Immigranten	Ja	Nein	Nein
An Immigranten geleistete finanzielle Unterstützung	Hoch	Mittel	Niedrig

ten die wohlfahrtsstaatliche Unterstützung von potenziellen Einwanderern. Daran gemessen scheint das Angebot Deutschlands attraktiver als das Israels und gewiss attraktiver als das der USA zu sein. Da jedoch ein Großteil der Unterstützung in Deutschland (ein etwas geringerer in Israel) sich an Einwanderer richtet, die sich nicht in einem Beschäftigungsverhältnis befinden, sollte Deutschland besonders Einwanderer anziehen, die damit rechnen, für längere Zeit auf staatliche Unterstützung angewiesen zu sein. Hochqualifizierte Einwanderer, die wahrscheinlich eine Beschäftigung finden, sollte die wohlfahrtsstaatliche Unterstützung weniger interessieren als die Erwerbstätigkeitsoptionen, zu denen die Höhe der Bildungserträge und Aufstiegsmöglichkeiten gehören. Die Hürden für die Beschäftigung von Einwanderern ohne deutsche Staatsbürgerschaft und die Rigidität des deutschen Arbeitsmarktes insgesamt mögen hochqualifizierte Immigranten weg von Deutschland, hin zu Israel und besonders hin zu den USA lenken, wo sie mit höheren Erträgen für ihre in der eSU erworbenen Qualifikationen rechnen können. Kurz: Sofern wirtschaftliche Faktoren die Auswanderer bei der Wahl ihres Aufnahmelandes beeinflussen, sollten Einwanderer in die USA höhere Qualifikationen besitzen als diejenigen, die sich Israel ausgesucht haben, und diejenigen, die Deutschland wählten, sollten die geringsten Arbeitsmarktqualifikationen mitbringen.

Die oben genannte Hypothese geht davon aus, dass in der eSU erworbene Qualifikationen und Bildung in gleicher Weise auf die Arbeitsmärkte in den USA, Israel und Deutschland übertragbar (oder nicht übertragbar) sind. Die Muttersprache der Einwanderer aus der eSU ist weder Englisch noch Deutsch noch Hebräisch und die Wirtschaft der drei Aufnahmeländer ähnelt einander mehr als sie der kommunistischen oder postkommunistischen Wirtschaft gleicht. Somit gibt es keinen Grund, Unterschiede bei der Übertragbarkeit von Qualifikationen in den drei Aufnahmeländern anzunehmen. Während es jedoch keine Unterschiede darin geben mag, wie relevant die in der eSU erworbenen Qualifikationen für die drei Arbeitsmärkte sind, sind einige Länder vielleicht strenger bei der Anerkennung von Bildungsabschlüssen aus der eSU als andere. Sofern dies tatsächlich der Fall ist, herrschen Einschränkungen für in der eSU erworbene Abschlüsse wahrscheinlich eher auf dem rigiden deutschen Arbeitsmarkt vor als in Israel oder den USA. Falls dem so ist, wäre das ein weiterer Grund anzunehmen, dass Israel und besonders die USA mehr Einwanderer mit hohen Bildungsabschlüssen anziehen als Deutschland.

IV. Daten

Unsere Analyse der Einwanderer aus der eSU, die in den 1990er Jahren in die USA kamen, stützt sich auf die 5 Prozent-2000-Public Use Microdata files (PUMS) aus den USA. In diesem Datensatz sind Geburtsland und Einwanderungsjahr, nicht jedoch die Religion angegeben. Deshalb ist es nicht möglich, jüdische Einwanderer genau zu identifizieren. Basierend auf dem von Cohen und Haberfeld (2007) entwickelten Algorithmus definieren wir jüdische Immigranten aus der eSU in den PUMS als Personen, die in der eSU geboren wurden, zu Hause englisch, russisch, hebräisch oder jiddisch sprechen und als erste Abstammung russisch, israelisch oder jüdisch angeben (da „jüdisch" keine anerkannte Abstammung ist, erhielten diese Personen den Code „998", der in den PUMS Personen zugeteilt wird, die eine Religion angeben). Bei Einwanderern aus der eSU, die zu Hause andere Sprachen sprechen oder eine andere Abstammung angeben (z. B. armenisch, ukrainisch), ist die Wahrscheinlichkeit geringer, dass sie jüdischer Herkunft sind (Cohen/Haberfeld 2007). Nach diesem Identifikationsverfahren ergeben sich 11 089 jüdische Einwanderer im Alter von 15 Jahren oder darüber, die zwischen 1990 und 2000 in die USA einwanderten. Hochgerechnet ergibt dies ca. 221 000 Einwanderer in der amerikanischen Bevölkerung im Jahr 2000. Da in den 1990er Jahren nur etwa 200 000 jüdische Einwanderer in die USA kamen, schließt diese Stichprobe somit auch einige nichtjüdische Einwanderer aus der eSU mit ein. Dies stellt jedoch kein größeres Problem für unsere Untersuchung dar, da sich das Bildungsniveau der Personen, die mit Sicherheit jüdischer Herkunft sind (indem sie Vorfahren aus Israel nennen oder den Code „998" in dieser Variablen erhalten), nicht deutlich von dem der breiter gefassten Gruppe unterscheidet, die oben als „jüdisch" definiert wurde (Daten nicht abgebildet).

Für eine Analyse von Immigranten aus der eSU, die nach Israel kamen, stützen wir uns auf die Labour Force Surveys aus den Jahren 1996 und 2000. Diese umfangreichen Datensätze (jeweils etwa 11 000 Haushalte und 23 000 Personen) werden jährlich zusammengestellt und enthalten detaillierte Informationen zur Demographie, Bildung und Immigration für eine repräsentative Stichprobe von Israelis im Alter von 15 Jahren und darüber. Zusammen erfassen die beiden Stichproben 13 418 Einwanderer aus der eSU; eine große Anzahl, die sich mit der riesigen Einwanderungswelle von der eSU nach Israel in den 1990er Jahren deckt.

Unsere Analyse der Merkmale von jüdischen Kontingentflüchtlingen in Deutschland basiert auf den Scientific-Use-Files der Mikrozensen aus den Jahren 1996 und 2000. Leider enthält der deutsche Mikrozensus, im Gegensatz zu den israelischen und amerikanischen Daten, keine Informationen über das Geburtsland oder die ethnische Abstammung der Befragten und bei Immigranten keine über den rechtlichen Status bei der Migration (z.B. Kontingentflüchtling oder Asylbewerber). Der Mikrozensus enthält jedoch Angaben zu Staatsangehörigkeit, Ankunftsjahr sowie im Ausland lebende Ehegatten und Kinder. Auf diesen Informationen aufbauend, präsentieren Cohen und Kogan (2005, 2007) einen Algorithmus zur Identifizierung von jüdischen Kontingentflüchtlingen im deutschen Mikrozensus. Wir benutzen diesen Algorithmus, der alle Personen als jüdische Kontingentflüchtlinge einstuft, die zwischen 1990 und 2000 in Deutschland eintrafen und die alle vier der folgenden Kriterien erfüllen: 1) Sie haben die Staatsangehörigkeit einer der ehemaligen Sowjetrepubliken, 2) sie besitzen keine doppelte Staatsbürgerschaft (Deutschland-eSU), 3) sie haben keine Ehepartner oder Kinder, die ihren Wohnsitz in der eSU haben, 4) sie sind nicht mit einer Person verheiratet, welche die deutsche Staatsangehörigkeit hat. Das zweite Kriterium soll bei der Unterscheidung zwischen Kontingentflüchtlingen und deutschstämmigen Einwanderern helfen, während das dritte Kriterium Arbeitsmigranten oder Studenten aus der eSU herausfiltern soll, die generell in den Zensusdaten eher unterrepräsentiert sind. Das vierte Kriterium möchte Ehepartner von Deutschstämmigen oder Personen aus der eSU ausschließen, die aufgrund einer Heirat mit einem deutschen Staatsangehörigen nach Deutschland einwanderten. Zwar mag dieser Algorithmus etwas vereinfacht sein, er erfasst jedoch den Großteil der zwischen 1990 und 2000 in Deutschland eingetroffenen jüdischen Kontingentflüchtlinge, wenn auch die niedrige Zahl der Fälle (618 insgesamt) hochgerechnet bedeutet, dass sie nur etwa 61 000 Juden im Alter von 15 Jahren und darüber repräsentieren, während die Zahl aller jüdischen Immigranten in Deutschland in den 1990er Jahren bei 130 000 lag.

V. Ergebnisse

Tabelle 3 präsentiert die Fallzahlen und die Merkmale von zwei Immigrantenkohorten kurz nach ihrer Ankunft für Israel, Deutschland und die USA. Zunächst ist zu erkennen, dass die drei Länder mehr weibliche Einwanderer akzeptierten (ca. 54 Prozent) als männliche. Es wandern insgesamt mehr jüdische Frauen als Männer aus der eSU aus, aber es gibt keine ersichtliche geschlechtsspezifische Selektivität im Hinblick auf Aufnahmeländer. Dass die durchschnittliche Immigrantin in den drei Ländern etwas älter ist als der durchschnittliche Immigrant, deutet darauf hin, dass die beobachtete geschlechtsspezifische Verteilung zumindest teilweise darauf zurückzuführen ist, dass ältere Frauen in diese drei Länder immigrieren.

Alter korreliert, im Gegensatz zu Geschlecht, mit dem Qualifikationsniveau, wenn auch nicht in direkter Weise. Jüngere Einwanderer können ihre Fähigkeiten leichter an das neue Land anpassen und sich besser als ältere Immigranten in die neue Gesellschaft integrieren. Aus diesem Grund ziehen Gastländer jüngere Immigranten den älteren vor. Die mittleren Felder von *Tabelle 3* zeigen das Durchschnittsalter und den Anteil älterer Einwanderer (unter allen Immigranten im Alter von 15 Jahren und darüber). Die Immigranten, die nach Israel kamen, sind tendenziell älter. So ist der Anteil von mindestens 55-Jährigen unter den Männern, die zwischen 1990 und 1995 in Israel eintrafen (30,3 Prozent), deutlich höher als der entsprechende Anteil bei den Immigranten, die im gleichen Zeitraum in Deutschland (18,1 Prozent) oder den USA (21,9 Prozent) eintrafen. Das gleiche Muster ist bei der 1996-2000er Kohorte zu beobachten sowie bei Frauen, wenn hier auch auf höherem Niveau.

Zusammengefasst kann man sagen, dass die Altersverteilung darauf hinweist, dass Israel einen größeren Anteil älterer Immigranten anzieht. Die USA und Deutschland dagegen wirken eher anziehend auf Immigranten, die „im besten Alter" für den Arbeitsmarkt sind und deren Aussichten auf eine vollständige Integration in den Arbeitsmarkt und in die Gesellschaft des Gastlandes besser sind als die der älteren Immigranten. Mit anderen Worten: In Bezug auf das Alter favorisieren Selbstselektionsmuster die USA und Deutschland vor Israel.

Während das Alter zweifellos ein wichtiger Proxy für die Chancen auf sozioökonomische Integration der Einwanderer ist, sagt die Höhe des Humankapitals, das Einwanderer in das Aufnahmeland mitbringen, viel über die Gestaltung der Selektivität während des Migrationsprozesses aus. Das Bildungsniveau ist ohne Zweifel der beste verfügbare Indikator für die Qualifikation der Einwanderer. Eine sowohl im amerikanischen, israelischen und deutschen Datensatz verfügbare und gut vergleichbare Messung ist, ob die Befragten zumindest einen ersten Universitätsabschluss haben. Günstigerweise ist dies das bedeutendste Bildungsniveau in hochentwickelten Wirtschaften; ein Universitätsabschluss ist zunehmend der Hauptzugang zu prestigereichen Positionen und

Tabelle 3: Ausgewählte Merkmale neuer jüdischer Zuwanderer aus der eSU, die 15 Jahre und älter sind, in den USA, Israel und Deutschland nach Zeitraum der Einwanderung

Beobachtungsjahr:[a]	1996		2000	
Immigrationskohorte:	1990-1995		1996-2000	
	Männer	Frauen	Männer	Frauen
Anzahl der Fälle				
Israel	4 468	5 629	1 441	1 880
Deutschland	149	169	133	155
USA	3 170	3 849	1 798	2 272
% Männer				
Israel	44,3		43,4	
Deutschland	47,9		46,2	
USA	45,2		44,2	
Durchschnittsalter:				
Israel	43,4	47,0	42,2	45,3
Deutschland	37,4	39,9	39,4	43,9
USA	40,7	42,3	38,5	40,2
Über 55 Jahre alt (%):				
Israel	30,3	37,4	27,8	32,7
Deutschland	18,1	23,7	18,1	27,7
USA	21,9	25,8	18,9	22,0
Mit zumindest einem Bachelor-Abschluss[b] (%):				
Israel	45,9	47,1	43,3	44,2
Deutschland	43,8	38,4	35,7	37,4
USA	65,7	62,7	60,3	58,4

Quellen: Israel: Labor Force Surveys, 1996 und 2000; Deutschland: Mikrozensen von 1996 und 2000; USA: 5 Prozent-2000-PUMS.

a Beobachtungsjahr bei Deutschland und Israel. Bei den USA ist 2000 das Beobachtungsjahr für beide Kohorten.

b Bei Personen zwischen 25 und 64 Jahren, die mindestens 20 Jahre alt waren, als sie in ihrem Aufnahmeland eintrafen. Personen mit zumindest einem Bachelor-Abschluss sind Personen, die in Israel mindestens 15 Jahre Schulbildung hatten und deren letzte Schule eine akademische Einrichtung war, die in den USA mindestens 4 Jahre ein College besuchten und einen Abschluss haben, und die in Deutschland mindestens CASMIN 3a oder 3b haben (Brauns/Steinmann 1997).

hochbezahlten Jobs in entwickelten Ländern wie den USA, Israel und Deutschland geworden.

Die unteren Zeilen von *Tabelle 3* stellen die Ergebnisse dieses Vergleichs für Einwanderer dar, die von 1990-1995 und von 1996-2000 einreisten. Für die Analyse des Bildungsstandes konzentrieren wir uns auf Personen im Alter von 25 bis 64 Jahren zum Zeitpunkt der Erhebung und schließen Einwanderer aus, die jünger als 20 Jahre waren, als sie in Israel, Deutschland oder den USA ankamen. Damit erhöhen wir die Wahrscheinlichkeit, dass 1) die Wahl des Aufnahmelandes, Israel, Deutschland oder die USA, von einem Erwachsenen getroffen wurde und nicht etwa von den Eltern, 2) die Bildung und somit die Qualifikationen der Einwanderer in der eSU erworben wurden und nicht in Israel, Deutschland oder den USA.

Das Bildungsniveau derjenigen, die in die USA einwanderten, ist signifikant höher als das derjenigen, die nach Israel oder Deutschland kamen. Genauer gesagt hatten 65,7 Prozent der Männer und 62,7 Prozent der Frauen, die in den Jahren 1990-1995 in die USA kamen, einen Hochschulabschluss, verglichen mit 45,9 Prozent der männlichen und 47,1 Prozent der weiblichen Einwanderer in Israel. Die entsprechenden Zahlen für Deutschland – 43,8 Prozent der Männer und 38,4 Prozent der Frauen – liegen nahe an den israelischen, wobei die Kluft bei den Frauen etwas größer ist (ca. 9 Prozentpunkte) als bei den Männern (ca. 2 Prozentpunkte). Ende der 1990er Jahre ging das Bildungsniveau jüdischer Immigranten aus der eSU insgesamt zurück – alle drei Länder erhielten einen geringeren Anteil an Einwanderern mit hoher Bildung als in den frühen 1990ern. Dennoch blieb die Kluft zwischen den drei Ländern nahezu unverändert: 60,3 Prozent der Männer, die in die USA kamen, hatten einen Hochschulabschluss, verglichen mit 43,3 Prozent bei den Einwanderern, die nach Israel gingen, und 35,7 Prozent der Einwanderer, die nach Deutschland kamen. Die entsprechenden Zahlen bei den Frauen liegen bei 58,4 Prozent, 44,2 Prozent und 37,4 Prozent.

Der allgemeine Rückgang des Bildungsniveaus der Einwanderer aus der eSU in den späten 1990er Jahren geht wahrscheinlich auf ein Sinken des Bildungsniveaus der jüdischen Bevölkerung in der eSU im Allgemeinen zurück, da diejenigen mit den besten Bildungsabschlüssen bereits in früheren Jahren ausgewandert waren und dadurch das Bildungsniveau potentieller Auswanderer absenkten. Für unsere Zwecke sind jedoch die Unterschiede zwischen den Aufnahmeländern am maßgeblichsten und sie lassen darauf schließen, dass sich Selektivitätsmuster in der zweiten Hälfte der 1990er Jahre kaum veränderten. Die Unterschiede im Bildungsniveau zwischen denjenigen, die nach Israel und Deutschland kommen, sind geringer (und statistisch nicht signifikant), verglichen mit den Unterschieden zwischen diesen beiden Ländern und den USA. Offensichtlich finden gebildete Immigranten Israel weniger attraktiv als die USA – und Deutschland noch weniger.

VI. Diskussion und Schlussfolgerung

In den 1970er und 1980er Jahren, als die Einreise sowohl in die USA als auch nach Israel frei war, zogen die meisten jüdischen Auswanderer aus der eSU mit hoher Bildung die USA Israel vor (Cohen/Haberfeld 2007). Somit stützte das Ergebnis des natürlichen Experiments der Zeitperiode von 1970-1989 die theoretischen Erwartungen: Qualifizierte Einwanderer ziehen Länder vor, in denen die Bildungserträge höher sind. In den 1990er Jahren setzte sich dieses Experiment fort, doch mit leicht veränderten Gegebenheiten: Jüdische Einwanderer aus der eSU hatten nun freie Einreise nach Israel und Deutschland. Um in die USA gehen zu können, waren sie jedoch auf Familienzusammenführungen und Arbeitsangebote angewiesen, um Einreisevisen zu erhalten.

Interessanterweise berührte die Änderung der amerikanischen Einwanderungsbestimmungen kaum die Selektivitätsmuster bezüglich Bildung. In den 1990er Jahren kamen, wie in den 1970er und 1980er Jahren, mehr Einwanderer mit hoher Bildung in die USA als nach Israel oder Deutschland, und dies trotz der Tatsache, dass sowohl Israel als auch (und vor allem) Deutschland den jüdischen Immigranten aus der eSU großzügige materielle Unterstützung boten. Auch wurden hier nahezu alle Auswanderer, die die Einreise beantragten, akzeptiert, wohingegen die Einreise in die USA weitgehend über Familienzusammenführungen geregelt war. Dennoch nahmen die USA weiterhin höhere Zahlen an qualifizierten Immigranten auf als Israel oder Deutschland. Offenbar werden qualifizierte Einwanderer nicht von Visabestimmungen abgeschreckt und sind weniger an materieller Unterstützung interessiert. Stattdessen scheinen das Lohnniveau, die Arbeitsmarktflexibilität und die Qualifikationserträge, die allesamt in den USA höher sind, für die Wahl ihres Aufnahmelandes eine größere Rolle zu spielen.

Wie schafften es qualifizierte Auswanderer aus der eSU, während der 1990er Jahre in die USA zu kommen? Offensichtlich ist die Beschränkung auf die Familienzusammenführung keine große Hürde für Juden mit hohem Bildungsabschluss aus der eSU. Eigentlich könnte sie ihnen von Vorteil gewesen sein, wenn man von der hohen positiven Korrelation zwischen dem Bildungsniveau potenzieller Auswanderer aus der eSU und dem ihrer direkten Angehörigen mit Wohnsitz in den USA ausgeht. Zudem profitierten Auswanderer aus der eSU mehr als die anderer Nationalitäten vom amerikanischen Einwanderungsgesetz aus dem Jahr 1990, das die Zahl der über eine Beschäftigungszusage ins Land geholten Einwanderer erhöhte. Während diese Zahl insgesamt von 60 000 im Jahr 1990 auf 140 000 Anfang 1991 stieg, war der Anstieg bei den Einwanderern aus der eSU noch dramatischer: von ungefähr 200 pro Jahr in der Zeit von 1990 bis 1991 auf 1 500 im Jahr 1993 und ca. 2 500-3 000 pro Jahr in der Zeit von 1994 bis 2000 (US Immigration and Naturalization Service, verschiedene Jahre).

In den letzten beiden Jahrzehnten wurde viel über die sinkenden Qualifikationen von Einwanderern in die USA diskutiert (Borjas 1987; Card 2005; Jasso/Rosenzweig 1990) und darüber, wie die USA die meisten qualifizierten Einwanderer an andere Länder verliert (Borjas 1990: 22). Die Immigrationswelle der 1990er Jahre aus der eSU nach Israel und Deutschland ist ein Gegenbeispiel für diese Behauptung. Unsere Ergebnisse zeigen, dass die USA auf dem Immigrationsmarkt recht gut dasteht und während der ganzen 1990er Jahre mehr Einwanderer mit hohem Bildungsabschluss aus der eSU anzog als Israel oder Deutschland.

Während die USA die klaren Gewinner im Wettbewerb um qualifizierte jüdische Einwanderer aus der eSU sind, gibt es keine nennenswerten Unterschiede zwischen den Einwanderern in Israel und Deutschland. Wir hätten erwartet, dass die größere materielle Unterstützung, die in Deutschland geboten wird, ebenso wie der rigide Arbeitsmarkt die am wenigsten qualifizierten Migranten anziehen würden. Diese Annahme wird von den Daten, wenn überhaupt, jedoch nur schwach gestützt. Wenn auch der Anteil der Einwanderer mit Hochschulbildung, der Deutschland als Aufnahmeland wählt, etwas geringer ist als derjenige, der Israel wählt, sind die Unterschiede gering (verglichen mit den Unterschieden der beiden Länder zu den USA), stützen sich nur auf eine sehr geringe Fallzahl (in Deutschland) und sind nicht statistisch signifikant. Mehr noch, das niedrigere Alter derjenigen, die nach Deutschland statt nach Israel gehen, legt nahe, dass jüdische Kontingentflüchtlinge in Deutschland damit rechnen, sich in den deutschen Arbeitsmarkt und die deutsche Gesellschaft integrieren zu können. Diese Interpretation stimmt mit früherer Forschung überein, nach der zwar die Arbeitsmarktbeteiligung neu eingereister Einwanderer in Deutschland niedriger ist als in Israel, dieser Abstand in 10 bis 11 Jahren jedoch wahrscheinlich aufgeholt sein wird (Cohen/Kogan 2007). Somit ist es möglich, dass das deutsche Immigrations-„Angebot" nicht schlechter angesehen wird als das israelische, besonders nicht von relativ jungen Auswanderern, die davon überzeugt sind, dass sie, und erst recht ihre Kinder, letztendlich Erfolg damit haben werden, sich in den rigiden deutschen Arbeitsmarkt und in die deutsche Gesellschaft zu integrieren.

Möglicherweise beeinflussen auch einige nichtwirtschaftliche Faktoren die Wahl des Aufnahmelandes von jüdischen Auswanderern aus der eSU. Tatsächlich gaben jüdische Kontingentflüchtlinge auf die Frage, warum sie Deutschland Israel vorzögen, selten wirtschaftliche Gründe an; sie nannten stattdessen politische, kulturelle, familiäre und sogar klimatische Erwägungen (Doomernik 1997; Gruber/Rüßler 2002). Diejenigen, die die USA Israel vorzogen, nannten jedoch die größeren wirtschaftlichen Gelegenheiten in den USA (Giterman 1985). Ungeachtet dessen, dass die Aussagen der Auswanderer nicht immer ihrer aufgedeckten Präferenz entsprechen mögen, scheint es, dass zumindest im Fall der USA die aufgedeckte mit der erklärten Präferenz übereinstimmt.

Die Implikationen der Selektionsmuster von Immigranten für deren wirtschaftliche Eingliederung, auf die in diesem Artikel nicht eingegangen wird, kann nicht unterschätzt werden. Junge Immigranten und solche mit hohem Bildungsabschluss holen mit großer Wahrscheinlichkeit zum durchschnittlichen Einheimischen auf, besonders wenn das Bildungsniveau der Einwanderer höher ist als das der Einheimischen, wie dies in allen drei Ländern der Fall ist. Einwanderer werden jedoch auch nach ihren nicht beobachteten Eigenschaften selektiert, wie z.B. Motivation, Geschick, soziales Kapital. Selektivität hinsichtlich solcher nicht gemessenen, mit der Produktivität in Zusammenhang stehenden Eigenschaften berührt auch die wirtschaftliche Eingliederung von Einwanderern, im Verhältnis zu Einwanderern mit ähnlichen beobachteten Eigenschaften. Wenn wir auch in diesem Artikel diesen Punkt nicht behandelt haben, beleuchtet ihn unsere frühere Forschung. Was die Einkommensangleichung betrifft, so fanden wir heraus, dass sie Immigranten aus der eSU in den USA viel besser gelang als denjenigen, die nach Israel kamen (Cohen/Haberfeld 2007). In den USA erreichten Immigranten aus der eSU innerhalb von 10 bis 15 Jahren das Einkommensniveau Einheimischer mit ähnlichen demografischen Eigenschaften, während in Israel Immigranten aus der eSU (nicht jedoch Immigranten aus anderen osteuropäischen Ländern) nur wenig Einkommensangleichung erfuhren; konkret lagen ihre Einkommen im Vergleich zu denen Einheimischer mit ähnlichen demografischen Eigenschaften nach 15-20 Jahren in Israel immer noch in etwa der Höhe ihres relativen Einkommens, das sie bei ihrer Einreise oder kurz danach erzielt hatten. Daraus schließen Cohen und Haberfeld (2007), dass in den USA im Vergleich zu Israel für die bessere wirtschaftliche Eingliederung von Immigranten aus der eSU weitgehend Selektivitätsmuster hinsichtlich nicht beobachteter Eigenschaften verantwortlich sind.

Selektivität bezüglich beobachteter und nicht beobachteter Eigenschaften ist jedoch nicht der alleinige Grund dafür, dass Einwanderer aus der eSU in den USA besser dastehen als in Deutschland oder Israel. Institutionelle Faktoren spielen ebenfalls eine Rolle, besonders wenn es um die Erklärung der Unterschiede im wirtschaftlichen Fortschritt der Einwanderer zwischen Israel und Deutschland geht. Einwanderer, die nach

Deutschland kommen, sind bei ihrer Ankunft von extrem hoher Arbeitslosigkeit betroffen, doch diejenigen, die eine Arbeit haben, erreichen bei Einreise mit größerer Wahrscheinlichkeit prestigereichere Beschäftigungen als ihresgleichen in Israel. Die hauptsächliche Erklärung dafür ist nicht Selektivität, sondern eher Deutschlands weniger aufnahmebereiter Arbeitsmarkt zusammen mit der großzügigeren materiellen Unterstützung, die arbeitslosen Einwanderern aus der eSU in Deutschland geboten wird (Cohen/Kogan 2007). Folglich können Juden aus der eSU in Deutschland auf akzeptable Jobs warten, wohingegen ihresgleichen in Israel (oder den USA) gezwungen sind, jeden Job anzunehmen, der ihnen angeboten wird, da staatliche Unterstützungen ein Jahr nach der Einreise in Israel wegfallen bzw. in den USA überhaupt nicht vorhanden sind. Hinsichtlich ihrer Beschäftigungsmobilität fanden frühere Untersuchungen wenig Fortschritt bei den Einwanderern aus der eSU in Israel und noch weniger in Deutschland (Cohen/Kogan 2007). Da Beschäftigungsmobilität stark mit Einkommensfortschritten korreliert, legt dieser Sachverhalt nahe, dass es sich beim sozioökonomischen Fortschritt von Einwanderern und deren Aufholen gegenüber Einheimischen mit ähnlichen Eigenschaften, gemessen in Beschäftigung und Einkommen, nicht um ein universelles Phänomen handelt. Er hängt vielmehr von den Selbstselektionsmustern der Einwanderer bezüglich beobachteter und nicht beobachteter Eigenschaften ab sowie von den institutionellen Gegebenheiten, die auf dem Arbeitsmarkt und in der Wirtschaft des Aufnahmelandes vorherrschen. Leider ist es nicht möglich, genau zu bestimmen, wie viel für den Vorteil der Einwanderer in den USA gegenüber Deutschland oder Israel auf Selektivität und wie viel auf institutionelle Faktoren zurückgeht. Aber die oben ausgeführten Befunde legen nahe, dass Selektivität eine größere Rolle dabei spielt, die Unterschiede zwischen den USA einerseits und Deutschland und Israel andererseits zu erklären. Institutionelle Faktoren hingegen sind wahrscheinlich wichtiger als Selektivität, wenn es um die Erklärung der Unterschiede zwischen den Erfahrungen der Einwanderer in Israel und in Deutschland geht.

Literatur

Becker, Franziska, 2001: Ankommen in Deutschland: Einwanderungspolitik als biographische Erfahrung im Migrationsprozeß russischer Juden. Berlin: Dietrich Reimer Verlag.
Borjas, George J., 1987: Self-Selection and the Earnings of Immigrants, in: American Economic Review 77, 531-553.
Borjas, George J., 1990: Friends or Strangers. New York: Basic Books.
Borjas, George J., 1994: The Economics of Immigration, in: Journal of Economic Literature 32, 1667-1717.
Brauns, Hildegard/Steinmann, Susanne, 1997: Educational Reform in France, West-Germany, the United Kingdom and Hungary: Updating the CASMIN Educational Classification. MZES Working Paper 21. Mannheim.
Card, David, 2005: Is the New Immigration Really so Bad? NBER Working Paper No. 11547.
Chiswick, Barry R., 1978: The Effect of Americanization on the Earnings of Foreign-Born Men, in: Journal of Political Economy 86, 897-921.
Chiswick, Barry R., 1986: Is the New Immigration Less Skilled than the Old?, in: Journal of Labor Economics 4, 168-192.
Chiswick, Barry R., 1993: Soviet Jews in the United States: An Analysis of their Linguistic and Economic Adjustment, in: International Migration Review 27, 260-285.

Cohen, Yinon/Haberfeld, Yitchak/Mundlak, Guy/Saporta, Ishak, 2003: Unpacking Union Density: Membership and Coverage in the Transformation of the Israeli Industrial Relations System, in: Industrial Relations 42: 692-711.

Cohen, Yinon/Haberfeld, Yitchak/Kristal, Tali/Mundlak, Guy, 2007: The State of Organized Labor in Israel, in: Journal of Labor Research 28, 255-274.

Cohen, Yinon/Kogan, Irena, 2007: Next Year in Jerusalem ... or in Cologne? Labor Market Integration of Jewish Immigrants from the Former Soviet Union in Israel and Germany in the 1990s, in: European Sociological Review 23, 155-168.

Cohen, Yinon/Haberfeld, Yitchak, 2007: Patterns of Self-Selection and Earning Assimilation among Immigrants from the Former Soviet Union in Israel and the US, in: Demography 44 (3), 649-668.

Dietz, Barbara, 2000: German and Jewish Migration from the Former Soviet Union to Germany: Background, Trends and Implications, in: Journal of Ethnic and Migration Studies 26, 635-652.

DiPrete, Thomas A./McManus, Patricia A., 1996: Institutions, Technical Change, and Diverging Life Chances: Earnings Mobility in the US and Germany, in: American Journal of Sociology 102, 34-79.

Doomernik, Jeroen, 1997: Going West: Soviet Jewish Immigrants in Berlin since 1990. Aldershot: Averby, Ashgate Publishing.

Doron, Abraham/Kargar, Howard J., 1993: The Politics of Immigration Policy in Israel, in: International Migration 31, 497-512.

Freeman, Gary P./Ögelman, Nedim, 2000: State Regulatory Regimes and Immigrants' Informal Economic Activity, in: Rath, Jan (Ed.), Immigrant Business: The Economic, Political and Social Environment. London: Macmillan, 107-124.

Gitelman, Zvi, 1985: The Quality of Life in Israel and the US, in: Simon, Rita J. (Ed.), New Lives: The Adjustment of Soviet Jewish Immigrants in the US and Israel. Lexington, MA: Lexington Books, 47-68.

Jasso, Guillermina/Rosenzweig, Mark R., 1990: Self-Selection and the Earnings of Immigrants: Comment, in: American Economic Review 80, 298-304.

Jewish Agency for Israel, 2003: Comparison of Absorption Benefits Israel – Germany. Internal Memo, titled Research and Strategic Planning no. 4 (1 May 2003), Hebrew.

Gottschalk, Peter/Smeeding, Timothy M., 1997: Inequality, Income Growth, and Mobility: The Basic Facts, in: Journal of Economic Perspectives 11 (2), 21-40.

Gruber, Sabine/Rüßler, Harald, 2002: Hochqualifiziert und arbeitslos. Opladen: Leske + Budrich.

Harris, Paul A., 1999: Russische Juden und Aussiedler: Integrationspolitik und lokale Verantwortung, in: Bade, Klaus J./Oltmer, Jochen (Hrsg.), Aussiedler: Deutsche Einwanderer aus Osteuropa. Osnabrück: Universitätsverlag Rasch, 247-264.

Heckmann, Friedrich, 2003: From Ethnic Nation to Universalistic Immigrant Integration: Germany, in: Heckmann, Friedrich/Schnapper, Dominique (Eds.), The Integration of Immigrants in European Societies: National Differences and Trends of Convergence. Stuttgart: Lucius & Lucius, 45-78.

Kessler, Judith, 1997: Jüdische Immigration seit 1990. Beispiel Berlin, in: Zeitschrift für Migration und soziale Arbeit 1, 40-47.

Kristal, Tali/Yinon Cohen, 2007: Decentralization of Collective Wage Agreements and Rising Wage Inequality in Israel. Industrial Relations.

Lewin-Epstein, Noah/Semyonov, Moshe/Kogan, Irena/Wanner, Richard, 2003: Institutional Structure and Immigrant Integration: A Comparative Study of Immigrants' Labor Market Attainment in Canada and Israel, in: International Migration Review 37, 389-420.

Nadiv, Ronit, 2004: The Internal Labor Market of External Workers. Ph.D. Dissertation. Tel Aviv University. Hebrew.

OECD, 1999: Employment Protection and Labour Market Performance, in: OECD Employment Outlook 61, 47-132.

Schoeps, Julius H./Jasper, Willi/Vogt, Bernhard (Hrsg.), 1996: Russische Juden in Deutschland. Weinheim: Beltz Altenäum Verlag.

Schoeps, Julius H./Jasper, Willi/Vogt, Bernhard (Hrsg.), 1999: Ein neues Judentum in Deutschland? Fremd- und Eigenbilder der russisch-jüdischen Einwanderer. Potsdam: Verlag für Berlin-Brandenburg.
Smith, James P./Edmonston, Barry, 1997: The New Americans: Economic Demographic and Fiscal Effects of Immigration. Washington D.C.: National Academy Press.
Storrie, Donald, 2002: Temporary Agency Work in the European Union. European Foundation for the Improvement of Living and Working Conditions.
Thelen, Kathleen A., 1991: Union of Parts: Labor Politics in Postwar Germany. Ithaca, NY: Cornell University Press.
US Immigration and Naturalization Service, Different Years: Statistical Yearbook of the Immigration and Naturalization Service. Washington, DC: US Government Printing Office.

Korrespondenzanschrift: Prof. Dr. Irena Kogan, Lehrstuhl für Soziologie, insbesondere Sozialstrukturanalyse, Otto-Friedrich-Universität Bamberg, Lichtenhaidestraße 11a, 96045 Bamberg
E-Mail: Irena.Kogan@uni-bamberg.de

III. Kognitiv-kulturelle und strukturelle Integration

SPRACHERWERB UND EINREISEALTER: DIE SCHWIERIGEN BEDINGUNGEN DER BILINGUALITÄT*

Hartmut Esser

Zusammenfassung: Der Beitrag behandelt die theoretische Erklärung und empirisch feststellbare Bedeutung des Einreisealters für die Entstehung einer (kompetenten) Bilingualität. Im Hintergrund steht die theoretisch nahe liegende, aber umstrittene Hypothese, dass bestimmte soziale Bedingungen, die den Erwerb der einen Sprache fördern, den der anderen behindern, etwa weil sich im Alltag die entsprechenden Sprachumwelten räumlich, zeitlich und sozial meist deutlich verteilen. Beim Einreisealter kommt die – ebenfalls umstrittene – Hypothese hinzu, dass es eine „kritische Periode" des Spracherwerbs gebe. In dem Beitrag wird ein theoretisches Modell für den Zweit- und Erstspracherwerb entwickelt und anhand von Daten des Sozio-Ökonomischen Panels empirisch untersucht. Die beiden wichtigsten Ergebnisse sind, dass es zum einen in der Tat einige Bedingungen des Spracherwerbs gibt, die den Erwerb beider Sprachen gegenseitig behindern, und dass das für das Einreisealter in einem besonderen Maße zutrifft, und zum anderen, dass es eine deutlich erkennbare „kritische Periode" beim Zweitspracherwerb gibt (etwa ab 13 Jahren). Die Entstehung der (kompetenten) Bilingualität wird damit von zwei Seiten her erschwert: Ein zu niedriges Einreisealter behindert den Erstspracherwerb, ein zu hohes den Zweitspracherwerb. Die praktische Schlussfolgerung für die Förderung der Bilingualität ist damit die möglichst *frühzeitige* Ermöglichung *inter*ethnischer Kontakte für den simultanen Zugang zu verschiedenen Sprachumgebungen in der Periode der höchsten Lernfähigkeit.

Die Bilingualität wird häufig als eine besonders wünschenswerte Form der sozialen Integration von Migranten angesehen: Die gleichzeitige Beherrschung der Sprache des Aufnahmelandes und von Fertigkeiten in einer (anderen) Muttersprache bildeten ein gesellschaftliches und individuelles Kapital von beträchtlichem Wert, etwa als kommu-

---

* Für wichtige Hinweise bedankt sich der Verfasser bei Richard Alba, Birgit Becker, Nicole Biedinger, Claudia Diehl, Jörg Dollmann, Frank Kalter, Cornelia Kristen, Petra Stanat und Volker Stocké, besonders aber bei Christian Hunkler und Clemens Kroneberg. Ein Teil der Analysen wurde anlässlich eines Kurzaufenthalts beim Team des SOEP in Berlin vorgenommen, und hier haben speziell Gundi Knies, Martin Kroh, Niels Witte, Jürgen Schupp und Gerd Wagner sehr geholfen. Bei der technischen Aufbereitung des Datensatzes war Sebastian Weingartner eine große Unterstützung. Coni Schneider sei für die bewährte Hilfe bei der Erstellung des Manuskriptes ganz besonders gedankt.

nikative und kulturelle Bereicherung des Aufnahmelandes oder, gerade in Zeiten von Globalisierung und Transnationalisierung, auch als ökonomisch bedeutsamen Vorteil der Personen (vgl. z. B. Keim/Tracy 2006; Portes/Rumbaut 2001: 243). Bilingualität setzt – trivialerweise – den Erwerb von zwei Sprachen voraus, was eigentlich kein Problem ist, wenn dies in der frühen Kindheit simultan erfolgt. Normalerweise werden die beiden Sprachen aber nicht simultan erlernt, und bei Migranten (und deren Kindern) stellt sich das Problem in einer besonders komplizierten Weise: Der Erwerb der muttersprachlichen Kompetenzen wird durch binnenethnische Umgebungen gefördert oder erst ermöglicht, während der Erwerb der Sprache des Aufnahmelandes an außerethnische Kontakte gebunden ist, und beide Kontexte sind meist – räumlich, sozial, zeitlich – getrennt. Daher ist die Vermutung nicht abwegig, dass es sich beim Erwerb der Bilingualität um eine Art von Nullsummenproblem handelt, weil bestimmte „exklusive" soziale Bedingungen, wie die ethnische Segregation der Wohnumgebung, die ethnische Zusammensetzung der Freundschaftsnetzwerke oder das Alter bei der Einreise, den Erwerb der einen Kompetenz (nur) auf Kosten der anderen erlauben.

Der folgende Beitrag hat das Ziel zu untersuchen, ob es dieses Nullsummenproblem für den Erwerb der Bilingualität empirisch tatsächlich gibt. Dabei soll ein besonderer Fokus auf das *Einreisealter* gelegt werden. Dafür gibt es zwei Gründe. Es gibt erstens Hinweise, dass mit dem Einreisealter der (Zweit-)Spracherwerb nicht nur immer schwieriger wird, sondern ab einer gewissen „kritischen Periode" merklich abfällt und danach kaum noch zu kompensieren ist. Das hätte dann zweitens auch einen politisch-praktischen Hintergrund: Beschränkungen im Einreisealter, etwa im Zuge der Familienzusammenführung, gehören mit zu den am heftigsten debattierten migrationspolitischen Regelungen, auch weil man annimmt, dass die damit verbundenen Probleme beim (Zweit-)Spracherwerb nicht so gravierend sind, etwa weil die so genannte Critical-Period-Hypothese (CPH) doch nicht zutrifft, oder relativ leicht ausgeglichen werden können, etwa durch Sprachkurse für Erwachsene. Der Beitrag beginnt mit einer theoretischen Modellierung des Zweit- und Erstspracherwerbs, behandelt dann die darüber zu erwartende Wirkung bestimmter Bedingungen des Spracherwerbs und die Diskussionen um die CPH. Die theoretischen Hypothesen werden dann, soweit dies aufgrund der Datenlage möglich ist, über das Sozio-Ökonomische Panel (GSOEP) speziell in Hinsicht auf die Wirkungen des Einreisealters und der CPH empirisch geprüft. Abgeschlossen wird der Beitrag mit einem zusammenfassenden Blick auf denkbare geeignete Maßnahmen zur Unterstützung jener Konstellationen, unter denen die Entstehung einer (kompetenten) Bilingualität noch am ehesten oder gar vollkommen problemlos möglich erscheint.

I. Bilingualität und Spracherwerb

Bilingualität bedeutet die Beherrschung von *zwei* Sprachen: die der Erst- oder Muttersprache L1 und einer weiteren, gleichzeitig oder später gelernten Zweitsprache L2 (oder gegebenenfalls auch noch weiterer Sprachen und der entsprechenden Multilingualität). Je nach Kompetenz der jeweiligen Sprachbeherrschung können verschie-

Abbildung 1: Bilingualität als spezieller Typ der sprachlichen Integration

Kompetenz Erstsprache (L1)	Kompetenz Zweitsprache (L2)	
	hoch	niedrig
hoch	Bilingualität	L1-Segmentation
niedrig	L2-Assimilation	sprachliche Marginalität

ne Konstellationen entstehen. Dichotomisiert man die Variablen, ergibt sich die in *Abbildung 1* dargestellte Typologie.

Die Bilingualität bezeichnet demnach den Fall der sprachlichen multiplen Inklusion und innerhalb der allgemeinen Einordnung in die Dimensionen der (Sozial-)Integration einen Teil der kulturellen Dimension, nämlich des Erwerbs von Fertigkeiten, vor allem Wissen und Gewohnheiten (vgl. dazu Esser 2006: 24 ff. bzw. zu analogen und weiteren Unterscheidungen in der linguistischen Literatur etwa Verhoeven 1987: Kapitel 2 und 3; Tracy/Gawlitzek-Maiwald 2000: 496 ff.).

Die Erklärung der Entstehung bilingualer Kompetenzen ist ein Unterfall der Erklärung des Erwerbs von sprachlichen Kompetenzen allgemein. Dabei ergeben sich *zwei,* voneinander deutlich zu unterscheidende, Erklärungsprobleme: der Erwerb von Kompetenzen in der *Zweit*sprache L2 einerseits *und* der Erwerb bzw. der Erhalt von Kompetenzen in der *Erst*sprache L1 andererseits. Hinzu kommt bei der Erstsprache die Frage ihres Erhalts oder ihrer Aufgabe in der neuen Umgebung, speziell bei den Folgegenerationen. Dieser Vorgang wird auch als *language retention* oder als *language shift* bezeichnet. Für diese Vorgänge soll im Folgenden ein übergreifendes Modell der dabei wirksamen Mechanismen entwickelt werden, aus dem sich dann spezielle theoretische Hypothesen über die Wirkung bestimmter sozialer Bedingungen ableiten lassen.

Der Erwerb einer sprachlichen Kompetenz kann als eine spezielle Form des *Lernens* angesehen werden (vgl. Gazzaniga 1992: Introduction sowie Kapitel 2 bis 4) oder aber als eine, mehr oder weniger bewusste, Art der *Investition* (vgl. etwa Chiswick 1998: 255 ff.). Für beide Vorgänge lassen sich drei grundlegende Bedingungen angeben: die *Motivation* zum Erwerb, die *Opportunitäten* für den Erwerb und die eventuellen *Kosten.* Bei den Opportunitäten werden zwei verschiedene Bedingungen bedeutsam: der Grad des *Zugangs* ("Exposure") zu einer entsprechenden Lernumgebung und das Ausmaß der *Effizienz,* mit der ein bestimmter Zugang in ein bestimmtes Lernergebnis umgesetzt werden kann (vgl. dazu aus sprachwissenschaftlicher Sicht etwa Spolsky 1989 oder Klein/Dimroth 2003, aus ökonomischer Perspektive u. a. Chiswick 1998: 255 ff. und für die Soziologie u. a. Jasso/Rosenzweig 1990: 327 f., 332 ff.; Stevens 1992: 172 ff.; van Tubergen 2004: 139 ff.). Die theoretische Systematisierung des Zusammenwirkens der drei bzw. vier Konstrukte geht von der Gemeinsamkeit beim Lernen und bei einer Investition aus, dass in ein bereits bestehendes Repertoire von Fertigkeiten jeweils ein neues Element mit aufgenommen wird. Dies lässt sich über ein Modell der Selektion zwischen einer jeweils gegebenen und sicheren Alternative einerseits und einer nicht sicheren, von der Erfüllung einiger Bedingungen abhängigen Alternative andererseits im Rahmen der für ähnliche Problemstellungen gut bekannten und bewährten Expected-Utility-Theorie (EU-Theorie) rekonstruieren (vgl. dazu näher Esser 2006: Abschnitt 3.1): Ein Lernen oder eine Investition finden dann statt, wenn das

(EU-)Gewicht der „expected utilities" dafür jeweils größer ist als das Verbleiben im Status quo. Bezeichnet man den Gewinn im Status quo mit U(sq), den bei einem erfolgreichen Lernen oder einer gelungenen Investition mit U(in), die mit den Opportunitäten für ein erfolgreiches Lernen oder eine gelingende Investition variierende Wahrscheinlichkeit, dass es dazu tatsächlich kommt, mit p(in) und die Kosten mit C(in), dann ergeben sich für die beiden EU-Gewichte die folgenden Gleichungen:

(1)   EU(sq) = U(sq).

(2)   EU(in) = p(in)U(in) + (1 – p(in))U(sq) – C(in).

Daraus folgt für den Übergang von einem gegebenen Status quo der Humankapitalausstattung in den erfolgreichen Erwerb einer Ressource durch Lernen oder Investition aus der Annahme EU(in) > EU(sq) die Bedingung:

(3)   p(in) (U(in) – U(sq)) – C(in) > 0.

Die *Motivation* besteht demnach aus der Differenz U(in) – U(sq) und kann sich entsprechend sowohl über Variationen im Status quo wie des Lern- oder Investitionsgewinns ändern. Die *Opportunitäten* p(in) bestehen aus der Kombination von *Zugang* p(exp) einerseits und *Effizienz* p(eff) andererseits. Entsprechend ergibt sich für das komplette Modell:

(4)   (p(exp)p(eff)) (U(in) – U(sq)) – C(in) > 0.

Beim *Zweitspracherwerb* besteht die *Motivation* aus dem Gewinn, den die L2 erbringen würde (U(L2)), abzüglich des Gewinns, der schon mit der L1 gegeben ist (U(L1)). Die Opportunitäten werden aus der Kombination eines *Zugangs* zu einer entsprechenden L2-Umgebung (p(expL2)) mit der *Effizienz* (p(effL2)) gebildet, mit der dieser Zugang genutzt werden kann. Hinzu kommen die *Kosten* (C(L2)), etwa Gebühren für Sprachkurse oder Mühen, die das Lernen einer neuen Sprache u. U. mit sich bringen kann. Die Bedingung für den erfolgreichen *Zweit*spracherwerb ist dann entsprechend der allgemeinen Gleichung (4) oben:

(5)   (p(expL2)p(effL2)) (U(L2) – U(L1)) – C (L2) > 0.

Über den Zweitspracherwerb hinaus ließe sich das Modell entsprechend auf das Lernen jeder *weiteren* Sprache L3, L4, (...), Ln anwenden, wobei dann die bereits erworbenen Repertoires als Status-quo-Referenz gelten, etwa beim L3-Erwerb das bilinguale Repertoire (L1, L2).

Der Erwerb der *Erstsprache* L1 ist dann jener Spezialfall, bei dem die Status-quo-Referenz L0, also die „Sprachlosigkeit", ist. Der Ertrag U(L0) sei mit null angenommen, die Effizienz des frühkindlichen Lernens p(effL1) mit dem Maximum von eins und die Kosten ebenfalls mit null. Daraus ergibt sich der folgende besondere Fall:

(6)   p(expL1) U(L1) > 0.

Der zentrale Unterschied zum L2-Erwerb besteht damit darin, dass beim L1-Erwerb *kein* konkurrierender Status quo das Lernmotiv absenken kann. Kinder müssen zum Sprachlernen nicht motiviert werden und wegen der hohen Effizienz in diesem frühen

Lernalter gibt es auch keine Abschläge im Lerntempo. Sie müssen „nur" die Gelegenheit dazu bekommen.

Gemeint ist hier mit der L1 jeweils die Sprache des *Herkunftslandes* (bzw. des jeweiligen ethnischen Kontextes), unabhängig davon, ob diese überhaupt als „Erst"-Sprache erworben wird oder nicht. Für diejenigen (aus der zweiten Generation vor allem), die im Aufnahmeland geboren oder sehr früh eingereist sind, ist natürlich die Sprache des Aufnahmelandes unter Umständen die „Erst"-Sprache.

Es wird also nach dem Modell, sofern es überhaupt Gelegenheiten der sprachlichen Rückmeldung gibt, *immer* zu einem Erstspracherwerb kommen, speziell auch deshalb, weil es (praktisch so gut wie) immer einen gewissen Zugang, keine Beschränkung der Effizienz über das Lernalter und so gut wie keine Kosten beim Erwerb der Muttersprache gibt. Für den frühen Erwerb gleich mehrerer Sprachen würde dies entsprechend auch gelten (s. dazu auch noch *Abschnitt VI*).

Das ist für den L1-*Erhalt* (bzw. die L1-Aufgabe) anders: Wie jede andere Fertigkeit bedarf auch der Erhalt der L1-Kompetenz der beständigen Übung und der Verstärkung in entsprechenden Umgebungen und wenn die Erträge für den Gebrauch der Muttersprache geringer werden, sinkt, ceteris paribus, die Neigung, sie beizubehalten. Der Aspekt der Effizienz dürfte dagegen, ähnlich wie beim L1-Erwerb, aber anders als beim L2-Erwerb, kaum eine Rolle spielen, weil es nicht um das mit zunehmendem Alter schwierigere Erlernen einer neuen, sondern (nur) um die Beibehaltung einer bereits vorhandenen Fertigkeit geht. Die Gelegenheiten zu der den Erhalt stärkenden Verwendung der L1 sollen mit q(L1), der Wert der Beherrschung und des Gebrauchs der L1 mit U(L1) und die eventuellen Kosten mit C(L1) bezeichnet werden.

Es sind zwei Fälle zu unterscheiden: der L1-Erhalt bei L1-Monolingualität und der L1-Erhalt bei Bilingualität. Im Fall der L1-*Monolingualität* führt die Aufgabe der Muttersprache („language shift") zur sprachlichen Marginalität und zum Verlust von jedem Gewinn, was mit einem Referenzwert von null ausgedrückt werden soll. Daraus ergibt sich für die Gewichte der Selektion zwischen dem *Erhalt* der Muttersprache (L1r für „language retention") und der *Aufgabe* (L1s für „language shift") die folgende Beziehung:

(7)   EU(L1r) = q(L1) U(L1) − C(L1).

(8)   EU(L1s) = 0.

Zum *Erhalt* der monolingual beherrschten Muttersprache kommt es entsprechend unter der Bedingung:

(9)   q(L1) U(L1) − C (L1) > 0.

Das Modell besagt damit, dass der Erhalt der monolingualen Muttersprache in erster Linie eine Frage der weiter bestehenden Zugänge zu einer L1-Umgebung ist, wenn man davon ausgehen kann, dass die Kosten für den L1-Gebrauch, etwa soziale Missbilligung in interethnischen Bezugsgruppen, nicht so sehr ins Gewicht fallen und es auch keine sonderlichen Abwertungen des Gebrauchs gibt. Gibt es diese Zugänge, spielen andere Umstände, etwa der Gebrauchswert der L1 in der neuen Umgebung, keine besondere Rolle. Für den Fall der *Bilingualität* ändert sich dagegen die Motivation zum L1-Erhalt: Es gibt bei der Aufgabe der L1 den Wechsel von der Bilingualität „nur" in die L2-Monolingualität und die Motivation zum L1-Erhalt besteht daher dann nicht nur aus dem Wert von L1 alleine, sondern aus der *Differenz* des Anreizes U(L1) zum Wert des Rückfalls nur auf die monolinguale Assimilation (U(L2)). Das ergibt für diesen Fall die Bedingung:

(10)   q(L1) (U(L1) − U(L2)) − C(L1) > 0.

Daraus folgt insbesondere, dass bei guter Beherrschung einer im Aufnahmekontext besonders wertvollen Zweitsprache die Muttersprache eher aufgegeben wird als wenn die Muttersprache dort kaum verstanden wird.

Entsprechend schon der begrifflichen Definition der Bilingualität als Kompetenz in *zwei* Sprachen lässt sich das Ausbleiben der kompetenten Bilingualität daher auf zweierlei Weise erklären: Es wird entweder die betreffende L2 nicht gelernt oder es gibt zwar die L2-Kompetenz, aber es fehlt oder es verliert sich die nötige Kompetenz in der Muttersprache. Die Frage ist dann: Gibt es individuelle und soziale Bedingungen, die den gleichzeitigen Erwerb der kompetenten Bilingualität gleichermaßen unterstützen oder auch solche, die das deshalb behindern, weil sie jeweils die eine zuungunsten der anderen unterstützen?

II. Empirische Bedingungen

Spracherwerb findet immer in konkreten sozialen Situationen statt und um die damit empirisch zusammenhängenden Muster auch theoretisch zu erklären, müssen sie mit den theoretischen Konstrukten des Modells des Spracherwerbs bzw. Spracherhalts (Motivation, Zugang, Effizienz, Kosten) über so genannte Brückenhypothesen verbunden werden.

Die in den verschiedenen empirischen Untersuchungen thematisierten individuellen und sozialen Bedingungen des Spracherwerbs umfassen eine Vielzahl einzelner Umstände, wie u. a. die Freiwilligkeit der Migration, die Bleibeabsicht, die Aufenthaltsdauer, das Einreisealter, die (im Herkunfts- und im Aufnahmeland erworbene) Bildung, das (auf das Aufnahmeland bezogene) kulturelle Kapital, den kulturellen Eigenwert der L2 für die Migranten, den Kommunikationswert (der so genannte Q-Value) von L2 und L1, den Zugang zu L2 schon im Herkunftsland, eventueller Sprachunterricht in L2 im Herkunftsland, die linguistische Distanz von L2 zu L1, die kulturelle und die räumliche Distanz zwischen Entsende- und Aufnahmeland, den Arbeitsmarkt im Aufnahmeland, den sozialen und institutionellen Wert von L2, die institutionelle Förderung der L1, den Kollektivgutwert einer L2, etwa als Lingua franca bei großer L1-Heterogenität bei den Migranten, interethnische Kontakte und Sprachkurse in L2, die soziale Distanz gegenüber der ethnischen Gruppe, L1-Medienkontakte und transnationale Beziehungen zum Herkunftsland, ethnische Konzentrationen, den Anteil der bilingualen Sprecher, die Familiensprache, Ehepartner und Freundschaftsnetzwerke, die (ethnische) Familienkohäsion und schließlich Kinder, die eventuell Brücken zu anderen Sprachumwelten bilden (vgl. für die vollständige Aufstellung Esser 2006: 93 f. für den L2-Erwerb und Esser 2006: 219 für den L1-Erhalt).

Es gibt keine empirische Untersuchung zum Spracherwerb (von Migranten zumal), in der alle diese Bedingungen berücksichtigt würden. *Abbildung 2* enthält die für die empirische Analyse (in *Abschnitt V* unten) verwendeten Variablen aus dem GSOEP und die entsprechend zugeordneten theoretischen Hypothesen über ihre jeweilige Wirkung.

Die in der Analyse berücksichtigten Variablen umfassen neben dem Einreisealter die Bildung der Eltern, den Generationenstatus, die Aufenthaltsdauer, die eigene Bildung, das Bleibemotiv, die Dauer von Besuchen im Herkunftsland („sending country": SC), die Segregation in der Wohnumgebung, den Anteil von Freunden aus dem ethnischen Kontext („ethnic context": EC) und aus dem Aufnahmekontext („receiving context": RC), Besuche bei Einheimischen (RC) und einen Index der weiteren Akkulturation an die Vorgaben des Aufnahmelandes. In der Abbildung sind sie grob in der Reihenfolge der Migrationsbiographie bei den empirischen Analysen angeordnet, mit dem Einreisealter als der hier im Fokus stehenden Bedingung des Spracherwerbs zuerst.

Für die Aufstellung der Brückenhypothesen zwischen den empirischen Bedingungen und theoretischen Konstrukten werden nur möglichst einfache und eindeutige Annahmen gemacht.

Das *Einreisealter* wirkt danach über zwei Mechanismen und für den Erst- und den Zweitspracherwerb jeweils unterschiedlich: Je höher das Einreisealter, umso länger ist der Zugang zur L1-Umgebung, aber umso geringer ist die mit dem Einreisealter abnehmende Effizienz für den Zweitspracherwerb.

Bei den anderen Bedingungen wird für die *Bildung der Eltern* angenommen, dass sie Vorteile in der Effizienz des (Sprach-)Lernens insgesamt anzeigt, etwa über die Verfügung über kulturelle Kapitalien, und somit zum leichteren Lernen sowohl der Zweitsprache wie der Erstsprache beiträgt (+/+). Ferner steigert eine höhere Bildung der Eltern auch die Motivation zum Spracherwerb insgesamt. Die Zugehörigkeit zur *zweiten Generation* („Eltern bereits gewandert") fördert den L2-Zugang und verringert den L1-Zugang. Die *Aufenthaltsdauer* erhöht die Chancen für L2-Zugänge, aber es verliert sich der Erhalt der L1 über die schwächer gewordenen L1-Zugänge. Die *eigene Bildung* wirkt sich über eine höhere Motivation für den L2-Erwerb aus, weil sich damit die Bildungsqualifikationen besser verwerten lassen, und über die stärkere Effizienz für den Erwerb beider Sprachen, dabei womöglich auch über die (Sprach-)Intelligenz als eine durch die Bildung angezeigte latente Eigenschaft. Das *Bleibemotiv* beeinflusst die Bewertungen von L2 und L1 und damit die entsprechenden Motivationen, bei der L1 aber nur die Motivation für den Erhalt. Die *Besuchsdauer im Herkunftsland*, die ethnische *Segregation* in der Wohnumgebung und exklusiv *binnenethnische Netzwerke* vermindern die Chancen auf den Zugang zu L2-Umgebungen und erhöhen sie für L1-Umgebungen; *zwischenethnische Netzwerke* wirken umgekehrt. *Besuche bei Deutschen* fördern den L2-Zugang, tangieren aber die L1 nicht weiter, ebenso wie eine *Akkulturation* in Alltagsgewohnheiten den L2-Erwerb fördert, und zwar vermutlich über alle drei Mechanismen: Motivation, Zugang und Effizienz.

In den beiden rechten Spalten sind die aus den Brückenhypothesen und dem theoretischen Modell resultierenden Vorzeichen für die erwarteten Haupteffekte der jeweiligen Bedingungen aufgeführt.

Abbildung 2: In der empirischen Analyse verwendete Variablen und deren hypothetische Wirkung auf den Spracherwerb bzw. -erhalt (L1 und L2)

	Motivation		Zugang		Effizienz		L2	L1
	U(L2)	U(L1)	für L2	für L1	für L2	für L1		
Einreisealter			+	–			–	+
Bildung Eltern	+	+			+	+	+	+
2. Generation	+	–					+	–
Aufenthaltsdauer	+	–					+	–
eigene Bildung	+				+	+	+	+
Bleibemotiv	+	–					+	–
Besuchsdauer SC			–	+			–	+
Segregation			–	+			–	+
Netzwerk EC			–	+			–	+
Netzwerk RC	+	–					+	–
Besuche bei RC	+						+	0
Akkulturation	+		+		+		+	0

Zwei Besonderheiten sind vor diesem Hintergrund hervorzuheben. Allein für die Bildung (der Eltern und/oder die eigene) werden *gleichlaufend* unterstützende Wirkungen für den Erwerb *beider* Sprachen erwartet. Ansonsten muss man theoretisch von *gegenläufigen* Effekten im Sinne der Nullsummen-Hypothese ausgehen (außer bei den Besuchen bei Deutschen und bei der Akkulturation): Der Generationenstatus, die Aufenthaltsdauer, das Bleibemotiv, die Besuchsdauer im Herkunftsland, die Segregation in der Wohnumgebung, die Netzwerke und Besuche sowie, ganz allgemein, die bereits anderweitige Akkulturation fördern jeweils die eine Bedingung für die Bilingualität und behindern die andere. Und das gilt ganz besonders für das Einreisealter.

III. Einreisealter und „kritische Periode"

Die Gegenläufigkeit der Wirkungen auf den Erst- und den Zweitspracherwerb und das damit zusammenhängende Nullsummenproblem werden beim Einreisealter speziell durch die abnehmende Effizienz des L2-Erwerbs bedingt. Dieses Problem würde (deutlich) verschärft, wenn die Abnahme der Effizienz nicht nur linear wäre, sondern ab einer „kritischen Periode" den L2-Erwerb drastisch beeinträchtigt, wie es die CPH besagt.

Die ursprüngliche Formulierung der CPH geht auf Lenneberg (1967) zurück. Danach gibt es eine „kritische" oder „sensible" Periode, bis zu der im Prinzip *alle* Kompetenzstufen der Sprachbeherrschung bei entsprechendem Zugang (und Motivation) erreichbar sind, danach aber, etwa mit Beginn der Pubertät, nicht mehr oder nur noch in einem deutlich geringerem Maße oder mit merklich höherem Aufwand, und zwar aus *neurophysiologischen* Gründen der biologischen Veränderung des (Sprach-)Lernvermögens *allgemein*. Der richtungsweisende empirische Beitrag zur Diskussion um die CPH stammt von Johnson und Newport (1989; s. auch Newport 1990): Bis zu einem Alter von etwa sechs Jahren verläuft die Beziehung zwischen Einreisealter und Sprachfertigkeiten in L2 fast linear und auf einem hohen, mit einheimischen Sprechern vergleichbaren Niveau. Danach fallen die Kompetenzen, und zwar, wie es scheint, immer stärker bis zu einem Alter von etwa 15 Jahren. Gleichzeitig nehmen die Varianzen in den erreichten Kompetenzen deutlich zu. Ab einem Einreisealter von 15 Jahren ist dann fast übergangslos wieder kaum noch ein Zusammenhang zu erkennen und es gibt offenkundig nur noch unsystematische individuelle Unterschiede, wobei in Einzelfällen auch noch vergleichsweise hohe Kompetenzen erreicht worden sind. Die Diskussionen um die CPH auch im Anschluss an diese Studie drehen sich um drei Varianten der Interpretation der Ergebnisse einer großen Anzahl von Untersuchungen (vgl. die Übersichten bei Birdsong 1999, 2006; Long 1990; Scovel 2000).

Eine *erste* Position bezeichnet die stärkste Variante der CPH, etwa so, wie sie Lenneberg formuliert hatte. Sie geht von einem zunächst leichten und nahezu automatischen Lernen bis zum Erreichen der Grenze der „kritischen Periode" aus. Danach fällt die Lernrate (drastisch) ab und das Lernen geschieht dann nicht mehr automatisch, sondern unter Einbezug von anderen kognitiven Aktivitäten. Das schließt nicht aus, dass es auch bei einem höheren Lernalter noch zu beachtlichen Sprachkompetenzen kommen kann, aber für vergleichbare Ergebnisse müssen Motivation und Zugang zunehmend stärker werden. Die *zweite* Position unterscheidet sich von der starken Version der CPH insbesondere in der Hinsicht, dass es zwar eine negative Korrelation zwischen L2-Erwerb und dem Lernalter gebe, dass dafür aber das (biologische) Alter und die damit angenommenen neurophysiologischen Veränderungen keine *kausale* Wirksamkeit haben. Auch gebe es keine „kritische" Periode mit einem abrupten Abfall, sondern nur eine eher graduell-lineare Abnahme. Auch die *dritte* Position bestreitet die negative Korrelation zwischen Lernalter und Kompetenzerwerb nicht. Hier geht es eher um den Nachweis, dass es entgegen der starken Version der CPH auch bei einem hohen Lernalter noch zu perfekten L2-Kompetenzen kommen kann (vgl. dazu im Detail auch Esser 2006: 256 ff.).

Insgesamt wird bei allen Diskussionen um die CPH also nicht bestritten, dass das Einreisealter einen *negativen* Effekt auf den (Zweit-)Spracherwerb habe. Diskutiert wird, ob dieser Abfall über die verschiedenen Perioden empirisch linear ist oder nicht und wie er theoretisch zu erklären wäre. Die Übersichten sprechen daher nicht ohne Grund davon, dass die Akzeptanz einer etwas abgemilderten Form der starken Variante der CPH der derzeitige Stand der Dinge sei und auch die Mehrheitsmeinung der damit befassten Forscher darstelle (so z. B. Long 1990: 279 f.; Scovel 2000: 216).

In *Abbildung 3* sind drei verschiedene Varianten des Verlaufs des (Zweit-)Spracherwerbs in Abhängigkeit des Einreisealters (bei insgesamt gleichen Rückgängen in den

Abbildung 3: Drei idealtypische Varianten des Zusammenhangs zwischen Einreisealter und (Zweit-)Spracherwerb

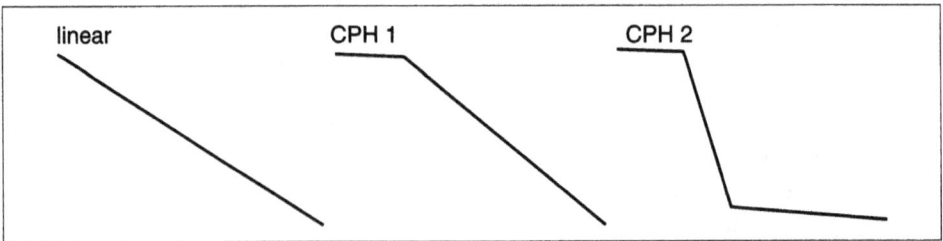

Lernergebnissen) grafisch skizziert (vgl. dazu eine entsprechende Skizze bei Birdsong 2006: 15).

Links steht die Variante eines negativ-linearen Zusammenhangs ohne eine „kritische Periode" für den Rückgang der Lernergebnisse. In der Mitte ist die CPH in ihrer einfachsten Variante skizziert (CPH 1), etwa so wie bei Lenneberg beschrieben: Ab einer bestimmten „kritischen Periode" sinken die Lernergebnisse deutlich und danach gleichbleibend weiter ab. Die rechte Variante entspricht den Ergebnissen der Studien von Johnson und Newport (CPH 2): Es *gibt* eine kritische Periode, aber der Abfall der Lernergebnisse verringert sich alsbald wieder. In *Abschnitt V* wird empirisch überprüft, welches dieser Modelle am ehesten zutrifft.

IV. Daten, Variablen und Analysen

Es gibt kaum geeignete empirische Studien zu den sozialen Bedingungen des Erwerbs der Bilingualität, allein schon weil dazu neben Informationen zum Zweitspracherwerb auch noch solche über die Kompetenzen in der Muttersprache erforderlich sind und dies kaum einmal zusammen erhoben wird (vgl. den Hinweis bei Bean/Stevens 2003: 164). Einer der wenigen Datensätze, der entsprechende Analysen überhaupt erlaubt, ist das Sozio-Ökonomische Panel (GSOEP), das zudem den Vorteil eines langwelligen Panels hat (vgl. zu den technischen Einzelheiten der Anlage und Struktur des GSOEP u. a. Schupp/Wagner 2002). Für die empirische Analyse des Einflusses des Einreisealters auf den Spracherwerb von Migranten bzw. die Entstehung kompetenter Bilingualität wurden alle im Datensatz enthaltenen Personen mit nicht-deutscher Staatsbürgerschaft und/oder solche mit einem nicht-deutschen Herkunftsland erfasst. Daraus wurden dann die Personen mit den Angehörigen der „Gastarbeiter"-Generationen, die mit den Aussiedlern aus verschiedenen osteuropäischen Ländern sowie alle Migranten aus den nicht-deutschsprachigen westeuropäischen Ländern genommen. Nicht erfasst wurden damit im Wesentlichen die, relativ wenigen, Migranten aus nord- und südamerikanischen, asiatischen und afrikanischen Ländern, um die latenten Heterogenitäten bei allzu vielen unterschiedlichen Herkunftsregionen einzuschränken. Für die so erfassten Gruppen wurde ein Paneldatensatz über alle 22 bisher erfassten Wellen von 1984 bis 2005 gebildet, der insgesamt 58 353 Personenjahre und 6 761 Personen bzw. Fälle (Cluster) enthält.

An Variablen für die empirische Analyse der sprachlichen Integration stehen im GSOEP für die Erfassung der Sprachkompetenzen subjektive Angaben zur Erst- und zur Zweitsprache als „sprechen" und „schreiben" (skaliert von 1 bis 5) zur Verfügung. *Tabelle 1* enthält die entsprechenden empirischen Verteilungen.

Hieraus wurde eine (nominal skalierte) Variable für die Bilingualität (sprechen und schreiben) mit den vier Typen „sprachliche Marginalität", „L1-Segmentation", „L2-Assimilation" und „Bilingualität" nach *Abbildung 1* oben gebildet. Dazu wurden die beiden Skalen jeweils dichotomisiert. Für die Erstsprache wurde dazu die höchste Kompetenzstufe (5) gegen die anderen Kompetenzstufen (1-4) und für die Zweitsprache die beiden höchsten Kompetenzstufen (4, 5) gegen die anderen (1-3) unterschieden. *Tabelle 2* enthält die entsprechenden Verteilungen auf die vier Typen. In den folgenden em-

Tabelle 1: Empirische Verteilungen der Zweit- und Erstsprachkompetenzen

	Erstsprache		Zweitsprache	
	sprechen	schreiben	sprechen	schreiben
1 gar nicht	0,58	4,17	2,65	20,94
2 eher schlecht	1,48	5,13	14,61	22,48
3 es geht	6,10	12,03	29,92	23,35
4 gut	39,96	38,15	34,15	20,68
5 sehr gut	51,88	40,52	18,67	12,55
Personenjahre	46 242	46 213	46 264	46 224
Fälle	5 576	5 572	5 576	5 573

Tabelle 2: Empirische Verteilungen bei den vier Typen der Sprachkompetenz (Anteil sprechen/Anteil schreiben über alle Personenjahre)

Kompetenz Erstsprache (L1)	Kompetenz Zweitsprache (L2)	
	hoch (sehr gut, gut)	niedrig (Rest)
hoch (sehr gut)	Bilingualität 28,6/14,5	L1-Segmentation 23,2/26,0
niedrig (Rest)	L2-Assimilation 24,1/18,7	sprachliche Marginalität 28,6/40,8

pirischen Analysen zur Bilingualität werden (zur Vereinfachung) die Typen „sprachliche Marginalität" und L1-Monolingualität zu einer Sammelkategorie „keine L2" zusammengefasst. Es sei noch erwähnt, dass sich bei den empirischen Analysen auch bei anderen Dichotomisierungen und Einteilungen keine Änderungen in den substantiellen Ergebnissen ergaben.

Insgesamt zeigt sich, dass die Muttersprache zu hohen Anteilen wenigstens „gut" beherrscht wird und dass für die im GSOEP erfassten Migranten offenbar eher der Zweitspracherwerb das Problem bei der Bilingualität ist. Kaum überraschend ist, dass die schriftlichen Kompetenzen weniger vorhanden sind als die mündlichen. Das zeigt sich auch bei den vier Typen der sprachlichen Kompetenzen: Bei der Schriftsprache gibt es (für die gegebene Dichotomisierung) über 40 Prozent sprachlich Marginale und nur knapp 15 Prozent Bilinguale, während sich für das Sprechen fast eine Gleichverteilung über die vier Typen ergibt.

Die Ergebnisse beruhen auf subjektiven Einschätzungen der Sprachkompetenzen durch die Befragten selbst. Solche subjektiven Einschätzungen sind Standard der Sprachmessungen in den größeren (Survey-)Studien und werden auch in eher linguistisch orientierten Untersuchungen gelegentlich benutzt (vgl. z. B. Boos-Nünning/Gogolin 1988; Boos-Nünning/Karakaşoğlu 2005: 213 ff.; Bialystok/Hakuta 1999: 173 f.). So gut wie immer wird in diesen Zusammenhängen darauf hingewiesen, dass das eine hinreichend valide Proxy-Messung der „objektiven" Sprachkompetenzen sei (vgl. z. B. Bean/Stevens 2003: 163; Linton 2004: 291; Portes/Rumbaut 1996: 15). Leider gibt es kaum systematische Überprüfungen dieser Annahme, speziell nicht für die Einschätzungen der Muttersprache. Nur für die Zweitsprachkompetenzen liegen einige Hinweise vor (vgl. dazu ausführlicher Esser 2006: 526 ff. mit Verweis auf die Analysen bei Esser 1985; Charette/Meng 1994; Dustmann/van Soest 2001). Danach bilden die subjektiven Einschätzungen und die objektiven Kompetenzen zwar unterschiedliche, aber eng zusammenhängende latente Dimensionen, und die Nutzung der subjektiven Messungen als Proxy-Messung für die sprachlichen Kompetenzen führt zu keinen Fehlschlüssen bei der multivariaten Überprüfung von kausalen Effekten auf den Spracherwerb (und des Spracherwerbs wiederum auf andere Variablen). Dazu kommt, dass in den (wenigen) Studien, die objektive Messungen, etwa Leseleistungstests in der Zweitsprache, enthalten, wie die CILS-Studie und die PISA-Studien, für die zentralen Variablen so gut wie die gleichen inhaltlichen Ergebnisse zur Wirkung bestimmter sozialer Bedingungen gefunden werden; das gilt besonders für die hier speziell interessierende Variable des Einreisealters (vgl. dazu die Ergebnisse bei Esser 2006: 308 ff.).

Das *Einreisealter* ist in Jahren gemessen, wird aber für die empirische Analyse in sechs (äquidistante) Kategorien mit entsprechenden Dummy-Variablen zusammen gefasst (0-6, 7-13, 14-20, 21-27, 28-34 und 35 und mehr Jahre als Einreisealter). Damit soll geprüft werden, ob es den von der Critical-Period-Hypothese behaupteten Abfall des Zweitspracherwerbs etwa ab der Pubertät gibt oder ob der Rückgang eher kontinuierlich und linear ist. Die *Bildung der Eltern* wird über drei Dummy-Variablen unterschiedlicher Stufen von Bildungsqualifikationen für beide Elternteile zusammen (niedrig, mittel, hoch) erfasst. Der *Generationenstatus* beschreibt, ob die Eltern (beide oder ein Elternteil) schon gewandert sind oder nicht (über drei entsprechende Dummy-Variablen: beide, einer, keiner). Damit soll *allein* die Migrationserfahrung in der Familie und ein bereits möglicher akkulturativer Umgebungseinfluss erfasst werden – im Unterschied zu den gängigen Definitionen des Generationenstatus, die hier meist auch noch gewisse Obergrenzen des Einreisealters einfügen. Der Grund ist, dass die (unspezifischen) Einflüsse der Migrations- und Akkulturationserfahrungen der Eltern theoretisch unabhängig von denen des Einreisealters sind, speziell beim Zweitspracherwerb, und dann auch empirisch so bestimmt werden müssen.

Normalerweise sind das Einreisealter und der Generationenstatus stark miteinander korreliert, weil viele Migrantenkinder von bereits gewanderten Eltern entweder im Aufnahmeland geboren oder früh nachgekommen sind. Die Kovariation von Einreisealter und dem hier davon unabhängig definierten Generationenstatus ist mit 0,52 jedoch nicht so hoch, dass Multikollinearitäten zu befürchten wären. Schätzungen der Ergebnisse ohne den Generationenstatus ergaben zwar stärkere Werte für das Einreisealter, aber keinerlei Veränderung in der Struktur der Ergebnisse, auch nicht in Hinsicht auf die CPH.

Die *eigene Bildung* wird ähnlich wie die Bildung der Eltern über drei Dummy-Variablen gemessen, das *Bleibemotiv* über eine Dummy-Variable (nein/ja), die *Aufenthaltsdauer* und die *Dauer der Besuche im Herkunftsland* über die entsprechenden Zeiten der Migrationsbiographie (in Jahren bzw. in Wochen und Monaten), die *Segregation* über eine Skala (niedrig, mittel, hoch) der subjektiven Einschätzungen des Ausländeranteils in der Wohnumgebung, der Anteil der *eigenethnischen* und der *deutschen Freunde* über eine Einschätzung der Zusammensetzung des Netzwerkes der „drei besten Freunde", die *Besuche bei Deutschen* über eine entsprechende Dummy-Variable (nein/ja) und die *Akkulturation* über einen Index aus den Musik- und Kochgewohnheiten (9-stufige Skala von ganz eigenethnisch über gemischt zu ganz aufnahmelandbezogen). Aus Platzgründen werden bei der Darstellung der Ergebnisse in den Tabellen für einige Kategorisierungen über Dummy-Variablen nur die Koeffizienten für die oberste Kategorie genannt.

Die verwendeten Variablen weisen z. T. erhebliche Anteile fehlender Werte auf, wobei ein Großteil darauf entfiel, dass einige Untergruppen der Migranten und bestimmte Variablen nicht für alle 22 Wellen erfasst wurden, sei es dass die Gruppen erst später überhaupt gezielt in die Stichprobe des GSOEP aufgenommen wurden (wie die Ostmigranten), sei es dass bestimmte Variablen erst später, nicht in allen oder nicht in den gleichen Wellen (und auch nicht retrospektiv) gemessen wurden.

Zur Verminderung der fehlenden Werte für die Variablen, die nicht simultan mit den Sprachvariablen erhoben worden sind, wurden alle entsprechenden Variablen auf die betreffenden Wellen der Sprachmessung umkodiert in der Annahme, dass die Angaben einer bestimmten Welle als Proxy-Messung für spätere Zeitpunkte genommen werden können. Zur Kontrolle eventueller Effekte der fehlenden Werte auf die Ergebnisse der multivariaten Analysen wurden für jede Variable mit nicht wenigstens 36 000 gemessenen Werten (bezogen auf die Personenjahre) entsprechende Missing-Dummies gebildet, der Durchschnittswert der betreffenden Variablen für die Missing-Kategorie in die betreffende Variable eingesetzt und diese neue Variable zusammen mit dem entsprechenden Missing-Dummy in die Regressionsgleichung aufgenommen. Das betraf die Variablen Bleibemotiv, Dauer der Besuche im Herkunftsland, Segregation, Anteil der deutschen und der eigenethnischen Freunde, Besuche bei Deutschen und Akkulturation. Damit wird der Effekt der fehlenden Werte kontrolliert, wobei dieser Effekt wegen der Verringerung der Varianz in der Variable durch die Einsetzung eines fixen Wertes eher unterschätzt wird (vgl. Little/Rubin 2002). Die fehlenden Werte für die Sprachvariablen wurden dagegen *nicht* weiter ersetzt. Auf diese Weise ergaben sich die in *Tabelle 1* genannten Anzahlen von 46 242 bzw. 5 576 für die Analyse der Erstsprachkompetenz im Sprechen, von 46 213 bzw. 5 572 der Erstsprachkompetenz im Schreiben, von 46 264 bzw. 5 576 der Zweitsprachkompetenz im Sprechen und von 46 224 bzw. 5 573 der Zweitsprachkompetenz im Schreiben. Die darüber hinausgehenden fehlenden Werte in den Einzelanalysen ergeben sich aus den Variablen, für die keine weiteren Ersetzungen vorgenommen wurden. In den Analysen wurden daneben immer auch die verschiedenen Periodeneffekte (über Jahres-Dummies) mit kontrolliert.

Das Ziel der folgenden Analyse ist die Bestimmung des speziellen Einflusses des *Einreisealters* auf den Zweit- und Erstspracherwerb bzw. auf die Entstehung einer kompetenten Bilingualität. Dazu werden jeweils die bivariaten Beziehungen des Einreisealters mit denen einer multivariaten Analyse mit allen betrachteten anderen Variablen verglichen, wobei eine vorliegende Abhängigkeit der Beobachtungen mit dem geclusterten Huber-White-Sandwich-Schätzer kontrolliert wird (vgl. Rogers 1993). Der dann noch bestehende Effekt des Einreisealters wird als *kausaler* Einfluss interpretiert. Dabei ist zu beachten, dass ein beträchtlicher Teil der Kontrollvariablen wahrscheinlich mit dem Spracherwerb selbst wieder zusammenhängt, also endogenisiert ist. Die kontrollierten Variablen sind in den folgenden Analysen (wie schon in der Übersicht in *Abbildung 2* oben) daher auch entsprechend angeordnet: zuerst die mit der Sprache nicht weiter endogenisierten Variablen und dann die wahrscheinlich mit der Sprache endogenisierten Bedingungen. Die endogenisierten Variablen werden in der folgenden Analyse zur Kontrolle der Effekte des Einreisealters mit berücksichtigt, aber in Bezug auf ihre genaue kausale Verbindung mit dem Spracherwerb nicht weiter oder nur unter Vorbehalt interpretiert. Zur weiteren Kontrolle wurden auch das Geschlecht und die jeweilige nationale bzw. regionale oder ethnische Herkunft berücksichtigt, das aber ohne weitere theoretische Hypothesen über mögliche Wirkungen auf den Spracherwerb. Es sei noch ergänzt, dass sich zwischen den verschiedenen Varianten der Analyse (z. B.: mit oder ohne Berücksichtigung der fehlenden Werte bzw. der Perioden oder auch im Vergleich einzelner Wellen über die verschiedenen Perioden hinweg) in den substantiellen Ergebnissen so gut wie keine Unterschiede ergeben haben, speziell nicht für die hier im Mittelpunkt stehende Variable des Einreisealters.

V. Ergebnisse

Die empirische Analyse der Effekte des Einreisealters auf den Erwerb einer kompetenten Bilingualität erfolgt in vier Schritten: zunächst die Untersuchung der Bedingungen für den Erwerb der Sprache des Aufnahmelandes als *Zweitsprache*, danach die nähere Betrachtung der „*Critical-Period-Hypothese*" beim Zweitspracherwerb, dann die Analyse der Bedingungen für den Erwerb der *Erst*sprache und schließlich die der Bedingungen für die Entstehung einer kompetenten *Bilingualität*.

1. Zweitsprache

Sowohl bivariat als auch bei Kontrolle aller Hintergrundvariablen gibt es, wie *Tabelle 3* zeigt, einen starken negativen Einfluss des Einreisealters auf den Zweitspracherwerb, so wie das in praktisch allen empirischen Studien zum Zweitspracherwerb bisher auch festgestellt wurde. Dieser negative Effekt ist für die Schriftsprachkompetenz noch ausgeprägter als für die Fertigkeiten in der mündlichen Sprache.

Bei den sozialen Bedingungen ohne besondere Endogenitäten mit dem Spracherwerb, also bei der Bildung der Eltern, bei dem Generationenstatus und bei der Aufenthaltsdauer, zeigen sich ebenfalls ausnahmslos starke Effekte in der theoretisch erwarteten Richtung. Auch die sozialen Bedingungen mit möglichen Endogenitäten mit dem Spracherwerb stehen (soweit) weitgehend im Einklang mit den oben abgeleiteten theoretischen Hypothesen. Besonders zu erwähnen sind noch die signifikanten (und theoretisch auch so erwarteten) Einflüsse der Aufenthaltsdauer und der (subjektiven) Segregation, weil in den bisherigen Analysen der Daten des GSOEP dafür keine Effekte gefunden wurden (vgl. für die Aufenthaltsdauer: Haug 2005: 276; für die subjektive Segregation: Dustmann 1997 sowie Drever 2004; Jirjahn/Tsertsvadze (2004) für Segregationseffekte auf der Ebene von Bundesländern). Dass nun Effekte gefunden werden, ist möglicherweise eine Folge der besseren Ausnutzung der Panelinformationen, speziell bezüglich der Segregationseffekte, weil erst bei Berücksichtigung auch einer *längeren* Dauer des Aufenthalts und der (De-)Segregation der Mechanismus des Exposure relevant werden kann. Den theoretischen Annahmen *nicht* entsprechen hingegen die Ergebnisse für die Bleibemotivation, für die Besuchsdauer im Herkunftsland (für das

Tabelle 3: Einreisealter und L2-Erwerb

OLS-Koeffizienten	L2: sprechen		L2: schreiben		Hypothese/ Ergebnis	
	bv	mv	bv	mv		
Einreisealter 0-6	–	–	–	–		
Einreisealter 7-13	–0,07	–0,09*	–0,05	–0,23***		
Einreisealter 14-20	–0,71***	–0,48***	–1,06***	–0,88***		
Einreisealter 21-27	–0,85***	–0,72***	–1,27***	–1,14***		
Einreisealter 28-34	–1,08***	–0,87***	–1,53***	–1,30***		
Einreisealter 35+	–1,21***	–0,97***	–1,52***	–1,32***	–	–
Bildung Eltern (höchste)		0,15***		0,33***	+	+
2. Gen. (beide Eltern gewandert)		0,30***		0,42***	+	+
Aufenthaltsdauer		0,02***		0,01***	+	+
eigene Bildung (höchste)		0,36***		0,62***	+	+
Bleibemotiv		*0,04*		*–0,01*	+	0
Besuchsdauer SC		*–0,01*		–0,03*	–	0/–
Segregation		–0,07***		–0,08***	–	–
Netzwerk EC		*–0,01*		*–0,02*	–	0
Netzwerk RC		0,09***		0,08**	+	+
Besuche bei D		0,39***		0,36***	+	+
Akkulturation		0,08***		0,11***	+	+
Geschlecht (w)		–0,11***		–0,07**		
Herkunftsland						
(West-)Europa		–		–		
Russland/Osteuropa		–0,15		–0,06		
Polen/Slowakei/Tschechien		–0,31***		–0,30**		
(Ex-)Jugoslawien		–0,40***		–0,46***		
Griechenland		–0,63***		–0,60***		
Spanien/Portugal		–0,77***		–1,03***		
Italien		–0,72***		–0,93***		
Türkei		–0,79***		–0,78***		
Personenjahre	46 264	43 164	46 224	43 125		
Cluster (Fälle)	5 576	5 146	5 573	5 142		
R^2	0,197	0,427	0,251	0,493		

* $p < 0,05$; ** $p < 0,01$; *** $p < 0,001$; *kursiv:* Abweichung vom theoretischen Modell.

Schreiben) und für die ethnischen Netzwerke: Das Bleibemotiv hat *keine* (positive) Wirkung, beim Schreiben *hat* die Besuchsdauer im Herkunftsland eine (negative) Wirkung und die ethnischen Netzwerke haben *keine* negative Wirkung.

Bei den demographischen Variablen fallen der deutliche negative Effekt für die Frauen wie die Unterschiede der Ostmigranten zu den „Gastarbeiter"-Migranten auf, wobei die Migranten aus (Ex-)Jugoslawien die geringsten und die Italiener, Spanier und besonders die Türken die stärksten Nachteile in der Zweitsprachkompetenz aufweisen. Keine dieser Gruppen steht im Übrigen beim Zweitspracherwerb besser da als die westeuropäischen (nicht deutschsprachigen) Migranten in der Referenzkategorie. Nur die Migranten aus Russland/sonstigem Osteuropa kommen ihnen gleich.

Insgesamt stehen die Ergebnisse vollauf im Einklang mit den bisher gefundenen Resultaten zum Zweitspracherwerb, darunter insbesondere auch zum Einreisealter (vgl. die Übersicht bei Esser 2006: Abschnitte 3.2 und 3.3). Dabei ist vor allem die offenkundig hohe Bedeutung von akkulturativen Vorgängen und Bedingungen allgemein hervorzuheben: Wenn die Eltern schon gewandert sind (bzw. bei der zweiten Generation) und wenn es eine Akkulturation in Alltagsvorgängen (z. B. wie hier: in Musikgeschmack und Kochgewohnheiten) gibt, erhöht sich die Zweitsprachkompetenz deutlich. Offensichtlich gehört der Zweitspracherwerb zu einem ganzen Syndrom des Zugangs zu und der Orientierung an den kulturellen Vorgaben der Aufnahmegesellschaft, die sich gegenseitig unterstützen.

2. Kritische Periode?

Den *empirischen* Ergebnissen nach kann es keinen Zweifel an einem deutlichen negativen Effekt des Einreisealters auf den Zweitspracherwerb geben: Es ist der stärkste Einfluss einer einzelnen Variablen insgesamt. Die Koeffizienten für die Wirkung des Einreisealters variieren aber auch deutlich über die verschiedenen Altersgruppierungen hinweg: Bis zu einem Einreisealter von 13 Jahren gibt es einen nur schwachen (aber auch dann schon signifikanten) Abfall, danach wird eine deutliche Zunahme des negativen Effektes erkennbar und danach wieder eine graduelle Abschwächung dieses negativen Effektes (bei beiden Sprachformen). Das spricht zunächst eher für die empirische Haltbarkeit der so genannten Critical-Period-Hypothese als dagegen.

In *Tabelle 4* sind im Anschluss an die in *Abbildung 3* skizzierten drei hypothetischen Varianten des negativen Einflusses des Einreisealters auf den L2-Erwerb die Ergebnisse für verschiedene Schätzungen mit Restriktionen für die jeweiligen Varianten aufgeführt.

Dabei werden zunächst zwei verschiedene Referenzmodelle mit einer unterstellten *linearen* Abnahme des Spracherwerbs und damit *gegen* die Annahme einer „kritischen Periode" betrachtet – einmal für die Einzeljahre und dann für die (sechs) Kategorisierungen. In der dritten Spalte stehen die Ergebnisse der nicht-fixierten Schätzung der Effekte (entsprechend den Ergebnissen der multivariaten Betrachtung in *Tabelle 3*). Dieses Modell dient als Basismodell des Vergleichs für den empirischen Verlauf ohne jede Restriktion zu den hypothetisch fixierten Modellen. Die weiteren vier Spalten enthalten dann die Ergebnisse für unterschiedliche Festlegungen unter Annahme einer „kritischen Periode" (ab einem Einreisealter von 14 Jahren). Die Spalte „CP1" entspricht dem Modell CP1 in *Abbildung 3* oben mit der Annahme, dass nach der kritischen Periode der negative Einfluss unverändert-linear weiter zunimmt, und die drei weiteren Spalten um drei Varianten des Modells CP2. Das Modell CP2a nimmt an, dass der negative Einfluss nach der kritischen Periode nicht mehr zunimmt, und die Modelle CP2b und CP2c, dass es doch noch eine weitere Abnahme gibt. Im Modell CP2b ist das eine schrittweise kleiner werdende weitere Abnahme, im Modell CP2c eine in dem Maße kleiner werdende Abnahme, wie sie schon vorher *bis* zur kritischen Periode vorliegt (und damit der graphischen Skizze für CPH2 in *Abbildung 3* entspricht). Die Maße AIC und BIC geben die Passung der jeweiligen Modelle mit den empirischen Daten an, wobei kleinere Werte eine jeweils bessere Passung indizieren, und zwar unter Berücksichtigung der Sparsamkeit des Modells (vgl. Raftery 1995). Gesucht wird das (auf die verschiedenen hypothetischen Verläufe fixierte) Modell mit der

Tabelle 4: Einreisealter und „kritische Periode" beim L2-Erwerb
(multivariat kontrolliert)

L2: sprechen	Jahr linear	Kategorie linear	Basis-Modell	CP1	CP2a	CP2b	CP2c
EAlter 0-6		–	–	–	–	–	–
EAlter 7-13		–0,20	–0,09	–0,09	–0,08	–0,09	–0,12
EAlter 14-20		–0,39	–0,48	–0,29	–0,46	–0,48	–0,50
EAlter 21-27		–0,59	–0,72	–0,49	–0,80	–0,72	–0,75
EAlter 28-34		–0,79	–0,87	–0,69	–0,80	–0,91	–0,87
EAlter 35+		–0,98	–0,97	–0,89	–0,80	–0,91	–0,99
EAlter (Jahr)	–0,02						
AIC	102117,8	101454,8	101181,5	101509,3	101560,8	101223,0	*101168,0*
BIC	101658,1	100995,1	*100687,2*	101049,7	101083,8	100737,4	*100691,0*[a]

L2: schreiben	Jahr linear	Kategorie linear	Basis-Modell	CP1	CP2a	CP2b	CP2c
EAlter 0-6		–	–	–	–	–	–
EAlter 7-13		–0,24	–0,23	–0,23	–0,23	–0,23	–0,11
EAlter 14-20		–0,49	–0,88	–0,46	–0,87	–0,88	–0,81
EAlter 21-27		–0,73	–1,14	–0,70	–1,21	–1,14	–1,07
EAlter 28-34		–0,98	–1,30	–0,93	–1,21	–1,31	–1,18
EAlter 35+		–1,22	–1,32	–1,16	–1,21	–1,31	–1,30
EAlter (Jahr)	–0,03						
AIC	118369,9	117451,4	116438,3	117462,9	116615,7	*116428,4*	116487,5
BIC	117910,3	116991,8	115944,0	115943,2	116138,8	*115942,8*	116010,5

kursiv: bester fit unter allen Modellen.
a: bester fit unter den CP-Modellen.

besten Passung, speziell im Vergleich zwischen den Modellen mit linear-fixierten Verläufen und denen, die eine kritische Periode annehmen. Die im Vergleich am besten passenden Modelle sind in der *Tabelle 4* hervorgehoben.

Das (frei geschätzte) Basismodell legt einen Verlauf nach den CPH-Modellen nahe. Eine im Vergleich zu diesem Modell sehr schlechte Passung haben entsprechend die beiden Modelle mit der Annahme eines linearen negativen Effektes des Einreisealters, aber auch die Modelle CP1 und CP2a mit der Annahme einer kritischen Periode und eines danach entweder konstant-linearen oder gleich danach ganz auf null gehenden Abfalls. Dagegen passen die beiden Modelle CP2b und CP2c wesentlich besser. Am besten passt für das *Sprechen* das Modell CP2c: eine kritische Periode und danach ein deutlich abgeschwächter linearer Abfall in der Höhe, wie er schon vor der kritischen Periode auftritt. Für das *Schreiben* passt dagegen das Modell CP2b am besten, bei dem die Abnahme des Lernerfolgs nach der kritischen Periode graduell kleiner wird. Bemerkenswert ist, dass bei diesen Modellen die Passung praktisch so gut ist wie die des Basismodells ohne jede Fixierung des Verlaufs bzw. teilweise sogar noch (geringfügig) besser, was wohl eine Folge davon ist, dass die Fitmaße auch die Sparsamkeit der Modelle berücksichtigen.

Als zentrales substantielles Ergebnis lässt sich damit festhalten, dass es offenbar doch eine „kritische Periode" für einen deutlichen Abfall des Lernerfolgs beim Zweitspracherwerb *gibt*, und zwar für beide Sprachformen, der sich danach aber wieder abschwächt. Das Ergebnis steht damit deutlich gegen gelegentliche Vermutungen und auch empirische Hinweise auf das Fehlen einer kritischen Periode und einen letztlich doch linearen Verlauf des negativen Effektes des Einreisealters (vgl. z. B. Chiswick/Miller 2007). Damit bestätigen sich (erneut) die frühen Befunde zur CPH in den klassischen Beiträgen von Johnson und Newport (1989) und Newport (1990) (auch Esser 2006: 254 f.). Damit ist in keiner Weise gesagt, dass es nicht auch noch bei einem höheren Einreisealter zu perfekten Zweitsprachkompetenzen kommen kann. Das trifft aber nicht für alle Lerner und vor allem nicht mehr „bedingungslos" nur nach dem Exposure zu, wie das beim Erstspracherwerb und auch frühen Zweitspracherwerb der Fall ist. Welcher genaue theoretische Mechanismus für den CP-Effekt verantwortlich ist, bleibt damit freilich weiter offen. Da der Zusammenhang aber auch dann bestehen bleibt, wenn verschiedene empirische Bedingungen kontrolliert werden, kann der Effekt nicht (allein wenigstens) durch sich ändernde *soziale* Bedingungen erklärt werden, die sich etwa auf geringere Motivationen, geringere Zugänge oder steigende Kosten mit zunehmendem Lernalter beziehen. Am plausibelsten erscheint daher die Hypothese, dass der CP-Effekt in der Tat etwas mit der Abnahme der individuellen Lern*fähigkeit* mit dem zunehmenden Lernalter zu tun hat, also mit der *Effizienz* des Lernens.

3. Erstsprache

Die Ergebnisse zur Erstsprachkompetenz stehen in *Tabelle 5*. Im theoretischen Modell war für das Einreisealter ein positiver Effekt (über den Mechanismus des Zugangs) angenommen worden. Dieser Effekt zeigt sich in den empirischen Ergebnissen deutlich: je höher das Einreisealter, desto besser sind die Erstsprachkompetenzen (in beiden Sprachformen). Es scheint auch hier eine Art von kritischer Periode zu geben: Erst ab einer gewissen Dauer des Zugangs gibt es signifikant-positive Lerneffekte. Diese Schwelle scheint ebenfalls mit einem Alter von mehr als 13 Jahren vorzuliegen. Danach bleiben die Effekte konstant bzw. sinken wieder etwas ab.

Bei den sozialen Bedingungen ohne Endogenitäten (Bildung Eltern, Generation, Aufenthaltsdauer) zeigen sich bei der Bildung der Eltern und beim Generationenstatus die theoretisch erwarteten Effekte deutlich: Bei einer höheren Bildung der Eltern erhöht sich die L1-Kompetenz und bei der zweiten Generation verringern sich die L1-Kompetenzen (in beiden Sprachformen). Meist finden sich Übereinstimmungen mit den theoretischen Hypothesen, darunter besonders der positive Effekt der eigenen Bildung auch für die L1, aber auch einige nicht vorhergesagte Ergebnisse: Die Segregation und die ethnischen Netzwerke haben keinen Einfluss und wirken nicht positiv auf die L1 (für beide Sprachformen). Für das Schreiben in der L1 haben die Besuchsdauer im Herkunftsland keinen positiven und die Akkulturation keinen negativen Einfluss: Offensichtlich ist die L1-Kompetenz als Schriftsprache von spezifischen Kontexten unabhängiger als die mündliche Sprachform. Besonders unerwartet ist der deutlich positive Effekt der Besuche bei Deutschen: Wenn es solche Besuche gibt, sind die L1-Kennt-

Tabelle 5: Einreisealter und L1-Erwerb

OLS-Koeffizienten	L1: sprechen		L1: schreiben		Hypothese/ Ergebnis	
	bv	mv	bv	mv		
Einreisealter 0-6	–	–	–	–		
Einreisealter 7-13	0,03	0,12**	0,00	0,12		
Einreisealter 14-20	0,36***	0,37***	0,54***	0,58***		
Einreisealter 21-27	0,44***	0,42***	0,58***	0,56***		
Einreisealter 28-34	0,38***	0,38***	0,34***	0,40***		
Einreisealter 35+	0,30***	0,36***	0,12***	0,28***	+	+
Bildung Eltern (höchste)		0,11***		0,12**	+	+
2. Gen. (beide Eltern gewandert)		–0,31***		–0,25*	–	–
Aufenthaltsdauer		–0,01**		–0,01***	–	–
eigene Bildung (höchste)		0,16***		0,50*	+	+
Bleibemotiv		–0,07***		–0,09**	–	–
Besuchsdauer SC		0,02**		0,01	+	+/0
Segregation		*0,01*		*0,01*	+	0
Netzwerk EC		0,01		0,01	+	0
Netzwerk RC		–0,02		0,00	–	0
Besuche bei D		0,08***		0,23***	0	+
Akkulturation		–0,02**		0,01	0	–/0
Geschlecht (w)		–0,03		–0,11***		
Herkunftsland						
(West-)Europa		–		–		
Russland/Osteuropa		–0,11		–0,18		
Polen/Slowakei/Tschechien		–0,06		–0,23*		
(Ex-)Jugoslawien		–0,09		0,10		
Griechenland		–0,10		–0,05		
Spanien/Portugal		0,13		0,08		
Italien		–0,02		–0,17		
Türkei		–0,03		–0,13		
Personenjahre	46 242	43 137	46 224	43 112		
Cluster (Fälle)	5 576	5 144	5 572	5 141		
R²	0,055	0,097	0,053	0,143		

* p < 0,05; ** p < 0,01; *** p < 0,001; *kursiv:* Abweichung vom theoretischen Modell.

nisse *besser* (und nicht neutral, wie angenommen). Eine mögliche Erklärung wäre, dass solche Besuche bei einer vorhandenen „Multikulturalität" eher vorkommen, auch vielleicht, weil für die Einheimischen speziell die bilingualen Migranten als Kontaktpartner interessant sind und nicht jene, die sich bereits kaum mehr von ihnen unterscheiden. Was genau an unbeobachteter Heterogenität tatsächlich hinter dem Ergebnis steckt, ist hier nicht weiter zu klären, speziell weil man dazu auch Informationen über die deutschen Kontaktpartner bräuchte.

Besondere Unterschiede bei den demographischen Variablen gibt es beim L1-Erwerb nicht, außer beim Schreiben, für das die weiblichen Migranten deutliche Nachteile haben.

Fasst man die Ergebnisse zum L1-Erwerb zusammen, so gibt es neben dem positiven Effekt des Einreisealters vor allem positive Effekte der Bildung (die der Eltern und die eigene). Ansonsten sind die Effekte eher schwach. *Das* aber ist gerade eines der Ergebnisse der theoretischen Analyse gewesen: Der L1-Erwerb sollte deutlich weniger von individuellen und sozialen Umständen „bedingt" sein als der L2-Erwerb, und es kommt dabei vor allem auf den (frühkindlichen) Zugang an, der möglichst nicht durch eine zu frühe Migration unterbrochen werden sollte.

4. Bilingualität

Bei der Analyse der sozialen Bedingungen der Bilingualität geht es um die verschiedenen Übergänge zwischen den vier Sprachtypen (nach *Abbildung 1* bzw. gemäß *Tabelle 2*). Hierbei soll geprüft werden, ob und in welcher Weise sich bestimmte individuelle und soziale Bedingungen bei der Entstehung der Bilingualität gegenseitig unterstützen oder aber behindern, und dies speziell in Hinsicht auf das Einreisealter. In *Tabelle 6* sind zur Verdeutlichung des Problems die bivariaten Verteilungen der vier Sprachtypen nach dem Einreisealter dargestellt (jeweils für das Sprechen und das Schreiben).

Tabelle 6: Bilingualität und Einreisealter

	Einreisealter						
Sprechen	0-6	7-13	14-20	21-27	28-34	35+	gesamt
sprachliche Marginalität	11,1	12,5	23,6	25,4	33,4	33,1	24,0
L1-Segmentation	6,2	5,7	22,5	29,7	32,9	32,1	23,2
L2-Assimilation	51,2	49,5	21,1	14,0	10,6	16,4	24,2
Bilingualität	31,5	32,3	32,8	30,9	23,1	18,4	28,6
Personenjahre	6 116	5 139	9 699	11 817	7 292	6 172	46 235
Fälle	760	681	1 082	1 284	850	917	5 574
Schreiben	0-6	7-13	14-20	21-27	28-34	35+	gesamt
sprachliche Marginalität	22,7	25,5	41,2	43,8	53,1	50,7	40,8
L1-Segmentation	8,8	7,6	30,4	35,5	31,1	27,1	26,0
L2-Assimilation	49,2	47,9	13,1	6,7	5,1	12,0	18,7
Bilingualität	19,3	19,0	15,3	14,0	10,7	10,1	14,5
Personenjahre	6 114	5 132	9 694	11 806	7 285	6 163	46 194
Fälle	760	680	1 082	1 283	850	915	5 570

Unmittelbar wird der theoretisch vermutete inverse Zusammenhang erkennbar: Mit *zunehmendem* Einreisealter *steigen* die L1-Segmentation (und die sprachliche Marginalität) und es *sinkt* die Tendenz zum L2-Erwerb in der Form der L2-Assimilation (vice versa). Erkennbar wird auch wieder ein Sprung in den Zusammenhängen jeweils nach einem Einreisealter von 13 Jahren für beide Tendenzen: Die L1-Segmentation und die sprachliche Marginalität steigen nach dieser „kritischen Periode" stark an, die L2-Assimilation nimmt deutlich ab. Die Bilingualität ist offensichtlich ein kombinierter Effekt sich gegenseitig behindernder und allein deshalb wohl auch relativ seltener günstiger Gelegenheiten: Das Einreisealter war hoch genug für den Erwerb der nötigen L1-Kompetenzen, aber es war für den Erwerb der nötigen L2-Kompetenzen noch nicht zu spät. Entsprechend verändert sich der Anteil der Bilingualen mit dem Einreisealter deutlich weniger als bei den anderen Sprachtypen: Er fällt beim Sprechen erst bei einem Einreisealter von mehr als 27 Jahren von ca. 30 Prozent auf knapp 20 Prozent ab und beim Schreiben von knapp 20 Prozent auf 10 Prozent, und das offenbar, weil es ab diesem Alter kaum noch zum L2-Erwerb kommt.

Die Frage ist dann: Welchen genauen Einfluss hat das Einreisealter auf die Entstehung der Bilingualität auch nach Kontrolle anderer Bedingungen? Diese Frage wird über den Vergleich zwischen den verschiedenen Typen der Sprachkompetenz nach *Abbildung 1* angegangen. Zur Vereinfachung der Analyse werden dabei die sprachliche Marginalität und die L1-Segmentation zu einer Kategorie zusammengefasst. Man kann diese Kategorie als „nicht L2" verstehen. Es geht damit um *drei* Vergleiche: der zwischen der L1-Segmentation/Marginalität und der L2-Assimilation (L1 → L2), der zwischen der L1-Segmentation/Marginalität und der Bilingualität (L1 → Bil) und der zwischen der L2-Assimilation und der Bilingualität (L2 → Bil). Die Ergebnisse stehen in *Tabelle 7* für das Sprechen. Sie entsprechen denen für das Schreiben so gut wie komplett und sind im Vergleich dazu eher schwächer, so dass (aus Platzgründen) auf eine eigene Tabelle dazu verzichtet werden kann. Es sei noch hinzugefügt, dass sich die zentralen inhaltlichen Resultate bei anderen Dichotomisierungen für die Sprachtypen und bei Betrachtung der Übergänge zwischen allen vier Typen nicht änderten.

Die Analyse des *ersten* Vergleichs (L1 → L2) identifiziert die Bedingungen für die Entstehung der Zweitsprachkompetenz allein als Zweitsprach-„Assimilation" (ausgehend von den beiden Typen „sprachliche Marginalität" und „L1-Segmentation"; vgl. die beiden ersten Spalten in *Tabelle 7*). Es ist der Spezialfall des L2-Erwerbs ohne gleichzeitige Kompetenzen in der Muttersprache. Das wichtigste Ergebnis betrifft das *Einreisealter*: Es behält seine bivariat schon starken Effekte nicht nur, sondern diese werden in der multivariaten Kontrolle eher noch stärker und es gibt auch einen deutlichen CP-Effekt. Die Ergebnisse zu den anderen Variablen entsprechen im Wesentlichen (und wenig überraschend) denen, wie sie schon für den L2-Erwerb insgesamt galten, also gleichgültig ob mono- oder bilingual (s. o. *Tabelle 3*). Die Bildung der Eltern, der Generationenstatus und die Aufenthaltsdauer haben starke (und theoretisch auch so erwartete) Auswirkungen auf die Entstehung der L2-Assimilation. Ähnlich deutlich und mit den theoretischen Erwartungen in Einklang sind die anderen Einflüsse: Die eigene Bildung und das Bleibemotiv wirken positiv, die Besuchsdauer im Herkunftsland und die Segregation negativ und die Besuche bei Deutschen und die Akkulturation positiv, während die ethnische Zusammensetzung der Netzwerke keine besondere Bedeutung zu haben scheint. Bei den demographischen Variablen findet man keine Geschlechtseffekte und keine Unterschiede der Ostmigranten insgesamt sowie der (Ex-)Jugoslawen zur Referenzgruppe der Westeuropäer. Am wenigsten assimilieren sich sprachlich die Spanier und die Portugiesen.

Beim *zweiten* Vergleich, dem zwischen der L1-Segmentation/Marginalität und der Bilingualität (L1 → Bil), müssten sich jene Bedingungen bemerkbar machen, die für den zur Bilingualität nötigen L1-Erwerb/-Erhalt bedeutsam sind. Zumindest auf den ersten Blick sieht das anders aus: Das Muster der Zusammenhänge entspricht so gut wie komplett dem für die L2-Assimilation. Das gilt besonders gut erkennbar für das Einreisealter. Wie beim Vergleich zur L2-Assimilation gibt es erneut eine starke negati-

Tabelle 7: Einreisealter und Bilingualität (Sprechen)

Odds Ratios	L1 → L2		L1 → Bil		L2 → Bil	
	bv	mv	bv	mv	bv	mv
Einreisealter 0-6	–	–	–	–	–	–
Einreisealter 7-13	0,94	0,63**	0,99	0,88**	1,05	1,40**
Einreisealter 14-20	0,16***	0,16***	0,39***	0,44***	2,52***	2,73***
Einreisealter 21-27	0,09***	0,07***	0,31***	0,24***	3,58***	3,42***
Einreisealter 28-34	0,05***	0,04***	0,19***	0,16***	3,54***	3,59***
Einreisealter 35+	0,08***	0,05***	0,14***	0,12***	1,88***	2,44***
Bildung Eltern (höchste)		1,26		1,92***		1,53***
2. Gen. (Eltern gew.)		3,38***		2,11***		0,62***
Aufenthaltsdauer		1,05***		1,04***		0,99
eigene Bildung (höchste)		2,05***		2,44***		1,19*
Bleibemotiv		1,47***		1,06		0,72***
Besuchsdauer SC		0,90*		1,04		1,15***
Segregation		0,79***		0,83***		1,05
Netzwerk EC		0,95		1,03		1,09
Netzwerk RC		1,25**		1,31***		1,05
Besuche bei D		2,59***		2,45***		0,95
Akkulturation		1,36***		1,20***		0,88***
Geschlecht (w)		0,78**		0,79**		1,01
Herkunftsland						
(West-)Europa		–		–		–
Russland/Osteuropa		0,64		0,37**		0,59*
PL/SL/CZ		0,45*		0,28***		0,62*
(Ex-)Jugoslawien		0,30**		0,31**		1,05
Griechenland		0,15***		0,16***		1,04
Spanien/Portugal		0,10***		0,10***		1,04
Italien		0,15***		0,11***		0,72
Türkei		0,15***		0,09***		0,63
Personenjahre	46 235	43 137				
Cluster (Fälle)	5 574	5 144				
Pseudo-R²	0,099	0,224				

* $p < 0{,}05$; ** $p < 0{,}01$; *** $p < 0{,}001$.

ve Wirkung, die in der multivariaten Betrachtung wieder stärker wird und einen CP-Verlauf aufweist. Aber die Wirkung ist im Vergleich zur L2-Assimilation schwächer geworden. Insgesamt findet man auch bei den anderen Variablen ein zur L2-Assimilation nahezu gleiches Muster: Die Bildung der Eltern, der Generationenstatus, die Aufenthaltsdauer, die eigene Bildung, die Besuche bei Deutschen und die Akkulturation haben auf die Entstehung der Bilingualität einen in der Richtung *gleichen* Einfluss wie auf die L2-Assimilation. Das verweist darauf, dass die Entstehung der *Bilingualität* (wenigstens für die hier erfassten Migranten) *vor allem* eine Frage des *L2*-Erwerbs ist. Allerdings machen sich die für den L1-Erwerb wichtigen Umstände durchaus bemerkbar: Die Bildung der Eltern und die eigene werden nun *noch* wirksamer, weil sie für den Erwerb *beider* Kompetenzen förderlich sind, ebenso wie die interethnischen Besuche (vgl. die Ergebnisse in den *Tabellen 3* und *5*). Ansonsten schwächen sich für die Bilingualität die für den L2-Erwerb förderlichen Bedingungen in ihrer Wirkung (wie bei dem Einreisealter) eher ab: Das Bleibemotiv hat nun ebenso keinen Einfluss mehr wie die Segregation, und die Wirkungen des Generationenstatus und der Akkulturation sind deutlich kleiner geworden. Das ist ein Hinweis auf weitere gegenläufige Effekte beim L2- und L1-Erwerb: Die Zugehörigkeit zur 2. Generation, hohe Bleibemotive, De-Segregation und Akkulturation führen eher sofort zur sprachlichen Assimilation, weil es unter diesen für den L2-Erwerb günstigen Bedingungen nur erschwert auch zu den erforderlichen L1-Kompetenzen kommt oder die L1 gar komplett aufgegeben wird. Für die demographischen Variablen lassen sich erneut keine Geschlechtseffekte beobachten. Die Bilingualität ist bei den westeuropäischen Migranten am häufigsten und nur Migranten aus Russland/Osteuropa sind ähnlich bilingual wie sie. Die geringsten bilingualen Kompetenzen haben die Migranten aus Spanien/Portugal, aus Italien und aus der Türkei.

Beim *dritten* Vergleich, dem zwischen der L2-Assimilation und der Bilingualität (L2 → Bil), wird von der (fiktiven) Annahme ausgegangen, dass es eine L2-Assimilation bereits gibt, und es wird nach den Bedingungen gefragt, die *dann* zur Bilingualität führen, also zur *zusätzlichen* Beherrschung der L1. Es handelt sich um ein statistisches Gedankenexperiment für die Identifikation der Bedingungen für die Bilingualität, unabhängig von den Effekten auf den L2-Erwerb (wie beim zweiten Übergang oben). Für das Einreisealter werden nun, wie beim L1-Erwerb insgesamt, deutliche positive Effekte erkennbar, die in der multivariaten Analyse eher noch stärker werden: Wer, wie auch immer, die L2 schon beherrscht, hat bei einem höheren Einreisealter deutlich bessere Chancen auf die Bilingualität als bei einem geringen. Das Ergebnis ist ein weiterer Hinweis auf die Gegenläufigkeit der Prozesse, die hinter dem Einreisealter stehen: Zunahme des Exposure für die L1 und Abnahme der Effizienz für die L2 mit der Bilingualität als dem daraus resultierenden Ergebnis. Bei den anderen Variablen findet sich dann ein zum L1-Erwerb insgesamt wieder ganz ähnliches Muster: Eine bessere Bildung (der Eltern bzw. die eigene) erhöht die Chance für die Bilingualität auch unter der Bedingung, dass es die L2 schon gibt, weil das eine den Erwerb *beider* Sprachen begünstigende Bedingung ist. Einen ähnlich wie beim Einreisealter zur L2-Assimilation gegenläufigen Effekt findet man beim Generationenstatus, beim Bleibemotiv, bei der Besuchsdauer im Herkunftsland und bei der Akkulturation. Das sind alles Umstände, die den L1-Erwerb fördern und damit die Bilingualität, *wenn* es denn die L2-Kompetenz schon gibt. Aber die wird erst von dazu *entgegengesetzt* wirkenden Umständen ermöglicht. Keinen sonderlichen Einfluss haben die Aufenthaltsdauer, die Segregation, die Netzwerke und – nun anders als beim L1-Erwerb generell – die Besuche bei Deutschen. Wieder hat das Geschlecht keinen Einfluss und es gibt nun insgesamt nur geringe Unterschiede nach der ethnischen Zugehörigkeit. Etwas überraschend sind im Vergleich (neben den Ostmigranten) die Italiener und die Türken am *wenigsten* bilingual, ganz offenkundig, weil sie höhere Defizite auch schon in ihrer jeweiligen Muttersprache haben.

VI. Zusammenfassung

Der Erwerb einer kompetenten Bilingualität ist besonders für Migranten keine einfache Angelegenheit: Zusätzlich zur Muttersprache muss eine zweite Sprache, meist nebenbei, gelernt werden und die sozialen Bedingungen dafür entsprechen und unterstützen sich nicht unbedingt, mindestens nicht im Normalalltag der meisten Migrantenfamilien. Theoretisch sind bei einigen Bedingungen *gegenläufige* Effekte zu erwarten: Was den Mutterspracherwerb oder ihren Erhalt fördert, behindert oft den Zweitspracherwerb (und umgekehrt), und das Einreisealter ist das signifikanteste Beispiel dafür. *Abbildung 4* gibt diese Gegenläufigkeit für die multivariaten Ergebnisse zum Einreisealter aus den *Tabellen 3* und *5* jeweils für beide Sprachformen (sprechen und schreiben) graphisch wieder (mit der Kategorie 0 bis 6 Jahre Einreisealter als auf null gesetzte Referenzkategorie).

Abbildung 4: Die Gegenläufigkeit der Effekte des Einreisealters für den Erst- und Zweitspracherwerb (OLS-Koeffizienten nach multivariater Kontrolle)

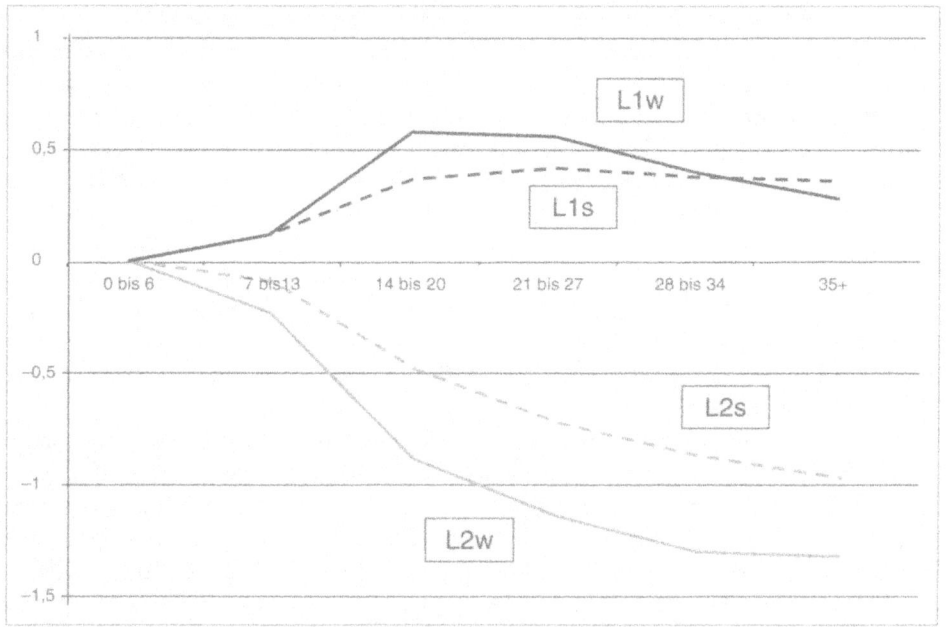

s „sprechen"; w „schreiben".

Bemerkenswert ist nicht nur die Gegenläufigkeit des Effektes, sondern auch die deutlich erkennbare Existenz einer „kritischen Periode" etwa nach dem 13. Lebensjahr: Ab da erst steigt die L1-Kompetenz deutlich an und es sinken, noch deutlicher, die Chancen für die L2-Kompetenz, beides jeweils besonders für das Schreiben.

Abbildung 5 enthält ergänzend eine Zusammenfassung der sich gegenseitig unterstützenden, neutralen (bzw. nur auf eine Kompetenz wirksamen) oder gegenläufigen individuellen und sozialen Bedingungen der Bilingualität im Vergleich der Typen der

Abbildung 5: Unterstützende, neutrale und gegenläufige Bedingungen
bei der Entstehung der Bilingualität

unterstützende Effekte*	neutrale/einseitige Effekte	gegenläufige Effekte*
Bildung Eltern (w) eigene Bildung	Aufenthaltsdauer Segregation Netzwerk RC Netzwerk EC Besuche bei Deutschen	Einreisealter Generation Bleibemotiv Besuchsdauer SC Akkulturation

kursiv: mit dem Spracherwerb nicht endogenisierte Bedingungen.
* für *beide* Übergänge (L1 → L2, L2 → Bil) signifikante Effekte.
(w) signifikant nur für „schreiben".

sprachlichen Kompetenz nach den Ergebnissen in *Tabelle 7* (Spalten L1 → L2 und L2 → Bil).

Aus den erkennbaren Zusammenhängen ergibt sich für die Entstehung von Bilingualität bei Migranten speziell in Hinsicht auf das Einreisealter (und auch auf die anderen gegenläufigen Bedingungen) ein kompliziertes Optimierungs-Problem: Die Migranten müssen einerseits lange genug der L1-Umgebung ausgesetzt sein und sollten daher nicht zu früh einreisen oder den ethnischen Kontext verlassen, um eine bestimmte L1-Kompetenz zu erwerben. Sie dürfen aber andererseits auch nicht zu spät mit der L2-Umgebung in Berührung kommen, weil dann auch bei perfektem Zugang zur L2 aufgrund der nachlassenden Effizienz die L2 nicht mehr richtig gelernt werden kann – und das noch einmal verschärft durch die „kritische Periode" in einem Alter um 14 Jahre. Dieses Problem erklärt alleine schon und auf eine einfache Weise, warum es, nach wie vor und so gut wie überall, deutliche Tendenzen zur L2-*Assimilation* bei den in der Regel früher eingereisten Folgegenerationen gibt und sich die (auf die Herkunftssprache bezogene) Bilingualität über die Generationen hinweg nach und nach verliert (vgl. z. B. Alba et al. 2002; Alba 2004; Rumbaut 2005 für die „New Second Generation" in den USA).

Die Frage ist damit: Was kann getan werden, um dieses Problem zu überwinden, gerade dann, wenn man davon ausgeht, dass die Bilingualität eine gesellschaftlich wie individuell höchst wertvolle Ressource darstellt? Eine nahe liegende Lösung könnte sein, den L2-Erwerb (bei einer verbleibenden oder auch unterstützten L1-Einbettung) so früh vorzuziehen, dass es einen L2-Exposure simultan mit dem L1-Erwerb schon in der frühen Phase der maximalen Effizienz gibt, wie das in allerdings recht seltenen Konstellationen durchaus vorkommt, etwa bei Diplomatenkindern oder in zweisprachigen Familien. Die neueren sprachpsychologischen Forschungen belegen deutlich, dass ein derartiger früher Zweitspracherwerb, offenbar sogar mühelos, möglich ist (vgl. etwa Keim/Tracy 2006; Thoma/Tracy 2006). Die *theoretischen* Modelle des Erst- und Zweitspracherwerbs und die *empirischen* Ergebnisse zu den individuellen und sozialen Bedingungen der kompetenten Bilingualität liefern jedenfalls eindeutige Argumente dafür, dass das geht und besonders effektiv ist: Im frühen Alter, mindestens bis etwa sechs Jahren, ist so gut wie alles möglich, und das Nullsummenproblem beim Einreisealter entsteht erst durch einen zu späten Kontakt mit der Zweitsprache und den dazu nötigen interethnischen Begegnungen. Da die interethnischen Begegnungen und Zugänge im Alltag der allermeisten (Migranten-)Familien aus vielen Gründen eher selten vorkommen und sich auch nicht unbedingt spontan erhalten, wenn es sie einmal gibt, wäre hier ein Feld der *praktischen* Intervention, vor allem im Vorschulbereich, von dem man viel eher annehmen kann, dass eine solche Intervention nachhaltigere Wirkungen auf die Integration hat als die allermeisten Maßnahmen, die bisher versucht oder vorgeschlagen worden sind, wie etwa bilingualer Unterricht in den Schulen oder Sprachkurse für Erwachsene, von denen bisher, anders als für die Wirkungen des Lernalters, allenfalls gesichert bekannt ist, dass sie nicht schaden.

Wie in vielen anderen Feldern der Migrations- und Integrationsforschung liegen aber auch hierzu nur wenig *wissenschaftlich* wirklich abgesicherte und belastbare Ergebnisse vor, auch weil es die erforderlichen größeren Studien, die alle wichtigen „Ebenen" der individuellen und sozialen Bedingungen einbeziehen und es erlauben, die längerfristigen Prozesse nachzuverfolgen, bisher nicht gibt. Auch die Daten des GSOEP mit seinen verhältnismäßig kleinen Teilstichproben von Migranten und der nur unvollständigen Erfassung weiterer wichtiger individueller und sozialer Bedingungen sind unzureichend. Dringend erforderlich wären daneben auch (quasi-)experimentelle und systematische Überprüfungen der kausalen Wirkungen bestimmter organisatorischer Maßnahmen, wie die Wirkung interethnischer Mischungen in den Vor-(Schulen) oder gezielter Sprachförderungen, ebenso wie – endlich – die Entwicklung von validen, aber auch in größeren Untersuchungen handhabbaren Messungen der „objektiven" Sprachkompetenzen. Es wäre gerade im Interesse einer nachhaltigen Förderung von Spracherwerb, Bilingualität und des gesamten Prozesses der sozialen Integration von Migranten und ihren Kindern notwendig, dass hier deutlich mehr geschieht als bisher.

Literatur

Alba, Richard, 2004: Language Assimilation Today: Bilingualism Persists more than in the Past, but English still Dominates. CCIS Working Paper Nr. 111. San Diego: Lewis Mumford Center for Comparative Urban and Regional Research, University at Albany.

Alba, Richard D./Logan, John R./Lutz, Amy/Stults, Brian, 2002: Only English by the Third Generation? Loss and Preservation of the Mother Tongue among the Grandchildren of Contemporary Immigrants, in: Demography 39, 467-484.

Bean, Frank D./Stevens, Gillian, 2003: America's Newcomers and the Dynamics of Diversity. New York: Russell Sage Foundation.

Bialystok, Ellen/Hakuta, Kenji, 1999: Confounded Age: Linguistic and Cognitive Factors in Age Differences for Second Language Acquisition, in: *Birdsong, David* (Hrsg.), Second Language Acquisition and the Critical Period Hypothesis. Mahwah, NJ/London: Lawrence Erlbaum Associates, 161-181.

Birdsong, David (Hrsg.), 1999: Second Language Acquisition and the Critical Period Hypothesis. Mahwah, NJ/London: Lawrence Erlbaum Associates.

Birdsong, David, 2006: Age and Second Language Acquisition and Processing: A Selective Overview, in: Language Learning 56, 9-49.

Boos-Nünning, Ursula/Gogolin, Ingrid, 1988: Sprachdiagnose bei ausländischen Schulanfängern: Resultate der empirischen Prüfung eines ›Sprachtests‹. Deutsch Lernen, in: Zeitschrift für den Sprachunterricht mit ausländischen Arbeitnehmern 13, 3-71.

Boos-Nünning, Ursula/Karakaşoğlu, Yasemin, 2005: Viele Welten leben. Zur Lebenssituation von Mädchen und jungen Frauen mit Migrationshintergrund. Münster: Waxmann.

Charette, Michael/Meng, Ronald, 1994: Explaining Language Proficiency. Objective Versus Self-Assessed Measures of Literacy, in: Economics Letters 44, 313-321.
Chiswick, Barry R., 1998: Hebrew Language Usage: Determinants and Effects on Earnings among Immigrants in Israel, in: Journal of Population Economics 11, 253-271.
Chiswick, Barry R./Miller, Paul W., 2007: The Critical Period Hypothesis for Language Learning: What the 2000 US Census Says. IZA Discussion Paper Nr. 2575. Bonn: Institute for the Study of Labor.
Drever, Anita I., 2004: Separate Spaces, Separate Outcomes? Neighbourhood Impacts on Minorities in Germany, in: Urban Studies 41, 1423-1439.
Dustmann, Christian, 1997: The Effects of Education, Parental Background and Ethnic Concentration on Language. Supplement 1. Special Issue: The Economics of Immigrant Skill and Adjustment, in: The Quarterly Review of Economics and Finance 37, 245-262.
Dustmann, Christian/Soest, Arthur van, 2001: Language Fluency and Earnings: Estimation with Misclassified Language Indicators, in: The Review of Economics and Statistics 83, 663-674.
Esser, Hartmut, 1985: Zur Validität subjektiver Sprachkompetenzmessungen bei Arbeitsmigranten, in: *Sievering, Ulrich O.* (Hrsg.), Arbeitsmigrantenforschung in der Bundesrepublik Deutschland. Methodenprobleme der Datenerhebung. Frankfurt a. M.: Haag + Herchen, 192-226.
Esser, Hartmut, 2006: Sprache und Integration. Die sozialen Bedingungen und Folgen des Spracherwerbs von Migranten. Frankfurt a. M./New York: Campus.
Gazzaniga, Michael S., 1992: Nature's Mind. The Biological Roots of Thinking, Emotions, Sexuality, Language, and Intelligence. New York: Basic Books.
Haug, Sonja, 2005: Zum Verlauf des Zweitspracherwerbs im Migrationskontext. Eine Analyse der Ausländer, Aussiedler und Zuwanderer im Sozio-ökonomischen Panel, in: Zeitschrift für Erziehungswissenschaft 8, 263-284.
Jasso, Guillermina/Rosenzweig, Mark R., 1990: English Language Proficiency and the Locational Choices of Immigrants, in: *Jasso, Guillermina/Rosenzweig, Mark R.,* The New Chosen People: Immigrants in the United States. New York: Russell Sage Foundation, 308-337.
Jirjahn, Uwe/Tsertsvadze, Georgi, 2004: Bevölkerungsanteil und Sprachkenntnisse von Migranten, in: Jahrbuch für Wirtschaftswissenschaften 55, 142-162.
Johnson, Jacqueline S./Newport, Elissa L., 1989: Critical Period Effects in Second Language Learning: The Influence of Maturational State on the Acquisition of English as a Second Language, in: Cognitive Psychology 21, 60-99.
Keim, Inken/Tracy, Rosemarie, 2006: Mehrsprachigkeit und Migration, in: Der Bürger im Staat 56, 222-227.
Klein, Wolfgang/Dimroth, Christine, 2003: Der ungesteuerte Zweitspracherwerb Erwachsener: Ein Überblick über den Forschungsstand, in: *Maas, Utz/Mehlem, Ulrich* (Hrsg.), Qualitätsanforderungen für die Sprachförderung im Rahmen der Integration von Zuwanderern. IMIS-Beiträge, Themenheft 21. Osnabrück: IMIS, 127-161.
Lenneberg, Eric H., 1967: Biological Foundations of Language. New York/London/Sydney: Wiley.
Linton, April, 2004: A Critical Mass Model of Bilingualism among U.S.-born Hispanics, in: Social Forces 83, 279-314.
Little, Roderick J. A./Rubin, Donald B., 2002: Statistical Analysis with Missing Data. 2. Aufl. Hoboken, N.J.: Wiley.
Long, Michael H., 1990: Maturational Constraints on Language Development, in: Studies in Second Language Acquisition 12, 251-285.
Newport, Elissa L., 1990: Maturational Constraints on Language Learning, in: Cognitive Science 14, 11-28.
Portes, Alejandro/Rumbaut, Rubén G., 1996: Immigrant America. A Portrait. 2. Aufl. Berkeley/Los Angeles/London: University of California Press.
Portes, Alejandro/Rumbaut, Rubén G., 2001: Legacies. The Story of the Immigrant Second Generation. Berkeley/Los Angeles/London: University of California Press.
Raftery, Adrian E., 1995: Bayesian Model Selection in Social Research, in: Sociological Methodology 25, 111-163.

Rogers, William H., 1993: Regression Standard Errors in Clustered Samples, in: Stata Technical Bulletin 13, 19-23.
Rumbaut, Rubén G., 2005: A Language Graveyard? Immigration, Generation, and Linguistic Acculturation in the United States. Paper presented to the International Conference on ›The Integration of Immigrants: Language and Educational Achievement‹ at the Programme on Intercultural Conflicts and Societal Integration (Arbeitsstelle Interkulturelle Konflikte und Gesellschaftliche Integration) at the Social Science Research Center (Wissenschaftszentrum Berlin für Sozialforschung), Berlin, June 30, 2005 – July 1, 2005 (unveröffentlichtes Manuskript).
Schupp, Jürgen/Wagner, Gert G., 2002: Maintenance of and Innovation in Long-Term Panel Studies: The Case of the German Socio-Economic Panel (GSOEP), in: Allgemeines Statistisches Archiv 86, 63-175.
Scovel, Thomas, 2000: A Critical Review of the Critical Period Research, in: Annual Review of Applied Linguistics 20, 213-223.
Spolsky, Bernard, 1989: Conditions for Second Language Learning: Introduction to a General Theory. Oxford: Oxford University Press.
Stevens, Gillian, 1992: The Social and Demographic Context of Language Use in the United States, in: American Sociological Review 57, 171-185.
Thoma, Dieter/Tracy, Rosemarie, 2006: Deutsch als frühe Zweitsprache: zweite Erstsprache?, in: *Ahrenholz, Bernt* (Hrsg.), Kinder mit Migrationshintergrund. Spracherwerb und Fördermöglichkeiten. Freiburg im Breisgau: Fillibach, 58-79.
Tracy, Rosemarie/Gawlitzek-Maiwald, Ira, 2000: Bilingualismus und frühe Kindheit, in: *Grimm, Hannelore* (Hrsg.), Enzyklopädie der Psychologie. Göttingen/Bern/Toronto/Seattle: Hogrefe, 495-535.
Tubergen, Frank van, 2004: The Integration of Immigrants in Cross-National Perspective. Origin, Destination and Community Effects. Utrecht: ICS Dissertation Series.
Verhoeven, Ludo, 1987: Ethnic Minority Children Acquiring Literacy. Dordrecht: Foris Publications.

Korrespondenzanschrift: Prof. Dr. Hartmut Esser, Universität Mannheim, LS Soziologie und Wissenschaftslehre, 68131 Mannheim
E-Mail: Esser@sowi.uni-mannheim.de

SCHULISCHE LEISTUNGEN VON KINDERN AUS TÜRKISCHEN FAMILIEN AM ENDE DER GRUNDSCHULZEIT

Befunde aus der IGLU-Studie

Cornelia Kristen

Zusammenfassung: Das nachteilige schulische Abschneiden von Kindern aus türkischen Zuwandererfamilien wurde bislang vor allem für den Sekundarschulbereich untersucht, während die vorgelagerten Bildungsetappen nur vereinzelt betrachtet werden konnten. Die vorliegende Studie richtet sich auf den Grundschulbereich und geht der Frage nach den Prozessen der Entstehung früher ethnischer Bildungsungleichheiten nach. Ausgehend von einer allgemeinen Erklärung von Unterschieden in der Kompetenzentwicklung wird skizziert, welche Lernbedingungen in den Familien und im schulischen Umfeld je nach sozialer und ethnischer Herkunft anzutreffen sind und wie sich Unterschiede in diesen Bedingungen in den Leistungsmustern niederschlagen. Anschließend wird anhand von Daten der Schulleistungsstudie IGLU 2001 geprüft, inwieweit sich hierüber die ausgeprägten Leistungsnachteile türkischstämmiger Viertklässler gegenüber Kindern ohne Migrationshintergrund in den Bereichen Lesen und Mathematik aufklären lassen. Die Befunde der Mehrebenenanalysen zeigen, dass die bestehenden Unterschiede im Wesentlichen auf die sozialen Voraussetzungen und die Sprachpraxis in den Familien zurückzuführen sind. Die Leistungszusammensetzung der Schülerschaft in den Grundschulen trägt ebenfalls, wenn auch in geringem Ausmaß, zur Aufklärung der Disparitäten bei. Der Anteil deutscher Erstsprachler im schulischen Umfeld scheint keine besondere Rolle zu spielen. Beim Leseverständnis verbleiben auch nach Berücksichtigung einer Vielzahl bildungsrelevanter Merkmale Nachteile für Kinder aus türkischen Familien. Bei der mathematischen Kompetenz lassen sich diese dagegen vollständig aufklären.

I. Einleitung

Zu den im deutschen Schulsystem wohl bedeutsamsten erklärungsbedürftigen Befunden im Bereich ethnischer Bildungsungleichheit zählt das nachteilige schulische Abschneiden der türkischen zweiten Generation.[1] Wie verschiedene Studien für die Sekundarstufe nachweisen konnten, ergeben sich die Unterschiede zu Gleichaltrigen ohne Migrationshintergrund vor allem als Folge einer mit der sozialen Herkunft in Verbindung stehenden Ungleichheit (Kalter 2005: 326). Gleichzeitig lassen sich die Bildungsnachteile der türkischen Gruppe auch nach Berücksichtigung einer Vielzahl relevanter Größen nicht vollständig aufklären, während dies für andere Migrantengruppen möglich ist. Dies wurde zuletzt mit den PISA Daten aus dem Jahr 2000 für die Leseleis-

---

1 Der zweiten Generation werden diejenigen Schülerinnen und Schüler (im Weiteren nur „Schüler" genannt) zugerechnet, die selbst in Deutschland geboren oder innerhalb der ersten Lebensjahren zugewandert sind, deren Eltern jedoch außerhalb Deutschlands geboren sind.

tungen 15jähriger Schüler nachgewiesen (Müller/Stanat 2006). Weitere Studien, welche mit dem Mikrozensus oder dem Sozio-ökonomischen Panel ebenfalls groß angelegte Datensätze heranziehen, verweisen zusätzlich auf fortbestehende Disparitäten in der Bildungsbeteiligung und den erzielten Bildungsabschlüssen im Sekundarschulbereich (Alba et al. 1994; Büchel/Wagner 1996; Haisken-DeNew et al. 1997; Wagner et al. 1998). Während sich die spezifischen Nachteile der türkischen Gruppe für die deutsche Sekundarstufe damit relativ gut beschreiben und analysieren lassen, ist dies für die vorgelagerten Bildungsetappen im vorschulischen und Grundschulbereich nicht in gleicher Weise möglich. Für diese Abschnitte fehlt es weitgehend an geeigneten Datensätzen, die über ausreichende Fallzahlen zur Unterscheidung einzelner Migrantengruppen in den entsprechenden Alters- bzw. Klassenstufen verfügen.

In diesem Zusammenhang bietet die Internationale Grundschul-Leseuntersuchung (IGLU), welche die Fähigkeiten von Kindern im Leseverständnis am Ende der vierten Klassenstufe im Querschnitt erfasst (Bos et al. 2003a; 2004), die Möglichkeit, die schulischen Kompetenzen von Schülern aus türkischen Zuwandererfamilien zu einem früheren Zeitpunkt im Bildungsverlauf zu betrachten. Geht man davon aus, dass die Grundlagen für die unterschiedlichen Entwicklungsverläufe und damit für die Leistungsungleichheiten in der Sekundarstufe frühzeitig gelegt werden, so ist für ihre Aufklärung eine vertiefte Auseinandersetzung mit den Prozessen des Kompetenzerwerbs in früheren Stufen der Bildungslaufbahn erforderlich. Vor diesem Hintergrund richtet sich das Interesse auf den deutschen Grundschulbereich. Im Mittelpunkt steht die Frage nach den Prozessen der Entstehung der spezifischen Leistungsnachteile türkischstämmiger Grundschulkinder.

Hierzu wird im nachfolgenden Abschnitt ausgehend von einer allgemeinen Erklärung von Kompetenzunterschieden skizziert, auf welche Weise sich die zwischen verschiedenen Gruppen variierenden Lern- und Leistungsbedingungen in unterschiedlichen Kompetenzmustern niederschlagen könnten *(Abschnitt II)*. Im empirischen Teil werden die Daten und Operationalisierungen vorgestellt, die dann in den multivariaten Auswertungen verwendet werden *(Abschnitt III)*. Abschließend werden die zentralen Ergebnisse zusammengefasst und diskutiert *(Abschnitt IV)*.

II. Ethnische Unterschiede in den schulischen Leistungen

Für eine Aufklärung der in Klasse 4 bestehenden ethnischen Unterschiede in den schulischen Kompetenzen müsste eine Auseinandersetzung mit den Leistungsbedingungen über die gesamte Zeitspanne von Beginn der Schwangerschaft der Mutter an, über die Primärsozialisation in der Familie, die nachfolgenden Lernprozesse innerhalb und außerhalb der Familie einschließlich der ersten Bildungsübergänge bis hin zum Kompetenzstand in der vierten Klasse erfolgen. Dabei wären die verschiedenen Akteure (u. a. Kind, Eltern, Erzieher, Lehrkräfte), die jeweiligen Lernkontexte und nicht zuletzt die institutionelle Einbettung einzubeziehen. Offensichtlich können diese vielfältigen Prozesse an dieser Stelle nur angerissen werden.

Als Ausgangspunkt bietet sich die Anwendung eines allgemeinen Investitionsmodells auf den Erwerb schulischer Qualifikationen an. Demzufolge lassen sich schulische

Leistungen zu einem bestimmten Zeitpunkt im Bildungsverlauf als Resultat einer Kette vielfältiger Investitionen in den Kompetenzerwerb (Esser 2006) und damit als Ergebnis kumulativer Lernprozesse auffassen (Atkinson 1974). Die Entscheidung für oder gegen eine dieser mannigfaltigen Investitionen wird in Anbetracht der jeweiligen Opportunitäten, also der verfügbaren Mittel und Gelegenheiten zur Investition, der erwarteten Erträge des Qualifikationserwerbs und nicht zuletzt der Kosten dafür getroffen (Esser 2006: 292 f.). Zusätzlich ist zu berücksichtigen, dass sich die Lernprozesse je nach gegebenem Leistungsstand unterscheiden können und identische Investitionen deshalb bei verschiedenen Ausgangsleistungen zu divergierenden Lernergebnissen führen. Sie variieren in diesem Fall im Ausmaß ihrer Effizienz. Aus diesem Grund muss stets das Vorwissen als Bezugspunkt der jeweiligen Investition einbezogen werden (vgl. Helmke/Weinert 1997; Weinert 2001). Ethnische Unterschiede im Qualifikationserwerb sind, dieser allgemeinen Sichtweise folgend, dann zu erwarten, wenn sich das Investitionsverhalten und/oder die Effizienz der Investition zwischen verschiedenen Herkunftsgruppen systematisch unterscheiden. Die zentrale Aufgabe besteht nun darin, die Modellgrößen mit der typischen Lebenssituation der Kinder und ihrer Familien zu verbinden und hierüber zu zeigen, wie es im Zeitverlauf zu einer Vielzahl verschiedener und/oder verschieden effizienter Investitionen und hierüber zu unterschiedlichen Mustern der Kompetenzentwicklung kommen kann.

Vereinfachend lässt sich dies am Beispiel der Verteilung zentraler Ressourcen illustrieren, welche für Investitionen in den Kompetenzerwerb eingesetzt werden können. Je nach Kapitalausstattung, also je nachdem welche Mittel den Familien zur Verfügung stehen, aber auch welche Lerngelegenheiten die Kinder in ihrer unmittelbaren Umgebung antreffen, ergeben sich zum Teil recht unterschiedliche Investitionsmöglichkeiten. In diesem Zusammenhang kommt zunächst den mit der sozialen Herkunft variierenden Bedingungen des Qualifikationserwerbs entscheidende Bedeutung zu. So sind Eltern, die selbst einen höheren Bildungsgang erfolgreich durchlaufen haben und damit über eine entsprechende Bildungserfahrung und Vertrautheit mit dem Bildungssystem verfügen, eher dazu in der Lage, die Lernprozesse ihrer Kinder kontinuierlich zu unterstützen und nachhaltig abzusichern, Schwierigkeiten rechtzeitig zu erkennen und über den Einsatz geeigneter Mittel auszuräumen und nicht zuletzt die ersten Übergänge strategisch zu bewältigen und hierüber vorteilhafte Lernbedingungen für die weitere Leistungsentwicklung zu realisieren. Ähnliche Argumente lassen sich für zusätzliche Aspekte des in den Familien verfügbaren kulturellen Kapitals vortragen. Der Zugang zu einer anregungsreichen Lernumwelt, in dem kulturelle Aktivitäten selbstverständlicher Bestandteil des Alltagslebens sind, kann sich ebenfalls förderlich auf die Entwicklung zentraler schulischer Kompetenzen auswirken. Auch die finanzielle Situation der Familien könnte die Investitionsneigung beeinflussen, weil die mit dem Qualifikationserwerb verbundenen Kosten je nach verfügbarem Einkommen eine unterschiedliche Belastung darstellen.

Für die Erklärung der in Klasse 4 bestehenden ethnischen Leistungsdisparitäten sind die mit der sozialen Herkunft variierenden Unterschiede in der Ressourcenausstattung der Familien insofern bedeutsam als türkische Migranten eher als deutsche Eltern den niedrigeren sozialen Statusgruppen angehören und ihre Kinder deshalb in den ersten Lebensjahren vergleichsweise nachteiligere Lernbedingungen antreffen. Wie in einer

Reihe von Studien zum deutschen Sekundarschulbereich gezeigt werden konnte, spielen die sozialen Bedingungen des Bildungserfolgs eine Schlüsselrolle bei der Erklärung der Bildungssituation der Heranwachsenden mit Migrationshintergrund (Alba et al. 1994; Kristen/Granato 2007; Müller/Stanat 2006). Gleichzeitig lassen sich hierüber die bestehenden Unterschiede nicht immer vollständig aufklären und insbesondere die ausgeprägten Nachteile für türkischstämmige Kinder geben Anlass zur Frage nach weiteren möglichen Ursachen.

An dieser Stelle rücken Argumente ins Blickfeld, welche anders als zuvor speziell die Kinder von Zuwanderern betreffen und demzufolge mit der Migrationssituation verknüpfte Bedingungen der Leistungsentwicklung ansprechen. In diesem Zusammenhang ist zu berücksichtigen, dass bestimmte Familienressourcen nicht in allen Bildungssystemen gleichermaßen für den Kompetenzerwerb eingesetzt werden können. Dieser Sachverhalt lässt sich über die Unterscheidung zwischen generalisierbaren und spezifischen Kapitalien verdeutlichen. Im Gegensatz zu den generalisierbaren Kapitalien, die weitgehend unabhängig von bestimmten gesellschaftlichen Kontexten verwertbar sind, zeichnen sich spezifische Kapitalien dadurch aus, dass ihre Geltung vom jeweiligen Kontext abhängig ist (Esser 1999: 151). Kenntnisse der Landessprache beispielsweise sind unabdingbar für den schulischen Erfolg und so beruht die Verwertbarkeit dieses spezifischen Humankapitals weitgehend darauf, ob die beherrschte Sprache im gegebenen Bildungskontext gesprochen wird oder nicht. Als weiteres Beispiel lässt sich kulturell geprägtes Vorwissen anführen. Dieses wird zum Verständnis von deutschen Texten benötigt und ist damit zusätzlich zu den deutschen Sprachkenntnissen für die Entwicklung der Lesekompetenz relevant (Bundesministerium für Bildung und Forschung 2005: 51). Zugewanderte Eltern, die zumindest einen Teil ihrer Ressourcen in einem anderen Umfeld erworben haben, befinden sich demzufolge in einer nachteiligeren Lage, weil ihnen die für Investitionen in den Qualifikationserwerb erforderlichen spezifischen Kapitalien nicht immer in ausreichendem Maß zur Verfügung stehen (vgl. Chiswick 1978, 2004).

Die Überlegungen zur Ressourcenausstattung lassen sich auch auf die Lerngelegenheiten außerhalb der Familien übertragen. Anders als bei den familiären Prozessen des Kompetenzerwerbs werden diese Bedingungen allerdings erst später, mit dem Eintritt in die ersten Bildungseinrichtungen wie den Kindergarten und die Grundschule, relevant. Zu diesem Zeitpunkt beschränken sich die Bildungsinvestitionen nicht länger primär auf die Familien, sondern werden zusätzlich durch Lernopportunitäten außerhalb der Familie geprägt.

Mit Blick auf die sozialen und ethnischen Unterschiede des Qualifikationserwerbs scheinen vor allem Prozesse bedeutsam, die mit der Leistungszusammensetzung der Schülerschaft innerhalb der Schulen in Verbindung stehen (vgl. Baumert et al. 2006; Stanat 2006). Da die Lehrkräfte in den Grundschulen ihre Erwartungen, Ansprüche und Standards unter anderem an den Kenntnissen und Leistungsvoraussetzungen der Kinder ausrichten, kann sich dies im Anregungsgehalt des Unterrichts niederschlagen. Auch das intellektuelle Klima und die vorherrschende Leistungsorientierung werden durch die jeweilige Leistungszusammensetzung der Schülerschaft geprägt (vgl. Caldas/Bankston 1997; Wills/Chen 1989). Je nach Kontext ergeben sich damit unterschiedliche Bedingungen für die weitere schulische Entwicklung. Wie die Ergebnisse verschiedener Studien zeigen, wirkt sich eine vorteilhafte Leistungszusammensetzung auf alle Kinder in der jeweiligen Umgebung förderlich aus (z. B. Zimmer/Thoma 2000).[2] Allerdings ist zu vermuten, dass sich aufgrund der bestehenden Segregation im deutschen Grundschulbereich Kinder aus zugewanderten und sozial schlechter gestellten Familien in einer nachteiligeren Lage befinden, weil sie vergleichsweise häufiger Schulen mit einem niedrigeren Leistungsniveau besuchen und deshalb seltener von einem förderlichen Lernumfeld profitieren können (vgl. Kristen 2005).

Darüber hinaus könnten die linguistische Zusammensetzung und die hiermit verknüpften Gelegenheitsstrukturen für unterschiedliche sprachliche Voraussetzungen sorgen. Anders als zuvor ist dieser Aspekt in erster Linie für Kinder aus zugewanderten Familien relevant. Da interethnische Kontakte den Erwerb der Verkehrssprache begünstigen, kommt den alltäglichen Kontakten zu deutschen Erstsprachlern in den Kindergärten und Grundschulen eine unterstützende Funktion zu, die sich entsprechend förderlich auf den Spracherwerb und hierüber auf die Kompetenzentwicklung in anderen schulischen Bereichen auswirken könnte (Esser 2001, 2006). In Anbetracht der ethnischen Schulsegregation ist davon auszugehen, dass die zweite Generation in vielen Fällen in Grundschulen mit vergleichsweise geringeren Anteilen an deutschen Erstsprachlern lernt und sie damit auch in dieser Hinsicht unter nachteiligeren Bedingungen aufwächst.

Die allgemeine Investitionsperspektive lässt sich auf weitere hier nicht näher behandelte Aspekte anwenden. Diskriminierungen im schulischen Alltag beispielsweise könnten ebenfalls für unterschiedliche Lernopportunitäten sorgen und auf die Leistungsentwicklung einwirken (vgl. Schofield 2006). Ebenso lassen sich institutionelle Rahmenbedingungen berücksichtigen, wie zum Beispiel die Regelung darüber, ob der Eintritt in vorschulische Bildungseinrichtungen verpflichtend ist oder nicht. Eine solche Regelung könnte zusätzliche Lerngelegenheiten schaffen, die vor allem dann relevant werden, wenn bestimmte Ressourcen, welche für die Leistungsentwicklung im vorschulischen Bereich benötigt werden, wie etwa in Form von Sprachkenntnissen oder kontextspezifischem Wissen, im alltäglichen Leben der Kinder ansonsten seltener verfügbar sind.

Über die an dieser Stelle herausgegriffenen Beispiele hinaus, welche in erster Linie auf mögliche ethnische Unterschiede im Zugang zu lernförderlichen Lernopportunitäten im familiären und schulischen Umfeld abzielen, kann das allgemeine Investitionsmodell damit prinzipiell weiter spezifiziert werden. Unabhängig vom jeweiligen Argument müssten die Prozesse dabei für die verschiedenen Phasen in der frühen Bildungslaufbahn und für die Entwicklung bestimmter schulischer Kompetenzen im Einzelnen erläutert werden, wobei stets auch die Effizienz der jeweiligen Investition bei gegebenem Kenntnisstand zu berücksichtigen wäre.

III. Schulleistungen türkischstämmiger Kinder in der IGLU-Studie

Ausgehend von diesen Überlegungen soll nun geprüft werden, inwieweit die mit der Ressourcenausstattung verknüpften unterschiedlichen Lernbedingungen in den Fami-

---

[2] Einen Überblick zur Befundlage zu den Kompositionseffekten bieten Baumert et al. (2006: 104-110) sowie Stanat (2006: 193-197).

lien und im schulischen Umfeld zur Aufklärung der Leistungsunterschiede zwischen türkischstämmigen Viertklässlern und Kindern aus Familien ohne Zuwanderungshintergrund beitragen. Betrachtet werden Disparitäten in den Fähigkeitsbereichen Lesen und Mathematik.

1. Daten und Operationalisierungen

Als Datengrundlage wird die Internationale Grundschul-Lese-Untersuchung (IGLU) aus dem Jahr 2001 herangezogen, welche im Rahmen der Schulleistungsstudie „Progress in International Reading Literacy Study" (PIRLS) durchgeführt wurde (Lankes et al. 2003). In Deutschland wurde die Studie um verschiedene Teile erweitert, wobei unter anderem die Leistungen in Mathematik erfasst wurden (IGLU-E). Die Stichprobe wurde über ein Verfahren gewonnen, bei dem zunächst bundeslandweise Schulen und anschließend einzelne Schulklassen gezogen wurden. Innerhalb der Schulklassen wurden alle Schüler einbezogen (Lankes et al. 2003: 10-14). Die mit einer solchen disproportional geschichteten Klumpenstichprobe verbundenen Besonderheiten werden in den nachfolgenden Analysen über geeignete Gewichtungen (Gonzales/Kennedy 2003) und die Schätzung von Mehrebenenmodellen (Snijders/Bosker 1999; Rabe-Hesketh/ Skrondal 2005) berücksichtigt. Im internationalen Datensatz stehen nach der Gewichtung Informationen zu 7633 Viertklässlern an 211 Grundschulen zur Verfügung. In der nationalen Erweiterung, an der nicht mehr alle Bundesländer teilnahmen, Angaben zu 5943 Kindern an 168 Schulen.

Die schulischen Leistungen der Kinder werden zum einen über die Lesekompetenz abgebildet, welche verschiedene Aspekte der Verstehensleistung von Sachtexten und literarischen Texten umfasst, wie etwa das Erkennen und die Wiedergabe von Informationen, das Ziehen von einfachen und komplexen Schlussfolgerungen oder das Prüfen und Bewerten von Sprache und Inhalt (Bos et al. 2003b). Zum anderen wird die mathematische Kompetenz als zusätzlicher Leistungsindikator für einen anderen, in geringerem Ausmaß sprachgebundenen Bereich schulischer Leistungen herangezogen, der darüber hinaus auch weniger an das familiäre Umfeld geknüpft ist als die Lesesozialisation (Watermann/Baumert 2006). Die erzielten Testwerte wurden so transformiert, dass der internationale Mittelwert für die Leseleistung genauso wie der nationale Mittelwert für die Mathematikleistung 500 Punkte und eine Standardabweichung 100 Punkte beträgt.

Die ethnische Zugehörigkeit lässt sich über die Kombination aus zweierlei Angaben zum Migrationshintergrund bilden. Zunächst wird berücksichtigt, ob die Eltern innerhalb oder außerhalb Deutschlands geboren sind. Hierbei kann zwischen drei Teilgruppen unterschieden werden, je nachdem ob beide Elternteile in Deutschland geboren sind, ob ein Elternteil in Deutschland geboren ist oder ob beide Elternteile im Ausland geboren sind. Zur Identifizierung der einzelnen Herkunftsgruppen werden zusätzlich Angaben zu den im Kleinkindalter erlernten Sprachen („Welche Sprachen hast Du sprechen gelernt, als Du noch klein warst?") herangezogen (vgl. *Tabelle 1*).[3] Geben die

---

3 Vorgegeben waren die Sprachen Deutsch (94,7 %), Türkisch (5,4 %), Italienisch (4,3 %), Serbisch (0,6 %), Bosnisch (0,8 %) und eine Sammelkategorie „andere Sprache" (29,6 %).

Tabelle 1: Operationalisierung der ethnischen Herkunft

Gruppen	erlernte Sprache/n	Elternteil/e in D. geboren	n	n (Analysen)
Deutsch				
D./beide D.	nur Deutsch	beide	3995	3995
Türkisch				
T./beide D.	nur Türkisch, Türkisch/Deutsch	beide	14	–
T./ein D.	nur Türkisch, Türkisch/Deutsch	ein	49	49
T./beide Ausl.	nur Türkisch, Türkisch/Deutsch	kein	176	176
Sonstige				
S./beide D.	Sonstige	beide	1208	1222
S./ein D.	Sonstige, nur Deutsch, Angabe fehlt	ein	489	489
S./beide Ausl.	Sonstige, nur Deutsch, Angabe fehlt	kein	797	797
Angabe fehlt			905	905
	Angabe fehlt	Angabe fehlt		
	Angabe fehlt	beide		
	alle Sprachen	Angabe fehlt		
			7633	7633

Anmerkung: Fallzahlen gewichtet.

Kinder an, ausschließlich Deutsch zu sprechen und sind beide Elternteile in Deutschland geboren, so werden sie der Gruppe der Deutschen zugeordnet. Dagegen werden Viertklässler, welche nur Türkisch oder Türkisch und Deutsch angeben, in Abhängigkeit davon, ob die Eltern in Deutschland oder außerhalb Deutschlands geboren sind drei unterschiedlichen Gruppen zugeordnet: den türkischstämmigen Kindern mit zwei in Deutschland geborenen Elternteilen, mit einem in Deutschland geborenen Elternteil oder mit beiden im Ausland geborenen Elternteilen. Für Kinder, die mehr als eine Sprache angeben, die auf einen Zuwanderungshintergrund verweist (z. B. Türkisch und Italienisch), kann die Zugehörigkeit zu einer bestimmten Migrantengruppe nicht eindeutig bestimmt werden.[4] Sie werden den entsprechenden Gruppen der „Sonstigen" zugerechnet. Betrachtet man die aus dieser Operationalisierung resultierenden Fallzahlen in *Tabelle 1*, so wird deutlich, dass die türkische dritte Generation, also die türkischsprachigen Schüler aus Familien mit zwei in Deutschland geborenen Elternteilen, kaum vertreten sind (n = 14). Sie können deshalb in den multivariaten Analysen nicht gesondert betrachtet werden und werden den „Sonstigen" mit zwei in Deutschland geborenen Elternteilen zugewiesen.

Die sozialen Voraussetzungen des Kompetenzerwerbs werden über verschiedene Aspekte der Kapitalausstattung der Familien operationalisiert. Hierbei werden zunächst das Bildungsniveau der Eltern und der sozioökonomische Status der Familien berücksichtigt. Beim höchsten Bildungsabschluss lässt sich folgende Rangordnung ausmachen: ohne Abschluss, Hauptschulabschluss, Realschulabschluss, Lehre, Fachschule/Meister, Abitur ohne Studium, Fachhochschulabschluss sowie Hochschulabschluss. Die mit der Schichtzugehörigkeit variierenden Leistungsbedingungen werden über die höchste

---

4 Innerhalb der Schülergruppe mit türkischer Sprache (n = 402) sind hiervon 28,8 Prozent der Fälle betroffen, innerhalb der Schülergruppe mit italienischer Sprache (n = 318) sogar 56,3 Prozent. Von einer getrennten Analyse der Leistungsmuster der Kinder italienischer Herkunft wird angesichts dieses beträchtlichen Anteils abgesehen.

EGP-Klasse in der Familie erfasst. Dabei wird zwischen sechs Kategorien unterschieden (vgl. Schwippert et al. 2004: 167): der oberen Dienstklasse (I), der unteren Dienstklasse (II), den Routinedienstleistungen in Handel und Verwaltung (IIIa-b), den Selbstständigen und selbstständigen Landwirten (IVa-c), den Facharbeitern und Arbeitern mit Leitungsfunktionen sowie Angestellten in manuellen Berufen (V-VI) und den un- und angelernten Arbeitern sowie Landarbeitern (VIIa-b). Als Indikator des vorhandenen kulturellen Kapitals wird ein additiver Index zum Buchbesitz gebildet, der sich als Durchschnittswert aus dreierlei Angaben von Eltern und Kind zur Anzahl der im Haushalt vorhandenen Bücher und Kinderbücher ergibt. Die Werte liegen zwischen 1 und 5 und spiegeln folgende Rangordnung wider: 0-10, 11-25, 26-100, 101-200 und mehr als 200 Bücher. Die finanzielle Situation der Familien wird über einen Index zu den im Haushalt vorhandenen Wohlstandsgütern operationalisiert, der unter anderem Güter wie ein zweites Auto, einen Rasenmäher oder eine Geschirrspülmaschine umfasst. Dieser kann Werte zwischen 0 und 1 annehmen, wobei ein höherer Wert auf eine bessere Ausstattung verweist. Zusätzlich wird die Anzahl der zu Hause lebenden Kinder berücksichtigt.

Den mit der Migrationssituation verknüpften Bedingungen der Leistungsentwicklung lassen sich insbesondere sprachliche Voraussetzungen und Gelegenheitsstrukturen zuordnen. Das Alter des Kindes bei der Zuwanderung zeigt in diesem Zusammenhang an, wie lange das Kind bereits in einem prinzipiell deutschsprachigen Umfeld lebt. Dabei wird zwischen Schülern unterschieden, die seit ihrer Geburt in Deutschland leben, solchen, die vor dem Eintritt in die Grundschule zugewandert sind, und solchen, die erst während der Grundschulzeit in die Bundesrepublik kamen. Zusätzlich wird erfasst, ob in der Familie und damit auch im Alltagsleben außerhalb der Schule regelmäßig Deutsch gesprochen wird. Hierzu wird ein additiver Index aus dreierlei Angaben gebildet: (1) wie oft die Kinder zu Hause Deutsch sprechen, (2) wie oft sie mit Erwachsenen, die zu Hause leben, Deutsch sprechen und (3) was die Eltern in der Familie überwiegend sprechen. Der Index kann Werte zwischen 0 und 1 annehmen, wobei ein höherer Wert anzeigt, dass in der Familie mehr Deutsch gesprochen wird.

Als Indikator für die Lerngelegenheiten in den Grundschulen wird zunächst die mittlere leistungsbezogene Schülerzusammensetzung im Schulkontext berücksichtigt. Sie lässt sich durch Aggregation der individuellen Ergebnisse des Kognitiven Fähigkeitstests (KFT) erzeugen. Herausgegriffen wird hier der Subtest zu den figuralen Analogien, der über Zuordnungen von Figuren Aspekte schlussfolgernden Denkens erfasst (Heller/Perleth 2000). Dieser sprachfreie Testteil wird herangezogen, um den Einfluss der Leistungszusammensetzung möglichst losgelöst von sprachlichen Kontextbedingungen zu betrachten. Die durchschnittliche linguistische Komposition wird über Angaben aus dem Deutschlehrerfragebogen zur Anzahl der Kinder in der Klasse mit deutscher Erstsprache unter Berücksichtigung der Klassengröße berechnet. Bei fehlenden Lehrerangaben (n = 995) wird der Anteil von Schülern mit deutscher Erstsprache über die Anzahl derjenigen Kinder in der Klasse ermittelt, die zu Hause immer oder fast immer Deutsch sprechen. Diese Vorgehensweise erscheint in Anbetracht der hohen Korrelation ($r = 0{,}74$, $p < 0{,}001$) zwischen beiden Größen sinnvoll. Als Kontrollvariable wird zusätzlich das Geschlecht berücksichtigt. *Tabelle 2* illustriert die Randverteilungen der verschiedenen Variablen für die einzelnen Herkunftsgruppen.

Tabelle 2: Verteilung der Modellvariablen (Mittel- und Prozentwerte)

	D./beide D	T./ein D	T./beide Ausl.	S./beide D	S./ein D	S./beide Ausl.	Angabe fehlt	insg.
Leseleistung	554	475	462	550	534	507	508	539
Mathematikleistung	518	426	431	516	489	463	464	500
Geschlecht (in %)								
männlich	48,8	51,0	50,9	50,2	49,6	50,7	56,4	50,2
weiblich	51,2	49,0	49,1	49,8	50,4	49,3	43,6	49,8
Bildung (in %)								
Angabe fehlt	33,1	50,1	40,7	35,2	32,8	37,7	40,8	35,1
ohne Abschluss	0,4	[7,5]	11,8	1,4	1,1	5,1	1,8	1,6
Hauptschule	5,9	[15,2]	20,5	7,2	10,8	10,0	8,2	7,5
Realschule	9,8	[9,2]	7,4	9,2	7,7	9,1	9,4	9,4
Lehre	15,2	[8,5]	11,3	14,2	11,3	11,5	14,0	14,1
Fachschule/Meister	7,6	[0]	[1,7]	8,8	6,3	5,4	6,5	7,2
Abitur	7,7	[3,0]	[4,0]	7,0	12,4	10,1	5,3	7,7
Fachhochschule	8,4	[2,5]	[0]	6,8	3,7	3,5	5,9	6,8
Hochschule	12,1	[4,1]	[2,6]	10,2	14,0	7,7	8,0	10,7
EGP (in %)								
obere Dienstklasse	21,3	[5,7]	[5,6]	17,3	16,8	7,4	13,0	17,5
untere Dienstklasse	18,7	[2,7]	[5,2]	18,6	14,3	10,5	15,6	16,7
Routinedienstleistungen	10,5	[13,8]	7,2	10,3	9,1	8,6	12,8	10,4
Selbständige	9,3	[8,7]	14,0	10,9	10,6	9,9	8,8	9,7
Facharbeiter/leit. Angestellt.	22,8	[15,9]	23,2	22,5	24,8	24,7	22,8	23,0
un-/angelernte Arbeiter	17,5	53,3	44,8	20,4	24,4	38,9	27,1	22,6
kulturelle Ressourcen								
Buchbesitz	3,4	2,3	2,2	3,4	3,2	2,6	3,1	3,2
ökonomische Ressourcen								
Wohlstandsgüter	0,64	0,37	0,39	0,63	0,57	0,44	0,54	0,60
Anzahl Kinder	2,2	2,8	2,9	2,1	2,2	2,9	2,4	2,3
Zuwanderung Kind (in %)								
in D. geboren	87,6	61,7	63,5	86,0	72,9	44,3	70,5	79,6
vor Grundschule zugewandert	9,7	31,7	23,5	11,4	18,8	38,0	22,9	15,2
währ. Grundschule zugewandert	2,7	6,5	13,0	2,7	8,4	17,7	6,6	5,3

Fortsetzung *Tabelle 2:*

	D./beide D	T./ein D	T./beide Ausl.	S./beide D	S./ein D	S./beide Ausl.	Angabe fehlt	insg.
Familiensprache Deutsch	0,99	0,41	0,28	0,96	0,81	0,45	0,86	0,88
figurale Analogien (KFT)	49,8	44,4	43,0	50,0	47,8	47,0	47,1	48,9
Schulkontext								
fig. Analog. (KFT)	49,3	47,0	46,9	49,1	48,8	47,9	48,4	48,9
Anteil dt. Erstspr. (in %)	90,2	67,6	63,9	90,4	82,9	72,6	85,9	86,7

Anmerkung: Werte gewichtet, Klammern bei Fallzahl < 10.

Aus den multivariaten Analysen werden Fälle, die bei einzelnen Variablen fehlende Werte aufweisen, ausgeschlossen. Hiervon ausgenommen sind Angaben zur Bildung der Eltern, zur Anzahl der zu Hause lebenden Kinder und zum Alter des Kindes bei der Zuwanderung. Ein Ausschluss der Fälle mit fehlenden Werten bei diesen Variablen beträfe entweder eine vergleichsweise große Zahl von Kindern und/oder die türkischstämmigen Schüler in besonderer Weise. In den nachfolgenden Berechnungen werden sie deshalb über gesonderte Kategorien („keine Angabe") berücksichtigt.

2. Ergebnisse

In den multivariaten Analysen werden nun nacheinander ausgewählte Aspekte der Ressourcenausstattung der Familien einerseits und der Lernkontexte in den Grundschulen andererseits betrachtet. Dabei geht es um die Frage, inwieweit die unterschiedlichen Lernvoraussetzungen in den Familien und im schulischen Umfeld zur Aufklärung der in Klasse 4 bestehenden Leistungsunterschiede zwischen türkischstämmigen Kindern und Schülern ohne Migrationshintergrund in den Bereichen Lesen und Mathematik beitragen *(Tabellen 3* und *4)*. Im Anschluss an die Beschreibung des Explanandums (Modell 1) richtet sich das Interesse zunächst auf Einflüsse der sozialen Herkunft (Modell 2). Danach rücken mit den sprachlichen Voraussetzungen Aspekte ins Blickfeld, welche speziell Migranten und ihre Nachkommen betreffen (Modell 3). Abschließend wird untersucht, ob die Kompetenzunterschiede mit der Schülerkomposition in den Grundschulen in Verbindung stehen (Modelle 4a, 4b und 5).

Hierzu werden so genannte Random-Intercept-Modelle geschätzt, in denen die Regressionskonstanten für die Lese- bzw. Mathematikleistungen zwischen verschiedenen Grundschulen variieren können (vgl. Snijders/Bosker 1999; Rabe-Hesketh/Skrondal 2005). Im so genannten „empty model" (Modell 0, *Tabelle 3)* wird zunächst geprüft, ob diese Annahme eines Zufallseffekts für das Intercept überhaupt erforderlich ist. Hierbei zeigt sich, dass zwischen den Grundschulen signifikante Unterschiede in der durchschnittlichen Leseleistung bestehen. Zugleich wird deutlich, dass der größte Teil der unerklärten Varianz auf Schülerebene angesiedelt ist (88 Prozent vs. 12 Prozent auf Schulebene).

Modell 1 beschreibt das Ausgangsproblem für die Lesekompetenz. Demzufolge erzielen türkische Schüler mit Abstand die schlechtesten Punktwerte. Die Differenz zur deutschen Vergleichsgruppe beträgt für Kinder mit zwei im Ausland geborenen Elternteilen 83 Punkte, während sie für die übrigen Kinder mit zwei im Ausland geborenen Elternteilen mit 41 Punkten deutlich geringer ausfällt. Ansonsten lässt sich in beiden Gruppen eine deutliche Abstufung im Ausmaß des Leistungsnachteils ausmachen, und zwar in Abhängigkeit davon, ob eines oder ob beide Elternteile im Ausland geboren sind. Sobald jedoch Mutter und Vater in Deutschland geboren sind und die Kinder damit der dritten Generation angehören, lassen sich keinerlei Unterschiede zur deutschen Vergleichsgruppe feststellen.

Im zweiten Modell wird der Frage nachgegangen, inwieweit die mit der sozialen Herkunft verknüpften unterschiedlichen Lernbedingungen für die bestehenden Disparitäten zwischen Kindern mit und ohne Migrationshintergrund verantwortlich sein

Tabelle 3: Random-Intercept-Modelle zur Leseleistung

	0	se	1	se	2	se	3	se	4a	se	4b	se	5	se
FIXED PART														
Ethnische Herkunft (Ref. D./beide D.)														
T./ein D.			-70,65*	11,62	-38,55*	11,10	-19,74	10,94	-18,95	11,20	-17,99	11,33	44,47	29,64
T./beide Ausl.			-82,66*	5,48	-47,83*	5,95	-25,24*	6,15	-22,48*	5,64	-21,61*	5,63	-33,73	17,46
S./beide D.			-2,92	2,51	-1,82	1,97	-0,65	2,06	-1,58	2,09	-1,57	2,12	22,87	13,36
S./ein D.			-19,51*	3,44	-13,18*	3,15	-4,60	3,00	-3,12	2,99	-2,98	2,97	9,57	12,32
S./beide Ausl.			-41,27*	2,99	-16,01*	2,81	8,44*	3,16	6,25°	3,01	6,77°	3,01	13,76	9,46
Angabe fehlt			-28,88*	3,10	-16,83*	2,80	-10,48*	2,73	-9,36°	2,67	-9,16*	2,65	-0,16	14,17
Geschlecht (Ref. männl.)														
Bildung			11,38*	1,80	10,58*	1,57	9,43*	1,57	8,44*	1,51	8,38*	1,50	8,43*	1,50
Angabe fehlt					3,29*	0,53	3,04*	0,52	2,48*	0,51	2,48*	0,51	2,50*	0,51
					8,95*	3,14	8,90*	3,06	7,50°	2,98	7,50°	3,00	7,66°	3,04
EGP (Ref. Facharb./leit. Angest.)														
obere Dienstklasse					16,08*	2,45	16,06*	2,32	15,08*	2,30	15,05*	2,30	15,04*	2,31
untere Dienstklasse					12,48*	2,57	12,48*	2,44	10,67*	2,32	10,63*	2,30	10,72*	2,32
Routinedienstleistungen					5,33°	2,63	5,05	2,65	4,77	2,67	4,86	2,71	5,06	2,74
Selbständige					2,88	3,18	3,66	3,08	4,43	3,06	4,48	3,06	4,51	3,08
un-/angelernte Arbeiter					-5,02°	2,42	-4,18	2,38	-3,45	2,28	-3,25	2,26	-3,22	2,25
kulturelle Ressourcen														
Buchbesitz					15,50*	1,05	13,97*	1,08	11,83*	1,04	11,70*	1,03	11,75*	1,04
ökonomische Ressourcen														
Wohlstandsgüter					22,94*	3,11	20,79*	2,93	17,09*	2,88	16,59*	2,88	16,75*	2,89
Anzahl Kinder					-4,60*	0,79	-3,65*	0,72	-3,48*	0,68	-3,51*	0,69	-3,45*	0,69
Anzahl Kinder fehlt					-20,88*	3,71	-15,45*	4,93	-14,29*	4,50	-14,21+	4,52	-14,30+	4,52
Zuwanderung Kind (Ref. in D. geb.)														
vor Grundschule zugewandert							-26,75*	2,35	-22,35*	2,31	-22,37*	2,29	-22,31*	2,28
währ. Grundschule zugewandert							-37,32*	4,08	-34,12*	3,77	-33,90*	3,77	-33,66*	3,77
Angabe fehlt							-9,36	5,32	-8,29	4,91	-8,28	4,90	-8,06	4,90
Familiensprache Deutsch							27,98*	3,77	26,43*	3,67	26,28*	3,65	26,82*	3,75
figurale Analogien (KFT)									1,57*	0,09	1,53*	0,09	1,52*	0,09

Fortsetzung *Tabelle 3:*

	0	se	1	se	2	se	3	se	4a	se	4b	se	5	se
FIXED PART														
Schulkontext														
fig. Analog. (KFT)												2,01*	0,46	1,97*	0,45
Anteil dt. Erstsprachler														0,10	0,10
Ethn. Herk.* Ant. dt. Erstspr.														-0,91	0,48
T./ein D. * dt. Erstspr.														0,23	0,24
T./beide Ausl. * dt. Erstspr.														-0,27	0,15
S./ein D. * dt. Erstspr.														-0,14	0,15
S./beide Ausl. * dt. Erstspr.														-0,07	0,12
Angabe fehlt * dt. Erstspr.														-0,10	0,16
Konstante	541,08*	2,21	546,24*	1,59	470,99*	4,14	452,64*	4,96	388,04*	6,02	293,14*	22,28	284,69*	24,16
RANDOM PART															
Varianz Schulebene	492,1	93,42	389,7	42,55	210,1	45,33	198,7	46,75	166,7	37,74	141,5	27,89	140,7	28,45
Varianz Schülerebene	3664,0	83,86	3347,4	76,39	2787,4	61,27	2630,0	55,93	2460,6	51,45	2458,6	51,63	2454,4	50,92
-2*log-likelihood	80357		79687		78281		77859		77365		77340		77326	

Anmerkungen: * $p < 0{,}001$; + $p < 0{,}01$; ° $p < .05$, Schülerebene n = 7131, Schulebene n = 211, Analysen gewichtet.

könnten. In Übereinstimmung mit den Ergebnissen vieler Studien zur Reproduktion sozialer Leistungsunterschiede (z. B. Baumert/Schümer 2001; Schwippert et al. 2003, 2004) zeigen sich die erwarteten Zusammenhänge mit der Lesekompetenz. Mit einer höheren Bildung sind, genauso wie mit einer höheren beruflichen Stellung, einer entsprechenden finanziellen Ausstattung und einer kulturell anregungsreicheren Umgebung, Bedingungen verbunden, welche die schulische Entwicklung begünstigen und sich positiv im Lesestand in Klassenstufe 4 niederschlagen. Außerdem, und dies ist konform mit bisherigen Befunden zur Bildungssituation der zweiten Generation für den Bereich der deutschen Sekundarstufe (vgl. Alba et al. 1994; Müller/Stanat 2006; Kristen/Granato 2007), verringern sich die Ausgangsnachteile für die Nachkommen von Zuwanderern über die Berücksichtigung der sozialen Bedingungen in beträchtlichem Maße. Im Vergleich zum Vormodell hat sich der Leistungsunterschied zur deutschen Referenzgruppe bei türkischen Kindern um 32 bzw. 35 Punkte reduziert, bei den übrigen Schülern mit Migrationshintergrund um 6 bzw. 25 Punkte. Auch für den Grundschulbereich lässt sich damit festhalten, dass sich die bestehenden ethnischen Bildungsunterschiede vor allem als Spezialfall einer mit der sozialen Herkunft in Verbindung stehenden Ungleichheit ergeben (Kalter 2005: 326).

Im dritten Modell werden die sprachlichen Voraussetzungen in den Familien einbezogen. Wer in Deutschland geboren und damit in einer prinzipiell deutschsprachigen Umgebung aufgewachsen ist, befindet sich erwartungsgemäß gegenüber zugewanderten Kindern im Vorteil, wobei die Unterschiede umso ausgeprägter ausfallen je kürzer die Zuwanderung zurückliegt. Auch für die zu Hause gesprochene Sprache zeigen sich die vermuteten Einflüsse, wonach Kinder, welche außerhalb der Schule in der Familie Deutsch sprechen, deutlich bessere Leseleistungen aufweisen. Gleichzeitig, und dies ist der eigentlich bedeutsame Befund des Modells, führt die Berücksichtigung der sprachlichen Voraussetzungen zu einer weiteren bemerkenswerten Aufklärung der im Vormodell verbliebenen Leistungsdifferenzen. Kinder mit zwei im Ausland geborenen Elternteilen erlangen unter Berücksichtigung dieser Größen nun sogar signifikant bessere Lesewerte als Schüler ohne Migrationshintergrund. Auch für die türkischstämmigen Grundschulkinder verringern sich die Nachteile nochmals deutlich (um 19 bzw. 23 Punkte). Dennoch erzielen sie weiterhin um 20 bzw. 25 Punkte schlechtere Leseergebnisse als gleichaltrige Deutsche.

In den nachfolgenden Analyseschritten werden schließlich die Lern- und Entwicklungsmilieus in den Grundschulen in Form der Leistungskomposition und sprachlichen Schülerzusammensetzung berücksichtigt. Modell 4a bezieht die erzielten Testwerte beim sprachfreien Subtest des KFT zunächst nur auf Individualebene ein. Modell 4b enthält zusätzlich die durchschnittliche Leistungszusammensetzung in der Lernumgebung. Über einen Vergleich der Modelle lässt sich feststellen, welche Bedeutung dem Kontextmerkmal der kognitiven Schülerkomposition über die individuellen Voraussetzungen hinaus bei der Aufklärung der ethnischen Leistungsunterschiede zukommt. Die Befunde in Modell 4b zeigen, dass sich ein höheres durchschnittliches Leistungsniveau im unmittelbaren Lernumfeld förderlich auf die Leseleistungen der Kinder auswirkt, dass es jedoch kaum zur Reduzierung der in Modell 4a für die türkischsprachigen Schüler verbliebenen Herkunftseffekte beiträgt. Für die linguistische Schülerkomposition findet sich kein eigenständiger Einfluss für Kinder aus Migrantenfamilien (Modell 5). Dies gilt im Übrigen auch dann, wenn die durchschnittlichen kognitiven Grundfähigkeiten aus dem Modell ausgeschlossen werden (nicht in *Tabelle 3* enthalten). Die Nachkommen türkischer Zuwanderer profitieren damit nicht zusätzlich von zunehmenden Anteilen deutscher Erstsprachler in ihrer Lernumgebung. Auch für Kinder, die zu Hause weniger Deutsch sprechen, lassen sich diesbezüglich keine besonderen Vorteile ausmachen (Interaktionseffekt nicht in *Tabelle 3* enthalten). In Übereinstimmung mit den Befunden zur deutschen Sekundarstufe (Baumert et al. 2006; Stanat 2006) deutet sich damit ein auch in dieser Hinsicht recht ähnliches Muster für den Grundschulbereich an: Differentielle Lernbedingungen in den Schulen scheinen in erster Linie mit der Leistungskomposition der Schülerschaft in Verbindung zu stehen.

Abschließend wurden die Überlegungen zu Unterschieden in der Verwertbarkeit spezifischer Kapitalien weiter vertieft. Unter anderem wurde versucht der Frage nachzugehen, ob sich die in Deutschland gesammelte Bildungserfahrung der Eltern eher für die Leistungsentwicklung der Kinder nutzbar machen lässt als eine im Ausland erworbene schulische Bildung. Da für diesen Analyseschritt keine Informationen zu dem von den Eltern besuchten Bildungskontext oder ihrem Alter bei der Zuwanderung zur Verfügung stehen, wurde dieser Aspekt indirekt über eine Interaktion zwischen dem Bildungshintergrund und der ethnischen Herkunft operationalisiert. Allerdings zeigte sich kein derartiges Muster (Interaktionseffekt nicht in *Tabelle 3* enthalten). Auch weitere Analysen zu einer möglicherweise unterschiedlichen Leistungswirksamkeit weiterer Familienressourcen ergaben keine zusätzlichen signifikanten Ergebnisse.

Die für die Lesekompetenz berichteten Zusammenhänge spiegeln sich in ähnlicher Weise in den Auswertungen zur mathematischen Kompetenz, einem zweiten zentralen Bereich schulischer Leistungen, wider *(Tabelle 4)*. Zunächst lassen sich auch hier signifikante Unterschiede im durchschnittlichen Leistungsniveau der verschiedenen Grundschulen feststellen (Modell 0). Die mit Abstand schlechtesten Testergebnisse erzielen wiederum Kinder aus türkischen Migrantenfamilien (Modell 1), wobei die Schüler mit einem im Ausland geborenen Elternteil erwartungsgemäß etwas besser abschneiden als diejenigen mit zwei im Ausland geborenen Elternteilen. Die Leistungsdifferenz zur deutschen Referenzgruppe beträgt 56 bzw. 63 Punkte. Für die übrigen Viertklässler aus Zuwandererfamilien fallen die Disparitäten mit 26 bzw. 36 Punkten vergleichsweise geringer aus. Wie zuvor bei der Leseleistung lassen sich für die dritte Generation keinerlei Unterschiede zur deutschen Referenzgruppe ausmachen.

Berücksichtigt man im zweiten Modell die sozialen Bedingungen des Qualifikationserwerbs, so reduzieren sich bei den türkischen Viertklässlern die Ausgangsnachteile drastisch (um 38 bzw. 44 Punkte), bei den übrigen Kindern aus Migrantenfamilien um 9 bzw. 31 Punkte. Vollständig aufklären lassen sie sich schließlich in Modell 3, in dem zusätzlich die sprachlichen Voraussetzungen in den Familien berücksichtigt werden. In diesem Fall kehrt sich der Abstand zur deutschen Vergleichsgruppe bei den türkischen Kindern genauso wie bei den übrigen Grundschulkindern aus Zuwandererfamilien mit zwei im Ausland geborenen Elternteilen in einen vorteilhaften Effekt um. Während türkischstämmige Schüler in diesem Modell geringfügig besser in Mathematik abschneiden, beläuft sich der Vorteil bei den übrigen Migrantenkindern auf 26 Punkte. Die Ausgangsnachteile in den Mathematikleistungen türkischer Kinder lassen sich da-

Tabelle 4: Random-Intercept-Modelle zur Mathematikleistung

	0	se	1	se	2	se	3	se	4a	se	4b	se	5	se
FIXED PART														
Ethnische Herkunft (Ref. D./beide D.)														
T./ein D.			-55,71*	10,90	-17,42	10,95	3,76	10,73	3,75	10,85	5,25	10,89	57,67°	28,47
T./beide Ausl.			-63,04*	6,20	-19,06+	6,63	6,40	7,30	11,85	6,76	12,57	6,80	18,23	22,34
S./beide D.			-1,84	3,61	-0,84	3,44	1,75	3,36	1,88	3,26	1,96	3,20	37,27	19,42
S./ein D.			-25,76*	4,68	-16,66*	4,32	-4,12	4,23	-,93	4,14	-1,07	4,11	-7,52	20,28
S./beide Ausl.			-36,41*	4,33	-5,72	4,14	26,03*	4,86	22,74+	4,56	23,39+	4,52	27,51	16,21
Angabe fehlt			-41,84*	4,61	-25,20*	4,35	-14,47+	4,28	-11,44+	4,06	-11,24+	4,03	13,56	18,49
Geschlecht (Ref. männl.)			-23,40*	2,71	-25,49*	2,52	-27,08*	2,44	-28,40*	2,41	-28,35*	2,42	-28,36*	2,43
Bildung					4,96*	,88	4,49*	,89	3,32*	,88	3,36*	,87	3,37°	,86
Angabe fehlt					12,86+	4,73	13,36*	4,77	9,13*	4,62	9,57*	4,58	9,62°	4,54
EGP (Ref. Facharb./leit. Angest.)														
obere Dienstklasse					14,22*	3,87	13,29*	3,90	10,78*	3,99	10,59+	3,95	10,66+	3,94
untere Dienstklasse					14,74*	3,38	13,32*	3,30	9,20*	3,30	9,12+	3,32	9,25+	3,31
Routinedienstleistungen					5,89	4,55	4,10	4,39	4,07	4,09	4,28	4,14	4,28	4,16
Selbständige					1,57	4,10	1,35	3,99	2,25	3,74	2,29	3,77	2,19	3,74
un-/angelernte Arbeiter					-8,72+	3,17	-8,12+	3,08	-6,72°	2,92	-6,69+	2,94	-6,77°	2,95
kulturelle Ressourcen Buchbesitz					18,17*	1,39	16,32*	1,35	12,30*	1,25	12,00*	1,25	11,94*	1,24
ökonomische Ressourcen														
Wohlstandsgüter					39,56*	4,08	36,33*	3,87	28,79*	3,68	28,12*	3,67	28,10*	3,68
Anzahl Kinder					-3,95+	1,07	-2,75°	1,03	-2,15°	1,02	-2,16+	1,01	-2,08°	1,00
Anzahl Kinder fehlt					-22,71*	5,71	-12,36	6,71	-8,43	6,41	-7,75	6,42	-7,51	6,44
Zuwanderung Kind (Ref. in D. geb.)														
vor Grundschule zugewandert							-41,36*	3,23	-33,69*	3,12	-33,66*	3,09	-33,56*	3,06
währ. Grundschule zugewandert							-44,72*	5,29	-36,73*	4,78	-36,57*	4,80	-36,35*	4,75
Angabe fehlt							-23,42*	7,37	-22,63*	7,11	-22,94+	7,13	-22,83*	7,14
Familiensprache Deutsch							33,20*	5,31	31,11*	5,01	30,85*	5,00	30,18*	5,21
figurale Analogien (KFT)									3,05*	0,13	2,97*	0,13	2,98*	0,14

Fortsetzung *Tabelle 4:*

	0	se	1	se	2	se	3	se	4a	se	4b	se	5	se
FIXED PART														
Schulkontext														
fig. Analog. (KFT)												4,53*	0,72	3,65*	0,92
Anteil dt. Erstsprachler														0,51+	0,19
Ethn. Herk.* Ant. dt. Erstspr.															
T./ein D. * dt. Erstspr.														-0,72	0,44
T./beide Ausl. * dt. Erstspr.														-0,03	0,29
S./beide D. * dt. Erstspr.														-0,40	0,21
S./ein D. * dt. Erstspr.														0,09	0,24
S./beide Ausl. * dt. Erstspr.														-0,01	0,20
Angabe fehlt * dt. Erstspr.														-0,29	0,21
Konstante	498,77*	8,34	521,83*	7,36	422,87*	7,28	403,26*	8,98	275,77*	8,32	57,14	34,85	56,86	39,98
RANDOM PART															
Varianz Schulebene	1444,4	177,86	1209,3	144,28	890,1	151,15	862,8	175,59	783,3	114,15	613,0	88,43	518,9	78,11
Varianz Schülerebene	8273,0	174,60	7892,7	161,86	6974,3	144,11	6665,1	142,48	5997,7	127,00	5997,1	123,99	5996,8	124,26
-2*log-likelihood	66248		65958		65233		64980		64393		64359		64340	

Anmerkungen: * p < 0,001; + p < 0,01; ° p < 0,05, Schülerebene n = 5 558, Schulebene n = 166, Analysen gewichtet.

mit, anders als bei den Leseleistungen, vollständig auf unterschiedliche soziale und sprachliche Voraussetzungen in den Familien zurückführen.

Zieht man zusätzlich das Leistungsniveau im Schulkontext in Betracht, so zeigt sich wie zuvor bei den Lesekompetenz ein positiver Kontexteffekt, der allerdings auch hier nicht zu einer nennenswerten Reduzierung der Koeffizienten zum Migrationshintergrund führt (Modell 4b im Vergleich zu Modell 4a). Ansonsten ergibt sich für die Nachkommen von Zuwanderern in Schulumgebungen mit steigenden Anteilen deutscher Erstsprachler (Modell 5) wiederum kein spezieller Kompetenzvorteil. Wie bei den Leseleistungen profitieren sie damit nicht in besonderer Weise von einem durch deutsche Erstsprachler geprägten Lernkontext.

IV. Diskussion

Zu den im deutschen Schulsystem weiterhin erklärungsbedürftigen Befunden im Bereich ethnischer Bildungsungleichheit zählt das nachteilige schulische Abschneiden der Nachkommen türkischer Zuwanderer. Während sich bisherige Auswertungen zu den Bedingungen der Entstehung dieser Unterschiede vor allem auf die Sekundarstufe konzentrierten, wurden die vorgelagerten Bildungsetappen im vorschulischen und Grundschulbereich angesichts der Datenlage vergleichsweise seltener untersucht. Vor diesem Hintergrund bieten die hier verwendeten Daten der Schulleistungsstudie IGLU eine wichtige Informationsquelle, über die sich ein zusätzlicher Zeitpunkt im frühen Bildungsverlauf von Kindern aus türkischen Migrantenfamilien betrachten lässt.

Die Ergebnisse zu den Leseleistungen weisen ein hohes Maß an Übereinstimmung mit den für die Sekundarstufe berichteten Zusammenhängen auf (vgl. Müller/Stanat 2006). Erwartungsgemäß zeigte sich zunächst eine deutliche Abstufung in den Leistungsunterschieden in Abhängigkeit davon, ob eines oder ob beide Elternteile im Ausland geboren sind, während sich für die dritte Generation keinerlei Differenzen mehr ausmachen ließen. Die türkische dritte Generation konnte angesichts der Fallzahlen (vgl. *Tabelle 1*) nicht gesondert herausgegriffen werden. Insofern bleibt offen, ob sich für sie ein abweichendes Muster abzeichnet. Ansonsten sind die Befunde recht eindeutig: Die Leistungsdisparitäten zwischen türkischen und deutschen Kindern lassen sich im Wesentlichen auf die sozialen und sprachlichen Voraussetzungen in den Familien zurückführen und lenken das Interesse zum einen auf die zugrunde liegenden Mechanismen der Reproduktion sozialer Unterschiede in der Kompetenzentwicklung, zum anderen auf Prozesse, welche wie im Fall der Sprachkenntnisse speziell Migranten und ihre Nachkommen betreffen. Als weitere Größe, deren relativer Einfluss jedoch weit hinter den familiären Aspekten zurücksteht, sind die Lernbedingungen in den Grundschulen zu nennen. Hierbei sind wohl vor allem die mit der Leistungszusammensetzung der Schülerschaft verbundenen Einflüsse relevant, welche für unterschiedliche Lernvoraussetzungen in den Grundschulen sorgen und hierüber auf die Leistungsentwicklung einwirken. Die sprachliche Zusammensetzung im Klassenkontext, welche als Indikator für die sprachlichen Lerngelegenheiten in der Kommunikation der Kinder untereinander herangezogen wurde, scheint dagegen keine besondere Rolle für das schulische Abschneiden von Schülern mit Migrationshintergrund zu spielen.

Die Leistungen in Mathematik folgen insgesamt dem gleichen Muster. Auch dies deckt sich weitgehend mit den Auswertungen der PISA 2000 Daten (vgl. Esser 2006: 311 ff.). Im Unterschied zu den PISA Befunden bleiben die Nachteile türkischer Kinder im Grundschulbereich allerdings nur für die Leseleistung, nicht aber für die mathematische Kompetenz bestehen. Die für die Lese- und Mathematikkompetenzen divergierenden Muster ethnischer Ungleichheit könnten darauf zurückzuführen sein, dass gute Mathematikergebnisse weniger an sprachlichem Vorwissen voraussetzen als gute Leseleistungen. Außerdem werden mathematische Fertigkeiten auch von Kindern aus bildungsnahen Familien überwiegend in der Schule erworben, weshalb diese Fähigkeiten weniger stark an das familiäre Umfeld und die dort vorhandenen Ressourcen geknüpft sind als dies bei der Lesesozialisation der Fall ist (vgl. Watermann/Baumert 2006).

Dies lässt vermuten, dass die verbleibenden ethnischen Herkunftseffekte bei den Leseleistungen auf bislang unberücksichtigte oder unzureichend operationalisierte Aspekte der spezifischen Kapitalausstattung zurückgehen. Insbesondere die Sprachkenntnisse könnten hierbei wichtig sein. Auch zusätzliche Argumente, welche zwar teilweise in den empirischen Analysen aufgegriffen, anhand der Daten aber nur bedingt abgebildet werden konnten, wie die Überlegungen zur differenziellen Verwertbarkeit von in unterschiedlichen Kontexten erworbenen Bildungsabschlüssen, müssten einbezogen werden. Ebenso könnte die Einbindung in eigenethnische Netzwerke für unterschiedliche Ausgangsbedingungen des Kompetenzerwerbs sorgen, wie etwa über die im Umfeld vorhandenen sprachlichen Gelegenheitsstrukturen. Auch die im Netzwerk typischerweise verfügbaren Informationen zum deutschen Schulsystem, welche Investitionen den Qualifikationserwerb begünstigen könnten, wären hier zu berücksichtigen. Letztlich müssten diese Prozesse über entsprechende Instrumente zur spezifischen Kapitalausstattung im Längsschnitt abgebildet werden. Auf diese Weise ließen sich kausale Anordnungen und zum Teil auch Wechselwirkungen zwischen Vorkenntnissen, sprachlichen Voraussetzungen, sonstigen familiären Bedingungen, kontextuellen Einflüssen und den schulischen Leistungen in bestimmten Fähigkeitsbereichen im Zeitverlauf rekonstruieren. Nicht zuletzt könnten hierüber zusätzliche Etappen und Schnittstellen im Bildungsverlauf identifiziert werden, welchen bei der Entstehung ethnischer Bildungsungleichheiten eine besondere Bedeutung zukommt.

Insgesamt machen die Befunde der Studie eines deutlich: Die Prozesse der Entstehung ethnischer Leistungsunterschiede sind der Sekundarstufe weitgehend vorgelagert. Die für die spätere Schullaufbahn berichteten Leistungsdisparitäten (vgl. Müller/Stanat 2006) bestehen bereits am Ende der Grundschulzeit und vermutlich schon viel früher (vgl. Becker/Biedinger 2006).[5] Differenzielle Lernprozesse im Sekundarschulbereich können mit Blick auf die spätere Leistungsentwicklung zwar ebenfalls bedeutsam sein.

---

5 Dies legen, wenn auch nicht auf den Anwendungsfall bezogen und lediglich in indirekter Weise, die Befunde von Entwicklungspsychologen nahe, welche auf eine große interindividuelle Stabilität von Leistungsunterschieden über die Schulzeit hinweg verweisen (Weinert/Helmke 1997; Weinert/Hany 2003). Bereits beim Eintritt in die Grundschule liegen ausgeprägte Differenzen vor und die Rangreihe der individuellen Leistungen verändert sich bei vergleichbaren Lernmöglichkeiten nur noch relativ wenig (Weinert 2001: 83). Vorschulische Bedingungen sind demzufolge von entscheidender Bedeutung für die späteren Lernleistungen.

Auch die Bildungsentscheidungen, welche die Familien an den verschiedenen Bildungsübergängen treffen, sind hierbei zu berücksichtigen, weil sie zum Beispiel über variierende schulische Kontextbedingungen auf den Kompetenzerwerb einwirken können. Allerdings sind diese Aspekte relativ gesehen wohl weniger bedeutsam bei der Erklärung ethnischer Unterschiede in den schulischen Leistungen, weil die Grundlagen für die unterschiedlichen Entwicklungsverläufe wesentlich früher gelegt werden. Eine weitergehende Aufklärung der verbleibenden Leistungsnachteile für türkische Kinder setzt deshalb eine vertiefte Auseinandersetzung mit den Prozessen des Kompetenzerwerbs in den vorgelagerten Etappen der Bildungslaufbahn voraus.

Literatur

Alba, Richard D./Handl, Johann/Müller, Walter, 1994: Ethnische Ungleichheiten im deutschen Bildungssystem, in: Kölner Zeitschrift für Soziologie und Sozialpsychologie 46 (2), 209-237.
Atkinson, J. W., 1974: Motivational Determinants of Intellectual Performance and Cumulative Achievement, in: *Atkinson, J. W./Raynor, J.* (Hrsg.), Achievement and Performance. Washington, DC: Winston, 389-410.
Bundesministerium für Bildung und Forschung (Hrsg.), 2005: Expertise – Förderung von Lesekompetenz. Reihe Bildungsreform, Band 17.
Baumert, Jürgen/Schümer, Gundel, 2001: Familiäre Lebensverhältnisse, Bildungsbeteiligung und Kompetenzerwerb, in: *Baumert, Jürgen,* u. a. (Hrsg.), PISA 2000. Basiskompetenzen von Schülerinnen und Schülern im internationalen Vergleich. Opladen: Leske + Budrich, 323-407.
Baumert, Jürgen/Stanat, Petra/Watermann, Rainer, 2006: Schulstruktur und die Entstehung differenzieller Lern- und Entwicklungsmilieus, in: *Baumert, Jürgen/Stanat, Petra/Watermann, Rainer* (Hrsg.), Herkunftsbedingte Disparitäten im Bildungswesen. Differenzielle Bildungsprozesse und Probleme der Verteilungsgerechtigkeit. Wiesbaden: VS Verlag für Sozialwissenschaften, 95-188.
Becker, Birgit/Biedinger, Nicole, 2006: Ethnische Bildungsungleichheit zu Schulbeginn, in: Kölner Zeitschrift für Soziologie und Sozialpsychologie 58 (4), 660-684.
Bos, Wilfried/Lankes, Eva-Maria/Prenzel, Manfred/Schwippert, Knut/Walther, Gerd/Valtin, Renate (Hrsg.), 2003a: Erste Ergebnisse aus IGLU. Schülerleistungen am Ende der vierten Jahrgangsstufe im internationalen Vergleich. Münster: Waxmann.
Bos, Wilfried/Lankes, Eva-Maria/Prenzel, Manfred/Schwippert, Knut/Walther, Gerd/Valtin, Renate, 2003b: Lesekompetenz deutscher Grundschülerinnen und Grundschüler am Ende der vierten Klassenstufe im internationalen Vergleich, in: *Bos, Wilfried/Lankes, Eva-Maria/Prenzel, Manfred/Schwippert, Knut/Walther, Gerd/Valtin, Renate* (Hrsg.), Erste Ergebnisse aus IGLU. Schülerleistungen am Ende der vierten Jahrgangsstufe im internationalen Vergleich. Münster: Waxmann, 69-142.
Bos, Wilfried/Lankes, Eva-Maria/Prenzel, Manfred/Schwippert, Knut/Walther, Gerd/Valtin, Renate (Hrsg.), 2004: IGLU. Einige Länder der Bundesrepublik Deutschland im nationalen und internationalen Vergleich. Münster: Waxmann.
Bos, Wilfried/Lankes, Eva-Maria/Prenzel, Manfred/Schwippert, Knut/Walther, Gerd/Valtin, Renate (Hrsg.), 2005: IGLU. Skalenhandbuch zur Dokumentation der Erhebungsinstrumente. Münster: Waxmann.
Büchel, Felix/Wagner, Gert, 1996: Soziale Differenzen der Bildungschancen in Westdeutschland – Unter besonderer Berücksichtigung von Zuwandererkindern, in: *Zapf, Wolfgang/Habich, Roland/Schupp, Jürgen* (Hrsg.), Lebenslagen im Wandel. Sozialberichterstattung im Längsschnitt. Frankfurt a. M.: Campus, 80-96.
Caldas, Stephen J./Bankston, Carl, 1997: Effect of School Population Socioeconomic Status on Individual Academic Achievement, in: Journal of Educational Research 90 (5), 269-277.
Chiswick, Barry R., 1978: The Effect of Americanization on the Earnings of Foreign-Born Men, in: Journal of Political Economy 86 (5), 897-922.

Chiswick, Barry R./DebBurman, Noyna, 2003: Educational Attainment. Analysis by Immigrant Generation, in: Economics of Education Review 23, 361-379.
Esser, Hartmut, 1999: Soziologie. Spezielle Grundlagen. Band 1: Situationslogik und Handeln. Frankfurt a. M.: Campus.
Esser, Hartmut, 2001: Integration und ethnische Schichtung. Arbeitspapiere Mannheimer Zentrum für Europäische Sozialforschung Nr. 40, Mannheim.
Esser, Hartmut, 2006: Sprache und Integration. Die sozialen Bedingungen und Folgen des Spracherwerbs von Migranten. Frankfurt a. M.: Campus.
Gonzalez, Eugenio J./Kennedy, Ann M. (Hrsg.), 2003: PIRLS 2001 User Guide for the International Database. Boston: International Study Center.
Haisken-DeNew, John P./Büchel, Felix/Wagner, Gert G., 1997: Assimilation and other Determinants of School Attainment in Germany. Do Immigrant Children Perform as well as Germans?, in: Vierteljahreshefte zur Wirtschaftsforschung 66 (1), 169-179.
Helmke, Andreas/Weinert, Franz E., 1997: Bedingungsfaktoren schulischer Leistungen, in: *Weinert, Franz E.* (Hrsg.), Psychologie des Unterrichts und der Schule. Göttingen: Hogrefe, 71-176.
Kalter, Frank, 2005: Ethnische Ungleichheit auf dem Arbeitsmarkt, in: *Abraham, Martin/Hinz, Thomas* (Hrsg.), Arbeitsmarktsoziologie. Probleme, Theorien, empirische Befunde. Wiesbaden: VS Verlag für Sozialwissenschaften, 303-332.
Kristen, Cornelia, 2005: School Choice and Ethnic School Segregation. Primary School Selection in Germany. Münster: Waxmann.
Kristen, Cornelia/Granato, Nadia, 2007: The Educational Attainment of the Second Generation in Germany. Social Origins and Ethnic Inequality, in: Ethnicities 7 (3), 343-366.
Müller, Andrea G./Stanat, Petra, 2006: Migration und Sozialschicht. Determinanten der Schulleistungen von Jugendlichen aus zugewanderten Familien, in: *Baumert, Jürgen/Stanat, Petra/Watermann, Rainer* (Hrsg.), Herkunftsbedingte Disparitäten im Bildungswesen. Differenzielle Bildungsprozesse und Probleme der Verteilungsgerechtigkeit. Wiesbaden: VS Verlag für Sozialwissenschaften, 189-219.
Lankes, Eva-Maria, 2003: Anlage und Durchführung der Internationalen Grundschul-Lese-Untersuchung (IGLU) und ihrer Erweiterung um Mathematik und Naturwissenschaften, in: *Bos, Wilfried/Lankes, Eva-Maria/Prenzel, Manfred/Schwippert, Knut/Walther, Gerd/Valtin, Renate* (Hrsg.), Erste Ergebnisse aus IGLU. Schülerleistungen am Ende der vierten Jahrgangsstufe im internationalen Vergleich. Münster: Waxmann, 7-28.
Rabe-Hesketh, Sophia/Skrondal, Anders, 2005: Multilevel and Longitudinal Modeling Using Stata. Texas: Stata Press.
Schofield, Janet Ward, 2006: Migration Background, Minority-group Membership and Academic Achievement. Research Evidence from Social, Educational, and Evelopmental Psychology. AKI Research Review 5, Wissenschaftszentrum Berlin.
Schwippert, Knut/Bos, Wilfried/Lankes, Eva-Maria, 2003: Heterogenität und Chancengleichheit am Ende der vierten Jahrgangsstufe im internationalen Vergleich, in: *Bos, Wilfried/Lankes, Eva-Maria/Prenzel, Manfred/Schwippert, Knut/Walther, Gerd/Valtin, Renate* (Hrsg.), Erste Ergebnisse aus IGLU. Schülerleistungen am Ende der vierten Jahrgangsstufe im internationalen Vergleich. Münster: Waxmann, 265-302.
Schwippert, Knut/Bos, Wilfried/Lankes, Eva-Maria, 2004: Heterogenität und Chancengleichheit am Ende der vierten Jahrgangsstufe in den Ländern der Bundesrepublik Deutschland und im internationalen Vergleich, in: *Bos, Wilfried/Lankes, Eva-Maria/Prenzel, Manfred/Schwippert, Knut/Walther, Gerd/Valtin, Renate* (Hrsg.), IGLU. Einige Länder der Bundesrepublik Deutschland im nationalen und internationalen Vergleich. Münster: Waxmann, 165-190.
Snijders, Tom/Bosker, Roel, 1999: Multilevel Analysis. An Introduction to Basic and Advanced Multilevel Modeling. London: Sage.
Stanat, Petra, 2006: Schulleistungen von Jugendlichen mit Migrationshintergrund. Die Rolle der Zusammensetzung der Schülerschaft, in: *Baumert, Jürgen/Stanat, Petra/Watermann, Rainer* (Hrsg.), Herkunftsbedingte Disparitäten im Bildungswesen. Differenzielle Bildungsprozesse und Probleme der Verteilungsgerechtigkeit. Wiesbaden: VS Verlag für Sozialwissenschaften, 189-219.

Wagner, Gert/Kurthen, Hermann/Fijalkowski, Jurgen, 1998: Education as a Keystone of Integration of Immigrants. Determinants of School Attainment of Immigrant Children in West Germany, in: *Kurthen, Hermann/Fijalkowski, Jurgen/Wagner, Gert* (Hrsg.), Immigration, Citizenship and the Welfare State in Germany and the United States. Immigrant Incorporation. Stamford: Jai Press, 35-45.

Watermann, Rainer/Baumert, Jürgen, 2006: Entwicklung eines Strukturmodells zum Zusammenhang zwischen sozialer Herkunft und fachlichen und überfachlichen Kompetenzen. Befunde national und international vergleichender Analysen, in: *Baumert, Jürgen,* u. a. (Hrsg.), Herkunftsbedingte Disparitäten im Bildungswesen. Differenzielle Bildungsprozesse und Probleme der Verteilungsgerechtigkeit. Wiesbaden: VS Verlag für Sozialwissenschaften, 61-94.

Weinert, Franz E./Hany, Ernst A., 2003: The Stability of Individual Differences in Intellectual Development. Empirical Evidence, Theoretical Problems and New Research Questions, in: *Sternberg, Robert J./Lautrey, Jacques/Lubart, Todd I.* (Hrsg.), Models of Intelligence. International Perspectives. Washington, DC: American Psychological Association, 169-181.

Weinert, Franz E., 2001: Vergleichende Leistungsmessung in Schulen – eine umstrittene Selbstverständlichkeit, in: *Weinert, Franz E.* (Hrsg.), Leistungsmessung in Schulen. Weinheim: Beltz, 17-32.

Willms, J. D./Chen, Michael, 1989: The Effects of Ability Grouping on the Ethnic Achievement Gap in Israeli Elementary Schools, in: American Journal of Education 97 (3), 237-257.

Zimmer, Ron W./Toma, Eugenia F., 2000: Peer Effects in Private and Public Schools across Countries, in: Journal of Policy Analysis and Management 19 (1), 75-92.

Korrespondenzanschrift: Dr. Cornelia Kristen, Universität Leipzig, Institut für Soziologie, Beethovenstraße 15, 04107 Leipzig
E-Mail: kristen@sozio.uni-leipzig.de

LERNEN OHNE SCHULE: DIFFERENZIELLE ENTWICKLUNG DER LESELEISTUNGEN VON KINDERN MIT UND OHNE MIGRATIONSHINTERGRUND WÄHREND DER SOMMERFERIEN

Michael Becker, Petra Stanat, Jürgen Baumert und Rainer Lehmann

Zusammenfassung: An die US-amerikanische Literatur zum so genannten *summer setback* anknüpfend wird untersucht, inwieweit das außerschulische Umfeld zur Entstehung von ethnischen Disparitäten beiträgt. Anhand einer Stichprobe von N = 1592 Schülern aus Berlin wird analysiert, ob sich die Leselesitungen bei Kindern mit Migrationshintergrund über die Sommerferien zwischen der 4. und 5. Klasse weniger günstig entwickeln als bei Kindern ohne Migrationshintergrund. Nach Kontrolle der Ausgangsleistung sind mit dem ethnischen Hintergrund Leistungsdisparitäten verbunden. Diese hängen zum Teil, aber längst nicht vollständig, mit Disparitäten im sozioökonomischen Hintergrund zusammen. Nachteile in Abhängigkeit unterschiedlicher Lerngelegenheiten, die direkt mit dem Migrationshintergrund verbunden sein können (z. B. Umgangssprache zu Hause), können jedoch nicht belegt werden. Auch die Lese- und Freizeitaktivitäten der Kinder spielen keine moderierende Rolle für die identifizierten Unterschiede.

I. Einleitung: Schule als (einzige) Quelle von Leistungsdisparitäten?

Wenn Kinder mit sechs Jahren gemeinsam eingeschult werden, könnten sie unterschiedlicher kaum sein. Dies gilt für die motorische Geschicklichkeit ebenso wie für sprachliche und mathematische Fähigkeiten, soziales Verhalten oder die Kontrolle und Regulation von Aufmerksamkeit und Emotionen. Ein erheblicher Teil dieser Unterschiede lässt sich auf differenzielle Entwicklungsmilieus in Familie und Nachbarschaft, auf Unterschiede in der institutionalisierten Kinderbetreuung und auf die Interaktion zwischen individuellen Voraussetzungen und Gelegenheitsstrukturen der Nahumwelt zurückführen; alles Faktoren, die mit Sozialschicht, Bildungsniveau und kulturell-ethnischer Herkunft der Eltern kovariieren (Lee/Burkam 2002). In der Regel nehmen die auffälligen Startunterschiede vor allem im kognitiven Bereich bis zum Ende der Schulzeit weiter zu. Damit wachsen auch soziale und ethnische Disparitäten in fast allen schulisch-akademischen Domänen (Becker et al. 2006; Köller/Baumert 2001; Schneider/Stefanek 2004; LoGerfo et al. 2006).

Dieser Spreizungseffekt im Kompetenzerwerb wird häufig der Schule ursächlich zugeschrieben. Verantwortlich gemacht werden sowohl die curricularen und organisatorischen Strukturen sowie die institutionalisierten sozialen Interaktionsformen der Schule als auch die unterschiedlichen Kontextbedingungen, unter denen Schulen zu arbeiten haben. In der Tat können sich Schulen in Abhängigkeit von ihrem Einzugsgebiet oder, bei differenzierten Systemen, in Abhängigkeit vom Schultyp oder Bildungsprogramm erheblich in der sozialen, kulturellen und leistungsmäßigen Zusammensetzung der

Schülerschaft, den verfügbaren finanziellen und personellen Ressourcen, der Qualität des Lehrkörpers und schließlich auch in der Unterrichts- und Schulkultur unterscheiden. Coleman (1966) etwa hielt die soziale Zusammensetzung der Schülerschaft für den stärksten die Schulleistung beeinflussenden Einzelfaktor einer Schule. Aber auch innerschulische Organisations- und Prozessmerkmale, die zu einer unterschiedlichen Behandlung von Schülern unterschiedlicher sozialer und ethnischer Herkunft führen, kommen als Ursache für die im Laufe der Schulzeit wachsenden Disparitäten in Frage. Dies können explizite oder implizite Differenzierungsmaßnahmen sein, die eine sozial und ethnisch stratifizierte Verteilung von Lerngelegenheiten zur Folge haben, oder auch eine unterschiedlich gute Passung zwischen der sozialen oder ethnischen Herkunft und den sprachlichen, kulturellen und sozialen Anforderungen der Schule. Spätestens seit Bourdieu und Passeron (1971) gilt für viele die Schule als zentraler Verursacher der intergenerationellen Reproduktion sozialer Ungleichheit.

Die vorliegenden empirischen Befunde belegen weitgehend konsistent, dass die soziale und ethnische Segregation von Schulen sowie institutionelle zwischen- und innerschulische Verteilungsmaßnahmen, die zur sozialen und kulturell-ethnischen Homogenisierung von Schülergruppen führen und gleichzeitig mit der Güte des Unterrichtsangebots und der Qualität der Lehrerversorgung in Verbindung stehen, zu einer Vergrößerung herkunftsbedingter Leistungsunterschiede beitragen (vgl. z. B. Baumert et al. 2005; Baumert et al. 2003; Baumert et al. 2006; Duru-Bellat/Mingat 1998; Gamoran et al. 1995; Hattie 2002; Opdenakker/van Damme 2006; Stanat 2006). Danach haben Schulsysteme Optimierungsspielräume für die Verminderung von Disparitäten. Ist damit aber auch der Schluss gerechtfertigt, die Schule sei für die nachweisbare Vergrößerung der Startunterschiede und die Spreizung der Kompetenzentwicklung maßgeblich oder gar ausschließlich verantwortlich und somit als wichtigster Transmissionsriemen für die intergenerationelle Reproduktion sozialer Ungleichheit zu betrachten? Obwohl diese Schlussfolgerung gern gezogen wird, ist die Antwort auf diese Frage ein eindeutiges Nein.

Fähigkeitsunterschiede, die sich zum Zeitpunkt der Einschulung zwischen Schülern unterschiedlicher sozialer und ethnischer Herkunft feststellen lassen, sind auf die Interaktionen zwischen Individuum und umgebende differenzielle Entwicklungsumwelten in Familie und Nachbarschaft zurückzuführen. Die Auswirkungen dieser unterschiedlichen Entwicklungsmilieus sind während der Schulzeit nicht stillgelegt, auch wenn ihr Einfluss in Abhängigkeit vom Lebensalter des Schulpflichtigen variieren mag. Selbst nach dem Beginn der Schulpflicht verbringen Kinder und Jugendliche außerhalb der Schule die meiste Zeit in der Familie, Freundesgruppe oder Nachbarschaft (Hofferth/Sandberg 2001; Zeiher 2000). Dies gilt in besonderem Maße für Schulsysteme mit Halbtagsbetrieb. Selbst wenn die Schule zur Vergrößerung von Disparitäten beiträgt oder beitragen kann, was nach der Befundlage unstrittig ist, könnte der institutionelle Beitrag noch immer geringer sein als der Einfluss von Milieuunterschieden.

Zur Schätzung von Effekten des außerschulischen Umfelds für die Entstehung von Disparitäten eignet sich die Ferienzeit, in der die institutionellen Einflüsse der Schule ausgeschaltet sind. Dies ist Gegenstand des vorliegenden Beitrags. Das Hauptaugenmerk liegt dabei auf Leistungsunterschieden zwischen Heranwachsenden mit und ohne Migrationshintergrund. Die Studie knüpft an theoretische Überlegungen und empirische Befunde zum so genannten *summer setback* an, die bislang vor allem aus den USA stammen. Im Folgenden wird zunächst der Forschungsstand zusammengefasst *(Abschnitt II)* und die Fragestellung abgeleitet *(III)*. Nach einer Beschreibung der methodischen Grundlagen der Studie *(IV)* werden die Ergebnisse der Analysen *(V)* dargestellt. Dies umfasst eine Deskription der Stichprobe (5.1) und eine Beschreibung der Analysemodelle, mit denen die erwarteten Zusammenhänge getestet werden (5.2 und 5.3). Abschließend werden die Befunde zusammenfassend diskutiert *(VI)*.

II. Kompetenzentwicklung von Schülerinnen und Schülern in der Ferienzeit: Theoretischer Hintergrund und Forschungsstand

Herkunftsbedingte Disparitäten sind unter anderem auf primäre Effekte familiärer Hintergrundmerkmale zurückzuführen (Boudon 1974; Breen/Goldthorpe 1997). Dabei handelt es sich um Einflüsse kognitiver, kultureller, sozialer und ökonomischer Ressourcen auf die Lern- und Leistungsentwicklung des Kindes, die mit Strukturmerkmalen der familiären Herkunft kovariieren. Primäre Effekte tragen dazu bei, dass Kinder in Abhängigkeit von ihrem familiären Hintergrund mit unterschiedlichen Lernvoraussetzungen in die Schule kommen und somit mehr oder weniger günstige Startbedingungen aufweisen. Kompensatorische Maßnahmen, wie etwa eine systematische Sprachförderung für Migrantenkinder, sollen dazu beitragen, solche Unterschiede auszugleichen.

Primäre Effekte kommen jedoch nicht nur vor dem Eintritt der Kinder in die Schule zum Tragen, sondern sind auch im weiteren Verlauf der Bildungslaufbahn wirksam. Nach Entwisle, Alexander und Olson (Alexander et al. 2001; Entwisle et al. 1997) sollten primäre Effekte während der Schulzeit allerdings deutlich abgemildert sein. Der Ressourcenansatz der Autoren geht davon aus, dass Schulen Lerngelegenheiten zur Verfügung stellen, die für alle Kinder weitgehend identisch sind.[1] Fallen diese Gelegenheitsstrukturen weg, so wird die weitere Lern- und Leistungsentwicklung ausschließlich von der außerschulischen Umwelt bestimmt, die wiederum in Abhängigkeit vom familiären Hintergrund der Kinder in unterschiedlichem Maße anregungsreich ist. Während Familien, die über bildungsrelevante Ressourcen verfügen, den Wegfall schulischer Gelegenheitsstrukturen zumindest in einigen Bereichen kompensieren können, ist dies bei sozial schwachen Familien häufig nicht der Fall. Nach Entwistle, Alexander und Olson (Alexander et al. 2001; Entwisle et al. 1997) wäre also zu erwarten, dass die Lernentwicklung der beiden Gruppen während der Schulzeit weitgehend parallel verläuft, außerhalb der Schulzeit jedoch auseinander geht. Besonders deutlich sollten solche differenziellen Verläufe im Falle von Kompetenzen sein, für die im Allgemeinen auch außerschulische Lerngelegenheiten zu erwarten sind (Cooper et al. 1996). Hierzu zählen insbesondere Kompetenzen in der Verkehrs- und Instruktionssprache eines Landes, wie etwa Kommunikationsfähigkeit oder Leseverständnis. Demnach wäre zu erwarten, dass der Zusammenhang zwischen Merkmalen der familiären Herkunft und

---

1 Bei diesem Argument werden Effekte institutioneller Merkmale außer Acht gelassen, da sie für die Frage nach dem Einfluss des außerschulischen Umfelds, der in diesem Artikel im Vordergrund steht, zweitrangig sind.

der Kompetenzentwicklung von Schülern durch die außerschulischen Gelegenheitsstrukturen und deren Nutzung, letztlich also über Aktivitäten in der Freizeit, vermittelt ist (Burkam et al. 2004).

Zur Prüfung von Hypothesen zum Beitrag des außerschulischen Umfelds für die Entstehung von sozialen und ethnischen Disparitäten haben verschiedene Autoren untersucht, inwieweit sich in Ferienzeiten, in denen schulische Einflüsse weitgehend ausgeschaltet sind, die Leistungen von Schülern unterschiedlicher Herkunft differenziell entwickeln. Die älteste dieser Studien, die überwiegend in den USA durchgeführt worden sind, wurde bereits im Jahr 1906 veröffentlicht (White 1906 zitiert nach Cooper et al. 1996). Die frühen Untersuchungen zielten zunächst darauf ab, Lernverluste über die Sommerferien in verschiedenen Leistungsdomänen zu bestimmen. Einige der Studien gingen weiterhin der Frage nach, inwieweit das Ausmaß der Lernverluste von den kognitiven Grundfähigkeiten der Schüler abhängt, konnten jedoch keine konsistenten Ergebnisse identifizieren (Cooper et al. 1996). Die moderierende Rolle des familiären Hintergrunds der Schüler für die Leistungsentwicklung in der unterrichtsfreien Zeit wurde erstmals im Jahr 1969 untersucht (Hayes 1969, zitiert nach Cooper et al. 1996). Ergebnisse dieser Analyse deuten darauf hin, dass Kinder aus Familien mit einem hohen sozioökonomischen Status in den Bereichen Lesen und Wortschatz über die Sommerferien Lerngewinne aufweisen, während bei Kindern aus sozial schwächeren Familien Kompetenzverluste zu beobachten sind. Dieser differenzielle Effekt wurde in der Folgezeit in einer ganzen Reihe von Studien genauer untersucht.

Die ersten systematischen Analysen der Rolle des sozioökonomischen und ethnischen Hintergrunds für die Lernentwicklung von Schülern in der unterrichtsfreien Zeit wurden von Barbara Heyns (1978) vorgelegt. Sie untersuchte in einer Längsschnittstudie die Entwicklung des Wortschatzes von der 5. bis zur 7. Jahrgangsstufe in 42 Schulen in Atlanta, Georgia. Die Messzeitpunkte der Studie lagen jeweils am Anfang und Ende des Schuljahres, so dass die Wortschatzentwicklung während zweier Sommerpausen mit der eines Schuljahres verglichen werden konnte. Heyns kommt zu dem Ergebnis, dass sich während der Sommerpausen die Leistungsentwicklung der Grundschüler deutlich verlangsamt und dieser Effekt in Wechselwirkung mit Merkmalen der sozialen und ethnischen Herkunft steht. Die Leistungsunterschiede zwischen Schülern aus unterschiedlichen Sozialschichten und ethnischen Gruppen (weiße Mehrheit und schwarze Minderheit) nehmen in den Sommerferien substanziell und deutlich stärker zu als während der Schulzeit.

Diese Ergebnisse werden durch die *Beginning School Study* (BSS) im Wesentlichen bestätigt (Entwisle/Alexander 1992, 1994; Alexander et al. 2001). BSS ist eine noch laufende Panelstudie, die eine repräsentative Stichprobe von 790 Kindern, die 1982 in 20 öffentlichen Schulen in Baltimore eingeschult wurden, in ihrer akademischen und jetzt auch beruflichen Entwicklung verfolgt. Die Ergebnisse von Analysen der ersten fünf Schuljahre belegen eine Verlangsamung der Leistungsentwicklung in ähnlicher Größenordnung für Lesen und Mathematik während der Sommerpause, die mit ansteigender Klassenstufe geringer wird, aber immer bedeutsam bleibt. Während die Lernentwicklung von Schülern unterschiedlicher sozialer und ethnischer Herkunft in der Schulzeit auf unterschiedlichem Niveau weitgehend parallel verläuft, lässt sich für die Sommerpause ein beachtlicher Moderatoreffekt der Sozialschicht nachweisen, der in

Bezug auf die Lesekompetenz über die Jahrgangsstufen hinweg weitgehend stabil bleibt, für Mathematik hingegen zurückgeht. Für die ethnische Herkunft sind unter Kontrolle der Sozialschichtzugehörigkeit dagegen keine Moderatoreneffekte zu beobachten. Demnach scheinen weiße und schwarze Schüler, die einen ähnlichen sozioökonomischen Status aufweisen, in vergleichbarem Maße von den Effekten der Sommerferien betroffen zu sein.

Cooper et al. legten 1996 einen Forschungsüberblick und eine Metaanalyse vor, in denen sie die bis dahin vorliegenden empirischen Arbeiten zu den Auswirkungen der Sommerferien auf die Entwicklung von Schulleistungen zusammenfassen. In die Metaanalyse beziehen sie 13 Studien ein, die basale Gütekriterien erfüllen. Anhand der Daten dieser Studien kommen Cooper und Kollegen zu dem Schluss, dass sich die Leistungsentwicklung während der langen amerikanischen Sommerpause von etwa 12 Wochen sowohl im sprachlichen als auch im mathematischen Bereich deutlich verlangsamt. In der Mathematik zeigen sich über alle in die Meta-Analyse einbezogenen Studien hinweg Kompetenzverluste in der unterrichtsfreien Zeit von ungefähr 0,10 Standardabweichungen. Diese scheinen vom sozioökonomischen Hintergrund der Schüler weitgehend unabhängig zu sein. Im Bereich Lesen hingegen sind die Verluste über den Sommer bei Kindern aus sozial schwächeren Familien größer als bei Kindern aus Familien der Mittelschicht, die tendenziell sogar Lernzuwächse aufweisen. Im Durchschnitt resultiert nach Schätzung der Autoren aus den differenziellen Entwicklungsverläufen über den Sommer ein Leistungsunterschied zwischen den Gruppen, der im Durchschnitt einem mit drei Monaten Unterricht verbundenen Lernzuwachs entspricht (Cooper et al. 1996: 261 f.). Für die ethnische Herkunft der Schüler, die wiederum nach ihrer Zugehörigkeit zur weißen Mehrheit oder schwarzen Minderheit gruppiert wurden, sind nach Kontrolle der Sozialschicht jedoch wiederum keine spezifischen Effekte zu erkennen.

Auch die Ergebnisse einer Reihe von neueren Studien aus den USA bestätigen, dass die Leistungsschere zwischen Schülern aus unterschiedlichen Sozialschichtgruppen in den Sommerferien auseinandergeht (Burkam et al. 2004; Downey et al. 2004; Reardon 2003). In zwei dieser Studien wurden zudem die Effekte der ethnischen Herkunft differenzierter analysiert. Downey et al. (2004) etwa untersuchten die Kompetenzentwicklung nicht nur von schwarzen Schülern, sondern auch von Heranwachsenden asiatischer, lateinamerikanischer *(hispanic)* und indianischer *(native)* Herkunft. Für keine dieser Gruppen sind im Vergleich zu weißen Schülern signifikant ungünstigere Lernentwicklungen in den Bereichen Lesen oder Mathematik zu erkennen.

Reardon (2003), der denselben Datensatz benutzte, berichtet für Schüler lateinamerikanischer Herkunft positive Effekte der schulfreien Zeit; allerdings nur im Bereich Lesen und nur unter Kontrolle des sozioökonomischen Hintergrunds. Darüber hinaus weisen die Ergebnisse von Reardon (2003) darauf hin, dass sich die ethnische und soziale Struktur des Einzugsbereichs während der Sommerpause praktisch nicht auf den Lernverlauf der Minderheitengruppen auswirkt.

Insgesamt zeigen die Studien, die in den USA zum saisonalen Lernen durchgeführt worden sind, einen robusten Haupteffekt der Sommerpause – die Leistungsentwicklung verlangsamt sich – und einen Moderatoreffekt der sozialen Herkunft, der während der Sommerferien zu einer Vergrößerung sozialer Disparitäten zu führen scheint.

Hinsichtlich der ethnischen Herkunft sind die Befunde dagegen gemischt. Die Mehrzahl der Untersuchungen weist darauf hin, dass sich bei Kontrolle der Sozialschicht ethnische Benachteiligungen im Kompetenzerwerb während der Sommerpause nicht vergrößern. Angesichts der Unterschiede in der Sozial- und Schulstruktur, der unterschiedlichen Bedeutung des Migrationsstatus und der ethnischen Herkunft, der Segregation von Wohnquartieren und der besonderen Länge der Sommerpause in den USA erscheint die Übertragbarkeit der Befunde dieser Studien auf europäische Länder jedoch zweifelhaft. Umso bemerkenswerter ist es, dass es in Europa kaum Untersuchungen gibt, die sich die saisonale Struktur des Schulkalenders quasi-experimentell zu Nutze machen, um die disparitätserzeugenden Effekte des außerschulischen Umfelds zu prüfen. Unseres Wissens liegen bislang nur zwei Untersuchungen aus Schweden und dem flämischen Teil Belgiens vor.

Lindahl (2001) untersuchte an einer Stockholmer Stichprobe von 556 Fünft- und Sechstklässlern die Entwicklung der Mathematikleistungen während der Sommerpause 1998 und dem darauf folgenden Schuljahr. Für den ersten Messzeitpunkt im Frühjahr 1998 nutzte er die Daten des *national assessment*, die er mit Registerdaten auf Wohnblockebene kombinierte. Bei der zweiten Erhebung im September 1998 und der Nachuntersuchung im Frühjahr 1999 setzte er Teile des nationalen Mathematiktests zum zweiten und dritten Mal ein. Dabei waren die Messzeitpunkte vor und nach den Sommerferien jedoch so gewählt, dass der dazwischen liegende Zeitraum auch fast 17 Wochen Schulzeit umfasste. Dies versucht der Autor in seinen Schätzungen zu berücksichtigen. Die Analysen von Lindahl (2001) kommen zu Ergebnissen, die hinsichtlich des Haupteffekts der Sommerpause mit den US-amerikanischen Befunden vergleichbar sind, sich aber in Bezug auf die Moderatoreffeke der Merkmale sozialer und ethnischer Herkunft deutlich von diesen unterscheiden. Auch in Schweden verlangsamt sich die Leistungsentwicklung in der Sommerpause und ist tendenziell negativ. Unterschiede in den Leistungsverläufen sind jedoch weder in Abhängigkeit von der sozialen Herkunft noch vom Migrationshintergrund der Schüler zu beobachten.

Die zweite europäische Studie wurde von Verachtert et al. (2007) in Belgien durchgeführt. Die Analysen beruhen auf einer Substichprobe des SIBO-Projekts, in dem die Entwicklung des mathematischen Verständnisses von Schülern in Flandern vom letzten Jahr des Kindergartens bis zum Ende des ersten Schuljahres verfolgt wurden. Als Herkunftsmerkmale wurden in der Studie Sozialschicht, Migrationsstatus und Familiensprache erfasst. Die Studie beschränkt sich auf das 25-Prozent-Quantil der Stichprobe und ist somit nur begrenzt generalisierbar, da mit der Auswahl einer leistungsschwachen Gruppe zugleich die Varianz der sozialen und ethnischen Herkunftsmerkmale eingeschränkt wurde. Auch die Befunde dieser Untersuchung zeigen eine im Vergleich zur Schulzeit reduzierte Lernrate während der Sommerpause. Moderatoreffekte der sozialen und ethnischen Herkunft ließen sich allerdings nicht zufallskritisch absichern. Der Tendenz nach zeigt sich jedoch eine Vergrößerung sozialer und ethnischer Disparitäten, die vermutlich aufgrund der relativ geringen Teststärke nicht signifikant wird.

Die Ergebnisse der beiden europäischen Studien unterscheiden sich von den Befunden aus den USA bei genauerer Betrachtung nur graduell: Der negative Haupteffekt der Sommerpause bleibt nachweisbar. Ebenso sind Kompetenzunterschiede von Kindern unterschiedlicher sozialer und ethnischer Herkunft bereits am Beginn der Schulzeit vorhanden und auch im weiteren Verlauf der Grundschulzeit nachzuweisen. Disparitätsvergrößernde Effekte der Sommerpause konnten in den europäischen Studien weder für den sozialen noch für den ethnischen Hintergrund statistisch abgesichert werden; sie sind im schwedischen Fall für die Sozialschichtzugehörigkeit auch nicht der Tendenz nach zu erkennen. Im Wesentlichen bestätigt dies jedoch die nordamerikanischen Studien: Beide europäische Studien untersuchten mathematische Kompetenzen, für die auch in den USA häufig keine differenziellen Lernverläufe identifiziert werden konnten; eine Vergrößerung der Disparitäten findet sich in der Regel für sprachbezogene Kompetenzen (Cooper et al. 1996).

Entwistle et al. (1997) fassen diese Unterschiede, die sich zwischen der Veränderung des Leseverständnisses und der mathematischen Kompetenz während der Sommerferien zeigen, aus der Perspektive ihres Ressourcenansatzes zusammen: Der Lernprozess in Mathematik ist für alle Schüler im Wesentlichen an die Ressourcen der Schule gebunden. Entsprechend verfügen alle Schüler über die notwendigen Bedingungen für erfolgreiches Lernen während der Schulzeit; in der Ferienzeit sind diese für alle Kinder, weitgehend unabhängig von der sozialen Herkunft, eingeschränkt. Anders verhält sich dies für sprachliche Kompetenzen: Hier ist analog zur Mathematik während der Schulzeit eine Versorgung für alle Schüler gewährleistet, da sowohl häusliche als auch schulische Ressourcen zur Verfügung stehen und sich diese gegenseitig ergänzen oder kompensieren können. In den Ferien sind die Ressourcen dagegen differenziell verteilt: Manche Elternhäuser sind in der Lage, sprachliche Lernprozesse auch in den Ferien weiterhin zu fördern, andere jedoch nicht. Dies bildet sich entsprechend in unterschiedlichen Lernraten zwischen den Kindern aus Familien unterschiedlicher sozioökonomischer Gruppen im Leseverständnis ab (Cooper et al. 1996).

Angewendet auf den vorliegenden Fall (Kinder ohne Schule) würde man erwarten, dass sich differenzielle Effekte nicht nur für unterschiedliche sozioökonomische Gruppen finden, sondern auch für unterschiedliche ethnische Gruppen, zumal wenn die häusliche Sprache nicht mit der schulischen Instruktionssprache identisch ist. Dies zeigt sich, wie oben erwähnt, jedoch nur bedingt in der bisherigen Literatur zum Sommerloch. Möglicherweise treten aber identifizierbare Effekte auf, wenn weder in der häuslichen Umwelt noch im kontextuellen Umfeld der Familie (Nachbarschaft, Freundeskreis etc.) kompensatorische Elemente zu identifizieren sind. Dies wäre etwa dann der Fall, wenn Schüler mit Migrationshintergrund keinen oder kaum Zugang zur Instruktionssprache haben, etwa wenn sie die Sommerferien im Herkunftsland der Familie verbringen. Zudem sollten sich für lernrelevante Aktivitäten, von denen man weiß, dass sie wichtig für die Kompetenzentwicklung sind (z. B. eigenständiges Lesen, vgl. u. a. Guthrie et al. 1999) Mediationseffekte finden lassen.

III. Fragestellungen

In Deutschland gibt es bislang keine einzige Untersuchung zum saisonalen Lernen, obwohl dieses Land in verschiedener Hinsicht ein besonders interessanter Fall sein könnte. Die sozialen Disparitäten sind, gemessen am internationalen Sozialschichtindex (ISEI), tendenziell kleiner als in den USA und deutlich größer als in Schweden (Ehmke/Baumert 2007). Gleichzeitig sind Kinder aus Zuwandererfamilien, auch wenn sie der zweiten Generation angehören, in Deutschland schulisch besonders schlecht integriert (Stanat 2006; Stanat/Christensen 2006). Anknüpfend an die dargestellte Befundlage soll im Folgenden die Bedeutung der in Deutschland relativ kurzen Sommerferien für die Entstehung bzw. Aufrechterhaltung ethnischer und sozialer Unterschiede in der Lesekompetenz von Grundschülern untersucht werden. Ausgehend von der Überlegung, dass Familien unterschiedlich gut in der Lage sein sollten, den (schrift-)sprachlichen Lernprozess zu unterstützen, sollen folgende Fragen überprüft werden:

1. Führt in Deutschland die mit den Sommerferien verbundene Rückkehr in Lebensverhältnisse und Sozialisationsmilieus mit differenzieller Ressourcenausstattung zu einer Vergrößerung von Leistungsunterschieden im Bereich Lesen zwischen Kindern mit und ohne Migrationshintergrund?
2. Lassen sich für Kinder aus Familien, die eine andere Verkehrssprache als Deutsch sprechen, zusätzliche Leistungsunterschiede feststellen?
3. Ist ein Einfluss des Migrationsstatus auf die Entwicklung der Lesekompetenz während der Sommerpause auch dann noch nachweisbar, wenn die Sozialschichtzugehörigkeit kontrolliert wird?
4. Lässt sich im Hinblick auf den Kompetenzerwerb in der Sommerpause eine Wechselwirkung zwischen Migrationsstatus und sozialer Herkunft zeigen, die auf eine besondere Risikolage hinweist, wenn Zuwanderung und soziale Benachteiligung zusammenfallen?
5. Inwieweit wirken sich Reisen in das Auswanderungsland von Familien mit Migrationshintergrund auf die Entwicklung von Lesekompetenz der Kinder im Deutschen aus?
6. Inwieweit lässt sich die differenzielle Lernentwicklung über die Sommerferien auf Unterschiede in den Ferienaktivitäten zurückführen, von denen angenommen werden kann, dass sie Lernprozesse eher positiv (Lesen) oder eher negativ (Fernsehen, Computerspiele) beeinflussen (vgl. Burkam et al. 2004)?

IV. Methode

4.1 Stichprobe und Durchführung der Untersuchung

Die empirischen Analysen dieses Beitrags basieren auf Daten, die im Zusammenhang mit der Grundschulstudie ELEMENT (Lehmann/Nikolova 2005) erhoben worden sind.[2] Im Rahmen eines Prä-Posttest-Designs wurden die Schüler jeweils vor und nach den Sommerferien untersucht. Bei der Zielpopulation der Studie handelt es sich um Grundschulkinder aus Berlin, die im Jahr 2002/2003 die vierte Jahrgangsstufe einer öffentlichen Grundschule oder einer Gesamtschule mit Grundschulzweig in Berlin be-

---

2 Wir danken der Berliner Senatsverwaltung für Bildung, Wissenschaft und Forschung für die Erlaubnis, in der laufenden Längsschnittstudie ELEMENT einen zusätzlichen Messzeitpunkt zu implementieren. Besonderer Dank gilt auch Dr. Wolfgang Wendt für seine Unterstützung bei der Durchführung der Zusatzerhebung.

suchten und sich auch nach den Sommerferien weiterhin an dieser Schule befanden. Da in Berlin die Grundschule regulär sechs Jahre umfasst, war dies bei der überwiegenden Mehrheit der vor den Sommerferien getesteten Kinder der Fall.

Die erste Erhebung (T1) war Bestandteil der Grundschulstudie ELEMENT, die vor Beginn der Sommerferien zwischen Ende Mai und Mitte Juni 2003 stattgefunden hatte (vgl. Lehmann/Nikolova 2005). Die zweite Erhebung (T2) nach den Sommerferien wurde im September 2003 vom Max-Planck-Institut für Bildungsforschung in enger Zusammenarbeit mit der Berliner Senatsverwaltung für Bildung, Wissenschaft und Forschung durchgeführt. Hierzu wurde eine Substichprobe von 32 Schulen mit variierendem Migrantenanteil ausgewählt. Innerhalb der Schulen wurden alle Kinder, die an ELEMENT beteiligt waren, in den Posttest einbezogen.

Insgesamt umfasste die resultierende Stichprobe 1592 Schüler aus 64 Berliner Grundschulklassen. Die Geschlechterverteilung in der Stichprobe war ausgewogen (49,9 Prozent Mädchen). Für die Leistungstests betrugen die Teilnahmequoten zum ersten Messzeitpunkt 88,9 Prozent und zum zweiten Messzeitpunkt 85,1 Prozent. Der Schülerfragebogen zum ersten Messzeitpunkt, der unter anderem Fragen zur schulischen und sozialen Situation der Kinder enthielt, war von 82,2 Prozent der Schüler ausgefüllt worden; den Schülerfragebogen zum zweiten Messzeitpunkt, mit dem die Aktivitäten der Kinder in den Ferien erfasst wurden, hatten 73,9 Prozent der Schüler bearbeitet. Die Rücklaufquote für den Elternfragebogen, der in erster Linie dazu diente, die soziale Situation der Familie und Informationen zur schulischen Situation des Kindes zu erfassen, betrug ebenfalls rund 74 Prozent.

4.2 Instrumente und Definition der Variablen

Leseverständnistest: Zur Erfassung der Lesekompetenz der Kinder wurden zu den beiden Messzeitpunkten parallele Testformen eingesetzt. Der zu T1 eingesetzte Test umfasste 26 Aufgaben, die den Studien LAU 5 (Lehmann et al. 1997), KESS (Bos/Pietsch 2006) und IGLU (Bos et al. 2004) entstammten. Um Erinnerungseffekte zu vermeiden, wurden für den zu T2 eingesetzten Test 25 andere Items aus IGLU verwendet. Von diesen mussten jedoch zwei Items aufgrund unzureichender Modellpassung bei der Rasch-Skalierung (s. u.) aus den Analysen ausgeschlossen werden, so dass die Testwerte zu T2 auf 23 Aufgaben basieren.

Da sowohl zu T1 als auch zu T2 Aufgaben aus IGLU verwendet wurden, konnten die beiden Testungen über die Itemparameter der IGLU-Untersuchung auf eine Metrik gebracht werden, indem diese Parameter eingesetzt und fixiert wurden. In der Skalierung, in der alle verbleibenden Aufgaben eine befriedigende Modellpassung aufwiesen, konnten zu T1 12 von 15 und zu T2 19 von 23 Ankeritems auf die IGLU-Metrik fixiert werden. Obwohl sich die Mittelwerte und Varianzen zu T1 und T2 zwar theoretisch vergleichen lassen, sind Unterschiede zwischen heterogenen Subgruppen im vorliegenden Design nur eingeschränkt interpretierbar (vgl. 4.3).

Die interne Konsistenz der Tests war zu beiden Messzeitpunkten vergleichbar und zufriedenstellend (*Cronbachs* α = 0,85; Kuder-Richardson Formel 20). Die Tests wurden mit dem Programm *ConQuest* (Wu et al. 1998) auf der Grundlage des Rasch-Modells skaliert. Als Leistungswerte für die Analysen dienen die *Weighted Likelihood Estimates* (WLEs) nach Warm (1989), die zur besseren Interpretierbarkeit der Ergebnisse z-standardisiert wurden.

Migrationshintergrund: Als Kriterium für den Migrationshintergrund des Kindes wurde das Geburtsland der Eltern gewählt. Die Information hierzu wurde aus dem Fragebogen für die Eltern entnommen. Ein Migrationshintergrund wurde als gegeben erachtet, wenn mindestens ein Elternteil im Ausland geboren wurde. In diesem Fall wurde die Dummyvariable mit 1 kodiert. Waren beide Eltern in Deutschland geboren, wurde der Dummyvariable für den Migrationshintergrund der Wert 0 zugewiesen. Zusätzlich zum Geburtsland der Eltern wurde die in den Familien verwendete Umgangssprache in die Analysen einbezogen. Schüler, die in der Familie Deutsch sprechen, erhielten die Kodierung 0 und bilden die Referenzgruppe für die Schüler, die eine andere Sprache zu Hause sprechen.

Sozioökonomischer Status und Bildungshintergrund: Der sozioökonomische Status der Familie wurde über den internationalen sozioökonomischen Index für den beruflichen Status (ISEI) nach dem Berufsklassifikationsschema von Ganzeboom und Treiman (1996, 2003) gebildet. Dabei wurde jeweils derjenige zuletzt von den Eltern ausgeübte Beruf zugrunde gelegt, der den höchsten Status aufweist (im Folgenden: HISEI). Die Erfassung der entsprechenden Angaben erfolgte mit dem Elternfragebogen. Zur besseren Interpretierbarkeit wurde der HISEI z-standardisiert, so dass sich die im Ergebnisteil berichteten Regressionskoeffizienten für diese Variable als standardisierte Koeffizienten interpretieren lassen.

Das Bildungsniveau der Eltern wurde über den Bildungsqualifikationenindex im Sinne der *Comparative Analyses of Social Mobility in Industrial Nations* (CASMIN) erfasst. In Anlehnung an Blossfeld (1993) wurde die CASMIN-Kategorisierung für die vorliegenden Analysen in Bildungsjahre übersetzt und als kontinuierliches Merkmal in die Analysen einbezogen. Für die Auswertungen wurde der CASMIN-Index des Vaters herangezogen, da dieser weniger fehlende Werte als die entsprechende Variable für die Mutter aufwies.

Reisen in den Sommerferien: Um zu testen, ob eine Reise, die in das Auswanderungsland der Eltern oder Großeltern führte, mit einer ungünstigeren Leistungsentwicklung nach den Ferien einherging, wurden zwei Dummys zur Kodierung des Reiseverhaltens gebildet. Eine Dummyvariable spezifiziert, ob ein Kind überhaupt verreist war (mit 1 kodiert) oder die gesamten Sommerferien in Berlin verbracht hat (mit 0 kodiert). Mit einer zweiten Dummyvariable wurde erfasst, ob eine unternommene Reise in das Auswanderungsland der Eltern oder Großeltern führte (mit 1 kodiert).[3] Referenzgruppe dieser Schüler sind all diejenigen Kinder, die zwar verreist sind, bei denen jedoch das Ziel der Reise nicht im Auswanderungsland von Eltern oder Großeltern lag. Da die Referenzkategorie auch Schüler ohne Migrationshintergrund enthält, führte diese Form

---

[3] Dies umfasst auch 27 Schüler, die als Kinder ohne Migrationshintergrund kodiert worden sind. Die im Folgenden vorgestellten Ergebnisse bleiben jedoch stabil, unabhängig davon, ob diese Kinder in die Analysen einbezogen werden oder nicht.

der Kodierung zu einem tendenziell progressiven Signifikanztest, auch wenn der Haupteffekt des Migrationsstatus kontrolliert ist.

Aktivitäten in den Sommerferien: Als Indikatoren dafür, womit sich die Schüler in den Ferien beschäftigt haben, wurden drei Aspekte einbezogen: Häufigkeit des Lesens („wie oft hast du in den Ferien ... gelesen?" bzw. „... vor dem Einschlafen gelesen?"), des Fernsehens („... Fernsehen geguckt") sowie der Computernutzung („... am Computer gesessen"). Alle drei Aspekte wurden mit vierstufigen Likert-Items erfasst. Die Antwortkategorien reichten von 1 = „jeden Tag/fast jeden Tag" bis 4 = „nie". Zur besseren Interpretierbarkeit der Ergebnisse wurden die Items so umgepolt, dass ein höherer Wert einer höheren Frequenz der jeweiligen Aktivitäten entspricht. Die Lesehäufigkeit wurde mit zwei Items erfasst, die eine interne Konsistenz von *Cronbachs* α = 0,74 aufweisen. Die Häufigkeit des Fernsehens und der Computernutzung wurde jeweils nur mit einem Item erfasst.

4.3 Statistisches Vorgehen

Analysestrategie: Prinzipiell können die Daten eines nicht-experimentellen Prä-Posttest-Designs, wie es in dieser Studie vorliegt, mit einfachen Differenzwerten oder mit residualisierten Differenzwerten aus Regressionsanalysen[4] ausgewertet werden. Diese Verfahren kommen oft zu unterschiedlichen Ergebnissen. In der Debatte darum, welches das angemessene Vorgehen bei der Auswertung solcher Beobachtungsstudien ist, konnten unter anderem Williams und Kollegen (Williams/Zimmerman 1982; Zimmerman/Willams 1982; Zimmerman et al. 1993) sowie zusammenfassend Zumbo (1998) deutlich machen, dass bei der Wahl des Differenzwertes bzw. des residualisierten Differenzwertes die Maximierung der Reliabilität des Schätzers der Veränderung angestrebt werden sollte. Je nach Datenkonstellation kann dies für den einen oder anderen der beiden Schätzer sprechen. Die Reliabilität des Veränderungsmaßes ist im Wesentlichen von der Reliabilität der beiden Tests, ihrer Stabilität sowie den Varianzen der beiden Messungen abhängig. Eine Voraussetzung dafür, dass der Differenzwert eine zuverlässige Schätzung der Veränderung erbringen kann, ist, dass sich die Varianz zwischen beiden Messungen ändert. Dies ist im vorliegenden Fall nicht gegeben; die Varianzen beider Messzeitpunkte sind gleich (vgl. 5.1). Daher ist eine Auswertung mittels der Regressionsanalyse angezeigt (Zumbo 1998). Unterschiede zwischen Gruppen (z. B. nach Migrationsstatus und nach sozioökonomischem Hintergrund) werden dabei unter Kontrolle bzw. Konstanthaltung der Ausgangsleistung interpretiert. Die Differenzwerte zwischen den hier betrachteten Gruppen sind zwar der *Tabelle 1* (5.1) zu entnehmen, sie sollten jedoch nicht zur Beurteilung differenzieller Veränderungen über die Sommerferien herangezogen werden. Entscheidend sind vielmehr als zuverlässigere Schätzer die Ergebnisse der regressionsanalytischen Auswertungen.

Die regressionsanalytischen Modelle wurden in M*plus* 4.0 (Muthén/Muthén 1998-2006) mit der Analyseoption *Type = Complex* gerechnet. Damit ist es möglich, der hie-

---

4 In der Literatur wird ein regressionsanalytisches Verfahren häufig auch als ANCOVA- oder residualisiertes Differenzwert-Verfahren bezeichnet (vgl. Zumbo 1998).

rarchischen Datenstruktur Rechnung zu tragen, die aufgrund der Stichprobenziehung von Schülerinnen und Schülern innerhalb von Schulen besteht.[5] Die deskriptiven Auswertungen des Hintergrunds der Schüler erfolgte mit Mittelwerts- und Häufigkeitsvergleichen.

Umgang mit fehlenden Werten: Fehlende Werte stellen insbesondere in Längsschnittstudien ein Problem dar, das die Interpretierbarkeit der Befunde erheblich beeinträchtigen kann. Häufig werden die Fälle, die *missing values* aufweisen, aus den Datensätzen entfernt *(listwise/pairwise deletion)*. Zum aktuellen Stand der Forschung wird jedoch die multiple Imputation (MI) als das beste Verfahren des Umgangs mit fehlenden Werten erachtet (Graham et al. 2003; Lüdtke et al. 2007). *Listwise* und *pairwise deletion* sind in der Regel keine geeigneten Vorgehensweisen, da sie unterstellen, dass die fehlenden Werte *completely at random* (MCAR) aufgetreten sind. Fehlende Werte müssten eine reine Zufallsstichprobe darstellen, um unverzerrte Parameterschätzungen zu erhalten (Little/Rubin 2002). Demgegenüber muss für die multiple Imputation nur die deutlich schwächere Annahme von *missing at random* (MAR) gegeben sein, das heißt unter Kontrolle zusätzlicher Hintergrundvariablen ist die Wahrscheinlichkeit fehlender Werte ebenso unabhängig von den Ausprägungen auf der Variablen selbst wie von den Ausprägungen auf anderen Variablen.

Die Imputation von fehlenden Werten wird allgemein ab einem Umfang von 5 Prozent empfohlen (Schafer/Graham 2002). Da die Anteile von *missings* in der vorliegenden Studie je nach Leistungstest bzw. Fragebogen zwischen 11,1 Prozent und 26,1 Prozent betrugen, wurden fehlende Daten mit dem Programm NORM 2.03 (Schafer 1999) imputiert. Es wurden fünf vollständige Datensätze erzeugt, in denen die fehlenden Werte durch so genannte *plausible values* ersetzt sind. Die Ergebnisse der Analysen für die fünf Datensätze wurden nach den Regeln von Rubin (1987) kombiniert, die sich auch auf Regressionskoeffizienten und Korrelationen übertragen lassen. Die entsprechenden Formeln sind in der Analyseoption *Type = Imputation* von M*plus* (Muthén/Muthén 1998-2006) implementiert.

V. Ergebnisse

Gegenstand der vorliegenden Studie ist die Rolle des Migrationshintergrunds und der sozialen Herkunft für die Entwicklung der Leseleistung von Grundschülern während der Sommerferien. Zunächst wird die Stichprobe anhand von zentralen Untersuchungsvariablen beschrieben. Anschließend sollen die in *Abschnitt III* entwickelten Fra-

---

5 Da das betrachtete *treatmen,* die Sommerferien, außerhalb der Schule wirkt, wird von einigen Autoren argumentiert, dass es bei Analysen zum Sommerlocheffekt unnötig ist, die hierarchische Datenstruktur, die mit einer Klumpenstichprobe verbunden ist, zu berücksichtigen (vgl. z. B. Burkam et al. 2004). Jedoch werden im vorliegenden Fall auch Variablen einbezogen, die mit der Zugehörigkeit zu einer Schule in Verbindung stehen dürften (z. B. im Falle von Schülern, die nicht verreist und im Einzugsgebiet der Schule verblieben sind). Daher wurde dem konservativeren MPlus-Verfahren der Vorzug gegeben. Es ergeben sich jedoch sehr ähnliche Ergebnisse, wenn die Modelle mit konventionellen Regressionsmodellen überprüft werden, bei denen die Klumpung der Stichprobe unberücksichtigt bleibt.

gestellungen mit Hilfe von Regressionsanalysen beantwortet werden. Zunächst werden die Zusammenhänge zwischen dem Migrationsstatus und dem sozioökonomischen Hintergrund der Schüler und ihrer Leistungsentwicklung bestimmt. Daran anschließend werden die Unterschiede, die zwischen Kindern mit und ohne Migrationshintergrund zu beobachten sind, daraufhin analysiert, inwieweit verschiedene lernrelevante Aktivitäten in den Sommerferien die Variabilität der Leistungen nach den Sommerferien erklären können und welche Rolle das Reiseverhalten der Familien spielt.

5.1 Beschreibung der Stichprobe

In *Tabelle 1* sind deskriptive Statistiken für die Modellvariablen getrennt nach Migrationsstatus dargestellt. Sie basieren auf den Rohdaten derjenigen Fälle, zu denen Angaben auf den jeweiligen Variablen vorliegen. Die Ergebnisse zeigen, dass sich Kinder mit Migrationshintergrund (N = 503) und ohne Migrationshintergrund (N = 651) hinsichtlich ihrer Leseleistungen, ihrer sozialen Herkunft und ihrer Feriengestaltung signifikant unterscheiden.

Die mittlere Leseleistung der Schüler ohne Migrationshintergrund ist vor den Ferien signifikant höher als die der Schüler mit Migrationshintergrund (2,08 versus 1,29). Die Leistungsdifferenz beträgt fast eine Standardabweichung. Auch nach den Sommerferien ist der Leistungsunterschied erheblich, wenn auch geringfügig reduziert (2,07 versus 1,34). Wie jedoch im vorangehenden Abschnitt erläutert, stellen diese Befunde die weniger reliablen Schätzer der differenziellen Leistungsentwicklung von Kindern mit und ohne Migrationshintergrund dar.

Ähnlich große Unterschiede wie für die Testleistungen finden sich auch für den sozioökonomischen Hintergrund der Kinder: Die Schüler ohne Migrationshintergrund stammen eindeutig aus einem anderen sozialen Milieu als die Schüler aus Zuwandererfamilien. Der Mittelwertunterschied (51,93 versus 42,13) beträgt mehr als zwei Drittel einer Standardabweichung des Sozialschichtindex HISEI. Der Unterschied im Bildungshintergrund der Familie, operationalisiert über den CASMIN-Wert des Vaters in Bildungsjahren, ist mit etwas mehr als einer dritttel Standardabweichung etwas weniger ausgeprägt (13,55 versus 12,28).

Auch im Hinblick auf die Ferienaktivitäten sind Gruppenunterschiede zu erkennen. Sowohl für die Leseaktivitäten als für die Fernsehnutzung zeigen sich statistisch signifikante Mittelwertunterschiede, die tendenziell für günstigere außerschulische Lerngelegenheiten der Schüler ohne Migrationshintergrund sprechen. Diese lesen einerseits häufiger (2,69 versus 2,52) und sehen andererseits weniger häufig fern (2,95 versus 3,07). Hinsichtlich der Computernutzung gaben Kinder mit Migrationshintergrund im Mittel höhere Werte an (2,20) als ihre Mitschüler ohne Migrationshintergrund (2,10). Dieser Unterschied lässt sich jedoch nicht zufallskritisch absichern.

Betrachtet man die Reiseaktivitäten der Kinder in der Stichprobe, so unterscheiden sich zugewanderte und nicht zugewanderte Familien ebenfalls voneinander. Kinder aus zugewanderten Familien verbleiben signifikant häufiger an ihrem Wohnort in Deutschland als Schüler ohne Migrationshintergrund (27,3 Prozent versus 16,1 Prozent). Innerhalb der Gruppe von Migrantenkindern, die verreist sind, fährt mehr als die Hälfte

Tabelle 1: Deskriptive Statistiken der Modellvariablen der Stichprobe, getrennt nach Migrationshintergrund (nicht imputierte Stichprobe)

	Ohne Migrationshintergrund (N = 651)			Mit Migrationshintergrund (N = 503)			Prüfstatistik
							|t|
Leseverständnis Prätest; N, M (S.E.), SD	651	2,08 (0,04)	0,92	501	1,29 (0,05)	1,18	12,3 ***
Leseverständnis Posttest; N, M (S.E.), SD	535	2,07 (0,04)	0,95	440	1,34 (0,05)	1,15	11,4 ***
HISEI; N, M (S.E.); SD	622	51,93 (0,57)	14,20	399	42,13 (0,77)	15,43	10,2 ***
CASMIN (Vater); N, M (S.E.); SD	567	13,55 (0,13)	3,12	295	12,28 (0,21)	3,34	5,1 ***
Häufigkeit[1]							
... des Lesens; N, M (S.E.), SD	503	2,69 (0,04)	0,92	382	2,52 (0,05)	0,91	2,7 **
... des Fernsehens; N, M (S.E.), SD	508	2,95 (0,04)	0,84	383	3,07 (0,04)	0,81	2,1 *
... der Computernutzung; N, M (S.E.), SD	505	2,10 (0,04)	0,98	382	2,20 (0,05)	1,01	1,6
							χ^2 (df)
Mädchen; N, %	330	51,3		249	49,5		0,3 (1)
Nicht verreist; N, %[2]	78	16,1		102	27,3		15,9 (1)***
Verreist; N, %[2]	405	83,9		271	72,7		
Reise ins Auswanderungsland (Eltern/Großeltern); N, %[3]	27	6,7		152	56,1		203,7 (1)***
Umgangssprache zu Hause andere als Deutsch	2			284	56,5		

Anmerkungen: * $p < 0{,}05$, ** $p < 0{,}01$, *** $p < 0{,}001$.

1 Kodierung: 1 = nie, 2 = selten, 3 = manchmal, 4 = (fast) jeden Tag.
2 Prozent bezogen auf Kinder, die Angaben zum Reiseverhalten machten.
3 Prozent bezogen auf Kinder, die prinzipiell verreisten.

(56,1 Prozent) in das Auswanderungsland, aus dem die Familie stammt. Eine andere Umgangssprache zu Hause als Deutsch sprechen etwas mehr als die Hälfte (56,6 Prozent) der Schüler, die als Migranten klassifiziert wurden. In den Familien von Schülern ohne Migrationshintergrund wird fast ausschließlich Deutsch gesprochen.

5.2 Leseleistung in Abhängigkeit vom Migrationsstatus und vom sozioökonomischen Hintergrund

Um zu überprüfen, inwieweit sich differenzielle Effekte der Sommerferien auf die Leseleistungen von Kindern mit und ohne Migrationshintergrund identifizieren lassen, wurden die Leistungen der Kinder nach den Ferien (T2) unter Kontrolle ihrer Leistungen vor den Ferien (T1) analysiert. Wie sich der ersten Spalte (Modell 1) von *Tabelle 2* entnehmen lässt, klären die Leistungen der Schüler zu T1 52,3 Prozent ihrer Leistungen zu T2 auf. Der Regressionskoeffizient für die z-standardisierte Ausgangsleistung liegt bei 0,72 und ist statistisch hoch signifikant.

In Modell 2 wurde zusätzlich der Migrationsstatus der Schüler in die Regressionsanalyse aufgenommen. Danach erzielten Kinder mit Migrationshintergrund nach den Sommerferien signifikant schwächere Leistungen als Kinder ohne Migrationshintergrund. Der Regressionskoeffizient von –0,15 besagt, dass Kinder mit Migrationshintergrund bei Kontrolle ihrer Ausgangsleistungen nach den Sommerferien um mehr als eine zehntel Standardabweichung niedrigere Werte im Lesetest erreichten als Kinder ohne Migrationshintergrund.[6]

Um zu überprüfen, inwieweit dieser Unterschied zwischen Schülern mit und ohne Migrationshintergrund durch die Familiensprache verstärkt wird, wurde in Modell 3 zusätzlich die Umgangssprache zu Hause (Deutsch versus eine andere Sprache) aufgenommen. Für diese Variable ergibt sich jedoch kein zusätzlicher, statistisch signifikanter Effekt (–0,03). Gleichzeitig ist der Haupteffekt des Migrationsstatus mit –0,13 nur leicht reduziert und weiterhin statistisch signifikant. Die Erwartung, dass eine nichtdeutsche Umgangssprache in der Familie einen zusätzlichen negativen Zusammenhang mit der Leistungsentwicklung aufweist und den Effekt des Migrationshintergrunds vermittelt, konnte nicht bestätigt werden.

In weiteren Modellen wurde überprüft, inwieweit sich die Leistungsunterschiede zwischen Migranten und Nicht-Migranten durch sozioökonomische Disparitäten erklären lassen. Operationalisiert durch den HISEI, trägt der sozioökonomische Hintergrund signifikant zur Vorhersage der Leseleistungen nach den Ferien bei (Modell 4). Steigt der HISEI um eine Standardabweichung, so nimmt die Leseleistung nach den Ferien um knapp eine zehntel Standardabweichung zu (0,08). Der Unterschied zwi-

---

6 Die Analysen konnten nicht für einzelne ethnische Gruppen differenziert werden. Einerseits wären die Fallzahlen für mehrere der modellierten Effekte sehr gering (N < 25), auch wenn man lediglich zwischen türkischen und anderen Migranten unterscheiden würde. Tendenziell finden sich aber etwas niedrigere Leistungen bei türkischstämmigen Schülern (–0.18). Dieser Unterschied war mit rund zwei zehntel Standardabweichungen noch etwas prononcierter als bei Kindern mit sonstigem Migrationshintergrund (–0.11).

Tabelle 2: Regression der Posttestleistung auf Vortestleistung, soziökonomischer Hintergrund und Migrationshintergrund (Geburtsland Vater und/oder Mutter; häusliche Umgangssprache) (imputierte Gesamtstichprobe, N = 1592)[2]

Modell	1		2		3		4		5		6	
	B	S.E.	B	S.E.	B	S.E.	B	S.E.	B	S.E.	B	S.E.
Leseverständnis Prätest	0,72	0,03***	0,69	0,03***	0,69	0,03***	0,66	0,03***	0,67	0,03***	0,65	0,03***
Migrationshintergrund			−0,15	0,05***	−0,13	0,07+	−0,11	0,07+	−0,11	0,07+	−0,12	0,07+
Umgangssprache zu Hause andere als Deutsch					−0,03	0,08	0,00	0,08	0,00	0,08	0,00	0,08
HISEI							0,08	0,03***	0,07	0,03*	0,02	0,04
Migrationsstatus*HISEI									0,03	0,05	0,04	0,05
CASMIN (Vater)											0,08	0,03**
R-Quadrat	52,3		52,8		52,9		53,4		53,4		53,8	

Anmerkungen: + p < 0,10, * p < 0,05, ** p < 0,01, *** p < 0,001.
1 Prä- und Posttestleistung, HISEI und CASMIN z-standardisiert.
2 Dieses Ergebnismuster zeigt sich im Wesentlichen auch in der nicht imputierten Stichprobe.

schen Kindern mit und ohne Migrationshintergrund geht bei zusätzlicher Kontrolle des elterlichen HISEI tendenziell zurück, bleibt aber weiterhin statistisch signifikant.

In Modell 5 wurde darüber hinaus getestet, ob sich der negative Effekt des Migrationshintergrunds bei niedrigem sozioökonomischem Status verstärkt bzw. bei hohem sozioökonomischem Status abschwächt. Der Koeffizient für die Interaktion zwischen sozioökonomischem Status und Migrationshintergrund ist jedoch nicht statistisch signifikant.

Um weiterhin ein Merkmal des familiären Hintergrunds zu kontrollieren, das enger mit bildungsbezogenen Ressourcen verknüpft ist, wurde in Modell 6 zusätzlich die Bildungsqualifikation, operationalisiert über den CASMIN des Vaters, kontrolliert. Es zeigt sich, dass der sozioökonomische Status (HISEI) und die Bildungsqualifikation (CASMIN) stark konfundiert sind. Unter Kontrolle der Bildungsqualifikation wird der Effekt des HISEI nicht mehr statistisch signifikant, während sich der Effekt des CASMIN zufallskritisch absichern lässt. Gleichzeitig bleibt aber auch in diesem Modell der Unterschied zwischen Schülern mit und ohne Migrationshintergrund bestehen.

Zusammenfassend lässt sich aus den Modellen 4 bis 6 die Schlussfolgerung ziehen, dass der mit dem ethnischen Hintergrund verbundene Leistungsunterschied, der über die Sommerferien entsteht, durch die Kontrolle sozioökonomischer Disparitäten zwar tendenziell kleiner wird, aber statistisch signifikant bleibt. Schüler mit Migrationshintergrund erzielen nach den Ferien unter Kontrolle der Ausgangsleistung und sozioökonomischer Disparitäten um rund eine zehntel Standardabweichung niedrigere Leistungen als Kinder ohne Migrationshintergrund.

5.3 Leseleistung in Abhängigkeit vom Migrationsstatus und von Ferienaktivitäten

Im nächsten Schritt wurde der Frage nachgegangen, welche Rolle verschiedene Ferienaktivitäten für die differenziellen Veränderungen der Leseleistungen spielen (vgl. *Tabelle 3*). In Modell 1 wurden die Häufigkeiten lernrelevanter Aktivitäten der Kinder in die Regressionsanalyse hinzugenommen. Der Zusammenhang zwischen Lesehäufigkeit und Lesekompetenz ist tendenziell positiv (0,03), kann aber inferenzstatistisch nicht abgesichert werden ($p = 0,09$). Für die Häufigkeit des Fernsehens und des Computerspielens ergeben sich leicht negative Tendenzen, die aber ebenfalls nicht signifikant sind. Diese zusätzlichen Variablen können den Zusammenhang zwischen Migrationshintergrund und Leseleistung nach den Ferien also nicht erklären.

Zur Bestimmung des Zusammenhangs zwischen Leistungsentwicklung und Reiseaktivitäten, insbesondere Reisen in die nicht-deutschen Herkunftsländer von Familien mit Migrationshintergrund, wurde zunächst der Haupteffekt des Verreisens in die Regressionsanalyse aufgenommen (Modell 2). Kinder, die in den Ferien verreist waren, erzielten mit 0,13 etwas mehr als eine zehntel Standardabweichung höhere Leistungen als Kinder, die keine Reise unternommen hatten. In Modell 3 wurde anschließend getestet, ob mit Reisen in das Auswanderungsland der Eltern oder Großeltern negative Auswirkungen auf die Leseleistungen der Kinder verbunden sind. Entgegen der Erwartung zeigt sich jedoch kein statistisch signifikanter Effekt: Kinder, die in das Auswanderungsland der Eltern oder Großeltern gereist sind, erzielten tendenziell zwar geringere

Lernen ohne Schule: Differenzielle Entwicklung der Leseleistungen

Tabelle 3: Regression der Posttestleistung auf Vortestleistung, sozioökonomischer Hintergrund, Migrationshintergrund (Geburtsland Vater und/oder Mutter) sowie Aktivitäten in den Ferien (Lern- und Reiseaktivitäten) (imputierte Gesamtstichprobe, N = 1592)[2]

Modell	1		2		3		4	
	B	S.E.	B	S.E.	B	S.E.	B	S.E.
Leseverständnis Prätest	0,65	0,03***	0,65	0,03***	0,65	0,03***	0,64	0,03***
Migrationshintergrund	-0,12	0,07*	-0,12	0,07*	-0,10	0,07*	-0,11	0,07*
Umgangssprache zu Hause andere als Deutsch	0,00	0,08	0,01	0,08	0,01	0,07	0,02	0,08
HISEI	0,01	0,04	0,01	0,04	0,00	0,04	0,00	0,04
Migrationsstatus*HISEI	0,04	0,05	0,04	0,05	0,04	0,05	0,04	0,05
CASMIN (Vater)	0,08	0,03*	0,08	0,03*	0,08	0,03*	0,08	0,03*
Häufigkeit								
... des Lesens	0,03	0,02+					0,03	0,02+
... des Fernsehens	-0,01	0,03					0,00	0,03
... der Computernutzung	-0,02	0,02					-0,03	0,02
Verreist			0,13	0,05*	0,14	0,06*	0,14	0,06*
Reise ins Auswanderungsland (Eltern/Großeltern)					-0,06	0,07	-0,05	0,07
R-Quadrat	54,0		54,1		54,1		54,3	

Anmerkungen: + p < 0,10, * p < 0,05, ** p < 0,01, *** p < 0,001.
1 Prä- und Posttestleistung, HISEI und CASMIN z-standardisiert.
2 Dieses Ergebnismuster zeigt sich im Wesentlichen auch in der nicht imputierten Stichprobe.

Leseleistungen nach den Ferien (−0,06) als Schüler, die keine solche Reise unternommen hatten. Der Koeffizient verfehlt jedoch die statistische Signifikanz ($p = 0,19$).

Die Hypothese, dass ein Aufenthalt im nicht-deutschen Herkunftsland der Familie die Leseleistungen von Migrantenkindern in Deutsch zusätzlich, über den Migrationshintergrund hinaus beeinträchtigen würde, ließ sich also signifikanzstatistisch nicht bestätigen. Im Unterschied zu Modell 2 verfehlt der Indikator des Migrationsstatus in Modell 3 knapp das Signifikanzniveau von $\alpha = 5$ Prozent ($p = 0,07$). Dies ist auf die Konfundierung der beiden Merkmale zurückzuführen. Gleichzeitig ist aber festzuhalten, dass sich der zugehörige Koeffizient des Migrationsstatus nur geringfügig von −0,12 auf −0,10 reduziert.[7]

In Modell 4 wurde abschließend getestet, ob die Ergebnismuster stabil bleiben, wenn die Variablen zum Reisen und zu den Ferienaktivitäten in ein gemeinsames Modell eingehen. Es zeigt sich ein nahezu identisches Ergebnismuster. Die in Modell 1 und 3 identifizierten Zusammenhänge bleiben auch in einem gemeinsam geschätzten Modell bestehen.

VI. Diskussion

Die Ergebnisse unserer Analysen weisen darauf hin, dass auch in Deutschland das außerschulische Umfeld, in dem sich Schüler in den Sommerferien aufhalten, zur Entstehung bzw. Vergrößerung von Leistungsdisparitäten beiträgt. Bei Kontrolle der Ausgangsleistungen erzielen Kinder mit Migrationshintergrund nach den Sommerferien signifikant niedrigere Leistungen im Lesen als Kinder ohne Migrationshintergrund. Entgegen der Erwartungen zeigt sich keine zusätzliche Benachteiligung durch eine andere Familiensprache als Deutsch; die Familiensprache (Deutsch versus andere Sprache) trägt nicht zusätzlich über die Tatsache der Zuwanderung hinaus zur Erklärung von Leistungsunterschieden bei.

Weiterhin ist ein Unterschied zwischen Kindern mit und ohne Migrationshintergrund selbst dann noch nachzuweisen, wenn der sozioökonomische Hintergrund der Familien kontrolliert wird, der wiederum einen eigenständigen Zusammenhang mit der Posttestleistung aufweist. Sowohl der sozioökonomische Hintergrund im engeren Sinne, operationalisiert über den HISEI, als auch der Bildungshintergrund des Elternhauses, operationalisiert über den CASMIN des Vaters, leisten einen zusätzlichen Beitrag zur Vorhersage der Leistungen nach den Ferien. Demnach nehmen auch soziale Disparitäten über die Sommerferien zu. Gleichzeitig lässt sich der Unterschied zwischen Kindern mit und ohne Migrationshintergrund unter Kontrolle der Ausgangsleistung jedoch nicht auf die Sozialschicht bzw. den Bildungsstand der Eltern allein zurückfüh-

---

7 Dieses Ergebnismuster zeigt sich auch unter Ausschluss von türkischstämmigen Schülern, Kindern aus binationalen Elternhäusern und/oder allen nicht eindeutig als Migranten/Nicht-Migranten klassifizierbaren Kindern. Wie bereits im vorangehenden Abschnitt erwähnt, bleibt das Ergebnismuster auch dann stabil, wenn diejenigen Schüler ausgeschlossen werden, die als Kinder ohne Migrationshintergrund klassifiziert wurden, aber dennoch in das Auswanderungsland der Großeltern gereist waren.

ren. Eine Interaktion zwischen ethnisch-kulturellem und sozioökonomischem Hintergrund lässt sich nicht belegen.

Auch die individuellen Ferienaktivitäten können die differenziellen Leistungsunterschiede zwischen Kindern mit und ohne Migrationshintergrund nicht erklären. Die Häufigkeit des Lesens in den Ferien weist einen tendenziell positiven Zusammenhang mit der Leseleistung auf, der jedoch knapp statistische Signifikanz verfehlt. Die Computernutzung und das Fernsehen sind mit der Leistung nach den Ferien nicht assoziiert.

Entgegen der Erwartung findet sich kein zusätzlicher Effekt des Reisens in das Auswanderungsland der Eltern oder Großeltern. Tendenziell ist der Zusammenhang negativ, lässt sich aber nicht signifikanzstatistisch absichern. Dass der Indikator des Migrationsstatus bei Berücksichtigung der Reise in das Auswanderungsland der Eltern statistische Signifikanz verfehlt, dürfte auf die konfundierten Varianzanteile dieser beiden Variablen zurückzuführen sein. Allerdings verringert sich der Unterschied zwischen Kindern mit und ohne Migrationshintergrund nicht substanziell.

Relativ große Unterschiede bestehen zwischen Schülern, die nicht verreist sind, und solchen, die eine Reise unternommen haben. Worauf diese Unterschiede zurückgehen, ist unklar. Sie bleiben auch dann noch bestehen, wenn die individuelle Ausgangsleistung, der ethnische und soziale Hintergrund sowie die individuellen Ferienaktivitäten (Lesefrequenz etc.) kontrolliert werden. Dies zeigt sich auch dann, wenn ausschließlich Kinder ohne Migrationshintergrund in die Analyse einbezogen werden (mit der Einschränkung, dass der Koeffizient des Verreisens in dieser Substichprobe lediglich auf $\alpha = 10$ Prozent statistisch signifikant ist). Demnach scheint der Effekt des Reisens auch nicht auf einen unterschiedlichen ethnischen Hintergrund verreister und nicht verreister Kinder zurückzuführen zu sein, was in den Analysen nicht erschöpfend modelliert werden konnte.

Diese Zusammenhänge bezüglich des Reiseverhaltens verweisen auch auf die Einschränkungen, die in Bezug auf die Interpretation der dargestellten Befunde gemacht werden müssen. Da sich die zentralen Variablen der Analysen (Migrationsstatus, sozioökonomischer Hintergrund) nicht manipulieren lassen (Holland/Rubin 1983), haben die Befunde einen deskriptiven Status. Sie beschreiben Unterschiede zwischen Schülern mit unterschiedlichem Migrationshintergrund bei gleicher Ausgangsleistung sowie unter Kontrolle anderer Hintergrundvariablen. Der kausale Status der berichteten Unterschiede lässt sich bei einem nicht-experimentellen Design jedoch nicht abschließend klären. Dieses grundsätzliche mit nicht-experimentellen Untersuchungen verbundene Problem gilt dabei nicht nur für die hier vorgestellten Analysen: Auch für die Untersuchungen zum *summer setback* aus dem nordamerikanischen Raum treffen die Einschränkungen zu. Zwar konnte eine Reihe von Untersuchungen beschreiben, wie sich sozioökonomische Disparitäten während der Ferien vergrößern, der kausale Mechanismus, der diesen Unterschieden zugrunde liegt, ist jedoch keineswegs geklärt (vgl. etwa Burkam et al. 2004; Cooper et al. 1996).

Dennoch: Das berichtete Befundmuster unserer Analysen repliziert für Grundschulkinder in Deutschland die disparitätserzeugenden Effekte der Sommerferien, die bislang vor allem in den genannten Studien in den USA identifiziert worden sind. Demnach scheinen sich auch hier die mit dem sozialen Hintergrund der Schüler verbundenen Leistungsunterschiede in den Ferien zu vergrößern. Während jedoch die Befundlage zu den Effekten des ethnischen Hintergrunds in den US-amerikanischen Studien gemischt ist (vgl. Zusammenfassung in *Abschnitt II*), weisen die vorliegenden Daten für Deutschland darauf hin, dass Kinder aus zugewanderten Familien eine ungünstigere Entwicklung der Lesekompetenz aufweisen als Kinder ohne Migrationshintergrund. Dabei ist die Ausprägung der identifizierten Unterschiede aus mindestens zwei Gründen bemerkenswert: Zunächst sind die Sommerferien in Deutschland nur etwa halb so lang wie in den USA, so dass unser Schulkalender eher mit einem „modified school calendar" vergleichbar ist, der in einigen Schulbezirken in den USA unter anderem zur Verringerung von Leistungsdisparitäten eingeführt worden ist (Cooper et al. 2003). Weiterhin konnten differenzielle Effekte der Sommerferien bei Kindern festgestellt werden, die sich bereits am Übergang von der 4. zur 5. Jahrgangsstufe befanden, während in den Studien aus den USA die Effekte vor allem in den 1. bis 3. Klassenstufen zu beobachten waren und sich ab etwa der 5. Klassenstufe nur noch eingeschränkt nachweisen ließen (Alexander et al. 2001; s. aber Heyns 1978). Dies weist darauf hin, dass in Deutschland die Lebensverhältnisse von Kindern mit und ohne Migrationshintergrund und von Kindern aus unterschiedlichen Sozialschichten in einem Maße differenziell anregungsreich sind, dass sich dies auch noch am Ende der Grundschulzeit auf die Lernentwicklung auswirkt. Das Befundmuster aus den USA lässt vermuten, dass die Effekte bei jüngeren Kindern noch ausgeprägter ausfallen könnten, was in zukünftigen Studien geprüft werden sollte.

Dass wir im Gegensatz zu den anderen beiden europäischen Untersuchungen, die bislang vorliegen (Lindahl 2001; Verachtert et al. 2007), signifikante Effekte sowohl für den sozioökonomischen Hintergrund als auch für den Migrationsstatus der Kinder belegen konnten, könnte vielfältige Ursachen haben. Eine nahe liegende Erklärung besteht darin, dass die beiden anderen Studien als abhängige Variable mathematische Leistungen analysiert haben, für die auch in US-amerikanischen Studien häufig nur Haupteffekte der Sommerferien, aber keine Moderatoreffekte für Merkmale der familiären Herkunft zu beobachten waren (Cooper et al. 1996). Möglicherweise sind also auch in Europa vor allem sprachliche Kompetenzen von differenziellen Gelegenheitsstrukturen außerschulischer Lebensverhältnisse betroffen.

Da die vorliegende Analyse nur zwei Messzeitpunkte umfasst, lässt sich keine Aussage darüber treffen, was mit den Disparitäten, die während der Sommerferien entstanden sind, im weiteren Verlauf der Schulzeit geschieht. So wäre es denkbar, dass es sich nur um kurzlebige Unterschiede handelt, die in der Schulzeit sehr schnell wieder ausgeglichen werden können. Eine andere Möglichkeit besteht darin, dass die Schule an das jeweilige Niveau anknüpft, mit dem die Schüler aus den Ferien zurückkommen, und dass die Lernentwicklungen der Kinder mit und ohne Migrationshintergrund bzw. der Kinder aus höheren und niedrigeren Sozialschichten anschließend zwar auf unterschiedlichem Niveau, aber weitgehend parallel verlaufen. Dies ist das Muster, das sich in den Studien aus den USA wiederholt gezeigt hat (z. B. Alexander et al. 2001; Cooper et al. 1996). Dass es auch in Deutschland vorliegen könnte, legen zum Beispiel Analysen zum Einfluss des sozialen Hintergrundes in der Sekundarschulzeit nahe (z. B. Schnabel et al. 2002). Diese Befunde weisen darauf hin, dass unter Kontrolle der Schulformzugehörigkeit die kumulativen Effekte der Sommerferien nur bedingt im

Verlauf der Schulzeit ausgeglichen werden, aber umgekehrt sich die sozialen Disparitäten während der Schulzeit auch nicht vergrößern.

Nach Befunden von Heyns (1978) und Alexander et al. (2007) sind die mit dem familiären Hintergrund der Kinder assoziierten Disparitäten, die über die Schullaufbahn zunehmen, in den USA zu einem erheblichen Anteil auf die differenziellen Wirkungen der Sommerpausen zurückzuführen. Inwieweit dieses Muster auch in Deutschland nachzuweisen ist, ist offen. Die vorliegenden Befunde weisen darauf hin, dass auch in Deutschland nicht die Schule allein zur Vergrößerung der (sozialen) Disparitäten führt, wie dies unter anderem von Bourdieu und Passeron (1971) postuliert wurde. Zwar kann im Rahmen dieser Untersuchung nicht quantifiziert werden, in welchem Verhältnis Schule zur außerschulischen Umwelt hierfür ursächlich ist, jedoch scheint die Schulzeit keine ausschließlich relevante Größe zu sein.

Literatur

Alexander, Karl L./Entwisle, Doris R./Olson, Linda S., 2001: Schools, Achievement, and Inequality: A Seasonal Perspective, in: Educational Evaluation and Policy Analysis 23, 171-191.
Alexander, Karl L./Entwisle, Doris R./Olson, Linda S., 2007: Lasting Consequences of the Summer Learning Gap, in: American Sociological Review 72, 167-180.
Baumert, Jürgen/Carstensen, Claus H./Siegle, Thilo, 2005: Wirtschaftliche, soziale und kulturelle Lebensverhältnisse und regionale Disparitäten des Kompetenzerwerbs, in: *Prenzel, Manfred/Baumert, Jürgen/Blum, Werner/Lehmann, Rainer/Leutner, Detlev/Neubrand, Michael/Pekrun, Reinhard/Rost, Jürgen/Schiefele, Ulrich* (Hrsg.), PISA 2003. Der zweite Vergleich der Länder in Deutschland: Was wissen und können Jugendliche? Münster: Waxmann, 323-365.
Baumert, Jürgen/Stanat, Petra/Watermann, Rainer, 2006: Schulstruktur und die Entstehung differenzieller Lern- und Entwicklungsmilieus, in: *Baumert, Jürgen/Stanat, Petra/Watermann, Rainer* (Hrsg.), Herkunftsbedingte Disparitäten im Bildungswesen. Differenzielle Bildungsprozesse und Probleme der Verteilungsgerechtigkeit. Wiesbaden: VS Verlag für Sozialwissenschaften, 95-188.
Baumert, Jürgen/Trautwein, Ulrich/Artelt, Cordula, 2003: Schulumwelten: Institutionelle Bedingungen des Lehrens und Lernens, in: *Baumert, Jürgen/Artelt, Cordula/Klieme, Eckhard/Neubrand, Michael/Prenzel, Manfred/Schiefele, Ulrich/Schneider, Wolfgang/Tillmann, Klaus-Jürgen/Weiß, Manfred* (Hrsg.), PISA 2000. Ein differenzierter Blick auf die Länder der Bundesrepublik Deutschland. Opladen: Leske + Budrich, 159-201.
Becker, Michael/Lüdtke, Oliver/Trautwein, Ulrich/Baumert, Jürgen, 2006: Leistungszuwächse in Mathematik: Evidenz für einen Schereneffekt im mehrgliedrigen Schulsystem?, in: Zeitschrift für Pädagogische Psychologie 20, 233-242.
Blossfeld, Hans-Peter, 1993: Changes in Educational Opportunities in the Federal Republic of Germany. A Longitudinal Study of Cohorts Born between 1916 and 1965, in: *Shavit, Yossi/Blossfeld, Hans-Peter* (Hrsg.), Persistent Inequality. Changing Educational Attainment in Thirteen Countries. Boulder: Westview Press, 51-74.
Bos, Wilfried/Pietsch, Marcus (Hrsg.), 2006: KESS 4 – Kompetenzen und Einstellungen von Schülerinnen und Schülern am Ende der Jahrgangsstufe 4 in Hamburger Grundschulen. Münster: Waxmann.
Bos, Wilfried/Lankes, Eva-Maria/Prenzel, Manfred/Schwippert, Knut/Valtin, Renate/Walther, Gerd (Hrsg.), 2004: IGLU. Einige Länder der Bundesrepublik Deutschland im nationalen und internationalen Vergleich. Münster: Waxmann.
Boudon, Raymond, 1974: Education, Opportunity, and Social Inequality. New York: Wiley.
Bourdieu, Pierre/Passeron, Jean-Claude, 1971: Die Illusion der Chancengleichheit. Untersuchungen zur Soziologie des Bildungswesens am Beispiel Frankreichs. Stuttgart: Klett.

Breen, Richard/Goldthorpe, John H., 1997: Explaining Educational Differentials: Towards a Formal Rational Action Theory, in: Rationality and Society 9, 275-305.

Burkam, David T./Ready, Douglas D./LoGerfo, Laura F., 2004: Social-class Differences in Summer Learning between Kindergarten and First Grade: Model Specification and Estimation, in: Sociology of Education 77, 1-31.

Coleman, James S., 1966: Equality of Educational Opportunity. Washington, D.C.: U.S. Department of Health, Education, and Welfare. Office of Education.

Cooper, Harris/Nye, Barbara/Charlton, Kelly/Lindsay, James/Greathouse, Scott, 1996: The Effects of Summer Vacation on Achievement Test Scores: A Narrative and Meta-analytic Review, in: Review of Educational Research 66, 227-268.

Cooper, Harris/Valentine, Jeffrey C./Charlton, Kelly/Melson, April, 2003: The Effects of Modified School Calendars on Student Achievement and School Community Attitudes: A Research Synthesis, in: Review of Educational Research 73, 1-52.

Downey, Douglas B./von Hippel, Paul T./Broh, Beckett, 2004: Are Schools the Great Equalizer? Cognitive Inequality during the Summer Months and the School Year, in: American Sociological Review 69, 613-635.

Duru-Bellat, Marie/Mingat, Alain, 1998: Importance of Ability Grouping in French „Collèges" and its Impact upon Pupils' Academic Achievement, in: Educational Research and Evaluation 4, 348-368.

Ehmke, Timo/Baumert, Jürgen, 2007: Soziale Herkunft und Kompetenzerwerb: Vergleiche zwischen PISA 2000, 2003 und 2006, in: Prenzel, Manfred/Artelt, Cordula/Baumert, Jürgen/Blum, Werner/Hammann, Marcus/Klieme, Eckhard/Pekrun, Reinhold (Hrsg.), PISA 2006. Die Ergebnisse der dritten internationalen Vergleichsstudie. Münster: Waxmann, 309-336.

Entwistle, Doris R./Alexander, Karl L.,1992: Summer Setback: Race, Poverty, School Composition, and Mathematics Achievement in the First Two Years of School, in: American Sociological Review 57, 72-84.

Entwistle, Doris R./Alexander, Karl L., 1994: Winter Setback: The Racial Composition of Schools and Learning to Read, in: American Sociological Review 59, 446-460.

Entwisle, Doris R./Alexander, Karl L./Olson, Linda S., 1997: Children, Schools, and Inequality. Boulder: Westview.

Gamoran, Adam/Nystrand, Martin/Berends, Mark/LePore, Paul C., 1995: An Organizational Analysis of the Effects of Ability Grouping, in: American Educational Research Journal 32, 687-715.

Ganzeboom, Harry B. G./Treiman, Donald J., 1996: Internationally Comparable Measures of Occupational Status for the 1988 International Standard Classification of Occupations, in: Social Science Research 25, 201-239.

Ganzeboom, Harry B. G./Treiman, Donald J., 2003: Three Internationally Standardised Measures for Comparative Research on Occupational Status, in: Hoffmeyer-Zlotnik, Jürgen H. P./Wolf, Christof (Hrsg.), Advances in Cross-national Comparison. A European Working Book for Demographic and Socio-economic Variables. New York: Kluwer Academic Press, 159-193.

Graham, John W./Cumsille, Patricio E./Elek-Fisk, Elvira, 2003: Methods for Handling Missing Data. Bd. 2., in: Schinka, John A./Velicer, Wayne F. (Hrsg.), Handbook of Psychology: Research Methods in Psychology. New York: John Wiley & Sons, 87-114.

Guthrie, John T./Wigfield, Allen/Metsala, Jamie L./Cox, Kathleen E., 1999: Motivational and Cognitive Predictors of Text Comprehension and Reading Amount, in: Scientific Studie of Reading 3, 231-256.

Hattie, John A. C., 2002: Classroom Composition and Peer Effects, in: International Journal of Educational Research 37, 449-481.

Heyns, Barbara, 1978: Summer Learning and the Effects of Schooling. New York: Academic Press.

Hofferth, Sandra L./Sandberg, John F., 2001: How American Children Use their Time, in: Journal of Marriage and Family 62, 295-308.

Holland, Paul W./Rubin, Donand B., 1983: On Lord's Paradox, in: Wainer, Howard/Messick, Samuel (Hrsg.), Principles of Modern Psychological Measurement: A Festschrift for Frederic M. Lord. Hillsdale, NJ: Erlbaum, 3-25.

Köller, Olaf/Baumert, Jürgen, 2001: Leistungsgruppierungen in der Sekundarstufe I: Ihre Konsequenzen für die Mathematikleistung und das mathematische Selbstkonzept der Begabung, in: Zeitschrift für Pädagogische Psychologie 15, 99-110.
Köller, Olaf/Baumert, Jürgen, 2002: Entwicklung schulischer Leistungen, in: Oerter, Ralf/Montada, Leo (Hrsg.), Entwicklungspsychologie. Weinheim: Beltz, 756-786.
Lee, Valerie/Burkam, David T., 2002: Inequality at the Starting Gate: Social Background Differences in Achievement as Children Begin School. Washington, D.C.: Economic Policy Institute.
Lehmann, Rainer/Nikolova, Roumiana, 2005: Element: Erhebung zum Lese- und Mathematikverständnis. Entwicklungen in den Jahrgangsstufen 4 bis 6 in Berlin. Berlin: Senatsverwaltung für Bildung, Jugend und Sport. Internetressource: http://www.berlin.de/imperia/md/content/senbildung/schulqualitaet/schulleistungsuntersuchungen/element_untersuchungsbericht_2003.pdf (letzter Zugriff 10.10.2007).
Lehmann, Rainer/Peek, Rainer/Gänsfuß, Rüdiger, 1997: Aspekte der Lernausgangslage und der Lernentwicklung von Schülerinnen und Schülern, die im Schuljahr 1996/97 eine fünfte Klasse an Hamburger Schulen besuchten (Lau 5). Bericht über die Erhebung im September 1996. Hamburg: Hamburger Schulbehörde. Internetressource: http://www.hamburger-bildungsserver.de/welcome.phtml?unten=/schulentwic klung/lau/ (letzter Zugriff 10.10.2007).
Lindahl, Mikael, 2001: Summer Learning and the Effect of Schooling: Evidence from Sweden (IZA Discussion Paper No. 262). Bonn: Forschungsinstitut zur Zukunft der Arbeit.
Little, Roderick J. A./Rubin, Donald B., 2002: Statistical Analysis with Missing Data. 2. Ausg. New York: Wiley.
LoGerfo, Laura/Nichols, Austin/Reardon, Sean F., 2006: Achievement Gains in Elementary and High School. Washington, DC: Urban Institute. Internetressource: http://www.urban.org/Uploaded PDF/411290_achievement_gains.pdf (letzter Zugriff 10.10.2007).
Lüdtke, Oliver/Robitzsch, Alexander/Trautwein, Ulrich/Köller, Olaf, 2007: Umgang mit fehlenden Werten in der psychologischen Forschung: Probleme und Lösungen, in: Psychologische Rundschau 58, 103-117.
Müller, Andrea G., 2007: Aspekte schulbezogener Sprache als Barriere für schulischen Erfolg von Schülerinnen und Schülern deutscher und nichtdeutscher Herkunftssprache. Berlin: Freie Universität, Dissertation.
Muthén, Bengt/Muthén, Linda, 1998-2006: Mplus (Version 3.12) [Computer Software]. Los Angeles.
Opdenakker, Marie-Christine/Damme, Jan van, 2006: Differences between Secondary Schools: A Study about School Context, Group Composition, School Practice and School Effects with Special Attention to Catholic Schools and Types of Schools, in: School Effectiveness and School Improvement 17, 87-117.
Reardon, Sean F., 2003: Sources of Inequality: The Growth of Racial/Ethnic and Socioeconomic Test Score Gaps in Kindergarten and First Grade (Working Paper No. 03005). State College, PA: Pennsylvania State University, Population Research Institute.
Rubin, Donald B., 1987: Multiple Imputation for Nonresponse in Surveys. New York: Wiley.
Schafer, Joseph L., 1999: NORM for Windows 95/98/NT: Multiple Imputation of Incomplete Data under a Normal Model (Version 2.03) [Computer Software]. University Park, PA: Penn State Department of Statistics.
Schafer, Joseph L./Graham, John W., 2002: Missing Data: Our View of the State of the Art, in: Psychological Methods 7, 147-177.
Schnabel, Kai U./Alfed, Corinne/Eccles, Jacquelynne S./Köller, Olaf/Baumert, Jürgen, 2002: Parental Influence on Students' Educational Choices in the United States and Germany: Different Ramifications-same Effect?, in: Journal of Vocational Behavior 60, 178-198.
Schneider, Wolfgang/Stefanek, Jan, 2004: Entwicklungsveränderungen allgemeiner kognitiver Fähigkeiten und schulbezogener Fertigkeiten im Kindes- und Jugendalter. Evidenz für einen Schereneffekt?, in: Zeitschrift für Entwicklungspsychologie und Pädagogische Psychologie 36, 147-159.
Stanat, Petra, 2006: Schulleistungen von Jugendlichen mit Migrationshintergrund: Die Rolle der Zusammensetzung der Schülerschaft, in: *Baumert, Jürgen/Stanat, Petra/Watermann, Rainer* (Hrsg.), Herkunftsbedingte Disparitäten im Bildungswesen: Differenzielle Bildungsprozesse und Probleme der Verteilungsgerechtigkeit. Wiesbaden: VS Verlag für Sozialwissenschaften, 95-188.

Stanat, Petra/Christensen, Gayle, 2006: Schulerfolg von Jugendlichen mit Migrationshintergrund im internationalen Vergleich. Eine Analyse von Voraussetzungen und Erträgen schulischen Lernens im Rahmen von PISA 2003. Bonn/Berlin: Bundesministerium für Bildung und Forschung (BMBF).

Verachtert, Pieter/Damme, Jan van/Onghena, Patrick/Ghesquière, Pol, 2007: A Seasonal Perspective on School Effectiveness: Evidence from a Flemish Longitudinal Study in Kindergarten and First Grade. Manuskript, eingereicht zur Publikation.

Warm, Thomas A., 1989: Weighted Likelihood Estimation of Ability in Item Response Theory, in: Psychometrika 54, 427-450.

Williams, Richard H./Zimmerman, Donald W., 1982: Comparative Validity of Simple and Residualized Difference Score, in: Psychological Reports 50, 91-94.

Wu, Margaret L./Adams, Ray J./Wilson, Mark R., 1998: ACER ConQuest: Generalized Item Response Modeling Software Manual. Melbourne: Australian Council for Educational Research.

Zeiher, Helga, 2000: Familienalltag und Kindheit, in: *Herlth, Alois/Engelbert, Angelika/Mansel, Jürgen/Palentien, Christian* (Hrsg.), Spannungsfeld Familienkindheit. Neue Anforderungen, Risiken und Chancen. Opladen: Leske + Budrich, 121-135.

Zimmerman, Donald W./Williams, Richard H., 1982: A Note on the Correlation of Gains and Initial Status, in: Journal of General Psychology 107, 203-207.

Zimmerman, Donald W./Williams, Richard H./Zumbo, Bruno D., 1993: Reliability of Measurement and Power of Significance Based on Differences, in: Applied Psychological Measurement 17, 1-9.

Zumbo, Bruno D., 1998: The Simple Difference Score as an Inherently Poor Measure of Change: Some Reality, much Mythology, in: Advances in Social Science Methodology 5, 269-304.

Korrespondenzanschrift: Michael Becker, Max-Planck-Institut für Bildungsforschung, FB Erziehungswissenschaft und Bildungssysteme, Lentzeallee 94, 14195 Berlin.
E-Mail: mibecker@mpib-berlin.mpg.de

PERIOD, LIFE-CYCLE AND GENERATIONAL EFFECTS ON ETHNIC MINORITY SUCCESS IN THE BRITISH LABOUR MARKET*

Anthony Heath and Yaojun Li

Abstract: The paper uses repeated cross-section data in order to trace the experiences of different generations of ethnic minorities over time in the British labour market. It distinguishes life cycle, generational and period effects on ethnic minority experience in the labour market (focussing on ethnic penalties with respect to employment). On theoretical grounds, we might expect to find some "catching up" with respect to all three. However, the paper finds little evidence of catching up on the part of the most disadvantaged groups – Black Africans, Black Caribbeans and Pakistanis and Bangladeshis – either over the life cycle, generations, or historical time. In contrast the various white groups had relatively little catching up to do and show trajectories that are fairly similar to those of the white British majority population. These white groups are also joined by the Indians and Chinese minorities who are relatively successful in the labour market. The paper discusses several mechanisms that may account for the differential patterns, like discrimination, community structures and enclave economies, or changing frames of reference.

I. Introduction

Many studies have demonstrated ethnic disadvantage in the labour market (Heath/ Cheung 2007; Kalter/Kogan 2006; Li/Heath 2008; Van Tubergen et al. 2004). Most of this research, however, has been static and has relied on single cross-sectional analysis. A key unanswered question is whether this disadvantage is declining over time or across generations. A dynamic analysis is likely to give us a much better understanding of the generative processes that lies behind the cross-sectional picture of disadvantage. It is also likely to have some major policy implications.

The aim of this paper is to use repeated cross-section data in order to trace the experiences of different generations of ethnic minorities over time in the British labour market. In particular, we propose to examine life cycle, generational and period effects on ethnic minority experience in the labour market. It is important to distinguish between these three processes, since it is well established that all three are important within the labour market. Thus there are life cycle or career processes as young people enter the labour market at lower levels and then work their way up particularly into

---

* We are grateful to the ESRC for funding this research (*Socio-economic position and political support of the BMEs in Britain (1971-2004)*, ESRC (RES-163-25-0003)) and for the UK Data Archive for making data accessible to us. We are also grateful to Frank Kalter, Richard Alba and Frank van Tubergen for their insightful comments and suggestions for an earlier version of the paper. We alone are responsible for any error that might exist in the analysis and interpretation of the data reported in this paper.

managerial position. There are period effects with labour market conditions and unemployment rates changing over time and there is generational change with younger generations being much more highly educated than older ones.

The three processes are likely to be even more important in the case of migrants and their descendants, where they are also likely to take somewhat different characters from those among the majority workforce. There have been many suggestions in the literature that life cycle or career processes will be important for new migrants. Migrants tend initially to be quite disadvantaged (at least with respect to income) on arrival in a foreign country but then gradually improve their position, relative to the native-born, as they acquire labour market experience and other skills, such as a degree of fluency in the domestic language, and an understanding of recruitment and work practices in the western labour market (Borjas 1985; Chiswick 1978; Duleep/Regets 1997). In his classic work, Gordon (1964) referred to these as processes of acculturation and regarded them as among the first to occur. (Confusingly, economists often term these processes "assimilation", which has a quite different meaning in the sociological literature.)

On somewhat similar grounds, it can be argued that there will be major generational processes, with the children of migrants having host-country qualifications, fluency in the main language, host-country work experience and social connections (Heath et al. 2008). They will also tend to have host-country expectations and frames of reference, whereas the migrant generation may be more oriented to their countries of origin, sending remittances home and in many cases perhaps expecting to return home themselves. On these grounds we would expect the second generation to experience much less disadvantage in the labour market than the parental generation experienced and for their outcomes to be more similar to those of the majority population (Heath/Cheung 2007).

There may, too, be generational differences in returns to education. It has often been suggested that, because of their foreign qualifications and lack of fluency in the English language, the first generation will have lower returns to education while the second generation, with their domestic qualifications and linguistic fluency, will experience the same kinds of return on their educational investments as do the majority population (Heath/Cheung 2007).

We can also expect some period effects. A third set of arguments suggests that there will be a gradual improvement for both generations over time as the context in the destination country gradually changes. This might be expected to happen partly because younger generations in the majority population tend to be generally somewhat more liberal and less ethnocentric than older generations (Rothon/Heath 2003), partly because of the passage of explicit anti-discrimination legislation (such as the 1976 and 2001 Acts in Britain), and partly because of increased contact between members of majority and minority groups, which is often held to increase tolerance. A counter-argument is that the growing number of immigrants over time will increase competition in the labour market and thus lead to increased prejudice (Bobo 1999; Giles/Evans 1986; Quillian 1995).

Historically, this picture of gradual progress across the life cycle, across generations and across time has been found to apply to the experience of migrants from Europe to the USA, and their descendants, over the course of the twentieth century (Putnam 2007). However, while we can in general expect to see some progress on all three counts in Western Europe in more recent decades, it is much less clear that the progress will be shared equally by all ethnic groups and whether the basically optimistic experience of white migrants to the USA will be repeated in the case of the "new" migrants and their children from less developed countries. Indeed, there has been considerable discussion in the US too as to whether these processes apply to the more recent waves of migrants from less developed countries in the same way that they applied to the earlier waves of European ancestry (Card et al. 2000; Perlmann/Waldinger 1999).

In the case of life cycle processes, it has been suggested that, while a process of intra-generational catching up may occur, parity may never be achieved by culturally-distant groups, especially since language is harder to acquire the later the stage at which it is learned (Dustmann/Fabbri 2003). In the case of Britain, too, we might expect to find that the life cycle process of catching up may be more marked for white groups, such as Irish or European immigrants, than in the case of more culturally distant groups such as Pakistanis or Bangladeshis.

In the case of generational processes, Borjas (1992, 1995) has argued in the American context that human capital externalities may leave a legacy of disadvantage for later generations, delaying processes of inter-generational catching-up, perhaps indefinitely. (However the reanalysis by Alba et al. 2001 indicates that this legacy did not extend to the third generation for groups of European ancestry). Heath and Cheung (2007) have argued similarly that the conditions of the migrant generation in Western Europe may have implications for later generations, with groups that were composed largely of guest-workers in the first generation continuing to display disadvantage in the second generation because of human capital deficiency and associated externalities. This suggests that inter-generational progress may be greater for groups who initially had relatively high human capital, such as the Africans, Chinese and Indians, rather than for groups with low original human capital such as Pakistanis and Bangladeshis, and to a lesser extent, Caribbeans (although in the case of Caribbeans in Britain the first-generation women were relatively highly educated since there were special efforts to recruit qualified nurses from the Caribbean for the health service).

In the case of period effects, too, we might expect the catching-up process to be more marked for some minorities than for others. The contact hypothesis suggests that it is contact under conditions of equality that promotes tolerance (Allport 1954; Hamberger/Hewstone 1997; Stouffer 1949). This suggests, first, that groups such as Indians and especially Pakistanis and Bangladeshis who have higher levels of community closure, as shown by their low intermarriage rates and higher geographic concentration, may not develop reciprocal tolerant attitudes at the same rate as do, say, Chinese and Caribbeans. In addition, the war in Iraq and associated anti-Muslim feeling suggests that in the most recent period progress might be limited for Muslim groups. It has also been suggested in Britain this anti-Muslim feeling may have led to discrimination on religious grounds over and above the racial discrimination that has been in endemic in most western countries.

An alternative hypothesis about period effects is that the effects of labour market conditions on ethnic minority unemployment are hypercyclical. That is to say, rather than any continuing linear trend towards equalization of unemployment risks, ethnic minorities might have greater risks of unemployment when the labour market is very slack (as in the early 1980s in Britain) and relatively lower risks when the labour market is tight and there is greater demand for labour.

We hypothesize then that we should generally find life cycle, generational and period (over time) improvements in the position of migrants and their descendants in the British labour market. However, we also hypothesize that, for a variety of different reasons, there may be some ethnic variation within these broader "catching up" processes. In particular we expect the catching up to be most noticeable for groups of European ancestry, such as the Irish, and least noticeable for groups such as the Pakistanis and Bangladeshis, with African, Indian and Caribbean groups in between.

The aims of this paper, therefore are, first, to test whether immigrants and their descendants gradually "catch up" with the majority population (white native-born British) over the life cycle, across generations, and across historical time and, second, to test whether there are ethnic variations in the extent of these "catching up" processes. In this paper we focus on "catching up" with respect to unemployment, rather than with respect to occupational attainment or income. Previous research in Britain has suggested that access to employment is the crucial hurdle that migrants and their descendants have to overcome and it therefore makes an appropriate starting point for analysis (Cheung/Heath 2007; Heath/Yu 2004; Leslie et al. 1998; Li 2004; Model 1999).

Our focus is particularly on what we have elsewhere termed "ethnic penalties", that is to say the net unemployment rates of the different ethnic minorities when compared with those of members of the White British majority population at a similar stage of the life cycle and with similar qualifications (Heath/McMahon 1997; see also Berthoud 2000). Gross unemployment rates can be very misleading since some groups disadvantage may be masked by their high level of qualifications. For example, in Britain Black Africans tend to have rather high qualifications and a low gross unemployment rate, but when we compare their unemployment rates with those of similarly-qualified members of the majority population we find that they experience major disadvantages. It is these net disadvantages, that is, the disadvantages observed when comparing members of a minority group with members of the majority with the same levels of education and experience in the labour market, on which we focus.

II. Data and methods

We explore these issues using the pooled cross-sections of the General Household Survey (GHS) and the Labour Force Survey (LFS) from 1972-2005 following through the experiences of pseudo-cohorts of "early arrivals" (people who had arrived in Britain by the 1970s), the "second generation" (native-born ethnic minorities, the children of the early arrivals, entering the labour market in the 1990s and 2000s), and "recent arrivals" (people who migrated to Britain and entered the labour market at the same time as the second generation).[1] One standard problem with this sort of analysis is that there will

---

1 For the most recent period there will also have been some third-generation groups, particularly

be some return migration and this may bias our estimates. However, in Britain as in other countries, so little is known about re-emigrants or their characteristics that we can neither estimate its magnitude nor the likely direction of any bias.

The pooled data set has around 4,7 million records with nearly 420 thousand minority ethnic members. This, to our knowledge, is the largest, most systematic, and most carefully-constructed data source ever assembled covering a long period of thirty-four consecutive years, with all the key variables coded to be consistent over time. The variables standardised include ethnicity, country of origin, time of arrival, age, marital status, educational qualifications, employment status, class, earnings from the labour market, number of children in the family unit, limiting long-term illness and hours of work. For ethnicity, we differentiate nine main groups: White British, White Irish, White Other, Black Caribbean, Black African, Indian, Pakistani/Bangladeshi, Chinese and Other (including "Mixed"). (See *Appendix 1* for details of the construction of this measure.) This kind of differentiation is more detailed than is available in most existing research on ethnic relations using quantitative data and it enables us to conduct a thorough investigation of the economic situation of the main minority ethnic groups in Britain in the period covered. In particular, we can investigate the socio-economic situation of one of the long-standing and largest immigrant groups to Britain, namely, the Irish (from the Republic of Ireland rather than from Northern Ireland) and to compare their experience with that of newer migrant waves from more distant and less developed countries.

With regard to generation status, we differentiate first and second (or later) generations, the former referring to people coming to the UK after the beginning of compulsory schooling (age 5) and the latter to those who were either born in the UK or who arrived at or before the age of five. The second generation will thus have received all of their education in Britain and will also be fluent in the English language. Unfortunately, our data sources do not allow us to make consistent distinctions of the third (or higher) generation from the second generation owing to the lack of relevant information on parental birthplace in the LFS as earlier noted. This is unlikely to be a problem in the case of groups arriving more recently (such as the Black Africans and Pakistanis) but there could in our latest period be some third generation respondents of Black Caribbean ancestry and there will certainly be some of white Irish ancestry. This needs to be born in mind when interpreting our results.

Following previous practice, we construct a seventeen-category ethno-generational variable from the cross-classification of ethnicity and generation (but combining first-generation White British, who are a rather anomalous group, with the other White British). In our statistical analyses we then take the White British as the reference category. We have found that this is preferable to including separate terms for ethnicity and generation. In particular, a term that simply distinguishes first from second generation is completely inappropriate in the case of the White British, the vast majority of whom are third or higher generation. We have also suggested that there will be interactions between ethnicity and generation. Our combined ethno-generational variable in

---

in the case of the Irish and Caribbeans. However, we are not able to distinguish these groups in the LFS, although we can in the GHS, and have therefore simply amalgamated them with the second generation.

effect fits all the interaction terms while simultaneously allowing us to compare the minority groups with the reference category of the White British.

As noted above, we focus in this paper on experiences of unemployment. We confine our analysis to those who are economically active, contrasting the unemployed with the employed. Notice that there will be important issues of selection bias, particularly in the case of women where rates of economic inactivity are especially high among some ethnic groups. We therefore use Heckman selection models (Heckman 1979) in order to take account of this (see further below). Because these models make strong but unverifiable assumptions we have also compared our results to a standard probit analysis (results available on request). In the case of men, the results with and without adjustment for selection are very similar. In the case of women, however, the estimated sizes of their ethnic penalties are substantially reduced once we adjust for selection. Our analyses are conducted for men aged 16 to 64 and women aged 16 to 59, and resident in Great Britain at the time of interview. In our modelling work, we further restrict the samples to those with full valid data in the variables used. Even with such restrictions imposed, there are just under two million records.

Our major control variables are educational level, where we distinguish six levels, marital status, and potential years in the labour market (estimated as age at time of survey minus age on completing full-time education). These are taken to be proxies for the key aspects of human capital, skills and experience, that are usually taken to be associated with gaining employment. Unlike much of the econometric literature, we do not include years of British (as opposed to foreign) labour market experience. This will be highly collinear with our measure of potential labour market experience. In our selection equation, we also include whether or not the respondent had a long-term illness that limits their labour-market participation and the number of dependent children under sixteen. (Further details of the coding of these variables are given in *Appendix 1*). *Table 1* summarizes the sample characteristics.

The usual methods for analysing life cycle, generation and period effects from pooled cross-section data have to confront the well-known identification problem: once one knows the value of two of the three variables of age (indexing life-cycle), year of survey (indexing period) and birth cohort (indexing generation), one can logically derive the third. Thus if one knows that a respondent was born in 1960 and interviewed in 1990, it follows that age must be 30. Hence one cannot include all three variables in the same model simultaneously. Other stratagems have to be followed in order to obtain identifiability. (For accounts of the identification problem in age/period/cohort (APC) analyses, see Glenn 1977; Mason/Fienberg 1985.)

However, in our case the theoretical interest is not in generations defined by date of birth but in generations defined by place of birth (and age of arrival in Britain). Hence we do not have this particular identification problem. We can simultaneously include age (in our case years of potential labour market experience), year of survey (indexing period) and generation. Of course, the possibility remains that there are other generational effects based on differences between birth cohorts, of the sort that are the usual focus of APC analyses. For example, more recent generations, brought up in a multicultural Britain, might be less racist and less prone to discriminate against minorities than older generations. However, we do not on theoretical grounds expect

Table 1: Main characteristics of ethnic groups (N = 1 952 896)

Ethnicity	percent of population	percent employed	percent unemployed	percent inactive	percent no-qualifications	percent married/ cohabiting	percent long-term illness	Mean years in labour market	Mean number of dependent children
W British	90.3	73.0	6.0	21.0	31.2	66.4	14.1	20.7	0.7
1st g W Irish	0.8	86.4	7.2	24.4	48.2	70.7	18.1	27.5	0.7
1st g W Other	1.9	69.2	5.3	25.5	22.1	69.7	11.1	21.5	0.7
1st g B Caribbean	0.5	69.4	10.2	20.5	48.2	59.7	18.1	27.1	0.9
1st g B African	0.4	53.9	10.9	35.6	17.4	54.8	11.2	16.9	1.1
1st g Indian	1.1	66.2	7.1	26.7	37.7	79.7	16.3	22.6	1.2
1st g Pakistani/Bangladeshi	0.7	38.5	10.2	51.3	60.1	79.8	22.4	21.1	2.1
1st g Chinese	0.2	59.4	4.9	35.7	32.1	79.8	6.8	18.4	0.9
1st g Other	0.7	57.1	7.4	35.6	22.4	67.8	12.6	19.3	0.9
2nd g W Irish	0.2	70.3	7.7	22.1	42.4	70.5	15.5	23.4	0.9
2nd g W Other	1.0	73.4	6.4	20.2	17.2	62.8	10.6	16.5	0.8
2nd g B Caribbean	0.5	61.8	14.6	23.7	20.6	38.8	10.3	11.2	0.9
2nd g B African	0.1	56.2	11.6	32.1	13.8	47.3	8.4	9.8	0.8
2nd g Indian	0.5	58.9	8.4	32.7	16.7	54.4	7.1	8.6	1.0
2nd g Pakistani/Bangladeshi	0.4	40.3	11.2	48.5	26.4	52.4	10.0	7.1	1.5
2nd g Chinese	0.1	55.1	6.1	38.8	14.8	47.2	5.8	8.0	0.6
2nd g Other	0.7	64.4	9.6	26.1	27.2	50.3	11.6	12.2	0.9
All	100.0	72.0	6.2	21.8	31.1	66.2	14.0	20.5	0.8

Notes: 1. For men aged 16-64 and women aged 16-59 (same below).
2. 2nd generation ethnic minority groups refer to those who were born in or who came to the UK by the age of 5. 0.26 percent of White British were born overseas but are not separately coded, that is, they are coded as the 'White British' (same below).
3. Respondents with missing data on the key variables in the table are omitted from analysis in this paper.

Source: The pooled GHS/LFS (1972-2005) (same below).

major generational differences of this sort operating directly on the unemployment experiences of ethnic minorities. In the American literature there have also been debates about whether more recent cohorts of arrivals have been of lower "quality" than earlier cohorts. However, our checks have suggested that this is not an issue of major importance in Britain.

Our modelling strategy therefore is to carry out multivariate analyses of unemployment in which we include as our main predictors ethnicity, generation (combined in our ethno-generational variable), years of potential labour market experience, and period (Model 1). Following standard procedures in the sociology of ethnicity we then add controls for marital status and educational level in order to estimate the ethnic penalties experienced by our different groups (Model 2). From this model we can also determine whether there has been any process of inter-generational "catching up". The third stage is then to include interactions between ethnicity and experience, education and period respectively in order to test whether ethnic minorities are "catching up" over the life cycle or across historical time (Models 3-5). We further include an interaction effect between ethnicity and labour market context (defined as the annual proportion in unemployment per region) to test the hypothesis of hypercyclical ethnic unemployment (Model 6). The key interest of the study then comes when we include these interactions to test our main theoretical claims.

As we noted earlier, one important issue is that of selection into economic activity. For example, people who believe that they have a low probability of obtaining work may decide not to look for work and may therefore be counted as economically inactive. "Discouraged workers" might be an example. The standard econometric technique for dealing with this kind of selection issue is to fit a selection equation, which models the likelihood of being economically active. If we find that there is a correlation between the residuals from our selection equation and that from our outcome equation (the regression of the log odds of being unemployed), then we assume that some selective process of this sort is present. In our case, we do find that the residuals are correlated, and we therefore use the standard (Heckman) correction. (For an introductory explanation of this technique see Wooldridge 2006.)

It should be recognized, however, that it is possible that the selection processes operate differently for ethnic minorities than for the majority population or between generations and this needs to be explored in further work.

III. Results

We begin with some simple descriptive results showing some of the main trends across time and then turn to the detailed statistical modelling of the effects. All analysis is conducted for men and women separately.

Figure 1: Unemployment rates for men and women

Probability of being unemployed for men

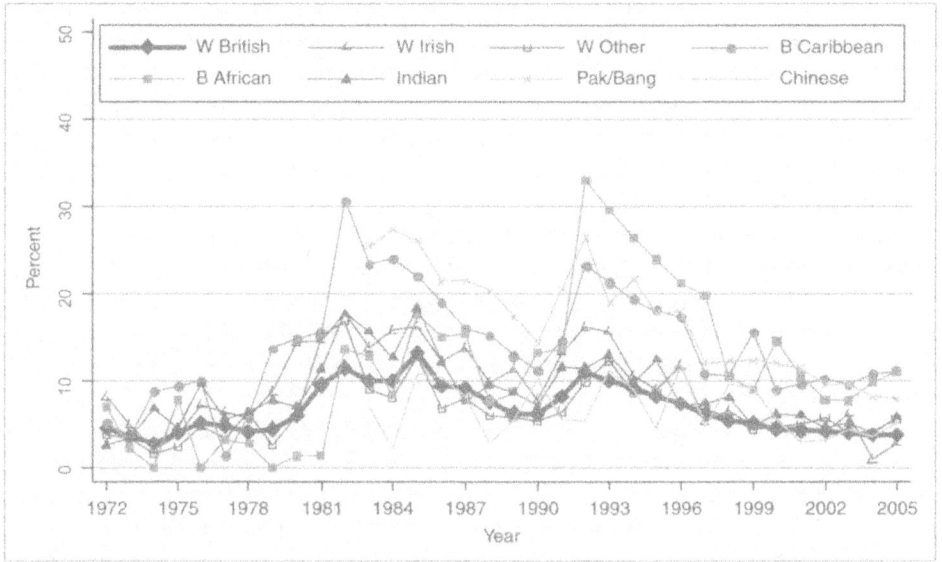

Note: Data for Chinese and Pakistani/Bangladeshi not presented before 1983 due to small samples.
Source: Pooled data of GHS/LFS (1972-2005).

Probability of being unemployed for women

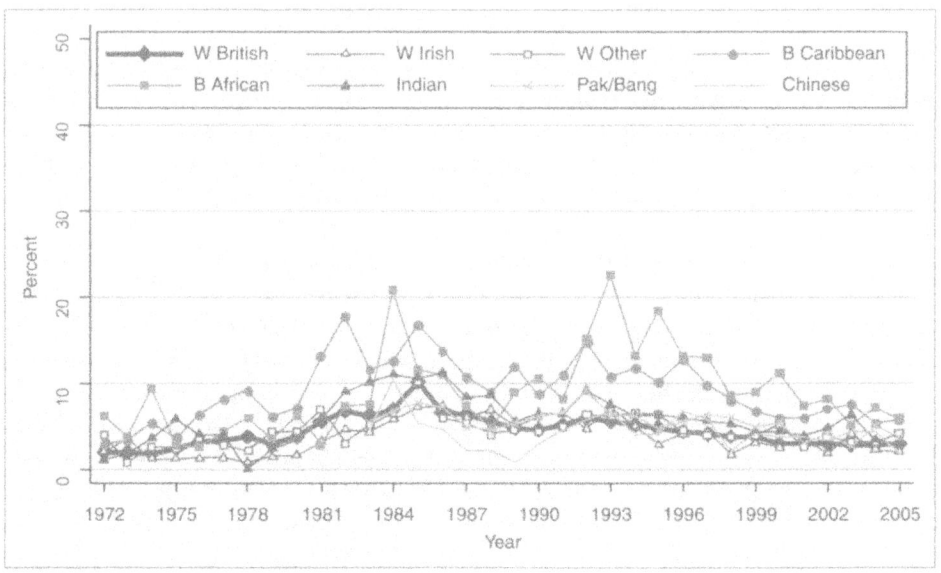

Note: Data for Chinese and Pakistani/Bangladeshi not presented before 1983 due to small samples.
Source: Pooled data of GHS/LFS (1972-2005).

1. Patterns and trends in unemployment

The data in *Figure 1* show the percentages unemployed for men and women in Britain from 1972 to 2005 for the eight main groups (data for "Others" are not shown). As is clearly seen in the figure, the White British men and women were generally less likely than other groups to face unemployment. Also evident in the figure is the feature that the period covered witnessed two peaks of unemployment, especially for men. In much of the mid 1980s and in the early 1990s the overall unemployment rates were over 10 percent. In the 1970s and from the late 1990s onwards, the unemployment rates were much lower.

Figure 1 also suggests that ethnic minority unemployment has a "hyper-cyclical" character, that is, "when unemployment rates increase generally, those for ethnic minorities increase even more rapidly" (Heath 2007: 17). Thus the rates for Black Caribbean and Pakistani-Bangladeshi men in the two peaks were almost three times those of the White British, whereas they fell to twice the White British rate in the periods of low unemployment.

While the data in *Figure 1* show the patterns and trends of unemployment for the different ethnic groups across time, they do not control for differences between generations, for changes across the life cycle or according to level of human capital. Over time, an increasing proportion of the ethnic minority population will be second generation, with higher levels of domestic human capital, while some of the first generation will have had substantially longer periods in the British labour market than will the "early arrivals" observed in the 1970s. We therefore turn to our multivariate analysis.

2. Statistical modelling of unemployment: men

Having looked at the raw patterns and trends associated with ethnicity in unemployment over time, we now move to the multivariate analysis, initially controlling for age and generational status as well as period (where we distinguish three periods corresponding to the low unemployment period up till 1980, the high unemployment period from 1981 to 1996, and the second low unemployment period from 1997 onwards).

We conduct six models, running each analysis separately for men and women. In Model 1, we include indicators for generational differences (assessed by the seventeen category ethno-generational variable described above), life cycle effects (assessed by potential years in the labour market and years squared), and period effects (assessed by dummies for period). In Model 2, we include human capital indicators (assessed by educational qualifications and marital status, see Chun/Lee 2001; Heath/Cheung 2007; Li/Heath 2007), and in Models 3 to 6, we further include interactions between ethnicity/generation and the other variables of theoretical interest. The results are presented in the Appendix (*Figures 2* and *3* for men and women respectively). As explained earlier, these results are adjusted for selection using the Heckman procedure.

a) *Gross disadvantages and ethnic penalties:* Model 1 in *Figure 2* shows the expected patterns with risks of unemployment being much higher in the middle period and with

Figure 2: Predicted probabilities of unemployment for men: generational effects

Predicted probability of being unemployed for 1st generation men

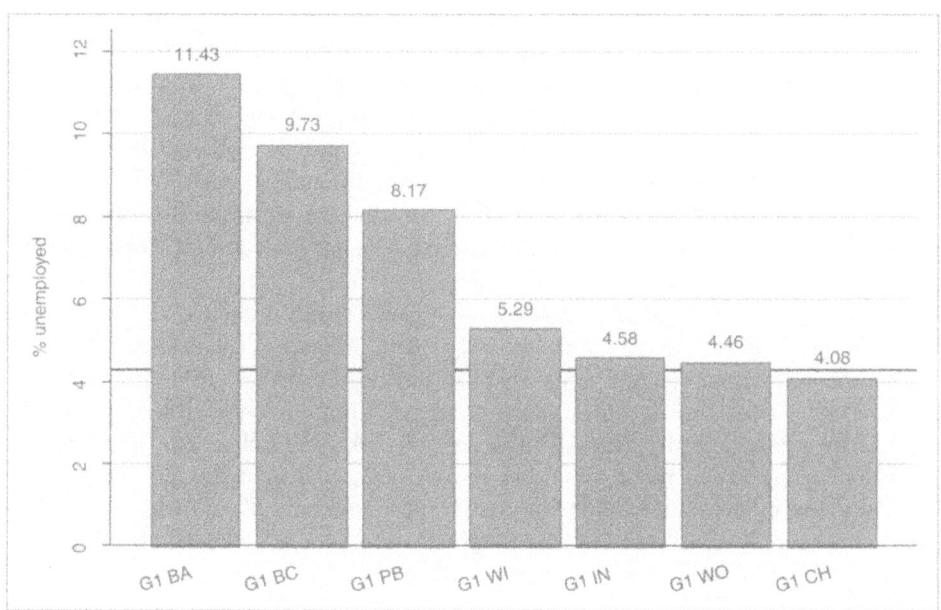

For married men with secondary education and 10-15 years' LM experience (1997-2005): WB = 4,3%.

Predicted probability of being unemployed for 2nd generation men

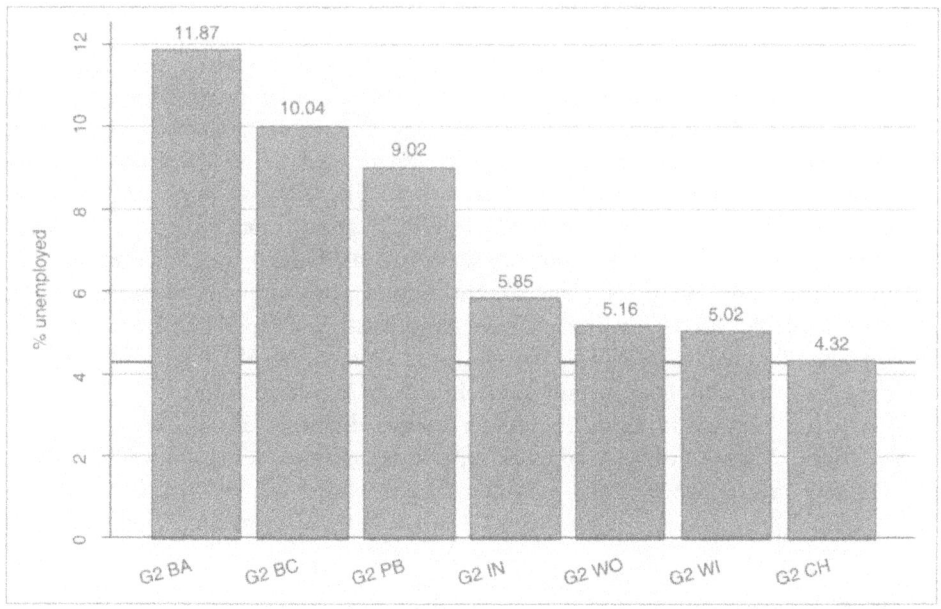

For married men with secondary education and 10-15 years' LM experience (1997-2005): WB = 4,3%.

the usual curvilinear relationship with life-cycle stage: new entrants to the labour market tend to have higher risks of unemployment which gradually decrease with age before increasing in the years leading up to retirement later in one's career. Most importantly, Model 1 shows major ethnic differences in risks of unemployment but little variation across generations. Thus White Irish, Black Caribbean, Black African, Indian, Pakistani/Bangladeshi and the "Other" category all have significantly higher rates of unemployment than the White British at the same stage in the life cycle and in the same period. Only the White Other and the Chinese groups (again in both generations) show unemployment rates similar to or lower than those of the White British. Generational differences are rather small with the same pattern in both generations of the Black African, Black Caribbean and Pakistani/Bangladeshi groups exhibiting the greatest disadvantages.

In Model 2 we then include measures of highest qualification and marital status. Both variables operate in the expected way, with higher qualifications protecting against unemployment and the never married having the highest risks of unemployment. As other research has shown, controlling for educational qualifications accounts for a small amount of the Black Caribbean and Pakistani/Bangladeshi disadvantage (since these groups tend to be somewhat less well-educated than the reference group) but in the case of the more highly educated groups, especially Black Africans, the estimates of ethnic disadvantage actually increase in model 2 (Cheung/Heath 2007). Model 2 then gives the standard picture of "ethnic penalties" but with Black Africans now showing the largest ethnic penalty in the second generation, and with very little difference in the magnitude of the ethnic penalties across generations. There is certainly no general tendency for these penalties to be lower in the second generation: the only statistically significant difference between generations is for the Pakistani/Bangladeshi group where the ethnic penalty is significantly higher in the second generation than in the first.

Figure 2 provides a graphical display of the magnitude of the ethnic penalties in the two generations. We calculated the predicted probabilities of unemployment in the 1997-2005 period for married men with secondary educational qualifications and with ten to fifteen years of potential labour market experience.[2] So on the y-axis we show the predicted probability of unemployment, and on the x-axis we array our seven minority ethnic groups (excluding the residual "Other" group), ranked in order of their unemployment. For each ethnic group we show two predictions, one for the first generation (in the upper panel) and one for the second generation (in the lower panel). The horizontal line shows the predicted unemployment rate for White British men of 4,3 percent. The predictions can be thought of as representing the ethnic penalties experienced by a "typical" man in mid-career in the most recent period.

Two points stand out. First, the ethnic groups divide into two, with people of Black African, Black Caribbean and Pakistani/Bangladeshi ancestry on the one hand showing very much higher ethnic penalties than the other groups and the groups of Indian and Chinese ancestry lying much closer to the White British, White Irish and

---

[2] These predicted probabilities are calculated from Model 6 rather than from Model 2 since Model 6 provides the most detailed set of controls. We have followed this practice of deriving probabilities from Model 6 in all the subsequent figures too.

White Other groups. This is not a simple split between "visible" and "non-visible" minorities, nor is it a simple split between those from developed and from developing countries. There is also a considerable range of ethnic penalties, with the Black Africans having unemployment rates almost three times that of the White British, and the Black Caribbean and Pakistani/Bangladeshi groups having rates that are around twice as high as the White British one.

Second, *Figure 2* brings out clearly that the unemployment rates for a "typical" man were very similar in the two generations. For example, second-generation Black Caribbeans with secondary education and 10-15 years of labour market experience were predicted to have an unemployment rate of 10,0 percent compared with 9,7 percent for the first generation and only 4,3 percent for a White British man of the same experience and education. There is thus no sign of a generational process of "catching up".

b) *Trends over the life-cycle.* In Model 3 we then fit interactions with labour market experience in order to test whether life cycle effects vary across the different ethno-generational groups. Specifically, we are interested in testing whether the first generation groups catch up with the White British majority group (having started, we assume, well behind). We are also interested to see whether the second generation experience the same life cycle processes as the majority population. On theoretical grounds, since they are either native-born or have British qualifications, we expect them to show similar progress across the life cycle as the White British. We therefore add sixteen interaction terms, one for each ethno-generational group, with the linear term for labour market experience.

Here we see a rather striking pattern with positive interaction terms for every first generation group (statistically significant in four cases). In effect what this means is that, contrary to the conventional wisdom (which is based on research on earnings, not unemployment), the first generation were not especially disadvantaged at the beginning of their careers in the labour market, but then actually showed less progress across the life cycle, than did comparable members of the majority population. So far from "catching up", what we actually see here is a pattern of "falling behind". This pattern is particularly striking in the case of the Pakistani/Bangladeshi group.

Figure 3 shows this pattern graphically. We show years in the labour market on the x axis and separate lines for our main ethno-generational groups. Again we focus on predictions for married men with secondary qualifications in the third period. As before we show separate lines for the first and second generations in the upper and lower panels respectively.

In the case of the first-generation men we see rather clearly that, at early stages of the labour market career, the Pakistani/Bangladeshi group has unemployment rates of 8 or 9 percent, only a little above those of the White British. However, over the course of the life cycle the White British unemployment rate falls to around 3 percent while the first generation Pakistani/Bangladeshi rates remain around 8 percent or even higher, thus gradually diverging from the White British over the life cycle. In contrast, the White Irish, White Other, Indian and Chinese ancestry groups all follow life-cycle trajectories close to those of the White British.

Figure 3: Predicted probabilities of unemployment for men: life cycle effects

Predicted probability of being unemployed for 1st generation men

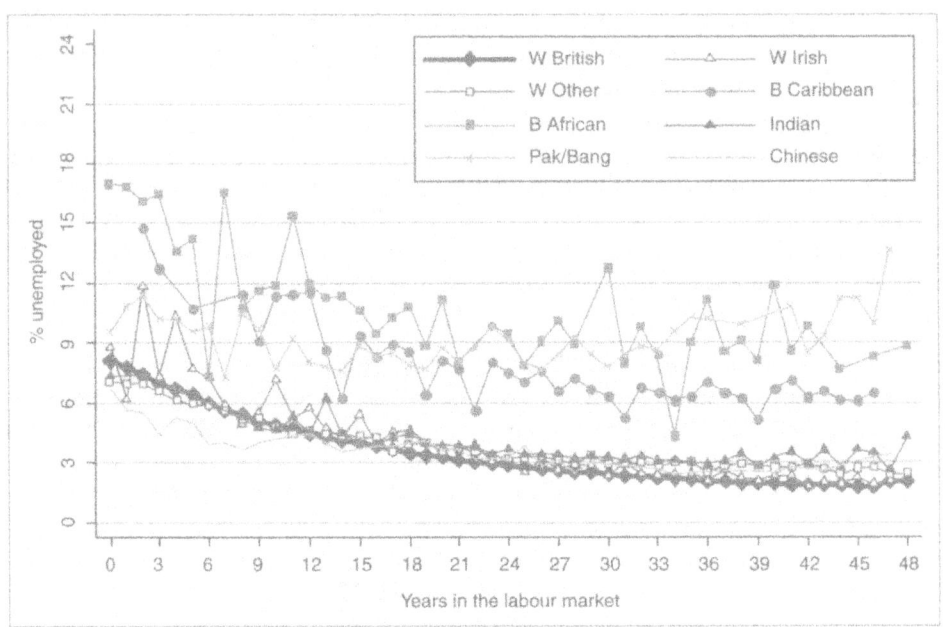

For married men with secondary education (1997-2005).

Predicted probability of being unemployed for 2nd generation men

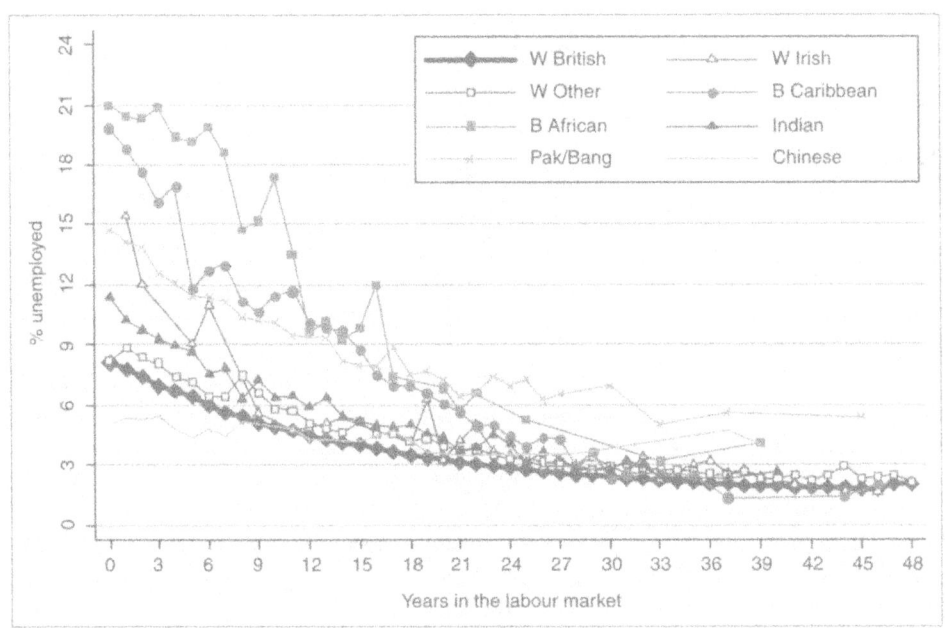

For married men with secondary education (1997-2005).

This result is not perhaps quite so counter-intuitive as it at first appears. The first-generation Pakistani/Bangladeshi group were classic labour migrants who came in search of work and were often under familial obligations to send remittances home. As has often been noted, these labour migrants were willing to do the jobs that members of the majority population were unwilling to do at the low wages on offer. Hence the relatively high rates of employment for these labour migrants, and their low wages, are quite understandable. Also understandable is their inability to make the same progress over the life cycle that the majority population make since many of them will have been limited by language difficulties and the like. This pattern of a relatively high initial employment rate but limited progress thereafter is not so evident for some of the other groups such as the Black Africans who were not composed to the same extent of labour migrants. Black Africans have for example been typified as "students who stayed on" (Daley 1996), and with their high initial qualifications they certainly do not fit the standard picture of labour migrants.

In contrast, in the second generation we see that most groups now follow the same kind of trajectory over the life cycle as the White British, with their risks of unemployment decreasing over the life cycle albeit from very different starting levels. However, while the unemployment rates for the White Irish, White Other and Indian groups rather quickly converge with the White British rates, the second-generation Black Caribbean, Black African and Pakistani/Bangladeshi groups continue to have significantly higher rates than the White British even after twenty years in the labour market.

The "labour migrant" pattern of high initial employment but limited progress thereafter does not therefore seem to operate for any of the second-generation groups. For most second-generation groups life cycle processes seem to operate in much the same way as for the majority population. What marks some groups out is their higher risk of unemployment at all stages of their labour market career.

c) *Returns to education.* In Model 4 we explore a further process of generational catching up. We test whether there is a significant interaction between generation and the returns to education. It has often been suggested that, because of their foreign qualifications, the first generation will have lower returns to education while the second generation, with their domestic qualifications, will experience the same kinds of return on their educational investments as do the majority population (Heath/Cheung 2007). Again we fit sixteen interaction terms, one for each ethno-generational group (with education treated as a continuous variable for the sake of parsimony). Our expectation is broadly confirmed for the first-generation groups, five of whom show significantly lower returns to education. Most second-generation groups on the other hand have similar returns to education as the White British men. The patterns are shown graphically in *Figure 4*.

Once again, we see the familiar pattern of first-generation Black Africans, Black Caribbeans and Pakistanis/Bangladeshis having higher unemployment rates at all educational levels. But the striking feature here is that, in the case of first-generation men, the percentage point gaps are very similar at all levels of education. Thus there is a gap of around six percentage points between the Black African and White British rates for men with primary qualifications and a similar gap for those with degree qualifications. Whereas among the White British higher qualifications protect against the risks of un-

Figure 4: Predicted probabilities of unemployment for men: educational effects

Predicted probability of being unemployed for 1st generation men

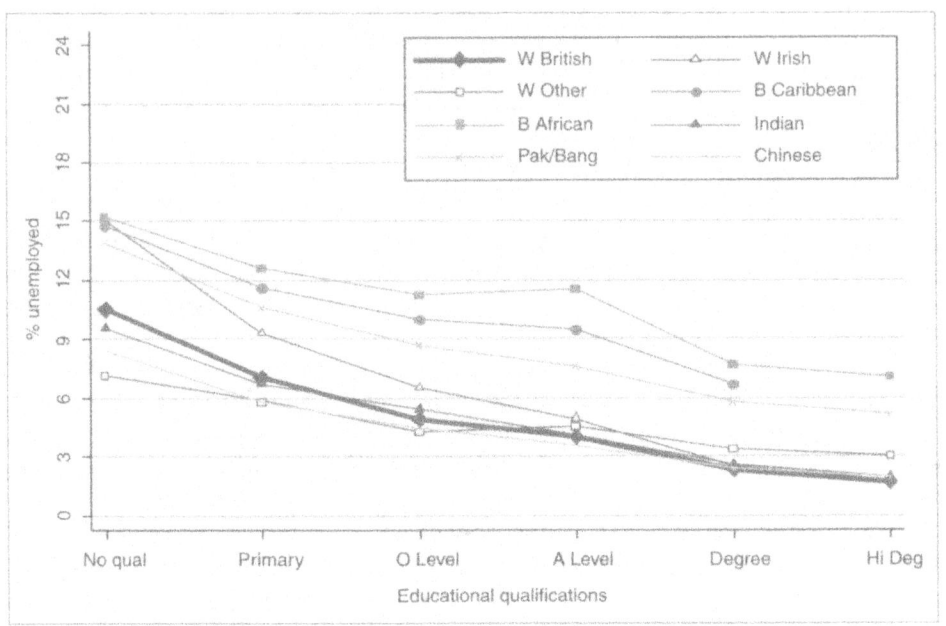

For married men with 10-15 years' experience in the labour market (1997-2005).

Predicted probability of being unemployed for 2nd generation men

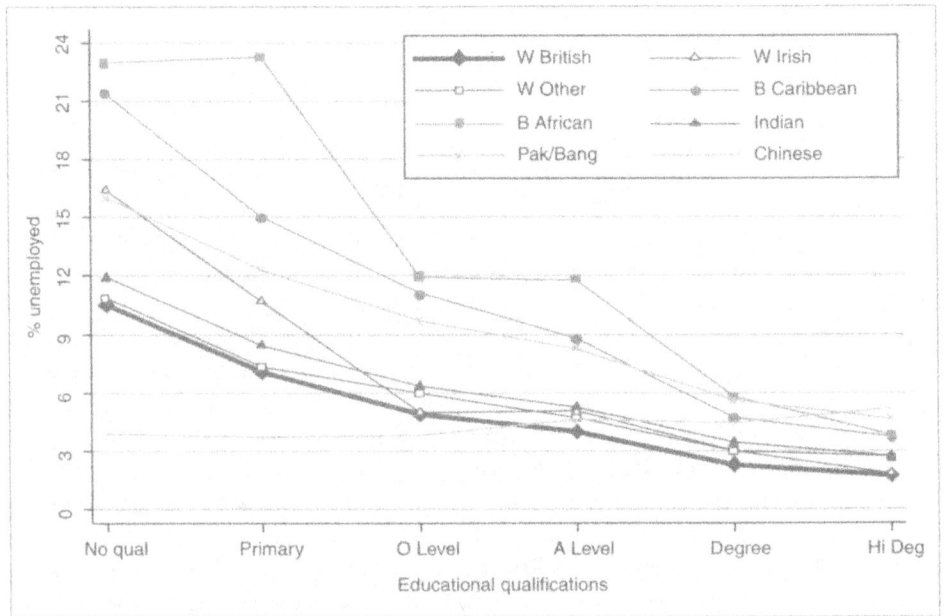

For married men with 10-15 years' experience in the labour market (1997-2005).

employment, this is much less true for first-generation Black Africans, Black Caribbeans and Pakistanis/Bangladeshis.

In the case of second generation men, however, there is a clear narrowing of the gap as we move from lower to higher qualification levels. This gradual narrowing is what we would expect given the likelihood of "floor" and "ceiling" effects and represents the normal profile. One surprising finding is that second generation Chinese men with low qualifications have considerably lower risks of unemployment than the White British but then "cross over" and have higher risks of unemployment than the White British at tertiary levels of education. Possibly, this might reflect polarization within the Chinese community: "poorly qualified Chinese might well be willing to take low-skilled work within the enclave economy whereas the highly qualified might be unwilling to follow in their parents" footsteps and might insist on professional-level employment (Cheng 1994).

d) *Trends over historical time.* In Model 5 we then move on to the process of catching up over historical time. Note that for the interaction term we treat period as a continuous variable although we continue to treat period as a categorical term for the main effect. In effect, then, the interaction term tells us whether there is a gradual catching up process over time operating alongside the general increase in unemployment rates that occurred for all groups alike in the middle period. We follow exactly the same strategy as before, fitting sixteen interaction terms, one for each ethno-generational group. Here our expectation is that, for both first and second generation, general processes of reducing discrimination and racial prejudice will tend to equalize the "ethnic minorities" chances in the labour market with those of the majority population. What we are looking for, therefore are negative interaction terms, at least for those groups that had higher unemployment risks in the earliest period.

However, we find only three significant interactions with period, all three being positive indicating increasing risks of unemployment over time. Two of these interactions involve Black Africans, while the third involves the heterogeneous "Other" category. Here we have to be a little careful as there may well be unmeasured compositional changes in the nature of these groups across time. This is likely to be true for the Black African group, which is itself a highly heterogeneous category comprising many different ethnicities. For example, early arrivals from Africa might have come more from West Africa while more recently might have been refugees from East African countries such as Somalia. The impression of a deteriorating situation for Black Africans may instead, then, reflect a tendency for refugees in general, and perhaps Somalis in particular, to be especially disadvantaged. On balance, then, we incline to the conclusion that there has been little change overall in the position of ethnic minorities in the British labour market right across our thirty-four year period.

An alternative hypothesis about period effects is that the effects of labour market conditions on ethnic minority unemployment are hypercyclical. That is to say, rather than any continuing linear trend towards equalization of unemployment risks, ethnic minorities might have greater risks of unemployment when the labour market is very slack (as in our middle period) and relatively lower risks when the labour market is tight and there is greater demand for labour. As we saw earlier, there was some evidence for this pattern in *Figure 1*. To test this formally we include, in addition to our

Figure 5: Predicted probabilities of unemployment for men: period effects

Predicted probability of being unemployed for 1st generation men

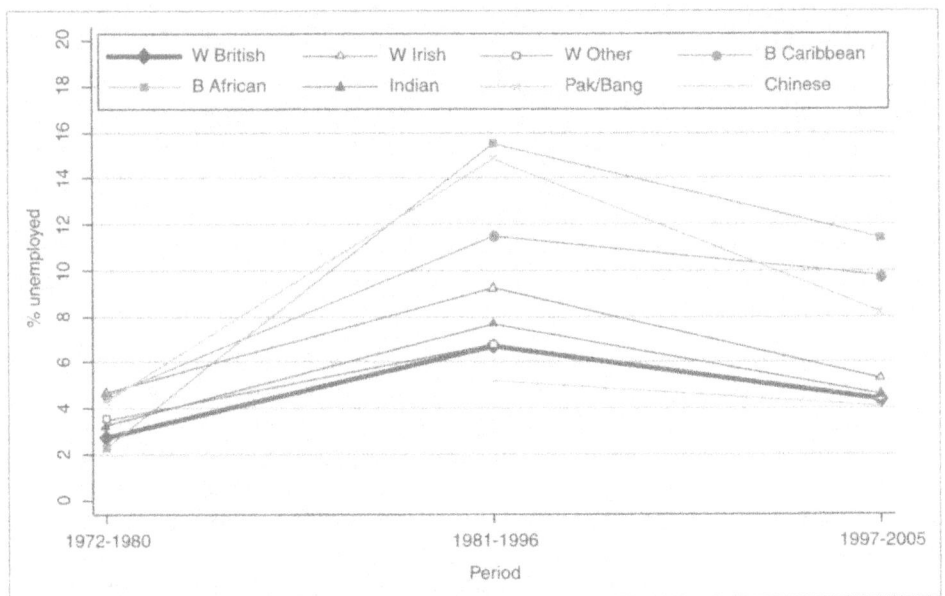

For married men with secondary education and 10-15 years in the labour market.

Predicted probability of being unemployed for 2nd generation men

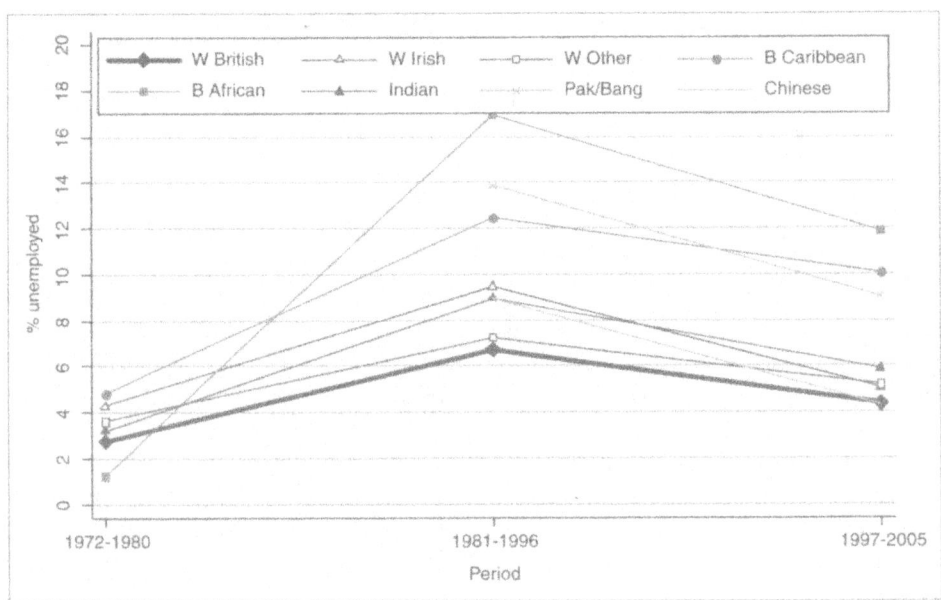

For married men with secondary education and 10-15 years in the labour market.

main period effects, a measure of the regional unemployment rate in the relevant year and an interaction between this measure and ethnicity. The results are shown in model 6 and are graphically displayed in *Figure 5*.

If the period effect on ethnic minority unemployment is hypercyclical, then we expect to find positive interactions terms, and this is exactly what we do find. Only four of the interaction terms are significant, and in all four cases they are positive. It is particularly striking that two of these significant effects are for the Black Africans. *Figure 5* shows clearly the net unemployment rates rising for all groups alike in the middle period, and rising particularly rapidly for the Black Africans, before declining in the third period. Moreover even in the third period the ethnic penalties are in absolute terms larger than in the first period: whereas the percentage point gaps in the first period were only around a couple of points, the gaps reach six points or more in the third period for the three most disadvantaged groups.

e) *Conclusions (for men)*. Our main conclusions for men, therefore, are that

– the generational changes have been small or nonexistent with the same pattern of large ethnic penalties for the Black African, Black Caribbean and Pakistani/Bangladeshi groups in both generations;
– there is no general tendency for the first generation to catch up over the life cycle – indeed the reverse holds for the classic labour migrant group of Pakistanis and Bangladeshis;
– the first generation groups (apart from the Indian, Chinese and White Irish) all tend to have lower returns to education;
– there has been no general narrowing of the gap over historical time, although at least for some groups unemployment does seem to be hypercyclical.

3. Statistical modelling of unemployment: women

Do the same patterns also hold for women? To answer this question *Figure 3* (in the appendix) shows the same sets of analyses for women. The results of Models 1 and 2 are similar to what we would have expected from previous research, with most minority groups, both in the first and second generations having significantly higher risks of unemployment than the majority population. As with men, we also find little change across generations. In the second generation, we find that four of our groups, Black Caribbean, Black African, Indian, Pakistani/Bangladeshi and Other, all have significantly higher risks of unemployment than the majority population.

Figure 6 shows the predicted probabilities in the most recent period for married women with secondary education and 10-15 years potential labour market experience. Overall the magnitudes of the ethnic penalties are very similar in the first and second generations with the Black African and Black Caribbean having unemployment rates over 8 percent in both generations (compared with the White British rate of 3,4 percent). As with men, there is no significant decline in the ethnic penalties across generations.

Figure 6: Predicted probabilities of unemployment for women: generational effects

Predicted probability of being unemployed for 1st generation women

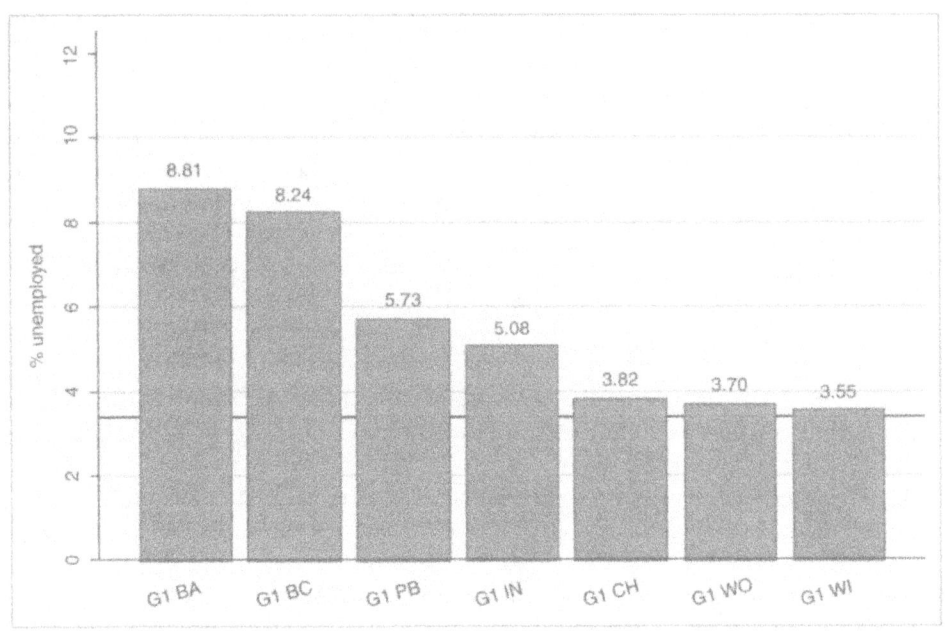

For married women with secondary education and 10-15 years' LM experience (1997-2005): WB = 3,4%.

Predicted probability of being unemployed for 2nd generation women

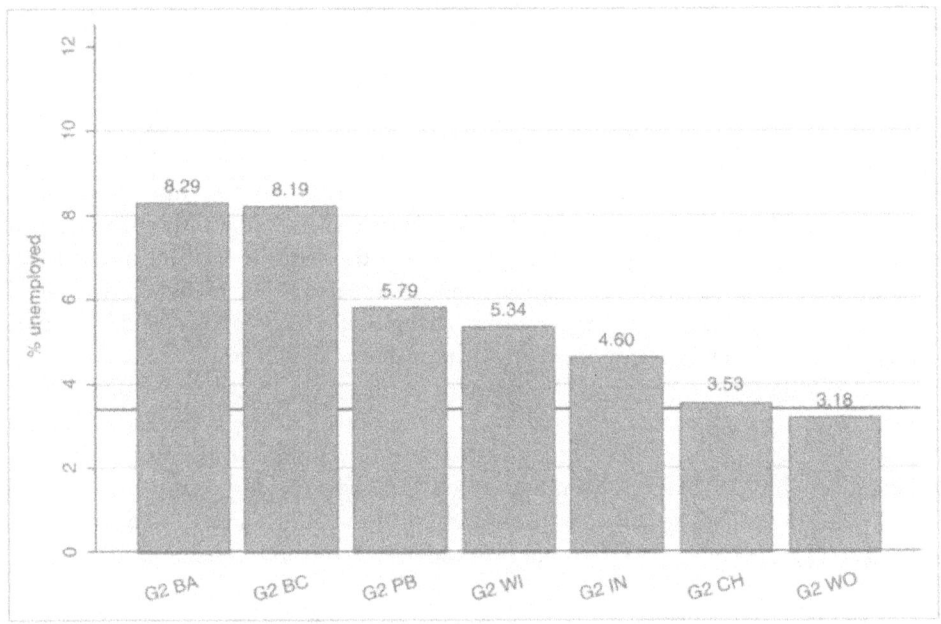

For married women with secondary education and 10-15 years' LM experience (1997-2005): WB = 3,4%.

Turning to life cycle processes, we find only one significant interaction and therefore cannot reject the null hypothesis that life-cycle processes operate in the same way for minority women in both generations as they do for White British women. This can be seen clearly in *Figure 7* which shows unemployment risks gradually declining over the life cycle for all groups of women.

It is not entirely clear why the patterns should be so different for first-generation women from those of first-generation men. One must remember, however that our measure is of potential years in the labour market rather than actual years in the labour market, and for many women (from all ethnic groups including the White British) there will be substantial periods outside the labour market because of childcare.

In the case of the interactions with education, however, the pattern is quite similar to that for men, with many positive signs for the interaction terms, indicating lower returns to education. As with men this is a phenomenon primarily affecting the first generation.

Figure 8 also shows that, among the first-generation women, some of the less qualified ones actually have lower risks of unemployment than the White British although the gap reverses at higher levels of education. We observe this pattern in the Chinese, Pakistani/Bangladeshi and Indian groups, all of whom have significant ethnic enclaves and opportunities for employment by co-ethnics, albeit in low-skilled low-pay jobs. This is also consistent with much of the ethnographic literature. It is also striking that this pattern does not hold for the Black Caribbeans or the Black Africans, two groups that in Britain are generally held not to have ethnic employment enclaves (and indeed have rather low rates of self-employment generally, see Li 2007). While of course we cannot directly confirm the ethnic enclave interpretation from these data, it does seem to make good sense of our pattern of results.

We also find very similar results for women as for men when we move on to the over-time trends. As with men, there are very few significant interactions with historical time and the two that are significant are positive, indicating increasing risks of unemployment, relative to the majority population in the later two periods. Once again these positive interactions involve the heterogeneous groups of Black Africans and Others, and so the changing ethnic composition of these groups may well be the root cause of the trend.

Finally, there is little evidence that the hypercyclical pattern found for men also applies to ethnic minority women. Only one of the interaction terms with unemployment rate is significant (although as with men it involves Black African women). *Figure 9* shows the predicted probabilities for our three time periods, the main story being that, in both generations, Black African, Black Caribbean, Indian and Pakistani/Bangladeshi women were all at greater risk of unemployment than were their White British peers.

Our main conclusions for women, therefore, are that

– just as in the case of men, the generational changes for women have been rather small or non-existent with the same pattern of large ethnic penalties for the Black African, Black Caribbean and Pakistani/Bangladeshi groups in both generations;

Figure 7: Predicted probabilities of unemployment for women: life cycle effects

Predicted probability of being unemployed for 1st generation women

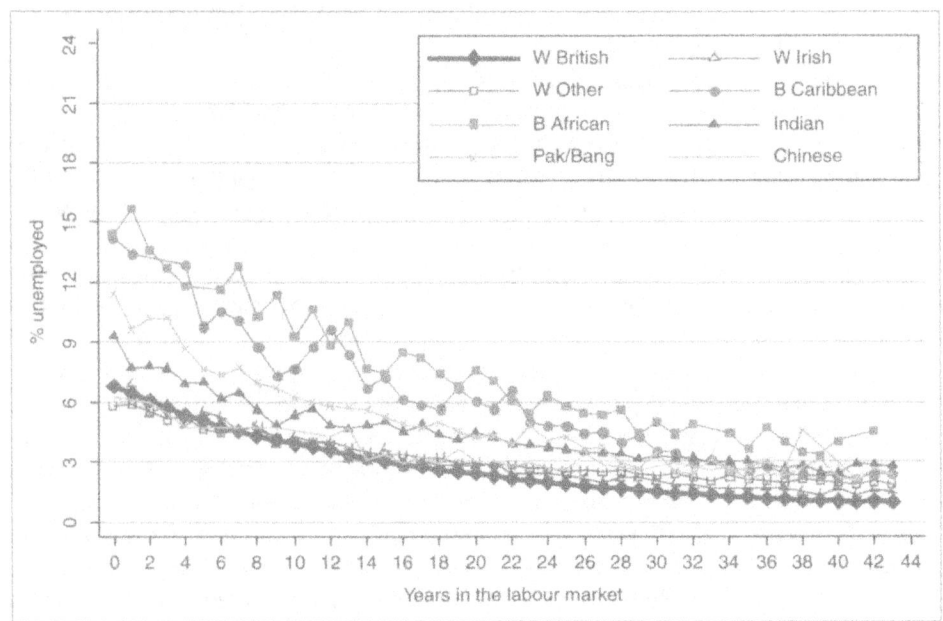

For married women with secondary education (1997-2005).

Predicted probability of being unemployed for 2nd generation women

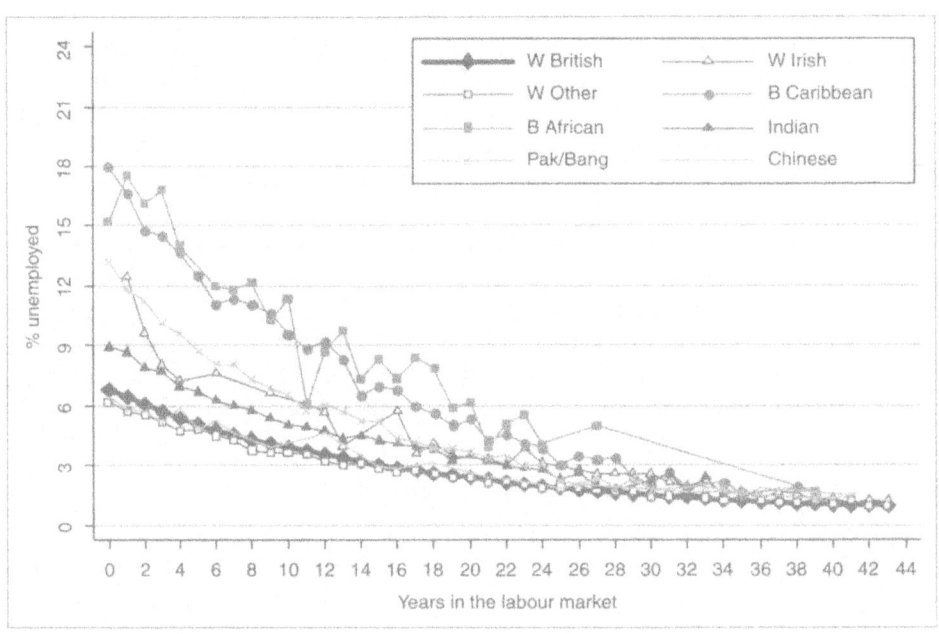

For married women with secondary education (1997-2005).

Figure 8: Predicted probabilities of unemployment for women: educational effects

Predicted probability of being unemployed for 1st generation women

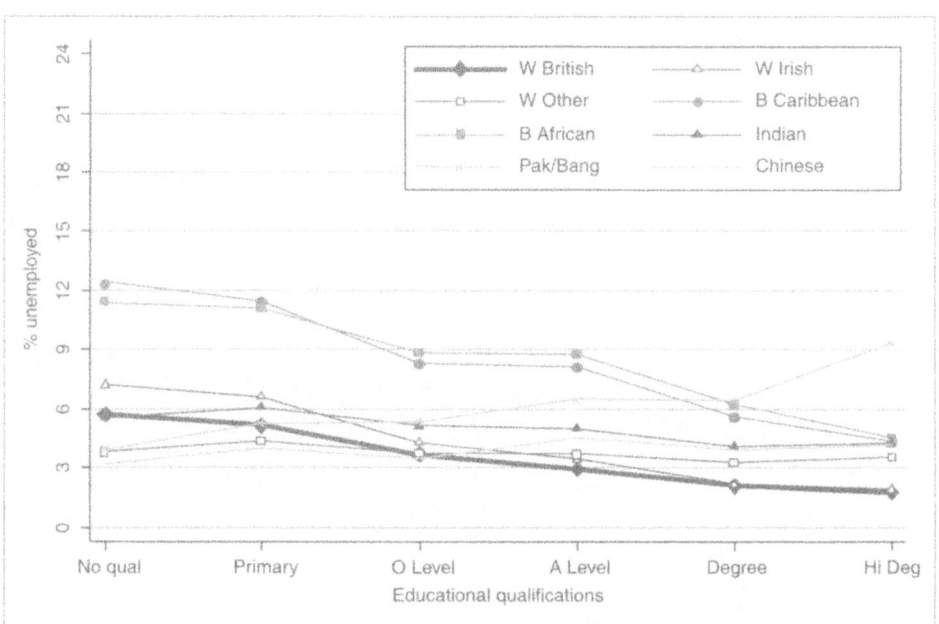

For married women with 10-15 years' experience in the labour market (1997-2005).

Predicted probability of being unemployed for 2nd generation women

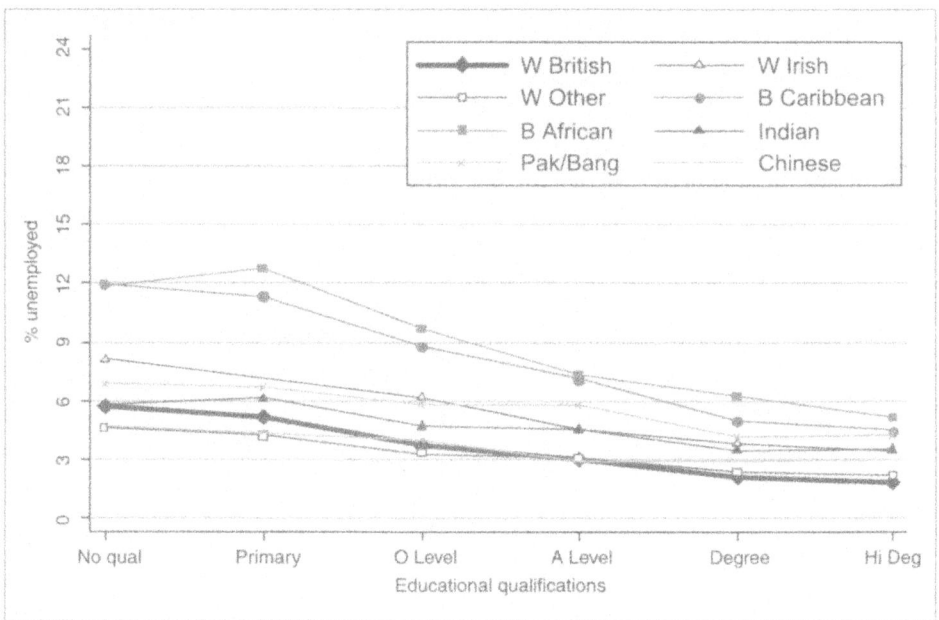

For married women with 10-15 years' experience in the labour market (1997-2005).

Figure 9: Predicted probabilities of unemployment for women: period effects

Predicted probability of being unemployed for 1st generation women

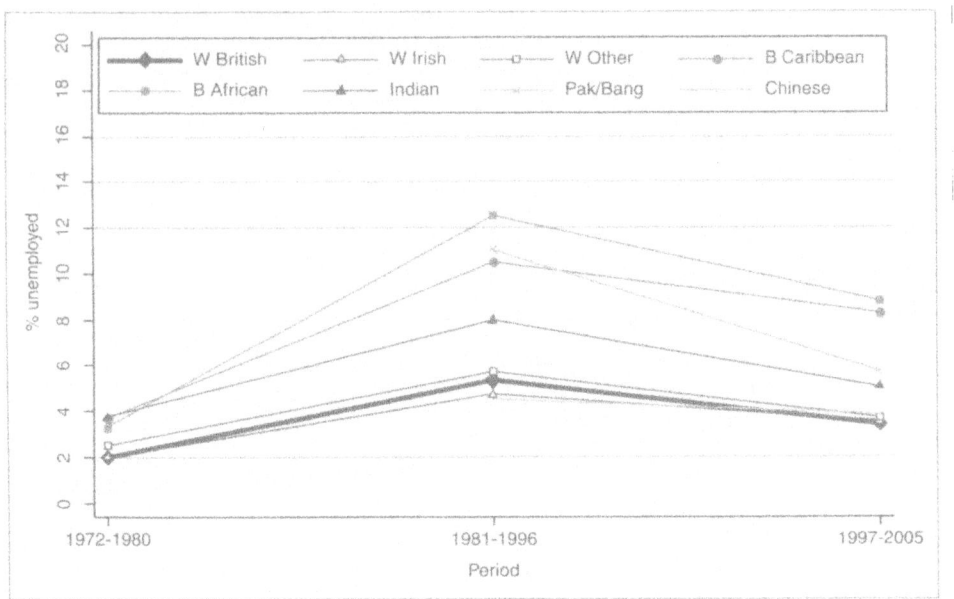

For married women with secondary education and 10-15 years in the labour market.

Predicted probability of being unemployed for 2nd generation women

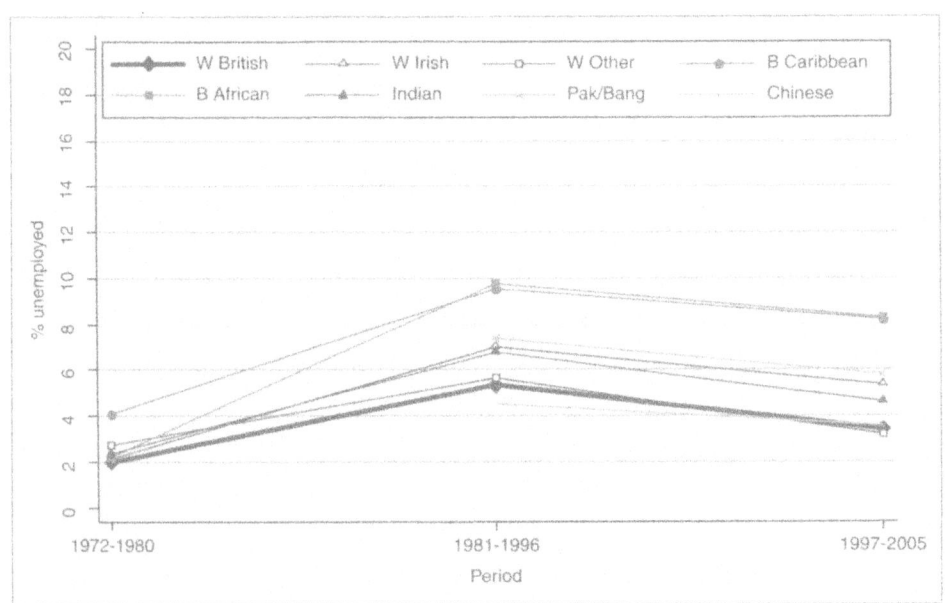

For married women with secondary education and 10-15 years in the labour market.

- as with men, the first-generation women tend to have lower returns to education than do their White British peers, but in some cases this is associated with low risks of unemployment (perhaps associated with the enclave economy) for poorly-qualified minority women;
- as with men, there has been no general narrowing of the gap over historical time;
- but unlike the case of minority men, first-generation minority women seem to have the same life-cycle pattern of unemployment risks as do the White British.

IV. Discussion

We have, in this paper, used the most authoritative data source from the GHS/LFS with all key variables standardised and the data spanning a long period of thirty-four years. We have focused on the unemployment risks experienced by first and second generation minority ethnic groups in the British labour market. Our analysis has been conducted in the framework of disclosing life cycle, generation and period effects, and the ways in which these vary for the different minority groups, while also taking into account indicators of human capital.

Perhaps the most striking conclusion is the persistence of substantial ethnic penalties for migrants and their descendants, both men and women, of Black African, Black Caribbean, Pakistani and Bangladeshi ancestry. In contrast the White Irish, White Other and Chinese groups experienced little in the way of ethnic penalties (and little change over time). The Indians fell in between, although generally with rather modest disadvantages compared to their White British peers.

It is particularly noticeable that, for the three main disadvantaged groups, there was no sign whatsoever of inter-generational improvement nor of any progress across historical time. In the case of life-cycle processes we even found rather surprising but compelling evidence of "falling behind" rather than catching up for the first generation men. However, we did see evidence of what might be termed convergence across generations in two respects: the second generation tended to have similar returns on their education, and similar life-cycle profiles, as did the White British. To be sure, this also meant that the disadvantaged Black Africans, Black Caribbeans and Pakistanis/Bangladeshis were more or less equally disadvantaged, relative to the White British, at all stages of the life cycle and at all levels of education.

The absence of any generational improvement is particularly surprising, given the advantages that the second generation have over the first in terms of language fluency and British qualifications. One possibility here is that lack of language fluency or British qualifications were partly compensated for, at least with respect to employment, by the willingness of the migrant generation to take low paid jobs or to work in the enclave economy. A possible explanation for the failure to catch up across generations might be that the first generation had what economists term lower "reservation wages" than the native-born British. These low reservation wages would have masked their other disadvantages in the labour market such as lack of fluency in English, lack of British qualifications, and so on. However, the second generation will likely have similar expectations to their White British peers and similar conceptions of reservation wages. In other words, the first generation, particularly members of the migrant labour groups, may not have expected to be treated in the same ways as the White British or to have the same opportunities, and their comparative reference group might be their families, co-ethnics and peers in their country of origin. But this will not hold for the second generation, who will expect to be treated like their White British peers. Changing frames of reference between the first and second generations may therefore help to explain the absence of inter-generational progress.

The absence of any "catching up" over the life cycle of the first-generation men is one of our most striking and unexpected findings, and is in contrast to the usual finding of catching up in terms of income over the life cycle. Again, however, we can perhaps make sense of it in terms of the distinctive frames of reference of the labour migrants. Changing frames of reference might also explain some of the life cycle processes. Just as the second generation might come to have different frames of reference from the first generation, so might the first generation develop different frames of reference the longer they remain in Britain. Expectations about the kind of wage that was acceptable might gradually assimilate to that of the White British the longer they remained in Britain. It should also be noted that there might be some selection effects, since we do not have an actual panel study, with some new migrants later returning to their countries of origin and those who remained longer in Britain being perhaps less oriented to their home countries and with higher reservation wages. Length of residence might also increase familiarity with, and eligibility for, the British social security system and the ability to secure benefits when out of work.

Turning to trends over historical time, we suggested in the introduction that we might expect some narrowing of gaps over time because of the passing of anti-discrimination legislation and the gradual development, especially among younger people, of tolerance and an ethos of multiculturalism. But the anticipated narrowing of the gaps over historical time has not occurred. This suggests that legislation, official ethos and indeed public attitudes may be very weak drivers of change.

In addition, it may well be that any improvement in the treatment experienced by minorities has been matched by rising expectations on their part about the standards of fair treatment to which they are entitled. Legislation outlawing racial discrimination may not only affect the behaviour of white employers but may also affect the expectations of minority workers. Increased contact between minorities and majorities may increase tolerance but may also lead to a convergence in expectations. In other words, there may be a revolution of rising expectations over time.

In the introduction we suggested that, partly on the basis of American experience, we might expect to find differences in the rates at which various minorities caught up across the life cycle, across generations and across historical time. In particular we expected that culturally more distant groups (for example those where many members lacked fluency in the English language) would experience less progress across the life cycle, that groups with lower levels of human capital (for example migrant workers from less developed countries) might make lower progress across generations and that Muslims in particular might make less progress across historical time because of the rise of anti-Muslim sentiment among the white majority.

In practice, however, we found very few significant interactions between ethnicity and these life-cycle, generational or historical processes. While Pakistani/Bangladeshi men did in fact fare worse in the second generation than in the first (unlike all the other groups where there was no significant difference between first and second generations), the difference was as *Figure 2* shows substantively very small. While the difference is in the predicted direction, the much more important part of the story is the continued presence of major ethnic penalties for Black Caribbeans and Black Africans as well as for Pakistanis and Bangladeshis in both generations.

Even more strikingly, we found no evidence at all that the main Muslim group of Pakistanis and Bangladeshis has fallen behind over historical time. To be sure there was some evidence that the situation had worsened for Black Africans, some of whom will be Muslims, but a more plausible interpretation is that there had been compositional changes within this heterogeneous group.

Only in the case of life-cycle processes and returns to education, and then only really for first-generation men, do we find clear evidence of ethnic-specific processes at work. The key finding is one of persistent disadvantage for Black Africans, Black Caribbeans and for Pakistanis and Bangladeshis at all stages of the life cycle, at all levels of education and in all three time periods.

How are we to account for these patterns? One possibility is that there is more discrimination against the Black Africans, Black Caribbeans and Pakistanis/Bangladeshis than there is against Indians and Chinese. It is likely that racial discrimination is wide-spread in Britain, but it is not at all clear that Indians suffer less discrimination than Pakistanis. While there have been no recent field experiments that would permit a rigorous test of this, self-report evidence indicates that Indians, Black Caribbeans and Pakistanis experience rather similar levels of discrimination (Heath/Cheung 2006). We think it is more likely, then, that the Indians and Chinese have other features, perhaps community structures and enclave economies, that allow them to offset discrimination.

As we have noted throughout this paper, processes may operate rather differently for the classic migrant worker groups and for other groups who were "human capital rich". While all groups alike probably include some less-skilled migrant workers, it is probably fair to say that both the Chinese and Indian groups included proportions of highly-qualified migrants and of entrepreneurs who could take the lead in developing ethnic enclave economies. This would have been particularly true for the East African Indians many of whom held dominant positions in the African economy prior to independence and were expelled from these countries following independence and Africanization. Both Indians and Chinese may thus have benefited from ethnic enclave economies which might have provided the employment opportunities denied to members in the wider economy.[3]

---

3 Further analysis confirms this hypothesis. Constructing a variable for annual proportion of non-White self-employed by region as a contextual variable for ethnic enclave and including this in an interaction with ethno-generation, we find, controlling for all other variables in Model 6, that where there is a high concentration of ethnic entrepreneurship, second-generation Indian men were less likely to be unemployed whereas the two Black groups and the Pakistani/Bangladeshi men of both generations were, if anything, more likely to be unemployed. Data are not presented but are available on request.

In addition, the fact that Indian and Chinese communities are socially and occupationally more diverse, with highly qualified members as well as low skilled ones, may have other benefits for their members in addition to the provision of employment opportunities in ethnic businesses. Wilson has powerfully suggested the importance of community leaders and community structures in the context of African American disadvantage and recent discussions of social capital suggest further possible mechanisms. Our focus here would not be so much on the social capital that bridges the minority/majority divide as on that which, within the ethnic community, bridges high-skilled and low skilled members and hence can provide assistance to the more disadvantaged members of the community.

Appendix 1: Variable construction in the GHS/LFS

As noted in the text, we pooled together all the GHS and the LFS datasets available in the UK Data-Archive (up to Jan. 2007). Thus all the GHS datasets from 1972 to 2005 and all the LFS datasets from 1983 to 2005 were used (there were insufficient ethnic data in the earlier years of the LFS). The LFS became quarterly with a panel structure from the spring season of 1992 onwards. As Wave 1 data are obtained from face-to-face interviews (Waves 2-5 were telephone interviews with about 30 percent proxy answers), the data are presumably more reliable. We pooled all wave 1 data in each season of each year from 1992 to 2005 and sorted out the files by year. Altogether, 110 datasets were used in the GHS/LFS series. The pooled data set has around 4.7 million records with nearly 420 thousand minority ethnic members. This, to our knowledge, is the largest, most systematic, and most carefully-constructed data source ever assembled covering a long period of thirty-four consecutive years, with all the key variables coded to be consistent over time.

The construction of COT (consistent over time) variables for the GHS/LFS surveys was an exceedingly difficult and time-consuming task, demanding meticulous care to detail. This is because 110 datasets were involved and most of them used different coding schemes in the original data sets. Sometimes, the variable names lack any indication of the content (such as var28 for sex in GHS 1983). Frequently, many seemingly similar variables were available for a theme of interest and one had to inspect the questionnaire, coding and patterns in the adjacent years to find out exactly which of these were to be used. Every key variable in every dataset thus had to be thoroughly checked and the results recorded. Tens of hundreds or even thousands of hours were spent on finding out each of the key variables and their categories in the original data sets, and to be coded in a harmonised way.

The variables selected for standardisation were those that we deemed to be essential for our analysis, such as ethnicity, generation status, age, marital status, educational qualifications, employment status, class, earnings from the labour market, number of children in family unit, limiting long-term illness, and hours of work. For ethnicity, we differentiated nine main groups: White British, White Irish, White Other, Black Caribbean, Black African, Indian, Pakistani/Bangladeshi, Chinese and Other (including "Mixed"). This kind of differentiation is more detailed than is available in most existing research on ethnic relations using quantitative data and it has enabled us to conduct a thorough investigation of the economic situation of the various minority ethnic groups in Britain in the period covered. The ethnicity variable, combined with the generation variable discussed in the text, produced the 17-category variable on ethno-generation used in this paper. With regard to years in the labour market, we used the formula [yearlm = age – tea] where tea (terminating education age) is set at 16 for people with less than or equal to O Level or equivalent, 18 for people with A Level or equivalent, 22 for people with first degree and 25 for people with higher degrees (Masters and/or PhDs).

We would like to take this opportunity to thank Jane Roberts, Nuffield College, Oxford University, for coding some of the data in the earlier GHS series.

References

Alba, Richard, 2005: Bright versus Blurred Boundaries: Second-generation Assimilation and Exclusion in France, Germany and the United States, in: Ethnic and Racial Studies 28, 20-49.
Alba, Richard D./Lutz, Amy/Vesselinov, Elena, 2001: How Enduring were the Inequalities among European Immigrant Groups in the U.S.?, in: Demography 38, 349-56.
Allport, Gordon W., 1954: The Nature of Prejudice. Reading, MA: Addison-Wesley.
Berthoud, Richard, 2000: Ethnic Employment Penalties in Britain, in: Journal of Ethnic and Migration Studies 26, 389-416.
Bobo, Lawrence D., 1999: Prejudice as Group Position: Microfoundations of a Sociological Approach to Racism and Race Relations, in: Journal of Social Issues 55, 445-72.
Borjas, George, 1985: Assimilation, Changes in Cohort Quality, and the Earnings of Immigrants, in: Journal of Labour Economics 3, 463-89.
Borjas, George, 1992: Ethnic Capital and Intergenerational Mobility, in: Quarterly Journal of Economics 107, 123-50.
Borjas, George, 1995: Ethnicity, Neighborhoods and Human Capital Externalities, in: American Economic Review 85, 365-90.
Card, David/DiNardo, John/Estes, Eugena, 2000: The More Things Change: Immigrants and the Children of Immigrants in the 1940s, 1970s, and 1990s, in: Borjas, George J. (ed.), Issues in the Economics of Immigration. Chicago: University of Chicago Press, 227-71.
Cheng, Yuan, 1994: Education and Class: Chinese in Britain and the United States. Aldershot: Avebury.
Cheung, Sin Yi/Heath, Anthony, 2007: Nice Work of You can Get it: Ethnic Penalties in Great Britain, in: Heath, Anthony/Cheung, Sin Yi (eds.), Unequal Chances: Ethnic Minorities in Western Labour Markets. Oxford University Press, 507-50.
Chiswick, Barry, 1978: The Effects of Americanization on the Earnings of Foreign-born Men, in: Journal of Political Economy 86, 897-921.
Chun, Hyunbae/Lee, Injae, 2001: Why do Married Men Earn More: Productivity or Marriage Selection?, in: Economic Inquiry 39, 307-19.
Daley, Patricia, 1996: Black-African: Students who Stayed, in: Peach, Ceri (ed.), Ethnicity in the 1991 Census. Volume 2. London: HMSO, 44-65.
Duleep, Harriet/Regets, Mark C., 1997: Measuring Immigrant Wage Growth Using Matched CPS Files, in: Demography 34, 239-49.
Dustmann, Christian/Fabbri, Francesca, 2003: Language Proficiency and Labour Market Performance of Immigrants in the UK, in: Economic Journal 113, 695-717.
Glenn, Norval D., 1977: Cohort Analysis. Beverly Hills: Sage.
Giles, Michael W./Evans, Arthur, 1986: The Power Approach to Intergroup Hostility, in: Journal of Conflict Resolution 30, 469-85.
Gordon, Milton, 1964: Assimilation in American Life: The Role of Race, Religion and National Origins. New York: OUP.
Hamberger, Jurgen/Hewstone, Miles, 1997: Enter-ethnic Contact as a Predictor of Blatant and Subtle Prejudice: Tests of a Model in Four West European Nations, in: British Journal of Social Psychology 36, 173-190.
Heath, Anthony, 2007: Ethnic Minority Disadvantage in Cross-national Perspective, in: Heath, Anthony/Cheung, Sin Yi (eds.), Unequal Chances: Ethnic Minorities in Western Labour Markets. Oxford University Press, 639-95.

Heath, Anthony/Cheung, Sin Yi, 2006: Ethnic Penalties in the Labour Market: Employers and Discrimination, Department for Work and Pensions, Research Report No 341. Published for the Department for Work and Pensions by Corporate Document Services, Leeds, in: www.dwp.gov.uk/asd/asd5/rrs2006.asp.

Heath, Anthony/Li, Yaojun, 2007: Measuring the Size of the Employer Contribution to the Ethnic Minority Employment Gap, Consultation Paper for NEP.

Heath, Anthony/McMahon, Dorren, 1997: Education and Occupational Attainments: The Impact of Ethnic Origins, in: *Karn, Valerie* (ed.), Ethnicity in the 1991 Census: Employment, Education and Housing among the Ethnic Minority Populations of Britain. London: HMSO, 91-113.

Heath Anthony/Rothon, Catherine/Kilpi, Elina, 2008: The Second Generation in Western Europe, in: Annual Review of Sociology 34, 211-235.

Heath, Anthony/Yu, Soojin, 2004: The Puzzle of Ethnic Minority Disadvantage, in: *Heath, Anthony/Ermisch, John/Gallie*, Duncan (eds.), Understanding Social Change. Oxford: Oxford University Press For the British Academy, 187-234.

Heckman, James, 1979: Sample Selection Bias as a Specification Error, in: Econometrica, 47, 153-162.

Kalter, Frank/Kogan, Irena, 2006: Ethnic Inequalities at the Transition from School to Work in Belgium and Spain: Discrimination or Self-exclusion?, in: Research in Social Stratification and Mobility 24, 259-74.

Leslie, Derek/Drinkwater, Stephen/O'Leary, Nigel, 1998: Unemployment and Earnings among Britain's Ethnic Minorities: Some Signs for Optimism, in: Journal of Ethnic and Migration Studies 24, 489-506.

Li, Yaojun, 2004: Samples of Anonymised Records (SARs) from the UK Censuses: A Unique Source for Social Science Research, in: Sociology 38, 553-72.

Li, Yaojun, 2007: Assessing Data Needs and Gaps for Researching Ethnic Minority Entrepreneurship, for the ESRC/DTI/CRE/EMDA, in: http://www.berr.gov.uk/files/file41029.doc.

Li, Yaojun/Heath, Anthony, 2008: Ethnic Minority Men in British Labour Market (1972-2005), in: International Journal of Sociology and Social Policy 28, 231-244.

Mason, William, M./Fienberg, Stephen E., 1985: Cohort Analysis in Social Research: Beyond the Identification Problem. New York: Springer-Verlag.

Model, Suzanne, 1999: Ethnic Inequality in England: An Analysis based on the 1991 Census, in: Ethnic and Racial Studies 22, 966-990.

Perlmann, Joel/Waldinger, Roger, 1999: Immigrants, Past and Present: A Reconsideration, in: *Hirschman, Charles/Kasinitz, Philipp/DeWind, Josh* (eds.) The Handbook of International Migration: The American Experience. New York: Russell Sage Foundation, 223-238.

Putnam, Robert D., 2007: E Pluribus Unum: Diversity and Community in the Twenty-first Century. The 2006 Johan Skytte Prize Lecture, in: Scandinavian Political Studies 33, 137-74.

Quillian, Lincoln, 1995: Prejudice as a Response to Perceived Group Threat: Population Composition and Anti-immigrant and Racial Prejudice in Europe, in: American Sociological Review 60, 586-611.

Rothon Catherine/Heath, Anthony, 2003: Trends in Racial Prejudice, in: *Park, Alison* et al. (eds.), British Social Attitudes, the 20th Report: Continuity and Change over Two Decades. London: Sage, 189-213.

Stouffer, Samuel, 1949: The American Soldier. Princeton, NJ: Princeton University Press.

Van Tubergen, Frank/Maas, Ineke/Flap, Henk, 2004: The Economic Incorporation of Immigrants in 18 Western Societies: Origin, Destination, and Community Effects, in: American Sociological Review 69, 701-24.

Wooldridge, Jeffrey, 2006: Introductory Econometrics: A Modern Approach. Mason, OH: Thomson Higher Education.

Correspondence: Prof. Dr. Anthony Heath, Nuffield College, New Road, Oxford OX1 1NF, UK
E-Mail: anthony.heath@nuffield.oxford.ac.uk

THE IMPACT OF THE PARTNER ON THE ECONOMIC INCORPORATION OF IMMIGRANTS

Household Specialization or Social Capital?*

Frank van Tubergen

Abstract: This study examines the role of the partner in the economic incorporation of immigrant men and women. It derives hypotheses from household specialization theory and social capital theory, leading to opposite expectations on the impact of the partner's labour-market resources and employment status. To test the hypotheses, the study relies on data from a repeated, cross-sectional household survey that has been designed to examine four important ethnic minority groups in the Netherlands (Turks, Moroccans, Surinamese and Dutch Antilleans). The results do not support the theory of household specialization but are mostly in line with social capital theory. Most notably, it appears that immigrants with a partner who has obtained a high education in the country of origin and the Netherlands are more likely to be employed and have a higher status job. The positive role of partner's education yields for both men and women and persists even when immigrants own education and other skills are taken into account.

I. Background

Ethnic inequalities in the labour market have received ample attention in the literature (e. g. Van Tubergen et al. 2004). Studies on the economic performance of immigrants started with Chiswick's well known study on immigrants in the United States (Chiswick 1978), and many studies on economic assimilation have been done thereafter, on different ethnic groups and in different nations (Borjas 1994). Although there are differences among ethnic groups and nations (Van Tubergen 2006), most studies find that many immigrants are at an economic disadvantage at the moment of arrival in the host country compared to natives, but that the immigrant-native gap decreases with years of residence (Borjas 1994).

The declining gap is often interpreted in terms of human capital accumulation. At arrival, many immigrants lack host-country specific skills, most notably proficiency in the host language and educational qualifications obtained in the host nation, which are necessarily to participate in the labour market and to get a good job. Immigrants are assumed to invest in these skills, and hence to improve their resources and economic

---

* This study was made possible by a grant from the Netherlands Organisation for Scientific Research (NWO, 451-05-008). I would like to thank Frank Kalter, Yinon Cohen, Bernhard Nauck, Ineke Maas, Borja Martinovic, Agnieszka Kanas, Richard Zijdeman, and Wim Jansen for helpful comments on an earlier version of this article.

position over time. Research findings, indeed, show that many immigrants gradually learn the language (Chiswick/Miller 2001), obtain additional schooling (Van Tubergen/Van de Werfhorst 2007) and that those with better command of the host-country language (Chiswick/Miller 2002) and with host-country specific schooling (Bratsberg/Ragan 2002; Friedberg 2000; Kanas/Van Tubergen 2007; Zeng/Xie 2004) are better incorporated economically.

Some research findings, however, suggest that the conclusions on individual postmigration investments and economic assimilation are restricted to male immigrants. Research on the economic incorporation of immigrants has typically focused on men, not women. An early exception is the work of Long (1980). In a replication of Chiswick's (1978) seminal work, Long used the same data, methods, and models to analyze the economic mobility of immigrant females. Interestingly, he found that the economic mobility of immigrant women differs from that of men. His results showed that the relative earnings of immigrant women are rather high shortly after arrival and that their relative earnings somewhat decline with length of stay in the United States. As a consequence, his findings are at odds with the assumption that immigrant women are clearly disadvantaged at arrival, then invest in language and education, and as a result of these investments improve their economic standing.

Confronted with the surprising results on the economic mobility of immigrant women, Long suggested the possibility of *partner effects*. Rather than assuming that the economic mobility of immigrant men and women develops independently, Long (1980) argued that immigrant spouses affect each others occupational career. His idea has been tested recently in the economics literature (Baker/Benjamin 1997; Cobb-Clark 2004; Duleep 1998; Duleep/Dowhan 2002). In this article, I contribute to these recent studies on partner effects on the economic performance of immigrants, in two ways. First, I provide a *more direct test* than in previous empirical work of the economic theory of partner effects, i. e., the so-called 'family investment hypothesis', which was suggested by Long (1980) and more recently developed by other labour economists (Baker/Benjamin 1997; Cobb-Clark 2004; Duleep 1998; Duleep/Dowhan 2002). Second, I confront this theory with an *alternative theory* that comes up with opposite predictions. This alternative social capital theory on partner effects has been well developed in the more general family and stratification literature (Bernardi 1999; Bernasco 1994; Bernasco et al. 1998; Blossfeld/Drobnic 2001), but it has received little attention in the field of migration. To test the hypotheses derived from both theories, I look at the employment position and occupational status of married immigrant men and women in the Netherlands. Data are from repeated immigrant surveys that are specifically designed to study four important minority groups in the Netherlands: Turks, Moroccans, Surinamese, and Dutch Antilleans. The unique feature of the survey is that it is translated into minority languages, bilingual interviewers are used, and the surveys contain detailed questions on migration history and immigrant incorporation of the respondent and the partner. The survey has a cross-sectional design and I use the data from 1998 and 2002.

II. Previous Research on the Family Investment Hypothesis

In a way to understand the different assimilation profile for immigrant women, Long (1980) suggested what is now labelled the 'family investment hypothesis'. The hypothesis argues that both immigrant men and women do not posses the appropriate skills when they arrive in their new host country. Because of these problems, they decide that the husband will invest in host-country specific skills. Investing in these skills is costly, however, and because of credit constraints, it is assumed that the wife will finance such investments by temporarily participating in the labour market. When the husband has learned the language and has obtained host-country schooling, the couple will switch to a traditional model of specialization: he will start working for pay whereas the wife will specialize in domestic activities.

The family investment hypothesis has been tested empirically in different ways (Duleep 1998). One line of research has looked at family differences in the *potential gains* from making investments after migration. Duleep and Sanders (1993) assumed that the benefits of post-migration investments differ across ethnic groups, being most profitable among groups that do not speak the official language and that have difficulties in transferring their educational qualifications. Relating these group-specific gains to female participation rates, they find evidence for the family investment hypothesis using the 1980 census of the United States. More specifically, they find that among Filipinos, Koreans, Chinese and Indians (groups with the largest expected growth in immigrant men's earnings) immigrant women have higher labour force participation rates in the beginning than among non-Mexican whites and Japanese groups.

Another line of research focuses on *the years of residence* in the host country. It is assumed that investments of the husband are made shortly after arrival rather than after a longer time period in the host country. Such investments would lead the wife to participate in the labour market, but, after a while, she stops working because the husband has completed his investments. Thus, it is hypothesized that recently arrived immigrant women are more often employed than immigrant women who arrived longer ago. In addition, it is hypothesized that the longer the husband has remained in the host country, the less likely immigrant women are to participate in the labour market and the more likely immigrant men are to participate in the labour market. These hypotheses are confirmed in the studies of Duleep and Regets (1999) using the 1980 census of the United States, and Baker and Benjamin (1997) using Canadian data. More recent studies, however, do not find support for these divergent gender patterns. Blau et al. (2002) find that, for the U.S., both immigrant men and women equally increase their working hours and earnings over time, suggesting that both men and women invest in skills after migration. A similar conclusion is drawn by Duleep and Dowhan (2002), who focus on recent immigrants in the United States.

There are at least two problems with previous tests of the family investment hypothesis. First, information on the (spouse's) *length of stay* in the host country is only loosely connected to actual investments. Theoretically, investments in host-country specific human capital need not be made in the first few years after arrival. For example, many immigrants migrate because of economic incentives and a substantial part of these labour migrants already have a job immediately after arrival. Asylum seekers and political migrants are temporarily disconnected from society in the first years after migration, being unable to participate in the labour market or to acquire host-country specifics skills. Furthermore, women who join their husband after several years presumably do not need to finance the husband's investments.[1] A second problem with previous tests of the family investment hypothesis is that immigrant men are always assumed to be more productive in work for pay than immigrant women. Although this might be true for the majority of couples, the more general theoretical assumption is that the person most productive in labour market activities will specialize in these activities, irrespective of *gender* (Cobbs-Clark/Crossley 2004).

III. Theories and Hypotheses

1. Household Specialization

Rather than assessing the family investment theory indirectly in terms of years of residence of the partner and in terms of gender differences, which has been done in previous work, I examine the role of the spouse's labour market skills more directly. Following research in family and stratification sociology (Bernardi 1999; Bernasco 1994; Bernasco et al. 1998; Blossfeld/Drobnic 2001), I directly look at the *skills* of the partner. According to the family investment hypothesis, one would expect that the spouse's skills are *inversely related* to economic performance.

Long's (1980) family investment hypothesis relied on the New Home Economics, or more specifically: Beckers' (1981) theory of household specialization. This theory argues that the husband and wife will specialize in order to maximize household utility, typically resulting in the husband to participate in the labour market and the wife to specialise in domestic activities. Becker's theory of household specialization subsumes the family investment hypothesis, and argues that household utility is maximized when the couple specializes, and each partner is engaged in activities in which he or she is most skilful. Specialization leads to the accumulation of skills. For paid workers, this means investments in education, on-the-job training and learning-by-doing.

Thus, according to Becker's theory, the couple compares the husband's marginal productivity in market work (Mh) and domestic work (Dh) with the wife's marginal productivity in market work (Mw) and domestic work (Dw) (Bernardi 1999). The husband has a comparative advantage in market work relative to his wife if $(Mh/Mw) > (Dh/Dw)$. It is generally assumed that $Dh = Dw$, so that the wife will specialize in domestic work if her husband has greater market productivity (i. e., $Mh > Mw$). It is

---

[1] There is another, methodological, problem as well: in cross-sectional analysis the impact of years of residence could be biased because of selective immigration and emigration patterns (Borjas 1985). Some researchers have used a synthetic cohort design to rule out selective immigration (Baker/Benjamin 1997), but because of selective emigration possible bias remains. The only design to examine the impact of duration directly is to use panel data, but panel studies are often criticised because of their short time span, being unable to examine investments later in life. Indeed, one study that has used a prospective design covered only the first 3,5 years of the settlement process (Cobb-Clark/Crossley 2004).

assumed that the potential labour market productivity of the partner is higher when he or she has more skills. Based on these insights, Bernasco (1994), Bernasco et al. (1998), Bernardi (1999) and Blossfeld and Drobnic (2001) have hypothesized more generally that *human capital of the partner has a negative effect on employment and occupational status*. The most straightforward indicator of partner's human capital used in empirical research is education (Bernardi 1999; Bernasco 1994; Bernasco et al. 1998; Blossfeld/Drobnic 2001), and that is also the approach taken in this study.

Traditionally, it is assumed that men are more productive in the labour market than women, but in the case of immigrants there are several situations in which this is evidently not true. For example, it could be that the wife has arrived earlier in the host country, learned the language and obtained a new educational diploma, and after several years marries a recently arrived spouse, who's labour market potential clearly falls below that of his wife. In that scenario, the theory would assume that the wife is the "primary worker" and that she will specialize in labour market activities, whereas the husband will do domestic work.

In this study, I extend previous tests of the impact of the skills of the partner, by distinguishing *origin and destination specific human capital*. When the partner has obtained a high education in the country of origin and has worked for several years before migration, his or her potential market productivity is higher than when he or she arrives with little education and few experience. But productivity is especially associated with skills and work experience obtained after migration, since educational qualifications and experience obtained in the host country are valued more by employers than qualifications and experience acquired in the country of origin (Bratsberg/Ragan 2002; Friedberg 2000; Kanas/Van Tubergen 2007; Zeng/Xie 2004). This means that when the partner has made more post-migration investments, this would make it especially attractive to specialize in domestic work. Thus, capital theory hypothesizes that *destination specific human capital of the partner has a stronger negative effect on employment and occupational status than origin specific human capital*.[2]

Another way to test the household specialization theory, is to look at the present labour market position of the spouse (Bernasco 1994). Assuming that household utility is maximized when the partners specialize, the household specialization theory predicts that *current employment of the partner is inversely related to one's own employment*.

2. Social Capital

Hypotheses on the role of the partner can also be derived from social capital theory (Bourdieu 1986; Coleman 1990; Granovetter 1985; Ioannides/Loury 2004; Lin 1999; Portes 1998), which provides opposite predictions to the family investment hypothesis. Three assumptions are essential to the social capital theory. It is assumed that social

---

2 Having a partner with more origin-specific skills would lead to temporarily participating in the labour market (to finance investments in host-country specific human capital), and subsequently specializing in domestic activities (when the partner has completed his or her investments). The overall effect, however, should be negative (as immigrants only participate a few years in the labour market to finance the investments of the partner).

capital depends on (1) the number of contacts, (2) alters willingness to offer help, and (3) the resources available to alters (De Graaf/Flap 1988). Taken together, it is argued that people have more chances in the labour market when they have more contacts, when those contacts are more willing to help, and when those contacts have better resources. The theory has been used to explain a variety of social outcomes, including "school attrition and academic performance, children's intellectual development, sources of employment and occupational attainment, juvenile delinquency and its prevention" (Portes 1998: 9).

In the sociology of migration, social capital theory has been mostly used to explain ethnic entrepreneurship (e. g. Flap et al. 2000; Sanders/Nee 1996). Few studies have used the social capital theory to explain ethnic inequality in unemployment and occupational status (or earnings). Exceptions are the studies that have been done on ethnic groups in the United States, most notably Aguilera (2003, 2005), Aguilera and Massey (2003), Nee et al. (1994), and Sanders et al. (2002). These studies, however, have paid little, if any, attention to the role of the partner. Instead, the impact of social capital is assessed by looking at 'weaker' social ties (Granovetter 1973), such as the number and quality of other family members, coethnic ties, friendships, and membership of organizations.

Recent theoretical and empirical work in family and stratification sociology (Bernardi 1999; Bernasco 1994; Bernasco et al. 1998; Blossfeld/Drobnic 2001) has argued that the partner is an important social resource, which significantly affects the occupational career. In particular, the partner is a *strong* social tie, and he or she is therefore especially willing to help the spouse. There are several ways through which the partner can be a resource, and whichever of them prevails, they all expect a positive effect of the partner (Bernardi 1999). Thus, the partner may provide directly information on a specific job that is available, he or she can inform about where to look for jobs in general, but also how to present oneself to employers, and how to behave on the job (Aguilera/Massey 2003; Bernardi 1999). In addition, the partner can influence the job-matching process by providing entry into desirable occupations (Lin 1999; Mouw 2003), and the partner can transmit his occupational skills, competences, and experiences (Bernardi 1999).

The degree to which the partner can provide help, however, is affected by his or her resources (Lin 1999). When the spouse is highly skilled, he or she has more information on the labour market and a more resourceful network than when the spouse is less skilled. Furthermore, a higher skilled spouse can transmit superior occupational skills, competences, and experiences as compared to a lower skilled spouse (Bernardi 1999). Based on these insights, researchers (Bernardi 1999; Bernasco 1994; Bernasco et al. 1998; Blossfeld/Drobnic 2001) have argued that social capital theory would expect that *human capital of the partner has a positive effect on employment and occupational attainment.*

In this study, I elaborate on this hypothesis by distinguishing again between origin and destination specific human capital. One could assume that, in particular, skills obtained in the Netherlands provide a resource for the partner. Such destination-specific skills increase the knowledge about the Dutch labour market, and they lead to more contacts with native Dutch. For example, when the spouse has attended school in the

Netherlands, he or she has not only learned the Dutch language and obtained a diploma, this also leads to connections with natives, who can provide access to jobs. Furthermore, obtaining education in the Netherlands leads to knowledge about the Dutch school system, to familiarity with the Dutch language, and such experiences and skills can be transmitted to the partner. Hence, social capital theory would expect that *the positive effect of the spouse's destination specific human capital is stronger than the positive effect of the spouse's origin specific human capital.*

Social capital theory also predicts that the current labour market position of the spouse is important (Bernardi 1999; Bernasco 1994; Bernasco et al. 1998; Blossfeld/Drobnic 2001). When the partner is currently unemployed or inactive, he or she has fewer connections that might provide information on available jobs, and he or she could less well transmit useful competences and skills. By contrast, when the partner works he or she has more information on job openings, he or she could transmit his labour market skills and experiences. Following earlier studies (Bernardi 1999; Bernasco 1994; Bernasco et al. 1998; Blossfeld/Drobnic 2001) it is hypothesized that *current employment of the partner has a positive impact on employment and occupational status.*

IV. Data and Methods

Data are from the Social Position and Use of Welfare Facilities by Immigrants survey (SPVA), which was conducted first in 1988 and repeated in 1991, 1994, 1998, and 2002. I use the final two waves, in order to obtain a sufficiently large number of cases. SPVA is a large-scale, cross-sectional, and immigrant-specific household survey (Van Ours/Veenman 2003). SPVA provides a wide range of information on the socio-economic and socio-cultural position of four large ethnic minority groups in the Netherlands: Turks, Moroccans, Surinamese and Antilleans. The analysis is restricted to first generation immigrants between the ages of 25 and 55. The age category was chosen based on the presumption that individuals older than 24 have finished their studies and that (some) individuals older than 55 have left the labour market as a consequence of (early) retirement (Bevelander/Veenman 2004). I analyze couples that are formally married and that are cohabiting, although I speak of married couples throughout.

An important advantage of the SPVA data is that they contain direct measures of pre-migration and post-migration schooling, and direct measures of work experience obtained in the Netherlands. Most data contain only a single measure of schooling and work experience, thereby being unable to test hypotheses on differential effects of origin vis-à-vis destination human capital. The SPVA data are the major source for social policy making on immigrants in the Netherlands, and they have been frequently used in the scientific literature (e. g. Kalmijn/Van Tubergen 2006; Van Tubergen 2007).

It is important to mention the limitations of the SPVA data as well. One issue is its cross-sectional design. This makes it impossible to examine the causality between some variables (most prominently current employment status of the partner), and to incorporate issues of selective immigration and emigration. Another issue is non-response. The non-response rate for the 1998 and 2002 waves was the lowest among the

Turks (39 percent), and the highest among the Surinamese (56 percent) (Groeneveld/ Weijers-Martens 2003). These numbers are rather high when compared to surveys in other countries, but they are typical when compared to other surveys in the Netherlands (Van Ours/Veenman 2001). Moreover, special measures were taken to include respondents that are less well-integrated culturally and economically and there is no evidence for systematic non-response (Groeneveld/Weijers-Martens 2003; Martens 1999). Data were collected by means of personal interviewers, who were fluent in the minority language, and survey instruments were translated. Another drawback of the SPVA surveys is that the sampling frame is not representative of the entire country. To reduce costs of data collection, the sample frame consists of ten to thirteen cities (depending on the survey year) with a larger concentration of immigrants, covering about 50 percent of the four minority groups' population. Finally, SPVA contains a long questionnaire for the head of the household and a short questionnaire for the partner (and the children). In case the partner was not available, the main respondent could provide answers about the spouse. Couples for which no information was present for the partner were deleted from the analysis. Because in the case of Moroccans and Turks the head of households are mostly males, I had to rely on questions that are asked for both partners. As a result, the analysis omits several potentially important variables – such as language proficiency and health – in the analysis of females.

1. Dependent variables

I analyze the employment and the occupational status of immigrants. The dependent variables are measured as follows: *Employment*: Respondents were asked about their employment status. Those who are employed, including self-employed, are contrasted with those who are unemployed or inactive. *Occupational status*: Employed respondents were asked about the status of the current job. Occupational status is measured in terms of the International Socio-Economic Index (ISEI). The ISEI scale measures the hierarchical position of the occupation and is linked to education and income. To obtain ISEI scores for the occupations I use tools that convert the ISCO-88 classification into ISEI (Ganzeboom et al. 1992).

2. Independent variables

Following the stratification literature, I measure human capital (of the partner and the individual) with education. *Education*: Respondents were asked about the highest level of completed education in their country of origin and in the Netherlands. In order to facilitate comparisons between education obtained in the country of origin and destination, I constructed five common categories: (1) no education, (2) primary, (3) lower secondary, (4) higher secondary and (5) tertiary. I include this ordinal measure of education as a linear variable to get a more parsimonious model (and likelihood ratio tests show that this specification does not lead to a significantly lower fit). *Unemployed:* indicates that the partner is currently unemployed or inactive (as opposed to employed).

I also include several control variables. *Work experience:* The survey provides a direct measure of work experience in the Netherlands, measured in years. There is no direct information on work experience abroad. *Ethnicity:* measures the country of birth of the respondent. I distinguish between immigrants born in Turkey, Morocco, Suriname and the Dutch Antilles. *Children:* I include a measure that combines information on the number of children and the presence of children at home: (1) no children, (2) children not at home, (3) children at home. These categories are included as dummy variables. *SPVA 2002:* To control for survey and period effects, I include a dummy variable indicating the 2002 wave. For the analyses of the male sample, I conduct an additional analysis that includes measures of age at migration, language proficiency and health, as these are considered to be important determinants of immigrants' economic incorporation. *Age at migration:* measures the age at the time of migration to the Netherlands, in years. *Language skills:* refers to self-assessed skills in speaking the Dutch language. I contrast those who report not to have difficulties with the Dutch language with all others. *Health:* self-assessed health, ranging from (1) 'very bad' to (5) 'very good'. I include this as a continuous variable.

Table 1 presents the descriptive statistics of the independent and dependent variables. It shows that 70 percent of the males and 36 percent of the female immigrants are employed. Immigrants in the sample are generally low educated: about 60 to 70 percent has obtained at most primary education in the country of origin. Similar rates pertain to schooling in the Netherlands.

Table 1: Descriptive Statistics of Independent and Dependent Variables

	Men			Women		
	Range	Mean	S.D.	Range	Mean	S.D.
Dependent variables						
Employed	0/1	0,70		0/1	0,36	
Occupational status	16-88	36,77	14,55	16-85	36,17	15,98
Independent variables						
Individual characteristics						
Education abroad	1-5	2,30	1,13	1-5	1,98	1,06
Education in the Netherlands	1-5	1,89	1,27	1-5	1,66	1,12
Work experience in the Netherlands	0-40	11,84	8,01	0-38	4,78	6,50
Ethnic group						
Turks	0/1	0,40		0/1	0,40	
Moroccans	0/1	0,28		0/1	0,30	
Surinamese	0/1	0,23		0/1	0,22	
Antilleans	0/1	0,09		0/1	0,07	
Age at migration	0-55	21,08	7,92	n/a		
Good Dutch language skills	0/1	0,36		n/a		
Health	1-5	3,69	0,98	n/a		
Partner characteristics						
Education abroad	1-5	1,91	1,05	1-5	2,20	1,12
Education in the Netherlands	1-5	1,90	1,25	1-5	1,74	1,20
Currently unemployed	0/1	0,61		0/1	0,37	
Control variables						
Children						
Children at home	0/1	0,83		0/1	0,86	
No children	0/1	0,13		0/1	0,09	
Children, not at home	0/1	0,04		0/1	0,05	
Survey 2002	0/1	0,32		0/1	0,33	

V. Results

The results of the multivariate analyses are presented in *Tables 2, 3, 4* and *5*. *Tables 2* and *3* present the findings of the logistic regression of employment (vis-à-vis inactivity and unemployment), and *Tables 4* and *5* show the results of the linear regression of occupational status (in terms of ISEI scores). Each table presents at least three separate regressions. Model 1 contains only individual characteristics. One can see this as the "individual human capital model", which focuses only on immigrants' own human capital. Model 2 includes only characteristics of the partner, which one could refer to as the "partner model". Model 3 includes both individual and partner characteristics, and thereby provides the best model to test the hypotheses.

By estimating these models separately, we gain several important insights. Comparing Model 1 with Model 3 is interesting, because it informs us whether the role of individual characteristics, documented in many earlier studies, persist when we take into account the characteristics of the partner. By comparing Model 2 with Model 3, one can observe whether partner characteristics have an effect over and above one's own characteristics. Marriage is highly selective along several dimensions and it is therefore important to see both such selectivity into marriage (e. g. educational homogamy) and the direct effects of one's own skills and that of the partner. Note that, for immigrant males, I also test an additional model that includes important de-

Table 2: Logistic Regression of Employment of Married Male Immigrants in the Netherlands, 1998 and 2002 (odds ratio's)

	Model 1		Model 2		Model 3		Model 4	
	OR	p	OR	p	OR	p	OR	p
Individual characteristics								
Education abroad	1,34	0,00			1,19	0,00	1,00	0,99
Education in the Netherlands	1,71	0,00			1,59	0,00	1,50	0,00
Work experience in the Netherlands	1,07	0,00			1,08	0,00	1,09	0,00
Ethnic group (ref. Turks)								
Moroccans	0,98	0,85			1,03	0,79	0,93	0,59
Surinamese	2,02	0,00			1,34	0,01	1,17	0,45
Antilleans	2,81	0,00			1,72	0,01	1,43	0,26
Age at migration							1,02	0,02
Good Dutch language skills							1,27	0,11
Health							2,98	0,00
Partner characteristics								
Education abroad			1,34	0,00	1,20	0,00	1,23	0,00
Education in the Netherlands			1,48	0,00	1,35	0,00	1,22	0,00
Currently unemployed			0,49	0,00	0,58	0,00	0,60	0,00
Control variables								
Children (ref. children at home)								
No children	1,47	0,02	1,00	0,99	1,16	0,36	1,17	0,43
Children, not at home	0,31	0,00	0,46	0,00	0,38	0,00	0,45	0,02
Survey 2002	1,17	0,13	1,30	0,01	1,09	0,40	1,16	0,25
Constant	0,19	0,00	1,09	0,00	0,18	0,00	0,00	0,00
N	2852		2901		2852		2344	
Df	9		6		12		15	
Model Chi-square	491,43		293,51		573,67		819,85	
Nagelkerke R²	0,23		0,14		0,26		0,42	

Table 3: Logistic Regression of Employment of Married Female Immigrants in the Netherlands, 1998 and 2002 (odds ratio's)

	Model 1		Model 2		Model 3	
	OR	p	OR	p	OR	p
Individual characteristics						
Education abroad	1,57	0,00			1,45	0,00
Education in the Netherlands	1,51	0,00			1,39	0,00
Work experience in the Netherlands	1,21	0,00			1,21	0,00
Ethnic group (ref. Turks)						
Moroccans	0,85	0,27			0,88	0,39
Surinamese	2,73	0,00			2,39	0,00
Antilleans	3,30	0,00			2,89	0,00
Partner characteristics						
Education abroad			1,41	0,00	1,11	0,03
Education in the Netherlands			1,42	0,00	1,09	0,09
Currently unemployed			0,36	0,00	0,53	0,00
Control variables						
Children (ref. children at home)						
No children	1,77	0,00	2,44	0,00	1,74	0,04
Children, not at home	0,48	0,01	1,36	0,16	0,59	0,06
Survey 2002	0,91	0,46	0,92	0,35	0,86	0,20
Constant	0,03	0,00	0,18	0,00	0,04	0,00
N	2725		2744		2725	
Df	9		6		12	
Model Chi-square	1302,77		447,67		1339,88	
Nagelkerke R^2	0,52		0,21		0,53	

Table 4: OLS Regression of Occupational Status of Married Male Immigrants in the Netherlands, 1998 and 2002 (unstandardized coefficients)

	Model 1		Model 2		Model 3		Model 4	
	B	p	B	p	B	p	B	p
Individual characteristics								
Education abroad	2,66	0,00			2,25	0,00	2,08	0,00
Education in the Netherlands	5,07	0,00			4,73	0,00	4,40	0,00
Work experience in the Netherlands	0,16	0,00			0,19	0,00	0,17	0,01
Ethnic group (ref. Turks)								
Moroccans	−1,17	0,10			−1,13	0,12	−1,51	0,05
Surinamese	3,38	0,00			2,43	0,00	1,00	0,00
Antilleans	2,48	0,00			0,99	0,33	0,73	0,01
Age at migration							−0,01	0,91
Good Dutch language skills							2,48	0,00
Health							−0,36	0,34
Partner characteristics								
Education abroad			2,88	0,00	1,42	0,00	1,67	0,00
Education in the Netherlands			3,35	0,00	1,34	0,00	1,66	0,00
Currently unemployed			−0,25	0,71	1,13	0,07	0,85	0,22
Control variables								
Children (ref. children at home)								
No children	1,61	0,06	2,09	0,03	1,36	0,11	0,79	0,39
Children, not at home	−1,02	0,53	1,56	0,39	−1,25	0,44	−1,78	0,30
Survey 2002	0,71	0,22	0,98	0,13	0,46	0,43	0,77	0,23
Constant	16,26	0,00	23,46	0,00	11,84	0,00	13,28	0,00
N	1913		1940		1913		1579	
Adjusted R^2	0,34		0,14		0,35		0,37	

Table 5: OLS Regression of Occupational Status of Married Female Immigrants in the Netherlands, 1998 and 2002 (unstandardized coefficients)

	Model 1		Model 2		Model 3	
	B	p	B	p	B	p
Individual characteristics						
Education abroad	2,94	0,00			2,48	0,00
Education in the Netherlands	5,02	0,00			4,70	0,00
Work experience in the Netherlands	0,07	0,30			0,07	0,24
Ethnic group (ref. Turks)						
Moroccans	−2,37	0,12			−2,22	0,14
Surinamese	4,97	0,00			4,90	0,00
Antilleans	3,14	0,04			3,23	0,00
Partner characteristics						
Education abroad			2,50	0,00	1,63	0,00
Education in the Netherlands			2,97	0,00	0,74	0,03
Currently unemployed			−1,89	0,14	0,39	0,73
Control variables						
Children (ref. children at home)						
No children	4,37	0,00	7,21	0,00	4,45	0,00
Children, not at home	−0,98	0,65	1,10	0,65	−0,82	0,71
Survey 2002	0,72	0,44	−0,71	0,49	0,43	0,64
Constant	14,00	0,00	23,01	0,00	10,056	0,00
N	940		951		940	
Adjusted R^2	0,32		0,13		0,33	

terminants of economic performance (i. e. age at migration, language skills and health). These variables are not available for the female sample.

Considering first the 'individual human capital model' (i. e. Model 1) it appears that higher educated immigrants are more often employed and have higher status jobs. In addition, the results show that the returns to education obtained in the Netherlands are much higher than the returns to education acquired in the country of origin (except for the employment chances of women). Furthermore, I find that prior work experience in the Netherlands increases the odds of presently being employed and the status of the current job (except for women's occupational status). In addition, the results show that Caribbean immigrants (i. e. Surinamese and Antilleans), who speak Dutch well already at the moment of arrival, have a better economic position than the Turks and Moroccans. They are more likely to have a job, and they occupy better jobs. In summary, these results suggest the importance of human capital, particularly host-country specific skills.

What about the role of the partner? To answer this question, we look first at Model 2, which contains only characteristics of the partner. The results show that migrants married to a higher educated spouse are more likely to be employed and have higher status jobs. This finding yields for both males and females, for both employment and occupational status, and effect sizes are substantial. Furthermore, there is a clear positive effect of current employment of the partner on own employment. These findings are at odds with the household specialization theory, and in line with social capital theory.

An important issue, however, is that looking at partner characteristics only, as Model 2 does, ignores selectivity into marriage. A positive effect of the spouse's education could reflect educational homogamy, and the importance of people's own education. For that reason, we need to examine both individual and partner characteristics at the same time, which is done in Model 3. Do the positive effects of partner's resources persist when we control for individual characteristics? Generally, this is indeed the case, although the impact of the partner becomes less pronounced. This means that part of the positive effect of the partner's education results from educational homogamy: higher educated people are more likely to marry each other. However, all models clearly show a significant effect of partner's education, even after taking into account people's own education. These are real 'partner effects' and cannot be attributed to educational homogamy. The positive partner effects confirm the social capital theory and are not in line with the household specialization theory.

Another test of both theories is to compare the effect of origin vis-à-vis destination human capital. I do not find a clear pattern here. The analysis of employment and female's occupational status suggest that the positive effect of partner's education obtained in the Netherlands is higher than his or her education obtained in the country of origin. These results support social capital theory, and are clearly opposite to what is expected from household specialization theory. The differences are not large, however, and with regard to the occupational status of males I find the opposite pattern (i. e. the wife's education acquired in the Netherlands is *less* important).

What about the role of partner's current employment, when we control for individual skills? In line with social capital theory and against household specialization theory, I find that those married to a partner who is employed still have a higher odds of being employed -even when individual skills are controlled. There is no such positive partner effect on occupational status, however. Thus, the employment of the partner increases the chances of finding work, but conditional on having a job, does not further enhance the occupational career.

Several additional important observations can be made. First, it appears that individual characteristics are more important than partner characteristics, although this is perhaps not surprisingly. Thus, being married to either a low or high educated partner has a lower impact on employment and occupational status than immigrants own (low or high) education. Controlling for spouse's resources leave conclusions based on the traditional human capital approach almost unchanged. That is to say, the results of Model 1 (including only individual characteristics) are similar to that of Model 3 (which adds partner effects). Only a small part of the positive effect of one's own resources is due to partner effects: higher educated and more productive immigrants are married to higher educated and more productive spouses, which positively affects their occupational career.

It could be the case, however, that these findings *underestimate* the total impact of the partner. One possibility is that characteristics of the partner affect one's own economic performance *indirectly*, by influencing post-migration investments in education. To examine this issue, I computed the bivariate Pearson correlation between partners' investments in education after migration and one's own post-migration investment in education. Looking at the entire sample, I find a significantly *positive* correlation of 0,38; when focussing only on those couples who were married before migration (thereby overcoming problems of marital selectivity), the correlation is somewhat lower, 0,23, but still significantly positive.[3] Thus, rather than adopting a family investment strategy in which only one of the spouses invests in education and the other spouse finances such investments, (which would imply a negative correlation between individual and partners host-country schooling) these results are in line with social capital theory. Being married to a partner who invests in education after migration is positively associated with making such investments as well. These results suggest that the spouse not only informs about job openings, but also assists in the transition to school in the Netherlands, presumably because such investments play a pivotal role in the occupational career.

One could object to the present analysis that the presumed partner effects are *overestimated*. More specifically, one could argue that important individual determinants of immigrants' economic incorporation are not included, thereby overestimating the effects of the partner. As a way to assess the sensitivity of omitting such "unobserved" variables, we need to compare Model 3 with Model 4, in which three well-known determinants of immigrant incorporation are included: age at migration, language skills and health *(Table 2* and *4)*.[4] Although I can only examine this issue for the male sample, this additional analysis finds no evidence for the idea that partner effects become different or even disappear once additional individual factors are included. The results show that the positive effect of immigrants' *own* education diminishes, but, more importantly, the positive effects of *partner's* education remains. This means that above and beyond people's own education, work experience, ethnicity, age at migration, language skills and health marriage to a higher skilled partner has an independent positive effect on the occupational career.

VI. Conclusion and Discussion

In this article, I examined the role of the partner in the economic performance of immigrants in the Netherlands. Several studies in the economics literature have recently examined Long's (1980) idea of household specialization among immigrant couples (Baker/Benjamin 1997; Cobb-Clark 2004; Duleep 1998; Duleep/Dowhan 2002). I tried to contribute to this literature in two ways. First, rather than assessing this so-called 'family investment hypothesis' or 'household specialization theory' indirectly (i. e. in terms of years of residence of the partner or in terms of gender differences), I come up with more direct tests by looking at the impact of partners' skills. By looking at the skills of the partner directly, I follow the literature in family and stratification sociology (Bernardi 1999; Bernasco 1994; Bernasco et al. 1998; Blossfeld/Drobnic 2001). In addition, I look more specifically at the role of skills acquired before and after migration, which provides a more refined way of testing the household specialization theory. Second, while subsequent research to Long (1980) has strongly relied on the household specialization theory (Baker/Benjamin 1997; Cobb-Clark 2004; Duleep

---

[3] Controlling for own and partners education obtained in the country of origin, the partial correlation in the entire sample is 0,41.
[4] I do not include length of stay, as it correlates too highly with immigrants' own labour force experience in the Netherlands and other time-varying factors in the model (e. g. age at migration).

1998; Duleep/Dowhan 2002), I argued that social capital theory provides opposite hypotheses on partner effects. This alternative social capital theory on partner effects has been well developed in family and stratification sociology (Bernardi 1999; Bernasco 1994; Bernasco et al. 1998; Blossfeld/Drobnic 2001), and I introduced this theory in the field of migration.

Hypotheses were tested with a survey specifically designed to study four ethnic minority groups in the Netherlands (i. e. Turks, Moroccans, Surinamese and Dutch Antilleans). The data are unique in the sense that they contain direct measures of pre-migration and post-migration human capital. Using multivariate logistic and linear regression analyses to examine employment (versus being unemployed or inactive) and occupational status, the results do not support the theory of household specialization, while they are mostly in line with social capital theory.

Contrary to a household specialization strategy, I do *not* find that current employment of the partner decreases the odds of employment and the status of the job. Nor do the results show that being married to a higher educated partner, and particularly to a partner educated in the Netherlands, leads to unemployment and lower quality jobs. In addition, it appears that partners' post-migration investment in schooling does *not* negatively correlate with individuals investments in schooling. In summary, the empirical findings presented here are not in line with predictions derived from the theory on household specialization, thereby questioning the idea that one partner accumulates his or her labour market skills, whereas the other acquires domestic skills.

On the contrary, labour market resources of the spouse seem to be beneficial for the occupational career. There is ample evidence to suggest that, for both men and women, a higher educated partner leads to a higher chance of employment and, if one is employed, to a job with a higher status. Furthermore, I find that current employment of the partner is associated with a higher odds of being currently employed as well. Thus, the results of this study do not refute predictions derived from social capital theory. Importantly, the positive partner effects remain even when people's own skills are taken into account.

It is highly unlikely that marital selectivity can explain these positive partner effects, as the event of marriage took place long before the outcome studied here: current employment in the Netherlands. Many immigrants married before migration to the Netherlands, thus not being able to select their spouse in terms of current labour market participation in the Netherlands. In addition, controlling for other individual skills besides education that might have affected the marital choice (e. g. work experience, language proficiency, health) do not change the conclusions either. Thus, over and above processes of marital selection and educational homogamy, this study is unable to falsify the idea that labour market inequalities among couples cumulate because a resourceful partner positively affects the occupational career. It should be remarked that the "positive" partner effects I find, are in line with earlier studies in the Netherlands, which were based on cross-sectional and panel data from different countries (Bernasco 1994; Bernasco et al. 1998).

Contrary to social capital theory, however, my results do not suggest that spouse's education obtained in the Netherlands is *more* important for the occupational career than spouse's education acquired in the country of origin. A possibility that needs to be further examined is that such post-migration investments in education of the partner affect the occupational career indirectly, by helping to make such investments as well. Indeed, I find a clear positive association between partner's host-country schooling and individual's post-migration investments in education, even among those married before migration. More research on such positive partner effects on human capital investments is to be encouraged.

There are several mechanisms suggested by social capital theory for the positive effect of partner's education on labour market outcomes, net of people's own education. The partner may provide directly information on a specific job that is available, he or she can inform about where to look for jobs in general, but also how to present oneself to employers, and how to behave on the job (Aguilera/Massey 2003; Bernardi 1999). In addition, the partner can influence the job-matching process by providing entry into desirable occupations (Lin 1999; Mouw 2003), and the partner can transmit his occupational skills, competences and experiences (Bernardi 1999). Further research is encouraged to find out in detail what explains the positive partner effects.

References

Aguilera, M. B., 2003: The Impact of the Worker: How Social Capital and Human Capital Influence the Job Tenure of Formerly Undocumented Mexican Immigrants, in: Sociological Inquiry 73, 52-83.
Aguilera, M. B., 2005: The Impact of Social Capital on the Earnings of Puerto Rican Migrants, in: The Sociological Quarterly 46, 569-592.
Aguilera, M. B./Massey, D. S., 2003: Social Capital and the Wages of Mexican Migrants: New Hypotheses and Tests, in: Social Forces 82, 671-701.
Baker, M./Benjamin, D., 1997: The Role of the Family in Immigrants' Labour Market Activity: An Evaluation of Alternative Explanations, in: American Economic Review 87, 705-27.
Becker, G. S., 1981: A Treatise on the Family. Cambridge, Mass: Harvard University Press.
Bernardi, F., 1999: Does the Husband Matter? Married Women and Employment in Italy, in: European Sociological Review 15, 285-300.
Bernasco, W., 1994: Coupled Careers: The Effects of Spouse's Resources on Success at Work. Amsterdam: Thesis Publishers.
Bernasco, W./De Graaf, P. M./Ultee, W., 1998: Coupled Careers. Effects of Spouse's Resources on Occupational Attainment in the Netherlands, in: European Sociological Review 14, 15-31.
Bevelander, P./Veenman, J., 2004: Variation in Perspective: The Employment Success of Ethnic Minority Males in the Netherlands, 1988-2002, in: International Migration 42, 36-64.
Blau, F. D./Kahn, L. M./Moriarty, J. Y./Portela Souza, A., 2002: The Role of the Family in Immigrants' Labor Market Activity: Evidence from the United States. NBER Working Paper 9051.
Blossfeld, Hans-Peter/Drobnic, S. (eds.), 2001: Careers of Couples in Contemporary Society. Oxford: Oxford University Press.
Borjas, G. J., 1985: Assimilation, Changes in Cohort Quality and the Earnings of Immigrants, in: Journal of Labor Economics 3, 463-489.
Borjas, G. J., 1994: The Economics of Immigration, in: Journal of Economic Literature 32, 1667-1717.
Bourdieu, Pierre, 1986: The Forms of Capital, in: Richardson, J. G. (ed.), Handbook of Theory and Research in the Sociology of Education. New York: Greenwood Press, 241-258.
Bratsberg, B./Ragan, J. F., 2002: The Impact of Host Country Schooling on Earnings. A Study of Male Immigrants in the United States, in: The Journal of Human Resources 37, 64-105.
Burt, R., 1992: Structural Holes. The Social Structure of Competition. Cambridge, MA: Harvard University Press.

Chiswick, B. R., 1978: The Effect of Americanization on the Earnings of Foreign-born Men, in: Journal of Political Economy 86, 897-921.
Chiswick, B. R./Miller, P., 2001: A Model of Destination-Language Proficiency Acquisition: Application to Male Immigrants in Canada, in: Demography 38, 391-409.
Chiswick, B. R./Miller, P., 2002: Immigrant Earnings: Language Skills, Linguistic Concentration and the Business Cycle, in: Journal of Population Economics 15, 31-57.
Cobb-Clark, D. A./Crossley, T. F., 2004: Revisiting the Family Investment Hypothesis, in: Labour Economics 11, 373-93.
Coleman, James, 1990: The Foundations of Social Theory. Cambridge, MA: The Belknap Press of Harvard University Press.
De Graaf, N. D./Flap, Henk D., 1988: With a Little Help from My Friends: Social Resources as an Explanation of Occupational Status and Income in West Germany, The Netherlands, and the United States, in: Social Forces 67, 452-72.
Duleep, H. O., 1998: The Family Investment Model. A Formalization and Review of Evidence from Across Immigrant Groups, in: Gender Issues 16, 84-104.
Duleep, H. O./Dowhan, M. C., 2002: Revisiting the Family Investment Model with Longitudinal Data: The Earnings Growth of Immigrant and U.S.-born Women. IZA Discussion paper 568.
Duleep, H. O./Regets, M. C., 1999: Immigrants and Human-Capital Investment, in: American Economic Review 89, 186-90.
Duleep, H. O./Sanders, S., 1993: The Decision to Work by Married Immigrant Women, in: Industrial and Labor Relations Review 46, 677-90.
Flap, Henk/Kumcu, A./Bulder, B., 2000: The Social Capital of Ethnic Entrepreneurs and their Business Success, in: Rath, J. (ed.), Immigrant Business: The Economic, Political and Social Environment. Houndmills: MacMillan, 142-161.
Friedberg, R. M., 2000: You Can't Take It with You? Immigrant Assimilation and the Portability of Human Capital, in: Journal of Labor Economics 18, 221-51.
Ganzeboom, H. B. G./De Graaf, P. M./Treiman, D. J., 1992: A Standard International Socio-Economic Index of Occupational Status, in: Social Science Research 21, 1-56.
Granovetter, M., 1973: The Strength of Weak Ties, in: American Journal of Sociology 78, 1360-80.
Granovetter, M., 1985: Economic Action and Social Structure: The Problem of Embeddedness, in: American Journal of Sociology 91, 481-510.
Groeneveld, S./Weijers-Martens, Y., 2003: Minderheden in Beeld: SPVA-2002. Rotterdam: ISEO.
Ioannides, Y. M./Loury, L. D., 2004: Job Information Networks, Neighborhood Effects, and Inequality, in: Journal of Economic Literature 42, 1056-1093.
Kalmijn, Matthijs/Van Tubergen, Frank, 2006: Ethnic Intermarriage in the Netherlands: Confirmations and Refutations of Accepted Insights, in: European Journal of Population 22, 371-397.
Kanas, Agnieszka/Van Tubergen, Frank, 2007: The Impact of Host-Country Human Capital on the Economic Performance of Immigrants in the Netherlands: Skills or Contacts? Utrecht: Department of Sociology (unpublished manuscript).
Lin, N., 1999: Social Networks and Status Attainment, in: Annual Review of Sociology 25, 467-87.
Long, J. E., 1980: The Effect of Americanization on Earnings: Some Evidence for Women, in: Journal of Political Economy 88, 620-29.
Martens, E. P., 1999: Minderheden in Beeld: SPVA-98. Instituut voor Sociologisch-Economisch Onderzoek (ISEO), Rotterdam.
MacPherson, D. A./Stewart, J. A., 1989: The Labor Force Participation and Earnings Profiles of Married Female Immigrants, in: Quarterly Review of Economics and Business 29, 57-72.
Mouw, T., 2003: Social Capital and Finding a Job: Do Contacts Matter?, in: American Sociological Review 68, 868-98.
Nee, V./Sanders, J. M./Sernau S., 1994: Job Transition in an Immigrant Metropolis: Ethnic Boundaries and the Mixed Economy, in: American Sociological Review 59, 849-72.
Portes, A., 1998: Social Capital: Its Origins and Applications in Modern Sociology, in: Annual Review of Sociology 24, 1-24.
Sanders, J. M./Nee V., 1996: Immigrant Self-Employment: The Family as Social Capital and the Value of Human Capital, in: American Sociological Review 61, 231-249.

Sanders, J. M./Nee, V./Sernau, S., 2002: Asian Immigrants' Reliance on Social Ties in a Multiethnic Labor Market, in: Social Forces 81, 281-314.

Van Ours, J. C./Veenman, J., 2003: The Educational Attainment of Second-generation Immigrants in the Netherlands, in: Journal of Population Economics 16, 739-53.

Van Tubergen, Frank, 2006: Immigrant Integration: A Cross-National Study. New York: LFB Scholarly Publishing.

Van Tubergen, Frank, 2007: Religious Affiliation and Participation among Immigrants in a Secular Society: A Study of Immigrants in the Netherlands, in: Journal of Ethnic and Migration Studies 33, 747-65.

Van Tubergen, Frank/Maas, Ineke/Flap, Henk, 2004: The Economic Incorporation of Immigrants in 18 Western Societies: Origin, Destination, and Community Effects, in: American Sociological Review 69, 701-24.

Van Tubergen, Frank/Van de Werfhorst, Herman, 2007: Post-immigration Investments in Education: A Study of Immigrants in the Netherlands, in: Demography 44, 883-898.

Wiley, N. F., 1967: The Ethnic Mobility Trap and Stratification Theory, in: Social Problems 15, 147-159.

Zeng, Z./Xie, Y., 2004: Asian-Americans Earnings Disadvantage Reexamined: The Role of Place of Education, in: American Journal of Sociology 109, 1075-1108.

Correspondence: Prof. Dr. Frank van Tubergen, Department of Sociology/ICS, Utrecht University, Heidelberglaan 2, 3584 CS Utrecht, The Netherlands

E-Mail: F.vantubergen@uu.nl

IV. Soziale und räumliche Integration

INEQUALITY IN SOCIAL CAPITAL BETWEEN MIGRANTS AND NATIVES IN THE NETHERLANDS

Beate Völker, Fenne Pinkster and Henk Flap

Abstract: This study compares the networks and social capital of native Dutch inhabitants with that of migrants in the Netherlands. We discuss the research literature, come up with new predictions and provide empirical analyses. Our data stem from three different surveys. For the comparison of personal networks we used the Amenities and Services Utilization Survey (AVO, 1999, n = 13 122 of which about 9 percent belong to an ethnic minority). For the comparison of social capital we combined two other sets of data: the Survey of the Social Networks of the Dutch (SSND, 2000, n = 1 007, of which 7 percent belong to an ethnic minority) and a survey among residents of two disadvantaged neighborhoods in The Hague (n = 406, of which 70 percent belong to an ethnic minority, i. e., Moroccan, Turkish, Surinam, or Antillean). The first data allow for a comparison of core discussion networks (s. e. g. Marsden 1987, 1988), while the latter two allow to compare social capital delineated through the position generator (Lin/Dumin 1986). We found that personal networks are remarkably homogeneous with regard to ethnicity, but that the degree to which people associate with their own group differs between immigrant groups. Our results also indicate that meeting places in the Netherlands are segregated according to ethnicity. Finally, social capital of immigrants is drastically lower than that of migrants.

I. Introduction

In the last decades research on the integration of migrants in their country of destination has grown remarkably, in particular concerning the key dimensions of integration, i. e. labor market participation (s. Aguilera/Massey 2003; Aldrich et al. 1989) and language acquisition (s. van Tubergen/Kalmijn 2005). Many of these studies show that migrants have considerable difficulties to integrate in the new countries. These difficulties can partially be explained because migrants lack human capital or their human capital is not compatible with what is required in the receiving country. Sociological studies showed that many social inequalities are not only a result of differences in human capital but can also be attributed to differences in social capital (s. e. g. De Graaf/Flap 1988; Lin 2001). The importance of social capital for achieving major goals in life, such as getting ahead in the occupational career (e. g. Podolny/Baron 1997), finding a job (De Graaf/Flap 1988; Flap/Boxman 2001; Flap/Völker 2005; Granovetter 1995; Lin et al. 1981), getting a house (e. g. DiMaggio/Louch 1998), or staying healthy (Berkman/Syme 1973) is well established. Also in the research on migration and the integration of migrants there are indications that inequality regarding occupational attainment between natives and migrants is related to differences in social capital and social networks (s. Van Tubergen 2005; Van Tubergen et al. 2004). Yet, until now, most research studying networks of different ethnicities focuses on the question how networks determine the decision to migrate (e. g. Boyd 1989; Esser 1990; Massey/Espinosa 1997; Palloni et al. 2001; Portes 1995), or deals with a specific domain of life, e. g., entrepreneurship or labor market success, and its dependency on ethnicity but not with network differences in the country of destination.

Given that social networks are that important for the achievement of all kind of individual goals in general and for a successful integration in a new country after migration in particular, answering the question how networks come about and how networks of migrants and natives differ in their composition becomes urgent.

So far, in network research as well in migration sociology little is known on the composition of social networks and the distribution of social capital among different ethnic groups (with the exception of studies on interethnic marriages, s. Martinovic et al. 2007; Van Tubergen/Maas 2007). Our contribution aims to provide more insights into the differences in social networks and social capital between migrants and natives in the Netherlands. In particular, we focus on two aspects of social networks, i) on the degree to which networks are homogeneous with regard to ethnicity and ii) the degree to which these networks provide social capital. The degree of homogeneity in networks has been discussed with regard to many dimensions (s. e. g. Marsden 1987) and it can be regarded as an indicator of social cohesion. If people have networks consisting only of similar ethnic others, cohesion of society in general will be low since there is no or just little contact between the different networks. Further, for people with a non-native background, contact to the majority can be regarded as crucial to enhance their integration. We also study the degree to which networks give access to different social positions, i. e. the degree to which they provide access to resources of other persons, which is considered as a major feature of social capital (s. Lin 2001). So, we study to what kind of others a person has ties to, as well as "what is at the other side" of a tie in terms of resources, that is the resources of the network members. For migrants, having contacts to people who are of the same ethnicity might be a disadvantage for becoming integrated in the new country, yet if these contacts provide important resources, i. e. social capital, disadvantages will be less severe. In other words, not only the characteristics of the other person matter, like his or her ethnic background, but also the resources to which network members can provide access to, i. e. the second order resources of this person (cf. Boissevain 1974). More in specific, we aim at answering the following questions:

1) What are the differences between networks of migrants and natives in the Netherlands? Does ethnicity explain social network patterns?
2) What are the differences in access to social capital between migrants and natives in the Netherlands? Does ethnicity explain the amount of social capital one can access?

The reminder of the paper is organized as follows. In the next section *II*, we sketch theoretical arguments on the evolution of relationships, networks, and social capital and formulate specific expectations. *Section III* describes our data and measurements. *Section IV* presents the analyses and the whole study is concluded and discussed in *section V.*

II. Where do networks come from? Arguments, findings and expectations

1. Explanatory principles

In the explanation of the emergence of social networks, four principles can be distinguished. First, people prefer similar others for most kind of activities. This is mainly a psychological idea, directed to the demand side of social interaction. A second, more sociological perspective suggests that the "pool" of available others in a given social setting strongly affects the resulting relationships. It directs the attention to the supply side of social interaction. Although sometimes suggested, both perspectives are not mutually exclusive (s. e. g. Huckfeldt 1983; McPherson et al. 2001; Mollenhorst et al. 2008b) since people select themselves – at least to some degree – in settings they prefer. Next to these two basic arguments, there are also two other principles considered important for the creation of relationships: the degree to which people in a given setting are depending upon each other is another third determinant of social networks. And finally, a fourth explanatory principle is the degree to which relations bear an instrumental value of social capital, i. e., the present value of future help, also explains the creation of relationships or networks.

a) Birds of one feather flock together: The expectation of similarity in friendships or more general in social relations and networks, has also been called the "like-me-hypothesis" (Laumann 1966: 13). There is general agreement that interactions with similar others are more rewarding (s. Homans 1984: 158 on social interaction among equals). Similarity in relevant dimensions reduces the costs of interaction. Laumann (op. cit.) noted that there are also indications for a preference to interact with those of a higher prestige (the "prestige-hypothesis"). Interacting with others from higher social strata increases one's own status. Both hypotheses, the like-me hypothesis and the prestige hypothesis lead to the expectation of social closure: provided one wants to associate with higher status people, those in the highest status group have no choice but to associate with each other, which implies that those in the second highest group have no choice but to do the same. Subsequently, the idea that interaction partners are similar to each other in relevant social dimensions has been taken as a basic principle explaining the emergence of relationships. Seminal research has been done by Lazarsfeld and Merton (1954), who discuss basic principles for friendship selection (s. also McPherson et al. 2001).

The like-me hypothesis is well corroborated. Friendships as well as marriages are most likely to occur between similar others (s. Fischer 1982; Laumann 1966, 1969, 1973; Verbrugge 1977; Van Tubergen/Maas 2007 on ethnic intermarriages in the

Netherlands).[1] Concerning ethnicity, friendships are, just like in other social dimensions, such as age and occupational status, remarkably homogeneous (s. also Marsden 1987). Esser (1990) found that friendship networks among Turkish and Yugoslav immigrants in Germany mainly were within the own ethnic group even in the second generation of immigrants. Cohen (1977), however, while using a national US sample, showed that the degree of intra-ethnic friendships varies considerably between ethnic groups. Jewish and black people show the highest tendency for intragroup association, and Scottish respondents the lowest. Haug (2007: 102) also reports differences among different groups of migrants. She found that friendship networks of Turkish and Italian migrants in Germany are homogeneous in particular with regard to ethnicity but there are differences in the degree of homogeneity between the two groups: Italian migrants in Germany have a less ethnic homogeneous friendship network than Turkish migrants. Furthermore, those who have a 'double nationality' have also a more heterogeneous friendship network, compared to those with the same ethnicity but with the nationality from the country of origin.

b) No mating without meeting: Having the opportunity to meet is the most basic prerequisite for the emergence of relationships. In terms of Verbrugge (1977): "There is no 'mating' without meeting". As to this *supply side* perspective, the most prominent theory here is Blau's (1977) structural approach which abandons a pure micro-level exchange perspective and instead takes explicitly macro structures into account, like absolute sizes of groups. The opportunities to associate with different others depend on the distribution of these others within the population. Patterns of homophily are strongly affected by the relative group sizes in the pool of all potential contacts. Interestingly, cross-cutting of social categories, i. e., no perfect correlation among certain categories will result in more intergroup associations, despite of the preference for contacts with similar others. If, for example, ethnicity and education are not closely related, contacts with others who have a similar education are likely to cross ethnic boundaries (s. Breiger 1990; Simmel 1923).

Related to the argument on the importance of numerical distributions is the argument on the importance of geographical proximity. Festinger, Schachter and Back (1950) were among the first to draw attention to spatial vicinity as a condition that promotes liking. Later, Zajonc (1968) introduced the "mere exposure effect" which generalized the idea of spatial proximity to the argument that people who are frequently exposed to other people have a higher chance of liking those others (s. Homans 1950). Proximity reduces costs of interaction and enhances the emergence of mutual trust. The focus theory of Feld (1981) again generalizes from the insights on the importance of numbers and places and assumes that individuals who share the same foci of activity have higher meeting chances and have therefore a greater chance for becoming friends. Foci are not only places but all entities around which common activities are organized (s. Feld 1981: 1016). They can be workplaces or neighborhoods but also churches or families. The social composition of these contexts shapes the networks that are created within these contexts.

---

[1] Note, however, that cross sex friendships occur only rarely (s. Booth/Hess 1974; Kalmijn 2002).

Many studies have demonstrated this importance of meeting opportunities for the resulting networks. For example, McPherson and Smith-Lovin (1987) showed that the homogeneity of friendship relationships among members of voluntary organizations is highly dependent on the composition of the group. Marsden (1990) demonstrated that the composition and diversity of discussion networks reflects the composition of the set of others to whom an individual has access and with whom a relationship can possibly be created. Kalmijn and Flap (2001) showed that social settings, like work organizations, neighborhoods, schools, voluntary associations and churches, promote similarity of marriage partners with respect to age, education, religion and class. Building upon these studies, Mollenhorst, Völker, Flap (2008a, 2008b) showed that weaker ties are more steered by opportunities than stronger ties. Furthermore, similarity among strong network ties is influenced by characteristics of the social setting such as its social composition, the degree to which interaction with specific others is forced upon someone as well as the time one has to spent in that setting. They also showed a "path dependency" in social settings: Once a member of one's network is picked from a specific setting, the chances that other new network members will also be selected from that same context increase drastically.

Blum (1985) explicitly tested Blau's macrostructural theory for religious and ethnic heterogeneity and found that while there are preferences for intragroup associations, structural restrictions override these preferences. A more heterogeneous environment promotes intergroup relationships. Another example from geographic studies corroborates Blum's finding: Van der Laan Bouma (2007) shows the importance of neighborhood composition for interethnic contact.

c) Interdependency: Mutual interdependencies constitute another important condition for starting a relationship. People who are dependent on each other for their rewards will invest in each other; and in consequence have a common shadow of the future and a greater interest to get along with each other. Lindenberg (1997) distinguished three types of interdependencies, i. e., functional, structural and cognitive interdependencies. Functional interdependencies flow from the organization of tasks, e. g., at the work place this can be the division of labor and the formal structure of the organization. Other work related examples of functional interdependencies are teamwork, team rewards, or working with deadlines. In neighborhoods or other settings functional interdependencies result from other informal or formal arrangements, like, e. g., those concerning parking, littering or making noise. In again other settings functional interdependencies result from different tasks related to formal roles in, e. g., voluntary organizations – e. g., a person arranging meetings, sending letters around, but also the general rule to be not too late for the meetings. Structural interdependencies result from the degree to which members in a given setting have ties to each other. Being embedded in a dense network creates structural interdependencies. The last type of interdependency is the cognitive interdependency which reflects the degree to which people share the same beliefs, norms, values, but also language and views on the world and the society in general.

d) Social Capital: People's intentions, motivations and needs to interact with others constitute a final important condition for starting a relationship. This condition relates to the value of others as social capital (Flap 1999). Social capital theory predicts that people start relations to others while taking expected future benefits of these relationships into account. If a person cannot see that a relation to a particular person might have any value in the future (for example, this future may be too short) no investment in that relationship will be made. Hence, it follows that people with many resources such as status or income, but also those with capacities such as being able to fix cars or computers, are attractive members in any personal network. In addition, because the returns of a relationship have to be attractive for both persons involved, it is less likely that people with unequal amounts of resources will relate to each other. It can, however, be the case that different types of resources are exchanged and in that way compensate each other, e. g., one person is better able to fix all kinds of things but the other one knows more about rules and regulations concerning tax systems and the like.

Apart from the degree to which resources of the potential network member are valuable in the future, the degree to which one has already other relationships, that is relational alternatives, matters when it comes to the calculation of the benefits of a potential new relationship. For example, people, who have a rich, supportive and valuable network at their work, will invest less in their neighbor network, maybe only for the reason that they spend most of their time at the workplace.

It should be noted furthermore that these four types of conditions for starting relationships are not independent from each other. For example, once relational investments have been made, a tie or a network is created, and thus structural interdependence is in place. Investment decisions become path dependent and harder to revoke the more one participates in a network in a given setting (Feld 1981; Portes 1998; Verbrugge 1977).

2. Expectations on differences in networks and social capital between migrants and natives

In the following we formulate expectations, based on the considerations given above. We focus first on network composition, in particular on ethnic homogeneity and formulate four hypotheses regarding network composition. Next, we formulate three hypotheses on the amount of social capital available in networks.

a) Hypotheses on network composition: In general, it has been shown that networks are rather homogeneous and that this holds in particular for ethnicity. This confirms, amongst others, the empirical implication of a demand side approach: people prefer others who are like themselves. When we argue straightforwardly from the supply side perspective, we take into account not only individual preferences but also the distribution of certain social categories. Then, it can be expected that *(1) networks of majority members (natives) are more homogeneous with regard to ethnicity than the network of minority members (immigrants), because the chances to meet and interact with a person from the majority group are highest for everybody.*

Yet, meeting opportunities of similar others are, before all, directed by the numerical distribution of social categories. Social cleavages indicate that people who belong to certain categories meet less frequent. In Dutch society, there is a cleavage between natives and immigrants. There is probably also a cleavage between higher and lower educated people. Furthermore, there is an association between ethnicity and education in the way that most immigrants are low educated. Having this in mind, we argue that *(2) if people deviate from the general distribution of social categories, i. e., if they are migrants but highly educated, their networks will be less homogeneous compared to those who are not in such a "criss-cross" situation* (cf. Blau 1977; Flap 1988).

Furthermore, from the supply side perspective it also follows straightforwardly, that *(3) social networks are in particular homogeneous if they are recruited from homogeneously composed social settings.* For example, while the family is a setting which is homogeneously composed with regard to ethnicity, it is not so with regard to age or sex. Work places, on the other hand can be expected to be homogeneous with regard to education, but not so with regard to ethnicity, sex or age. Further, leisure time organizations and clubs can be expected to be "social mixers" in the sense that they might be relatively heterogeneously composed with regard to education and ethnicity, yet they can be expected to be homogeneously composed with regard to age and sex.

In addition, we pay attention to the demand side argument. There are differences between migrant groups regarding their distance to the culture of the receiving country. Some migrant groups are culturally quite similar to the native group. Groups whose culture shows more similarity with the culture in the receiving country will have more interethnic contacts than groups who are culturally more distant from the culture of that country. This is a demand side argument and we expect that it can overrule numerical distribution and the meeting chances that result from that distribution. Our hypothesis is accordingly, *(4) the number of interethnic contacts will be higher between members of groups that are culturally closer (e. g., we expect more contacts between Western European immigrants and the Dutch than between Turkish immigrants and the Dutch residents).*

b) Hypotheses on networks as social capital: As to the question to which degree networks provide an instrumental value it can be argued that it is at least not clear whether a homogeneous network in itself is a good or a bad thing. For some types of goals, homogeneous networks pose an instrumental disadvantage since the members of such a network have no resources different from those resources the focal actor already disposes over. In general it has often been acknowledged that many important benefits of relationships are provided by dissimilar others to which one is usually weakly connected. Paradoxically, although people try to associate with people who are similar to themselves, they often benefit more from those who are different from themselves. In particular, people who do not have many other resources themselves, like human or financial capital, might therefore also lack social resources because they associate mainly with those who have not many resources themselves either.

Research into networks and social capital mainly studies these questions by looking at what people can do for each other in order to achieve important individual goals. It is noteworthy that it has been shown empirically that in particular weaker ties determine the range and height of the positions one has access to in a society (s. Granovetter 1974; Lin/Dumin 1986; Lin 2001). Because strong ties have a stronger inherent tendency to lead to closed networks, weak ties are probably more important to integrate people into the larger community (s. Granovetter op. cit.). We expect migrants to be low on social capital, because the portability of social resources is limited, much social capital will be lost if one moves to another country. So, migrants are not structurally embedded in existing networks. More important perhaps, they often have not much to "offer" to others and hence are no attractive network members. Put differently, "there is not much at the other side". Our expectations following the arguments on social capital are thus: *(5) compared to natives, migrants are expected to have less access to social resources.*

Due to language and other resource problems migrants do not that often participate in circles where usually weak ties are created or maintained like associations, clubs, and so forth. So, they are not or only marginally functionally embedded in different social settings. Our next hypothesis is therefore that *(6) migrants are expected to lack weaker ties and the resources provided by these ties, because weak ties are a result from many different kinds of social participation, where language skills and other social knowledge is required, all of which migrants usually miss to some extent.*

Lastly, we argue that the longer one resides in a country, the more resources can be built. In other words, through time, investments are made and will be repaid, which leads to the expectation that *(7) migrants who have been living longer in the receiving country will have relatively more access to social resources than those who entered more recently.*

III. Data and measurements

1. Data

We employ data from three different surveys. For the comparison of networks between people of Dutch origin and migrants, we use the so-called AVO data – Amenities and Services Utilization Survey (in Dutch: Aanvullend Voorzieningen Onderzoek) – collected by the Dutch Social and Cultural Planning Office of the Netherlands (SCP). This national representative survey is held every four years (starting in 1979). In 1999 a module on networks has been included (n = 13 122). The purpose of the AVO is to provide a picture of the use of social and cultural amenities by the Dutch population. Depending on how migrants are counted (see below), the share of migrants in this survey is between 8,5 and 11,5 percent.

The second data is the SSND (Survey of the Social Networks of the Dutch, 1999, see Völker and Flap 2002). In this survey (n = 1 007), different measurements of social networks and social capital have been employed. For the present study, the position generator instrument is utilized (s. Lin/Dumin 1986; Lin et al. 2001); s. below, the section on "measurements". The data were gathered in the course of a broader research program "Creation and Returns of Social Capital". They include information on 1007 individuals between the ages 18-65 representing the Dutch population. The sample consists of forty municipalities representing the different Dutch provinces and regions and taking into account size differences in these municipalities. The share of migrants in this survey is approximately 9,5 percent.

The third data comes from a survey conducted in 2002, in the context of the PhD project of the second author, in two neighborhoods in The Hague, the second largest city in The Netherlands. The Hague shows a rather high level of residential segregation according to ethnicity and income. Both neighborhoods are located in the center of the city; and have a considerable share of migrants. One neighborhood can be viewed as a low income, disadvantaged neighbourhood, while the other one is more mixed according to social economic characteristics. The survey was performed among residents in the social housing sector between 18 and 65 years of age (n = 403). The share of migrants in this survey is 70 percent. For the analysis of the differences in social capital between migrants and the Dutch, the SSND and the The Hague city survey have been stacked. In both surveys a number of questions on social capital are the same. Of this Hague city sample, about 40 percent of the migrants are born in the Netherlands.

Hence we use the first data to compare networks between migrants and natives with regard to their composition and the degree of homogeneity. The advantage of this data is that it is a large scale population dataset. However, since this data, the AVO-data, do not provide sufficient information on the amount of social capital in the networks of migrants and natives we combine the second and the third data to compare networks and amounts of social capital in networks of migrants and natives. The latter two datasets are smaller than the first one, but they focus more precisely on social capital provided by access to social positions. *Table 1* provides an overview on the three data and their composition with regard to ethnicity.

Table 1: Sample composition according to ethnicity in the three sets of data

Sample	Avo'99 (n = 13 122)		SSND (n = 1 007)		The Hague City sample (n = 403)	
Ethnicity						
Dutch	91,0	(11 945)	90,9	(915)	17,9	(72)
Turkish	0,9	(119)	--		18,1	(73)
Moroccan	0,6	(78)	--		15,9	(64)
Surinam	0,9	(128)	--		27,8	(112)
Antillean	0,4	(58)	--		3,5	(14)
Former Dutch Colonies	2,2	(296)	--		--	
Other European	3,8	(498)	4,7	(47)*	11,7	(47)
Other non Europe	--		4,5	(45)*	5,2	(21)

Numbers given are percentages, in brackets: number of cases.

* *Note:* in this data, ethnicity has not been specified further than "from within or outside Europe".

It can be seen from *Table 1* that relative numbers of migrants are still small in the representative samples. In the years 1999/2000 when the AVO and the SSND were conducted, the national figure of migrants was about 10 percent.

2. Measurements

a) Independent variables: Ethnicity has been coded according to the respondent's reported origins. In the different data ethnicity is measured in different detail: in the AVO-data, we distinguished eight different categories of the country of birth: The

Netherlands, Turkey, Morocco, Surinam, Antillean, Dutch colonies, Eastern Europe, Southern Europe, and other industrial countries. We usually collapsed the later three categories to one category called "Europe". In cases where a respondent was born in the Netherlands (which applied for more than 92 percent of the respondents), we inquired into the country of birth of the parents and coded, in cases in which this country was foreign, the country of birth of the fathers, or, if the father was born in the Netherlands that of the mother. This way, about 12 percent of all respondents are assigned to have non-Dutch origin.

In the Hague city data, asides of the four large migrant groups in the Netherlands, i. e., Surinam, Morocco, Turkey and Antillean, it has been asked for "any other country" of birth. In the SSND it is only inquired whether the respondent and/or his or her parents were born inside or outside Europe. Depending on the type of analysis we sometimes only distinguished between being born in the Netherlands or in another country. We were not able to control for nationality.

Sex is measured as a dummy. *Education* comprises seven categories, i. e., only primary school (coded 1), lower vocational training (coded 2), lower track of secondary school (Dutch: MAVO, coded 3), medium and higher track of secondary school (Dutch: Havo, vwo; coded 4), intermediate vocational training (Dutch MBO; coded 5), higher vocational training (Dutch HBO, coded 6) and university degree or more (coded 7).

Age is measured directly in years. It is furthermore controlled for having a *paid job* (dummy).

The *length of stay* in the Netherlands is also measured straightforwardly in years of age when one entered The Netherlands; provided a respondent is born abroad. Of the AVO respondents, 6,3 percent were not born in the Netherlands. On average, they have lived in the Netherlands for 22 years. Of the Hague city data about 70 percent were not born in the Netherlands and these respondents have been living in the Netherlands for 35 years on average. Of the SSND respondents 5 percent were not born in the Netherland and we do not have any information on their length of stay.

The *meeting places* from which network members have been recruited were also asked straightforwardly. More in detail, for every network member mentioned it has been asked whether he is known from the context of family, education, work, sports, via the partner or any other context.

b) Dependent variables: Social relationships. In the AVO data, it has been asked for the three persons with whom the respondent discusses personal matters on a regular base. For these three persons, a number of characteristics have been established, such as sex, education, ethnicity, age, as well as in which context they have met. In the analyses, it has been counted how many of the persons mentioned have the same ethnicity.

Social capital. Social capital is measured with the help of the so-called position generator. This method taps into the universe of social positions the access to which can be important for the achievement of several important goals (s. Lin/Dumin 1986; Lin et al. 2002; Van der Gaag 2005; Van der Gaag et al. 2008). Usually, a number of social positions or occupations are presented to the respondent – covering higher, medium as well as lower social strata – and it is asked whether he knows a person in such a position and whether this is family, friend or acquaintance. In the research which employs the Hague city survey, it has, however, been found that migrants had serious difficulties in distinguishing between family and close friends. Therefore, these two categories have been collapsed. In the analyses presented here there is only a difference between family/friends on the one hand and acquaintances on the other hand.

Homogeneity with regard to ethnicity has been calculated as the number, or sometimes the proportion, of network members who have the same ethnicity.

IV. Analyses

We analyze the data as follows. First, network differences between migrants and residents are analyzed, and second their differences in social capital. Yet, before doing so, we present some descriptions of the networks and relationships.

Table 2 shows how the networks in general are composed with regard to relevant social characteristics. Of the 13 122 respondents who provided valid data on that part of the AVO questionnaire, 36,7 percent (n = 4 815) did not mention any network member. This number is in remarkably high, compared to other network studies, e. g., Marsden (1987), McPherson et al. (2006) or Mollenhorst et al. (2008a). In a logistic regression on the likelihood of mention network members by respondents who are not presented here, no differences in ethnicity have been found, and hence we have no indication for selection biases with regard to mention by respondents who network members having another background than Dutch. The differences between the ethnic groups, however, are significant. Further, note that men, older people and lower educated people do have a lower chance to mention network members.

The table shows that, provided a network member is mentioned, differences in network size are small. *Table 2* shows in addition that social networks are rather homogeneous in several respects. While the proportion of sex similarity is about 0,71, it is even higher for ethnicity (0,86; see the right hand column, referring to all respondents). The Natives have the most homogeneous network, which is plausible since they are the majority. From the migrant groups in particular Turkish and Moroccan people have ethnic homogeneous networks, an interesting finding since, given the numbers of people with that ethnicity, they do not have that many opportunities to meet similar others. Regarding age, the average age difference in the networks is 10 years, a figure which one understands better if one realizes that the network members are sometimes also parents that form the respondent. Also the difference in education seems large compared to the homogeneity in sex and ethnicity. Finally, *Table 2* shows the setting where network members have been recruited from. The majority of the networks is family or met via family, followed by the place of work and education. Other contexts seem to be not important here.

Table 2: Description of social network characteristics of respondents with different ethnicity

	Dutch	Turkey	Morocco	Surinam	Antillean	Former Dutch colonies	Europe	All
% no network	36,6	53,0	39,7	44,5	34,5	25,3	31,7	36,7
% mentioned 1	11,5	12,8	19,2	16,4	13,8	14,2	11,4	11,8
% mentioned also 2nd	8,6	7,7	16,7	7,0	3,4	10,1	9,8	8,7
% mentioned also 3rd	43,3	26,5	24,4	32,0	48,3	50,3	47,0	42,9
Mean network size (sd); only those with network	2,5 (0,78)	2,3 (0,875)	2,1 (0,855)	2,3 (0,89)	2,5 (0,83)	2,4 (0,79)	2,5 (0,76)	2,5 (0,78)
Mean network size (sd); including those without network	1,59 (1,35)	1,08 (1,29)	1,26 (1,22)	1,27 (1,31)	1,66 (1,34)	1,85 (1,28)	1,72 (1,33)	1,58 (1,35)
Same ethnicity[a]	0,94 (0,21)	0,77 (0,37)	0,65 (0,42)	0,52 (0,43)	0,61 (0,42)	0,15 (0,33)	18 (0,30)	0,86 (0,31)
Same sex as respondent[a]	0,72 (0,31)	0,80 (0,27)	0,67 (0,36)	0,71 (0,34)	0,74 (0,31)	0,68 (0,32)	0,73 (0,30)	0,71 (0,31)
Age differences network – respondent[b]	10,8 (9,1)	6,49 (7,22)	9,56 (9,28)	10,79 (6,6)	7,68 (0,72)	11,11 (8,88)	10,07 (9,06)	10,7 (9,05)
Educational differences network – respondent[b]	1,4 (1,0)	1,1 (1,07)	1,49 (0,98)	1,4 (0,94)	1,55 (0,86)	1,41 (1,05)	1,24 (0,98)	1,39 (1,06)
Met via ...[a]								
Family	0,40	0,42	0,57	0,42	0,35	0,42	0,35	0,39
Education	0,08	0,12	0,06	0,07	0,16	0,09	0,08	0,08
Work	0,14	0,11	0,09	0,13	0,10	0,18	0,19	0,15
Partner	0,05	0,08	0,01	0,02	0,04	0,05	0,06	0,05
Sport/other leisure time activity	0,33	0,26	0,26	0,35	0,34	0,26	0,32	0,33

Note: [a] Numbers are proportions; [b] Numbers are absolute average differences.

Source: AVO99, n = 13 122; see Table 1 for absolute group numbers.

1. Network composition of natives and migrants

In the next step, we analyze the degree of homogeneity in personal networks. *Table 3* summarizes the regression models which of test of the first three hypotheses, i. e. that ethnicity shapes networks in general (1), that those who cross social cleavages have a less homogeneous network (2), and that contexts which are composed of similar others enhance or dampen network homogeneity (3). *Table 4* investigates the forth hypothesis on the differences in contact among different migrant groups (4).

Table 3 shows in line with our hypothesis (1), that ethnicity of the respondent is a major factor in explaining ethnic homogeneity of personal networks. In analyses (not shown here) on other dimensions of homogeneity, i. e., sex, age, or education, we found that these dimensions are almost not affected by the ethnicity of the respondent. The table inquires also into hypothesis (2) and includes the interaction term between ethnicity and education in order to test this hypothesis. Our expectation is that those who cross social cleavages have less homogeneous networks. There is a positive main effect of ethnicity, a negative effect of education and a positive effect of the interaction between the two. The interaction and further inspection of the data show that the negative effect of education is in particularly valid for the migrants. Migrants who are highly educated have a slightly less ethnic homogeneous network, while native Dutch respondents have ethnically more homogeneous networks the higher they are educated. *Figure 1* illustrates the interaction between education and ethnicity.

When meeting places are included in the analysis, a distinction is made between having met firstly through family, education, sport or via the partner. Having met at

Table 3: Homogeneity in personal networks with regard to ethnicity (M1); including an interaction between ethnicity and education (M2) and including the effects of meeting places (M3)

	Homogeneity concerning ethnicity								
	M1			M2			M3		
	B	(SE)	Beta	B	(SE)	Beta	B	(SE)	Beta
Sex (0 = male)	0,285	(0,022)	0,11**	0,286	(0,022)	0,11**	0,067	(0,019)	0,03**
Age	−0,015	(0,004)	−0,19**	−0,014	(0,004)	−0,19**	0,013	(0,003)	0,21**
Age squared	−0,004	(0,000)	−0,06**	−0,004	(0,005)	−0,06	−0,002	(0,000)	−0,35**
Education	0,123	(0,006)	0,18**	−0,042	(0,017)	−0,06*	−0,053	(0,014)	−0,09**
Ethnicity (0 = migrant)	1,485	(0,036)	0,35**	0,810	(0,073)	0,19**	1,379	(0,063)	0,41**
Interaction: ethnicity × education				0,188	(0,018)	0,30**	0,132	(0,015)	0,26**
Proportion of network met via ... (ref. work)									
Family							0,628	(0,033)	0,23**
Education							0,496	(0,056)	0,09**
Partner							0,538	(0,070)	0,07**
Sport/leisure							0,504	(0,034)	0,17**
Intercept	0,285	(0,099)		0,858	(0,113)		0,081	(0,101)	
Explained			24 %			25 %			38 %

Note: * = p < 0,05; ** = p < 0,01.
Source: AVO99, n = 8 179 respondents with networks.

Figure 1: Marginal means for homogeneity of ethnic background for native Dutch respondents and migrants, results from Manova models, controlled for sex, age and employment status

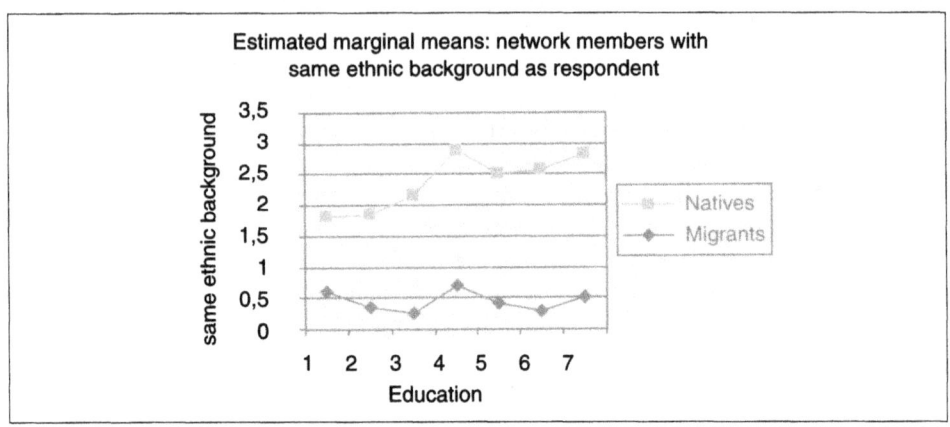

work is the reference category. First, the places where people have met their network members contribute remarkably to the explanation of network similarity. The effect of meeting places is also remarkably robust. "Family" has the strongest effect on ethnic homogeneity in personal networks. If "having met via family" is not included in the model, explained variance decreases significantly. Noteworthy, also the settings of sport and leisure time like soccer clubs or other voluntary associations are by far no "mixers" in that respect. The contexts of the family and that of sport and leisure contribute relative most strongly to this ethnic homogeneity in the networks of migrants, clearly stronger than the place of work which is his reference group. Further analysis (not presented here) shows that having met in the context of family mixes generations, i. e., creates age heterogeneity in networks, but segregates according to education, sex and, as already noted, ethnicity. Although we do not have any information on the social composition of these social settings or meeting places, these findings indicate that meeting places in the Netherlands are segregated according to a number of social characteristics of which ethnicity is a major one.

In order to get a clearer picture on who associates with whom and to test hypothesis 4, *Table 4* shows the frequency of inter- and intra-ethnic association. It is remarkable that not all ethnic groups associate mostly with members of the own group. As expected, people whose culture is more similar to the culture of the Dutch associate much more often with the group of the natives. In particular those coming from Western Europe or the US show more associations rate with Dutch people than with their own group. Also, those who come from various other countries outside the Netherlands (Eastern Europe and outside) show a higher degree of association with the Dutch than with their own group. Note that these groups are in the sample more strongly represented than Turkish or Moroccan and Surinam or Antillean people. These latter groups show an enormous high ingroup association.

Table 4: Frequency of inter- and intra-ethnic association; respondent – first mentioned network member

Ethnicity of respondent	Ethnicity of first mentioned network member					
	Turkish/ Moroccan	Surinam/ Antillean	Western Europe/US	Dutch	Other	N
Turkish/Moroccan	75,8% OR:811,4	2,0%	0,0%	19,2%	3,0%	99
Surinam/Antillean	0,0%	58,4 OR:289,5	0,0%	41,6%	0,0%	101
Western Europe/US	0,0%	1,4%	10,9% OR:19,4	83,4	4,3%	211
Dutch	0,4%	0,3%	0,6%	97,8% OR:19,4	0,9%	7349
Other	0,0%	1,4%	2,1%	80,9%	15,5% OR: 18,3	419

Note: Percentages are row percentages. An odds ratio (OR) larger than 1 implies an association between row and column. For example, the odds for Turkish people to mention a Turkish person as the first network member is 811 times higher than the odds for mentioning a person with another ethnicity.

Source: AVO '99; n = 8 179 respondents with networks and ethnicity information.

2. Differences in social capital

Next, we inquire into differences of social capital between the ethnic groups. As mentioned, the position generator is used to delineate access to social resources. *Table 5* presents the access to social positions, for the different groups, the native Dutch respondents in the SSND sample and the migrants in both samples.

The table shows that access to social positions is considerably smaller for migrants. Note that the average number of positions accessed is for natives almost twice as high than for migrants. The natives in the Hague sample (not shown here), i. e., who live among a majority of migrants, have also less access to social resources than the general Dutch population but still considerably more than the migrants from the Hague sample.

Next, *Tables 6a-c* presents regression models on accessed prestige with regard to numbers accessed, maximum prestige, and range for the total of positions *(Table 6a)*, for family/friends *(Table 6b)* as well as for acquaintances *(Table 6c)*. They present our inquiries into the hypotheses 5 and 6. *Table 6a* shows that men, older people, those who have a paid job, a higher education as well as, in line with the hypothesis, native Dutch mention more positions. With regard to the maximal accessed prestige the effect of education is even more important, while sex does not have any impact. Furthermore, there is a negative interaction between being native Dutch and education, indicating that the natives benefit less from their education than the migrants. Although the average accessed prestige of migrants remains considerably below that of the natives, migrants do benefit from more extra education. With regard to the range of prestige, the same effects are found, but there is no difference any more between younger and older people.

Table 5: Access to social capital (position generator; access in %)

	Natives (SSND; representative sample, n = 915)	Migrants (SSND and "The Hague" sample, n = 383)
Physician (doctor)	49,1	26,2
Civil servant	52,4	14,4
Lawyer	45,7	19,8
Manager (mean sized firm)	70,8	23,5
Politician	45,1	12,3
Teacher at the university (scientist)	43,2	11,3
Teacher (secondary education)	73,4	32,9
Job in Labor Union	16,9	4,3
Real-estate manager	30,8	21,6
Accountant/clerk	63,0	14,7
Secretary	67,5	16,5
ICT-desk worker	66,9	23,7
Nurse	75,8	24,3
Police agent	41,1	16,4
Salesperson	62,1	45,7
Truck driver	51,4	22,6
Postman	27,8	15,2
Construction worker	67,0	27,1
Cleaning person	34,1	36,2
Unskilled worker	37,2	19,6
Average n of positions mentioned (sd)	10.2 (3,88)	5,39 (4,43)
Average n of family/friends (sd)	4,28 (2,63)	2,80 (2,62)
Average n of acquaintances (sd)	5,91 (3,99)	2,60 (3,47)
Highest prestige accessed (sd)	80,27 (11,28)	71,53 (20,32)
Highest prestige accessed through family/friends (sd)	70,50 (16,36)	65,89 (22,05)
Highest prestige accessed through acquaintances (sd)	75,06 (15,69)	67,26 (21,21)
Range of prestige accessed (sd)	61,12 (14,86)	48,34 (24,38)
Range of prestige accessed through family/friends (sd)	40,10 (22,17)	35,33 (25,77)
Range of prestige accessed through acquaintances (sd)	48,80 (23,04)	36,13 (27,00)

Source: SSND and "The Hague" sample.

Table 6b presents the analyses for access to family and friends. Again, higher educated migrants benefit more from their education than the Dutch. Yet, further data analysis shows that natives with a low education have still more access to family and friends' resources than migrants in The Netherlands with a higher education. Note that the explained variance in the models of "access through family and friendship ties" is very low, indicating that the variation in this kind of social capital is explained by conditions not included in these analyses.

Interestingly, in the estimation of access through acquaintanceship ties, presented in *Table 6c*, the coefficient of the interaction term has changed its sign (if compared with *Table 6a* and *b)*, indicating that considering access to acquaintances, the Dutch benefit more from their education than the migrants do. Hence, as expected in hypothesis (6), in particular access to weaker ties such as to acquaintances is weaker related to migrants' education than to a natives' education. Furthermore, there is no main effect anymore of being Dutch. Further inspection shows that concerning the number of acquaintances accessed, there is a difference between the Dutch and migrants only for higher educational ranks but not for the lower ones. *Figure 1A* in the Appendix illustrates the interaction between education and accessed prestige parameters for Dutch and non-Dutch people in the Netherlands.

Table 6a: Regression models on number of positions, maximum and range of prestige accessed through social ties

	Total number of positions		Maximal accessed prestige		Range of prestige	
	B (SE)	Beta	B (SE)	Beta	B (SE)	Beta
Sex (0 = male)	−0,337 (0,220)	−0,036**	0,748 (0,760)	0,025	−0,672 (1,001)	−0,018
Age	0,024 (0,009)	0,062*	0,136 (0,033)	0,110**	−0,017 (0,043)	−0,010
Paid job	1,562 (0,253)	0,160**	2,755 (0,875)	0,088**	3,470 (1,153)	0,086**
Education	0,890 (0,157)	0,229**	5,129 (0,568)	0,410**	4,940 (0,748)	0,306**
Ethnicity (0 = migrant)	4,063 (0,730)	0,400**	11,750 (2,599)	0,355**	19,875 (3,423)	0,465**
Ethnicity × Education	−0,192 (0,192)	−0,084	−1,980 (0,683)	−0,267**	−3,029 (0,899)	−0,317**
Intercept	1,048 (0,726)		47,382 (2,624)		31,517 (3,456)	
Explained		0,27		0,16		0,12

Source: SSND and The Hague sample; n = 1 413.

Table 6b: Accessed through family and friendship ties

	Total number of family/ friends positions		Maximal accessed prestige through family and friends		Range of prestige accessed through family and friends	
	B (SE)	Beta	B (SE)	Beta	B (SE)	Beta
Sex	0,232 (0,145)⁺	0,043⁺	1,081 (1,026)	0,030	0,939 (1,356)	0,020
Age	0,016 (0,006)	0,069*	0,207 (0,044)	0,136**	0,069 (0,058)	0,035
Paid job	0,362 (0,167)	0,063*	1,322 (1,193)	0,034	1,478 (1,577)	0,030
Education	0,393 (0,103)	0,173**	4,182 (0,801)	0,271**	1,050 (1,059)	0,053
Ethnicity (0 = migrant)	3,090 (0,480)	0,521**	7,278 (3,625)	0,176**	13,844 (4,794)	0,260**
Ethnicity × Education	−0,551 (0,127)	−0,410**	−1,493 (0,945)	−0,162**	−2,662 (1,250)	−0,224*
Intercept	0,604 (0,478)		41,730 (3,675)		27,519 (4,860)	
Explained		0,07		0,06		0,01

Table 6c: Accessed through acquaintanceship ties

	Total number of acquaintances		Maximal accessed prestige through acquaintances		Range of prestige accessed through acquaintances	
	B (SE)	Beta	B (SE)	Beta	B (SE)	Beta
Sex	−0,569 (0,205)	−0,069*	−0,446 (1,011)	−0,013	−2,816 (1,425)	−0,057⁺
Age	0,008 (0,009)	0,024	0,083 (0,044)	0,055⁺	−0,058 (0,064)	−0,027
Paid job	1,200 (0,236)	0,138**	4,153 (1,192)	0,107**	4,564 (1,713)	0,083**
Education	0,498 (0,147)	0,143**	2,356 (0,849)	0,153**	1,498 (1,220)	0,069**
Ethnicity (0 = migrant)	0,974 (0,681)	0,107	−2,055 (3,837)	−0,049	2,792 (5,513)	0,047
Ethnicity × Education	0,359 (0,180)	0,175*	1,665 (0,988)	0,183⁺	1,764 (1,419)	0,137
Intercept	0,444 (0,678)		54,183 (3,824)		32,784 (5,494)	
Explained		0,20		0,10		0,07

⁺ = p < 0,10; * = p < 0,05; ** = p < 0,01;
Source: SSND and The Hague sample; n = 1 413.

Table 7: Standardized coefficients for age when entered the Netherlands from regression models on access to social capital; migrants only

Ethnicity	Highest prestige accessed	Range of prestige accessed	Sum of accessed positions
All migrants	−0,29**	−0,25**	−0,14⁺
Suriname	−0,60*	−0,32*	−0,14ns
Antillean	−0,13ns	−0,31ns	−0,15ns
Morocco	−0,65**	−0,51*	−0,37*
Turkey	−0,30⁺	−0,27ns	0,15ns
Other European	0,54⁺	0,56⁺	0,69*
Outside Europe	−0,27ns	−0,18ns	0,17ns

Note: in the models it is furthermore controlled for sex, education, age, and having a paid job. ** < 0,01; * < 0,05; ⁺ < 0,10.
Source: SSND and "The Hague" sample; n = 383.

Finally, in order to test hypothesis (7) that the length of residence in the Netherlands affects the resulting personal networks and their access to social capital, a number of additional regression models have been estimated for the different migrant groups separately. *Table 7* summarizes these models, while presenting only the coefficients for the age when a person entered the country on accessed prestige, range of prestige and number of positions mentioned, while controlling for sex, age, and having a paid job. Note, that the absolute numbers are relatively small (s. *Table 1*). Nevertheless, *Table 7* shows the following: first, all migrant groups have more access to social capital if they have entered the country at a younger age. Furthermore, there are quite some differences between the groups: in particular people from Surinam and Morocco have most

Table 8: Composition of networks and highest accessed prestige through the network

Ethnicity	Highest prestige accessed (mean, sd in parentheses) ... by proportion network members of same ethnicity as respondent				p-value from F-test
	0-0,50	0,51-0,74	0,75-0,99	1,00	
All migrants	69,1 (17,4)	74,1 (11,3)	80,4 (10,5)	64,9 (22,8)	0,000
Suriname	76,0 (12,8)	72,6 (11,9)	81,6 (8,8)	67,8 (20,1)	0,084
Antillean	62,7 (7,6)	–	75,0 (12,7)	61,4 (28,7)	0,784
Morocco	–	77,4 (11,9)	75,6 (14,9)	60,4 (24,9)	0,172
Turkey	76,0 (12,4)	75,5 (12,5)	81,6 (11,2)	66,9 (22,5)	0,189
Other European	64,4 (28,3)	72,0 (5,6)	–	74,2 (16,2)	0,731
Outside Europe	69,2 (13,2)	73,0 (11,2)	–	54,8 (26,2)	0,164
Dutch	65,5 (22,7)	78,4 (12,5)	80,0 (7,9)	72,0 (16,3)	0,176
All	68,7 (17,9)	74,9 (11,5)	80,3 (9,7)	66,3 (21,9)	0,000

Note: In the models it is furthermore controlled for sex, education and having a paid job.
Source: The Hague sample; n = 403.

benefits if they came at a younger age. For Antilleans no effects could be established. Interestingly, the coefficients change their signs in the models for Europeans: people from European countries benefit if they come at an older age. This might indicate that they have already social capital established when they enter the country, or that their resources are more "portable" than those of people from other origins.

Although we did not formulate an explicit hypothesis, we inquired into the association between network composition with regard to ethnicity and access to social capital. Given the high homogeneity shown in previous sections and the lack of social capital which migrants can access, we expect that networks which consist of others than native Dutch, provide less access to social capital. *Table 8* shows the access to social capital for different migrant groups and by different degrees of network homogeneity with regard to ethnicity. The test of significance often failed, probably due to the small numbers. Yet, the table clearly shows that networks, which are homogeneous with regard to ethnicity provide least social capital (s. the column with the proportion of 1,00). While this holds for most migrant groups there are two exceptions: for Europeans, it seems to be even beneficial if they have networks which are completely homogeneous. Furthermore, The Dutch benefit least from a network which contains less than 50 percent Dutch. Interestingly, a slight ethnic mix – one out of four network members, but not more – is an advantage for the Dutch.

V. Conclusion and Discussion

We aimed at contributing to research into the question on inequality in social capital between natives and migrants. In many studies it is assumed that differences in race and ethnicity are major determinants of social networks and hence social capital, yet there are not many empirical facts to back up that assumption. Furthermore, it is unclear how these differences would come about. We can draw a number of conclusions from our analyses.

With regard to the first research question, we can conclude that ethnicity is quite important for the patterns of people's personal networks. There are considerable differences in the degree to which network members are mentioned and also in the setting from which they are recruited. Furthermore, networks are very homogeneous with regard to ethnicity of the network members. Networks of higher educated migrants are somewhat less similar with regard to ethnicity, they seem to cross social cleavages.

Next to ethnicity, the context of recruiting others has been shown to be of major importance. In particular, the context of family mixes generations, but segregates according to education, sex and, as expected, ethnicity. Unexpectedly, even leisure time contexts, like soccer clubs are no social mixers as far as ethnicity is concerned. This indicates that meeting places in the Netherlands are segregated according to ethnicity.

Furthermore the degree to which people associate with people from their own group, however, differs between immigrant groups. In particular Turkish and Moroccan people have a high ingroup orientation, while people from Western Europe and the VS show a stronger orientation at to associate with the Dutch, although they are larger in number than the former groups.

As to the second research question, the degree to which social networks provide social capital we found remarkable differences in access to social capital related strongly to a respondent's ethnicity. For most social capital parameters, Dutch people are much better off, even if they have a low education. Finally, we established an effect of age, when entering the country. While controlling for a person's age at the point of measurement, those who have entered the country when they were younger have built up more social capital. This holds in particular for Moroccans. Interestingly, for people from Europe, an older age at migration seems to be of advantage, a finding which indicates that they might have built up social capital in the county of destination before the migration, or – alternatively – that their social capital is largely transportable.

Another interesting result is that ethnic homogeneous networks provide least social capital. Also for the Dutch, a slight ethnic mix, i. e., having about one out of four network members with another ethnicity is an advantage in terms of social capital provided.

The underlying assumption of this study is that inequalities in social capital explain other forms of inequalities between social groups. Less access to important social positions restricts the social horizon of people, not only in times of need, but also when it comes to the spread of news, innovations and information. Having a restricted social universe means having fewer opportunities for all kind of social actions and interactions. While we did not inquire into the consequences of having more or less access to social capital, we did find important indications that migrants are systematically restricted in their social worlds. Taking into account the host of studies showing the importance for achieving major ends in life of the embeddedness in several kinds of networks, our findings are alarming.

Yet, although there is ample evidence that the impact of social capital on certain outcomes, in particular labor market outcomes, is substantial (e. g. Lin 2001), to give a clear answer on the question on cause and effect, longitudinal data are necessary. So far, most studies do not allow for disentangling cause and consequence. In other words, it often remains unclear whether (in various dimensions) disadvantaged people lack social resources because of their disadvantages or whether they the lack of social resources causes other forms of disadvantage (Mouw 2003).

Future research has to point this out, in particular concerning different ethnic groups. It might be the case that for different groups different mechanisms are valid. For example, the more a group is, for whatever reasons, shunned by the host society, the less opportunities this group will have to establish social resources and vice versa. Hence, perceived cultural threat and the degree of acceptance might interfere with the degree to which social resources cause other forms of inequality. In this respect it would be relevant to analyze whether particular ethnic differences are not in reality foremost differences in religion. That is, especially Muslims and Christians sometimes feel threatened by each other's culture. Information about the religion of our respondents and their contacts is, alas, not available in our data. Our data do indicate that Turkish and Moroccan migrants, who do come from countries with a vastly different culture, associate far more often with co-ethnics than other groups of migrants.

Further research should also make an effort to establish high quality longitudinal data on migrants, their resources as well as the consequences of having certain resources for life chances. In addition, the impact of religion (Van Tubergen 2006), neglected in this exercise due to incomplete information in the networks, should be taken into account. It might be that ethnicity and religion do interact in their effect on the amount of social resources.

As to the theoretical arguments presented in the beginning, we found confirmation for both main perspectives, preferences for similar others as well as for the impact of meeting places providing opportunities for interaction with particular others.

To conclude, this study has shown the differences in networks and social capital between migrants and Dutch people and established in particular differences in social capital between these groups.

Appendix

Figure 1A: Illustration of the interaction between education (x) and accessed prestige parameters (y) for Dutch and non-Dutch people in the Netherlands

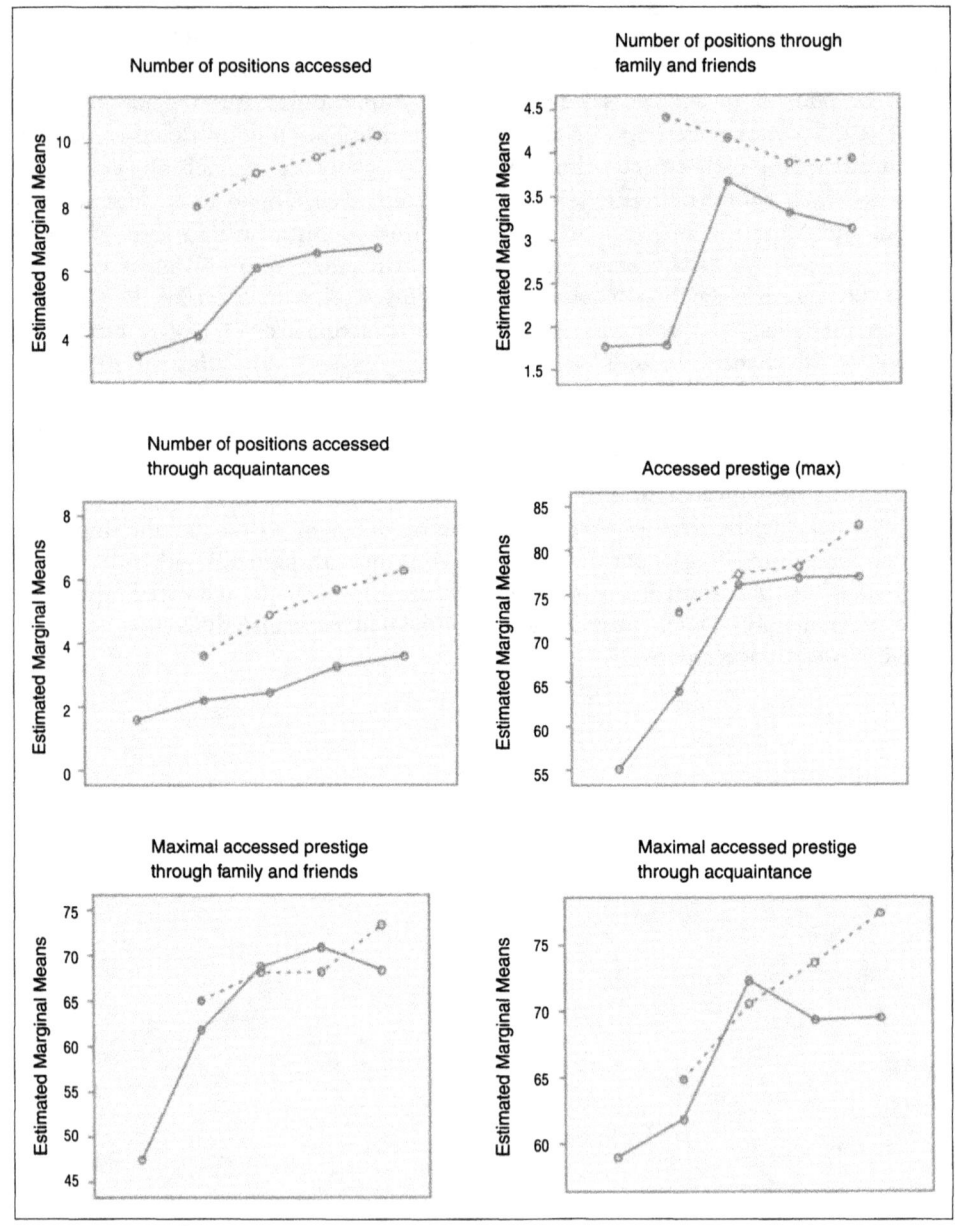

Figure 1A continued:

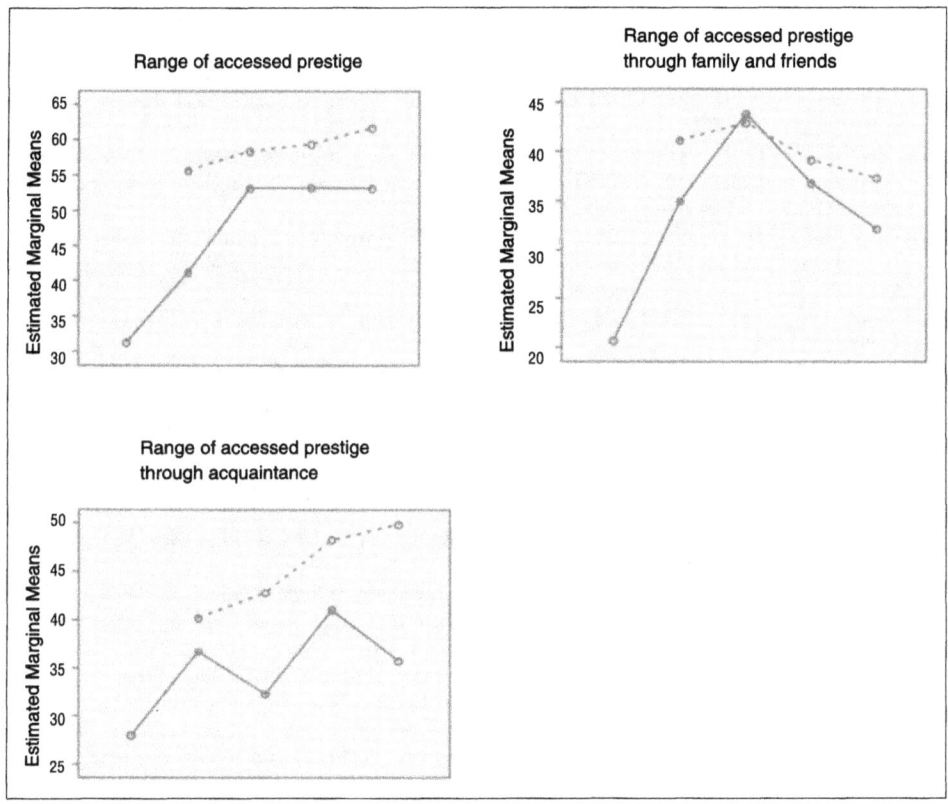

Models control for sex, age, and having a paid job. In all figures, upper, dotted lines indicate natives; lower, solid ones indicate migrants. *Table 6* informs about the significance of the interactions.

References

Aguilera, Michael/Massey, Douglas, 2003: Social Capital and the Wages of Mexican Migrants: New Hypotheses and Tests, in: Social Forces 82, 671-701.
Aldrich, Howard/Zimmer, Catherine/McEvoy, David, 1989: Continuities in the Study of Ecological Succession: Asian Businesses in Three English Cities, in: Social Forces 67 (4), 920-944.
Berkman, Lisa/Syme, Leonard, 1973: Social Networks, Host Resistance and Mortality: A Nine Year Follow-up Study of Alameda County Residents, in: American Journal of Epidemiology 109 (2), 186-204.
Blau, Peter, 1977: Inequality and Heterogeneity. New York: Free Press.
Blum, Terry, 1985: Structural Constraints on Interpersonal Relations: A Test of Blau's Macrosociological Theory, in: American Journal of Sociology 91 (3), 511-521.
Boissevain, Jeremy F., 1974: Friends of Friends. Oxford: Blackwell.
Booth, Alaine/Hess, Elaine, 1974: Cross-sex Friendships, in: Journal of Marriage and the Family 1, 38-47.
Boyd, Monica, 1989: Family and Personal Networks in International Migration: Recent Developments and New Agendas, in: International Migration Review 23 (2), 638-70.

Breiger, Ronald, 1990: Structural Control and Social Networks, in: Calhoun, Craig/Meyer, Marshall/ Scott, Richard (eds.), Structures of Power and Constraint. Papers in Honor of Peter Blau. Cambridge: University Press, 453-76.
Cohen, Jere, 1977: Sources of Peer Group Homogeneity, in: Sociology of Education 50, 227-241.
DiMaggio, Paul/Louch, Hugh, 1998: Socially Embedded Consumer Transactions: For What Kinds of Purchases do People Most Often Use Networks?, in: American Sociological Review 63, 619-637.
Esser, Hartmut, 1990: Interethnische Freundschaften, in: Esser, Hartmut/Friedrichs, Jürgen (Hrsg.), Generation und Identität: Theoretische und empirische Beiträge zur Migrationssoziologie. Opladen: Westdeutscher Verlag, 185-206.
De Graaf, Nan Dirk/Flap, Henk, 1988: "With a Little Help from My Friends": Social Resources as an Explanation of Occupational Status in West Germany, The Netherlands, and the United States, in: Social Forces 67, 452-472.
Feld, Scott, 1981: The Focused Organization of Social Ties, in: American Journal of Sociology 86 (5), 1015-1035.
Festinger, Leon/Schachter, Stanley/Back, Kurt, 1950: Social Pressures in Informal Groups: A Study of Human Factors in Housing. New York: Harper.
Fischer, Claude, 1982: To Dwell among Friends. Chicago: University of Chicago Press.
Flap, Henk, 1988: Conflict, Loyalty, and Violence. Bern: Peter Lang.
Flap, Henk, 1999: Creation and Returns of Social Capital, a New Approach, in: La Revue Tocqueville 20, 5-26.
Flap, Henk/Völker, Beate (eds.), 2005: Creation and Returns of Social Capital. A New Research Program. London: Routledge.
Flap, Henk/Boxman, Ed, 2001: Getting Started: The Influence of Social Capital on the Start of the Occupational Career, in: Lin, Nan/Cook, Karen/Burt, Ron (eds.), Social Capital: Theory and Research. New York: De Gruyter, 159-184.
Granovetter, Mark, 1995 [1974]: Getting a Job. Chicago: University of Chicago Press.
Haug, Sonja, 2007: Soziales Kapital als Ressource im Kontext von Migration und Integration, in: Lüdicke, Jörg/Diewald, Martin (eds.), Soziale Netzwerke und soziale Ungleichheit. Zur Rolle von Sozialkapital in modernen Gesellschaften. Wiesbaden: VS Verlag für Sozialwissenschaften, 85-112.
Homans, George, 1950: The Human Group. New York: Harcout.
Homans, George, 1984: Coming to My Senses. The Autobiography of a Sociologist. New Brunswick, N.J.: Transaction Books.
Huckfeldt, Robert, 1983: Social Contexts, Social Networks, and Urban Neighborhoods: Environmental Constraints on Friendship Choice, in: American Journal of Sociology 89, 651-69.
Kalmijn, Matthijs, 2002: Sex Segregation of Friendship Networks. Individual and Structural Determinants of Having Cross-sex Friends, in: European Sociological Review 18 (1), 101-117.
Kalmijn, Matthijs/Flap, Henk, 2001: Assortative Meeting and Mating: Unintended Consequences of Organized Settings for Partner Choices, in: Social Forces 79, 1289-1312.
Laan-Bouwma, Wendy van der, 2007: Confined Contact: Residential Segregation and Ethnic Bridges in the Netherlands, in: Urban Studies 44 (5), 997-1017.
Laumann, Edward, 1966: Prestige and Association in an Urban Community. Indianapolis: Bobbs-Merrill.
Laumann, Edward, 1969: Friends of Urban Men: An Assessment of Accuracy in Reporting their Socioeconomic Attributed, Mutual Choices, and Attitude Agreement, in: Sociometry 1, 54-69.
Laumann, Edward, 1973: Bonds of Pluralism. The Form and Substance of Urban Social Networks. Wiley Series in Urban Research. New York: Wiley and Sons.
Lazarsfeld, Paul/Merton, Robert, 1954: Friendship as a Social Process: A Substantive and Methodological Analysis, in: Berger, Morroe/Abel, Theodore/Page, Charles (eds.), Freedom and Control in Modern Aociety. Toronto: D. van Nostrand Company Inc., 18-66.
Lin, Nan, 2001: Social Capital. A Theory of Social Structure and Action. Cambridge: Cambridge University Press.

Lin, Nan/Dumin, Mary, 1986: Access to Occupations through Social Ties, in: Social Networks 8, 365-385.
Lin, Nan/Fu, Yu/Hsung, Ray May, 2002: The Position Generator: Measurement Techniques for Investigation of Social Capital, in: *Lin, Nan/Cook, Karen/Burt, Ron* (eds.), Social Capital: Theory and Research. New York: De Gruyter, 57-84.
Lin, Nan/Vaughn, John/Ensel, Walter, 1981: Social Resources and Occupational Status Attainment, in: Social Forces 59, 1163-1181.
Lindenberg, Siegwart, 1997: Grounding Groups in Theory: Functional, Cognitive, and Structural Interdependencies. Advances in Group Processes 14, 281-331.
Massey, Douglas/Espinosa, Kristin, 1997: What's Driving Mexico-U.S. Migration? A Theoretical, Empirical, and Policy Analysis, in: American Journal of Sociology 102 (4), 939-999.
Marsden, Peter, 1987: Core Discussion Networks of Americans, in: American Sociological Review 52, 122-313.
Marsden, Peter, 1988: Homogeneity in Confiding Relations, in: Social Networks 10, 57-76.
Marsden, Peter, 1990: Network Diversity, Substructures and Opportunities for Contact, in: *Calhoun, Craig/Meyer, Marshall/Scott, Richard* (eds.), Structures of Power and Constraints: Papers in Honor of Peter Blau. New York: Cambridge, 397-410.
Martinovic, Borja/Tubergen, Frank van/Maas, Ineke, 2007: Dynamics of Interethnic Contact: A Panel Study of Immigrants in the Netherlands. Paper presented at the Conference of *RC28,* McGill University, Montreal, Canada, 17 August.
McPherson, Miller/Smith-Lovin, Lynn, 1987: Homophily in Voluntary Organizations: Status Distance and the Composition of Face to Face Groups, in: American Sociological Review 52, 370-397.
McPherson, Miller/Smith-Lovin, Lynn/Brashears, M. E., 2006: Social Isolation in America: Changes in Core Discussion Networks Over two Decades, in: American Sociological Review 71, 353-375.
McPherson, Miller/Smith-Lovin, Lynn/Cook, James, 2001: Birds of a Feather: Homophily in Social Networks, in: Annual Review of Sociology 27, 415-44.
Mollenhorst, Gerald/Völker, Beate/Flap, Henk, 2008a: Social Contexts and Personal Relationships – The Effect of Meeting Opportunities on Similarity for Relationships of Different Strength, in: Social Networks 30 (1), 60-68.
Mollenhorst, Gerald/Völker, Beate/Flap, Henk, 2008b: Social Contexts and Cores Discussion Networks. Using a Choice Constraint approach to Study Similarity in Intimate Relationships, in: Social Forces 86, 937-965.
Mouw, Ted, 2003: Social Capital and Finding a Job: Do Contacts Matter?, in: American Sociological Review 68, 868-898.
Palloni, Alberto/Massey, Douglas/Ceballos, Miguel/Espinosa, Kristin/Spittel, Michael, 2001: Social Capital and International Migration: A Test Using Information on Family Networks, in: American Journal of Sociology 106 (5), 1262-1298.
Podolny, Joel/Baron, James, 1997: Resources and Relationships. Social Networks and Mobility on the Workplace, in: American Sociological Review 63 (5), 673-693.
Portes, Alejandro, 1995: Economic Sociology and the Sociology of Immigration: A Conceptual Overview, in: *Portes, Alejandro* (ed.), The Economic Sociology of Immigration. New York: Russell Sage Foundation, 1-41.
Portes, Alejandro, 1998: Social Capital: Its Origins and Applications in Modern Sociology, in: Annual Review of Sociology 24, 1-24.
Simmel, Georg, 1923 [1908]: Soziologie. Leipzig: Duncker & Humblot.
Van der Gaag, Martin, 2005: The Measurement of Individual Social Capital. Groningen, Thesis. University of Groningen.
Van der Gaag, Martin/Snijders, Tom/Flap, Henk, 2008: Position Generator Measures and their Relationship to Other Social Capital Measures, in: *Lin, Nan/Erickson, Bonnie* (eds.), Social Capital. An International Research Program. Oxford: Oxford University Press, 27-48.
Van Tubergen, Frank, 2005: Self-Employment of Immigrants: A Cross-National Study of 17 Western Societies, in: *Social Forces* 84, 709-32.

Van Tubergen, Frank, 2006: Religious Affiliation and Participation among Immigrants in Eight Western Countries: A Cross-national Study of Individual and Contextual Effects, in: Journal for the Scientific Study of Religion 45, 1-22.

Van Tubergen, Frank/Kalmijn, Matthijs, 2005: Destination-Language Proficiency in Cross-National Perspective: A Study of Immigrant Groups in Nine Western Countries, in: American Journal of Sociology 110, 1412-57.

Van Tubergen, Frank/Maas, Ineke, 2007: Ethnic Intermarriage among Immigrants in the Netherlands: An Analysis of Population Data, in: Social Science Research 36, 1065-1086.

Van Tubergen, Frank/Maas, Ineke/Flap, Henk, 2004: The Economic Incorporation of Immigrants in 18 Western Societies: Origin, Destination, and Community Effects, in: American Sociological Review 69, 701-24.

Verbrugge, Lois, 1977: The Structure of Adult Friendship Choices, in: Social Forces 56 (2), 576-597.

Völker, Beate/Flap, Henk, 2002: The Survey of the Social Networks of the Dutch (SSND). Data and Codebook. Utrecht: University/ICS.

Zajonc, Robert, 1968: Attitudinal Effects of Mere Exposure, in: Monograph supplement No. 2, Part 2, in: Journal of Personality and Social Psychology 9.

Correspondence: Prof. Dr. Beate Völker, Utrecht University, Dept. of Sociology/ICS, Heidelberglaan 2, 3584 CS Utrecht, The Netherlands
E-Mail: B.volker@uu.nl

BINATIONALE EHEN IN DEUTSCHLAND

Trends und Mechanismen der sozialen Assimilation

Julia H. Schroedter und Frank Kalter

Zusammenfassung: Der Stand und die Entwicklung interethnischer Ehen sind für die klassischen Migrantengruppen in Deutschland bislang noch sehr unzureichend untersucht. Dies liegt vor allem an einem Mangel an geeigneten Daten. Dieser Beitrag kumuliert deshalb verfügbare Scientific Use Files des deutschen Mikrozensus und versucht, Unterschiede zwischen den Migrantengruppen und entsprechende Trends über die Zeit, über die Kohorten sowie über die Generationen aufzuzeigen. Darüber hinaus werden grundlegende theoretische Mechanismen der inter- vs. intraethnischen Partnerwahl skizziert und empirisch getestet. Vor allem die makrostrukturellen Gelegenheiten des Heiratsmarktes und der Grad der strukturellen Assimilation erweisen sich als wichtige Determinanten der individuellen Partnerpräferenzen. Sie können die aufgezeigten Gruppenunterschiede und Trends auch zum Teil, keineswegs aber vollständig erklären.

I. Einleitung

Die Wahl eines Ehepartners aus der Aufnahmegesellschaft gilt als einer der härtesten Indikatoren der Integration von Zuwanderern und ihrer Nachkommen (Alba/Golden 1986; Gordon 1964; Lieberson/Waters 1988). Interethnische Ehen bedeuten dauerhafte soziale Interaktionen über ethnische Gruppengrenzen hinweg und sie verstärken so die Integration in vielen anderen Lebensbereichen (Lieberson/Waters 1988: 162 f.; Meng/Gregory 2005; Pagnini/Morgan 1990: 406). Die Fragen, ob sich ein Trend zu einem „Intermarriage" als eine zentrale Form der sozialen Assimilation verzeichnen lässt und welche Mechanismen ihn fördern oder verhindern, sind deshalb in jedem Migrations- und Integrationskontext von fundamentaler Bedeutung.

Während die Forschung zu interethnischen Ehen in den klassischen Einwanderungsländern, insbesondere in den USA, eine lange Tradition besitzt und gut entwickelt ist (Alba/Golden 1986; Crowder/Tolnay 2000; Giorgas/Jones 2002; Gordon 1964; Hwang et al. 1997; Jones/Luijkx 1996; Kalmijn 1993; Katz/Hill 1968; Labov/Jacobs 1986; Lichter et al. 1991; Lieberson/Waters 1988; Model/Fisher 2002; Qian/Lichter 2001, 2007; Rosenfeld 2002), lassen sich die beiden Fragen für die klassischen Arbeitsmigranten in Deutschland bislang nur unzureichend beantworten. Grund dafür ist in erster Linie der Mangel an geeigneten Daten. Zahlreiche Studien greifen auf Eheschließungsstatistiken zurück (z. T. Buba et al. 1984; z. T. Klein 2000; Roloff 1998; z. T. Straßburger 2000; Vaskovics 2001; Vetter 2001) – hier kann man jedoch davon ausgehen, dass eigenethnische Ehen in Deutschland lebender Migranten systematisch untererfasst werden (Haug 2004: 313 f.; Klein 2000: 315).[1] Vor allem aber liefern diese Statistiken keine unabhängigen Variablen, mit denen sich mögliche Hintergrundmechanismen analysieren ließen. Daten allgemeiner Bevölkerungsumfragen, die solche Variablen enthalten, haben dagegen das Problem, dass die Anzahl der in der Stichprobe enthaltenen Migranten in der Regel sehr gering ist. Selbst das Sozio-oekonomische Panel, in dem Migranten überrepräsentiert sind, liefert gerade einmal ca. 1000 Fälle zur Analyse der Partnerwahl, wenn man die Erhebungsjahre 1984 bis 2002 berücksichtigt (González-Ferrer 2006). Dies erlaubt insbesondere dann keine differenzierten Analysen, wenn es um Entwicklungen über die Zeit oder aber über Kohorten geht.

Seit einiger Zeit stehen nun jedoch vermehrt Daten des deutschen Mikrozensus für die sozialwissenschaftliche Forschung zur Verfügung. Die besonderen Vorteile des Mikrozensus liegen in dem beträchtlichen Stichprobenumfang, der jährlich eine vergleichsweise hohe Anzahl von Migranten enthält. Informationen über den Ehepartner und wichtige Einflussfaktoren der Partnerwahl werden dabei kontinuierlich erfasst. Die Daten sind somit auch für eine Analyse von Intermarriage-Prozessen vielversprechend (Schroedter 2006). Ziel des vorliegenden Beitrags ist es, diese Daten zur Beantwortung der oben aufgeworfenen Grundfragen zu nutzen. Im folgenden, eher deskriptiven Abschnitt *(II)* soll zunächst untersucht werden, wie stark verschiedene Migrantengruppen in die deutsche Bevölkerung einheiraten und welche Trends in dieser Hinsicht zu verzeichnen sind. Danach werden die gängigen theoretischen Erklärungsansätze für ein solches Intermarriage skizziert *(III)*. Im anschließenden Abschnitt *(IV)* wird überprüft, welche Mechanismen für die beobachtbaren Gruppenunterschiede und Trends (mit-)verantwortlich sind. Der Beitrag endet mit einer kurzen Zusammenfassung *(V)*, die auch einen Ausblick auf offene Fragen und mögliche Anschlussforschungen enthält.

II. Stand und Trends der sozialen Assimilation –
binationale Ehen der klassischen Arbeitsmigrantengruppen

1. Daten

Empirische Grundlage des gesamten Beitrages sind Daten des deutschen Mikrozensus. Der Mikrozensus ist eine jährlich durchgeführte amtliche Repräsentativerhebung, an der ein Prozent aller Haushalte in Deutschland beteiligt sind. Für die sozialwissenschaftliche Forschung stehen nunmehr für viele Jahre Scientific Use Files zur Verfügung, die jeweils faktisch anonymisierte 70 Prozent-Unterstichproben darstellen. Für die nachfolgenden Analysen konnten 15 Scientific Use Files zwischen 1976 und 2004 verwendet werden.[2]

Die einzelnen Scientific Use Files werden zu einem Gesamtdatensatz kumuliert. Dabei ist zu beachten, dass der Mikrozensus eine Flächenstichprobe ist, die als rotie-

---

[1] Eigenethnische Ehen von Migranten werden oftmals in deren Herkunftsländern oder in ausländischen Konsulaten geschlossen. Konsulatsehen müssen seit 1986 nicht mehr von deutschen Standesämtern registriert werden.

[2] Im Einzelnen handelt es sich um die Jahre 1976, 1982, 1989, 1991, 1993 sowie alle Jahre von 1995 bis 2004.

rendes Panel angelegt ist. Jedes Jahr wird ein Viertel der auf der ausgewählten Fläche befragten Haushalte erneuert und ein Haushalt bleibt insgesamt vier Jahre in der Stichprobe. Somit können sich die Personen unter Umständen mehrmals, d. h. bis zu vier Mal, in der Stichprobe befinden. In den nachfolgenden Analysen wird daher, sofern Parameter nicht getrennt für einzelne Erhebungsjahre berechnet werden, eine Designgewichtung verwendet, die die potentielle Mehrfachzählung einer Person „konservativ" korrigiert, d. h. zu Standardfehlern führt, die tendenziell eher überschätzt sind.[3]

Der kumulierte Gesamtdatensatz wird dann zunächst in zwei Teildatensätze „Männer" und „Frauen" aufgeteilt. Als genauere Analyseeinheiten werden weiterhin jeweils Personen ausgewählt, die zum Erhebungszeitpunkt in Westdeutschland bzw. West-Berlin wohnen, die verheiratet sind und mit ihrem Ehepartner zusammen leben. Es muss sich dabei um die so genannte Familienbezugsperson bzw. deren Ehepartner handeln. Die Analysen beschränken sich ferner auf Migranten aus den fünf wichtigsten ehemaligen Anwerbeländern, d. h. der Mann im Männerdatensatz bzw. die Frau im Frauendatensatz muss entweder die griechische, die (ex-)jugoslawische,[4] die italienische, die türkische oder die spanische Staatsangehörigkeit besitzen. Personen mit einer doppelten Staatsbürgerschaft (deutsche und weitere) werden nicht berücksichtigt, da in den Mikrozensen vor 1996 keine weitere Staatsangehörigkeit ausgewiesen wird, wenn auch die deutsche vorliegt. Designgewichtet ergeben sich im Männerdatensatz insgesamt 33017 Ehen von so definierten Migranten, im Frauendatensatz sind es 30715.

Der zentrale Indikator ist, ob der Ehepartner die deutsche Staatsangehörigkeit aufweist oder nicht. Binationale Ehen können gemäß dieser hier nur möglichen Operationalisierung also auch den Fall umfassen, dass der Partner den gleichen Migrationshintergrund besitzt, mittlerweile aber eingebürgert wurde (s. dazu auch *II.5* unten).

2. Bestand binationaler Ehen mit Deutschen über die Zeit

Welche Trends der sozialen Assimilation lassen sich anhand dieses Indikators nun in den Mikrozensusdaten für die fünf unterschiedlichen Gruppen beobachten? Eine mögliche und nahe liegende Antwort auf diese Frage liefern die einfachen Prozentanteile bi-

---

3 Alle Fälle eines Jahres werden mit dem gleichen Faktor gewichtet, nämlich dem Inversen des Erwartungswertes, wie oft ein Haushalt dieses Jahres insgesamt gezählt wird. Z. B. ergibt sich als Gewicht für das Jahr 1995 der Wert 1/3 nach der folgenden Überlegung: Ein Viertel der Haushalte ist in 1995 zum ersten Mal im Mikrozensus, wird dann auch 1996, 1997 und 1998 – also insgesamt viermal – gezählt. Ein Viertel der in 1995 befragten Haushalte ist 1994 in den Mikrozensus getreten, wird also neben 1995 auch noch 1996 und 1997 – insgesamt dreimal – gezählt. Ein weiteres Viertel der Haushalte in 1995 befindet sich schon seit 1993 im Mikrozensus und wird ebenfalls dreimal (1993, 1995, 1996) gezählt. Das letzte Viertel trat schließlich schon 1992 in den Mikrozensus und wird insgesamt nur zweimal (1993, 1995) berücksichtigt. Der Erwartungswert beträgt somit ¼ × 4 + ¼ × 3 + ¼ × 3 + ¼ × 2 = 3, das Gewicht für 1995 somit 1/3. Das Verfahren ist schon deshalb konservativ, weil für die einzelnen Jahre nicht der ganze Mikrozensus, sondern jeweils 70 Prozent-Substichproben kumuliert werden, die unabhängig voneinander gezogen sind.
4 Auch Angehörige der Nachfolgestaaten des ehemaligen Jugoslawien werden in dieser Kategorie ab 1993 zusammengefasst nachgewiesen.

Abbildung 1: Anteil binationaler Ehen mit Deutschen an allen Ehen einer Nationalität im Zeitverlauf

a. Männer

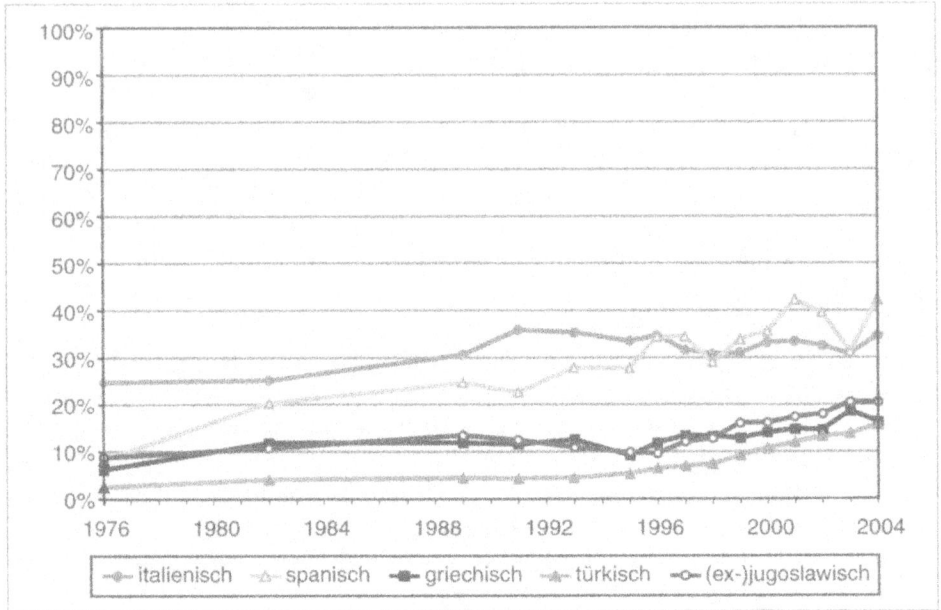

b. Frauen

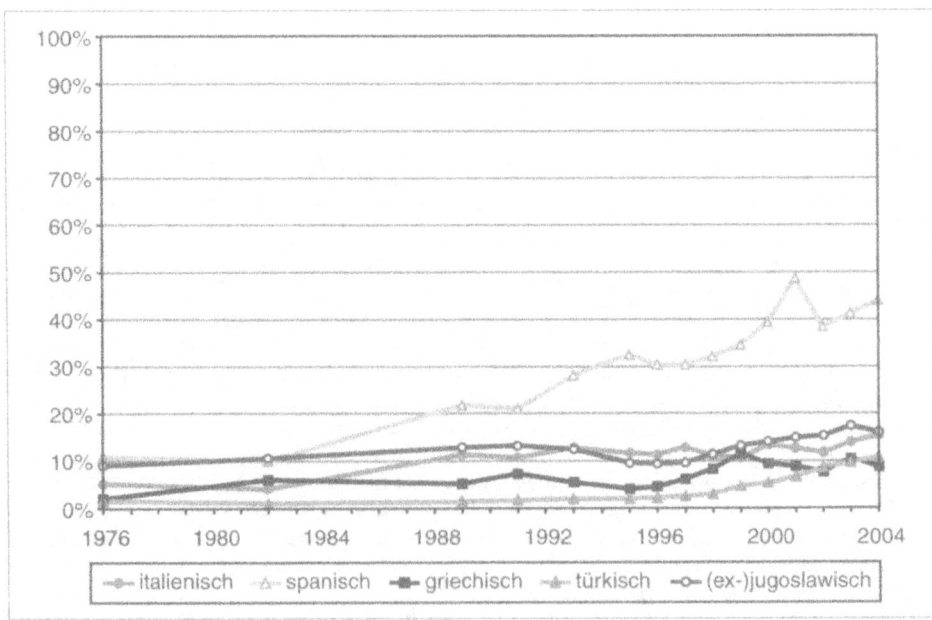

Daten: Mikrozensus Scientific Use Files.

nationaler Ehen der betrachteten Nationalitäten mit Deutschen im Zeitverlauf. Die *Abbildungen 1a* und *1b* stellen dies getrennt für die Geschlechter dar.[5]

Sowohl bei den Männern als auch bei den Frauen lässt sich für nahezu alle Nationalitäten der ehemaligen Anwerbeländer ein kontinuierlicher Anstieg binationaler Ehen über die betrachteten Jahre beobachten. Er findet jedoch auf sehr unterschiedlichem Niveau und mit unterschiedlichem Tempo statt. Bei den italienischen Männern liegt der Anteil bereits 1976 deutlich über 20 Prozent und ist bis 2004 auf ca. 35 Prozent gestiegen. Der Anteil binationaler Ehen von spanischen Migranten, der 1976 noch ca. 10 Prozent beträgt, übertrifft den der Italiener 2004 sogar mit über 40 Prozent. Bei den anderen drei Gruppen ist der Anteil langsamer, aber doch merklich gestiegen. Während 1976 alle unter 10 Prozent liegen, betragen die entsprechenden Anteile 2004 zwischen 15 Prozent und 20 Prozent, wobei die Gruppe der Türken über die Zeit durchweg die niedrigsten Werte aufweist.

Bei den Frauen sind die spanischen Zuwanderinnen mit großem Abstand am häufigsten mit deutschen Partnern verheiratet. Für die anderen Gruppen, in die sich hier auch die Italienerinnen einreihen, gilt ähnliches wie bei den Männern: Die Anteile über die Zeit sind langsam gestiegen. Die Türkinnen liegen in den meisten Jahren am unteren Ende, ihre Anteile übersteigen aber im letzten Jahr jene der Griechinnen, die seit Ende der 1990er-Jahre stagnieren.

3. Kohortentrends für in Deutschland geschlossene Ehen

Die *Abbildungen 1a* und *1b* signalisieren einen graduellen Trend hin zu einer sozialen Assimilation für alle fünf Gruppen. Es stellt sich jedoch die Frage, ob diese Betrachtungsweise des Bestandes binationaler Ehen über die Jahre angemessen ist. Zum einen spiegeln sich in ihr auch die Ehen wider, die vor der Einreise geschlossen wurden, und der entsprechende Anteil ist insbesondere in frühen Jahren sehr hoch. Zum anderen findet der Wandel weniger durch intrapersonelle Veränderungen in der Nationalität des Partners, sondern vorwiegend durch Neuverheiratungen statt. Wie in vielen anderen Anwendungs- und Problemfeldern scheint eine Kohortenperspektive demzufolge aufschlussreicher (Breen/Luijkx 2004; Waters/Jiménez 2005: 121).

Die folgenden Darstellungen beschränken sich daher auf solche Migranten, die tatsächlich eine potentielle Entscheidung zwischen einem deutschen und nicht-deutschen Partner treffen konnten. Es werden mit anderen Worten nur solche Männer (n = 14 872) im Männerdatensatz und Frauen (n = 9 052) im Frauendatensatz berücksichtigt, die schon vor der Heirat in Deutschland gelebt haben oder in der Bundesrepublik geboren wurden.[6] Die *Abbildungen 2a* und *2b* stellen die Anteile binationaler Ehen mit

---

5 Im Nenner der Anteilsberechnung, die der Abbildung zugrunde liegt, befinden sich alle bestehenden Ehen, d. h. auch Ehen, bei denen beide Ehepartner eine unterschiedliche ausländische Staatsangehörigkeit haben.
6 Zwischen etwaiger Einreise und Eheschließung muss mindestens ein Jahr liegen. Fehlende Werte beim Einreise- oder Heiratsjahr tragen somit ebenfalls zu einer Reduzierung der Fallzahlen bei.

Abbildung 2: Anteil binationaler Ehen mit Deutschen an allen Ehen einer Nationalität eines Geburtsjahrgangs (gleitender 5-Jahres-Durchschnitt)

a. Männer

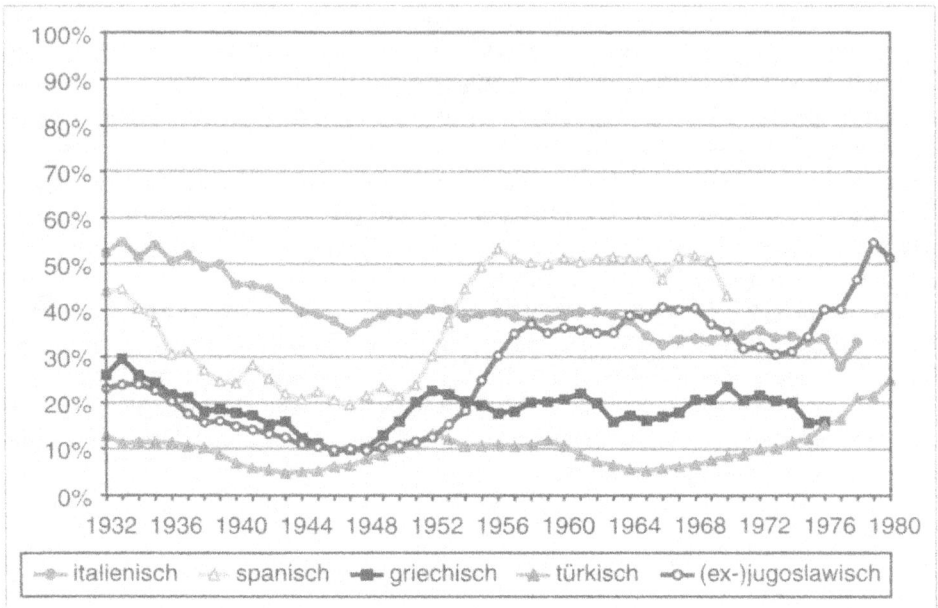

b. Frauen

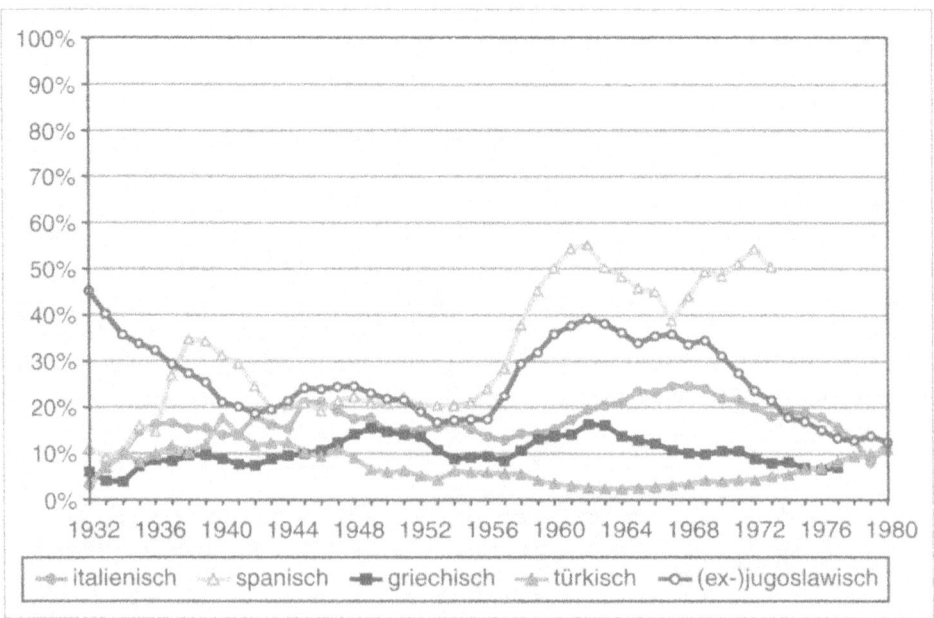

Daten: Mikrozensus Scientific Use Files.

Deutschen an allen Ehen für Männer und Frauen als gleitende 5-Jahres-Durchschnitte über die Geburtskohorten 1932 bis 1980 dar.[7]

Bei den Männern sind alle Nationalitäten in der Geburtskohorte 1932 sehr häufig mit deutschen Frauen verheiratet. In den nachfolgenden Geburtskohorten sinkt der Anteil binationaler Ehen dann zunächst. Migranten, die etwa zwischen 1947 und 1952 geboren sind, weisen dagegen wieder höhere Einheiratsquoten in die deutsche Bevölkerung auf. Die Entwicklung des Heiratsverhaltens der frühen Geburtskohorten zeichnet somit den für Immigranten aus anderen Kontexten bekannten U-förmigen Verlauf nach (Nauck 2002, 2008).

Für die spanischen und die (ehemals) jugoslawischen Zuwanderer setzt sich der steigende Trend bis zu den späten 1950er-Jahrgängen fort, stagniert aber in den folgenden Geburtskohorten. Bei den anderen Nationalitäten bleibt der Anteil binationaler Ehen mit Deutschen schon ab ca. der 1950er-Kohorte vergleichsweise stabil. In dieser groben Entwicklung bilden die italienischen Männer jedoch eine auffällige Ausnahme. Entgegen dem generellen Trend ist bei ihnen ein kontinuierlicher Rückgang von Ehen mit Deutschen zu verzeichnen. Allerdings heiraten auch Italiener der jüngeren Geburtsjahrgänge noch in hohem Maße in die deutsche Bevölkerung ein: 30 bis 40 Prozent von ihnen leben mit einer deutschen Ehefrau zusammen. Höhere Anteilswerte weisen lediglich die Spanier und für einige Geburtsjahrgänge die (ehemaligen) Jugoslawen auf. Unter den türkischen Migranten bestehen am wenigsten Ehen mit deutschen Frauen, der Anteil binationaler Ehen liegt bei den betrachteten Geburtsjahrgängen meist zwischen 5 und 15 Prozent. Erst in den jungen Geburtskohorten ab 1978 steigt der Anteil leicht über 20 Prozent.

Bei den Frauen zeigt sich, mit Ausnahme der Türkinnen, eine deutliche Zunahme binationaler Ehen in den Jahrgängen 1956 bis 1960 im Vergleich zu den vorhergehenden (vgl. *Abbildung 2b*). Den höchsten Anteil deutscher Ehepartner weisen auch hier die Zuwanderinnen mit spanischer oder (ehemals) jugoslawischer Staatsangehörigkeit auf. Bei den (Ex-)Jugoslawinnen, Italienerinnen und Griechinnen zeigt sich jedoch im weiteren Verlauf über die Kohorten ein Rückgang der Ehen mit Deutschen.[8] Bei den Türkinnen ist zwischen den Geburtskohorten 1965 und 1980 dagegen eine sehr leichte, aber doch kontinuierliche Zunahme binationaler Ehen von ca. 3 auf 11 Prozent zu beobachten. Bis auf die Spanierinnen pendeln sich die Migrantinnen in den jüngsten Kohorten sämtlich auf ein relativ niedriges Niveau von ca. 10 Prozent ein.

4. Trends über die Generationen

Es ist einer der zentralen Befunde der Migrationsforschung, dass Assimilationsprozesse in nahezu allen Einwanderungskontexten vor allem über die Generationenfolge stattfinden. Die *Tabellen 1a* und *1b* stellen nun für alle Gruppen die Anteile der in Deutschland geschlossenen Ehen mit einem Partner deutscher, eigener oder sonstiger

---

7 Prinzipiell wäre hier auch die Perspektive von Heiratskohorten denkbar. Da das Heiratsalter in der Entscheidung jedoch endogen sein könnte, fiel die Wahl hier auf Geburtskohorten.
8 Dies könnte allerdings durch die Tatsache, dass die Wahrscheinlichkeit einer binationalen Ehe tendenziell positiv mit dem Heiratsalter zusammenhängt, etwas verzerrt sein.

Tabelle 1a: Migrantenehen nach Staatsangehörigkeit der Ehefrau (Zeilenprozente)

Staatsangehörigkeit und Generationenzugehörigkeit (Mann)	Staatsangehörigkeit der Ehefrau			
	sonstige	identisch	deutsch	N
italienisch				
1. Generation	3,9	56,2	39,9	3102
2. Generation	8,1	40,8	51,1	336
spanisch				
1. Generation	4,1	65,3	30,5	602
2. Generation	5,9	36,4	57,7	86
griechisch				
1. Generation	2,5	79,4	18,1	1336
2. Generation	9,3	61,6	29,1	165
türkisch				
1. Generation	1,0	90,5	8,5	5342
2. Generation	1,4	88,6	10,0	1012
(ehemals) jugoslawisch				
1. Generation	2,6	78,4	19,0	2732
2. Generation	3,9	68,0	28,2	159

Daten: Mikrozensus Scientific Use Files.

Tabelle 1b: Migrantenehen nach Staatsangehörigkeit des Ehemannes (Zeilenprozente)

Staatsangehörigkeit und Generationenzugehörigkeit (Frau)	Staatsangehörigkeit des Ehemannes			
	sonstige	identisch	deutsch	N
italienisch				
1. Generation	3,1	82,7	14,2	1160
2. Generation	6,9	67,5	25,6	437
spanisch				
1. Generation	8,5	64,6	27,0	388
2. Generation	16,3	38,6	45,1	94
griechisch				
1. Generation	3,5	86,5	10,0	877
2. Generation	6,0	79,8	14,2	225
türkisch				
1. Generation	1,0	94,3	4,7	2705
2. Generation	1,4	93,0	5,6	1099
(ehemals) jugoslawisch				
1. Generation	4,1	72,0	24,0	1845
2. Generation	6,4	68,5	25,1	222

Daten: Mikrozensus Scientific Use Files.

Nationalität getrennt für die erste und die zweite Generation dar. Die zweite Generation ist definiert für diejenigen (mit nicht-deutscher Staatsangehörigkeit), die in Deutschland geboren oder bis zum Alter von sechs Jahren eingereist sind.

Die zweiten Generationen sind über alle Nationalitäten und für beide Geschlechter öfter mit einem deutschen Partner verheiratet. Das Ausmaß der Generationenunterschiede variiert allerdings stark. Die Prozentsatzdifferenzen sind vor allem bei den Spaniern beiderlei Geschlechts mit ca. 20 Punkten besonders stark ausgeprägt. Die Italiener und Italienerinnen machen in der zweiten Generation – auf unterschiedlich hohen

Niveaus – jeweils einen Sprung um ca. 10 Prozentpunkte. Während bei den Männern auch Griechen und Jugoslawen der zweiten Generation wesentlich häufiger eine Deutsche heiraten als die der ersten Generation, fällt der Unterschied bei den Türken nur sehr gering aus. Bei den Frauen ist die Steigerung des Anteils über die Generationen bei Griechinnen ebenfalls klein, bei den Türkinnen und (Ex-)Jugoslawinnen nur marginal.

5. Resümee und Einschränkungen der zentralen deskriptiven Befunde

Ziel dieses Abschnitts war es, der ersten der beiden zentralen Ausgangsfragen nachzugehen, ob sich für die klassischen Migrantengruppen in Deutschland ein Trend zu mehr Ehen mit Deutschen und damit zu einer zentralen Form der sozialen Assimilation verzeichnen lässt. Die deskriptiven Analysen führen, wie sich zeigte, zu unterschiedlichen Schlussfolgerungen – je nachdem, ob man den Bestand aller oder nur der in Deutschland geschlossenen Ehen betrachtet, und je nachdem, ob man eine Zeit-, Kohorten- oder Generationen-Perspektive einnimmt. Die Daten des kumulierten Mikrozensus erlauben es also insgesamt, die grundlegenden Prozesse aus sehr verschiedenen Blickwinkeln zu betrachten, wodurch sich neue, differenzierte empirische Antworten über die jeweiligen Entwicklungen ergeben.

Trotz dieser offensichtlichen Leistung sind mit der Datenstruktur jedoch auch einige Probleme verbunden, die es bei einer Interpretation der aufgezeigten Trends zu berücksichtigen gilt und die im Laufe der Darstellung zum Teil auch schon angesprochen wurden. Etwas unbefriedigend bleibt vor allem, dass eine Operationalisierung der ethnischen Zugehörigkeit nur über die Staatsangehörigkeit erfolgen kann. Eine Abgrenzung über das Geburtsland der Eltern wäre aus inhaltlichen Gründen sicherlich vorzuziehen, diese Information steht in den verwendeten Mikrozensus-Files allerdings nicht zur Verfügung. Unter der Annahme, dass eingebürgerte Migrantinnen und Migranten eher zu deutschen Ehepartnern neigen, geht damit eine gewisse Unterschätzung des Bestandes interethnischer Ehen mit Deutschen einher, weil diese Migrantinnen und Migranten (als „ego") in den Teilstichproben nicht enthalten sind.

Umgekehrt befinden sich unter den „deutschen" Ehepartnern der Migrantinnen und Migranten in den Datensätzen auch solche Fälle, in denen der Ehepartner (als „alter") der gleichen Herkunft ist, aber die deutsche Staatsangehörigkeit besitzt. Hinter einigen binationalen Ehen steckt damit also keine „interethnische" Ehe. In den verwendeten Mikrozensen der Jahre 1976 bis 2004 sind solche Einbürgerungen nicht identifizierbar, sodass sich mit den verwendeten Daten nicht herausrechnen lässt, in welchem Ausmaß Einbürgerungen für die beobachtbaren Trends zu binationalen Ehen verantwortlich sind. Der Mikrozensus 2005 bietet jedoch erstmalig neben der Staatsangehörigkeit Informationen zur ethnischen Herkunft sowie zu Einbürgerungen. Zieht man ihn vergleichend heran, so lässt sich die Größenordnung dieses Phänomens zumindest ansatzweise einschätzen. Entsprechende Analysen zeigen, dass unter den deutschen Partnerinnen von Türken im Jahr 2005 mehr als die Hälfte eingebürgert sind. Der entsprechende Anteil liegt bei den deutschen Ehemännern von Türkinnen mit 70 Prozent noch deutlich darüber. Differenziert man nach Geburtskohorten, so nimmt der

Anteil der Eingebürgerten an den vorliegenden binationalen Ehen bei beiden Geschlechtern tendenziell immer mehr zu. Unterscheidet man nach Generationen, stellt man fest, dass auch in den zweiten Generationen der Anteil der eingebürgerten deutschen Ehepartner noch sehr hoch ist: Bei den deutschen Ehefrauen der Türken der zweiten Generation liegt er immerhin noch bei über 40 Prozent, bei den deutschen Ehemännern von Türkinnen beträgt er über 50 Prozent. Von den (ehemals) jugoslawischen Zuwanderern sind sowohl bei den Männern als auch bei den Frauen etwa ein Viertel der deutschen Ehepartner eingebürgert. Für die binationalen Ehen der anderen Nationalitäten spielen Einbürgerungen dagegen eine untergeordnete Rolle. Dass die Türkinnen und Türken in den letzten Jahren und in den jüngeren Kohorten zu den anderen Gruppen aufzuschließen scheinen, hängt also zumindest zum Teil auch mit den vermehrten Einbürgerungen zusammen.

Die Verwendung von kumulierten Querschnittsdaten bringt bei der Betrachtung des sozialen Wandels anhand von Geburtskohorten weitere Nachteile mit sich. Einerseits könnten Trends dadurch beeinträchtigt sein, dass Migranten selektiv in ihr Herkunftsland zurückkehren. Wenn beispielsweise, was eine naheliegende Vermutung ist, Migranten mit eigenethnischem Partner mit zunehmendem Alter wahrscheinlicher wieder in ihr Heimatland zurückwandern als solche mit einem deutschen Partner, würde sich im Kohortentrend eine Verzerrung zur tendenziellen Überschätzung der Anteile binationaler Ehen in älteren Kohorten ergeben. Weiterhin könnte der Trend dadurch verzerrt werden, dass deutsch-ausländische Ehen weniger stabil sind und in den einzelnen Erhebungsjahren nur der Bestand an Ehen erfasst wird. Auch ein unterschiedliches Scheidungsrisiko zwischen den Nationalitäten könnte sich ungünstig auf die Analyse auswirken. Tatsächlich gibt es Hinweise, dass Ehen zwischen Deutschen und italienischen oder spanischen Migranten seltener geschieden werden als binationale Ehen von türkischen, (ex-)jugoslawischen und griechischen Migranten (Buba et al. 1984: 437; Roloff 1998: 332f.). All dies rät zu einer gewissen Vorsicht bei der Interpretation der Trends und Unterschiede in absoluter Hinsicht. Relativ gesehen dürften sich solche Verzerrungen jedoch nur geringfügig auswirken.

Trotz aller notwendigen Differenzierungen und auch bei Berücksichtigung der genannten Probleme in der Datenstruktur ergeben sich eine Reihe von stabilen Befunden, insbesondere was die Unterschiede zwischen den Migrantengruppen angeht. In nahezu allen Betrachtungsweisen weisen Spanierinnen und Spanier sowie Italiener außerordentlich hohe Intermarriage-Quoten auf – vor allem in der zweiten Generation. Genauso deutlich wird die offensichtliche „Sonderstellung" der Türkinnen und Türken am anderen Extrem. In beiden Geschlechtern liegen sie über die Zeit und über die Kohorten in der Regel weit unter den anderen Gruppen. Sie scheinen zwar in den letzten Jahren und in den jüngsten Kohorten mit anderen Gruppen gleichzuziehen, dieser Trend hängt jedoch zum Teil mit den Einbürgerungen zusammen. Auffallend in der Gruppe der Türken ist insbesondere die nur marginale Erhöhung der Quoten über die Generationen.

III. Mögliche Mechanismen hinter den vorliegenden Trends und Gruppenunterschieden

Wie lassen sich die aufgezeigten Kohorten- und Generationentrends binationaler Ehen sowie die darin erkennbaren Unterschiede zwischen einzelnen Migrantengruppen erklären? Im ersten der nachfolgenden Unterabschnitte werden zunächst theoretische Argumente vorgestellt, die im Allgemeinen für das interethnische vs. intraethnische Heiratsverhalten herangezogen werden. Im anschließenden zweiten Teil wird diskutiert, inwieweit diese Mechanismen im Hinblick auf die oben aufgezeigten Befunde für die Migrantengruppen in Deutschland fruchtbar erscheinen und welche empirischen Evidenzen in dieser Hinsicht bereits vorliegen.

1. Allgemeine theoretische Ansätze

In den theoretischen Beiträgen zur Erklärung ethnischen heterogenen vs. homogenen Heiratsverhaltens werden in der Regel drei grobe Einflussfaktoren auf die Partnerwahl unterschieden: individuelle Präferenzen der Akteure selbst, Einflüsse der jeweiligen sozialen Gruppe auf das Individuum und strukturelle Restriktionen des Heiratsmarktes (Kalmijn 1998).

Die Wahl eines Ehepartners ist zunächst einmal maßgeblich beeinflusst von den individuellen Präferenzen eines Akteurs für bestimmte Eigenschaften eines Partners. Den individuellen Präferenzen liegt letztlich das Streben nach der Maximierung zweier universeller Ziele zugrunde, nämlich physisches Wohlbefinden und soziale Anerkennung (Esser 1999: 91 ff.). Physisches Wohlbefinden wird in der Gesellschaft insbesondere über die Akkumulation sozioökonomischer Ressourcen erlangt. Folglich gehört eine gute Ausstattung mit diesen Ressourcen wie hohe Bildung, hohes Einkommen und berufliches Prestige zu den gesamtgesellschaftlich positiv bewerteten Eigenschaften, die auch im Kontext der (Ehe-)Partnerwahl angestrebt werden. Durch die Mechanismen des Heiratsmarktes wird eine Homogenität der Ehepartner wahrscheinlich: Individuell ist jeder Akteur im sozialen Kontext eher an der Interaktion mit Personen interessiert, die sehr viele gesellschaftlich hoch bewertete Ressourcen besitzen. Der Konkurrenz aller um die attraktivsten Partner steht jedoch die Ablehnung von Personen gegenüber, die über weniger wünschenswerte Eigenschaften verfügen als der handelnde Akteur selbst. Dieses Zusammenspiel fördert eine Ressourcenähnlichkeit der Eheleute, da auf diese Weise die wechselseitige Belohnung am ehesten zu realisieren ist (Kalmijn 1998; Laitner 1991: 1124). Die Wahrscheinlichkeit binationaler Ehen sollte damit, ceteris paribus, positiv mit der strukturellen Assimilation einer Migrantengruppe zusammenhängen: Einerseits wird es mit zunehmender Bildung und Arbeitsmarktposition für Migranten schwerer, statushomogene Partner in der eigenen Ethnie zu finden, wenn wie in Deutschland eine tendenzielle Unterschichtung besteht. Andererseits werden sie damit auf dem Heiratsmarkt zunehmend attraktiver für die einheimische Bevölkerung.

Die individuellen Präferenzen der Akteure folgen aber nicht ausschließlich Kriterien ökonomischer Effizienz; sie sind ebenso auf den belohnenden Charakter der Interaktion selbst ausgerichtet. Eine Interaktion wird meist als besonders belohnend empfunden, wenn Werte und Einstellungen, aber auch Lebensstile, d. h. kulturelle Ressourcen der Interagierenden, übereinstimmen. Auf diese Weise wird eine Bestätigung eigener Standpunkte und Verhaltensweisen erlebt (Kalmijn 1994: 426; Mikula/Stroebe 1991: 81). Das Grundbedürfnis nach sozialer Anerkennung ist somit in einem einstellungsähnlichen Umfeld eher und kostengünstiger zu befriedigen als im Kontext divergierender Vorstellungen (Kalmijn 1998: 400; Wirth 2000: 44). Ein gewisser Grad an Übereinstimmung kultureller Ressourcen begünstigt demzufolge die Aufnahme einer langfristigen persönlichen Beziehung. Da individuelle Bedürfnisse auch durch die Sozialisation geprägt werden, üben kulturelle Aspekte auch in Form von internalisierten Normen und Werten einen Einfluss auf die Partnerwahl aus. Dies geschieht direkt, indem sie den Kreis der „sozial akzeptablen" Personen einschränken und indirekt, indem sie den Lebensstil eines Individuums prägen und damit eine Präferenz für kulturähnliche Partner schaffen. Auch dieses Argument gilt „in beide Richtungen", d. h. für die Präferenzen der Migranten und für die der einheimischen Partnersuchenden.

Soziale Wertschätzung erfolgt nicht nur durch den Ehepartner, sondern auch durch die Bezugsgruppe. Bestehen von einer ethnischen Gruppe Verhaltenserwartungen bezüglich der Partnerwahl, beispielsweise in Form intraethnischer Heiratsnormen, und trägt die ethnische Gruppe entscheidend zur Erzeugung sozialer Anerkennung bei, so sollte dies in einer Heiratsbarriere gegenüber interethnischen Ehen resultieren (Hooghiemstra 2001; Kalmijn 1998). Auch institutionelle Regelungen können die Existenz interethnischer Ehen verhindern oder deutlich einschränken.

Neben den individuellen Präferenzen für bestimmte Eigenschaften des Partners und dem Einfluss der sozialen Gruppe sind die Gelegenheitsstrukturen des Heiratsmarktes bei der Partnerwahl von entscheidender Bedeutung (Blau 1994: 21). Sie bestimmen die grundlegende Verfügbarkeit von Alternativen, zwischen denen dann erst gemäß den individuellen Präferenzen gewählt werden kann: *Who does not meet, does not mate*. Kontaktmöglichkeiten werden sowohl durch den räumlichen Kontext als auch durch soziale Zugehörigkeiten bestimmt (Blau 1994). Bei der interethnischen Partnerwahl erweisen sich vor allem die relative Gruppengröße und das Geschlechterverhältnis von Migranten als bedeutsam (Hwang et al. 1997; Lieberson/Waters 1988; Pagnini/Morgan 1990). Bei sehr kleinen Gruppen oder einem deutlichen Geschlechterungleichgewicht gehen heiratswillige Migranten, in Ermangelung an Alternativen, unter Umständen auch dann eine Ehe mit einem deutschen Partner ein, wenn sie eine klare Präferenz für die eigene Ethnie oder Nationalität aufweisen. Konzentrieren sich Migrantengruppen auf spezielle Regionen des Landes oder auf bestimmte Stadtbezirke, sinken wiederum die Chancen, einen deutschen Partner kennen zu lernen und dann gegebenenfalls zu heiraten (Model/Fisher 2002: 730).

Reale Gelegenheiten bestehen in der Regel jedoch erst in so genannten Teilheiratsmärkten, in denen sich die eigentlichen individuellen Kontaktchancen ergeben. Akteure suchen innerhalb sehr begrenzter und selektiver Räume nach Partnern, da die Aufnahme und der Aufbau einer Beziehung zunächst die Möglichkeit des Kennenlernens voraussetzen (Feld 1984). Wichtige Teilheiratsmärkte sind vor allem Bildungsstätten, Arbeitsplätze und Nachbarschaften. Ethnisch stratifizierte oder segregierte Bildungs-, Beschäftigungs- und Wohnverhältnisse reduzieren somit die Wahrscheinlichkeit einer binationalen Partnerwahl (Nauck 2002: 320). Umgekehrt ergibt sich damit ein weiteres Argument dafür, dass diese Wahrscheinlichkeit mit dem Grad der strukturellen Assimilation steigen sollte.

2. Hypothesen, empirische Evidenzen und Randbedingungen für die Migrantengruppen in Deutschland

Aus den skizzierten Mechanismen lassen sich unmittelbar Hypothesen über den Einfluss bestimmter Variablen auf die Neigung zu interethnischen vs. intraethnischen Ehen ableiten. So sollten die Chancen einer interethnischen Ehe mit der Größe der ethnischen Gruppe und mit dem Anteil des anderen Geschlechts innerhalb dieser Gruppe fallen. Die Chancen sollten hingegen positiv mit verschiedenen Dimensionen der Assimilation zusammenhängen, beispielsweise mit der kognitiv-kulturellen, der räumlichen und vor allem mit der strukturellen. Insbesondere lässt sich folgern: Je höher der Bildungsgrad einer Migrantin oder eines Migranten, desto wahrscheinlicher wird die Wahl eines Partners oder einer Partnerin der Aufnahmegesellschaft. Diese Hypothesen sind in zahlreichen internationalen Studien getestet und in der Regel bestätigt worden (z. B. Furtado 2006; Kalmjin/van Tubergen 2006; Kulczycki/Lobo 2002; Pagnini/Morgan 1990; Qian/Lichter 2007). Auch für Deutschland liegen mittlerweile einige entsprechende Befunde vor (González-Ferrer 2006; Haug 2002; Schroedter 2006; Weick 2001).

Betrachtet man nun die Lage und Entwicklung der Migrantengruppen in Deutschland, so ergeben sich aus diesen Hypothesen und den dahinter stehenden Mechanismen durchaus plausible potentielle Erklärungen für viele der oben im deskriptiven Teil *(II)* aufgezeigten Befunde.

So ließe sich der in der Kohortenfolge anfängliche Rückgang des Anteils binationaler Ehen bei den Männern (vgl. *Abbildung 2a*) potentiell mit Blau'schen Argumenten erklären, dass nämlich die Einheiratungsraten zu Beginn der Arbeitsmigration schon allein aufgrund mangelnder Alternativen relativ hoch waren, danach aber mit steigender Größe der Migrantengruppen und zunehmend höherem Frauenanteil zunächst sanken (Klein 2000: 327f.). Bei den Frauen wäre der mit einer Ausnahme schon direkt von den ältesten Kohorten an grundsätzlich positive Trend in allen Gruppen (vgl. *Abbildung 2b*) spiegelbildlich damit zu erklären, dass sich die Veränderung im Geschlechterverhältnis durch zunehmende eigenethnische Konkurrenz in der umgekehrten Richtung auswirkte.

Das dann bei den Männern erkennbare Wiederansteigen im Laufe der Kohorten ließe sich mit mehr und mehr einsetzenden Assimilationsprozessen in verschiedenen Teildimensionen in Zusammenhang bringen. Bei den Frauen würden diese die Verstärkung des im Ansatz vorhandenen positiven Trends und seine weitere Fortsetzung über die Kohorten erklären. Solche Assimilationsprozesse finden über die Zeit, vor allem aber durch den Generationenwechsel statt. Entsprechende Entwicklungen sind für die klassischen Migranten in Deutschland mittlerweile gut belegt. So lässt sich im Hinblick auf die kognitiv-kulturelle Integration in die Aufnahmegesellschaft für alle Gruppen und für sehr verschiedene Indikatoren ein deutlicher Sprung zwischen der ersten und der zweiten Generation feststellen. Darüber hinaus findet in der Regel auch eine

Zunahme über die Jahre innerhalb der Generationen statt (Diehl/Schnell 2006). Auch die räumliche ethnische Segregation hat in den letzten Jahren spürbar abgenommen (Janßen/Schroedter 2007). Vor allem aber ist ein deutlicher Trend zu einer strukturellen Assimilation zu verzeichnen, wenn hier auch einige Differenzierungen notwendig sind: Die Kinder der damaligen Arbeitsmigranten nehmen auf dem Arbeitsmarkt wesentlich bessere Positionen ein als ihre Eltern (Granato/Kalter 2001; Kalter/Granato 2002, 2007) und verkürzen den Abstand zu den gleichaltrigen Deutschen weiter über die Zeit – zwar langsam, aber doch nachweislich (Kalter et al. 2007). Auch im Hinblick auf die Bildungsqualifikationen gibt es gravierende Generationenunterschiede. Innerhalb der zweiten Generation stagniert der relative Erfolg einiger Gruppen allerdings auf niedrigem Niveau und was die relativen Bildungsnachteile der Elterngeneration betrifft, so scheint sich die Schere im Zuge von Bildungsexpansion und Familiennachzug sogar weiter geöffnet zu haben (Kalter/Granato 2002; Kalter et al. 2007).

Einige Argumente, die sich mit den Gelegenheitsstrukturen und den parallelen Assimilationsprozessen verbinden, machen insbesondere auch die sichtbaren Unterschiede in der Neigung zu binationalen Ehen zwischen den Gruppen plausibel. Die Spanier, die in den jüngeren Kohorten sowohl bei den Männern als auch bei den Frauen die höchsten Quoten an interethnischen Ehen mit deutschen Partnern aufweisen, sind beispielsweise nicht nur die zahlenmäßig kleinste der betrachteten Gruppen, sondern auch die mit den relativ höchsten Bildungsqualifikationen in der zweiten Generation in jüngsten Jahren (Kalter et al. 2007). Auf der anderen Seite stellen die Türken die mit Abstand größte Teilgruppe, die durchschnittlich in beiden Generationen sowohl am Arbeitsmarkt (Granato/Kalter 2001; Kalter/Granato 2007; Kalter et al. 2007; Seibert/Solga 2005) als auch im Bildungssystem (Alba et al. 1994; Kristen/Granato 2004, 2007) am deutlich niedrigsten positioniert ist und die nach wie vor, wie sich wiederum in verschiedenen Variablen niederschlägt (Diehl/Schnell 2006; Kalter 2006), die größte kulturelle Distanz zur Aufnahmegesellschaft aufweist.

In diesem Zusammenhang ist ergänzend anzumerken, dass Migranten auch Zugang zu den Heiratsmärkten ihrer Herkunftsgesellschaften haben und damit die Wahrscheinlichkeit einer sogenannten transnationalen Ehe steigt. Diese spezielle Form der eigenethnischen Ehe kann mit starken individuellen Anreizen verbunden sein, wenn sich der zuziehende Ehepartner und dessen Familie Vorteile von der Heiratsmigration versprechen und auf der Gegenseite für ein lukratives Angebot sorgen. Unter den betrachteten Migrantengruppen ergeben sich solche Anreize vor allem für die Zuwanderer aus den (wirtschaftlich schwächeren) Staaten, die nicht der Europäischen Union angehören, d. h. Migranten aus der Türkei und einigen Ländern des ehemaligen Jugoslawien. Auch unter Kontrolle der übrigen Faktoren ist aufgrund dieser „dritten Option" somit zu erwarten, dass diese Gruppen relativ seltener zu binationalen Eheschließungen mit Deutschen neigen.

IV. Multivariate Analysen

In den folgenden Analysen soll nun untersucht werden, ob sich die im vorigen Abschnitt entwickelten Hypothesen auch mit den Daten des Mikrozensus bestätigen lassen und inwieweit die aufgezeigten Mechanismen tatsächlich für die in *Teil II* beobachteten Gruppenunterschiede und Trends verantwortlich sind. Der erste Unterabschnitt skizziert zunächst die verfügbaren Variablen und deren Randverteilungen. Danach werden logistische Regressionsmodelle unter Kontrolle dieser Drittvariablen geschätzt, wobei Gruppen- und Generationenunterschiede im Vordergrund stehen. Ein dritter Abschnitt untersucht schließlich noch etwas detaillierter die grundsätzlichen Trends über die Kohorten.

1. Variablen und Randverteilungen

Grundlage der nachfolgenden Analysen sind die Daten, die schon in den Abschnitten *II.3* und *II.4* herangezogen wurden: die in den Mikrozensen 1976 bis 2004 enthaltenen Männer und Frauen italienischer, spanischer, griechischer, türkischer oder (ehemals) jugoslawischer Nationalität, die in Deutschland geheiratet haben.

Die abhängige Variable, das Vorliegen einer *binationalen Ehe*, wird durch eine Dummy-Variable abgebildet, die angibt, ob die Ehepartnerin oder der Ehepartner die deutsche Staatsangehörigkeit besitzt (1) oder die gleiche wie der oder die Befragte selbst (0). Ehen mit einem Partner anderer Nationalität als der deutschen oder der eigenen werden nicht berücksichtigt. Im Falle einer eigenethnischen Ehe wird nicht weiter danach differenziert, ob die Partnerin oder der Partner ebenfalls schon vor der Heirat in Deutschland gelebt hatte. Transnationale Ehen sind also unter die eigenethnischen Ehen subsumiert.

In den Analysen wird nach den fünf schon häufig genannten *Migrantengruppen* unterschieden. Innerhalb dieser Gruppen wird ferner nach der *Generationenzugehörigkeit* differenziert: Migranten, die in Deutschland geboren oder vor ihrem siebenten Lebensjahr in die Bundesrepublik eingereist sind, werden als zweite Generation definiert. Personen, die zu einem späteren Zeitpunkt in ihrem Leben eingereist sind, zählen zur ersten Generation.

Zur Erfassung der im theoretischen Teil skizzierten Mechanismen können die folgenden unabhängigen Variablen konstruiert und berücksichtigt werden:

Als makrostrukturelle Merkmale des Heiratsmarktes dienen die *relative Bevölkerungsgröße* einer Migrantengruppe und das *Geschlechterverhältnis*, jeweils im Jahr vor der Eheschließung. Beide Variablen werden altersspezifisch generiert und beziehen sich auf Nichtverheiratete. Die Altersspanne um den Ehemann bzw. die Ehefrau beträgt insgesamt 11 Jahre. Grundlage beider struktureller Merkmale stellen solche potentiellen Ehepartner dar, die höchstens fünf Jahre älter und fünf Jahre jünger sind. Bei der relativen Bevölkerungsgröße handelt es sich nun um den Anteil der jeweiligen Nationalität an dieser Gruppe insgesamt. Das Geschlechterverhältnis wird als Odds Ratio gebildet, d. h. das Sex Ratio (anderes Geschlecht vs. eigenes Geschlecht) einer Migrantengruppe wird in Relation zu dem Sex Ratio der gesamten Restgruppe aller anderen

Nationalitäten, einschließlich der Deutschen, gesetzt. Die erforderlichen Angaben zur Bevölkerungsgröße und zum Geschlechterverhältnis werden aus den ungewichteten Mikrozensen der Jahre 1964[9] bis 2004 ermittelt und den Ehepartnern anhand des Heiratsjahres, der Nationalität und dem Heiratsalter zugespielt. Die Werte wurden zeitlich um ein Jahr versetzt, um die Gelegenheitsstruktur *vor* der Eheschließung abzubilden. Aufgrund zeitlicher Lücken zwischen den verwendeten Mikrozensen bekommen Heiratsjahre, für die keine Information vorhanden sind, die Angabe aus dem nächsten verfügbaren (möglichst davor liegenden) Jahr zugewiesen.

Als wichtige unabhängige Variable auf Individualebene fließt der *Bildungsabschluss* in die Analysen ein. Er wird in Anlehnung an die aktualisierte CASMIN-Bildungsklassifikation gemessen (Brauns/Steinmann 1999). Aufgrund der unterschiedlichen Erfassung in den verwendeten Mikrozensen musste die Kategorie 1a mit den fehlenden Werten von allgemein- und berufsbildenden Abschlüssen zusammengefasst werden (Schroedter 2007: 18f.). Diese so gebildete Variable dient auch als Grundlage zur Messung der *Bildungshomogenität bzw. -heterogenität* eines Paares. Der Bildungsabschluss des Ehemannes kann höher, gleichwertig oder niedriger als der seiner Ehefrau sein. Die Variable der Bildungshomogenität hat insgesamt fünf Ausprägungen, um auch solche Fälle berücksichtigen zu können, bei denen sich mindestens ein Partner noch in der Ausbildung befindet oder bei denen für einen oder beide Ehepartner keine Angaben zum Bildungsabschluss vorliegen. Das Merkmal dient in den multivariaten Analysen als Kontrollvariable, da die Neigung, Partner mit dem gleichen formalen Bildungsabschluss zu heiraten, ein, zumindest für deutsche Ehepaare, dominierendes Heiratsmuster darstellt (Frenzel 1995; Wirth 2000). Weitere Kontrollvariablen sind das *Geburtsjahr* und das *Heiratsalter*.

Tabelle 2a (Männer) und *Tabelle 2b* (Frauen) informieren über die Verteilung aller in die Analysen eingehenden Variablen. Es wird nach Migrantengruppen und Generationen unterschieden. Die ersten beiden Datenzeilen reproduzieren noch einmal die *Tabellen 1a* und *1b*, wobei die sonstigen Ehen jetzt ausgeklammert und die Fallzahlen (14 307 Männer und 8 575 Frauen) durch fehlende Werte in anderen Variablen leicht reduziert sind. Die Verteilungen der unabhängigen Variablen bestätigen viele Randbedingungen, die in Teil *III.2* diskutiert wurden: Zum Beispiel sind die Türken und Türkinnen über die Jahre kumuliert jeweils die größte Gruppe mit der dementsprechend besten Gelegenheitsstruktur zu eigenethnischen Ehen. Sie sind auch, wenn man beispielsweise die Anteile in den beiden niedrigsten Kategorien betrachtet, diejenigen mit den geringsten Bildungsabschlüssen. Beides könnte zur Erklärung ihrer vergleichsweise geringen Quote an binationalen Ehen beitragen. Die Spanier und Spanierinnen sind auf der anderen Seite jeweils die kleinste Gruppe sowie in der zweiten Generation diejenige mit den geringsten Anteilen von Niedrigqualifizierten. Zu sehen ist ferner, dass die Bildungsqualifikationen für alle Gruppen von der ersten zur zweiten Generation merklich zunehmen. Dies könnte potentiell zur Erklärung des Trends zu binationalen Ehen über die Generationen beitragen. Für die Türken und Türkinnen der zweiten Generation wird an dieser Stelle auch eine eventuelle Hürde erkennbar: Im Gegensatz

---

9 Für griechische, türkische und jugoslawische Migranten konnten die Anteile erst ab 1973 gebildet werden, da diese Nationalitäten in den Mikrozensen der 1960er-Jahre nicht separat ausgewiesen werden.

Tabelle 2a: Randverteilung der Modellvariablen für Männer nach Staatsangehörigkeit und Generation (Spaltenprozente bzw. Mittelwerte)

	Staatsangehörigkeit (Mann)									
	italienisch		spanisch		griechisch		türkisch		(ehemals) jugoslawisch	
	1. Gen.	2. Gen.	1. Gen.	2. Gen.	1. Gen.	2. Gen.	1. Gen.	2. Gen.	1. Gen.	2. Gen.
Nationalität der Ehefrau										
identisch	58,6	43,5	68,0	39,6	81,5	66,5	91,4	90,0	80,5	70,4
deutsch	41,4	56,5	32,0	60,4	18,5	33,5	8,6	10,0	19,5	29,6
relative Bevölkerungsgröße[a]										
Mittelwert	1,1	0,9	0,5	0,2	0,5	0,4	1,4	2,5	1,3	1,0
OR: Verhältnis Frauen zu Männern (eigene Nation. vs. alle anderen)[b]										
Mittelwert	0,3	0,5	0,6	0,8	1,0	0,8	0,8	0,8	1,2	1,0
Bildungsabschluss										
entf./ohne Angabe/kein Abschluss	10,3	6,2	8,2	3,5	8,0	5,0	15,1	7,8	5,6	6,6
HS ohne berufl. Abschluss	43,8	23,8	42,6	11,9	46,4	22,3	42,2	29,0	26,2	16,2
HS mit berufl. Abschluss	32,8	50,4	34,0	58,4	26,2	37,0	27,2	41,7	49,6	43,7
MR ohne berufl. Abschluss	2,7	0,8	2,0	3,3	3,0	4,4	3,2	2,5	1,5	1,4
MR mit berufl. Abschluss	6,4	12,5	6,2	12,1	5,6	17,2	5,1	10,8	9,3	21,0
FHR/Abitur ohne berufl. Abschluss	0,8	0,4	1,3	1,4	3,0	2,1	1,6	1,2	1,3	1,4
FHR/Abitur mit berufl. Abschluss	1,2	2,5	2,5	2,5	3,5	6,0	2,1	2,1	3,1	4,0
Fachhochschulabschluss	0,8	1,4	1,0	3,4	1,3	3,1	1,0	0,6	1,1	1,1
Hochschulabschluss	0,9	0,9	2,1	1,6	2,7	2,0	1,4	0,8	1,8	0,9
noch in Ausbildung	0,4	1,0	0,2	2,1	0,5	1,0	1,2	3,6	0,4	3,8
Bildungsniveau im Vergleich zur Frau										
mindestens ein Partner noch in Ausbildung	0,7	2,0	0,7	2,9	1,1	4,2	1,9	6,4	1,2	8,4
ohne Angabe	13,1	8,8	9,8	6,6	10,7	9,4	25,8	23,4	9,7	10,3
gleichwertig	48,2	37,7	48,7	37,2	49,2	36,4	39,3	28,1	43,7	37,3
Ehemann höher als Frau	20,0	22,7	26,7	24,2	24,2	25,5	24,5	27,6	33,5	25,4
Ehefrau höher als Mann	18,1	28,9	14,2	29,1	14,9	24,5	8,5	14,6	12,0	18,5
Geburtsjahr										
Mittelwert: 19...	49	60	45	62	47	64	57	69	51	67
Heiratsalter										
Mittelwert	27,5	25,8	28,2	25,9	28,6	25,0	25,2	22,0	28,4	24,8
insgesamt	2976	284	575	76	1300	135	5278	897	2655	131

Daten: Mikrozensus Scientific Use Files. *Abkürzungen:* HS = Hauptschulabschluss; MR = Mirtlere Reife; FHR/Abitur = Fach-/Hochschulreife.
a Gesamtbevölkerung = 100 Prozent. b OR = Chancenverhältnis (Odds Ratio).

Tabelle 2b: Randverteilung der Modellvariablen für Frauen nach Staatsangehörigkeit und Generation (Spaltenprozente bzw. Mittelwerte)

	\multicolumn{10}{c}{Staatsangehörigkeit (Frau)}									
	italienisch		spanisch		griechisch		türkisch		(ehemals) jugoslawisch	
	1. Gen.	2. Gen.	1. Gen.	2. Gen.	1. Gen.	2. Gen.	1. Gen.	2. Gen.	1. Gen.	2. Gen.
Nationalität des Ehemannes										
identisch	85,5	72,2	71,0	45,9	89,6	83,9	95,3	94,4	75,0	73,3
deutsch	14,6	27,8	29,0	54,1	10,4	16,1	4,7	5,7	25,1	26,7
relative Bevölkerungsgröße[a]										
Mittelwert	0,9	0,8	0,4	0,2	0,4	0,4	1,6	2,9	1,0	1,1
OR: Verhältnis Männer zu Frauen (eigene Nation. vs. alle anderen)[b]										
Mittelwert	3,0	2,0	1,8	1,4	1,0	1,1	1,3	1,3	0,9	1,0
Bildungsabschluss										
entf./ohne Angabe/kein Abschluss	13,3	6,8	7,9	2,9	10,7	6,0	20,1	12,3	7,8	7,5
HS ohne berufl. Abschluss	57,6	34,5	57,5	20,3	61,1	28,8	55,5	45,8	50,1	21,1
HS mit berufl. Abschluss	16,3	30,8	16,8	40,5	13,9	22,8	13,9	19,4	23,5	32,3
MR ohne berufl. Abschluss	3,2	3,5	3,4	6,1	4,3	6,8	3,5	5,7	3,5	3,2
MR mit berufl. Abschluss	4,1	18,6	4,7	21,2	3,1	15,5	3,4	9,2	7,9	22,7
FHR/Abitur ohne berufl. Abschluss	1,5	0,8	1,9	1,8	2,1	5,0	1,0	1,5	1,6	1,2
FHR/Abitur mit berufl. Abschluss	1,3	2,8	2,7	4,0	2,0	8,7	0,7	1,4	2,9	6,3
Fachhochschulabschluss	0,5	0,5	0,5	0,7	0,3	1,4	0,2	0,3	0,7	1,1
Hochschulabschluss	1,5	1,1	2,9	2,0	1,7	2,1	0,7	0,5	1,4	0,9
noch in Ausbildung	0,7	0,5	1,8	0,7	0,8	3,1	1,1	4,0	0,8	3,8
Bildungsniveau im Vergleich zum Mann										
mindestens ein Partner noch in Ausbildung	0,9	1,2	2,0	1,0	1,3	3,3	1,7	5,8	1,1	4,5
ohne Angabe	15,2	12,2	8,8	3,3	11,7	9,7	23,9	20,0	8,7	9,7
gleichwertig	49,7	38,5	47,7	38,6	50,9	33,9	41,6	32,5	42,0	37,7
Ehemann höher als Frau	24,7	24,0	33,8	31,4	27,1	25,2	25,9	27,0	37,6	24,2
Ehefrau höher als Mann	9,5	24,2	7,7	25,7	9,0	27,9	7,0	14,7	10,7	23,9
Geburtsjahr										
Mittelwert: 19...	54	64	50	64	51	67	61	71	54	68
Heiratsalter										
Mittelwert	23,4	22,4	25,3	22,5	23,6	21,5	22,1	20,0	26,0	22,4
insgesamt	1122	384	351	77	844	194	2673	978	1765	187

Daten: Mikrozensus Scientific Use Files. *Abkürzungen:* HS = Hauptschulabschluss; MR = Mittlere Reife; FHR/Abitur = Fach-/Hochschulreife.
a Gesamtbevölkerung = 100 Prozent. b OR = Chancenverhältnis (Odds Ratio).

zu allen anderen Gruppen sind die Gelegenheiten (s. Bevölkerungsgröße) zur Wahl eines eigenethnischen Partners in Deutschland im Vergleich zur ersten Generation deutlich gestiegen.

Die Randverteilungen liefern somit viele potentielle Argumente für die im zweiten Teil aufgezeigten Gruppen- und Generationenunterschiede. Ob sich die dabei unterstellten Mechanismen tatsächlich nachweisen lassen und inwieweit sie empirisch zu einer Erklärung beitragen können, wird nun anhand von multiplen logistischen Regressionsanalysen überprüft.

2. Logistische Regressionsanalyse der Gruppen- und Generationenunterschiede

Tabelle 3a zeigt die Koeffizienten und Standardfehler verschiedener logistischer Regressionsmodelle. Grundlage ist der Männerdatensatz, die abhängige Variable ist – wie oben (*IV*.1) genauer beschrieben – das Vorliegen einer deutschen Staatsangehörigkeit der Ehepartnerin. In Modell 1 werden als unabhängige Variablen zunächst die Nationalitäten- und Generationenkombinationen berücksichtigt, wobei Türken der zweiten Generation die Referenzgruppe bilden. Als weitere Kontrollvariablen gehen das Geburtsjahr und das quadrierte Geburtsjahr (jeweils als Differenz zum Jahr 1960) ein.

Die Analyse reproduziert im Wesentlichen noch einmal den Vergleich der beiden mittleren Spalten in *Tabelle 1a*. Es ergeben sich unter anderem zwei wichtige Befunde: Erstens haben Türken der zweiten Generation signifikant geringere Chancen, in die deutsche Bevölkerung einzuheiraten, als alle anderen zweiten Generationen. Die Unterschiede sind dabei zum Teil beträchtlich, so ist beispielsweise die Chance von Spaniern der zweiten Generation, eine deutsche Ehefrau zu haben, fast 20-mal ($e^{2,645} \approx 18,5$) so hoch. Auch die ersten Generationen der anderen Gruppen weisen jeweils noch signifikant höhere Chancen auf als die zweite Generation der Türken. Zweitens haben die Türken der zweiten Generation keine signifikant höheren Einheiratungs-Chancen als die der ersten. Dies gilt von den übrigen Gruppen nur noch für die Ex-Jugoslawen.

In Modell 2 gehen die makrostrukturellen Bedingungen des Heiratsmarktes mit in die Analyse ein. Die Effekte beider Variablen sind dabei, wie jeweils theoretisch erwartet, negativ und hoch signifikant: Je mehr unverheiratete Personen der eigenen Nationalität im etwa gleichen Alter kurz vor der Eheschließung auf dem Heiratsmarkt zur Verfügung standen, desto seltener besteht eine Ehe mit einer deutschen Frau. Und je „besser" das damalige Frauen-Männer-Verhältnis in der eigenen Gruppe relativ zu dem entsprechenden Geschlechterverhältnis insgesamt, desto geringer sind die Chancen, mit einer Deutschen verheiratet zu sein. Die Kontrolle dieser beiden Strukturvariablen verändert die Gruppeneffekte im Vergleich zu Modell 1 beträchtlich. Die positiven Effekte schwächen sich allesamt, zum Teil erheblich, ab, was bedeutet, dass sich ein merklicher Teil der vergleichsweise niedrigen Intermarriage-Quoten der Türken durch die strukturellen Gelegenheiten auf dem Heiratsmarkt erklären lässt. Gleichwohl sind die relativen Chancen auf eine deutsche Ehepartnerin auch unter Kontrolle dieser Faktoren bei allen anderen Gruppen immer noch beträchtlich höher, insbesondere in der zweiten Generation. Eine Veränderung ergibt sich darüber hinaus im Koeffizienten für die Türken der ersten Generation. Dieser ist nun negativ und schwach signifikant von Null

Tabelle 3a: Koeffizienten binärer logistischer Regressionsmodelle zur Erklärung binationaler Ehen mit Deutschen vs. uninationaler Ehen für Männer

AV: Dt. Ehefrau 1 = ja; 0 = nein (identische Staatsang.)	Modell 1 B	SE	Modell 2 B	SE	Modell 3 B	SE	Modell 4 B	SE
Nationalität und Generation (Referenz: türkisch, 2. Gen.)								
italienisch, 1. Generation	2,207***	0,13	1,529***	0,15	1,755***	0,15	1,795***	0,16
italienisch, 2. Generation	2,645***	0,17	1,882***	0,18	1,953***	0,19	1,896***	0,20
spanisch, 1. Generation	1,797***	0,16	0,945***	0,18	1,074***	0,18	1,199***	0,19
spanisch, 2. Generation	2,919***	0,26	1,957***	0,28	1,885***	0,29	1,870***	0,30
griechisch, 1. Generation	1,018***	0,14	0,285	0,17	0,325	0,17	0,303	0,18
griechisch, 2. Generation	1,736***	0,22	0,869***	0,23	0,758***	0,24	0,715***	0,25
(ex-)jugoslawisch, 1. Generation	1,125***	0,13	0,766***	0,14	0,707***	0,15	0,576***	0,15
(ex-)jugoslawisch, 2. Generation	1,384***	0,22	0,815***	0,23	0,698**	0,24	0,601*	0,25
türkisch, 1. Generation	0,137	0,13	-0,304*	0,14	-0,184	0,14	-0,037	0,15
Geburtsjahr	0,023***	0,00	0,027***	0,00	0,026***	0,00	0,030***	0,00
Geburtsjahr quadriert	0,001***	0,00	0,001***	0,00	0,001***	0,00	0,001***	0,00
relative Bevölkerungsgröße			-0,435***	0,05	-0,432***	0,05	-0,273***	0,05
Odds Ratio: Frauen zu Männern (eigene Nation. vs. andere)			-0,295**	0,10	-0,222*	0,10	-0,136	0,10
Bildung (CASMIN) (Referenz: HS ohne berufl. Abschluss)								
entf./ohne Angabe/ohne Abschluss					-0,236*	0,09	1,478***	0,19
HS mit berufl. Abschluss					0,542***	0,05	0,861***	0,06
MR ohne berufl. Abschluss					0,744***	0,14	0,953***	0,15
MR mit berufl. Abschluss					0,960***	0,09	1,359***	0,09
FHR/Abi ohne berufl. Abschluss					1,175***	0,17	1,595***	0,18
FHR/Abi mit berufl. Abschluss					1,299***	0,13	1,765***	0,14
Fachhochschulabschluss					1,645***	0,19	2,083***	0,20
Hochschulabschluss					1,860***	0,16	2,201***	0,16
noch in Ausbildung					1,179***	0,22	1,191***	0,31
Heiratsalter							0,189***	0,02
Heiratsalter quadriert							-0,002***	0,00
Bildungsniveau im Vergleich (Referenz: gleichwertig)								
ein Partner noch in Ausbildung ohne Angabe							0,343	0,22
Ehemann höher als Frau							-1,487***	0,17
Ehefrau höher als Mann							-0,480***	0,07
							1,151***	0,06
Konstante (b_0)	-2,603***	0,12	-1,347***	0,18	-1,916***	0,19	-5,828***	0,38
χ^2-Wert	1700,21		1790,05		2234,77		3084,97	
McFadden-Pseudo-R^2	0,12		0,12		0,15		0,21	
N	14307		14307		14307		14307	

Daten: Mikrozensus Scientific Use Files. *Signifikanzniveau:* * p < 0,05, ** p < 0,01, *** p < 0,001.
Abkürzungen: HS = Hauptschulabschluss; MR = Mittlere Reife; FHR/Abi = Fach-/Hochschulreife.

verschieden. Auch bei den Türken gibt es also zumindest einen leichten Generationentrend zur sozialen Assimilation, wenn man die strukturellen Heiratsmarktbedingungen, die diesen verdecken, kontrolliert.

In Modell 3 werden zusätzlich die Bildungsqualifikationen aufgenommen und die grundsätzliche Hypothese über den Einfluss der strukturellen Assimilation wird eindrucksvoll bestätigt: Je höher der Abschluss, gemessen an der CASMIN-Klassifikation, desto größer die Chancen auf eine deutsche Ehepartnerin. Wie sich an der Veränderung des Chi-Quadrat-Wertes (Verbesserung um 444,7) ablesen lässt, steigt durch Berücksichtigung der Bildung auch die Erklärungskraft des Modells insgesamt erheblich. Auf die Gruppenunterschiede wirken sich die Bildungsqualifikationen jedoch nur vergleichsweise gering aus. Der Abstand der anderen zweiten Generationen zu den Türken der zweiten Generation reduziert sich zwar, außer im Falle der Italiener, weiter, aber nur leicht. Der negative Effekt für die Türken der ersten Generation geht ebenfalls ein wenig zurück, die strukturelle Assimilation ist hier also schwach an dem leichten Generationentrend beteiligt.

In Modell 4 werden zwei weitere Variablen berücksichtigt: das Heiratsalter (auch quadriert) und die Bildungshomogamie. Die Erklärungskraft des Gesamtmodells steigt dadurch im Vergleich zu Modell 3 noch einmal beträchtlich. Die Chancen, eine deutsche Frau statt einer gleichnationalen zu heiraten, nehmen mit steigendem Alter bei der Heirat erst zu und dann in höherem Alter wieder ab. In Bezug auf die Bildungshomogamie zeigt sich, dass die Chancen, dass die Ehefrau eine Deutsche ist, beträchtlich steigen, wenn diese eine höhere Bildung aufweist als der Mann. Sie fallen dagegen, wenn sie eine niedrigere aufweist (jeweils vs. gleiche Bildung beider Partner). Die neuen Variablen „erklären" die fremd- vs. eigenethnische Partnerwahl aber nur dann, wenn man annimmt, dass die Entscheidung über das Heiratsalter und die Bildung des Partners der Wahl des Partners unabhängig vorausgehen, was theoretisch fraglich ist. Selbst wenn man dies annimmt, stellt man jedoch fest, dass der Einbezug der neuen Variablen nur marginale Veränderungen an den Koeffizienten der Gruppen bewirkt – eine Erklärung für die Gruppenunterschiede können die entsprechenden Hintergrundmechanismen also ohnehin nicht liefern.

Tabelle 3b stellt die entsprechenden Ergebnisse für die bestehenden Ehemuster der Migrantinnen zusammen. Modell 1 zeigt, dass die Türkinnen das geringste Ausmaß der sozialen Assimilation aufweisen: die relativen Chancen, mit einem Deutschen verheiratet zu sein, sind für alle anderen Gruppen höher, insbesondere in der zweiten Generation. Das Ausmaß der Unterschiede ist ebenfalls erheblich, so beträgt das Odds Ratio für Spanierinnen ähnlich wie bei den Spaniern fast 20 ($e^{2,982} \approx 19,7$). Wie bei den Männern besteht auch in der Gruppe der Türkinnen kein nennenswerter Unterschied zwischen den Generationen, während dieser sich in allen anderen Nationalitätengruppen, mit Ausnahme der (Ex-)Jugoslawinnen, zeigt.

Die beiden Variablen der Struktur des Heiratsmarktes (Modell 2) tragen, im Gegensatz zu den Männern, nicht wesentlich zur Erklärung des Heiratsverhaltens bei. Beide Effekte sind nicht signifikant von Null verschieden und tragen auch zusammen nicht signifikant zur Modellverbesserung bei. Das relative Geschlechterverhältnis weist auch nicht das erwartete Vorzeichen auf. Demzufolge verändern sich die Nationalitäteneffekte nur wenig, die Effekte für die zweiten Generationen gehen leicht zurück.

Tabelle 3b: Koeffizienten binärer logistischer Regressionsmodelle zur Erklärung binationaler Ehen mit Deutschen vs. uninationaler Ehen für Frauen

AV: Dt. Ehemann 1 = ja; 0 = nein (identische Staatsang.)	Modell 1 B	SE	Modell 2 B	SE	Modell 3 B	SE	Modell 4 B	SE
Nationalität und Generation (Referenz: türkisch, 2. Gen.)								
italienisch, 1. Generation	1,012***	0,18	0,786***	0,21	0,833***	0,21	0,887***	0,22
italienisch, 2. Generation	1,848***	0,18	1,599***	0,22	1,452***	0,23	1,523***	0,23
spanisch, 1. Generation	1,884***	0,20	1,614***	0,24	1,526***	0,25	1,480***	0,26
spanisch, 2. Generation	2,956***	0,27	2,650***	0,31	2,378***	0,32	2,407***	0,34
griechisch, 1. Generation	0,629**	0,19	0,378	0,24	0,298	0,24	0,330	0,25
griechisch, 2. Generation	1,150***	0,24	0,866**	0,28	0,496	0,29	0,496	0,30
(ex-)jugoslawisch, 1. Generation	1,687***	0,16	1,510***	0,19	1,368***	0,20	1,075***	0,20
(ex-)jugoslawisch, 2. Generation	1,801***	0,22	1,592***	0,24	1,294***	0,25	1,206***	0,26
türkisch, 1. Generation	-0,218	0,17	-0,349	0,19	-0,251	0,19	-0,362	0,20
Geburtsjahr	-0,002	0,00	0,001	0,00	-0,010*	0,00	0,012*	0,00
Geburtsjahr quadriert	-0,000	0,00	-0,000	0,00	-0,000	0,00	-0,001**	0,00
relative Bevölkerungsgröße			-0,125	0,07	-0,123	0,07	-0,099	0,07
Odds Ratio: Männer zu Frauen (eigene Nation. vs. andere)			0,015	0,03	-0,023	0,03	-0,031	0,04
Bildung (CASMIN) (Referenz: HS ohne berufl. Abschluss)								
entf./ohne Angabe/ohne Abschluss					-0,210	0,14	1,674***	0,47
HS mit berufl. Abschluss					0,710***	0,09	0,976***	0,10
MR ohne berufl. Abschluss					0,733***	0,16	0,861***	0,18
MR mit berufl. Abschluss					1,251***	0,12	1,371***	0,13
FHR/Abi ohne berufl. Abschluss					1,687***	0,21	1,780***	0,23
FHR/Abi mit berufl. Abschluss					1,446***	0,18	1,504***	0,20
Fachhochschulabschluss					2,076***	0,36	1,888***	0,38
Hochschulabschluss					2,242***	0,22	2,205***	0,24
noch in Ausbildung					1,205***	0,26	0,551	0,46
Heiratsalter							0,230***	0,03
Heiratsalter quadriert							-0,002***	0,00
Bildungsniveau im Vergleich (Referenz: gleichwertig)								
ein Partner noch in Ausbildung							1,131**	0,38
ohne Angabe							-1,524***	0,46
Ehemann höher als Frau							1,040***	0,09
Ehefrau höher als Mann							-0,169	0,12
Konstante (b₀)	-2,775***	0,15	-2,482***	0,22	-2,839***	0,23	-7,365***	0,48
χ²-Wert	670,96		674,88		1001,64		1553,69	
McFadden-Pseudo-R²	0,10		0,10		0,14		0,22	
N	8575		8575		8575		8575	

Daten: Mikrozensus Scientific Use Files. *Signifikanzniveau:* * p < 0,05, ** p < 0,01, *** p < 0,001.
Abkürzungen: HS = Hauptschulabschluss; MR = Mittlere Reife; FHR/Abi = Fach-/Hochschulreife.

Die Bildungsqualifikationen sind dagegen auch bei den Frauen bedeutsam (Modell 3, Chi-Quadrat-Verbesserung um 326,8). Wie bei den Männern zeigt sich hier, dass die Chancen, einen deutschen Ehepartner zu wählen, mit steigendem Bildungsgrad deutlich ansteigen. Die Koeffizienten für die übrigen zweiten Generationen gehen aber auch hier nur sehr leicht zurück und bleiben mit Ausnahme der Griechinnen stark und hoch signifikant. Heiratsalter und Bildungshomogamie (Modell 4) wirken sich in der gleichen Weise wie bei den Männern aus, verändern aber auch hier nur wenig an den Koeffizienten für die Gruppen.

Zusammenfassend lässt sich somit festhalten: Im Falle der männlichen Migranten in Deutschland lassen sich mit den Mikrozensus-Daten die grundsätzlichen Hypothesen über den Einfluss der Gelegenheitsstrukturen und der strukturellen Assimilation klar bestätigen. Im Falle der Migrantinnen trifft dies nur auf die letztere Hypothese zu. Für beide Geschlechter lassen sich die beobachtbaren Gruppen- und Generationenunterschiede zu einem Teil, längst aber nicht vollständig durch die entsprechenden Hintergrundmechanismen erklären.

3. Analyse der Trends über die Kohorten

In diesem Abschnitt wird untersucht, inwieweit sich mit den skizzierten Mechanismen auch grundsätzliche Kohortentrends erklären lassen. Dazu werden weitere logistische Regressionsmodelle geschätzt, in die zusätzlich Interaktionsvariablen zwischen den fünf Nationen und dem Geburtsjahr aufgenommen werden.[10] Das Geburtsjahr geht nur linear in die Analysen ein, obwohl sich bei den Männern ein tendenziell U-förmiger Zusammenhang zeigt, wenn man alle Geburtskohorten berücksichtigt (s. *Abbildung 2a*, *Tabelle 3a*). Die älteren Geburtskohorten werden aber im Folgenden ausgeklammert, um deren weiter oben diskutierte Besonderheiten, vor allem die möglichen Verzerrungen durch selektive Rückwanderungen von Migranten, die nicht mehr im Erwerbsalter sind (s. *II.5*), zu umgehen. In den Analysen werden nur noch Personen betrachtet, die nach 1945 geboren wurden (10 442 Männer und 7 564 Frauen).

In Modell 0 von *Tabelle 4* wird der Interaktionseffekt zunächst nur unter Kontrolle der Nationalität, ohne Unterscheidung nach Generationen, geschätzt. Bezugnehmend auf *Abbildung 2* wird damit prinzipiell geprüft, ob der entsprechende Teilabschnitt für die nach 1945 Geborenen einen signifikanten Trend zu binationalen Eheschließungen mit Deutschen enthält. Man erkennt, dass dies bei den Männern für drei der fünf Gruppen der Fall ist: ein stark positiver Trend ist vor allem bei den Spaniern (0,079) und den (Ex-)Jugoslawen (0,070) zu verzeichnen, etwas schwächer ausgeprägt auch für die Griechen (0,031). Die Italiener (–0,000) und Türken (0,008) stagnieren hingegen tendenziell über die Kohorten.

Modell 1 unterscheidet innerhalb der Nationen auch nach erster bzw. zweiter Generation. Die Stärke der Interaktionseffekte für Spanier und Griechen geht hier jeweils

---

10 Die Schätzung wird so vorgenommen, dass der Haupteffekt des Geburtsjahres weggelassen wird, dafür aber fünf Interaktionsvariablen aufgenommen werden, d. h. für jede Nation eine. Die Effekte der Interaktionsvariablen spiegeln damit den absoluten Kohortentrend innerhalb einer Gruppe wider, nicht den relativen zu einer Referenzgruppe.

Tabelle 4: Interaktionseffekte Geburtsjahr × Nationalität unter Kontrolle verschiedener Variablen

Kontrolle von:	Modell 0 nur Nationalität		Modell 1 Nationalität und Generation		Modell 2 Nationalität und Generation, Gruppengröße, Geschlechterverh.ª		Modell 3 Nationalität und Generation, Gruppengröße, Geschlechterverh., Bildung	
	B	SE	B	SE	B	SE	B	SE
Männer:								
italienisch	–0,000	0,01	–0,018**	0,01	–0,040***	0,01	–0,039***	0,01
spanisch	0,079***	0,02	0,059**	0,02	0,043*	0,02	0,041	0,02
griechisch	0,031**	0,01	0,010	0,01	0,021	0,01	0,013	0,01
(ex-)jugoslawisch	0,070***	0,01	0,074***	0,01	0,081***	0,01	0,078***	0,01
türkisch	0,008	0,01	0,005	0,01	0,060***	0,01	0,060***	0,01
Frauen:								
italienisch	0,024	0,02	–0,037*	0,02	–0,011	0,02	–0,026	0,02
spanisch	0,117***	0,02	0,107***	0,02	0,124***	0,02	0,088***	0,02
griechisch	0,041	0,04	0,006	0,05	0,021	0,05	0,002	0,05
(ex-)jugoslawisch	0,003	0,03	–0,058	0,03	–0,063	0,03	–0,081*	0,03
türkisch	–0,016	0,02	–0,027	0,02	–0,036*	0,02	–0,054**	0,02

Daten: Mikrozensus Scientific Use Files.
Signifikanzniveau: * p < 0,05, ** p < 0,01, *** p < 0,001.
a Odds Ratio des Geschlechterverhältnisses (eigene Nationalität vs. andere).

spürbar zurück (0,059 bzw. 0,010), was bedeutet, dass sich der positive Gesamttrend in Modell 0 bzw. *Abbildung 2a* zu einem merklichen Teil auf den Generationenwandel zurückführen lässt. Bei den Italienern zeigt sich unter Kontrolle des generationalen Wandels nun sogar ein signifikanter Rückgang über die Kohorten (–0,018). Bei Türken und (Ex-)Jugoslawen hat der generationale Wandel die stagnierenden bzw. positiven Kohortentrends nur wenig beeinträchtigt (0,005 bzw. 0,074).

Kontrolliert man zusätzlich die makrostrukturellen Heiratsmarktvariablen (Modell 2), so ergeben sich einige auffällige Trendverschiebungen: Für die Türken lässt sich nun ein stark und signifikant positiver Trend konstatieren (0,060). Die durch die Gruppengröße und das veränderte Geschlechterverhältnis gestiegenen Gelegenheiten für innerethnische Eheschließungen türkischer Männer in Deutschland haben einem Trend zu binationalen Ehen somit entgegengewirkt. Rechnet man diese beiden Variablen heraus, so zeigt sich eine signifikante Zunahme über die Kohorten. In die gleiche Richtung geht die Verschiebung bei Griechen (0,021) und (Ex-)Jugoslawen (0,081), allerdings in wesentlich abgeschwächterem Maße. Hier wären die Trends ohne die Strukturverschiebungen auf dem Heiratsmarkt also etwas stärker ausgefallen. Bei den Spaniern (0,043) wird der positive Trend umgekehrt zu einem Teil durch diese Verschiebungen erklärt, der Rückgang der hohen Einheiratungsquoten der Italiener über die Kohorten hätte sich ohne sie noch sehr viel stärker gestaltet (–0,040). Modell 3 zeigt, dass die zusätzliche Kontrolle der Bildungsqualifikationen nur zu sehr geringen Änderungen in den Interaktionseffekten führt. Trotz der enormen Bedeutung der Bildungsqualifikationen für die Chancen einer binationalen Eheschließung sind sie nur marginal an den entsprechenden Trends beteiligt. Zu beachten ist in diesem Zusammenhang noch einmal, dass – wie oben (*III*.2) schon bemerkt – die Assimilation der Bildungsqualifikationen *innerhalb* der Generationen ja auch kaum voranschreitet (Kalter et al. 2007).

Betrachtet man die Migrantinnen nach der Geburtskohorte 1945 (vgl. *Abbildung 2b*), so lässt sich für die Italienerinnen nur ein schwach positiver Trend (0,024) feststellen (s. *Tabelle 4*, Modell 0). Kontrolliert man nach Generationen, so wird er signifikant negativ (–0,037), d. h. ohne den Generationenwandel wäre die Neigung zu binationalen Ehen zurückgegangen. Dies lässt sich auf Veränderungen in den makrostrukturellen Gelegenheiten zurückführen, denn der Koeffizient in Modell 2 ist wieder nahezu Null (–0,011). Kontrolliert man die Bildungsqualifikationen, so geht der Koeffizient wieder etwas mehr in die negative Richtung (–0,026), was bedeutet, dass die leichte Zunahme der Bildung einem tendenziellen Rückgang leicht entgegengewirkt hat. Ein ähnliches Grundmuster ergibt sich auf etwas geringerem Trendniveau für die (ehemaligen) Jugoslawinnen, auf etwas höherem Trendniveau für die Griechinnen und auf sehr starkem Trendniveau für die Spanierinnen. Letztere weisen brutto (Modell 0) einen stark positiven Koeffizienten auf (0,117), heiraten in den jüngeren Kohorten also tendenziell wesentlich mehr Deutsche als in den älteren Kohorten. Dies lässt sich nur zum Teil auf den Generationenwandel zurückführen (Modell 1: 0,107) und hätte sich ohne die makrostrukturellen Strukturverschiebungen noch stärker gestaltet (Modell 2: 0,124). Zu einem merklichen Teil sind an dieser Entwicklung verbesserte Bildungsqualifikationen beteiligt (Modell 3: 0,088).

Bei den Türkinnen ergibt sich brutto ein leicht negativer Trend (–0,016), der sich über die einzelnen Modelle tendenziell verstärkt. Der Generationenwandel hat einem Rückgang über die Kohorten leicht entgegengewirkt, genauso wie die Verschiebung im Geschlechterverhältnis und leicht verbesserte Bildungsqualifikationen. Unter Kontrolle all dieser Variablen ergibt sich ein signifikant negativer Trend (–0,054).

Insgesamt lässt sich damit festhalten, dass die in *III*.1 skizzierten Mechanismen die Entwicklung des ethnisch heterogamen vs. homogamen Heiratsverhaltens der Migranten und Migrantinnen in Deutschland merklich beeinflusst haben. Wie die zahlreichen signifikanten Interaktionseffekte in der letzten Spalte (Modell 3) von *Tabelle 4* zeigen, reichen sie zur Erklärung der beobachtbaren Kohortentrends aber bei weitem nicht aus.

V. Diskussion und Ausblick

Die Daten des kumulierten Mikrozensus erlauben wichtige Beiträge zum „Intermarriage" in Deutschland und damit zu dem wohl voraussetzungs- und folgenreichsten Teilbereich der Integration überhaupt. Die deskriptiven Analysen zeigen zunächst einen scheinbar klaren Trend zur Assimilation: Der Anteil der binationalen Ehen mit Deutschen hat für beide Geschlechter und für alle Gruppen der ehemaligen Arbeitsmigranten über die Zeit deutlich zugenommen. Legt man allerdings eine Kohortenperspektive zugrunde und betrachtet man nur die nach der Migration geschlossenen Ehen, so stellen sich die Trends weitaus differenzierter dar. Gleichwohl lässt sich auch dann eine Assimilation aller Gruppen in der Generationenfolge konstatieren. All dies gilt für die fünf betrachteten Gruppen jedoch auch auf sehr unterschiedlichen Niveaus und mit sehr unterschiedlichem Tempo. Die Türkinnen und Türken sind auch in dieser Dimension die am wenigsten assimilierten Gruppen, während am anderen Extrem die Spanierinnen und Spanier in den jüngeren Kohorten bzw. in der zweiten Generation etwa zur Hälfte mit Deutschen verheiratet sind.

Die in der Literatur diskutierten Mechanismen und die generelle Lage der klassischen Migrantengruppen in Deutschland machen viele dieser Befunde durchaus plausibel. In den multivariaten Analysen konnten zentrale Thesen der relevanten theoretischen Ansätze bestätigt werden. Insbesondere erweisen sich die makrostrukturellen Gelegenheiten auf dem Heiratsmarkt und der Grad der strukturellen Assimilation als wichtige Determinanten der individuellen inter- vs. intraethnischen Partnerwahl. Diese Faktoren tragen, wie sich zeigen lässt, in der Tat entscheidend zur Erklärung der Muster binationaler Eheschließungen von Migranten in Deutschland bei.

Allerdings lassen sich die Gruppen- und Generationenunterschiede sowie die Kohortentrends empirisch längst nicht vollständig aufklären. Dies ist auch nicht zu erwarten, denn für einige theoretisch relevante Mechanismen, etwa kulturelle Präferenzen oder Verhaltenserwartungen in sozialen Bezugsgruppen, sind im Mikrozensus keine Variablen verfügbar. Andere Faktoren, wie etwa das Angebot potenzieller interethnischer vs. eigenethnischer Heiratspartner, müssten eigentlich lokal differenziert werden, können hier aber nur sehr großräumig und damit näherungsweise abgebildet werden. Auch die Bildungsqualifikationen sind letztlich nur ein sehr grober Indikator für die Teilheiratsmärkte, die einer Migrantin oder einem Migranten tatsächlich zur Verfügung stehen.

Für nachfolgende Analysen im Themenbereich wären somit unter anderem zusätzliche bzw. verfeinerte Indikatoren wünschenswert. Trotz der aufgezeigten Leistungen bieten die Daten des Mikrozensus hier nur sehr begrenzte Möglichkeiten. Dazu kommen weitere Einschränkungen wie die oben (*II.5*) schon diskutierten grundsätzlichen Probleme der Datenstruktur, vor allem die Komplikationen durch die Einbürgerungen. Ergänzende Analysen mit dem Mikrozensus 2005 zeigen, dass binationale und interethnische Ehen in den letzten Jahren zunehmend divergieren, eine klare Differenzierung zwischen nationalitätsinternen vs. -externen sowie ethnisch endogamen und exogamen Paarbeziehungen ist deshalb notwendig (Nauck 2008).

Ganz besondere Beachtung in weiteren Forschungsbemühungen verdient ohne Zweifel das Phänomen der transnationalen Ehe, das im vorliegenden Beitrag ausgeklammert wurde. Die transnationalen Ehen wurden unter die eigennationalen Ehen subsumiert und den binationalen gegenübergestellt. Damit wird implizit unterstellt, dass die Migrantinnen und Migranten eine Art sequentielle Partnerwahl treffen: Zunächst findet die Entscheidung zwischen binational und eigennational statt, und erst wenn letzteres gilt, wird nachgelagert entschieden, ob der eigennationale Partner im Aufnahmeland oder im Herkunftsland gesucht wird. Ob dies zutrifft, ist allerdings eine empirische Frage. Wenn die Entscheidung zwischen den drei Optionen hingegen simultan getroffen würde, könnte gerade die Attraktivität des Heiratsmarktes im Herkunftsland die relative Präferenz zwischen binational und eigennational mitbeeinflussen. Zu vergessen ist auch nicht, dass weitere Optionen, wie andere gemischt-nationale Ehen oder auch die Ehelosigkeit zur Verfügung stehen. Eine soziale Assimilation könnte sich schließlich auch in einer Erhöhung der Ledigenquote oder einer Zunahme (binationaler bzw. interethnischer) nichtehelicher Lebensgemeinschaften widerspiegeln. Eine adäquate – etwa ereignisanalytische – Modellierung dieser Wahlprozesse und kritische empirische Tests zwischen verschiedenen Annahmen sind somit lohnenswert. Auch mit den Daten des Mikrozensus scheinen noch weitere Schritte in dieser Richtung möglich.

Literatur

Alba, Richard D./Golden, Reid M., 1986: Patterns of Ethnic Marriage in the United States, in: Social Forces 65 (1), 202-223.
Alba, Richard D./Handl, Johann/Müller, Walter, 1994: Ethnische Ungleichheit im Deutschen Bildungssystem, in: Kölner Zeitschrift für Soziologie und Sozialpsychologie 46 (2), 209-237.
Blau, Peter M., 1994: Structural Contexts of Opportunities. Chicago: The University of Chicago Press.
Brauns, Hildegard/Steinmann, Susanne, 1999: Educational Reform in France, West-Germany and the United Kingdom, in: ZUMA-Nachrichten 44 (23), 7-44.
Breen, Richard/Luijkx, Ruud, 2004: Conclusions, in: *Breen, Richard* (Hrsg.), Social Mobility in Europe. Oxford: Oxford University Press, 383-410.
Buba, Hans-Peter/Ueltzen, Werner/Vaskovics, Lazlo A./Müller, Wolfgang, 1984: Gemischt-nationale Ehen in der Bundesrepublik Deutschland, in: Zeitschrift für Bevölkerungswissenschaft 10 (4), 421-448.
Crowder, Kyle D./Tolnay, Stewart E., 2000: A New Marriage Squeeze for Black Women: The Role of Intermarriage by Black Men, in: Journal of Marriage and the Family 62 (3), 792-807.
Diehl, Claudia/Schnell, Rainer, 2006: „Reactive Ethnicity" or „Assimilation"? Statements, Arguments, and First Empirical Evidence for Labor Migrants in Germany, in: International Migration Review 40, 786-816.
Esser, Hartmut, 1999: Soziologie. Spezielle Grundlagen. Bd. 1: Situationslogik und Handeln. Frankfurt a. M.: Campus Verlag.
Feld, Scott, L., 1984: The Structured Use of Personal Associates, in: Social Forces 62 (3), 640-652.
Frenzel, Hansjörg, 1995: Bildung und Partnerwahl, in: ZUMA-Nachrichten 19 (36), 61-88.
Furtado, Delia, 2006: Human Capital and Interethnic Marriage Decisions. IZA Discussion Paper 2006/1989.
Giorgas, Dimitria/Jones, F. L., 2002: Intermarriage Patterns and Social Cohesion among First, Second and Later Generation Australians, in: Journal of Population Economics 19 (1), 47-64.
González-Ferrer, Amparo, 2006: Who Do Immigrants Marry? Partner Choice among Single Immigrants in Germany, in: European Social Review 22 (2), 171-185.
Gordon, Milton M., 1964: Assimilation in American Life: The Role of Race, Religion, and National Origins. New York: Oxford University Press.
Granato, Nadia/Kalter, Frank, 2001: Die Persistenz ethnischer Ungleichheit auf dem deutschen Arbeitsmarkt. Diskriminierung oder Unterinvestition in Humankapital?, in: Kölner Zeitschrift für Soziologie und Sozialpsychologie 53 (3), 497-520.
Haug, Sonja, 2004: Binationale Ehen und interethnische Partnerschaften in Deutschland: Datenlage und Erklärungsfaktoren, in: Zeitschrift für Familienforschung 15 (3), 305-329.
Haug, Sonja, 2002: Familie, soziales Kapital und soziale Integration. Zur Erklärung ethnischer Unterschiede in Partnerwahl und generativem Verhalten bei jungen Erwachsenen deutscher, italienischer und türkischer Abstammung, in: Zeitschrift für Bevölkerungswissenschaften 27 (4), 393-425.
Hooghiemstra, Erna, 2001: Migrants, Partner Selection and Integration: Crossing Borders?, in: Journal of Comparative Family Studies 32 (4), 601-626.
Hwang, Sean-Shong/Saenz, Rogelio/Aguirre, Benigno E., 1997: Structural and Assimilationist Explanations of Asian American Intermarriage, in: Journal of Marriage and Family 59 (3), 758-772.

Janßen, Andrea/Schroedter, Julia H., 2007: Kleinräumliche Segregation der ausländischen Bevölkerung in Deutschland: Eine Analyse auf der Basis des Mikrozensus, in: Zeitschrift für Soziologie 36 (6), 453-472.
Jones, F. L./Luijkx, Ruud, 1996: Post-war Patterns of Intermarriage in Australia: The Mediterranean Experience, in: European Sociological Review 12 (1), 67.
Kalmijn, Matthijs, 1993: Trends in Black/White Intermarriage, in: Social Forces 72 (1), 119-146.
Kalmijn, Matthijs, 1994: Assortative Mating by Cultural and Economic Occupational Status, in: American Journal of Sociology 100 (2), 422-452.
Kalmijn, Matthijs, 1998: Intermarriage and Homogamy: Causes, Patterns, Trends, in: Annual Review of Sociology 24, 395-421.
Kalmijn, Matthijs/Tubergen, Frank van, 2006: Ethnic Intermarriage in the Netherlands: Confirmations and Refutations of Accepted Insights, in: European Journal of Population 22 (4), 371-397.
Kalter, Frank, 2006: Auf der Suche nach einer Erklärung für die spezifischen Arbeitsmarktnachteile von Jugendlichen türkischer Herkunft, in: Zeitschrift für Soziologie 35 (2), 144-160.
Kalter, Frank/Granato, Nadia, 2002: Demographic Change, Educational Expansion, and Structural Assimilation of Immigrants. The Case of Germany, in: European Sociological Review 18 (2), 199-216.
Kalter, Frank/Granato, Nadia, 2007: Educational Hurdles on the Way to Structural Assimilation in Germany, in: *Heath, Anthony F./Cheung, Sin Yi* (Hrsg.), Unequal Chances: Ethnic Minorities in Western Labour Markets. Proceedings of the British Academy, Vol. 137. Oxford: Oxford University Press for the British Academy, 271-319.
Kalter, Frank/Granato, Nadia/Kristen, Cornelia, 2007: Disentangling Recent Trends of the Second Generation's Structural Assimilation in Germany, in: *Scherer, Stefani/Pollak, Reinhard/Otte, Gunnar/Gangl, Markus* (Hrsg.), From Origin to Destination. Trends and Mechanisms in Social Stratification Research. Frankfurt a. M.: Campus, 214-245.
Katz, Alvin M./Hill, Reuben, 1968: Residential Propinquity and Marital Selection: A Review of Theory, Method, and Fact, in: *Winch, Robert F./Goodman, Louis Wolf* (Hrsg.), Selected Studies in Marriage and the Family. New York u. a.: Holt, Rinehart and Winston, 496-503.
Klein, Thomas, 2000: Binationale Partnerwahl – Theoretische und empirische Analysen zur familialen Integration von Ausländern in der Bundesrepublik, in: *Sachverständigenkommission 6. Familienbericht* (Hrsg.), Familien ausländischer Herkunft in Deutschland: Empirische Beiträge zur Familienentwicklung und Akkulturation. Materialien zum 6. Familienbericht, Bd. 1. Opladen: Leske + Budrich, 9-48.
Kristen, Cornelia/Granato, Nadia, 2004: Bildungsinvestitionen in Migrantenfamilien, in: *Bade, Klaus J./Bommes, Michael* (Hrsg.), Migration – Integration – Bildung. IMIS-Beiträge 23. Osnabrück: IMIS, 121-141.
Kristen, Cornelia/Granato, Nadia, 2007: The Educational Attainment of the Second Generation in Germany: Social Origins and Ethnic Inequality, in: Ethnicities 7, 343-366.
Kulczycki, Andrzej/Lobo, Arun P., 2002: Patterns, Determinants, and Implications of Intermarriage among Arab Americans, in: Journal of Marriage and the Family 64 (1), 202-210.
Labov, Teresa/Jacobs, Jerry A., 1986: Intermarriage in Hawaii, 1950-1983, in: Journal of Marriage and the Family 48 (1), 79-88.
Laitner, John, 1991: Modeling Marital Connections among Family Lines, in: Journal of Political Economy 99 (6), 1123-1141.
Lichter, Daniel T./LeClere, Felicia B./McLaughlin, Diane K., 1991: Local Marriage Markets and the Marital Behavior of Black and White Women, in: American Journal of Sociology 96 (4), 843-867.
Lieberson, Stanley/Waters, Mary C., 1988: From Many Strands: Ethnic and Racial Groups in Contemporary America. New York: Russell Sage Foundation.
Meng, Xin/Gregory, Robert G., 2005: Intermarriage and the Economic Assimilation of Immigrants, in: Journal of Labor Economics 23 (1), 135-175.
Mikula, Gerold/Stroebe, Wolfgang, 1991: Theorien und Determinanten zwischenmenschlicher Anziehung, in: *Amelang, Manfred/Ahrens, Hans-Joachim/Bierhoff, Hans Werner* (Hrsg.), Attraktion und Liebe. Formen und Grundlagen partnerschaftlicher Beziehungen. Göttingen: Hogrefe, 61-104.

Model, Suzanne/Fisher, Gene, 2002: Unions between Blacks and Whites: England and the US Compared, in: Ethnic and Racial Studies 25 (5), 728-754.
Nauck, Bernhard, 2008: Binationale Paare, in: *Lenz, Karl/Nestmann, Frank* (Hrsg.), Handbuch Persönliche Beziehungen. Weinheim: Juventa.
Nauck, Bernhard, 2002: Dreißig Jahre Migrantenfamilien in der Bundesrepublik. Familiärer Wandel zwischen Situationsanpassung, Akkulturation, Segregation und Remigration, in: *Nave-Herz, Rosemarie* (Hrsg.), Kontinuität und Wandel der Familie in Deutschland. Eine zeitgeschichtliche Analyse. Stuttgart: Lucius & Lucius, 315-339.
Pagnini, Deanna L./Morgan, S. Philip, 1990: Intermarriage and Social Distance Among U.S. Immigrants at the Turn of the Century, in: American Journal of Sociology 96 (2), 405-432.
Qian, Zhenchao/Lichter, Daniel T., 2007: Social Boundaries and Marital Assimilation: Interpreting Trends in Racial and Ethnic Intermarriage, in: American Sociological Review 72 (1), 68-94.
Qian, Zhenchao/Lichter, Daniel T., 2001: Measuring Marital Assimilation: Intermarriage among Natives and Immigrants, in: Social Science Research 30 (2), 289-312.
Roloff, Juliane, 1998: Eheschließungen und Ehescheidungen von und mit Ausländern in Deutschland, in: Zeitschrift für Bevölkerungswissenschaft 23 (3), 319-334.
Rosenfeld, Michael J., 2002: Measures of Assimilation in the Marriage Market: Mexican Americans 1970-1990, in: Journal of Marriage and Family 64 (1), 152-162.
Schroedter, Julia H., 2007: Bildung, in: *Lengerer, Andrea/Schroedter, Julia/Hubert, Tobias/Wolf, Christof* (Hrsg.), Harmonisierung der Mikrozensen 1962 bis 2004. ZUMA-Methodenbericht 2007/06, F1-F41.
Schroedter, Julia H., 2006: Binationale Ehen in Deutschland, in: Wirtschaft und Statistik 4, 419-431.
Seibert, Holger/Solga, Heike, 2005: Gleiche Chancen dank einer abgeschlossenen Ausbildung? Zum Signalwert von Ausbildungsabschlüssen bei ausländischen und deutschen jungen Erwachsenen, in: Zeitschrift für Soziologie 34 (5), 364-382.
Straßburger, Gaby, 2000: Das Heiratsverhalten von Personen ausländischer Nationalität oder Herkunft in Deutschland, in: *Sachverständigenkommission 6. Familienbericht* (Hrsg.), Familien ausländischer Herkunft in Deutschland: Empirische Beiträge zur Familienentwicklung und Akkulturation. Materialien zum 6. Familienbericht, Band 1. Opladen: Leske + Budrich, 9-48.
Vaskovics, Lazlo A., 2001: Binationale Partnerwahl und Ehe in Deutschland: Trends und Deutungen, in: *Currle, Edda/Wunderlich, Tanja* (Hrsg.), Deutschland – ein Einwanderungsland? Rückblick, Bilanz und neue Fragen. Stuttgart: Lucius & Lucius, 271-297.
Vetter, Stephanie, 2001: Partnerwahl und Nationalität. Heiratsbeziehungen zwischen Ausländern in der Bundesrepublik Deutschland, in: *Klein, Thomas* (Hrsg.), Partnerwahl und Heiratsmuster. Sozialstrukturelle Voraussetzungen der Liebe. Opladen: Leske + Budrich, 207-231.
Waters, Mary C./Jiménez, Thomás R., 2005: Assessing Immigrant Assimilation: New Empirical and Theoretical Challenges, in: Annual Review of Sociology 31, 105-125.
Weick, Stefan, 2001: Bei höherer Schulbildung neigen ausländische Männer eher zur Ehe mit deutscher Partnerin, in: Informationsdienst Soziale Indikatoren 25, 12-14.
Wirth, Heike, 2000: Bildung, Klassenlage und Partnerwahl. Eine empirische Analyse zum Wandel der bildungs- und klassenspezifischen Heiratsbeziehungen. Opladen: Leske + Budrich.

Korrespondenzanschrift: Julia Schroedter, German Microdata Lab, GESIS, Postfach 12 21 55, 68072 Mannheim
E-Mail: julia.schroedter@gesis.org

ETHNISCHE SEGREGATION

Jürgen Friedrichs

Zusammenfassung: Welche Beziehungen bestehen zwischen Segregation und Integration? Dieser Zusammenhang wird im ersten Teil des Beitrags erörtert. Ergänzend werden im zweiten Abschnitt die Dimensionen der Segregation und deren Messung behandelt. Der dritte Teil enthält eine Darstellung der Studien zur ethnischen Segregation in Deutschland. Der folgende Abschnitt ist einer systematischen Darstellung von Erklärungen der Segregation gewidmet; hier wird auch nochmals die Frage nach den räumlichen Bezügen der Integration aufgenommen. Am Ende dieses Teils wird ein Mehrebenen-Modell der Segregation entwickelt. Der letzte Teil enthält eine knappe Zusammenfassung der Befunde und darauf aufbauend Vorschläge für weitere Forschungen.

Segregation ist ein zentrales Thema der Stadtforschung, weil hier die Beziehung zwischen sozialer und räumlicher Ungleichheit sowie die Folgen einer ungleichen Verteilung sozialer Gruppen über die Stadtteile untersucht werden. Im Falle der ethnischen Segregation sind es die Angehörigen ethnischer Minoritäten, die sich disproportional zu der Majorität über die städtischen Teilgebiete verteilen. Das Ausmaß dieser sozialräumlichen Ungleichheit wird auch als Indikator der Integration einer Minorität interpretiert (Friedrichs 1983; Massey/Denton 1993; Park 1928). Die älteren Modelle der Integration enthalten einen solchen räumlichen Bezug als Sukzession von Bevölkerungsgruppen in Stadtteilen, und in neueren Modellen der „segmented assimilation" ist die räumliche Dimension noch stärker berücksichtigt. Daraus ergibt sich die erste Frage, der sich der Beitrag widmet: Welche Beziehungen lassen sich zwischen Segregation und Integration herstellen und sind diese für die Forschung fruchtbar? Lassen sich hier weitgehend getrennte Forschungsrichtungen von Stadt- und Migrations-/Integrations-Forschung zusammenführen? Eng damit verbunden ist die zweite Frage: Welche der Dimensionen der Segregation (Massey/Denton 1988) sind am ehesten für eine solche theoretische Zusammenführung geeignet?

Um diese Fragen zu untersuchen, stelle ich zunächst einige Modelle der Integration von Minoritäten und deren mögliche räumliche Bezüge dar. Die Dimensionen und Indikatoren der Segregation werden anschließend behandelt. Der dann folgende Abschnitt ist einer Übersicht über Studien zur ethnischen Segregation in Deutschland gewidmet. Um deren Befunde zu erklären und auf die erste Frage zurück zu kommen, werden Hypothesen zu den Mechanismen spezifiziert, die die soziale mit der räumlichen Ungleichheit verbinden. Der letzte Abschnitt enthält eine Diskussion der Ergebnisse und Vorschläge für weitere Studien.

I. Räumliche Bezüge in Integrationsmodellen

Klassische Modelle der Integration gehen von einer (meist irreversiblen) Sequenz von Phasen aus. Dazu gehört das Race-Relations-Cycle-Modell von Park (1928) mit den Phasen Kontakt, Wettbewerb und Akkomodation oder das Modell von Gordon (1964), der den Prozess in kulturelle, strukturelle, identifikatorische Assimilation, Einstellungs- und Verhaltensübernahme und schließlich staatsbürgerliche Assimilation unterteilt. Auf der Basis solcher klassischer Theorien hat Esser (1980: 209-235, 231) sein Assimilationsmodell entwickelt; es enthält die aufeinander aufbauenden Phasen: kognitive, strukturelle, soziale und identifikatorische Assimilation. Hier verweist er zwar an einzelnen Stellen auf den Begriff „Segregation", aber ein expliziter räumlicher Bezug ist ebenso wenig wie in den klassischen Modellen vorhanden. Das gilt auch für die modifizierte Fassung des Modells (Esser 2000: 272-279) mit den Dimensionen: Kulturation, Platzierung, Interaktion und Identifikation.

Hingegen wird von nordamerikanischen Autoren die These einer „spatial assimilation" vertreten, so von Massey und Denton (1985: 94): „As social status rises, therefore, minorities attempt to convert their socio-economic achievements into an improved spatial position, which usually implies assimilation with majority members". Nun haben empirische Studien zur Integration der zweiten und dritten Generation von Minoritäten in den USA gezeigt, dass dieses „lineare Modell" (Zhou 1997) der Integration nur für einen Teil der Migranten zutrifft (u. a. Oropesa/Landale 1997, Portes/Zhou 1993; für europäische Länder: Hans 2004). Diese Befunde haben zu der Theorie der „segmented assimilation" (Portes/Zhou 1993) geführt, die explizite räumliche Bezüge aufweist.

Diese Theorie bezieht sich auf die Richtung der Mobilität und das Ausmaß, zu dem die eigene Ethnizität (oder Identifikation mit der Kultur der Minorität) beibehalten wird. Es werden drei Prozesse der Assimilation unterschieden (Portes/Zhou 1993: 84; Portes et al. 2005: 1011; Zhou 1997: 984): 1. aus der Mittel- oder Arbeiterschicht in der ersten Generation zur erfolgreichen beruflichen Eingliederung in der zweiten und vollen Akkulturation in der dritten Generation – unter Aufgabe der Ethnizität; 2. der gleiche Prozess, nur mit verzögerter Akkulturation und absichtlicher Beibehaltung der eigenen Ethnizität; 3. aus der Arbeiterschicht in der ersten Generation zu einer dissonanten Akkulturation in der zweiten Generation, in der dritten Generation gefolgt von einer Akkulturation in die Unterschicht (underclass) und einer reaktiven Ethnizität. Portes und Rumbaut (2001: 59) nehmen an, Kinder aus bäuerlichen oder Arbeiter-Familien hätten das Risiko einer „downward assimilation".

Ziel der Theorie ist es zu erklären, warum Angehörige einer Minorität welchen der drei Prozesse durchlaufen. In der Theorie und den empirischen Befunden besteht der räumliche Bezug in Annahmen über den dritten Prozess: Die Abgestiegenen konzentrieren sich in ethnischen Enklaven oder in wenigen städtischen Teilgebieten mit ungünstigen Lebensbedingungen (Zhou 1997: 984).

Es ist diese gegenüber dem Mainstream der Gesellschaft eingeschränkte Opportunitätsstruktur des Stadtteils, die zu abweichendem Verhalten (oder sogar dessen Verstärkung) führt und eine Integration im Sinne der klassischen Modelle oder der „spatial assimilation" verhindert. „In inner cities, immigrant children who rebel against parental values and mobility expectations are likely to identify with the leveling downward norms of *immediate social environment* and acculturate into an adversial outlook in response to discrimination and blocked mobility" (Zhou 1997: 995, kursiv: JF). Ähnlich argumentiert Model (2002: 114):

„... an oppositional subculture among groups whose race, ethnicity, or caste, blocks their chances for upward mobility. This subculture disparages mainstream goals, such as high grades and steady jobs, which are interpreted as selling out to the dominant group, and instead prizes attributes like arrogance, bravery and physical prowess. Most attracted to this lifestyle are young black males who live in impoverished, dilapidated and segregated inner city slums (...). Interestingly, ethnographic studies indicate that black girls accept an adversarial culture less frequently than boys (...). Their reluctance may be related to the greater willingness of employers to hire and promote black women than black men".[1]

Wie die bahnbrechende Studie von Wilson (1987) gezeigt hat, sind Nachbarschaften mit einem hohen Anteil von Schwarzen *und* Sozialhilfeempfängern sozial isoliert, schränken die Verhaltensmöglichkeiten der Bewohner ein und weisen ein hohes Maß an abweichendem Verhalten auf. Die Bewohner sind mehrfach benachteiligt, denn der Kontext hat den Effekt, soziales Lernen von abweichendem Verhalten zu begünstigen.

II. Dimensionen und Indikatoren der Segregation

Unter Segregation sei die disproportionale Verteilung einer Bevölkerungsgruppe über räumliche Einheiten verstanden (Friedrichs 1983: 217). Die weite Definition erscheint deshalb fruchtbar, weil „Elemente" alle möglichen sozialen Gruppen einschließt und bei den „Einheiten" nicht nur an räumliche zu denken ist, sondern zum Beispiel auch an Schulklassen.

Das Konzept bezieht sich auf die ungleiche Verteilung von Elementen, zumeist Bevölkerungsgruppen, über die Teilgebiete einer Stadt. Vereinfacht gesprochen: Je ungleicher zwei Gruppen, zum Beispiel Deutsche und Türken, über die städtischen Teilgebiete verteilt sind, desto höher ist die Segregation. Ist hingegen der Anteil der Türken in einem Stadtteil (an allen Türken der Stadt) ebenso hoch wie der Anteil der Deutschen (an allen Deutschen in der Stadt), dann liegt keine Segregation vor. Diese disproportionale Verteilung über die Stadtteile einer Stadt ist das Resultat einer Kombination von sozialer und räumlicher Ungleichheit. Hierauf gehe ich weiter unter ein.

Eng mit der Analyse der Segregation sind zwei andere Konzepte verbunden: Konzentration und soziale Mischung („social mix"). Dieser Sachverhalt ist in *Abbildung 1* dargestellt. Während sich die Segregation auf die Ebene der Stadt bezieht, kann von sozialer Konzentration, sowohl auf der Ebene Stadt als auf der Ebene Stadtteil, von sozialer Mischung nur auf der Ebene Stadtteil gesprochen werden. Auf der Ebene Stadt wird unter Konzentration verstanden, in welchem Ausmaß eine soziale Gruppe in nur wenigen Stadtteilen „klumpt"; auf der Ebene Stadtteil von einem hohen Anteil einer

---

[1] Aufschlussreich ist hier, dass das Modell auf die geschlechtsspezifischen Integrationschancen eingeht; eine Annahme, die am Beispiel der Mexikanerinnen von Waldinger und Feliciano (2004: 381, 391 f.) empirisch belegt wird.

Abbildung 1: Segregation und verwandte Konzepte in einem Mehrebenen-Modell

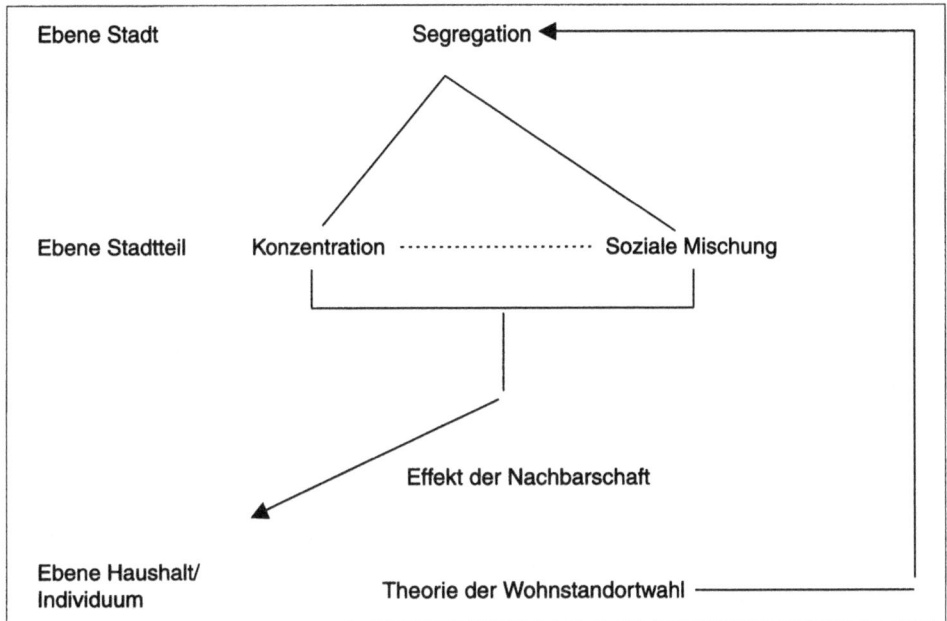

Minorität, mithin einer geringen sozialen Mischung oder Heterogenität der sozialen Gruppen in einem Wohngebiet. Diese geringe oder hohe Heterogenität führt auf die alte von Gans (1961) diskutierte Frage, wie heterogen die Bewohnerschaft einer Nachbarschaft sein müsse oder könne, um stabil zu sein, d.h. für die Bewohner attraktiv und deshalb relativ wenige Fortzüge aufweisend. Gans plädierte für eine „gemäßigte Heterogenität", ohne allerdings quantitative Aussagen darüber zu machen, welche sozialen und ethnischen Gruppen in welchen Anteilen in dem Gebiet vertreten sein sollten. Dieses Problem ist selbst in neueren Publikationen nicht gelöst.

Gemessen wird diese Vielfalt über Indizes der Heterogenität (Diversität), z. B. den Simpson-Index. Die grundsätzliche Annahme, die beide Konzepte, Konzentration und soziale Mischung, verbindet, lautet, dass Homogenität meist als Folge der Konzentration negative Folgen für die Bewohner habe, Heterogenität oder soziale Mischung hingegen positive. Diese Diskussion wurde bereits 1879 in England bei der Errichtung der Cadbury-Siedlung „Bourneville" geführt; sie ist im Konzept des „social mix" als planerisches Ziel bis heute zu finden (u. a. Adelaide City Council 2002; Atkinson 2005; Blasius/Friedrichs 2007; Galster 2007; Galster/Zobel 1998; Kleinhans 2004; Manzi/ Bowers 2003).

Die Diskussion über das Ausmaß der Konzentration, genauer: des Anteils einer Minorität im Stadtteil, führt nun auf eine in der sozialwissenschaftlichen Stadtforschung gegenwärtig wichtige Diskussion: die Effekte des Wohngebiets oder Nachbarschaftseffekte, gemessen z. B. über die Anteile der Ausländer oder Sozialhilfeempfänger, auf das Verhalten der Bewohner. Unterstellt wird, die Nachbarschaft habe einen von den Individualmerkmalen unabhängigen Effekt auf das Verhalten der Individuen. Dieser Effekt wird in einem Mehrebenenmodell modelliert und berechnet (vgl. Dietz 2000;

Tabelle 1: Positive und negative Folgen der Segregation

Dimension	Vorteile	Nachteile
Netzwerke	Hauptsächlich eigenethnische Beziehungen; soziale Unterstützung	Wenig Kontakte zur Majorität; langsamerer Abbau von Vorurteilen; wenig schwache Beziehungen
Sprache	Sprache/n der ethnischen Minorität/en	Langsameres Erlernen der Sprache der Majorität;
Infrastruktur	Ethnische Infrastruktur; Aufbau einer ethnischen Ökonomie („ethnic entrepreneur-ship"); Arbeitsplätze für Angehörige der jeweiligen Minorität	Weniger Infrastruktur der Majorität; Gebiet weniger attraktiv für Angehörige der Majorität evtl. Mobilitätsbarriere („ethnic mobility trap", Wiley)
Kultur	Eigenethnische Kultur	Reaktive Ethnizität („Gegenkultur")
Politik	Konzentration erhöht Chancen politischer Organisation der Migranten	Konzentration führt zu höherer Sichtbarkeit der Minorität → stärkere Ablehnung durch die Majorität

Friedrichs et al. 2003; Galster 2008; Oberwittler 2004, 2007; Sampson et al. 1997; vgl. die Beiträge in Housing Studies 3/2007).

In Beschreibungen der Segregation sprechen zahlreiche Autoren von „segregierten Gebieten" (neuerlich: Janssen/Schroedter 2007), obgleich sie Gebiete mit einem hohen Anteil einer (ethnischen) Gruppe meinen. Deshalb sind die Argumente, die für oder gegen die Segregation vorgebracht werden, eigentlich solche für oder gegen einen hohen Anteil von Migranten in einem Wohngebiet oder die Konzentration von Migranten in wenigen Wohngebieten. Es ist damit eine Diskussion über die soziale Mischung und deren vermutete Folgen. In *Tabelle 1* sind einige solcher Folgen aufgeführt (vgl. Friedrichs 1990; Häußermann/Siebel 2001: 41 f.; 72 f.; ILS et al. 2003: 11 *(Tabelle 1);* Kohlbacher/Schwab 2002; Strohmeier/Alic 2006: 35).

Wie die bisherigen Ausführungen erkennen lassen, ist das Konzept „Segregation" mehrdimensional; dementsprechend lässt es unterschiedliche Messungen zu. Deshalb gibt es in der Literatur eine umfangreiche Diskussion darüber, welcher Index, mit welcher spezifischen Eigenschaft, denn angemessen sei (u. a. Duncan/Duncan 1955; James/Taeuber 1985; Lieberson 1981; Taeuber/Taeuber 1965; dt.: Blasius 1988). Zu dieser Diskussion haben dann Massey und Denton (1988, 1993; vgl. Iceland et al. 2002: 119 ff.) sowie zuletzt Reardon und Firebaugh (2002a, b) und Grannis (2002) wichtige Beiträge geleistet.

Massey und Denton (1988) untersuchten zwanzig in der Literatur verwendete Indizes der Segregation. Das Ergebnis ihrer Faktorenanalyse war, dass sich die Indizes fünf verschiedenen Dimensionen der Segregation zuordnen lassen, die sie später auch in ihrer Studie „American Apartheid" (1993) verwenden:

- „evenness": die Gleichheit/Ungleichheit der räumlichen Verteilung von Gruppen,
- „exposure" (oder „spatial proximity"): die potentiellen Kontakte zwischen Mitgliedern unterschiedlicher Gruppen,
- „concentration": das Ausmaß, zu dem eine Gruppe sich in wenigen Stadtteilen konzentriert,

- „centralization": die Konzentration einer Gruppe in Stadtteilen nahe dem Stadtzentrum,
- „clustering": das Ausmaß, zu dem eine Minorität überproportional in zusammenhängenden Stadtteilen wohnt.

Für das eingangs erörterte Problem der Integration sind zwei der fünf Indizes wichtig. Durch Indizes der „concentration" wird gemessen, in welchem Ausmaß sich eine Minorität in wenigen Stadtteilen konzentriert, mithin auch hohen Anteil an den Bewohnern hat. Geht man nicht von einer selbst gewählten Konzentration aus, dann würde mit diesen Indizes auch eine geringe Integrationschance, wenn nicht gar isolierte Minorität im Sinne von Wilson (1987) oder der Theorie der segmentierten Assimilation angezeigt. Mit „exposure" wird die Chance gemessen, Angehörige einer anderen Gruppe, z. B. der Majorität, im Stadtteil zu treffen, also überhaupt in Kontakt zu kommen. Solche Kontakte können u. a. dazu führen, einerseits Vorurteile gegenüber der Minorität abzubauen oder andererseits Verhaltensmuster der Majorität (des Mainstreams?) zu übernehmen. Die Korrelation der Indizes dieser beiden Dimensionen (P* und Delta) beträgt in der Stichprobe von Massey und Denton (1988: 302) r = –0,34 die von „evenness" (ID) und Konzentration r = 0,64.

Der Bericht des U.S. Census Bureau 2000 zur Segregation ethnischer Gruppen (Iceland et al. 2002) misst jede dieser fünf Dimensionen durch einen Index. Nachdem die Ergebnisse veröffentlicht wurden, ist erneut eine sehr differenzierte methodische Diskussion darüber geführt worden, welche Aussagen mit welchem Index zulässig sind (Galster 2004; Goering 2004; Massey 2004; Quinn 2004). Das U.S. Census Bureau selbst weist auf seinen Webseiten für jeden Vergleich zweier ethnischer Gruppen diese fünf Indizes für die Jahre 1980, 1990 und 2000 aus.[2]

Wenn im Folgenden die Ergebnisse deutscher Studien zur ethnischen Segregation dargestellt werden, so können wir nur auf die beiden von Duncan und Duncan (1955) vorgeschlagenen Indizes der Segregation (IS) und der Dissimilarität (ID) zurückgreifen, da fast alle deutschen Studien ausschließlich diese Indizes verwenden. Das gilt auch weitgehend für Studien aus anderen europäischen Ländern. Daher beschränken sich die Analysen auf diese Indizes, nicht zuletzt deshalb, um internationale Vergleiche vornehmen zu können, ungeachtet der Frage, ob durch unterschiedliche Größen (Zahl und Einwohnerzahl der Stadtteile) der Vergleich beeinträchtigt wird. Ein weiteres Problem ist, ob sich die Einbürgerungen der Migranten proportional oder disproportional zu ihren Anteilen in den Stadtteilen verhalten (vgl. Strohmeier/Alic 2006: 31). Dieses Problem wird ausführlich in Friedrichs und Triemer (2008) behandelt.

---

2 (www.census.gov/hhes/www/housing/housing_patterns/housing_patterns.html). Einen anderen Zugang zu dem Messproblem wählen Reardon und Firebaugh (2002a, b); sie bestimmen Segregation als „Disproportionalität in den Gruppen-Anteilen", um die Segregation mehrerer Gruppen zu messen, zugleich die Segregations- und Ungleichheitsmaße zu verknüpfen. Sie untersuchen sechs verschiedene Indizes, von denen sich das Informationsmaß H (Theil) als am besten geeignet erweist. Dieses Maß wird in der Studie von Fischer u. a. (2004) verwendet.

III. Beschreibung: Segregation ethnischer Gruppen in Deutschland

Die Bevölkerung der Bundesrepublik Deutschland nahm bis zum Jahr 2002 zu, seit dem Jahr 2003 jedoch kontinuierlich ab. Die Bevölkerungsschätzung des Statistischen Bundesamtes geht von einer weiteren Abnahme auf 80,1 Millionen im Jahre 2020 aus. Ein Grund für die Abnahme dürften die restriktiven Zuwanderungsgesetze sein, zuletzt das vom 1. Januar 2005.

Das Problem der ethnischen Segregation ist vor allem deshalb bedeutsam, weil die Zahl der Ausländer in den letzten Jahrzehnten kontinuierlich zugenommen hat.[3] Ferner ist die Zahl der Migranten aus anderen Ländern als den ursprünglichen Anwerbeländern größer geworden. Dies zeigt sich in der Zunahme der Personen und des Anteils in der Kategorie „Andere". Die Heterogenität der ausländischen Bevölkerung nimmt demnach zu: Es kommen nun mehr Ausländer aus Litauen, Polen, Tunesien, Brasilien, Thailand und China *(Tabelle 2)*.

Tabelle 2: Ausländer nach Nationalität, 1970, 1980, 1990, 2000 und 2005, in Prozent aller Ausländer

Nationalität	1971[1] abs.	%	1980 abs.	%	1990 abs.	%	2000 abs.	%	2005 abs.	%
Italien	527,5	20,3	617,9	13,9	552,4	10,3	619,1	8,5	540,8	8,0
Griechenland	305,3	11,7	297,5	6,7	320,2	6,0	365,4	5,0	309,8	4,6
Spanien	239,0	9,2	180,0	4,0	135,5	2,5	129,5	1,8	107,8	1,6
Türkei	429,4	16,5	1 462,4	32,8	1 694,6	31,7	1 998,5	27,4	1 764,0	26,1
Portugal	47,5	1,8	112,3	2,5	85,5	1,6	133,7	1,8	115,6	1,7
Jugoslawien[2]	409,8	15,8	631,8	14,2	662,2	12,4	818,8	11,2	682,8	10,1
Polen	17,3	0,7	x	x	242,0	4,5	301,4	4,1	326,6	4,8
Afrika	x	x	x	x	x	x	299,3	4,1	274,9	4,1
Andere[3]	624,8	24,0	1 151,4	25,9	149,6	30,9	2 631,1	36,1	2 633,5	39,0
Insgesamt[4]	2 600,6	4,3	4 453,3	7,2	5 342,5	8,4	7 296,8	8,8	6 755,8	8,8

x Keine Daten verfügbar.
1 Daten der Volkszählung.
2 Angaben beziehen sich auf alle Teile des früheren Jugoslawien, 1995 ohne Mazedonien und Slowenien, diese sind in „Andere"; 2005 Bosnien und Herzegowina, Kroatien und Serbien und Montenegro.
3 Eigene Berechnungen aufgrund von Daten im Statistischen Jahrbuch und Statistisches Bundesamt 1997.
4 Prozentwerte beziehen sich auf den Anteil an der gesamten Bevölkerung.

Quellen: Statistisches Bundesamt, 1997; Statistisches Jahrbuch für die Bundesrepublik Deutschland 1981, 1995, 1996, 2001, 2006; BMF 2007: 175.

Im Jahr 2006 lebten 34,6 Prozent aller Ausländer zwanzig Jahre und länger in Deutschland (Ausländerzentralregister 2007). Es ist zu vermuten, dass mit steigender Aufenthaltsdauer der Angehörigen einer ethnischen Minorität auch deren Rückkehrabsicht sinkt, zumindest aber unrealistischer wird. Die Wahl des Wohnstandortes ist dann nicht mehr durch die Absicht geprägt, viel Geld nach Hause zu senden, deshalb sparsam zu wohnen und in absehbarer Zeit in das Heimatland zurück zu kehren. Diese Überlegung lag der Politik des Rotationsprinzips zugrunde, ist jedoch seit dem Anwer-

---

[3] Ausländer sind „Personen, die nicht Deutsche im Sinne des Art. 166 Abs. 1 des Grundgesetzes (GG) sind. Zu ihnen gehören auch die Staatenlosen und Personen mit ungeklärter Staatsangehörigkeit" (Statistisches Bundesamt 2007: 32).

bestopp 1973 und der nachfolgenden Regelung zum Familiennachzug unrealistisch; Deutschland ist, wie auch die Wohndauer zeigt, seit langem ein Einwanderungsland.

Ausländer wohnen, nicht nur in Deutschland, überwiegend in Großstädten, weil sie dort ihre Chancen, einen Arbeitsplatz zu erhalten, und/oder die Unterstützung von Angehörigen der eigenen Minorität zu finden, als höher beurteilen. Im Jahre 2005 wohnten 53,9 Prozent aller Ausländer in Städten über 100 000 Einwohner, von den Deutschen waren es nur 28,4 Prozent. *Tabelle 3* zeigt, wie hoch die Anteile einiger Minoritäten in den größten Städten Deutschlands im Zeitraum 1970-2005 waren.

Tabelle 3: Einwohner und Anteil Ausländer, Großstädte mit 480 000 Einwohnern, 1970, 1980, 1990, 2000 und 2005

Stadt	Einwohner 2005	Anteil Ausländer				
		1970	1980	1990	2000	2005[4]
Berlin[1]	3 387,8	3,5	10,7	14,6	12,8	13,4
Hamburg	1 734,8	5,4	9,0	12,1	15,4	14,1
München	1 259,7	14,0	16,4	22,3	23,4	23,9
Köln	969,7	9,1	13,6	17,0	19,2	17,4
Frankfurt/M.	646,9	13,3	20,2	23,9	24,0	21,7
Stuttgart	590,7	13,1	17,7	20,4	24,2	23,8
Dortmund	588,7	3,7	8,5	10,2	16,1	15,9
Essen	588,1	3,8	5,5	7,6	11,2	11,7
Düsseldorf	572,7	9,2	12,3	16,1	17,5	17,8
Bremen	545,9	3,8	6,4	10,4[3]	16,7	12,9
Hannover	515,8	6,1	9,8	11,2[3]	15,3	15,2
Leipzig	498,5	x	x	1,7	5,5	6,2
Duisburg	504,4	6,2	12,2	14,9[3]	12,3	16,4
Dresden	487,3	x	x	1,8	3,7	5,0
BRD[2]	82 438,0	4,3	7,2	8,4	8,8	8,8

x Keine Angaben.
1 1970 und 1980: Berlin (West).
2 1970 und 1980: Westdeutschland.
3 Daten beziehen sich auf den 1. Januar 1990, sonst 31.12.1990.
4 31.12.2004.
Quellen: Statistisches Bundesamt, 1997; Statistisches Jahrbuch für die Bundesrepublik Deutschland 1981, 1995, 1996, 2007; Statistisches Jahrbuch Deutscher Gemeinden Bde. 69, 73, 74, 78, 82, 89, 92; BMF 2007: 175.

Wie stellt sich die ethnische Segregation in Deutschland dar? Wie eingangs erwähnt, beruhen die Analysen auf zwei Indizes der Segregation: dem Index der Dissimilarität (ID), der die Verteilung zwischen zwei Gruppen misst und dem Index der Segregation (IS), der die Unterschiede in den Verteilungen einer Gruppe gegenüber der restlichen Bevölkerung misst. Beide Indizes können Werte zwischen 0 (keine Segregation) und 100 (vollständige Segregation) annehmen. Die Indexwerte lassen sich auch als Prozentsatz derjenigen interpretieren, der insgesamt umziehen müsste, um eine proportionale Verteilung herbeizuführen.

Die Ergebnisse von Studien zur ethnischen Segregation in Deutschland sind in *Tabelle 4* zusammengestellt. Wenn man zuerst die *zeitliche Entwicklung* betrachtet, dann ist der wohl wichtigste Befund, dass die Segregation der ethnischen Minoritäten um 1970 zunahm, ab 1990 hingegen niedriger war oder sogar abnahm. Studien aus den 1970er Jahren berichten Segregationswerte um 30,0. So betrug in Frankfurt im Jahr

Tabelle 4: Empirische Studien zur ethnischen Segregation in Deutschland

Autor/en	Stadt (räuml. Einheiten)	Jahr	Ergebnisse		
Helmert 1981	Frankfurt/M. (48)	1979 1973 1976	Deutsche-Ausländer Deutsche-Jugoslawen Deutsche-Italiener Deutsche-Türken	ID=25 (1979) ID=24 (1976) ID=27 (1976) ID=38 (1976)	
Loll 1982	Hamburg (180), Stuttgart (23)	1974 1979	HH: Ausländer Griechen Italiener Jugoslawen Portugiesen Spanier Türken ST: Ausländer Griechen Italiener Jugoslawen Portugiesen Spanier Türken	**1974** IS=38,7 IS=40,4 IS=32,2 IS=34,2 IS=51,6 IS=40,2 IS=41,9 IS=29,9 IS=32,5 IS=28,9 IS=28,4 IS=41,1 IS=32,8 IS=34,6	**1979** IS=41,5 IS=40,3 IS=31,0 IS=36,1 IS=52,3 IS=37,1 IS=45,4 IS=32,8 IS=39,2 IS=29,6 IS=29,3 IS=42,4 IS=34,3 IS=34,2
Glebe und Waldorf 1987	Düsseldorf, 3 Teilgebiete	1984	Deutsche-Migranten	ID=17 bis 35	
Glebe 1997	Düsseldorf (445)	1976 1981 1985 1990 1993	Ausländer Türken Griechen Italiener Spanier Marokkaner Türken-Griechen Türken-Italiener Türken-Marokkaner	**1976** IS=34,2 IS=45,7 IS=43,8 IS=40,3 IS=41,8 IS=52,1 **1981** ID=36,1 ID=40,0 ID=47,9	**1993** IS=35,7 IS=43,9 IS=39,3 IS=34,7 IS=39,1 IS=48,1 **1993** ID=37,3 ID=39,8 ID=42,5
Musterd, Ostendorf und Breebaart 1998	Frankfurt/M. (48), Düsseldorf (49)	1994	FM: Ausländer Türken Jugoslawen Italiener Griechen Spanier Deutsche-Türken Türken-Griechen Türken-Italiener Deutsche-Jugosl. DS: Ausländer Türken Jugoslawen Italiener Griechen Spanier Deutsche-Japaner	IS=17 IS=19 IS=23 IS=14 IS=31 IS=21 ID=27 ID=24 ID=12 ID=26 IS=19 IS=30 IS=27 IS=25 IS=28 IS=26 ID=56	

Fortsetzung von *Tabelle 4:*

Autor/en	Stadt (räuml. Einheiten)	Jahr	Ergebnisse		
Friedrichs 1998	Köln (85)	1984 1989 1994	Ausländer Italiener Griechen Jugoslawen Türken Polen Deutsche-Italiener Deutsche-Griechen Deutsche-Türken Türken-Italiener Türken-Griechen	**1984** IS=25,5 IS=30,9 IS=34,5 IS=24,9 IS=33,7 k.A. ID=33,4 ID=36,3 ID=35,0 ID=23,8 ID=32,5	**1994** IS=23,2 IS=27,0 IS=28,7 IS=25,7 IS=32,7 IS=23,8 ID=29,9 ID=30,0 ID=33,7 ID=25,9 ID=36,5
Kemper 1998	Berlin (97 in West-Berlin)	1991 1996	Deutsche-Ausländer	1974: ID=36,9 1982: ID=34,9 1991: ID=32,1 1996: ID=30,1	
Häußermann und Siebel 2001	Städte in NRW	1995 2001	Ergebnisse siehe ILS, Strohmeier und Häußermann 2003		
Friedrichs, Kecskes und Wolf 2002	Euskirchen (22)	2001	Deutsche-Nicht-Dt.	ID=28,2	
Landeshauptstadt Wiesbaden 2003	Wiesbaden (26)	2002	Deutsche-Ausländer Deutsche-Italiener Deutsche-Jugoslawen Deutsche-Griechen Deutsche-Portugiesen Deutsche-Spanier Deutsche-Türken	ID=27,7 ID=32,0 ID=35,3 ID=48,7 ID=44,0 ID=32,9 ID=37,7	
ILS, Strohmeier und Häußermann 2003	Bielefeld (92), Essen (50), Gelsenkirchen (18), Köln (85), Wuppertal (69)	1995, 2000/ 2001	BI: Italiener Jugoslawen Griechen Türken ES: Italiener Jugoslawen Griechen Türken GE: Italiener Jugoslawen Griechen Türken K: Ausländer Italiener Jugoslawen Türken	**1995** IS=29,5 IS=33,7 IS=43,7 IS=29,9 IS=23,4 IS=30,4 IS=31,3 IS=36,1 IS=27,8 IS=26,7 IS=31,3 IS=36,1 **1980** IS=27,1 IS=31,8 IS=25,9 IS=35,4	**2000/01** IS=26,3 IS=33,4 IS=42,1 IS=30,3 IS=22,8 IS=28,0 IS=31,6 IS=37,0 IS=30,2 IS=24,6 IS=31,6 IS=37,0 **2000** IS=23,8 IS=25,6 IS=25,9 IS=35,3
Strohmeier und Alic 2006	Wie ILS, Strohmeier und Häußermann	1984- 2001	Wie ILS, Strohmeier und Häußermann, jedoch Differenzierung nach Stadttypen		
Janssen und Schroedter 2007	BRD, Mikrozensus	1976- 2004	Abnahme der Konzentration der 1. Generation bei Italienern, Spaniern Griechen, Zunahme bei Türken und Jugoslawen; Abnahme bei der 2. Generation bei allen Gruppen		

Fortsetzung von *Tabelle 4:*

Autor/en	Stadt (räuml. Einheiten)	Jahr	Ergebnisse		
Friedrichs und Triemer 2008	15 deutsche Großstädte	1990 1995 2000 2005	Ausländer Essen Frankfurt/M. Hamburg Köln Stuttgart	1990 IS=21,6 IS=13,0 IS=24,1 IS=22,3 IS=14,0	2005 IS=23,4 IS=11,7 IS=18,8 IS=19,3 IS=11,2

1976 die Segregation Deutsche-Ausländer ID=25; die von Deutschen und Italienern ID=27, von Deutschen-Türken hingegen ID=38. Im Jahr 2005 lag sie in Frankfurt bei IS=11,7. Eine geringe Zunahme der Segregation zwischen 1995 und 2001 wird für Bielefeld, Essen und Gelsenkirchen (aber nicht Köln) berichtet. Die Abnahme der Segregation ist insbesondere am Beispiel der Türken zu erkennen. Zu diesem Schluss gelangen mehrere Studien, u. a. für Berlin (Kapphan 2002), Frankfurt a. M. (Bartelheimer 2000) und Köln (Friedrichs 1998), aber auch für weitere Großstädte wie die Daten in *Tabelle 4* belegen.

Wenn man *einzelne Gruppen* untersucht, dann erkennt man, dass die Türken und Marokkaner am stärksten segregiert sind. Auffällig ist, dass die Distanz der Deutschen zu den Griechen besonders hoch ist – in Köln ebenso wie in Frankfurt/Main. Vergleichbare Werte fand Loll (1982) bereits 1979 in Hamburg und Stuttgart, ohne dass sich bislang dieser Sachverhalt plausibel erklären ließe. Die nächsthohe räumliche Distanz besteht zu den Jugoslawen und Spaniern.

Insgesamt ist die Segregation geringer geworden, wie die Ergebnisse für 15 Großstädte im Zeitraum 1990 bis 2005 zeigen. Da wir Segregation als *einen* Indikator der Integration interpretieren, ist demzufolge in den letzten zwei Jahrzehnten die Integration der ethnischen Minoritäten stärker geworden. Dieser relativ positive Befund wird durch die Ergebnisse von Drever und Clark (2002) gestützt: Vergleicht man Migranten in Wohngebieten mit weniger als 25 Prozent Migranten mit solchen mit einem niedrigeren Anteil, dann sind Migranten in den Migranten-Wohngebieten weder weniger zufrieden mit der Nachbarschaft, fühlen sich auch nicht stärker von Deutschen isoliert, noch praktizieren sie ihre Kultur stärker.

Um das Ausmaß der Segregation einzelner ethnischer Gruppen in Deutschland beurteilen zu können, ist es sinnvoll, die Ergebnisse mit denen für andere europäische Großstädte zu vergleichen. Dabei ist zu berücksichtigen, dass die Indexwerte von der Zahl der räumlichen Einheiten und vor allem von deren Größe abhängig sind (vgl. Blasius 1988; Cortese et al. 1979). Je größer die räumlichen Einheiten, desto heterogener ist die Wohnbevölkerung, desto niedriger mithin die Werte für den Grad der Segregation. Dennoch geben sie einen Anhaltspunkt darüber, wie stark „segregiert" einzelne ethnische Gruppen wohnen, oder umgekehrt: in welchem Maße eine Integration, gemessen über den Indikator der räumlichen Verteilung, erfolgt ist.

Vergleicht man die Ergebnisse für die deutschen Städte mit denen für andere europäische Städte (Musterd/Ostendorf 1998; Özüekren/van Kempen 1997; Schönwälder 2007), so liegen sie in Deutschland meist niedriger, wie die nachfolgenden Daten belegen (Musterd et al. 1998: 30 f., 59, 110 f., 154):

London 1991 (782 wards)	
Nicht-Weiße	IS=37
Schwarze	IS=43
Bangladeshi	IS=63
Schwarze-Weiße	ID=45
Schwarze-Bangl.	ID=56

Brüssel 1991 (702 Nachbarschaften)	
Immigranten	IS=40
Marokkaner	IS=59
Marokkaner-Türken	ID=53

Paris 1990 (80 quartiers)	
Ausländer	IS=11
Algerier	IS=23
Algerier-Franzosen	ID=24

Amsterdam 1995 (93 Gebiete)	
Ethn. Minoritäten	IS=32
Surinamesen	IS=35
Türken	IS=39
Türken-Marokkaner	ID=13

Vergleicht man nun die europäischen Werte mit denen für die USA, dann ist dort die Segregation, vor allem der Schwarzen und Hispanier, höher als die der Türken oder Surinamesen in europäischen Städten. Allerdings hat die Segregation der Schwarzen zwischen 1980 und 2000 in 203 der 220 Stadtregionen (Metropolitan Areas) abgenommen (und nur in acht zugenommen): Der IS für Schwarze sank von 72,7 auf 64,0; der für Hispanier/Latinos blieb unverändert bei 50,0 zu 51,0 (Iceland et al. 2002: 60, 78). Drei Beispiele: In New York blieb die Segregation in diesem Zeitraum praktisch konstant: 81,2 zu 81,0, in Chicago nahm sie von 87,8 auf 79,7 ab, in Dallas ging sie von 77,1 auf 58,7 zurück (ebd.: 69). Fisher et al. (2004) finden ebenfalls einen Rückgang der Segregation der Schwarzen in den USA: das Segregationsmaß H (Theil) sank von 0,63 im Jahre 1960 auf 0,43 im Jahr 2000. Die Autoren berichten ferner, dass 2000 die Segregation der Schwarzen (0,43) noch immer höher ist als die der Hispanier (0,36).

Wichtig ist der Befund, dass die Segregation der Schwarzen sich umso stärker verringerte, je geringer ihr Anteil an der Bevölkerung der Stadtregion war. Mit höheren Anteilen steigen sowohl die Dissimilarität, die Isolation und die räumliche Nähe (spatial proximity index). Hingegen nehmen die räumliche Konzentration auf wenige Stadtgebiete (Delta index) und die Konzentration um die Innenstadt (concentration index) ab (ebd.: 64).

Weil das Konzept der Segregation mehrdimensional ist, reicht es nicht aus, nur die beiden Indizes IS und ID heranzuziehen. Vielmehr sollte angesichts der Bedeutung, die der Anteil der Minorität in einem Stadtteil hat, auch ein Index der Konzentration verwendet werden.

Eine hohe Konzentration einer ethnischen Gruppe in einem Stadtteil kann durch zwei Prozesse zustande kommen. Erstens als freiwillige Wohnstandortwahl (als absichtliche Ethnizität in der Theorie von Portes und Zhou), weil der Haushalt dort andere Haushalte gleicher Ethnie, Religion und eine ethnische Infrastruktur vorfindet. (Daher können solche Gebiete auch als „port of entry" für neue Migranten dienen.) Zweitens als unfreiwillige Wahl, weil der Haushalt aufgrund von ökonomischen und/oder sozialen Restriktionen, z. B. Diskriminierung, in einen Stadtteil ziehen muss, der relativ viele Sozialwohnungen und relativ viele preiswerte Mietwohnungen aufweist.

Loll (1982) findet hohe Korrelationen der Segregation 1979 in Hamburg mit dem niedrigen Status eines Wohngebietes von 0,86 (Stuttgart: 0,56), dem Besuch weiterführender Schulen –0,62 (–0,42), interethnischen Eheschließungen –0,83 und einem höheren Schulabschluss –0,76. Zwischen statusniedrigem Wohngebiet und Schulbesuch

Tabelle 5: Korrelationen von drei Indikatoren (Pearson's r), Köln 2004, oberhalb der Diagonale: 83 Stadtteile, unterhalb der Diagonale: 253 Stadtviertel

	Ausländer	Sozialhilfe	Arbeitslose
% Ausländer	–	0,78**	0,71**
% Sozialhilfeempf.	0,75**	–	0,83**
% Arbeitslose	0,80**	0,81**	–

** $p > 0{,}01$.

besteht eine hohe negative Korrelation von –0,83 in Hamburg und –0,74 in Stuttgart. Man mag nun einwenden, diese hohen Korrelationen von negativen Merkmalen seien für die älteren Zeitpunkte und Städte zutreffend, würden daher heute nicht mehr zutreffen. Dagegen sprechen allerdings zahlreiche neuere Befunde (Friedrichs 1998), die eindeutig belegen, dass Migranten überproportional häufig in benachteiligten Gebieten wohnen (oder gezwungen sind, dort zu wohnen).

Wir haben es einer Kumulation von Benachteiligungen zu tun, die sich kausal kaum entwirren lässt (vgl. ausführlich: Alisch/Dangschat 1998; Farwick 2001; Klagge 2003). Die Probleme reichen von sprachlichen Defiziten bis hin zu gesundheitlichen Störungen der Kinder, wie Strohmeier und Alic (2006: 42 ff.) belegen. Zudem wird vermutet, in solchen Wohngebieten würden sowohl die inter- als auch die intra-ethnischen Konflikte begünstigt (Strohmeier/Häußermann 2003: 2.2). *Tabelle 5* zeigt am Beispiel Kölns, wie eng der Ausländeranteil im Stadtteil mit sozialer Benachteiligung, gemessen über die Arbeitslosen- und Sozialhilfequoten, zusammenhängt. Ähnlich hohe Werte berichten ILS; Strohmeier/Häußermann (2001) für den Zusammenhang von Ausländeranteil und Sozialhilfequote für Essen (0,50), Wuppertal (0,60) und Köln (0,82).

Die Wohnbedingungen der Ausländer sind (noch immer) schlechter als die der Deutschen. Im Jahre 1998 zahlten deutsche Mieter durchschnittlich DM 8,42 Kaltmiete, Ausländer hingegen DM 9,60. Dabei ist erschwerend zu berücksichtigen, dass die Ausländer häufiger in kleineren und schlechter ausgestatteten Wohnungen wohnten (Drever/Clark 2002; Häußermann/Siebel 2001: 22). In *Tabelle 6* sind einige dieser un-

Tabelle 6: Wohnbedingungen von Deutschen und ausgewählten Gruppen von Ausländern, Westdeutschland, 1996 und 2004, in Prozent

Gruppe	Jahr	Personen pro Haushalt	Wohnfläche pro Person (qm)
Deutsche	1996	2,5	46
	2004	2,5	49
Zuwanderer aus der Türkei	1996	3,8	22
	2004	3,8	24
Zuwanderer aus Südwesteuropa*	1996	3,4	27
	2004	3,2	32
Zuwanderer aus dem ehemaligen Jugoslawien	1996	3,2	26
	2004	3,0	31

* Griechenland, Italien, Spanien, Portugal.

Quelle: Statistisches Bundesamt (2006: 566) (Datenquelle: SOEP).

gleichen Wohnbedingungen von Deutschen und Migranten aufgeführt. Erklärungen für diesen Sachverhalt werden im folgenden Abschnitt ausgeführt.

IV. Erklärungen

Um die Segregation zu erklären, sind in der Literatur unterschiedliche Bedingungen angeführt worden (vgl. Dangschat 1998; Friedrichs 1983, 1988, 1998). Da sie auf unterschiedlichen Aggregatebenen liegen, sollten sie in einem Makro-Mikro-Modell (wie schon von Esser 1988 und Friedrichs 1988 vorgeschlagen) zusammen geführt werden. Hierin sind zwei Arten von Merkmalen verknüpft: individuelle (Mikroebene) und strukturelle (Makroebene). Letztere sind „strukturell", weil sie von den Individuen oder Haushalten kaum oder gar nicht zu beeinflussen sind. Dieser theoretische Ansatz beansprucht, alle Formen der Segregation zu erklären, beruhe sie auf ökonomischen, ethnischen oder religiösen Merkmalen der sozialen Gruppen. Die Segregation ethnischer Gruppen ist demnach nur einer der Anwendungsfälle.

Aus den Befunden vor allem der nordamerikanischen Literatur lässt sich folgern, dass die Segregation der ethnischen Gruppen höher ist als die der sozio-ökonomischen Gruppen der einheimischen Bevölkerung. Der Grund hierfür dürfte vor allem in der größeren sozialen Distanz zu sehen sein, die sich zudem nochmals indirekt über geringere Bildungschancen und Chancen auf dem Arbeitsmarkt in geringeren Bildungs- und Einkommensressourcen auswirkt.

Die Erklärungen der Segregation lassen sich drei Dimensionen oder Gruppen von Variablen zuordnen:

1. den Bedingungen der Haushalte bei ihrer Wohnstandortwahl, u. a. ihres Einkommens;
2. strukturellen Bedingungen: a) dem Angebot an Wohnungen und Häusern in den Wohnungsteilmärkten, b) dem Anteil der ethnischen Minorität an der Stadtbevölkerung;
3. der sozialen Distanz der Majorität gegenüber einer Minorität und der hiermit zusammen hängenden Diskriminierung der Haushalte auf dem Wohnungsmarkt.
4. Eine mögliche weitere Dimension ist die Aufenthaltsdauer; sie hat vermutlich einen Einfluss auf die Wohnstandortwahl und die Distanz der Majorität gegenüber der Minorität insofern, als man mit steigender Aufenthaltsdauer eine sinkende soziale Distanz der Majorität gegenüber der Minorität vermuten kann.

Ich erörtere die empirischen Befunde zu diesen Dimensionen und führe sie abschließend in einem Modell zusammen.

1. Wohnstandortwahl

Individuelle Merkmale. Das Handeln von Individuen sei vereinfacht durch drei Konzepte beschrieben: Präferenzen, Ressourcen und Restriktionen. Es ist unschwer zu erkennen, dass dieser Ansatz auf der Rational-Choice-Theorie aufbaut, was den Vorteil hat, ein zentrales Gebiet der Stadtforschung an die allgemeine Soziologie anzuschließen.

Personen wünschen (Präferenz) mit Nachbarn zu leben, die ihnen ähnlich sind. Sie tun dies vermutlich, um Konflikte über unterschiedliche Lebensweisen und Lebensstile zu vermeiden. Ähnlich, wie es die Netzwerkforschung für die sozialen Kontakte (Netzwerkperson) nachgewiesen hat, ist Homophilie ein wesentliches Merkmal dauerhafter sozialer Kontakte (vgl. u. a. Wolf 1996). Die erste Annahme lautet daher: Individuen und Haushalte suchen Nachbarn, die ihnen hinsichtlich mehrerer Merkmale ähnlich sind. Diese Annahme entspricht auch der nunmehr klassischen Hypothese der Chicagoer Schule, soziale Distanzen würden auch in räumliche übersetzt (Park 1926): Je geringer die soziale Distanz zu einer sozialen Gruppe ist, desto geringer ist auch die räumliche Distanz zu ihr.

Die Möglichkeit nun, diese Präferenzen zu verwirklichen, hängt von den Ressourcen des Individuums/Haushalts ab. Individuen mögen ähnliche Präferenzen haben, z. B. in einem ruhigen Wohngebiet oder nahe der City zu wohnen, einen Garten zu haben, eine große Wohnung zu bewohnen. Doch sagt das noch nichts darüber aus, ob sie diese auch verwirklichen können. Dazu bedarf es, zumal in einer Gesellschaft, die durch soziale Ungleichheit gekennzeichnet ist, auch entsprechender Ressourcen des Haushalts. Diese Ressourcen können in dem ökonomischen Kapital (u. a. Einkommen) oder dem kulturellen (u. a. Bildung) bestehen. Sie erst erlauben es, die Präferenzen mehr oder weniger zu verwirklichen; sie stellen demnach Filter dar. Die zweite Hypothese lautet daher: Je größer die ökonomischen und kulturellen Ressourcen eines Individuums/Haushalts, desto größer sind ihre Wahlchancen eines Wohnstandortes. Ferner gehen beide Ressourcen vermutlich nacheinander in den Entscheidungsprozess ein: Zunächst wird nach ökonomischen Möglichkeiten ausgewählt, aus diesen dann nach kulturellen oder Lebensstilen.

Die Wahlmöglichkeiten der meisten Minoritäten sind geringer als diejenigen der Majorität. Wie Esser (2000: 294) schreibt, sind die ethnischen Gruppen hinsichtlich der Indikatoren vertikaler sozialer Ungleichheit: Einkommen, Bildung und politische Partizipation, „grosso modo ähnlich", also ähnlich benachteiligt.[4]

Weil die ökonomischen Chancen in starkem Maße die Wahl des Wohnstandortes bedingen, stellen ungleiche ökonomische Chancen – neben der ethnischen Zugehörigkeit – die entscheidende Restriktion für die Wahl des Wohnstandortes dar. Gordon (1964: 81) bezeichnet die berufliche Platzierung (strukturelle Assimilation) als „cornerstone of the arch of assimilation". Ähnlich schreibt Zhou (1997: 987): „the class status is the most crucial factor [as opposed to color, JF] because it determines the

---

4 Eine Ausnahme bilden z. B. die wohlhabenden Chinesen, die nach 1990 nach Kanada eingewandert sind. Die Chinesen sind die größte „visible minority" in Kanada; in Toronto stellen sie 9 Prozent der Einwohner. Obgleich viele von ihnen aufgrund ihres Einkommens mehr Optionen auf dem Wohnungsmarkt haben, hat die Segregation von 1981 auf 2001 zugenommen: in Toronto von 43,3 auf 53,1, in Vancouver von 48,8 auf 50,0 (Balakrishnan et al. 2005: 134).

type of neighbourhoods in which children live, the quality of schools which they attend, and the group of peers with which they associate". Ebenso argumentiert auch Esser (2000: 273): „Die soziale Integration über die Plazierung ist die wohl wichtigste Bedingung zur Erlangung von gesellschaftlich generell verwendbaren Kapitalien, insbesondere in der Form des ökonomischen Kapitals und des sog. Humankapitals".

Obgleich die Einkommen der Migranten in den letzten Jahren gestiegen sind, liegen sie noch immer unter denen der Deutschen: 2004 betrug das durchschnittliche Äquivalenzeinkommen der Deutschen 1 360 Euro, das der Türken 850 Euro und das der Jugoslawen 870 Euro (Statistisches Bundesamt 2006: 566). Der wichtigste Grund für diese Unterschiede sind die Schul- und Berufsausbildung. So hatten 2003 von den Migranten im Alter von 20 bis 29 Jahren 33 Prozent keinen Berufsabschluss, was ihre Chancen auf dem Arbeitsmarkt deutlich verringert und das Risiko, arbeitslos zu werden, um das 2,4fache gegenüber altersgleichen Westdeutschen erhöht (ebd.: 480, 103). Tatsächlich lag die Arbeitslosenquote der Ausländer im Jahre 2005 bei 25,5 Prozent, die Quote insgesamt nur bei 13,0 Prozent (ebd.: 103, 106). Die Armutsquote (Äquivalenzeinkommen von 60 Prozent) betrug 2004 bei den Nicht-Deutschen 23,8 Prozent, bei den Deutschen 12,0 Prozent (ebd.: 617).

Unter diesen ökonomischen Bedingungen ist es kaum verwunderlich, dass die Wohnsituation der Ausländer schlechter ist als die der Deutschen, was vor allem für die Mieter gilt. Die Ausländer verfügen über weniger Wohnraum, die Wohnungen sind stärker belegt, jedoch ist die Miete geringfügig höher als die der Deutschen. Empirisch lässt sich nachweisen, dass die Angehörigen ethnischer Minoritäten, vor allem die Türken, unter erheblich schlechteren Wohnbedingungen leben als vergleichbare deutsche Familien (vgl. *Tabelle 6*). Ihre Wohnungen weisen weniger Quadratmeter und weniger Räume auf, sind schlechter ausgestattet, unterscheiden sich aber nur wenig im Mietniveau. Daher ist die interne Dichte (Belegung, Personen pro Raum) höher als bei den deutschen Haushalten. Diesen Sachverhalt belegen auch die Studien über die Lage der Türken in verschiedenen europäischen Städten in Özükren und van Kempen (1997), für Berlin die Arbeiten von Kapphan (2001, 2002) und Häußermann und Kapphan (2000).

2. Strukturelle Bedingungen

Wohnungsangebot: Neben den individuellen Merkmalen besteht auf der Makroebene eine Opportunitätsstruktur: die Wohnungsteilmärkte in einer Stadt. Das Angebot unterscheidet sich nach Größe, Lage, Ausstattung und Mietpreis der Wohnung (analog: des Hauses). Gemeinhin werden drei Teilmärkte unterschieden: Einfamilienhäuser, privater Mietwohnungsmarkt und der Markt der Sozialwohnungen (im engeren Sinne: öffentlich geförderte Wohnungen mit kommunalem Belegungsrecht). Diese Bedingungen auf der Makroebene beeinflussen als Kontexteffekt das individuelle Handeln bzw. das der Haushalte. Eine Restriktion kann zum Beispiel in einem knappen Bestand von Mietwohnungen, hohen Preisen für Einfamilienhäuser oder einer geringen Zahl von Sozialwohnungen bestehen (vgl. ausführlich: Gestring et al. 2006: 71, 76, 88). Dabei dürfte die Annahme gelten: Je niedriger das Rentengebot eines Haushaltes ist, desto geringer ist die Auswahl an Wohnstandorten.

Ein Beispiel für die Einflüsse der Makroebene und des Wohnungsmarktes ist die Studie von Arbaci (2007). Sie untersuchte für 16 europäische Länder, ob der Typ des Wohlfahrtsstaates einen Einfluss auf die Segregation hat. Diese Hypothese bewährte sich. Die Kombination von Ausmaß der Segregation (IS) und Anteil der Minoritäten erbrachte vier Cluster oder Gruppen von Großstädten, die durch unterschiedliche wohlfahrtsstaatliche Regelungen gekennzeichnet sind: ein korporatistisches (niedrige Segregation/ungleiche Anteile), wozu alle deutschen Städte der Studie gehören (Düsseldorf, Frankfurt a. M., Köln), ein „lateinisches" (niedrige Segregation, niedrige Anteile), hierzu gehören u. a. Lissabon, Madrid und Rom; ein sozialdemokratisches (mittlere Segregation, hohe Anteile), mit Oslo, Rotterdam und Amsterdam, schließlich ein liberales mit hoher Segregation und hohen Anteilen von Ausländern, hierzu gehören Birmingham, London und Manchester. Der wohl wichtigste Mechanismus, der die wohlfahrtsstaatlichen Regelungen und die Segregation verbindet, ist das Ausmaß, zu dem die Kommune über Boden und Wohnungen verfügt (Arbaci 2007: 409, 429) und so planerisch in den Wohnungsmarkt eingreifen kann, um Segregation zu verringern.

Segregation beruht auch auf einer räumlichen Ungleichheit, was voraussetzt, dass die in einer Stadt vorhandenen Wohnstandorte unterschiedlich bewertet werden, z. B. ein Wohngebiet in der Nähe von Industrieunternehmen anders als ein innenstadtnahes mit allerdings höherer Verkehrs- und damit Emissionsbelastung, dies wiederum anders als ein Wohngebiet in Hanglage oder nahe einem innerstädtischen See. Wenn aber die Bewertungen der Gebiete durch die Stadtbewohner (und Makler) relativ einheitlich sind, gelten einige als besser, andere als schlechter und zwar nicht nur aufgrund des sozialen Status derer, die in den Gebieten wohnen. Die soziale Ungleichheit in einer städtischen Gesellschaft trifft auf eine weitgehend sozial konstruierte Ungleichheit der städtischen Teilgebiete.

Im Vergleich zu anderen europäischen Ländern ist Deutschland noch immer eher ein Land der Mieter als der Eigentümer. Es gibt einen Nachfrageüberhang für Mietwohnungen, vor allem für preiswerte Mietwohnungen und Sozialwohnungen. Die Zahl der armen Haushalte hat in den letzten Jahren zugenommen, das Angebot an Sozialwohnungen ist hingegen gesunken. Zum einen war dies eine Folge des Fortfalls der Gemeinnützigkeit für die Wohnungsgesellschaften, was dazu führte, dass sie die Wohnungen privatisiert haben, zum anderen ist durch Abriss alter Wohnungen die Zahl der Sozialwohnungen gesunken und nicht annähernd durch einen entsprechenden Neubau kompensiert worden.

Die Folge ist, dass bei einer steigenden Zahl von Migrantenhaushalten und einer steigenden Zahl von armen Haushalten die Nachfrage nach Sozialwohnungen das Angebot bei weitem übersteigt. Demnach sind die Haushalte auf den preiswerten privaten Wohnungsmarkt angewiesen und konkurrieren auch dort miteinander. Von einer Wohnstandort*wahl* kann daher für 10 bis 15 Prozent aller Haushalte keine Rede sein.

Anteil der ethnischen Minorität: Sowohl der Anteil als auch die absolute Zahl der Ausländer können einen Effekt auf das Ausmaß der Segregation der Minoritäten haben. Je höher der Anteil in der Stadt ist, desto geringer ist nach der älteren Studie von Marshall und Jiobu (1975; vgl. Friedrichs 1983: 267) das Ausmaß der Segregation der ethnischen Minoritäten. Hingegen finden Iceland, Weinberg und Steinmetz (2002) den umgekehrten Zusammenhang. In einer Studie von zehn niederländischen Städten fanden Bolt und van Kempen (1997) ebenfalls keinen Zusammenhang zwischen dem Anteil der Türken in der Stadt und deren Segregation. Im Übrigen ist bislang nicht geklärt, ob es um den Anteil einer ethischen Minorität geht oder den aller ethnischen Minoritäten, der einen Effekt auf die Segregation hat.

Wichtiger sind wahrscheinlich die Effekte der absoluten Zahl: Je größer die Zahl der Angehörigen einer Minorität in einem Stadtteil ist, desto eher entstehen eine ethnische Infrastruktur und ethnische Arbeitsmärkte, aber auch eine höhere Konzentration der Minorität. Fischer (1975) führt in seiner Theorie städtischer Subkulturen aus, eine steigende Zahl von Angehörigen *einer* Minorität würde aufgrund der steigenden Nachfrage zu mehr Einrichtungen der Minorität führen, z. B. Geschäften. Dieser Sachverhalt ist empirisch gut belegt (Cross 1994; Kloosterman et al. 1997; Waldinger 1996; Yavuczan 2003). Dann aber würde sich die Minorität in wenigen Stadtteilen räumlich konzentrieren (im Extremfall: ethnische Enklaven), was zu einer höheren Segregation führte.

3. Soziale Distanz und Diskriminierung

Eine wichtige weitere Restriktion sind Vorurteile, insbesondere dann, wenn sie in diskriminierendes Verhalten eingehen. Die Diskriminierung erfolgt durch „gatekeeper": Hausbesitzer, Makler, kommunale Wohnungsbaugesellschaften (Häußermann/Siebel 2001: 31 33, 40). Dieser Mechanismus ist bereits in der frühen nordamerikanischen Literatur dokumentiert worden (u. a. Massey/Denton 1993: 88-109; Massey et al. 1987: 32; vgl. Esser 2000: 299; Friedrichs 1988: 58).

Die Diskriminierung führt auf das Konzept der sozialen Distanz zurück, denn sie ist nichts anderes als deren praktische Anwendung. Man sucht Mittel und Wege, Haushalte daran zu hindern, in ein gegebenes Wohngebiet zu ziehen, weil man zu ihnen keinen Kontakt wünscht und/oder weil man fürchtet, die Bodenpreise und Hauswerte würden dann fallen. Diskriminierung ist demzufolge eine Restriktion für die Wahl des Wohnstandortes einer ethnischen Minorität. Es ist jedoch schwierig, das Ausmaß der Diskriminierung einzelner Minoritäten auf dem Wohnungsmarkt festzustellen. Ob und in welchem Maße ausländische Haushalte auf dem Wohnungsmarkt diskriminiert werden, lässt sich nur in einem Feldexperiment untersuchen.

Vorbildlich hierfür sind die Feldexperimente des US Department of Housing and Urban Development in den Jahren 1977, 1989 und 2000 (Turner et al. 2002; Turner/ Ross 2005). Die erste Phase der 2000er-Studie fand in 23 Stadtregionen statt, es wurden 4600 „paired tests" von Bewerbern auf Mietwohnungen und Häuser, die in Zeitungen annonciert waren, durchgeführt. Untersucht wurde das Verhalten der Makler nach vier Kriterien: Verfügbarkeit des Objekts, Besichtigungsmöglichkeit, Kosten, Hilfe bei der weiteren Suche, u. a. Angebote weiterer Objekte (Turner et al. 2002: 2, 16 ff.).

Generell war die Diskriminierung der Schwarzen und der Hispanier im Jahr 2000 signifikant niedriger als 1989. Bei der Bewerbung um Mietwohnungen wurden die Weißen den Hispaniern und den Schwarzen vorgezogen, doch waren die Unterschiede nicht signifikant, hingegen waren sie bei den Bewerbungen um Häuser für beide Gruppen signifikant (Turner et al. 2002: 3-4, 9, 14, 19). Eine Studie aus der zweiten Phase des Projekts findet deutlichere Anzeichen der Diskriminierung: „in roughly one of five visits to a real estate or rental agent, black and Hispanic customers were denied some of the information and assistance that comparable white customers received as a matter of course" (Turner/Ross 2005: 86). Ferner stellen die Autoren fest, Hispanier würden gegenwärtig stärker diskriminiert als Schwarze (ebd.: 90). Die Diskriminierung kann auch bereits bei der Suche nach einer Wohnung auftreten: „For example, if minority homeseekers expect discrimination from real estate agents whose offices are located in predominantly white neighborhoods, they may avoid these agents altogether, potentially limiting the number of available homes about which they can learn effectively restricting themselves to racially mixed or minority neighborhoods" (Turner/Ross 2005: 88).

Die fruchtbare Hypothese der Chicagoer Schule, soziale Distanzen würden in räumliche Distanzen übersetzt, führt zu zwei Fragen: Wie groß sind die Distanzen zu einzelnen ethnischen Minoritäten? Und: In welchem Ausmaß führen diese zur Segregation der jeweiligen Minorität?

Zwei ältere Studien belegen den engen Zusammenhang von sozialer und räumlicher Distanz. Duncan und Lieberson (1959) berichten einen Korrelationskoeffizienten von 0,73 für den Zusammenhang von sozialer Distanz (gemessen über die Bogardus-Skala) und der Segregation verschiedener Einwanderergruppen in Chicago. Timms (1971) weist einen engen Zusammenhang zwischen den sozialen Distanzen zu einzelnen Einwanderergruppen in Australien nach. Nun liegen vergleichbare Daten für Deutschland nicht vor (für wenige Gruppen s. Böltken 1994, 1999). Ich beschränke mich deshalb auf zwei Studien, in denen die Vorurteile gemessen werden.

Die soziale Distanz der Deutschen zu unterschiedlichen Ausländergruppen lässt sich anhand von Daten aus dem ALLBUS 1996 beschreiben. Leider wurden hier nur fünf Gruppen einbezogen. Befragte in West- und Ostdeutschland sollten angeben, wie angenehm bzw. wie unangenehm sie es fänden, einen Angehörigen der jeweiligen Gruppe als Nachbarn oder Mitglied der Familie zu haben.

Wie die Daten in *Tabelle 7* zeigen, ist die soziale Distanz der Ostdeutschen fast durchgängig erheblich größer als die der Westdeutschen. Ferner sind die Befragten eher bereit, jemanden als Nachbarn zu akzeptieren denn als Mitglied der Familie. Dieser Befund ist schon aus den nordamerikanischen Studien der 1950er und 1960er Jahre bekannt. Die geringste soziale Distanz besteht zu Italienern, die größte zu Asylbewerbern. Aufschlussreich ist die relativ positive Beurteilung der Spätaussiedler und verblüffend, wenn nicht beunruhigend, der vergleichsweise niedrige Wert für „angenehm" für Juden, was immer die Befragten hierunter verstanden haben mögen. Aus diesen Ergebnissen gewinnt man also eine Rangfolge der Minoritäten nach der sozialen Distanz, die Deutsche zu ihnen haben. Hiernach hätten die Türken mit 32,7 Prozent ablehnende Äußerungen als Nachbarn und 54,4 Prozent als Mitglieder der Familie einen schweren Stand. Steinbach (2004) berichtet auf der Datenbasis des MARPLAN-BUS 1999, in der eine Bogardus-Skala verwendet wurde, dass die höchste soziale Distanz gegenüber Afrikanern und Türken, die niedrigste gegenüber Italiener besteht, wenn es um Aufnahme in die Familie oder eine Freundschaft geht (ebd.: 121).

Tabelle 7: Soziale Distanz gegenüber ausgewählten Gruppen, 1996, in Prozent*

Gruppe	Westdeutschland		Ostdeutschland	
	Nachbar	Familienmitglied	Nachbar	Familienmitglied
Italiener				
angenehm	53,2	39,9	34,2	23,6
indifferent	41,0	43,3	53,2	46,0
unangenehm	5,9	16,8	12,6	30,4
Türken				
angenehm	27,2	14,7	14,4	7,2
indifferent	40,1	30,9	42,9	34,9
unangenehm	32,7	54,4	42,7	57,9
Juden				
angenehm	39,4	25,4	33,1	19,1
indifferent	50,6	48,7	54,2	52,5
unangenehm	10,0	25,9	12,7	28,5
Asylbewerber				
angenehm	15,7	10,7	10,9	7,1
indifferent	35,5	28,3	41,1	34,7
unangenehm	48,7	61,0	48,0	58,2
Spätaussiedler				
angenehm	40,7	30,5	29,9	20,0
indifferent	42,8	44,4	51,0	47,4
unangenehm	16,5	25,1	19,1	32,6

* Antworten auf die Frage, wie angenehm einem ein Mitglied der jeweiligen Gruppe als Nachbar und als Familienmitglied wäre. Die Antwortkategorien reichten von +3 bis -3; hier wurden die Skalenwerte zu drei Kategorien zusammengefasst: +3/+2/+1 vs. 0 vs. -1/-2/-3. N = 3,290; nur deutsche Befragte.

Quelle: Eigene Berechnungen mit Daten des ALLBUS 1996.

Die zweite Studie ist der ALLBUS 2006. Dort wurde ermittelt, ob Deutsche bereit sind, in Wohngebieten mit einem mehr oder minder hohen Anteil von Ausländern zu leben. Den Befragten wurden Bilder mit 7 × 7 Häusern vorgelegt, auf denen jeweils ein unterschiedlicher Anteil von Häusern grau markiert war; diese Häuser symbolisierten den Anteil der Ausländer. Die Befragten sollten nun angeben, ob sie in dem jeweiligen Wohngebiet leben möchten. Von den westdeutschen Befragten mit deutscher Staatsangehörigkeit (N = 1926) bejahten dies 58 Prozent für die Mischung mit einem Anteil von (nur) 8 Prozent Ausländern, bei einem Anteil von 33 Prozent Ausländern waren es 39 Prozent, und bei einem Anteil von 73 Prozent Ausländern nur noch 5 Prozent der Befragten (eigene Berechnungen).

Das im ALLBUS angewandte Verfahren geht auf Farley et al. (1978) zurück. Es wurde auch in einer neueren Studie, der Multi-City Study of Urban Inequality, verwendet, durchgeführt 1992-1994 in den Städten Atlanta, Boston, Detroit, Los Angeles mit 8916 Befragten (Charles 2005). Den Befragten wurden schrittweise fünf Karten vorgelegt, auf jeder waren 5 × 3 = 15 Häuser zu sehen, von denen jeweils eine unterschiedliche Zahl weiß und schwarz waren, also unterschiedliche Mischungen von je zwei ethnischen Gruppen (Weiße, Schwarze, Hispanier, Asiaten). Das Haus in der Mitte war durch ein x gekennzeichnet, dort wohnte die befragte Person. Es wurden zwei Fragen gestellt: Ob man mit der jeweiligen Mischung zufrieden sei („very" oder „somewhat comfortable"), wer das bejahte, dem wurde die jeweils nächste Karte vorgelegt. Die zweite Frage war, ob man in das Gebiet einziehen würde. Von den weißen Befragten akzeptierten 60 Prozent eine Mischung von einem Drittel Schwarzen, von einem Drittel Hispanier 74 Prozent, und von einem Drittel Asiaten 85 Prozent. Doch würden nur 45 Prozent in eine Nachbarschaft mit einem Drittel Schwarzen ziehen (Charles 2005: 56 f.). Weiße sind weniger tolerant gegenüber den Minoritäten als diese gegenüber den Weißen. Die Ergebnisse sprechen für die Annahme, dass die Vorurteile gegenüber einer anderen Gruppe (Minorität) nicht allein deren Diskriminierung erklären, sondern vielmehr die Status-Differenz zwischen beiden Gruppen aufrecht erhalten werden soll (Blumer 1958).

Charles (2005: 67) folgert aus seinen empirischen Befunden: „Historically and currently, in economic and other aspects of status, whites are the dominant American social group, while blacks are at the bottom. For all minority groups, economic and social advancement is associated with greater proximity and similarity to white Americans. For whites, on the other hand, integration with any other group – but especially with blacks – brings the threat of loss of relative status. ... Blacks, Hispanics, and Asians on the other hand, all prefer substantially more racial integration and are more comfortable as a numerical minority. But each minority group has a preference for a greater number of co-ethnic (nonwhite) neighbors than most whites could tolerate in their own neighborhood – suggesting that racial change might inevitably lead to ‚tipping' toward a minority race makeup rather than a stable mix". Dieser – plausiblen – Hypothese zufolge müssten aus den gemischten Gebieten die Weißen oder allgemein: die Angehörigen der Majorität, ausziehen und mithin die Segregation zunehmen. Das aber ist, wie die empirischen Ergebnisse belegen, weder in den USA noch in Deutschland geschehen.

Die Ursache dafür, warum Angehörige der Mehrheit Vorurteile gegenüber Angehörigen der Minderheit haben, wird gemeinhin in einer Bedrohung gesehen. Individuen, z. B. der dominanten Gruppe, fühlen sich von einer Minorität bedroht, weil sie mit ihnen um knappe Ressourcen konkurrieren. So hat bereits Blalock (1967) die Annahmen formuliert, ein steigender Anteil von Minoritäten („subordinate group") führe erstens zu einer steigenden Konkurrenz um knappe Ressourcen, erhöhe zweitens das Potenzial für die politische Mobilisierung der Minorität (möglicherweise gegen die Majorität) und erhöhe drittens das Ausmaß wahrgenommener Bedrohung durch die Minorität.

Quillian (1995) untersuchte den Effekt der Zusammensetzung von Wohngebieten auf Vorurteile gegenüber Minoritäten. Es handelt sich um eine Sekundäranalyse der Daten des Euro-Barometer 1988, durchgeführt in 12 Ländern. Bedeutsam für unsere Diskussion hier ist sein theoretischer Ansatz. Er verbindet die Hypothese von Blumer, Vorurteile seien eine Reaktion darauf, dass Privilegien von Gruppen bedroht würden, mit einer Reihe von Annahmen aus Blalock (1967). Der wichtigste Befund der Mehrebenenanalyse von Quillian ist, dass das Ausmaß der Vorurteile in der Tat einen engen Zusammenhang mit dem Ausmaß der Bedrohung, das die Majorität wahrnimmt, aufweist. Entscheidend sind bei dieser Analyse von zwölf Ländern (was für eine Mehrebenenanalyse streng genommen zu wenige Fälle sind) die Merkmale auf der Länderebene: Der Anteil der Minoritäten und die ökonomischen Bedingungen beeinflussen das Ausmaß der Vorurteile sehr viel stärker als die Individualmerkmale und mehr noch, die Interaktion beider Variablen führt zu einer weiteren Verstärkung der Vorurteile. Wenn also der Anteil der Minorität hoch ist und die ökonomischen Bedingungen schlecht sind, ist in dem Land bei den Individuen ein hohes Maß von Vorurteilen anzutreffen. Sehr ähnliche Ergebnisse erbrachte eine neuere Studie (Semyonov et al. 2006); sie zeigt ferner einen starken Anstieg fremdenfeindlicher Einstellungen in allen zwölf untersuchten EU-Staaten zwischen 1988 und 2000.[5]

Die Erklärung hierfür ist im Wesentlichen eine sozialpsychologische. Je zahlreicher die ethnischen Gruppen in einem Wohngebiet sind, desto größer ist der Wettbewerb um knappe Ressourcen, z. B. Wohnung, Arbeitsplätze, je größer ist die Konkurrenz auch mit den „Einheimischen" des gleichen niedrigen sozialen Status. Dieser Wettbewerb führt insbesondere bei den „Einheimischen" zu einem Gefühl der Bedrohung, das wiederum zur Folge hat, Kontakte mit Angehörigen der Minorität zu vermeiden dazu, und dass sich die intra-ethnischen Kontakte verstärken, also ein Rückzug auf die eigene Ethnie stattfindet. So zeigt Steinbach (2004: 135 f.), dass die wahrgenommene Konkurrenz auf dem Wohnungs- und dem Arbeitsmarkt zu einer Vergrößerung der sozialen Distanz zwischen Deutschen und Migranten führt.

4. Aufenthaltsdauer

Aus dem „linearen" Assimilationsmodell lässt sich folgern, mit steigender Aufenthaltsdauer einer Minorität verringere sich deren Segregation (IS, aber auch der ID Majorität-Minorität). Dem Modell zufolge würde eine hohe Aufenthaltsdauer eine größere Zahl von Generationen umfassen, die wiederum in steigendem Maße ökonomisch integriert wären und eine sinkende Ethnizität aufwiesen. Außerdem wären dann die Kenntnisse lokaler Wohnungsmärkte größer, sodass allein aufgrund der höheren Einkommen und besseren Marktübersicht eine größere Dispersion der Minorität über die städtischen Teilgebiete zu vermuten ist.

Eine erste Annahme ist: Je früher eine Gruppe eingereist ist (s. Jahr der Anwerbung oben), desto geringer sei deren Segregation und desto geringer sei ihre Distanz zur deutschen Bevölkerung. Diese Annahme unterstellt, mit längerer Aufenthaltsdauer seien die Qualifikationen gestiegen, ein beruflicher Aufstieg sei erfolgt, mithin hätten die ökonomischen Ressourcen zugenommen. Dieser Zusammenhang von sozialem Aufstieg und räumlicher Dispersion (also sinkender Segregation) ist eindrucksvoll von Jonassen (1949) am Beispiel der norwegischen Immigranten nach New York belegt worden. Allerdings findet Andersson (2007: 70) für Schweden einen engen negativen Zusammenhang zwischen der Erwerbsquote einer Minorität und der Segregation (ID für Schweden-Minorität). Zudem ist auch in der zweiten Generation, die in Schweden aufgewachsen und zur Schule gegangen ist, die Erwerbsquote niedriger als die der Schweden. Der Autor erklärt dies damit, dass Angehörige von Minoritäten bei der Jobsuche und Einstellung diskriminiert werden (vgl. dazu Gestring et al. 2006: 156 ff.) Diese Befunde stützen die These einer segmentierten Assimilation mit abwärts gerichteter Mobilität.

---

5 Zu einem anderen Ergebnis gelangt Kalter (2000: 445) in einer Simulation der Präferenzen von Akteuren, eine Gruppe aufgrund askriptiver Merkmale zu diskriminieren: Steigt der Anteil der Minorität, so sinkt das Interesse an einer Separation bei der Majorität an, steigt hingegen bei der Minorität.

Ferner kann man aus der Literatur die Annahme heranziehen, mit steigender Aufenthaltsdauer sinke die Rückkehrbereitschaft, weshalb die Haushalte sich einen „besseren" Wohnstandort suchen, die Haushalte also mehr Anstrengungen unternehmen, eine ihren Präferenzen entsprechende Wohnung in einem von ihnen bevorzugten Stadtteil zu finden. Man kann davon ausgehen, dass die Ansprüche der zweiten und dritten Generation der Migranten höher sind als diejenigen der ersten Generation, mithin, wie Flade und Guder (1988: 33) schreiben, denen der Einheimischen ähnlicher werden.

Schließlich kann man die oben ausgeführte Unterschichtungs-Hypothese heranziehen, dass je länger eine Gruppe im Aufnahmeland (hier: Deutschland) lebt, die Wahrscheinlichkeit zunimmt, dass andere ethnische Gruppen einwandern, die dann die relativ schlechteren Positionen einnehmen und zu denen die soziale Distanz größer ist, während sich die früheren Gruppen langsam assimiliert haben. Alle drei Annahmen gehen in die gleiche Richtung: Die Segregationsindizes IS müssten mit der Wohndauer sinken – was auch der Fall ist, wie die Ergebnisse mehrerer Studien, die in *Tabelle 4* aufgeführt sind, belegen. Die räumliche Distanz der Deutschen zu den einzelnen ethnischen Gruppen ist sehr unterschiedlich, wie die ID-Werte dokumentieren; sie ist am höchsten zu den Türken und Griechen, am niedrigsten zu den Jugoslawen.

5. Ein zusammenfassendes Mehrebenen-Modell

Um die soziale Segregation zu erklären, müssen wir auf Hypothesen zurückgreifen, in denen Bedingungen auf der Makro- mit solchen auf der Mikroebene verbunden werden. Auf der Makroebene sind zunächst zwei Sachverhalte bedeutsam: 1. Das Ausmaß der Ungleichheit der Einkommensverteilung: je größer diese ist, je höher wird auch die Segregation nach dem Einkommen und der Bildung sein. 2. Die Struktur des Wohnungsmarktes: Je differenzierter das Angebot ist (u. a. aufgrund der Topographie der Stadt) und umso mehr Sozialwohnungen angeboten werden, desto höher dürfte die Segregation sein.

Auf der Mikroebene sind es zwei Prozesse, die die Segregation beeinflussen. Erstens ist es das Einkommen eines Haushalts: Je höher das Einkommen des Haushaltes und damit seine Rentengebote, desto größer ist die Auswahl an Wohnungen und desto eher kann der Haushalt seine Präferenzen verwirklichen. Die zweite Bedingung ist der Wunsch nach Homophilie, dass man mit Personen ähnlicher Lebensumstände, z. B. gleichen sozialen Status, der gleichen Ethnie, der gleichen Stellung im Lebenszyklus, zusammenwohnen möchte (Hwang et al. 1985; Massey et al. 1987).

Im Falle der ethnischen Segregation kommt die soziale Distanz von Angehörigen der Majorität gegenüber der jeweiligen ethnischen Minorität hinzu. Man kann allerdings vermuten, dass auch eine zur Majorität gehörende kinderreiche Familie oder eine Familie, die Sozialhilfe empfängt, diskriminiert wird. Für unsere Analyse gehen wir von folgenden Annahmen aus: Die ethnische Segregation ist umso höher, je höher der Anteil der Migranten in einer Stadt ist und je höher der Anteil der Sozialwohnungen ist.

Die bisher vorgetragenen Annahmen lassen sich in einem Modell zusammenführen *(Abbildung 2)*. Es kann auch als ein erweitertes Schelling-Modell (Schelling 1971,

Abbildung 2: Ein Mehrebenen-Modell zur Erklärung der Segregation

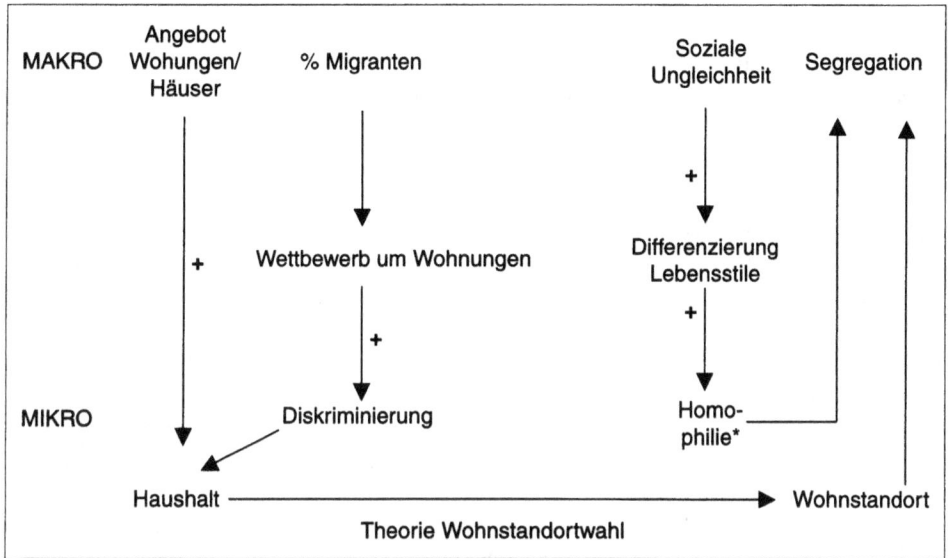

* Mit „Homophilie" sei die Tendenz bezeichnet, mit Haushalten ähnlicher Merkmale in einem Wohngebiet zu wohnen, z. B. dem Einkommen, der Bildung oder der Stellung im Lebenszyklus. Der Ausdruck ist der Netzwerk-Forschung entlehnt.

1978) interpretiert werden, in das neben den Präferenzen auch andere Merkmale des Haushalts eingehen.

An dieses Modell als einem theoretischen Kern der Analyse von Segregation (und Konzentration) lassen sich zahlreiche weitere Hypothesen anschließen, von denen hier nur solche aufgeführt seien, die im Beitrag explizit erwähnt wurden:

- Je höher die soziale Distanz der Majorität zu einer Minorität, desto höher ist deren Segregation (ID und IS).
- Je höher die Aufenthaltsdauer einer Minorität, desto geringer sind die Vorurteile ihnen gegenüber, entsprechend wird die Segregation (IS) geringer.
- Je höher die Aufenthaltsdauer eines Migranten, desto geringer ist dessen Rückkehrabsicht.
- Je geringer die Rückkehrabsicht, desto ähnlicher werden die Wohnstandort-Präferenzen denen der Majorität (bei vergleichbarem Status).
- Je höher die durchschnittliche Aufenthaltsdauer einer Minorität, desto niedriger ist deren Segregation (IS).
- Je ähnlicher sich zwei Minoritäten in ihrer Aufenthaltsdauer sind, desto niedriger ist deren Dissimilarität (ID).

Schließlich ist eine weitere Hypothese aus nordamerikanischen Studien für benachteiligte Gebiete anzuführen: Die Kontexteffekte der Nachbarschaft auf ethnische Minoritäten seien stärker – und zwar negativer – als jene auf die einheimische Bevölkerung (u. a. Crane 1991; Massey/Denton 1993; South/Crowder 1997; Wilson 1987). Dabei sind die Effekte für Schwarze stärker als für andere Minoritäten wie z. B. Hispanier.

V. Folgerungen

Am Beginn des Beitrags stand die Frage, wie sich Theorien der Integration mit den räumlichen Indikatoren der Segregation verbinden lassen. *Das Wohngebiet wird aufgrund der Ressourcen eines Haushaltes gewählt und begünstigt oder verringert die weitere Integration in allen vier Dimensionen des Modells von Esser.* Hierauf liefert die Analyse zwei Antworten: 1. Die strukturelle Assimilation ist entscheidend für das Einkommen und damit (räumlich) die Rentengebote bei der Wahl eines Wohnstandortes. 2. In der segmentierten Assimilation wohnen die Migranten sehr wahrscheinlich in einem Wohngebiet mit einem hohen Anteil von Migranten, erkennbar an einem hohen Index der Konzentration und niedrigen Werten des Index für die räumliche Nähe. Sie sind deshalb den negativen Effekten des Gebietskontextes ausgesetzt. Damit ist auch die zweite Frage beantwortet, welche Indizes der Segregation für eine Analyse der Integration fruchtbar sind.

So ist deutlich geworden, dass sich die Analysen der Segregation stärker auf die Dimensionen der Konzentration und der räumliche Nähe richten sollten. Dabei kommt der Konzentration eine besondere Bedeutung zu. Nach den Ergebnissen von Schönwälder, Söhn und Schmid (2007: 17-19) gibt es in den von ihnen untersuchten deutschen Städten nur sehr wenige Gebiete mit einem Ausländeranteil von mehr als 50 Prozent, ganz überwiegend sind es multi-ethnische Gebiete. Unter diesen Bedingungen ist es nicht nur wichtig, die Gründe und Effekte eines hohen Ausländeranteils zu untersuchen, sondern auch, das bislang in der Diskussion der sozialen Mischung vernachlässigte Problem anzugehen, welche Effekte welche Mischung von Ethnien in einem Stadtteil (auf welche Gruppe?) hat. Dann nämlich lassen sich die Studien an die wohl wichtigste Forschungsrichtung der letzten beiden Jahrzehnte anschließen: die Analyse von Nachbarschaftseffekten in Mehrebenen-Modellen.

Die Analyse der Segregation in deutschen Städten erbrachte, dass in der Phase der 1970er Jahre die Segregation der ethnischen Minoritäten zugenommen, in der der Phase ab 1990 bis 2005 dagegen abgenommen hat. Die höchsten Werte für die Segregation (IS) und Dissimilarität (ID) bestehen für die Türken und – erstaunlicherweise – für die Griechen. Die relativ hohen Werte für die griechische Minorität sind schwierig zu erklären, weil diese Minorität in der Schulbildung besonders erfolgreich ist. Ferner zeigten die empirischen Studien, dass die Segregation in den deutschen Großstädten niedriger ist als in anderen europäischen, in denen wiederum niedriger als in den Städten der USA.

Das künftige Ausmaß der Segregation dürfte von drei Faktoren abhängen: der ökonomischen Entwicklung, dem Angebot von Wohnungen auf den Wohnungsteilmärkten und der sozialen Distanz zu ethnischen Gruppen (Friedrichs 1998: 1761). Dabei kommt den Kommunen eine besondere Bedeutung zu, wie Häußermann und Siebel (2001: 40) schreiben: „Die desegregierende Wohnungs- und Stadtpolitik hat ihre Wirksamkeit verloren, nicht aus Absicht, sondern als ungeplante Nebenfolge des Rückzugs des Staates aus dem Wohnungsmarkt. Damit können sich ein Wohnungsmarkt, der ohne Ansehen der Person nach Kaufkraft sortiert, aber auch die diskriminierenden Praktiken von Gatekeepern ausbreiten, die in ihren Beständen ‚gute' Mieter bevorzugen."

Aus der Analyse ergibt sich auch eine Reihe von Problemen für die künftige Forschung. Das größte Defizit der deutschen Forschung ist die Datenlage: Zum einen liegen keine Daten auf der Ebene von Stadtteilen oder gar Stadtvierteln über die Bildung oder die Einkommen vor. Die Analysen sind zwangsläufig auf die ethnische Segregation beschränkt, aber auch diese können als wichtig erachtete Variablen, wie eben Bildung und Einkommen, nicht in multivariate Analysen einbeziehen. Selbst wenn man den umfangreicheren Datensatz der Bundesanstalt für Bauwesen und Raumordnung verwendet, dürfen keine Aussagen über einzelne Städte getroffen werden – so die Aussage in der Studie von Schönwälder, Söhn und Schmid (2007: 8).

Will man das hier vorgestellte komplexe Modell und einige der zusätzlich aufgeführten Hypothesen testen, so wären a) auf der Mikroebene die Wohnstandort-Präferenzen einzelner Minoritäten, getrennt nach erster und zweiter Generation zu ermitteln, b) die Effekte von Zahl und Anteil der Minoritäten und der Einkommensungleichheit auf die Segregation und Konzentration anhand einer großen Zahl von Städten zu untersuchen.

Vermutlich ist es sinnvoll, zu prüfen, ob für die von Massey und Denton herausgearbeiteten fünf Dimensionen der Segregation getrennte Theorien formuliert werden müssen, die aber durchaus gemeinsame unabhängige Variablen enthalten können. Methodologisch mag dies dem Ziel sparsamer und eine breite Zahl von Sachverhalten erklärender Theorien widersprechen, ein solches Vorgehen hätte jedoch den Vorteil, die sonst vermengten Sachverhalte (abhängigen Variablen) besser zu trennen.

Neben diesen methodologischen Problemen ist ein weiteres Forschungsproblem die Massey-Wilson-Kontroverse darüber, ob die Segregation der Schwarzen in den USA vornehmlich auf deren Diskriminierung (Massey) oder deren ökonomische Chancen (Wilson) zurückzuführen ist („race vs. class"). Die in diesem Beitrag referierten deutschen Forschungsergebnisse sprechen meines Erachtens eher dafür, dass es sich primär um eine ökonomische Benachteiligung handelt (als Folge schlechterer Schul- und Ausbildung), die nordamerikanischen legen eher eine ethnische Diskriminierung nahe, vermutlich in der bei Charles (2005: 63-68) ausgeführten auf Blumer beruhenden Variante eines Erhalts unterschiedlichen sozialen Status zwischen Majorität und Minorität.

Was ist, wenn die erste Generation von dem Leben im neuen Land wenig versteht, geringe Schulbildung hat und ökonomisch nur im Vergleich zur Herkunftsgesellschaft besser gestellt ist, die zweite Generation sich anpasst, die Sprache erlernt, für die erste dolmetscht, die dritte dann sowohl die erste als auch insbesondere die zweite Generation für ihre Anpassung verachtet, selbst sowohl sprachlich, der Bildung nach und vermutlich auch strukturell besser integriert ist – sich aber nun gegen die ersten beiden Generationen absetzt, indem sie zu den von der zweiten Generation vermeintlich vernachlässigten (islamischen) Werten zurückkehrt?

Schließlich: Was bislang auch in den Studien zur segmentierten Assimilation berücksichtigt wird, ist die Frage, ob Verlauf der Assimilation und Wirkung der Restriktionen für Jungen und Mädchen im gleichen Maße gelten (vgl. das Zitat aus Model oben). Wie wir in Deutschland gegenwärtig beobachten können, sind türkische Mädchen in der Schule erfolgreicher als Jungen sowohl in den Leistungen als auch in der Höhe der Abschlüsse. Wir benötigen demnach Studien, die den Assimilations- oder Integrationsprozess nach dem Geschlecht untersuchen.

Literatur

Adelaide City Council, 2002: What Sort of Goods are Neighbours? Social Mix and Sustainable Residential Community in Adelaide. „Green Paper" for the City Living Summit, Feb. 26, Adelaide, Australia.
Alisch, Monika/Dangschat, Jens S., 1998: Armut und soziale Integration. Strategien sozialer Stadtentwicklung und lokaler Nachhaltigkeit. Opladen: Leske + Budrich.
Andersson, Roger, 2007: Ethnic Residential Segregation and Integration Processes in Sweden, in: *Schönwälder, Karen* (Hrsg.), Residential Segregation and the Integration of Immigrants: Britain, the Netherlands and Sweden. Berlin: WZB, Discussion Paper SP IV 2007-602, 61-89.
Arbaci, Sonia, 2007: Ethnic Segregation, Housing Systems and Welfare Regimes in Europe, in: European Journal of Housing Policy 7, 401-433.
Atkinson, Rowland, 2005: Neighbourhoods and the Impacts of Social Mix: Crime, Tenure Diversification and Assisted Mobility. University of Tasmania, School of Sociology, Housing and Community Research Unit, CNR Paper 29.
Balakrishnan, T. R./Maxim, Paul/Jurdi, Rozzet, 2005: Residential Segregation and Socioeconomic Integration of Visible Minorities in Canada, in: Migration Letters 2, 126-144.
Bartelheimer, Peter, 2000: Soziale Durchmischung am Beispiel Frankfurt am Main – Problemwahrnehmung und empirische Befunde, in: vhw (Zeitschrift für Wohneigentum in der Stadtentwicklung und Immobilienwirtschaft) 6, 219-229.
Blalock, Hubert M., 1967: Toward a Theory of Minority-Group Relations. New York: Wiley.
Blasius, Jörg, 1988: Indizes der Segregation, in: *Friedrichs, Jürgen* (Hrsg.), Soziologische Stadtforschung. Sonderheft 29 der Kölner Zeitschrift für Soziologie und Sozialpsychologie. Opladen: Westdeutscher Verlag, 410-431.
Blasius, Jörg/Friedrichs, Jürgen, 2007: Internal Heterogeneity in a Deprived Urban Area and its Impact on Resident's Perceptions of Deviance, in: Housing Studies 22, 753-780.
Blumer, Herbert, 1958: Race Prejudice as a Sense of Group Position, in: Pacific Sociological Review 1, 3-7.
BMF (Bundesamt für Migration und Flüchtlinge), 2007: Migrationsbericht des Bundesamtes für Migration und Flüchtlinge im Auftrag der Bundesregierung (Migrationsbericht 2006). Nürnberg: BMF.
Bolt, Gideon S./Kempen, Ronald van, 1997: Turks in the Netherlands: Urban Segregation and Neighborhood Choice. Paper, presented at the First International MigCities Conference, Warwick University, May 29-31, 1997.
Böltken, Ferdinand, 1994: Angleichung und Ungleichheit. Einstellungen zur Integration von Ausländern in Ost- und Westdeutschland drei Jahre nach der Einheit, in: Informationen zur Raumordnung 5/6, 335-362.
Böltken, Ferdinand, 1999: Soziale Distanz und räumliche Nähe – Einstellungen und Erfahrungen im alltäglichen Zusammenleben von Ausländern und Deutschen im Wohngebiet, in: *Schmidt, Peter* (Hrsg.), Wir und die anderen. Opladen: Westdeutscher Verlag, 141-188.
Charles, Camille Zubrinsky, 2005: Can We Live Together? Racial Preferences and Neighborhood Outcomes, in: *Souza Briggs, Xavier de* (Hrsg.), The Geography of Opportunity. Washington, DC: The Brookings Institution, 45-80.
Cortese, Charles/Falk, R. Frank/Cohen, Jack, 1976: Further Considerations on the Methodological Analysis of Segregation Indices, in: American Sociological Review 41, 630-637.
Crane, Jonathan, 1991: The Epidemic Theory of Ghettos and Neighborhood Effects on Dropping Out and Teenage Childbearing, in: American Journal of Sociology 96, 1226-1259.
Cross, Malcolm, 1994: Ethnic Pluralism and Racial Inequality. Utrecht: University of Utrecht.
Dangschat, Jens S., 1998: Warum ziehen sich Gegensätze nicht an?, in: *Heitmeyer, Wilhelm/Dollase, Rainer/Backes, Otto* (Hrsg.), Die Krise der Städte. Analyse zu den Folgen desintegrativer Stadtentwicklung für das ethnisch-kulturelle Zusammenleben. Frankfurt a. M.: Suhrkamp, 21-96.
Dietz, Robert D., 2000: Estimation of Neighborhood Effects in the Social Sciences. URAI Working Paper No. 00-03. Columbus, OH: Ohio State University, Urban and Regional Analysis Initiative.

Drever, Anita I., 2004: Separate Spaces, Separate Outcomes? Neighbourhood Impacts on Minorities in Germany, in: Urban Studies 41, 1423-1439.
Drever, Anita I., 2008: Germans in Germany's Ethnic Neighborhoods, in: Schmollers Jahrbuch 128, 175-190.
Drever, Anita I./Clark, William A. V., 2002: Gaining Access to Housing in Germany: The Foreign-minority Experience, in: Urban Studies 39, 2439-2453.
Duncan, Otis D./Duncan, Beverly, 1955: A Methodological Analysis of Segregation Indices, in: American Sociological Review 20, 210-217.
Duncan, Otis D./Lieberson, Stanley, 1959: Ethnic Segregation and Assimilation, in: American Journal of Sociology 64, 364-374.
Esser, Hartmut, 1980: Aspekte der Wanderungssoziologie. Neuwied-Berlin: Luchterhand.
Esser, Hartmut, 1985: Soziale Differenzierung als ungeplante Folge absichtsvollen Handelns. Der Fall der ethnischen Segregation, in: Zeitschrift für Soziologie 14, 435-449.
Esser, Hartmut, 1986: Ethnische Kolonien: „Binnenintegration" oder gesellschaftliche Integration?, in: *Hoffmeyer-Zlotnik, Jürgen H. P.* (Hrsg.), Segregation und Integration. Die Situation von Arbeitsmigranten im Aufnahmeland. Mannheim: Forum Raum und Gesellschaft e.V., 106-117.
Esser, Hartmut, 1988: Sozio-ökologische Stadtforschung und Mehr-Ebenen-Analyse. in: *Friedrichs, Jürgen* (Hrsg.), Soziologische Stadtforschung. Sonderheft 29 der Kölner Zeitschrift für Soziologie und Sozialpsychologie. Opladen: Westdeutscher Verlag, 35-55.
Esser, Hartmut, 2000: Soziologie. Spezielle Grundlagen. Band 2: Die Konstruktion der Gesellschaft. Frankfurt a. M./New York: Campus.
Farley, Reynolds/Schuman, Howard/Bianchi, Suzanne/Colasanto, Diane/Hatchett, Shirley, 1978: „Chocolate City, Vanilla Suburbs:" Will the Trend toward Racially Separate Communities Continue?, in: Social Science Research 7, 319-344.
Farwick, Andreas, 2001: Segregierte Armut in der Stadt. Opladen: Leske + Budrich.
Flade, Antje/Guder, Renate, 1988: Segregation und Integration der Ausländer. Eine Untersuchung der Lebenssituation der Ausländer in hessischen Gemeinden mit hohem Ausländeranteil. Darmstadt: Institut Wohnen und Umwelt.
Fischer, Claude S., 1975: Toward a Subcultural Theory of Urbanism, in: American Journal of Sociology 80, 1319-1341.
Fischer, Claude S./Stockmayer, Gretchen/Stiles, Jon/Hout, Michael, 2004: Distinguishing the Geographic Levels and Social Dimensions of U.S. Metropolitan Segregation, 1960-2000, in: Demography 41, 37-59.
Friedrichs, Jürgen, 1983 [1977]: Stadtanalyse. Soziale und räumliche Organisation der Gesellschaft. 3. Aufl. Opladen: Westdeutscher Verlag.
Friedrichs, Jürgen, 1988: Makro- und mikrosoziologische Theorien der Segregation, in: *Friedrichs, Jürgen* (Hrsg.), Soziologische Stadtforschung. Sonderheft 29 der Kölner Zeitschrift für Soziologie und Sozialpsychologie. Opladen: Westdeutscher Verlag, 56-77.
Friedrichs, Jürgen, 1990: Interethnische Beziehungen und städtische Strukturen, in: *Esser, Hartmut/ Friedrichs, Jürgen* (Hrsg.), Generation und Identität. Opladen: Westdeutscher Verlag, 305-320.
Friedrichs, Jürgen, 1998: Ethnic Segregation in Cologne, Germany, 1984-94, in: Urban Studies 35, 1745-1763.
Friedrichs, Jürgen/Alpheis, Hannes, 1991: Housing Segregation of Immigrants in West Germany, in: *Huttman, Elizabeth/Blauw, Wim/Saltman, Juliet* (Hrsg.), Urban Housing. Segregation of Minorities in Western Europe and the United States. Durham-London: Duke University Press, 116-144.
Friedrichs, Jürgen/Galster, George/Musterd, Sako, 2003: Editorial. Neighborhood Effects on Social Opportunities: The European and American Research and Policy Context, in: Housing Studies 18, 797-806.
Friedrichs, Jürgen/Kecskes, Robert/Wolf, Christof, 2002: Euskirchen 1952-2002. Der Wandel einer Mittelstadt. Opladen: Leske + Budrich.
Friedrichs, Jürgen/Triemer, Sascha, 2008: Gespaltene Städte? Soziale und ethnische Segregation in deutschen Großstädten. Wiesbaden: VS Verlag für Sozialwissenschaften.

Galster, George C., 2004: Peer Review of Segregation Measures in Iceland and Weinberg (2002) and Corresponding Census Website (http://www.census.gov/hhes/www/housing/housing_patterns/pdf/galster.pdf).
Galster, George C., 2007: Neighborhood Social Mix as a Goal of Housing Policy: A Theoretical Analysis, in: European Journal of Housing Policy 7, 19-43.
Galster, George C., 2008: Quantifying the Effects of Neighbourhood on Individuals: Challenges, Alternative Approaches, and Promising Directions, in: Schmollers Jahrbuch 128, 7-48.
Galster, George D./Zobel, Anne, 1998: Will Dispersed Housing Programmes Reduce Social Problems in the US?, in: Housing Studies 13, 605-622.
Gans, Herbert J., 1961: The Balanced Community: Homogeneity or Heterogeneity in Residential Areas?, in: Journal of the American Institute of Planners 27, 176-184.
Gestring, Norbert/Janßen, Andrea/Polat, Ayca, 2006: Prozesse der Integration und Ausgrenzung. Türkische Migranten der zweiten Generation. Wiesbaden: VS Verlag für Sozialwissenschaften.
Glebe, Günther, 1997: Housing and Segregation of Turks in Germany, in: *Özükren, Sule/Kempen, Ronald van* (Hrsg.), Turks in European Cities: Housing and Urban Segregation. Utrecht: European Research Centre on Migration and Ethnic Relations, 122-157.
Glebe, Günther/Waldorf, Brigitte, 1987: Migration of Guestworkers and Germans: Microlevel Analysis of Neighborhood Changes in Düsseldorf 1981-1983, in: *Glebe, Günther/O'Loughlin, John* (Hrsg.), Foreign Minorities in Continental European Cities. Stuttgart: Steiner, 139-162.
Goering, John, 2004: Segregation, Race, and Bias: The Role of the US Census (http://www.census.gov/hhes/www/housing/housing_patterns/pdf/goering.pdf).
Gordon, Milton M., 1964: Assimilation in American Life. The Role of Race, Religion, and National Origins. New York: Oxford University Press.
Grannis, Rick, 2002: Segregation Indices and their Functional Inputs, in: Sociological Methodology 32, 69-84.
Hans, Silke, 2004: Migrants in Germany, Sweden and the United Kingdom: Patterns of Assimilation and Welfare. Potsdam: University of Potsdam, Faculty of Economics and Social Sciences. Potsdamer Beiträge zur Sozialforschung 21.
Häußermann, Hartmut/Kapphan, Andreas, 2000: Berlin: Von der geteilten zur gespaltenen Stadt. Sozialräumlicher Wandel seit 1990. 2. Aufl. Opladen: VS-Verlag für Sozialwissenschaften.
Häußermann, Hartmut/Siebel, Walter, 2001: Soziale Integration und ethnische Schichtung. Zusammenhänge zwischen räumlicher und sozialer Integration. Gutachten im Auftrag der Unabhängigen Kommission „Zuwanderung". Berlin-Oldenburg.
Helmert, Uwe, 1981: Konzentrations- und Segregationsprozesse der ausländischen Bevölkerung in Frankfurt a. M., in: *Hoffmann-Nowotny, Hans-Joachim/Hondrich, Karl-Otto* (Hrsg.), Ausländer in der Bundesrepublik und in der Schweiz. Frankfurt a. M./New York: Campus, 256-293.
Hwang, Sean-Shong/Murdock, Steven H./Parpia, Banoo/Hamm, Rita R., 1985: The Effects of Race and Socioeconomic Status on Residential Segregation in Texas, 1970-1980, in: Social Forces 63, 732-747.
Iceland, John/Weinberg, Daniel H./Steinmetz, Erika, 2002: Racial and Ethnic Segregation in the United States: 1980-2000. Washington, DC: U.S. Government Printing Office.
ILS (Institut für Landes- und Stadtentwicklungsforschung des Landes Nordrhein-Westfalen)/Strohmeier, Klaus Peter/Häußermann, Hartmut, 2003: Sozialraumanalyse – Soziale, ethnische und demografische Segregation in den nordrhein-westfälischen Städten. Dortmund-Bochum: ILS.
James, David R./Taeuber, Karl E., 1985: Measures of Segregation, in: Sociological Methodology 14, 1-32.
Janßen, Andrea/Schroedter, Julia H., 2007: Kleinräumliche Segregation der ausländischen Bevölkerung in Deutschland: Eine Analyse auf der Basis des Mikrozensus, in: Zeitschrift für Soziologie 36, 453-472.
Jonassen, Christen T., 1961: Cultural Variables in the Ecology of an Ethnic Group, in: *Theodorson, George A.* (Hrsg.), Studies in Human Ecology. Evanston/New York: Harper & Row, 264-273.
Kalter, Frank, 2000: Structural Conditions of Preferences for Segregation. An Application of Coleman's Linear System of Action, in: Rationality and Society 12, 425-449.

Kapphan, Andreas, 2001: Migration und Stadtentwicklung. Die Entstehung ethnischer Konzentrationen und ihre Auswirkungen, in: *Gesemann, Frank* (Hrsg.), Migration und Integration in Berlin. Opladen: Leske + Budrich, 89-108.

Kapphan, Andreas, 2002: Das arme Berlin. Sozialräumliche Polarisierung, Armutskonzentration und Ausgrenzung in den 1990er Jahren. Opladen: Leske + Budrich.

Kemper, Josef, 1998: Restructuring of Housing and Ethnic Segregation: Recent Developments in Berlin, in: Urban Studies 35, 1765-1789.

Klagge, Britta, 2003: Städtische Armut und kleinräumige Segregation im Kontext wirtschaftlicher und demographischer Bedingungen – am Beispiel von Düsseldorf, Essen, Frankfurt, Hannover und Stuttgart, in: Informationen zur Raumentwicklung 3/4, 161-173.

Kleinhans, Reinout, 2004: Social Implications of Housing Diversification in Urban Renewal: A Review of Recent Literature, in: Journal of Housing and the Built Environment 19, 367-390.

Kloosterman, Robert/Leun, Joanne van der/Rath, Jan, 1997: Across the Border. Economic Opportunities, Social Capital and Informal Businesses Activities of Immigrants. Paper, presented at the First International MigCities Conference, Warwick University, May 29-31, 1997.

Kohlbacher, Josef/Schwab, Dieter, 2002: Ausländer auf dem Wiener Wohnungsmarkt – Strukturen, Probleme und aktuelle Entwicklungen, in: *Fassmann, Heinz/Kohlbacher, Josef/Reeger, Ursula* (Hrsg.), Zuwanderung und Segregation. Europäische Metropolen im Vergleich. Klagenfurt/Celovec: Drava, 197-209.

Landeshauptstadt Wiesbaden, 1996: Armutsrisiken und Sozialhilfebedürftigkeit in Wiesbaden. Wiesbaden: Amt für Wahlen, Statistik und Stadtforschung.

Lieberson, Stanley, 1981: An Asymmetrical Approach to Segregation, in: *Peach, Ceri/Robinson, Vaughn/Smith, Susan* (Hrsg.), Ethnic Segregation in Cities. London: Croom-Helm, 61-82.

Loll, Bernd-Uwe, 1982: Zur Assimilation von Ausländern in Hamburg und Stuttgart, in: Hamburg in Zahlen, Heft 9, 281-291.

Manzi, Tony/Smith Bowers, Bill, 2003: Developing Unstable Communities? The Experience of Mixed Tenure and Multi-landlord Estates. Paper, presented at the Housing Studies Association Conference Sept 9-10, Bristol, UK.

Marshall, Harvey/Jiobu, Robert, 1975: Residential Segregation in the United States Cities. A Causal Analysis, in: Social Forces 53, 449-460.

Massey, Douglas S., 2004: Measurement of Segregation by the U.S. Bureau of the Census (http://www.census.gov/hhes/www/housing/housing_patterns/pdf/massey.pdf).

Massey, Douglas S./Condran, Gretchen A./Denton, Nancy A., 1987: The Effect of Residential Segregation on Black Social and Economic Well-Being, in: Social Forces 66, 29-56.

Massey, Douglas S./Denton, Nancy A., 1985: Spatial Assimilation as a Socioeconomic Outcome, in: American Sociological Review 50, 94-106.

Massey, Douglas S./Denton, Nancy A., 1987: Trends in the Residential Segregation of Blacks, Hispanics, and Asians, 1970-1980, in: American Sociological Review 50, 802-825.

Massey, Douglas S./Denton, Nancy A., 1988: The Dimensions of Residential Segregation, in: Social Forces 67, 281-315.

Massey, Douglas S./Denton, Nancy A., 1993: American Apartheid. Segregation and the Making of the Underclass. Cambridge, MA: Harvard University Press.

Model, Suzanne, 2002: Immigrants' Social Class in Three Global Cities, in: *Cross, Malcolm/Moore, Robert* (Hrsg.), Globalization and the New City. Migrants, Minorities and Urban Transformation in Comparative Perspective. Houndmills-New York: Palgrave, 82-118.

Musterd, Sako, 2003: Segregation and Integration: A Contested Relationship, in: Journal of Ethnic and Migration Studies 29, 623-641.

Musterd, Sako/Ostendorf, Wim (Hrsg.), 1998: Urban Segregation and the Welfare State. London/New York: Routledge.

Musterd, Sako/Ostendorf, Wim/Breebaart, Matthijs, 1998: Multi-Ethnic Metropolis: Patterns and Policies. Dordrecht/Boston/New York: Kluwer.

Oberwittler, Dietrich, 2004: Stadtstruktur, Freundeskreise und Delinquenz. Eine Mehrebenenanalyse zu sozialökologischen Konexteffekten auf schwere Jugenddelinquenz, in: *Oberwittler, Dietrich/ Karstedt, Susanne* (Hrsg.), Soziologie der Kriminalität. Sonderheft 43 der Kölner Zeitschrift für Soziologie und Sozialpsychologie. Wiesbaden: VS Verlag für Sozialwissenschaften, 135-170.

Oberwittler, Dietrich, 2007: Urban Poverty and Adolescent Adjustment: A Multilevel Analysis of Neighborhood Effects on Adolescent Problem Behavior Differentiated by Gender and Ethnicity, in: Housing Studies 22, 781-803.

Özükren, Sule/Kempen, Ronald van (Hrsg.), 1997: Turks in European Cities: Housing and Urban Segregation. Utrecht: ERCOMER.

Oropesa, R. S./Landale, Nancy S., 1997: Immigrant Legacies: Ethnicity, Generation, and Children's Familial and Economic Lives, in: Social Science Quarterly 78, 399-416.

Park, Robert E., 1926: The Urban Community as a Spatial and Moral Order, in: *Burgess, Ernest W.* (Hrsg.), The Urban Community. Chicago: University Press of Chicago, 3-18.

Park, Robert E., 1928: Human Migration and the Marginal Man, in: American Journal of Sociology 33, 881-893.

Portes, Alejandro/Fernandez-Kelly, Patricia/Haller, William, 2005: Segmented Assimilation on the Ground: The New Second Generation in Early Adulthood, in: Ethnic and Racial Studies 28, 1000-1040.

Portes, Alejandro/Rumbaut, Rubén, 2001: Legacies: The Story of the Immigrant Second Generation. Berkeley: University of California Press.

Portes, Alejandro/Zhou, Min, 1993: The New Generation: Segmented Assimilation and its Variants, in: Annals of the American Academy of Political and Social Sciences 530, 74-96.

Quillian, Lincoln, 1995: Prejudice as Response to Perceived Group Threat: Population Composition and Anti-Immigrant Racial Prejudice in Europe, in: American Sociological Review 60, 586-611.

Quinn, Lois M., 2004: Assumptions and Limitations of the Census Bureau Methodology Ranking and Ethnic Residential Segregation in Cities and Metro Areas (http://www.census.gov/hhes/ www/housing/housing_patterns/pdf/quinn.pdf).

Reardon, Sean F./Firebaugh, Glenn, 2002a: Measures of Multigroup Segregation, in: Sociological Methodology 32, 33-67.

Reardon, Sean F./Firebaugh, Glenn, 2002b: Segregation and Social Distance – A Generalized Approach to Segregation Measurement, in: Sociological Methodology 32, 85-101.

Sampson, Robert J./Raudenbush, Stephen W./Earls, Felton J., 1997: Neighborhoods and Violent Crime: A Multilevel Study of Collective Efficacy, in: Science 277, 918-924.

Schelling, Thomas C., 1971: Dynamic Models of Segregation, in: Journal of Mathematical Sociology 1, 143-186.

Schelling, Thomas C., 1978: Micromotives and Macrobehavior. New York: Norton.

Schönwälder, Karen (Hrsg.), 2007: Residential Segregation and the Integration of Immigrants: Britain, the Netherlands and Sweden. Berlin: WZB, Discussion Paper SP IV 2007-602.

Schönwälder, Karen/Söhn, Janina/Schmid, Nadine, 2007: Siedlungsstrukturen von Migrantengruppen in Deutschland: Schwerpunkte der Ansiedlung und innerstädtische Konzentrationen. Berlin: WZB, Discussion Paper Nr. SP IV 2007-601.

Semyonov, Moshe/Raijman, Rebeca/Gorodzeisky, Anastasia, 2006: The Rise of Anti-foreigner Sentiment in European Societies, in: American Sociological Review 71, 426-449.

South, Scott J./Crowder, Kyle D., 1997: Escaping Distressed Neighborhoods: Individual, Community, and Metropolitan Influences, in: American Journal of Sociology 102: 1040-1084.

Statistisches Bundesamt (Hrsg.), 1996: Statistisches Jahrbuch für die Bundesrepublik Deutschland. Stuttgart: Metzler-Poeschel.

Statistisches Bundesamt (Hrsg.), 1997: Datenreport 1997. Bonn: Bundeszentrale für politische Bildung.

Statistisches Bundesamt (Hrsg.), 2006: Datenreport 2006. Bonn: Bundeszentrale für politische Bildung.

Steinbach, Anja, 2004: Soziale Distanz. Ethnische Grenzziehung und die Eingliederung von Zuwanderern in Deutschland. Wiesbaden: VS Verlag für Sozialwissenschaften.

Strohmeier, Klaus Peter/Alic, Safet, 2006: Segregation in den Städten. Bonn: Friedrich-Ebert-Stiftung.

Taeuber, Karl E./Taeuber, Alma F., 1965: Negroes in Cities. Chicago: Aldine.
Timms, Duncan W.G., 1971: The Urban Mosaic. Towards a Theory of Residential Differentiation. Cambridge: Cambridge University Press.
Turner, Margery Austin/Ross, Stephen L., 2005: How Racial Discrimination Affects the Search for Housing, in: *Souza Briggs, Xavier de* (Hrsg.), The Geography of Opportunity. Washington, DC: The Brookings Institution, 81-100.
Turner, Margery Austin/Ross, Stephen L./Galster, George C./Yinger, John, u. a., 2002: Discrimination in Metropolitan Housing Markets: National Results from Phase I HDS 2000. Washington, DC: U.S. Department of Housing and Urban Development.
Waldinger, Roger, 1996: Still the Promised City: African-Americans and New Immigrants in Postindustrial New York. Cambridge, MA: Harvard University Press.
Waldinger, Roger/Feliciano, Cynthia, 2004: Will the New Second Generation Experience 'Downward Assimilation'? Segmented Assimilation Theory Re-assessed, in: Ethnic and Racial Studies 27, 376-402.
Waldorf, Brigitte, S., 1990: Housing Policy Impacts on Ethnic Segregation Patterns: Evidence from Düsseldorf, West Germany, in: Urban Studies 27, 637-652.
Wilson, William J., 1987: The Truly Disadvantaged. Chicago-London: The University of Chicago Press.
Wolf, Christof, 1996: Gleich und Gleich gesellt sich. Hamburg: Dr. Kovac.
Yavuzcan, Ismail H., 2003: Ethnische Ökonomie. Hamburg: Dr. Kovac.
Zhou, Min, 1997: Segmented Assimilation: Issues, Controversies, and Recent Research on the New Second Generation, in: International Migration Review 31, 975-1008.

Websites

http://www.lds.nrw.de/statistik/datenangebot/daten/index.html, 6.5.2007.
http://www1.dortmund.de/home/template1.jsp?content=sp&ncode=start.stadtportrait&nid=0&nlimit=7&smi=2.0&tid=44076), 3.6.2007.
http://www.destatis.de/jahrbuch/jahrbuch2006_downloads.htm, 25.5.2007.

Korrespondenzanschrift: Prof. Dr. Jürgen Friedrichs, Universität zu Köln, Forschungsinstitut für Soziologie, Greinstr. 2, 50939 Köln
E-Mail: friedrichs@wiso.uni-koeln.de

V. Identifikativ-kulturelle und emotionale Integration

MIGRATION AND RELIGION: TESTING THE LIMITS OF SECULARISATION AMONG TURKISH AND MOROCCAN MUSLIMS IN THE NETHERLANDS 1998-2005

Karen Phalet, Merove Gijsberts and Louk Hagendoorn

Abstract: This study examines religious trends and associations with social and structural integration among Muslim minorities in the Netherlands. The secularisation thesis predicts the declining impact of religion in historically Christian populations in Western Europe. Yet, its cross-cultural applicability has been questioned. Moreover, research on immigrant communities in the US suggests religious vitality along with structural integration in the next generation. Using a unique series of repeated large-scale surveys of Turkish- and Moroccan-Dutch Muslims over the period 1998 – 2005, we test trends over time and associations with integration of religious attitudes and behaviours. In line with secularisation, migration generation and period jointly predict a linear decrease in religiosity. Structural integration is associated with religious decline. Ethnic segregation and family formation are related to religious vitality. Together, our findings suggest the selective secularisation of Dutch Muslim minorities, conditional on their social and structural integration.

I. Introduction

This study examines two related questions. How well does secularisation explain religious change among Muslim minorities in the Netherlands? And how is the religiosity of Dutch Muslims associated with their intergenerational integration in other life-domains? Secularisation predicts the decreasing importance and impact of religion in modern societies (Tschannen 1991). The concept of intergenerational integration refers to the decline of ethnic/racial distinctions and inequalities in society, which is most marked at the transitions between generations (Alba/Nee 1997; Esser 2004).

Dutch Muslims are a critical case for the study of migration and religion. On the one hand, the Netherlands is one of the most secularised societies worldwide (Dekker et al. 2006). Accordingly, in Dutch public discourse normative secularisation is seen as part and parcel of immigrant integration. The religious life of immigrant minorities signifies their resistance to integration (Phalet/ter Wal 2004). On the other hand, research in the US documents post-migration religious vitality along with intergenerational integration (Ebaugh/Chafetz 2000; Warner/Wittner 1998). More generally, secularisation has been challenged on analytical and empirical grounds and critics have argued its limits or even its reversal in contemporary societies (Martin 1991; Warner 1993). Therefore, the secularisation of Dutch Muslims, and its connection with their social and structural integration in Dutch society, cannot be taken for granted.

Competing theories of secularisation and revival are primarily explaining religious change. Yet, most empirical studies examine religiosity at one point in time. In an attempt to reduce the gap between theoretical claims and empirical data, this study uses repeated cross-sections to estimate religious trends over time, as they relate to the social and structural integration of Dutch Muslims. Specifically, we make use of a unique series of repeated large-scale surveys of Turkish-Dutch and Moroccan-Dutch Muslims with similar measures of religious behaviour and attitudes in 1998, 2002 and 2005 (Dagevos/Gijsberts 2007). Repeated religious measures include the frequency of visiting a mosk. This measure has the strength that it taps into religious behavior directly and the limitation that it is a less accurate indicator of female religiosity – given the gendered nature of religious obligations. Therefore, two attitudinal measures are also included, which assess religious preferences concerning the choice of a school choice and a partner for one's children. Although school and marriage fall outside of the religious domain proper, secularisation critically concerns the consequential dimension of religion, or its normative impact on behavior in non-religious life domains. In addition, the Dutch surveys provide key indicators of structural and social integration, including educational qualifications, economic activity, and informal interethnic contacts. Finally, the 1998 baseline measures of religion precede recent changes in the public acceptance of Islam in the aftermath of September 11th (Sniderman/Hagendoorn 2007). Thus, the time span of the surveys allows a replication of religious trends before and after two critical incidents which spurred public hostility against Islam and Muslims in the Netherlands, i. e., the murder in 2002 of the populist politician Fortuyn and the Van Gogh murder in 2004 by a radical Muslim youth (Phalet/ter Wal 2004).

II. Theoretical Background

Predictions of more general and long-term religious trends are derived from secularisation theory, on the one hand, and competing approaches of religious vitality or revitalisation, on the other hand. The secularisation paradigm predicts a decline in the importance and impact of religion related to cultural pluralism, rationalisation and individualisation in modern societies (Tschannen 1991). While there is extensive empirical evidence for secularisation from large-scale surveys among historically Christian populations in the North-West of Europe, its applicability to non-Christian religions and to minority religions has been challenged (Norris/Inglehart 2007). More generally, Durkheim's social-integration theory predicts religious vitality rather than decline when religious life is embedded in primary relationships that resist secular influences in the wider environment. Alternatively, proponents of religious revitalisation in the US reject the secularisation paradigm as such and consider religious diversity and deregulation in contemporary societies as driving forces behind a global religious revival (Jelen 2000).

A distinct argument for religious revival, which might be more directly relevant to the case of Dutch Muslims, extends the notion of reactive ethnicity to the religious realm. This notion originally refers to reactive identity formation among the "new second generation" in the US (Portes/Rumbaut 2001).

Overall, descriptive findings from recent large-scale surveys among post-migration Muslim minorities in a number of European countries suggest a common trend towards secularisation with increasing levels of integration (Phalet/ter Wal 2004). At the same time, qualitative case studies of Muslim communities document the continued religious commitment of the second generation, along with innovative practices and forms of organisation (ibidem). Interestingly, qualitative, but not quantitative, evidence from Europe mirrors well-established US findings on the religious vitality of new immigrant churches. In light of mixed descriptive findings on post-migration religiosity in European societies, our main explanatory task is to specify the conditions under which the decline or revival of post-migration religion should occur. In the remainder of this section, we develop relevant theoretical arguments and empirical evidence and derive predictions of religious trends and associations with integration.

1. Religion and integration in the US and in Europe

Most Muslim immigrants in the North-West of Europe moved from relatively religious countries of origin, like Morocco and Turkey, to highly secularised destination countries, like the Netherlands. This raises the question how exposure to a new secular environment will influence religious life after migration. Classic assimilation theory in the US never predicted the decline of immigrant religion (Gordon 1964). Rather, it was expected that immigrant religions would gradually lose their ethnic particularities, as in Herberg's (1955) famous vision of the US as a triple melting pot of Protestants-Catholics-Jews. Similarly, religion in Greeley's (1972) denominational society was seen to fill the void that was left by the loss of a distinct ethnic heritage culture in the third generation of immigrant origin. Extending this historical view on assimilation and religious pluralism, Zolberg and Long (1999) argued that Muslims in the US would be incorporated, like Catholics and Jews before them, into an expanded version of Herberg's plural melting pot. Comparative case studies of new immigrant churches similarly document the vitality of post-migration religions (Ebaugh/Chafetz 2000; Warner/Wittner 1998). Typically, religious vitality is related to internal innovation and external adaptation in response to a plural environment. A limitation of these studies is the sampling of religious sites and communities. Yet, immigrant community studies yield similar findings of religious vitality and highlight the key role of religion in the intergenerational transmission of ethnic cultures and identities (Bankston/Zhou 1996; Hurh/Kim 1990; Min 1992).

How does post-migration religious vitality in the US reflect on the changing religious landscape in Europe? Will ethnic minorities in European societies lose their religious distinctiveness in the process of integrating into the wider society? Important differences between the US and European migration contexts complicate the generalisation of US findings to European societies. First, the US is a far more religious receiving context than most European societies. More generally, trends in post-migration religiosity were shown to vary with religious opportunities at the receiving end. Thus, there is evidence of religious decline when migrants discontinue ties with co-religionists back home and when old ties are not replaced by new religious ties in the place of destination (Bibby 1997; Welch/Baltzell 1984; Wuthnow/Cristiano 1979). Accordingly, migrants are more secular in places that are generally less religious (Smith et al. 1998; Stump 1984).

On the other hand, the nature of religious diversity differs in Europe and in the US. Whereas the large majority of recent immigrants to the US are non-European Christians, Muslims are a significant portion of post-1965 immigrants to the North-West of Europe (Buijs/Rath 2002). Christian and Muslim pre-migration backgrounds may affect religious involvement after migration (Nelsen/Allen 1974), in line with the more general dependence of future religious investment on the sunk costs of past investment (Sherkat/Ellison 1999). Given relatively high levels of religiosity in majority-Muslim sending societies, Muslim immigrants are more religious on average than Christian immigrants and are therefore more likely to remain religiously involved after migration. Moreover, Muslim minorities in Europe are facing widespread public hostility against Islam and Muslims, which may foster their reactive identity formation as Muslims (Alba 2005; Sniderman/Hagendoorn 2007).

Third, the selection of immigrants differs crucially between the US and Europe. The US attracts large numbers of "human-capital immigrants" with formal qualifications, professional experience, and economic resources. Consequently, religious vitality in the US is explained at least in part by the effective mobilisation of ethnic resources within immigrant communities. In contrast, Europe has mainly attracted labour migrants or post-colonial migrants with restricted resources in terms of qualifications, relevant work experience, and wealth. From the perspective of resource mobilisation then, ethno-religious organisations in Europe seem less well equipped to adapt successfully to new circumstances than their counterparts in the US (Vertovec/Peach 1997; Waardenburg 2001).

What is known empirically about the religious vitality of Muslim minorities in European societies? Since the 1990s, European countries have started to collect data on their immigrant populations through large-scale special surveys. These national surveys typically focus on the structural integration of immigrants and their children. Yet, some surveys also include religious indicators. We reviewed descriptive findings on associations of religion with integration for Muslim minorities in the Netherlands (Phalet/ter Wal 2004; Gijsberts/Dagevos 2007), the UK (Modood/Berthoud, 1997), France (Tribalat 1996), Belgium (Lesthaeghe 1998, 2000) and Germany (Weidacher 2000). Across surveys, measures of religion include religious self-identifications, practices and attitudes. Running counter to US findings, descriptive statistics suggest a downward trend in the religiosity of Muslim minorities with increasing levels of integration in the receiving society. Interestingly, qualitative case studies of Muslim youth emphasise the search for religious roots, as distinct from the ethnic culture and local traditions of the first generation, and suggest religious renewal rather than decline (Dassetto/Nonneman 1996; Kemper 1996; Khoroskavar 1997; Schiffauer 2000; Sunier 1996; Vertovec/Rogers 1999). However, the centrality of religion may easily be overestimated, when religious networks or associations are used as ethnographic sites. Moreover, both qualitative and quantitative studies are largely descriptive in nature. One reason for the dirth of systematic theory-informed research on post-migration religion in Europe is that migration studies and religious studies have largely developed along separate lines. Thus, migration studies have until recently mostly neglected the role of religion in immigrant communities, cultures and identities. Similarly, religious studies have not usually taken into account the new religious diversity of European societies as a consequence of immigration. In the following, we review theories and evidence from religious studies with a view to predicting and explaining post-migration religion among Dutch Muslims.

2. Secularisation revisited

The secularisation perspective on religious change essentially argues that modernisation leads to a decline in the importance and impact of religion in society. At the individual level, secularisation implies a decline in personal religiosity, so that preferences and practices in daily life are no longer regulated by religious prescriptions and norms. In the Netherlands, like in other North-West European societies, secularisation is supported by an impressive body of empirical evidence from repeated large-scale surveys (Campbell/Curtis 1994; Norris/Inglehart 2007). The secularisation thesis comes with different flavours depending on how the modernisation process is conceived (Tschannen 1991). A Weberian variant emphasises socio-cultural trends towards rationalisation, so that objectified procedures, techniques and criteria replace religious authority and truth as the organising and justifying principles of social order. In a related variant, following Berger's (1967/1990) early account of secularisation, religious truth claims would be eroded by competing claims from alternative sources of knowledge and meaning in culturally plural societies. Another variant of the secularisation thesis highlights increasing functional differentiation in modern societies. According to Luhmann (2000), the segmentation of institutional spheres into functionally autonomous societal subsystems entails the multiplication of social roles and norms and the individualisation of social actors. As consequences of individualisation, free choice and personal autonomy come to replace religious prescriptions as guidelines for action. Accordingly in the Netherlands, religiosity decreases in more recent cohorts and periods (Need/de Graaf 1996). Moreover, higher levels of education and economic activity are associated with less religious involvement (de Graaf et al. 2000).

Yet, the secularisation paradigm has met with analytical and empirical challenges of two distinct kinds – not counting normative arguments against secularism as part of an oppressive western ideology. The first challenge from within the paradigm is twofold: one line of argument questions the cross-cultural applicability of secularisation to non-European and non-Christian contexts. Another line of inquiry documents religious vitality in cohesive religious communities within predominantly secular or secularising societies. A more fundamental kind of challenge rejects the secularisation perspective as misguided or outdated. In a nutshell, it is argued that religion is alive and well in contemporary societies, so that the phenomenon to be explained is not, or no longer, religious decline but revival.

In its most general form, the cross-cultural argument against secularisation rejects the so-called convergence thesis, which postulates a worldwide decline of religiosity due to general processes of modernisation. As vehicles of modernisation, Inglehart (2003) refers to global economic transformation, as well as educational expansion, mass communication, urbanisation and processes of nation building and democratisation. Arguing against convergence, its critics object that the secularisation perspective theorises the particular historical experience of predominantly Protestant-Christian societies in the North-West of Europe (Martin 1991). The counterexample *par excellence* of a modern religious society is the United States (Warner 1993). But also historically Christian societies in Eastern Europe, Africa and Latin America, for instance, are notably less secular than most Western European societies (Norris/Inglehart 2003). More directly relevant to our case is Gellner's (1981) famous argument about the Islamic exception to the rule of secularisation. Of the four world religions, Christianity, Confucianism, Hinduism and Islam, he argues, only the latter has lost nothing of its historical societal force. The Islamic-exception argument takes two forms. Some scholars stress distinctive inherent characteristics of Islamic religious traditions as regulatory environments, which typically resist secularisation. In particular, Islam would function as a social-moral ethos that regulates social behaviours and relationships in primary communities (Geertz 1968) and its regulatory focus would include worldly concerns with legal and political authority (Brown 2000; Moaddel 2002). This argument, however, seems less convincing in light of Jewish secularisation, since Jewish and Islamic faith traditions share primary social-moral and worldly concerns (van Solinge/de Vries 2001; Webber 1997). Other scholars focus on external historical conditions as explanations of the Islamic exception, accentuating the enforced character of modernisation in most Islamic societies. Typically, secularisation was either imposed from outside by Western colonial powers, or else from above by undemocratic secular states emulating a Western nation-building project (Brown 2000; Esposito 1992). Empirically, however, cross-national findings from the World Value Surveys qualify an alleged Islamic exception to the rule of secularisation (Moaddel 2002; Moaddel/Azadarmaki 2003). Specifically, the 1999-2001 surveys cover several majority-Muslim countries, including Turkey and Morocco as sending countries of major Muslim minorities in the Netherlands (Norris/Inglehart 2003). Although the highest levels of religiosity by far were found in majority-Muslim countries and the lowest levels in Western Europe, the critical test of the Islamic exception concerns the societal impact of religion. Thus, country-level differences in public support for secular political institutions were small, after taking into account socio-economic development and democratic rights and liberties. Moreover, the pattern of variation cuts across Christian and Muslim religious traditions, opposing Western European secularism to rather less secular political preferences worldwide. Since the main arguments for an Islamic exception seem empirically ungrounded or undecided at best, resistance to secularisation cannot be seen as inherent in the specific nature of Islam.

The other argument that runs counter to secularisation, regards the possibility of religious vitality depending on the social context of religious life. Thus, Durkheim's social-integration theory offers a general explanation of secularisation in terms of weakening primary ties in modern societies, so that religion loses its coercive force as a group norm. Conversely, continued religious attachment is more likely when it is firmly embedded in primary relationships with co-religionists. In his classic study, surveying white Protestants, white Catholics, black Protestants and Jews in Detroit, Lenski (1961) convincingly argued and documented the vitality of religion in modern life. Looking beyond religious doctrines, rituals and rules, Lenski defined religious groups as communities with shared norms and dense social networks encompassing the complete primary life sphere. There are also more recent examples of the vitality of embedded religion. Among Catholic Christians, for instance, social ties were crucial in containing defection, in spite of widespread disaffection with the rigid conservative line of religious authorities in Rome (Hout/Greeley 1987). Another often-cited example is the relative success of strict churches, in contrast with the steady decline of more liberal mainstream churches. This relative advantage of ultra-orthodox churches is commonly explained by the binding ties that separate outsiders from insiders in strong moral communities (Olson/Perl 2001; Sivan 1995). Also in line with social-integration theory, there is cross-national evidence that close family ties (marriage and children) within one's local community predict continued religious commitment in secularising societies (De Graaf et al 2000; Myers 1996). Finally, most directly relevant to the case of Muslims in Europe is the association of sustained religious involvement with strong co-ethnic ties in black and immigrant churches (Ellison/Sherkat 1990; Sherkat 2001).

3. Religious revival and reactivity

Going beyond the qualifications discussed above, others have challenged secularisation as such, predicting instead a global trend towards increased religious involvement or revitalisation (Jelen 2000; Yang/Ebaugh 2001). Their point of departure is what they see as "the crisis of the old paradigm" of secularisation in light of recent evidence of a global religious réveil. Often cited examples of such a réveil are the worldwide mobilising power of religious fundamentalism, the rise of new religious movements like sects, cults and New Age, the growth of ultra-orthodox or strict churches within declining mainstream denominations, and the vitality of black and ethnic churches. One school of thought, which theorises the distinct North-American experience of religion and modernity, refers to religious diversity as a critical contextual factor that would boost religious life in contemporary societies (Stark/Finke 2000). Whereas the early Berger (1967/1990) related pluralism to religious decline through exposure to alternate visions of values, the revitalisation thesis posits that religious pluralism, through enhanced competition between churches, would reinforce religion. Specifically, in highly diverse and deregulated religious environments like the US, religious organisations would actively compete for new believers and dynamically adapt to social change, thus increasing the overall level of religious participation. From this perspective, religious decline in Europe is explained by the remnants of historical state monopolies on official religion, excluding newcomers from the religious market and stifling religious innovation (Stark/Iannacone 1994). Empirical evidence for the association of religious pluralism with revitalisation comes from historical sources as well as large-scale cross-national surveys (Finke/Stark 1988; Stark/Finke 2000). The validity and applicability of the findings beyond the US context, however, is debated (Jelen 2000). In the 1980s and 1990s in the Netherlands, for instance, increasing religious pluralism due to immigration, and deregulation due to "depillarisation" coincided with further religious decline, in line with secularisation (Lechner 1996).

Another argument for religious revival comes from migration studies and extends the notion of reactive ethnicity to the domain of religion (Portes/Rumbaut 2001). In a European context, Muslim minorities are not so much exposed to competing religious creeds as to predominantly secular, and increasingly also overtly anti-Muslim, attitudes, norms and values in the wider society (Phalet/ter Wal, 2004). Hence, reactive religiosity may be a more plausible argument for religious revival in the case of Muslim minorities in Europe. The notion of reactivity originally refers to reactive identity formation in a hostile environment characterised by socio-economic exclusion and racial discrimination (Zhou 1999). It was advanced by proponents of segmented assimilation in the US, explaining a return to ethnic identity in the second generation as part of an oppositional pattern of identification among disadvantaged and disaffected inner-city youth. Yet, its applicability to the context of migration in Europe has been questioned (Diehl/Schnell 2006). More generally, the causal mechanism connecting experiences of discrimination with increased in-group identification, which is known as the rejection-identification hypothesis, is well-documented in social-psychological studies of intergroup relations (Jetten et al. 2001). Interestingly, when applied to "strong religion", the reactivity argument resonates with the inherently reactive (i. e., anti-secular and anti-liberal) nature of fundamentalist religious movements worldwide (Almond et al. 2003).

III. Research questions and hypotheses

In comparative perspective, secularisation in European societies and religious vitality in the US appear as context-dependent and potentially reversible trends. Dutch Muslims are a critical case for testing the limits of secularisation and the viability of religious vitality in the context of European migration. In particular, Turkish and Moroccan Muslims in the Netherlands migrated from relatively religious majority-Muslim countries to a predominantly secular and historically Christian society. Will they become less religious after migration, or will they maintain their distinct religion and transmit it to the next generation? And how is their religious life influenced by intergenerational integration in other life domains, including education, employment, and cross-ethnic social contacts? In spite of marked differences in research contexts and findings, studies of migration and religion on both sides of the Atlantic share the basic assumption that changes in the religious involvement of immigrants and their children are systematically related to changes in other life domains. In this study, hypothetical religious trends and associations with integration are derived from secularisation and religious revival as general theoretical approaches connecting social and religious change in modern societies. In our understanding, both explanatory theories may account for post-migration religiosity under different conditions.

1. Hypothetical trends

From the perspective of secularisation, we expect generally less religiosity in more recent time periods and in the second generation. Taking an alternative perspective from reactive religiosity, however, we expect exactly the opposite trend towards religious revival in more recent periods and in the second generation. The main aim of our study is to estimate religious trends over time for Turkish and Moroccan Muslim minorities in the periods 1998, 2002 and 2005. More precisely, we distinguish between effects of period (time of survey) and migration generation (second or first), while controlling as much as possible for overlapping cohort and lifecycle effects (age and family transitions). In a first step, we estimate gross and net effects of period. Net period effects take into account changes over time in the demographic composition of Muslim populations and in their aggregate levels of intergenerational integration. Thus, religious trends are decomposed into a compositional part and a residual contextual part, which generally refers to the increasingly plural and secular, and more recently also overtly anti-Islam, character of Dutch society. Next, we compare the second generation with the first generation of immigrants proper. Since the second generation has been raised in the context of Dutch culture and society from a young age, migration generations differ crucially in degrees of exposure to a plural and predominantly secular environment. Hence, we expect net generation differences in religiosity, after taking into account overlapping cohort and lifecycle effects (age and family situation). Indeed, critical transitions in the lifecycle of young adults, especially marriage and starting a family, are known to influence religious attachment (Firebaugh/Harley 1991). Thus, in all likelihood, some portion of the still young second generation will eventually return into the fold when making the transition to marriage and parenthood. Also, more secularisation is generally found in younger birth cohorts, who grew up in a more secular environment than older cohorts. Since Muslim immigrants grew up in Turkey or Morocco, however, we do not know how well cohort differences in Dutch society generalise to the first generation.

2. Hypothetical associations

Findings of religious vitality along with Americanisation among new immigrants to the US run counter to public discourses on normative secularisation as part and parcel of immigrant integration in European societies. Taking a general perspective from revitalisation, religious studies in the US connect the exposure of immigrants to religious pluralism in American society with increased religious involvement. In Europe, however, immigrants are exposed to a very different variant of religious diversity, which is marked by predominant secularism and increasingly also by public hostility against Islam in particular. Interestingly, roughly similar associations with intergenerational integration can be derived from secularisation theory and from reactive religiosity. Since reactive ethnicity has been associated with socio-economic exclusion and ethnic/racial segregation, reactive religiosity among Muslim minorities is expected when social and structural integration fails. Thus, Muslims who lack valuable educational qualifications and who are economically excluded and ethnically segregated would be more involved in the religious domain. Similarly, secularisation theory predicts less religious involvement among Muslims with higher qualifications and among those who have access to the labour market. Thus, structural integration would contribute to secularisation. In line with social-integration theory, however, we expect religious vitality rather than secularisation when the religious life of Muslims is embedded in strong primary ties. In addition to kinship ties, strong ethnic ties also predict sustained religiosity. Accordingly, ethnic segregation would sustain religious attachment, while cross-ethnic social contacts would contribute to secularisation. It should be acknowledged that associations between religiosity and social integration may work both ways, when religious Muslims are more inclined to marry, to start a family, and to invest only or mostly in ethnic networks.

IV. Data sources and analyses

1. Samples and participants

To put the above hypotheses to an empirical test, this study makes use of pooled cross-sectional data that are drawn from repeated large-scale special surveys on the position of ethnic minorities in the Netherlands. The Social Position and Use of Provisions by Ethnic Minorities surveys (SPVA) were repeated at regular intervals since 1988. We use data from the 1998 and 2002 SPVA surveys. The survey on Living Conditions of Ethnic Minorities in Cities (LAS) succeeded the SPVA surveys. Data collection took place mainly in 2005, starting in November 2004 and being completed in May 2005. LAS05 replicated largely the same questions that were also covered by SPVA. Data from the 2002 and 2005 surveys were weighted using a number of demographic characteristics to correct for selective non-response (Dagevos/Gijsberts 2007). Since participants in SPVA98 and SPVA02 were sampled from 13 cities across the Netherlands, the same 13 cities that were included in SPVA98 and SPVA02 were selected from the total samples of LAS. Thus, we could establish a time series of three repeated surveys in 1998, 2002 and 2005, comparing religiosity in 1998 as a baseline measure, with more recent measures of religiosity in 2002 and 2005. Some caution is warranted, however, in interpreting the extension of the time series to 2005 due to a transition from household samples in SPVA to individual samples in LAS. Although complete measures of religion and integration are available for men and women in SPVA, it should be kept in mind that cross-gender variation in SPVA is restricted by clustering within households.

All three surveys cover random samples from the four largest ethnic minority groups in the Netherlands, Turkish-Dutch, Moroccan-Dutch, Surinamese-Dutch and Antillean-Dutch, and a native Dutch comparison group. Ethnic categories were defined by ethnic ancestry (i. e., the foreign country of birth of one or both parents) and compared with a non-immigrant reference population whose parents are both local-born. For each ethnic group at least 1000 participants were interviewed aged 15 to 65.[1] For the analysis of religiosity only participants of Turkish and Moroccan origin were selected and only those who self-identified as Muslims.[2] Thus, 3 317 Turkish and Moroccan Muslims were retained in 1998, 2406 Muslims in 2002, and 1 128 in 2005. Participants of Turkish and Moroccan origin were interviewed face-to-face by bilingual interviewers using translated questionnaires in Dutch, Turkish and Moroccan-Arab.[3] Item non-response on the variables used in the analysis of religiosity was low.

According to recent estimates by the Central Bureau of Statistics (CBS 2007), the Netherlands counts about 857 000 Muslims nationwide or about 5 percent of the total population. In big cities, however, roughly one in ten citizens are counted as Muslims. By way of comparison, CBS estimates of the percentages of non-religious, Catholic and Protestant-Christian citizens are around 40, 30 and 20 percent respectively. Although Muslims in the Netherlands are an ethnically diverse population, Turkish and Moroccan are the major Muslim groups. In total, well over 350 000 people of Turkish origin and about 320000 people of Moroccan origin are currently residing in the Netherlands. Turkish and Moroccan guest workers were originally recruited from the more rural and less developed regions of Turkey and Morocco in the late 1960s and early 1970s. From the 1980s onwards, family reunification and family formation became the main sources of continuing immigration from Turkey and Morocco. Today, Turkish and Moroccan minorities form a relatively young population with increasing numbers of second-generation youth and young adults (Dagevos/Gijsberts 2007). In spite of significant educational progress in the second generation, the average living conditions of Turkish- and Moroccan-Dutch minorities are characterised by persistent socio-economic disadvantage, especially in terms of exclusion from the labour market, and by relatively high degrees of residential segregation.

2. Measures of religiosity

Three indicators that were replicated in 1998, 2002 and 2005, are used to measure religious behaviour and religious attitudes. The first indicator is a repeated measure of self-reported religious behaviour. Participants were asked how often they visited a mosk. Response categories ranged from (1) never to (4) weekly or more than once a

---

[1] SPVA98 and SPVA02 also included participants over age 65. Since the maximum age in LAS05 was 65, participants over 65 were excluded from the analysis.
[2] Overall, about 95 percent of the Turkish and Moroccan participants self-identified as Muslims. Among Turkish-Dutch participants, respectively 95 percent in 1998, 94 percent in 2002 and 91 percent in 2005 self-identified as Muslims. Among Moroccan-Dutch participants, respectively 97 percent, 97 percent and 96 percent self-identified as Muslims in 1998, 2002 and 2005. Given these marginal and rather stable percentages of non-Muslims, we did not model selectivity.
[3] In LAS05 only those participants who were foreign-born and who were not fluent in Dutch, were interviewed in their native languages.

week.[4] One should keep in mind that this question is a less valid measure of religious practice for Muslim women. Thus, we find that Muslim men more often report weekly visits to the mosk, whereas women report more regular observance of daily prayers (Phalet/ter Wal 2004). In addition, two indicators of religious attitudes refer to questions about the preferred partner for one's daughter and the preferred school for one's children. Participants were asked to rate their agreement or disagreement with the following statements on a five-point Likert scale from (1) completely disagree to (5) completely agree: "Children should attend schools that match the religion of their parents" and "It is problematic when your daughter marries someone with a different religion". Since correlations between both religious attitudes are rather low (r = 0,37 on average within an ethnic group and time point), religious preferences with regard to partner choice and school choice are analysed as separate dependent variables. This low correlation is in line with previous findings on the differential impact of religion across private (marriage) and more public (education) life domains (Halman/Verweij 1998). Since secularisation crucially predicts the decreasing impact of religion in non-religious life domains, a balanced empirical test should include consequences of religion in private as well as more public domains.

3. Analyses and measures of independent variables

The following independent variables were included in stepwise linear regressions. All independent variables were measured in the same way across surveys. In step one, gross period effects were estimated for both ethnic groups. To this end, ethnic origin and year of survey and origin-by-year interaction terms were entered as predictors. The interaction terms test the applicability of religious trends across Turkish and Moroccan groups. Next, we tested differences between migration generations as well as cohort and lifecycle effects for Muslim men and women by adding gender, migration generation, age and family situation, as well as gender-by-year interaction terms. The latter test the applicability of religious trends across gender. In a third step, we added educational qualifications and employment status as measures of structural integration. In a final step, self-reported inter-ethnic social contacts were added as a measure of social integration into the wider society. Net period effects were compared between models to estimate to what extent religious trends could be explained by changes over time in the demographic composition and in the intergenerational integration of Muslim minorities. Stepwise regression models were replicated with three distinct measures of religious involvement: one behavioural measure (self-reported mosk visits) and two attitudinal measures (preferences for a partner and a school of the same religion).

Gender is a dummy variable (0 = female, 1 = male). The first category is always used as a reference category in multiple regressions. Age ranges from 15 to 65 years and is collapsed into three birth cohorts for youngsters, young adults, and older participants (15-24, 35-44, 45-65). Migration generation is a dummy variable, which defines

---

[4] In LAS05 the same response categories were used but two categories were added at the higher end of the scale (5 = more than once a week and 6 = every day). In the pooled data, these were collapsed (4 = weekly or more).

the second generation broadly as those who are either born in the Netherlands or who arrived before school age (0 = first generation, 1 = second generation). The combination of migration generations with birth cohorts allows further distinctions between the older and younger first generation and between youngsters and young adults within the second generation. Discrete categories were used instead of continuous variables for length of residence and age, because large overlap between years of age and stay complicates the interpretation of covariates. As a proxy for the lifecycle effects that are associated with demographic transitions, four types of family situations were distinguished: (1) single or other, (2) living with a spouse, (3) with children and (4) as a child at the parental home. Educational qualifications were measured by collapsing the highest qualifications obtained in home or host countries into four nominal categories across different school systems: (1) primary education or none, (2) lower secondary education, (3) higher secondary education and (4) tertiary education. Those who were still in school, were assigned the level of education they were attending at the time of the survey. Finally, employment status was assessed by the standard categories for economic activity: (1) employed (12 hours weekly or more), (2) unemployed, (3) fulltime student and (4) economically inactive other, including persons looking after the home, the retired, and the disabled.

As a measure of social integration, the same question about voluntary social contacts with native Dutch was asked in all three surveys. Participants reported how often in their free time they entertained social contacts with members of the ethnic in-group and with native Dutch friends or acquaintances. Since very few participants reported more frequent social contacts with Dutch, relative frequencies were collapsed into two categories for inter-ethnic social contacts (0) as opposed to (1) mainly or only ethnic social contacts.

V. Results

1. Descriptive findings

Table 1 shows self-reported frequencies of visiting a mosk for Turkish and Moroccan Muslims in 1998, 2002 and 2005. The overall pattern suggests a decrease in the percentages of regular visitors from 1998 to 2002, along with a marked and steady increase in the percentages of those who never visit a mosque. The latter percentages

Table 1: Self-reported frequencies of mosque visits in percentages
(column totals are 100 percent)

	Turkish Muslims			Moroccan Muslims		
	1998	2002	2005	1998	2002	2005
Never	12	18	25	25	29	38
Yearly or more	27	29	29	17	23	20
Monthly or more	18	17	13	16	15	7
Weekly or more	44	35	34	43	33	35

N = 6 778

range from roughly one in ten Turkish Muslims in 1998 up to one in four in 2005, and from one in four Moroccan Muslims in 1998 to well over one in three in 2005.

Table 2 shows the mean levels of religious practice and attitudes for Turkish and Moroccan Muslims. Not only religious practice declines over time, but also religious attitudes. Especially the preference for religious schools is weaker in more recent years. In 2005, mean levels of endorsement drop from the scale midpoint to the lower end for both groups, indicating that Muslim parents no longer prefer religious schools for their children. While low preference for religious schools among Dutch Muslims reflects in part the restricted availability of Islamic schools in the Netherlands, adaptive preferences cannot explain the downward trend. The preference for a spouse of the same religion decreases only among Turkish Muslims, not among Moroccans. In 2005, endorsement levels for both groups are well above the scale midpoint, indicating that Muslim parents continue to prefer a religious spouse for their daughters.

Table 2: Religious behaviour and attitudes of Turkish and Moroccan Muslims in 1998, 2002 and 2005: Means (standard deviations between brackets)

	Frequency of visiting mosque (4 = weekly or more)		Preference for religious spouse (5 = fully agree)		Preference for religious school (5 = fully agree)	
Turkish Muslims						
1998	2.93	(1.08)	3.74	(1.17)	2.61	(1.27)
2002	2.70	(1.13)	3.57	(1.12)	2.35	(1.13)
2005	2.54	(1.19)	3.37	(1.41)	2.13	(1.11)
Moroccan Muslims						
1998	2.76		3.52	3.11 (1.24)	(1.30)	(1.16)
2002	2.52		3.88	2.53 (1.22)	(1.05)	(1.10)
2005	2.40		3.50	2.23 (1.31)	(1.38)	(1.22)

N = 6 715

2. Self-reported mosk visits

Table 3 shows effect parameters B and adjusted R²s in stepwise regressions of self-reported mosk visits among Turkish and Moroccan Muslims. The final model explains 23 percent of the variance in religious practice. Specifically, period effects explain two percent of the variance in step one. In step two migration generations, along with gender, age and family situation, add 18 percent of explained variance. In step three structural integration explains part of the difference between generations and adds one percent. Social integration explains another two percent.

The final model shows that Turkish Muslims visit a mosk more often than Moroccans and men more often than women. In line with secularisation, religious practice declines in more recent years, so that Muslims report less frequent mosk visits in 2002 and even less in 2005. Also, older Muslims report more regular practice than those under age 45. In addition, the second generation practices less than the first generation of the same age. Replicating the expected effects of family formation, Muslims who are married, and in particular those with children, visit a mosk more often than those who are single or without children. A slight decline in religious practice upon leaving the parental home, however, is no longer significant after education and economic activity

Table 3: Stepwise linear regressions of religious behaviour (visit mosk) for Turkish and Moroccan Muslims in 1998, 2002 and 2005: unstandardised coefficients B (standard errors between brackets)

	Model 1		Model 2		Model 3		Model 4	
(Constant)	2,94	(0,03)***	2,23	(0,06)***	2,41	(0,07)***	2,15	(0,07)***
Ethnic origin (Turkish = ref.)								
Moroccan	−0,17	(0,04)***	−0,28	(0,04)***	−0,29	(0,04)***	−0,26	(0,04)***
Year of survey (1998 = ref.)								
2002	−0,19	(0,05)***	−0,26	(0,05)***	−0,22	(0,05)***	−0,20	(0,05)***
2005	−0,43	(0,06)***	−0,62	(0,07)***	−0,59	(0,07)***	−0,59	(0,07)***
Origin × Year								
Moroccan × 2002	0,00	(0,07)	0,19	(0,06)	0,09	(0,06)	0,09	(0,06)
Moroccan × 2005	0,02	(0,08)	0,15	(0,08)*	0,16	(0,08)*	0,17	(0,07)*
Gender (female = ref.)								
Male			0,52	(0,04)***	0,60	(0,04)***	0,61	(0,04)***
Gender × Year								
Male × 2002			0,09	(0,06)	0,08	(0,06)	0,08	(0,06)
Male × 2005			0,54	(0,08)***	0,54	(0,08)***	0,54	(0,08)***
Age (15-24 = ref.)								
24-44			−0,01	(0,05)	−0,01	(0,06)	−0,00	(0,05)
45-65			0,61	(0,06)***	0,47	(0,06)***	0,47	(0,06)***
Generation (1st gen. = ref.)								
2nd generation			−0,20	(0,05)***	−0,16	(0,05)**	−0,13	(0,05)*
Family situation (single/other = ref.)								
With spouse			0,26	(0,06)***	0,25	(0,06)***	0,21	(0,06)***
With children			0,43	(0,05)***	0,40	(0,05)***	0,36	(0,05)***
Child living at home			0,15	(0,06)*	0,10	(0,07)	0,11	(0,07)
Education (primary or none = ref.)								
Lower secondary					−0,22	(0,04)***	−0,19	(0,04)***
Higher secondary					−0,22	(0,04)***	−0,18	(0,04)***
Tertiary					−0,30	(0,06)***	−0,24	(0,06)***
Employment (other non-active = ref.)								
Unemployed					−0,13	(0,05)**	−0,12	(0,05)*
Fulltime student					0,06	(0,07)	0,08	(0,07)
Employed					−0,18	(0,04)***	−0,15	(0,04)***
Social contacts (mixed/Dutch = ref.)								
Within ethnic group							0,32	(0,03)***
Adjusted R squared	0,02		0,20		0,21		0,23	

* $p < 0,05$; ** $p < 0,01$, *** $p < 0,001$.

Table note: Since ordered logit regressions reproduced the pattern of significant coefficients B, linear regressions are presented here for religious behaviour and attitudes alike.

are added to the model. It is noteworthy that we find the expected downward trend in religious practice across generations, net of the lifecycle effects that are captured by one's family situation. Furthermore, structural integration is associated with lower levels of religious practice. As predicted, Muslims with tertiary qualifications are the least likely to visit a mosk. Those with full secondary qualifications are less likely to practice than those with primary qualifications or none. Similarly, economic activity, but not employment, is associated with less regular religious practice. Finally, more social contact within the ethnic in-group is related to more regular practice, in line with the expected association of religious vitality with ethnic ties. Conversely, interethnic social contacts contribute to secularisation, over and above generation, age, and structural integration.

Focusing on religious trends over time, we find a roughly linear decreasing trend in self-reported frequencies of visiting a mosk in 1998, 2002 and 2005. While this downward trend in religious behaviour is significant for both groups, a significant interaction effect indicates that the decline is less steep for Moroccans in 2005. In addition, an interaction with gender indicates that, after an initial decline in 2002, further decline in 2005 is restricted to women. Importantly, significant net period effects are replicated across ethnic origin and gender, confirming an overall downward trend in religious practice, in line with secularisation. To what extent is this downward trend explained by changes in the demographic composition of the population and in overall levels of integration? For religious practice, there is no notable reduction in the sizes of net period effects. Rather, period effects tend to increase when changes in demographic composition are taken into account, which may be due to a suppressor effect of family formation. After including structural integration, net period effects roughly equal gross effects. Hence, religious decline cannot be explained by the changing composition of Muslim populations.

3. Preference for a religious spouse

Table 4 shows stepwise regressions of the preference for a religious spouse as a measure of religious attitudes in the private domain of marriage and the family. Since the intergenerational transmission of religion depends crucially on family formation within one's community (Myers 1996), religious preferences in this domain might be more persistent than actual religious practice. Accordingly, and in contrast with the same model for religious behaviour, the final model explains only six percent of the variance in religious attitudes towards partner choice: period effects explain two percent; gender, age, generation and lifecycle effects one percent. Structural integration one percent; and social integration another two percent.

Looking across ethnic groups, Turkish Muslims more strongly prefer a religious spouse for their daughters than Moroccans. There are no gender differences. As expected by the secularisation thesis, religious preference declines in more recent years, so that a religious spouse is less important in 2002 and even less so in 2005. Also, Muslims aged 45 and above attach more importance to a religious spouse. Yet, this age difference is no longer significant after adding educational qualifications to the model. The difference between migration generations is not significant over and above age. In line with expectations of religious vitality, families with children attach most importance to a religious spouse. Also as expected, the importance of a religious spouse decreases with increasing levels of structural integration. Thus, Muslims with tertiary qualifications attach least importance to a religious spouse. Those with primary qualifications or none most. There is no additional impact of inclusion or exclusion in the labour market. As expected, social contacts within the ethnic in-group reinforce reli-

Table 4: Stepwise linear regressions of religious attitudes (partner choice) for Turkish and Moroccan Muslims in 1998, 2002 and 2005: unstandardised coefficients B (std. errors between brackets)

	Model 1		Model 2		Model 3		Model 4	
(Constant)	3,75	(0,03)***	3,58	(0,07)***	3,70	(0,08)***	3,35	(0,08)***
Ethnic origin (Turkish = ref.)								
Moroccan	−0,23	(0,04)***	−0,22	(0,04)***	−0,23	(0,04)***	−0,19	(0,04)***
Year of survey (1998 = ref.)								
2002	−0,20	(0,05)***	−0,20	(0,06)**	−0,17	(0,06)**	−0,15	(0,06)*
2005	−0,35	(0,06)***	−0,25	(0,08)**	−0,23	(0,08)**	−0,22	(0,07)**
Origin × Year								
Moroccan × 2002	0,57	(0,07)***	0,56	(0,07)***	0,56	(0,07)***	0,55	(0,07)***
Moroccan × 2005	0,40	(0,09)***	0,38	(0,09)***	0,38	(0,09)***	0,39	(0,08)***
Gender (female = ref.)								
Male			−0,04	(0,05)	0,00	(0,05)	0,02	(0,05)
Gender × Year								
Male × 2002			0,00	(0,07)	−0,00	(0,07)	−0,00	(0,07)
Male × 2005			−0,18	(0,09)*	−0,18	(0,09)*	−0,18	(0,09)*
Age (15-24 = ref.)								
24-44			−0,02	(0,06)	−0,04	(0,06)	−0,02	(0,06)
45-65			0,14	(0,07)*	0,04	(0,07)	0,04	(0,07)
Generation (1st gen. = ref.)								
2nd generation			−0,10	(0,06)	−0,07	(0,06)	−0,02	(0,06)
Family situation (single/other = ref.)								
With spouse			0,02	(0,07)	0,02	(0,07)	−0,03	(0,07)
With children			0,27	(0,05)***	0,25	(0,05)***	0,20	(0,05)***
Child living at home			0,03	(0,07)	0,02	(0,08)	0,03	(0,08)
Education (primary or none = ref.)								
Lower secondary					−0,16	(0,05)***	−0,11	(0,05)*
Higher secondary					−0,11	(0,05)*	−0,05	(0,05)
Tertiary					−0,28	(0,06)***	−0,19	(0,06)**
Employment (other non-active = ref.)								
Unemployed					−0,05	(0,05)	−0,03	(0,05)
Fulltime student					−0,02	(0,08)	0,01	(0,08)
Employed					−0,09	(0,04)*	−0,06	(0,04)
Social contacts (mixed/Dutch = ref.)								
Within ethnic group							0,42	(0,03)***
Adjusted R squared	0,02		0,03		0,04		0,06	

* p < 0,05; ** p < 0,01, *** p < 0,001.

gious preferences. Thus, social integration affects religious partner choice, over and above generational status and educational attainment.

Turning to religious trends, we find that preferences for a religious spouse in 1998, 2002 and 2005 show the expected linear decrease over time. Yet, significant interaction effects with ethnic origin and gender indicate differential trends. Specifically, a downward trend in the preference for a religious spouse is significant only for Turkish Muslims. In addition, male preferences are stable in 2005, after an initial decrease in 2002. At the same time, the religious preferences of Turkish Muslims and women show the expected linear decrease, in line with secularisation. Finally, stepwise regressions estimate gross and net period effects. Again, significant net period effects in the final model suggest that religious trends are not fully explained by changes in the composition of Muslim populations. At the same time, period effects are reduced in the final model. Taken together, socio-demographic change and educational progress account for 25 percent of the decrease in religious preferences in 2002 and they account for 37 percent of the decrease in 2005.

4. Preference for a religious school

To explore whether religious vitality extends to religious attitudes beyond the private life sphere, religious preferences were also measured in the domain of education. In contrast with the domain of marriage and the family, the educational domain is situated in the public sphere. Although religious schools are known to support the intergenerational transmission of religion in the family (Benson et al. 1989), school choice also has direct relevance for socio-economic advancement and may therefore be more susceptible to adaptive change. Hence, the last series of regressions regards the role of religion in the choice of a school for one's children. *Table 5* shows stepwise regressions of the preference for a religious school as a distinct measure of religious attitudes. The final model explains 11 percent of the variance in preferred school choice, which is half the explained variance in religious practice, yet almost twice the explained variance in preferred partner choice. More specifically, period effects explain seven percent. Gender, age, generation and lifecycle effects add four percent. Structural integration explains away part of the difference between generations and adds one percent. Social integration adds another percent of explained variance.

Moroccan Muslims more strongly prefer a religious school for their children than Turks; and men more so than women. In line with secularisation, religious preference declines in more recent years, so that a religious school is less important in 2002, and even less so in 2005. Again, Muslims aged 45 and above attach more importance to religious schools than younger age groups. Yet, age differences are fully explained by educational progress in younger cohorts. In addition, religious schools are less important for the second generation than for the first generation of the same age. No additional lifecycle effects are found. As expected, the importance of religious schools decreases with increasing levels of structural integration. Accordingly, Muslims with tertiary qualifications attach least, and those with primary qualifications or none most, importance to religious schools. Furthermore, religious schools are most important for the economically inactive. Again, employment status makes no difference. Finally, ethnic segregation, as measured by social contacts within the ethnic in-group, is associated with religious preferences. Conversely, social contacts with native Dutch are associated with less preference for religious schools, over and above the effects of generation and educational attainment.

Focusing on religious trends, we see the expected linear decrease in the preferences for religious schools in 1998, 2002 and 2005. Interactions with ethnic origin and gender are tested to account for differential trends. In the domain of school choice, the downward trend is less steep for Turkish Muslims than for Moroccans. More precisely,

Table 5: Stepwise linear regressions of religious attitudes (school choice) for Turkish and Moroccan Muslims in 1998, 2002 and 2005: unstandardised coefficients B (std. errors between brackets)

	Model 1		Model 2		Model 3		Model 4	
(Constant)	2,62	(0,03)***	2,50	(0,07)***	2,77	(0,08)***	2,58	(0,08)***
Ethnic origin (Turkish = ref.)								
Moroccan	0,49	(0,04)***	0,43	(0,04)***	0,42	(0,04)***	0,44	(0,04)***
Year of survey (1998 = ref.)								
2002	−0,26	(0,05)***	−0,28	(0,06)**	−0,24	(0,06)***	−0,22	(0,06)***
2005	−0,47	(0,06)***	−0,39	(0,07)***	−0,35	(0,07)***	−0,35	(0,07)***
Origin × Year								
Moroccan × 2002	−0,32	(0,07)***	−0,28	(0,07)**	−0,28	(0,06)***	−0,28	(0,06)***
Moroccan × 2005	−0,37	(0,08)***	−0,32	(0,08)***	−0,30	(0,08)***	−0,30	(0,08)***
Gender (female = ref.)								
Male			0,18	(0,04)**	0,27	(0,05)***	0,27	(0,05)***
Gender × Year								
Male × 2002			0,06	(0,07)	0,05	(0,07)	0,05	(0,07)
Male × 2005			−0,06	(0,08)	−0,06	(0,08)	−0,06	(0,08)
Age (15-24 = ref.)								
24-44			−0,02	(0,06)	−0,07	(0,06)	−0,06	(0,06)
45-65			0,23	(0,06)***	0,03	(0,07)	0,03	(0,07)
Generation (1st gen. = ref.)								
2nd generation			−0,38	(0,06)***	−0,32	(0,06)***	−0,29	(0,06)***
Family situation (single/other = ref.)								
With spouse			−0,01	(0,06)	−0,03	(0,06)	−0,05	(0,06)
With children			0,06	(0,05)	0,01	(0,05)	−0,02	(0,05)
Child living at home			−0,06	(0,07)	−0,04	(0,07)	−0,04	(0,07)
Education (primary or none = ref.)								
Lower secondary					−0,29	(0,04)***	−0,27	(0,04)***
Higher secondary					−0,30	(0,04)***	−0,27	(0,04)***
Tertiary					−0,44	(0,06)***	−0,39	(0,06)***
Employment (other non-active = ref.)								
Unemployed					−0,15	(0,05)**	−0,14	(0,05)**
Fulltime student					−0,09	(0,07)	−0,08	(0,07)
Employed					−0,14	(0,04)***	−0,12	(0,04)**
Social contacts (mixed/Dutch = ref.)								
Within ethnic group							0,23	(0,03)***
Adjusted R squared	0,07		0,11		0,12		0,13	

* $p < 0,05$; ** $p < 0,01$, *** $p < 0,001$.

Moroccans show higher initial levels of religious preference in 1998 and a steeper decline in 2002 and 2005. Again, significant net period effects indicate that compositional changes explain religious trends only in part. Yet, period effects are reduced in the final model. Together, generational replacement and educational progress explain 15 percent of the decline in 2002 and 26 percent in 2005 respectively.

VI. Discussion

Our focus was on Muslim minorities in the Netherlands as a critical case for studying the limits of secularisation and the viability of religious vitality in a European migration context. The double aim of the analyses was to establish religious trends over time and to examine associations of religion with integration in other life domains. As applied to Muslim minorities, secularisation implies a downward trend in religiosity over time and with increasing levels of social and structural integration. In contrast, an alternative perspective from revitalisation predicts a general trend towards increased religiosity over time. In particular, and in line with reactive ethnicity, we argued that the failure of intergenerational integration might be related to reactive religiosity in second-generation Muslims. Using repeated cross-sections of Turkish and Moroccan self-identified Muslims in the Netherlands in 1998, 2002 and 2005, we analysed trends in religious behaviour and attitudes. Theoretically expected period and generation effects on religion were estimated net of socio-demographic controls for partly overlapping cohort and lifecycle effects. In addition, we examined theoretical associations of religiosity with structural and social integration. Finally, we compared gross and net religious trends to estimate to what extent religious trends were explained by intergenerational integration. Importantly, the time period covered by the surveys allows the replication of general religious trends before and after critical incidents in 2002 (the Fortuyn murder) and 2004 (the Van Gogh murder). Both incidents marked negative turning points in the public-opinion climate towards Islam and Muslims in Dutch society.

To answer the first research question about religious trends, we examined differences in religiosity across time periods and between migration generations. Alternative theoretical perspectives predict opposite trends towards religious decline or revival over time, as a consequence of the exposure of Dutch Muslims to an increasingly secular and plural environment in the Netherlands over the last decade. In line with secularisation and contradicting revitalisation, our main finding is a linear decrease of the religious involvement of Turkish and Moroccan Muslims over the period 1998 – 2005. Overall, negative gross period effects in 2002 and 2005 show that Muslims practice less and attach less importance to religion in the domains of marriage and schooling in more recent years. Differential trends according to ethnic origin and gender add further qualifications without changing the larger picture. Secularisation and revitalisation alike refer to society-level changes as contextual explanations of religious trends. Hence, both general theories lead us to expect net period effects, yet in opposite directions. After taking into account the the demographic composition of Muslim populations, net period effects replicated the expected linear decrease in religiosity over time, thus lending further support to secularisation.

In addition, perspectives from secularisation and revival predict generational trends in opposite directions. As distinct from the first generation of Muslim immigrants who grew up in relatively religious majority-Muslim environments in Turkey or Morocco, the second generation has been exposed at an early age to a plural and secular environment in the Netherlands. In accordance with secularisation, we find that the second generation practices less and attaches less importance to religious schools than the first generation. Moreover, religious decline in the second generation is not explained by their younger age or distinct family situation. Only religious partner choice does not show the expected decline in the second generation. In line with the "privatisation of religion" in secularising societies (Halman et al 1989), the private domain of marriage and the family may be most resistant to generational change precisely because of its key role in the intergenerational transmission of religion. Furthermore, older cohorts are more religious than younger cohorts. While age differences in religious preferences are fully explained by educational progress, older Muslims practice more than younger Muslims with similar qualifications.

To answer our second research question, we examined how religiosity is associated with social and structural dimensions of integration and to what extent religious trends are explained by intergenerational integration. Taking a general perspective from religious revitalisation, US scholars explain increased religious involvement in immigrant communities from the adaptation of new immigrant churches to religious pluralism in American society. However, Muslim immigrants in European societies are confronted with a different variant of religious pluralism in the form of predominant secular norms and attitudes, which are often also anti-religious in general and anti-Islam in particular. Hence, arguments from reactive religiosity seem more directly relevant to the case of Dutch Muslims than research on religious pluralism in the US. Running counter to US findings of religious vitality along with Americanisation, distinct perspectives from secularisation and from reactive religiosity similarly associate "strong religion" with failures of social and structural integration. As expected, highly qualified and economically active Muslims in the Netherlands are less involved religiously. Moreover, social contacts with native Dutch also predict less religious involvement. Conversely, school failure and economic inactivity predict more religious involvement. Similarly, ethnically segregated social networks, in combination with family formation, are related to religious vitality. How well does intergenerational integration explain religious trends over time? On the one hand, levels of economic inactivity and ethnic segregation among Turkish and Moroccan minorities are relatively high and stable over the last decade, with a tendency to deteriorate in recent years (Dagevos/Gijsberts 2007). On the other hand, there is evidence of continuing educational progress between generations and over time for both groups (ibidem). However, educational progress explains only part of a downward religious trend over time. Together, generational replacement and educational progress explain less than half of the change in religious involvement over time.

Overall, the analysis of religious trends supports the applicability of secularisation to the religious attitudes and behaviour of Muslims. At the same time, secularisation should be qualified in light of selective religious vitality. Thus, our models explain more variance in religious behaviour than in religious attitudes. Moreover, religious preferences in the domain of marriage and partner choice do not show the expected generational decline. Thus, the continuation of a predominant pattern of cross-border marriages with ethnic in-group members in Turkey and Morocco contributes to religious vitality in this domain (Dagevos/Gijsberts 2007). The other factor contributing to religious vitality is the consistently high level of ethnic segregation, which characterises the residential patterns and the social networks of Dutch Muslims (Gijsberts/Dagevos, 2005). Finally, socio-economic stagnation at relatively high levels of economic inactivity for Turkish and Moroccan Dutch in recent years, further contributes to religious vitality. In spite of the evidence of religious vitality in relation to restricted social and structural integration, religious trends clearly contradict expectations of religious revival for Dutch Muslims.

It should be acknowledged that the present analysis of religious trends is subject to data constraints. Thus, the cross-sectional nature of our data precludes a further decomposition of religious change and it raises issues of endogeneity, in particular with regard to the associations of religiosity with intergenerational integration. Furthermore, the time period covered by the surveys is still less than a decade, which is a rather short time span to observe reliable religious trends. Also, selective non-response in survey research implies that extreme groups, like Muslim radicals, are probably not included in our sample. Importantly, religious trends should be replicated with other measures of religiosity to allow a more accurate assessment of religious practices among Muslim women and youth. Finally, to test the applicability of our findings beyond the case of Dutch Muslims, future studies should compare religious trends across immigrant groups that differ in terms of their pre-migration religious affiliations and investment. Similarly, there is a need for strategic comparisons across host societies with different historical and actual variants of ethnic and religious diversity.

Literatur

Alba, Richard, 2005: Bright versus Blurred Boundaries: Second-generation Assimilation and Exclusion in France, Germany and the United States, in: Ethnic and Racial Studies 28 (1), 20-49.
Alba, Richard/Nee, Victor, 2003: Remaking the American Mainstream. Assimilation and Contemporary Immigration. Cambridge, Mass: Harvard University Press.
Almond, Gabriel A./Appleby, R. Scott/Sivan, Emmanuel, 2003: Strong Religion. The Rise of Fundamentalisms around the World. Chicago: University of Chicago Press.
Bankston III, Carl L./Zhou, Min, 1996: The Ethnic Church, Ethnic Identification, and the Social Adjustment of Vietnamese Adolescents, in: Review of Religious Research 38 (1), 18-37.
Benson, Peter L./Donahue, Michael J./Erickson, Joseph A., 1989: Adolescence and Religion, in: Research in the Social Scientific Study of Religion 1, 153-181.
Berger, Peter L., 1990 (1967): The Sacred Canopy. New York: Doubleday.
Bibby, Reginald, 1997: Going, Going, Gone. The Impact of Geographical Mobility on Religious Involvement, in: Review of Religious Research 38 (4), 289-307.
Brown, L. Carl, 2000: Religion and State. The Muslim approach to Politics. New York: Columbia University Press.
Buijs, Frank/Rath, Jan, 2002: Muslims in Europe. The State of Research. New York: Russell Sage Foundation.
Campbell, Robert/Curtis, James, 1994: Religious Involvement across Societies. Analyses for Alternative Measures in National Surveys, in: Journal of the Scientific Study of Religion 33 (3), 215-229.
Central Bureau of Statistics, 2007. Bevolkingstrends. The Hague: CBS.
Dagevos, Jaco/Gijsberts, Merove, 2007: Jaarraport integratie minderheden. The Hague: SCP.
Dassetto, Felice/Nonneman, Gerd, 1996: Islam in Belgium and the Netherlands. Towards a Typology of Transplanted Islam, in: *Nonneman, Gerd/Niblock, T./Szajkowski, B.* (Eds.), Muslim Communities in the New Europe. Reading: Ithaca, 187-217.
de Graaf, Nan Dirk/Need, Ariane/Ultee, Wout, 2000: Levensloop en kerkverlating. Een nieuwe overkoepelende verklaring en enkele empirische regelmatigheden, in: Mens en Maatschappij 75, 229-257.

Dekker, Gerard/Bernts, Ton/de Hart, Joep, 2006: God in Nederland: 1996-2006. Kampen: Ten Have.
Diehl, Claudia/Schnell, Rainer, 2006. Reactive Ethnicity or Assimilation? Statements, Arguments, and First Empirical Evidence for Labor Migrants in Germany, in: International Migration Review 40 (4), 786-816.
Ebaugh, Helen R./Chafetz, Janet S., 2000: Religion and the New Immigrants. Walnut Creek: Altamira Press.
Ellison, Christopher/Sherkat, Darren, 1990: Patterns of Religious Mobility among Black Americans, in: Sociological Quarterly 31, 551-568.
Esposito, John L., 1992: The Islamic Threat: Myth or Reality? Oxford: Oxford University Press.
Esser, Hartmut, 1980: Aspekte der Wanderungssoziologie. Assimilation und Integration von Wanderern, ethnischen Gruppen und Minderheiten. Eine handlungstheoretische Analyse. Darmstadt: Luchterhand.
Esser, Hartmut, 2004: Does the New Immigration Require a New Theory of Intergenerational Integration?, in: International Migration Review 38, 1126-1159.
Finke, Roger/Stark, Rodney, 1988: Religious Economies and Sacred Canopies. Religious Mobilisation in American Cities, in: American Sociological Review 53, 41-49.
Firebaugh, Glenn/Harley, Brian, 1991: Trends in U.S. Church Attendance: Secularization and Revival, or Merely Lifecycle Effects?, in: Journal for the Scientific Study of Religion 30, 487-500.
Geertz, Clifford, 1981: Islam Observed. Religious Developments in Morocco and Indonesia. Chicago: University of Chicago Press.
Gellner, Ernest, 1981: Muslim Society. Cambridge, UK: Cambridge University Press.
Gijsberts, Merove/Dagevos, Jaco, 2005: The Socio-cultural Integration of Ethnic Minorities in the Netherlands: Identifying Neighbourhood Effects on Multiple Integration Outcomes, in: Housing Studies 22 (5), 803-831.
Gordon, Milton, 1964: Assimilation in American Life. New York: Oxford University Press.
Greeley, Andrew M., 1972: The Denominational Society. Glenview, IL: Scott. Foresman.
Halman, Loek/Verweij, Johan, 1998: De Persistentie van Religie in de Hedendaagse Samenleving?, in: Sociale Wetenschappen 41, 70-89.
Hammond, Phillip E., 1998: Religion and Ethnicity in Late Twentieth Century America, in: Annals of the American Academy of Political and Social Science 527, 55-66.
Herberg, Will, 1955: Protestant-Catholic-Jew. Garden City: Doubleday.
Hout, Michael/Greeley, Andrew M., 1987: The Center doesn't Hold. Church Attendance in the US 1940-1984, in: American Sociological Review 52, 325-345.
Hurh, Won M./Kim, Kwang C., 1990: Religious Participation of Korean Immigrants in the US, in: Journal for the Scientific Study of Religion 29, 19-34.
Inglehart, Ron (Ed.), 2003: Human Values and Social Change. Findings from the Values Surveys. Leiden: Brill.
Jelen, Ted G. (Ed.), 2000: Sacred Markets, Sacred Canopies. Boston Way: Rowman & Littlefield.
Jetten, Jolanda/Branscombe, Nyla R./Schmitt, Michael T./Spears, Russell, 2001: Rebels with a Cause. Group Identification as a Response to Perceived Discrimination from the Mainstream, in: Personality and Social Psychology Bulletin 27, 1204-1213.
Kemper, Frank, 1996: Religiositeit, etniciteit en welbevinden. Nijmegen: Uitgeverij KUN.
Khoroskavar, Farad, 1997: L'islam des jeunes. Paris: Flammarion.
Lechner, Frank J., 1996: Secularisation in the Netherlands?, in: Journal for the Scientific Study of Religion 35, 252-264.
Legge, Jerome S., 1997: The Religious Erosion-assimilation Hypothesis. The Case of US Jewish Immigrants, in: Social Science Quarterly 78, 472-486.
Lenski, Gerhard, 1961: The Religious Factor. Garden City: Double Day.
Lesthaeghe, Ron, 1998: Islamitische gemeenschappen in België. Fundamentalisme of Secularisatie?, in: Sociologische Gids 45 (3), 166-179.
Lesthaeghe, Ron (Ed.), 2000: Communities and Generations. Brussels: VUB Press.
Luhmann, Niklas, 2000: Die Religion der Gesellschaft. Frankfurt a. M.: Suhrkamp.
Martin, David, 1991: The Secularisation Issue. Prospect and Retrospect, in: The British Journal of Sociology 42, 465-474.

Min, Pyong G., 1992: The Structure and Social Functions of Korean Immigrant Churches in the US, in: International Migration Review 26 (4), 1370-1394.
Moaddel, Mansoor, 2002: The Study of Islamic Culture and Politics. An Overview and Assessment, in: Annual Review of Sociology 28, 359-386.
Moaddel, Mansoor/Azadarmaki, T., 2003: The Worldviews of Islamic Publics. The Cases of Egypt, Iran and Jordan, in: *Inglehart, Ron* (Ed.), Human Values and Social Change. Findings from the Values Surveys. Leiden: Brill, 69-90.
Modood, Tariq/Berthoud, Richard, 1997: Ethnic Minorities in Britain. Diversity and Disadvantage. London: PSI.
Myers, Scott M., 1996: An Interactive Model of Religiosity Inheritance. The Importance of Family Context, in: American Sociological Review 61, 858-866.
Need, Ariane/de Graaf, Nan Dirk, 1996: Losing my Religion. A Dynamic Analysis of Leaving Church in the Netherlands, in: European Sociological Review 12, 87-99.
Nelsen, Hart M./Allen, David A., 1974: Ethnicity, Americanisation and Religious Attendance, in: American Journal of Sociology 79 (4), 906-921.
Norris, Pippa/Inglehart, Ron, 2003: Islamic Culture and Democracy, in: *Inglehart, Ron* (Ed.), Human Values and Social Change. Findings from the Values Surveys. Leiden: Brill, 5-34.
Norris, Pipa/Inglehart, Ron, 2007: Sacred and Secular. Cambridge, UK: Cambridge University Press.
Olson, Daniel V. A./Perl, Paul, 2001: Variations in Strictness and Religious Commitment within and among Five Denominations, in: Journal for the Scientific Study of Religion 40, 757-764.
Phalet, Karen/ter Wal, Jessika (Eds.), 2004: Moslim in Nederland. The Hague/Utrecht: SCP/Ercomer.
Phalet, Karen/Lotringen, Claudia van/Entzinger, Han, 2000: Islam in de Multiculturele Samenleving. Utrecht: Ercomer Research Report, 2000/1.
Portes, Alejandro/Rumbaut, Ruben, 2001: Legacies. The Story of the Immigrant Second Generation. Berkeley and Los Angeles/New York: University of California Press/Russell Sage Foundation.
Schiffauer, Werner, 2000: Die Göttesmänner. Frankfurt a. M.: Suhrkamp.
Shadid, Wasif/van Koningsveld, Sjoerd, 1996: Political Participation and the Identities of Muslims in non-Muslim States. Kampen: Kok Pharos.
Sherkat, Darren E., 2001: Tracking the Restructuring of American Religion, in: Social Forces 79 (4), 1459-1493.
Sherkat, Darren E./Ellison, Christopher G., 1999: Recent Developments and Current Controversies in the Sociology of Religion, in: Annual Review of Sociology 25, 363-394.
Sherkat, Darren E./Wilson, John, 1995: Preferences, Constraints and Choices in Religious Markets, in: Social Forces 73 (3), 993-1026.
Sivan, Emmanual, 1995: The Enclave Culture, in: *Marty, M. M./Appleby, R. S.* (Eds.), Fundamentalisms Comprehended. Chicago: University of Chicago Press, 11-68.
Smith, Christian/Sikkink, David/Bailey, Jason, 1998: Devotion in Dixie and Beyond. A Test of the Shibley Thesis on the Effects of Regional Origin and Migration on Individual Religiosity, in: Journal for the Scientific Study of Religion 37, 494-506.
Sniderman, Paul/Hagendoorn, Louk, 2007: When Ways of Life Collide. Princeton: Princeton University Press.
Stark, Rodney/Iannacone, Laurence R., 1994: A Supply-side Reinterpretation of the 'Secularisation' of Europe, in: Journal for the Scientific Study of Religion 33, 230-252.
Stark, Rodney/Finke, Roger, 2000: Acts of Faith. Explaining the Human Side of Religion. Berkeley, CA: University of California Press.
Stump, Roger W., 1984: Regional Migration and Religious Commitment in the US, in: Journal for the Scientific Study of Religion 23 (3), 292-303.
Sunier, Thijl, 1996: Islam in beweging. Amsterdam: Spinhuis.
Tschannen, Olivier, 1991: The Secularisation Paradigm. A Systematisation, in: Journal for the Scientific Study of Religion 30 (4), 395-415.
Tribalat, Michele, 1996: De l'Immigration à l'Assimilation. Paris: INED/La Découverte.
van Solinge, Hanna/de Vries, Marlene, 2001: De Joden in Nederland anno 2000. Demografisch Profiel en Binding aan het Jodendom. Amsterdam: Aksant.

van Tubergen, Frank, 2003: Religieuze Participatie en Geloof van Immigranten in Nederland, in: Mens en Maatschappij 78, 331-354.
Vertovec, Steve/Peach, Ceri (Eds.), 1997: Islam in Europe. The Politics of Religion and Community. Houndsmill: MacMillan.
Vertovec, Steven/Rogers, Alisdair, 1999: Muslim European Youth. Reproducing Ethnicity, Religion, Culture. Aldershot: Ashgate.
Waardenburg, Jacques, 2001: Institutionele Vormgeving van de Islam in Nederland Gezien in Europees Perspectief. The Hague: WRR.
Warner, R. Stephen, 1993: Work in Progress Toward a New Paradigm for the Sociological Study of Religion in the US, in: American Journal of Sopciology 98 (5), 1044-1093.
Warner, R. Stephen/Wittner, Judith G., 1998: Gatherings in Diaspora. Religious Communities and the New Immigration. Philadelphia: Temple University.
Webber, Jonathan, 1997: Jews and Judaism in Contemporary Europe. Religion or Ethnic Group?, in: Ethnic and Racial Studies 20 (1), 257-279.
Weidacher, Alois, 2000: In Deutschland zu Hause. Opladen: Leske + Budrich.
Welch, Michael R./Baltzell, John, 1984: Geographic Mobility, Social Integration, and Church Attendance, in: Journal for the Scientific Study of Religion 23, 75-91.
Wuthnow, Robert/Cristiano, Kevin, 1979: The Effects of Residential Migration on Church Attendance in the US, in: *Wuthnow, R.* (Ed.), The Religious Dmension. New York: Academic Press, 257-276.
Yang, Fenggang/Ebaugh, Helen R., 2001: Transformations in New Immigrant Religions and their Global Implications, in: American Sociological Review 66, 269-288.
Zhou, Min, 1999: Segmented Assimilation. Issues, Controversies and Recent Research on the New Scond Gneration, in: *Hirschmann, C./Kasinitz, Phillip/DeWind, Josh* (Eds.), The Handbook of International Migration. New York: Russell Sage, 196-211.
Zolberg, Aristide/Long, Woon, 1999: Why Islam is like Spanish. Cultural Incorporation in Europe and in the US, in: Politics and Society 27, 5-38.

Correspondence: Prof. Dr. Karen Phalet, Utrecht University, Faculty of Social Science, ERCOMER, P.O. box 80.140, 3508 TC Utrecht, The Netherlands
E-Mail: k.phalet@fss.uu.nl

DIE ENTSCHEIDUNG ZUR EINBÜRGERUNG

Optionen, Anreize und identifikative Aspekte*

Claudia Diehl und Michael Blohm

Zusammenfassung: Existierende Befunde zum Einbürgerungsverhalten in Deutschland weisen auf eine ungewöhnliche Sonderstellung türkischer Immigranten hin. Obwohl ihre Eingliederung auf den meisten Assimilationsdimensionen langsamer voran schreitet als die vergleichbarer Gruppen lassen sie sich häufiger einbürgern als diese. Anhand amtlicher Daten wird zunächst die Entwicklung der Einbürgerungsquoten dargestellt. Danach wird mit den Daten des Mikrozensus und des SOEP gezeigt, dass türkische Einwanderer auch dann eine höhere Einbürgerungsquote aufweisen, wenn Gruppenunterschiede im Anteil der Einbürgerungsberechtigten berücksichtigt werden. Anschließend wird ein „rechtliches Anreizmodell" der Einbürgerung präsentiert. Es zeigt sich, dass sich die Gruppenunterschiede im Einbürgerungsverhalten sogar vergrößern, wenn Individualmerkmale kontrolliert werden, die Indikatoren für die rechtlichen Vor- und Nachteile der Einbürgerung darstellen. Abschließend wird untersucht, welche Rolle identifikative Aspekte bei der Erklärung gruppenspezifischer Einbürgerungsquoten spielen könnten. Offenbar steigt nur bei den türkischstämmigen Einwanderern die Einbürgerungsabsicht mit der sozialen Assimilation an. Obwohl diesem Befund derzeit nicht weiter nachgegangen werden kann, deutet er darauf hin, dass die Einbürgerung für Angehörige von Herkunftsnationalitäten mit einem niedrigen Gruppenstatus möglicherweise eine besonders hohe Attraktivität besitzt.

I. Problemstellung

Obschon die Integration eingebürgerter Deutscher in der Regel weiter fortgeschritten ist als die „ausländischer" Migranten der ersten und folgenden Generationen[1] (Haug 2002; Salentin/Wilkening 2003), sind die unmittelbaren Auswirkungen der „rechtlichen" Integration auf die strukturelle, soziale und identifikative Eingliederung vermutlich gering. Die frühe Weichenstellung bei Bildungskarrieren und der häufig erst später im Lebenslauf liegende Einbürgerungszeitpunkt sprechen dafür, dass die Einbürgerung eher Folge denn Ursache eines fortgeschrittenen Integrationsprozesses ist. Auch im internationalen Vergleich zeigt sich, dass der Besitz des Passes des Aufnahmelandes nur begrenzte Bedeutung für die konkreten Lebenschancen von Minderheitenangehörigen besitzt (für einen Vergleich von Türken in Deutschland und Maghrebinern in Frank-

---

* Für hilfreiche Anregungen und Kommentare danken wir Gutachtern und Herausgebern dieses Sonderhefts sowie Matthias Koenig, Peter Preisendörfer und Martina Wasmer.
1 Um das Wortungetüm „Personen mit Migrationshintergrund" zu vermeiden, wird in diesem Beitrag der Begriff Migranten für Angehörige der ersten und nachfolgenden Einwanderergenerationen verwendet.

reich vgl. Tucci 2004). Die rechtliche Gleichstellung mit Einheimischen ist also keineswegs ein Garant gegen soziale und ökonomische Marginalisierung.

Aber selbst wenn die *unmittelbaren* Auswirkungen der Einbürgerung auf den Integrationsprozess gering sind, sollte die *mittelbare* Bedeutung steigender Einbürgerungszahlen nicht ignoriert werden. Die Einbürgerung ist die Voraussetzung für eine wichtige Form der politischen Mitbestimmung, die Teilnahme an Wahlen, und damit für die Beseitigung eines gravierenden Demokratiedefizits. Derzeit sind fast 10 Prozent der Wohnbevölkerung Deutschlands von diesem wichtigen Aspekt des politischen Willensbildungsprozesses ausgeschlossen, weil sie keine deutschen Staatsbürger sind. Da die Interessen eingebürgerter Zuwanderer im politischen System des Aufnahmelandes mehr Gewicht haben als die von „Ausländern", stellt die Einbürgerung indirekt durchaus einen Integrationskatalysator dar. Sie ermöglicht nicht nur eine effektivere Interessenvertretung von Eingewanderten, sie erhöht auch die Anreize für einen Fokuswechsel ihres politischen Interesses und fördert damit ihre ziellandorientierte Partizipation (für die USA vgl. Portes/Rumbaut 1996: 93 ff.). Bislang ist das politische Engagement von Einwanderern in Deutschland noch stark an den politischen Themen und Konflikten der Herkunftsländer ausgerichtet (vgl. Diehl 2002; Koopmanns et al. 2005; Ögelman 2003).

Das Einbürgerungsverhalten hat im Vergleich zum Einbürgerungsrecht in Deutschland nur wenig akademische Aufmerksamkeit gefunden (vgl. aber Diehl/Blohm 2003; Wobbe/Otte 2000; qualitativ: Wunderlich 2005; Prümm 2004). In der europäischen Forschung dominiert die „makro-institutionell" ausgerichtete Herangehensweise an das Thema (vgl. etwa Brubaker 1992; Gerdes/Faist 2006; Hagedorn 2001), während in den klassischen Einwanderungsländern, vor allem in den USA, Kanada und Australien, die markanten Intra- und Intergruppenunterschiede im Einbürgerungsverhalten und deren Bestimmungsfaktoren im Mittelpunkt des Interesses stehen. Dabei wird die Einbürgerungsentscheidung anhand großer nationaler Datensätze *(US-Census, Current Population Survey, National Latino Immigrant Survey, New Immigrant Survey)*, prozessgenerierter Daten oder qualitativer Studien unter Rückgriff auf individuelle, gruppenbezogene oder institutionelle Variablen untersucht.

Dieser augenfällige Unterschied zwischen der europäischen und angelsächsischen Forschungstradition liegt sicherlich auch in der unzulänglichen Datenbasis begründet. In vielen deutschen Datensätzen sind Eingebürgerte entweder gar nicht als solche identifizierbar oder stellen zahlenmäßig eine recht kleine Gruppe dar. Diese missliche Situation hat sich mittlerweile in zweierlei Hinsicht verbessert: Zum einen stehen mit dem Mikrozensus 2005 erstmals amtliche Individualdaten zum Einbürgerungsgeschehen zur Verfügung, da in diesem Jahr unabhängig von der Staatsbürgerschaft der „Migrationshintergrund" der Befragten erhoben wurde. Zum anderen ist die Gruppe der Eingebürgerten in den letzten Jahren weiter gewachsen, so dass mittlerweile systematischere Analysen für dieses Segment der zugewanderten Bevölkerung möglich sind.

Wir werden in diesem Beitrag die Entwicklung des Einbürgerungsgeschehens beschreiben und versuchen, die nationalitätenspezifischen Unterschiede in den Einbürgerungsmustern zu erklären. Im Hinblick auf letztere wollen wir uns vor allem mit der augenscheinlichen „Anomalie" auseinandersetzen, dass die Gruppe der türkischen Einwanderer in den letzten Jahren überproportional zu ihrem Bevölkerungsanteil zum

Pool der jährlichen Neubürger beigetragen hat. Wie wir weiter unten noch genauer zeigen werden, stellen türkische Einwanderer auf den gängigen Assimilationsdimensionen „Nachzügler" dar und ihnen werden häufig starke Bindungen ans Herkunftsland und gar Abschottungstendenzen gegenüber Deutschland attestiert. Angesichts des mutmaßlichen Zusammenhangs der rechtlichen mit anderen Eingliederungsdimensionen ist ihre hohe Einbürgerungsneigung also erklärungsbedürftig.

Wir werden unseren Ausgangsbefund zunächst anhand neuerer amtlicher Daten veranschaulichen *(II)*. Im dritten Abschnitt *(III)* stellen wir mögliche Erklärungen der nationalitätenspezifischen Unterschiede im Einbürgerungsverhalten dar und formulieren unsere Hypothesen, bevor wir die Datenbasis vorstellen *(IV)* und unsere empirischen Analysen präsentieren *(V)*. Eine Zusammenfassung und ein Ausblick beschließen den Beitrag *(VI)*.

II. Die Entwicklung des Einbürgerungsgeschehens

Die Einbürgerungsgesetzgebung in Deutschland stand lange Zeit im Spannungsfeld zwischen einem ethno-nationalen Staatsbürgerschaftsverständnis einerseits und einem relativ hohen Bevölkerungsanteil von (im juristischen Sinne) „Nichtdeutschen" andererseits. Als bald nach der deutschen Wiedervereinigung das Staatsbürgerschaftsrecht nach einem jahrzehntelangen rechtlichen Stillstand in mehreren Schritten reformiert wurde, kam es zu einem Anstieg der Einbürgerungszahlen. Dieser dauerte bis 2000 an, dem Jahr der letzten größeren Gesetzesreform. Seitdem sinken die Einbürgerungszahlen wieder. Dieser scheinbar paradoxe Befund ist vor allem auf die Einführung des *jus soli* für viele in Deutschland geborene Kinder ausländischer Eltern zurückzuführen, denn diese tauchen in der Einbürgerungsstatistik seit 2000 nicht mehr auf. Außerdem schlugen bei den hohen Zahlen im Jahr 2000 die rückwirkenden *jus soli*-Einbürgerungen von zwischen 1990 und 2000 geborenen Kindern zu Buche.[2] Tatsächlich zeigen hier nicht dargestellte Analysen, dass der Rückgang der Einbürgerungen bei den Kindern besonders stark war. Darüber hinaus hat sich der aufgestaute Pool der Einbürgerungsbereiten und -berechtigten durch die „Einbürgerungswelle" der 1990er Jahre verringert. Die Dynamik des Einbürgerungsgeschehens hat also deutlich nachgelassen, wenngleich im Jahr 2006 die Einbürgerungszahlen erstmalig wieder etwas angestiegen sind.

Abbildung 1 gibt einen Überblick über die Entwicklung seit Mitte der 1990er Jahre. Dargestellt sind die jährlichen amtlichen Einbürgerungsquoten für drei quantitativ besonders bedeutsame Nationalitätengruppen.[3] Wir beschränken uns hier auf die überwiegend im Zuge der Rekrutierungsperiode nach Deutschland migrierten Einwanderer aus der Türkei, aus dem Gebiet des ehemaligen Jugoslawien und aus den EU-15-Staaten, weil weitergehende Analysen zur Einbürgerungsentscheidung aufgrund der Datenlage nur für diese Gruppen möglich sind. Gleichwohl sei erwähnt, dass sich die als

---

[2] Bei den sehr hohen Einbürgerungszahlen im Jahr 1999 haben qualitativen Studien zufolge auch antizipierte Verschärfungen in den Einbürgerungserfordernissen eine Rolle gespielt (vgl. Anil 2007).

[3] Die Einbürgerungsquoten geben an, wie viele von 100 in Deutschland lebenden Personen einer Nationalitätengruppe in einem Jahr eingebürgert wurden.

Abbildung 1: Entwicklung der Einbürgerungsquoten ausgewählter Nationalitätengruppen seit 1995

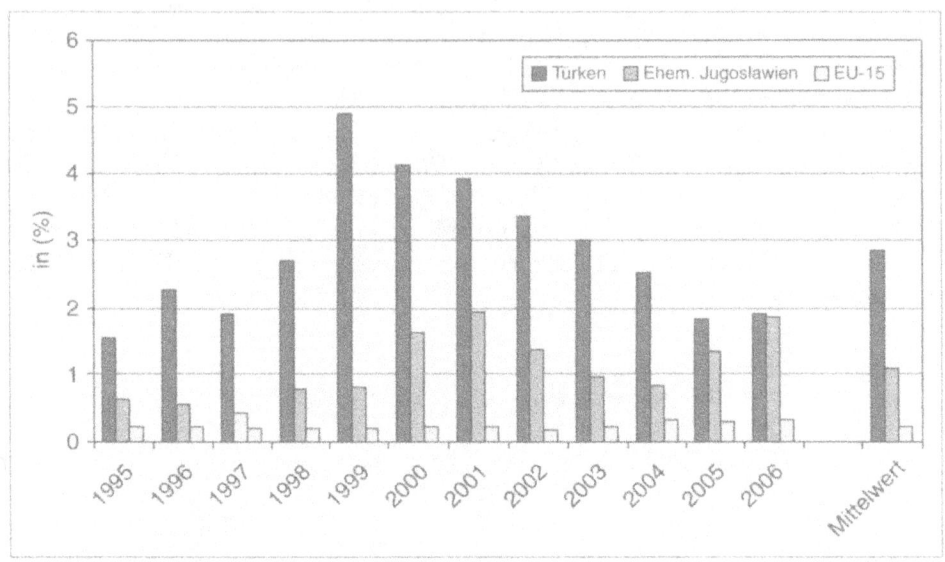

Quelle: Ausländerzentralregister, Einbürgerungsstatistik; eigene Berechnungen.

anerkannte Asylbewerber in Deutschland lebenden Angehörigen kleiner Nationalitätengruppen (z. B. aus Afghanistan) recht häufig einbürgern lassen. Dies ist wohl primär darauf zurückzuführen, dass Asylberechtigte unter Beibehaltung ihrer alten Staatsbürgerschaft eingebürgert werden.

Die Betrachtung der nationalitätenspezifischen Einbürgerungsquoten zeigt, dass Türken in *allen* Jahren die höchste jährliche Einbürgerungsquote aufweisen. Diese Regelhaftigkeit kann offenbar nicht kurzfristigen Änderungen in den politischen Rahmenbedingungen zugeschrieben werden, wenngleich diese sicherlich einen Beitrag zur Erklärung der Schwankungen leisten. Dies gilt etwa für die Einführung der *Pink Card* im Jahr 1995, die türkischstämmigen Deutschen in der Türkei weitgehende Gleichstellung mit Türken garantierte.[4] Ähnliches kann im Hinblick auf die in jüngster Zeit gestiegenen Einbürgerungsquoten der Einwanderer aus dem Gebiet des ehemaligen Jugoslawien konstatiert werden, die ausschließlich dem Anstieg bei der Subgruppe der Migranten aus Serbien-Montenegro geschuldet ist, während Kroaten und Bosnier anhaltend niedrige Quoten verzeichnen (vgl. Statistisches Bundesamt 2007). Der Anstieg bei den Serben, die 2006 zu 90 Prozent unter Hinnahme von Mehrstaatigkeit eingebürgert wurden, ist vor allem auf die Akzeptanz der doppelten Staatsbürgerschaft bei den Kosovo-Albanern serbisch-montenegrinischer Staatsangehörigkeit zurückzuführen. Insgesamt haben sich innerhalb des betrachteten Zeitraums pro Jahr im Schnitt rund 2,5 bis 3 Prozent der Türken, rund 1 Prozent der Einwanderer aus dem Gebiet des ehemali-

---

4 Die *Pink Card* wurde offenbar nur wenig in Anspruch genommen. Caglar zufolge besaßen in Berlin im Jahr 2000 nur 2302 Türken (von 132 000) diese Karte (2004: 283 f.).

gen Jugoslawien und weniger als 0,5 Prozent der in Deutschland lebenden Staatsbürger aus den EU-15-Staaten einbürgern lassen.

Warum aber wurden in den letzten Jahren deutlich mehr Türken als Einwanderer aus dem ehemaligen Jugoslawien eingebürgert? Als Drittstaatenangehörige und ehemalige Arbeitsmigranten haben beide eine ähnliche rechtliche Stellung und, sieht man einmal von den Bürgerkriegsflüchtlingen ab, eine ähnliche Einwanderungsgeschichte, wie auch die insgesamt recht hohe durchschnittliche Aufenthaltsdauer der Eingebürgerten zeigt.[5] Im nächsten Abschnitt werden drei mögliche Erklärungen für das „Rätsel" der vergleichsweise hohen Einbürgerungsneigung türkischer Einwanderer dargestellt.

III. Die Einbürgerungsentscheidung: Theoretische Überlegungen, existierende Befunde und Hypothesen

Eine *erste*, und die einfachste, Erklärung für die Sonderstellung der türkischen Einwanderer könnte lauten, dass ihnen die Option zur Einbürgerung häufiger offen steht als anderen Gruppen. Beispielsweise könnten sie eher die aufenthaltsrechtlichen Einbürgerungsvoraussetzungen erfüllen als andere Migrantengruppen. *Zweitens* wäre denkbar, dass Türken sich häufiger einbürgern lassen, weil für sie die rechtliche Anreizstruktur der Einbürgerung besonders günstig ist. In der angelsächsischen Forschung hat sich gezeigt, dass auch innerhalb desselben rechtlichen Kontexts unterschiedliche Gruppen unterschiedlich stark von den Vorteilen der Einbürgerung profitieren. Während bei diesen beiden Erklärungsansätzen die rechtlichen Möglichkeiten und Vorteile im Vordergrund stehen, zielt eine *dritte* mögliche Erklärung eher auf die identifikativen Aspekte des Einbürgerungsgeschehens ab. Diese könnten die Option, Deutsche/r zu werden, für verschiedene Migrantengruppen auch unabhängig von den damit verbundenen rechtlichen Vorteilen unterschiedlich attraktiv erscheinen lassen.

1. Unterschiedliche Einbürgerungsquoten als Folge unterschiedlicher Einbürgerungsoptionen

Die Einbürgerung ist in der Regel an bestimmte Voraussetzungen geknüpft, die sich je nach Aufnahmekontext unterscheiden. In Deutschland galt bis zur Wiedervereinigung ein restriktives Einbürgerungsrecht, d. h. der Status als „Deutsche/r" wurde in den allermeisten Fällen durch die Geburt als Kind deutscher Eltern erworben. Nachdem 1990 zunächst ein Regelanspruch und 1993 auch ein Rechtsanspruch für lange in Deutschland lebende sowie für jüngere Ausländer geschaffen wurde, trat im Jahr 2000 das grundlegend reformierte Einbürgerungsrecht in Kraft, das vorsieht, dass viele in Deutschland geborene Immigrantenkinder bei der Geburt in Deutschland *(jus soli)* zunächst sowohl die deutsche als auch die Staatsbürgerschaft ihrer Eltern erhalten. Bis zum Alter von 23 Jahren müssen sie sich allerdings für eine der beiden Staatsbürger-

---

[5] Diese lag laut amtlichen Angaben z. B. im Jahr 2005 bei den Serben bei 15, bei den Türken bei 20, bei den Kroaten bei 23 und bei den Italienern bei 27 Jahren (Statistisches Bundesamt 2006a).

schaften entscheiden. Zudem wurde für Migranten, die sich einbürgern lassen wollen, die nötige Aufenthaltsdauer von fünfzehn auf acht Jahre verkürzt. Die Einbürgerung ist in der Regel an die Aufgabe der Staatsbürgerschaft des Herkunftslandes geknüpft und setzt auch voraus, dass die Betroffenen ihren Lebensunterhalt in Deutschland bestreiten können, schriftlich ihre Loyalität gegenüber der deutschen Verfassung erklären, ein Grundwissen über die politischen Institutionen besitzen, einen Sprachtest bestehen (sofern sie nicht in Deutschland zur Schule gegangen sind) und eine Einbürgerungsgebühr bezahlen.[6]

In den oben vorgestellten amtlichen Daten wird die Zahl der Eingebürgerten nicht auf die Einbürgerungs*berechtigten*, sondern nur auf die Gesamtzahl der Personen einer bestimmten Nationalität bezogen. Daher ist theoretisch nicht auszuschließen, dass die höhere Einbürgerungsquote der Türken darauf zurückzuführen ist, dass sie besonders häufig die rechtlichen Voraussetzungen für eine Einbürgerung erfüllen. So könnten Einwanderer aus den EU-15-Ländern oder aus dem Gebiet des ehemaligen Jugoslawien – etwa aufgrund der zunehmenden innereuropäischen Mobilität (vgl. Mau 2007: 126 ff.) oder der hohen kriegsbedingten Zuzugszahlen aus dem Gebiet des ehemaligen Jugoslawien – seltener das Kriterium eines Mindestaufenthalts von acht Jahren erfüllen. Allerdings sind türkische Immigranten aufgrund des Familiennachzugs neben den Polen immer noch die größte Neuzuwanderergruppe und auch im Hinblick auf andere Einbürgerungsvoraussetzungen ist nicht davon auszugehen, dass Türken eher einbürgerungsberechtigt sind als andere Migrantengruppen. So dürften sie aufgrund ihrer vergleichsweise langsam voranschreitenden sprachlichen und strukturellen Integration häufiger Probleme haben, ausreichende Deutschkenntnisse vorzuweisen und den Nachweis des eigenständigen Erwerbs ihres Lebensunterhalts zu erbringen.

Eine Erklärung, die unterschiedlich hohe Einbürgerungsquoten auf gruppenspezifische Einbürgerungsoptionen zurückführt, setzt zudem letztlich das Interesse von Einwanderern an der Staatsbürgerschaft des Aufnahmelandes als gegeben voraus. Die ist aber schon deshalb problematisch, weil Einwanderern viele zivile, soziale und politische Rechte auch unabhängig von ihrem Status als Staatsbürger zugebilligt werden.

2. Rechtliche Einbürgerungsanreize

Die rechtlichen Vorteile der Einbürgerung hängen vor allem von dem Grad der rechtlichen Gleichstellung von dauerhaft im Land lebenden Migranten und Einheimischen ab. Diese unterscheidet sich je nach nationalem Kontext und variiert auch zwischen verschiedenen Gruppen innerhalb ein und desselben Kontexts. Ähnliches gilt für die Nachteile bzw. Einbürgerungskosten. Die konkrete rechtliche Anreizstruktur der Einbürgerung hängt ab von den rechtlichen Rahmenbedingungen im Aufnahme- und im Herkunftsland, von Merkmalen auf der Gruppenebene, von den individuellen Merkmalen der Einzubürgernden und vom Zusammenspiel dieser Faktoren.

---

6 Jedes in Deutschland geborene Kind, dessen Vater oder Mutter seit 8 oder mehr Jahren in Deutschland lebt und eine unbegrenzte Aufenthaltserlaubnis besitzt, hat ein Anrecht auf die deutsche Staatsbürgerschaft. Diese Regelung galt bei ihrer Einführung auch rückwirkend für bis zum Jahre 1990 geborene Kinder.

In Abhängigkeit vom rechtlichen Kontext wird mit der Einbürgerung bisweilen ein direkter Zugang zu Ressourcen erworben, etwa in der Form von nur Staatsbürgern offen stehenden Transferzahlungen.[7] So wurden in den USA in den 1990er Jahren die sozialen Rechte von *Legal Permanent Residents* deutlich beschnitten (zum „protective citizenship" vgl. Gilbertson/Singer 2003; Borjas 2001; Yang 1994b; kritisch dazu Balistreri/van Hook 2004). Darüber hinaus eröffnet die Einbürgerung häufig bessere Nutzungsmöglichkeiten individueller Humankapital- oder sozialer Ressourcen: Reiseerleichterungen und der Zugang zu Stellen oder Stipendien können die Transferierbarkeit und damit die Erträge des Humankapitals erhöhen, und das Wahlrecht ist in vielen Fällen die Voraussetzung für eine effektive Nutzung politischer Kenntnisse und Fähigkeiten. In manchen Aufnahmeländern kann zudem soziales Kapital in Form von Verwandten im Herkunftsland von Eingebürgerten besser „genutzt" werden, da diese zusätzliche Möglichkeiten zum Familiennachzug erwerben (Jasso/Rosenzweig 1990: 98). Umgekehrt ist die Einbürgerung auch mit Kosten verbunden. Hier sind die je nach Land unterschiedlich hohen Einbürgerungskosten sowie die monetären, sozialen und emotionalen Kosten der Entlassung aus der alten Staatsbürgerschaft zu nennen. Diese fallen allerdings nur an, wenn den Einzubürgernden die Beibehaltung ihrer alten Staatsbürgerschaft versagt wird. Es gibt Hinweise darauf, dass die Gewährung der Option einer doppelten Staatsbürgerschaft zu einem deutlichen Anstieg der Einbürgerungszahlen führt (für die Niederlande vgl. Bevelander/Veenman 2006).

Die rechtliche Anreizstruktur der Einbürgerung variiert auch mit individuellen Merkmalen der Einzubürgernden. So werden von den besseren Nutzungsmöglichkeiten individuell kontrollierter Humanressourcen in der Regel die höher Gebildeten mehr profitieren als einfache Arbeiter (für bestätigende empirische Befunde vgl. Jasso/Rosenzweig 1986; Liang 1994; Portes/Mozo 1985; klassisch: Bernard 1936; kritisch: Evans 1988; für die Einbürgerungsabsicht: Massey/Akresh 2006; Portes/Curtis 1987). Ebenso werden volle politische Rechte vor allem für solche Einwanderer einen Einbürgerungsanreiz darstellen, die sich für Politik interessieren (für bestätigende Befunde vgl. Diehl/Blohm 2003; Freeman et al. 2002; Pantoja/Gershon 2006).[8] Außerdem kann, wer sich in jungen Jahren einbürgern lässt und dauerhaft im Zielland bleiben möchte, über einen längeren Zeitraum von den Vorteilen der Einbürgerung profitieren als jemand, der kurz vor der Verrentung steht oder Rückwanderungspläne hat.

Merkmale auf der Gruppenebene beeinflussen ebenfalls die Anreizstruktur der Einbürgerung. So wird einerseits argumentiert, dass eine zunehmende Gruppengröße und Gruppenkonzentration die Diffusion von Informationen über den Einbürgerungsprozess fördern, andererseits wird darauf verwiesen, dass diese Faktoren das Zugehörigkeitsgefühl zum Aufnahmeland schwächen können (Alvarez 1987; Yang 1994a, 1994b). Ebenso ist denkbar, dass unter bestimmten Bedingungen ein enger Gruppen-

---

7 Folglich wird der Befund, dass in den USA Schwarze, Asiaten und Lateinamerikaner ceteris paribus höhere Einbürgerungsquoten aufweisen als die dauerhaft im Land lebenden und in der Regel strukturell und sozial weitgehend integrierten Europäer oder Kanadier (Yang 1994a; Portes/Mozo 1985) häufig mit dem Verweis auf den prekären rechtlichen Status jener Gruppen erklärt (Yang 1994b: 596).
8 Ebenso haben sich auch politische Migrationsmotive (Woodrow-Lafield et al. 2004; Aguirre/Saenz 2002) empirisch als „einbürgerungsfördernde" Merkmale erwiesen.

zusammenhalt die sozialen Kosten der Einbürgerung erhöhen kann, etwa wenn diese als Illoyalität gegenüber dem Herkunftsland wahrgenommen wird.

In Bezug auf die Rahmenbedingungen speziell in Deutschland ist festzustellen, dass Eingebürgerte im Vergleich zu Einwanderern mit einem verfestigten Aufenthaltsstatus verhältnismäßig wenige zusätzliche Rechte genießen. Weil das deutsche Staatsbürgerschaftsrecht fast ein Jahrhundert lang vom Abstammungsprinzip, dem *jus sanguinis*, beherrscht wurde (Brubaker 1992), gleichzeitig aber viele „Ausländer" dauerhaft im Land lebten, wurden diesen viele soziale, zivile und sogar politische Rechte, unabhängig von ihrem formalen Staatsbürgerschaftsstatus, zugesichert (Castles 1994; Hammar 1990; Prümm 2004; Santel 1998). EU-Bürger genießen seit Einführung der „Unionsbürgerschaft" Anfang der 1990er Jahre eine nahezu vollständige rechtliche Gleichstellung mit Staatsbürgern. Einbürgerungsberechtigte Drittstaatenangehörige besitzen bereits einen verfestigten Aufenthaltsstatus und sind damit Staatsbürgern zwar nicht vollständig, aber in vielerlei Hinsicht rechtlich gleichgestellt.

So können einbürgerungsberechtigte Drittstaatenangehörige mit einer Aufenthaltsberechtigung oder einer unbefristeten Aufenthaltserlaubnis ebenso wenig ausgewiesen werden wie eingebürgerte Migranten.[9] Wer das Anrecht auf die deutsche Staatsbürgerschaft besitzt, erfüllt fast immer auch die Voraussetzungen für den Erwerb einer Arbeitsberechtigung, die es gestattet, in jedem Beruf zu arbeiten oder sich selbstständig zu machen. Positionen im öffentlichen Dienst stehen auch Drittstaatenangehörigen offen, allerdings ist die Beamtenlaufbahn deutschen Staatsbürgern und EU-Angehörigen vorbehalten, ebenso wie die Approbation als Ärztin oder Apotheker. Der deutsche Pass bietet auch einige Erleichterungen, wenn es um längere Reisen ins Ausland geht. In Deutschland genießen Staatsbürger gegenüber legalen Migranten kaum zusätzliche Rechte zum Familiennachzug. Außer in Härtefällen können auch erstere nur Ehepartner und minderjährige Kinder nachholen, genau wie Migranten mit einer Aufenthaltserlaubnis. Allerdings können deutsche Staatsbürger diese nahen Verwandten auch dann nachholen, wenn sie Sozialhilfe beziehen, und müssen nicht nachweisen, dass sie über ausreichend Wohnraum verfügen. EU-15-Bürgerinnen und -Bürger dürfen in Deutschland an Kommunal- und Europawahlen teilnehmen, Drittstaatenangehörige genießen indes kein Wahlrecht.

Kostenseitig ist vor allem wichtig, dass in Deutschland mittlerweile im Zuge binationaler Abkommen für die meisten EU-15-Bürger die doppelte Staatsbürgerschaft akzeptiert wird. Letzteres gilt, wie bereits erwähnt, seit Kurzem auch für viele serbische Staatsangehörige. Türkischstämmige Einwanderer dürfen indes nur dann ihre alte Staatsbürgerschaft behalten, wenn sie (wie z. B. viele Kurden) als Asylberechtigte in Deutschland leben. Allerdings wurden in der Türkei zeitweilig türkischstämmige Deutsche wieder eingebürgert, die vormals ihren türkischen Passes abgeben hatten, um dem deutschen Mehrstaatigkeitsverbot zu entsprechen; eine Praxis, die in den Jahren vor der neuen Gesetzgebung im Jahr 2000 geduldet wurde. Diese Politik, die knapp 50 000 Doppelstaatler hervorgebracht hat (Deutscher Bundestag Drucksache 15/4880) wurde

---

9 Dies gilt nicht in Fällen schwerer Straffälligkeit oder bei dauerhaftem Sozialhilfebezug, dann sind sie aber auch nicht einbürgerungsberechtigt.

auf Protest der deutschen Bundesregierung hin bald darauf eingestellt (vgl. FAZ vom 7.2.2005).

Zusammenfassend lässt sich feststellen, dass dauerhaft in Deutschland lebende Migranten durch die Einbürgerung zwar gewisse zusätzliche Rechte erwerben, die rechtlichen Vorteile der Einbürgerung aber im Vergleich zu Ländern wie den USA begrenzt sind. Die Kosten der Einbürgerung sind in Deutschland indes gerade für diejenigen Gruppen hoch, die nicht unter Beibehaltung ihrer alten Staatsbürgerschaft eingebürgert werden. Damit stellt sich die Frage, ob rechtliche Vorteile tatsächlich die wesentlichen motivationalen Anreize für eine Einbürgerung darstellen.

3. Die Einbürgerung als „ethnic boundary crossing"

Aus assimilationstheoretischer Perspektive hat die Einbürgerung für Angehörige klar abgegrenzter oder gar stigmatisierter ethnischer Minderheiten ebenso wie die religiöse Konversion oder der „language shift" den Charakter des „individual boundary crossing" (Alba 2005; Zolberg/Long 1999: 8). Dabei nehmen einzelne Minderheitenangehörige die Merkmale der Mehrheit an und überschreiten so eine anhaltend stabile und saliente ethnische Grenze. Je salienter diese ist, desto eher ist dieser Schritt nur um den Preis einer Distanzierung von der Herkunftsgruppe möglich: „boundary crossing ... will generally be experienced by the individual as something akin to a conversion, i. e., a departure from one group and a discarding of signs of membership in it, linked to an attempt to enter into another, with all the social and psychic burdens a conversion process entails: growing distance from peers, feelings of disloyalty, and anxieties about acceptance" (Alba 2005: 24).

Da das „boundary crossing" als mühsamer und riskanter Prozess beschrieben wird (vgl. auch Tajfel 1978: 15), muss es motivationale Anreize für diesen Schritt geben. Ausgehend von der „social identity theory" bestehen diese in den möglichen positiven Auswirkungen für die soziale Identität von Minderheitenangehörigen (im Sinne von „that part of a person's self-concept which derives from his knowledge of his membership in a social group", Tajfel 1981: 255). Dieser Effekt ist aber nur dann zu erwarten, wenn es sich um eine Minderheit mit einem niedrigen Gruppenstatus handelt, weil nur dann die Zugehörigkeit zur Mehrheit mit einem Statusgewinn einhergeht. Tatsächlich gilt die individuelle Assimilation in die statushöheren Gruppen in der sozialen Identitätstheorie neben der kollektiven Statusverbesserung als eine grundlegende *exit*-Strategie für Mitglieder von Minderheiten mit niedrigem Gruppenstatus (Tajfel 1978).

Der Integration in die sozialen Netzwerke der Mehrheitsangehörigen kommt bei diesem Prozess eine zentrale Bedeutung zu: Zum einen ist sie die Voraussetzung dafür, dass die mit der Überschreitung einer ethnischen Gruppengrenze einhergehende Distanzierung von der Herkunftsgruppe nicht zur Marginalisierung führt. Dies gilt im Falle der Einbürgerung insbesondere dann, wenn in den ethnischen Netzwerken einbürgerungsablehnende soziale Normen existieren. Wenn die Gruppengrenze besonders salient ist, können zum anderen Mehrheitsangehörige, die über die Gruppengrenzen hinweg enge persönliche Kontakte zu Minderheitenangehörigen pflegen, von diesen die demonstrative Abgrenzung von den vermeintlich negativen Eigenschaften der Herkunftsgruppe erwarten, oder sie zumindest positiv sanktionieren.

Ist die ethnische Grenze zwischen Minderheit und Mehrheit wenig salient und sind die Unterschiede im Gruppenstatus gering, fehlt die motivationale Grundlage für das *boundary crossing*. Der Assimilationsprozess findet dann eher als „boundary blurring" statt, d. h. in Form einer Aufweichung der ethnischen Grenze (Zolberg/Long 1999: 8). Für die individuellen Akteure bedeutet dies: „they are not forced to choose between the mainstream and their group of origin. Assimilation of this type involves intermediate, or hyphenated stages, that allow individuals to feel simultaneously as members of an ethnic minority and of the mainstream" (Alba 2005: 25).

Die überwiegend als Arbeitsmigranten nach Deutschland eingewanderten Nationalitätengruppen unterscheiden sich deutlich im Hinblick auf das Ausmaß der sozialen und kulturellen Differenzen zur Mehrheit, von denen die Salienz einer ethnischen Grenze abhängt (Alba 2005: 22). Während sich auf der Gruppenebene die Statusunterschiede zwischen Deutschen und den Arbeitsmigranten aus den EU-15-Staaten nivelliert und ethnische Grenzziehungen an Salienz verloren haben, sind sie zwischen Deutschen und Türken in vielen Bereichen stabil geblieben. Im Vergleich zu den Arbeitsmigranten aus den EU-15-Staaten haben türkischstämmige Einwanderer größere Sprachprobleme (vgl. Diehl/Schnell 2006; Esser 2006), einen niedrigeren Bildungs- und beruflichen Status (Granato/Kalter 2001; Kristen/Granato 2004) und weniger Kontakte zu Deutschen (Haug 2003). Sie fühlen sich subjektiv stärker diskriminiert und werden auch faktisch von der Mehrheitsgesellschaft stärker abgelehnt (Böltken 2003; Steinbach 2004: 120 ff.; Wasmer/Koch 2003). Häufig werden ihnen sogar mangelnde Integrationswilligkeit und Abschottungstendenzen gegenüber der deutschen Gesellschaft vorgehalten (vgl. Heitmeyer et al. 1997; Leggewie 2000; kritisch dazu Diehl/Schnell 2006; Salentin 2000). Als Einwanderer aus einem Land mit muslimischer Mehrheit sind sie außerdem von einer zunehmenden kulturellen Abwertung des Islam durch die deutsche Bevölkerung betroffen (Kühnel/Leibold 2007). Demgegenüber ist die Integration von Einwanderern aus dem Gebiet des ehemaligen Jugoslawien, v. a. die der Kroaten, recht weit fortgeschritten (dazu bereits Esser 1980). Sie besuchen bzw. absolvieren häufiger weiterführende Schulen (Hinrichs 2003; Kultusministerkonferenz 2002; weniger deutlich: Kristen/Granato 2007), haben mehr Kontakte zu Deutschen (Esser 1990; Mehrländer et al. 1996), fühlen sich häufiger als Deutsche (Dustmann 1996; Worbs/Wunderlich 2002), sehen sich seltener als subjektiv benachteiligt und sind älteren Daten zufolge auch beliebter als türkische Einwanderer.[10]

---

10 2003 gaben 7 Prozent der im SOEP befragten Türken an, „häufig" aufgrund ihrer Herkunft benachteiligt zu werden, aber nur 2 Prozent der Einwanderer aus dem Gebiet des ehem. Jugoslawien und den EU-15-Staaten. Bereits ältere nach Einzelnationalitäten differenzierte Daten des Politbarometers von 1982 zeigen, dass die Mittelwerte auf einer Sympathie-Skala von −5 bis +5 für die Jugoslawen und Griechen bei +0,7 und für die Türken bei −0,9 lagen.

4. Hypothesen

Aus den vorgestellten möglichen Erklärungen für den Ausgangsbefund dieses Beitrags lassen sich Hypothesen über Unterschiede in der Stärke und „Logik" der Einbürgerungsneigung verschiedener Nationalitätengruppen herleiten. Was den Einflussfaktor der Einbürgerungsoptionen betrifft, ist angesichts der ähnlichen Einwanderungsgeschichte der hier betrachteten Gruppen nicht zu erwarten, dass türkische Migranten sehr viel häufiger einbürgerungsberechtigt sind als die anderen beiden Gruppen. Wie oben erläutert, hängt die Einbürgerungsberechtigung von der Aufenthaltsdauer, den Sprachkenntnissen und dem eigenständigen Erwerb des Lebensunterhalts ab. Zwar waren die Zuzugszahlen aus dem Gebiet des ehemaligen Jugoslawien zeitweise besonders hoch, ähnliches gilt aber aufgrund des Familiennachzugs auch für die türkischen Migranten, deren kognitive (Sprachkenntnisse) und strukturelle (Bildungssystem und Arbeitsmarkt) Eingliederung zudem vergleichsweise langsam verläuft. Wir erwarten daher, dass *die Unterschiede in den Einbürgerungsquoten von Türken, Einwanderern aus dem Gebiet des ehemaligen Jugoslawien und EU-15-Angehörigen stabil bleiben, wenn diese auf die Einbürgerungsberechtigten der jeweiligen Herkunftsgruppen bezogen werden.*

Im Hinblick auf die rechtlichen Einbürgerungsanreize und -kosten haben wir oben argumentiert, dass EU-15-Bürger durch die „Unionsmitgliedschaft" bereits eine fast vollständige Gleichstellung mit deutschen Staatsbürgern genießen. Im Hinblick auf das Explanandum des vorliegenden Beitrags scheint ein Erklärungsmodell, das den rechtlichen „Nettogewinn" der Einbürgerung in den Vordergrund stellt, daher vor allem geeignet, um die Unterschiede in der Einbürgerungsneigung von EU-15-Migranten und Drittstaatenangehörigen zu erklären: Letztere profitieren etwas stärker von einer Einbürgerung als erstere. Dies gilt insbesondere für höher gebildete Personen, denen die besseren Nutzungsmöglichkeiten ihres Humankapitals zugute kommen (Beamtenlaufbahn, unbeschränkte Reisefreiheit, Wahlrecht) und für Jüngere. Für sie ist die „Amortisationszeit" der Einbürgerung länger, da sie über einen ausgedehnten Zeitraum von diesen Vorteilen profitieren. Ausgehend von einem rechtlichen Anreizmodell der Einbürgerung nehmen wir daher im Hinblick auf die Logik der Einbürgerung an, *dass nur bei den Türken und den Einwanderern aus dem Gebiet des ehemaligen Jugoslawien die Einbürgerungsneigung in jungen Jahren besonders hoch ist und mit höherer Bildung, höherem beruflichen Status und stärkerem politischen Interesse zunimmt, während dies nicht (Alter, Bildung) bzw. weniger stark (politisches Interesse) bei den EU-15-Bürgern der Fall ist.*

Da die Türken besonders selten die Möglichkeit zur Beibehaltung ihrer alten Staatsbürgerschaft besitzen und im Aggregat ein niedrigeres Bildungsniveau aufweisen, sind für diese Gruppe bei vergleichsweise hohen Einbürgerungskosten mit der Einbürgerung weniger Vorteile als für Einwanderer aus dem Gebiet des ehemaligen Jugoslawien verbunden. Wir erwarten daher, *dass sich der Unterschied in den Einbürgerungsquoten der Türken und der beiden anderen Nationalitätengruppen weiter vergrößert, wenn zum einen Gruppen mit ähnlichen Individualmerkmalen verglichen und zum anderen nur Personen betrachtet werden, die ihre alte Staatsbürgerschaft aufgegeben haben, d. h. für die ähnlich hohe Einbürgerungskosten entstanden sind.*

Zu anderen Prognosen kommt man, wenn die Einbürgerung als ein Schritt betrachtet wird, mit dem Angehörige von Minderheiten mit einem niedrigen Gruppenstatus eine saliente ethnische Gruppengrenze überschreiten um auch formal Angehörige der statushöheren Mehrheit zu werden. Dieser Schritt ist nach den obigen Überlegungen vor allem für diejenigen Minderheitenangehörigen gangbar und attraktiv, die bereits enge Kontakte zur Mehrheit besitzen. Diese schützen vor Marginalisierung und erhöhen die Wahrscheinlichkeit, dass die „Grenzüberschreitung" positiv sanktioniert wird. Unsere letzte Hypothese lautet daher, *dass aufgrund der hohen Salienz der ethnischen Grenze nur bei den Türken, nicht aber bei den Einwanderern aus dem Gebiet des ehemaligen Jugoslawien oder den EU-15-Ländern die Einbürgerungsneigung mit fortschreitender sozialer Assimilation zunimmt.* Ausgehend von diesen Hypothesen wollen wir nun das Einbürgerungsgeschehen in Deutschland einer empirischen Analyse unterziehen.

IV. Daten und Variablen: Mikrozensus und Sozio-Oekonomisches Panel

Eine Analyse des Einbürgerungsgeschehens, die über eine bloße Deskription hinaus geht, stellt recht hohe Ansprüche an die verwendeten Daten: Erstens müssen *Eingebürgerte identifizierbar* sein, zweitens sind große Datensätze erforderlich, um überhaupt auf eine *ausreichend große Zahl* an Eingebürgerten zu kommen, und drittens müssen die Daten zumindest näherungsweise *Indikatoren für theoretisch relevante unabhängige Variablen* enthalten. Dies heißt in unserem Fall (a) für den Anteil der Einbürgerungsberechtigten, (b) für die Höhe der rechtlichen Einbürgerungsanreize (z. B. Bildung, berufliche Stellung und politisches Interesse sowie Alter und Bleibeabsicht als Indikatoren für die „Amortisationszeit" der Investition Einbürgerung) und (c) für den Grad des Zugangs zu den sozialen Netzwerken der Mehrheit, also für die soziale Assimilation. Da in Deutschland kein Datensatz all diesen Anforderungen genügt, werden wir im Folgenden anhand von zwei Datenquellen, dem Mikrozensus und dem Sozio-Oekonomischen Panel, jeweils unterschiedliche Aspekte des Einbürgerungsverhaltens untersuchen.

Der Mikrozensus (MZ) ist eine jährlich vom Statistischen Bundesamt durchgeführte Befragung von einem Prozent aller deutschen Haushalte. Er liefert Informationen hauptsächlich zur demographischen Grundstruktur der Bevölkerung, zu Bildung und Ausbildung und zum Erwerbsleben. Die Teilnahme am MZ ist verpflichtend, so dass bei einem Unit-Nonresponse von ca. 3 Prozent (vgl. Lüttinger/Riede 1997: 27) von nur geringen Stichprobenverzerrungen ausgegangen werden kann.[11] Im Mikrozensus 2005 wurde erstmalig der Migrationshintergrund der Befragten ermittelt, d. h. es wurde erhoben, ob sie (oder ihre Eltern) nach Deutschland migriert und/oder durch *Einbürgerung* Deutsche/r geworden ist (Statistisches Bundesamt 2006b: 73 ff.). War dies

---

11 Möglicherweise ist der Unit-Nonresponse aber bei den Migrantengruppen höher. Die Hochrechnungsfaktoren sind bei ihnen ca. 1,4 mal höher als bei den Deutschen. Steiger (1979) berichtet von einer schwierigeren Erfassung ausländischer Haushalten u. a. wegen Sprachschwierigkeiten oder Erreichbarkeitsproblemen (vgl. auch Blohm/Diehl 2001; Koch 1997).

der Fall, wurde nachgefragt, ob ein Wechsel der Staatsbürgerschaft erfolgt ist oder ob die Person neben der deutschen eine weitere Staatsbürgerschaft besitzt.

Seitens der unabhängigen Variablen kann anhand der Mikrozensen von 1995 bis 2005 zumindest näherungsweise die Zahl der jährlichen Einbürgerungsberechtigten identifiziert werden, da der Datensatz Informationen über die *Aufenthaltsdauer* der Befragten und den *Bezug von Sozial- oder Arbeitslosenhilfe* enthält. Auf diese Art und Weise können wir die Hypothese überprüfen, dass die Türken auch dann eine höhere „amtliche" Einbürgerungsquote aufweisen als die anderen hier betrachteten Gruppen, wenn gruppenspezifische Berechtigtenanteile berücksichtigt werden. Mit dem Mikrozensus 2005 kann zudem ein einfaches „rechtliches Anreizmodell" der Einbürgerung überprüft werden, da Informationen über die *Art des Schulabschlusses* und die *Stellung im Beruf* und, als Indikator für die erwartete „Amortisationszeit" der Investition Einbürgerung, über das *Alter* vorliegen.

Aus mindestens drei Gründen ist die Aussagekraft der MZ-basierten Analysen aber eingeschränkt: Erstens ist der MZ keine Panelerhebung, so dass keine Informationen über die Individualmerkmale zum Zeitpunkt der oft schon viele Jahre zurückliegenden Einbürgerung vorliegen. Es lassen sich daher lediglich Aussagen über den *aktuellen* Zusammenhang etwa zwischen Bildungsniveau und Einbürgerungsstatus treffen, nicht aber über die kausale Abfolge. Zweitens lässt sich mit dem Mikrozensus nicht die Rolle von Variablen wie dem politischen Interesse untersuchen, die vor dem Hintergrund eines „rechtlichen Anreizmodells" relevant wären. Die oben formulierte Hypothese über die höhere Einbürgerungsneigung sozial assimilierter türkischstämmiger Einwanderer setzt drittens Informationen über die Zusammensetzung der sozialen Netzwerke der Minderheitenangehörigen voraus. Solche Informationen sind zwar nicht im Mikrozensus, wohl aber im SOEP enthalten.

Beim SOEP handelt es sich um eine seit 1984 vom Deutschen Institut für Wirtschaftsforschung (DIW) durchgeführte Befragung, bei der jedes Jahr dieselben Haushalte (sowie neu in diese Haushalte gezogene bzw. geborene Personen ab einem bestimmten Alter) zu ihren Einstellungen und Verhaltensweisen in verschiedenen Lebensbereichen befragt werden (vgl. SOEP Group 2001). Anders als in vielen anderen Erhebungen sind die als „Gastarbeiter" zugewanderten Nationalitätengruppen überproportional zu ihrem Bevölkerungsanteil vertreten; dies gilt zumindest für die sogenannte Ausländerstichprobe B. Auch in den anderen hier verwendeten SOEP-Samples (A, E und F) sind Migranten vertreten, allerdings nicht überproportional zu ihrem Bevölkerungsanteil. Unsere Analysen beziehen sich auf die Erhebungswellen der Jahre 2001 bis 2003.

Im SOEP können Eingebürgerte u. a. anhand ihres Wechsels der Staatsbürgerschaft zu „deutsch" während des Erhebungszeitraums identifiziert werden. Allerdings ist die Zahl der Eingebürgerten im SOEP naturgemäß sehr niedrig. Dies gilt vor allem für die Einbürgerungen nicht-türkischer Befragter. So gaben 2001 nur 43 Personen aus dem Gebiet des ehemaligen Jugoslawien an, eingebürgert worden zu sein und dies teilweise bereits vor ihrer SOEP-Teilnahme. Damit stellt sich hier das Problem fehlender Informationen über die unabhängigen Variablen zum Einbürgerungszeitpunkt besonders dringlich.

Um diesen Restriktionen zu begegnen, wird bei den SOEP-basierten Analysen nicht die Einbürgerung untersucht, sondern stellvertretend die Absicht der Befragten, *innerhalb der nächsten zwei Jahre ganz sicher oder wahrscheinlich die deutsche Staatsbürgerschaft zu beantragen.* Anders als die tatsächlichen Einbürgerungen misst diese Frage nur eine Handlungsintention, die bekanntlich nicht immer handlungswirksam wird.[12] Da keine geeigneteren Daten zur Verfügung stehen, verwenden wir die Einbürgerungsabsicht als Proxy, um zumindest einen ersten Blick auf den Zusammenhang zwischen der Einbürgerungsneigung und dem Ausmaß, zu dem eine Person Zugang zu den Netzwerken der Mehrheitsgesellschaft erlangt hat, werfen zu können. Dieser wird anhand der Frage gemessen, ob *Deutsche unter den drei engeren Bezugspersonen* sind. Die SOEP-Daten gestatten zudem die Schätzung eines umfassenderen rechtlichen Anreizmodells, da auch das *politische Interesse* und die *Bleibeabsicht der Befragten* erhoben wurden.

In *Tabelle 1* wird ein Überblick über die Verteilungen der zentralen Variablen in beiden Datensätzen gegeben. Dieser zeigt, dass sich schon aufgrund der unterschiedlichen Studienanlage von SOEP und MZ die Verteilungen durchaus unterscheiden. Die türkischstämmigen Befragten im MZ weisen eine deutlich höhere Eingebürgertenquote auf als Einwanderer aus dem ehemaligen Jugoslawien oder den EU-15-Staaten, unabhängig davon, ob die Einbürgerungen mit oder ohne Aufgabe der alten Staatsbürgerschaft betrachtet werden. Für das SOEP gilt dies nur tendenziell.[13] Da die Mehrstaatigkeit bei den EU-15-Bürgern und den Serben erst seit wenigen Jahren hingenommen wird, ist der Anteil der Doppelstaatler auch bei diesen Gruppen in beiden Datensätzen noch recht klein. Ein höherer Anteil der im SOEP befragten Türken als „Jugoslawen" gibt an, die deutsche Staatsbürgerschaft ganz sicher oder wahrscheinlich beantragen zu wollen. Die entsprechenden Quoten für die EU-15-Ausländer sind erwartungsgemäß am niedrigsten.

Im Hinblick auf die unabhängigen Variablen ergibt sich ebenfalls das erwartete Muster: Die strukturelle Eingliederung (Bildung und Stellung im Erwerbsleben) der Einwanderer aus dem Gebiet des ehemaligen Jugoslawien ist weiter fortgeschritten als die der türkischstämmigen Befragten, d. h. sie weisen größere Anteile von Befragten mit höheren Bildungsabschlüssen und einer höheren beruflichen Stellung auf. Im SOEP sind die Unterschiede im Grad der strukturellen Assimilation von Türken und „Jugoslawen" deutlich weniger stark ausgeprägt als im MZ, aber letztere haben signifikant häufiger deutsche Freunde als türkischstämmige Befragte. Die ähnliche Einwanderungsgeschichte der drei Gruppen zeigt sich an der bei allen Gruppen recht hohen durchschnittlichen Aufenthaltsdauer und einer ähnlichen demographischen Zusammensetzung.

---

12 Hier nicht dargestellte Analysen zeigen, dass nahezu alle Eingebürgerten vorher eine Einbürgerungsabsicht hatten, wenngleich diese umgekehrt nicht immer umgesetzt wird.
13 Der vergleichsweise hohe Wert für die „Jugoslawen" rührt daher, dass in den Ergänzungsstichproben des SOEP ungewöhnlich viele einbürgerungsbereite – und vor langer Zeit eingebürgerte – Einwanderer aus dem Gebiet des ehemaligen Jugoslawien enthalten sind. Würde man die Analysen auf die „Ausländerstichprobe" beschränken, läge die Quote niedriger.

Tabelle 1: Verteilung der abhängigen und unabhängigen Variablen in MZ und SOEP nach (früherer) Nationalität (Prozent- und Mittelwerte, Fallzahlen in Klammern, für den MZ in 1000)

	Mikrozensus				SOEP		
	Türken	ehem. Jugoslawien	EU-15		Türken	ehem. Jugoslawien	EU-15
Eingebürgert insges.	22,1 (402)	10,2* (82)	7,2* (131)	17,1 (115)	14,6 (43)	6,8* (45)
Eingebürgert, mit Aufgabe alter Staatsbürgerschaft	21,0 (381)	8,2* (70)	5,9* (107)	15,6 (105)	11,6 (35)	5,0* (33)
Einbürgerungsabsicht				33,6 (176)	22,3* (54)	5,8* (33)
Aufenthaltsdauer (MW)	25,8 (1668)	24,2* (779)	29,3* (1661)	24,5 (654)	27,0 (287)	31,0 (619)
Sozialhilfe/Arbeitslosenhilfebezug ALG II	13,2 (239)	12,6 (107)	6,2* (113)	8,0 (54)	7,7 (23)	4,1* (27)
Anteil weiblich	47,9 (868)	49,0 (415)	45,2 (826)	49,6 (333)	52,7 (158)	47,1 (313)
Alter (MW)	38,9 (1813)	42,2* (874)	44,5* (1828)	39,7 (672)	45,2* (300)	45,8* (665)
Anteil 2. Generation	26,1 (401)	15,5* (109)	30,6* (453)	21,9 (159)	21,4 (68)	29,6* (190)
Anteil verheiratet	75,8 (1374)	68,9* (583)	60,3* (1102)	81,0 (544)	68,3* (205)	69,0* (459)
Bildung:							
kein Abschluss	31,0 (548)	14,5* (120)	12,1* (215)	18,3 (114)	17,3 (48)	11,5 (72)
Pflichtschule mit Abschluss	46,2 (818)	53,4* (443)	42,6* (761)	54,8 (342)	56,1 (156)	53,4* (334)
Mittlere Reife	12,6 (222)	17,8* (148)	17,8* (317)			
Abitur	10,2 (181)	14,3* (119)	27,6* (494)	26,9 (168)	26,6 (74)	35,0 (219)
Stellung im Erwerbsleben							
Arbeiter	30,2 (547)	30,1* (255)	21,2* (388)	33,4 (224)	36,1* (108)	31,2* (203)
Angestellte	11,8 (214)	19,2* (1631)	28,2* (515)	12,4 (83)	18,4* (55)	26,9* (175)
Selbstständige/Beamte	4,4 (79)	3,7 (31)	12,1* (221)			
Sonstiges/nicht erwerbstätig	53,6 (971)	46,9* (397)	38,5* (703)	54,2 (363)	45,5* (136)	41,8* (272)
Bleibeabsicht				73,3 (477)	74,4 (215)	67,0* (427)
Anteil hohes politisches Interesse				19,4 (130)	19,7 (59)	25,0* (164)
Anteil mit deutschen Freunden				38,4 (242)	55,3* (153)	68,4* (420)

* = signifikante Unterschiede (p < 0,05) zwischen Türken und der jeweiligen Nationalität.

Quelle: Eigene Berechnungen auf der Grundlage des Mikrozensus (Scientific Use File Mikrozensus 2005, gewichtet mit Standardhochrechnungsfaktor) und des SOEP 2001-3.

V. Ergebnisse

Zur Überprüfung unserer Hypothesen werden nun zunächst anhand der Mikrozensen der vergangenen Jahre die nationalitätenspezifischen Einbürgerungsquoten auf der Basis der Einbürgerungsberechtigten berechnet. Danach wird mit dem MZ 2005 ein rechtliches Anreizmodell der Einbürgerung geschätzt. Dieses wird in einem dritten Schritt anhand des SOEP zunächst für die abhängige Variable „Einbürgerungsabsicht" repliziert und um das politische Interesse und die Bleibeabsicht ergänzt, bevor die Auswirkungen der sozialen Assimilation bei den hier betrachteten Gruppen untersucht werden.

1. Einbürgerungsquoten und Einbürgerungsoptionen

Da die in *Abbildung 1* dargestellten Einbürgerungsquoten möglicherweise nicht nur Unterschiede in der Einbürgerungsbereitschaft, sondern auch im Anteil der Berechtigten einer Gruppe widerspiegeln, haben wir zur Überprüfung unserer ersten Hypothese anhand der Mikrozensen der Jahre 1995 bis 2005 den Anteil der jährlichen Einbürgerungs*berechtigten* ermittelt.[14] Dabei zeigt sich, dass im hier betrachteten Zeitraum durchschnittlich pro Jahr 68 Prozent der EU-15-Bürger, 63 Prozent der Türken und 55 Prozent der Einwanderer aus dem Gebiet des ehemaligen Jugoslawien die Option zur Einbürgerung besaßen. Der vergleichsweise niedrige Anteil in der letztgenannten Gruppe ist auf den bereits erwähnten Sachverhalt zurückzuführen, dass in den Jahren des kriegsbedingt starken Zuzugs viele „Jugoslawen" nicht die aufenthaltsrechtlichen Einbürgerungsvoraussetzungen erfüllten. Zur Erinnerung: In den Mikrozensen vor 2005 sind die Eingebürgerten nicht identifizierbar, daher wird für jedes Jahr berechnet, wie viele Personen pro 100 Einbürgerungsberechtigten laut amtlicher Einbürgerungsstatistik eingebürgert wurden.

Die *Abbildung 2* bestätigt, dass die eingangs geschilderten Gruppenunterschiede wie erwartet auch dann stabil bleiben, wenn die Einbürgerungszahlen auf die Einbürgerungsberechtigten der jeweiligen Herkunftsregionen bezogen werden. Der höhere Eingebürgertenanteil bei den Türken ist also nicht darauf zurückzuführen, dass diese häufiger als andere Gruppen die nötigen Einbürgerungsvoraussetzungen erfüllen. Dies gilt auch, wenn nur die Gruppe der über 18-Jährigen betrachtet wird, für die die Einbürgerung anders als für viele Kinder tatsächlich eine autonome Entscheidung darstellt.

---

14 Als einbürgerungsberechtigt gelten hier all jene, die seit mindestens 15 (vor 2000) bzw. (ab 2000) seit acht Jahren (2000-2005) oder – als Ehepartner oder minderjähriges Kind eines Berechtigten – seit vier bzw. drei Jahren in Deutschland leben und keine Sozial- oder Arbeitslosenhilfe beziehen. Eine Differenzierung nach weiteren Einbürgerungsvoraussetzungen (Sprachkenntnisse, Unbescholtenheit) ist anhand des MZ nicht möglich.

Abbildung 2: Mittlere Einbürgerungsquoten nach unterschiedlichen Berechnungsgrundlagen, 1995-2005

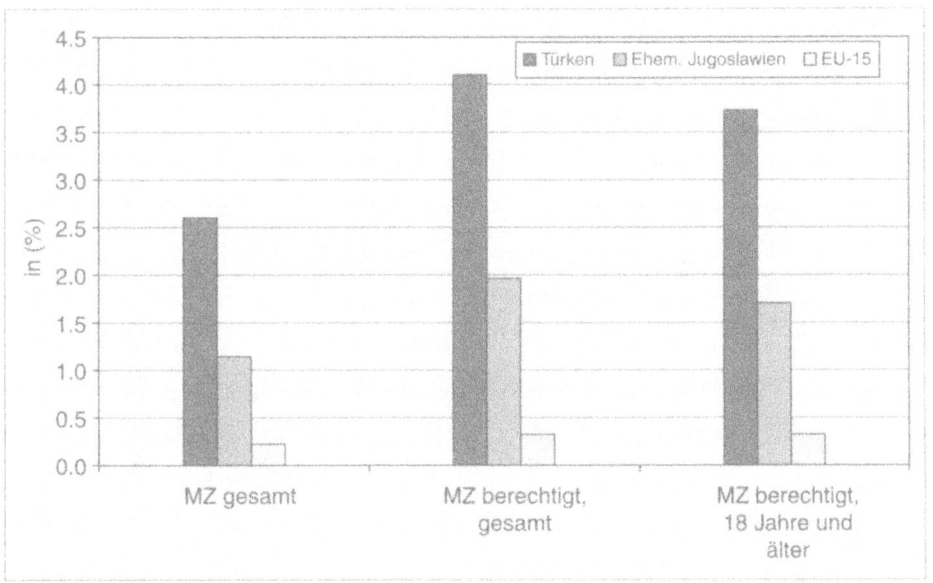

Quelle: Einbürgerungsstatistik, Mikrozensen 1995-2004 (ZUMA-Files), Mikrozensus 2005 (Scientific Use File); eigene Berechnungen.

2. Die rechtliche Anreizstruktur der Einbürgerung

Anhand der MZ-Daten lässt sich für die unterschiedlichen Gruppen zumindest ansatzweise auch ein „rechtliches Anreizmodell" der Einbürgerung prüfen, in das als Indikatoren für die mit der Einbürgerung verbundenen rechtlichen Vorteile die Bildung, die Stellung im Beruf, das Alter und – als Kontrollvariablen – Generationsstatus, Geschlecht und Familienstand eingehen (vgl. *Tabelle 2*). Allerdings gilt hier festzuhalten, dass im MZ wichtige Indikatoren für das Ausmaß der rechtlichen Einbürgerungsgewinne (die Höhe des politischen Interesses und die Bleibeabsicht) fehlen. Weiterhin wird untersucht, inwieweit sich die Gruppenunterschiede in den Einbürgerungsquoten verändern, wenn nur solche Eingebürgerte betrachtet werden, für die mit der Einbürgerung die Aufgabe der alten Staatsbürgerschaft und damit ähnlich hohe Kosten verbunden waren. Dazu wird das Gesamtmodell auch gesondert unter Ausschluss der „Doppelstaatler" berechnet. Nicht-einbürgerungsberechtigte Personen werden aus allen folgenden Modellen ausgeschlossen.

Es zeigt sich, dass sich der Zusammenhang zwischen den Indikatoren für die Höhe der rechtlichen Einbürgerungsanreize und der Einbürgerung bei den hier betrachteten Gruppen weitgehend so darstellt wie erwartet: Zwar sind nicht nur bei den Drittstaatenangehörigen, sondern tendenziell bei *allen* Gruppen die Eingebürgerten höher gebildet als die Einbürgerungsberechtigten. Allerdings ist dieser Zusammenhang bei den Drittstaatenangehörigen besonders deutlich ausgeprägt. Obwohl EU-15-Bürger bereits

Tabelle 2: „Einfaches rechtliches Anreizmodell" MZ (logistische Regressionen)

Eingebürgert = 1 Einbürgerungsberechtigt 2005 = 0		Grundmodell β	Std.Err	Türken β	Std.Err	ehem. Jugoslawien β	Std.Err	EU-15 β	Std.Err	Gesamt β	Std.Err	Gesamt ohne Doppelstaatler β	Std.Err
Nationalität	Türken	0,76***	0,06							1,06***	0,07	1,25***	0,07
	EU-15	-0,53***	0,07							-0,75***	0,08	-0,71***	0,08
	ehem. Jugoslawien												
Geschlecht	Frauen Männer			0,10	0,06	0,14	0,12	0,45***	0,10	0,20***	0,05	0,21***	0,05
Alter				-0,01	0,00	0,02***	0,01	0,05***	0,00	0,02***	0,00	0,02***	0,00
Generation	2. Generation 1. Generation			-0,04	0,08	0,23	0,17	0,59***	0,12	0,26***	0,06	0,29***	0,07
Familienstand	verheiratet nicht verheiratet			0,17*	0,08	-0,10	0,13	0,02	0,11	0,01	0,06	0,01	0,06
Bildung	Abitur			1,34***	0,11	1,68***	0,22	0,98***	0,21	1,36***	0,09	1,36***	0,09
	Mittlere Reife			0,82***	0,10	1,02***	0,25	0,75***	0,22	1,00***	0,09	1,03***	0,09
	Volks-/Hauptschule kein Abschluss			0,46***	0,08	0,59**	0,25	0,86***	0,19	0,72***	0,07	0,74***	0,07
Stellung im Erwerbsleben	Beamte/Selbständige			0,50**	0,13	0,37	0,26	-0,03	0,17	0,21*	0,09	0,20*	0,10
	Angestellte			0,60***	0,09	0,17	0,15	0,06	0,14	0,29***	0,07	0,34***	0,07
	Arbeiter nicht erwerbstätig			-0,04	0,07	-0,26	0,16	-0,34*	0,16	-0,14*	0,06	-0,08	0,06
Konstante		-1,64***	0,53	-1,60***	0,25	-3,93***	0,50	-7,17***	0,43	-4,06***	0,20	-4,45***	0,20
-2 Log likelihood		13927		7034		2012		3010		12393		11475	
Cox & Snell R²/N		0,05 / 14726		0,06 / 6231		0,04 / 2509		006 / 5352		0,08 / 14092		0,09 / 13847	

* p < 0,05; ** p < 0,01; *** p < 0,001.

Quelle: Eigene Berechnungen auf der Grundlage des Mikrozensus 2005 (Scientific Use File Mikrozensus 2005, ungewichtet).

weitgehende Transferier- und Verwertbarkeit ihres Humankapitals genießen, lassen sich auch bei ihnen Befragte mit höherem Bildungsabschluss eher einbürgern als Befragte mit niedrigem Bildungsabschluss. Welcher Mechanismus hinter diesem Befund steht, kann anhand der vorliegenden Daten nicht geklärt werden. Eine gewisse Rolle könnte das oft mit höherer Bildung einhergehende politische Interesse spielen, das möglicherweise auch bei den „Unionsbürgern" den Wunsch nach dem vollen aktiven und passiven Wahlrecht weckt. Anhand der MZ-Daten kann dieser Vermutung allerdings nicht weiter nachgegangen werden. Für die berufliche Stellung findet sich ein statistisch signifikanter Zusammenhang zwischen dem Ausmaß der strukturellen Assimilation und der Einbürgerungsneigung nur für die Gruppe der Türken. Tendenziell sind aber entsprechend unseren Erwartungen bei beiden Drittstaatenangehörigen Beamte und Selbstständige häufiger eingebürgert als nicht Erwerbstätige, während dies bei den EU-15-Bürgern nicht der Fall ist.

Hinsichtlich des Geschlechts zeigt sich kein eindeutiger Befund, ähnliches gilt für den Familienstand. Nur bei den türkischstämmigen Befragten sind Verheiratete etwas häufiger eingebürgert als Ledige. Möglicherweise spielt hier der Familiennachzug eine gewisse Rolle. Wie oben bereits erwähnt, können Eingebürgerte auch dann ihre ausländischen Ehepartner nach Deutschland holen, wenn sie nicht über ausreichend eigenen Wohnraum verfügen. Dies könnte für einige v. a. jüngere Türken, die möglicherweise noch bei ihren Eltern wohnen, einen Einbürgerungsanreiz darstellen. Allerdings spricht die geringe Effektstärke und der verhältnismäßig starke positive Zusammenhang der Einbürgerung mit der strukturellen Assimilation dagegen, dass dieser Aspekt bei der Einbürgerungsentscheidung türkischstämmiger Migranten eine zentrale Rolle spielt.

Ein höheres Alter, das für eine geringere Amortisationszeit der Investition Einbürgerung steht, geht nur bei den Türken mit einer geringeren Einbürgerungswahrscheinlichkeit einher, nicht aber bei den andern beiden Gruppen. Allerdings ist die hier verwendete Altersvariable schwierig zu interpretieren, da sie sich auf das Jahr 2005 bezieht und nicht auf das Alter bei Einbürgerung. Um die Hypothese etwas direkter zu testen, dass sich bei den Drittstaatenangehörigen vor allem die Jüngeren einbürgern lassen, um möglichst lange von den rechtlichen Vorteilen der Einbürgerung profitieren zu können, ist in *Abbildung 3* die zeitliche Entwicklung des durchschnittlichen Einbürgerungsalters bei den hier betrachteten Gruppen dargestellt. Dabei zeigt sich, dass sich die EU-15-Bürger tatsächlich seit der Einführung der Unionsbürgerschaft Anfang der 1990er Jahre deutlich später einbürgern lassen. Dies stellt möglicherweise eine direkte Reaktion auf ihre rechtliche Gleichstellung mit den deutschen Staatsbürgern dar, die die Einbürgerung in jungen Jahren weniger dringlich erscheinen lässt.

Die Ergebnisse des Gesamtmodells bestätigen, dass sich unter Kontrolle der einbürgerungsrelevanten Individualmerkmale der deutliche Vorsprung der Türken gegenüber den anderen beiden Gruppen weiter vergrößert (vgl. Grundmodell mit Gesamtmodell in *Tabelle 2*). Ebenfalls in Übereinstimmung mit unseren Erwartungen erhöht sich dieser Abstand nochmals, wenn nur diejenigen Eingebürgerten betrachtet werden, für die die Einbürgerung mit ähnlichen Kosten (Aufgabe der alten Staatsbürgerschaft) verbunden war, d. h. wenn Doppelstaatler aus den Analysen ausgeschlossen werden (vgl. Gesamtmodelle mit und ohne Doppelstaatler). Die umstrittene türkische Politik der Wiedereinbürgerung türkischstämmiger Deutscher, die ihren türkischen Pass zunächst ab-

Abbildung 3: Durchschnittliches Einbürgerungsalter nach früherer Nationalität und Einbürgerungsperiode

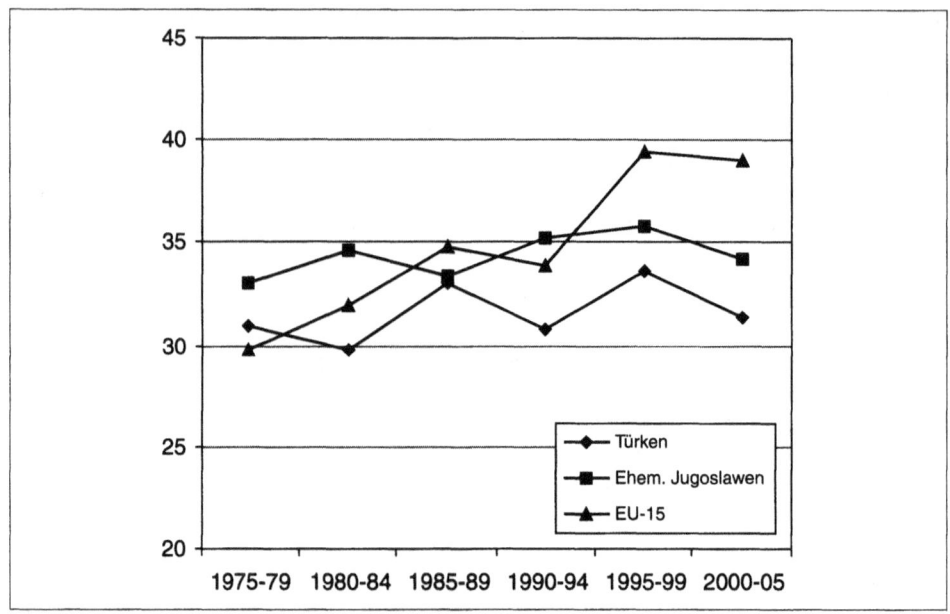

Quelle: Mikrozensus 2005 (Scientific Use File); eigene Berechnungen.

gegeben hatten, um die deutschen Einbürgerungsvoraussetzungen zu erfüllen, kann die hohe Einbürgerungsquote türkischer Migranten und ihrer Nachkommen offenbar nicht erklären. Auch kurdischstämmige Doppelstaatler ehemals türkischer Staatsangehörigkeit, die als anerkannte Asylbewerber in Deutschland leben und als solche unter Beibehaltung der türkischen Staatsbürgerschaft eingebürgert werden, sind nicht für den Vorsprung der türkischstämmigen Deutschen verantwortlich.

Anhand eines Modells, das die rechtlichen Vor- und Nachteile der Einbürgerung in den Vordergrund stellt, können also erwartungsgemäß Nationalitätenunterschiede in den Einbürgerungsquoten von Drittstaatenangehörigen (hier: Türken versus Jugoslawen) nicht erklärt werden. Der Schlüssel zu unserem Explanandum muss vielmehr an einer Stelle liegen, an der sich die hier betrachteten Gruppen bezüglich der Logik ihres Einbürgerungsprozesses unterscheiden. Erste Hinweise darauf, welcher Mechanismus in dieser Hinsicht eine Rolle spielen könnte, präsentieren wir im nächsten Abschnitt anhand SOEP-basierter Analysen zur Einbürgerungsabsicht.

3. Soziale Determinanten der Einbürgerungsabsicht

Wir replizieren zunächst für die Variable „Einbürgerungsabsicht" das anhand der MZ-Daten geschätzte rechtliche Anreizmodell, das erst im zweiten Schritt um zusätzliche bzw. direktere Indikatoren für das Ausmaß der rechtlichen Einbürgerungsanreize erweitert wird. Dazu werden auch das politische Interesse und, als Indikator für die „Amor-

Tabelle 3: „Einfaches/erweitertes rechtliches Anreizmodell" SOEP (logistische Regressionen)

Einbürgerungsabsicht = 1 keine Einbürgerungsabsicht = 0		Türken β	Türken Std. Err	Türken β	Türken Std. Err	ehem. Jugoslawien β	ehem. Jug. Std. Err	ehem. Jug. β	ehem. Jug. Std. Err	EU-15 β	EU-15 Std. Err	EU-15 β	EU-15 Std. Err	Gesamt β	Gesamt Std. Err	Gesamt β	Gesamt Std. Err
Nationalität	Türken EU-15 ehem. Jug.													,40 −1,76***	0,23 0,28	,39 −1,73***	0,24 0,30
Geschlecht	Frauen Männer	−0,45	0,27	−0,42	0,29	0,03	0,39	−0,09	0,40	−0,02	0,45	−0,18	0,50	−0,24	0,19	−0,22	0,21
Alter		−0,09***	0,02	−0,10***	0,02	−0,05**	0,02	−0,04*	0,02	0,00	0,02	−0,01	0,02	−0,06***	0,01	−0,06***	0,01
Generation	2. Generation 1. Generation	−0,29	0,37	−0,22	0,38	0,23	0,56	0,14	0,62	−0,17	0,66	−0,52	0,71	−0,13	0,26	−0,15	0,25
Familienstand	verheiratet nicht verheiratet	−0,38	0,36	−0,24	0,37	−0,11	0,46	−0,29	0,47	0,44	0,56	0,59	0,63	−0,11	0,24	−0,10	0,25
Bildung	MR+ VS HS kein Abschluss	0,03 0,09	0,47 0,40	−0,09 −0,00	0,50 0,43	−1,12 −0,70	0,63 0,50	−1,11 −0,58	0,66 0,53	1,28 1,12	1,11 1,06	0,78 0,82	1,13 1,07	0,01 0,07	0,33 0,28	−0,09 0,03	0,35 0,30
Stellung im Erwerbsleben	Angestellte+ Arbeiter nicht erwerbstätig	0,05 −0,21	0,27 0,38	0,19 −0,21	0,31 0,42	−0,13 −0,52	0,45 0,58	0,01 −0,18	0,44 0,58	0,43 0,80	0,61 0,59	0,38 0,85	0,64 0,62	0,17 −0,01	0,21 0,27	0,15 −0,07	0,23 0,28
Bleibeabsicht	ja nein	1,12***	0,32			1,46*	0,59			2,50*	1,04			1,23***	0,25		
politisches Interesse	hoch gering	0,88**	0,33			−0,32	0,55			−0,44	0,61			0,38	0,24		
Konstante		3,14***	0,99	1,46	1,12	1,50	1,46	0,37	1,64	−4,60*	1,99	−5,37**	2,30	1,18*	0,71	0,123	0,82
−2 Log likelihood		415		377		182		171		177		152		812		744	
Cox & Snell R²/N		0,21 / 399		0,25 / 388		0,09 / 190		0,13 / 188		0,01 / 465		0,04 / 444		0,18 / 1054		0,21 / 1020	

* p < 0,05; ** p < 0,01; *** p < 0,001.

Quelle: Eigene Berechnungen auf der Grundlage des SOEP 2001-2003.

tisationszeit" der Einbürgerungsgewinne, die Bleibeabsicht der Befragten berücksichtigt (vgl. *Tabelle 3*). In einem dritten Schritt wird dann ein „soziales Assimilationsmodell" der Einbürgerung präsentiert, um die Hypothese zu untersuchen, dass türkischstämmige Einwanderer aufgrund ihres niedrigen Gruppenstatus anders als die anderen beiden Gruppen ein verstärktes Interesse an der Einbürgerung entwickeln, wenn sie enge persönliche Kontakte zur Mehrheitsgesellschaft aufgebaut haben.

Die Replikation der MZ-basierten Analysen zur Einbürgerung zeigt, dass die subjektive Einbürgerungsabsicht und die faktische Einbürgerung in verschiedener Hinsicht einer unterschiedlichen Logik folgen. So sind einbürgerungsberechtigte Befragte, deren strukturelle Assimilation weiter fortgeschritten ist, nicht besonders häufig einbürgerungsbereit; bei den „Jugoslawen" ist der Zusammenhang zwischen Bildung und Einbürgerungsabsicht sogar negativ.[15] Dies unterstreicht nochmals den vorläufigen Charakter der folgenden Analysen zur Einbürgerungsabsicht. Im Hinblick auf das Alter bestätigt sich bei der prospektiven Variable Einbürgerungsabsicht unsere Hypothese, insofern als sich nur bei den Drittstaatenangehörigen jüngere besonders häufig einbürgern lassen möchten. Allerdings lassen sich auch und gerade Unionsbürger nur dann einbürgern, wenn sie dauerhaft in Deutschland bleiben möchten.

Die erweiterten rechtlichen Anreizmodelle ergeben darüber hinaus, dass *nur* bei den Türken ein hohes politisches Interesse mit einer höheren Einbürgerungsabsicht einhergeht. Da in der SOEP-Erhebung nicht danach differenziert wird, ob dieses Interesse eher auf das Herkunfts- oder das Aufnahmeland gerichtet ist, ist dieser unerwartete Befund nur ad hoc zu interpretieren: Möglicherweise ist das politische Interesse der Einwanderer aus dem Gebiet des ehemaligen Jugoslawien aufgrund der politischen Konflikte der 1990er Jahre primär auf die Herkunftsländer gerichtet, so dass die politischen Partizipationsmöglichkeiten in Deutschland für diese Gruppe keinen Einbürgerungsanreiz darstellen. Ebenso ist denkbar, dass politisch interessierte Türken die fehlenden politischen Mitbestimmungsmöglichkeiten angesichts ihrer benachteiligten ökonomischen und sozialen Stellung als besonders problematisch betrachten. Zwar haben die Türken kein stärkeres politisches Interesse als die Einwanderer aus dem Gebiet des ehemaligen Jugoslawien (vgl. *Tabelle 1*), möglicherweise fühlen sie ihre besonderen Interessen aber innerhalb des politischen Systems weniger gut vertreten als diese. Ohne weitere Informationen müssen diese Überlegungen aber Spekulation bleiben. Bei allen betrachteten Gruppen planen vor allem diejenigen ihre dauerhafte Einbürgerung, die planen, dauerhaft in Deutschland zu bleiben. Das Gesamtmodell bestätigt, dass Türken *ceteris paribus* tendenziell eine höhere ($p < 0{,}10$), EU-15-Bürger eine deutlich niedrigere Einbürgerungsabsicht aufweisen.

Die Passung der Modelle verbessert sich, wenn zusätzlich zu den Indikatoren für die rechtlichen Einbürgerungsgewinne auch das Ausmaß der sozialen Assimilation berücksichtigt wird. Entsprechend unseren Erwartungen sind türkischstämmige Befragte deutlich häufiger einbürgerungsbereit, wenn sie eng mit Mehrheitsangehörigen be-

---

15 Hier nicht dargestellte Analysen zeigen, dass ein höheres Bildungsniveau bei den Türken die Einbürgerungsbereitschaft in den *Tabellen 3, 4* und *5* positiv beeinflusst (und bei den ehem. Jugoslawen den negativen Effekt stark reduziert), so lange Alter nicht kontrolliert wird. Der nicht vorhandene bzw. negative Bildungseffekt beruht darauf, dass sich einige sehr junge Türken und „Jugoslawen" mit niedrigen Bildungsabschlüssen einbürgerungsbereit zeigen.

Tabelle 4: „Soziales Assimilationsmodell" SOEP (logistische Regressionen)

Einbürgerungsabsicht = 1 keine Einbürgerungsabsicht = 0		Türken β	Türken Std.Err	ehem. Jugoslawien β	ehem. Jugoslawien Std.Err	EU-15 β	EU-15 Std.Err	Gesamt β	Gesamt Std.Err	Gesamt mit Interaktionen β	Gesamt mit Interaktionen Std.Err
Nationalität	Türken EU-15 *ehem. Jugoslawien*							0,63* -1,61***	0,25 0,31	-0,37 -1,34**	0,35 0,46
Geschlecht	Frauen *Männer*	-0,53	0,31	-0,15	0,46	-0,24	0,49	-0,27	0,20	-0,30	0,20
Alter		-0,10***	0,02	-0,06**	0,02	-0,01	0,02	-0,06***	0,01	-0,06***	0,01
Generation	2. Generation *1. Generation*	-0,55	0,41	0,39	0,69	-0,50	0,73	-0,30	0,21	-0,32	0,30
Familienstand	verheiratet *nicht verheiratet*	0,05	0,40	-0,20	0,52	0,56	0,64	0,05	0,26	-0,03	0,27
Bildung	Mittlere Reife+ Volks-/Hauptschule *kein Abschluss*	-0,07 -0,15	0,52 0,46	-2,05* -0,85	0,82 0,60	1,12 1,01	1,16 1,08	-0,16 -0,01	0,37 0,32	-0,18 -0,05	0,38 0,32
Stellung im Erwerbsleben	Angestellte Arbeiter *nicht erwerbstätig*	-0,11 -0,74	0,33 0,45	-0,58 -0,19	0,51 0,64	0,34 0,95	0,65 0,65	-0,02 -0,19	0,24 0,29	-0,08 -0,14	0,24 0,30
Bleibeabsicht	ja *nein*	1,25**	0,34	1,80*	0,69	2,56**	1,04	1,27***	0,26	1,39***	0,27
pol. Interesse	hoch *gering*	0,88**	0,34	-0,48	0,61	-0,28	0,64	0,35	0,24	0,43	0,25
dt. Freunde	ja *nein*	1,20***	0,28	-0,63	0,47	-0,71	0,52	0,49*	0,21	-0,57	0,43
deutsche Freunde * Türken deutsche Freunde * EU-15										1,75** -0,20	0,49 0,63
Konstante		1,67	1,23	1,60	1,91	-5,16	2,38	-0,36	0,85	0,36	0,90
-2 Log likelihood		348		141		148		700		679	
Cox & Snell R²/N		0,27 / 371		0,18 / 178		0,04 / 419		0,20 / 968		0,22 / 968	

* p < 0,05; ** p < 0,01; *** p < 0,001.

Quelle: Eigene Berechnungen auf der Grundlage des SOEP 2001-2003.

freundet sind (für einen ähnlichen Befund für Türken in den Niederlanden vgl. Bevelander/Veenman 2006). Bei den Einwanderern aus dem Gebiet des ehemaligen Jugoslawien und den EU-15-Staaten ist der Zusammenhang zwischen der sozialen Assimilation und der Einbürgerungsbereitschaft indes sogar tendenziell negativ.

In den letzten beiden Spalten von *Tabelle 4* sind die Ergebnisse der Gesamtmodelle mit der Nationalität als unabhängiger Variable dargestellt, wobei auch ein Interaktionsterm aus Nationalität und deutschen Freunden aufgenommen wurde. Dieser ist statistisch hochsignifikant, während gleichzeitig der Nationalitäteneffekt verschwindet bzw. sogar tendenziell negativ wird. Die Existenz deutscher Freunde erhöht also *nur* bei den türkischstämmigen Befragten die Einbürgerungsbereitschaft, und wenn diesem Sachverhalt durch eine entsprechende Modellierung Rechnung getragen wird, unterscheiden sich Türken und Einwanderer aus dem Gebiet des ehemaligen Jugoslawien nicht länger im Hinblick auf ihre Einbürgerungsbereitschaft. Es lohnt sich offenbar, dem Zusammenhang zwischen der sozialen Assimilation und der Einbürgerung bei Einwanderergruppen mit einem unterschiedlich hohen sozialen Gruppenstatus nachzugehen. Dabei wäre zu klären, ob die hier postulierten Unterschiede in den Auswirkungen der sozialen Assimilation auch für eine weniger selektive Subgruppe als die im SOEP befragten Migranten gelten und inwieweit sich dabei die Logik der Einbürgerungsabsicht und der tatsächlichen Einbürgerung unterscheiden.

VI. Schlussbemerkung

Aus den hier vorgestellten Analysen über die Einbürgerungsneigung in Deutschland lebender Arbeitsmigranten und ihrer Nachkommen kristallisieren sich einige klare Befunde heraus, obschon unsere Analysen an einigen Stellen aufgrund der Datenlage noch tentativer Natur sind. Türkischstämmige Befragte planen häufiger ihre Einbürgerung als Einwanderer aus dem Gebiet des ehemaligen Jugoslawien oder aus EU-15-Staaten, und ein höherer Anteil von ihnen ist bereits eingebürgert. Dieser auf Aggregatebene bereits bekannte Befund konnte hier erstmals anhand amtlicher Individualdaten erhärtet werden. Darüber hinaus konnten wir zeigen, dass der Vorsprung der türkischstämmigen Einwanderer und ihrer Nachkommen nicht darauf zurückzuführen ist, dass diese Gruppe häufiger die nötigen Einbürgerungsvoraussetzungen erfüllt als Einwanderer aus dem Gebiet des ehemaligen Jugoslawien oder den EU-15-Staaten.

In einem zweiten Schritt haben wir ein rechtliches Anreizmodell der Einbürgerung spezifiziert, das Indikatoren für das Ausmaß der individuellen Einbürgerungsanreize enthält. Dabei wurde weitgehend unsere Hypothese bestätigt, dass vor allem bei den Drittstaatenangehörigen mit den Jüngeren und höher Gebildetem diejenigen Subgruppen zur Einbürgerung neigen, die besonders von den rechtlichen Vorteilen der Einbürgerung profitieren. Unter Kontrolle der relevanten Individualmerkmale vergrößern sich die nationalitätsbezogenen Gruppenunterschiede. Dies gilt auch, wenn zusätzlich berücksichtigt wird, dass Türken seltener als andere Gruppen unter Beibehaltung ihrer alten Staatsbürgerschaft eingebürgert werden und für sie damit höhere Einbürgerungskosten anfallen. Wir konnten zudem zeigen, dass sich die Unterschiede in den Einbürgerungsquoten der hier betrachteten Drittstaatenangehörigen nicht dadurch erklären lassen, dass Türken besonders stark von den rechtlichen Anreizen der Einbürgerung profitieren oder dadurch, dass sie zwischenzeitlich die Möglichkeit zur Wiedereinbürgerung und damit zum Erwerb der doppelten Staatsbürgerschaft „durch die Hintertür" besaßen.

Wir sind deshalb abschließend einer Erklärung nachgegangen, die die Salienz der ethnischen Grenze und Statusunterschiede zwischen der Minderheit und der Mehrheit in den Vordergrund stellt. Möglicherweise ist die Einbürgerung gerade für Angehörige von Minderheiten mit einem niedrigen sozialen Gruppenstatus attraktiv, denen es individuell gelungen ist, über die Gruppengrenzen hinweg enge soziale Kontakte zu Mehrheitsangehörigen zu knüpfen. Letztere könnten die Einbürgerung positiv sanktionieren und gleichzeitig vor Marginalisierung schützen, die droht, wenn die Einbürgerung mit einer Distanzierung von der Herkunftsgruppe einhergeht. Verschiedene Aspekte unserer Befunde deuten darauf hin, dass es sich lohnen könnte, dieser Erklärung weiter auf den Grund zu gehen. Bei der türkischstämmigen Bevölkerung ist nicht nur, wie die MZ-Analysen gezeigt haben, der Zusammenhang zwischen der individuellen strukturellen Assimilation, die häufig mit dem Aufbau sozialer Kontakte zu Mehrheitsangehörigen einhergeht, und der Einbürgerungsneigung besonders stark. Analysen auf Basis des SOEP zeigen vielmehr auch, dass nur Türken, nicht aber Einwanderer aus dem Gebiet des ehemaligen Jugoslawien oder den EU-15-Ländern deutlich häufiger planen, sich einbürgern zu lassen, wenn Mehrheitsangehörige unter ihren engen Bezugspersonen sind. Da wir diesen Zusammenhang nur für die Einbürgerungsabsicht und nicht für die Einbürgerung selbst durchführen konnten, steht ein strenger empirischer Test dieses Arguments noch aus. Dies gilt vor allem vor dem Hintergrund, dass die Einbürgerung und die Einbürgerungsabsicht unterschiedlichen Logiken folgen, wie vergleichende MZ- und SOEP-Analysen gezeigt haben. Nicht zuletzt sind es geringe Fallzahlen, die derzeit systematische Analysen über die kausale Abfolge von individueller Assimilation und Einbürgerungsentscheidung erschweren. Abhilfe könnte hier ein spezieller „Einbürgerungssurvey" schaffen, der tiefergehende Einblicke in den Zusammenhang zwischen rechtlichem Kontext, individuellen Assimilationsverläufen und ethnischen Gruppengrenzen gestatten würde.

Literatur

Aguirre, Beningo E./Saenz, Rogelio, 2002: Testing the Effects of Collectively Expected Durations of Migration: The Naturalization of Mexicans and Cubans, in: International Migration Review 36, 103-124.
Alba, Richard, 2005: Bright versus Blurred Boundaries: Second-Generation Assimilation and Exclusion in France, Germany, and the United States, in: Ethnic and Racial Studies 28, 20-49.
Alvarez, Robert R., 1987: A Profile of the Citizenship Process among Hispanics in the United States, in: International Migration Review 21, 327-351.
Anil, Merih, 2007: Explaining the Naturalisation Practices of Turks in Germany in the Wake of the Citizenship Reform of 1999, in: Journal of Ethnic and Migration Studies 33, 1363-1376.
Balistreri, Kelly S./van Hook, Jennifer, 2004: The More Things Change the More they Stay the Same: Mexican Naturalization before and after Welfare Reform, in: International Migration Review 38, 113-130.
Bernard, William S., 1936: Cultural Determinants of Naturalisation, in: American Sociological Review 1-6, 943-953.

Bevelander, Pieter/Veenman, Justus, 2006: Naturalization and Employment Integration of Turkish and Moroccan Immigrants in the Netherlands, in: Journal of International Migration and Integration 7, 327-349.
Blohm, Michael/Diehl, Claudia, 2001: Wenn Migranten Migranten befragen. Zum Teilnahmeverhalten von Einwanderern bei Bevölkerungsumfragen, in: Zeitschrift für Soziologie 30, 223-242.
Böltken, Ferdinand, 2003: Social Distance and Physical Proximity, in: *Alba, Richard/Schmidt, Peter/Wasmer, Martina* (Hrsg.), German or Foreigners? Attitudes Toward Ethnic Minorities in the Post-Reunification Germany. New York: Palgrave Macmillan, 95-118.
Borjas, George, 2001: Welfare Reform and Immigration, in: *Blank, Rebecca/Haskins, Ron* (Hrsg.), The New World of Welfare. Washington, DC: Brookings Institution Press, 369-385.
Brubaker, Rogers, 1992: Citizenship and Nationhood in France and Germany. Cambridge, Mass.: Harvard University Press.
Caglar, Ayse, 2004: 'Citizenship Light': Transnational Ties, Multiple Rules of Membership, and the 'Pink Card', in: *Friedmann, Jonathan/Shalini, Randeria* (Hrsg.), Worlds on the Move – Globalization, Migration and Cultural Security. London/New York: I. B. Tauris, 273-291.
Castles, Stephen, 1994: Democracy and Multicultural Citizenship, in: *Bauböck, Rainer* (Hrsg.), From Aliens to Citizens: Redefining the Status of Immigrants in Europe. Averbury: Aldershot, 3-27.
Diehl, Claudia, 2002: Die Partizipation von Migranten in Deutschland. Rückzug oder Mobilisierung? Opladen: Leske + Budrich.
Diehl, Claudia/Blohm, Michael, 2003: Rights or Identity? Naturalization Processes among 'Labor Migrants' in Germany, in: International Migration Review 27, 133-162.
Diehl, Claudia/Schnell, Rainer, 2006: 'Reactive Ethnicity' or 'Assimilation'? Statements, Arguments, and First Empirical Evidence for Labor Migrants in Germany, in: International Migration Review 40, 786-816.
Dustmann, Christian, 1996: The Social Assimilation of Immigrants, in: Journal of Population Economics 9, 37-54.
Esser, Hartmut, 1980: Aspekte der Wanderungssoziologie. Eine handlungstheoretische Analyse. Darmstadt: Luchterhand.
Esser, Hartmut, 1990: Interethnische Freundschaften, in: *Esser, Hartmut/Friedrichs, Jürgen* (Hrsg.), Generationen und Identität. Opladen: Leske + Budrich, 185-205.
Esser, Hartmut, 2006: Sprache und Integration. Die sozialen Bedingungen und Folgen des Spracherwerbs von Migranten. Frankfurt a. M.: Campus.
Evans, M. D. R., 1988: Choosing to be a Citizen: The Time Path of Citizenship. International Migration Review 22, 243-264.
Freeman, Gary P./Plascencia, Luis F. B./Baker, Susan G./Orozco, Manuel, 2002: Explaining the Surge in Citizenship Applications in the 1990s: Lawful Permanent Residents in Texas, in: Social Science Quarterly 83, 1014-1025.
Gerdes, Jürgen/Faist, Thomas, 2006: Von ethnischer zu republikanischer Integration. Der Diskurs um die Reform des deutschen Staatsangehörigkeitsrechts, in: Berliner Journal für Soziologie 16, 313-335.
Gilbertson, Greta/Singer, Audrey, 2003: The Emergence of Protective Citizenship in the USA: Naturalization among Dominican Immigrants in the post-1996 Welfare Reform Era, in: Ethnic and Racial Studies 26, 25-51.
Granato, Nadia/Kalter, Frank, 2001: Die Persistenz ethnischer Ungleichheiten auf dem deutschen Arbeitsmarkt. Diskriminierung oder Unterinvestition in Humankapital?, in: Kölner Zeitschrift für Soziologie und Sozialpsychologie 53, 497-520.
Hagedorn, Heike, 2001: Wer darf Mitglied werden? Einbürgerung in Deutschland und Frankreich im Vergleich. Opladen: Leske + Budrich.
Hammar, Tomas, 1990: Democracy and the Nation State. Aliens, Denizens and Citizens in a World of International Migration. Cheltenham: Edward Elgar.
Haug, Sonja, 2002: Familienstand, Schulbildung und Erwerbstätigkeit junger Erwachsener, in: Zeitschrift für Bevölkerungswissenschaft 27, 115-144.
Haug, Sonja, 2003: Interethnische Freundschaftsbeziehungen und soziale Integration, in: Kölner Zeitschrift für Soziologie und Sozialpsychologie 55, 716-736.

Heitmeyer, Wilhelm/Müller, Joachim/Schröder, Helmut, 1997: Verlockender Fundamentalismus. Türkische Jugendliche in Deutschland. Frankfurt a. M.: Suhrkamp.
Hinrichs, Wilhelm, 2003: Ausländische Bevölkerungsgruppen in Deutschland. Integrationschancen 1985 und 2000. Berlin: Wissenschaftszentrum für Sozialforschung.
Jasso, Guiellemina/Rosenzweig, Mark R., 1986: Family Reunification and the Family Multiplier: U.S. Immigration Law, Origin-country Conditions, and the Reproduction of Immigrants, in: Demography 23, 279-312.
Jasso, Guiellemina/Rosenzweig, Mark R., 1990: The New Chosen People: Immigrants in the United States. New York: Russell Sage Foundation.
Koch, Achim, 1997: Teilnahmeverhalten beim ALLBUS 1994: Soziodemographische Determinanten von Erreichbarkeit, Befragungsfähigkeit und Kooperationsbereitschaft, in: Kölner Zeitschrift für Soziologie und Sozialpsychologie 49, 99-122.
Koopmans, Ruud/Statham, Paul/Guigni, Marco/Passy, Florence, 2005: Contested Citizenship. Immigration and Cultural Diversity in Europe. Minneapolis/London: University of Minnesota Press.
Kristen, Cornelia/Granato, Nadia, 2004: Bildungsinvestitionen in Migrantenfamilien, in: Bade, Klaus J./Bommes, Michael (Hrsg.), Migration – Integration – Bildung. Osnabrück: IMIS, 123-141.
Kristen, Cornelia/Granato, Nadia, 2007: The Educational Attainment of the Second Generation in Germany. Social Origins and Ethnic Inequality. IAB Discussion Paper Nr. 04/2007. Nürnberg: IAB.
Kühnel, Steffen/Leibold, Jürgen, 2007: Islamophobie in der deutschen Bevölkerung: Ein neues Phänomen oder nur ein neuer Name?, in: Wohlrab-Sahr, Monika/Teczan, Levent (Hrsg.), Soziale Welt, Sonderheft: Islam. Baden-Baden: Nomos, 135-154,
Kultusministerkonferenz, 2002: Ausländische Schüler und Schulabsolventen 1991 bis 2000. Statistische Veröffentlichungen 163. Bonn.
Leggewie, Claus, 2000: Integration und Segregation, in: Bade, Klaus J./Münz, Rainer (Hrsg.), Migrationsreport 2000. Frankfurt a. M.: Campus, 85-108.
Liang, Zai, 1994: Social Contact, Social Capital, and the Naturalisation Process: Evidence from Six Immigrant Groups, in: Social Science Research 23, 407-437.
Lüttinger, Paul/Riede, Thomas, 1997: Der Mikrozensus: Amtliche Daten für die Sozialforschung. ZUMA-Nachrichten 41, 19-43.
Mau, Steffen, 2007: Transnationale Vergesellschaftung. Frankfurt a. M.: Campus.
Massey, Douglas S./Akresh, Ilana R., 2006: Immigrant Intentions and Mobility in a Global Economy: The Attitudes and Behavior of Recently Arrived U.S. Immigrants, in: Social Science Quarterly 87, 954-971.
Mehrländer, Ursula/Ascheberg, Carsten/Ueltzhöffer, Jörg, 1996: Repräsentativuntersuchung '95: Situation der ausländischen Arbeitnehmer und ihrer Familienangehörigen. Berlin/Bonn/Mannheim: Forschunsinsitut der Friedrich-Ebert-Stiftung.
Ögelman, Nedim, 2003: Documenting and Explaining the Persistence of Homeland Politics among Germany's Turks, in: International Migration Review 37, 163-193.
Pantoja, Adrian D./Gershon, Sarah Allen, 2006: Political Orientations and Naturalization among Latino and Latina Immigrants, in: Social Science Quarterly 87, 1171-1187.
Portes, Alejandro/Curtis, John W., 1987: Changing Flags: Naturalisation and its Determinants Among Mexican Immigrants, in: International Migration Review 21, 352-371.
Portes, Alejandro/Mozo, Rafael, 1985: The Political Adaption Process of Cubans and Other Ethnic Minorities in the United States: A Preliminary Analysis, in: International Migration Review 19, 35-63.
Portes, Alejandro/Rumbaut, Rubén G., 1996: Immigrant America. A Portrait. Berkeley: University of California Press.
Prümm, Kathrin, 2004: ,Einbürgerung als Option'. Münster: LIT Verlag.
Salentin, Kurt, 2000: Ziehen sich Migranten in ethnische Kolonien zurück?, in: Bade, Klaus/Bommes, Michael/Münz, Rainer (Hrsg.), Migrationsreport. Frankfurt a. M./New York: Campus.
Salentin, Kurt/Wilkening, Frank, 2003: Ausländer, Eingebürgerte und das Problem einer realistischen Zuwanderer-Integrationsbilanz, in: Kölner Zeitschrift für Soziologie und Sozialpsychologie 55, 278-298.

Santel, Bernhard, 1998: Auf dem Weg zur Konvergenz? Einwanderungspolitik in Deutschland und den Vereinigten Staaten im Vergleich, in: Zeitschrift für Ausländerrecht und Ausländerpolitik 1, 14-20.
SOEP Group, 2001: The German Socio-Economic Panel (GSOEP) after More than 15 Years – Overview, in: Vierteljahreshefte zur Wirtschaftsforschung 70, 7-14.
Statistisches Bundesamt, 2006a: Bevölkerung und Erwerbstätigkeit. Einbürgerungen. Fachserie 1, Reihe 2.1. Wiesbaden: Statistisches Bundesamt.
Statistisches Bundesamt, 2006b: Leben in Deutschland. Haushalte, Familien und Gesundheit – Ergebnisse des Mikrozensus 2005. Wiesbaden: Statistisches Bundesamt.
Statistisches Bundesamt, 2007: Bevölkerung und Erwerbstätigkeit. Einbürgerungen. Fachserie 1, Reihe 2.1. Wiesbaden: Statistisches Bundesamt.
Steiger, Horst, 1979: Haushaltsstruktur: Erfassungs- und Auswertungsprobleme im Rahmen des Mikrozensus, in: *Pappi, Franz U.* (Hrsg.), Sozialstrukturanalysen mit Umfragedaten. Königstein/Ts.: Athenaeum-Verlag.
Steinbach, Anja, 2004: Soziale Distanz. Ethnische Grenzziehung und die Eingliederung von Zuwanderern in Deutschland. Wiesbaden: VS Verlag für Sozialwissenschaften.
Tajfel, Henri, 1978: The Social Psychology of Minorities. London: MRG.
Tajfel, Henri, 1981: Human Groups and Social Categories. Cambridge: Cambridge University Press.
Tucci, Ingrid, 2004: Konfliktuelle Integration? Die sozialen Konsequenzen der Lage der türkischen Bevölkerung in Deutschland und der nordafrikanischen Bevölkerung in Frankreich, in: Berliner Journal für Soziologie 3, 299-317.
Wasmer, Martina/Koch, Achim, 2003: Foreigners as Second Class Citizens? Attitudes Toward Equal Civil Rights for Non-Germans, in: *Alba, Richard/Schmidt, Peter/Wasmer, Martina* (Hrsg.), Germans or Foreigners? Attitudes Toward Ethnic Minorities in the Post-Reunification Germany. New York: Palgrave Macmillan, 95-118.
Wobbe, Theresa/Otte, Roland, 2000: Politische Institutionen im gesellschaftlichen Wandel. Einbürgerung in Deutschland zwischen Erwartungen von Migranten und staatlicher Vorgabe, in: Zeitschrift für Soziologie 29, 444-462.
Woodrow-Lafield, Karen A./Xu, Xiaohe/Kersen, Thomas/Poch, Bunnak, 2004: Naturalization of U.S. Immigrants: Highlights from Ten Countries, in: Population Research and Policy Review 23, 187-218.
Worbs, Susanne/Wunderlich, Tanja, 2002: Die Integration der zweiten Migrantengeneration in Deutschland, in: Zeitschrift für Ausländerrecht und Ausländerpolitik 22, 395-400.
Wunderlich, Tanja, 2005: Die neuen Deutschen. Stuttgart: Lucius & Lucius.
Yang, Philip Q., 1994a: Ethnicity and Naturalization, in: Ethnic and Racial Studies 17, 593-618.
Yang, Philip Q., 1994b: Explaining Immigrant Naturalisation, in: International Migration Review 28, 449-477.
Zolberg, Aristide R./Woon Long, Litt, 1999: Why Islam is like Spanish: Cultural Incorporation in Europe and the United States, in: Politics and Society 27, 5-38.

Korrespondenzanschrift: Prof. Dr. Claudia Diehl, Universität Göttingen, Institut für Soziologie, Platz der Göttinger Sieben 3, 37073 Göttingen
E-Mail: cdiehl@uni-goettingen.de

AKKULTURATION UND DIE VERGABE VON VORNAMEN

Welche Namen wählen Migranten für ihre Kinder und warum?*

Jürgen Gerhards und Silke Hans

Zusammenfassung: Vornamen können die Zugehörigkeit zu sozialen Gruppen anzeigen. Greifen Migranten bei der Vergabe von Vornamen für ihre Kinder auf Namen zurück, die in dem jeweiligen Einwanderungsland üblich sind, dann interpretieren wir dies als ein Anzeichen gewünschter Akkulturation. Vergeben sie hingegen Vornamen, die allein in ihrem Heimatland gebräuchlich sind, so interpretieren wir dies als ein Anzeichen von geringer Akkulturation. Auf der Basis einer Auswertung der Daten des Sozio-oekonomischen Panels haben wir für Migranten aus drei Herkunftsgruppen (Südwesteuropa, Ex-Jugoslawien, Türkei) untersucht, in welchem Maße die Eltern ihren Kindern in Deutschland gebräuchliche Namen geben und wie man Unterschiede im Grad der Akkulturation in der Vergabe der Vornamen erklären kann. Wir können zeigen, dass Zuwanderer aus der Türkei gegenüber solchen aus dem ehemaligen Jugoslawien und Südwesteuropa seltener in Deutschland gebräuchliche Vornamen vergeben. Die Wahrscheinlichkeit der Vergabe deutscher Vornamen bei Zuwanderern steigt, wenn die kulturelle Distanz (religiöse und sprachliche Distanz) zwischen Herkunftsland und Einwanderungsland gering ist, die Bildung der Eltern hoch ist, sie deutsche Freunde oder Partner haben und politisch durch die deutsche Staatsbürgerschaft integriert sind.

I. Vornamen als Marker sozialer Identität und als Assimilationsindikator

Jedes neugeborene Kind erhält einen Vornamen. Der Vorname in Kombination mit dem Nachnamen bildet für den Namensträger und seine Interaktionspartner ein eindeutiges Erkennungskürzel und einen Bezugspunkt der Ausbildung einer personalen Identität. Vornamen sind aber nicht nur Marker persönlicher, sondern auch sozialer Identität. Lesen wir einen Brief oder einen Artikel von einer Person mit dem Namen Judith, dann interferieren wir auf der Basis unseres Erfahrungswissens, dass es sich bei der Person um einen Menschen weiblichen Geschlechts handelt, auch wenn wir die konkrete Person niemals getroffen haben. Eine Klassifikation von Personen nach Geschlecht ist aber sozial folgenreich, weil mit dem Geschlecht spezifische Verhaltenserwartungen verbunden sind. Deswegen fordern manche Frauengruppen, bei Bewerbungen für einen Job auf die Angabe des Vornamens zu verzichten. Damit soll eine Diskri-

---

* Wir bedanken uns bei Nikolai Genov, der uns bei der Codierung der Vornamen von Personen aus dem früheren Jugoslawien geholfen hat, bei Gert Wagner (DIW) für hilfreiche Kommentare und vor allem bei Denis Huschka, der die Daten im Kontext eines von der DFG finanzierten Projekts aufgearbeitet hat (vgl. auch Huschka et al. 2005). Hilfreiche Kommentare haben wir von Cornelia Kristen, Frank Kalter und Andreas Wimmer erhalten.

minierung auf Grund des Geschlechts, auf das aus dem Vornamen geschlossen werden kann, verhindert werden.

Namen sind aber auch Indikatoren der ethnischen Gruppenzugehörigkeit innerhalb einer Gesellschaft. Sowohl die Segregation einer ethnischen Gruppe durch die Benutzung von Namen, die nur für diese Gruppe typisch sind, als auch die Akkulturation durch die Vergabe von Vornamen, die von der Mehrheit in einer Gesellschaft vergeben werden, kann freiwillig oder auch durch Zwang erfolgen. In der Geschichte finden sich für die vier möglichen Fälle viele Beispiele.

Eine *zwanghafte Akkulturation* betrieb z. B. die bulgarische Regierung 1986, als sie die Minderheit der Türken zwang, slawische Namen zu übernehmen. Das bekannteste Beispiel für eine *zwanghafte Segregation* durch Vornamen findet man in der deutschen Geschichte. Im Runderlass vom 14.04.1937 wurde dazu aufgefordert, „deutsche Volksgenossen" mit deutschen Vornamen zu benennen (Grethlein 1994: 757). In einem Gesetz von 1938 wurde Juden nur noch erlaubt, jüdische Namen zu benutzen; zudem mussten alle jüdischen Männer mit einem deutschen Vornamen ihrem Namen „Israel" hinzufügen und alle jüdischen Frauen mit deutschen Vornamen mussten ihren Namen mit „Sara" ergänzen, damit sie eindeutig als Juden zu erkennen waren (Grethlein 1994: 757).

Ein Beispiel für eine *freiwillige Segregation* haben Stanley Lieberson und Kelly S. Mikelson (1995) analysiert. Die Autoren können zeigen, dass „African Americans" ab 1960 zunehmend typisch „schwarze" Namen benutzen und damit für sich und nach außen ihre schwarze Identität markieren; die Namen werden so zum Ausdruck eines neuen „African American nationalism" (Fryer/Levitt 2004; Lieberson/Mikelson 1995: 933). Eine freiwillige Segregation kann aber auch durch die Namenswahl der Mehrheitsgesellschaft erfolgen. Andrew S. London und S. Philip Morgan (1994) zeigen für die Zeit um 1910, „that whites distanced themselves from African Americans by choosing increasingly the ‚whitest' names".

Und schließlich finden sich in der Geschichte eine Vielzahl an Beispielen, wie ethnische Gruppen Vornamen der Mehrheitsgesellschaft ohne staatlichen Zwang übernehmen und damit eine *freiwillige Akkulturation* betreiben. Jüdische Namen waren schon lange vor der Zeit des Nationalsozialismus stigmatisiert. Diejenigen, die der Stigmatisierung entgehen und sich zugleich an die deutsche Kultur assimilieren wollten, haben häufig deutsche Vornamen benutzt und eine Veränderung des Nachnamens beantragt (Beck-Gernsheim 2002; Bering 1992; Lieberson 2000: 211). Stanley Lieberson (2000) zeigt für verschiedene ethnische Gruppen in den USA den Grad ihrer Akkulturation an die amerikanischen Namen. Er kommt zu dem Ergebnis, dass besonders Chinesen, Japaner und Koreaner sich in der Namenswahl für ihre Kinder erstaunlich schnell an die amerikanische Mehrheitsgesellschaft anpassen (Lieberson 2000: 192). Sue und Telles (2007) zeigen u. a., dass hispanische Eltern in Kalifornien ihren Kindern umso eher amerikanische statt spanische Vornamen geben, je gebildeter sie sind.

Wir untersuchen in diesem Artikel die Vergabe von Vornamen von in Deutschland lebenden Migranten an ihre Kinder. Von den vier skizzierten möglichen Szenarien sind in dem von uns analysierten Fall natürlich nur die beiden freiwilligen Varianten von Relevanz. Greifen Migranten für ihre Kinder auf in Deutschland übliche Vornamen zurück, so interpretieren wir dies als ein Anzeichen von Akkulturation an die deutsche

Gesellschaft. Vergeben sie hingegen Vornamen, die allein in ihrem Heimatland gebräuchlich sind, so interpretieren wir dies als ein Anzeichen einer geringen Akkulturationsneigung. Unsere Analyse bezieht sich auf drei Migrantengruppen: auf Zuwanderer aus romanischen Ländern (Italien, Spanien und Portugal), auf Zuwanderer aus dem ehemaligen Jugoslawien und auf Türken. Diese drei Gruppen bildeten lange Zeit die größten Migrantengruppen in Deutschland. Wir werden auf der Basis einer Auswertung der Daten des Sozio-oekonomischen Panels (SOEP) den unterschiedlichen Grad der Vornamen-Akkulturation der drei Migrantengruppen beschreiben und versuchen, ihn zu erklären. Dazu formulieren wir in einem ersten Schritt verschiedene Hypothesen, die das Akkulturationsverhalten erklären können *(Abschnitt II)*. In *Abschnitt III* erläutern wir die verwendeten Daten sowie die Variablen, die wir zur Prüfung unserer Hypothesen gebildet haben. In *Abschnitt IV* präsentieren wir die Ergebnisse unserer Analysen, zuerst die bivariaten, dann die multivariaten Befunde. Der letzte Abschnitt *(V)* ist einer Zusammenfassung der Befunde gewidmet.

Bevor wir mit der Formulierung der Hypothesen beginnen, seien einige Bemerkungen zur Besonderheit von Vornamen als Indikatoren zur Messung von Akkulturationsprozessen erlaubt. Vornamen sind in aller Regel frei gewählte Attribute. Ihre Wahl ist im Vergleich zu anderen Identitätsmarkern mit keinerlei materiellen Kosten verbunden (Gerhards 2005; Lieberson 2000). Das Wohnen in einer Villa, das Tragen von teuren Kleidern oder das elaborierte und distinguierte Reden über die letzte Picasso-Ausstellung in der Nationalgalerie dienen häufig auch als Merkmale der Konstruktion einer sozialen Identität. Ihr Erwerb ist aber mit relativ hohen Kosten verbunden, seien es materielle Kosten oder Investitionskosten für den Erwerb von inkorporiertem kulturellem Kapital, wie die Arbeiten von Pierre Bourdieu gezeigt haben. Vornamen sind im Unterschied dazu gleichsam gratis für alle Eltern verfügbar. Die Auswahl eines Vornamens ist somit in erster Linie ein reiner Ausdruck der Präferenzen der Eltern, die durch „harte" Restriktionen nicht eingeschränkt werden. Diese so genannte „low-cost"-Situation gilt auch für die Übernahme von in einem Einwanderungsland üblichen Vornamen durch die dort lebenden Migranten.[1] Andere Formen der Assimilation sind in der Regel mit wesentlich höheren Investitionskosten verbunden. Der Erwerb einer neuen Sprache ist sehr aufwendig und dauert lange; beim Aufbau von Netzwerken mit Einheimischen müssen häufig Vorurteile überwunden werden und der Erwerb eines Hauses in einem Stadtteil, in dem wenig Ausländer wohnen, ist oft mit hohen materiellen Kosten verbunden. Die Vergabe von Vornamen misst also, im Gegensatz zu anderen Indikatoren der Assimilation von Einwanderern, den Grad der *gewünschten* ethnischen Schließung einer Gruppe bzw. den Grad der *freiwilligen* Akkulturation. Eine zweite Besonderheit macht Vornamen zu einem besonders geeigneten Indikator zur Messung von Akkulturationsprozessen: Die Übernahme von Vornamen misst, im Gegensatz zu anderen Indikatoren wie Wertorientierungen oder Rückkehrabsicht der Migranten, tatsächlich erfolgte Handlungen und nicht nur Einstellungen oder Handlungsabsichten.

---

1 Am Beispiel des Umweltverhaltens können Andreas Diekmann und Peter Preisendörfer (2003) zeigen, dass in Situationen, in denen die Kosten des Handelns gering sind, die Präferenzen der Menschen eine sehr hohe Erklärungskraft haben.

II. Hypothesen

Da der Begriff der Assimilation in der wissenschaftlichen und politischen Debatte recht umstritten ist, ist es sinnvoll, mit einer terminologischen Klärung zu beginnen.[2] Wir verwenden den Begriff der Assimilation wertneutral und verstehen darunter „a multidimensional process of boundary reduction that blurs an ethnic or racial distinction and the social and cultural differences and identities associated with it" (Rumbaut 2001: 845). Ganz ähnlich definieren Richard Alba und Victor Nee (2003) Assimilation als „the decline of an ethnic distinction between two groups" (Alba/Nee 2003: 11). Eine vollständige Assimilation bildet den Endpunkt einer Skala, auf deren anderem Ende eine vollständige Beibehaltung der Unterscheidung zweier ethnischer Gruppen steht. Der Assimilationsbegriff unterstellt nicht, dass sich die Minderheit an die Mehrheit assimiliert oder gar assimilieren sollte. Im Gegenteil: Assimilation kann ebenso durch eine gegenseitige Anpassung von Aufnahmegesellschaft und Zuwanderern erfolgen. In diesem Artikel konzentrieren wir uns jedoch allein auf die Frage der Assimilation der Zuwanderer an die deutsche Gesellschaft. Die umgekehrte Frage, die der Assimilation der Aufnahmegesellschaft an die ausländischen Vornamen, haben wir bereits an anderer Stelle untersucht (vgl. Gerhards/Hackenbroch 2000; Gerhards 2003a, 2005).[3]

Die Unterschiede und Grenzen, die zwischen zwei Gruppen bestehen und die sich im Prozess der Assimilation reduzieren können, manifestieren sich in verschiedenen Unterdimensionen: in einer räumlichen Segregation, einer sozialen Segregation (Freundschaften, Partnerwahl), einer Trennung im Hinblick auf staatsbürgerliche Rechte, der Platzierung in der Sozialstruktur einer Gesellschaft etc. (Alba/Nee 1997; Esser 1980, 2004; Gordon 1964; Perlmann/Waldinger 1997; Yinger 1981). Akkulturation ist eine dieser Unterdimensionen von Assimilation und bezieht sich auf kulturelle Unterscheidungsmerkmale, die symbolisch die Mitgliedschaft in einer ethnischen Gruppe markieren. Milton M. Gordon (1964) benennt z. B. Musik, Kleidung, Religion u. a. als typische Merkmale, die Gruppen benutzen, um ihre kulturelle Identität in Abgrenzung zu anderen Gruppen zu markieren. Vornamen gehören nach unserem Verständnis zu diesen Merkmalen, mit denen Gruppen, sei es beabsichtigt oder unbeabsichtigt, ihre Gruppenzugehörigkeit nach außen und nach innen markieren. Treffen wir z. B. in Deutschland auf eine Person mit dem Namen Pedro, schließen wir auf eine Herkunft aus einem romanischen Land; begegnen wir hingegen einem Jungen mit dem Namen Hassan, schließen wir auf eine türkische Herkunft. Wir interpretieren in unserer Untersuchung entsprechend die Vergabe von Vornamen als einen Indikator, der den Grad der Akkulturation oder der Beibehaltung von kultureller ethnischer Identität anzeigt.

Das Kausalverhältnis zwischen den verschiedenen Dimensionen von Assimilation zueinander ist in der Literatur umstritten. Im Hinblick auf die Erklärung von Akkul-

---

2 Einen guten Überblick geben Mary C. Waters und Tomás R. Jiménez (2005).
3 Dabei hat sich gezeigt, dass deutsche Eltern zwischen 1950 und 2000 kontinuierlich häufiger ausländische Namen verwenden. Der Anstieg von Vornamen aus fremden Kulturkreisen geht aber in erster Linie auf den Anstieg von Namen aus dem romanischen und angloamerikanischen Kulturkreis zurück; Namen von den nach Deutschland eingewanderten Migrantengruppen werden von deutschen Eltern kaum benutzt.

turationsprozessen gehen viele Autoren davon aus, dass eine Akkulturation den anderen Prozessen der Assimilation zeitlich vorangeht. „Cultural assimilation, or acculturation, is likely to be the first of the types of assimilation to occur when a minority group arrives on the scene" (Gordon 1964: 77). Einer der Gründe dafür ist, dass „ethnics can acculturate on their own, but they cannot assimilate unless they are given permission to enter the ‚American' group or institution" (Gans 1997: 877). Wir werden in unseren Analysen hingegen zeigen, dass die Akkulturation in der Vergabe von Vornamen durchaus und sogar in hohem Maße durch andere Dimensionen der Assimilation beeinflusst wird. Dabei gehen wir von folgenden Hypothesen aus:

1. Der Grad der Akkulturation wird durch das Ausmaß der *kulturellen Distanz* zwischen der Herkunfts- und der Aufnahmegesellschaft ursächlich beeinflusst. Die kulturelle Distanz kann sich in unterschiedlichen Faktoren manifestieren, u. a. in der Sprache, der Religion, den Wertvorstellungen. Wenn beispielsweise die Herkunftssprache von Migranten zur gleichen Sprachfamilie gehört wie die Mehrheitssprache der Aufnahmegesellschaft, wird das Erlernen der Mehrheitssprache, und damit die Akkulturation, schneller und leichter erfolgen, als wenn die beiden Sprachen aus unterschiedlichen Sprachfamilien stammen (Carliner 2000; Chiswick/Miller 2001; van Tubergen/Kalmijn 2005). Ein ähnlicher Zusammenhang gilt für die Religion. Der Pool möglicher Vornamen, die überhaupt vergeben werden können, wird zu einem großen Teil durch die Religion definiert. Die im christlichen Europa üblichen Vornamen stammen vor allem aus dem alten und neuen Testament und aus der Gruppe der tradierten Namen christlicher Heiliger. Die Kerngruppe der im Christentum als heilig angesehenen und verehrten Personen bildete sich aus den Märtyrern, Personen also, die ihr Leben für das Bekenntnis zu Christus eingesetzt hatten (vgl. Bieritz 1991). Wenn nun Zuwanderer aus einem Land stammen, in dem die gleiche Religion vorherrscht wie in der Aufnahmegesellschaft, dann ist die Wahrscheinlichkeit einer Anpassung in der Namenswahl größer, da sie sozusagen aus der gleichen Quelle von Namen schöpfen wie die Einheimischen. Da unsere Daten unterschiedliche Einwanderergruppen – Italiener, Spanier, Portugiesen, Türken, Bewohner des früheren Jugoslawien – umfasst und diese sich im Grad der kulturellen Distanz zum Aufnahmeland Deutschland voneinander unterscheiden, können wir prüfen, ob sich für die verschiedenen Ausländergruppen ein unterschiedlicher Akkulturationsgrad bezüglich der Vergabe von Vornamen ergibt. In unserem konkreten Fall gehen wir davon aus, dass Migranten aus romanischen Ländern (Italien, Spanien, Portugal) stärker akkulturiert sind, also eher deutsche Vornamen vergeben, als Migranten aus dem ehemaligen Jugoslawien und der Türkei, da bei ihnen sowohl die sprachlichen als auch die religiösen Unterschiede zum Einwanderungsland geringer sind.[4]

Die gleichen Zusammenhänge zwischen Religion und Sprache und der Vergabe von Vornamen sollten nicht nur die Unterschiede zwischen verschiedenen ethnischen Grup-

---

[4] Zudem unterscheiden sich die Länder in den Wertorientierungen der Bürger. Wir haben für 25 Länder auf der Basis einer Auswertung des „European Values Survey" die Unterschiede in der Werteorientierung zwischen den verschiedenen Ländern untersucht. Die Bürger der Türkei weichen in vielen Dimensionen am stärksten von den europäischen Kernländern ab (vgl. Gerhards/Hölscher 2005).

pen erklären, sondern sich auch auf individueller Ebene zeigen. Daher vermuten wir, dass die Akkulturation bezüglich der Vergabe von Vornamen bei Katholiken und Protestanten deutlich höher ist als bei Muslimen. Ebenso sollten Eltern, die gute Kenntnisse der Sprache des Einwanderungslandes, in diesem Fall Deutsch, aufweisen, eher deutsche Vornamen an ihre Kinder vergeben, als Eltern, deren deutsche Sprachkenntnisse nicht so gut sind.

2. Wir gehen weiterhin davon aus, dass der Grad der Akkulturation einer Person durch ihre sozialstrukturelle Assimilation kausal beeinflusst wird. Je erfolgreicher Einwanderer sich in der Sozialstruktur der Aufnahmegesellschaft platzieren, desto eher werden sie deutsche Vornamen benutzen. Eine gute Eingliederung in den Arbeitsmarkt erhöht die Wahrscheinlichkeit von Kontakten zu Personen der Mehrheitsgesellschaft und damit auch die Wahrscheinlichkeit, dass Symbole benutzt werden, die die Zugehörigkeit zur Mehrheitsgesellschaft signalisieren. Höhere Bildung fördert einerseits die Kenntnis der Kultur der Aufnahmegesellschaft und damit die Wahrscheinlichkeit der Akkulturation, z. B. in Form von Sprachkenntnissen, andererseits wiederum die Kontaktnetze zu Mitgliedern der Aufnahmegesellschaft, was sich wiederum positiv auf die Übernahme von Identitätsmarkern auswirken wird, die für die Mehrheitsgesellschaft typisch sind. Weiterhin wird eine erfolgreiche sozialstrukturelle Assimilation (Arbeitsmarkt, Einkommen, Bildung) sich positiv auf die Zufriedenheit der Migranten mit dem Einwanderungsland auswirken und ihre Identifikation mit der Kultur dieser Gesellschaft erhöhen. Unsere Hypothese lautet entsprechend: Je höher das Einkommen und das erreichte Bildungsniveau von Migranten, desto besser ist die sozialstrukturelle Integration, und desto eher erfolgt auch die Übernahme vormals fremder Merkmale wie die von in der Aufnahmegesellschaft typischen Vornamen.

3. Das Ausmaß der Akkulturation wird weiterhin durch den Grad der Einbettung in ethnisch heterogene Netzwerke mitbestimmt. Migranten, die regelmäßigen Kontakt mit Bürgern des Einwanderungslandes haben, sind mit deren kulturellen Symbolen vertraut, werden sich in der Aufnahmegesellschaft akzeptiert fühlen und sich mit der Aufnahmegesellschaft identifizieren. All dies erhöht die Chance, dass sie auch die symbolischen Marker der Zugehörigkeit der Aufnahmegesellschaft übernehmen. Tai S. Kang (1971) hat gezeigt, dass chinesische Studenten, die ihren Vornamen angliziert haben, mehr amerikanische Freunde und häufiger amerikanische roommates hatten. Stanley Lieberson (2000: 193) kann für chinesische Immigranten in den USA zeigen, „that Chinese mothers living in settlements with low Chinese density give their children names that are slightly more ‚American' than those living in high density settlements". Wir überprüfen daher, ob Eltern, die vor der Geburt ihres Kindes einen ethnisch gemischten Freundeskreis haben, eher zur Vergabe deutscher Vornamen neigen als solche, die nur zu ihrer eigenen ethnischen Gruppe Kontakt haben. Wir prüfen weiterhin, ob Migranten, die mit einem deutschen Partner verheiratet sind, eher in Deutschland übliche Vornamen vergeben als Personen, die einen Partner aus der gleichen Ethnie haben.

4. Neben kultureller Nähe und sozialstruktureller Integration wird der Grad der Akkulturation durch den Grad der politischen Integration beeinflusst. Vor allem in der komparativen politikwissenschaftlichen Forschung, aber auch in der öffentlichen politi-

schen Diskussion, ist von verschiedenen Autoren die These formuliert worden, dass ein liberales Staatsbürgerschaftsrecht, das Migranten eine unkomplizierte Übernahme des Staatsbürgerschaftsstatus ermöglicht, auch zu einer Identifikation der Zuwanderer mit der Aufnahmegesellschaft und zu einer kulturellen Integration führt (Brubaker 1992; Joppke 1999; einen guten Überblick gibt Howard 2003). So führen Koopmans und Statham (2001: 92) die Tatsache, dass sich in Deutschland nur 50 Prozent der Zuwanderer eher mit Deutschland, 27,5 Prozent dagegen nur mit ihrem Heimatland identifizieren, auf die restriktive Staatsbürgerschaftspraxis und die Klassifizierung von Zuwanderern als „Ausländer" zurück. In Großbritannien und den Niederlanden mit weniger restriktiven Zugängen zur Staatsbürgerschaft identifizieren sich dagegen 83 bzw. 71 Prozent mit dem Aufnahmeland. Tanja Wunderlich weist nach, dass für einige Zuwanderer die individuelle Einbürgerung die Identifikation mit dem Einwanderungsland bzw. das Gefühl der Zugehörigkeit stärkt (Wunderlich 2005: 172 f.). Neben diesem direkten Effekt gibt es auch indirekte Effekte der Staatsangehörigkeit auf Akkulturation, da mit der Staatsangehörigkeit Rechte verbunden sind, die die strukturelle und soziale Assimilation fördern können, z. B. über die Integration in den Arbeitsmarkt (Faist/Dörr 1997; Kogan 2002; Verwiebe 2004; empirisch dazu mit den Daten des SOEP Tucci 2004). Wir werden entsprechend prüfen, ob die Übernahme der deutschen Staatsbürgerschaft einen positiven Effekt auf die Akkulturation im Hinblick auf die Vergabe von Vornamen hat.

III. Datensatz und Variablen

1. Datensatz

Unsere Analysen beziehen sich auf die Daten des Sozio-oekonomischen Panels. Das SOEP ist eine Längsschnittstudie, die systematisch für die Bevölkerung Deutschlands repräsentative Daten erhebt. Das hauptsächliche Erhebungsinstrument ist eine „face to face" durchgeführte Mehrthemen-Befragung (vgl. zusammenfassend Schupp/Wagner 2002). Die Ersterhebung des SOEP erfolgte 1984. Die Samplegröße umfasste damals ca. 5921 Haushalte. Dabei wurden die fünf großen Gruppen nichtdeutscher Arbeitsmigranten überproportional erfasst. Das SOEP wurde im Laufe der Zeit mehrfach erweitert.

Die Vornamen im SOEP wurden erhoben, um eine zusätzliche Sicherheit (und Prüfmöglichkeit) bei der richtigen Verknüpfung von Informationen mit den Personen innerhalb der Haushalte und über die Zeit zu erhalten. Eine Analyse der Vornamen war an sich nicht vorgesehen. Im Kontext eines von der DFG-Stiftung finanzierten Projekts haben wir aber die Vornamen für Analysezwecke aufbereitet (vgl. Huschka et al. 2005). Unsere Analysen beziehen sich hier nicht nur auf die Ausländerstichprobe des SOEP, sondern auf alle Personen, die

- selbst oder deren Ehepartner im Ausland geboren wurden, jetzt aber in Deutschland leben (Immigranten),
- und die, nachdem sie nach Deutschland immigriert sind, hier ein Kind bekommen haben.

Um ausreichende Fallzahlen für eine herkunftsspezifische Analyse zu gewährleisten, haben wir die Analyse auf die Personen begrenzt, die aus der Türkei, dem ehemaligen Jugoslawien und aus Italien, Spanien und Portugal kommen. Menschen mit türkischer Staatsangehörigkeit stellten im Jahre 2006 mit ca. 1,7 Millionen die größte Gruppe der ausländischen Bevölkerung in Deutschland, gefolgt von Menschen aus den Ländern des ehemaligen Jugoslawien mit ca. 700 000. Italiener sind mit mehr als einer halben Million die drittgrößte Gruppe, zusammen mit Menschen spanischer und portugiesischer Staatsangehörigkeit leben etwa 756 000 Südwesteuropäer in Deutschland.[5] Diese Zusammensetzung ist die Folge des massiven Anwerbens sogenannter Gastarbeiter in der Zeit von 1955 bis 1973, wodurch etwa 2,6 Millionen ausländische Arbeitskräfte nach Deutschland zuzogen, viele davon aus Italien, Griechenland, der Türkei, Spanien, Portugal und auch dem ehemaligen Jugoslawien (Rühl/Currle 2004: 18 ff.). Viele dieser überwiegend jungen, männlichen und gering gebildeten Zuwanderer sind, entgegen den Intentionen der Gastarbeiterpolitik, nicht in ihre Herkunftsländer zurückgekehrt, sondern holten vielmehr ihre Familien nach Deutschland nach. Auch wenn diese Zuwanderer der ersten Generation aufgrund ihrer oftmals langjährigen Beteiligung am Arbeitsleben gewisse soziale Rechte zugesprochen bekamen, konnten sie aufgrund des Prinzips des „ius sanguinis" doch kaum die deutsche Staatsbürgerschaft erlangen. Auch wenn sich die Struktur der Zuwanderer in den 1980er und 1990er Jahren aufgrund des Zusammenbruchs der sozialistischen Regimes und der zunehmenden Ost-West-Migration geändert hat, so stellen die ehemaligen Gastarbeiter und ihre Nachkommen insgesamt doch den größten Teil der Bürger mit Migrationshintergrund in Deutschland. Im Falle der Menschen aus dem ehemaligen Jugoslawien kommt zu den Gastarbeitern noch die Gruppe der Bürgerkriegsflüchtlinge der 1990er Jahre hinzu, die sozialstrukturell heterogener ist als die Gruppe der ehemaligen Gastarbeiter.

2. Abhängige Variable

Akkulturation in der Vergabe von Vornamen ist keine Entweder-Oder-Entscheidung und somit keine dichotome Variable. Zum einen gibt es Vornamen, die sowohl im Herkunftsland als auch in Deutschland verbreitet sind. Maria ist zum Beispiel ein nicht nur in Deutschland, sondern auch in Spanien, Portugal und Italien sehr gebräuchlicher Mädchenname. Weiterhin gibt es Vornamen, die in ähnlicher, aber nicht identischer Weise sowohl in Deutschland als auch in dem Heimatland des Immigranten gebräuchlich sind. Paolo ist ein italienischer Vorname, zugleich ist Paul ein deutscher Vorname; Eda ist ein türkischer Vorname, zugleich ist Edda ein deutscher Vorname. Akkulturationsprozesse können sich entsprechend nicht nur in Form einer vollständigen Akkulturation an die Aufnahmegesellschaft, also in Form einer kompletten Übernahme von vormals fremden kulturellen Elementen zeigen, sondern auch in der Benutzung hybrider kultureller Symbole.[6] Italienische Einwanderer greifen z. B. dann

---

5 Statistisches Bundesamt. http://www.destatis.de/jetspeed/portal/cms/Sites/destatis/Internet/
 DE/Content/Statistiken/Bevoelkerung/AuslaendischeBevoelkerung/Tabellen/Content50/TOP
 10,templateId=renderPrint.psml
6 Ulf Hannerz (1987, 1992) spricht in diesem Zusammenhang von Kreolisierungsprozessen, an-

nicht auf nordische Namen zurück (z. B. Hagen, Sven), sondern auf christliche Namen (Peter, Paul, Alexander), weil es diese auch in ähnlicher Form in dem eigenen Sprachgebrauch gibt (Pedro, Paolo, Alessandro). Die von uns gebildete Variable „Akkulturation an deutsche Vornamen" hat also insgesamt vier Ausprägungen:

1. Vornamen, die allein in Deutschland, nicht aber in dem Heimatland der befragten Person gebräuchlich sind,
2. Vornamen, die sowohl in Deutschland als auch im Heimatland gebräuchlich sind,
3. Vornamen, die in dem Heimatland des Befragten gebräuchlich sind und die in einer ähnlichen Phonetik auch in Deutschland vorkommen,
4. allein in dem Heimatland, nicht aber in Deutschland gebräuchliche Vornamen.

Das, was in dem jeweiligen Herkunftsland der Immigranten als gebräuchlicher Vorname gilt, ist natürlich von Land zu Land verschieden; entsprechend haben wir die Vornamen für jede in die Analyse einbezogene Ausländergruppe separat codiert. So fällt der Name Peter in die zweite Kategorie, wenn es sich um Migranten südwesteuropäischer oder jugoslawischer Herkunft handelt, da es hier äquivalente Namen in den jeweiligen Sprachen gibt (Pedro, Pëtr). Für Türken dagegen fällt dieser Name in die Kategorie 1, da es dort keinen entsprechenden Namen gibt. Die Codierung aller im SOEP enthaltenen Vornamen nach Kulturkreisen haben wir im Kontext des Projektes durch eine Expertin für Onomastik, insbesondere Vornamen, die an der Universität Leipzig (Gesellschaft für Namenskunde) tätig ist, durchführen lassen (vgl. dazu Huschka et al. 2005).

Probleme bereiteten dabei die Namen, deren kulturelle Zuordnung sich im Zeitverlauf verändert hat. So waren die Namen Michelle, Maurice, Kevin, Ricarda, Natascha oder Sascha bis in die 1970er Jahre in Deutschland nicht gebräuchlich. Dies hat sich aber mit der Transnationalisierung des Namensrepertoires verändert. Wir haben versucht, uns bei der Codierung dieser Vornamen in folgende Situation zu versetzen: Würde ein Kind mit dem jeweiligen Vornamen in der Schule von anderen Schülern und Lehrern nur auf der Basis seines Vornamens als Kind ausländischer Herkunft interpretiert? Wenn wir davon ausgehen, dass dies der Fall ist, dann wurde der Name als „nicht in Deutschland gebräuchlich" codiert.

3. Unabhängige Variablen

Sämtliche erklärenden Variablen zu den oben genannten Hypothesen wurden, sofern verfügbar, zum Zeitpunkt der Geburt des betreffenden Kindes erhoben. Wenn die jeweilige Information für den Zeitpunkt der Geburt des Kindes in der entsprechenden Panelwelle nicht verfügbar war, was selten vorkommt, dann haben wir die Information aus davor liegenden Befragungen gewonnen, allerdings nur bei solchen Variablen, von denen man annehmen kann, dass sie über die Zeit konstant sind, z. B. Religion und Bildung.

---

dere von Hybridisierungsprozessen (Nederveen Pieterse 1998) und meinen damit, dass es zu Mischungsverhältnissen zwischen eigener und fremder Kultur kommt (vgl. für Kreolisierungsprozesse am Beispiel von Vornamen Gerhards 2003b).

Das Herkunftsland gibt Auskunft über die kulturelle Nähe, insofern sich die Herkunftsländer in der Sprache und in der dominanten Religion in einem unterschiedlichen Ausmaß von Deutschland unterscheiden. Darüber hinaus wurde die individuelle Konfession der Eltern erhoben und in die Analyse einbezogen.[7] Als Maß für die individuelle sprachliche Distanz wurden die Deutschkenntnisse der Mutter verwendet. Hierbei handelt es sich um eine Selbstauskunft zur Fähigkeit, die deutsche Sprache zu sprechen (aber nicht notwendigerweise zu schreiben) auf einer fünfstufigen Skala von „gar nicht" bis „sehr gut".

Um den Effekt der sozialstrukturellen Einbindung der Migranten auf deren Akkulturation zu untersuchen, benutzen wir das Haushaltsjahreseinkommen (Brutto, in DM) zum Zeitpunkt der Geburt des Kindes sowie den Bildungsabschluss der Eltern basierend auf kombinierten Kategorien der CASMIN-Klassifikation als die relevanten Messgrößen.[8]

Den Grad der ethnischen Heterogenität sozialer Beziehungen haben wir auf zwei Arten gemessen. Die Befragten sollten angeben, ob sie in den letzten zwölf Monaten Kontakt zu Deutschen hatten und ob unter ihren engen Freunden auch Deutsche sind. Aus diesen beiden Informationen haben wir eine neue Variable gebildet mit dem Wert „1" für all diejenigen, die keinen Kontakt zu Deutschen hatten, dem Wert „2" für diejenigen, die Kontakt zu Deutschen hatten, aber keine deutschen Freunde haben und dem Wert „3" für die Personen, die zusätzlich auch deutsche Freunde haben. Zusätzlich haben wir die Heterogenität ethnischer Beziehungen durch das Merkmal einer Heirat mit einem deutschen Partner/einer deutschen Partnerin operationalisiert.[9]

Schließlich haben wir den Einfluss der deutschen Staatsangehörigkeit auf die Vergabe von Vornamen analysiert. Aufgrund der für die Arbeitsmigranten der ersten Generation schwierig zu erlangenden deutschen Staatsangehörigkeit und der daraus resultierenden geringen Anzahl an Fällen und aufgrund der hohen Korrelation der Staatsangehörigkeit mit interethnischen Heiraten, haben wir für diese Analysen nicht die Staatsangehörigkeit der Eltern benutzt, sondern die des Kindes. Da die Staatsangehörigkeit des Kindes aber in erster Linie von den Eltern festgelegt wird und insofern deren politische Assimilationsbereitschaft misst, scheint uns dies ein legitimes Vorgehen zu sein.

In den multivariaten Analysen haben wir zusätzlich zwei Kontrollvariablen berücksichtigt. Da die Wahrscheinlichkeit der Akkulturation (wie für andere Dimensionen der Assimilation auch) mit zunehmender Aufenthaltsdauer im Einwanderungsland

---

7 In den eher seltenen Fällen, in denen die beiden Elternteile unterschiedliche Konfessionen angaben, wurde jeweils die des Vaters für die Analyse benutzt.

8 Für die Integration in den Arbeitsmarkt werden meist andere Indikatoren als das Einkommen benutzt (Erwerbstätigkeit, Berufsprestige). Da uns bezüglich dieser Variablen für viele Fälle nur Informationen über einen Elternteil vorliegen, zudem in Deutschland viele Frauen, insbesondere Mütter, überhaupt nicht in den Arbeitsmarkt eingebunden sind, ist das *Haushalts*einkommen für uns die einzige Information, die wir sowohl für die Mutter als auch für den Vater zur Verfügung haben.

9 Eine zusätzliche Messung der residentiellen Segregation durch die Berücksichtigung der ethnischen Zusammensetzung der Wohngegend war aus Datenschutzgründen nicht möglich. Da unsere Hypothesen sich aber auf individuelle interethnische Kontakte beziehen, ist eine Messung auf der rein individuellen Ebene auch theoretisch begründet.

steigt, wurde zusätzlich die Dauer des Aufenthalts der Mutter im Einwanderungsland zum Zeitpunkt der Geburt (in Jahren) berücksichtigt. Ebenso kontrolliert wurde das Alter zum Zeitpunkt der Einwanderung.[10]

IV. Ergebnisse

1. Die Wahl des Vornamens ist ein Indikator für den Grad der kulturellen Akkulturation und variiert je nach kultureller Distanz zwischen Herkunfts- und Einwanderungsland. Daher ist zu erwarten, dass sich die Verteilung der Vornamen auf die vier Akkulturationskategorien zwischen den einzelnen Herkunftsgruppen unterscheidet.

Tabelle 1: Namensvergabe für in Deutschland geborene Kinder nach Herkunftsland der Eltern

Vorname	Türkei	Ex-Jugoslawien	Romanische Länder	Gesamt
Deutsch	5,0 %	22,4 %	6,0 %	8,1 %
Deutsch/Herkunft	1,7 %	25,2 %	38,5 %	17,6 %
Herkunft/Deutsch	4,3 %	9,0 %	20,1 %	10,3 %
Herkunftsland	89,0 %	43,4 %	35,4 %	64,0 %
N	1272	389	831	2492

Unsere Hypothese wird von den in *Tabelle 1* dargestellten Ergebnissen eindrucksvoll bestätigt. Während fast 90 Prozent der türkischstämmigen Eltern ihren Kindern einen Namen geben, der nur in der Türkei, nicht aber in Deutschland gebräuchlich ist, trifft das nur auf 43 Prozent der Ex-Jugoslawen und auf 35 Prozent der Südwesteuropäer zu. Ähnliche Unterschiede zwischen den Herkunftsgruppen zeigen sich auch im Hinblick auf andere Dimensionen der Assimilation (Esser 2006; Kalter 2005). Allerdings ist auffällig, dass von den Südwesteuropäern nur 6 Prozent Namen vergeben, die in ihrem Land nicht gebräuchlich sind, von den Eltern aus dem ehemaligen Jugoslawien sind es dagegen ganze 22 Prozent.

Der kulturelle Unterschied zwischen den verschiedenen Herkunftsländern einerseits und Deutschland andererseits lässt sich aber direkter analysieren, wenn man sich auch die Namensverteilung der Eltern anschaut. Diese haben ihre Namen im Herkunftsland erhalten, entsprechend gab es hier weder einen Akkulturationsdruck noch ein Akkulturationsbedürfnis. Folglich kann man für diese Gruppe davon ausgehen, dass ihre Namensverteilung der Struktur der Namen im jeweiligen Herkunftsland entspricht.

96 Prozent der Türken tragen Namen, die nur in der Türkei gebräuchlich sind. Vornamen, die in beiden Ländern (Deutschland und Türkei) vorkommen, scheinen hier kaum zu existieren. Dagegen tragen 27 Prozent der Jugoslawen und die Hälfte der Einwanderer aus den südwesteuropäischen Ländern Namen, die zumindest in ähnlicher Form auch in Deutschland vorkommen. Diese beiden Gruppen haben also die Möglichkeit, ihren in Deutschland geborenen Kindern Namen zu geben, die weder für sie

---

10 Im Falle von interethnischen Ehen mit deutschen Müttern und nichtdeutschen Vätern wurden statt der Aufenthaltsdauer und dem Einreisealter der Mutter die Werte der Väter benutzt.

Tabelle 2: Namensvergabe nach Herkunftsland für Einwanderer der ersten Generation

Vorname	Türkei	Ex-Jugoslawien	Romanische Länder	Gesamt
Deutsch	0,9 %	6,2 %	0,9 %	2,1 %
Deutsch/Herkunft	0,9 %	9,4 %	25,7 %	10,7 %
Herkunft/Deutsch	2,0 %	11,6 %	25,0 %	11,4 %
Herkunftsland	96,2 %	72,8 %	48,5 %	75,8 %
N	1775	890	1226	3891

selbst noch für Deutsche „fremd" erscheinen. Für türkische Zuwanderer ist die Gelegenheitsstruktur der Akkulturation hingegen vollkommen anders. Aufgrund der Zugehörigkeit zu einer anderen Sprachfamilie und einer anderen Religionsgemeinschaft (die ja eine ganz dominante Quelle der Inspiration für die Namensgebung ist), finden sich hier kaum Namen, die in gleicher oder ähnlicher Weise in beiden Kulturen existieren. Wenn sich türkischstämmige Eltern bei der Namensgebung ihres Kindes akkulturieren wollen, haben sie eine relativ harte Schwelle zu den ausschließlich in Deutschland gebräuchlichen Namen zu überwinden, auf die Gefahr hin, dass ihnen der Name ihres eigenen Kindes dann phonetisch fremd erscheint. Stellt man diese kulturelle Restriktion in Rechnung, dann ist der Grad der Akkulturation in der Vornamensvergabe doch beträchtlich. Der Anteil der Namen, für den es zumindest auch eine ähnliche Variante im Deutschen gibt, steigt von 3,8 Prozent der Elterngeneration auf 11 Prozent für deren Kinder und verdreifacht sich damit; der Anteil der nur in Deutschland gebräuchlichen Namen verfünffacht sich. Die Akkulturationsbereitschaft der Türken scheint prima-face deutlich geringer zu sein als die der Migranten aus dem ehemaligen Jugoslawien und aus den romanischen Ländern. Berücksichtigt man aber die kulturelle Distanz, die die verschiedenen Herkunftsgruppen für eine Akkulturation zurücklegen müssen, dann kommt man zu einer anderen Interpretation. Im Grad der *relativen Akkulturation* stehen die Türken den anderen Migranten also in keiner Weise nach.

Ein Grund für die Überlappungen in der Namensgebung zwischen Deutschen und Südwesteuropäern ist die gemeinsame christliche Tradition. Wir können den Zusammenhang zwischen Religionsnähe und der Vergabe von Vorgaben direkter und auf der Individualebene messen, weil in der Befragung die jeweilige Konfession des Befragten erhoben wurde.

Das Ergebnis bestätigt unsere Hypothese. Während 70 Prozent der Protestanten und Katholiken und mehr als die Hälfte der orthodoxen Christen Namen vergaben, die in der einen oder anderen Form auch in Deutschland gebräuchlich sind, vergeben mehr als 90 Prozent der Muslime Namen, die nicht in Deutschland gebräuchlich sind.

Tabelle 3: Namensvergabe nach Konfession der Eltern

Vorname	Kath./Prot.	Orthodox	Muslim	Keine/ Konvertiert	Gesamt
Deutsch	15,9 %	15,2 %	1,6 %	10,2 %	8,8 %
Deutsch/Herkunft	36,1 %	14,1 %	1,9 %	17,2 %	17,3 %
Herkunft/Deutsch	17,8 %	16,2 %	4,1 %	9,7 %	10,6 %
Herkunftsland	30,2 %	54,6 %	92,4 %	62,9 %	63,4 %
N	676	99	805	186	1766

Ähnliches zeigt sich für die individuellen Sprachkenntnisse der Mütter *(Tabelle 4)*. Mehr als 80 Prozent der Mütter, die schlecht oder gar nicht Deutsch sprechen, geben ihren Kindern Namen, die in Deutschland nicht üblich sind und nur in einzelnen Fällen werden rein deutsche Namen vergeben. Bei Müttern, die mittelmäßig oder gut Deutsch sprechen, steigt insbesondere der Anteil der Mischnamen im Gegensatz zu den Namen, die in Deutschland gar nicht gebräuchlich sind. Schließlich vergeben weniger als die Hälfte derjenigen, die sehr gut Deutsch sprechen, einen in Deutschland nicht üblichen Namen, und auch der Anteil der nur in Deutschland üblichen Vornamen steigt hier auf 14 Prozent an.[11]

Tabelle 4: Namensvergabe nach Deutschkenntnissen der Mutter

Vorname	Gar nicht	Schlecht	Es geht	Gut	Sehr gut
Deutsch	1,9 %	2,0 %	4,0 %	7,5 %	13,6 %
Deutsch/Herkunft	2,9 %	7,9 %	15,3 %	20,4 %	28,7 %
Herkunft/Deutsch	6,3 %	7,4 %	13,2 %	10,6 %	11,3 %
Herkunftsland	88,9 %	82,7 %	67,5 %	61,5 %	46,4 %
N	208	457	621	491	265

Ein Blick auf die *Tabelle 8* zeigt allerdings, dass dieser recht deutliche Zusammenhang zwischen Sprachkenntnissen und Namensvergabe nicht bestätigt werden kann, wenn man die ethnischen Gruppen einzeln betrachtet; hier sind die Zusammenhänge viel schwächer. Das scheint darauf hinzuweisen, dass es weniger auf individuelle Sprachkompetenzen ankommt als auf den Sprachraum bzw. die dominante Religion des Herkunftslandes. So vergeben Türken, die im Durchschnitt schlechter deutsch sprechen als beispielsweise die Ex-Jugoslawen, gleichzeitig weniger oft deutsche Namen, was aber nur in geringem Ausmaß mit der individuellen Sprachkompetenz zu erklären ist.

2. Wir sind davon ausgegangen, dass Eltern, denen ein sozialer Aufstieg in der Schichtstruktur der Aufnahmegesellschaft gelungen ist, eher zur Akkulturation in Form der Vergabe von deutschen Vornamen bereit sind. Wir können diese Hypothese bezüglich der beiden Ressourcen Einkommen und Bildung prüfen.

Was das durchschnittliche Einkommen betrifft, so sind die Unterschiede zwischen denjenigen, die ihren Kindern in Deutschland gebräuchliche Namen geben und denjenigen, die das nicht tun, zu gering, um statistisch signifikant zu sein. Hinzu kommt, dass zwar türkisch- und jugoslawischstämmige Eltern mit hohem Einkommen ihren Kindern eher „deutsche" Namen geben, Eltern mit gutem Einkommen aus den südwesteuropäischen Staaten dagegen eher dazu tendieren, Namen aus den Herkunftsländern zu vergeben. Bezüglich des durchschnittlichen Haushaltsjahreseinkommens kann unsere Hypothese also nicht bestätigt werden.

Anders sehen die Ergebnisse bezüglich der Bildung aus:[12] Während fast drei Viertel der Kinder von Müttern ohne Schulabschluss einen in Deutschland nicht gebräuchli-

---

11 Benutzt man statt der Sprachkenntnis der Mutter die des Vaters, sind die Ergebnisse ähnlich.
12 Da der Bildungsabschluss in der Regel bereits im Herkunftsland erworben wurde, ist es fraglich, ob man Bildung als Indikator für eine erfolgreiche sozialstrukturelle Integration interpre-

Tabelle 5: Namensvergabe nach Bildung der Mutter

Vorname	Kein Abschluss	Hauptschule	Realschule	(Fach-)Abitur
Deutsch	4,0 %	8,1 %	11,7 %	22,6 %
Deutsch/Herkunft	12,1 %	19,8 %	18,5 %	33,3 %
Herkunft/Deutsch	10,4 %	9,9 %	11,5 %	7,1 %
Herkunftsland	73,5 %	62,2 %	58,4 %	36,9 %
N	752	1003	497	84

chen Namen haben, sinkt dieser Anteil bei Müttern mit Haupt- oder Realschulabschluss auf rund 60, bei denjenigen mit Abitur sogar auf 37 Prozent. Andererseits haben in dieser Gruppe 23 Prozent ausschließlich deutsche Namen, im Gegensatz zu nur 4 Prozent der Kinder von Müttern ohne Abschluss.[13] Unsere Hypothese wird also bestätigt. Offenbar führt eine höhere Bildung der Eltern auch zu höherer Akkulturationsbereitschaft.

3. Weiterhin haben wir analysiert, ob die Eingebundenheit in ethnisch heterogene Netzwerke einen Einfluss auf die Vergabe von in Deutschland gebräuchlichen Vornamen hat. *Tabelle 6* zeigt, dass dies tatsächlich so ist. Eine große Mehrheit von 82 Prozent derjenigen ohne jegliche Kontakte zu Deutschen – das betrifft allerdings insgesamt nur eine Minderheit der Migranten – wählt Vornamen, die nur im Herkunftsland gebräuchlich sind. Auch bei denjenigen, die zwar Kontakte zu Deutschen, aber keine deutschen Freunde haben, betrifft das immerhin noch 71 Prozent. In der Gruppe derjenigen, die deutsche Freunde haben, steigt dagegen sowohl der Anteil der deutschen Namen (15 Prozent) als auch der Mischnamen (43 Prozent), so dass hier die Mehrheit der Kinder in Deutschland gebräuchliche Namen hat. *Tabelle 8* zeigt, dass der statistische Zusammenhang zwischen Freundeskreis und Namensvergabe größer ist, wenn man alle Zuwanderer zusammen betrachtet, als der Zusammenhang innerhalb der einzelnen Gruppen. Das ist ein Hinweis darauf, dass ein Teil der ursprünglichen Unterschiede in der Namensverteilung zwischen den Gruppen darauf zurückzuführen ist, dass türkische Zuwanderer im Durchschnitt weniger Kontakte zu Deutschen haben als die anderen Gruppen.

Unser zweiter Indikator für interethnische Kontakte sind interethnische Ehen, in denen ein Elternteil deutscher Herkunft ist. In solchen Ehen haben ein Viertel der Kinder deutsche und nur 22 Prozent ausländische Namen; die Mehrheit trägt einen Namen, der in beiden Ländern üblich ist. Hier gibt es allerdings auch einige interessante Unterschiede zwischen den einzelnen Gruppen. Obwohl interethnische Ehen unter den südwesteuropäischen Migranten am verbreitetsten sind, ist der Zusammenhang mit der Namensvergabe in dieser Gruppe am geringsten. Das liegt wahrscheinlich daran, dass die wenigsten Südwesteuropäer in interethnischen Partnerschaften ihrem Kind einen rein deutschen Namen geben; über zwei Drittel bevorzugen einen Mischnamen.

---

tieren kann. Es mag sein, dass wir mit Bildung die Vorraussetzung einer kognitiven Anpassung und sozialen Mobilität messen.
13 Berücksichtigt man statt der Bildung der Mutter die des Vaters, sind die Ergebnisse ähnlich, wenn auch weniger ausgeprägt.

Tabelle 6: Namensvergabe nach interethnischen Kontakten

	Freundeskreis der Mutter			Interethnische Ehe	
	Kein Kontakt	Kontakt zu Deutschen	Deutsche Freunde	Nein	Ja
Deutsch	1,4 %	5,2 %	15,3 %	4,5 %	25,3 %
Deutsch/Herkunft	7,7 %	13,0 %	31,9 %	13,8 %	42,2 %
Herkunft/Deutsch	8,8 %	10,5 %	11,2 %	10,3 %	10,7 %
Herkunftsland	82,1 %	71,3 %	41,6 %	71,4 %	21,8 %
N	442	1031	633	1973	289

Dagegen geben 40 Prozent der Ex-Jugoslawen und mehr als die Hälfte der Türken in interethnischen Ehen Namen, die nur in Deutschland üblich sind. Dieses überraschende Ergebnis unterstreicht die unterschiedliche Gelegenheitsstruktur für die Türken: Sie haben kaum die Möglichkeit, auf Namen aus „Mischkategorien" zurückzugreifen.

Insgesamt kommen wir für beide Indikatoren, Kontakte und Freundschaften mit Deutschen und Heirat mit einem deutschen Partner, zu demselben Ergebnis: Ethnisch segregierte Personen greifen deutlich seltener auf Vornamen aus Deutschland zurück und weisen damit einen geringeren Grad der Akkulturation auf als Personen, die im stärkeren Maße mit deutschen Personen vernetzt sind.

4. Schließlich haben wir geprüft, ob die Staatsbürgerschaft einen Einfluss auf die freiwillige Akkulturation hat. Für alle drei Herkunftsländer gilt, dass diejenigen Kinder, die die deutsche Staatsbürgerschaft besitzen, eher einen in Deutschland gebräuchlichen Namen haben als Kinder ohne deutsche Staatsbürgerschaft (63 gegenüber 29 Prozent, vgl. *Tabelle 7*).

Tabelle 7: Namensvergabe nach Staatsangehörigkeit des Kindes

Vorname	Staatsangehörigkeit	
	nicht deutsch	deutsch
Deutsch	4,2 %	23,8 %
Deutsch/Herkunft	14,7 %	29,3 %
Herkunft/Deutsch	10,5 %	9,6 %
Herkunftsland	70,6 %	37,3 %
N	2001	491

Von den Kindern mit deutscher Staatsangehörigkeit hat sogar fast ein Viertel einen Namen, der nur in Deutschland, nicht aber im Herkunftsland üblich ist. Auch hier ist es so, dass der Zusammenhang innerhalb der Gruppe der Südwesteuropäer geringer ist als für die anderen Gruppen. Das mag daran liegen, dass Zuwanderer aus Spanien, Italien und Portugal automatisch auch die EU-Bürgerschaft besitzen und damit auch bestimmte Rechte, die andere Zuwanderer erst mit der deutschen Staatsangehörigkeit erwerben können. Die Neigung, einen deutschen Pass zu beantragen, ist in dieser Gruppe dementsprechend gering.

Tabelle 8 fasst nochmals die Ergebnisse unserer bivariaten Analysen für die drei verschiedenen Herkunftsgruppen zusammen.

Tabelle 8: Zusammenfassung der bivariaten Ergebnisse – Korrelationen zwischen der Namensvergabe und unabhängigen Variablen nach Herkunftsländern

Vorname	Türkei	Ex-Jugoslawien	Romanische Länder	gesamt
Herkunftsland[a]				0,42***
Religionszugehörigkeit[a]	0,42***	0,28***	0,12	0,36***
Sprachkenntnisse[b]	0,12***	0,18**	0,17***	0,29***
Bildung[b]	0,18***	0,15***	0,15***	0,17***
Freundeskreis[b]	0,21***	0,33***	0,20***	0,34***
Interethnische Heirat[b]	0,37***	0,32***	0,27***	0,38***
Staatsangehörigkeit[b]	0,39***	0,34***	0,26***	0,32***

[a] Cramer's V; [b] Rangkorrelation nach Spearman.
* $p < 0{,}05$; ** $p < 0{,}01$; *** $p < 0{,}001$.

5. Von welchen Faktoren die Namensvergabe in welchem Maße geprägt wird, wollen wir abschließend in einer multivariaten Analyse überprüfen. Dabei werden sämtliche erklärenden Variablen gemäß der jeweiligen Hypothesen schrittweise nacheinander in ein Ordered-Logit-Modell eingeführt, um die abhängige Variable, unsere vierstufige Skala der Namensvergabe, zu erklären *(Tabelle 9)*. In allen Modellen werden die Aufenthaltsdauer der Mutter sowie ihr Alter bei der Einwanderung nach Deutschland kontrolliert. Erstaunlicherweise haben diese beiden Kontrollvariablen weder einen eigenständigen Effekt noch verändern sie die Effekte der anderen Variablen in irgendeiner Weise.[14] Wir vermuten, dass sich hinter der Aufenthaltsdauer andere Größen verbergen, die in der Analyse auch kontrolliert werden, z. B. Sprachkenntnisse und Interaktionen mit Einheimischen.

In einem ersten Modell wurde zunächst nur das jeweilige Herkunftsland als erklärende Variable aufgenommen, neben Aufenthaltsdauer und Einreisealter als Kontrollvariablen, wobei die Türkei als Referenzkategorie dient. Offensichtlich neigen Migranten aus dem ehemaligen Jugoslawien und aus Südwesteuropa häufiger als Zuwanderer aus der Türkei dazu, ihren Kindern in Deutschland gebräuchliche Namen zu geben, die Logit-Koeffizienten sind signifikant und positiv.

Im nächsten Modell werden die Deutschkenntnisse der Mutter berücksichtigt; es könnte sein, dass es eher die individuellen Sprachkenntnisse der Eltern als die linguistische und kulturelle Distanz zum Herkunftsland sind, die bestimmen, wie häufig deutsche Namen vergeben werden. *Tabelle 9* zeigt, dass Sprachkenntnisse tatsächlich einen positiven Effekt auf die Vergabe deutscher Namen haben. Allerdings ist der Koeffizient relativ klein und verändert auch kaum die Effekte der Herkunftsländer. Diese bleiben trotz Kontrolle der Sprachkenntnisse in ihrem Einfluss genauso relevant wie im ersten Modell.

In Modell 3 wird zusätzlich die Konfession der Eltern, als zweite Messung von kultureller Nähe und Distanz, eingefügt, mit Konfessionslosen (bzw. Wechslern) als Referenzkategorie. Hier zeigt sich, dass Katholiken und Protestanten deutlich häufiger deut-

---

14 Daran ändert sich auch nichts, wenn die Effekte von Aufenthaltsdauer und Einreisealter über quadratische Terme modelliert werden, wie in einigen Studien üblich.

Tabelle 9: Multivariate Analyse der Vornamensvergabe

	Modell 1	Modell 2	Modell 3	Modell 4	Modell 5	Modell 6
Ex-Jugoslawien	2,63***	2,42***	0,66	0,63	0,63	0,85
Romanische Länder	2,72***	2,59***	0,05	0,15	0,11	0,42
Deutschkenntnisse		0,26**	0,23**	0,17*	0,08	0,06
Katholiken/Protestanten			1,42***	1,42***	1,48***	1,43***
Orthodoxe			0,35	0,20	0,22	0,20
Muslime			−1,60***	−1,76***	−1,59***	−1,50***
Bildung Mutter				0,32**	0,28**	0,27**
Bildung Vater				0,17	0,11	0,09
Einkommen				−5,3* 10-6*	−5,4* 10-6*	−5,3* 10-6*
Kontakt zu Deutschen					0,31	0,33
Deutsche Freunde					0,54*	0,50*
Interethnische Ehe					1,64***	1,03**
Staatsangehörigkeit						0,84***
Aufenthaltsdauer	0,03	0,02	0,02	0,02	0,01	0,01
Einreisealter	−0,001	0,008	0,007	0,01	0,008	0,004
Cut 1	2,69	3,52	2,14	2,79	2,52	2,60
Cut 2	3,48	4,31	2,99	3,66	3,41	3,50
Cut 3	2,72	5,93	4,69	5,38	5,22	5,33
Pseudo R²	0,16	0,17	0,20	0,21	0,23	0,23
N	1269	1269	1269	1269	1269	1269

Ordered-Logit Regressionen: Abhängige Variable: 4-punkt Skala der Vornamen. Referenzkategorien: Herkunftsland: Türkei. Religion: Keine/gewechselt; Freundeskreis: Kein Kontakt zu Deutschen; Interethnische Heirat: Nein. Deutsche Staatsangehörigkeit: Nein. Angegeben sind unstandardisierte Koeffizienten. Signifikanzen basieren auf robusten Standardfehlern.
* p < 0,05; ** p < 0,01; *** p < 0,001.

sche Vornamen vergeben als konfessionell nicht gebundene Eltern. Muslime neigen dagegen eher zu in Deutschland nicht gebräuchlichen Namen. Während der Effekt der Deutschkenntnisse bestehen bleibt, verschwinden die vorher stark signifikanten Effekte der Ländervariablen. Dies entspricht ganz unseren Erwartungen. Konfession (gemessen auf der individuellen Ebene) und Herkunftsland korrelieren hoch miteinander: fast alle türkischen Einwanderer sind Muslime, fast alle Südosteuropäer Katholiken; im ehemaligen Jugoslawien kommen alle Konfessionen vor, allerdings gibt es nur dort Orthodoxe. Da sehr viele in Deutschland gebräuchliche Namen christlicher Herkunft sind, fällt es Einwanderern der verschiedenen christlichen Konfessionen leichter, einen solchen Namen zu vergeben als Muslimen. Was die über die Variable „Herkunftsland" gemessene kulturelle Distanz betrifft, so scheint die Konfession eine größere Rolle zu spielen als sprachliche und sonstige kulturelle Unterschiede.

Im nächsten Schritt (Modell 4) haben wir die Bildung der Eltern und das Haushaltseinkommen als sozialstrukturelle Erklärungsvariablen berücksichtigt. Genau wie in den bivariaten Analysen zeigt sich, dass das Bildungsniveau der Mutter einen positiven Einfluss auf die Akkulturation in Form der Vergabe deutscher Namen hat. Der Effekt der Bildung des Vaters hingegen ist viel kleiner und nicht signifikant. Entgegen unserer ursprünglichen Hypothese hat das Haushaltseinkommen keinen positiven Effekt auf die Vergabe deutscher Namen, im Gegenteil, der Koeffizient ist negativ, wenn auch sehr klein. Wie schon im bivariaten Teil erläutert, liegt das wahrscheinlich daran, dass die Verteilung des Einkommens in Bezug auf die einzelnen Namenskategorien in den einzelnen ethnischen Zuwanderergruppen sehr unterschiedlich ist. An den Ergebnissen von Modell 4 ist weiterhin interessant, dass bei Einführung der sozialstrukturellen Variablen der Effekt der Sprachkenntnisse kleiner wird, was sicherlich auf den positiven Zusammenhang zwischen Bildung und Sprachkenntnissen zurückzuführen ist. Die Koeffizienten der Herkunftsländer und der Konfession verändern sich dagegen kaum.

In Modell 5 werden zusätzlich verschiedene Formen interethnischer Kontakte auf ihren Effekt auf die Akkulturation getestet. Dabei zeigt sich, dass Kontakte zu Deutschen allein die Namensvergabe nicht beeinflussen. Das ist nicht wirklich überraschend, da die überwiegende Mehrheit der Eltern Kontakte zu Deutschen in irgendeiner Form hat. Dagegen vergeben Eltern, die Deutsche auch in ihrem engeren Freundeskreis haben, eher deutsche Namen als solche Eltern, die keine deutschen Freunde haben. Ebenso gibt es einen stark positiven Effekt auf die Vergabe deutscher Namen, wenn ein Elternteil Deutsche(r) ist. Mit der Einführung der Variablen, die interethnische Kontakte messen, verschwindet der Effekt der Sprachkenntnisse. Zwischen beiden gibt es natürlich einen Zusammenhang: diejenigen, die deutsche Freunde und insbesondere einen deutschen Partner haben, sprechen in der Regel auch besser Deutsch. Für die Namensvergabe ist die Eingebundenheit in ethnisch heterogene Netzwerke, die ja auch mit dem in Deutschland üblichen Namenspool bekannt macht, jedoch relevanter. Die Effekte der Religionszugehörigkeit und der Bildung bleiben dagegen bestehen.

An diesen Ergebnissen ändert sich kaum etwas, wenn im letzten Modell (Modell 6) zusätzlich der Einfluss der Staatangehörigkeit des Kindes kontrolliert wird. Kinder mit nicht-deutscher Staatsangehörigkeit tragen eher Namen, die im Herkunftsland der Eltern gebräuchlich sind. Aufgrund der Korrelation mit der Staatsangehörigkeit der Eltern, d.h. auch mit interethnischen Ehen, wird der Effekt der letzteren Variable in diesem Modell etwas kleiner. Ansonsten ändern sich die Effekte der erklärenden Variablen, verglichen mit den vorigen Modellen, kaum.

Insgesamt sind die Effekte der meisten erklärenden Variablen in den multivariaten Modellen erstaunlich konstant, insbesondere die der Konfession und der Bildung. Damit unterstützen die empirischen Analysen die meisten unserer eingangs präsentierten Hypothesen. Die Einbettung in die Sozialstruktur des Einwanderungslandes (über Bildung) und in soziale Netzwerke mit Einheimischen sowie eine politische Integration durch die Übernahme der Staatsbürgerschaft fördern auch die Akkulturation in Form der Vergabe von Namen. Dies allein ist jedoch nicht ausreichend. Vielmehr spielt die kulturelle Distanz zwischen Herkunfts- und Einwanderungsland eine entscheidende Rolle, wobei insbesondere die Religionsaffinität, mehr noch als die linguistische Nähe, besonders bedeutsam ist.

V. Bilanz und Ausblick

Vornamen können die Zugehörigkeit zu sozialen Gruppen anzeigen. Greifen Migranten bei der Vergabe von Vornamen für ihre Kinder auf Namen zurück, die in dem jeweiligen Einwanderungsland üblich sind, dann interpretieren wir dies als ein Anzeichen gewünschter Akkulturation. Vergeben sie hingegen Vornamen, die allein in ihrem Heimatland gebräuchlich sind, so interpretieren wir dies als ein Anzeichen von geringer Akkulturation. In Ergänzung zu der Auswertung der Daten des Sozio-oekonomischen Panels, die im Zentrum dieses Artikels stand, haben wir einige offene Interviews mit Migranten in Berlin geführt, um etwas über die Motive und Reflexionen der Eltern bei der Auswahl von Vornamen zu erfahren. Ein schönes Beispiel für eine bewusste Entscheidung für eine kulturelle Segregation bietet ein Interview mit einer türkischen Mutter, die in einem von vielen Türken bewohnten Stadtteil Berlins lebt. Sie ruft ihren sechsjährigen Sohn seit einigen Monaten nicht mehr mit seinem eigentlichen Namen Bünyamin, sondern nur noch mit seinem zweiten Vornamen, der traditionell türkisch ist. Erst kürzlich hatte sie erfahren, dass der eigentliche Rufname ihres Sohnes, nämlich Bünyamin, auch im Deutschen und vielen weiteren Sprachen in ähnlicher Version existiert und als traditionell jüdisch bekannt ist. Ein jüdischer Name ist für sie jedoch nicht akzeptabel. Ganz anders die Geschichte von Lidija, Tochter von serbischen Arbeitsmigranten, die typisch ist für eine Entscheidung in Richtung Akkulturation bei gleichzeitiger Beibehaltung der kulturellen Herkunftsidentität. Lidijas Eltern wollten ihrem Kind einen traditionell serbischen Namen geben, ihr aber dadurch keinen Nachteil gegenüber deutschen Kindern verschaffen. So wählten sie einen Namen, der auch für Deutsche gut verständlich ist, schickten ihr Kind auf eine zwar weiter entfernte, jedoch von einheimischen Kindern dominierte Schule und legten Wert auf eine gute Bildung.

Wir sind in diesem Artikel der Frage nach der Akkulturation von Migranten in der Vergabe von Vornamen systematisch nachgegangen. Auf der Basis einer Auswertung der SOEP-Daten haben wir für Migranten aus drei Herkunftsgruppen (romanische Länder, Ex-Jugoslawien, Türkei) untersucht, in welchem Maße die Eltern ihren Kindern in Deutschland gebräuchliche Namen vergeben und wie man Unterschiede im Grad der Akkulturation in der Vergabe der Vornamen erklären kann. Wir können zeigen, dass Zuwanderer aus der Türkei gegenüber solchen aus dem ehemaligen Jugoslawien und Südwesteuropa seltener in Deutschland gebräuchliche Vornamen vergeben. Die Wahrscheinlichkeit der Vergabe deutscher Vornamen bei Zuwanderern steigt, wenn die kulturelle Distanz zwischen Herkunftsland und Einwanderungsland gering ist, die Bildung der Eltern hoch ist, sie deutsche Freunde oder Partner haben und politisch durch die deutsche Staatsbürgerschaft integriert sind. Eine Akkulturation, wie sie sich in der Vergabe von Vornamen zeigt, hängt also neben der kulturellen Distanz zwischen Herkunfts- und Einwanderungsland entscheidend von dem Erfolg der sozialstrukturellen, politischen und sozialen Integration der Einwanderer in die Aufnahmegesellschaft ab.

Die besondere Bedeutung der kulturellen Distanz für die Erklärung von Akkulturationsprozessen lässt sich eindrucksvoll am Beispiel der türkischen Einwanderer belegen, für die die Wahl eines in Deutschland gebräuchlichen Namens mit höheren Restriktionen verbunden ist als für die anderen Einwanderergruppen. Zum einen sind die sprachlichen Hürden größer, zum anderen ist die Menge der Namen, die sowohl in der Türkei als auch in Deutschland in gleicher oder ähnlicher Phonetik aufgrund einer anderen vorherrschenden Konfession deutlich kleiner als in West- und Südeuropa. Der Grad der *relativen Akkulturation* der türkischen Einwanderer steht dem der anderen beiden Gruppen nicht nach.

Dieser Befund enthält ein verallgemeinerbares Argument, das nach unserer Ansicht bis dato zu wenig in der Integrationsdebatte diskutiert wurde. Der Grad erfolgter Anpassung darf nicht nur absolut betrachtet werden, sondern muss immer auch die Distanz zwischen Herkunfts- und Aufnahmekultur berücksichtigen; nur um diese Distanz relationierte Beträge sind letztendlich aussagekräftig.

Wir haben uns in unseren Analysen auf eine Beschreibung und Erklärung der Auswahl von Vornamen konzentriert. Einmal getroffene Wahlentscheidungen können aber wiederum mit Handlungsfolgen für die Namensträger verbunden sein. Auch wenn wir die Folgen von Namenswahlen selbst nicht untersucht haben, seien zum Schluss einige der möglichen Handlungsfolgen der Vergabe von Vornamen erwähnt. Sozialpsychologische Studien haben gezeigt, dass die Menschen auf der Basis von Vornamen auf das Alter, die sexuelle Attraktivität und die Intelligenz des Namensträgers zurück schließen (Kasof 1993; Perfors 2004; Rudolph et al. 2007). Marianne Bertrand und Sendhil Mullaninathan (2004) haben für die USA gezeigt, dass Personen mit typisch „schwarzen" Vornamen bei Kontrolle aller anderen möglichen Einflussfaktoren auf dem Arbeitsmarkt diskriminiert werden. Die Autoren haben fiktive Bewerbungen auf Arbeitsangebote, die in Zeitungen inseriert waren, verschickt und dabei den Vornamen der Bewerber variiert. Bewerber mit einem Vornamen, der eher typisch für weiße Amerikaner ist, erhielten 50 Prozent mehr Einladungen zu einem Vorstellungsgespräch als Bewerber, die einen typisch „schwarzen" Vornamen haben. Arbeitgeber interpretieren die Vornamen ganz offensichtlich als Marker für ethnische Zugehörigkeit. Da ihre Erwartung bezüglich der Arbeitsleistung von Afroamerikanern geringer ausfällt als für Weiße, diskriminieren sie Afroamerikaner bzw. Personen, die einen Namen haben, der überdurchschnittlich häufig von Afroamerikanern benutzt wird. Zwar gibt es, noch, keine vergleichbare Studie bezogen auf die Situation in Deutschland, aber es ist durchaus vorstellbar, dass aufgrund der gleichen Mechanismen Personen mit türkischen oder arabischen Namen diskriminiert werden.

Literatur

Alba, Richard, 2005: Bright vs. Blurred Boundaries: Second-Generation Assimilation and Exclusion in France, Germany and the United States, in: Ethnic and Racial Studies 28 (1), 20-49.

Alba, Richard/Nee, Victor, 1997: Rethinking Assimilation for a New Era of Immigration, in: International Migration Review 31 (4), 826-874.

Beck-Gernsheim, Elisabeth, 2002: Namenspolitik: Zwischen Assimilation und Antisemitismus – zur Geschichte jüdischer Namen im 19. und 20. Jahrhundert, in: *Nassehi, Armin/Schroer, Markus* (Hrsg.), Der Begriff des Politischen. Sonderheft der Sozialen Welt. Baden Baden: Nomos, 571-584.

Bertrand, Marianne/Mullainnathan, Sendhil, 2004: Are Emily and Greg more Employable than Lakisha and Jarmal? A Field Experiment on Labor Market Discrimination, in: American Economic Review 94 (4), 991-1013.
Bering, Dietz, 1992 [1987]: Der Name als Stigma. Antisemitismus im Deutschen Alltag 1812-1933. Stuttgart: Klett-Cotta.
Bering, Dietz, 1992: Kampf um Namen: Bernhard Weiss gegen Joseph Goebbels. Stuttgart: Klett-Cotta.
Bieritz, Karl-Heinz, 1991: Das Kirchenjahr. Feste, Gedenk- und Feiertage in Geschichte und Gegenwart. München: Beck.
Brubaker, Rogers, 1992: Citizenship and Nationhood in France and Germany. Cambridge, MA: Harvard University Press.
Carliner, Geoffrey, 2000: The Language Abilities of U.S. Immigrants: Assimilation and Cohort Effects, in: International Migration Review 34 (1), 158-182.
Castles, Stephen/Davidson, Alastair, 2000: Citizenship and Migration. Globalization and the Politics of Belonging. Basingstoke: Macmillan.
Chiswick, Barry R./Miller, Paul W., 2001: A Model of Destination-Language Acquisition: Application to Male Immigrants in Canada, in: Demography 38 (3), 391-409.
De Wind, Josh/Kasinitz, Philip, 1997: Everything Old is New Again? Processes and Theories of Immigrant Incorporation, in: International Migration Review 31 (4), 1096-1111.
Diekmann, Andreas/Preisendörfer, Peter, 2003: Green and Greenback: The Behavioral Effects of Environmental Attitudes in Low-Cost and High-Cost Situations, in: Rationality and Society 15, 441-472.
Esser, Hartmut, 1980: Aspekte der Wanderungssoziologie. Assimilation und Integration von Wanderern, ethnischen Gruppen und Minderheiten. Eine handlungstheoretische Analyse. Darmstadt: Luchterhand.
Esser, Hartmut, 1990: Nur eine Frage der Zeit? Zur Frage der Eingliederung von Migranten im Generationen-Zyklus und zu einer Möglichkeit, Unterschiede hierin theoretisch zu erklären, in: Esser, Hartmut/Friedrichs, Jürgen (Hrsg.), Generation und Identität. Theoretische und empirische Beiträge zur Migrationssoziologie. Opladen: Westdeutscher Verlag, 73-100.
Esser, Hartmut, 2004: Welche Alternativen zur ‚Assimilation' gibt es eigentlich? IMIS-Beiträge 23, 41-59.
Esser, Hartmut, 2006: Migration, Sprache und Integration. AKI-Forschungsbilanz 4. Arbeitsstelle Interkulturelle Konflikte und gesellschaftliche Integration (AKI). Berlin: Wissenschaftszentrum Berlin.
Faist, Thomas/Dörr, Silvia, 1997: Institutional Conditions for the Integration of Immigrants in Welfare States: A Comparison of Germany, France, Great Britain, and the Netherlands, in: European Journal of Political Research 31, 401-426.
Fryer, Roland G./Levitt, Steven D., 2004: The Causes and Consequences of Distinctively Black Names, in: The Quarterly Journal of Economics 64, 767-805.
Gans, Herbert J., 1992: Second Generation Decline: Scenarios for the Economic and Ethnic Futures of the Post-1965 American Immigrants, in: Ethnic and Racial Studies 15 (2), 173-193.
Gerhards, Jürgen, 2003: Geschlechtsklassifikation durch Vornamen und Geschlechtsrollen im Wandel, in: Berliner Journal für Soziologie 13, 59-76.
Gerhards, Jürgen, 2003a: Globalisierung der Alltagskultur zwischen Verwestlichung und Kreolisierung: Das Beispiel Vornamen, in: Soziale Welt 54, 145-162.
Gerhards, Jürgen, 2005: The Name Game. Cultural Modernization and First Names. New Brunswick: Transaction Publishers (deutsche Ausgabe 2002).
Gerhards, Jürgen/Hackenbroch, Rolf, 2000: Trends and Causes of Cultural Modernization. An Empirical Study of First Names, in: International Sociology 15, 501-532.
Gerhards, Jürgen/Hölscher, Michael, 2005: Kulturelle Unterschiede in der Europäischen Union. Ein Vergleich zwischen Mitgliedsländern, Beitrittskandidaten und der Türkei. Wiesbaden: VS Verlag für Sozialwissenschaften.
Gibson, Margaret, 1988: Accommodation without Assimilation. Sikh Immigrants in an American High School. Ithaka: Cornell University Press.

Goffman, Erving, 1961: Asylums: Essays on the Social Situation of Mental Patients and Other Inmates. Harmondsworth: Penguin.
Grethlein, Christian, 1994: Name/Namengebung – IV. Kirchengeschichtlich, in: *Müller, Gerhard* (Hrsg.), Theologische Realenzyklopädie. Berlin/New York: de Gruyter, 754-758.
Gordon, Milton M., 1964: Assimilation in American Life. The Role of Race, Religion, and National Origins. New York: Oxford University Press.
Hannerez, Ulf, 1987: The World in Creolisation, in: Africa 57, 546-559.
Howard, Marc Morje, 2003: Foreigners or Citizens? Citizenship Policies in the Countries of the EU. European Union Studies Association (EUSA) Biennial Conference 2003, March 27-29, Nashville, TN, in: http://aei.pitt.edu/2878/01/117.pdf (Zugriff am 19.5.2008).
Huschka, Denis/Gerhards, Jürgen/Wagner, Gert, 2005: Messung und Analyse des sozialen Wandels anhand der Vergabe von Vornamen: Aufbereitung und Auswertung des SOEP. Dokumentation der Datenbasis und der Vercodung. Freie Universität Berlin, Institut für Soziologie, in: http://userpage.fu-berlin.de/~gerhards/projektdoku_vornamen.pdf (Zugriff am 19.5.2008).
Joppke, Christian, 1999: Immigration and the Nation-State: The United States, Germany and Great Britain. Oxford: Oxford University Press.
Kalter, Frank, 1999: Ethnische Kundenpräferenzen im professionellen Sport? Der Fall der Fußballbundesliga, in: Zeitschrift für Soziologie 28, 219-234.
Kalter, Frank, 2003: Chancen, Fouls und Abseitsfallen. Migranten im deutschen Ligenfußball. Opladen: Westdeutscher Verlag.
Kalter, Frank, 2005: Ethnische Ungleichheit auf dem Arbeitsmarkt, in: *Abraham, Martin/Hinz, Thomas* (Hrsg.), Arbeitsmarktsoziologie. Probleme, Theorien, empirische Befunde. Wiesbaden: Verlag für Sozialwissenschaften, 303-332.
Kang, Tai S., 1971: Name Change and Acculturation. Chinese Students on an American Campus, in: Pacific Sociological Review 14, 403-412.
Kasof, Jan, 1993: Sex Bias in the Naming Stimulus Persons, in: Psychological Bulletin 113, 140-163.
Kogan, Irena, 2002: Labour Market Inclusion of Immigrants in Austria and Sweden: The Significance of the Period of Migration and the Effect of Citizenship Acquisition. MZES-Arbeitspapier 44 (Zugriff am 19.5.2008).
Kohlheim, Volker, 1996: Die christliche Namengebung, in: *Eichler, Ernst/Hilty, Gerold/Löffler, Heinrich/Steger, Hugo/Zgusta, Ladislav* (Hrsg.), Namenforschung: Ein internationales Handbuch zur Onomastik, Band 2. Berlin/New York: de Gruyter, 1048-1057.
Koopmans, Ruud/Statham, Paul, 2001: How National Citizenship Shapes Transnationalism. A Comparative Analysis of Migrant Claims-making in Germany, Great Britain and the Netherlands, in: Revue Européenne des Migrations Internationales 17, 63-100.
Lieberson, Stanley, 2000: A Matter of Taste. How Names, Fashions and Culture Change. New Haven/London: Yale University Press.
Lieberson, Stanley/Bell, Elizabeth O., 1992: Children's First Names. An Empirical Study of Social Taste, in: American Journal of Sociology 98, 511-554.
Lieberson, Stanley/Dumais, Susan/Baumann, Shyon, 2000: The Instability of Androgynous Names. The Symbolic Maintenance of Gender Boundaries, in: American Journal of Sociology 105, 1249-1287.
Lieberson, Stanley/Mikelson, Kelly S., 1995: Distinctive African American Names: An Experimental, Historical, and Linguistic Analysis of Innovation, in: American Sociological Review 60, 928-946.
Lieberson, Stanley/Waters, Mary C., 1990: From Many Strands. Ethnic and Racial Groups in Contemporary America. New York: Russell Sage Foundation.
London, Andrew S./Morgan, S. Philip, 1994: Racial Differences in First Names in 1910, in: Journal of Family History 19, 261-284.
Nederveen Pieterse, Jan, 1998: Der Melange-Effekt, in: *Beck, Ulrich* (Hrsg.), Perspektiven der Weltgesellschaft. Frankfurt a. M.: Suhrkamp, 87-124.
Park, Robert E./Burgess, Ernest W., 1921: Introduction to the Science of Sociology. Chicago: Chicago University Press.

Perlmann, Joel/Waldinger, Roger, 1997: Second Generation Decline? Children of Immigrants, Past and Present – A Reconsideration. International Migration Review 31 (4), 893-922.
Perfors, Amy, 2004: What's in a Name? The Effect of Sound Symbolism on Perception of Facial Attractiveness, in: http://www.mit.edu/~perfors/hotornot.pdf (Zugriff am 30.09.07).
Portes, Alejandro, 1997: Immigration Theory for a New Century: Some Problems and Opportunities, in: International Migration Review 31 (4), 799-825.
Portes, Alejandro/Min Zhou, Roger, 1993: The New Second Generation: Segmented Assimilation and Its Variants, in: The Annals of the American Academy of Political and Social Science 530, 74-97.
Rühl, Stefan/Currle, Edda, 2004: Deutschland, in: *Currle, Edda* et al. (Hrsg.), Migration in Europa. Daten und Hintergründe. Stuttgart: Lucius & Lucius, 17-80.
Rudolph, Udo/Böhm, Robert/Lummer, Michael, 2007: Ein Vorname sagt mehr als 1000 Worte. Zur sozialen Wahrnehmung von Vornamen, in: Zeitschrift für Sozialpsychologie 38, 17-31.
Rumbaut, Rubén G., 2001: Assimilation of Immigrants, in: *Smelser, Neil J./Baltes, Paul B.* (Hrsg.), International Encyclopedia of the Social & Behavioral Sciences, Bd. 2. Amsterdam et al.: Elsevier, 845-849.
Schulz, Frieder, 1994: Heilige/Heiligenverehrung: Die protestantischen Kirchen, in: Theologische Realenzyklopädie. Berlin: De Gruyter, 664-672.
Sue, Christina A./Telles, Edward E., 2007: Assimilation and Gender in Naming, in: American Journal of Sociology 112 (5), 1383-1415.
Schupp, Jürgen/Wagner, Gert G., 2002: Maintenance of and Innovation in Long-term Panel Studies: The Case of the German Socio-Economic Panel (GSOEP), in: Allgemeines Statistisches Archiv 86 (2), 163-175.
Statistisches Bundesamt, in: http://www.destatis.de/basis/d/bevoe/bevoetab10.php (Zugriff am 19.5.2008).
Tubergen, Frank van/Kalmijn, Matthijs, 2005: Destination-Language Proficiency in Cross-National Perspective: A Study of Immigrant Groups in Nine Western Countries, in: American Journal of Sociology 110(5), 1412-1457.
Tucci, Ingrid, 2004: What are the Effects of Naturalization on the Socioeconomic Integration of Immigrants? The Case of France and Germany. (1) LIS-Conference 'Immigration in a Cross-National Context: What are the Implications for Europe?', 21-22 June 2004, Bourglinster/Luxembourg; in: http://www.lisproject.org/immigration/papers/tucci.pdf (Zugriff am 19.5.2008).
Verwiebe, Roland, 2004: Transnationale Mobilität innerhalb Europas. Eine Studie zu den sozialstrukturellen Effekten der Europäisierung. Berlin: edition sigma.
Warner, W. Lloyd/Srole, Leo, 1945: The American Ethnic Group, in: *Warner, W. Lloyd/Srole, Leo* (Hrsg.), The Social Systems of American Ethnic Groups. New Haven: Yale University Press, 283-296.
Waters, Mary C./Jiménz, Tomás R., 2005: Assessing Immigrant Assimilation: New Empirical and Theoretical Challenges, in: Annual Review of Sociology 31, 105-125.
Watkins, Susan Cotts/London, Andrew S., 1994: Personal Names and Cultural Change. Study of the Naming Patterns of Italians and Jews in the United States in 1910, in: Social Science History 18, 169-209.
Weitman, Sasha, 1987: Prénoms et orientations nationales en Israel, 1882-1980, in: Annales 42, 879-900.
Wunderlich, Tanja, 2005: Die neuen Deutschen. Subjektive Dimensionen des Einbürgerungsprozesses. Stuttgart: Lucius & Lucius.
Yinger, J. Milton, 1981: Toward a Theory of Assimilation and Dissimilation, in: Ethnic and Racial Studies 4 (3), 249-264.

Korrespondenzanschrift: Prof. Dr. Jürgen Gerhards, Freie Universität Berlin, Institut für Soziologie, Garystraße 55, 14195 Berlin
E-Mail: Gerhards@zedat.fu-berlin.de

VI. Soziale Distanz

ZU GAST BEI FREUNDEN?

Fremdenfeindliche Einstellungen und interethnische Freundschaften im Zeitverlauf*

Susanne Rippl

Zusammenfassung: Integrationserfolge von Migranten sind auch von der Aufnahmebereitschaft der Bevölkerung im Zuwanderungsland abhängig. Fremdenfeindlichkeit und soziale Distanz können als Integrationsbarrieren verstanden werden. Im vorliegenden Beitrag werden solche Integrationsbarrieren in Form fremdenfeindlicher Einstellungen und interethnischer Kontakte und deren Entwicklung im Zeitverlauf von 1980 bis 2002 analysiert. Theoretische Ausgangspunkte sind Ansätze der Forschung zur Fremdenfeindlichkeit. Insbesondere sozialisations-, konflikt- und desintegrationstheoretische Ansätze sowie die Kontakthypothese werden hinsichtlich relevanter Überlegungen zur Veränderung im Zeitverlauf beleuchtet. Insgesamt belegen die Auswertungen der kumulierten ALLBUS-Daten einen Rückgang von Integrationsbarrieren, wofür insbesondere veränderte Sozialisationsbedingungen und günstigere Gelegenheiten für interethnische Kontakte der jüngeren Kohorten verantwortlich sind. Konflikt- und desintegrationstheoretische Überlegungen finden kaum Bestätigung.

I. Fragestellung

Im Kontext der aktuellen Diskussionen um die Zuwanderung hat die Frage der Integration und deren Bedingungen eine besondere Bedeutung erlangt. Oftmals stehen die Ressourcen und Aktivitäten der Zuwanderer im Vordergrund des Interesses. Aber Integration ist kein einseitiger Prozess. So weist bereits Esser (1980) auf die zwei Seiten von Integration hin: zum einen die Motivation der Zuwanderer, zum anderen aber auch die Opportunitäten bzw. Barrieren, die die Aufnahmegesellschaft vorhält. Dabei kommt den ökonomischen und sozialen Rahmenbedingungen sowie auch den Einstellungen und Verhaltensweisen der einheimischen Bevölkerung eine wichtige Bedeutung zu. Die soziale Distanz der einheimischen Bevölkerung gegenüber Migranten stellt eine Barriere für den Eingliederungsprozess dar, da sie die Handlungsorientierungen der

---

* Ich danke Frank Kalter, Andreas Hadjar, Johannes Huinink, Christian Seipel und den Teilnehmern und Teilnehmerinnen der Tagung „Migration, Integration and Ethnic Boundaries", die vom 5.7. bis 8.7.2007 in Leipzig stattfand, für wertvolle Hinweise und Kommentare.

Zuwanderer auf ihre ethnische Gruppe orientiert. Die Partizipation in der Aufnahmegesellschaft erscheint unerwünscht (Steinbach 2004). Unter diesen Bedingungen werden Segregationstendenzen begünstigt. Gesellschaftliche Rahmenbedingungen, wie etwa eine hohe Arbeitslosigkeit, können Stimmungen in der Gesellschaft evozieren, die ebenfalls negativ auf den Integrationsprozess wirken.

Die „Integrationsangebote" von Seiten der einheimischen Bevölkerung und deren Veränderung sind selten der Fokus empirischer Studien. Der vorliegende Beitrag stößt in diese Forschungslücke und wird Entwicklungstrends skizzieren. Hierzu werden die Einstellungen und die Kontakte der deutschen Bevölkerung zu Zuwanderern in Deutschland im Zeitverlauf von 1980-2002 untersucht. Es werden auch die sich verändernden gesellschaftlichen Rahmenbedingungen in den Blick genommen. Es wird davon ausgegangen, dass die Veränderung bestimmter gesellschaftlicher Kontexte einen Einfluss auf das „Integrationsklima" hat. Das „Integrationsklima" wird über Einstellungen und Kontakte der Bevölkerung zu Migranten erfasst. Als Rahmenbedingungen für die Ausprägungen spezifischer Haltungen und Verhaltensweisen in der deutschen Bevölkerung werden auf der Kontextebene die Effekte der Bildungsexpansion, die ökonomische Lage, die Veränderungen in den Zuwanderungsraten und die Folgen von Individualisierungsprozessen betrachtet. Es wird auf theoretische Ansätze zurückgegriffen, die im Bereich der Forschung zur Fremdenfeindlichkeit diskutiert werden und aus denen zum Teil konkurrierende Hypothesen zu Wandlungsprozessen expliziert werden können. Im *Abschnitt 2* werden theoretische Überlegungen zu den Einflussfaktoren der Entwicklung fremdenfeindlicher Einstellungen und interethnischer Kontakte im Zeitverlauf vorgestellt und Hypothesen abgeleitet. Im *Abschnitt 3* erfolgt eine Beschreibung der empirischen Basis der Analysen und der verwendeten Messinstrumente. In *Abschnitt 4* werden die empirischen Ergebnisse präsentiert. Ausgehend von einem zunächst beschreibenden Blick auf die Veränderungen der fremdenfeindlichen Einstellungen und der Kontakte zu Ausländern in Deutschland (in fünf Kohorten von 1980 bis 2002), erfolgt die Ursachenanalyse. Da es sich um eine Sekundäranalyse der kumulierten ALLBUS-Daten handelt, können nur Indikatoren berücksichtigt werden, die zu den relevanten Zeitpunkten auch erhoben wurden. Diese Datengrundlage stellt das Potenzial, aber auch die Beschränkung der Analysen dar. Es können Trends skizziert und vorhandene Erklärungen hinsichtlich ihrer empirischen Relevanz beleuchtet werden. Abschließend werden die Befunde in *Abschnitt 5* diskutiert und bewertet.

II. Theoretische Überlegungen

Betrachtet man das Phänomen Fremdenfeindlichkeit im Kontext von Integrationstheorien, dann kommt fremdenfeindlichen Haltungen auf der Seite der Inputfaktoren der Aufnahmegesellschaften eine große Bedeutung zu. Esser (1980) sieht in den Opportunitäten und Restriktionen, die die Zuwanderer in der Aufnahmegesellschaft vorfinden, ein wichtiges Ursachenbündel für die erfolgreiche Assimilation. Die „Offenheit der assimilativen Handlungsopportunitäten" ist eine wichtige Bedingung für die Eingliederung. Auch Imhof (1993) unterscheidet die Integrationsbereitschaft der Mehrheitsgesellschaft einerseits und die Integrationsbereitschaft der Minderheit andererseits als gleichermaßen wichtige Kontextbedingungen. Steinbach (2004) sieht in ablehnenden Haltungen gegenüber Zuwanderern Bedingungen, die eine Orientierung der Zuwanderer auf ihre eigene ethnische Gruppe befördern und somit Integrationsbemühungen behindern. Leider gibt es bisher relativ wenige empirische Studien, die sich mit dem Einfluss der Wahrnehmung feindseliger Haltungen in der Aufnahmegesellschaft auf das Integrationsverhalten der Migranten befassen. Babka von Gostomski (2003) findet für Jugendliche türkischer Herkunft und jugendliche Aussiedler einen signifikanten Zusammenhang von Benachteiligungserfahrungen[1] und Gewalthandeln. Dieser findet sich zwar auch für deutsche Jugendliche, allerdings sind diese von Benachteiligungserfahrungen weit weniger betroffen. Steinbach (2004) befasst sich ganz explizit mit dem Integrationsverhalten und den Diskriminierungserfahrungen von Migranten. Sie belegt einen deutlichen negativen Einfluss der Wahrnehmung von Diskriminierung in verschiedenen Lebensbereichen[2] und sozialer Distanz auf die soziale Integration von Migranten. Diese Befunde deuten auf eine Wirksamkeit fremdenfeindlicher Einstellungen der einheimischen Bevölkerung auf die Integrationsbereitschaft der Migranten hin. Dementsprechend erscheint es sinnvoll, diese als Rahmenbedingung von Integration im Zeitverlauf genauer zu analysieren.

Neben den fremdenfeindlichen Einstellungen werden Kontakte von Migranten zu Mitgliedern der einheimischen Bevölkerung als wichtiger Aspekt der sozialen Integration in der Aufnahmegesellschaft gesehen (Esser 1990; Haug 2003). Ethnisch sehr homogene Netzwerke deuten im Umkehrschluss auf eine mangelnde Sozialintegration hin. Der Großteil der Studien konzentriert sich allerdings auf die Analyse der Beziehungsnetzwerke der Migranten (Haug 2003, 2006; Wimmer 2002). Im Unterschied dazu wird im vorliegenden Beitrag auch dieser Aspekt sozialer Integration im Sinne einer Rahmenbedingung aus der Perspektive der einheimischen Bevölkerung betrachtet. Das Ausmaß von Beziehungen der Migranten zu Mitgliedern der Aufnahmegesellschaft korrespondiert mit der Kontaktbereitschaft der einheimischen Bevölkerung. Dementsprechend soll das Ausmaß interethnischer Freundschaften ein Indikator für die Integrationsbedingungen darstellen. Auch hier werden mögliche Ursachen für die Veränderung dieser Rahmenbedingung im Zeitverlauf skizziert.

Um eine Ursachenanalyse im Zeitverlauf durchführen zu können, ist es zunächst hilfreich, verschiedene Effekte zu differenzieren. Dabei sollen Aspekte wie die Kohortenzugehörigkeit, die zeitgeschichtlichen Ereignisse und die Alterungseffekte betrachtet werden. Unter Kohorten werden Personen verstanden, die während einer gegebenen Zeitspanne dasselbe signifikante Lebensereignis erfuhren (Glenn 2005) bzw. prägende spezifische Sozialisationskontexte teilen und aufgrund dessen in bestimmten Bereichen ähnliche Merkmale bzw. Orientierungen aufweisen. Wandlungsprozesse werden in diesem Kontext über den Generationswechsel im Zeitverlauf erklärt. Es ist weiterhin denkbar, dass Veränderungen durch zeitgeschichtliche Ereignisse bedingt werden, die alle Personen unabhängig von ihrer Kohortenzugehörigkeit gleichermaßen betreffen. Diese Effekte werden als Periodeneffekte bezeichnet (z. B. der Entwicklung der Arbeits-

---

[1] Allerdings wurden hier Benachteiligungserfahrungen nicht als Konfrontation mit ablehnenden Einstellungen, sondern mit Verhaltensweisen wie z. B. in der Schule, in Geschäften etc. erfasst.
[2] Auch hier wurde Diskriminierung über Benachteiligungserfahrungen in verschiedenen Lebensbereichen erfasst und nicht über explizit fremdenfeindliche Einstellungen.

losigkeit). Im Unterschied zu den Kohorteneffekten sind schnellere, sogar abrupte Wandlungsprozesse durch bestimmte Ereignisse denkbar (Klein 2006). Davon zu trennen sind des weiteren Effekte, die mit der Alterung des Menschen in Zusammenhang stehen (biologische Veränderungen, veränderte Lebensstile, veränderte Erfahrungen, berufliche Karriere etc.). Alle genannten Effekte können sich überlagern. In der empirischen Analyse von Veränderungen sollten diese Kompositionseffekte, soweit möglich, getrennt werden.

1. Fremdenfeindliche Einstellungen im Wandel

Um der Frage nach den Ursachen des Wandels fremdenfeindlicher Einstellungen im Zeitverlauf auf einer theoretischen Ebene nachzugehen, werden relevante Theorien aus dem Bereich der Forschung zur Fremdenfeindlichkeit herangezogen und hinsichtlich ihrer Aussagekraft für die Erklärung von Wandlungsprozessen untersucht. Mikroanalytische Ansätze aus dem Bereich der Sozialpsychologie (insbesondere die Varianten der Theorie sozialer Identität) bleiben weitgehend unberücksichtigt, da sie kaum Anknüpfungspunkte für die Erklärung von Wandel vorlegen. Zudem orientiert sich die Theorieauswahl an den begrenzten Möglichkeiten der Überprüfung, die durch das Datenmaterial des kumulierten ALLBUS vorgegeben sind. Aus dem Forschungskontext zur Fremdenfeindlichkeit werden vier zentrale Theoriestränge (Kleinert 2004; Rippl 2003; Zick 1997) herangezogen, aus denen theoretische Annahmen zur Erklärung von Wandlungsprozessen abgeleitet werden können:

a) sozialisationstheoretische Ansätze
b) konflikttheoretische Ansätze
c) die Kontakthypothese
d) anomietheoretische Ansätze

a) *Sozialisationstheoretische Ansätze.* Im Kontext sozialisationstheoretischer Ansätze im weitesten Sinne wird davon ausgegangen, dass eine Disposition zu fremdenfeindlichen Einstellungen über problematische Erziehungskontexte insbesondere in der Familie erzeugt wird. Ein Klassiker in diesem Bereich stellt die Studie zur autoritären Persönlichkeit von Adorno et al. (1950) dar. Allerdings soll der Blick auf Sozialisationsprozesse hier weiter gefasst werden und sich nicht nur auf die emotionalen Erfahrungen in der frühen Kindheit beschränken. Dem Einfluss der Eltern auf die Ausprägung politischer Einstellungen wurde in verschiedenen empirischen Studien ein besonderer Stellenwert zugeschrieben. Allerdings wird von unterschiedlichen Transmissionsmechanismen (Rippl 2004) ausgegangen. In der psychoanalytisch geprägten Autoritarismusforschung stehen negative und unsichere Beziehungs- und Bindungserfahrungen und im extremen Fall emotionale Deprivation im Vordergrund (Hopf 2000), während von anderen Autoren (z. B. Urban/Sigelmann 1998) direktere Transmissionsmechanismen, etwa des Lernens am Modell der Eltern, angenommen werden. In verschiedenen Studien (Fend 1991; Hyman 1969; Rippl 2004; Urban/Singelmann 1998) konnten relativ starke bis mittlere positive Zusammenhänge zwischen den politischen Orientierungen der Eltern und denen der Kinder nachgewiesen werden. Hopf (2000) und Oesterreich (2000) finden Zusammenhänge zwischen spezifischen Erziehungsstilen und fremdenfeindlichen Einstellungen. Diese theoretischen Überlegungen werden allerdings selten aus einer Perspektive gesellschaftlichen Wandels betrachtet. Die Veränderung von Erziehungsstilen und der Qualität emotionaler Beziehungen zwischen Eltern und Kindern im Zeitverlauf lassen sich allerdings empirisch nachweisen. Betrachtet man den Effekt dieser Wirkkomplexe im Zeitverlauf, so zeigt sich, dass sich die Erziehungsstile und auch die Einstellungen der jeweiligen Elterngeneration zu Fremden seit Ende des 2. Weltkrieges deutlich gewandelt haben (vgl. Ecarius 2002; Feldkircher 1994; Fend 1988; Reuband 1999). In der Abfolge der Kohorten lässt sich eine Veränderung der Erziehungspraktiken vom „Befehlshaushalt zum Verhandlungshaushalt" feststellen, der, folgt man den dargelegten theoretischen Überlegungen im Zeitverlauf, zu einem Rückgang von fremdenfeindlichen Dispositionen beitragen müsste.

Ein weiterer indirekter Effekt im Kontext von Sozialisationsprozessen geht von der Bildungsexpansion aus. Bildung erweist sich in nahezu allen Studien zu fremdenfeindlichen Einstellungen als zentraler Bedingungsfaktor (zusammenfassend Rippl 2002). Die Bedeutung verschiedener denkbarer Wirkmechanismen ist allerdings nicht völlig geklärt (Rippl 2002, 2006). Zum einen hat Bildung eine Allokationsfunktion. Blockierte Chancen durch niedrige Bildungsabschlüsse können aus desintegrationstheoretischer Sicht zu kompensierenden Reaktionen, sprich fremdenfeindlichen Einstellungen, führen. Allerdings zeigen in verschiedenen empirischen Studien (Rippl/Baier 2005; Rippl 2002) die Bildungsindikatoren starke Effekte auch bei Kontrolle von Schichtungs- oder Deprivationsindikatoren. Der bisherige Forschungsstand spricht also dafür, dass Bildungseffekte im Zusammenhang mit Fremdenfeindlichkeit nur in geringem Ausmaß Wirkungen sind, die aus der Allokationsfunktion, sprich den Deprivationserfahrungen, folgen. Ein anderer Effekt, nämlich der der kognitiven Mobilisierung, scheint hier relevanter zu sein. Sozialisationstheoretisch betrachtet ist das formale Bildungsniveau ein Indikator für erweiterte *kognitive Kompetenzen,* die in Sozialisationsprozessen erworben werden (Becker et al. 2006). Damit verbunden sind umfassendere Fähigkeiten, Situationen kritisch und differenziert zu beurteilen, ebenso wie eine Distanz zu pauschalisierenden und vereinfachenden Erklärungsmustern, wie sie im Kontext rechter Ideologien verwendet werden. Dalton (1996) spricht für den politischen Bereich von einer kognitiven politischen Mobilisierung durch Bildung. Nie, Junn und Stehlik-Barry (1996) zeigen in einer Studie, dass das Verständnis für demokratische Prinzipien und die damit verbundene Hinwendung zu demokratischen politischen Orientierungen mit zunehmender formaler Bildung steigt. Dementsprechend müssten Veränderung in den Bildungsanstrengungen Effekte in Richtung eines Rückgangs von fremdenfeindlichen Einstellungen zeigen (Rippl 2006). Bezogen auf die Effekte der Bildungsexpansion ist ab Mitte der 1960er Jahre mit einer kohortenspezifischen Zunahme qualifizierter Bildungsabschlüsse zu rechnen (Geißler 2006), was, bedingt durch den Austausch der Kohorten, über die Zeit einen entsprechenden Effekt hinsichtlich eines Rückgangs von Fremdenfeindlichkeit zeigen müsste. Diese Veränderungen der Bildungsanstrengungen sind empirisch klar belegt. Erreichten z. B. 1960 6 Prozent eines Jahrganges die Hochschulreife, so sind es 2003 immerhin 27 Prozent (Geißler 2006). Wobei hier weniger die höhere Bildung der Eltern und deren indirekte Wirkung durch ein verändertes Erziehungsverhalten relevant sein dürfte (da diese zum jetzigen Zeitpunkt in den betrachteten Kohorten noch keine deutliche Wirksamkeit zeigt), als die direkten sozialisatorischen Effekte der eigenen Bildungserfahrungen des Einzelnen.

Von ebenso großer Relevanz ist der Wertewandel seit Ende des 2. Weltkriegs in Deutschland. Inglehart (1989) sieht in den ökonomischen Bedingungen, die zur Zeit der primären Sozialisation vorliegen, besonders prägende Effekte auf die Bedürfnisstrukturen und Werte von Individuen. Wer unter ökonomischer Knappheit in dieser Lebensphase leidet, wird eher materielle Wertorientierungen entwickeln. Folgt man dieser Argumentation, müssten die jeweils jüngeren Kohorten postmaterialistischere Orientierungen zeigen. Trotz einiger Kritik, die an diesem Ansatz laut wurde – die hier nicht wiederholt werden kann – belegt Hadjar (2006) eine Zunahme des Postmaterialistenanteils zwischen 1980 und 2004. Höher gebildete Personen sind weiterhin primär die Träger postmaterieller Werthaltungen (Hadjar 2006). Materialistische Einstellungen wie z. B. starke Sicherheits- und Ordnungswünsche weisen inhaltliche Überschneidungsbereiche zu fremdenfeindlichen Einstellungen auf und lassen sich bei starker Ausprägung einem „rechten Einstellungsmuster" zuordnen (Hadjar 2004; Winkler 1996). Postmaterialistische Haltungen – so zeigen empirische Analysen – stehen hingegen in einem negativem Zusammenhang zu fremdenfeindlichen Einstellungen (Hadjar 2004; Rippl et al. 1998).

Zusammenfassend betrachtet führen alle sozialisationsbezogenen Überlegungen zu einer eindeutigen Richtung der Entwicklung. Veränderte Sozialisationspraktiken,[3] die Bildungsexpansion und der Wertewandel sollten aus sozialisationstheoretischer Perspektive zu einer kohortenspezifischen Abnahme der fremdenfeindlichen Einstellungen geführt haben.

H1: *Je jünger die Kohorte, desto geringer das Niveau fremdenfeindlicher Einstellungen.*
H1a: *Das in der Kohortenabfolge steigende Bildungsniveau führt zu einer Abnahme der fremdenfeindlichen Einstellungen.*
H1b: *Das in der Kohortenabfolge steigende Niveau postmaterialistischer Einstellungen führt zu einer Abnahme der fremdenfeindlichen Einstellungen.*

b) *Konflikttheoretische Ansätze.* Aus der Sicht konflikttheoretischer Ansätze kommen jedoch andere Faktoren und Mechanismen in den Blick. Hier werden Vorurteile und fremdenfeindliche Einstellungen als Resultate von Intergruppenkonflikten verstanden. Dabei wird realen oder wahrgenommenen Bedrohungs- und Konkurrenzsituationen eine wichtige Bedeutung als Auslöser für Diskriminierungs- und Abwertungsprozesse gegenüber anderen zugesprochen. Bereits Blumer hat 1958 Vorurteile als eine Reaktion auf die Bedrohung von Gruppenprivilegien der Eigengruppe durch Fremdgruppen gesehen. Blalock (1967) benennt zwei Konfliktmechanismen in Bezug auf die Größe einer Minderheit, die das Ausmaß an Vorurteilen beeinflusst: zum einen der Wettbewerb um knappe ökonomische Ressourcen, zum anderen die Angst der Mehrheit vor dem Verlust politischen Einflusses. Modifizierte Versionen dieses Gedankens finden sich bis heute in verschiedenen konflikttheoretischen Ansätzen wieder (vgl. Bobo 1988, Esses et al. 1998; LeVine/Campbell 1972; Sherif/Sherif 1979). Die Vertreter dieser Ansätze se-

---

3 Da zu den Erziehungspraktiken keine über alle Zeitpunkte gemessene Operationalisierung im Allbus vorliegt, wird hierzu keine Hypothese formuliert.

hen die Ursache für Diskriminierung und fremdenfeindliche Einstellungen in der Konkurrenz verschiedener Gruppen um knappe Ressourcen. Diese Verteilungskämpfe auf der Makro- und Mesoebene spiegeln sich in Unzufriedenheit, Konkurrenz und Deprivationsgefühlen auf der Mikroebene. Esses, Jackson und Armstrong (1998) können in empirischen Analysen zeigen, dass nicht tatsächliche Konflikte, sondern bereits die Wahrnehmung einer Konkurrenzsituation ausreicht, um negative Einstellungen gegenüber der Fremdgruppe hervorzurufen.

Im Zeitverlauf erscheinen für die Situation in der Bundesrepublik Deutschland in diesem Kontext insbesondere zwei Größen von relevanter Bedeutung. Zum einen die Veränderung der wirtschaftlichen Situation und zum anderen das Ausmaß oder die Veränderung der Zuwanderung im betrachteten Zeitraum. Es ist davon auszugehen, dass bei steigender Arbeitslosigkeit die Wahrnehmung von Zuwanderern als Konkurrenten in der einheimischen Bevölkerung zunimmt. Die relativ hohen Arbeitslosenzahlen seit Beginn der 1980er Jahre und mit steigender Tendenz nach der Wiedervereinigung sprechen für zunehmende fremdenfeindliche Einstellungen. Zum Beginn des Beobachtungszeitraums 1980 lag die Arbeitslosenquote bei 3,8 Prozent, es folgte ein kontinuierlicher Anstieg, der 1997 mit 12,7 Prozent (für Gesamtdeutschland) einen Höhepunkt erreicht. 2002 liegt die Arbeitslosenquote weiterhin auf hohem Niveau bei 10,8 Prozent.

Neben der Situation auf dem Arbeitsmarkt ist das Ausmaß an Zuwanderung eine relevante Größe. Auf der Gruppenebene sieht Quillian (1995) die relative Größe der „Fremdgruppe" in Relation zur Eigengruppe als Bedrohungsfaktor für die Einheimischen. Steigende Zuwanderungszahlen verschieben diese Relation und können Bedrohungswahrnehmungen hervorrufen. Olzak (1992) geht davon aus, dass insbesondere die Veränderung von Zuwanderungszahlen, ein Anstieg im Vergleich zu den Vorjahren, d. h. als bedrohlich wahrgenommen wird. Steigende Arbeitslosigkeit und steigende Zuwanderung sollte aus dieser theoretischen Perspektive also mit zunehmenden fremdenfeindlichen Einstellungen einhergehen. Die Zuwanderung, gemessen am Zuwanderungssaldo der Bundesrepublik (Statistisches Bundesamt 2006), zeigt im beobachteten Zeitraum deutliche Bewegungen. Ab 1985 (Zuwanderungssaldo: 55 559) ist eine kontinuierliche Zunahme der Zuwanderung zu beobachten, die 1992 einen positiven Saldo von 782 071 erreicht und dann bis 2002 wieder auf 219 288 zurückgeht. Beide Effekte sind als Periodeneffekte zu verstehen.

H2:   Je höher die Arbeitslosenquote, desto stärker die Fremdenfeindlichkeit.
H3:   Je höher der Anteil der Zuwanderer im Vergleich zur einheimischen Bevölkerung, desto stärker die fremdenfeindlichen Einstellungen.

c) *Die Kontakthypothese.* Aus der Zuwanderung lassen sich aber auch positive Effekte ableiten. Eine zunehmende Zuwanderung erhöht die Wahrscheinlichkeit, persönliche Kontakte mit Zuwanderern zu haben. Folgt man den Überlegungen der Kontakthypothese, dann helfen Kontakterfahrungen unter positiven Rahmenbedingungen, Vorurteile zu reduzieren. Als positiv werden die Rahmenbedingungen dann eingeschätzt, wenn der Kontakt persönlich ist, wenn die Beteiligten zumindest in der Situation einen ähnlichen Status haben, wenn sie gemeinsame Ziele verfolgen und der Kontakt von Autoritäten unterstützt wird (Allport 1954; Pettigrew 1998; Wagner/van Dick 2001). Insbesondere interethnische Freundschaften realisieren einen großen Teil dieser Bedingungen (Hewstone 2004; Pettigrew 1998; Pettigrew/Troop 2000). Interpersonelle positive Erfahrungen werden, so die These, auf die Einstellungen zur gesamten Fremdgruppe generalisiert (Hewstone/Brown 1986). Da mit den steigenden Zuwanderungszahlen für alle Betroffenen im Zeitverlauf die Chance steigt, zu Ausländern positive Kontakte aufzunehmen, wird hier von einem Periodeneffekt ausgegangen. Hieraus ergibt sich eine mit der Hypothese 3 konkurrierende Hypothese.

H4: *Je mehr Möglichkeiten zu freundschaftlichen Kontakten zu Ausländern (durch steigende Zuwanderungszahlen), desto geringer die fremdenfeindlichen Einstellungen.*

Des Weiteren ist aber auch davon auszugehen, dass insbesondere Freundschaften, die in sensiblen Phasen der politischen Sozialisation bestehen, die fremdenfeindlichen Einstellungen einer Person beeinflussen. Verschiedene Studien zeigen, dass die vorurteilsreduzierende Wirkung von Kontakten bei Erwachsenen deutlich geringer ausfällt (Pettigrew/Tropp 2000; Reinders et al. 2007).

H4a: *Je jünger eine Person, desto stärker der vorurteilsreduzierende Effekt interethnischer Freundschaften, desto geringer die fremdenfeindlichen Einstellungen.*

Durch die zeitlich unterschiedliche Intensität der Zuwanderung ergeben sich kohortenspezifische Unterschiede in den Möglichkeiten, freundschaftliche, interethnische Kontakte in der Jugendphase aufzubauen. Aus dieser Perspektive sind die deutlichsten Effekte in den jüngsten Kohorten zu erwarten.

H4b: *Mitglieder jüngerer Kohorten zeigen aufgrund günstigerer Kontaktchancen in geringerem Maße fremdenfeindliche Einstellungen.*

d) *Anomietheoretische Ansätze.* Im Kontext von anomie- oder desintegrationstheoretischen Ansätzen (Anhut/Heitmeyer 2005; Heitmeyer 2002) wird davon ausgegangen, dass makrosoziale Wandlungsprozesse und Individualisierung zunehmend Partizipationsmöglichkeiten in unserer Gesellschaft verringern und Desintegrationsprozesse insbesondere in den Bereichen Arbeit, politische Partizipation und soziale Beziehungen befördern, die zu Defiziten sozialer Anerkennung bei den Betroffenen führen. Die entstehenden Gefühle von Anomie, Unsicherheit und Unzufriedenheit werden aus Sicht dieses theoretischen Ansatzes häufig durch eine Rückbesinnung auf die nationalen oder ethnischen Zugehörigkeiten als nicht hinterfragbarer Identität verbunden und mit einer Abgrenzung gegenüber Fremden kompensiert. Betrachtet man die beschriebenen Zusammenhänge im Zeitverlauf, werden diese, insbesondere als Periodeneffekte, wirksam. Ausgangspunkt ist hierbei die Feststellung abnehmender Möglichkeiten der gesellschaftlichen Partizipation, wie sie seit den 1980er Jahren in Deutschland, insbesondere durch die Verschärfung der Situation am Arbeitsmarkt, festzustellen sind. Durch Rationalisierung und Globalisierung steigt der Konkurrenzdruck, prekäre Arbeitsformen, Mobilität und Flexibilität gewinnen an Bedeutung, womit historisch gewachsene Formen der Solidarität zunehmend verloren gehen (Castel 2000; Imbusch/Rucht 2005). Diese Situation abnehmender Integration und zunehmender Individualisierung führt, so die Aussage der Theorie, zu zunehmender Verunsicherung und anomischen Gefühlen, die durch fremdenfeindliche Haltungen kompensiert werden können. Durch die klare Trennung in Eigen- und Fremdgruppe, bei gleichzeitiger Abwertung der Fremdgruppe, können klare positive Zugehörigkeiten hergestellt werden, die aufgrund ihres askriptiven Charakters nicht in Frage gestellt werden können und in gewisser Weise Sicherheit bieten. Im Kontext anomietheoretischer Überlegungen steht nicht primär die tatsächliche Betroffenheit, z. B. von Arbeitslosigkeit, im Zentrum des Interesses, sondern das gesellschaftliche Klima von Unsicherheit, das z. B. durch steigende Mobilitätsforderungen oder auch steigende Arbeitslosenraten entsteht. Während also in konflikttheoretischen Ansätzen der Kampf um knappe Ressourcen in den Vordergrund rückt, betonen anomietheoretisch orientierte Ansätze die Bedeutung der zunehmenden Verunsicherung und Individualisierung in der Gesellschaft.

H5: *Je individualisierter eine Gesellschaft, desto höher das Niveau fremdenfeindlicher Einstellungen.*

Konflikt-, Desintegrations- und Anomietheorie weisen deutlich Überschneidungen in ihrer Argumentation auf, insbesondere, wenn Arbeitslosigkeit als zentrales Desintegrationsmoment betrachtet wird. In diesem Fall lassen sich die vermuteten Wirkmechanismen schwer differenzieren. Insbesondere empirisch ist es nicht immer möglich, die konkurrenz- und desintegration-relevanten Effekte zu trennen. Eine bessere Differenzierbarkeit soll im vorliegenden Beitrag durch die stärkere Betonung der anomietheoretischen Aspekte des Desintegrationsansatzes gelingen. In *Tabelle 1* werden die Wirkmechanismen zusammenfassend dargestellt.

Tabelle 1: Theoretische Ansätze und Effekte im Zeitverlauf – Fremdenfeindliche Einstellungen

Theorie	Mechanismen	Fremdenfeindliche Einstellungen
Sozialisation	Wandel der Erziehung Bildungsexpansion Wertewandel	Sinken tendenziell im Zeitverlauf
Konflikt Konkurrenz	Arbeitslosigkeit Zuwanderung	Steigen tendenziell im Zeitverlauf
Kontakthypothese	Zuwanderung Kontakte	Sinken tendenziell im Zeitverlauf
Desintegration Kompensation	Anomie Individualisierung	Steigen tendenziell im Zeitverlauf

2. Interethnische Freundschaften im Wandel

Die Möglichkeit des Aufbaus interethnischer Freundschaften wird im vorliegenden Beitrag als eine wichtige Rahmenbedingung der sozialen Integration von Migranten gesehen. Freundschaften gelten als wichtige soziale Ressource, die auch das psychische Wohlergehen einer Person mitbestimmten (Argyle/Henderson 1990). Das Entstehen von Freundschaften ist stark von Gelegenheitsstrukturen abhängig. Sie entstehen insbesondere dann: „wenn die Gelegenheiten zum Treffen nicht zu unwahrscheinlich (und damit relativ kostengünstig) sind und wenn der Aufnahme einer Beziehung keine konkurrierenden Widerstände in Gestalt von sozialen Distanzen oder Wert-Divergenzen entgegenstehen" (Esser 1990: 780). Gegenseitige Unterstützung und Vertrauen sind wichtige Merkmale. Freundschaften sind gekennzeichnet durch ihren freiwilligen Charakter und eine zeitliche Stabilität (Argyle/Henderson 1990). Die genannten Merkmale gelten entsprechend auch für interethnische Freundschaften. Vor diesem Hintergrund bieten interethnische Freundschaften positive Rahmenbedingungen, um Vorurteile abzubauen (vgl. Abschnitt zur Kontakthypothese) und stellen einen wichtigen Bereich sozialer Integration dar (Esser 1990; Haug 2003). Interethnische Freundschaften werden zumeist aus der Perspektive der Migranten untersucht (Haug 2003, 2006; Kecskes 2000; Wimmer 2002). Allerdings ist es evident, dass soziale Kontakte, insbesondere Freundschaften, „reaktiv" sind, das heißt, dass sie auf die jeweilige Bereitschaft des Gegenübers zur Kontaktaufnahme angewiesen sind (Esser 1990). Soziale Integration durch interethnische Beziehungen ist nur möglich, wenn die Bürger der Aufnahmegesellschaft ebenfalls an solchen Kontakten interessiert sind. Im vorliegenden Kontext ist also danach zu fragen, wie sich die Gelegenheitsstrukturen für die Entstehung solcher Freundschaften im Zeitverlauf verändert haben. Einen offensichtlich positiven Effekt für eine Zunahme von interethnischen Freundschaftsbeziehungen hat die Veränderung der Opportunitätsstrukturen im Zeitverlauf durch die steigenden Zuwanderungszahlen insbesondere in den 1990er Jahren. Ebenso beeinflusst das jeweils vorhandene Niveau an fremdenfeindlichen Einstellungen in der einheimischen Bevölkerung, die jeweilige kulturelle Offenheit der Gesellschaft, das Entstehen solcher Freundschaften. Geht man von der Hypothese aus, dass die fremdenfeindlichen Einstellungen in Deutschland im Zeitverlauf abgenommen haben, müsste die Zahl interethnischer Freundschaften im Zeitverlauf ansteigen. Beide Mechanismen (zunehmende Zuwanderung und abnehmende) sprechen für Periodeneffekte, die über alle Kohorten hinweg zu einer Zunahme von interethnischen Kontakten im Zeitverlauf geführt haben müssten. Reinders und Mangold (2005) kommen des Weiteren zu dem Schluss, dass die jüngeren Generationen heute eine deutlich höhere Wahrscheinlichkeit besitzen, interethnische Freundschaften zu haben als dies für deren Eltern oder Großeltern der Fall war. Hierbei werden insbesondere Lebenszykluseffekte angesprochen, besonders günstige Gelegenheitsstrukturen, die sich in der Lebensphase „Kindheit und Jugend" ergeben. Insbesondere in den typischen Sozialräumen jüngerer Menschen in der Schule und der Freizeit ergeben sich besonders günstige Bedingungen, Freundschaften zu schließen. In diesen Sozialräumen liegen Bedingungen vor (wie Statusgleichheit, gleiche Ziele), die im Sinne Essers (1991) für eine positive Kosten/Nutzenbilanz sprechen und somit das Entstehen von Freundschaften begünstigen. Kecskes (2000) belegt die besondere Bedeutung des Ausbildungskontextes noch vor dem Wohnumfeld für interethnische Freundschaften. Er findet einen drastischen Rückgang interethnischer Kontakte von Migranten nach Verlassen der Schule. Reinders, Greb und Grimm (2007) gehen zudem davon aus, dass in der Lebensphase Jugend die generationale Identität wichtiger ist als die nationale Identität, womit auch auf dieser Ebene größere Opportunitäten für das Entstehen interethnischer Freundschaften im jüngeren Alter gegeben wären. Der Lebenszykluseffekt wird allerdings erst für die jüngeren Kohorten wirksam, da erst die Mitglieder dieser Kohorten aufgrund des Zuwanderungsverlaufs in verstärktem Maße in schulischen und Freizeitkontexten mit Migranten in Kontakt kamen. Dieser Sachverhalt macht eine Trennung von Kohorten- und Lebenszykluseffekten im vorliegenden Falle schwierig. Folgende Hypothesen lassen sich ableiten:

H6: *Je höher die Zuwanderungsquote, desto mehr interethnische Freundschaften.*

H7: *Je offener das gesellschaftliche Klima gegenüber Fremden, desto mehr interethnische Freundschaften.*

H8: *Je jünger die Personen, desto höher ist die Wahrscheinlichkeit, interethnische Freundschaften aufzunehmen.*

H9: *Mitglieder der jüngeren Kohorten haben eine höhere Wahrscheinlichkeit, interethnische Freundschaften aufzunehmen.*

Zwischen fremdenfeindlichen Einstellungen und Kontakten ist von Wechselwirkungen auszugehen. Während im Rahmen der Kontakthypothese die interethnischen Beziehungen als Prädiktor für Einstellungen fungieren, ist es ebenso denkbar, dass Einstellungen auch auf das Kontaktverhalten wirken. Da die Basis der folgenden Analyse Querschnittsdaten sind, ist die Kausalität nicht abschließend zu klären. Allerdings erscheint eine wechselseitige Wirkung wahrscheinlich, so dass es plausibel ist, fremdenfeindliche Einstellungen und Kontaktverhalten in den verschiedenen zu prüfenden Modellen auch als unabhängige Variablen fungieren zu lassen.

III. Daten und Messinstrumente

Datengrundlage der folgenden Analysen ist der kumulierte ALLBUS von 1980-2002. Aufgrund der Replikation wichtiger Einstellungsitems und ebenso der Messung zum Kontaktverhalten zu Ausländern im Zeitverlauf bietet der ALLBUS die Möglichkeit, Wandlungsprozesse in der angegebenen Zeitspanne zu analysieren. Für die hier relevante Fragestellung liegen zwischen 1980 und 2002 Erhebungen zu acht Messzeitpunkten vor. Bis ins Jahr 1990 wurden nur deutsche Staatsbürger befragt, danach veränderte sich die Grundgesamtheit. Es wurden Erhebungen in Ostdeutschland durchgeführt und auch Migranten befragt. Aus Gründen der Vergleichbarkeit über die Zeit werden die beiden letztgenannten Gruppen aus der Analyse ausgeschlossen. Die Grundgesamtheit umfasst also westdeutsche Staatsbürger ab 18 Jahren (zur genauen Methodik der ALLBUS-Erhebungen vgl. Koch/Wasmer 2004). Beim ALLBUS handelt es sich um einen statisch-komparativen Datensatz, der es daher nicht erlaubt, auf der Individualebene Veränderungsprozesse über die Zeit exakt zu verfolgen. Allerdings erlaubt die Datenstruktur/Wandlungseffekte zumindest in einem begrenzten Rahmen zu überprüfen und sich überlagernde Effekte der Kohortenzugehörigkeit, der zeitgeschichtlichen Veränderungen und der Alterung zu separieren (vgl. Mayer/Huinink 1990). Vorteil dieser querschnittlichen Daten liegt in ihrer Möglichkeit, ein repräsentatives Abbild der Gesellschaft über die Zeit zu liefern.

Zur Eingrenzung verschiedener Kohorten wurde ein für die Prägung von Einstellungen relevanter Sozialisationsabschnitt gewählt. Festgelegt wurde der Zeitraum der Kindheit und der Adoleszenz. Es wurden keine Standardkohorten verwendet, die alle die gleiche Spannweite aufweisen, sondern inhaltliche Kriterien zur Aufteilung herange-

Tabelle 2: Kohorteneinteilung nach prägenden historischen Rahmenbedingungen der politischen Sozialisation

1892 – 1920	1. Weltkrieg/Weimarer Republik
1921 – 1940	Ende der Weimarer Republik, Nationalsozialismus
1941 – 1955	Nachkriegszeit, Wirtschaftswunder
1956 – 1970	1960er und 1970er Jahre – Neue soziale Bewegungen
1971 und später	1980er und 1990er – Generation Golf, Vereinigung

zogen. Als Kohorten wurden dieser Logik entsprechend die folgenden Geburtsjahrgänge zusammengefasst *(Tabelle 2):*

Kohorteneffekte werden auf Effekte der veränderten Sozialisationsbedingungen zurückgeführt. Sozialisationspraktiken wurden im ALLBUS aber leider nicht über mehrere Zeitpunkte hinweg erfasst. Veränderungen durch den Austausch von Kohorten können nur über die Berücksichtigung der Effekte der Bildungsexpansion, des Wertewandels und der Zahl der freundschaftlichen Kontakte zu Migranten in den Analysen berücksichtigt werden. Das Bildungsniveau wird durch den jeweils höchsten allgemeinbildenden Schulabschluss einer Person erfasst. Der Wertewandel wird durch den Inglehart-Index abgebildet. Die Befragten müssen vier politische Ziele (Ruhe und Ordnung, Bekämpfung von Inflation, Recht auf freie Meinung und stärkere politische Mitbestimmung) nach ihrer Wichtigkeit ordnen. Die Personen, die Mitbestimmung und freie Meinung als am wichtigsten einstufen, werden als Postmaterialisten bezeichnet. Befragte, die die beiden anderen Ziele für am wichtigsten halten, werden als Materialisten eingestuft. Dazwischen werden zwei Mischtypen identifiziert, die jeweils mehr nach der einen oder der anderen Seite tendieren. Aus diesen vier Typen wird ein ordinaler Index konstruiert. Das Vorhandensein von Kontakten zu Ausländern wird durch vier Items zu verschiedenen Lebensbereichen (Familie, Arbeit, Nachbarschaft, Freunde) erfasst. Diese Items konnten mit „ja" oder „nein" beantwortet werden. Positive Rahmenbedingungen für eine Reduzierung von Vorurteilen sind insbesondere von Freundschaftskontakten zu erwarten, daher wurde nur diese Kontaktform genauer analysiert. Zur Erfassung der Alterseffekte wird das Lebensalter in Jahren berücksichtigt. Um mögliche nicht-lineare Effekte zu kontrollieren, wird auch das quadrierte Alter in die Analysen einbezogen. Der Einfluss der aus konflikt- und anomietheoretischer Perspektive formulierten Periodeneffekte wird durch die Berücksichtigung der Entwicklung der Arbeitslosenquote und über die Kontrolle der Entwicklung der Zuwanderungsquote erfasst. Das Ausmaß anomischer Tendenzen in der Gesellschaft zu den Erhebungszeitpunkten ist schwer zu erfassen. Es liegen auf der Makroebene nur sehr indirekte Indikatoren vor. Ein immer wieder genannter Aspekt ist das Nachlassen sozialer und kollektiver Bindungen. Da zur Erfassung dieser Dimension kaum eingeführte Indikatoren vorliegen, werden hier der Anteil der Singlehaushalte und die Zahl der Kirchenaustritte aus der katholischen Kirche als Proxy-Variablen herangezogen.

Als abhängige Variablen werden die interethnischen Kontakte (s. o.) und die fremdenfeindlichen Einstellungen berücksichtigt. Fremdenfeindliche Einstellungen werden mittels der so genannten Ausländerablehnungsskala des ALLBUS operationalisiert. Die Formulierung der Items wurde 1994 leicht verändert, der Begriff Gastarbeiter wurde durch Ausländer ersetzt. Ein in der 1994er Studie verwendeter Methodensplit belegt die weitgehende Äquivalenz der Messungen (Blank/Wasmer 1996). Zur Analyse wurde eine Mittelwertskala der vier vorhandenen Items gebildet. Die Skala erreicht zufriedenstellende Reliabilitätswerte zu allen Erhebungszeitpunkten.[4]

IV. Ergebnisse

Ausgangspunkt der Analysen ist die deskriptive Betrachtung der Entwicklung der fremdenfeindlichen Einstellungen und der interethnischen Beziehungen in den verschiedenen Geburtskohorten im Zeitraum von 1980 bis 2002 anhand von Mittelwerten. Es folgt die multivariate Analyse möglicher Ursachen für die Veränderungen im Zeitverlauf.

1. Deskriptive Befunde

Zuerst wird die Entwicklung der fremdenfeindlichen Einstellungen in den Geburtskohorten betrachtet (vgl. *Abbildung 1*). Vergleicht man das Niveau der Mittelwerte zum Beginn der Messung 1980 und zum letzten Messzeitpunkt, so zeigt sich in allen Kohorten ein Rückgang der fremdenfeindlichen Einstellungen, allerdings auf unterschiedlichem Niveau. Die älteren Kohorten weisen zu allen Zeitpunkten (mit einer Ausnahme) ein höheres Niveau an fremdenfeindlichen Einstellungen auf als die jeweils jüngeren Kohorten.

Allerdings verläuft dieser Rückgang nicht ganz kontinuierlich. Insbesondere zwischen 1994 und 1996 zeigt sich in allen Kohorten ein Anstieg der fremdenfeindlichen Einstellungen, der sich zwar nicht bis 2002 fortsetzt, aber zu einer Stabilisierung auf einem etwas höheren Niveau als vor 1994 führt. Diese Bewegung lässt sich in ähnlicher Form in allen Kohorten beobachten, was für einen Periodeneffekt spricht. Dieser abrupte und relativ kurzfristige Effekt verläuft parallel zu der in Deutschland heftig geführten Asyldebatte in diesem Zeitraum, parallel zur letzten Kanzlerschaft Helmut Kohls, zudem ist es eine Phase der Nachwendezeit, in der die anfängliche Euphorie abnimmt. Ähnliche Entwicklungen in anderen Einstellungsbereichen (Hadjar 2006), z. B. für den Postmaterialismus oder die Einstellungen zur Rolle der Frau, sprechen für Wirkungen, die nicht direkt mit dem Thema Fremdenfeindlichkeit verknüpft sind. Die relativ klaren Kohorteneffekte zeigen eine Ausnahme: die jüngste Kohorte. Zum ersten für diese Kohorte vorliegenden Messzeitpunkt erreicht sie ein nahezu ähnliches Niveau an fremdenfeindlichen Einstellungen wie die Vorgängerkohorte. Dieser Befund, der

---

4 Die Skala wurde häufig aufgrund ihrer sehr expliziten Formulierungen kritisiert, da sie z. B. von gebildeten Personen sehr leicht durchschaut werden könnte. Allerdings brachte die Entwicklung subtilerer Formen einer Fremdenfeindlichkeitsskala bisher noch keine befriedigenden Ergebnisse (Ganter 2001). Dieser Aspekt ist für die Ergebnisse der Trendanalyse dann relevant, wenn von einer veränderten sozialen Erwünschtheit von fremdenfeindlichen Einstellungen in höheren Bildungsgruppen im Erhebungszeitraum ausgegangen wird. Hierzu liegen allerdings keine gesicherten Befunde vor.

Abbildung 1: Fremdenfeindliche Einstellungen in verschiedenen Geburtskohorten von 1980 bis 2002

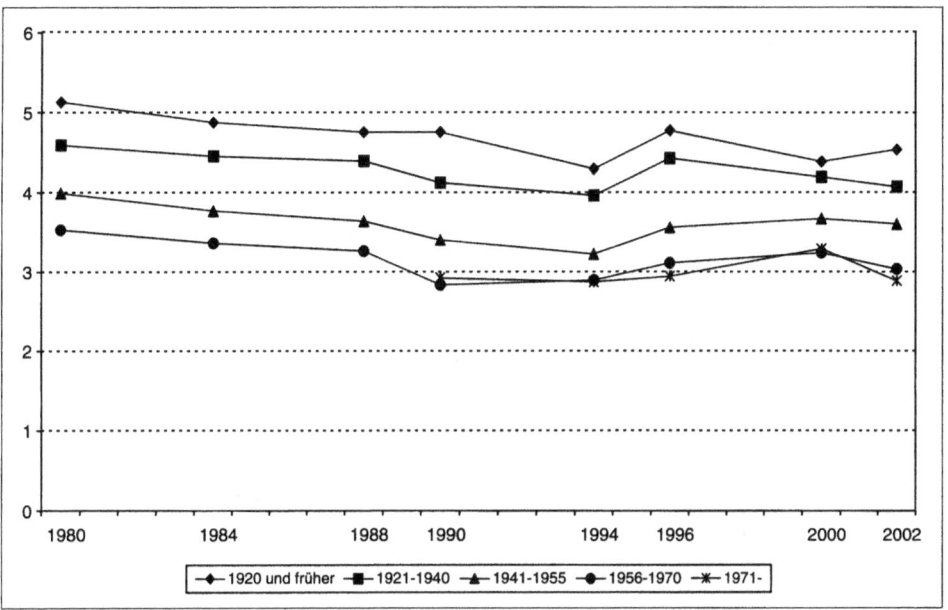

* Mittelwerte: höhere Werte = höhere Fremdenfeindlichkeit, Wertebereich 1-7.

sich für keine andere Kohorte zeigt, lässt sich für den gesamten für diese Kohorte erfassten Zeitraum von 1990 bis 2002 nachweisen. Bromba und Edelstein (2001) machen den besonderen Modernisierungsdruck der Nachwendezeit, die diese Kohorte in einer wichtigen Lebensphase (Etablierung in der Arbeitswelt) trifft, für dieses Phänomen verantwortlich. Eine klarere Analyse, insbesondere bezüglich sich überlagernder Kohorten- und Periodeneffekte, wird die später folgende multivariate Analyse erbringen. Im nächsten Schritt wird nun ein Blick auf die Entwicklung von unterschiedlichen Kontaktarten zu Ausländern im Zeitverlauf geworfen.

Neben einem deutlichen Anstieg von Kontakten zu Ausländern in allen Bereichen zeigt sich ein deutlicher qualitativer Wandel der Beziehungen. Während 1980 noch Arbeitskontakte dominieren, so ist 2002 die freundschaftliche Beziehung die am häufigsten genannte Kontaktart. Während 1980 knapp 15 Prozent der Befragten angaben, ausländische Freunde zu haben, sind es 2002 über 60 Prozent der Befragten. Betrachtet man die Entwicklung der Freundschaftskontakte differenziert nach Kohortenzugehörigkeit (vgl. *Abbildung 3*), so zeigt sich auch hier ein deutlicher Anstieg dieser Kontakte in allen Kohorten. Es zeigt sich auch hier der erwartete Kohorteneffekt. Die jeweils jüngeren Befragten haben mehr Freundschaftskontakte als die älteren Kohorten.

Betrachtet man die beiden Bereiche, Einstellungen und Verhaltensweisen gegenüber Ausländern im Zeitverlauf, so lässt sich auf deskriptiver Ebene ein positiver Trend hinsichtlich der Integrationsbereitschaft auf Seiten der einheimischen Bevölkerung feststellen. Die fremdenfeindlichen Einstellungen haben seit 1980 in Westdeutschland abgenommen, trotz eines steigenden Ausländeranteils an der Bevölkerung von 7,2 Prozent

Abbildung 2: Interethnische Kontakte in unterschiedlichen Bereichen im zeitlichen Wandel

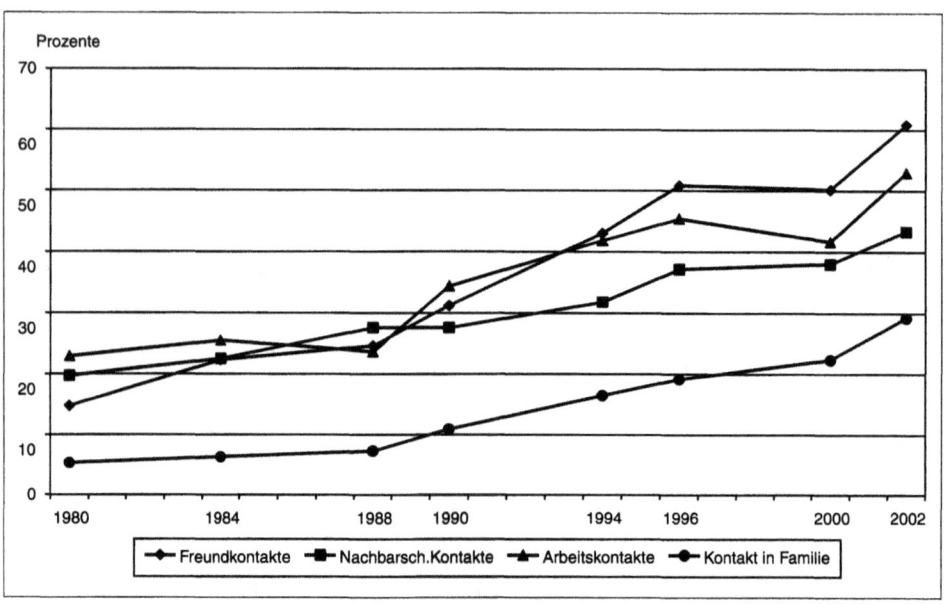

Abbildung 3: Freundschaftskontakte nach Kohorten im Zeitverlauf

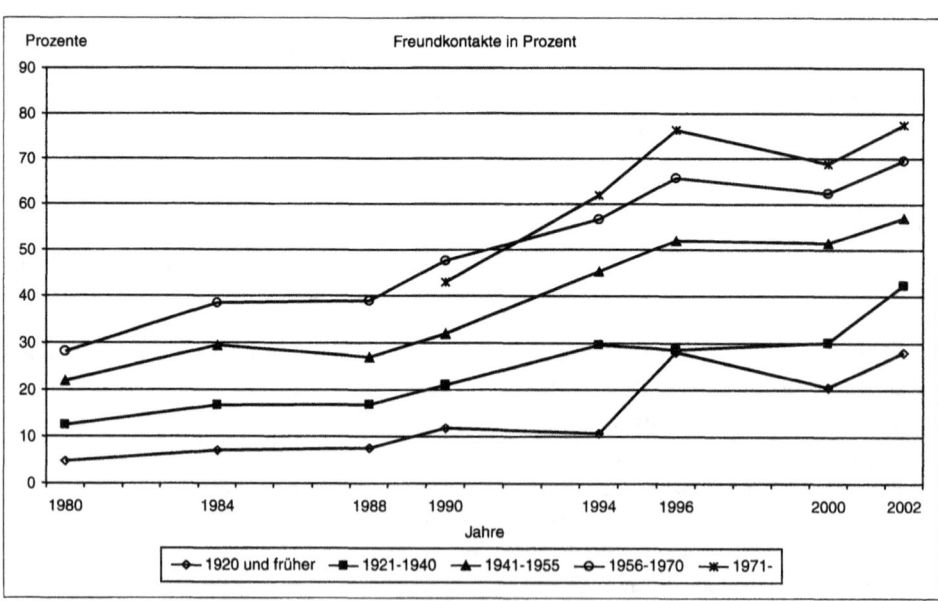

im Jahre 1980 auf 10,3 Prozent im Jahre 2000 (Geißler 2006). Eine deutlich positive Entwicklung zeigt auch die Zahl der freundschaftlichen Kontakte. Mehr als die Hälfte der westdeutschen Bevölkerung gibt an, freundschaftliche Kontakte zu Ausländern zu haben. Bei den jüngeren Befragten liegt dieser Wert sogar bei 70 Prozent oder darüber.[5]

2. Multivariate Analysen

In einem weiteren Analyseschritt werden nun die Ursachen für diese Entwicklungen genauer analysiert. Ziel ist es, die Wandlungsprozesse der fremdenfeindlichen Einstellungen und der interethnischen Freundschaftsbeziehungen hinsichtlich verschiedener zeitlicher Einflussfaktoren zu analysieren und mögliche Erklärungen für die Veränderungsprozesse, die im Theorieteil expliziert wurden, genauer zu beleuchten. Es geht hier also nicht darum, *alle* möglichen Erklärungsfaktoren für fremdenfeindliche Einstellungen und interethnische Freundschaften genauer zu betrachten, sondern sich auf die zu beschränken, die im Kontext der Analyse des Wandels bedeutsam sein könnten. Hierzu werden die formulierten Hypothesen zu Kohorten-, Alters- und Periodeneffekten geprüft. Mögliche Kompositionseffekte werden im Rahmen der durchgeführten A-P-K-Analysen[6], soweit möglich, kontrolliert. Da sich jede der Variablen – Alter, Periode und Kohorte – perfekt durch eine Linearkombination der beiden anderen darstellen lässt, besteht ein Identifikationsproblem in den Analysen. Es ist nicht möglich, alle drei Variablen und deren Effekte in einer Analyse zu analysieren (Glenn 2005). Eine häufig verwendete Lösung dieses methodischen Problems besteht in der Substitution der Periodenvariablen (gemessen durch den Erhebungszeitpunkt) durch inhaltliche Variablen der Kontextebene, wie z. B. Arbeitslosenquoten zu den jeweiligen Zeitpunkten. Alternativ dazu könnte davon ausgegangen werden, dass eine Variable keinen signifikanten Effekt habe. Dann könnte man sie aus der Analyse eliminieren (vgl. zu diesen Vorgehensweisen Glenn 2005; Mayer/Huinink 1990). In den folgenden Analysen werden beide Strategien eingesetzt. In dem folgenden Ergebnisteil werden zuerst die Befunde für die Einstellungsebene und dann für die Verhaltensebene (Freundschaften) berichtet.

a) *Fremdenfeindliche Einstellungen im Zeitverlauf: A-P-K-Analysen.* Diese erste Analyse konzentriert sich auf die vermuteten Kohorteneffekte. Die Ergebnisse bestätigen die erwarteten signifikant negativen Kohorteneffekte *(H 1)*. Fremdenfeindliche Einstellungen haben demnach kohortenspezifisch im Erhebungszeitraum von 1980 bis 2002 abgenommen, wobei die Kohorte „1956-70" den stärksten Effekt zeigt (M1). Für die Kohorte „1971-1983" findet sich der bereits deskriptiv aufgefallene Befund: die Mitglieder dieser Kohorte zeigen ein höheres Niveau fremdenfeindlicher Einstellungen als die

---

5 Dieser relativ hohe Wert deutet darauf hin, dass der „Freundschaftsbegriff" hier offenbar sehr weit verstanden wurde. Da diese Einschätzung unabhängig vom Zeitverlauf sein dürfte, hat dies keinen relevanten Einfluss auf die Ergebnisse der Kausalanalysen.
6 A-P-K steht für Alter-Perioden-und Kohorteneffekte. Als A-P-K-Analysen werden multivariate Analyseverfahren bezeichnet, die versuchen, die Überlagerungen dieser unterschiedlichen zeitlichen Effekte empirisch zu kontrollieren.

Tabelle 3: Fremdenfeindliche Einstellungen im Wandel – OLS-Regressionen

Modelle	M1	M2	M3	M4	M5	M6	M7
Kohorte (Referenzkategorie: 1892-1919)							
1920-40	–0,154***	–0,124***	–0,160***	–0,151***	–0,102***	–0,073***	–0,035*
1941-55	–0,331***	–0,303***	–0,343***	–0,301***	–0,208***	–0,154***	–0,087***
1956-70	–0,465***	–0,419***	–0,481***	–0,400***	–0,267***	–0,205***	–0,107***
1971-83	–0,257***	–0,257***	–0,267***	–0,199***	–0,113***	–0,093***	–0,032*
Periode (Ref. Erhebungsjahr 1980)							
1984		–0,045***					
1988		–0,068***					
1990		–0,096***					
1994		–0,138***					
1996		–0,073***					
2000		–0,054***					
2002		–0,093***					
Arbeitslosenquoten							–0,059***
Bildung (allg. Schulabschluss)				–0,288***	–0,258***	–0,198***	–0,199***
interethnische Freundschaften					–0,206**	–0,174***	–0,169***
Postmaterialismus						–0,237***	–0,232***
Alter (in Lebensjahren)			–0,113*	–0,114*	0,022	0,021	0,106
Alter²			0,090	0,090	0,000	0,005	0,027
Erklärte Varianz	0,15	0,16	0,15	0,22	0,25	0,30	0,30
N =	17 829	17 829	17 828	17 605	17 545	17 264	17 264

*** p < 0,001; ** p < 0,01; * p < 0,05.

der Vorgängerkohorten. Weiterhin ergeben sich signifikante, aber nicht sehr starke Periodeneffekte (M2), die durchgehend negativ sind, also für einen Rückgang der fremdenfeindlichen Einstellungen in Bezug zum Referenzjahr stehen. Allerdings zeigt die unterschiedliche Stärke der Effekte, dass der Rückgang nicht gleichmäßig verläuft. Insbesondere zwischen 1994 und 1996 und zwischen 2000 und 2002 ist ein Anstieg der fremdenfeindlichen Einstellungen festzustellen. Das in Modell 3 hinzugenommene Lebensalter der Befragten zeigt unter Berücksichtigung des quadratischen Terms den erwarteten Effekt *(H 4a).*

Im Rahmen der Modelle 4-6 wird versucht, die Kohorteneffekte näher zu identifizieren und die im Theorieteil formulierten Annahmen über die Einflüsse der Bildungsexpansion, des Wertewandels und der zunehmenden Opportunitäten für interethnische Freundschaften zu prüfen. Modell 4 belegt einen deutlichen Effekt der zunehmenden Bildung der jüngeren Kohorten, die Effekte der Kohortenvariablen reduzieren sich deutlich bei Kontrolle des Bildungsniveaus *(H 1a).* In Modell 5 wird zusätzlich der Einfluss der interethnischen Freundschaften kontrolliert. Auch hier zeigen sich deutliche Effekte *(H 4a).* Dann wird in Modell 6 noch das Postmaterialismusniveau der Befragten eingefügt. Es ergibt sich wiederum der erwartete Effekt bei gleichzeitigem Rückgang der Effekte der Kohortenvariablen *(H 1b).* Den stärksten Rückgang der Effekte findet man in allen Modellen bei den beiden mittleren Kohorten. In Modell 7 wird schließlich der Periodeneffekt durch die Arbeitslosenquote berücksichtigt. Es ergibt sich entgegen den Erwartungen ein signifikanter negativer Effekt. Steigende Arbeitslosigkeit geht mit abnehmenden fremdenfeindlichen Einstellungen einher.

Zusammenfassend betrachtet können die sozialisationsbezogenen Annahmen bestätigt werden. Kohortenspezifische Veränderungen sind ein wichtiger Grund für den Rückgang der fremdenfeindlichen Einstellungen. Die zunehmende Bildung, der zunehmende Postmaterialismus und die steigende Anzahl interethnischer Freundschaften führen, wie die sinkenden Einflüsse der Kohorten-Dummies bei Einbezug dieser inhaltlichen Variablen zeigen, durch den Austausch der Kohorten über die Zeit zu abnehmenden fremdenfeindlichen Einstellungen in Deutschland.

Im nächsten Analyseteil wird ein genauerer Blick auf die Periodeneffekte geworfen. Es wird eine inhaltslose Operationalisierung der Periodeneffekte (durch die mittelwertzentrierte Jahrgangsvariable) schrittweise um inhaltliche Kontextvariablen ergänzt, um wiederum über den Rückgang des Effektes der inhaltslosen Periodenvariable die Periodeneffekte der einzelnen inhaltlichen Variablen zu kontrollieren. Die Kontextvariablen werden je einzeln in die Analyse einbezogen, da teilweise sehr ähnliche Trends vorliegen. Diese Vorgehensweise beschränkt zwar die Aussagekraft der Analyse, allerdings geht es in dieser auch weniger um die exakte Bestimmung der Effekte der einzelnen Makrovariablen als vielmehr darum, erste Trends und ihre Passung hinsichtlich der Hypothesen festzustellen.

Tabelle 4: Fremdenfeindliche Einstellungen im Wandel – Periodeneffekte: OLS-Regressionen

Modelle	M1	M2	M3	M4	M5
Kohorte *(Referenzkategorie: 1892-1919)*					
1920-40	–0,115***	–0,114***	–0,114***	–0,112***	–0,121***
1941-55	–0,252***	–0,251***	–0,251***	–0,249***	–0,257***
1956-70	–0,330***	–0,328***	–0,330***	–0,326***	–0,339***
1971-83	–0,144***	–0,145***	–0,145***	–0,147***	–0,165***
Periode mittelwertzentriert	–0,086***	–0,49***	–0,010	–0,067***	–0,041**
Arbeitslosenquoten		–0,047***			
Zuwanderungsquote			–0,082***		
Kirchenaustritte (kathol. Kirche)				–0,064***	
Singlehaushalte					–0,060***
Bildung (allg. Schulabschluss)	–0,285***	–0,286***	–0,285***	–0,285***	–0,287***
Erklärte Varianz	0,22	0,23	0,22	0,23	0,23
N =	17 606	17 606	17 606	17 606	17 606

*** $p < 0{,}001$; ** $p < 0{,}01$; * $p < 0{,}05$.

Die gefundenen Vorzeichen der Koeffizienten widersprechen alle den Annahmen der konflikt- und der anomietheoretischen Ansätze *(H 2, 3, 5)*: die fremdenfeindlichen Einstellungen verringern sich bei steigender Arbeitslosigkeit, bei zunehmenden Kirchenaustritten, bei steigenden Ausländeranteilen und bei einer zunehmenden Zahl von Singlehaushalten. Ein gestiegener Ausländeranteil an der Bevölkerung wirkt also dämpfend auf die Ausprägung fremdenfeindlicher Orientierungen. Dies spricht für eine Interpretation bzw. Wirkungsweise von Zuwanderung in Anlehnung an die Kontakthypothese. Hier werden in steigenden Zuwanderungszahlen primär zunehmende Chancen für positive Kontakterfahrungen zwischen einheimischer und ausländischer Bevölkerung gesehen. Auch die Arbeitslosenquote steht in einem negativen Zusammenhang, was der Hypothese eines Zusammenhangs zwischen hoher Arbeitslosigkeit im Land als Ursache für fremdenfeindliche Einstellungen widerspricht. Im Zeitverlauf erweist sich diese viel bemühte Argumentation also als wenig erklärungskräftig, was für konkurrenz- wie desintegrationstheoretische Argumentationen problematisch ist. Auch die Anomieindikatoren zeigen unerwartete Effekte. Die Zahl der Singlehaushalte hängt negativ mit fremdenfeindlichen Einstellungen zusammen: je mehr Singlehaushalte, desto weniger fremdenfeindliche Einstellungen. Ohne diesen schwachen und singulären Effekt überinterpretieren zu wollen, so könnten doch einige Auswirkungen von Individualisierungsprozessen eventuell zu positiven Effekten im Sinne einer stärkeren Offenheit gegenüber Fremden und Neuem führen. Der negative Effekt des Anteils an Kirchenaustritten ist ähnlich zu interpretieren. Einschränkend ist bei den Analysen zu berücksichtigen, dass hier letztlich nur Zusammenhänge zwischen Kontexten und Individualvariablen hergestellt werden können, dementsprechend bleibt die Erklärung von Wirkmechanismen, die eine direkte Verbindung zwischen Makro- und Mikroebene herstellen, auf der Ebene von Spekulationen, die weiterer Prüfung bedürfen. Zumindest erweist sich eine pauschale Zuordnung von Individualisierung als fördernder Faktor für die Entstehung von fremdenfeindlichen Einstellungen als zu grob und zu einseitig.

b) *Freundschaftsbeziehungen im Zeitverlauf: A-P-K-Analysen.* Ausgangspunkte der multivariaten Analyse der interethnischen Freundschaftsbeziehungen sind die Modelle 1 und 2 der folgenden binär-logistischen-Regressionen, in denen zuerst die Kohorten- und Periodeneffekte in Form von Dummy-Variablen berücksichtigt werden. In den Modellen 3 und 4 werden die Periodeneffekte durch die Zuwanderungsquote und die „kulturelle Offenheit", hier als aus den Befragungsdaten aggregierte Fremden„freundlichkeit" in Deutschland, ersetzt.

Die Analyse zeigt zu großen Teilen die erwarteten Effekte. Mitglieder jüngerer Kohorten haben deutlich höhere Chancen, interethnische Freundschaften aufzubauen *(H 9)*. Ein gesonderter Alterseffekt (Modell 3) findet sich allerdings nicht *(H 8)*. Es ergeben sich aber signifikante Periodeneffekte. Für alle Befragten ist die Wahrscheinlichkeit, Freundschaften aufzubauen, über die Zeit deutlich anstiegen. Die Modelle 3 und 4 zeigen, dass hier signifikante Effekte der Zuwanderungsquoten *(H 6)* und ein zunehmend fremdenfreundlicheres Klima in Deutschland *(H 7)* signifikante Effekte haben. Der kohortenspezifische Effekt der Zuwanderung lässt sich deutlich am Rückgang des Effektes der Kohorten-Dummies im Modell 3 erkennen.

Tabelle 5: Interethnische Freundschaften im Wandel – Binär-logistische Modelle (odds ratios)

Modelle	M1	M2	M3	M4
Kohorte *(Referenzkategorie: 1892-19)*				
1920-40	3,122***	2,298***	1,677***	1,578***
1941-55	6,294***	4,721***	2,670***	2,351***
1956-70	11,552***	7,772***	3,654***	3,101***
1971-83	28,221***	11,227***	5,752***	4,071***
Periode *(Referenzkategorie 1980)*				
1984		1,447***		
1988		1,436***		
1990		1,932***		
1994		1,981***		
1996		2,981***		
2000		3,969***		
2002		3,619***		
Zuwanderungsquote			2,147***	1,900***
Fremdenfreundliches Meinungsklima in der Bevölkerung				1,444***
Alter			0,995	
Alter^2			1,000	
Konstante	2,396 (0,075)	2,861 (0,088)	7,179 (0,225)	7,365 (0,195)
Nagelkerkes R-Quadrat	1,71	2,33	2,27	2,26
N =	17 802	17 802	17 802	17 802

** p < 0,01, * p < 0,05.

V. Fazit

Bis heute gibt es relativ wenige Studien, die die Wirkung von Anerkennungsdefiziten und Diskriminierung von Migranten auf deren Integrationsverhalten untersuchen. Dies kann der vorliegende Beitrag nicht ersetzen. Es konnten aber zumindest einige Rahmenbedingungen der „Angebotsseite", sprich der Einstellungen und der Verhaltensweisen der einheimischen Bevölkerung und deren zeitliche Entwicklung genauer betrachtet werden. Analysiert man die Entwicklung von fremdenfeindlichen Einstellungen und interethnischen Freundschaften in Westdeutschland von 1980-2002, so ist insgesamt eine positive Bilanz zu ziehen. Fremdenfeindliche Einstellungen haben in allen Kohorten über die Zeit signifikant abgenommen, die Kontakte, insbesondere auch die Freundschaftskontakte, haben deutlich zugenommen. Die Rahmenbedingungen für eine Integration, bezogen auf das Meinungsklima und die Kontaktbereitschaft, haben sich also verbessert. Obwohl sich die jüngste Kohorte nicht mehr ganz so klar von ihrer Vorgängerkohorte unterscheidet, zeigen „die Jungen" doch deutlich positivere Haltungen zu Fremden als der Bevölkerungsdurchschnitt. Um weitere Entwicklungen oder mögliche Trendwechsel insbesondere bei der jüngsten Kohorte abschließend zu beurteilen, sind längere Zeitreihen nötig.

Die Ursachenanalyse hat für die fremdenfeindlichen Einstellungen die Bedeutung von Sozialisationsprozessen hervorgehoben. Man kann also von primär durch Wandlungen im Generationengefüge verursachten Effekten ausgehen. Dieser Befund bestärkt Strategien zum Abbau von Fremdenfeindlichkeit, die versuchen, durch soziale und politische Maßnahmen in Familien und Schulen Vorurteile zu reduzieren und ein Mehr an Toleranz zu fördern. Allerdings erklären nicht nur die kohortenbezogenen Variablen, sondern auch die Kontextvariablen einen Teil der Varianz der abhängigen Variable. Im Rahmen der Analyse der Kontexteffekte erweist sich der Konfliktmechanismus, operationalisiert über Arbeitslosen- und Zuwanderungsraten, als wenig bedeutsam und zudem entsprechen die Vorzeichen nicht den Erwartungen. Ähnlich fällt der Befund für die Desintegrationstheorie aus. Diese unklare Befundlage verweist auf die Notwendigkeit einer differenzierteren Sichtweise dieser Zusammenhänge. Die Folgen etwa von Individualisierung können positiver und negativer Art sein und sie interagieren mit unterschiedlichen persönlichen Ressourcen. Die im Desintegrationsansatz hervorgehobene Anomiethese betont primär die negativen Folgen. Die zunehmende Herauslösung aus traditionellen Milieus könnte hinsichtlich fremdenfeindlicher Einstellungen aber auch positive Effekte hin zu einer „Öffnung des eigenen Horizonts" zeigen. Letztlich erweisen sich die Thesen der Konflikt- wie auch der Desintegrationstheorie als zu unpräzise. Der Einfluss des Kontextes lässt sich ohne eine klarere Fundierung auf der Mikroebene nicht eindeutig bestimmen. Offenbar reagieren nicht alle Menschen in gleicher Weise auf die sich verändernden Kontextbedingungen. Allerdings lassen es die im ALLBUS vorhandenen Operationalisierungen kaum zu, mikroanalytisch differenziertere Thesen zu prüfen. Leider liegen bis heute keine Zeitreihen vor, die für diese Themenstellung differenzierte Analysen ermöglichen.

Der zweite untersuchte Aspekt des „Integrationsangebotes" der einheimischen Bevölkerung bezog sich auf die interethnischen Freundschaften. Die Entwicklung der interethnischen Freundschaften hat insbesondere von den im Zeitverlauf verbesserten Gelegenheitsstrukturen (durch Zuwanderung) profitiert, die sich für die jüngeren Kohorten in besonderem Maße eröffneten. Auch die im Zeitverlauf abnehmende Fremdenfeindlichkeit erzeugt ein Klima, das die Entstehung interethnischer Freundschaften begünstigt. Die Zuwanderung erweist sich also im Kontext der hier vorgelegten Analyse weniger als Bedrohungsmoment als vielmehr als Faktor, der das Integrationsklima durch die zunehmenden Möglichkeiten, positive Kontakterfahrungen zu machen, verbessert hat.

Aufgrund der methodischen Probleme der hier vorgelegten Kontextanalysen können die Ergebnisse nur ein Anstoß für weitere Forschungsprojekte sein. Es bedarf längerer Zeitreihen und zum Teil kleinräumigerer Betrachtungen, um die Kontexteffekte präziser prüfen zu können. Neben dem Problem der theoretischen Unterspezifikation der vorgelegten Theorien, die primär mit Effekten von gesellschaftlichen Kontexten argumentieren, ergeben sich im weiteren Probleme einer adäquaten Erfassung der vermuteten Kontexteffekte. Dieses Problem findet sich nicht nur in dieser Analyse, sondern immer dann, wenn Makrodaten mit Einstellungen oder Verhalten in Beziehung gesetzt werden sollen (vgl. Thome 2004 am Beispiel der Kriminalitätsforschung). Makroindikatoren zu ökonomischen oder sozialen Entwicklungen sind im vorliegenden Fall keine direkten Indikatoren von Individualisierung oder Konflikt, sondern stellen „nur" Korrelate solcher Entwicklungen dar (z. B. der Anteil der Singlehaushalte als Indikator für Individualisierung). Diese Indikatoren sind aus diesem Grunde in hohem Maße diskutier- und kritisierbar (Thome 2004). Oftmals sind andere Interpretationen der Zusammenhänge denkbar, da ihre theoretische Verknüpfung nur locker erfolgt.

Abschließend soll der Blick noch auf die zunehmenden gewalttätigen Übergriffe mit fremdenfeindlichem Hintergrund gelenkt werden (vgl. Verfassungsschutzbericht 2006: 32). Hier finden sich Trends, die von der Entwicklung des allgemeinen Meinungsklimas in der Bevölkerung offenbar in gewisser Weise abgekoppelt sind. Trotz einer positiven Bilanz auf der Ebene der Einstellungen und des Kontaktverhaltens der Bevölkerung zeigt sich hier in den letzten Jahren ein stetig steigender Trend. Der Analyse von fremdenfeindlich-motivierter Gewalt muss ein gesondertes Forschungsinteresse gelten.

Literatur

Adorno, Theodor W./Frenkel-Brunswik, Else/Levinson, Daniel J./Sanford, R. Nevitt, 1950: The Authoritarian Personality. New York: Norton Library.
Allport, Gordon W., 1954: The Nature of Prejudice. Reading: Addison Wesley.
Anhut, Reimund/Heitmeyer, Wilhelm, 2005: Desintegration, Anerkennungsbilanzen und die Rolle sozialer Vergleichprozesse, in: *Heitmeyer, Wilhelm/Imbusch, Peter* (Hrsg.), Integrationspotenziale moderner Gesellschaften. Wiesbaden: VS Verlag für Sozialwissenschaften, 75-100.
Argyle, Michael/Henderson, Monika, 1990: Die Anatomie menschlicher Beziehungen. München: mvg.
Babka von Gostomski, Christian, 2003: Gewalt als Reaktion auf Anerkennungsdefizite?, in: Kölner Zeitschrift für Soziologie und Sozialpsychologie 55, 253-277.
Becker, Michael/Trautwein, Ulrich/Lüdtke, Oliver/Cortina, Kai S./Baumert, Jürgen, 2006: Bildungsexpansion und kognitive Mobilisierung, in: *Hadjar, Andreas/Becker, Rolf* (Hrsg.), Die Bildungsexpansion. Erwartete und unerwartete Folgen. Wiesbaden: VS Verlag für Sozialwissenschaften, 63-92.
Blalock, Hubert M., 1967: Toward a Theory of Minority-Group Relations. New York: Wiley.
Blank, Thomas/Wasmer, Martina, 1996: Gastarbeiter oder Ausländer? Ergebnisse des Splits mit den reformulierten Gastarbeiterfragen im Allbus 1994, in: ZUMA-Nachrichten 38, 45-69.
Blumer, Herbert, 1958: Race, Prejudice as a Sense of Group Position, in: Pacific Sociological Review 1, 3-7.
Bobo, Lawrence, 1988: Group Conflict, Prejudice, and the Paradox of Contemporary Racial Attitudes, in: *Katz, Phyllis A./Taylor, Dalmas A.* (Hrsg.), Eliminating Racism: Profiles in Controversy. New York: Plenum, 85-116.
Bromba, Michael/Edelstein, Wolfgang, 2001: Das anti-demokratische und rechtsextreme Potenzial unter Jugendlichen und jungen Erwachsenen in Deutschland. Expertise. Bonn: Bundesministerium für Forschung und Bildung.
Castel, Robert, 2000: Metamorphosen der sozialen Frage. Konstanz: UVK.
Dalton, Russell J., 1996: Citizen Politics. Chatham: Chatham House.
Ecarius, J., 2002: Familienerziehung im historischen Wandel. Eine qualitative Studie über Erziehung und Erziehungserfahrungen von drei Generationen. Opladen: Leske + Budrich.
Esser, Hartmut, 1980: Aspekte der Wanderungssoziologie. Assimilation und Integration von Wanderern, ethnischen Gruppen und Minderheiten. Eine handlungstheoretische Analyse. Darmstadt/Neuwied: Luchterhand.
Esser, Hartmut, 1990: Interethnische Freundschaften, in: *Esser, Hartmut/Friedrichs, Jürgen* (Hrsg.), Generation und Identität. Theoretische und empirische Beiträge zur Migrationssoziologie. Opladen: Westdeutscher Verlag, 185-206.
Esser, Hartmut, 1991: Der Austausch kompletter Netzwerke. Freundschaftswahlen als „Rational Choice", in: *Esser, Hartmut/Troitzsch, Klaus G.* (Hrsg.), Modellierung sozialer Prozesse. Bonn: Informationszentrum Sozialwissenschaften, 773-809.

Esses, Victoria M./Jackson, Lynne M./Armstrong, Thomas L., 1998: Intergroup Competition and Attitudes toward Immigrants and Immigration: An Instrumental Model of Group Conflict, in: Journal of Social Issues 54, 699-724.
Feldkircher, Martin, 1994: Erziehungsziele in Ost- und Westdeutschland, in: *Braun, Michael/Mohler, Peter P.* (Hrsg.), Blickpunkt Gesellschaft 3. Einstellungen und Verhalten der Bundesbürger. Opladen: Leske + Budrich, 175-208.
Fend, Helmut, 1988: Sozialgeschichte des Aufwachsens. Frankfurt a. M.: Suhrkamp.
Fend, Helmut, 1991: Identitätsentwicklung in der Adoleszenz. Lebensentwürfe, Selbstfindung und Weltaneignung in beruflichen, familiären und politisch-weltanschaulichen Bereichen. Entwicklungspsychologie der Adoleszenz in der Moderne, Bd. 2. Bern/Stuttgart/Toronto: Hans Huber.
Ganter, Stefan, 2001: Zu subtil? Eine empirische Überprüfung neuer Indikatoren zur Analyse interethnischer Beziehungen, in: Kölner Zeitschrift für Soziologie und Sozialpsychologie 53, 111-135.
Geißler, Rainer, 2006: Die Sozialstruktur Deutschlands. Zur gesellschaftlichen Entwicklung mit einer Zwischenbilanz zur Vereinigung. 4. Aufl. Wiesbaden: VS Verlag für Sozialwissenschaften.
Glenn, Norval D., 2005: Cohort Analysis. Thousand Oaks: Sage Publications.
Hadjar, Andreas, 2004: Ellenbogenmentalität und Fremdenfeindlichkeit. Die Rolle des Hierarchischen Selbstinteresses. Wiesbaden: VS Verlag für Sozialwissenschaften.
Hadjar, Andreas, 2006: Bildungsexpansion und Wandel von sozialen Werten, in: *Hadjar, Andreas/Becker, Rolf* (Hrsg.), Die Bildungsexpansion. Erwartete und unerwartete Folgen. Wiesbaden: VS Verlag für Sozialwissenschaften.
Haug, Sonja, 2003: Interethnische Freundschaftsbeziehungen und soziale Integration, in: Kölner Zeitschrift für Soziologie und Sozialpsychologie 55, 716-736.
Haug, Sonja, 2006: Interethnische Freundschaften, interethnische Partnerschaften und soziale Integration, in: Diskurs Kindheits- und Jugendforschung 1, 75-91.
Heitmeyer, Wilhelm (Hrsg.), 2002: Deutsche Zustände, Folge 1. Frankfurt a. M.: Suhrkamp.
Hewstone, Miles, 2004: Neuere Forschungen über Intergruppenkonflikte: Konsequenzen für den Umgang mit Migration und Integration. WZB paper SP IV 2004-601.
Hewstone, Miles/Brown, Rupert, 1986: Contact is not Enough: An Intergroup Perspective on the Contact Hypothesis, in: *Hewstone, Miles/Brown, Rupert* (Hrsg.), Contact and Conflict in Intergroup Encounters. Oxford: Blackwell.
Hopf, Christel, 2000: Familie und Autoritarismus – zur politischen Bedeutung sozialer Erfahrungen in der Familie, in: *Rippl, Susanne/Seipel, Christian/Kindervater, Angela* (Hrsg.), Autoritarismus: Kontroversen und Ansätze der aktuellen Autoritarismusforschung. Opladen: Leske + Budrich, 33-52.
Hyman, Herbert H., 1969 [1959]: Political Socialization. A Study in the Psychology of Political Behavior. New York: The Free Press und London: Collier-Macmillan.
Imbusch, Peter/Rucht, Dieter, 2005: Integration und Desintegration in modernen Gesellschaften, in: *Heitmeyer, Wilhelm/Imbusch, Peter* (Hrsg.), Integrationspotenziale moderner Gesellschaften. Wiesbaden: VS Verlag für Sozialwissenschaften, 13-74.
Imhof, Kurt, 1993: Nationalismus, Nationalstaat und Minderheiten. Zu einer Soziologie der Minoritäten, in: Soziale Welt 44, 327-357.
Inglehart, Ronald, 1989: Kultureller Umbruch: Wertewandel in der westlichen Welt. Frankfurt a. M./New York: Campus.
Kecskes, Robert, 2000: Soziale und identifikative Assimiliation türkischer Jugendlicher, in: Berliner Journal für Soziologie 10, 61-78.
Klein, Thomas, 2006: Sozialstrukuranalyse: Eine Einführung. Reinbek: Rowohlt.
Kleinert, Corinna, 2004: FremdenFeindlichkeit. Einstellungen junger Deutscher zu Migranten. Wiesbaden: VS Verlag für Sozialwissenschaften.
Koch, Achim/Wasmer, Martina, 2004: Der ALLBUS als Instrument zur Untersuchung sozialen Wandels: Eine Zwischenbilanz nach 20 Jahren, in: *Schmitt-Beck, Rüdiger/Wasmer, Martina/Koch, Achim* (Hrsg.), Sozialer und politischer Wandel in Deutschland. Analysen mit Allbus-Daten aus zwei Jahrzehnten. Wiesbaden: VS Verlag für Sozialwissenschaften, 13-42.

LeVine, Robert A./Campbell, Donald T., 1972: Ethnocentrism: Theories of Conflict, Ethnic Attitudes, and Group Behavior. New York: Wiley.
Mayer, Karl-Ulrich/Huinink, Johannes, 1990: Alters-, Perioden-, Kohorteneffekte in der Analyse von Lebensverläufen oder Lexis ade?, in: *Mayer, Karl-Ulrich* (Hrsg.), Lebensverläufe und sozialer Wandel. Sonderheft 42 der Kölner Zeitschrift für Soziologie. Opladen: Westdeutscher Verlag, 442-459.
Nie, Norman H./Junn, Jane/Stehlik-Barry, Kenneth, 1996: Education and Democratic Citizenship in America. Chicago: University of Chicago Press.
Oesterreich, Detlef, 2000: Autoritäre Persönlichkeiten und Sozialisation im Elternhaus: Theoretische Überlegungen und empirische Ergebnisse, in: *Rippl, Susanne/Seipel, Christian/Kindervater, Angela* (Hrsg.), Autoritarismus: Kontroversen und Ansätze der aktuellen Autoritarismusforschung. Opladen: Leske + Budrich, 69-90.
Olzak, Susan, 1992: The Dynamics of Ethnic Competition and Conflict. Stanford: Stanford University Press.
Pettigrew, Thomas F., 1998: Intergroup Contact Theory, in: Annual Review of Psychology 49, 65-85.
Pettigrew, Thomas F./Topp, Linda, 2000: Does Intergroup Contact Reduce Prejudice. Recent Metaanalytic Findings, in: *Oskamp, Stuart* (Hrsg.), Reducing Prejudice and Discrimination. Hillsdale: Erlbaum, 93-114.
Quillian, Lincoln, 1995: Prejudice as a Response to Perceived Group Threat: Population Composition an Anti-immigrant and Racial Prejudice in Europe, in: American Sociological Review 60, 586-611.
Reinders, Heinz/Greb, Karina/Grimm, Corinna, 2007: Entstehung, Gestalt und Auswirkungen interethnischer Freundschaften im Jugendalter. Eine Längsschnittstudie. soFiD, in: Jugendforschung 1, 9-26.
Reinders, Heinz/Mangold, Tanja, 2005: Die Qualität intra- und interethnischer Freundschaften bei Mädchen und Jungen deutscher, türkischer und italienischer Herkunft, in: Zeitschrift für Entwicklungspsychologie und Pädagogische Psychologie 37, 144-155.
Reuband, Karl-Heinz, 1999: Aushandeln statt Gehorsam? Erziehungsziele und Erziehungspraktiken in den alten und neuen Bundesländern im Wandel, in: *Böhnisch, Lothar/Lenz, Karl* (Hrsg.), Familien. Eine interdisziplinäre Einführung. 2. Aufl. Weinheim/München: Juventa, 129-154.
Rippl, Susanne, 2002: Bildung und Fremdenfeindlichkeit. Die Rolle schulischer und familialer Sozialisation zur Erklärung von Bildungsunterschieden im Ausmaß von fremdenfeindlichen Einstellungen, in: Kölner Zeitschrift für Soziologie und Sozialpsychologie 54, 135-146.
Rippl, Susanne, 2003: Kompensation oder Konflikt? Zur Erklärung negativer Einstellungen zur Zuwanderung, in: Kölner Zeitschrift für Soziologie und Sozialpsychologie 55, 231-252.
Rippl, Susanne, 2004: Eltern-Kind Transmission. Einflussfaktoren zur Erklärung von Fremdenfeindlichkeit im Vergleich, in: Zeitschrift für Soziologie der Erziehung und Sozialisation 24, 17-32.
Rippl, Susanne, 2006: Die Abnahme der Fremdenfeindlichkeit – ein Effekt der Bildungsexpansion?, in: *Hadjar, Andreas/Becker, Rolf* (Hrsg.), Die Bildungsexpansion. Erwartete und unerwartete Folgen. Wiesbaden: VS Verlag für Sozialwissenschaften.
Rippl, Susanne/Baier, Dirk, 2005: Das Deprivationskonzept in der Rechtsextremismusforschung. Eine vergleichende Analyse, in: Kölner Zeitschrift für Soziologie und Sozialpsychologie 54, 644-666.
Rippl, Susanne/Boehnke, Klaus/Hefler, Gerd/Hagan, John, 1998: Sind Männer eher rechtsextrem und wenn ja, warum? Geschlechtsunterschiede im Ausmaß fremdenfeindlicher und rechtsextremer Orientierungen: Ein Erklärungsansatz, in: Politische Vierteljahresschrift 4, 758-774.
Sherif, Muzafer/Sherif, Carolyn W., 1979: Research on Intergroup Relations, in: *Austin, William G./Worchel, Stephen* (Hrsg.), The Social Psychology of Intergroup Relations. Monterey, CA, Brooks/Cole, 7-32.
Steinbach, Anja, 2004: Soziale Distanz. Ethnische Grenzziehung und die Eingliederung von Zuwanderern in Deutschland. Wiesbaden: VS Verlag für Sozialwissenschaften.
Thome, Helmut, 2004: Explaining the Long-term Trend in Violent Crime: A Heuristic Scheme and some Methological Problems. Diskussionsschriften. Universität Halle, Institut für Soziologie.

Urban, Dieter/Singelmann, Joachim, 1998: Eltern-Kind-Transmission von ausländerablehnenden Einstellungen. Eine regionale Längsschnitt-Studie zur intra- und intergenerativen Herausbildung eines sozialen Orientierungsmusters, in: Zeitschrift für Soziologie 27, 276-296.
Verfassungsschutzbericht, 2006: Bundesministerium des Innern.
Wagner, Ulrich/Dick, Rolf van, 2001: Fremdenfeindlichkeit „in der Mitte der Gesellschaft": Phänomenbeschreibung, Ursachen, Gegenmaßnahmen, in: Zeitschrift für politische Psychologie 9, 41-54.
Wimmer, Andreas, 2002: Multikulturalität oder Ethnisierung? Kategorienbildung und Netzwerkstrukturen in drei schweizerischen Immigrantenquartieren, in: Zeitschrift für Soziologie 31, 4-26.
Winkler, Jürgen, 1996: Bausteine einer allgemeinen Theorie des Rechtsextremismus. Zur Stellung und Integration von Persönlichkeits- und Umweltfaktoren, in: *Falter, Jürgen W./Jaschke, Hans-Gerd/Winkler, Jürgen* (Hrsg.), Rechtsextremismus. Ergebnisse und Perspektiven der Forschung (PVS Sonderheft 27). Opladen: Westdeutscher Verlag, 25-48.
Zick, Andreas, 1997: Vorurteile und Rassismus. Eine sozialpsychologische Analyse. Münster: Waxmann.

Korrespondenzanschrift: PD Dr. Susanne Rippl, Institut für Soziologie, Technische Universität Chemnitz, 09107 Chemnitz
E-Mail: susanne.rippl@phil.tu-chemnitz.de

AKZEPTANZ ODER ABLEHNUNG VON ANDERSARTIGKEIT

Die Beziehung zwischen Zuwanderern und Einheimischen
aus einer sozialpsychologischen Perspektive

Amélie Mummendey und Thomas Kessler

Zusammenfassung: Ziel sozialpsychologischer Forschung ist die Erklärung von problematischen wie auch harmonischen Beziehungen zwischen sozialen Gruppen. Ausgangspunkt für die vorliegende sozialpsychologische Analyse ist die Frage, wie Mitglieder sozialer Gruppen mit den Unterschieden zwischen sozialen Gruppen umgehen. Für diese Analyse wurde das Eigengruppenprojektionsmodell (EPM) vorgeschlagen und empirisch geprüft. Das Modell nimmt an, dass soziale Diskriminierung durch die Generalisierung von Eigenschaften der Eigengruppe auf die umfassende Gesellschaft entsteht, welche dann einen normativen Charakter für die Bewertung der Eigengruppe und der Fremdgruppe bekommt. Toleranz hängt nach diesem Modell davon ab, dass die übergeordnete gemeinsame Kategorie als vielfältig repräsentiert wird, in die dann die Eigengruppe und die Fremdgruppe gleichermaßen passen. Im vorliegenden Beitrag prüfen wir Annahmen des EPM in einer Studie zur Beziehung zwischen Einwanderern und Einheimischen, die in Belgien, England und Deutschland durchgeführt wurde. Die Ergebnisse zeigen in Übereinstimmung mit dem EPM, dass Eigengruppenmitglieder die gemeinsame Gesellschaft eher mittels der Attribute der Eigengruppe beschreiben was zur Wahrnehmung einer höheren Prototypikalität der Eigengruppe relativ zur Fremdgruppe und damit zu einer besseren Bewertung der Eigengruppe, einer negativeren Bewertung der Fremdgruppe wie auch zu Vorurteilen und wettbewerbsorientierten Verhalten führt.

I. Einleitung

Im Zuge ökonomischer Globalisierung und gesellschaftlicher Internationalisierung sind unsere gegenwärtigen (wie im Übrigen auch früheren) Gesellschaften mit Wanderungsbewegungen großen Ausmaßes konfrontiert. Das Zusammenleben von Menschen unterschiedlicher kultureller Zugehörigkeit ist nicht länger als vorübergehende Ausnahme zu sehen, sondern muss als dauerhafte Normalität begriffen werden. Zu dieser Normalität gehört die Wahrnehmung von Unterschieden und der alltägliche Umgang mit Andersartigkeit zwischen uns, den Angehörigen unserer eigenen sozialen Gruppe, und denen, die nicht zu uns gehören, den Angehörigen von Fremdgruppen. Menschen unterschiedlicher Herkunft, Sprache, Religion oder Kultur treffen aufeinander und leben (zumindest formal) zusammen als Mitglieder einer gemeinsamen Gesellschaft.

Der unausweichliche Umgang mit Andersartigkeit bietet im Prinzip große Chancen für innovative Entwicklungen, kulturelle Bereicherung und wirtschaftliches Wachstum. Er geht allerdings in vielen Situationen mit Problemen einher, die das positive Potential von gesellschaftlicher Vielfalt unterdrücken. Zu nennen sind Probleme der sozialen Diskriminierung, der Feindseligkeit gegenüber Fremdgruppen, der Stigmatisierung von

Andersartigkeit aber auch der sozialen Abgrenzung, offener sozialer Konflikte bis hin zu gewalttätigen Auseinandersetzungen zwischen sozialen Gruppen. Diese Probleme sind im Übrigen nicht beschränkt oder gar typisch für Beziehungen zwischen Gruppen unterschiedlicher ethnischer Herkunft. Sie betreffen Beziehungen zwischen Gruppen ganz allgemein, vorausgesetzt, die unterschiedlichen Gruppen werden als Teil einer gemeinsamen übergeordneten sozialen Einheit begriffen, und die Mitgliedschaft in den Gruppen sowohl auf der untergeordneten als auch auf der übergeordneten Ebene ist für ihre Angehörigen von Wichtigkeit für ihre Identität und ihre soziale Existenz. Zu denken wäre also nicht nur an Beziehungen zwischen Gruppen im Zuge von ethnischer Migration, sondern etwa an Fusionen von Unternehmen, Institutionen und Organisationen oder ganzen Gesellschaften wie etwa die Deutsch-Deutsche Vereinigung.

Wie können die Beziehungen zwischen unterschiedlichen sozialen Gruppen gestaltet werden, so dass sich das positive Potential von Diversität entfalten kann und die beschriebenen Probleme im Verhältnis zwischen sozialen Gruppen neutralisiert werden? Die erwähnten Probleme, die mit den beschriebenen Konstellationen zwischen sozialen Gruppen einhergehen, stellen zentrale Herausforderungen an Werte unserer Zivilgesellschaft dar, wie Offenheit, Respekt, Akzeptanz, Solidarität, zusammengefasst in dem Wert der Toleranz im Umgang mit den Andersartigen. „Toleranz ist kein Schwächenanfall der Demokratie, sondern ihr Lebensinhalt." sagte im Juni 1999 der damalige Bundespräsident der Bundesrepublik Deutschland, Johannes Rau, veranlasst durch verabscheuungswürdige Akte rechtsradikaler fremdenfeindlicher Gewalt. Derselbe Bundespräsident forderte dann am 27. Oktober 2001, also nach dem 11. September 2001, öffentlich „Keine falsche Toleranz im Umgang mit Ausländern!". Toleranz als Wert oder Toleranz als Fehler unserer Zivilgesellschaft? Die Forderung nach Toleranz kann sich der Diskussion über die Grenzen von Toleranz nicht verschließen. Toleranz scheint einen Widerspruch zu implizieren. Wir wollen versuchen, diesen Widerspruch mit Hilfe der sozialpsychologischen Intergruppenforschung näher zu beleuchten. Im Folgenden analysieren wir das Problem des Umgangs mit kultureller Vielfalt und Andersartigkeit aus sozialpsychologischer Perspektive etwas genauer und stellen dann Ergebnisse empirischer Forschung vor, die unsere Überlegungen untermauern.

II. Beziehungen zwischen sozialen Gruppen: Von der Bevorzugung der Eigengruppe zur sozialen Diskriminierung

1. Die Bevorzugung der Eigengruppe

Umfangreiche Forschungen erlauben mittlerweile festzustellen, dass in Konstellationen zwischen sozialen Gruppen die Favorisierung der Eigengruppe sowie die Benachteiligung der Fremdgruppe ein robustes soziales Phänomen darstellt (Brewer/Brown 1998). Bereits in sozial minimalen Situationen, in denen Personen nach so bedeutungslosen Kriterien wie einem Münzwurf in Eigen- versus Fremdgruppe kategorisiert werden, in denen es also absolut keine rationale Grundlage zur Wertdifferenzierung gibt, zeigt sich diese Bereitschaft zu Eigengruppenbevorzugung (Brewer 1979; Tajfel et al. 1971). Offensichtlich entstehen zwangsläufig Probleme zwischen Eigen- und Fremdgruppe, sobald soziale Identität auf der Zugehörigkeit zur einen und Nicht-Zugehörigkeit zur anderen Gruppe basiert, und beide, Eigen- wie Fremdgruppe, aufeinanderbezogen werden, so dass sie relevante Vergleichsgruppen für einander darstellen.

Die Identifizierung und Beschreibung des Problems der Bevorzugung der eigenen Gruppe und Abwertung von fremden Gruppen führt unmittelbar zur Frage nach Erklärungen und Interventionsmöglichkeiten. Es geht also um die Identifizierung der Bedingungen und Prozesse, die zur Bevorzugung der Eigengruppe und Benachteiligung der Fremdgruppe führen.

Was wird vorgeschlagen? Wenn es die soziale Kategorisierung in Eigen- versus Fremdgruppe ist, die Schwierigkeiten bedingt, dann liegt es nahe zu empfehlen, dieser Kategorisierung entgegenzuwirken und eine gemeinsame, die vormalige Eigen- und Fremdgruppe umfassende Eigengruppe hervorzuheben, so dass damit die vorherige Unterscheidung hinfällig wird (Gaertner et al. 1989). Eine gemeinsame Identität aufgrund der Zugehörigkeit zu einer gemeinsamen übergeordneten Kategorie ist herauszubilden und zu betonen. Diese gemeinsame, die früheren Gruppenzugehörigkeiten umfassende Identität soll dann vorhandene Differenzen glätten und zu einem harmonischen Zusammenleben führen. Eine gemeinsame Identität zu finden scheint überdies nicht allzu problematisch, soziale Kategorien sind hierarchisch organisiert: Wir sind also nicht notwendig Ostdeutsche im Gegensatz zu den Westdeutschen, sondern wir, Ostdeutsche wie Westdeutsche, sind alle Deutsche. Der Ansatz der Rekategorisierung, also der Herausbildung und Betonung einer gemeinsamen Identität zur Reduktion von Intergruppenkonflikten ist nicht nur intuitiv plausibel, er hat auch in der Zwischenzeit umfangreiche empirische Bestätigung erfahren. Eine größere Anzahl empirischer Studien z. B. an schwarzen und weißen Studierenden von US-amerikanischen Colleges zeigen die erwarteten positiven Effekte dieses Prozesses der Rekategorisierung (Gaertner et al. 1999).

So effektiv diese Maßnahme in einigen Studien auch war, sie scheint nicht uneingeschränkt problemlos anwendbar zu sein. Wenn nämlich diejenigen Prozesse, die zur Bevorzugung der Eigengruppe beitragen, auf die gesamte umfassende Gruppe als nun neue Eigengruppe (die frühere Eigengruppe und Fremdgruppe umfassend) angewendet werden, dann können neue Fremdgruppen, die auf der übergeordneten Kategorisierungsebene relevant sind, das Ziel möglicher Konflikte und Vorurteile werden. Die ursprüngliche Fremdgruppe wird zwar nun Teil der neuen gemeinsamen Eigengruppe und profitiert von der Eigengruppenfavorisierung. Diese neue gemeinsame Eigengruppe kann sich allerdings nun von einer wiederum neuen Fremdgruppe absetzen und der Abwertungs- und Diskriminierungseffekt ist wieder da: neue Fremdgruppen, die auf der übergeordneten Kategorisierungsebene relevant sind, können zum Ziel möglicher Konflikte und Vorurteile werden, nun allerdings in einem neuen Intergruppenverhältnis. Eigene Studien zum Verhältnis von Ost- und Westdeutschen machten diese problematische Verschiebung sehr deutlich (Kessler/Mummendey 2001): Eine Studie zur Beziehung zwischen Ost- und Westdeutschen zeigte, dass diejenigen, die sich überwiegend als Ostdeutsche oder Westdeutsche identifizierten auch die Beziehung zwischen diesen Gruppen als problematisch ansahen. Diejenigen hingegen, die sich insgesamt eher als Deutsche wahrnehmen, bewerteten einerseits die Beziehungen zwischen Ost- und Westdeutschen als wesentlich harmonischer, andererseits jedoch die Beziehungen zwischen Deutschen und Ausländern als wesentlich problematischer (und stimmten z. B. eher ausländerfeindlichen Aussagen zu). Anstatt einer generellen Reduktion beobachten wir hier eher eine Verschiebung von Intergruppenkonflikten auf eine andere neue (und inklusivere) Ebene (Kessler/Mummendey 2001). Zudem ist die mögliche Verschiebung von Intergruppenkonflikten auf eine andere Kategorisierungsebene nicht das einzige Problem, das sich aus der Rekategorisierung auf einer gemeinsamen übergeordneten Ebene ergeben kann. Manchmal gelingt es nicht, die Unterscheidung in die Subgruppen völlig aufzuheben. Häufig sind soziale Identitäten zu bedeutsam, um aufgegeben werden zu können.

Wenn die ursprünglichen Identitäten beibehalten werden, dann ist eine gemeinsame übergeordnete Kategorie nicht nur eine gemeinsame Eigengruppe, sondern stellt auch den Vergleichsrahmen für die inkludierten Subgruppen dar (Turner et al. 1987). Innerhalb dieses Vergleichsrahmens werden dann die Bewertungen und Behandlungen der inkludierten Subgruppen auf ihre Angemessenheit geprüft. Nicht jede unterschiedliche Behandlung von Individuen aufgrund ihrer Gruppenmitgliedschaft ist gleichermaßen problematisch. Ebenso werden Vorurteile, manifestiert als eine (häufig negative) Bewertung von Individuen allein aufgrund ihrer Gruppenzugehörigkeit, nicht uneingeschränkt als gesellschaftliches Problem aufgefasst. Kategorienbasierte soziale Differenzierung hinsichtlich Bewertung und Verhalten gegenüber Individuen als Exemplaren dieser Kategorien kann weitgehend oder gar uneingeschränkt sozial konsensual und akzeptiert sein. Sie kann aber auch streitig und sozial konfliktär sein und zum Vorwurf der Vorurteilshaftigkeit und der sozialen Diskriminierung führen.

2. Soziale Differenzierung und soziale Diskriminierung

Zur weiteren Klärung dieses Sachverhaltes soll auf das Verhältnis von Differenzierung zwischen sozialen Gruppen und sozialer Diskriminierung näher eingegangen werden. Zunächst ist festzuhalten, dass soziale Differenzierung auf der Grundlage von Kategorisierungen oder Einteilungen in Gruppen nicht gleichbedeutend ist mit sozialer Diskriminierung. Die Unterscheidung zwischen alten und jungen Menschen differenziert auf der Grundlage der Kategorie Lebensalter, sie diskriminiert aber nicht notwendig. Auch Bewertungen auf der Grundlage solcher Differenzierungen sind nicht notwendigerweise gleichbedeutend mit Diskriminierung. Die Festlegung von Altersgrenzen etwa für das Wahlrecht oder die Berechtigung, als Autofahrer am Straßenverkehr teilzunehmen, beinhalten eine Differenzierung, nicht jedoch notwendig eine Diskriminierung, es sei denn, die Angemessenheit oder gar Rechtmäßigkeit der Anwendung dieser Alterskategorisierung für die unterschiedliche Behandlung von Über- und Unter-Achtzehnjährigen würde in Zweifel gezogen. Wertdifferenzierungen werden erst dann zu sozialer Diskriminierung, wenn ein Dissens über deren Angemessenheit besteht. Differenzierung als soziale Diskriminierung beinhaltet also eine Perspektivendivergenz in der Angemessenheitsbeurteilung von Wertdifferenzierungen zwischen sozialen Gruppen (Mummendey 1995; Mummendey/Otten 2001).

Auch die Analyse von Vorurteilen legt eine analoge Betrachtung nahe. Vorurteile sind Bewertungen anderer Menschen, basierend auf deren Gruppenzugehörigkeit. Viele dieser Bewertungen werden als wenig problematisch hingenommen, so lange sie den gegenwärtigen gesellschaftlichen Normen entsprechen, was überdies meistens der Fall ist (Allport 1954; Crandall et al. 2002). Erst wenn für die geäußerten Bewertungen gegenüber bestimmten sozialen Gruppen kein uneingeschränkter gesellschaftlicher Konsens mehr besteht oder sie dem gesellschaftlichen Konsens widersprechen, fallen diese Bewertungen als unangemessen und veränderungsbedürftig auf. Die historisch junge Gewährung des Wahlrechts für Frauen oder aber die Abschaffung der Strafbarkeit von Homosexualität sind hierfür deutliche Beispiele. Ebenso wie bei sozialer Differenzierung kann es auch bei Vorurteilen nicht das Ziel sein, sie abzuschaffen, sondern vielmehr Bedingungen herzustellen, unter denen die unangemessenen und problematischen Vorurteile (gemäß sozial geteilter ethischer Überzeugungen) verändert werden können.

3. Das Modell der Eigengruppenprojektion

Wenn es um die Analyse von sozialer Diskriminierung geht, dann stellt sich also nicht primär die Frage danach, welche Bedingungen oder Faktoren zur kategorienbasierten Wertdifferenzierung zwischen Gruppen führen. Vielmehr ist zu fragen, welche Bedingungen dazu führen, dass solche Wertdifferenzierungen von den Beteiligten oder auch unabhängigen Dritten entweder konsensual sozial geteilt oder aber als unangemessen beurteilt werden. Zur Analyse und Erklärung dieses Problems wurde das Eigengruppenprojektionsmodell (EPM) von Mummendey/Wenzel (1999) vorgeschlagen und in der Zwischenzeit in verschiedenen Studien geprüft und belegt. Gegenstand des Modells ist die Erklärung von Akzeptanz oder Ablehnung einer Fremdgruppe, also des Umgangs mit Verschiedenheit (Wenzel et al. 2007).

Das Modell nimmt an, dass zwei oder mehrere soziale Gruppen füreinander zu relevanten Vergleichsgruppen werden, wenn sie als zugehörig zu einer gemeinsamen (übergeordneten) Kategorie wahrgenommen werden. Diese gemeinsame Kategorie liefert den Vergleichsrahmen für die inkludierten Gruppen. Auf den Kontext von Einheimischen und Zuwanderern bezogen sind beide Gruppen Mitglieder einer gemeinsamen Gesellschaft, beispielsweise Türken und Deutsche in der Gruppe der „Menschen in Deutschland" insgesamt. Bewertet werden die inkludierten Gruppen durch den gemeinsamen Vergleich anhand des Prototypen der übergeordneten Kategorie. Dieser Prototyp hat nicht nur deskriptive sondern auch präskriptive Funktionen. Er beschreibt nicht nur, welche Eigenschaften Mitglieder der Gruppe im Durchschnitt haben, sondern er beschreibt, wie Mitglieder dieser Gruppe sein sollten (Rosch 1975, 1978). Je ähnlicher eine Gruppe dem Prototypen der gemeinsamen Kategorie, desto positiver wird sie bewertet. Für den Vergleich zweier Gruppen bedeutet das, dass die Gruppe, die im Vergleich zur anderen Gruppe näher am Prototypen liegt, besser als diese bewertet wird.

Der robuste Befund der Eigengruppenfavorisierung wird innerhalb des EPM folgendermaßen erklärt: 1. Beide Gruppen werden füreinander zu relevanten Vergleichsgruppen, wenn sie als in einer gemeinsamen Kategorie inkludiert wahrgenommen werden. 2. Diese gemeinsame Kategorie bildet den Vergleichsrahmen für die inkludierten

Kategorien. 3. Der Prototyp der gemeinsamen übergeordneten Kategorie, also der Vergleichsstandard für die sozialen Gruppen, wird von jeder einzelnen Gruppe eher in Übereinstimmung mit den eigenen Eigenschaften wahrgenommen, d. h. die Eigenschaften der Eigengruppe werden auf den Prototypen der übergeordneten Kategorie projiziert. Individuen nehmen demzufolge ihre Eigengruppe im Vergleich zu Fremdgruppen häufig als typischer wahr, letztere werden im Gegensatz zur Eigengruppe als weniger positiv, eher als abweichend, problematisch und manchmal sogar als unmoralisch eingeschätzt.

Die Konsequenzen der Eigengruppenprojektion wurden schon angedeutet. Je stärker die übergeordnete Gruppe mittels der Attribute der Eigengruppe beschrieben wird, desto typischer wird die Eigengruppe gesehen und desto stärker weichen Gruppen, die anders sind als die Eigengruppe vom Prototypen der übergeordneten Gruppe ab. Da der Prototyp der übergeordneten Kategorie als normativ für die inkludierten Gruppen gesehen wird, wird die Eigengruppe vermutlich positiver und die Fremdgruppe als negativer bewertet (Waldzus/Mummendey 2004). Die Fremdgruppe wird zudem als moralisch abweichend gesehen, denn sie ist nicht so, wie man hier zu sein hat (z. B. hier in dieser Gesellschaft oder allgemeiner in dieser Gruppe). Das hat nicht nur eine negativere Bewertung zur Konsequenz, sondern führt auch dazu, dass negative Emotionen gegenüber der Fremdgruppe verspürt werden und Vorurteile entstehen (Kessler et al. 2007).

4. Perspektivendivergenz

Beziehungen zwischen sozialen Gruppen beinhalten naturgemäß wechselseitige Wahrnehmungen und Bewertungen. Die Annahme der Eigengruppenprojektion impliziert die Perspektivendivergenz in der wahrgenommenen relativen Prototypikalität der jeweiligen Eigengruppe im Vergleich zur Fremdgruppe. Es besteht ein Dissens über die relative Prototypikalität der Eigengruppe aus Eigen- versus Fremdgruppenperspektive; jede Gruppe nimmt sich als relativ typischer für die inklusive Gruppe wahr, als sie von der jeweiligen Fremdgruppe wahrgenommen wird. Daraus dürfte ein Dissens hinsichtlich der Akzeptanz der Bewertungsdifferenzierung folgen: Die Eigengruppe fühlt sich durch die Bewertung der Fremdgruppe diskriminiert. Wir konnten in einigen experimentellen Studien an unterschiedlichen Intergruppenkontexten diese Perspektivendivergenz nachweisen (z. B. Wenzel et al. 2003). So konnte für Motorradfahrer gezeigt werden, dass sich Chopper-Fahrer für typische Motorradfahrer insgesamt halten, als sie von Sportmotorradfahrern gesehen werden und umgekehrt (Waldzus et al. 2004). Ebenso sehen sich Grundschullehrer selbst als typischere Lehrer als sie von Gymnasiallehrern gesehen werden und umgekehrt. Westdeutsche sehen sich als typischere Deutsche als sie von Ostdeutschen wahrgenommen werden (Wenzel et al. 2003). Die Perspektivendivergenz in der Wahrnehmung der relativen Prototypikalität der Eigengruppe scheint also ein robustes Phänomen zu sein.

Der Effekt der Perspektivendivergenz kann Aufschluss geben über die Frage, was soziale Differenzierung zu sozialer Diskriminierung werden lässt. Ohne Perspektivendivergenz würden alle beteiligten Gruppen und ihre Mitglieder in der Bewertung der

Angemessenheit der Differenzierung zwischen den Gruppen übereinstimmen. Je stärker jedoch Gruppenmitglieder projizieren, desto stärker wird die Diskrepanz der verschiedenen Perspektiven sein. Eine Reduktion der Eigengruppenprojektion wird vermutlich mit einer eher konsensuellen Wahrnehmung der Beziehung zwischen Eigen- und Fremdgruppe einhergehen; wechselseitige Bewertung und Behandlung der unterschiedlichen Gruppen wird dementsprechend auf deren gemeinsam und übereinstimmend (und möglicherweise deshalb als objektiv) wahrgenommenen Unterschieden beruhen.

Aus der wahrgenommenen relativen Prototypikalität der Eigengruppe im Vergleich zur Fremdgruppe leiten Gruppenmitglieder Informationen über ihre relative Statusbeziehung und dementsprechende Anrechte auf eine angemessene Bewertung und Behandlung (z. B. soziale oder ökonomische Privilegien) ab. Die perspektivenspezifische Divergenz in der Eigengruppen-Prototypikalität geht so mit einem Dissens in der wechselseitigen Angemessenheit und Legitimität von Intergruppenbewertung und -verhalten einher (Weber et al. 2002). Diese Diskrepanz zwischen dem, was man beansprucht, und dem, was man bekommt, hat häufig starke negative Emotionen als Konsequenz (Smith/Kessler 2003) und ist mit Vorurteilen wie auch kollektiven Verhaltenstendenzen verbunden (Smith/Ortiz 2002).

5. Determinanten der Eigengruppenprojektion

Wenn der Prozess der Eigengruppenprojektion diese zentrale Rolle für den Umgang mit Andersartigkeit spielt, dann stellt sich natürlich die Frage nach den Faktoren, die das Ausmaß der Projektion beeinflussen. Hier sollen zunächst zwei Determinanten behandelt werden, nämlich das Ausmaß von sozialer Identifikation sowie die Art der Repräsentation der übergeordneten Kategorie.

a) Doppelte Identifikation. Wann immer sich Individuen mit einer Gruppe identifizieren, d. h. sich als deren Mitglied wahrnehmen, sich mit ihr besonders verbunden fühlen, und sich für sie einsetzen, wird diese Gruppe bedeutsam für ihre Identität und Teil ihres sozialen Selbst (Tajfel/Turner 1986). Wenn sich Individuen sowohl mit einer der Subgruppen als auch der gemeinsamen übergeordneten Gruppe identifizieren, werden sie den Prototypen der übergeordneten Gruppen mittels der Eigenschaften der Eigengruppe beschreiben, d. h., sie werden die Attribute der Eigengruppe projizieren. Die Tendenz, Eigengruppen auf untergeordneter und übergeordneter Ebene in Übereinstimmung zu bringen, also die Eigengruppe auf die übergeordnete Kategorie zu projizieren, ist insbesondere dann gegeben, wenn die Zugehörigkeit bzw. Mitgliedschaft in beiden Gruppen von besonderer Wichtigkeit für die soziale Identität eines Individuums ist. Individuen, die sich zwar als Deutsche, nicht jedoch als Europäer sehen und fühlen, oder solche die sich zwar als Europäer, nicht jedoch als Deutsche fühlen, zeigen keine ausgeprägte Tendenz zur Eigengruppenprojektion. Bei solchen jedoch, die sich sowohl als Deutsche als auch als Europäer identifizieren, die sich also mit beiden Gruppen identifizieren, sind verstärkt Tendenzen der Eigengruppenprojektion und damit verbunden auch die Konsequenzen der Eigengruppenprojektion zu erwarten (Waldzus et al. 2003; Wenzel et al. 2003).

b) Repräsentation der übergeordneten Kategorie. Das Grundmodell der Eigengruppenprojektion geht von einer einfachen plausiblen Schlussfolgerung aus: Wenn die Ähnlichkeit zwischen Eigengruppe und dem Prototypen der übergeordneten Kategorie sehr groß ist, wenn gleichzeitig die Fremdgruppe per definitionem der Eigengruppe unähnlich ist, dann muss die Fremdgruppe auch dem Prototypen der übergeordneten Kategorie unähnlicher und damit weniger positiv als die Eigengruppe sein. Dieses Grundmodell unterstellt eine einfache Repräsentation der inklusiven Kategorie. Wenn sich jedoch die Repräsentation der inklusiven Kategorie als komplex auszeichnen würde, so sollte diese einfache Schlussfolgerung durchbrochen sein. Bei einem durch Komplexität oder Vielfalt gekennzeichneten Prototypen könnten unterschiedliche Subgruppen gleichermaßen prototypische Exemplare der übergeordneten Kategorie sein. Die hohe Übereinstimmung der Eigengruppe mit Eigenschaften der übergeordneten Kategorie und die daraus folgende positive Eigengruppenbewertung würde nicht gekoppelt sein mit der Abwertung der Fremdgruppe, sondern könnte diese gleichermaßen akzeptabel, da zwar anders, aber ebenfalls übereinstimmend mit der übergeordneten Kategorie erscheinen lassen. Empirische Evidenz spricht für diese Annahme: Deutsche Versuchsteilnehmer wurden gebeten, sich zunächst zu vergegenwärtigen, was die Einheit bzw. was die Vielfalt Europas ausmacht, um auf diese Weise entweder eine einfache oder eine komplexe Repräsentation der übergeordneten Kategorie Europa zu generieren. Unter der Bedingung einer einfachen Repräsentation der inklusiven Kategorie Europa zeigen sich die bekannten Effekte von doppelter Identifikation als Deutsche und Europäer auf die wahrgenommene relative Prototypikalität der Eigengruppe und die damit einhergehende Abwertung der Fremdgruppe, in diesem Fall Polen. Unter der Bedingung einer komplexen Repräsentation hingegen reduziert sich die Projektion der Eigengruppenmerkmale und die Abwertung der Fremdgruppe bleibt aus. Doppelte Identifikation begünstigt die Wahrnehmung relativer Prototypikalität der Eigengruppe im Vergleich zu einer Fremdgruppe; Komplexität der Repräsentation der inklusiven Kategorie hingegen nivelliert sie (Waldzus et al. 2003; Waldzus et al. 2005).

Wie stellt sich eine komplexen Repräsentation der übergeordneten Kategorie im Migrationskontext dar? Die Gesamtgesellschaft, die als übergeordnete Kategorie für die verschiedenen Subgruppen wie Einheimische und Zuwanderer inklusiv ist, ist mit der Kategorie „Menschen einer bestimmten Gesellschaft" umschrieben wie beispielsweise Menschen in Deutschland, in Belgien oder in England. Die Repräsentation von Komplexität oder Einfachheit dieser übergeordneten Kategorie findet ihre Entsprechung in der Vorstellung der Subgruppen über das Leben von Einwanderern und Einheimischen in einer gemeinsamen Gesellschaft, also der Akkulturation von Einwanderern und Einheimischen. Bilden beispielsweise die Einheimischen das Modell und den Standard für das Leben und sollten die Einwanderer versuchen dieses Modell zu übernehmen und diesen Standard zu erreichen? Oder sollten beide Gruppen gleichermaßen die Gesellschaft mitbestimmen? Oder sollten die unterschiedlichen Gruppen alle möglichst separiert voneinander leben? Diese unterschiedlichen Vorstellungen entsprechen den von Berry (1984, 1997) vorgeschlagenen Akkulturationsstrategien von Integration, Assimilation und Separation bzw. Segregation. Dazu zufügen ist die Strategie der Marginalisierung als das Ziel, den Zuwanderern zu verweigern, ihre Kultur beizubehalten oder die einheimische Kultur anzunehmen. Typischerweise stellen Integration und Assimilation die am häufigsten genannten Strategien dar (Bourhis et al. 1997). In deutlich geringerem Maße wird Separation und Marginalisierung genannt. Wir verwenden in unseren Studien diese Akkulturationsstrategien als Indikatoren für die (angestrebte) Komplexität der übergeordneten Kategorie. So zielen diejenigen, die Integration anstreben, eher auf eine komplexere Gesellschaft als diejenigen, die Integration ablehnen. Im Gegensatz dazu streben diejenigen, die Assimilation anzielen eher auf eine einfachere und klarere Gesellschaft, in der es die eine und eindeutige kulturelle Form des Lebens (nämlich die der Gruppe der Einheimischen) geben soll.

III. Eine Drei- Länder- Studie: Beziehungen zwischen Zuwanderern und Einheimischen in Belgien, Deutschland und England

Um einige der oben formulierten Annahmen zu überprüfen haben wir in gemeinsamer Planung mit Kollegen aus Belgien und England eine Befragung von Schülern verschiedener Schulen in Belgien, England und Deutschland in den Jahren 2005-2006 durchgeführt.

1. Die Stichprobe und das Material der Studie

Die Studie wurde als ein Test sozialpsychologischer Theorien geplant; auf repräsentative Stichproben konnte deshalb verzichtet werden. An der Studie beteiligten sich etwa 3000 Schüler, von denen etwa 1600 zu beiden Zeitpunkten teilnahmen (Belgien N = 614, England N = 356, Deutschland, N = 685). Das durchschnittliche Alter der Schüler betrug M = 16,9 Jahre und lag zwischen 15 und 21 Jahren. Es nahmen etwa gleich viele Mädchen (N = 804) wie Jungen (N = 836) an der Studie teil. Die Schüler wurden hinsichtlich ihrer Identifikation mit der jeweiligen Subgruppe (z. B. Deutsche oder Zuwanderer mittels Items *„Sehen sie sich als Deutscher/Deutsche?"* – alle folgenden Beispiele beziehen sich auf die deutschen Majoritätsangehörigen) sowie ihrer Identifikation mit der übergeordneten Gruppe (z. B. *„Menschen in Deutschland"* mittels Items wie *„sehen Sie sich als Jemand aus Deutschland?"*) zu zwei Messzeitpunkten mit einem Abstand zwischen den Messzeitpunkten von etwa einem halben Jahr befragt. Ferner haben wir weitere Variablen wie die wahrgenommene Typikalität der jeweiligen Subgruppen für die übergeordnete Kategorie „Menschen in Deutschland" (*„Wie typisch sind die Deutschen mit Blick auf alle Menschen in Deutschland?"*), Bewertung der Eigen- und der Fremdgruppe (*Alles in allem beurteile ich uns Deutsche ...* 1 = eher negativ bis 5 = eher positiv), Vorurteile (soziale Distanz: *„Es wäre für mich OK, wenn die meisten meiner Mitschüler Zuwanderer wären."*) und Akkulturationsstrategien (Annahme der deutschen Kultur *„Ich denke es wäre gut, wenn die Zuwanderer so weit wie möglich die deutsche Kultur und Lebensweise annehmen"*; Beibehaltung der eigenen Kultur *„Ich denke es wäre gut, wenn die Zuwanderer so weit wie möglich ihre Herkunftskultur und ihre Lebensweise beibehalten"*) erfasst. Alle Items wurden auf einer 5-Punkte Skala bearbeitet, die sofern es nicht anders angegeben wurde von 1 = *stimme gar nicht zu* bis 5 = *stimme völlig zu* beantwortet wurden (für eine detaillierte Darstellung der Messinstrumente und der Stichprobe siehe Binder et al., im Druck; Kessler et al. 2007).

2. Ergebnisse

Die Ergebnisse der Studie sind weitgehend mit unseren theoretischen Überlegungen wie auch mit früheren experimentalpsychologischen Studien konsistent. Die Untersuchungsteilnehmer, Einheimische wie Zuwanderer in den drei Ländern, zeigen eine hohe Identifikation mit ihrer Eigengruppe, alle Mittelwerte der Identifikationsskalen liegen signifikant über dem Skalenmittelpunkt *(Abbildung 1)*. Anders sieht das Muster erwartungsgemäß für die durchschnittliche Identifikation mit der übergeordneten Kategorie „Menschen in Deutschland, (Belgien, England)" aus. Hier identifizieren sich die Einheimischen signifikant höher als die Zuwanderer. Das mag daran liegen, dass Einheimische in einem geringeren Maße zwischen ihrer Identität als Einheimische (Belgier, Engländer, oder Deutsche) und der gesamten Gesellschaft (Menschen in Belgien, England oder Deutschland) unterscheiden, wohingegen für Zuwanderer dieser Unterschied deutlich ist. In Übereinstimmung mit diesen Überlegungen finden wir, dass die Korrelation zwischen den beiden Identitäten für die Einheimischen hoch ist (Belgien, 0,62, $p < 0{,}001$; England, 0,57, $p < 0{,}001$; und Deutschland, 0,64, $p < 0{,}001$), für die Zuwandererstichprobe zeigt sich hingegen keine signifikante Korrelation (Belgien, –0,02; England, –0,01, und Deutschland, –0,12).

Abbildung 1: Eigengruppenidentifikation und Identifikation mit der übergeordneten Kategorie separat dargestellt für Einwanderer (Min) und Einheimische (Maj) der drei Länder der Untersuchung

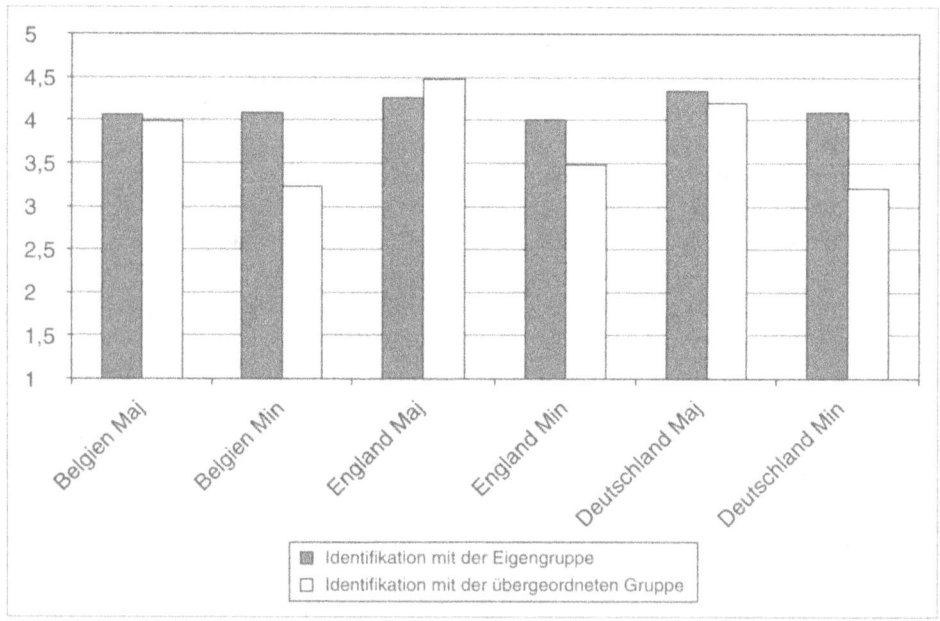

Um nun die Auswirkungen der Identifikation mit den Subgruppen und der übergeordneten Kategorie zu überprüfen wurden Regressionsanalysen gerechnet, in denen die beiden Identifikationen als Prädiktoren und die Bewertung der Eigengruppe und der Fremdgruppe, Eigengruppenfavorisierung (die Differenz aus Eigengruppenbewertung und Fremdgruppenbewertung) sowie Vorurteile gegenüber den jeweiligen Fremdgruppen als Kriterien verwendet wurden. Die Eigengruppenidentifikation erhöht die positive Bewertung der Eigengruppe, das Ausmaß der Eigengruppenfavorisierung und der berichteten Vorurteile. Die Identifikation mit der übergeordneten Kategorie hingegen reduziert das Ausmaß positiver Eigengruppenbewertung von Favorisierung der Eigengruppe und von Vorurteilen und verbessert die Fremdgruppenbewertung.

Dies bestätigt zunächst die bisherigen Befunde zur positiven Auswirkung einer gemeinsamen übergeordneten Identität. Während die Identifikation mit der Subgruppe den Konflikt zwischen der Eigengruppe und der Fremdgruppe erhöht, hat eine übergeordnete Identität den positiven Effekt der Konfliktreduktion. Neben diesem direkten Einfluss der Identifikation (Subgruppe und übergeordnete Gruppe) wurde vermutet, dass auch im Einwanderungskontext die gemeinsame übergeordnete Kategorie als Referenzrahmen für die Bewertung der inkludierten Gruppen fungiert. Um diesen Einfluss zu überprüfen wurde die *relative Eigengruppen-Prototypikalität,* also die relative Position der Eigengruppe im Vergleich zur Fremdgruppe (der Quotient aus der Typikalität der Eigengruppe und der Fremdgruppe) in die Regressionsanalyse mit einbezogen. Dabei wurde der Einfluss der einfachen Typikalitätsmaße kontrolliert, um den Einfluss der relativen Position auf die Bewertung der Gruppen, bereinigt von der wahrgenommenen absoluten Position innerhalb des Vergleichsrahmens, prüfen zu können. In Übereinstimmung mit den Annahmen des EPM zeigen die Ergebnisse, dass die *relative* Prototypikalität über den Einfluss der kontrollierten Variablen hinaus die positive Bewertung der Eigengruppe erhöht ($\beta = 0{,}27$, $p < 0{,}001$), die der Fremdgruppe hingegen senkt ($\beta = -0{,}33$, $p < 0{,}001$), und die Eigengruppenbevorzugung ($\beta = 0{,}51$, $p < 0{,}001$) sowie Vorurteile gegenüber Fremdgruppen ($\beta = 0{,}34$, $p < 0{,}001$) erhöht. Die berichteten Ergebnisse stammen aus einer Analyse der gesamten Stichprobe über alle Länder sowie Einheimische und Zuwanderer zusammen.

In einem weiteren Schritt wurde der Einfluss des *Status als Minderheit oder Mehrheit* geprüft. Zuwanderer repräsentieren hier die Minderheit und die Einheimischen die Mehrheit. Ein Vergleich der beiden Statusgruppen zeigt, dass die Ergebnisse für die Majoritäten signifikant stärker ausfallen als die für die Minoritäten. So beeinflusst in der Mehrheit die relative Eigengruppen-Prototypikalität die Bewertung der Eigengruppe ($\beta = 0{,}22$, $p < 0{,}001$), die Bewertung der Fremdgruppe ($\beta = -0{,}39$, $p < 0{,}001$), die Eigengruppenbevorzugung ($\beta = 0{,}53$, $p < 0{,}001$) und die Vorurteile ($\beta = 0{,}42$, $p < 0{,}001$), wohingegen in der Minorität die relative Eigengruppen-Prototypikalität, die Bewertung der Eigengruppe ($\beta = 0{,}16$, $p < 0{,}10$), die Bewertung der Fremdgruppe ($\beta = -0{,}25$, $p < 0{,}01$), die Eigengruppenbevorzugung ($\beta = 0{,}34$, $p < 0{,}001$) und die Vorurteile ($\beta = 0{,}15$, $p < 0{,}10$) beeinflusst. Die deutlich stärkeren Effekte bei der Stichprobe der Einheimischen als Majorität sind vermutlich darauf zurückzuführen, dass für die Majoritäten die gemeinsame übergeordnete Gruppe einen bedeutsameren Vergleichsrahmen darstellt als für die Minoritäten. Einheimische sehen sich möglicherweise als „pars pro toto" der gemeinsamen übergeordneten Gruppe „Menschen in

Deutschland (Belgien, England)" und identifizieren sich stärker mit der gemeinsamen Gruppe, als Zuwanderer dies tun.

Neben dem Einfluss der Zugehörigkeit zu Minoritäts- oder Majoritätsgruppen wurde geprüft, ob die bisherigen Ergebnisse für die jeweiligen Stichproben aus den verschiedenen *Ländern* Geltung haben oder länderspezifische Einflüsse bzw. Modifikationen beobachtet werden können. In einem Mehrgruppenvergleich, in dem für alle Länder das gleiche Ergebnis angenommen wurde (inklusive der Unterschiede zwischen Minorität und Majorität), konnten keine weiteren signifikanten Unterschiede gefunden werden. Interessanterweise sind also die Ergebnisse über die verschiedenen Länder stabil.

Anschließend wurde die *angenommene Kausalitätsrichtung* geprüft, nämlich der Einfluss der relativen Prototypikalität auf die Bewertung der Gruppen und Vorurteile. Hierzu wurden die wiederholten Messungen über die Zeit in einer Cross-lagged-Panel Analyse geprüft (Rogosa 1980). Hier zeigen die Ergebnisse ein interessantes Bild: Die relative Eigengruppen-Prototypikalität sagt über die Zeit hinweg die Tendenz zur Bevorzugung der Eigengruppe vorher; der Befund bleibt auch dann bestehen, wenn die Stabilität der Bevorzugung der Eigengruppe kontrolliert wird. Allerdings finden wir auch die umgekehrte Kausalitätsrichtung, nämlich dass die Bewertung der Fremdgruppe und die Bevorzugung der Eigengruppe ihrerseits das Ausmaß der relativen Eigengruppen-Prototypikalität beeinflussen.

In einem letzten Auswertungsschritt überprüften wir, ob die *Repräsentation der gemeinsamen übergeordneten Kategorie* als *einfach* oder *komplex* den Einfluss der relativen Prototypikalität moderiert. Wie oben ausgeführt, wurden als Indikatoren für die Komplexität der übergeordneten Kategorie zwei Items zur Erfassung von Akkulturationsstrategien verwendet, die erfragen, inwieweit Zuwanderer die einheimische Kultur annehmen sollen und inwieweit sie ihre eigene Kultur aufgeben sollen. Um den Einfluss dieser beiden Variablen zu prüfen wurden nach einer Methode nach Aiken und West (1991) die Prädiktoren relative Prototypikalität der Eigengruppe und die gemessenen Akkulturationsstrategien zentriert und ein Multiplikationsterm aus beiden gebildet. Die Interaktion zwischen relativer Prototypikalität und den Akkulturationsstrategien (Beibehaltung der eigenen Kultur oder Übernahme der einheimischen Kultur) ergaben einige signifikante Effekte. So hat bei denjenigen Einheimischen, die als Ziel haben, dass die Zuwanderer ihre eigene Kultur beibehalten können, die relative Eigengruppen-Prototypikalität einen signifikant geringeren Einfluss auf die Bewertung der Eigengruppe, die Eigengruppenbevorzugung und auf Vorurteile im Gegensatz zu denjenigen Einheimischen, die dem nicht zustimmen (d. h. die nicht wollen, dass Zuwanderer ihre Kultur beibehalten können). Auf der anderen Seite hat für diejenigen, die meinen, dass Zuwanderer sich assimilieren und die einheimische Kultur annehmen sollten, die relative Prototypikalität der Eingruppe einen deutlich stärkeren Einfluss auf eine positive Einstellung der Eigengruppe gegenüber, eine negative Einstellung der Fremdgruppe gegenüber, die Eigengruppenfavorisierung und Vorurteile, im Vergleich zu denjenigen, die einen geringeren Wert auf die Assimilation der Zuwanderer legen.

Wir finden also eine Entsprechung zu den Befunden über die moderierende Wirkung einer komplex versus einfach repräsentierten übergeordneten gemeinsamen Gruppe, die die Annahmen des EPM unterstützen. Im Kontext von Einheimischen und Zuwanderern hat die Komplexität oder Einfachheit der angestrebten Gesellschaft folgende Bedeutung. Für Einheimische, die wollen, dass Zuwanderer ihre Kultur beibehalten können und damit eine vielfältige gemeinsame Gesellschaft akzeptieren, ist ihre wahrgenommene relative Eigengruppen-Prototypikalität von geringerer Bedeutung für die Bewertung der Zuwanderer. Einheimische, die hingegen Wert darauf legen, dass Zuwanderer sich an die einheimische Kultur assimilieren und damit eine einheitliche gemeinsame Kultur präferieren, für diese spielt die wahrgenommene relative Eigengruppen-Prototypikalität eine entscheidende Rolle für die Bewertung der Zuwanderer. Je höher diese Einheimischen die relative Übereinstimmung zwischen den Eigenschaften ihrer Eigengruppe und denen der übergeordneten gemeinsamen Gruppe der „Menschen in Deutschland ..." insgesamt wahrnehmen, desto negativer bewerten sie Zuwanderer in ihrem Land.

IV. Schlussbetrachtung

Zuwanderung versetzt die aufnehmende Gesellschaft in eine besondere Situation. Ihre Bürger sind gleichzeitig Mitglieder *einer gemeinsamen* Gruppe und Mitglieder *verschiedener* (Sub-)Gruppen, welche die gemeinsame Gruppe in sich einschließt. Die Bürger sind entweder einheimische Deutsche oder Türken, sie sind Deutsch-Türken oder Deutsch-Deutsche; gleichzeitig sind beide auch Deutsche (im Sinne ihrer Zugehörigkeit zur deutschen Gesellschaft oder ihrer deutschen Staatsbürgerschaft). Das Eigengruppen-Projektions-Modell (EPM) bezieht sich auf die Analyse eben solcher Intergruppen-Konstellationen und macht Annahmen über Bedingungen und Prozesse des Umgangs mit Andersartigkeit. Das Modell nimmt an, dass Mitglieder dazu tendieren, ihr Bild von ihrer eigenen (Sub)Gruppe auf die übergeordnete gemeinsame Gruppe oder Kategorie zu übertragen. Folglich werden in der Eigengruppe im Vergleich zur Fremdgruppe, die per definitionem anders als die Eigengruppe ist, die typischeren und damit die richtigeren Repräsentanten dieser gemeinsamen Gesellschaft gesehen. Dies führt zur wechselseitigen Bevorzugung der Eigengruppe und zur Abwertung von Fremdgruppen. Wir haben es also mit einer Perspektivendivergenz in der gegenseitigen Wahrnehmung zu tun, die zu Missverständnissen und offenem Dissens zwischen den beteiligten Gruppen führen kann (Kessler/Mummendey 2008). Die Beziehung zwischen Eigengruppenprojektion und Abwertung der Fremdgruppe wird jedoch neutralisiert, sobald das Bild der gemeinsamen übergeordneten Gruppe komplex und vielfältig ist. Unterschiedlichkeit oder Andersartigkeit auf der Sub-Gruppenebene kann nun gleichermaßen typisch und passend für die gemeinsame übergeordnete Gruppe sein.

Diese Modellvorstellung des EPM erweist sich also als nützlicher Ansatz, um die Beziehungen von Einheimischen und Immigranten zu analysieren und zu verstehen. Menschen unterschiedlicher Herkunft werden erst füreinander relevant (und unter Umständen für einander zum Problem), wenn sie in einer gemeinsamen Gesellschaft leben und sich als Mitglieder dieser Gesellschaft erleben. Einheimische neigen insbesondere dazu, sich als die eigentlichen Repräsentanten der Gesellschaft wahrzunehmen. Sie können ihre (Sub-)Gruppe als pars pro toto mit der Gesellschaft insgesamt gleichsetzen und sogar die Tatsache der Anwesenheit von Zuwanderern übersehen oder negieren (z. B. „Deutschland ist kein Einwanderungsland"). Divergierend sehen sich aus der Perspektive der Zuwanderer diese als typischer für die gemeinsame Gesellschaft, als sie von den Einheimischen wahrgenommen werden. So wird nachvollziehbar, dass Zuwanderer die unterschiedliche Behandlung, die sie durch Einheimische erfahren als Diskriminierung auffassen, Einheimische ihrerseits diese unterschiedliche Behandlung als eher normal und auf jeden Fall als weniger problematisch wahrnehmen. Die Ergebnisse unserer Untersuchung an Stichproben aus drei verschiedenen europäischen Ländern stimmen unterschiedslos und sehr gut mit den Annahmen des EPM überein. Je besser aus Sicht der Einheimischen die relative Passung der eigenen Gruppe zur gemeinsamen Gesellschaft gesehen wird, desto deutlicher wird die Eigengruppe bevorzugt und die Fremdgruppen der Zuwanderer abgewertet. Dieser Zusammenhang zeigt sich auch für die Gruppe der Zuwanderer, hier allerdings weniger deutlich ausgeprägt. Überdies konnten wir zeigen, dass der Einfluss der Eigengruppenprojektion auf und das Ausmaß von Vorurteilen gegenüber Zuwanderern durch die Art der Vorstellung des Zusammenlebens in der gemeinsamen Gesellschaft, der Repräsentation der inklusiven Kategorie also, beeinflusst wird. Eigengruppenprojektion ist umso enger mit der Abwertung von Zuwanderern verbunden, je stärker die Forderung nach einer für alle Gruppen einheitlichen gemeinsamen Kultur, mit anderen Worten die Präferenz für Assimilation und die Ablehnung von Integration verfolgt wird. Umgekehrt ergibt sich dann das folgende Bild: Für diejenigen, die weniger einer einheitlichen Leitkultur anhängen, sondern vielmehr von Zuwanderern die Mitgestaltung und aktive Partizipation an einer vielfältigen Gesellschaft fordern, spielt die Eigengruppenprojektion eine geringere Rolle für die Bewertung der Zuwanderer.

Die hier eingenommene theoretische Perspektive des EPM sowie die in den drei verschiedenen Ländern übereinstimmenden empirischen Befunde legen den folgenden Schluss nahe: Im Sinne des wechselseitigen Respekts für die jeweilige Fremdgruppe und eines von allen Beteiligten zu pflegenden konstruktiven Umgangs mit Andersartigkeit scheint die Empfehlung sinnvoll, allen ihren Mitgliedern, insbesondere aber der großen Mehrheit der Einheimischen die verbreitete Neigung zu verdeutlichen, in den Merkmalen und Eigenschaften der Eigengruppe unreflektiert auch die Eigenschaften der gemeinsamen Gesellschaft zu sehen. Weiter ist es sinnvoll, gleichzeitig allen Mitgliedern nahe zu legen und zu vermitteln, das Wesen ihrer gemeinsamen Gesellschaft in ihrer Vielfalt und Komplexität zu begreifen, so dass Eigen- und Fremdgruppen als gleichermaßen typische Repräsentanten des Ganzen Anerkennung finden können.

Literatur

Aiken, Leona S./West, Stephen G., 1991: Multiple Regression: Testing and Interpreting Interactions. Thousand Oaks: Sage.
Allport, Gordon W., 1954: The Nature of Prejudice. Reading, MA: Addison-Wesley.
Berry, John W., 1984: Cultural Relations in Plural Societies: Alternatives to Segregation and their Socio-psychological Implications, in: *Miller, N./Brewer, Marylin B.* (Hrsg.) Groups in Contact: The Psychology of Desegregation. New York: Academic Press, 11-27.
Berry, John W., 1997: Immigration, Acculturation and Adaption, Applied Psychology, in: An international Review 46, 5-68.

Binder, Jens/Zagefka, Hanna/Brown, Rupert/Funke, Friedrich/Kessler, Thomas/Mummendey, Amélie/ Demoulin, Stéphanie/Leyens, Jacques-Philippe/Maquil, Annemie, im Druck: Does Contact Reduce Prejudice or Does Prejudice Reduce Contact? A Longitudinal Test of the Contact Hypothesis in Three European Countries, in: Journal of Personality and Social Psychologie.
Bourhis, Richard Y./Moise, Léna C./Perreault, Stéphane/Senecal, Sacha, 1997: Towards an Interactive Acculturation Model: A Social Psychological Approach, in: International Journal of Psychology 32, 369-389.
Brewer, Marylin B., 1979: In-group Bias in the Minimal Intergroup Situation: A Cognitive Motivational Analysis, in: Psychological Bulletin 86, 307-324.
Brewer, Marylin B./Brown, Rupert, 1998: Intergroup Relations, in: *Gilbert, D. T./Fiske, S. T./Lindzey, G.* (Hrsg.), The Handbook of Social Psychology. Vol. 2., 4th ed. New York: McGraw-Hill, 554-594.
Crandall, Christian S./Eshleman, Amy/O'Brien, Laurie, 2002: Social Norms and the Expression and Suppression of Prejudice: The Struggle for Internalization, in: Journal of Personality and Social Psychology 82, 359-378.
Gaertner, Samuel L./Dovidio, John F./Nier, Jason A./Ward, Christine M./Banker, Brenda, 1999: Across Cultural Divides: The Value of a Superordinate Identity, in: *Prentice, D. A./Miller, D. T.* (Hrsg.), Cultural Divides. Understanding and Overcoming Group Conflict. New York: Russell Sage Foundation, 173-212.
Gaertner, Samuel L./Mann, Jeffrey A./Murrell, Audry/Dovidio, John F, 1989: Reducing Intergroup Bias: The Benefits of Recategorization, in: Journal of Personality and Social Psychology 57, 239-249.
Kessler, Thomas/Mummendey, Amélie, 2001: Is there any Sapegoat around? Determinants of Intergroup Conflict at Different Categorization Levels, in: Journal of Personality and Social Psychology 81, 1090-1102.
Kessler, Thomas/Mummendey, Amélie, 2008: Why do They not Perceive Us as We are? Ingroup Projection as a Source of Intergroup Misunderstanding, in: *Demoulin, Stéphanie/Leyens, Jacques-P./ Dovidio, J. F.* (Hrsg.), Intergroup Misunderstandings: Impact of Divergent Social Realities. Philadelphia: Psychology Press.
Kessler, Thomas/Mummendey, Amélie/Funke, Friedrich/Brown, Rupert/Binder, Jens/Zagefka, Hanna/Leyens, Jacques-P./Demoulin, Stéphanie/Maquil, Annemie, 2007: We all Live in Germany but …: Ingroup Projection, Intergroup- Emotions and Prejudice against Immigrants. University of Jena (unpublished manuscript).
Mummendey, Amélie, 1995: Positive Distinctiveness and Social Discrimination: An Old Couple Living in Divorce, in: European Journal of Social Psychology 25, 657-670
Mummendey, Amélie/Otten, Sabine, 2001: Aversive Discrimination, in: *Brown, R./Gaertner, S.* (Hrsg.), Blackwell Handbook of Social Psychology. Vol. 4: Intergroup Processes. Oxford: Basil Blackwell, 112-132.
Mummendey, Amélie/Wenzel, Michael, 1999: Social Discrimination and Tolerance in Intergroup Relations: Reactions to Intergroup Difference, in: Personality and Social Psychology Review 3, 158-174.
Rogosa, David, 1980: A Critique of Cross-lagged Correlation, in: Psychological Bulletin 88, 245-258.
Rosch, Elenor, 1975: Cognitive Reference Points, in: Cognitive Psychology 7, 532-547.
Rosch, Elenor, 1978: Principles of Categorization, in: *Rosch, Elenor/Lloyd, B.* (Hrsg.), Cognition and Categorization. New Jersey: Lawrence Erlbaum Associates, 27-48.
Smith, Heather J./Kessler, Thomas, 2003: Group-based Emotions and Intergroup Behavior: The Case of Relative Deprivation, in: *Tiedens, L. Z./Leach, C. W.* (Hrsg.), The Social Life of Emotions. Cambridge, U. K.: Cambridge University Press, 43-63.
Smith, Heather J./Ortiz, Daniel J., 2002: Is it Just Me?: The Different Consequences of Personal and Group Relative Deprivation, in: *Walker, I./Smith, Heather J.* (Hrsg.), Relative Ceprivation: Specification, Development and Integration. Cambridge, U. K.: Cambridge University Press.
Tajfel, Henry/Billig, Michael G./Bundy, Robert P./Flament, Claude, 1971: Social Categorization and Intergroup Behaviour, in: European Journal of Social Psychology 1, 149-178.

Tajfel, Henry/Turner, John C., 1986: The Social Identity Theory of Intergroup Behavior, in: *Worchel, S./Austin, W. G.* (Hrsg.), Psychology of Intergroup Relations. 2nd ed. Chicago: Nelson-Hall, 7-24.

Turner, John C./Hogg, Michael A./Oakes, Penelope J./Reicher, Stephan D./Wetherell, Margaret S. (Hrsg.), 1987: Rediscovering the Social Group: A Self-categorization Theory. New York: Blackwell.

Waldzus, Sven/Mummendey, Amélie, 2004: Inclusion in a Superordinate Category, Ingroup Prototypicality, and Attitudes towards Outgroups, in: Journal of Experimental Social Psychology 40, 466-477.

Waldzus, Sven/Mummendey, Amélie/Wenzel, Michael, 2005: When „Different" Means „Worse": Ingroup Prototypicality in Changing Intergroup Contexts, in: Journal of Experimental Social Psychology 41, 76-83.

Waldzus, Sven/Mummendey, Amélie/Wenzel, Michael/Boetcher, Franziska, 2004: Of Bikers, Teachers and Germans: Groups' Diverging Views about their Prototypicality, in: British Journal of Social Psychology 43, 385-400.

Waldzus, Sven/Mummendey, Amélie/Wenzel, Michael/Weber, Ulrike, 2003: Towards Tolerance: Representations of Superordinate Categories and Perceived Ingroup Prototypicality, in: Journal of Experimental Social Psychology 39, 31-47.

Weber, Ulrike/Mummendey, Amélie/Waldzus, Sven, 2002: Perceived Legitimacy of Intergroup Status Differences: Its Predictions by Relative Ingroup Prototypicality, in: European Journal of Social Psychology 32, 449-470.

Wenzel, Michael/Mummendey, Amélie/Waldzus, Sven, 2007: Superordinate Identities and Intergroup Conflict: The Ingroup Projection Model, in: European Review of Social Psychology 18, 331-372.

Wenzel, Michael/Mummendey, Amélie/Weber, Ulrike/Waldzus, Sven, 2003: The Ingroup as Pars Pro Toto: Projection from the Ingroup onto the Inclusive Category as a Precursor to Social Discrimination, in: Personality & Social Psychology Bulletin 29, 461-473.

Korrespondenzanschrift: Prof. Dr. Amélie Mummendey, Friedrich-Schiller-Universität Jena, Institut für Psychologie, Humboldtstr. 26, 07743 Jena
E-Mail: amelie.mummendey@uni-jena.de

UNDERSTANDING AND MITIGATING STEREOTYPE THREAT'S NEGATIVE INFLUENCE ON IMMIGRANT AND MINORITY STUDENTS' ACADEMIC PERFORMANCE*

Kira Marie Alexander and Janet Ward Schofield

Abstract: In many countries throughout the world, immigrant children perform less well academically than do native children. A large body of work on stereotype threat, a factor that may contribute importantly to this achievement gap, is reviewed here, including research on a) the development of stereotype awareness and threat effects in children, b) the processes and conditions leading to stereotype threat, c) known mediators and moderators of stereotype threat, d) hypothesized short- and long-term effects of stereotype threat, and e) some strategies for reducing this threat in schools.

The diversity stemming from immigration creates many challenges for host societies. One of the most difficult of these is finding ways to effectively educate children from immigrant and minority backgrounds. In country after country, such children typically perform less well academically than others (Esser 2006). Such educational disparities have serious implications for such children and their families because education typically yields economic returns (Mincer 1974). They also have important implications for host countries. In a competitive global economy depending on knowledge-based activities, the economic health of nations depends increasingly on well-educated work forces (OECD 1996). Furthermore, educational disparities can create social problems by fomenting discontent in immigrant communities.

Thus, it is vital to understand the factors that cause the achievement gap between immigrant and minority students and their peers as well as to identify ways of mitigating the impact of such factors on achievement. As a consequence, considerable research has been conducted on issues such as how language skills, socioeconomic status, age of migration, length of residence in the new country, and cultural orientations undermine the achievement of students from migrant backgrounds (Alba et al. 1998; Esser 1989, 2006; OECD 2004; Portes/MacLeod 1996).

However, we suggest that serious attention also needs to be paid to psychological factors that contribute to the achievement gap by undermining the performance of immigrant students. Although a myriad of such factors may well be important, we make this point by reviewing the literature on one particular phenomenon – stereotype threat. Research suggests that stereotype threat, which is the fear that one will confirm an existing stereotype about one's racial, ethnic, or social group by performing poorly

---

* Author's Note: An extended version of this paper was prepared for the Programme on Intercultural Conflicts and Societal Integration at the Social Science Research Center, Berlin.

in a domain related to that stereotype, strongly interferes with intellectual functioning in both the short term and the long term (Davies et al. 2002; Major et al. 1998). Moreover, this effect can be quite large. (Alexander/Schofield 2006).

Research on stereotype threat is mainly experimental, providing a strong basis for exploring the causal link between stereotype threat and performance decrements. Most of these studies are laboratory-based with relatively small sample sizes (4 to 6 conditions with 15-25 data points per condition), although some have been conducted in schools (Cohen et al. 2006). Unless stated otherwise, studies cited here used experimental methods. The majority of stereotype threat research has been conducted in the United States, but studies in England (Rosenthal/Crisp 2005), France (Croizet/Claire 1998; Croizet/Dutrevis 2004; Desert et al. 2002), Germany (Keller 2002; Keller/Dauenheimer 2003; Seibt/Forster 2004) and Italy (Cadinu et al. 2003, 2005) suggest that such effects are found in many nations. Much of the research on stereotype threat effects explores the impact of gender stereotypes on performance. However, this paper focuses on stereotype threat effects relating to immigrant and minority group membership, mentioning gender stereotype threat research only when it is useful in filling in issues not explicitly addressed by research with immigrant and minority group members. Drawing upon the stereotype threat literature related to gender, when similar work related to immigrant/minority status is not available, seems reasonable because the effects found for these two kinds of stereotype threat are typically parallel in areas in which work on both types of stereotype threat exists. Finally, when numerous studies on the same or very similar aspects of stereotype threat exist, we discuss those which represent the typical finding, rather than the occasional outlier.

Because stereotype threat is defined as the fear of confirming a negative stereotype about a group one belongs to, stereotype threat related to immigrant or minority identity is likely to impact academic achievement primarily in situations in which stereotypes about immigrants and minority group members reflect negatively on their intellectual capacities. Unfortunately, such situations are not uncommon. For example, a major survey (Eurobarometer 1991) revealed that 62 percent of Europeans across 12 countries endorse a statement indicating that the presence in a school of a lot of children of a different nationality, race, religion, culture, or social class than native citizens of the surveyed country "reduces the level of education" (p. 61).

A brief look at research conducted on stereotypes of immigrants in various European nations reveals similar findings. For example, in a 1982 national survey, 20 percent of Germans questioned indicated that they believed that immigrant Turks were less intelligent than native Germans (see Schönwälder 1991). In a study in which participants were asked to generate positive and negative trait words for native Germans and immigrants, Turkish people were identified as "primitive" and "incompetent" whereas native Germans were more likely to be identified as "achievement-oriented" (Kahraman/Knoblich 2000). In Kleinpenning and Hagendoorn (1991), Dutch children moderately endorsed the trait characterizations "have a low level of general intelligence" and "perform dirty and unskilled labour" for Surinamese, Turkish, and Moluccan immigrants. Dutch children also indicated that they believe their Dutch peers are more intelligent than their Turkish peers (Verkuyten/Kinket 1999). Finally, native Spaniards were more likely to endorse negative stereotypes (e. g. dishonest, unintelligent, and undisciplined) than positive stereotypes about immigrant Moroccans (Stephan et al. 1998).

It is also likely that many immigrant students face stereotype threat because of negative perceptions related to poor language skills and/or low socioeconomic status (see Croizet/Claire 1998, discussed more extensively later). Thus, whether or not specific stereotypes exist relating to the intellectual capacity of given immigrant or minority groups, students from such groups may well perceive the existence of negative intellectual stereotypes related to other characteristics.

The remainder of this paper is devoted to a discussion and review of the empirical evidence regarding stereotype threat effects on the performance of immigrant and minority students. We cover basic work on this topic, including the issue of the generalizability of stereotype threat effects to different groups and domains (academic and non-academic).[1] We also a) discuss the development of stereotype awareness and threat effects in children, b) identify the processes and conditions leading to stereotype threat by presenting research relevant to its known mediators and moderators, c) outline hypothesized short- and long-term effects of stereotype threat, and d) present some strategies for reducing stereotype threat in academic settings.

I. Early Research on Stereotype Threat Effects

In the first empirical test of the impact of stereotype threat on academic performance, Steele and Aronson (1995, Study 1) administered items from the GRE[2] to both white and African-American college students and studied their performance, controlling for initial differences in achievement. Stereotype threat was created by characterizing the test as diagnostic of intellectual ability, thus making a negative stereotype relevant to performance for the African-Americans. For students in the non-threat condition, the test was presented as "a laboratory tool for studying problem solving" (i. e. not diagnostic of intelligence). It was expected that being told that a task was diagnostic of intelligence would depress the performance of African-American students when compared to white students and when compared to African-American students in a non-diagnostic condition. Results supported these hypotheses. African-American performance in the stereotype threat condition was worse than white performance in the diagnostic condition (Cohen's d[3] = 0,51) and worse than African-American performance

---

[1] Conflicting results in several stereotype threat studies conducted in applied selection settings (e. g. the workplace) have recently created debate about the generalizability of stereotype threat effects to some "real world" contexts (see Cullen et al. 2006; Sackett 2003; Sackett et al. 2001; Whaley 1998). However, research of this nature is extremely limited, and extensive discussion of this topic is beyond the scope of this paper. Thus, with a few exceptions, we will review stereotype threat effects as they have been tested in controlled settings, such as the laboratory.

[2] The GRE General Test measures critical thinking, analytical writing, verbal reasoning, and quantitative reasoning skills that have been acquired over a long period of time and are not related to any specific field of study. GRE tests are used to assess applicants to universities and colleges.

[3] Cohen's d is a measure of effect size commonly used in psychological research. It represents the difference between two means divided by the pooled standard deviation for those means. It is

in the non-diagnostic condition (Cohen's d = 0,54). Stereotype threat also depressed the speed of task performance (Study 2), with African-American students in a diagnostic condition finishing fewer items in a given amount of time than whites (Cohen's d = 1,27) and African-American students in the non-diagnostic condition (Cohen's d = 0,81).

II. Generalizability of Stereotype Threat Effects

Although much of the early research on stereotype threat involved African Americans, the phenomenon has the potential to affect members of many different types of groups. Stereotype threat appears to operate as long as individuals believe they might fulfill negative stereotypes about their group's performance in stereotype-relevant domains. So, for example, Latinos in the U.S., who also are often stereotyped as less academically able than whites, experience stereotype threat in ways similar to that of African-Americans (Gonzales et al. 2002; Salinas 1998). In the United States and in Europe, women are often stereotyped as bad at math, and they too demonstrate stereotype threat effects when taking math tests or participating in mathematics education (Brown/Josephs 1999; Inzlicht/Ben-Zeev 2000).

Stereotype threat has also been shown to negatively affect memory in the elderly (Hess 2003; Levy 1996). Moreover, Croizet and Claire (1998) found that making socioeconomic status salient resulted in decreased speed and accuracy on the verbal portion of the GRE for lower-class French participants when the material was presented as diagnostic of verbal ability compared to an unthreatening situation in which the test purportedly investigated "the role attention plays in the functioning of lexical memory" (1998: 3). In an extension of this research, and consistent with other stereotype threat findings, Croizet and Dutrevis (2004) found that, regardless of ethnic status, low SES French participants performed worse on both a GRE-like test and an IQ test than did high SES participants, but only when the tests were presented as indicative of intellectual ability (Cohen's d = 0,53), which created stereotype threat.

Stereotype threat can even affect the performance of members of traditionally non-negatively stereotyped groups if they are exposed to information predicting low performance for the group to which they belong (Aronson et al. 1999). For example, Leyens, Desert, Croizet, and Darcis (2000) found that French males presented with information suggesting men are worse than women at cognitive tasks involving the processing of emotion had more difficulty identifying emotion-related words than did male or female participants in other conditions.

III. Child Development and Stereotype Threat

Most stereotype threat research has been conducted with college students. However, if stereotype threat is to be implicated in the development of the achievement gap that

---

generally accepted that a Cohen's d of 0,2 represents a small effect size, a d of 0,5 represents a medium effect size, and a d of 0,8 or more represents a large effect size.

appears during the elementary and secondary years it must impact the performance of children and adolescents as well. Next, we present evidence that awareness of negative stereotypes about the groups to which students belong arises at an early age and contributes to underperformance in academic domains during even the elementary school years.

Empirical work in the area of stereotype development supports the assertion that awareness of stereotypes arises early. Research demonstrates that children begin to show racial- and gender-based preferences, awareness of status differences related to ethnicity and gender, and negative attitudes towards members of other ethnic groups as young as three or four years of age (Aboud/Skerry 1984; Aronson/Good 2002; Clark/Clark 1965). Awareness of social categories and associated stereotyping in young children is not limited to the U.S. Israeli 2 to 6-year-olds show both awareness and endorsement of negative stereotypes about Arabs, with 6-year-olds demonstrating more negative reactions than the younger children (Bar-Tal 1996). Other research with Dutch, British, and Spanish children demonstrates similar findings (Boulton/Smith; Enesco et al. 2005; Verkuyten/Kinket 1999). Importantly, in addition to being aware of negative stereotypes about other groups, children have also been shown to be aware of and/or to endorse negative stereotypes about their own group (Good 2001; Enesco et al. 2005; McKown/Weinstein 2003; Muzzatti 2005), making it likely that they, like college students, will be subject to stereotype threat effects if they belong to a stereotyped group.

Indeed, several studies document stereotype threat effects in school children. For example, McKown and Weinstein (2003) gave minority (African-American, Latino, Asian, and Native-American) and white 6 to 10-year-olds a verbal task described as either diagnostic of academic ability (stereotype-threat condition) or as non-diagnostic of ability (non-threat condition). Minority children who indicated prior awareness of widely held stereotypes relating to academic ability performed worse on the task when it was presented as diagnostic than did white children, minority children in a control group, and minority children who did not report awareness of negative ethnic stereotypes (Cohen's d = 0,45).

Good (2001) found that stereotype threat led to decreased math performance for American girls, with 6th grade girls demonstrating poorer math performance and less willingness to persevere on difficult problems than 6th grade boys when they believed a test was diagnostic of mathematical ability. In contrast, in control conditions, girls outperformed boys at every grade level. No stereotype effects were found on tasks related to verbal ability, a domain in which negative stereotypes regarding females are not an issue. Stereotype effects in this study increased with the age of participants, becoming statistically significant only at the 6th grade level, or around the age of 11 to 12 years. In two studies, Muzatti (2005) found similar effects for Italian girls beginning in the fifth grade (Cohen's d = 0,43 and 0,85).

Finally, Ambady, Shih, Kim, and Pittinsky (2001) and Shih et al. (1999) demonstrated stereotype threat effects for Asian-American girls. In the former study, children ages 5-7 were asked to color one of three randomly selected pictures: one depicting Asian children eating with chopsticks (ethnic identity salience), one depicting a girl holding a doll (gender identity salience), or a landscape (control condition). Older children (ages 8-10 and 13-14) were asked to answer questions related to ethnicity, gender, or control questions (e. g. what kinds of animals they liked). Participants then completed a grade-level appropriate math section of a standardized achievement test. The girls scored higher when their ethnic identity was salient and lower when their gender identity was salient compared to a control group, consistent with the existence of positive stereotypes related to Asians' math ability and negative stereotypes related to girls' math ability. These results were found for children in the youngest group and the oldest group (Cohen's d = 1,93 and 1,04, respectively). However, children aged 8 to 10 performed better when their gender identity was activated, suggesting that there may be some kind of developmental difference at this age producing resilience to gender-linked stereotype effects.

The evidence presented here strongly suggests that school age children are aware of stereotypes linked to social category membership, including ethnic group membership, and that many of the academic domain stereotype threat effects found for older students also undermine achievement in children, possibly as young as five years old.

IV. Beyond Depressed Test Scores: Additional Effects of Stereotype Threat

Research suggests that stereotype-threatened individuals may engage in a number of behaviors designed to preserve self-esteem, such as self-handicapping and academic disidentification. Many of these behaviors produce short-term positive psychological consequences but undermine long-term academic success, thus contributing to the achievement gap between stereotype threatened immigrant students and their unthreatened peers. Next, some of these behaviors are identified and discussed.

1. Avoidance of Challenge and Self-Handicapping

Setting and pursuing high goals is crucial to intellectual growth (see Locke/Latham 1990). However, fear of confirming a negative stereotype related to a social category membership may interfere with students' willingness to accept challenging tasks. Aronson and Good (2002) found that 6th grade girls given a choice of math problems selected easy problems when the task was framed as diagnostic of their math ability. In contrast, they selected age-appropriate problems when they believed the task was non-diagnostic. Pinel (1999, Study 6) found that female participants high in stigma consciousness (the tendency to expect and be bothered by prejudice) deliberately avoided tasks in domains where their performance might be unfavorably compared with that of males.

Another defensive strategy is self-handicapping, in which individuals attempt to manipulate attributions about anticipated failure on a task by interfering with their own performance to create an excuse for the expected failure, or by providing a stereotype-unrelated explanation for failure (Berglas/Jones 1978). For example, African-American students under stereotype threat were more likely than others to indicate that they did not get much sleep the night prior to a test (Steele/Aronson 1995). They were also more likely to endorse statements about lack of mental focus and high levels of personal life stress. Stone (2002) found similar results for stereotype-threatened white athletes prior to an athletic task (Study 1). Importantly, white athletes practiced an athletic task less when it was described as a "representative [test] of natural athletic ability" rather than as a test of "psychological factors correlated with general sports performance" (Study 2), thus undermining their performance. Although avoidance of challenge or self-handicapping may protect immigrant or minority students' self-esteem in the short term, it is likely to have a negative impact on their achievement in the long term. Students who do not continually strive for higher levels of accomplishment or who engage in behaviors that undermine their performance in order to have an excuse for their anticipated failure are likely to fall behind their peers. In one example of this phenomenon, Keller (2002) demonstrated that stereotype threat led to self-handicapping among German 9th grade girls, and the self-handicapping in turn predicted subsequent poor test performance.

2. Feedback Rejection

Crocker and Major (1989) propose that stereotyped or stigmatized individuals may protect their self-esteem by making external rather than internal attributions about negative feedback they receive. So, for example, they may attribute a poor grade to an external source beyond their control, such as a biased teacher, rather than to an internal source, such as their own skills or level of effort. This behavior can have negative long-term academic consequences, because rejection of critical feedback can result in the loss of information useful in improving one's performance.

Cohen, Steele and Ross (1999) explored how attributions regarding the reasons for critical feedback influence its acceptance by asking African-American and white students to write letters that might be published in an education journal, accompanied by a picture (making group membership salient and creating stereotype threat for African-American participants). Participants then received a communication ostensibly from the editorial board providing critical feedback on their letter and asking that it be revised and resubmitted. Some of these communications indicated that the journal had very high standards (undermining a race-based explanation for the criticism by supplying an obvious alternative explanation for it). In such cases, African-American and white students were equally willing to revise their letters. However, when high journal standards were not mentioned African-American students were less willing than white students to revise their letters, probably because they attributed the criticism to negative racial stereotypes (Cohen's d = 0,39).

3. Long-Term Disengagement/Disidentification with Academic Domains

Stereotype-threatened individuals may also attempt to protect their self-esteem by psychologically disengaging from threatening academic domains (see Schmader et al. 2001). Disengagement protects self-esteem because anticipated poor performance in an area one does not care about is less threatening than poor performance in a valued domain. In the short term, disengagement and disidentification may manifest themselves in avoidance of a particular domain and/or of challenging work in that domain. They may also lead to chronic and long-lasting disinterest and lack of motivation in that area.

Several studies have investigated the relationship between stereotype threat and disidentification with stereotyped domains. For example, Davies et al. (2002, Study 3) found that women exposed to negative gender stereotypical commercials were more likely to indicate disinterest in pursuing careers in fields requiring quantitative ability than were men and non-threatened women. To demonstrate that chronic disengagement protects against negative feelings produced by failure for stereotyped individuals, Major et al. (1998) gave white and African-American participants negative feedback regarding their performance on a test of academic ability and then measured chronic academic disengagement and self-esteem after the feedback. After initial self-esteem was controlled, highly academically disengaged African Americans reported much higher self-esteem after receipt of negative feedback than did African Americans with low levels of disengagement. Level of disengagement was not related to white participants' self-esteem (i. e. disengagement did not protect them from loss of self-esteem following failure, as it apparently did for African-American participants).

V. How Does Stereotype Threat Work? Mechanisms Undermining Academic Performance

One important challenge faced by those wishing to mitigate the effects of stereotype threat on academic performance is to delineate the psychological mechanisms through which it operates (mediating variables[4]). In this section, we will discuss three possible mechanisms through which stereotype threat undermines academic performance: anxiety, lowered expectations for future performance, and cognitive interference.

1. Anxiety

In their original work on stereotype threat, Steele and Aronson (1995) proposed that anxiety about confirming negative stereotypes regarding one's group is the primary mechanism linking stereotype threat to poor performance. Given the well-established link between anxiety and performance decrements (see Dembo/Eaton 1997), this was a natural hypothesis. Steele and Aronson failed to find predicted differences in self-reported anxiety levels between African Americans in experimental conditions posing stereotype threat and other participants (see also Keller/Dauenheimer 2003; Schmader 2002). However, more recently, Osborne (2007) found significant changes in several biological functions associated with anxiety (skin conductance, surface skin temperature, and diastolic blood pressure) for women experiencing stereotype threat when

---

4 In psychological research, the term mediation refers to the mechanism by which one variable affects another. Stereotype threat is hypothesized to cause one or more of the identified mediators, which in turn are hypothesized to lead to reduced performance for threatened individuals.

compared to men or non-threatened women (see also Osborne 2001). Blascovich, Spencer, Quinn, and Steele (2001) also found that stereotype-threatened African Americans experienced greater increases in blood pressure than white participants during a test of intellectual ability. Bosson, Haymovitz, and Pinel (2003) found no differences in self-reported anxiety between stereotype-threatened and non-threatened individuals, but did find that there were differences between the two groups in expressions of non-verbal anxiety. Marx and Stapel (2006) found that stereotype threatened female participants *did* report more anxiety prior to a testing situation, and more frustration following it. In sum, there is some evidence supporting the hypothesis that threat-related anxiety undermines academic performance for stereotyped groups, but it is not consistent.

2. Self-Expectations about Future Performance

Stereotype threat has also been hypothesized to lower performance expectations. Lower expectations for one's own performance are then in turn hypothesized to impair later performance. In a study conducted by Cadinu et al. (2003), African Americans living in Italy were given negative or positive information about the intellectual abilities of a low-status (Black) or a high-status (American) social category to which they belonged. Self-reported expectations about future test performance were measured prior to completion of the task. Participants whose low-status group membership was made salient were particularly sensitive to the effects of negative information in terms of lowered performance expectations, and these expectations partially accounted for actual performance. Although negative information about high-status group membership also depressed task performance, expectancies did not account for performance in these conditions. Taken together, these results suggest that stereotype threat may lower performance expectations, which then undermines actual performance (see also Sekaquaptewa/Thompson 2003; Stangor et al. 1998).

3. Impaired Cognition

Stereotype threat may also interfere with performance because threatened individuals dedicate some of their cognitive resources to processing and suppressing thoughts about being negatively stereotyped. When fewer resources are available for the task at hand, performance is undermined. To test whether intrusive negative thoughts caused by stereotype threat would undermine women's math performance, Cadinu, Maass, Rosabianca, and Kiesner (2005: 574) told Italian female university students that there were "clear differences in scores obtained by men and women in logical-mathematical tests" (stereotype threat condition) or that "there were no differences between men and women" (non-stereotype threat condition). Participants were then asked to complete seven difficult math problems. Before each problem, participants were asked to complete a thought-listing exercise (to assess negative thoughts). Results indicated that threatened women listed more math-related negative thoughts throughout the experiment, and this difference was shown to mediate performance deficits in the stereotype-threatened group.

Schmader and Johns (2003) tested working memory capacity (a measure of situational cognitive functioning under stress, see Klein/Boals 2001) in women (Study 1) and Latinos of both genders (Study 2). When the memory task was said to measure negatively stereotyped abilities (quantitative capacity or intelligence, respectively), both female and Latino participants performed poorly in comparison to control group participants (Cohen's d = 1,66 and 0,55, respectively). In a third study, Schmader and Johns (2003) showed that memory was negatively affected by stereotype threat even when the memory task was unrelated to the specific stereotype threat. Finally, Croizet and colleagues (2004) tested the hypothesis that stereotype threat impairs cognition by measuring heart rate variability (HRV), a physiological response indicating heightened mental load (Mulder 1992). Decrease in HRV during the intellectual task statistically mediated test performance for stereotype-threatened French students, providing strong support for the idea that cognitive impairment due to stereotype threat may contribute to stereotype threat's negative impact on performance.

VI. What Affects Whether Stereotype Threat is Experienced?

In the previous section, stereotype threat was shown to create a number of different psychological states, each of which may undermine performance. In this section, factors that affect if, when, or how stereotype threat is experienced ("moderating" variables[5]) will be discussed. However, moderating variables that have especially clear implications for educational policy and practice because they suggest ways to alleviate stereotype threat in schools are discussed in the section of this paper on reducing stereotype threat in schools.

1. Task Difficulty

More difficult tasks appear to produce larger stereotype threat effects. Spencer, Steele, and Quinn (1999) compared the performance of men and women on easy and difficult math tests. Stereotype-threatened women underperformed on difficult math problems when compared to their male counterparts and control group women, but not on easy problems. These effects disappeared when stereotype threat was absent. Similarly, in O'Brian and Crandall (2003), women in a stereotype-threat condition performed better on an easy math test and worse on a difficult math test compared to nonthreatened women.

---

5 A moderating variable changes the impact of one variable on another.

2. Domain Identification

Individual differences also play an important role in determining whether and how stereotype threat is experienced. One of the characteristics that makes individuals more vulnerable to negative group stereotypes is their level of identification with the negatively stereotyped domain. Stereotype threat can have a strongly negative impact on individuals who care deeply about an ability or skill. Aronson et al. (1999, Study 2) demonstrated that math-proficient white males were vulnerable to threat produced by the presentation of materials highlighting superior Asian math performance, but only if they reported high identification with math ability. These individuals also reported more concern about how they would be evaluated prior to taking a math test under stereotype-threat conditions than did control group participants. By contrast, moderately math-identified participants actually performed better under stereotype-threat conditions. In Cadinu et al. (2003), Italian women who indicated that logical-mathematics ability was personally important to them had a significant decrease in math performance when presented with information linking gender and poor math ability. No such performance decrements were found for women for whom math was not personally important.

3. Level of Group Identification

Similarly, high identification with a group may also increase the magnitude of stereotype threat effects.[6] Cadinu et al. (2003, Study 2) found that minority participants (African Americans) who were highly identified with their group were more vulnerable than others to stereotype threat when completing a test of verbal abilities. In Schmader (2002) when gender identity was linked to math performance, women who felt that their self-definition was highly linked to their gender, performed poorly on a math test compared to men. Similarly in Pinel (1999) women performed more poorly than men on quantitative portions of the GRE when gender was made salient, but only if they reported that gender was an important part of their identity (Pinel 1999). In both of the latter studies, female low-gender identifiers performed as well as men, suggesting that their performance was not impaired by stereotype threat.

4. Stereotype Endorsement

Schmader, Johns, and Barquissau (2004, Study 2) demonstrated that willingness to endorse stereotypes about one's group may increase susceptibility to stereotype-threat effects. In this work, female American university students were asked to indicate their personal level of endorsement of math-related stereotypes about women. They were then told that they would be taking a test designed either to measure their individual

---

6 Some research indicates that having high cognitive accessibility to the perception of self as a group member (as in the case of high identifiers) may moderate underperformance as a result of stereotype threat (see Marx/Stapel 2006).

math performance (non-threat condition) or that the researcher was interested in comparing men's scores to women's scores (stereotype-threat condition). Although the traditional stereotype threat effect of diminished math performance was found, it was moderated by belief in stereotypes about women's math ability: women who endorsed such stereotypes performed worse.

5. Stigma Consciousness

Stigma consciousness, "the tendency to expect and be bothered by prejudice" (Aronson/Steele 2005; Pinel 1999), may also increase the impact of stereotype threat. Brown and Pinel (2003) found that American female college students who were high in stigma consciousness displayed poorer performance than low stigma consciousness women on a math test under high threat, but not under low threat (Cohen's d = 0,88). Low stigma consciousness women performed equally well under high and low threat. Brown and Lee (2005) also report that among African-American and Latino college students in the U.S. academic underperformance is correlated[7] with self-reported stigma consciousness (Cohen's d = 0,36).

6. Locus of Control

Locus of control may also moderate the experience of stereotype threat. Individuals with an internal locus of control, who feel personally responsible for success or failure, should feel more pressure to perform well under stereotype threat than individuals with an external locus of control who tend to attribute failure to external causes. Cadinu, Maass, Lombardo, and Frigerio (2005, Study 1) created stereotype threat in both male and female Italian high school students by giving them an exam ostensibly designed to measure "social" or "logical" intelligence, respectively. Prior to creating this threat, they measured participants' locus of control. Threatened male and female students who had a high internal locus of control performed more poorly than did students who had a high external locus of control, for whom there were no performance differences between the threat and no threat conditions.

7. Self-Monitoring

Finally, Aronson and Steele (2005) suggest that self-monitoring may moderate stereotype threat. High self-monitoring individuals are by definition highly motivated to

---

[7] Because these data are correlational, one can not conclude that high levels of stigma consciousness causes these students' academic underperformance. The threat to self-esteem caused by poor performance could lead participants to attribute their failure to racism or prejudice, or some other third variable could cause the relationship between stigma consciousness and academic performance. However, similar results are found in experimental work in which causality is clearer.

look to others for behavioral cues. Conversely, individuals who are more likely to rely on their own internal feelings and values to guide their behavior are called low self-monitors (see Snyder 1974). Because high self-monitors are good at managing impressions, they may be better than low self-monitors at "contending with situations where they are at risk of looking bad" (Aronson/Steele 2005: 448). Inzlicht, Aronson, Good, and McKay (2006) report that low self-monitoring African-American students demonstrated impaired performance on standardized tests while in the presence of white students, although high self-monitoring African-American students did not. No differences between high and low self-monitors were found when African-American participants took a test in the presence of other African-Americans, suggesting that level of self-monitoring does moderate stereotype threat.

VII. What Can Be Done? Reducing Stereotype Threat in Schools

The research presented here may appear to paint a rather bleak picture for immigrant or minority students. However, a small body of theoretical and empirical work suggests some strategies that may be used by schools to mitigate the impact of stereotype threat. Although this area is not heavily researched, it is crucially important for understanding practices that might alleviate the negative consequences of such threat. Thus, in this final section, we outline three main categories of strategies that may reduce or counteract stereotype threat: 1) those that disarm stereotype threat effects for individuals (individual strategies), 2) those that emphasize positive relationships between students and others (relational strategies), and 3) those that create a perception of identity safety in students' surroundings (contextual strategies).

1. Individual Strategies

Individual strategies emphasize helping those who are potentially prone to stereotype threat 1) to address and cope with threat in ways that increase rather than diminish academic engagement and performance, or 2) adopt beliefs about the self that interfere with the perception of threat.

a) Shaping beliefs about intelligence: Influenced by Dweck's (1986, 1999) research suggesting that students who believe that intelligence[8] is a malleable rather than a fixed characteristic experience less anxiety and more engagement when faced with challenging tasks. Aronson, Fried, and Good (2002) hypothesized that promoting the belief that intelligence can be increased with hard work would increase African-American students' academic identification and performance. Underlying this approach is the idea that negative stereotypes about intelligence depend upon a belief that intelligence is an

---

8 We use the term *intelligence* here to reflect the existing literature. We recognize that its precise meaning is controversial, that many intelligence tests have been criticized as being culturally biased, and that environmental conditions can shape intelligence although it appears to have a substantial genetic component as well.

immutable part of who an individual is, or rather, what a group and its members are. Stereotype threat relating to intelligence should be reduced if beliefs relating to the malleability of intelligence are promoted among vulnerable students.

To test this idea, Aronson et al. (2002) had African-American and white college students take part in a semester-long pen pal mentoring program for younger students. In their pen pal letters, some participants from each group were encouraged to emphasize that "humans are capable of learning and mastering new things at any time in their lives" and that "intelligence is malleable". At the end of the semester, African-American participants who had written letters emphasizing the malleability of intelligence were more likely than their African-American peers in control conditions to self-identify with academic achievement (Cohen's $d = 0{,}71$). African-American participants in the "malleability" condition also received better grades than African-American students in control conditions (Cohen's $d = 0{,}52$). Interestingly, white students in the malleable intelligence condition also had (marginally significant) better grades than their same-race peers, although their self-identification with achievement was not changed. So, either this approach does not work through reducing the impact of stereotype threat for African-American students or it may work through different mechanisms for white and African-American students.

In two other recent studies testing this idea, Dar-Nimrod and Heine (2006) presented women with essays suggesting that math-related differences between the genders were due to either genetic (stereotype threat, non-malleable) or experiential (stereotype threat, malleable) causes. Other women read essays which suggested that there are no gender differences in math ability (non-threat) or which primed gender without discussing a math stereotype (control). In both studies, the performance of women who were told that math differences were due to experiential causes did not differ from that of those women in a non-threat condition, and it was significantly better than the performance of women in a control condition and those who were told that differences were genetic. Findings from such studies suggest that emphasizing the malleability of intelligence might improve the achievement of all groups, but it might not reduce the achievement gap.

b) Preparing individuals for stereotype threat by warning ("inoculation") and self-affirmation: Johns, Schmader, and Martens (2005) suggest that another strategy for reducing stereotype threat effects might be educating vulnerable individuals about this phenomenon. In this study, male and female participants were given a math test. In one condition, women were given a brief lecture about stereotype threat before the test and were told that anxiety could result from awareness of negative stereotypes rather than reflecting their ability. This procedure reduced stereotype threat effects (Cohen's $d = 0{,}82$), with women in this condition performing similarly to male participants overall and female participants in a control condition.

There is another way in which schools or teachers may "inoculate" immigrant or minority students against stereotype threat effects: self-affirmation.

Research indicates that self-affirmation prior to a threatening activity can reduce both perceptions of threat and defensive behaviors (Cohen et al. 2000). Martens, Johns, Greenberg, and Schimel (2006) tested the hypothesis that inoculation might also improve performance for stereotype-threatened individuals. In their study, male and female U.S. college students were presented with a math task described as either a measure of "math and reasoning abilities" (stereotype threat condition) or as a pilot test of tasks for future studies (non-stereotype threat condition). Prior to working on the problems, half of the women in the stereotype-threat condition were allowed to self-affirm by writing about their most valuable personal characteristic. As expected, women in the stereotype threat condition performed worse than men in any condition and women in a non-threat condition. Importantly, stereotype threatened women who had self-affirmed outscored women who had not.

In a further test of the link between self-affirmation and performance for stereotype vulnerable individuals, Cohen, Garcia, Apfel, and Master (2006) asked African-American and white 7th graders to take 15 minutes to write about an important personal value at the beginning of a semester. Control condition participants were asked to write about an unimportant personal value instead. At the end of the semester, teachers' grades for all students were collected (teachers were unaware of the experimental condition to which specific students were assigned). Although, as expected, no differences were observed between white experimental and control students' grades, African-American students who had self-affirmed early in the semester received better grades (1/2 a grade point higher, a statistically significant difference) than African-American control students. Self-affirmation reduced the achievement gap between white and African-American students by approximately 30 percent. This study was replicated with following year with similar promising results for self-affirmation as a way of undermining the impact of stereotype threat. In addition, self-affirming African-Americans were also less likely than other African-American students to complete a word completion task in a racially stereotyped way, suggesting that self-affirmation reduced the salience of racial stereotypes for these students.

c) Activating non-stigmatized category memberships: Ambady et al. (2001) suggest that stereotype threat varies as a function of the salience of the negatively stereotyped category. In this work, Asian-American women performed worse on a math test when their female identity was made salient and better when their Asian identity was made salient. One way in which teachers or schools could reduce stereotype threat could be to emphasize category memberships implying positive stereotypes about academic performance, especially prior to testing. If the students involved do not have category memberships that imply positive performance, another constructive approach might be to emphasize their category memberships that are at least neutral in their implications for academic performance, based on the expectation that this would make the category membership that implies poor performance relatively less salient. Although this approach is consistent with what is known about stereotype threat, its effectiveness has not been tested.

d) Expecting the best: Holding immigrant and minority students to high standards: Providing academic mentoring and feedback in a way that emphasizes both high standards and the teacher's belief in the intellectual potential of the student can minimize stereotype threat and improve performance. Cohen, Steele, and Ross (1999) suggest that to be effective this approach should include two simultaneous and equally important behaviors. First, instructors should emphasize expectations that students will complete high quality work. This could include refusing to assign remedial tasks, avoiding unwarranted praise, presenting students with difficult but attainable tasks, and assigning additional work. Second, it should be made clear to students that the instructor believes that they have the capacity to achieve the high goals that have been set for them.

Testing this approach, Cohen et al. (1999, Study 1) found that African-American students who were presented with critical feedback on an essay consisting of an invocation of high standards and an assurance that the editor felt they could meet those standards perceived the feedback more positively, were more motivated to correct their errors, felt that the editor was less biased, and reported more identification with the task than did students who received the same feedback without a discussion of standards and potential. In fact, African-American students in the condition designed to reduce the effect of stereotype threat were very similar to white students both in terms of positive feelings about the task and task motivation, suggesting that the standards/potential intervention is a promising approach to reducing some of the negative effects of stereotype threat.

2. Relational Strategies

We now turn to examining strategies for improving relationships between stereotyped individuals and those around them (peers and teachers). These strategies emphasize creating positive feelings, building a sense of identity security, and fostering lessened perceptions of bias. There are few, if any, studies assessing the impact of these strategies on stereotype threat itself. However, relational strategies may improve the achievement of immigrant and minority students, and logic suggests that they may do so at least partly by reducing stereotype threat.

a) Cross-group contact and friendships: Many years of research demonstrate that increased contact between minority and majority group members reduces majority group member stereotyping, negativity, and prejudice towards minorities, especially when that contact is properly structured (Molina et al. 2004; Pettigrew/Tropp 2006). Although this is an understudied area by stereotype threat researchers, some evidence consistent with the hypothesis that cross-group contact and friendship may reduce stereotype threat can be found. For example, Graham, Baker, and Wapner (1984) indicated that one of the strongest predictors of overall grades for African-American students is the number of white friends they have, even when variables such as socioeconomic status have been controlled.

Further, recent work by Abrams, Eller and Bryant (2006) suggests that positive prior contact between members of a stereotyped group and non-stereotyped others may decrease perceptions of threat related to stereotypes. In this study, British retirees in the stereotype threat condition were told that they would be tested for declining intellectual performance, with references being made to the stereotype that the elderly are intellectually impaired compared to younger people. Retirees in the control condition were told that the purpose of the study was to "see how people differ in their responses to different tasks." Participants were also grouped according to their level of prior positive intergenerational contact (e. g. time spent with grandchildren). Although prior contact did not directly affect performance on several tests of cognitive functioning, results indicated that it did reduce the effect of stereotype threat on anxiety and the time it took for participants to complete the tests. Although neither of these studies provides a definitive causal link between cross-group ties and the reduction of stereotype threat, the results are consistent with the existence of such a relationship.

b) Encouraging carefully structured cooperation: Another relational strategy which may reduce stereotype threat is the formation of carefully structured cooperative groups in classrooms a strategy that typically improves academic outcomes for minority students while resulting in no loss of performance for others (Slavin 1995). There is no guarantee that the demonstrated positive impact of cooperative learning strategies is due to a reduction in stereotype threat. However, their utility seems undeniable, and mitigation of stereotype threat could well be one of the reasons they are so effective in improving minority group achievement, because they do typically foster intergroup friendships (Slavin 1995)[9] which are conducive to reduced prejudice (Pettigrew 1997). Numerous specific cooperative classroom techniques also have a significant positive impact on minority student academic achievement and on peer relations between minority and other students (see Slavin 1995, for a review of these and other cooperative classroom programs).

3. Situational Strategies

Stereotype threat may well be created or exacerbated by situational cues indicating to immigrant or minority students that they may be negatively stereotyped in a given setting or that the activity in which they are engaged is related to a domain in which their group is stereotyped. With that in mind, we next discuss a strategy designed to reduce or eliminate such cues.

a) Description of the activity: As previously discussed, whether or not individuals believe that the task they are performing relates to a stereotyped attribute for their group appears to impact whether stereotype threat is experienced. Indeed, in many studies stereotype threat is induced by presenting an activity as relevant to stereotyped-linked abilities. In such studies, participants whose groups are negatively stereotyped regarding intellectual abilities display strong stereotype threat effects when unfamiliar tests of intellectual ability are presented as diagnostic of intelligence. This effect disappears if no information is provided about what the test is supposedly designed to measure. However, individuals may automatically assume certain kinds of tasks are stereotype relevant in the absence of disconfirming information. For instance, Davies et al. (2002) found that women assumed that difficult math problems were diagnostic of math ability and displayed decreased performance unless they were specifically told that the test was not

---

9 It is also possible that this type of classroom setting helps to decrease individual perceptions of boundaries between members of immigrant groups and other students. In one recent study (Rosenthal/Crisp 2006), participants who thought about how their group's characteristics might be similar to those of a non-stereotyped group showed decreased vulnerability to stereotype threat effects compared to participants who did not consider that information.

diagnostic of their math ability. Thus, one strategy that may be used to combat stereotype threat is the modification of test descriptions to avoid perceived links to stereotyped attributes. This could include changing test labels or obscuring the true nature of diagnostic tests (see Cadinu et al. 2003). Such approaches are more feasible in the laboratory than in school situations. But, giving thought to how to characterize learning and testing situations in ways that reduce the chances of evoking stereotype threat is worthwhile.

Another approach to reducing stereotype threat is to indicate explicitly to students that test scores are not correlated with group membership, as demonstrated by Spencer et al. (1999). In Study 2, differences in performance between men and women on a math test disappeared when students were led to believe that males and females scored similarly on the test. Of course, this approach may be impractical in school situations in which there are actual group differences in achievement. However, it is possible that something less than an assurance that members of different groups perform similarly on a task might suffice. For example, Brown and Steele (2001, as cited in Steele et al. 2002) found that African-American students performed better on a difficult verbal test after they had been convinced by experimenters that the test was "racially fair". It may also be important to attend to whether tasks are described as intended to locate students strengths or weaknesses, as suggested by Brown and Josephs' (1999) study, which concluded that stereotype threatened individuals perform more poorly when they believe that a test is designed to find their weaknesses in a particular academic area compared to when they believe it indicates their strengths.

VIII. Conclusion

This paper describes a phenomenon, stereotype threat, which can undermine immigrant and minority achievement and hence contribute to the achievement gap between these students and their peers. Further, it discusses factors that may impact how stereotype threat is experienced and how it can interfere with academic success in both the short- and long-term. Finally, it reviews the modest body of research that exists regarding ways in which stereotype threat can be reduced.

This paper is intended to not only summarize the substantial body of research on stereotype threat. It is also intended to highlight the fact that the achievement of immigrant and minority students is likely to be impacted not only by the kind of personal characteristics so often studied in European research relating to the immigrant achievement gap, such as migration background, language skills, assimilation and socio-economic status, but also by social psychological processes occurring at the school and classroom level (see Schofield 2006 for a more extended discussion of several such issues). Recognition of the impact of such processes is vitally important because such processes can be strongly influenced by educators who have relatively little control over many of the other factors used to explain the gap between the achievement of immigrant and non-immigrant students.

Much remains to be learned about the precise implications of stereotype threat research for closing the achievement gap between immigrant students and their peers in

European countries. For example, few, if any, of the studies reviewed here look directly at stereotype threat effects on immigrants' actual school performance in European schools. Rather, this research, the majority of which has been conducted in the U.S., is built on laboratory studies of African Americans and individuals from a variety of ethnic backgrounds whose family history most likely includes the immigrant experience.

Such observations lead directly to specific recommendations regarding much needed research. Work testing whether and how stereotype threat plays a role in the learning and/or test performance of students in European schools who come from various immigrant backgrounds is urgently needed. Until such studies are conducted, questions remain about the generalizability of the existing research regarding both the consequences of stereotype threat and the effectiveness of various approaches to mitigating its contribution to the achievement gap. Questions will also remain about important issues barely addressed by existing research in either Europe or elsewhere, such as whether stereotype threat effects are significantly affected by factors such as students' age, the composition of the classrooms in which they study, or by the social category membership (immigrant/non-immigrant, etc.) of those, such as teachers and administrators, who are in positions of power in their schools.

References

Aboud, Frances/Skerry, Shelagh A., 1984: The Development of Ethnic Attitudes, in: Journal of Cross-Cultural Psychology 15, 3-34.
Abrams, Dominic/Eller, Anja/Bryant, Jacqueline, 2005: An Age Apart: The Effects of Intergenerational Contact and Stereotype Threat on Performance and Intergroup Bias, in: Psychology and Aging 2, 691-702.
Alba, Richard D./Handl, Johann/Muller, Walter, 1998: Ethnic Inequalities in the German School System, Vol. 5, in: *Schuck, Peter H./Munz, Rainer* (eds.), Paths to Inclusion: The Integration of Migrants in the United States and Germany. Providence, RI: Berghahn, 115-154.
Alexander, Kira/Schofield, Janet W., 2006: Stereotype Threat: How Students' Responses to Perceived Negative Stereotypes Undermine their Achievement, in: *Schofield, Janet W.* (ed.), Migration Background, Minority-group Membership and Academic Achievement: Research Evidence from Social, Educational, and Developmental Psychology. Berlin: Social Science Research Center (Wissenschaftszentrum Berlin für Sozialforschung).
Ambady, Nalini/Shih, Margaret/Kim, Amy/Pittinsky, Todd L., 2001: Stereotype Susceptibility in Children: Effects of Identity Activation on Quantitative Performance, in: Psychological Science 12, 385-390.
Aronson, Joshua/Fried, Carrie B./Good, Catherine, 2002: Reducing the Effects of Stereotype Threat on African American College Students by Shaping Theories of Intelligence, in: Journal of Experimental Social Psychology 38, 113-125.
Aronson, Elliot/Gonzalez, Alex, 1988: Desegregation, Jigsaw, and the Mexican-American Experience, in: *Katz, Phyllis A./Taylor, Dalmas A.* (eds.), Eliminating Racism: Profiles in Controversy. New York, NY: Plenum Press.
Aronson, Joshua/Good, Catherine, 2002: The Development and Consequences of Stereotype Vulnerability in Adolescents, in: *Pajares, Frank/Urdan, Tim* (eds.), Academic Motivation of Adolescents. Greenwich, CT: Information Age Publishing, 299-330.
Aronson, Joshua/Lustina, Michael J./Good, Catherine/Keough, Kelli, 1999: When White Men can't do Math: Necessary and Sufficient Factors in Stereotype Threat, in: Journal of Experimental Social Psychology 35, 29-46.

Aronson, Elliot/Patnoe, Shelley, 1997: The Jigsaw Classroom: Building Cooperation in the Classroom. New York: Addison-Wesley-Longman.

Aronson, Joshua/Steele, Claude M., 2005: Stereotypes and the Fragility of Academic Competence, Motivation, and Self-concept, in: Elliot, Andrew J./Dweck, Carol S. (eds.), Handbook of Competence and Motivation. New York: The Guilford Press, 436-460.

Bar-Tal, Daniel, 1996: Development of Social Categories and Stereotypes in Early Childhood: The Case of "The Arab" Concept Formation, Stereotype, and Attitudes by Jewish Children in Israel, in: International Journal of Intercultural Relations 20, 341-370.

Berglas, Steven/Jones, Edward E., 1978: Drug Choice as a Self-handicapping Strategy in Response to Noncontingent Success, in: Journal of Personality and Social Psychology 36, 405-417.

Blaney, Nancy T./Stephan, Cookie/Rosenfield, David/Aronson, Elliot/Sikes, Jev, 1977: Interdependence in the Classroom: A Field Study, in: Journal of Educational Psychology 69, 121-128.

Blascovich, Jim/Spencer, Steven J./Quinn, Diane M./Steele, Claude M., 2001: African Americans and High Blood Pressure: The Role of Stereotype Threat, in: Psychological Science 12, 225-229.

Brown, Ryan P./Josephs, Robert A., 1999: A Burden of Proof: Stereotype Relevance and Gender Differences in Math Performance, in: Journal of Personality and Social Psychology 76, 246-257.

Brown, Ryan P./Lee, Monica N., 2005: Stigma Consciousness and the Race Gap in College Academic Achievement, in: Self & Identity 4, 149-157.

Brown, Ryan P./Pinel, Elizabeth C., 2003: Stigma on my Mind: Individual Differences in the Experience of Stereotype Threat, in: Journal of Experimental Social Psychology 39, 626-633.

Bosson, Jennifer K./Haymovitz, Ethan L./Pinel, Elizabeth C., 2004: When Saying and Doing Diverge: The Effects of Stereotype Threat on Self-reported versus Non-verbal Anxiety, in: Journal of Experimental Social Psychology 40, 247-255.

Boulton, Michael J./Smith, Peter K., 1992: Ethnic Preferences and Perceptions among Asian and White British Middle School Children, in: Social Development 1, 55-66.

Boulton, Michael J./Smith, Peter K., 1996: Liking and Peer Perceptions among Asian and White British Children, in: Journal of Social and Personal Relationships 13, 163-177.

Cadinu, Mara/Maass, Anne/Frigerio, Sara/Impagliazzo, Lisa/Latinotti, Samira, 2003: Stereotype Threat: The Effect of Expectancy on Performance, in: European Journal of Social Psychology 33, 267-285.

Cadinu, Mara/Maass, Anne/Lombardo, Mery/Frigerio, Sara, 2005: Stereotype Threat: The Moderating Role of Locus of Control Beliefs, in: European Journal of Social Psychology 36, 183-197.

Cadinu, Mara/Maass, Anne/Rosabianca, Alessandra/Kiesner, Jeff, 2005: Why do Women Underperform under Stereotype Threat?, in: Psychological Science 16, 572-578.

Clark, Kenneth B./Clark, Mamie K., 1965: Racial Identification and Preference in Negro Children, in: Proshansky, Harold/Seidenberg, Bernard (eds.), Basic Studies in Social Psychology. US: Holt, Rinehart, & Winston, 308-317.

Cohen, Geoffrey L./Aronson, Joshua/Steele, Claude, 2000: When beliefs Yield to Evidence: Reducing Biased Evaluation by Affirming the Self, in: Personality and Social Psychology Bulletin 26, 1151-1164.

Cohen, Geoffrey L./Garcia, Julio/Apfel, Nancy/Master, Allison, 2006: Reducing the Racial Achievement Gap: A Social-psychological Intervention, in: Science 313, 1307-1310.

Cohen, Geoffrey L./Steele, Claude M./Ross, Lee D., 1999: The Mentor's Dilemma: Providing Critical Feedback Cross the Racial Divide, in: Personality and Social Psychology Bulletin 25, 1302-1318.

Crocker, Jennifer/Major, Brenda, 1989: Social Stigma and Self-esteem: The Self-protective Properties of Stigma, in: Psychological Review 96, 608-630.

Croizet, Jean-Claude/Theresa, Claire, 1998: Extending the Concept of Stereotype Threat to Social Class: The Intellectual Underperformance of Students from Low Socioeconomic Backgrounds, in: Personality and Social Psychology Bulletin 24, 588-594.

Croizet, Jean-Claude/Dutrevis, Marion, 2004: Socioeconomic Status and Intelligence: Why Test Scores do not equal Merit, in: Journal of Poverty 8, 91-107.

Cullen, M. J. Waters/Shonna D./Sackett, P. R., 2006: Testing Stereotype Threat Theory Predictions for Math-identified and Non-math-identified Students by Gender, in: Human Performance 19, 421-440.
Dar-Nimrod, Ilan/Heine, Steven J., 2006: Exposure to Scientific Theories Affects Women's Math Performance, in: Science 314, 435.
Davies, Paul G./Spencer, Steven J./Quinn, Diane M./Gerhardstein, Rebecca, 2002: Consuming Images: How Television Commercials that Elicit Stereotype Threat can Restrain Women Academically and Professionally, in: Personality and Social Psychology Bulletin 28, 1615-1628.
Dembo, Myron H./Eaton, Martin J., 1997: School Learning and Motivation, in: Phye, Gary D. (ed.), Handbook of Academic Learning: Construction of Knowledge. San Diego, CA: Academic Press, 65-103.
Desert, Michel/Croizet, Jean-Claude/Leyens, Jacques-Philippe, 2002: La Menace du Stereotype: Une Interaction entre Situation et Identite, in: L'Annee Psychologique 102, 555-576.
Dweck, Carol S., 1986: Motivational Processes Affecting Learning, in: American Psychologist 41, 1040-1048.
Dweck, Carol S., 1999: Self-theories: Their Role in Motivation. Philadelphia, PA: Psychology Press.
Enesco, Ileana/Navarro, Alejandra/Paradela, Isabel/Guerro, Silvia, 2005: Stereotypes and Beliefs about Different Ethnic Groups in Spain: A Study with Spanish and Latin American Children Living in Madrid, in: Applied Developmental Psychology 26, 638-659.
Esser, Hartmut, 2006: Migration, Sprache und Integration. AKI-Forschungsbilanz 4, Berlin.
Gonzales, Patricia M./Blanton, Hart/Williams, Kevin J., 2002: The Effects of Stereotype Threat and Double-minority Status on the Test Performance of Latino Women. Personality and Social Psychology Bulletin 28, 659-670.
Good, Catherine, 2001: Stereotype Threat and its Relation to Theories of Elementary Girls' Mathematics Achievement and Task Choices. Austin, TX: University of Texas.
Graham, Calvin/Baker, Robert W./Wapner, Seymour, 1984: Prior Interracial Experience and Black Student Transition into Predominately White Colleges, in: Journal of Personality and Social Psychology 47, 1146-1154.
Hess, Thomas M./Auman, Corinne/Colcombe, Stanley J./Rahhal, Tamara A., 2003: The Impact of Stereotype Threat on Age Differences in Memory Performance, in: Journal of Gerontology 58, 3-11.
Inzlicht, Michael/Aronson, Joshua/Good, Catherine/McKay, Linda, 2006: A Particular Resiliency to Threatening Environments, in: Journal of Experimental Social Psychology 42, 323-336.
Inzlicht, Michael/Ben-Zeev, Talia, 2000: A Threatening Intellectual Environment: Why Females are Susceptible to Experiencing Problem-solving Deficits in the Presence of Males, in: Psychological Science 11, 365-371.
Johns, Michael/Schmader, Toni/Martens, Andy, 2005: Knowing is Half the Battle: Teaching Stereotype Threat as a Means of Improving Women's Math Performance, in: Psychological Science 16, 175-179.
Kahraman, Birsen/Knoblich, Günther, 2000: Stechen statt sprechen: Valenz und Aktivierbarkeit von Stereotypen über Türken, in: Zeitschrift fur Sozialpsychologie 31, 31-43.
Keller, Johannes, 2002: Blatant Stereotype Threat and Women's Math Performance: Self-handicapping as a Strategic Means to Cope with Obtrusive Negative Performance Expectations, in: Sex Roles 47, 193-198.
Keller, Johannes/Dauenheimer, Dirk, 2003; Stereotype Threat in the Classroom: Dejection Mediates the Disrupting Threat Effect on Women's Math Performance, in: Personality and Social Psychology Bulletin 29, 371-381.
Klein, Kitty/Boals, Adriel, 2001: The Relationship of Life Event Stress and Working Memory Capacity, in: Applied Cognitive Psychology 15, 565-579.
Kleinpenning, Gerard/Hagendoorn, Louk, 1991: Contextual Aspects of Ethnic Stereotypes and Interethnic Evaluations, in: European Journal of Social Psychology 21, 331-348.
Leyens, Jacques-Philippe/Desert, Michel/Croizet, Jean-Claude/Darcis, Catherine, 2000: Stereotype Threat: Are Lower Status and History of Stigmatization Preconditions of Stereotype Threat?, in: Society for Personality and Social Psychology 26, 1189-1199.

Locke, Edwin A./Latham, Gary P., 1990: A Theory of Goal Setting and Task Performance. Englewood Cliffs, N.J: Prentice-Hall.
Major, Brenda/Spencer, Steven J./Schmader, Toni/Wolfe, Connie T./Crocker, Jennifer, 1998: Coping with Negative Stereotypes about Intellectual Performance: The Role of Psychological Disengagement, in: Personality and Social Psychology Bulletin 24, 1-34.
Martens, Andy/Johns, Michael/Greenberg, Jeff/Schimel, Jeff, 2006: Combating Stereotype Threat: The Effect of Self-affirmation on Women's Intellectual Performance, in: Journal of Experimental Social Psychology 42, 236-243.
Marx, David M./Stapel, Diederik A., 2006: It's All in the Timing: Measuring Emotional Reactions to Stereotype Threat before and after Taking a Test, in: European Journal of Social Psychology 36, 687-698.
Marx, David M./Stapel, Diederik, A., 2006: Distinguishing Stereotype Threat from Priming Effects: On the Role of the Social Self and Threat-based Concerns, in: Journal of Personality and Social Psychology 91, 243-254.
McKown, Clark/Weinstein, Rhona S., 2003: The Development and Consequences of Stereotype Consciouness in Middle School, in: Child Development 74, 498-515.
Mincer, Jacob, 1974: Schooling, Experience, and Earnings. New York: Columbia University Press.
Molina, Ludwin E./Wittig, Michele A./Giang, Michael T., 2004: Mutual Acculturation and Social Categorization: A Comparison of Two Perspectives on Intergroup Bias, in: Group Processes and Intergroup Relations 7, 239-265.
Mulder, L. J. M., 1992: Measurement and Analysis Methods of Heart Rate and Respiration for Use in Applied Environments, in: Biological Psychology 34, 205-236.
Muzzatti, Barbara, 2005: Gender and Mathematics: Attitudes and Stereotype Threat Susceptibility in Children. Unpublished Dissertation. Padova, Italy: University of Padova.
O'Brian, Laurie T./Crandall, Christian S., 2003: Stereotype Threat and Arousal: Effects on Women's Math Performance, in: Personality and Social Psychology Bulletin 29, 782-289.
OECD (Development), 1996: The Knowledge-based Economy. Paris, France. Retrieved March 6, 2006, from http://www.oecd.org/dataoecd/51/8/1913021.pdf.
OECD (Development), 2004: Learning for Tomorrow's World: First Results from PISA 2003. Retrieved March 1, 2005, from: http:/ninetta.sourceoecd.org/vl=709007. ISBN: 9264007245.
Osborne, Jason W., 2001: Testing Stereotype Threat: Does Anxiety Explain Race and Sex Differences in Achievement?, in: Contemporary Educational Psychology 26, 291-310.
Osborne, Jason W., 2007: Linking Stereotype Threat and Anxiety, in: Educational Psychology 27, 135-154.
Pettigrew, Thomas F., 1997: Generalized Intergroup Contact Effects on Prejudice, in: Personality and Social Psychology Bulletin 23, 173-185.
Pettigrew, Thomas F./Tropp, Linda R., 2006: A Meta-analytic Test of Intergroup Contact Theory, in: Journal of Personality and Social Psychology 90, 751-783.
Pinel, Elizabeth C., 1999: Stigma Consciousness: The Psychological Legacy of Social Stereotypes, in: Journal of Personality and Social Psychology 76, 114-128.
Portes, Alejandro/MacLeod, Dag, 1996: Educational Progress of Children of Immigrants: The Roles of Class, Ethnicity, and School Context, in: Sociology of Education 69, 255-275.
Reif, Karlheinz/Melich, Anna, 1991: Eurobarometer 30: Immigrants and Out-groups in Western Europe, October-November 1988. Ann Arbor, MI: Inter-University Consortium for Political and Social Research.
Rosenthal, Harriet E. S./Crisp, Richard J., 2005: Reducing Stereotype Threat by Blurring Intergroup Boundaries, in: Personality and Social Psychology Bulletin 20, 1-12.
Sackett, Paul R., 2003: Stereotype Threat in Applied Selection Settings: A Commentary, in: Human Performance 16, 311-326.
Sackett, Paul R./Schmitt, Neal/Ellingson, Jill E./Kabin, Melissa B., 2001: High-stakes Testing in Employment, Credentialing, and Higher Education, in: American Psychologist 56, 302-318.
Salinas, Moises F., 1998: Stereotype Threat: The Role of Effort Withdrawal and Apprehension on the Intellectual Underperformance of Mexican-Americans. Austin, Texas: University of Texas.

Schmader, Toni, 2002: Gender Identification Moderates Sereotype Treat Efects on Women's Math Performance, in: Journal of Experimental Social Psychology 38, 194-201.
Schmader, Toni/Johns, Michael, 2003: Converging Evidence that Stereotype Threat Reduces Working Memory Capacity, in: Journal of Personality and Social Psychology 85, 440-452.
Schmader, Toni/Johns, Michael/Barquissaue, Marchelle, 2004: The Costs of Accepting Gender Differences: The Role of Stereotype Endorsement in Women's Experience in the Math Domain, in: Sex Roles 50, 835-850.
Schmader, Toni/Major, Brenda/Gramzow, Richard H., 2001: Coping with Ethnic Stereotypes in the Academic Domain: Perceived Injustice and Psychological Disengagement, in: Journal of Social Issues 57, 93-111.
Schofield, Janet W., 2006: Migration Background, Minority-group Membership and Academic Achievement: Research Evidence from Social, Educational, and Developmental Psychology. Berlin: Social Science Research Center (Wissenschaftszentrum Berlin für Sozialforschung).
Schönwälder, Karen, 1991: Zu viele Ausländer in Deutschland? Zur Entwicklung ausländerfeindlicher Einstellungen in der Bundesrepublik, in: Vorgänge 11, 1-11.
Seibt, Beate/Forster, Jens, 2004: Stereotype Threat and Performance: How Self-stereotypes Influence Processing by Inducing Regulatory Foci, in: Journal of Personality and Social Psychology 87, 38-56.
Sekaquaptewa, Denise/Thompson, Mischa, 2003: Solo Status, Stereotype Threat, and Performance Expectancies: Their Effects on Women's Performance, in: Journal of Experimental Social Psychology 39, 68-74.
Shih, Margaret/Pittinsky, Todd L./Ambady, Nalini, 1999: Stereotype Susceptibility: Identity Salience and Shifts in Quantitative Performance, in: Psychological Science 10, 80-83.
Slavin, Robert E., 1995: Cooperative Learning and Intergroup Relations, in: *Banks, James A./McGee Banks* (eds.), Handbook of Research on Multicultural Education. New York: Simon & Schuster MacMillan, 628-634.
Snyder, Mark, 1974: Self-monitoring of Expressive Behavior, in: Journal of Personality and Social Psychology 30, 526-537.
Spencer, Steven J./Steele, Claude M./Quinn, Diane M., 1999: Stereotype Threat and Women's Math Performance, in: Journal of Experimental Social Psychology 35, 4-28.
Stangor, Charles/Carr, Christine/Kiang, Lisa, 1998: Activating Stereotypes Undermines Task Performance Expectations, in: Journal of Personality and Social Psychology 75, 1191-1197.
Steele, Claude M./Aronson, Joshua, 1995: Stereotype Threat and the Intellectual Test Performance of African Americans, in: Journal of Personality and Social Psychology 69, 797-811.
Steele, Claude M./Davies, Paul G., 2003: Stereotype Threat and Employment Testing: A Commentary, in: Human Performance 16, 311-326.
Steele, Claude M./Spencer, Steven J./Aronson, Joshua, 2002: Contending with Group Image: The Psychology of Stereotype and Social Identity Threat, in: Advances in Experimental Social Psychology 34, 379-440.
Steele, Claude M./Spencer, Steven J./Hummel, M./Carter, K./Harber, K. D./Schoem, D. et al., 1997: African-American College Achievement: A "Wise" Intervention. Unpublished Manuscript.
Stephan, W. G./Ybarra, O./Martinez-Martinez, C./Schwarzwald, J./Tur-Kaspa, M., 1998. Prejudice toward Immigrants to Spain and Israel, in: Journal of Cross-Cultural Psychology 29, 4, 559-576.
Stone, Jeff, 2002: Battling Doubt by Avoiding Practice: The Effects of Stereotype Threat on Self-handicapping in White Athletes, in: Personality and Social Psychology Bulletin 28, 1667-1678.
Stone, Jeff/Sjomeling, Mike/Lynch, Christian I./Darley, John M., 1999: Stereotype Threat Effects on Black and White Athletic Performance, in: Journal of Personality and Social Psychology 77, 1213-1227.
Verkuyten, Maykel/Kinket, Barbara, 1999: The Relative Importance of Ethnicity: Ethnic Categorization among Older Children, in: International Journal of Psychology 34, 107-118.
Walker, Iain/Crogan, Mary, 1998: Academic Performance, Prejudice, and the Jigsaw Classroom: New Pieces to the Puzzle, in: Journal of Community & Applied Social Psychology 8, 381-393.

Whaley, Arthur L., 1998: Issues of Validity in Empirical Tests of Stereotype Threat Theory, in: American Psychologist 53, 679-680.

Correspondence: Prof. Janet Schofield, 319 Nottingham Circle, Pittsburgh, PA 15215, USA
E-Mail: schof+@pitt.edu

Die Autorinnen und Autoren

Alba, Richard, 1942, Dr. phil., Professor für Soziologie und Public Policy an der University at Albany, State University of New York. Veröffentlichungen: Remaking the American Mainstream: Assimilation and Contemporary Immigration. Cambridge, USA 2003 (mit V. Nee); Segmented assimilation in France? Discrimination in the labor market against the second generation. Ethnic and Racial Studies 30, 2007 (mit R. Silberman und I. Fournier); The children of immigrants encounter host-society educational systems: Mexicans in the U.S. and North Africans in France. Teachers College Record, im Erscheinen (mit R. Silberman).

Alexander, Kira M., 1974, Graduate student, Social Psychology, University of Pittsburgh. Forschungsgebiete: Normenverletzung und Reaktionen auf Devianz in kleinen Gruppen, Loyalität, Regulatory Fit Theorie, virtuelle Gruppen und virtuelle Gruppenprozesse, Stereotype Threat, Shared Reality. Veröffentlichungen: Stereotype Threat: Wie Reaktionen von SchülerInnen auf wahrgenommene negative Stereotype ihre Leistungen beeinträchtigen, in: J. Schofield: Migrationshintergrund, Minderheitenzugehörigkeit und Bildungserfolg, Wissenschaftszentrum Berlin für Sozialforschung. Berlin 2006 (mit J. Schofield); Erwartungseffekte: Wie Lehrerverhalten schulische Leistungen beeinflusst, in: J. Schofield, a. a. O. (mit J. Schofield); Seeing I to I: A pathway to interpersonal connectedness. Journal of Personality and Social Psychology 90, 2006 (mit E. Pinel et al.).

Baumert, Jürgen, 1941, Prof. Dr. phil., Direktor am Max-Planck-Institut für Bildungsforschung Berlin und Vizepräsident der Max-Planck-Gesellschaft. Forschungsschwerpunkte: Lehr-/Lernforschung, kognitive und motivationale Entwicklung im Jugendalter, internationaler Leistungsvergleich, Entwicklung von Bildungssystemen. Neuere Veröffentlichungen u. a.: Schulstruktur und die Entstehung differenzieller Lern- und Entwicklungsmilieus, in: J. Baumert, P. Stanat und R. Watermann (Hrsg.), Herkunftsbedingte Disparitäten im Bildungswesen: Differenzielle Bildungsprozesse und Probleme der Verteilungsgerechtigkeit. Wiesbaden 2006 (mit P. Stanat und R. Watermann); Was wissen wir über die Entwicklung von Schulleistungen? Pädagogik 58, 2006; Was messen internationale Schulleistungsstudien? – Resultate kumulativer Wissenserwerbsprozesse: Eine Antwort auf Heiner Rindermann. Psychologische Rundschau 58, 2007 (mit M. Brunner, O. Lüdtke und U. Trautwein); Effective classroom management and the development of subject-related interest. Learning and Instruction 17, 2007 (mit M. Kunter und O. Köller).

Becker, Michael, 1975, Dipl.-Psych., M.A. phil., Promotionsstipendiat am Max-Planck-Insitut für Bildungsforschung, Berlin. Forschungsgebiete: Kognitive und psychosoziale Entwicklung, Veränderung und Entwicklung von Bildungssystemen, quantitative Methoden der Sozialforschung. Neuere Veröffentlichungen u. a.: Leistungszuwachs in Mathematik: Evidenz für einen Schereneffekt im mehrgliedrigen Schulsystem. Zeitschrift für Pädagogische Psychologie 20, 2006 (mit O. Lüdtke, U. Trautwein und J. Baumert); Bildungsexpansion und kognitive Mobilisierung, in: A. Hadjar und R. Becker (Hrsg.), Die Bildungsexpansion: Erwartete und unerwartete Folgen. Wiesbaden 2006 (mit U. Trautwein, O. Lüdtke, K. S. Cortina und J. Baumert); Mathematikleistungen am Ende der Sekundarstufe II, in: U. Trautwein, O. Köller, R. Lehmann und O. Lüdtke (Hrsg.), Schulleistungen von Abiturienten: Regionale, schulformbezogene und soziale Disparitäten. Münster 2007 (mit G. Nagy, M. Neumann, R. Watermann, O. Köller, O. Lüdtke und U. Trautwein).

Blohm, Michael, 1970, Dipl. Soz., wissenschaftlicher Mitarbeiter bei GESIS-ZUMA, Bereich ALLBUS. Forschungsgebiete: Methoden der Umfrageforschung, Integration von Einwanderern. Veröffentlichungen: Wenn Migranten Migranten befragen. Zum Teilnahmeverhalten von Einwanderern bei Bevölkerungsumfragen. Zeitschrift für Soziologie 30, 2001 (mit C. Diehl); The influence of interviewers' contact behavior on the contact and cooperations rates in face-to-face household surveys. International Journal for Public Opinion Research 19, 2007 (mit J. Hox und A. Koch).

Cohen, Yinon, 1953, Ph. D., Professor am Department of Sociology der Columbia University (USA) und der Universität von Tel Aviv (Israel). Forschungsgebiete: Immigration, Arbeitsmarktanalyse, soziale Stratifikation. Veröffentlichungen: Merit Pay in Israel's Universities. Economic Quarterly (auf Hebräisch), im Druck; The Demographic Success of Zionism. Sociology 8 (auf Hebräisch), 2007; Decentralization of Collective Wage Agreements and Rising Wage Inequality in Israel. Industrial Relations 46, 2007 (mit T. Kristal); Ethnicity and Mixed Ethnicity: Educational Gaps among Israeli-born Jews. Ethnic and Racial Studies 30, 2007 (mit Y. Haberfeld und T. Kristel).

Diehl, Claudia, 1968, Dr. phil., Juniorprofessorin für Migration und Ethnizität an der Universität Göttingen. Forschungsgebiete: Integration von Einwanderern, internationale Migration. Veröffentlichungen: Die Partizipation von Migranten in Deutschland – Rückzug oder Mobilisierung? Opladen 2002; Zieht es die Besten fort? Ausmaß und Formen der Abwanderung deutscher Hochqualifizierter in die USA. Kölner Zeitschrift für Soziologie und Sozialpsychologie 57, 2005 (mit D. Dixon); Gekommen um zu bleiben? Bedeutung und Bestimmungsfaktoren der Bleibeabsicht von Neuzuwanderern in Deutschland. Soziale Welt 58, 2007 (mit P. Preisendörfer).

Esser, Hartmut, 1943, Professor für Soziologie und Wissenschaftslehre an der Fakultät für Sozialwissenschaften der Universität Mannheim. Zentrale Forschungsgebiete: Probleme der Theoriebildung in den Sozialwissenschaften; Familiensoziologie, Migration, interethnische Beziehungen, ethnische Konflikte, soziologische Handlungstheorien. Veröffentlichungen u. a.: Soziale Regelmäßigkeiten des Befragtenverhaltens, Meisenheim 1975; Wissenschaftstheorie (2 Bde.), Stuttgart 1977; Aspekte der Wanderungssoziologie, Darmstadt/Neuwied 1980; Generation und Identität (Hg. mit J. Friedrichs), Opladen 1990; Alltagshandeln und Verstehen. Zum Verhältnis von erklärender und verstehender Soziologie am Beispiel von Alfred Schütz und Rational Choice, Tübingen 1991; Modellierung sozialer Prozesse (Hg. mit K. Troitzsch), Bonn 1991; Soziologie. Allgemeine Grundlagen, 2. Aufl. Frankfurt a. M./New York 1996; Soziologie. Spezielle Grundlagen (6 Bde.), Frankfurt a. M./New York 1999-2001; Sprache und Integration, Frankfurt a. M./New York 2006.

Flap, Henk, 1950, Ph. D., Professor für Soziologie an der Universität Utrecht, Abteilung Soziologie/ICS. Forschungsgebiete: Soziale Netzwerke, Sozialkapital, Organisationssoziologie. Veröffentlichungen: Soziologie: Fragen, Aussagen und Befunde (auf holländisch), 2003 (mit W. Ultee und W. Arts); Creation and Returns of Social Capital: A New Research Program, Oxford 2005 (als Hrsg. mit B. Völker); When are neighborhoods communities? Solidarity among neighbors. European Sociological Review, 2007 (mit B. Völker und S. Lindenberg); Social contexts and core diskussion networks. Using a choice-constraint approach to study similarity in intimate personal relationships. Social Forces, 2008 (mit G. Mollenhorst und B. Völker).

Friedrichs, Jürgen, 1938, Prof. Dr. (em.), Lehrstuhl für Soziologie an der Universität zu Köln, Forschungsinstitut für Soziologie. Mitherausgeber der „Kölner Zeitschrift für Soziologie und Sozialpsychologie". Forschungsgebiete: Stadtforschung, sozial-räumliche Ungleichheit, Normenwandel, Rational-Choice-Theorie. Veröffentlichungen: Soziales Kapital in Wohngebieten, in: A. Franzen und M. Freitag (Hrsg.), Sozialkapital. Wiesbaden 2007 (mit D. Oberwittler);

Internal Heterogeneity of a deprived Urban Area and its Impact on Residents' Perception of Deviance. Housing Studies 22, 2007 (mit J. Blasius).

Gerhards, Jürgen, 1955, Prof. Dr., Lehrstuhl für Makrosoziologie an der Freien Universität Berlin. Forschungsgebiete: Komparative Kultursoziologie, Soziologie Europas, Soziologie der Öffentlichkeit. Letzte Buchveröffentlichungen: Shaping the Abortion Discourse: Democracy and the Public Sphere in Germany and the U.S., 2002 (mit M. Marx Ferree, W. A. Gamson und D. Rucht); The Name Game. Cultural Modernization and First Names, 2005; Kulturelle Unterschiede in der Europäischen Union. Ein Vergleich zwischen Mitgliedsländern, Beitrittskandidaten und der Türkei (in Zusammenarbeit mit Michael Hölscher), 2005; Die Herstellung einer öffentlichen Hegemonie. Humangenomforschung in der deutschen und der US-amerikanischen Presse (mit Mike Schäfer), 2006; Cultural Overstretch? The enlargement of the European Union and the cultural differences between old and new member states and Turkey, 2007.

Gijsberts, Mérove, 1976, Senior Researcher am Netherlands Institute for Social Research/SCP. Forschungsgebiete: Bildungserwerb ethnischer Minderheiten, Interethnische Beziehungen und Vorurteile, soziale und kulturelle Einstellungen in vergleichender Perspektive. Veröffentlichungen: The socio-cultural integration of ethnic minorities in the Netherlands: identifying neighbourhood effects on multiple integration outcomes. Housing Studies 22, 2008 (mit J. Dagevos); Nationalism and exclusion of migrants. Cross-national comparisons. Aldershot 2004 (Hg. mit L. Hagendoorn und P. Scheepers).

Hans, Silke, 1980, Dipl.-Soz., Wissenschaftliche Mitarbeiterin am Arbeitsbereich Makrosoziologie der Freien Universität Berlin. Forschungsgebiete: Migrationssoziologie, Vergleichende Sozialstrukturanalyse, Methoden empirischer Sozialforschung. Dissertationsprojekt: Integrations- und Assimilationsprozesse von Zuwanderern in europäischen Gesellschaften.

Haberfeld, Yitchak, 1951, Ph. D., Professor am Department of Labor Studies der Universität von Tel Aviv (Israel). Forschungsgebiete: Arbeitsmärkte, internationale Migration, industrielle Beziehungen, Ungleichheit. Veröffentlichungen: Labor Force Attachment and Evolving Wage Gap between White, Black and Hispanic Young Women. Work and Occupations 34, 2007 (mit S. Alon); Gender, Ethnic, and National Earnings Gaps in Israel: the Role of Rising Inequality. Social Science Research 28, 2007 (mit Y. Cohen); The State of Organized Labor in Israel. Journal of Labor Research 28, 2007 (mit Y. Cohen, T. Kristal und G. Mundlak); Patterns of Self-Selection and Earning Assimilation among Immigrants from the Former Soviet Union in Israel and the US. Demography 44, 2007 (mit Y. Cohen).

Hagendoorn, Louk, 1945, Professor für Sozialwissenschaften, Direktor und Mitbegründer des European Research Centre on Migration and Ethnic Relations (ERCOMER), ehemaliger Leiter der Graduate School of Social and Behavioural Sciences, Universität Utrecht. Forschungsgebiete: Intergruppenbeziehungen, Vorurteile und Politische Psychologie. Veröffentlichungen: Intergroup relations in states of the former Soviet Union: the perception of Russians. European Monographs in Social Psychology. Hove 2001 (mit H. Linssen und S. Tumanov); When ways of life collide. Multiculturalism in the Netherlands and its discontents. Princeton 2006 (mit P. Sniderman).

Heath, Anthony, 1942, Ph. D. (Cambridge), Fellow of the British Academy, Professor of Sociology, Department of Sociology, University of Oxford and Professorial Fellow of Nuffield College, Oxford. Forschungsgebiete: Ethnizität, Soziale Schichtung, Nationale Identität. Veröffentlichungen: Unequal Chances: Ethnic Minorities in Western Labour Markets. Proceedings of the British Academy 137, 2007 (Hrsg. mit Sin Yi Cheung); Ethnic Penalties in the Labour Market: Employers and Discrimination, Department for Work and Pensions. Research Report No 341, 2006 (mit Sin Yi Cheung); Who do we think we are? The decline of traditional social identities, in: A. Park, J. Curtice, K. Thomson, M. Phillips and M. Johnson (eds.), British Social Attitudes: the 23rd Report – Perspectives on a Changing Society, 2007 (mit Jean Martin und Gabriella Elgenius). Class politics and political context in Britain, 1964-97: have voters become more individualized? European Sociological Review, 226 (mit Bob Andersen und Min Yang); The political values and choices of husbands and wives. Journal of Marriage and Family 68, 2006 (mit Man Yee Kan).

Huinink, Johannes, 1952, Prof. Dr., Professor für Soziologie mit Schwerpunkt „Theorie und Empirie der Sozialstruktur", Institut für empirische und angewandte Soziologie, Universität Bremen. Forschungsgebiete: Lebenslauf, Familienentwicklung, Sozialstruktur. Veröffentlichungen: BA Studium: Soziologie. Reinbek 2005; Familiensoziologie. Ein Lehrbuch. Frankfurt a. M. 2007 (mit D. Konietzka).

Kalter, Frank, 1964, Dr. phil., Professor für Soziologie, Institut für Soziologie, Universität Leipzig. Forschungsgebiete: Migration und Integration, Rational-Choice-Theorie, Quantitative Methoden, Familiensoziologie. Veröffentlichungen: Chancen, Fouls und Abseitsfallen. Westdeutscher Verlag, 2003; Auf der Suche nach einer Erklärung für die spezifischen Arbeitsmarktnachteile Jugendlicher türkischer Herkunft. Zeitschrift für Soziologie 35, 2006; Ethnic Inequalities in the Transition from School to Work in Belgium and Spain: Discrimination or Self-Exclusion? Research in Social Stratification and Mobility 24, 2006 (mit Irena Kogan); The Effects of Relative Group Size on Occupational Outcomes: Turks and Ex-Yugoslavs in Austria. European Sociological Review 22, 2006 (mit Irena Kogan).

Kessler, Thomas, 1965, Dr. rer. nat., Dipl.-Psych., Professor an der University of Exeter, United Kingdom. Forschungsgebiete: Kooperation und Konflikt innerhalb und zwischen sozialen Gruppen, Vorurteile und soziale Diskriminierung. Veröffentlichung: Is there any scapegoat around? Determinants of intergroup conflict at different categorization levels. Journal of Personality and Social Psychology 81, 2001 (mit A. Mummendey).

Kley, Stefanie, 1971, Dipl. Soz., wissenschaftliche Mitarbeiterin, Institut für empirische und angewandte Soziologie, Universität Bremen. Forschungsgebiete: Migration und Integration, Sozialstruktur. Veröffentlichungen: Migration und Sozialstruktur. EU-Bürger, Drittstaater und Eingebürgerte in Deutschland. Berlin 2004; Die Gründung eines eigenen Haushalts bei Ost- und Westdeutschen nach der Wiedervereinigung. Zeitschrift für Bevölkerungswissenschaft 31 (1), 2006 (mit J. Huinink).

Kogan, Irena, 1973, Prof. Dr. soc., Lehrstuhl für Soziologie, insbesondere Sozialstrukturanalyse, an der Universität Bamberg, Deutschland. Forschungsgebiete: Integration von Zuwanderern und ethnische Schichtung, Soziale Ungleichheit, Übergang vom Bildungssystem in den Arbeitsmarkt, Vergleichende Sozialforschung, Methoden der empirischen Sozialforschung. Veröffentlichungen: Working through Barriers: Host country institutions and immigrant labour market performance in Europe. Dordrecht 2007; Transition from Educational System to Labour Market in the European Union: A Comparison Between New and Old Members. International Journal of Comparative Sociology 48, 6, 2007 (mit E. Saar und M. Unt); Next year in Jerusalem ... or in Cologne? Labor Market Integration of Jewish Immigrants from the Former Soviet Union in Israel and Germany in the 1990s. European Sociological Review 23, 2, 2007 (mit Y. Cohen); Labor Markets and Economic Incorporation among Recent Immigrants in Europe. Social Forces 85, 2, 2007; Ethnic Inequalities at the Transition from School to Work in Belgium and Spain: Discrimination or Self-Exclusion? Research in Social Stratification and Mobility 24, 2006 (mit F. Kalter); The effects of relative group size on occupational outcomes: Turks and Ex-Yugoslavs in Austria. European Sociological Review 22, 1, 2006 (mit F. Kalter); Last Hired, First Fired? The Unemployment Dynamics of Male Immigrants in Germany. European Sociological Review 20, 5, 2006.

Kristen, Cornelia, 1972, Dr. rer. soc., Juniorprofessorin am Institut für Soziologie der Universität Göttingen. Forschungsgebiete: Migration und Integration, Bildungssoziologie, soziale Ungleichheit. Veröffentlichungen: Primary school choice and ethnic school segregation in German elementary schools. European Sociological Review 24, 2008; Higher education entry of Turkish immigrant youth in Germany. International Journal of Comparative Sociology 49, 2008 (mit D. Reimer und I. Kogan); The educational attainment of the second generation in Germany. Social origins and ethnic inequality. Ethnicities 7, 2007 (mit N. Granato).

Lehmann, Rainer, 1944, Prof. Dr. Dr., Professor für Erziehungswissenschaft an der Humboldt-Universität zu Berlin. Forschungsgebiete: Evaluation von Bildungssystemen, international vergleichende Schulleistungsuntersuchungen und Qualifikationsforschung. Neuere Veröffentlichungen u. a.: PISA 2003. Der Bildungsstand der Jugendlichen in Deutschland – Ergebnisse des zweiten internationalen Vergleichs. Münster 2004 (mit M. Prenzel, J. Baumert, W. Blum, D. Leutner, M. Neubrand, R. Pekrun, H.-G. Rolff, J. Rost und U. Schiefele); Bildungsportale – Wegweiser im Netz. Gestaltung – Nutzung – Evaluation. Frankfurt a. M. 2005 (mit O. Kos, E. Brenstein und D. Holsch); Relationship between planned and actual school careers, in: H. Döbert und W. Sroka (Hrsg.), Features of Successful School Systems. A Comparison of Schooling in Six Countries. Münster 2004.

Li, Yaojun, 1958, Dr. phil. (Oxford), Professor of Sociology at Manchester University, UK. Forschungsgebiete: Soziale Schichtung, sozio-politisches Kapital, Ethnische Minderheiten auf dem Arbeitsmarkt. Veröffentlichungen: New forms of political participation: Searching for Expert Citizens and Everyday Makers, BJPS, 2007 (mit D. Marsh); Social Capital and Social Trust in Britain. European Sociological Review, 2005 (mit A. Pickles und M. Savage); Samples of Anonymised Records (SARs) from the UK Censuses: A Unique Source for Social Science Research. Sociology 38, 3, 2004; Social Capital and Social Exclusion in England and Wales (1972-1999) 54. British Journal of Sociology, 2003 (mit M. Savage und A. Pickles); Falling off the ladder? Professional and managerial career trajectories and unemployment experiences. European Sociological Review 18, 2002.

Massey, Douglas S., 1952, Ph. D., Henry G. Bryant Professor of Sociology and Public Affairs, Princeton University. Forschungsgebiete: Internationale Migration, Segregation, Interethnische Beziehungen, Soziale und Ethnische Schichtung, Demographie. Veröffentlichungen: New Faces in New Places: The New Geography of American Immigration, 2008; Categorically Unequal: The American Stratification System, 2007; Return of the L-Word: A Liberal Vision for the New Century, 2005; Strangers in a Strange Land: Humans in an Urbanizing World. Norton, 2005.

Mummendey, Amélie, 1944, Dr. rer. nat., Professorin für Sozialpsychologie and der Universität Jena. Forschungsgebiete: Diskriminierung und Toleranz zwischen sozialen Gruppen, soziale Identität, Beziehungen und Verhalten zwischen sozialen Gruppen. Veröffentlichung: Superordinate identities and intergroup conflict: The ingroup projection model. European Review of Social Psychology 18, 2007 (mit M. Wenzel und S. Waldzus).

Nauck, Bernhard, 1945, Dr. phil. habil., Professor für Soziologie an der Technischen Universität Chemnitz. Forschungsgebiete: Familie, Migration, Bevölkerung, Kulturvergleich. Veröffentlichungen: Der Wert von Kindern für ihre Eltern. Kölner Zeitschrift für Soziologie und Sozialpsychologie 53, 3, 2001; Immigrant Families in Germany. Family change between situational adaptation, acculturation, segregation and remigration. Zeitschrift für Familienforschung 19, 2007; The Varying Value of Children. Empirical Results from Eleven Societies in Asia, Africa and Europe. Current Sociology 55, 2007 (mit Daniela Klaus); Value of Children and the Framing of Fertility: Results from a Cross-cultural Comparative Survey in 10 Societies. European Sociological Review 23, 2007.

Phalet, Karen, 1963, Professorin für Sozialpsychologie an der Universität Leuven und Senior Research Fellow am European Research Center for Migration and Ethnic Relations (ERCOMER), Universität Utrecht. Forschungsgebiete: Soziologische und sozialpsychologische Determinanten ethnischer Ungleichheiten und interethnischer Konflikte in vergleichender Perspektive. Veröffentlichungen: Down and out: The children of migrant workers in the Belgian labour market, in: A. Heath und S.-Y. Cheung (Hrsg.), Unequal chances. Oxford 2007; Old and new inequalities: Ethnic minorities in the Belgian census 1991-2001. Ethnicities 7, 2007 (mit P. Deboosere und V. Bastiaenssen).

Pinkster, Fenne, 1976, Dipl. Sozialgeographin; Doktorandin am Amsterdam Institute for Metropolitan and International Development Studies (AMIDSt) an der Universität von Amsterdam. Forschungsgebiete: soziale Beziehungen, Bedeutung von Nachbarschaften im Besonderen für soziale Ungleichheiten. Veröffentlichungen: Localised social networks, socialisation and social mobility in a low income neighbourhood in the Netherlands. Urban Studies, 2007; Einkommenssegregierungen in niederländischen Städten (auf holländisch), in: C. Mulder und F. Pinkster, Soziale Unterschiede im Wohnen [Onderscheid in wonen]. Amsterdam 2006.

Pren, Karen A., 1978, M.A., University of Pennsylvania, Managerin des Mexican Migration Project, Princeton University. Forschungsgebiete: Lateinamerikanische Migration, Soziale Mobilität, Integration von Migranten. Veröffentlichungen: 'Salir Adelante': Assessing the Relationship between Geographical and Social Mobility in the Peruvian Context. Latin American Perspectives Journal, im Erscheinen (mit Ayumi Takenaka); The Effect of Parental Legal Status on their Children Educational Outcomes: The Case of Mexican Migrants. Paper presented at the annual meeting of Population Association of America at Los Angeles, 2006.

Rippl, Susanne, PD Dr., wissenschaftliche Mitarbeiterin am Institut für Soziologie der Technischen Universität Chemnitz. Forschungsgebiete: Politische Soziologie, Rechtsextremismus, Zivilgesellschaft, Kulturvergleich. Wichtige Publikationen: Kompensation oder Konflikt? Zur Erklärung negativer Einstellungen zur Zuwanderung. Kölner Zeitschrift für Soziologie und Sozialpsychologie 55, 2003; Das Deprivationskonzept in der Rechtsextremismusforschung. Eine vergleichende Analyse verschiedener Konzeptualisierungen des Deprivationsbegriffs. Kölner Zeitschrift für Soziologie und Sozialpsychologie 57, 2005 (mit Dirk Baier).

Schofield, Janet, 1946, Dr. phil, Professor of Psychology, Senior Scientist Learning Research and Development Center, University of Pittsburgh. Forschungsgebiete: Intergruppenbeziehungen, schulische Degregation, soziale Prozesse im Klassenzimmer, Sozialpsychologie der Computernutzung. Veröffentlichungen: Migrationshintergrund, Minderheitenzugehörigkeit und Bildungserfolg, Wissenschaftszentrum Berlin für Sozialforschung. Berlin 2006; Realizing the Internet's educational potential, in: J. Weiss, J. Nolan, J. Hunsinger und P. Trifonas (Hrsg.), Handbook of Virtual Learning Environments. Dordrecht 2006; School desegregation and social science research.

Schroedter, Julia H., 1974, wissenschaftliche Mitarbeiterin im German Microdata Lab bei GESIS-ZUMA, Mannheim. Forschungsschwerpunkte: Migration und Integration, Partnerwahl. Veröffentlichungen: Binationale Ehen in Deutschland. Wirtschaft und Statistik 4, 2006; Kleinräumliche Segregation der ausländischen Bevölkerung in Deutschland: Eine Analyse auf der Basis des Mikrozensus. Zeitschrift für Soziologie 36, 2007 (mit Andrea Janßen).

Stanat, Petra, 1964, Ph. D., Professorin für Empirische Bildungsforschung an der Freien Universität Berlin. Forschungsgebiete: Bedingungen und Förderung des Bildungserfolgs von Kindern und Jugendlichen mit Migrationshintergrund; ethnische, soziale und geschlechtsbezogene Disparitäten im Bildungserfolg; Zweitsprachförderung; Entwicklungsdeterminanten und Förderung von Lesekompetenz; Determinanten von Schulleistungen im internationalen Vergleich. Neuere Veröffentlichungen: Heranwachsende mit Migrationshintergrund im deutschen Bildungswesen, in: K. Cortina et al. (Hrsg.), Das Bildungswesen in der Bundesrepublik Deutschland. Reinbek (in Druck); Multilevel issues in international large-scale assessment studies on student performance, in: F. J. R. van de Vijver, D. A. van Hemert und Y. H. Poortinga (Hrsg.), Individuals and cultures in multilevel analysis. Hillsdale, NJ, 2008 (mit O. Lüdtke); Where immigrant students succeed – a comparative review of performance and engagement in PISA 2003. Paris 2006 (mit G. Christensen).

Van Tubergen, Frank, 1976, Ph. D., Associate Professor of Sociology, Department of Sociology, ICS, Utrecht University. Forschungsgebiete: Migration und Integration, Vergleichende Sozialforschung, Religionssoziologie. Veröffentlichungen: Immigrant Integration: A Cross-National Study. New York: LFB Scholarly Publishing, 2006; The Economic Incorporation of Immigrants in 18 Western Societies: Origin, Destination, and Community Effects. American Sociological Review 69, 2004 (mit Ineke Maas und Henk Flap); Destination-Language Proficiency in Cross-National Perspective: A Study of Immigrant Groups in Nine Western Countries. American Journal of Sociology 110, 2005 (mit Matthijs Kalmijn); Ethnic Intermarriage among Immigrants in the Netherlands: An Analysis of Population Data. Social Science Research 36, 2007 (mit Ineke Maas); Postimmigration Investments in Education: A Study of Immigrants in the Netherlands. Demography 44, 2007 (mit Herman van de Werfhorst).

Völker, Beate, 1963, Ph. D., Professorin für Soziologie an der Universität Utrecht, Abteilung Soziologie/ICS. Forschungsgebiete: Soziale Netzwerke, Nachbarschaftsbeziehungen, Beziehungen am Arbeitsplatz; Konsequenzen von Netzwerken für individuelles Handeln. Veröffentlichungen: Weak ties as a liability. The case of East Germany. Rationality and Society, 2001 (mit H. Flap); Community at the workplace, in: J. Lüdicke und M. Diewald (Hrsg.), Soziale Netzwerke und soziale Ungleichheit. Zur Rolle vom Sozialkapital in modernen Gesellschaften, 2007 (mit H. Flap); 16 million neighbors. A multilevel study of the role of neighbors in the personal networks of the Dutch. Urban Affairs Review 2007 (mit H. Flap).

Wimmer, Andreas, 1962, Professor am Department of Sociology der University of California Los Angeles. Forschungsgebiete: Nationalstaatenbildung und ethnische Grenzziehungen, ethnische Konflikte und Kriege sowie Prozesse kulturellen Wandels. Buchpublikationen (Auswahl): Transformationen. Sozialer Wandel im indianischen Mittelamerika. Berlin 1995; Nationalist Exclusion and Ethnic Conflicts. Shadows of Modernity. Cambridge 2002; Facing Ethnic Conflicts: Toward a New Realism. Lanham 2004; Kultur als Prozess. Zur Dynamik des Aushandelns von Bedeutungen. Wiesbaden 2005.

English Summaries / Zusammenfassungen

Frank Kalter, **State, Challenges, and Perspectives of Empirical Migration Research,** pp. 11-36.

The paper introduces into this special volume of the KZfSS by integrating each individual contribution into an overarching framework. This framework is given by a perspective that emphasizes the need for a more theory-driven and more basic empirical research in the field of migration and integration. This idea is outlined following the basic structure and themes of this book focusing on general theoretical perspectives, phenomena of migration, diverse aspects of integration, and processes of ethnic boundary making. Finally, specific attention is paid to the use of methods and the availability of data in migration research as well as to further respective perspectives in the near future.

Keywords: theory-driven empirical research, basic research, integration, migration, ethnic boundary making

Stichworte: theoriegeleitete empirische Sozialforschung, Grundlagenforschung, Integration, Migration, ethnische Grenzziehung

Richard Alba, **Warum eine Theorie der Mainstream-Assimilation noch immer unverzichtbar ist,** pp. 37-56.

Der Beitrag entwickelt die Assimilationstheorie weiter und argumentiert, dass sie für die Analyse gegenwärtiger Immigrationsprozesse nach wie vor von fundamentaler Bedeutung ist. Es wird aufgezeigt, wie die von Alba und Nee (2003) konzipierte Neue Assimilationstheorie zentrale Schwächen des herkömmlichen Ansatzes, etwa im klassischen Beitrag von Gordon (1964), überwindet. Die Neue Assimilationstheorie stellt – so wird weiter argumentiert – eine notwendige Ergänzung zur Theorie der „Segmented Assimilation" dar, vor allem weil sie im Gegensatz zu dieser ethnische Grenzen nicht als exogen betrachtet und Assimilation aufgrund von unterschiedlichen Mechanismen der Grenzveränderung berücksichtigt. Die Bedeutung der Neo-Assimilation offenbart sich in den USA vor allem dadurch, dass die Mobilitätschancen der Minderheiten keinen Nullsummenspiel-Charakter tragen und sich nach dem Ausscheiden der Baby-Boom-Generation aus dem Arbeitsmarkt in struktureller Hinsicht notwendigerweise ethnische Grenzveränderungen ergeben werden. Ähnliche Szenarien könnten auch für viele Westeuropäische Gesellschaften relevant werden.

Keywords: assimilation, social boundaries, social mobility, race/ethnicity

Stichworte: Assimilation, Soziale Grenzen, Soziale Mobilität, Ethnizität

Andreas Wimmer, **Ethnic Boundary Making in Immigrant Societies Beyond the Herderian Common Sense,** pp. 57-80.

Much research on immigrant societies assumes that ethnic groups are obvious units of observation and treat ethnic culture and community as self-explanatory variables. These assumptions are shared by otherwise quite dissimilar approaches, from assimilation theory to the transnational community paradigm, among many others. I show that these theories of immigrant ethnicity rely on a Herderian perspective on the world, which naturalizes its division into a series of distinct "peoples". Then I discuss three major analytical and empirical problems of this perspective. The second section introduces the ethnic boundary-making paradigm which avoids the Herderian conflation of ethnic culture, community, and category. This paradigm reconceives immigrant "assimilation" and "integration" as reversible, power driven processes of boundary shifting, rather than the result of overcoming cultural difference and social distance between distinct "peoples". The final section proposes five possible research designs which are thus well suited to avoid Herderian common sense.

Keywords: ethnic boundary making, ethnicity, theories of immigrant integration, assimilation, multiculturalism, Ethnic Studies, essentialism

Stichworte: Ethnische Grenzziehung, Ethnizität, Migrationstheorie, Assimilation, Multikulturalismus, ethnic studies, Essentialismus

Hartmut Esser, **Assimilation, Ethnic Stratification or Selective Acculturation? Recent Theories of the Integration of Immigrants and the Model of Intergenerational Integration,** pp. 81-107.

In response to several special characteristics of the so-called "new immigration" and to the well-known weaknesses of classical assimilation theory several theoretical suggestions have recently been made and discussed, including, in particular, the "Theory of Segmented Assimilation" and the "New Assimilation Theory". In addition to the (classical) structural outcome of assimilation, these theories assume two other possible outcomes: ethnic stratification as an enduring social descent of following generations and selective acculturation as social advancement by using and retaining ethnic resources and identities. This contribution reconstructs these theoretical developments and the presumed structural outcomes as special cases of a comprehensive model, i. e. the model of intergenerational integration, and systematizes sub-processes and single mechanisms outlined by the various theories. An important result is also the identification of conditions and background processes that do not necessarily occur empirically, but that underlie the different theories and structural outcomes as well as the proposed model of intergenerational integration.

Keywords: assimilation, ethnic stratification, selective acculturation, "new immigration", intergenerational integration

Stichworte: Assimilation, ethnische Schichtung, selektive Akkulturation, „New Immigration", intergenerationale Integration

Bernhard Nauck, **Acculturation: Theoretical Approaches and Perspectives in Psychology and Sociology,** pp. 108-133.

The paper aims at a conceptual and theoretical integration of acculturation research, as it has been developed and pursued in cross-cultural psychology, and of assimilation research, as it has been developed and pursued in migration sociology. Although both research programs have emerged independently and seldom took notice of each other, the overlap of the respective research agendas is considerable, as is the conceptual equivalence of the respective theoretical terminology. Acculturation is thus identified as a longitudinal multi-level explanandum and an inter-disciplinary research topic. More specifically, the paper compares models of acculturation (e. g. Berry) and assimilation (e. g. Esser) and examines how they resolve the linkage between individual action and context, i. e. the multi-level problem in the explanation of acculturation/ assimilation. For this purpose, "culture" is discussed as a multi-level concept in acculturation research and is related to capital-investment-theories and institutional theories of immigration regimes, being both promising perspectives for future acculturation research.

Keywords: acculturation, assimilation, cross-cultural psychology, social integration, culture, multilevel analysis, marginalization

Stichworte: Akkulturation, Assimilation, kulturvergleichende Psychologie, Sozialintegration, Kultur, Mehrebenen-Analyse, Marginalisierung

Douglas S. Massey, Frank Kalter and *Karen A. Pren,* **Struktureller ökonomischer Wandel und internationale Migration: Ein Vergleich von Mexico und Polen,** pp. 134-161.

In diesem Beitrag untersuchen wir, wie exogene ökonomische Transformationen die Wahrscheinlichkeit und die Selektivität internationaler Migrationen beeinflussen. Wir stützen uns dabei auf zwei Datensätze, die zwar aus sehr verschiedenen Kontexten stammen, aber in einzigartiger Weise miteinander vergleichbar sind: Mit Daten aus dem Mexican Migration Project und mit Methoden der diskreten Ereignisdatenanalyse untersuchen wir das Risiko einer Erstmigration in die USA in sieben Gemeinden des Bundestaates Veracruz, einer Region, die bis vor kurzem nur sehr wenige Migranten stellte. In ähnlicher Weise benutzen wir Daten des Polnischen Migrationsprojektes und analysieren das Risiko einer Erstmigration nach Deutschland in vier polnischen Gemeinden, die ebenfalls bis in die 1980er Jahre kaum nennenswerte Migrationen aufwiesen. Der Vergleich zeigt, dass der Beginn der strukturellen Brüche und Anpassungen die Wahrscheinlichkeit internationaler Migrationen in beiden Kontexten erheblich und signifikant erhöht hat. Dies gilt insbesondere auch dann, wenn man Veränderungen in Standard-Kontrollvariablen berücksichtigt, die mit den gebräuchlichen Ansätzen der Migrationstheorie in Verbindung stehen, wie zum Beispiel das Ausmaß der Einkommensgefälle und Indikatoren des Human- und Sozialkapitals.

Keywords: international migration, structural adjustment, Mexico, Poland, social capital, human capital

Stichworte: Internationale Migration, Strukturelle Anpassung, Mexiko, Polen, Sozialkapital, Humankapital

Johannes Huinink and *Stefanie Kley,* **Regional Context and Migration Decisions in the Life Course,** pp. 162-184.

Perceived differences in regional opportunities to pursue individual well-being play a decisive role in migration decision-making. Based on a modified version of the expected-utility-model we develop some specific hypotheses about the significance of regional living conditions in the migration process from the life-course perspective. Firstly, we propose that effects of regional disparities depend on the particular biographical period actors experience. Secondly, we assume that according to family life and occupational career opportunities trigger considering and planning migration in different ways. Making use of a survey among the inhabitants of Magdeburg and Freiburg aged 18 to 50 these hypotheses are tested. We find that in the early phase of family development perceiving more supportive opportunities for family life elsewhere promotes both considering and planning migration. Perceiving better opportunities for the occupational career is important for considering migration but planning migration is mainly triggered by experiencing a shift in the occupational career itself. Our findings suggest that research should put more emphasis on the interdependency between the decision to migrate and biographical events.

Keywords: migration decision-making, life course, regional opportunities

Stichworte: Migrationsentscheidung, Lebenslauf, regionaler Kontext

Yinon Cohen, Yitchak Haberfeld and *Irena Kogan,* **Jewish Immigration from the Former Soviet Union: a Natural Experiment in Immigrants' Destination Choices,** pp. 185-201.

Drawing on Israeli, German and US census data, we compare the educational levels of Jewish immigrants (and their non-Jewish family members) from the Former Soviet Union (FSU) arriving in Israel, Germany, and the US during 1990-2000. The special circumstances of immigration from the FSU to the US, Germany and Israel during this 10-year period offer a unique opportunity to study processes of immigrants' patterns of self selection more rigorously than has been done in most previous research. The comparison of educational levels among immigrants arriving in the three countries can be viewed as a natural experiment in immigrants' destination choices, where immigrants had two destination options with practically no visa restriction (Israel and Germany) and one country (USA) with visa requirements. Drawing on Borjas' theory of self-selection, the paper discusses the relative attractiveness of the three countries to various types of immigrants, and tests the empirical status of the theory, expecting highly educated immigrants to prefer destinations where returns to skills are higher. The findings support theoretical expectations: highly educated immigrants were more likely to immigrate to the US, where the labour market is more flexible, and returns to skills are higher than in Israel or Germany.

Keywords: migration, self-selection, education, Jews, Israel, Germany, USA, former Soviet Union
Stichworte: Migration, Selbstselektion, Bildung, jüdische Einwanderer, Israel, Deutschland, USA, ehemalige Sowjetunion

Hartmut Esser, **Language Acquisition and Age at Immigration: The Difficult Conditions for Bilingualism,** pp. 202-229.

This contribution deals with the theoretical explanation and empirically observable impact of the age at immigration on the development of (competent) bilingualism. What is behind this, is the obvious, however also controversial, hypothesis that certain social conditions that foster the acquisition of one language impede the acquisition of the other one. This may be due to the fact that the respective day-to-day language environments often differ in terms of space, time and also socially. In addition, with regard to the age at immigration the – also controversial – hypothesis becomes important that there is a 'critical period' in language acquisition. In this article we develop a theoretical model of second and first language acquisition and investigate it empirically with data of the socio-economic panel. The two most important results are that, first there are indeed certain conditions that mutually impede the acquisition of both languages and that this is especially true for age at immigration as one of these conditions, and second, that there is a clearly identifiable "critical period" in second language acquisition (starting at about the age of 13). The development of (competent) bilingualism is thus hindered from two sides: a too low age at immigration obstructs first language acquisition whereas a too high age obstructs second language acquisition. The practical conclusion for enhancing bilingualism is then to allow for interethnic contacts at an early stage in order to provide simultaneous exposure to different language environments during the period when learning aptitude is highest.

Keywords: language acquisition, bilingualism, age of immigration, critical period hypothesis
Stichworte: Spracherwerb, Bilingualität, Einreisealter, „kritische Periode"

Cornelia Kristen, **The Turkish-German Achievement Gap at the End of Primary School. Evidence from the German PIRLS Study,** pp. 230-251.

The Turkish-German performance gap is well established for the German secondary school level, but has hardly been addressed for earlier stages in children's school careers. Against this background the study focuses on the German elementary school system and examines the processes that contribute to early ethnic educational inequalities. It starts with a general account on learning processes that is subsequently specified with a selection of arguments on the emergence of social and ethnic differences in competence acquisition. Using data of the Progress in International Reading Literacy Study (PIRLS) from 2001 the multilevel analyses reveal that the various conditions associated with growing up in different socioeconomic contexts account for a substantial part of the initial disadvantages in reading and mathematics. German language use within the family further contributes to this pattern. Another important condition, though only of minor relevance for the performance gap, concerns the achievement composition of students within schools with a higher achievement level contributing to better test results. At the same time, children of Turkish origin do not profit additionally from learning in contexts in which German native speakers concentrate. After considering a whole range of relevant conditions, Turkish children still experience a considerable penalty in reading test scores, whereas for mathematics it is possible to fully account for initial disparities.

Keywords: migrants, educational inequality, primary school, international student assessments

Stichworte: Migranten, Bildungsungleichheit, Grundschule, internationale Schulleistungsstudien

Michael Becker, Petra Stanat, Jürgen Baumert and *Rainer Lehmann,* **Learning Outside of School: Differential Development of Reading Comprehension in Children with and without Immigrant Background during Summer Vacation**, pp. 252-276.

Based on the literature on causes of educational inequities, we examine the extent to which the out-of-school environment contributes to differential learning losses during the summer vacation in Germany. Drawing on a sample of N = 1592 students from the city of Berlin, we assess whether 4th and 5th graders from immigrant families show differential development in reading achievement during the summer vacation relative to their native German peers. Controlling for prior achievement, we find disparities associated with the ethnic background. These are partly, but by far not completely due to disparities in socio-economic background. Contrary to our hypotheses, however, specific differences in learning opportunities that may be associated with an immigrant background (e. g., language spoken at home) seem not relevant for the remaining ethnic disadvantages. Furthermore, the differences identified are not moderated by the children's reading or leisure time activities.

Keywords: educational inequality, ethnic background, family background, socioeconomic background, academic achievement, reading comprehension, summer learning, seasonal variations

Stichworte: Bildungsungleichheit, Migranten, ethnischer Hintergrund, sozioökonomischer Hintergrund, familiäre Herkunft, Lesekompetenz, Schulleistung, Sommerferien, saisonales Lernen

Anthony Heath and *Yaojun Li,* **Der Erfolg ethnischer Minderheiten auf dem britischen Arbeitsmarkt: Perioden-, Lebenszyklus- und Generationeneffekte**, pp. 277-306.

Der Beitrag stützt sich auf kumulierte Querschnittsdaten und verfolgt damit die Erfahrungen verschiedener Generationen von ethnischen Minderheiten auf dem britischen Arbeitsmarkt. Betrachtet werden sogenannte „ethnic penalties" im Hinblick auf die Beschäftigungschancen, wobei Lebenszyklus-, Generationen- und Periodeneffekte unterschieden werden. Aus theoretischer Sicht wäre in Bezug auf alle drei ein Assimilationstrend stark benachteiligter ethnischer Gruppen zu erwarten. Dies können die Analysen allerdings kaum bestätigen: Personen afrikanischer, karibischer, pakistanischer und bangladesischer Herkunft, die das größte Arbeitslosigkeitsrisiko aufweisen, holen weder im Laufe des Lebenszyklus, noch über die Generationenfolge oder die Kalenderzeit auf. Im Gegensatz dazu zeigen sich für die weißen ethnischen Minderheiten nur geringe Nachteile und ähnliche Verlaufsmuster wie für die britische Mehrheitspopulation. Gleiches gilt auch für Personen indischer und chinesischer Herkunft, die auf dem Arbeitsmarkt relativ erfolgreich sind. Der Beitrag diskutiert verschiedene Mechanismen, durch die sich die unterschiedlichen Muster eventuell erklären lassen, wie z. B. Diskriminierungen, ethnische Gemeinschaftsstrukturen bzw. Enklavenökonomien und wechselnde Referenzrahmen.

Keywords: ethnic minorities, generations, life cycle, period effects, frames of reference
Stichworte: Ethnische Minderheiten, Generationen, Lebenszyklus, Periodeneffekte, Referenzrahmen

Frank van Tubergen, **Der Einfluss des Partners auf die ökonomische Inkorporation von Migranten: Spezialisierung im Haushalt oder Soziales Kapital,** pp. 307-324.

Die Studie untersucht die Rolle des Partners in den ökonomischen Inkorporationsprozessen männlicher und weiblicher Migranten. Aus der Spezialisierungsthese der Neuen Haushaltsökonomie und aus der Sozialkapitaltheorie werden unterschiedliche Erwartungen darüber abgeleitet, welchen Einfluss die arbeitsmarktbezogenen Ressourcen des Partners auf den eigenen Erwerbs- bzw. Beschäftigungsstatus von Migranten nehmen. Um diese rivalisierenden Thesen zu testen, werden vier ethnische Minderheitsgruppen in den Niederlanden (Türken, Marokkaner, Surinamesen und Niederländische Antillianer) mit gepoolten Querschnittsdaten eines Haushaltssurveys untersucht. Die Analysen liefern wenig Unterstützung für die Haushaltsspezialierungsthese, sondern sprechen überwiegend für die Sozialkapitalthese. Insbesondere sind Migranten mit einem hochgebildeten Partner wahrscheinlicher beschäftigt und wahrscheinlicher in statushöheren Jobs zu finden. Dieser positive Einfluss der Bildung des Partners zeigt sich dabei sowohl für Männer als auch für Frauen und bleibt auch dann erhalten, wenn die eigenen Bildungsqualifikationen und weitere Fertigkeiten oder Kenntnisse berücksichtigt werden.

Keywords: immigration, integration, ethnic disparity, humancapital, social capital, Netherlands, partner effects
Sichworte: Einwanderung, Integration, Ethnische Ungleichheit, Humankapital, Soziales Kapital, Niederlande, Partnereffekte

Beate Völker, Fenne Pinkster and *Henk Flap,* **Ungleichheit im sozialen Kapital von Migranten und Einheimischen in den Niederlanden,** pp. 325-350.

Unsere Studie vergleicht Netzwerke und Sozialkapital von holländischen Bürgern mit dem von Einwanderern in den Niederlanden. Wir skizzieren kurz die Forschungsliteratur, formulieren einige neue Hypothesen und testen diese empirisch. Unsere Daten stammen aus drei verschiedenen Surveys: Für den Vergleich von persönlichen Netzwerken benutzen wir Daten des „Amenities and Services Utilization Survey" (AVO, 1999, n = 13 122, wovon ca. 9 Prozent Migranten sind). Für den Vergleich von Sozialkapital kombinieren wir zwei andere Datensätze, den Survey of the Social Networks of the Dutch (SSND, 2000, n = 1 007, wovon ca. 7 Prozent Migranten) und die Daten einer Studie in zwei benachteiligten Nachbarschaften in Den Haag, (n = 406, wovon ca. 70 Prozent Migranten). Mittels des ersten Datensatzes können soziale Netzwerke (s. Marsden 1987, 1988) verglichen werden, mittels der beiden anderen wird Sozialkapital verglichen, gemessen über den „Positiongenerator" (Lin/Dumin 1986). Unsere Ergebnisse zeigen, dass soziale Netzwerke ethnisch sehr homogen sind, und dass das Ausmaß dieser Homogenität zwischen verschiedenen Migrantengruppen variiert. Weiterhin sind die Kontexte, in denen man seine Netzwerkmitglieder trifft, wahrscheinlich bereits ethnisch segregiert. Sozialkapital von Einwanderern ist drastisch niedriger als das von Niederländern.

Keywords: social capital of migrants, social networks of migrants, ethnic homogeneity in networks

Stichworte: Sozialkapital, Soziale Netzwerke von Einwanderern, ethnische Homogenität in Netzwerken

Julia H. Schroedter and *Frank Kalter,* **Intermarriage in Germany. Trends and Mechanisms of Social Assimilation,** pp. 351-379.

So far there has been only little research on intermarriage patterns of the classical labor migrant groups in Germany. This has been due mainly to a lack of adequate data. In this paper we try to make use of cumulated scientific use files of the German microcensus in order to analyze differences between groups as well as trends over time, birth cohorts, and generations. Further, we sketch basic theoretical mechanisms which might explain ethnically heterogeneous vs. homogenous partner choice and test them empirically. It turns out that the opportunity structure of the marriage market and the degree of structural assimilation are important determinants of immigrants' and their descendants' individual partner preferences. Related variables are able to account for a notable part of the differences and trends we observe, however, they seem by far not sufficient in this respect.

Keywords: intermarriage, social assimilation, structural assimilation, marriage market, German microcensus

Stichworte: Interethnische Ehen, soziale Assimilation, strukturelle Assimilation, Heiratsmarkt, Mikrozensus

Jürgen Friedrichs, **Ethnic Segregation,** pp. 380-411.

The contribution pertains to several aspects of ethnic segregation. The first is how segregation and social integration are related. The second is the crucial question which dimensions of segregation can be distinguished and how we can measure them. In the next section, results from studies of ethnic segregation in Germany are presented. The evidence is then discussed in the light of general hypotheses explaining ethnic segregation, specifically, the aspect of spatial correlates of social integration. A multilevel model of ethnic segregation is suggested. In the final section the results are resumed and suggestions for further research are given.

Keywords: ethnic segregation, integration

Stichworte: Ethnische Segregation, Integration

Karen Phalet, Merove Gijsberts and *Louk Hagendoorn,* **Migration und Religion: Säkularisierung und ihre Grenzen bei türkischen und marokkanischen Muslimen in den Niederlanden zwischen 1998-2005,** pp. 412-436.

Diese Studie untersucht Trends der Religiosität und ihren Zusammenhang mit der sozialen und strukturellen Integration am Beispiel muslimischer Minderheiten in den Niederlanden. Die Säkularisierungsthese lässt einen schwindenden Einfluss der Religion erwarten. Sie ist allerdings im Kontext der historisch christlichen Gesellschaften Westeuropas entstanden und es ist eine offene Frage, inwieweit sie sich interkulturell übertragen lässt. So berichten Studien ethnischer Gemeinden in den USA von einem Auf- und Weiterleben der Religiosität in den Nachfolgengenerationen mit einhergehender struktureller Integration. In diesem Beitrag testen wir entsprechende Trends über die Zeit und den Zusammenhang religiöser Einstellungen und Verhaltensweisen mit anderen Indikatoren der Integration. Grundlage unserer Analysen sind umfassende und in dieser Form einzigartige kumulierte Querschnittdaten über Muslime türkischer und marokkanischer Herkunft in den Niederlanden für den Zeitraum 1998-2005. Im Einklang mit der Säkularisierungsthese deuten die Analysen auf einen deutlichen Rückgang der Religiosität in der Generationenfolge und über die Zeit hin. Eine strukturelle Integration vermindert die Religiosität, während ethnische Segregationen und Familienbildungen mit ihrer Belebung einhergehen. Zusammengenommen legen unsere Ergebnisse somit den Eindruck einer selektiven Säkularisierung muslimischer Minderheiten in den Niederlanden nahe, die vom Ausmaß der sozialen und strukturellen Integration abhängig ist.

Keywords: migration, integration, religion, secularisation, Islam

Stichworte: Migration, Integration, Religion, Säkularisierung, Islam

Claudia Diehl and *Michael Blohm,* **The Decision to Naturalize: Options, Incentives and Identity Issues**, pp. 437-464.

Existing evidence on the naturalization processes among migrants in Germany suggests that Turks show an unusual pattern in this regard. While their assimilation process lags behind that of other groups they are more likely to acquire German citizenship. We start out by presenting official data on the development of naturalization rates over time. Based on this we use data from the German Microcensus and the SOEP in order to show that naturalization figures of Turkish immigrants are higher even when group differences in the share of eligible individuals are taken into account. We proceed by presenting a "legal incentives model" of the decision to naturalize that focuses on the costs and benefits of naturalization. It is shown that group differences increase if individual characteristics that affect the legal incentives and disincentives to naturalize are held constant. We finally explore the role of identificational aspects for the intention to naturalize. Our findings suggest that only Turkish migrants are more likely to apply for the German passport in the near future if they have close social ties with natives. Even though we cannot look into this finding more closely due to data limitations it suggests that naturalization may me particularly attractive for migrants from nationalities with a low minority group status.

Keywords: naturalization, citizenship, migration, Germany, assimilation

Stichworte: Einbürgerung, Staatsbürgerschaft, Migration, Deutschland, Assimilation

Jürgen Gerhards and *Silke Hans,* **Acculturation and the Choice of First Names**, pp. 465-487.

Names often indicate someone's belonging to certain ethnic groups. When immigrant parents choose a first name for their child that is common in their host society, they show a high degree of acculturation. In contrast, selecting a name common only in their country of origin indicates ethnic maintenance. Using data from the German Socio-Economic Panel we analyze the choice of names for migrants from three different countries of origin (e. g. South Western Europe, Former Yugoslavia, and Turkey); in addition, we try to explain differences in the level of acculturation in terms of name giving. We can show that Turkish immigrants are much less likely to choose German names for their children than immigrants from Former Yugoslavia and from South Western Europe. Acculturation in terms of name giving depends on the cultural distance (religion and language) between the country of origin and the host society, the parents' sociostructural integration in terms of education and citizenship, and interethnic networks.

Keywords: migration, assimilation, acculturation, integration, first names

Stichworte: Migration, Assimilation, Akkulturation, Integration, Vornamen

Susanne Rippl, **A Time to make Friends. Xenophobic Attitudes and Interethnic Friendships in Germany from 1980-2002,** pp. 488-512.

The success of integration of migrants depends not only on their own efforts but also on the acceptance of the local population. Xenophobia and social distance can be understood as barriers of integration. The present study analyses such barriers of integration in the form of xenophobic attitudes and interethnic contacts and their development in a time span from 1980 to 2002 in Germany. Theoretical starting points are approaches in the context of xenophobia. Especially approaches in the context of socialisation-, conflict-, and disintegration theory and the contact hypothesis are analysed. Recapitulatory the analyses of Allbus-data show a decline of barriers of integration over time. Especially changing conditions of socialisation und better opportunities for interethnic friendships of the younger cohorts are responsible for this development. Hypotheses related to conflict- and disintegration theory are not confirmed.

Keywords: Xenophobia, interethnic contact, contact hypothesis, disintegration, socialisation

Stichworte: Fremdenfeindlichkeit, interethnische Kontakte, Kontakthypothese, Desintegration, Sozialisation

Amélie Mummendey and *Thomas Kessler,* **Acceptance or Rejection of Differentness: A Social Psychological Perspective on the Relation between Migrants and Members of the Receiving Society,** pp. 513-528.

Research in social psychology attempts to explain problematic as well as harmonious relations between social groups. We examine the question how members of social groups perceive and react to differences between own and other groups, all included in a common superordinate group. The ingroup projection model (IPM) has been proposed as an explanation for this question. It assumes that social discrimination develops by the projection of ingroup attributes onto the common superordinate group which are then taken as normative standards for the evaluation of all included groups. Tolerant attitudes develop when a common superordinate group, e. g. the society is perceived as complex to which both ingroup and outgroup fit equally well. In the current work we examine assumptions of the IPM in a longitudinal study on the relations between migrants and members of the receiving society which has been conducted in Belgium, England, and Germany. The results generally support the IPM by revealing that the common society is described predominantly by ingroup attributes leading to a perceived higher prototypicality of the ingroup relative to an outgroup. This, in turn, leads to a more positive evaluation of the ingroup, to prejudices, and social competition.

Keywords: Ingroup projection model, acculturation, prejudice, social discrimination, majority-minority relation

Stichworte: Eigengruppenprojektionsmodell, Akkulturation, Vorurteil, soziale Diskriminierung, Mehrheiten-Minderheiten-Beziehung, soziale Identität

Kira Marie Alexander and *Janet Ward Schofield,* **Stereotype Threat verstehen und lindern: sein Einfluss auf die schulischen Leistungen der Kinder von Migranten und ethnischen Minderheiten,** pp. 529-552.

In vielen Ländern der Welt weisen Kinder von Migranten geringere Bildungserfolge als einheimische Kinder auf. Ein wesentlicher Faktor, der zur Erklärung dieses Leistungsgefälles beitragen könnte, ist die Bedrohung durch negative Stereotype (Stereotype Threat). Im vorliegenden Beitrag wird die umfangreiche Forschungsliteratur zu diesem Phänomen gesichtet. Es werden erstens die Entstehung von Stereotypen-Wahrnehmungen und Bedrohungseffekten im Laufe der kindlichen Entwicklung betrachtet; zweitens werden die Prozesse und Bedingungen, die zu

Stereotype Threat führen, untersucht; drittens werden in diesem Zusammenhang bekannte Mediatoren und Moderatoren ermittelt; viertens werden Hypothesen über die kurz- und mittelfristigen Effekte des Stereotype Threats aufgestellt; und fünftens werden einige Strategien vorgeschlagen, um diese Bedrohungen in Lernumfeldern zu reduzieren.

Keywords: stereotype threat, immigrant achievement, minority achievement, academic achievement, review

Stichworte: Stereotype Threat, negative Stereotype, ethnische Bildungsungleichheit, Bildungserfolge

Theorie

Dirk Baecker (Hrsg.)
Schlüsselwerke der Systemtheorie
2005. 352 S. Geb. EUR 24,90
ISBN 978-3-531-14084-1

Ralf Dahrendorf
Homo Sociologicus
Ein Versuch zur Geschichte, Bedeutung und Kritik der Kategorie der sozialen Rolle
16. Aufl. 2006. 126 S. Br. EUR 14,90
ISBN 978-3-531-31122-7

Shmuel N. Eisenstadt
Die großen Revolutionen und die Kulturen der Moderne
2006. 250 S. Br. EUR 34,90
ISBN 978-3-531-14993-6

Shmuel N. Eisenstadt
Theorie und Moderne
Soziologische Essays
2006. 607 S. Geb. EUR 49,90
ISBN 978-3-531-14565-5

Axel Honneth / Institut für Sozialforschung (Hrsg.)
Schlüsseltexte der Kritischen Theorie
2006. 414 S. Geb. EUR 34,90
ISBN 978-3-531-14108-4

Niklas Luhmann
Beobachtungen der Moderne
2. Aufl. 2006. 220 S. Br. EUR 24,90
ISBN 978-3-531-32263-6

Uwe Schimank
Differenzierung und Integration der modernen Gesellschaft
Beiträge zur akteurzentrierten Differenzierungstheorie 1
2005. 297 S. Br. EUR 29,90
ISBN 978-3-531-14683-6

Uwe Schimank
Teilsystemische Autonomie und politische Gesellschaftssteuerung
Beiträge zur akteurzentrierten Differenzierungstheorie 2
2006. 307 S. Br. EUR 29,90
ISBN 978-3-531-14684-3

Jürgen Raab / Michaela Pfadenhauer / Peter Stegmaier / Jochen Dreher / Bernt Schnettler (Hrsg.)
Phänomenologie und Soziologie
Theoretische Positionen, aktuelle Problemfelder und empirische Umsetzungen
2008. 415 S. Br. EUR 29,90
ISBN 978-3-531-15428-2

Erhältlich im Buchhandel oder beim Verlag.
Änderungen vorbehalten. Stand: Juli 2008.

www.vs-verlag.de

VS VERLAG FÜR SOZIALWISSENSCHAFTEN

Abraham-Lincoln-Straße 46
65189 Wiesbaden
Tel. 0611.7878 - 722
Fax 0611.7878 - 400

Soziologie

Hans Paul Bahrdt
Die moderne Großstadt
Soziologische Überlegungen
zum Städtebau
Hrsg. von Ulfert Herlyn
2. Aufl. 2006. 248 S. Br. EUR 34,90
ISBN 978-3-531-14985-1

Jürgen Gerhards
**Kulturelle Unterschiede
in der Europäischen Union**
Ein Vergleich zwischen Mitgliedsländern,
Beitrittskandidaten und der Türkei
2., durchges. Aufl. 2006. 316 S.
Br. EUR 29,90
ISBN 978-3-531-34321-1

Andreas Hadjar / Rolf Becker (Hrsg.)
Die Bildungsexpansion
Erwartete und unerwartete Folgen
2006. 362 S. Br. EUR 29,90
ISBN 978-3-531-14938-7

Ronald Hitzler /
Michaela Pfadenhauer (Hrsg.)
Gegenwärtige Zukünfte
Interpretative Beiträge zur sozialwissen-
schaftlichen Diagnose und Prognose
2005. 274 S. Br. EUR 19,90
ISBN 978-3-531-14582-2

Andrea Mennicken /
Hendrik Vollmer (Hrsg.)
Zahlenwerk
Kalkulation, Organisation
und Gesellschaft
2007. 274 S. (Organisation und
Gesellschaft) Br. EUR 29,90
ISBN 978-3-531-15167-0

Armin Nassehi
Soziologie
Zehn einführende Vorlesungen
2008. 207 S. Geb. EUR 16,90
ISBN 978-3-531-15433-6

Gunter Schmidt / Silja Matthiesen /
Arne Dekker / Kurt Starke
Spätmoderne Beziehungswelten
Report über Partnerschaft und Sexualität
in drei Generationen
2006. 159 S. Br. EUR 24,90
ISBN 978-3-531-14285-2

Georg Vobruba
**Entkoppelung von Arbeit
und Einkommen**
Das Grundeinkommen in der
Arbeitsgesellschaft
2., erw. Aufl. 2007. 227 S. Br. EUR 24,90
ISBN 978-3-531-15471-8

Erhältlich im Buchhandel oder beim Verlag.
Änderungen vorbehalten. Stand: Juli 2008.

www.vs-verlag.de

Abraham-Lincoln-Straße 46
65189 Wiesbaden
Tel. 0611.7878-722
Fax 0611.7878-400

Das Grundlagenwerk für alle Soziologie-Interessierte

> in überarbeiteter Neuauflage!

Das **Lexikon zur Soziologie** ist das umfassendste Nachschlagewerk für die sozialwissenschaftliche Fachsprache. Für die 4. Auflage wurde das Werk völlig neu bearbeitet und durch Aufnahme zahlreicher neuer Stichwortartikel erheblich erweitert.

Das **Lexikon zur Soziologie** bietet aktuelle, zuverlässige Erklärungen von Begriffen aus der Soziologie sowie aus Sozialphilosophie, Politikwissenschaft und Politischer Ökonomie, Sozialpsychologie, Psychoanalyse und allgemeiner Psychologie, Anthropologie und Verhaltensforschung, Wissenschaftstheorie und Statistik.

Werner Fuchs-Heinritz /
Rüdiger Lautmann /
Otthein Rammstedt /
Hanns Wienold (Hrsg.)
Lexikon zur Soziologie
4., grundl. überarb. Aufl.
2007. 748 S. Geb. EUR 39,90
ISBN 978-3-531-15573-9

Die Herausgeber:

Dr. Werner Fuchs-Heinritz ist Professor für Soziologie an der FernUniversität Hagen.

Dr. Rüdiger Lautmann ist Professor an der Universität Bremen und Leiter des Instituts für Sicherheits- und Präventionsforschung (ISIP) in Hamburg.

Dr. Otthein Rammstedt ist Professor für Soziologie an der Universität Bielefeld.

Dr. Hanns Wienold ist Professor für Soziologie an der Universität Münster.

Erhältlich im Buchhandel
oder beim Verlag.
Änderungen vorbehalten.
Stand: Juli 2008.

www.vs-verlag.de

Abraham-Lincoln-Straße 46
65189 Wiesbaden
Tel. 0611.7878-722
Fax 0611.7878-400

GPSR Compliance

The European Union's (EU) General Product Safety Regulation (GPSR) is a set of rules that requires consumer products to be safe and our obligations to ensure this.

If you have any concerns about our products, you can contact us on

ProductSafety@springernature.com

In case Publisher is established outside the EU, the EU authorized representative is:

Springer Nature Customer Service Center GmbH
Europaplatz 3
69115 Heidelberg, Germany

www.ingramcontent.com/pod-product-compliance
Lightning Source LLC
LaVergne TN
LVHW010332260326
834688LV00036B/667